# NCS
# 모듈형+
# 피듈형+
# PSAT형

## 통합기본서

**시대에듀**

## 2026 최신판 시대에듀
## NCS 모듈형 + 피듈형 + PSAT형 통합기본서

## Always **with you**

사람의 인연은 길에서 우연하게 만나거나 함께 살아가는 것만을 의미하지는 않습니다.
책을 펴내는 출판사와 그 책을 읽는 독자의 만남도 소중한 인연입니다.
**시대에듀**는 항상 독자의 마음을 헤아리기 위해 노력하고 있습니다. 늘 독자와 함께하겠습니다.

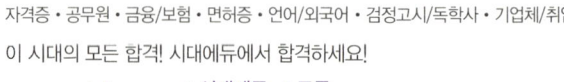

PREFACE
# 머리말

현재 공기업 및 공공기관 필기시험 출제 유형은 크게 모듈형, PSAT형, 피듈(PSAT + 모듈)형으로 구분할 수 있다. 모듈형은 NCS 직업기초능력평가 학습모듈을 기본으로 한 유형이고, PSAT형은 기존 5급 공무원 채용시험의 PSAT와 같은 형태의 유형이며, 이 두 유형을 합친 유형이 피듈형이다. 이에 따라 취업 준비생들에게는 기존의 NCS 문제 학습과 함께 학습모듈 준비를 병행해야 한다는 부담감이 따른다. 현재 대행사별로 다양한 출제 유형이 존재하고 있으며, 기업별 출제 대행사가 달라지는 일도 비일비재 하기 때문에 공기업 취업을 준비하는 취업 준비생들은 현존하는 모든 출제 유형에 대비할 필요가 있다.

공기업 및 공공기관 필기시험 합격을 위해 시대에듀에서는 NCS 도서 시리즈 누적 판매량 1위의 출간경험을 토대로 다음과 같은 특징을 가진 도서를 출간하였다.

## 도서의 특징

**❶ 공기업 기출복원 모의고사를 통한 출제 유형 파악!**
- 주요 공기업 NCS 기출복원 모의고사 5회분(2025~2021년)을 통해 공기업별 필기시험 출제경향을 파악할 수 있도록 하였다.

**❷ 모듈이론 및 유형별 문제로 NCS 완벽 마스터!**
- 방대한 양의 NCS 모듈이론에서 꼭 출제되는 핵심 내용을 압축 수록하여 필기시험에 효율적으로 대비할 수 있도록 하였다.
- 직업기초능력평가 대표기출유형&기출응용문제를 수록하여 유형별로 꼼꼼히 파악할 수 있도록 하였다.

**❸ 최종점검 모의고사를 통한 완벽한 실전 대비!**
- 모듈형, 피듈형, PSAT형 모의고사를 1회씩 수록하여 실전처럼 정해진 시간 동안 문제를 풀이할 수 있도록 하였다.

**❹ 다양한 콘텐츠로 최종 합격까지!**
- 구체적인 채용 가이드를 통해 인성검사 및 면접 또한 빈틈없이 준비할 수 있도록 하였다.
- 온라인 모의고사 쿠폰을 제공하여 필기시험에 더욱 완벽하게 대비할 수 있도록 하였다.

끝으로 본 도서를 통해 공기업 채용을 준비하는 모든 수험생 여러분이 합격의 기쁨을 누리기를 진심으로 기원한다.

SDC(Sidae Data Center) 씀

# NCS 문제 유형 소개 NCS TYPES

| 수리능력

**04** 다음은 신용등급에 따른 아파트 보증률에 대한 사항이다. 자료와 상황에 근거할 때, 갑(甲)과 을(乙)의 보증료의 차이는 얼마인가?(단, 두 명 모두 대지비 보증금액은 5억 원, 건축비 보증금액은 3억 원이며, 보증서 발급일로부터 입주자 모집공고 안에 기재된 입주 예정 월의 다음 달 말일까지의 해당 일수는 365일이다)

- (신용등급별 보증료)=(대지비 부분 보증료)+(건축비 부분 보증료)
- 신용평가 등급별 보증료율

| 구분 | 대지비 부분 | 건축비 부분 | | | | |
|---|---|---|---|---|---|---|
| | | 1등급 | 2등급 | 3등급 | 4등급 | 5등급 |
| AAA, AA | | 0.178% | 0.185% | 0.192% | 0.203% | 0.221% |
| A$^+$ | | 0.194% | 0.208% | 0.215% | 0.226% | 0.236% |
| A$^-$, BBB$^+$ | 0.138% | 0.216% | 0.225% | 0.231% | 0.242% | 0.261% |
| BBB$^-$ | | 0.232% | 0.247% | 0.255% | 0.267% | 0.301% |
| BB$^+$ ~ CC | | 0.254% | 0.276% | 0.296% | 0.314% | 0.335% |
| C, D | | 0.404% | 0.427% | 0.461% | 0.495% | 0.531% |

※ (대지비 부분 보증료)=(대지비 부분 보증금액)×(대지비 부분 보증료율)×(보증서 발급일로부터 입주자 모집공고 안에 기재된 입주 예정 월의 다음 달 말일까지의 해당 일수)÷365

※ (건축비 부분 보증료)=(건축비 부분 보증금액)×(건축비 부분 보증료율)×(보증서 발급일로부터 입주자 모집공고 안에 기재된 입주 예정 월의 다음 달 말일까지의 해당 일수)÷365

- 기여고객 할인율 : 보증료, 거래기간 등을 기준으로 기여도에 따라 6개 군으로 분류하며, 건축비 부분 요율에서 할인 가능

| 구분 | 1군 | 2군 | 3군 | 4군 | 5군 | 6군 |
|---|---|---|---|---|---|---|
| 차감률 | 0.058% | 0.050% | 0.042% | 0.033% | 0.025% | 0.017% |

〈상황〉

- 갑 : 신용등급은 A$^+$이며, 3등급 아파트 보증금을 내야 한다. 기여고객 할인율에서는 2군으로 선정되었다.
- 을 : 신용등급은 C이며, 1등급 아파트 보증금을 내야 한다. 기여고객 할인율은 3군으로 선정되었다.

① 554,000원
② 566,000원
③ 582,000원
④ 591,000원
⑤ 623,000원

**특징**
▶ 대부분 의사소통능력, 수리능력, 문제해결능력을 중심으로 출제(일부 기업의 경우 자원관리능력, 조직이해능력을 출제)
▶ 자료에 대한 추론 및 해석 능력을 요구

**대행사**
▶ 엑스퍼트컨설팅, 커리어넷, 태드솔루션, 한국행동과학연구소(행과연), 휴노 등

## 모듈형

> | 문제해결능력

**41** 문제해결절차의 문제 도출 단계는 (가)와 (나)의 절차를 거쳐 수행된다. 다음 중 (가)에 대한 설명으로 적절하지 않은 것은?

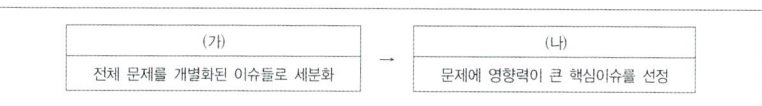

| (가) | | (나) |
|---|---|---|
| 전체 문제를 개별화된 이슈들로 세분화 | → | 문제에 영향력이 큰 핵심이슈를 선정 |

① 문제의 내용 및 영향 등을 파악하여 문제의 구조를 도출한다.
② 본래 문제가 발생한 배경이나 문제를 일으키는 메커니즘을 분명히 해야 한다.
③ 현상에 얽매이지 말고 문제의 본질과 실제를 봐야 한다.
④ 눈앞의 결과를 중심으로 문제를 바라봐야 한다.
⑤ 문제 구조 파악을 위해서 Logic Tree 방법이 주로 사용된다.

**특징**
▶ 이론 및 개념을 활용하여 푸는 유형
▶ 채용 기업 및 직무에 따라 NCS 직업기초능력평가 10개 영역 중 선발하여 출제
▶ 기업의 특성을 고려한 직무 관련 문제를 출제
▶ 주어진 상황에 대한 판단 및 이론 적용을 요구

**대행사**
▶ 인트로맨, 휴스테이션, ORP연구소 등

## 피듈형(PSAT형 + 모듈형)

> | 자원관리능력

**07** 다음 자료를 근거로 판단할 때, 연구모임 A ~ E 중 세 번째로 많은 지원금을 받는 모임은?

〈지원계획〉

• 지원을 받기 위해서는 한 모임당 5명 이상 9명 미만으로 구성되어야 한다.
• 기본지원금은 모임당 1,500천 원을 기본으로 지원한다. 단, 상품개발을 위한 모임의 경우는 2,000천 원을 지원한다.
• 추가지원금

| 등급 | 상 | 중 | 하 |
|---|---|---|---|
| 추가지원금(천 원/명) | 120 | 100 | 70 |

※ 추가지원금은 연구 계획 사전평가결과에 따라 달라진다.
• 협업 장려를 위해 협업이 인정되는 모임에는 위의 두 지원금을 합한 금액의 30%를 별도로 지원한다.

〈연구모임 현황 및 평가결과〉

**특징**
▶ 기초 및 응용 모듈을 구분하여 푸는 유형
▶ 기초인지모듈과 응용업무모듈로 구분하여 출제
▶ PSAT형보다 난도가 낮은 편
▶ 유형이 정형화되어 있고, 유사한 유형의 문제를 세트로 출제

**대행사**
▶ 사람인, 스카우트, 인크루트, 커리어케어, 트리피, 한국사회능력개발원 등

# 주요 공기업 적중 문제 TEST CHECK

## 코레일 한국철도공사

교통사고 ▶ 키워드

**2025년 적중**

※ 다음은 K국의 교통사고 사상자 2,500명에 대해 조사한 자료이다. 이어지는 질문에 답하시오. **[3~4]**

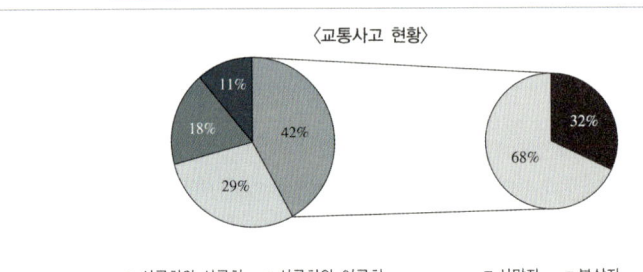

〈교통사고 현황〉

11%
18%
42%
29%
32%
68%

■ 사륜차와 사륜차　■ 사륜차와 이륜차　　■ 사망자　■ 부상자
■ 사륜차와 보행자　■ 이륜차와 보행자

※ 사상자 수와 가해자 수는 같다.

〈교통사고 가해자 연령〉

| 구분 | 20대 | 30대 | 40대 | 50대 | 60대 이상 |
|---|---|---|---|---|---|
| 비율 | 38% | 21% | 11% | 8% | (　) |

※ 교통사고 가해자 연령 비율의 합은 100%이다.

## 한국전력공사

IF 함수 ▶ 키워드

**06** 다음은 J공사에 지원한 지원자들의 PT면접 점수를 정리한 자료이며, 각 사원들의 점수 자료를 통해 면접 결과를 정리하고자 한다. 이를 위해 [F3] 셀에 〈보기〉와 같은 함수식을 입력하고, 채우기 핸들을 이용하여 [F6] 셀까지 드래그 했을 경우, [F3] ~ [F6] 셀에 나타나는 결괏값으로 옳은 것은?

| | A | B | C | D | E | F |
|---|---|---|---|---|---|---|
| 1 | | | | | | (단위 : 점) |
| 2 | 이름 | 발표내용 | 발표시간 | 억양 | 자료준비 | 결과 |
| 3 | 조재영 | 85 | 92 | 75 | 80 | |
| 4 | 박슬기 | 93 | 83 | 82 | 90 | |
| 5 | 김현진 | 92 | 95 | 86 | 91 | |
| 6 | 최승호 | 95 | 93 | 92 | 90 | |

**보기**

=IF(AVERAGE(B3:E3)>=90, "합격", "불합격")

|  | [F3] | [F4] | [F5] | [F6] |
|---|---|---|---|---|
| ① | 불합격 | 불합격 | 합격 | 합격 |
| ② | 합격 | 합격 | 불합격 | 불합격 |

## 국민건강보험공단

**당뇨병 ▶ 키워드**

**05** 다음 글을 읽고 이어질 내용을 논리적 순서대로 바르게 나열한 것은?

> AIDS(Acquired Immune Deficiency Syndrome)는 HIV(Human Immunodeficiency Virus)의 감염으로 인해 일어나는 증후군으로서, HIV에 의해 면역세포가 파괴되어 정상적인 면역력을 갖지 못하게 되는 상태를 말한다. HIV 감염 몇 년 후에 면역세포가 일정량 이상 파괴된 상태를 AIDS라 부른다. 따라서 대부분의 감염자는 AIDS보다는 HIV 감염으로 부르는 것이 정확하다.

> (가) HIV에 감염되면 몇 주 내에 감염 초기증상이 발생할 수 있으나, 이는 HIV 감염에서만 일어나는 특이한 증상이 아니므로 증상을 가지고 HIV 감염을 논하기는 어렵다. 의사들의 의견 또한 이러하며, 검사만이 HIV 감염여부에 대해 알 수 있는 통로라고 한다.
> (나) 그럼에도 불구하고 HIV는 현재 완치될 수 없는 병이며 감염자에게 심대한 정신적 고통을 주게 되므로, HIV를 예방하기 위해서 불건전한 성행위를 하지 않는 것이 가장 중요하다 할 것이다.
> (다) HIV의 감염은 일반적으로 체액과 체액의 교환으로 이루어지는데, 일반적으로 생각하는 성행위에 의한 감염은 이러한 경로로 일어난다. 대부분의 체액에는 HIV가 충분히 있지 않아, 실제로는 성행위 중 상처가 나는 경우의 감염확률이 높다고 한다.
> (라) 이와 같은 경로를 거쳐 HIV 감염이 확인되어도 모든 사람이 AIDS로 진행하는 것은 아니다. 현재 HIV는 완치는 불가능하지만 당뇨병과 같이 악화를 최대한 늦출 수 있는 질병으로서, 의학 기술의 발전으로 약을 잘 복용한다면 일반인과 같이 생활할 수 있다고 한다.

① (가) – (나) – (라) – (다)  ② (가) – (다) – (라) – (나)
③ (다) – (가) – (라) – (나)  ④ (라) – (가) – (나) – (다)

## 건강보험심사평가원

**문단 나열 ▶ 유형**

※ 다음 문단을 논리적 순서대로 바르게 나열한 것을 고르시오. [1~3]

**01**

> (가) 하지만 지금은 고령화 시대를 맞아 만성질환이 다수다. 꾸준히 관리받아야 건강을 유지할 수 있다. 치료보다 치유가 대세다. 이 때문에 미래 의료는 간호사 시대라고 말한다. 그럼에도 간호사에 대한 활용은 시대 흐름과 동떨어져 있다.
> (나) 인간의 질병 구조가 변하면 의료 서비스의 비중도 바뀐다. 과거에는 급성질환이 많았다. 맹장염(충수염)이나 위궤양 등 수술로 해결해야 할 상황이 잦았다. 따라서 질병 관리 대부분을 의사의 전문성에 의존해야 했다.
> (다) 현재 2년 석사과정을 거친 전문 간호사가 대거 양성되고 있다. 하지만 이들의 활동은 건강보험 의료수가에 반영되지 않고, 그러니 병원이 전문 간호사를 적극적으로 채용하려 하지 않는다. 의사의 손길이 닿지 못하는 곳은 전문성을 띤 간호사가 그 역할을 대신해야 함에도 밀이나.
> (라) 고령 장수 사회로 갈수록 간호사의 역할은 커진다. 병원뿐 아니라 다양한 공간에서 환자를 돌보고 건강관리가 이뤄지는 의료 서비스가 중요해졌다. 간호사 인력 구성과 수요는 빠르게 바뀌어 가는데 의료 환경과 제도는 한참 뒤처져 있어 안타깝다.

① (나) – (가) – (다) – (라)  ② (나) – (라) – (가) – (다)
③ (다) – (가) – (라) – (나)  ④ (다) – (라) – (가) – (나)

# 주요 공기업 적중 문제 TEST CHECK

**공기질 ▶ 키워드**

**08** 다음은 1호선 지하역사 공기질 측정결과에 대한 자료이다. 〈보기〉 중 옳지 않은 것을 모두 고르면?

〈1호선 지하역사 공기질 측정결과〉

| 역사명 | 측정항목 및 기준 | | | | | | | | |
|---|---|---|---|---|---|---|---|---|---|
| | PM-10 | $CO_2$ | HCHO | CO | $NO_2$ | Rn | 석면 | $O_3$ | TVOC |
| | $\mu g/m^3$ | ppm | $\mu g/m^3$ | ppm | ppm | $Bq/m^3$ | 이하/cc | ppm | $\mu g/m^3$ |
| 기준치 | 140 | 1,000 | 100 | 9 | 0.05 | 148 | 0.01 | 0.06 | 500 |
| 1호선 평균 | 91.4 | 562 | 8.4 | 0.5 | 0.026 | 30.6 | 0.01 미만 | 0.017 | 117.7 |
| 서울역 | 86.9 | 676 | 8.5 | 0.6 | 0.031 | 25.7 | 0.01 미만 | 0.009 | 56.9 |
| 시청 | 102.0 | 535 | 7.9 | 0.5 | 0.019 | 33.7 | 0.01 미만 | 0.022 | 44.4 |
| 종각 | 79.4 | 562 | 9.5 | 0.6 | 0.032 | 35.0 | 0.01 미만 | 0.016 | 154.4 |
| 종각3가 | 87.7 | 495 | 6.4 | 0.6 | 0.036 | 32.0 | 0.01 미만 | 0.008 | 65.8 |
| 종로5가 | 90.1 | 591 | 10.4 | 0.4 | 0.020 | 29.7 | 0.01 미만 | 0.031 | 158.6 |
| 동대문 | 89.4 | 566 | 9.2 | 0.7 | 0.033 | 28.5 | 0.01 미만 | 0.016 | 97.7 |
| 동묘앞 | 93.6 | 606 | 8.3 | 0.5 | 0.018 | 32.0 | 0.01 미만 | 0.023 | 180.4 |
| 신설동 | 97.1 | 564 | 4.8 | 0.4 | 0.015 | 44.5 | 0.01 미만 | 0.010 | 232.1 |
| 제기동 | 98.7 | 518 | 8.0 | 0.5 | 0.024 | 12.0 | 0.01 미만 | 0.016 | 98.7 |
| 청량리 | 89.5 | 503 | 11.4 | 0.6 | 0.032 | 32.5 | 0.01 미만 | 0.014 | 87.5 |

**보기**

㉠ CO가 1호선 평균보다 낮게 측정된 역사는 종로5가역과 신설동역이다.

㉡ HCHO가 가장 높게 측정된 역과 가장 낮게 측정된 역의 평균은 1호선 평균 HCHO 수치보다 높다.

㉢ 시청역은 PM-10이 가장 높게 측정됐지만, TVOC는 가장 낮게 측정되었다.

㉣ 청량리역은 3가지 항목에서 1호선 평균이 넘는 수치가 측정됐다.

① ㉠, ㉡      ② ㉠, ㉢

③ ㉡, ㉢      ④ ㉡, ㉣

⑤ ㉢, ㉣

**맞춤법 ▶ 유형**

**04** 다음 중 밑줄 친 부분의 맞춤법이 옳지 않은 것은?

① 바리스타로서 자부심을 가지고 커피를 내렸다.

② 어제는 왠지 피곤한 하루였다.

③ 용감한 시민의 제보로 진실이 드러났다.

④ 점심을 먹은 뒤 바로 설것이를 했다.

**한국중부발전**

**글의 제목 ▶ 유형**

**01** 다음 글의 제목으로 가장 적절한 것은?

> 기온이 높아지는 여름이 되면 운전자들은 자동차 에어컨을 켜기 시작한다. 그러나 겨우내 켜지 않았던 에어컨에서는 간혹 나오는 바람이 시원하지 않거나 퀴퀴한 냄새가 나는 경우가 있다. 이러한 증상이 나타난다면 에어컨 필터를 점검해 봐야 한다. 자동차에서 에어컨을 켜게 되면 외부의 공기가 냉각기를 거쳐 차량 내부로 들어오게 되는데, 이때 에어컨 필터는 외부의 미세먼지, 매연, 세균 등의 오염물질을 걸러주는 역할을 한다. 이 과정에서 필터 표면에 먼지가 쌓이는데 필터를 교체하지 않고 오랫동안 방치하면 먼지에 들러붙은 습기로 인해 곰팡이가 생겨 퀴퀴한 냄새의 원인이 된다. 이를 방치하여 에어컨 바람을 타고 곰팡이의 포자가 차량 내부에 유입되면 알레르기나 각종 호흡기 질환의 원인이 된다. 그러므로 자동차 에어컨 필터는 주기적으로 교체해 주어야 한다. 일반적인 교체 주기는 봄·가을처럼 6개월마다 교체하거나, 주행거리 10,000km마다 하는 것이 적당하다. 최근에는 심한 미세먼지로 인해 3개월 주기로 교체하기도 하며, 운전자가 비포장 도로 등의 먼지가 많은 곳을 자주 주행한다면 5,000km에 한 번씩 교체해야 한다.
> 자동차 에어컨 필터 교체는 정비소에 가서 교체하거나, 운전자 스스로 교체할 수 있다. 운전자가 셀프로 교체하는 경우 다양한 필터를 자신의 드라이빙 환경에 맞춰 선택할 수 있고, 비용도 1만 원 안팎으로 저렴하게 교체할 수 있다. 제품 설명서나 교체 동영상 등을 참고하면 혼자서도 쉽게 에어컨 필터를 교체할 수 있다. 에어컨 필터는 필터의 종류에 따라 크게 순정 필터, 헤파(HEPA; High Efficiency Particulate Air) 필터, 활성탄 필터로 구분된다. 순정 필터는 자동차 출고 시 장착되는

**한국남동발전**

**비행기 시각 ▶ 유형**

※ K공사에서 근무하는 A부장은 적도기니로 출장을 가려고 한다. 이어지는 질문에 답하시오. **[3~4]**

〈경유지, 도착지 현지시각〉

| 국가(도시) | 현지시각 |
| --- | --- |
| 한국(인천) | 2024. 08. 05 AM 08:40 |
| 중국(광저우) | 2024. 08. 05 AM 07:40 |
| 에티오피아(아디스아바바) | 2024. 08. 05 AM 02:40 |
| 적도기니(말라보) | 2024. 08. 05 AM 00:40 |

〈경로별 비행시간〉

| 비행경로 | 비행시간 |
| --- | --- |
| 인천 → 광저우 | 3시간 50분 |
| 광저우 → 아디스아바바 | 11시간 10분 |
| 아디스아바바 → 말라보 | 5시간 55분 |

〈경유지별 경유시간〉

| 경유지 | 경유시간 |
| --- | --- |
| 광저우 | 4시간 55분 |
| 아디스아바바 | 6시간 10분 |

# 도서 200% 활용하기 STRUCTURES

## 공기업 기출복원 모의고사로 최근 출제경향 파악

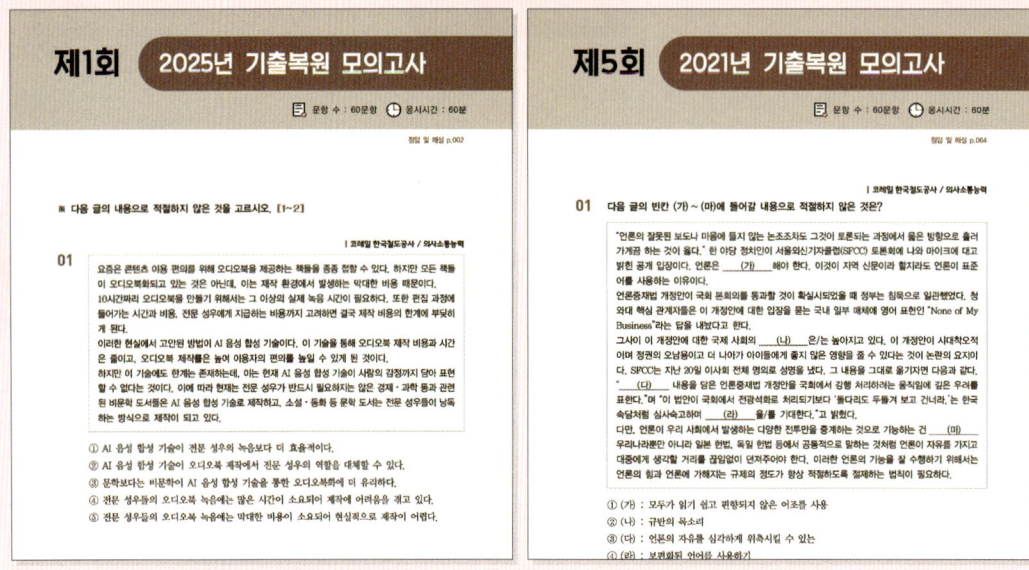

▶ 주요 공기업 NCS 기출복원 모의고사 5회분(2025~2021년)을 통해 필기시험 출제경향을 파악할 수 있도록 하였다.

## 모듈이론＋대표기출유형＋기출응용문제로 영역별 단계적 학습

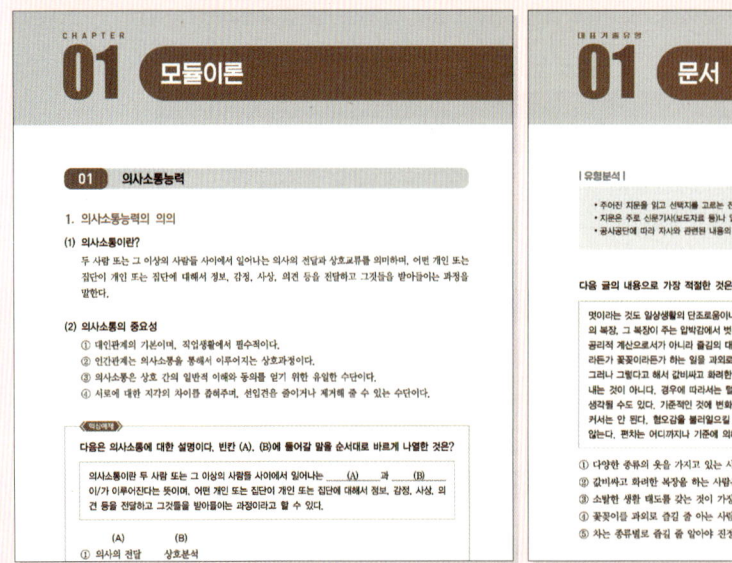

▶ NCS 모듈이론에서 꼭 출제되는 핵심 내용을 압축 수록하여 필기시험에 효율적으로 대비할 수 있도록 하였다.
▶ 직업기초능력평가 대표기출유형&기출응용문제를 수록하여 유형별로 꼼꼼히 파악할 수 있도록 하였다.

## 최종점검 모의고사+OMR을 이용한 실전 연습

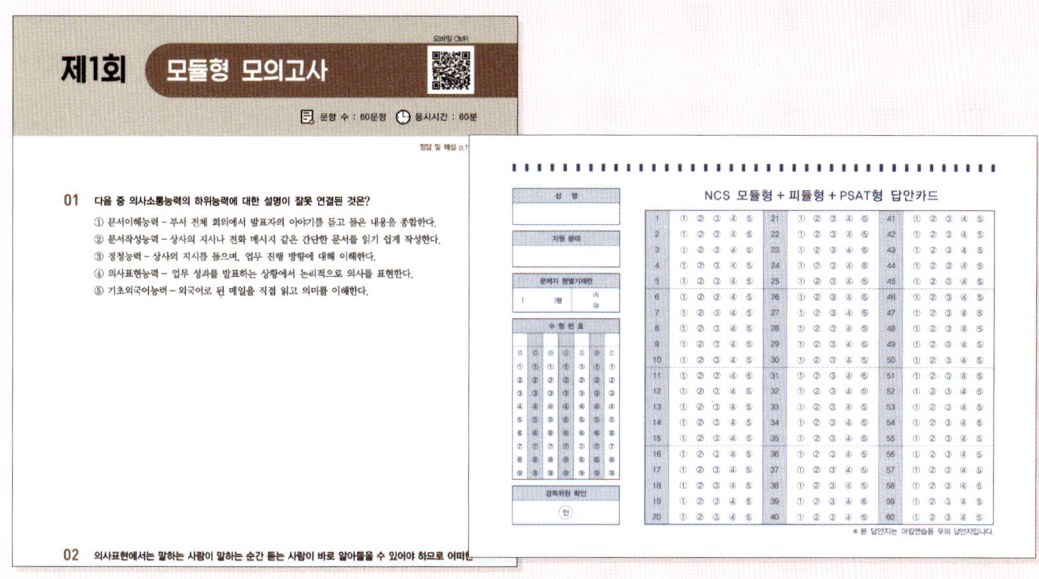

▶ 모듈형 · 피듈형 · PSAT형 모의고사를 1회씩 수록하여 실전처럼 시간을 재고 문제를 풀이할 수 있도록 하였다.

▶ 모바일 OMR 답안채점/성적분석 서비스를 통해 필기시험에 대비할 수 있도록 하였다.

## 상세한 해설로 정답과 오답을 완벽하게 이해

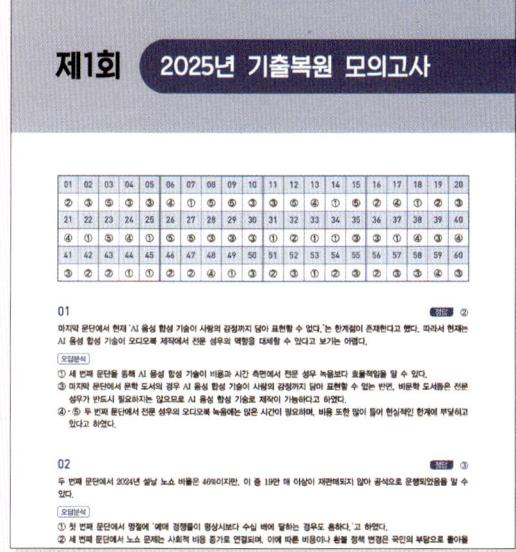

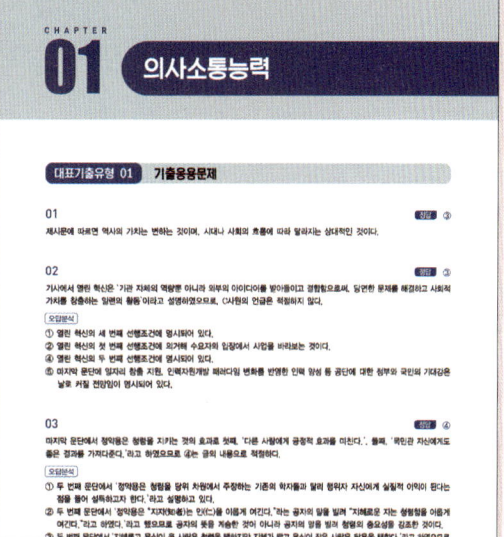

▶ 정답과 오답에 대한 상세한 해설을 수록하여 혼자서도 충분히 학습할 수 있도록 하였다.

# 이 책의 차례 CONTENTS

## PART 1  공기업 기출복원 모의고사

| | |
|---|---|
| 제1회 2025년 기출복원 모의고사 | 2 |
| 제2회 2024년 기출복원 모의고사 | 40 |
| 제3회 2023년 기출복원 모의고사 | 70 |
| 제4회 2022년 기출복원 모의고사 | 106 |
| 제5회 2021년 기출복원 모의고사 | 151 |

## PART 2  직업기초능력평가

| | |
|---|---|
| CHAPTER 01 의사소통능력 | 202 |
| CHAPTER 02 수리능력 | 246 |
| CHAPTER 03 문제해결능력 | 280 |
| CHAPTER 04 자원관리능력 | 312 |
| CHAPTER 05 정보능력 | 340 |
| CHAPTER 06 기술능력 | 362 |
| CHAPTER 07 조직이해능력 | 394 |
| CHAPTER 08 대인관계능력 | 436 |
| CHAPTER 09 자기개발능력 | 458 |
| CHAPTER 10 직업윤리 | 474 |

## PART 3  최종점검 모의고사

| | |
|---|---|
| 제1회 모듈형 모의고사 | 506 |
| 제2회 피듈형 모의고사 | 532 |
| 제3회 PSAT형 모의고사 | 568 |

## PART 4  채용 가이드

| | |
|---|---|
| CHAPTER 01 블라인드 채용 소개 | 612 |
| CHAPTER 02 서류전형 가이드 | 614 |
| CHAPTER 03 인성검사 소개 및 모의테스트 | 621 |
| CHAPTER 04 면접전형 가이드 | 628 |
| CHAPTER 05 주요 공기업 최신 면접 기출질문 | 638 |

## 별    책  정답 및 해설

| | |
|---|---|
| PART 1 공기업 기출복원 모의고사 | 2 |
| PART 2 직업기초능력평가 | 80 |
| PART 3 최종점검 모의고사 | 116 |
| OMR 답안카드 | |

# PART 1

# 공기업
# 기출복원 모의고사

| 제1회 | 2025년 기출복원 모의고사 |
| 제2회 | 2024년 기출복원 모의고사 |
| 제3회 | 2023년 기출복원 모의고사 |
| 제4회 | 2022년 기출복원 모의고사 |
| 제5회 | 2021년 기출복원 모의고사 |

※ 다음 글의 내용으로 적절하지 않은 것을 고르시오. [1~2]

| 코레일 한국철도공사 / 의사소통능력

**01**

요즘은 콘텐츠 이용 편의를 위해 오디오북을 제공하는 책들을 종종 접할 수 있다. 하지만 모든 책들이 오디오북화되고 있는 것은 아닌데, 이는 제작 환경에서 발생하는 막대한 비용 때문이다.

10시간짜리 오디오북을 만들기 위해서는 그 이상의 실제 녹음 시간이 필요하다. 또한 편집 과정에 들어가는 시간과 비용, 전문 성우에게 지급하는 비용까지 고려하면 결국 제작 비용의 한계에 부딪히게 된다.

이러한 현실에서 고안된 방법이 AI 음성 합성 기술이다. 이 기술을 통해 오디오북 제작 비용과 시간은 줄이고, 오디오북 제작률은 높여 이용자의 편의를 높일 수 있게 된 것이다.

하지만 이 기술에도 한계는 존재하는데, 이는 현재 AI 음성 합성 기술이 사람의 감정까지 담아 표현할 수 없다는 것이다. 이에 따라 현재는 전문 성우가 반드시 필요하지는 않은 경제·과학 등과 관련된 비문학 도서들은 AI 음성 합성 기술로 제작하고, 소설·동화 등 문학 도서는 전문 성우들이 낭독하는 방식으로 제작이 되고 있다.

① AI 음성 합성 기술이 전문 성우의 녹음보다 더 효율적이다.

② AI 음성 합성 기술이 오디오북 제작에서 전문 성우의 역할을 대체할 수 있다.

③ 문학보다는 비문학이 AI 음성 합성 기술을 통한 오디오북화에 더 유리하다.

④ 전문 성우들의 오디오북 녹음에는 많은 시간이 소요되어 제작에 어려움을 겪고 있다.

⑤ 전문 성우들의 오디오북 녹음에는 막대한 비용이 소요되어 현실적으로 제작이 어렵다.

**02**

민족의 대명절인 설날과 추석은 가족과 친지를 만나기 위해 전국 각지로 이동하는 사람들이 급증하는 시기다. 이때 코레일의 기차 이용률은 평소보다 훨씬 높아진다. 예매가 시작되면 몇 분 만에 전 노선의 승차권이 매진되고, 예매 경쟁률이 평상시보다 수십 배에 달하는 경우도 흔하다. 그만큼 명절 기간 기차는 국민들의 중요한 이동 수단으로 자리 잡았지만, 최근에는 '노쇼' 문제로 인해 심각한 어려움을 겪고 있다. 이 문제는 명절 기간에 더욱 두드러지며, 해마다 노쇼 비율이 증가하는 추세이다.

2024년 설 연휴 기간 코레일이 판매한 승차권은 약 408만 매에 이른다. 추석 연휴 역시 약 120만 매가 판매되어 명절에 기차 이용 수요가 얼마나 폭발적인지 알 수 있다. 하지만 이 중 상당수가 실제 탑승하지 않아 공석으로 남는 일이 반복되고 있다. 2024년 설날 노쇼 비율은 무려 46%에 달했으며, 이 중 약 19만 매 이상의 좌석이 재판매되지 못해 빈 좌석으로 운행되었다. 추석 연휴에도 비슷한 수준의 노쇼와 공석 운행 문제가 발생했다. 이는 단순히 좌석이 비어 있는 것 이상의 심각한 문제를 야기한다.

공석 운행은 여러 측면에서 부정적인 영향을 끼친다. 우선, 실제로 기차를 타고자 하는 실수요자들이 좌석을 구하지 못하는 상황이 발생한다. 예매 경쟁이 매우 치열한 명절 기간에 노쇼로 인해 좌석이 비어 있음에도 불구하고, 다른 승객들이 그 좌석을 이용하지 못하는 것은 매우 불합리하다. 결국 노쇼는 국민들의 이동권을 제한하는 결과를 낳는다. 두 번째로, 공석 운행은 철도 운영의 효율성을 떨어뜨린다. 빈 좌석을 채우지 못한 채 열차를 운행하는 것은 불필요한 에너지와 인력, 비용 낭비로 이어진다. 이는 코레일뿐 아니라 국가적으로도 큰 손실이다. 세 번째로, 노쇼 문제는 사회적 비용 증가로 연결된다. 노쇼를 줄이기 위한 정책 마련과 시스템 개선에 투입되는 비용, 그리고 이에 따른 환불 정책 변경 등은 모두 국민의 부담으로 돌아올 수밖에 없다.

이러한 문제를 해결하기 위해 코레일은 다양한 대책을 시행하고 있다. 2025년부터 명절 특별 수송 기간에 출발 후 20분까지의 위약금을 기존 15%에서 30%로 상향 조정하는 등 노쇼 억제에 나서고 있으며, 취소·반환 기준 시점을 앞당겨 승객들이 불필요한 예약을 조기에 취소할 수 있도록 유도하고 있다. 이와 함께 좌석 재판매율을 높이기 위한 시스템 개선 작업도 진행 중이다.

하지만 노쇼 문제는 단순히 코레일의 노력만으로 해결되기 어렵다. 근본적인 제도 개선과 국민 인식 변화가 함께 이루어져야 한다. 예매 시스템의 투명성 강화, 노쇼에 대한 법적 제재 강화, 그리고 국민들의 책임감 있는 예약 문화 정착이 필요하다. 또한 실수요자 중심의 예약 정책과 더불어, 노쇼 발생 시 불이익을 명확히 하는 제도적 장치도 마련되어야 한다. 이러한 종합적인 접근이 이루어질 때 비로소 명절 노쇼 문제를 효과적으로 줄이고, 국민 모두가 편리하고 공정하게 기차를 이용할 수 있을 것이다.

① 명절에는 승차권 예매 경쟁이 평소보다 수십 배에 달한다.

② 노쇼로 인해 발생하는 비용은 결국 국민의 부담으로 돌아온다.

③ 2024년 설날에 판매된 승차권 중 46%는 노쇼로 인해 공석으로 운행되었다.

④ 2025년부터 명절 특별 수송 기간에는 승차권 취소 위약금이 평소보다 높아진다.

⑤ 노쇼 문제를 해결하기 위해서는 코레일의 노력뿐만 아니라 국민 의식 변화와 정부의 제도 개선이 필요하다.

**03** 다음 제시된 표현법에 대한 사례로 가장 적절한 것은?

> 관용의 격률이란 자신의 이익은 최소화하고 부담은 최대화하여 말하는 표현법이다. 관용의 격률에 따르면 자신의 부담이 커질수록 상대에게는 예의 있는 표현으로 여겨지기 때문에 어떠한 문제를 자신 탓으로 돌려 말하는 것이라고도 해석된다.

① 민재 : 조은 씨는 좋겠네요. 아들이 훤칠한데 공부까지 잘해서요.
② 지우 : 설명이 너무 어려워서 이해가 되지 않아요. 더 쉽게 설명해 주시겠어요?
③ 다예 : 제가 다음 주에 발표가 있으니, 이번 주까지 자료 정리해서 보내줄 수 있나요?
④ 동현 : 짐을 옮겨야 되는데 너무 무거워서, 미안한데 잠깐 도와 줄 수 있을까요?
⑤ 선주 : 제가 시력이 안 좋아서 잘 보이지가 않네요. 조금 더 크게 보여주실 수 있나요?

**04** 다음 수식을 계산한 결과는 $\dfrac{q}{p}$의 기약분수 형태로 나타낼 수 있으며, $p$와 $q$는 서로소이다. 이때, $q+p$의 값을 구하면?

$$\frac{18 \times (15^2 + 12 + 3)}{90^2 - 2 \times 45 \times 4} + 1$$

① 90
② 100
③ 110
④ 120
⑤ 130

**05** K시의 전철 요금은 1회 탑승 시 1,500원이며, 오전 6시 30분 이전에 탑승할 경우 20%의 할인이 적용된다. K시에 사는 A씨는 전철을 이용하여 한 달간 총 22일의 출근과 퇴근을 할 예정이다. 한 달 전철 요금을 62,000원 이하로 유지하려면 A씨가 할인을 받아야 하는 날은 최소 며칠이어야 하는가?(단, A씨는 오후 6시에 회사에서 퇴근한다)

① 12일
② 13일
③ 14일
④ 15일
⑤ 16일

**06** 다음은 K쇼핑몰에서 판매된 상품에 대한 월별 리뷰 수와 반품 및 환불률을 조사한 자료이다. 상품을 구매한 사람이 모두 1건씩 리뷰를 작성하였다고 가정할 때, 조사기간 동안 발생한 반품 건수와 환불 건수를 모두 합하면?

〈K쇼핑몰 월별 리뷰 수 및 반품 · 환불 비율〉

(단위 : 건, %)

| 구분 | 리뷰 수 | 반품률 | 환불률 |
| --- | --- | --- | --- |
| 1월 | 1,000 | 3 | 2 |
| 2월 | 1,200 | 2 | 3 |
| 3월 | 1,500 | 4 | 1 |
| 4월 | 1,300 | 3 | 2 |

① 240건
② 246건
③ 248건
④ 250건
⑤ 252건

**07** K공사의 사내 보안시스템은 숫자 1부터 6까지를 사용해 4자리 비밀번호를 설정할 수 있다. 이때, 다음 〈조건〉을 만족하는 4자리 비밀번호는 모두 몇 가지인가?

**조건**
- 각 자릿수에는 1부터 6까지의 숫자 중 하나가 들어간다.
- 같은 숫자는 최대 2번까지만 사용할 수 있다.
  예 1123, 2331, 4455 가능 / 1112, 2122, 4444 불가능

① 1,170가지
② 1,196가지
③ 1,236가지
④ 1,241가지
⑤ 1,296가지

**08** 다음은 서울시 전철 3개 주요 역사에서 시간대별 탑승 및 하차 인원수를 정리한 자료이다. 이에 대한 설명으로 옳은 것은?

〈서울시 전철 3개 주요 역사 시간대별 탑승 및 하차 인원수〉

(단위 : 명)

| 구분 | 역삼역 | | 시청역 | | 구로디지털단지역 | |
|---|---|---|---|---|---|---|
| | 탑승 | 하차 | 탑승 | 하차 | 탑승 | 하차 |
| 07:00 ~ 09:00 (출근시간) | 1,150 | 350 | 620 | 870 | 2,300 | 400 |
| 12:00 ~ 14:00 (점심시간) | 480 | 520 | 530 | 500 | 900 | 950 |
| 17:00 ~ 19:00 (퇴근시간) | 390 | 1,250 | 420 | 1,480 | 280 | 2,150 |

① 역삼역은 모든 시간대에서 탑승 인원이 하차 인원보다 많다.
② 시청역은 점심시간대보다 퇴근시간대에 탑승 인원이 더 많다.
③ 역삼역은 전 시간대를 통틀어 탑승보다 하차 인원이 많은 유일한 역이다.
④ 시청역은 출근시간대 대비 퇴근시간대 하차 인원의 증가 폭이 역삼역보다 크다.
⑤ 구로디지털단지역은 퇴근시간대 하차 인원이 출근시간대 하차 인원의 5배 이상이다.

**09** K공사 직원 A ~ G 7명이 100m 달리기로 체력 테스트를 진행하였다. 직원들의 달리기 기록이 〈조건〉과 같을 때, 가장 빠른 사람과 가장 느린 사람의 속력 차이의 절댓값은?(단, 속력은 소수점 둘째 자리까지 계산하고, 속력 단위는 m/s로 한다)

> **조건**
> • A는 100m를 13초에 완주했다.
> • B는 A보다 0.5초 빠르다.
> • C는 B보다 0.4초 느리다.
> • D는 C보다 0.2초 빠르다.
> • E는 D보다 0.3초 느리다.
> • F는 E보다 0.1초 빠르다.
> • G는 A보다 1.0초 느리다.

① 0.74m/s      ② 0.77m/s
③ 0.80m/s      ④ 0.83m/s
⑤ 0.86m/s

**10** 셔틀버스 A ~ C는 K역에서 출발하여 같은 노선을 운행한 뒤 K역으로 돌아온다. 셔틀버스 A ~ C의 운행시간이 각각 12분, 16분, 30분이고, 오전 10시에 동시에 출발하였다면, 모든 셔틀버스가 동시에 K역에 도착하는 시간은?(단, 정차 및 교통상황 등 운행시간 외에 다른 요소는 고려하지 않고, K역에 돌아온 셔틀버스는 즉시 기존 노선으로 다시 출발한다)

① 오전 11시
② 오후 12시
③ 오후 2시
④ 오후 3시
⑤ 오후 4시

**11** K역에서 일정 시간 동안 조사한 결과, 조사시간 내 전체 코레일 이용객 수는 60명이었다. 이 중 KTX 이용객이 36명, SRT 이용객이 42명이었고, 이용객 중 일부는 두 열차를 모두 이용하였다. 이때, SRT만 이용한 고객은 몇 명인가?

① 18명
② 20명
③ 24명
④ 30명
⑤ 36명

**12** 다음은 2019년부터 2024년까지의 노인 취업자 수 추이를 나타낸 그래프이다. 이에 대한 설명으로 옳은 것은?

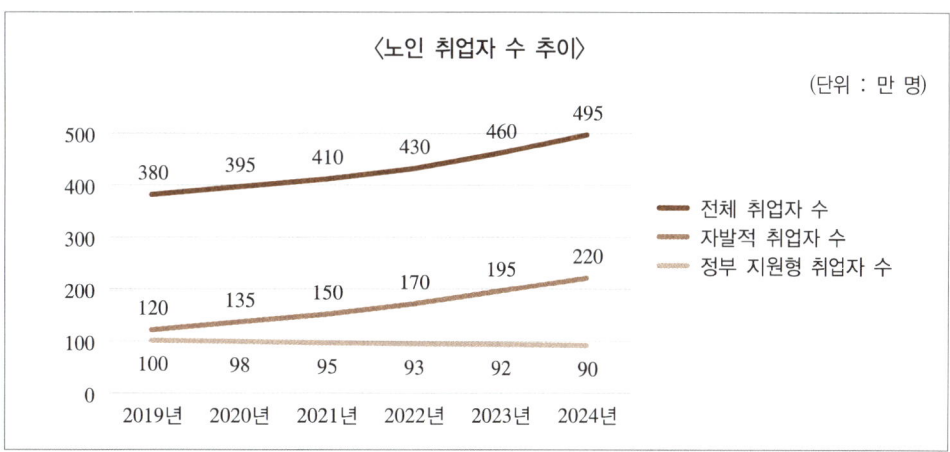

① 정부 지원형 취업자 수는 꾸준히 증가하고 있다.
② 노인 취업자의 증가는 전적으로 정부 일자리 확대에 의한 것이다.
③ 전체 노인 취업자 수는 감소하고 있지만, 자발적 취업자는 증가하고 있다.
④ 자발적으로 취업하는 노인의 수는 정부 지원 취업자 수에 비해 점점 줄고 있다.
⑤ 자발적 취업자 수는 매년 증가하고 있으며, 이는 정부 지원 일자리 증가와는 별개의 흐름이다.

**13** 다음은 최근 5년간 산사태로 인한 피해면적과 해당 연도의 복구비용을 나타낸 그래프이다. 이에 대한 설명으로 옳은 것은?

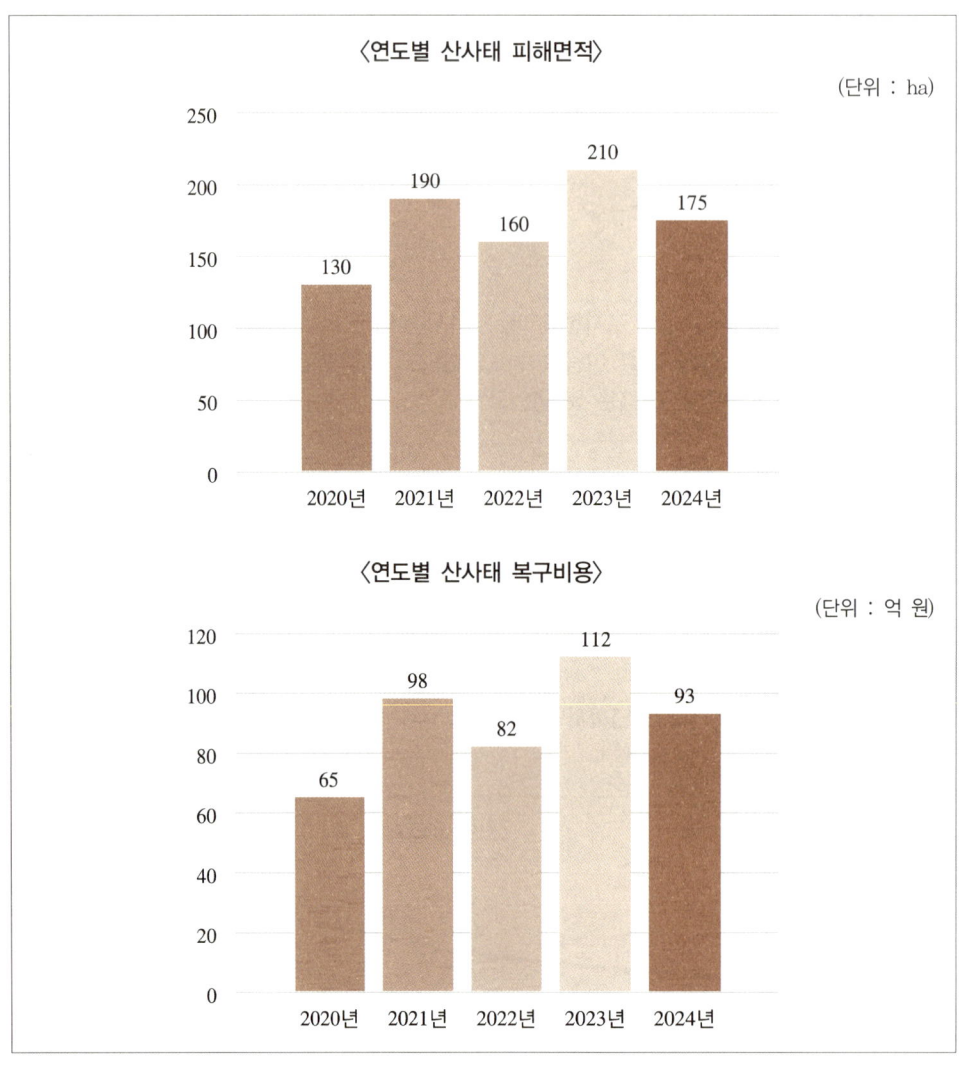

〈연도별 산사태 피해면적〉

(단위 : ha)

〈연도별 산사태 복구비용〉

(단위 : 억 원)

① 2022년은 피해면적 대비 복구비용이 가장 높았다.

② 복구비용은 2020년부터 매년 증가하였다.

③ 매년 피해면적 1ha당 복구비용은 일정하게 유지되었다.

④ 피해면적과 복구비용이 모두 가장 높았던 해는 2023년이다.

⑤ 2024년에는 피해면적이 전년보다 줄었으나, 복구비용은 전년보다 늘었다.

**14** 다음 사례에서 나타나는 창의적 사고 개발방법으로 가장 적절한 것은?

> 3개의 노선이 교차하는 환승역인 K역은 복잡한 역사 구조로 인해 승객들이 길을 헤매는 문제가 있다. A주임은 이러한 문제를 창의적으로 해결하기 위해 지하철역과 비슷하게 사람이 많고 구조가 복잡한 쇼핑센터의 사례를 탐색하였다. 탐색 결과 쇼핑센터에서 입점 가게 위치를 스마트폰 증강현실 지도로 보여주는 기술이 있음을 확인하고, 이를 바탕으로 K역에 적용하여 QR코드를 찍고, 환승구역이나 나가는 곳을 입력하면, 그 위치를 스마트폰 증강현실을 통해 안내하는 서비스를 기획하였다.

① NM법  
② Synectics  
③ 체크리스트  
④ SCAMPER  
⑤ 브레인스토밍

**15** 다음 사례에서 나타나는 A씨의 논리적 오류로 가장 적절한 것은?

> 매일 지하철을 이용하여 출퇴근하는 A씨는 혼잡해진 지하철 상황에 불만을 가지고 있다. 어느 날 혼잡한 출근 시간에 지하철이 흔들려 어떤 학생이 A씨와 부딪히게 되었다. 부딪힌 학생은 즉시 A씨에게 사과하였지만, A씨는 화를 내며 요즘 젊은이들은 전부 조심성도 없고 남을 배려하지도 않는다고 학생을 비난하였다.

① 무지의 오류  
② 결합의 오류  
③ 애매성의 오류  
④ 과대 해석의 오류  
⑤ 성급한 일반화의 오류

**16** 다음은 철도사업을 수행하는 K공사에 대한 SWOT 분석 결과이다. 기회(Opportunity)요인에 해당하는 사례를 〈보기〉에서 모두 고르면?

> **보기**
> ㄱ. 신재생 관련 법안 개정으로 인한 철도 이용객 수 증가
> ㄴ. 높은 국내 철도망 운영 노하우
> ㄷ. 도시철도에 대한 민간투자의 확대
> ㄹ. 정부의 교통요금 동결 정책 지속
> ㅁ. 직원 수 부족으로 인해 저조한 고객 만족도
> ㅂ. 글로벌 공동 철도 프로젝트 참여

① ㄱ, ㄴ, ㅁ  
② ㄱ, ㄷ, ㅂ  
③ ㄴ, ㄷ, ㄹ  
④ ㄴ, ㅁ, ㅂ  
⑤ ㄷ, ㅁ, ㅂ

**17** 다음은 K철도공사의 문제해결 사례이다. 〈보기〉의 사례와 문제해결 방법을 바르게 연결한 것은?

> **보기**
>
> ㄱ. K철도공사는 65세 이상의 노인을 위한 복지 정책으로 노인 무임승차제도를 실시하고 있다. 그러나 K철도공사의 재정문제와 더불어 이용자 세대별 형평성 문제로 인해 무임승차 혜택에 대해 이용자들의 갈등이 첨예해졌다. 이 문제를 해결하기 위해 A차장은 노인 이용자 대표를 K철도공사에 초청하여 노인 무임승차제도 혜택 축소를 목적으로 합의점을 찾기 위한 토론회를 개최하였다.
>
> ㄴ. 최근 K철도공사의 고객센터에는 노인들이 매표 키오스크를 사용하기 불편하다는 불만이 자주 들어오고 있다. A센터장은 직원들에게 이 사실을 알리고, 노인 이용자가 편하게 키오스크를 사용할 수 있는 방법을 모색하기 위해 노인 역할극 및 브레인스토밍을 통해 아이디어를 모으도록 유도하였다. 그 결과 직원들의 아이디어를 결합하여 키오스크를 조작하는 동안 잠시 기대어 앉을 수 있는 간이 의자와 주요 기능을 크게 강조하는 방안이 채택되어 노인 이용자들이 편하게 이용할 수 있게 되었다.
>
> ㄷ. 신입사원 B는 철도회사 업무에 익숙하지 않아 발생하는 실수로 팀 내부에서 갈등을 일으키고 있다. 이를 해결하기 위해 A팀장은 B사원에게 철도업무에서 실수가 있을 때, 어떤 상황이 일어날 수 있는지 넌지시 이야기하며 헷갈리는 일이 있을 때는 팀원들의 도움을 받는 것이 좋다고 조언하였고, 다른 팀원들에게는 신입사원 시절에는 모두가 실수가 많았다며 B사원이 업무에 빨리 적응할 수 있도록 도와달라고 격려하였다. 이후 B사원과 다른 팀원들의 노력으로 B사원은 빠르게 업무에 적응하게 되었다.

|   | ㄱ | ㄴ | ㄷ |
|---|---|---|---|
| ① | 소프트 어프로치 | 하드 어프로치 | 퍼실리테이션 |
| ② | 소프트 어프로치 | 퍼실리테이션 | 하드 어프로치 |
| ③ | 하드 어프로치 | 소프트 어프로치 | 퍼실리테이션 |
| ④ | 하드 어프로치 | 퍼실리테이션 | 소프트 어프로치 |
| ⑤ | 퍼실리테이션 | 소프트 어프로치 | 하드 어프로치 |

**18** 다음 사례에서 A직원이 실시한 문제해결 절차의 단계는?

> K역에서 근무하는 A직원은 최근 직장 내의 호흡기 질환에 걸린 직원이 증가했음을 파악하였다. 업무에 지장이 있을 정도로 병가를 낸 직원이 많아지자, A직원은 이를 해결하기 위하여 복귀한 직원들을 대상으로 질의응답을 실시하였다. 최종적으로 역사 내 공기질 저하가 직원들의 건강을 해쳤음을 파악하고, 역사 내 공기질 저하 문제를 해결하기로 하였다.

① 문제 인식
② 문제 도출
③ 원인 분석
④ 해결안 개발
⑤ 실행 및 평가

**19** 다음 중 제시된 단어와 가장 비슷한 어휘는?

| 된서리 |
| --- |

① 타계(他界)  ② 타격(打擊)

③ 타점(打點)  ④ 타락(墮落)

⑤ 타산(打算)

**20** 다음 중 빈칸에 들어갈 단어로 가장 적절한 것은?

| 정조는 애민주의를 _____하며 백성들을 위한 정책을 펼쳤다. |
| --- |

① 표징(表徵)  ② 표집(標集)

③ 표방(標榜)  ④ 표류(漂流)

⑤ 표리(表裏)

※ 다음 글의 주제로 가장 적절한 것을 고르시오. [21~22]

**21**

온실가스를 적게 배출하면서도 높은 경제성을 가진 원자력 발전소는 원전에서 나오는 방사성 물질의 차단이나, 외부 오염물질의 유입을 방지하기 위한 강력한 공기조화시스템(공조시스템)이 필요하다. 특히 공기 중으로 떠다닐 수 있는 에어로졸 형태의 방사성 물질 크기는 $1 \sim 10\mu m$ 정도의 아주 작은 물질이지만, 높은 밀도의 방사성 기체는 인체에 치명적일 수 있으며, 환경 오염문제 또한 발생할 수 있다. 따라서 원자력 발전소의 공조시스템에는 이러한 미립자를 걸러내기 위하여 헤파필터(HEPA Filter)를 사용하고 있다.

헤파필터는 'High Efficiency Particulate Air Filter'의 약자로, 공기 중의 아주 미세한 입자까지 효과적으로 걸러내는 고성능 필터이다. 일상생활에서는 주로 공기청정기, 진공청소기, 에어컨 등에 사용되며, $0.3\mu m$ 크기의 입자(MPPS; Most Penetrating Particle Size)를 99.97% 이상 포획할 수 있는 고성능 필터이다. 헤파필터는 주로 유리섬유나 폴리프로필렌 같은 합성섬유로 만들어지는데, $0.5 \sim 2.0\mu m$의 섬유가 불규칙하게 얽혀 있는 거미줄 구조로 구성되어 있다. 오염물질이 포함된 공기가 헤파필터를 통과할 때, 헤파필터의 간격보다 큰 오염물질은 걸러지고 그보다 작은 오염물질은 공기 흐름을 따라 진행하다 섬유에 닿아 달라붙게 된다. 헤파필터는 등급에 따라 E10(85%), E11(95%), E12(99.5%), H13(99.75%), H14(99.975%) 등으로 나뉘며, 등급이 높을수록 더 작은 입자까지 더 많이 걸러낼 수 있다. 특히 H13 이상을 트루 헤파필터라고 부르며 원자력 발전소의 경우 H13 이상의 트루 헤파필터를 사용하는 등 일반적인 산업용 필터보다 더욱 엄격한 기준을 충족해야 한다.

이처럼 헤파필터는 원자력 발전소의 안전을 지키는 핵심 장치로 방사성 입자와 미세먼지, 바이러스까지도 효과적으로 제거하는 중요한 역할을 한다. 특히 헤파필터의 정화 성능을 보장하기 위하여 ASME AG-1이나 KEPIC-MH 등 국내외에서 기술기준을 정해 시설, 유지, 보수 등 관리법의 기준을 제시하고 있으며, 엄격한 안전관리가 필요한 원자력 발전소 특성상 없어서는 안 될 중요한 안전 설비이다.

① 헤파필터의 여과 원리
② 헤파필터의 등급별 성능
③ 방사성 물질의 위험과 대처 방법
④ 원자력 발전소에서의 헤파필터의 역할
⑤ 원자력 발전소의 발전 효율과 미래 전망

**22**

결핵은 기원전 7,000년경 석기 시대의 화석에서도 흔적이 발견될 만큼 인류와 오랜 시간을 함께 해온 질병이다. 결핵균(Mycobacterium Tuberculosis)에 의해 발병하는 결핵은 치료법이 없던 시기에는 수많은 사람들의 생명을 앗아가 백색 페스트라고 불릴 정도로 전염성과 치명률이 높은 질병이다.

그러나 결핵균에 감염된다 하더라도 모든 사람이 즉시 결핵이 발병하지는 않는다. 상당수의 감염자는 결핵균에 노출된 후에도 바로 증상을 보이지 않는데, 이를 잠복결핵감염(LTBI; Latent TuBerculosis Infection)이라 한다. 잠복결핵감염은 결핵균에 감염되어 있지만, 몸속에 들어온 결핵균이 활동하지 않아 결핵 증상이 없고, 몸 밖으로 균이 배출되지 않아 전염성 또한 없는 상태이다. 증상과 전염성이 없어 잠복결핵감염은 별것 아닌 것 같아 보이지만, 이는 면역체계가 결핵균을 억제하고 있기 때문이며, 면역력이 약해지는 경우 언제든지 결핵으로 이어질 가능성이 있음을 의미한다.

잠복결핵감염이 결핵으로 악화되는 경우는 약 5 ~ 10% 수준으로 특히 고령자, 당뇨병 환자, 면역억제 치료를 받는 환자 등 면역력이 저하된 사람들에게서 더욱 빈번하게 발생한다. 잠복결핵감염이 활동성 결핵으로 진행된 경우 이미 다른 요인에 의해 면역력이 떨어진 상황이므로 독성이 더욱 강력하며, 본인은 물론 주변 사람들에게도 광범위하게 결핵을 전파할 수 있어 공중보건상의 심각한 문제를 야기한다.

잠복결핵감염은 증상이 없기 때문에 본인이 감염 사실을 인지하지 못하는 경우가 많다. 따라서 결핵 발생률이 높은 국가에서는 결핵 환자와 밀접하게 접촉한 사람, 면역 저하자, 의료업계 종사자 등 고위험군을 대상으로 잠복결핵감염 검사를 권고하고 있다. 대표적인 검사 방법으로는 투베르쿨린 피부반응 검사(TST)와 인터페론 감마 분비 검사(IGRA)가 있다. 만일 잠복결핵감염에 양성 반응이 있을 경우 3 ~ 9개월 동안 꾸준한 투약 치료가 필요하며, 적절한 치료를 받을 경우 결핵 발병 확률을 60 ~ 90%까지 예방할 수 있다.

잠복결핵감염의 위험성은 단순히 개인의 건강 문제를 넘어 사회 전체의 공중보건과 직결되는 문제이므로 무증상이라고 방치할 것이 아니라, 적극적인 검사와 예방적 치료를 통해 결핵의 확산을 차단하는 노력이 필요하다. 특히 우리나라의 경우 보건소나 가까운 의료 기관에서 잠복결핵감염 치료를 전액 무료로 치료받을 수 있으므로 평소에 잠복결핵감염에 관심을 가지고, 미연에 예방하는 것이 가장 중요할 것이다.

① 잠복결핵감염의 위험성
② 잠복결핵감염의 치료 과정
③ 잠복결핵의 증상과 전염성
④ 효과적인 결핵의 억제 방법
⑤ 잠복결핵감염이 활동성 결핵으로 이어지는 과정

※ 다음은 J국의 소송에 대한 통계이다. 이어지는 질문에 답하시오. [23~24]

〈연도별 J국 전체 소송 건수〉

(단위 : 건)

| 구분 | 민사소송 | 형사소송 | 기관소송 | 권한쟁의 | 헌법소원 | 합계 |
|---|---|---|---|---|---|---|
| 2019년 | 150,000 | 50,000 | 5,000 | 3,000 | 500 | 208,500 |
| 2020년 | 160,000 | 70,000 | 7,000 | 5,000 | 600 | 242,600 |
| 2021년 | 300,000 | 140,000 | 15,000 | 40,000 | 2,000 | 497,000 |
| 2022년 | 270,000 | 150,000 | 20,000 | 40,000 | 1,900 | 481,900 |
| 2023년 | 310,000 | 130,000 | 17,000 | 50,000 | 2,500 | 509,500 |
| 2024년 | 290,000 | 170,000 | 16,000 | 53,000 | 2,500 | 531,500 |
| 합계 | 1,480,000 | 710,000 | 80,000 | 191,000 | 10,000 | 2,471,000 |

※ J국에서 진행되는 소송은 민사소송, 형사소송, 기관소송, 권한쟁의, 헌법소원만 존재함
※ J국에서 소송은 개인과 기관만 제기할 수 있으며, 기관소송과 권한쟁의는 기관만 제기할 수 있음

〈연도별 J국 개인이 제기한 주요 소송 종류〉

(단위 : 건)

| 구분 | 민사소송 | | | 형사소송 | | | 헌법소원 | 합계 |
|---|---|---|---|---|---|---|---|---|
| | 부동산 | 사기 | 혼인 | 상해 | 사기 | 살인 | | |
| 2019년 | 30,000 | 20,000 | 10,000 | 10,000 | 5,000 | 5,000 | 200 | 80,200 |
| 2020년 | 35,000 | 20,000 | 15,000 | 20,000 | 10,000 | 10,000 | 200 | 110,200 |
| 2021년 | 70,000 | 50,000 | 30,000 | 40,000 | 40,000 | 20,000 | 1,000 | 251,000 |
| 2022년 | 50,000 | 50,000 | 30,000 | 30,000 | 30,000 | 15,000 | 1,000 | 206,000 |
| 2023년 | 50,000 | 60,000 | 20,000 | 20,000 | 30,000 | 10,000 | 1,000 | 191,000 |
| 2024년 | 80,000 | 50,000 | 15,000 | 25,000 | 10,000 | 12,500 | 800 | 193,300 |
| 합계 | 315,000 | 250,000 | 120,000 | 145,000 | 125,000 | 72,500 | 4,200 | 1,031,700 |

〈연도별 J국 기관이 제기한 주요 소송 종류〉

(단위 : 건)

| 구분 | 민사소송 | | 형사소송 | | 헌법소원 | 합계 |
|---|---|---|---|---|---|---|
| | 부동산 | 사기 | 상해 | 사기 | | |
| 2019년 | 20,000 | 10,000 | 20,000 | 10,000 | 300 | 60,300 |
| 2020년 | 15,000 | 10,000 | 15,000 | 10,000 | 400 | 50,400 |
| 2021년 | 50,000 | 40,000 | 20,000 | 5,000 | ( ) | ( ) |
| 2022년 | 40,000 | 30,000 | 10,000 | 5,000 | ( ) | ( ) |
| 2023년 | 30,000 | 30,000 | 5,000 | 10,000 | 1,500 | 76,500 |
| 2024년 | 30,000 | 20,000 | 20,000 | 10,000 | 1,700 | 81,700 |
| 합계 | 185,000 | 140,000 | 90,000 | 50,000 | 5,800 | 470,800 |

**23** 다음 중 제시된 자료를 토대로 잘못 설명한 사람을 〈보기〉에서 모두 고르면?

> **보기**
>
> 가영 : 2019년부터 2024년까지 기관에서만 제기하는 소송 건수의 합은 80,000건이야.
> 나리 : 2021년에 제기된 민사소송 중 개인이 제기한 민사소송의 비율은 50%야.
> 다솜 : 2019년부터 2024년까지 기관이 제기한 헌법소원은 매년 증가했어.
> 라주 : 2021년부터 2024년까지 개인이 제기한 소송은 매년 전년 대비 감소했어.

① 가영, 나리
② 가영, 나리, 다솜
③ 가영, 다솜, 라주
④ 나리, 다솜, 라주
⑤ 가영, 나리, 다솜, 라주

**24** 다음은 제시된 자료를 토대로 작성한 보고서이다. 옳지 않은 것은?

> **〈J국 개인·기관 소송 보고서〉**
>
> ① J국의 전체 소송 건수는 2019년부터 2021년까지 그리고 2022년부터 2024년까지 증가하는 추세를 보이고 있으며, 특히 2021년의 경우 전년 대비 소송 제기 건수가 큰 폭으로 증가했는데 이는 전자 소송이 활성화되기 시작했기 때문으로 보인다.
> 민사소송과 형사소송에 있어 사기는 모두 주요 소송의 유형으로 집계되었는데, ② 사기소송 유형이 민사소송에서 차지하는 비율은 형사소송에서 차지하는 비율보다 크다. ③ 또한 기관에서만 제기하는 소송의 총합 건수는 매년 전년 대비 증가하였다. 이는 기관이 소송을 자제하던 분위기가 풀려가면서 발생한 것으로 보인다.
> 이와 함께 2023년부터 2024년까지 전체 소송의 건수는 감소하였다가 증가하는 추세를 보이고 있는데, ④ 이에 따라 기관에서 제기한 기관소송 및 권한쟁의 건수의 비율 역시 2023년부터 2024년까지 전년 대비 증가하였다. ⑤ 마지막으로, 개인이 제기한 형사소송에서 상해 대비 살인의 비율은 매년 동일하다.

**25** 다음은 K식당의 메뉴에 따른 판매가격과 재료비 및 고정비용에 대한 정보이다. 손익분기점을 넘기 위해 필요한 판매량이 가장 많은 메뉴는?

〈K식당 메뉴의 판매가격 · 재료비 · 고정비용〉

(단위 : 원)

| 구분 | 판매가격 | 재료비 | 고정비용 |
|------|---------|--------|----------|
| 제육볶음 | 10,000 | 2,000 | 2,800,000 |
| 오징어볶음 | 12,000 | 2,000 | 3,300,000 |
| 돈가스 | 9,000 | 1,500 | 2,600,000 |
| 라면 | 6,000 | 800 | 1,800,000 |
| 고등어구이 | 11,000 | 2,000 | 3,100,000 |

※ 판매가격과 재료비는 1인분당 비용임
※ 손익분기점을 넘기기 위해서는 순이익(판매가격-재료비)이 고정비용을 초과해야 함

① 제육볶음　　　　　　　　　② 오징어볶음
③ 돈가스　　　　　　　　　　④ 라면
⑤ 고등어구이

**26** K주임이 다음 〈조건〉에 따라 출장을 갈 때, K주임이 C지점에 도착한 시각과 A지점에서 C지점까지 이동할 때의 평균 속력이 바르게 연결된 것은?(단, 평균 속력에는 B지점에서의 업무 시간을 포함하지 않으며, 가속 · 정차 등 제시된 조건 이외의 사항은 고려하지 않는다)

조건
- K주임은 A지점에서 정오에 회사 차량을 이용하여 출장을 간다.
- K주임의 이동 경로는 A지점 → B지점 → C지점 순서이다.
- A지점에서 B지점까지 100km/h로 이동하였다.
- B지점에서 C까지는 80km/h로 이동하였다.
- A지점에서 C지점까지의 거리는 190km이다.
- A지점에서 B지점까지의 거리는 B지점에서 C지점까지의 거리보다 110km 길다.
- K사원은 B지점에 도착하여 1시간 업무를 수행하였다.

　　　도착 시각　　평균 속력
① 오후 2시　　　90km/h
② 오후 2시　　　92km/h
③ 오후 2시　　　95km/h
④ 오후 3시　　　90km/h
⑤ 오후 3시　　　95km/h

**27** 다음 중 J공사 직원들이 본회의를 시작할 수 있는 가장 빠른 시각은?

> J공사의 직원들은 공사 프로젝트 회의를 1시간 농안 신행하려고 한다. 회의 시직 30분 전에는 반드시 회의실에서 회의 준비를 해야 하며, 본회의 이후 30분 동안 회의록을 작성해야 한다. 회의 준비, 본회의, 회의록 작성은 다음 조건에 따라 연속적으로 이루어져야 한다.
> • 회의실은 오전 9시부터 오후 6시 사이에 사용할 수 있다.
> • J공사의 점심시간은 12:00 ~ 13:00로 이 시간에는 회의 및 준비, 회의록 작성이 불가능하다.
> • 참석자 중 1명은 15:00 ~ 16:00에 외부 미팅이 있어 이 시간에는 회의 및 준비, 회의록 작성이 불가능하다.
> • 현재 회의실은 10:00 ~ 10:30, 14:00 ~ 14:30에 이미 예약되어 사용할 수 없다.

① 오전 9시 30분  ② 오전 11시
③ 오후 1시  ④ 오후 4시
⑤ 오후 4시 30분

**28** 다음은 제20회 J국가자격 필기시험 결과이다. 이를 토대로 할 때 합격한 사람은 모두 몇 명인가?

〈제20회 J국가자격 필기시험 결과〉

(단위 : 점)

| 구분 | 필기시험 | | | | 가점 |
|---|---|---|---|---|---|
| | 객관식 1과목 | 객관식 2과목 | 논술형 | 약술형 | |
| A | 85 | 52 | 61 | 57 | 6 |
| B | 75 | 71 | 67 | 81 | – |
| C | 67 | 81 | 72 | 54 | 2 |
| D | 87 | 72 | 57 | 48 | 5 |
| E | 66 | 82 | 58 | 78 | – |

※ 한 과목이라도 50점 이하 득점 시 과락 처리
※ 전체 평균 점수에 가점을 합하여 70점 이상 득점 시 합격

① 1명  ② 2명
③ 3명  ④ 4명
⑤ 5명

**29** 다음 중 SSD와 비교했을 때 HDD의 특징으로 옳은 것은?

① 무게가 가볍다.

② 전력 소모가 적다.

③ 가격이 저렴하다.

④ 데이터 접근 속도가 빠르다.

⑤ 외부 충격에 대한 내구력이 높다.

**30** 다음 중 점수(참조 대상)가 90점 이상이면 '합격'을, 그렇지 않으면 '불합격'을 출력하는 엑셀 함수식으로 옳은 것은?

① =IF(참조 대상>90, "합격", "불합격")

② =IF(참조 대상>=90, "불합격", "합격")

③ =IF(참조 대상>=90, "합격", "불합격")

④ =CHOOSE(참조 대상<=90, "불합격", "합격")

⑤ =CHOOSE(참조 대상>=90, "합격", "불합격")

**31** 다음 중 워드프로세서인 한글 2010 이상에서 클릭하면 검정색으로 표시되는 체크박스를 만들기 위한 순서로 옳은 것은?

① [입력] → [양식 개체] → [선택 상자]

② [도구] → [매크로] → [체크박스 만들기]

③ [서식] → [문단 모양] → [체크박스 추가]

④ [보기] → [도구 상자] → [체크박스 그리기]

⑤ [입력] → [문자표] → [특수문자] → [□ 기호 삽입]

PART 1

**32** 다음 중 엑셀에서 「＝A1＋B1」 수식을 [C2] 셀에 상대참조 복사했을 때의 수식으로 옳은 것은?

① 「＝A1＋B1」　　　　　　　　　② 「＝A2＋B2」

③ 「＝AA1＋BB1」　　　　　　　　④ 「＝A1＋A1＋B2」

⑤ 「＝A2＋B2＋B1」

**33** 다음 글의 주제로 가장 적절한 것은?

일생에 한 번쯤 누구나 경험할 수 있는 건강 문제인 허리 통증은 다양한 원인으로 인해 발생한다. 허리 통증은 나이 증가에 따른 허리 근력 약화, 허리에 무리를 주는 취미생활, 임신과 출산을 경험한 여성 등 개인적 요인으로 인해 발생할 수 있지만, 가장 큰 원인은 바로 직업적 요인이다.

첫 번째 직업적 요인은 중량물 취급이다. 중량물을 한 번만 들어도 급성 요통이나 추간판탈출증이 발생할 수 있으며, 이러한 작업을 반복하면 허리 통증의 위험이 더욱 높아질 뿐 아니라 척추와 추간판의 퇴행성 변화가 촉진되어 추간판탈출증과 척추협착증의 위험도 증가한다. 특히 10kg 이상의 물건을 들어야 할 때는 허리를 구부려 드는 것이 아니라, 물건을 몸에 밀착시키고 다리의 힘으로 들어 올려야 한다는 점에 유의해야 한다.

두 번째 직업적 요인은 허리의 자세이다. 허리를 앞으로 혹은 옆으로 구부리거나 비트는 동작은 허리가 구부러지는 각도가 커질수록 추간판에 가해지는 압력이 증가해 허리 부상의 위험이 높아진다. 특히 구부린 자세로 장시간 작업할 경우 허리 통증과 추간판탈출증이 유발될 수 있다. 실제로 건설 노동자나 조선업 노동자처럼 허리 구부림이 많은 업종에서 타 업종보다 허리 통증 관련 산재 신청률과 승인율이 높은 것으로 알려져 있다.

마지막 직업적 요인은 전신 진동이다. 전신 진동은 몸 전체가 상하로 흔들리는 상태로, 주로 버스, 트럭, 건설용 차량 운전자가 경험한다. 이러한 진동은 척추와 추간판에 자극을 가해 퇴행성 변화를 일으키고, 결국 추간판탈출증과 척추협착증의 위험을 높인다. 최근 도로 노면이 개선되고 버스 운전석 의자에 진동 흡수 기능이 도입되면서 위험성이 줄었으나, 트럭이나 건설장비 운전자는 여전히 허리 질환에 노출되어 있다.

① 허리 통증의 직업적 요인
② 허리 질환별 통증 관리 방법
③ 직업에 따라 다르게 유발되는 허리 질환
④ 직업 환경에 따라 다른 허리 통증 관련 산재 신청 빈도

**34** 다음은 보건의료 빅데이터 심포지엄의 발표 순서이다. 이를 참고할 때, 각 발표자의 자료 준비로 적절하지 않은 것은?

---

〈2024년 보건의료 빅데이터 활용 성과공유 심포지엄〉

**1부 : 빅데이터 · AI 기반 건강보험 서비스 혁신**

1. 인공지능(AI) 기술을 통해 공단이 어떻게 데이터 기반의 가입자 맞춤형 서비스를 제공하고, 보험자의 역할을 보다 강화할 수 있을지에 대한 비전
   － ○○대병원 A교수

2. 'sLLM(소형 언어 모델)을 활용한 건강보험 내 · 외부 서비스 향상'을 주제로 인공지능(AI) 기술을 통한 고객 서비스와 업무 효율성 증대 사례
   － ○○대 B교수

3. 공단이 보유한 방대한 건강보험 데이터를 어떻게 인공지능(AI)을 통해 분석하고 활용할 수 있는지에 대한 방안
   － 공단 C실장(빅데이터연구개발실)

**2부 : 건강보험 빅데이터를 활용한 우수 연구 성과**

1. 야간 인공조명이 인간의 건강에 미치는 영향에 대한 분석 결과
   － ○○대 D교수

2. 결핵 빅데이터인 국가결핵통합자료원(K-TB-N Cohort) 구축을 통해 국가 결핵 관리 정책 · 사업의 효과를 평가, 정책을 수립 · 보완할 근거를 생산
   － ○○청 E과장

3. 병원 내에서 발생하는 폐렴 데이터의 분석을 통해, 이를 예방하기 위한 실효성 있는 병원 내 감염관리 체계 마련 필요성 제시
   － 공단 F팀장(빅데이터연구개발실)

---

① A교수 : 사람과의 직접 대면이 아닌 인공지능 기술로 대체할 수 있는 공단의 서비스에 대한 자료가 필요하겠군.

② B교수 : 인공지능 기술을 활용해 건강보험 서비스를 이용한 고객과 공단 근로자에게 편리성 및 효율성에 대한 설문조사를 진행해야겠군.

③ D교수 : 자연광에만 주로 노출된 사람과 자연광과 더불어 인공조명에 많이 노출된 사람의 건강 상태를 비교할 수 있는 자료가 필요하겠군.

④ F팀장 : 병원 내 병동별 폐렴 발생 현황과 주로 발병하는 연령대에 대한 조사가 필요하겠군.

**35** 다음 글을 읽고 추론한 내용으로 적절하지 않은 것은?

> 만성질환이란 증상이 극심하지는 않지만 오래 지속되는 질환인 탓에 삶의 질을 저하시키고, 관리를 소홀히 할 경우 합병증의 발생으로 사망까지 이를 수 있어, 운동이나 식이 등 꾸준한 관리가 필요한 질환을 말한다.
>
> 만성질환에는 당뇨·천식·심장병·허리통증 등이 있으며, 만성질환이라 하더라도 모든 운동이 좋은 것은 아니며, 질환별로 또 환자의 상태에 따라 맞는 운동 방법과 강도는 천차만별이다.
>
> 당뇨병의 경우 인슐린 분비량이 없거나 또는 적어 인슐린이 혈당을 낮추는 기능을 정상적으로 수행할 수 없는 상태를 말한다. 따라서 혈당 조절에 효과적인 유산소 운동을 통해 인슐린이 더 효율적으로 사용되도록 하여 혈당 수치를 낮출 수 있다. 또한 규칙적인 유산소 운동은 심혈관계를 향상시켜 심장 건강을 개선시킬 수 있다.
>
> 운동 중 또는 운동 후에 호흡곤란과 반복적이고 발작적인 기침이 나타날 수 있는 천식의 경우 운동시 각별히 주의하여야 한다. 특히 건조하거나 찬 공기가 있는 환경에서 운동하거나, 갑작스레 격렬한 운동을 할 경우 천식 발작이 일어날 수 있다. 따라서 수영과 같이 건조하지 않고, 심장 박동이나 호흡수가 급격히 증가하지 않는 환경에서 운동하는 것이 도움이 될 수 있다.
>
> 허리통증의 경우는 유산소 운동보다는 코어 운동이 도움이 된다. 코어 운동을 통해 척추 주위의 근육이 강화되면서 척추를 지지하는 힘이 늘어나 허리 통증이 감소되는 것이다.

① 당뇨 환자는 달리기나 등산, 수영과 같은 운동을 하는 것이 혈당 개선에 도움이 된다.

② 규칙적인 걷기 운동은 당뇨 환자와 심장병 환자의 질환을 개선시킬 수 있다.

③ 천식 환자는 심장박동 및 호흡수를 증가시키는 달리기나 줄넘기보다는 등산이 좋다.

④ 허리 통증을 가진 환자에게는 허리의 중심 부위를 강화시키는 플랭크나 브릿지와 같은 운동이 좋다.

**36** 다음 문단 뒤에 이어질 내용을 논리적 순서대로 바르게 나열한 것은?

> 국민건깅보험공단은 담배 소송 제12차 변론에서 직집 손해배상 청구권을 포힘해 지금까지의 주요 쟁점에 관련한 전반적 입장을 적극적으로 표명했다.
>
> (가) 또한 흡연과 암 발생의 인과관계를 과학적 근거에 따라 분명히 하기 위해 대상 암종을 소세포 암과 편평세포암으로 흡연 기간이 30년 이상이고, 하루 한 갑의 담배를 20년 이상 흡연한 대상 자로 구분하였기에 이번 변론에서는 흡연과 암 발생의 인과관계를 의학적으로 또 국민 상식에 부합하도록 인정하여야 한다고 강조했다.
>
> (나) 공단은 담배 회사들이 담배라는 제품에 대한 중독성과 건강 위해성을 인지하고 있음에도 수십 년 동안 이를 소비자에게 정확히 알리지 않고 막대한 이득을 취한 것은 소비자를 기만한 것이 자 기업의 사회적 책임을 다하지 않은 중대한 문제임을 지적하며, 특히 담배 회사가 흡연 중독 피해를 개인의 선택으로 치부한 것은 소비자를 두 번 기만한 것이라며 비판했다.
>
> (다) 마지막으로 공단은 이번 변론을 준비하면서 국민들의 보험료가 주요 재원인 건강보험 재정이 담배로 인해 발생되는 질병으로 재산상 손해가 발생한 점에 대해 당연히 담배 회사에 법적으로 책임을 물어야 한다고 주장하며, 이에 대한 국민들의 관심과 지지가 필요하다고 호소했다.
>
> (라) 아울러 공단은 이 주장을 입증하기 위한 뒷받침 자료로 대한폐암학회와 호흡기내과 전문의 의 견서, 담배 중독에 대한 한국중독정신의학회와 정신건강의학과 전문의 의견서, 대한금연학회 에서 실시한 담배 중독 감정서와 이들 중 일부에 대한 흡연 경험 심층 사례 분석 결과, 공단 내부 연구 결과 등을 추가 증거로 제출하였다.

① (가) - (나) - (라) - (다)
② (가) - (라) - (나) - (다)
③ (나) - (가) - (라) - (다)
④ (나) - (라) - (가) - (다)

※ 다음은 K국의 지역별 및 5대 업종별 기업 현황이다. 이어지는 질문에 답하시오. **[37~38]**

### 〈K국의 조사 지역별 기업 현황〉

(단위 : 개소)

| 구분 | 대기업 | 중소기업 | 5인 미만 | 법인 | 사단법인 | 재단법인 | 기타 | 합계 |
|---|---|---|---|---|---|---|---|---|
| 수도권 | 5,000 | 10,000 | 200,000 | 60,000 | 50,000 | ( ) | 5,000 | ( ) |
| 강원권 | 500 | 2,000 | 10,000 | 1,000 | 500 | ( ) | 500 | ( ) |
| 충청권 | 2,000 | 3,000 | 30,000 | 2,500 | ( ) | 800 | 500 | ( ) |
| 호남권 | 3,000 | 5,000 | 30,000 | 3,000 | ( ) | 1,000 | 1,000 | ( ) |
| 영남권 | 3,000 | 5,000 | 20,000 | 2,500 | 1,500 | ( ) | 500 | ( ) |
| 전체 | 13,500 | 25,000 | 290,000 | 69,000 | 55,700 | 13,300 | 7,500 | 405,000 |

※ 조사 기업 종류는 대기업, 중소기업, 5인 미만, 법인, 기타만 존재함
※ 조사 지역은 수도권, 강원권, 충청권, 호남권, 영남권으로만 구성함

### 〈K국의 5대 업종별 기업 현황〉

(단위 : 개소)

| 구분 | 대기업 | 중소기업 | 5인 미만 | 법인 | 사단법인 | 재단법인 | 기타 |
|---|---|---|---|---|---|---|---|
| IT업 | 6,000 | 5,000 | 30,000 | 3,000 | 2,000 | 1,000 | 500 |
| 건설업 | 2,000 | 5,000 | 70,000 | 4,000 | 3,000 | 1,000 | 300 |
| 운송업 | 1,000 | 9,000 | 100,000 | 7,000 | 5,000 | 2,000 | 200 |
| 마케팅업 | 1,000 | 1,000 | 30,000 | 7,000 | 5,000 | 2,000 | 500 |
| 제조업 | 1,000 | 2,000 | 5,000 | 8,000 | 5,000 | 3,000 | 500 |
| 합계 | 11,000 | 22,000 | 235,000 | 29,000 | 20,000 | 9,000 | 2,000 |

**37** 다음 중 위 자료에 대한 설명으로 옳지 않은 것은?

① 조사 지역별 법인 기업에서 사단법인이 차지하는 비율이 세 번째로 높은 지역은 영남권이다.

② 5대 업종의 대기업 중 IT업에 속하지 않는 기업의 수는 수도권 지역 기타 기업의 수와 같다.

③ 조사 지역에서 대기업이 20% 증가하고, 중소기업이 10% 감소한다면 전체 기업 수는 증가한다.

④ 조사 지역의 재단법인 중 강원권 재단법인이 차지하는 비율은 조사 지역의 대기업 중 강원권 대기업이 차지하는 비율보다 크다.

**38** 다음은 위 자료를 근거로 작성한 보고서이다. 이에 대한 내용으로 옳지 않은 것은?

<기업 현황 보고서>

① 조사 지역의 전체 기업 중 5인 미만인 기업은 70% 이상을 차지하고 있으며, 이는 중소기업 수의 10배 이상이다. 특히, 5인 미만인 기업은 수도권에 밀집되어 있는데 ② 조사 지역의 5인 미만 기업 중 수도권이 차지하는 비율 또한 60% 이상이다.

모든 지역에 걸쳐 대기업보단 중소기업이, 중소기업보단 5인 미만 기업의 수가 많았는데, 5인 미만 기업 수 대비 대기업의 수는 영남권이 가장 높았다. 5대 업종만을 분석했을 때 역시 대기업보단 중소기업이, 중소기업보단 5인 미만 기업이 많았으며, 사단법인이 재단법인보다 많았다. ③ 이에 따라 조사 지역의 전체 기업 중 5대 업종에 해당하지 않는 기업도 앞선 순서와 동일하였다. 또한 ④ 조사 지역의 전체 기업 중 운송업에 해당하는 기업의 비율은 5인 미만 기업이 중소기업보다 높았다.

※ 다음은 K국의 연도별 7대 주요 범죄 발생 현황과 교도소별 복역자 현황에 대한 자료이다. 이어지는 질문에 답하시오. **[39~40]**

### 〈K국의 연도별 7대 주요 범죄 발생 현황〉

(단위 : 건)

| 구분 | 살인 | 사기 | 폭행 | 강도 | 절도 | 성범죄 | 방화 |
|------|------|------|------|------|------|--------|------|
| 1989년 | 500 | 2,000 | 5,000 | 4,000 | 25,000 | 3,000 | 500 |
| 1990년 | 600 | 2,500 | 7,000 | 8,000 | 20,000 | 2,500 | 600 |
| 1991년 | 700 | 3,000 | 10,000 | 5,000 | 23,000 | 2,000 | 800 |
| 1992년 | 800 | 2,000 | 15,000 | 8,000 | 18,000 | 2,500 | 700 |
| 1993년 | 900 | 3,000 | 10,000 | 10,000 | 20,000 | 3,000 | 1,000 |
| 1994년 | 1,000 | 2,000 | 20,000 | 10,000 | 27,000 | 5,000 | 900 |
| 1995년 | 1,100 | 3,500 | 17,000 | 9,000 | 34,000 | 2,000 | 1,100 |

※ 현 시점은 2025년임

### 〈K국 교도소의 잔여 형량별 복역자 수〉

(단위 : 명)

| 구분 | A교도소 | B교도소 | C교도소 | D교도소 | E교도소 | F교도소 |
|------|---------|---------|---------|---------|---------|---------|
| 1년 미만 | 3,000 | 4,000 | 5,000 | 6,000 | 7,000 | 8,000 |
| 1년 이상 3년 미만 | 1,500 | 1,000 | 2,000 | 3,000 | 2,000 | 2,500 |
| 3년 이상 5년 미만 | 400 | 400 | 500 | 600 | 800 | 1,000 |
| 5년 이상 10년 미만 | 350 | 250 | 250 | 300 | 400 | 50 |
| 10년 이상 20년 미만 | 30 | 35 | 40 | 60 | 55 | 35 |
| 20년 이상 | 20 | 15 | 10 | 40 | 45 | 15 |
| 합계 | 5,300 | 5,700 | 7,800 | 10,000 | 10,300 | 11,600 |

※ K국의 교도소는 A~F 6개 존재함

**39** 다음 중 위 자료에 대한 설명으로 옳지 않은 것은?

① 살인이 가장 많이 발생한 해에는 절도 역시 가장 많이 발생하였다.

② 모든 교도소에서 잔여 형량이 많을수록 복역자 수는 감소한다.

③ 범죄가 가장 많이 발생한 해는 폭행도 가장 많이 발생하였다.

④ 잔여 형량이 1년 미만인 경우가 가장 많은 교도소는 전체 복역자 수가 가장 많다.

**40** 다음 중 위 자료를 계산하여 해석한 내용으로 옳지 않은 것은?

① 1990년부터 1995년까지 전년 대비 살인 사건 발생 변화율은 매년 감소한다.

② K국 전체 교도소 복역자 수 중 D교도소 복역자 수의 비율은 20% 이하이다.

③ 1993년부터 1995년까지 7대 주요 발생 범죄 중 절도가 차지하는 비율은 45% 이하이다.

④ 교도소별 잔여 형량이 1년 미만인 복역자 수 대비 3년 이상 5년 미만인 복역자 수의 비율은 F교도소가 가장 높다.

※ 다음은 2025년 2월 10일 기준 국내 월평균 식재료 가격이다. 이어지는 질문에 답하시오. **[41~42]**

〈월평균 식재료 가격(2025.02.10 기준)〉

| 구분 | 세부항목 | 2024년 | | | | | | 2025년 |
| --- | --- | --- | --- | --- | --- | --- | --- | --- |
| | | 7월 | 8월 | 9월 | 10월 | 11월 | 12월 | 1월 |
| 곡류 | 쌀<br>(원/kg) | 1,992 | 1,083 | 1,970 | 1,895 | 1,850 | 1,809 | 1,805 |
| 채소류 | 양파<br>(원/kg) | 1,385 | 1,409 | 1,437 | 1,476 | 1,504 | 1,548 | 1,759 |
| | 배추<br>(원/포기) | 2,967 | 4,556 | 7,401 | 4,793 | 3,108 | 3,546 | 3,634 |
| | 무<br>(원/개) | 1,653 | 1,829 | 2,761 | 3,166 | 2,245 | 2,474 | 2,543 |
| 수산물 | 물오징어<br>(원/마리) | 2,286 | 2,207 | 2,267 | 2,375 | 2,678 | 2,784 | 2,796 |
| | 건멸치<br>(원/kg) | 23,760 | 23,760 | 24,100 | 24,140 | 24,870 | 25,320 | 25,200 |
| 축산물 | 계란<br>(원/30개) | 5,272 | 5,332 | 5,590 | 5,581 | 5,545 | 6,621 | 9,096 |
| | 닭<br>(원/kg) | 5,436 | 5,337 | 5,582 | 5,716 | 5,579 | 5,266 | 5,062 |
| | 돼지<br>(원/kg) | 16,200 | 15,485 | 15,695 | 15,260 | 15,105 | 15,090 | 15,025 |
| | 소_국산<br>(원/kg) | 52,004 | 52,220 | 52,608 | 52,396 | 51,918 | 51,632 | 51,668 |
| | 소_미국산<br>(원/kg) | 21,828 | 22,500 | 23,216 | 21,726 | 23,747 | 22,697 | 21,432 |
| | 소_호주산<br>(원/kg) | 23,760 | 23,777 | 24,122 | 23,570 | 23,047 | 23,815 | 24,227 |

※ 주요 식재료 소매가격 : 물오징어는 냉동과 생물의 평균 가격, 계란은 특란의 평균 가격, 돼지는 국내 냉장과 수입 냉동의 평균 가격, 국산 소고기는 갈비, 등심, 불고기의 평균 가격, 미국산 소고기는 갈비, 갈빗살, 불고기의 평균 가격, 호주산 소고기는 갈비, 등심, 불고기의 평균 가격
※ 표시 가격은 주요 재료의 월평균 가격이며, 조사 주기는 일별로 조사함

**41** 다음 중 위 자료를 이해한 내용으로 옳지 않은 것은?

① 2024년 8월 대비 9월 쌀 가격의 증가율은 2024년 11월 대비 12월 무 가격의 증가율보다 크다.

② 소의 가격은 국산, 미국산, 호주산 모두 2024년 7월부터 9월까지 증가하다가 10월에 감소한다.

③ 계란 가격은 2024년 7월부터 2025년 1월까지 꾸준히 증가하고 있다.

④ 쌀 가격은 2024년 8월에 감소했다가 9월에 증가한 후 그 후로 계속 감소하고 있다.

**42** K식품회사에 재직 중인 A사원은 국내 농수산물의 동향과 관련한 보고서를 쓰기 위해 위 자료를 토대로 2024년 12월 대비 2025년 1월 식재료별 가격의 증감률을 구하고 있으며, 다음은 A사원이 작성한 보고서의 일부이다. 다음 중 증감률이 가장 큰 재료는?(단, 소수점 셋째 자리에서 버림한다)

〈국내 농수산물 가격 동향에 따른 보고서〉

식품개발팀 A사원

저희 개발팀에서 올해 기획하고 있는 신제품 출시를 위하여 국내 농수산물 가격 동향을 조사하였습니다. 하단에 월평균 식재료 증감률을 첨부하였으니 신제품 개발 일정을 수립하는 데 참고하시면 될 것 같습니다. 자세한 사항은 식품개발팀 B과장님께 문의하십시오.

〈월평균 식재료 증감률(2025.02.10 기준)〉

| 구분 | 세부항목 | 2024년 12월 | 2025년 1월 | 증감률(%) |
|------|----------|-------------|------------|-----------|
| 곡류 | 쌀(원/kg) | 1,809 | 1,805 | |
| 채소류 | 양파(원/kg) | 1,548 | 1,759 | |
| | 무(원/개) | 2,474 | 2,543 | |
| 수산물 | 건멸치(원/kg) | 25,320 | 25,200 | |
| … 생략 … | | | | |

① 쌀　　　　　　　　　　　　② 양파

③ 무　　　　　　　　　　　　④ 건멸치

**43** 다음은 K사의 신입사원 선발 조건이다. 〈보기〉의 지원자 중 최고득점자와 최저득점자를 바르게 연결한 것은?

---

### 〈K사 신입사원 선발 조건〉

- 다음과 같은 항목에 따른 점수를 합산하여 최종점수(100점 만점)를 산정하여 점수가 가장 높은 지원자 2명을 신입사원으로 선발한다.
  - 학위점수(30점 만점)

| 학위 | 학사 | 석사 | 박사 |
|---|---|---|---|
| 점수(점) | 18 | 25 | 30 |

  - 어학능력점수(20점 만점)

| 어학시험점수<br>(300점 만점) | 0점 이상<br>50점 미만 | 50점 이상<br>150점 미만 | 150점 이상<br>220점 미만 | 220점 이상 |
|---|---|---|---|---|
| 점수(점) | 8 | 14 | 17 | 20 |

  - 면접점수(20점 만점)

| 면접점수 | 미흡 | 보통 | 우수 |
|---|---|---|---|
| 점수(점) | 18 | 24 | 30 |

  - 실무경험점수(20점 만점)

| 총 인턴근무 기간 | 4개월 미만 | 4개월 이상<br>8개월 미만 | 8개월 이상<br>12개월 미만 | 12개월 이상 |
|---|---|---|---|---|
| 점수(점) | 12 | 16 | 18 | 20 |

---

**보기**

| 구분 | 학위점수 | 어학시험점수 | 면접점수 | 총 인턴근무 기간 |
|---|---|---|---|---|
| A | 학사 | 228 | 우수 | 8개월 |
| B | 석사 | 204 | 보통 | 11개월 |
| C | 학사 | 198 | 보통 | 9개월 |
| D | 박사 | 124 | 미흡 | 3개월 |

|  | 최고득점자 | 최저득점자 |
|---|---|---|
| ① | A | B |
| ② | A | D |
| ③ | B | C |
| ④ | C | D |

**44**  다음 글과 가장 관련 있는 한자성어는?

> A씨는 대학 졸업 후 창업에 도전하기로 결심했다. 그는 자신의 아이니어에 확신을 가지고 직은 카페를 열었지만, 예상치 못한 문제들이 끊임없이 발생했다. 위치 선정이 잘못되었고, 경쟁이 치열했으며, 운영 경험 부족으로 인해 손님을 끌어들이지 못했다. 결국 1년 만에 카페는 문을 닫아야 했고, A씨는 큰 빚과 좌절감 속에서 실패를 받아들여야 했다.
>
> 하지만 A씨는 실패를 통해 얻은 교훈을 놓치지 않았다. 그는 자신이 부족했던 점들을 분석하며 경영과 마케팅에 대해 더 깊이 공부하기 시작했다. 또한 카페를 운영하며 쌓은 고객 관리 경험과 식음료 산업에 대한 이해를 바탕으로 새로운 방향을 모색했다. 그러던 중, 그는 소규모 카페 운영자들이 겪는 어려움 해소를 돕기 위해 전문 컨설팅 서비스를 제공하는 사업 아이디어를 떠올렸다.
>
> A씨는 이전의 실패를 발판 삼아 철저히 준비한 끝에 컨설팅 회사를 설립했다. 그의 서비스는 소규모 카페 운영자들에게 실질적인 도움을 제공하며 빠르게 입소문을 탔고, 사업은 성공적으로 성장했다.

① 전화위복(轉禍爲福)  　　② 사필귀정(事必歸正)
③ 일취월장(日就月將)  　　④ 우공이산(愚公移山)

**45**  다음 중 밑줄 친 단어의 의미가 다른 것은?

① 인간은 네 번째 <u>차원</u>인 시간을 인식하며 살아간다.
② 그의 능력은 취미의 <u>차원</u>을 넘어 예술의 경지로 나아갔다.
③ 과도한 사탕발림이 예의의 <u>차원</u>을 넘어 불편하게 다가왔다.
④ 독창적인 아이디어가 한 <u>차원</u> 높은 수준의 품질을 이끌어 내었다.

**46** 다음 글에 대한 설명으로 적절하지 않은 것은?

> 큐비트(Qubit)는 양자 컴퓨터에서 정보를 저장하고 처리하는 기본 단위다. 기존의 컴퓨터가 정보를 0과 1로 이루어진 비트(Bit)로 표현하는 것과 달리, 큐비트는 양자역학의 특성을 활용해 더 복잡하고 강력한 방식으로 정보를 다룬다.
>
> 큐비트는 0과 1의 상태를 동시에 가질 수 있는 양자 중첩 특성을 가지고 있다. 양자 중첩이란 빛이 입자와 파동 2가지 상태를 가진 것과 마찬가지로 미시적 세계에서 여러 양자 상태가 동시에 존재할 수 있는 현상을 뜻하며, 측정하기 전까지는 양자 상태를 정확히 파악할 수 없고 관측과 동시에 상태가 결정되는 것을 의미한다. 이처럼 큐비트 또한 측정하기 전까지 0과 1의 상태를 동시에 가진 중첩 상태가 유지되며 측정 시에는 0 또는 1 중 하나의 값으로 확정된다. 이를 통해 큐비트는 병렬 계산을 가능하게 만들어 복잡한 문제를 빠르게 해결할 수 있다.
>
> 또한 두 개 이상의 큐비트가 양자 얽힘 상태에 있으면, 한 큐비트의 상태가 다른 큐비트의 상태와 즉각적으로 연결된다. 이에 따라 한 큐비트가 측정되면 얽혀 있는 다른 큐비트의 상태 또한 자동으로 결정되므로 큐비트 간의 빠른 정보 전달과 협력 계산을 가능하게 한다.
>
> 양자 컴퓨터에 사용되는 큐비트는 다양한 방식으로 개발되고 있으며 대표적인 방식은 초전도 회로, 이온 트랩, 광자, 스핀 등이 있다. 초전도 회로는 전기적 초전도체를 활용해 양자 상태를 생성하고, 이온 트랩은 전기장으로 이온을 가두고 조작한다. 광자는 빛 입자를 이용한 정보 저장 및 전송에 사용되며, 스핀은 전자의 스핀 상태를 활용한다.
>
> 큐비트는 기존 컴퓨터보다 훨씬 더 많은 정보를 처리할 수 있다. 예를 들어 20개의 큐비트를 활용하면 $2^{20}$, 즉 약 100만 개의 상태를 동시에 표현할 수 있다. 이는 암호 해독이나 복잡한 시뮬레이션 같은 문제에서 기존 컴퓨터보다 월등히 빠른 성능을 발휘한다. 하지만 현재 기술로는 큐비트를 안정적으로 유지하고 제어하는 데 한계가 있다. 환경적 요인으로 인해 양자 상태가 쉽게 붕괴되기 때문에 이를 극복하기 위한 연구가 활발히 진행 중이다.
>
> 큐비트는 양자역학의 원리를 기반으로 기존 컴퓨터와는 완전히 다른 방식으로 정보를 처리한다. 중첩과 얽힘 같은 특성 덕분에 복잡한 계산 문제를 해결하는 데 강력한 도구가 될 수 있지만, 기술적 도전 과제도 많다. 앞으로 양자 컴퓨팅 기술이 발전하면 큐비트를 활용한 혁신적인 응용이 더욱 확대될 것으로 기대된다.

① 큐비트의 값은 측정과 동시에 정해진다.

② 큐비트는 정보를 0와 1의 2진수로 나타내는 것이다.

③ 큐비트는 측정하기 전까지는 양자 중첩 상태로 존재한다.

④ 4개의 큐비트를 활용하면 16번의 상태를 동시에 표현할 수 있다.

**47**  다음 글에 대한 설명으로 가장 적절한 것은?

소형 모듈 원전(SMR: Small Modular Reactor)은 기존 내형 원자로와는 다른 설계와 운영 방식을 가진 차세대 원자력 발전 기술이다. SMR은 전기 출력이 300MWe 이하로 소형화된 원자로를 의미하며, 크기가 작고 유연한 설계 덕분에 다양한 환경에서 활용 가능하다. 주요 특징 중 하나는 모듈화된 설계로, 주요 기기를 모듈화하여 공장에서 제작한 뒤 현장으로 운송해 조립한다. 이로 인해 건설 기간이 단축되고 초기 투자 비용을 줄일 수 있다.

SMR은 기존 원전에 비해 안정성 또한 높다. 자연 순환 냉각 방식을 채택해 전력 공급 없이도 중력과 밀도 차, 자연 대류를 활용해 원자로를 냉각할 수 있다. 이는 사고 발생 시 노심 용융 가능성을 낮추며, 방사성 물질의 저장 및 관리 측면에서도 유리하다. 또한 다양한 입지 조건에서 설치가 가능하여 전력망이 없는 지역이나 해상에서도 활용할 수 있다. 이는 탄소 배출이 적은 에너지원으로서 기후 변화 대응에도 기여할 수 있다.

SMR의 경제성도 강점이다. 공장에서 미리 제작된 모듈을 현장에서 조립하는 방식은 전통적인 대형 원전보다 건설 비용과 기간을 줄인다. 그러나 단위 출력당 건설 비용이 높아질 수 있어 대량 생산과 표준화를 통해 비용을 절감해야 한다. 기술적 검증도 중요한 과제로, 안전성과 경제성을 동시에 만족시켜야 한다. 기후 변화에 따른 환경적 취약성도 고려해야 하며, 이를 극복하기 위해 각국 정부와 민간 기업들은 협력하여 연구 개발에 투자하고 있다.

SMR은 탄소 중립 시대를 맞아 중요한 에너지원으로 주목받고 있으며, 다양한 분야에서 활용 가능성이 높다. 한국을 포함한 여러 국가가 SMR 개발에 적극적으로 나서고 있으며, 이를 통해 글로벌 에너지 시장에서 새로운 패러다임을 제시할 것으로 보인다. SMR은 단순히 기존 원전을 대체하는 것을 넘어 안전하고 지속 가능한 에너지 시스템 구축에 기여할 핵심 기술로 자리 잡아가고 있다.

① SMR은 방사성 폐기물이 발생하지 않는다.
② SMR은 기존의 원전보다 다양한 환경에서 건설이 가능하다.
③ SMR은 원전 부지에서 모듈을 생산하여 조립하는 방식으로 건설된다.
④ 선진국에서는 기존 원전 대부분이 SMR로 전환되어 탄소 중립을 실천하고 있다.

**48** 다음은 J공사의 컴퓨터 비밀번호 규칙에 대한 글이다. 〈보기〉 중 J공사 비밀번호 규칙에 맞지 않는 것은 모두 몇 개인가?

> J공사의 직원들은 업무를 시작하기 위해 컴퓨터에 직원별 비밀번호를 입력해야 한다. 직원들의 비밀번호는 9자리의 숫자와 문자로 구성되어 있다. 첫 번째 자리는 직원 종류별 코드로 정직원은 1, 계약직은 2, 파견직은 3이 부여된다. 두 번째 자리부터는 직원별 입사일이 YYMMDD 방식으로 부여된다. 이후 데이터의 진위 여부를 확인하기 위해 체크데이터로 앞의 숫자를 모두 더한 뒤, 2를 뺀 값에 해당하는 알파벳이 대문자로 부여된다. 마지막으로 비밀번호 식별의 용이성을 위해 첫 번째 자리의 숫자와 동일한 숫자가 부여된다.

> **보기**
> - 3011210F3
> - 2981111U2
> - 3051231M3
> - 1241215N2
> - 4200817T4
> - 1942131S1
> - 1840624W1
> - 1211014H1
> - 2210830P2
> - 2191229Z2

① 2개  
② 3개  
③ 4개  
④ 5개

**49** 다음 사례에서 나타나는 논리적 오류로 가장 적절한 것은?

> A씨는 오랜만에 고향 친구를 만났다. 약속 장소에서 A씨는 고향 친구가 말끔한 정장을 입고 나온 것을 보고, 그가 부자일 확률보다 부자이면서 좋은 차를 끌고 다닐 확률이 높다고 생각하였다.

① 결합의 오류  
② 무지의 오류  
③ 연역법의 오류  
④ 과대 해석의 오류

※ 다음은 J기업의 본사와 부속 공장 간의 도로에 대한 자료이다. 이어지는 질문에 답하시오. [50~51]

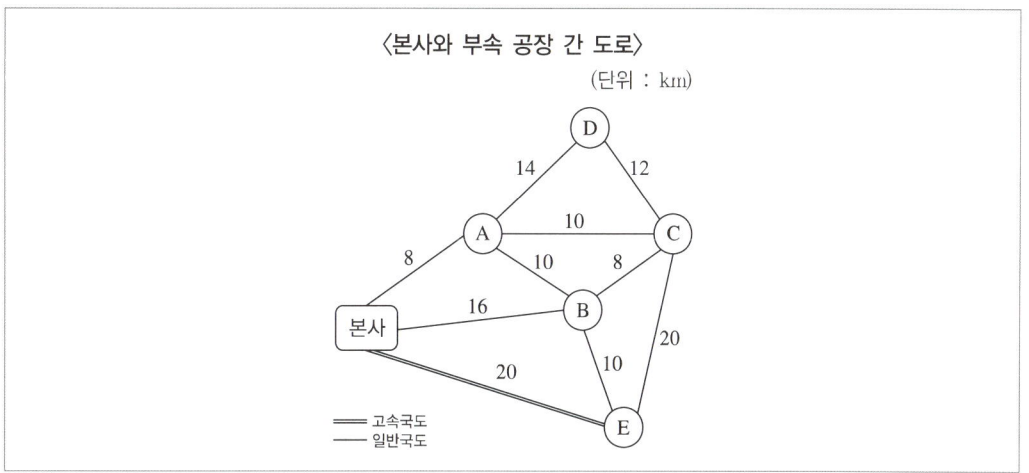

〈본사와 부속 공장 간 도로〉

(단위 : km)

▌한국중부발전 / 자원관리능력

**50** S대리는 본사에서 출발하여 모든 부속 공장을 방문한 뒤, 본사로 복귀하려고 한다. S대리가 일반국도만을 이용한다면, 최단거리는 몇 km인가?(단, 한 번 방문한 공장은 다시 방문하지 않는다)

① 72km
② 76km
③ 80km
④ 84km

▌한국중부발전 / 자원관리능력

**51** S대리는 회사로부터 교통비를 지원받아 고속국도를 이용할 수 있게 되었다. S대리가 고속국도를 이용하여 모든 부속 공장을 방문한 뒤, 본사로 복귀할 때의 최단거리는 고속국도를 이용하지 않을 때의 최단거리와 몇 km 차이가 나는가?(단, 한 번 방문한 공장은 다시 방문하지 않는다)

① 6km
② 8km
③ 10km
④ 12km

**52** 다음은 K기업 종합관리시스템의 발전 단계를 나타낸 글이다. 기술시스템의 발전 단계에 따라 (가) ~ (라) 문단을 순서대로 바르게 나열한 것은?

> (가) 종합관리시스템 납품 경쟁에서 승리한 K기업의 종합관리시스템은 정부기관에서도 사용하게 되었으며, 기술표준으로 확립되어 여러 산업 기술들이 K기업의 종합관리시스템에 맞춰져 개발되기에 이르렀다.
>
> (나) K기업이 개발한 종합관리시스템은 탄소배출권 거래에서 실무적 안정성을 인정받아 K기업 내 다른 부서뿐만 아니라 다른 분야의 회사에서도 차용하기 시작하였다.
>
> (다) 정부의 탄소중립 정책 강화로 인해 탄소배출권 거래에 대한 국책 사업이 활발해졌고, 국가적 관리시스템이 필요해지자, K기업을 비롯한 여러 탄소배출권 거래 기업이 자사의 종합관리시스템을 납품하기 위해 경쟁하였다.
>
> (라) 탄소배출권을 거래하는 K기업은 거래 내역을 일괄적으로 관리하는 종합관리시스템을 자체 개발하여 사용하였고, 실무적 여건에 따라 유연하게 발전시켰다.

① (다) - (가) - (나) - (라)　　　　② (다) - (라) - (나) - (가)
③ (라) - (나) - (다) - (가)　　　　④ (라) - (다) - (나) - (가)

**53** 다음은 A주임의 상사가 평소 엑셀을 능숙하게 다루는 A주임에게 요청한 내용이다. A주임이 상사의 요청을 수행하면서 사용한 엑셀 단축키가 아닌 것은?

> A주임 지금 회사 거래 내역이 담긴 엑셀 파일을 수정해야 하는데, 제 컴퓨터의 마우스가 고장이 나서 단축키로만 작업을 해야 합니다. A주임이 엑셀을 능숙하게 쓴다고 들어서 도와주셨으면 합니다. [F12] 셀에서 왼쪽에 있는 값을 모두 선택하여 차트를 만들고, [F13] 셀에는 오늘 날짜를 입력해 주세요.

① 〈Ctrl〉+〈1〉　　　　② 〈Ctrl〉+〈;〉
③ 〈Alt〉+〈F1〉　　　　④ 〈Shift〉+〈Home〉

**54** 다음 중 단어의 뜻이 나머지와 다른 것은?

① 호도(糊塗)  ② 맹아(萌芽)

③ 무마(撫摩)  ④ 은폐(隱蔽)

**55** 다음 중 밑줄 친 어휘가 나머지와 다른 의미로 사용된 것은?

① 건조한 환경으로 인해 쉽게 <u>불이 붙었다</u>.

② 새로운 소재로 <u>불이 붙는</u> 것을 방지하였다.

③ 토론은 양측이 첨예하게 대립해 <u>불이 붙었다</u>.

④ 들판에 <u>불이 붙자</u> 걷잡을 수 없이 퍼져 나갔다.

**56** K고등학교의 운동장은 윗변이 20m, 밑변이 50m, 높이가 20m인 등변 사다리꼴 형태이다. 운동장의 가장자리에 2m마다 의자를 놓고 학생을 앉힐 때, 의자에 앉을 수 있는 학생의 수는?

① 59명  ② 60명

③ 61명  ④ 62명

**57** 다음 중 제시된 자료를 그래프로 바르게 변환한 것은?

〈K-water 한강유역 대수력 발전소 연간 발전량〉

(단위 : GWh)

| 구분 | 2019년 | 2020년 | 2021년 | 2022년 | 2023년 | 2024년 |
|------|--------|--------|--------|--------|--------|--------|
| 소양강댐 | 347 | 551 | 314 | 600 | 430 | 490 |
| 충주댐 | 484 | 769 | 574 | 680 | 706 | 759 |

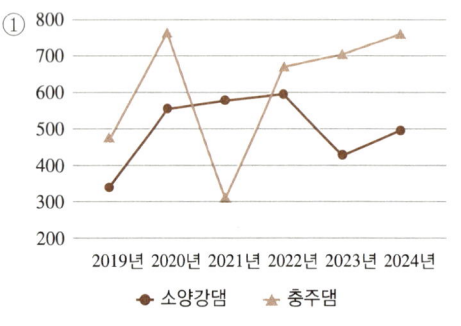

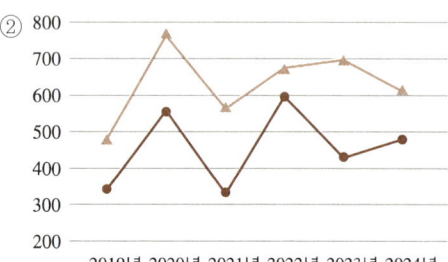

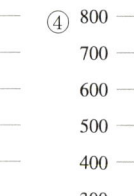

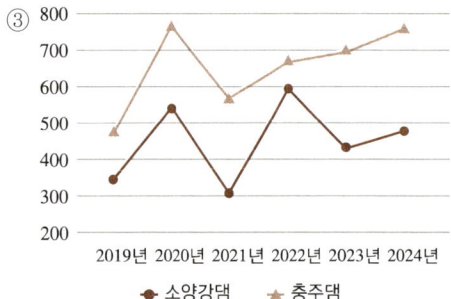

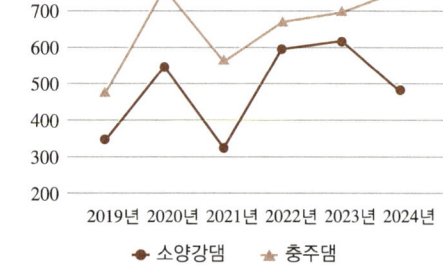

**58** 다음 중 효과적인 시간관리를 통하여 빠르고 효율적인 생산으로 작업 소요 시간을 단축시켰을 때, 기업의 입장에서 나타나는 효과로 옳지 않은 것은?

① 가격 인상            ② 위험 감소

③ 정확한 예산 분배      ④ 시장점유율 증가

**59** 효율적이고 합리적인 인사관리 원칙 중 해당 직무 수행에 가장 적합한 인재를 배치해야 한다는 원칙으로 옳은 것은?

① 단결의 원칙          ② 공정 인사의 원칙

③ 종업원 안정의 원칙     ④ 적재적소 배치의 원칙

**60** 다음 사례에서 나타나는 물적자원관리의 원칙으로 옳은 것은?

> 편의점 점장인 A씨는 상품의 판매량과 입고량을 파악하여 많이 팔리고, 많이 들어오는 상품은 출입구에 가깝게 위치시켰으며, 적게 팔려서 주문할 양이 적은 상품은 매장 안쪽에 배치하여 상품의 입·출하가 원활하게 이루어지도록 하였다.

① 동일성의 원칙        ② 유사성의 원칙

③ 회전대응의 원칙      ④ 기호화의 원칙

❘ 코레일 한국철도공사 / 의사소통능력

**01** 다음 글에 나타난 화자의 태도로 가장 적절한 것은?

> 거친 밭 언덕 쓸쓸한 곳에
> 탐스러운 꽃송이 가지 눌렀네.
> 매화비 그쳐 향기 날리고
> 보리 바람에 그림자 흔들리네.
> 수레와 말 탄 사람 그 누가 보아 주리
> 벌 나비만 부질없이 엿보네.
> 천한 땅에 태어난 것 스스로 부끄러워
> 사람들에게 버림받아도 참고 견디네.
>
> — 최치원, 「촉규화」

① 임금에 대한 자신의 충성을 드러내고 있다.
② 사랑하는 사람에 대한 그리움을 나타내고 있다.
③ 현실에 가로막힌 자신의 처지를 한탄하고 있다.
④ 사람들과의 단절로 인한 외로움을 표현하고 있다.
⑤ 역경을 이겨내기 위한 자신의 노력을 피력하고 있다.

**02** 다음 글에 대한 설명으로 적절하지 않은 것은?

PART 1

중국 연경(燕京)의 아홉 개 성문 안팎으로 뻗은 수십 리 거리에는 관청과 아주 작은 골목을 제외하고는 대체로 길 양옆으로 모두 상점이 늘어서 휘황찬란하게 빛난다.

우리나라 사람들은 중국 시장의 번성한 모습을 처음 보고서는 "오로지 말단의 이익만을 숭상하고 있군."이라고 말하였다. 이것은 하나만 알고 둘은 모르는 소리이다. 대저 상인은 사농공상(士農工商) 사민(四民)의 하나에 속하지만, 이 하나가 나머지 세 부류의 백성을 소통시키기 때문에 열에 셋의 비중을 차지하지 않으면 안 된다.

사람들은 쌀밥을 먹고 비단옷을 입고 있으면 그 나머지 물건은 모두 쓸모없는 줄 안다. 그러나 무용 지물을 사용하여 유용한 물건을 유통하고 거래하지 않는다면, 이른바 유용하다는 물건은 거의 대부분이 한 곳에 묶여서 유통되지 않거나 그것만이 홀로 돌아다니다 쉽게 고갈될 것이다. 따라서 옛날의 성인과 제왕께서는 이를 위하여 주옥(珠玉)과 화폐 등의 물건을 조성하여 가벼운 물건으로 무거운 물건을 교환할 수 있도록 하셨고, 무용한 물건으로 유용한 물건을 살 수 있도록 하셨다.

지금 우리나라는 지방이 수천 리이므로 백성들이 적지 않고, 토산품이 구비되어 있다. 그럼에도 산이나 물에서 생산되는 이로운 물건이 전부 세상에 나오지 않고, 경제를 윤택하게 하는 방법도 잘 모르며, 날마다 쓰는 것을 팽개친 채 그것에 대해 연구하지 않고 있다. 그러면서 중국의 거마, 주택, 단청, 비단이 화려한 것을 보고서는 대뜸 "사치가 너무 심하다."라고 말해 버린다.

그렇지만 중국이 사치로 망한다고 할 것 같으면, 우리나라는 반드시 검소함으로 인해 쇠퇴할 것이다. 왜 그러한가? 검소함이란 물건이 있음에도 불구하고 쓰지 않는 것이지, 자기에게 없는 물건을 스스로 끊어 버리는 것을 일컫지는 않는다. 현재 우리나라에는 진주를 캐는 집이 없고 시장에는 산호 같은 물건의 값이 정해져 있지 않다. 금이나 은을 가지고 점포에 들어가서는 떡과 엿을 사 먹을 수가 없다. 이런 현실이 정말 우리의 검소한 풍속 때문이겠는가? 이것은 그 재물을 사용할 줄 모르기 때문이다. 재물을 사용할 방법을 알지 못하므로 재물을 만들어 낼 방법을 알지 못하고, 재물을 만들어 낼 방법을 알지 못하므로 백성들의 생활은 날이 갈수록 궁핍해진다.

재물이란 우물에 비유할 수가 있다. 물을 퍼내면 우물에는 늘 물이 가득하지만, 물을 길어내지 않으면 우물은 말라 버린다. 이와 같은 이치로 화려한 비단옷을 입지 않으므로 나라에는 비단을 짜는 사람이 없고, 그로 인해 여인이 베를 짜는 모습을 볼 수 없게 되었다. 그릇이 찌그러져도 이를 개의치 않으며, 기교를 부려 물건을 만들려고 하지도 않아 나라에는 공장(工匠)과 목축과 도공이 없어져 기술이 전해지지 않는다. 더 나아가 농업도 황폐해져 농사짓는 방법이 형편없고, 상업을 박대하므로 상업 자체가 실종되었다. 사농공상 네 부류의 백성이 누구나 할 것 없이 다 가난하게 살기 때문에 서로를 구제할 길이 없다.

지금 종각이 있는 종로 네거리에는 시장 점포가 연이어 있다고 하지만 그것은 1리도 채 안 된다. 중국에서 내가 지나갔던 시골 마을은 거의 몇 리에 걸쳐 점포로 뒤덮여 있었다. 그곳으로 운반되는 물건의 양이 우리나라 곳곳에서 유통되는 것보다 많았는데, 이는 그곳 가게가 우리나라보다 더 부유해서 그러한 것이 아니고 재물이 유통되느냐 유통되지 못하느냐에 따른 결과인 것이다.

– 박제가, 『시장과 우물』

① 재물이 적절하게 유통되지 않는 현실을 비판하고 있다.

② 재물을 유통하기 위한 성현들의 노력을 근거로 제시하고 있다.

③ 경제의 규모를 늘리기 위한 소비의 중요성을 강조하고 있다.

④ 조선의 경제가 윤택하지 못한 이유를 부족한 생산량으로 보고 있다.

⑤ 산업의 발전을 위해 적당한 사치가 있어야 함을 제시하고 있다.

**03** 다음 중 한자성어의 뜻이 바르게 연결되지 않은 것은?

① 水魚之交 : 아주 친밀하여 떨어질 수 없는 사이
② 結草報恩 : 죽은 뒤에라도 은혜를 잊지 않고 갚음
③ 靑出於藍 : 제자나 후배가 스승이나 선배보다 나음
④ 指鹿爲馬 : 윗사람을 농락하여 권세를 마음대로 함
⑤ 刻舟求劍 : 말로는 친한 듯 하나 속으로는 해칠 생각이 있음

**04** 다음 중 밑줄 친 부분의 띄어쓰기가 옳지 않은 것은?

① 운전을 어떻게 해야 <u>하는지</u> 알려 주었다.
② 오랫동안 애쓴 <u>만큼</u> 좋은 결과가 나왔다.
③ 모두가 떠나가고 남은 사람은 고작 <u>셋 뿐이다</u>.
④ 참가한 사람들은 누구의 키가 <u>큰지 작은지</u> 비교해 보았다.
⑤ 민족의 큰 명절에는 온 나라 방방곡곡에서 <u>씨름판이</u> 열렸다.

**05** 다음 중 밑줄 친 부분의 표기가 옳지 않은 것은?

① 늦게 온다던 친구가 <u>금세</u> 도착했다.
② 변명할 틈도 없이 그에게 일방적으로 <u>채였다</u>.
③ 못 본 사이에 그의 얼굴은 <u>핼쑥하게</u> 변했다.
④ 빠르게 변해버린 고향이 <u>낯설게</u> 느껴졌다.
⑤ 문제의 정답을 찾기 위해 <u>곰곰이</u> 생각해 보았다.

**06** 다음 중 단어와 그 발음법이 바르게 연결되지 않은 것은?

① 결단력 - [결딴녁]

② 옷맵시 - [온맵씨]

③ 몰상식 - [몰상씩]

④ 물난리 - [물랄리]

⑤ 땀받이 - [땀바지]

**07** 다음 식을 계산하여 나온 수의 백의 자리, 십의 자리, 일의 자리를 순서대로 바르게 나열한 것은?

$$865 \times 865 + 865 \times 270 + 135 \times 138 - 405$$

① 0, 0, 0  ② 0, 2, 0

③ 2, 5, 0  ④ 5, 5, 0

⑤ 8, 8, 0

**08** 길이가 200m인 A열차가 어떤 터널을 60km/h의 속력으로 통과하였다. 잠시 후 길이가 300m인 B열차가 같은 터널을 90km/h의 속력으로 통과하였다. A열차와 B열차가 이 터널을 완전히 통과할 때 걸린 시간의 비가 10 : 7일 때, 이 터널의 길이는?

① 1,200m  ② 1,500m

③ 1,800m  ④ 2,100m

⑤ 2,400m

※ 다음과 같이 일정한 규칙으로 수를 나열할 때, 빈칸에 들어갈 알맞은 수를 고르시오. [9~10]

┃ 코레일 한국철도공사 / 수리능력

**09**

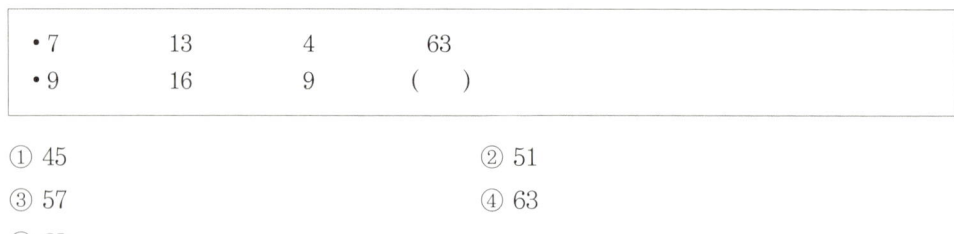

| • 7 | 13 | 4 | 63 |
| • 9 | 16 | 9 | ( ) |

① 45　　　　　　　　　　　　② 51

③ 57　　　　　　　　　　　　④ 63

⑤ 69

┃ 코레일 한국철도공사 / 수리능력

**10**

　　　　－2　1　6　13　22　33　46　61　78　97　( )

① 102　　　　　　　　　　　② 106

③ 110　　　　　　　　　　　④ 114

⑤ 118

┃ 코레일 한국철도공사 / 수리능력

**11** K중학교 2학년 A ~ F 6개의 학급이 체육대회에서 줄다리기 경기를 다음과 같은 토너먼트로 진행하려고 한다. 이때, A반과 B반이 모두 두 번의 경기를 거쳐 결승에서 만나게 되는 경우의 수는?

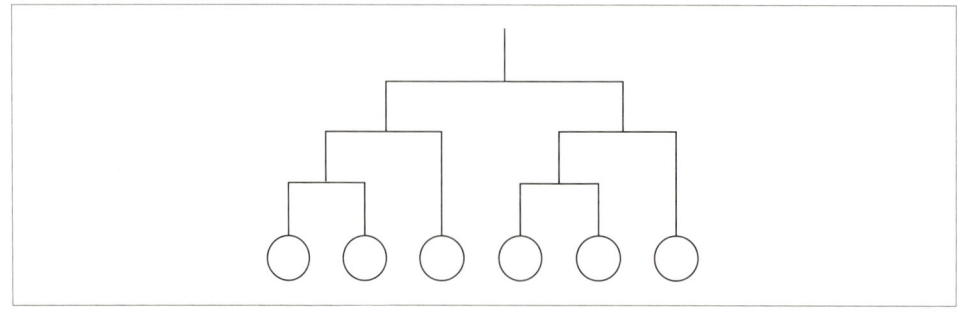

① 6가지　　　　　　　　　　② 24가지

③ 120가지　　　　　　　　　④ 180가지

⑤ 720가지

**12** 다음은 연령대별로 도시와 농촌에서의 여가생활 만족도 평가 점수를 조사한 자료이다. 〈조건〉에 따라 빈칸 ㄱ ~ ㄹ에 들어갈 수를 순서대로 바르게 나열한 것은?

〈연령대별 도시·농촌 여가생활 만족도 평가〉

(단위 : 점)

| 구분 | 10대 미만 | 10대 | 20대 | 30대 | 40대 | 50대 | 60대 | 70대 이상 |
|------|-----------|------|------|------|------|------|------|-----------|
| 도시 | 1.6 | ㄱ | 3.5 | ㄴ | 3.9 | 3.8 | 3.3 | 1.7 |
| 농촌 | 1.3 | 1.8 | 2.2 | 2.1 | 2.1 | ㄷ | 2.1 | ㄹ |

※ 매우 만족 : 5점, 만족 : 4점, 보통 : 3점, 불만 : 2점, 매우 불만 : 1점

**조건**
- 도시에서 여가생활 만족도는 모든 연령대에서 같은 연령대의 농촌보다 높았다.
- 도시에서 10대의 여가생활 만족도는 농촌에서 10대의 2배보다 높았다.
- 도시에서 여가생활 만족도가 가장 높은 연령대는 40대였다.
- 농촌에서 여가생활 만족도가 가장 높은 연령대는 50대지만, 3점을 넘기지 못했다.

|     | ㄱ | ㄴ | ㄷ | ㄹ |
|-----|-----|-----|-----|-----|
| ① | 3.8 | 3.3 | 2.8 | 3.5 |
| ② | 3.5 | 3.3 | 3.2 | 3.5 |
| ③ | 3.8 | 3.3 | 2.8 | 1.5 |
| ④ | 3.5 | 4.0 | 3.2 | 1.5 |
| ⑤ | 3.8 | 4.0 | 2.8 | 1.5 |

**13** 가격이 500,000원일 때 10,000개가 판매되는 K제품이 있다. 이 제품의 가격을 10,000원 인상할 때마다 판매량은 160개 감소하고, 10,000원 인하할 때마다 판매량은 160개 증가한다. 이때, 총판매금액이 최대가 되는 제품의 가격은?(단, 가격은 10,000원 단위로만 인상 또는 인하할 수 있다)

① 520,000원
② 540,000원
③ 560,000원
④ 580,000원
⑤ 600,000원

**14** 다음은 전자제품 판매업체 3사를 다섯 가지 항목으로 나누어 평가한 자료이다. 이를 토대로 3사의 항목별 비교 및 균형을 쉽게 파악할 수 있도록 나타낸 그래프로 옳은 것은?

〈전자제품 판매업체 3사 평가표〉

(단위 : 점)

| 구분 | 디자인 | 가격 | 광고 노출도 | 브랜드 선호도 | 성능 |
|---|---|---|---|---|---|
| A사 | 4.1 | 4.0 | 2.5 | 2.1 | 4.6 |
| B사 | 4.5 | 1.5 | 4.9 | 4.0 | 2.0 |
| C사 | 2.5 | 4.5 | 0.6 | 1.5 | 4.0 |

①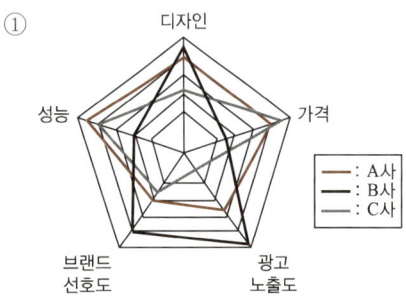

②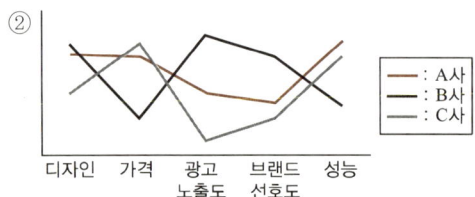

③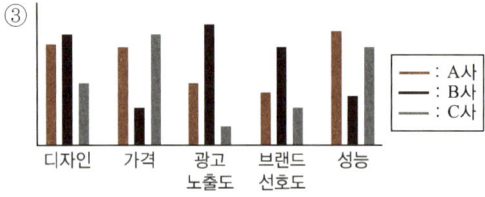

④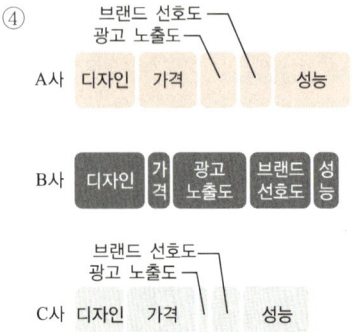

⑤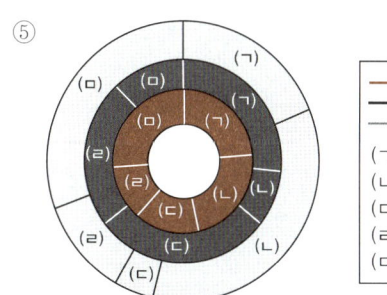

| | : A사 |
| | : B사 |
| | : C사 |
| (ㄱ) – 디자인 |
| (ㄴ) – 가격 |
| (ㄷ) – 광고 노출도 |
| (ㄹ) – 브랜드 선호도 |
| (ㅁ) – 성능 |

**15** 다음은 2023년 K톨게이트를 통과한 차량에 대한 자료이다. 이에 대한 설명으로 옳지 않은 것은?

〈2023년 K톨게이트 통과 차량〉

(단위 : 천 대)

| 구분 | 승용차 | | | 승합차 | | | 대형차 | | |
|------|--------|--------|--------|--------|--------|--------|--------|--------|--------|
| | 영업용 | 비영업용 | 합계 | 영업용 | 비영업용 | 합계 | 영업용 | 비영업용 | 합계 |
| 1월 | 152 | 3,655 | 3,807 | 244 | 2,881 | 3,125 | 95 | 574 | 669 |
| 2월 | 174 | 3,381 | 3,555 | 222 | 2,486 | 2,708 | 101 | 657 | 758 |
| 3월 | 154 | 3,909 | 4,063 | 229 | 2,744 | 2,973 | 139 | 837 | 976 |
| 4월 | 165 | 3,852 | 4,017 | 265 | 3,043 | 3,308 | 113 | 705 | 818 |
| 5월 | 135 | 4,093 | 4,228 | 211 | 2,459 | 2,670 | 113 | 709 | 822 |
| 6월 | 142 | 3,911 | 4,053 | 231 | 2,662 | 2,893 | 107 | 731 | 838 |
| 7월 | 164 | 3,744 | 3,908 | 237 | 2,721 | 2,958 | 117 | 745 | 862 |
| 8월 | 218 | 3,975 | 4,193 | 256 | 2,867 | 3,123 | 115 | 741 | 856 |
| 9월 | 140 | 4,105 | 4,245 | 257 | 2,913 | 3,170 | 106 | 703 | 809 |
| 10월 | 135 | 3,842 | 3,977 | 261 | 2,812 | 3,073 | 107 | 695 | 802 |
| 11월 | 170 | 3,783 | 3,953 | 227 | 2,766 | 2,993 | 117 | 761 | 878 |
| 12월 | 147 | 3,730 | 3,877 | 243 | 2,797 | 3,040 | 114 | 697 | 811 |

① 전체 승용차 수와 전체 승합차 수의 합이 가장 많은 달은 9월이고, 가장 적은 달은 2월이었다.

② 4월을 제외하고 K톨게이트를 통과한 비영업용 승합차 수는 월별 300만 대 미만이었다.

③ 전체 대형차 수 중 영업용 대형차 수의 비율은 모든 달에서 10% 이상이었다.

④ 영업용 승합차 수는 모든 달에서 영업용 대형차 수의 2배 이상이었다.

⑤ 승용차가 가장 많이 통과한 달의 전체 승용차 수에 대한 영업용 승용차 수의 비율은 3% 이상이었다.

※ 서울역 근처 K공사에 근무하는 A과장은 1월 10일에 팀원 4명과 함께 부산에 있는 출장지에 열차를 타고 가려고 한다. 이어지는 질문에 답하시오. [16~17]

### 〈서울역 → 부산역 열차 시간표〉

| 구분 | 출발시각 | 정차역 | 다음 정차역까지 소요시간 | 총주행시간 | 성인 1인당 요금 |
|------|----------|--------|--------------------------|------------|-----------------|
| KTX | 8:00 | – | – | 2시간 30분 | 59,800원 |
| ITX-청춘 | 7:20 | 대전 | 40분 | 3시간 30분 | 48,800원 |
| ITX-마음 | 6:40 | 대전, 울산 | 40분 | 3시간 50분 | 42,600원 |
| 새마을호 | 6:30 | 대전, 울산, 동대구 | 60분 | 4시간 30분 | 40,600원 |
| 무궁화호 | 5:30 | 대전, 울산, 동대구 | 80분 | 5시간 40분 | 28,600원 |

※ 위의 열차 시간표는 1월 10일 운행하는 열차 종류별로 승차권 구입이 가능한 가장 빠른 시간표임
※ 총주행시간은 정차 · 대기시간을 제외한 열차가 실제로 달리는 시간임

### 〈운행 조건〉

• 정차역에 도착할 때마다 대기시간 15분을 소요한다.
• 정차역에 먼저 도착한 열차가 출발하기 전까지 뒤에 도착한 열차는 정차역에 들어오지 않고 대기한다.
• 정차역에 먼저 도착한 열차가 정차역을 출발한 후, 5분 뒤에 대기 중인 열차가 정차역에 들어온다.
• 정차역에 2종류 이상의 열차가 동시에 도착하였다면, ITX-청춘 → ITX-마음 → 새마을호 → 무궁화호 순으로 정차역에 들어온다.
• 목적지인 부산역은 먼저 도착한 열차로 인한 대기 없이 바로 역에 들어온다.

**16** 다음 중 위 자료에 대한 설명으로 옳지 않은 것은?

① ITX-청춘보다 ITX-마음이 목적지에 더 빨리 도착한다.
② 부산역에 가장 늦게 도착하는 열차는 12시에 도착한다.
③ ITX-마음은 먼저 도착한 열차로 인한 대기시간이 없다.
④ 부산역에 가장 빨리 도착하는 열차는 10시 30분에 도착한다.
⑤ 무궁화호는 울산역, 동대구역에서 다른 열차로 인해 대기한다.

**17** 다음 〈조건〉에 따라 승차권을 구입할 때, A과장과 팀원 4명의 총요금은?

> **조건**
> • A과장과 팀원 1명은 7시 30분까지 K공사에서 사전 회의를 가진 후 출발하며, 출장 인원 모두 같이 이동할 필요는 없다.
> • 목적지인 부산역에는 11시 30분까지 도착해야 한다.
> • 열차 요금은 가능한 한 저렴하게 한다.

① 247,400원      ② 281,800원

③ 312,800원      ④ 326,400원

⑤ 347,200원

**18** 다음 글에서 알 수 있는 논리적 사고의 구성요소로 가장 적절한 것은?

> A는 동업자 B와 함께 신규 사업을 시작하기 위해 기획안을 작성하여 논의하였다. 그러나 B는 신규 기획안을 읽고 시기나 적절성에 대해 부정적인 입장을 보였다. A가 B를 설득하기 위해 B의 의견들을 정리하여 생각해 보니 B는 신규 사업을 시작하는 데 있어 다른 경쟁사보다 늦게 출발하여 경쟁력이 부족하다는 점 때문에 신규 사업에 부정적이라는 것을 알게 되었다. 이에 A는 경쟁력을 높이기 위한 다양한 아이디어를 추가로 제시하여 B를 다시 설득하였다.

① 설득

② 구체적인 생가

③ 생각하는 습관

④ 타인에 대한 이해

⑤ 상대 논리의 구조화

**19** 면접 참가자 A ~ E 5명은 〈조건〉과 같이 면접장에 도착했다. 동시에 도착한 사람은 없다고 할 때, 다음 중 항상 참인 것은?

> **조건**
> • B는 A 바로 다음에 도착했다.
> • D는 E보다 늦게 도착했다.
> • C보다 먼저 도착한 사람이 1명 있다.

① E는 가장 먼저 도착했다.
② B는 가장 늦게 도착했다.
③ A는 네 번째로 도착했다.
④ D는 가장 먼저 도착했다.
⑤ D는 A보다 먼저 도착했다.

**20** 다음 논리에서 나타난 형식적 오류로 옳은 것은?

> • 전제 1 : TV를 오래 보면 눈이 나빠진다.
> • 전제 2 : 철수는 TV를 오래 보지 않는다.
> • 결론 : 그러므로 철수는 눈이 나빠지지 않는다.

① 사개명사의 오류
② 전건 부정의 오류
③ 후건 긍정의 오류
④ 선언지 긍정의 오류
⑤ 매개념 부주연의 오류

**21** 다음 글의 내용으로 적절하지 않은 것은?

> K공단은 의사와 약사가 협력하여 지역주민의 안전한 약물 사용을 돕는 의·약사 협업 다제약물 관리사업을 6월 26일부터 서울 도봉구에서 시작했다고 밝혔다.
>
> 지난 2018년부터 K공단이 진행 중인 다제약물 관리사업은 10종 이상의 약을 복용하는 만성질환자를 대상으로 약물의 중복 복용과 부작용 등을 예방하기 위해 의약전문가가 약물관리 서비스를 제공하는 사업이다. 지역사회에서는 K공단에서 위촉한 자문 약사가 가정을 방문하여 대상자가 먹고 있는 일반 약을 포함한 전체 약을 대상으로 약물의 복용상태, 부작용, 중복 등을 종합적으로 검토하고 그 결과를 바탕으로 상담, 교육 및 처방조정 안내를 실시함으로써 약물관리가 이루어지고, 병원에서는 입원 및 외래환자를 대상으로 의사, 약사 등으로 구성된 다학제팀(전인적인 돌봄을 위해 의사, 간호사, 약사, 사회복지사 등 다양한 전문가들로 이루어진 팀)이 약물관리 서비스를 제공한다.
>
> 다제약물 관리사업 효과를 평가한 결과 약물관리를 받은 사람의 복약순응도가 56.3% 개선되었고, 효능이 유사한 약물을 중복해서 복용하는 환자가 40.2% 감소되었다. 또한, 병원에서 제공된 다제약물 관리사업으로 응급실 방문 위험이 47%, 재입원 위험이 18% 감소되는 등의 효과를 확인하였다.
>
> 다만, 지역사회에서는 약사의 약물 상담결과가 의사의 처방조정에까지 반영되는 다학제 협업 시스템이 미흡하다는 의견이 제기되었다. 이러한 문제점의 개선을 위해 K공단은 도봉구 의사회와 약사회, 전문가로 구성된 지역협의체를 구성하고, 지난 4월부터 3회에 걸친 논의를 통해 의·약사 협업 모형을 개발하고, 사업 참여 의·약사 선정, 서비스 제공 대상자 모집 및 정보공유 방법 등의 현장 적용방안을 마련했다. 의사나 K공단이 선정한 약물관리 대상자는 자문 약사의 약물점검(필요시 의사 동행)을 받게 되며, 그 결과가 K공단의 정보 시스템을 통해 대상자의 단골 병원 의사에게 전달되어 처방 시 반영될 수 있도록 하는 것이 주요 골자이다. 지역 의·약사 협업 모형은 2023년 12월까지 도봉구지역의 일차의료 만성질환관리 시범사업에 참여하는 의원과 자문약사를 중심으로 우선 실시한다. 이후 사업의 효과성을 평가하고 부족한 점은 보완하여 다른 지역에도 확대 적용할 예정이다.

① K공단에서 위촉한 자문 약사는 환자가 먹는 약물을 조사하여 직접 처방할 수 있다.
② 다제약물 관리사업으로 인해 환자는 복용하는 약물의 수를 줄일 수 있다.
③ 다제약물 관리사업의 주요 대상자는 10종 이상의 약을 복용하는 만성질환자이다.
④ 다제약물 관리사업은 지역사회보다 병원에서 보다 활발히 이루어지고 있다.

**22** 다음 문단 뒤에 이어질 내용을 논리적 순서대로 바르게 나열한 것은?

> 아토피 피부염은 만성적으로 재발하는 양상을 보이며 심한 가려움증을 동반하는 염증성 피부 질환으로, 연령에 따라 특징적인 병변의 분포와 양상을 보인다.
>
> (가) 이와 같이 아토피 피부염은 원인을 정확히 파악할 수 없기 때문에 아토피 피부염의 진단을 위한 특이한 검사소견은 없으며, 임상 증상을 종합하여 진단한다. 기존에 몇 가지 국외의 진단기준이 있었으며, 2005년 대한아토피피부염학회에서는 한국인 아토피 피부염에서 특징적으로 관찰되는 세 가지 주진단 기준과 14가지 보조진단 기준으로 구성된 한국인 아토피 피부염 진단기준을 정하였다.
>
> (나) 아토피 피부염 환자는 정상 피부에 비해 민감한 피부를 가지고 있으며 다양한 자극원에 의해 악화될 수 있으므로 앞의 약물치료와 더불어 일상생활에서도 이를 피할 수 있도록 노력해야 한다. 비누와 세제, 화학약품, 모직과 나일론 의류, 비정상적인 기온이나 습도에 대한 노출 등이 대표적인 피부 자극 요인들이다. 면제품 속옷을 입도록 하고, 세탁 후 세제가 남지 않도록 물로 여러 번 헹구도록 한다. 또한 평소 실내 온도, 습도를 쾌적하게 유지하는 것도 중요하다. 땀이나 자극성 물질을 제거하는 목적으로 미지근한 물에 샤워를 하는 것이 좋으며, 샤워 후에는 3분 이내에 보습제를 바르는 것이 좋다.
>
> (다) 아토피 피부염을 진단받아 치료하기 위해서는 보습이 가장 중요하고, 피부 증상을 악화시킬 수 있는 자극원, 알레르겐 등을 피하는 것이 필요하다. 국소 치료제로는 국소 스테로이드제가 가장 기본적이다. 국소 칼시뉴린 억제제도 효과적으로 사용되는 약제이며, 국소 스테로이드제 사용으로 발생 가능한 피부 위축 등의 부작용이 없다. 아직 국내에 들어오지는 않았으나 국소 포스포디에스테라제 억제제도 있다. 이 외에는 전신치료로 가려움증 완화를 위해 사용할 수 있는 항히스타민제가 있고, 필요시 경구 스테로이드제를 사용할 수 있다. 심한 아토피 피부염 환자에서는 면역 억제제가 사용된다. 광선치료(자외선치료)도 아토피 피부염 치료로 이용된다. 최근에는 아토피 피부염을 유발하는 특정한 사이토카인 신호 전달을 차단할 수 있는 생물학적 제제인 두필루맙(Dupilumab)이 만성 중증 아토피 피부염 환자를 대상으로 사용되고 있으며, 치료 효과가 뛰어나다고 알려져 있다.
>
> (라) 많은 연구에도 불구하고 아토피 피부염의 정확한 원인은 아직 밝혀지지 않았다. 현재까지는 피부 보호막 역할을 하는 피부장벽 기능의 이상, 면역체계의 이상, 유전적 및 환경적 요인 등이 복합적으로 상호작용한 결과 발생하는 것으로 보고 있다.

① (다) - (가) - (라) - (나)

② (다) - (나) - (라) - (가)

③ (라) - (가) - (나) - (다)

④ (라) - (가) - (다) - (나)

**23**  다음 글의 주제로 가장 적절한 것은?

> 한국인의 주요 사망 원인 중 하나인 뇌경색은 뇌혈관이 갑자기 폐쇄됨으로써 뇌가 손상되어 신경학적 이상이 발생하는 질병이다.
>
> 뇌경색의 발생 원인은 크게 분류하면 2가지가 있는데, 그중 첫 번째는 동맥경화증이다. 동맥경화증은 혈관의 중간층에 퇴행성 변화가 일어나서 섬유화가 진행되고 혈관의 탄성이 줄어드는 노화현상의 일종으로, 뇌로 혈류를 공급하는 큰 혈관이 폐쇄되거나 뇌 안의 작은 혈관이 폐쇄되어 발생하는 것이다. 두 번째는 심인성 색전으로, 심장에서 형성된 혈전이 혈관을 타고 흐르다 갑자기 뇌혈관을 폐쇄시켜 발생하는 것이다.
>
> 뇌경색이 발생하여 환자가 응급실에 내원한 경우, 폐쇄된 뇌혈관을 확인하기 위한 뇌혈관 조영 CT를 촬영하거나 손상된 뇌경색 부위를 좀 더 정확하게 확인해야 하는 경우에는 뇌 자기공명 영상(Brain MRI) 검사를 한다. 이렇게 시행한 검사에서 큰 혈관의 폐쇄가 확인되면 정맥 내에 혈전용해제를 투여하거나 동맥 내부의 혈전제거술을 시행하게 된다. 시술이 필요하지 않은 경우라면, 뇌경색의 악화를 방지하기 위하여 뇌경색 기전에 따라 항혈소판제나 항응고제 약물 치료를 하게 된다.
>
> 뇌경색의 원인 중 동맥경화증의 경우 여러 가지 위험 요인에 의하여 장시간 동안 서서히 진행된다. 고혈압, 당뇨, 이상지질혈증, 흡연, 과도한 음주, 비만 등이 위험 요인이며, 평소 이러한 원인이 있는 사람은 약물치료 및 생활 습관 개선으로 위험 요인을 줄여야 한다. 특히 뇌경색이 한번 발병했던 사람은 재발 방지를 위한 약물을 지속적으로 복용하는 것이 필요하다.

① 뇌경색의 주요 증상
② 뇌경색 환자의 약물치료 방법
③ 뇌경색의 발병 원인과 치료 방법
④ 뇌경색이 발생했을 때의 조치사항

**24**  다음은 2019 ~ 2023년 건강보험료 부과 금액 및 1인당 건강보험 급여비에 대한 자료이다. 이에 대한 설명으로 옳지 않은 것은?

〈건강보험료 부과 금액 및 1인당 건강보험 급여비〉

| 구분 | 2019년 | 2020년 | 2021년 | 2022년 | 2023년 |
|---|---|---|---|---|---|
| 건강보험료 부과 금액(십억 원) | 59,130 | 63,120 | 69,480 | 76,775 | 82,840 |
| 1인당 건강보험 급여비(원) | 1,300,000 | 1,400,000 | 1,550,000 | 1,700,000 | 1,900,000 |

① 건강보험료 부과 금액과 1인당 건강보험 급여비는 모두 매년 증가하였다.
② 2020 ~ 2023년 동안 전년 대비 1인당 건강보험 급여비가 가장 크게 증가한 해는 2023년이다.
③ 2020 ~ 2023년 동안 전년 대비 건강보험료 부과 금액의 증가율은 항상 10% 미만이었다.
④ 2019년 대비 2023년의 1인당 건강보험 급여비는 40% 이상 증가하였다.

※ 다음 명제가 모두 참일 때, 빈칸에 들어갈 명제로 가장 적절한 것을 고르시오. **[25~27]**

┃ 국민건강보험공단 / 문제해결능력

**25**

> • 잎이 넓은 나무는 키가 크다.
> • 잎이 넓지 않은 나무는 덥지 않은 지방에서 자란다.
> • _____
> • 따라서 더운 지방에서 자라는 나무는 열매가 많이 맺힌다.

① 잎이 넓지 않은 나무는 열매가 많이 맺힌다.
② 열매가 많이 맺히지 않는 나무는 키가 작다.
③ 벌레가 많은 지역은 열매가 많이 맺히지 않는다.
④ 키가 작은 나무는 덥지 않은 지방에서 자란다.

┃ 국민건강보험공단 / 문제해결능력

**26**

> • 풀을 먹는 동물은 몸집이 크다.
> • 사막에서 사는 동물은 물속에서 살지 않는다.
> • _____
> • 따라서 물속에서 사는 동물은 몸집이 크다.

① 몸집이 큰 동물은 물속에서 산다.
② 물이 있으면 사막이 아니다.
③ 사막에 사는 동물은 몸집이 크다.
④ 풀을 먹지 않는 동물은 사막에 산다.

┃ 국민건강보험공단 / 문제해결능력

**27**

> • 모든 1과 사원은 가장 실적이 많은 2과 사원보다 실적이 많다.
> • 가장 실적이 많은 4과 사원은 모든 3과 사원보다 실적이 적다.
> • 3과 사원 중 일부는 가장 실적이 많은 2과 사원보다 실적이 적다.
> • 따라서 _____

① 모든 2과 사원은 4과 사원 중 일부보다 실적이 적다.
② 어떤 1과 사원은 가장 실적이 많은 3과 사원보다 실적이 적다.
③ 어떤 3과 사원은 가장 실적이 적은 1과 사원보다 실적이 적다.
④ 1과 사원 중 가장 적은 실적을 올린 사원과 같은 실적을 올린 사원이 4과에 있다.

**28** 다음은 대한민국 입국 목적별 비자 종류의 일부이다. 외국인 A ~ D씨가 피초청자로서 입국할 때, 발급받아야 하는 비자의 종류를 바르게 짝지은 것은?(단, 비자면제 협정은 없는 것으로 가정한다)

〈대한민국 입국 목적별 비자 종류〉

- 외교ㆍ공무
  - 외교(A-1) : 대한민국 정부가 접수한 외국 정부의 외교사절단이나 영사기관의 구성원, 조약 또는 국제관행에 따라 외교사절과 동등한 특권과 면제를 받는 사람과 그 가족
  - 공무(A-2) : 대한민국 정부가 승인한 외국 정부 또는 국제기구의 공무를 수행하는 사람과 그 가족
- 유학ㆍ어학연수
  - 학사유학(D-2-2) : (전문)대학, 대학원 또는 특별법의 규정에 의하여 설립된 전문대학 이상의 학술기관에서 정규과정(학사)의 교육을 받고자 하는 자
  - 교환학생(D-2-6) : 대학 간 학사교류 협정에 의해 정규과정 중 일정 기간 동안 교육을 받고자 하는 교환학생
- 비전문직 취업
  - 제조업(E-9-1) : 외국인근로자의 고용에 관한 법률의 규정에 의한 국내 취업요건을 갖추어 제조업체에 취업하고자 하는 자
  - 농업(E-9-3) : 외국인근로자의 고용에 관한 법률의 규정에 의한 국내 취업요건을 갖추어 농업, 축산업 등에 취업하고자 하는 자
- 결혼이민
  - 결혼이민(F-6-1) : 한국에서 혼인이 유효하게 성립되어 있고, 우리 국민과 결혼생활을 지속하기 위해 국내 체류를 하고자 하는 외국인
  - 자녀양육(F-6-2) : 국민의 배우자(F-6-1) 자격에 해당하지 않으나 출생한 미성년 자녀(사실혼 관계 포함)를 국내에서 양육하거나 양육하려는 부 또는 모
- 치료 요양
  - 의료관광(C-3-3) : 국내 의료기관에서 진료 또는 요양할 목적으로 입국하는 외국인 환자와 간병 등을 위해 동반입국이 필요한 동반가족 및 간병인(90일 이내)
  - 치료요양(G-1-10) : 국내 의료기관에서 진료 또는 요양할 목적으로 입국하는 외국인 환자와 간병 등을 위해 동반입국이 필요한 동반가족 및 간병인(1년 이내)

〈피초청자 초청 목적〉

| 피초청자 | 국적 | 초청 목적 |
| --- | --- | --- |
| A | 말레이시아 | 부산에서 6개월가량 입원 치료가 필요한 아들의 간병(아들의 국적 또한 같음) |
| B | 베트남 | 경기도 소재 O제조공장 취업(국내 취업요건을 모두 갖춤) |
| C | 사우디아라비아 | 서울 소재 K대학교 교환학생 |
| D | 인도네시아 | 대한민국 개최 APEC 국제기구 정상회의 참석 |

|  | A | B | C | D |
| --- | --- | --- | --- | --- |
| ① | C-3-3 | D-2-2 | F-6-1 | A-2 |
| ② | G-1-10 | E-9-1 | D-2-6 | A-2 |
| ③ | G-1-10 | D-2-2 | F-6-1 | A-1 |
| ④ | C-3-3 | E-9-1 | D-2-6 | A-1 |

※ 다음 글을 읽고 이어지는 질문에 답하시오. [29~30]

통계청이 발표한 출생·사망통계에 따르면 국내 합계출산율(가임여성 1명이 평생 낳을 것으로 기대되는 평균 출생아 수)은 2015년 1.24명에서 2023년 0.72명으로 급격하게 감소했다. 이 수치는 OECD 38개국 중 꼴찌일 뿐 아니라 바로 앞 순위인 스페인의 1.19명과도 상당한 차이를 보인다.

실제로 2020년부터 사망자 수가 출생아 수를 넘어서면서 이른 바 데드크로스 현상이 나타나고 있으며, 이 사태가 지속된다면 머지않아 경제, 사회, 안보 등 모든 분야가 순차적으로 직격탄을 맞게 될 것이다.

이에 정부는 현 상황을 해결하고자 3대 핵심부분인 일 가정 양립, 양육, 주거를 중심으로 지원하겠다고 밝혔다. 특히 소득 차이를 줄이기 위한 방안으로 현행 월 150만 원인 육아휴직 월 급여 상한을 최초 3개월 동안 250만 원으로 증액시키고, 연 1회 2주 단위의 단기휴직을 도입하겠다고 밝혔다.

이 외에도 경력단절 문제를 해결하기 위한 방안으로 육아기 단축근로제도를 수정하였는데, 기존 제도에서 _____ 또 육아휴직과 출산휴가를 통합신청을 가능하게 하고 이에 대해 14일 이내 사업주가 서면으로 허용하지 않으면 자동 승인되도록 하여 눈치 보지 않고 육아휴직 및 출산휴가를 사용할 수 있도록 개선하였다.

다만 제도가 변경되어도 현실적으로 육아휴직 사용이 어려운 소규모 사업장에서의 사용률을 높일 수 있는 법적 강제화 방안은 제외되었으며, 배달라이더 등 특수고용노동자나 자영업자는 전과 같이 적용대상에서 제외되었다.

**29** 다음 중 윗글에 대한 설명으로 적절하지 않은 것은?

① 2020년 이후 우리나라 전체 인구수는 감소하고 있다.

② 2023년 OECD 38개국 중 유일하게 우리나라만 인구감소 현상이 나타났다.

③ 정부는 저출생의 가장 큰 원인을 일 가정 양립, 양육, 주거로 보고 있다.

④ 육아 휴직 및 출산 휴가 제도가 개선되었더라도 수혜 대상은 이전과 유사하다.

**30** 다음 중 윗글의 빈칸에 들어갈 내용으로 가장 적절한 것은?

① 자녀의 대상연령은 축소하고, 제도의 이용기간은 줄였다.

② 자녀의 대상연령은 축소하고, 제도의 이용기간은 늘렸다.

③ 자녀의 대상연령은 확대하고, 제도의 이용기간은 줄였다.

④ 자녀의 대상연령은 확대하고, 제도의 이용기간은 늘렸다.

※ 다음 글을 읽고 이어지는 질문에 답하시오. [31~32]

헤겔의 정반합 이론은 변증법이라고도 하며, '정', '반', '합'의 3단계 과정으로 이루어진다. 먼저 '정'이라는 하나의 명제가 존재하고 여기에 반대되는 주장인 '반'이 등장해 둘 사이는 갈등을 통해 통합된 하나의 주장인 '합'을 도출해낸다. 이 이론의 각 단계를 살펴보면 다음과 같다.

먼저 '정'이라는 하나의 추상적인 또는 객관적인 명제로부터 이 이론은 시작된다. '정' 단계에서는 그 명제 자체만으로도 독립적인 의미를 가지고 있는 상태로, 어떠한 갈등이나 대립도 없어 다음 단계로 발전하지 못하는 잠재적인 무의식의 단계이다.

그다음 단계인 '반'은 앞선 단계인 '정'의 명제에 대해 반대되거나 모순되어 갈등 상황을 일으키는 명제이다. 비록 부정적이지만 이성에 근거한 이 명제는 '정'으로 하여금 이미 자신이 내포하고 있었던 내재적 모순을 표면적으로 드러나게 하여 스스로를 객관적으로 바라보고 이를 반성할 수 있도록 이끈다. 따라서 이 단계는 직접적인 갈등 과정이 표면으로 드러나면서 이를 자각하고 이전보다 한걸음 발전했기 때문에 의식적 단계라고 볼 수 있다.

마지막 단계인 '합'은 '정'과 '반' 두 명제를 통합하는 과정으로, 두 명제 사이의 갈등을 해결해 마침내 이성적이고 긍정적인 판단을 이끌어내는 것이다. 이로써 '합'은 두 명제의 모순을 해결해 하나로 합쳐 스스로를 인식하는 진정한 의식적 단계에 다다른 것이다.

하지만 헤겔의 변증법적인 발전은 '합' 단계에서 그치는 것이 아니다. '합'은 다시 '정'이 되어 스스로가 내재적으로 가지고 있는 모순을 다시금 꺼내어 정반합의 단계를 되풀이하면서 계속하여 발전해 간다. 즉, 이 이론의 핵심은 _____이다.

▌건강보험심사평가원 / 의사소통능력

**31** 다음 중 윗글에 대한 설명으로 적절하지 않은 것을 〈보기〉에서 모두 고르면?

> **보기**
> ㄱ. '정'과 '반'의 명제가 무조건적으로 대립되는 관계는 아니다.
> ㄴ. 헤겔의 정반합 이론에서 '합'은 '정'과 '반'보다 더 발전된 명제이다.
> ㄷ. '정'과 '반'의 명제의 우위를 가려 더 발전적 결과인 '합'을 도출하여야 한다.
> ㄹ. '정'과 '반'이 하나의 의견으로 도출해내지 못한다면, 이는 헤겔의 정반합 이론이 적용되었다고 보기 어렵다.

① ㄱ, ㄴ
② ㄱ, ㄷ
③ ㄴ, ㄷ
④ ㄷ, ㄹ

▌건강보험심사평가원 / 의사소통능력

**32** 다음 중 윗글의 빈칸에 들어갈 내용으로 가장 적절한 것은?

① 개인과 사회는 정반합의 과정처럼 계속하여 갈등상황에 놓이게 된다는 것
② 개인과 사회는 정반합의 과정을 계속하면서 이전보다 더 발전하게 된다는 것
③ 개인과 사회는 발전하기 위해 끊임없이 '반'에 해당하는 명제를 제시해야 한다는 것
④ 개인과 사회는 발전하기 위해 서로 상반된 주장도 통합할 수 있는 판단을 이끌어내야 한다는 것

**33** 다음과 같이 일정한 규칙으로 수를 나열할 때 빈칸에 들어갈 수는?

| | | | | |
|---|---|---|---|---|
| • 6 | 13 | 8 | 8 | 144 |
| • 7 | 11 | 7 | 4 | 122 |
| • 8 | 9 | 6 | 2 | 100 |
| • 9 | 7 | 5 | 1 | (   ) |

① 75

② 79

③ 83

④ 87

**34** 다음과 같이 둘레가 2,000m인 원형 산책로에서 오후 5시 정각에 A씨가 3km/h의 속력으로 산책로를 따라 걷기 시작했다. 30분 후 B씨는 A씨가 걸어간 반대 방향으로 7km/h의 속력으로 같은 산책로를 따라 달리기 시작했을 때, A씨와 B씨가 두 번째로 만나게 되는 시각은?

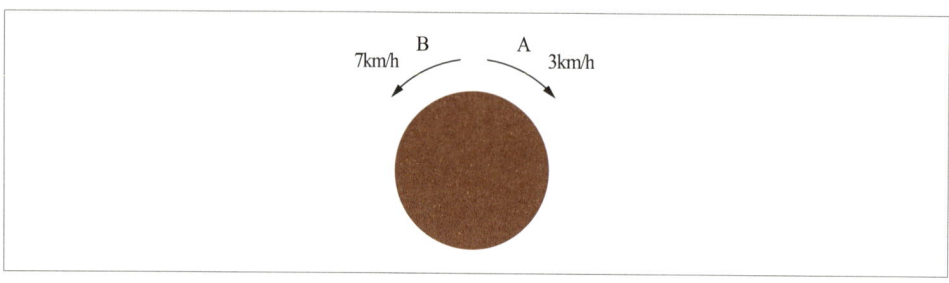

① 오후 6시 30분

② 오후 6시 15분

③ 오후 6시

④ 오후 5시 45분

**35** 두 주사위 A, B를 던져 나온 수를 각각 $a$, $b$라고 할 때, $a \neq b$일 확률은?

① $\dfrac{2}{3}$

② $\dfrac{13}{18}$

③ $\dfrac{7}{9}$

④ $\dfrac{5}{6}$

**36** 어떤 상자 안에 빨간색 공 2개와 노란색 공 3개가 들어 있다. 이 상자에서 공 3개를 꺼낼 때, 빨간색 공 1개와 노란색 공 2개를 꺼낼 확률은?(단, 꺼낸 공은 다시 넣지 않는다)

① $\frac{1}{2}$ ② $\frac{3}{5}$

③ $\frac{2}{3}$ ④ $\frac{3}{4}$

**37** 다음 제시된 명제가 모두 참일 때, 빈칸에 들어갈 명제로 가장 적절한 것은?

---

• 전제 1 : 아파트에 사는 어떤 사람은 강아지를 키운다.
• 전제 2 : _____
• 전제 3 : 아파트에 사는 강아지를 키우거나 식물을 키우는 사람은 빨간색 옷을 입는다.
• 결론 : 그러므로 아파트에 사는 모든 사람은 빨간색 옷을 입는다.

---

① 아파트에 사는 모든 사람은 식물을 키우지 않는다.

② 아파트에 사는 어떤 사람은 식물을 키운다.

③ 아파트에 사는 강아지를 키우지 않는 모든 사람은 식물을 키운다.

④ 아파트에 사는 어떤 사람은 강아지를 키우지 않는다.

**38** 신입사원 A ~ G 7명이 다음 〈조건〉에 따라 5층까지 있는 사택에서 살 때, 각 층에 사는 사원을 바르게 연결한 것은?

> **조건**
> • 한 층에 최대 2명까지 들어갈 수 있다.
> • A, B는 같은 층에 산다.
> • C는 A보다 아래에 산다.
> • D, E는 서로 다른 층에 산다.
> • F는 E의 바로 위에 산다.
> • G와 같은 층에 사는 신입사원은 없다.
> • 3층은 사택 복지 공간이므로 사람이 살 수 없다.

① 1층 - G

② 2층 - D, F

③ 4층 - E

④ 5층 - B, C

**39** 다음 중 파일 여러 개가 열려 있는 상태에서 즉시 바탕화면으로 돌아가고자 할 때, 입력해야 할 단축키로 옳은 것은?

① 〈Window 로고 키〉 + 〈R〉

② 〈Window 로고 키〉 + 〈I〉

③ 〈Window 로고 키〉 + 〈L〉

④ 〈Window 로고 키〉 + 〈D〉

**40** 엑셀 프로그램에서 "서울특별시 영등포구 홍제동"으로 입력된 텍스트를 "서울특별시 서대문구 홍제동"으로 수정하여 입력하고자 할 때, 입력해야 할 함수식으로 옳은 것은?

① =SUBSTITUTE("서울특별시 영등포구 홍제동","영등포","서대문")

② =IF("서울특별시 영등포구 홍제동"="영등포","서대문"," ")

③ =MOD("서울특별시 영등포구 홍제동","영등포","서대문")

④ =NOT("서울특별시 영등포구 홍제동","영등포","서대문")

※ 다음은 중학생 15명을 대상으로 한 달 용돈 금액을 조사한 자료이다. 이어지는 질문에 답하시오.
**[41~42]**

| | A | B |
|---|---|---|
| 1 | 이름 | 금액(원) |
| 2 | 강○○ | 30,000 |
| 3 | 권○○ | 50,000 |
| 4 | 고○○ | 100,000 |
| 5 | 김○○ | 30,000 |
| 6 | 김△△ | 25,000 |
| 7 | 류○○ | 75,000 |
| 8 | 오○○ | 40,000 |
| 9 | 윤○○ | 100,000 |
| 10 | 이○○ | 150,000 |
| 11 | 임○○ | 75,000 |
| 12 | 장○○ | 50,000 |
| 13 | 전○○ | 60,000 |
| 14 | 정○○ | 45,000 |
| 15 | 황○○ | 50,000 |
| 16 | 황△△ | 100,000 |

**┃ 건강보험심사평가원 / 정보능력**

**41** 다음 중 한 달 용돈이 50,000원 이상인 학생 수를 구하고자 할 때, 입력해야 할 함수식으로 옳은 것은?

① = MODE(B2:B16)

② = COUNTIF(B2:B16, "> = 50000")

③ = MATCH(50000, B2:B16, 0)

④ = VLOOKUP(50000, $B$1:$B$16, 1, 0)

**┃ 건강보험심사평가원 / 정보능력**

**42** 다음 중 학생들이 받는 한 달 평균 용돈을 백 원 미만은 버림하여 구하고자 할 때, 입력해야 할 함수식으로 옳은 것은?

① = LEFT((AVERAGE(B2:B16)), 2)

② = RIGHT((AVERAGE(B2:B16)), 2)

③ = ROUNDUP((AVERAGE(B2:B16)), -2)

④ = ROUNDDOWN((AVERAGE(B2:B16)), -2)

※ 다음은 국제표준도서번호(ISBN-13)와 부가기호의 기본 구조에 대한 자료이다. 이어지는 질문에 답하시오. [43~45]

〈국제표준도서번호 기본 구조〉

| 제1군 | 제2군 | 제3군 | 제4군 | 제5군 |
|---|---|---|---|---|
| 접두부 | 국별번호 | 발행자번호 | 서명식별번호 | 체크기호 |
| 978 – | 89 – | 671876 – | 6 – | 8 |

- 접두부 : 국제상품코드관리협회에서 부여하는 3자리 수이며, 도서의 경우 '978', '979'를 부여한다. 단, '978'은 배정이 완료되어 2013년 3월 6일 이후로 '979'를 부여한다.
- 국별번호 : 국가, 지역별 또는 언어별 군을 나타내는 수이다. 대한민국의 경우 제1군(접두부)의 숫자가 '978'일 때 '89'를 부여하고 '979'일 때 '11'을 부여한다.
- 발행자번호 : 출판사, 개인, 기관 등의 발행처를 나타내는 수이며, 대한민국은 국립중앙도서관 한국서지표준센터에서 배정한다.
- 서명식별번호 : 발행처가 간행한 출판물의 특정 서명이나 판을 나타내는 수이며, 제3군(발행자번호)의 자릿수와 제4군의 자릿수의 합은 항상 7이다.
- 체크기호 : ISBN의 정확성 여부를 자동으로 점검할 수 있는 기호로 다음과 같은 규칙을 따른다.
  1. ISBN번호의 1번째 자리부터 12번째 자리까지 1, 3, 1, 3, …의 가중치를 부여한다.
  2. 각 자릿수와 가중치를 곱하여 더한다.
  3. 2.의 값에 10을 나눈 나머지를 구한다.
  4. 10에서 3.에서 구한 나머지를 뺀 값이 체크기호 수이다.
  예 어떤 도서의 ISBN-13기호가 978-89-671876-6-8일 때

| ISBN | 9 | 7 | 8 | 8 | 9 | 6 | 7 | 1 | 8 | 7 | 6 | 6 |
|---|---|---|---|---|---|---|---|---|---|---|---|---|
| 가중치 | 1 | 3 | 1 | 3 | 1 | 3 | 1 | 3 | 1 | 3 | 1 | 3 |

$9 \times 1 + 7 \times 3 + 8 \times 1 + 8 \times 3 + 9 \times 1 + 6 \times 3 + 7 \times 1 + 1 \times 3 + 8 \times 1 + 7 \times 3 + 6 \times 1 + 6 \times 3 = 152$

$152 \div 10 = 15 \cdots 2 \rightarrow 10 - 2 = 8$

따라서 978-89-671876-6-8 도서의 체크기호는 정확하다.

〈부가기호 기본 구조〉

| 제1행 | 제2행 | 제3행 |
|---|---|---|
| 독자대상기호 | 발행형태기호 | 내용분류기호 |
| 1 | 3 | 320 |

- 독자대상기호

| 기호 | 0 | 1 | 2 | 3 | 4 |
|---|---|---|---|---|---|
| 내용 | 교양 | 실용 | (예비) | (예비) | 청소년(비교육) |
| 기호 | 5 | 6 | 7 | 8 | 9 |
| 내용 | 중등·고등 교육 | 초등교육 | 아동(비교육) | (예비) | 학술·전문 |

단, 기호가 2개 이상 중복될 경우, 발행처가 선택할 수 있다.

• 발행형태기호

| 기호 | 0 | 1 | 2 | 3 | 4 |
| --- | --- | --- | --- | --- | --- |
| 내용 | 문고본 | 사진 | 신서판 | 단행본 | 전집 |
| 기호 | 5 | 6 | 7 | 8 | 9 |
| 내용 | 전자출판물 | 도감 | 만화 및 그림책 | 혼합 자료 | (예비) |

1. 발행형태기호로 '9'는 임의사용이 불가능하다.
2. 발행형태기호를 2개 이상 적용할 수 있다면 가장 큰 수를 적용하되, 전자출판물은 항상 '5'를 적용한다.

• 내용분류기호

주제 – 세부분야 – 0으로 이루어져 있으며, 다섯 번째 자리 숫자는 '0' 이외의 숫자는 예외 없이 사용이 불가능하다.

| 번호 | 000 ~ 099 | 100 ~ 199 | 200 ~ 299 | 300 ~ 399 | 400 ~ 499 |
| --- | --- | --- | --- | --- | --- |
| 내용 | 수필, 간행물 등 | 철학, 심리학 등 | 종교 | 사회과학 | 자연과학 |
| 번호 | 500 ~ 599 | 600 ~ 699 | 700 ~ 799 | 800 ~ 899 | 900 ~ 999 |
| 내용 | 기술과학 | 예술 | 언어 | 문학 | 역사 |

❚ 한국전력공사 / 정보능력

**43** 다음 중 위 자료에 대한 설명으로 옳지 않은 것은?

① 부가기호 '53415'는 존재하지 않는다.
② 아동 대상의 학습용 만화 단행본의 부가기호 앞 두 자리 숫자는 '77'이다.
③ 고등학교 교육용 도서와 중학교 교육용 도서의 부가기호 앞자리 숫자는 다르다.
④ 국제표준도서번호의 앞 다섯 자리 숫자가 '97889'인 도서는 2013년 3월 6일 이전에 번호가 부여됐다.
⑤ 2024년 초 신규 발행처에서 발행한 국내도서의 국제표준도서번호의 앞 다섯 자리 숫자는 '97911'이다.

❚ 한국전력공사 / 정보능력

**44** 어떤 도서의 국제표준도서번호가 '9791125483360'일 때, 이 도서의 체크기호(0)는?

① 6
② 7
③ 8
④ 9
⑤ 0

❚ 한국전력공사 / 정보능력

**45** 다음 중 도서의 주제와 부가기호의 내용분류기호의 범위가 바르게 연결되지 않은 것은?

① 동아시아사 – 900 ~ 999
② 행정학 – 800 ~ 899
③ 일본어 – 700 ~ 799
④ 천문학 – 400 ~ 499
⑤ 불교 – 200 ~ 299

PART 1

### 〈2023년 7 ~ 12월 경상수지〉

(단위 : 백만 달러)

| 구분 | | 2023년 7월 | 2023년 8월 | 2023년 9월 | 2023년 10월 | 2023년 11월 | 2023년 12월 |
|---|---|---|---|---|---|---|---|
| 경상수지(계) | | 4,113.9 | 5,412.7 | 6,072.7 | 7,437.8 | 3,890.7 | 7,414.6 |
| 상품수지 | | 4,427.5 | 5,201.4 | 7,486.3 | 5,433.3 | 6,878.2 | 8,037.4 |
| | 수출 | 50,247.2 | 53,668.9 | 56,102.5 | 57,779.9 | 56,398.4 | ㄴ |
| | 수입 | 45,819.7 | ㄱ | 48,616.2 | 52,346.6 | 49,520.2 | 50,966.5 |
| 서비스수지 | | −2,572.1 | −1,549.5 | −3,209.9 | −1,279.8 | −2,210.9 | −2,535.4 |
| 본원소득수지 | | 3,356.3 | 1,879 | 2,180.4 | 3,358.5 | −116.6 | 2,459.5 |
| 이전소득수지 | | −1,097.8 | −118.2 | −384.1 | −74.2 | −660 | −546.9 |

※ (경상수지)＝(상품수지)＋(서비스수지)＋(본원소득수지)＋(이전소득수지)
※ (상품수지)＝(수출)−(수입)
※ 수지가 양수일 경우 흑자, 음수일 경우 적자임

▌한국전력공사 / 수리능력

**46** 다음 중 위 자료에 대한 설명으로 옳은 것은?

① 본원소득수지는 항상 흑자를 기록하였다.
② 경상수지는 2023년 11월에 적자를 기록하였다.
③ 상품수지가 가장 높은 달의 경상수지가 가장 높았다.
④ 2023년 8월 이후 서비스수지가 가장 큰 적자를 기록한 달의 상품수지 증가폭이 가장 크다.
⑤ 2023년 8월 이후 전월 대비 경상수지 증가폭이 가장 작은 달의 상품수지 증가폭이 가장 작다.

▌한국전력공사 / 수리능력

**47** 다음 중 위 자료의 빈칸에 들어갈 수가 바르게 연결된 것은?

|  | ㄱ | ㄴ |
|---|---|---|
| ① | 48,256.2 | 59,003.9 |
| ② | 48,256.2 | 58,381.1 |
| ③ | 48,467.5 | 59,003.9 |
| ④ | 48,467.5 | 58,381.1 |
| ⑤ | 47,685.7 | 59,003.9 |

**48** S편의점을 운영하는 P씨는 개인사정으로 이번 주 토요일 하루만 오전 10시부터 오후 8시까지 직원들을 대타로 고용할 예정이다. 직원 A ~ D의 시급과 근무 가능 시간이 다음과 같을 때, 가장 적은 인건비는 얼마인가?

〈S편의점 직원 시급 및 근무 가능 시간〉

| 구분 | 시급 | 근무 가능 시간 |
|---|---|---|
| A | 10,000원 | 오후 12:00 ~ 오후 5:00 |
| B | 10,500원 | 오전 10:00 ~ 오후 3:00 |
| C | 10,500원 | 오후 12:00 ~ 오후 6:00 |
| D | 11,000원 | 오후 12:00 ~ 오후 8:00 |

※ 추가 수당으로 시급의 1.5배를 지급함
※ 직원 1명당 근무시간은 최소 2시간 이상이어야 함

① 153,750원  ② 155,250원
③ 156,000원  ④ 157,500원
⑤ 159,000원

**49** 다음은 S마트에 진열된 과일 7종의 판매량에 대한 자료이다. 30개 이상 팔린 과일의 개수를 구하기 위해 [C9] 셀에 입력해야 할 함수식으로 옳은 것은?

〈S마트 진열 과일 판매량〉

| | A | B | C |
|---|---|---|---|
| 1 | 번호 | 과일 | 판매량(개) |
| 2 | 1 | 바나나 | 50 |
| 3 | 2 | 사과 | 25 |
| 4 | 3 | 참외 | 15 |
| 5 | 4 | 배 | 23 |
| 6 | 5 | 수박 | 14 |
| 7 | 6 | 포도 | 27 |
| 8 | 7 | 키위 | 32 |
| 9 | | | |

① =MID(C2:C8)  ② =COUNTIF(C2:C8,"> =30")
③ =MEDIAN(C2:C8)  ④ =AVERAGEIF(C2:C8,"> =30")
⑤ =MIN(C2:C8)

**50** 다음 〈보기〉 중 실무형 팔로워십을 가진 사람의 자아상으로 옳은 것을 모두 고르면?

> **보기**
>
> ㄱ. 기쁜 마음으로 과업을 수행       ㄴ. 판단과 사고를 리더에 의존
> ㄷ. 조직의 운영 방침에 민감         ㄹ. 일부러 반대의견을 제시
> ㅁ. 규정과 규칙에 따라 행동         ㅂ. 지시가 있어야 행동

① ㄱ, ㄴ                        ② ㄴ, ㄷ
③ ㄷ, ㅁ                        ④ ㄹ, ㅁ
⑤ ㅁ, ㅂ

**51** 다음 중 갈등의 과정 단계를 순서대로 바르게 나열한 것은?

> ㄱ. 이성과 이해의 상태로 돌아가며 협상과정을 통해 쟁점이 되는 주제를 논의하고, 새로운 제안을 하고, 대안을 모색한다.
> ㄴ. 설득보다는 강압적·위협적인 방법 등 극단적인 모습을 보이며 상대방의 생각이나 의견, 제안을 부정하고, 상대방은 그에 대한 반격으로 대응함으로써 자신들의 반격을 정당하게 생각한다.
> ㄷ. 의견 불일치가 해소되지 않아 감정이 개입되어 상대방의 주장에 대한 문제점을 찾기 시작하고, 상대방의 입장은 부정하면서 자기주장만 하려고 한다.
> ㄹ. 서로 간의 생각이나 신념, 가치관 차이로 인해 의견 불일치가 생겨난다.
> ㅁ. 회피, 경쟁, 수용, 타협, 통합의 방법으로 서로 간의 견해를 일치하려 한다.

① ㄹ - ㄱ - ㄴ - ㄷ - ㅁ            ② ㄹ - ㄴ - ㄷ - ㄱ - ㅁ
③ ㄹ - ㄷ - ㄴ - ㄱ - ㅁ            ④ ㅁ - ㄱ - ㄴ - ㄷ - ㄹ
⑤ ㅁ - ㄹ - ㄴ - ㄷ - ㄱ

**52** 다음 〈보기〉에서 근로윤리의 덕목과 공동체윤리의 덕목을 바르게 구분한 것은?

> **보기**
>
> ㉠ 근면　　　　　　　　　　㉡ 봉사와 책임의식
> ㉢ 준법　　　　　　　　　　㉣ 예절과 존중
> ㉤ 정직　　　　　　　　　　㉥ 성실

|　|근로윤리|공동체윤리|
|---|---|---|
|①|㉠, ㉡, ㉥|㉢, ㉣, ㉤|
|②|㉠, ㉢, ㉤|㉡, ㉣, ㉥|
|③|㉠, ㉤, ㉥|㉡, ㉢, ㉣|
|④|㉡, ㉣, ㉤|㉠, ㉢, ㉥|
|⑤|㉡, ㉤, ㉥|㉠, ㉢, ㉣|

**53** 다음 중 B에 대한 A의 행동이 직장 내 괴롭힘에 해당하지 않는 것은?

① A대표는 B사원에게 본래 업무에 더해 개인적인 용무를 자주 지시하였고, B사원은 과중한 업무로 인해 근무환경이 악화되었다.

② A팀장은 업무처리 속도가 늦은 B사원만 업무에서 배제시키고 청소나 잡일만을 지시하였다. 이에 B사원은 고의적인 업무배제에 정신적 고통을 호소하였다.

③ A팀장은 기획의도와 맞지 않는다는 이유로 B사원에게 수차례 보완을 요구하였다. 계속해서 보완을 명령받은 B사원은 늘어난 업무량으로 인해 스트레스를 받아 휴직을 신청하였다.

④ A대리는 육아휴직 후 복직한 동기인 B대리를 다른 직원과 함께 조롱하고 무시하며 따돌렸다. 이에 B대리는 우울증을 앓았고 결국 퇴사하였다.

⑤ A대표는 실적이 부진하다는 이유로 B과장을 다른 직원이 보는 앞에서 욕설 등의 모욕감을 주었고 이에 B과장은 정신적 고통을 호소하였다.

**54** 다음 중 S의 사례에서 볼 수 있는 직업윤리 의식으로 옳은 것은?

> 어릴 적부터 각종 기계를 분해하고 다시 조립하는 취미가 있던 S는 공대를 졸업한 뒤 로봇 엔지니어로 활동하고 있다. S는 자신의 직업이 적성에 꼭 맞는다고 생각하여 더 높은 성취를 위해 성실히 노력하고 있다.

① 소명의식　　　　　　　　　② 봉사의식
③ 책임의식　　　　　　　　　④ 직분의식
⑤ 천직의식

**55** 다음 중 경력개발의 단계별 내용으로 적절하지 않은 것은?

① 직업선택 : 외부 교육 등 필요한 교육을 이수함

② 조직입사 : 조직의 규칙과 규범에 대해 배움

③ 경력 초기 : 역량을 증대시키고 꿈을 추구해 나감

④ 경력 중기 : 이전 단계를 재평가하고 더 업그레이드된 꿈으로 수정함

⑤ 경력 말기 : 지속적으로 열심히 일함

**56** 다음 10개의 수의 중앙값이 8일 때, 빈칸에 들어갈 수로 옳은 것은?

| | 10 | ( ) | 6 | 9 | 9 | 7 | 8 | 7 | 10 | 7 |
|---|---|---|---|---|---|---|---|---|---|---|

① 6 　　　　　　　　　② 7

③ 8 　　　　　　　　　④ 9

**57** 1 ～ 200의 자연수 중에서 2, 3, 5 중 어느 것으로도 나누어떨어지지 않는 수는 모두 몇 개인가?

① 50개 　　　　　　　　② 54개

③ 58개 　　　　　　　　④ 62개

**58** 다음 그림과 같은 길의 A지점에서 출발하여 최단거리로 이동하여 B지점에 도착하는 경우의 수는?

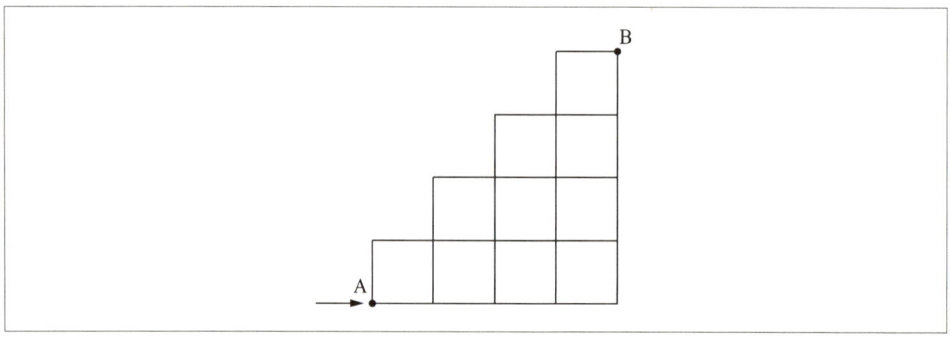

① 36가지 　　　　　　　② 42가지

③ 48가지 　　　　　　　④ 54가지

**59** 어떤 원형 시계가 4시 30분을 가리키고 있다. 이 시계의 시침과 분침이 만드는 작은 부채꼴의 넓이
와 전체 원의 넓이의 비는 얼마인가?

① $\dfrac{1}{8}$

② $\dfrac{1}{6}$

③ $\dfrac{1}{4}$

④ $\dfrac{1}{2}$

**60** 다음은 2019 ~ 2023년 발전설비별 발전량에 대한 자료이다. 이에 대한 설명으로 옳은 것은?

〈발전설비별 발전량〉

(단위 : GWh)

| 구분 | 수력 | 기력 | 원자력 | 신재생 | 기타 | 합계 |
|---|---|---|---|---|---|---|
| 2019년 | 7,270 | 248,584 | 133,505 | 28,070 | 153,218 | 570,647 |
| 2020년 | 6,247 | 232,128 | 145,910 | 33,500 | 145,255 | 563,040 |
| 2021년 | 7,148 | 200,895 | 160,184 | 38,224 | 145,711 | 552,162 |
| 2022년 | 6,737 | 202,657 | 158,015 | 41,886 | 167,515 | 576,810 |
| 2023년 | 7,256 | 199,031 | 176,054 | 49,285 | 162,774 | 594,400 |

① 2020 ~ 2023년 동안 기력 설비 발전량과 전체 설비 발전량의 전년 대비 증감 추이는 같다.
② 2019 ~ 2023년 동안 수력 설비 발전량은 항상 전체 설비 발전량의 1% 미만이다.
③ 2019 ~ 2023년 동안 신재생 설비 발진량은 항싱 진체 설비 발전량의 5% 이상이다.
④ 2019 ~ 2023년 동안 원자력 설비 발전량과 신재생 설비의 발전량은 전년 대비 꾸준히 증가하였다.
⑤ 2020 ~ 2023년 동안 전년 대비 전체 설비 발전량의 증가량이 가장 많은 해와 신재생 설비 발전량
의 증가량이 가장 적은 해는 같다.

| 코레일 한국철도공사 / 의사소통능력

**01**　다음 글의 내용으로 가장 적절한 것은?

> 한국철도공사는 철도시설물 점검 자동화에 '스마트 글라스'를 활용하겠다고 밝혔다. 스마트 글라스란 안경처럼 착용하는 스마트 기기로, 검사와 판독, 데이터 송수신과 보고서 작성까지 모든 동작이 음성인식을 바탕으로 작동한다. 이를 활용하여 작업자는 스마트 글라스 액정에 표시된 내용에 따라 철도시설물을 점검하고, 음성 명령을 통해 시설물의 사진을 촬영한 후 해당 정보와 검사 결과를 전송해 보고서로 작성한다.
>
> 작업자들은 스마트 글라스의 사용을 통해 직접 자료를 조사하고 측정한 내용을 바탕으로 시스템 속에서 여러 단계를 거쳐 수기 입력하던 기존 방식으로부터 벗어날 수 있게 되었고, 이 일련의 과정들을 중앙 서버를 통해 한 번에 처리할 수 있게 되었다.
>
> 이와 같은 스마트 기기의 도입은 중앙 서버의 효율적 종합 관리를 가능하게 할 뿐만 아니라 작업자의 안전성 향상에도 크게 기여하였다. 이는 작업자들이 음성인식이 가능한 스마트 글라스를 사용함으로써 두 손이 자유로워져 추락 사고를 방지할 수 있게 되었기 때문이며, 스마트 글라스 내부 센서가 충격과 기울기를 감지할 수 있어 작업자에게 위험한 상황이 발생하면 지정된 컴퓨터에 위험 상황을 바로 통보하는 시스템을 갖추었기 때문이다.
>
> 한국철도공사는 주요 거점 현장을 시작으로 스마트 글라스를 보급하여 성과 분석을 거치고 내년부터는 보급 현장을 확대하겠다고 밝혔으며, 국내 철도 환경에 맞춰 스마트 글라스 시스템을 개선하기 위해 현장 검증을 진행하고 스마트 글라스를 통해 측정된 데이터를 총괄 제어할 수 있도록 안전점검 플랫폼망도 마련할 예정이다.
>
> 이와 더불어 스마트 글라스를 통해 기존의 인력 중심 시설점검을 간소화하여 효율성과 안전성을 향상시키고, 나아가 철도 맞춤형 스마트 기술을 도입하여 시설물 점검뿐만 아니라 유지보수 작업도 가능하도록 철도기술 고도화에 힘쓰겠다고 전했다.

① 작업자의 음성인식을 통해 철도시설물의 점검 및 보수 작업이 가능해졌다.
② 스마트 글라스의 도입으로 철도시설물 점검의 무인작업이 가능해졌다.
③ 스마트 글라스의 도입으로 철도시설물 점검 작업 시 안전사고 발생 횟수가 감소하였다.
④ 스마트 글라스의 도입으로 철도시설물 작업 시간 및 인력이 감소하고 있다.
⑤ 스마트 글라스의 도입으로 작업자의 안전사고 발생을 바로 파악할 수 있게 되었다.

**02** 다음 글에 대한 설명으로 적절하지 않은 것은?

2016년 4월 27일 오전 7시 20분경 임실역에서 익산역으로 향하던 열차가 전기 공급 중단으로 멈추는 사고가 발생해 약 50분간 열차 운행이 중단되었다. 바로 전차선에 지어진 까치집 때문이었는데, 까치가 집을 지을 때 사용하는 젖은 나뭇가지나 철사 등이 전선과 닿거나 차로에 떨어져 합선과 단전을 일으킨 것이다.

비록 이번 사고는 단전에서 끝났지만, 고압 전류가 흐르는 전차선인 만큼 철사와 젖은 나뭇가지만으로도 자칫하면 폭발사고로 이어질 우려가 있다. 지난 5년간 까치집으로 인한 단전사고는 한 해 평균 3 ~ 4건 발생해 왔으며, 한국철도공사는 사고방지를 위해 까치집 방지 설비를 설치하고 설비가 없는 구간은 작업자가 육안으로 까치집 생성 여부를 확인해 제거하고 있는데, 이렇게 제거해 온 까치집 수가 연평균 8,000개에 달한다. 하지만 까치집은 빠르면 불과 4시간 만에 완성되어 작업자들에게 큰 곤욕을 주고 있다.

이에 한국철도공사는 전차선로 주변 까치집 제거의 효율성과 신속성을 높이기 위해 인공지능(AI)과 사물인터넷(IoT) 등 첨단 기술을 활용하기에 이르렀다. 열차 운전실에 영상 장비를 설치해 달리는 열차에서 전차선을 촬영한 화상 정보를 인공지능으로 분석함으로써 까치집 등의 위험 요인을 찾아 해당 위치와 현장 이미지를 작업자에게 실시간으로 전송하는 '실시간 까치집 자동 검출 시스템'을 개발한 것이다. 하지만 시속 150km로 빠르게 달리는 열차에서 까치집 등의 위험 요인을 실시간으로 판단해 전송하는 것이다 보니 그 정확도는 65%에 불과했다.

이에 한국철도공사는 전차선과 까치집을 정확하게 식별하기 위해 인공지능이 스스로 학습하는 '딥러닝' 방식을 도입했고, 전차선을 구성하는 복잡한 구조 및 까치집과 유사한 형태를 빅데이터로 분석해 이미지를 구분하는 학습을 실시한 결과 까치집 검출 정확도는 95%까지 상승했다. 또한 해당 이미지를 실시간 문자메시지로 작업자에게 전송해 위험 요소와 위치를 인지시켜 현장에 적용할 수 있다는 사실도 확인했다. 현재는 이와 더불어 정기열차가 운행하지 않거나 작업자가 접근하기 쉽지 않은 차량 정비 시설 등에 드론을 띄워 전차선의 까치집을 발견 및 제거하는 기술도 시범 운영하고 있다.

① 인공지능도 학습을 통해 그 정확도를 향상시킬 수 있다.
② 빠른 속도에서 인공지능의 사물 식별 정확도는 낮아진다.
③ 사람의 접근이 불가능한 곳에 위치한 까치집의 제거도 가능해졌다.
④ 까치집 자동 검출 시스템을 통해 실시간으로 까치집 제거가 가능해졌다.
⑤ 인공지능 등의 스마트 기술 도입으로 까치집 생성의 감소를 기대할 수 있다.

**03** 다음 글을 이해한 내용으로 적절하지 않은 것은?

열차 내에서의 범죄가 급격하게 증가함에 따라 한국철도공사는 열차 내 범죄 예방과 안전 확보를 위해 2023년까지 현재 운행하고 있는 열차의 모든 객실에 CCTV를 설치하고, 모든 열차 승무원에게 바디캠을 지급하겠다고 밝혔다.

CCTV는 열차 종류에 따라 운전실에서 비상시 실시간으로 상황을 파악할 수 있는 '네트워크 방식'과 각 객실에서의 영상을 저장하는 '개별 독립 방식'이라는 2가지 방식으로 사용 및 설치가 진행될 예정이며, 객실에는 사각지대를 없애기 위해 4대가량의 CCTV가 설치된다. 이 중 2대는 휴대 물품 도난 방지 등을 위해 휴대 물품 보관대 주변에 위치하게 된다.

이에 따라 한국철도공사는 CCTV 제품 품평회를 가져 제품의 형태와 색상, 재질 등에 대한 의견을 나누고 각 제품이 실제로 열차 운행 시 진동과 충격 등에 적합한지 시험을 거친 후 도입할 예정이다.

① 현재는 모든 열차에 CCTV가 설치되어 있진 않을 것이다.
② 과거에 비해 승무원에 대한 승객의 범죄행위 증거 취득이 유리해질 것이다.
③ CCTV의 설치를 통해 인적 피해와 물적 피해 모두 예방할 수 있을 것이다.
④ CCTV의 설치를 통해 실시간으로 모든 객실을 모니터링할 수 있을 것이다.
⑤ CCTV의 내구성뿐만 아니라 외적인 디자인도 제품 선택에 영향을 줄 수 있을 것이다.

**04** 작년 K대학교에 재학 중인 학생 수는 6,800명이었고 남학생과 여학생의 비는 8 : 9였다. 올해 남학생 수와 여학생 수의 비가 12 : 13만큼 줄어들어 7 : 8이 되었다고 할 때, 올해 K대학교의 전체 재학생 수는?

① 4,440명  ② 4,560명
③ 4,680명  ④ 4,800명
⑤ 4,920명

**05** 다음 자료에 대한 설명으로 가장 적절한 것은?

---

- KTX 마일리지 적립
  - KTX 이용 시 결제금액의 5%가 기본 마일리지로 적립됩니다.
  - 더블적립(×2) 열차로 지정된 열차는 추가로 5%가 적립(결제금액의 총 10%)됩니다.
    ※ 더블적립 열차는 홈페이지 및 코레일톡 애플리케이션에서만 승차권 구매 가능
  - 선불형 교통카드 Rail+(레일플러스)로 승차권을 결제하는 경우 1% 보너스 적립도 제공되어 최대 11% 적립이 가능합니다.
  - 마일리지를 적립받고자 하는 회원은 승차권을 발급받기 전에 코레일 멤버십카드 제시 또는 회원번호 및 비밀번호 등을 입력해야 합니다.
  - 해당 열차 출발 후에는 마일리지를 적립받을 수 없습니다.
- 회원 등급 구분

| 구분 | 등급 조건 | 제공 혜택 |
| --- | --- | --- |
| VVIP | • 반기별 승차권 구입 시 적립하는 마일리지가 8만 점 이상인 고객 또는 기준일부터 1년간 16만 점 이상 고객 중 매년 반기 익월 선정 | • 비즈니스 회원 혜택 기본 제공<br>• KTX 특실 무료 업그레이드 쿠폰 6매 제공<br>• 승차권 나중에 결제하기 서비스 (열차 출발 3시간 전까지) |
| VIP | • 반기별 승차권 구입 시 적립하는 마일리지가 4만 점 이상인 고객 또는 기준일부터 1년간 8만 점 이상 고객 중 매년 반기 익월 선정 | • 비즈니스 회원 혜택 기본 제공<br>• KTX 특실 무료 업그레이드 쿠폰 2매 제공 |
| 비즈니스 | • 철도 회원으로 가입한 고객 중 최근 1년간 온라인에서 로그인한 기록이 있거나, 회원으로 구매 실적이 있는 고객 | • 마일리지 적립 및 사용 가능<br>• 회원 전용 프로모션 참가 가능<br>• 열차 할인상품 이용 등 기본서비스와 멤버십 제휴서비스 등 부가서비스 이용 |
| 패밀리 | • 철도 회원으로 가입한 고객 중 최근 1년간 온라인에서 로그인한 기록이 없거나, 회원으로 구매 실적이 없는 고객 | • 멤버십 제휴서비스 및 코레일 멤버십 라운지 이용 등의 부가서비스 이용 제한<br>• 휴면 회원으로 분류 시 별도 관리하며, 본인 인증 절차로 비즈니스 회원으로 전환 가능 |

- 마일리지는 열차 승차 다음 날 적립되며, 지연료를 마일리지로 적립하신 실적은 등급 산정에 포함되지 않습니다.
- KTX 특실 무료 업그레이드 쿠폰 유효기간은 6개월이며, 반기별 익월 10일 이내에 지급됩니다.
- 실적의 연간 적립 기준일은 7월 지급의 경우 전년도 7월 1일부터 당해 연도 6월 30일까지 실적이며, 1월 지급은 전년도 1월 1일부터 전년도 12월 31일까지의 실적입니다.
- 코레일에서 지정한 추석 및 설 명절 특별수송기간의 승차권은 실적 적립 대상에서 제외됩니다.
- 회원 등급 기준 및 혜택은 사전 공지 없이 변경될 수 있습니다.
- 승차권 나중에 결제하기 서비스는 총 편도 2건 이내에서 제공되며, 3회 자동 취소 발생(열차 출발 전 3시간 내 미결재) 시 서비스가 중지됩니다. 리무진+승차권 결합 발권은 2건으로 간주되며, 정기권, 특가상품 등은 나중에 결제하기 서비스 대상에서 제외됩니다.

---

① 코레일에서 운행하는 모든 열차는 이용 때마다 결제금액의 최소 5%가 KTX 마일리지로 적립된다.

② 회원 등급이 높아져도 열차 탑승 시 적립되는 마일리지는 동일하다.

③ 비즈니스 등급은 기업회원을 구분하는 명칭이다.

④ 6개월간 마일리지 4만 점을 적립하더라도 VIP 등급을 부여받지 못할 수 있다.

⑤ 회원 등급이 높아도 승차권을 정가보다 저렴하게 구매할 수 있는 방법은 없다.

※ 다음 자료를 보고 이어지는 질문에 답하시오. [6~8]

〈2023년 한국의 국립공원 기념주화 예약 접수〉

- 우리나라 자연환경의 아름다움과 생태 보전의 중요성을 널리 알리기 위해 K공사는 한국의 국립공원 기념 주화 3종(설악산, 치악산, 월출산)을 발행할 예정임
- 예약 접수일 : 3월 2일(목) ~ 3월 17일(금)
- 배부 시기 : 2023년 4월 28일(금)부터 예약자가 신청한 방법으로 배부
- 기념주화 상세

| 화종 | 앞면 | 뒷면 |
|---|---|---|
| 은화Ⅰ - 설악산 | | |
| 은화Ⅱ - 치악산 | | |
| 은화Ⅲ - 월출산 | | |

- 발행량 : 화종별 10,000장씩 총 30,000장
- 신청 수량 : 단품 및 3종 세트로 구분되며 단품과 세트에 중복신청 가능
  - 단품 : 1인당 화종별 최대 3장
  - 3종 세트 : 1인당 최대 3세트
- 판매 가격 : 액면금액에 판매 부대비용(케이스, 포장비, 위탁판매수수료 등)을 부가한 가격
  - 단품 : 각 63,000원(액면가 50,000원＋케이스 등 부대비용 13,000원)
  - 3종 세트 : 186,000원(액면가 150,000원＋케이스 등 부대비용 36,000원)
- 접수 기관 : 우리은행, 농협은행, K공사
- 예약 방법 : 창구 및 인터넷 접수
  - 창구 접수
    신분증[주민등록증, 운전면허증, 여권(내국인), 외국인등록증(외국인)]을 지참하고 우리ㆍ농협은행 영업점을 방문하여 신청
  - 인터넷 접수
    ① 우리ㆍ농협은행의 계좌를 보유한 고객은 개시일 9시부터 마감일 23시까지 홈페이지에서 신청
    ② K공사 온라인 쇼핑몰에서는 가상계좌 방식으로 개시일 9시부터 마감일 23시까지 신청
- 구입 시 유의사항
  - 수령자 및 수령지 등 접수 정보가 중복될 경우 단품별 10장, 3종 세트 10세트만 추첨 명단에 등록
  - 비정상적인 경로나 방법으로 접수할 경우 당첨을 취소하거나 배송을 제한

**06** 다음 중 한국의 국립공원 기념주화 발행 사업의 내용으로 옳은 것은?

① 국민들을 대상으로 예약 판매를 실시하며, 외국인에게는 판매하지 않는다.

② 1인당 구매 가능한 최대 주화 수는 10장이다.

③ 기념주화를 구입하기 위해서는 우리·농협은행 계좌를 사전에 개설해 두어야 한다.

④ 사전예약을 받은 뒤, 예약 주문량에 맞추어 제한된 수량만 생산한다.

⑤ K공사를 통한 예약 접수는 온라인에서만 가능하다.

**07** 외국인 A씨는 이번에 발행되는 기념주화를 예약 주문하려고 한다. 다음 상황을 참고하여 A씨가 기념주화 구매 예약을 할 수 있는 방법으로 옳은 것은?

〈외국인 A씨의 상황〉

• A씨는 국내 거주 외국인으로 등록된 사람이다.
• A씨의 명의로 국내은행에 개설된 계좌는 총 2개로, 신한은행, 한국씨티은행에 1개씩이다.
• A씨는 우리은행이나 농협은행과는 거래이력이 없다.

① 여권을 지참하고 우리은행이나 농협은행 지점을 방문한다.

② K공사 온라인 쇼핑몰에서 신용카드를 사용한다.

③ 계좌를 보유한 신한은행이나 한국씨티은행의 홈페이지를 통해 신청한다.

④ 외국인등록증을 지참하고 우리은행이나 농협은행 지점을 방문한다.

⑤ 우리은행이나 농협은행의 홈페이지에서 신청한다.

**08** 다음은 기념주화를 예약한 5명의 신청내역이다. 이 중 가장 많은 금액을 지불한 사람의 구매 금액은?

〈기념주화 예약 신청내역〉

(단위 : 세트, 장)

| 구매자 | 3종 세트 | 단품 | | |
|---|---|---|---|---|
| | | 은화Ⅰ – 설악산 | 은화Ⅱ – 치악산 | 은화Ⅲ – 월출산 |
| A | 2 | 1 | – | – |
| B | – | 2 | 3 | 3 |
| C | 2 | 1 | 1 | – |
| D | 3 | – | – | – |
| E | 1 | – | 2 | 2 |

① 558,000원　　　　　　　　② 561,000원

③ 563,000원　　　　　　　　④ 564,000원

⑤ 567,000원

※ 다음은 노인맞춤돌봄서비스 홍보를 위한 안내문이다. 이어지는 질문에 답하시오. [9~10]

〈노인맞춤돌봄서비스 안내문〉

• 노인맞춤돌봄서비스 소개
  일상생활 영위가 어려운 취약노인에게 적절한 돌봄서비스를 제공하여 안정적인 노후생활 보장 및 노인의 기능, 건강 유지를 통해 기능 약화를 예방하는 서비스

• 서비스 내용
  − 안전지원서비스 : 이용자의 전반적인 삶의 안전 여부를 전화, ICT 기기를 통해 확인하는 서비스
  − 사회참여서비스 : 집단프로그램 등을 통해 사회적 참여의 기회를 지원하는 서비스
  − 생활교육서비스 : 다양한 프로그램으로 신체적, 정신적 기능을 유지·강화하는 서비스
  − 일상생활지원서비스 : 이동 동행, 식사 준비, 청소 등 일상생활을 지원하는 서비스
  − 연계서비스 : 민간 후원, 자원봉사 등을 이용자에게 연계하는 서비스
  − 특화서비스 : 은둔형·우울형 집단을 분리하여 상담 및 진료를 지원하는 서비스

• 선정 기준
  만 65세 이상 국민기초생활수급자, 차상위계층, 또는 기초연금수급자로서 유사 중복사업 자격에 해당하지 않는 자
  ※ 유사 중복사업
    1. 노인장기요양보험 등급자
    2. 가사 간병방문 지원 사업 대상자
    3. 국가보훈처 보훈재가복지서비스 이용자
    4. 장애인 활동지원 사업 이용자
    5. 기타 지방자치단체에서 시행하는 서비스 중 노인맞춤돌봄서비스와 유사한 재가서비스

• 특화서비스 선정 기준
  − 은둔형 집단 : 가족, 이웃 등과 관계가 단절된 노인으로서 민·관의 복지지원 및 사회안전망과 연결되지 않은 노인
  − 우울형 집단 : 정신건강 문제로 인해 일상생활 수행의 어려움을 겪거나 가족·이웃 등과의 관계 축소 등으로 자살, 고독사 위험이 높은 노인
  ※ 고독사 및 자살 위험이 높다고 판단되는 경우 만 60세 이상으로 하향 조정 가능

**┃ 국민건강보험공단 / 문제해결능력**

**09** 다음 중 윗글에 대한 설명으로 적절하지 않은 것은?

  ① 노인맞춤돌봄서비스를 받기 위해서는 만 65세 이상의 노인이어야만 한다.
  ② 노인맞춤돌봄서비스는 노인의 정신적 기능 계발을 위한 서비스를 제공한다.
  ③ 은둔형 집단, 우울형 집단의 노인은 특화서비스를 통해 상담 및 진료를 받을 수 있다.
  ④ 노인맞춤돌봄서비스를 통해 노인의 현재 안전 상황을 모니터링할 수 있다.

**10** 다음은 K동 독거노인 방문조사 결과이다. 조사한 인원 중 노인맞춤돌봄서비스 신청이 불가능한 사람은 모두 몇 명인가?

〈K동 독거노인 방문조사 결과〉

| 이름 | 성별 | 나이 | 소득수준 | 행정서비스 현황 | 특이사항 |
|---|---|---|---|---|---|
| A | 여 | 만 62세 | 차상위계층 | – | 우울형 집단 |
| B | 남 | 만 78세 | 기초생활수급자 | 국가유공자 | – |
| C | 남 | 만 81세 | 차상위계층 | – | – |
| D | 여 | 만 76세 | 기초연금수급자 | – | – |
| E | 여 | 만 68세 | 기초연금수급자 | 장애인 활동지원 | – |
| F | 여 | 만 69세 | – | – | – |
| G | 남 | 만 75세 | 기초연금수급자 | 가사 간병방문 | – |
| H | 여 | 만 84세 | – | – | – |
| I | 여 | 만 63세 | 차상위계층 | – | 우울형 집단 |
| J | 남 | 만 64세 | 차상위계층 | – | – |
| K | 여 | 만 84세 | 기초연금수급자 | 보훈재가복지 | – |

① 4명

② 5명

③ 6명

④ 7명

**11** 지난 5년간 소득액수가 동일한 A씨의 2023년 장기요양보험료가 2만 원일 때, 2021년의 장기요양보험료는?(단, 모든 계산은 소수점 첫째 자리에서 반올림한다)

〈2023년 장기요양보험료율 결정〉

2023년 소득 대비 장기요양보험료율은 2022년 0.86% 대비 0.05%p 인상된 0.91%로 결정되었다. 장기요양보험료는 건강보험에 장기요양보험료율을 곱하여 산정되는데, 건강보험료 대비 장기요양보험료율은 2023년에 12.81%로, 2022년 12.27% 대비 4.40%p가 인상된다.

이번 장기요양보험료율은 초고령사회를 대비하여 장기요양보험의 수입과 지출의 균형 원칙을 지키면서 국민들의 부담 최소화와 제도의 안정적 운영 측면을 함께 고려하여 논의·결정하였다.

특히 빠른 고령화에 따라 장기요양 인정자 수의 증가로 지출 소요가 늘어나는 상황이나, 어려운 경제여건을 고려하여 2018년 이후 최저 수준으로 보험료율이 결정되었다.

※ 장기요양보험료율(소득 대비) 추이 : 0.46%(2018년) → 0.55%(2019년) → 0.68%(2020년) → 0.79%(2021년) → 0.86%(2022년) → 0.91%(2023년)

① 16,972원

② 17,121원

③ 17,363원

④ 18,112원

**12** 다음은 국민건강보험법의 일부이다. 이에 대한 설명으로 적절하지 않은 것은?

---

**급여의 제한(제53조)**

① 공단은 보험급여를 받을 수 있는 사람이 다음 각 호의 어느 하나에 해당하면 보험급여를 하지 아니한다.

  1. 고의 또는 중대한 과실로 인한 범죄행위에 그 원인이 있거나 고의로 사고를 일으킨 경우

  2. 고의 또는 중대한 과실로 공단이나 요양기관의 요양에 관한 지시에 따르지 아니한 경우

  3. 고의 또는 중대한 과실로 제55조에 따른 문서와 그 밖의 물건의 제출을 거부하거나 질문 또는 진단을 기피한 경우

  4. 업무 또는 공무로 생긴 질병 · 부상 · 재해로 다른 법령에 따른 보험급여나 보상(報償) 또는 보상(補償)을 받게 되는 경우

② 공단은 보험급여를 받을 수 있는 사람이 다른 법령에 따라 국가나 지방자치단체로부터 보험급여에 상당하는 급여를 받거나 보험급여에 상당하는 비용을 지급받게 되는 경우에는 그 한도에서 보험급여를 하지 아니한다.

③ 공단은 가입자가 대통령령으로 정하는 기간 이상 다음 각 호의 보험료를 체납한 경우 그 체납한 보험료를 완납할 때까지 그 가입자 및 피부양자에 대하여 보험급여를 실시하지 아니할 수 있다. 다만, 월별 보험료의 총체납횟수(이미 납부된 체납보험료는 총체납횟수에서 제외하며, 보험료의 체납기간은 고려하지 아니한다)가 대통령령으로 정하는 횟수 미만이거나 가입자 및 피부양자의 소득 · 재산 등이 대통령령으로 정하는 기준 미만인 경우에는 그러하지 아니하다.

  1. 제69조 제4항 제2호에 따른 소득월액보험료

  2. 제69조 제5항에 따른 세대단위의 보험료

④ 공단은 제77조 제1항 제1호에 따라 납부의무를 부담하는 사용자가 제69조 제4항 제1호에 따른 보수월액보험료를 체납한 경우에는 그 체납에 대하여 직장가입자 본인에게 귀책사유가 있는 경우에 한하여 제3항의 규정을 적용한다. 이 경우 해당 직장가입자의 피부양자에게도 제3항의 규정을 적용한다.

⑤ 제3항 및 제4항에도 불구하고 제82조에 따라 공단으로부터 분할납부 승인을 받고 그 승인된 보험료를 1회 이상 낸 경우에는 보험급여를 할 수 있다. 다만, 제82조에 따른 분할납부 승인을 받은 사람이 정당한 사유 없이 5회(같은 조 제1항에 따라 승인받은 분할납부 횟수가 5회 미만인 경우에는 해당 분할납부 횟수를 말한다) 이상 그 승인된 보험료를 내지 아니한 경우에는 그러하지 아니하다.

---

① 공단의 요양에 관한 지시를 고의로 따르지 아니할 경우 보험급여가 제한된다.

② 지방자치단체로부터 보험급여에 해당하는 급여를 받으면 그 한도에서 보험급여를 하지 않는다.

③ 관련 법조항에 따라 분할납부가 승인되면 분할납부가 완료될 때까지 보험급여가 제한될 수 있다.

④ 승인받은 분할납부 횟수가 4회일 경우 정당한 사유 없이 4회 이상 보험료를 내지 않으면 보험급여가 제한된다.

**13** 다음은 2022년 시·도별 공공의료기관 인력 현황에 대한 자료이다. 전문의 의료 인력 대비 간호사 인력 비율이 가장 높은 지역은?

〈시·도별 공공의료기관 인력 현황〉

(단위 : 명)

| 구분 | 일반의 | 전문의 | 레지던트 | 간호사 |
|---|---|---|---|---|
| 서울 | 35 | 1,905 | 872 | 8,286 |
| 부산 | 5 | 508 | 208 | 2,755 |
| 대구 | 7 | 546 | 229 | 2,602 |
| 인천 | 4 | 112 | 0 | 679 |
| 광주 | 4 | 371 | 182 | 2,007 |
| 대전 | 3 | 399 | 163 | 2,052 |
| 울산 | 0 | 2 | 0 | 8 |
| 세종 | 0 | 118 | 0 | 594 |
| 경기 | 14 | 1,516 | 275 | 6,706 |
| 강원 | 4 | 424 | 67 | 1,779 |
| 충북 | 5 | 308 | 89 | 1,496 |
| 충남 | 2 | 151 | 8 | 955 |
| 전북 | 2 | 358 | 137 | 1,963 |
| 전남 | 9 | 296 | 80 | 1,460 |
| 경북 | 7 | 235 | 0 | 1,158 |
| 경남 | 9 | 783 | 224 | 4,004 |
| 제주 | 0 | 229 | 51 | 1,212 |

① 서울
② 울산
③ 경기
④ 충남

**14** 다음은 시·도별 지역사회 정신건강 예산에 대한 자료이다. 2021년 대비 2022년 정신건강 예산의 증가액이 가장 큰 지역부터 순서대로 바르게 나열한 것은?

<시·도별 지역사회 정신건강 예산>

| 구분 | 2022년 | | 2021년 | |
|---|---|---|---|---|
| | 정신건강 예산(천 원) | 인구 1인당 지역사회 정신건강 예산(원) | 정신건강 예산(천 원) | 인구 1인당 지역사회 정신건강 예산(원) |
| 서울 | 58,981,416 | 6,208 | 53,647,039 | 5,587 |
| 부산 | 24,205,167 | 7,275 | 21,308,849 | 6,373 |
| 대구 | 12,256,595 | 5,133 | 10,602,255 | 4,382 |
| 인천 | 17,599,138 | 5,984 | 12,662,483 | 4,291 |
| 광주 | 13,479,092 | 9,397 | 12,369,203 | 8,314 |
| 대전 | 14,142,584 | 9,563 | 12,740,140 | 8,492 |
| 울산 | 6,497,177 | 5,782 | 5,321,968 | 4,669 |
| 세종 | 1,515,042 | 4,129 | 1,237,124 | 3,546 |
| 제주 | 5,600,120 | 8,319 | 4,062,551 | 6,062 |

① 서울 – 세종 – 인천 – 대구 – 제주 – 대전 – 울산 – 광주 – 부산
② 서울 – 인천 – 부산 – 대구 – 제주 – 대전 – 울산 – 광주 – 세종
③ 서울 – 대구 – 인천 – 대전 – 부산 – 세종 – 울산 – 광주 – 제주
④ 서울 – 인천 – 부산 – 세종 – 제주 – 대전 – 울산 – 광주 – 대구

**15** 다음 글을 이해한 내용으로 가장 적절한 것은?

> 도심항공교통, UAM은 'Urban Air Mobility'의 약자로, 전기 수식 이착륙기(eVTOL)를 활용해 지상에서 450m 정도 상공인 저고도 공중에서 사람이나 물건 등을 운송하는 항공 교통 수단 시스템을 지칭하는 용어로, 기체 개발부터 운항, 인프라 구축, 플랫폼 서비스 그리고 유지보수에 이르기까지 이와 관련된 모든 사업을 통틀어 일컫는 말이다.
>
> 도심항공교통은 전 세계적인 인구 증가와 대도시 인구 과밀화로 인해 도심의 지상교통수단이 교통체증 한계에 맞닥뜨리면서 이를 해결하고자 등장한 대안책이다. 특히 이 교통수단은 활주로가 필요한 비행기와 달리 로켓처럼 동체를 세운 상태로 이착륙이 가능한 수직 이착륙 기술, 배터리와 모터로 운행되는 친환경적인 방식과 저소음 기술로 인해 탄소중립 시대에 새로운 교통수단으로 주목받고 있다.
>
> 이 때문에 많은 국가와 기업에서 도심항공교통 상용화 추진에 박차를 가하고 있으며 우리나라 역시 예외는 아니다. 국내기업들은 상용화를 목표로 기체 개발 중에 있으며, 현대자동차는 핵심 인프라 중 하나인 플라잉카 공항 사업을 수주받아 영국에서 건설 중에 있다. 공기업 역시 미래모빌리티 토탈솔루션 구축 등의 UAM 생태계 조성 및 활성화를 추진 중이다.
>
> 실제로 강릉시는 강릉역 '미래형 복합환승센터'에 기차, 버스, 철도, 자율주행차뿐만 아니라 도심항공교통 UAM까지 한곳에서 승하차가 가능하도록 개발사업 기본 계획을 수립해 사업 추진에 나섰으며, 경기 고양시 역시 항공교통 상용화를 위한 UAM 이착륙장을 내년 완공을 목표로 진행 중에 있다.
>
> 이와 같은 각 단체와 시의 노력으로 도심항공교통이 상용화된다면 많은 기대효과를 가져올 수 있을 것이라 전망되는데, 특히 친환경적인 기술로 탄소배출 절감에 큰 역할을 할 것으로 판단된다. 이뿐만 아니라 도시권역 간 이동시간을 단축해 출퇴근 교통체증을 해소할 수 있고, 획기적인 운송 서비스의 제공으로 사회적 비용을 감소시킬 수 있을 것으로 보인다.

① 도심항공교통수단은 지상교통수단의 이용이 불가능해짐에 따라 대체 방안으로 등장한 기술이다.

② 도심항공교통 UAM은 상공을 통해 사람이나 물품 등의 이동이 가능하게 하는 모든 항공교통수단 시스템을 지칭한다.

③ 도심항공교통은 수직 이착륙 기술을 가지고 있어 별도의 활주로와 공항이 없이도 어디서든 운행이 가능하다.

④ 국내 공기업과 사기업, 그리고 정부와 각 시는 도심항공교통의 상용화를 위해 각 역할을 분담하여 추진 중에 있다.

⑤ 도심항공교통이 상용화된다면, 도심지상교통이 이전보다 원활하게 운행이 가능해질 것으로 예측된다.

**16** 다음 글과 같이 한자어 및 외래어를 순화한 내용으로 적절하지 않은 것은?

> 열차를 타다 보면 한 번쯤은 다음과 같은 안내방송을 들어 봤을 것이다.
> "○○역 인근 '공중사상사고' 발생으로 KTX 열차가 지연되고 있습니다."
> 이때 들리는 안내방송 중 한자어인 '공중사상사고'를 한 번에 알아듣기란 일반적으로 쉽지 않다. 실제로 S교통공사 관계자는 승객들로부터 안내방송 문구가 적절하지 않다는 지적을 받아 왔다고 밝혔으며, 이에 S교통공사는 국토교통부와 협의를 거쳐 보다 이해하기 쉬운 안내방송을 전달하기 위해 문구를 바꾸는 작업에 착수하기로 결정하였다고 전했다.
> 우선 가장 먼저 수정하기로 한 것은 한자어 및 외래어로 표기된 철도 용어이다. 그중 대표적인 것이 '공중사상사고'이다. S교통공사 관계자는 이를 '일반인의 사상사고'나 '열차 운행 중 인명사고' 등과 같이 이해하기 쉬운 말로 바꿀 예정이라고 밝혔다. 이 외에도 열차 지연 예상 시간, 사고복구 현황 등 열차 내 안내방송을 승객에게 좀 더 알기 쉽고 상세하게 전달할 것이라고 전했다.

① 열차시격 → 배차간격
② 전차선 단전 → 선로 전기 공급 중단
③ 우회수송 → 우측 선로로의 변경
④ 핸드레일(Handrail) → 안전손잡이
⑤ 키스 앤 라이드(Kiss and Ride) → 환승정차구역

**17** 다음 〈보기〉의 맥킨지 7S 모델을 소프트웨어적 요소와 하드웨어적 요소로 바르게 구분한 것은?

> **보기**
>
> ㉠ 스타일(Style)  ㉡ 구성원(Staff)
> ㉢ 전략(Strategy)  ㉣ 스킬(Skills)
> ㉤ 구조(Structure)  ㉥ 공유가치(Shared Values)
> ㉦ 시스템(Systems)

|  | 소프트웨어 | 하드웨어 |
|---|---|---|
| ① | ㉠, ㉡, ㉢, ㉥ | ㉣, ㉤, ㉦ |
| ② | ㉠, ㉡, ㉣, ㉥ | ㉢, ㉤, ㉦ |
| ③ | ㉡, ㉢, ㉥, ㉦ | ㉠, ㉣, ㉤ |
| ④ | ㉡, ㉣, ㉤, ㉦ | ㉠, ㉢, ㉥ |
| ⑤ | ㉢, ㉤, ㉥, ㉦ | ㉠, ㉡, ㉣ |

※ S대학교에 근무하는 K씨는 전자교탁 340개를 강의실에 설치하고자 한다. 이어지는 질문에 답하시오.
**[18~19]**

- K씨는 전사교탁 340개를 2월 1일 수요일에 주문할 예성이다.
- 모든 업체는 주문을 확인한 다음 날부터 전자교탁을 제작하기 시작한다.
- 2월 20일에 설치가 가능하도록 모든 업체가 2월 18일까지 전자교탁을 제작하여야 한다.
- 전자교탁 제작을 의뢰할 업체는 모두 5곳이며, 각 업체에 대한 정보는 다음과 같다.

| 업체 | 1인 1개 제작 시간(시간) | 제작 직원 수(명) | 개당 가격(만 원) |
|---|---|---|---|
| A | 4 | 7 | 50 |
| B | 5 | 10 | 50 |
| C | 4 | 3 | 40 |
| D | 2 | 5 | 40 |
| E | 6 | 6 | 30 |

- A, B, C업체는 월~토요일에 근무를 하고, D, E업체는 월~금요일에 근무를 하며, 모든 업체는 1일 8시간 근무를 시행한다.
- 모든 업체는 연장근무를 시행하지 않는다.

| 서울교통공사 / 자원관리능력

**18** 비용을 최소로 하여 각 업체에 전자교탁 제작을 의뢰한다고 할 때, 다음 중 E업체에 의뢰한 전자교탁의 수는?(단, 소수점 아래는 버린다)

① 24개
② 48개
③ 96개
④ 144개
⑤ 192개

| 서울교통공사 / 자원관리능력

**19** 교내 내부 일정이 촉박해져 전자교탁 제작이 기존 예정 완료일보다 이른 2월 9일까지 완료되어야 한다고 한다. 이에 따라 비용을 최소로 하여 제작을 다시 의뢰하고자 할 때, 필요한 비용은?(단, 소수점 아래는 버린다)

① 1억 2,460만 원
② 1억 4,420만 원
③ 1억 6,480만 원
④ 1억 8,820만 원
⑤ 1억 9,860만 원

※ 다음은 2023년 승차권 정기권의 거리비례용 종별 운임에 대한 자료이다. 이어지는 질문에 답하시오.
[20~22]

〈거리비례용 종별 운임〉

| 종별 | 정기권 운임(원) | 교통카드 기준 운임(원) | 이용구간 초과 시 추가차감 기준 | 이용구간 14회 초과 시 추가비용 차감 후 정기권 잔액(원) |
|---|---|---|---|---|
| 1단계 | – | 1,450 | 20km마다 1회 | 34,700 |
| 2단계 | – | 1,550 | 25km마다 1회 | 36,300 |
| 3단계 | – | 1,650 | 30km마다 1회 | 38,600 |
| 4단계 | – | 1,750 | 35km마다 1회 | 41,000 |
| 5단계 | – | 1,850 | 40km마다 1회 | 43,300 |
| 6단계 | – | 1,950 | 45km마다 1회 | 45,600 |
| 7단계 | – | 2,050 | 50km마다 1회 | 48,000 |
| 8단계 | – | 2,150 | 58km마다 1회 | 50,300 |
| 9단계 | – | 2,250 | 66km마다 1회 | 52,700 |
| 10단계 | – | 2,350 | 74km마다 1회 | 55,000 |
| 11단계 | – | 2,450 | 82km마다 1회 | 57,300 |
| 12단계 | – | 2,550 | 90km마다 1회 | 59,700 |
| 13단계 | – | 2,650 | 98km마다 1회 | 62,000 |
| 14단계 | – | 2,750 | 106km마다 1회 | 64,400 |
| 15단계 | – | 2,850 | 114km마다 1회 | 66,700 |
| 16단계 | – | 2,950 | 122km마다 1회 | 69,000 |
| 17단계 | – | 3,050 | 130km마다 1회 | 71,400 |
| 18단계 | 117,800 | 3,150 | 추가차감 없음 | 117,800 |

※ 원하는 종류의 정기권 운임을 충전하여 사용할 수 있으며, 사용 기간은 충전일로부터 30일 이내 60회임
※ 정기권 운임 비용에서 이용구간을 초과할 때마다 종별에 해당하는 교통카드 기준 운임 비용이 차감됨
※ 정기권 운임 비용은 (교통카드 기준 운임 비용)×44에 15%를 할인한 후 10원 단위에서 반올림함
※ 승차권 사용 불가 구간 및 추가 차감 구간은 별도 기준에 따름

**┃ 서울교통공사 / 수리능력**

**20** 다음 중 종별 정기권 운임 비용과 전 종 대비 정기권 운임 비용의 차이가 3,800원인 경우는 모두 몇 가지인가?

① 4가지      ② 5가지
③ 6가지      ④ 7가지
⑤ 8가지

**21** 서울에 사는 강대리는 지방에 있는 회사로 출퇴근하고자 4월 3일 월요일에 3단계 거리비례용 정기권을 구매하여 충전 후 바로 사용하였다. 다음 〈조건〉에 따를 때, 4월 말 강대리의 정기권 잔액은?

> **조건**
> • 강대리의 이용 거리는 편도 25km이다.
> • 강대리가 근무하는 회사는 평일에만 근무하며, 강대리는 4월에 연차를 신청하지 않았다.
> • 강대리는 출퇴근 모두 정기권을 사용하였으며, 출퇴근 외에는 정기권을 사용하지 않았다.
> • 승차권 사용 불가 구간 및 추가 차감 구간은 없었다.

① 7,250원　　　　　　　　② 7,600원
③ 7,950원　　　　　　　　④ 8,300원
⑤ 8,650원

**22** 지방에서 서울에 있는 학교로 통학하는 대학생 S군은 교통비를 절약하고자 거리비례용 정기권을 구매하려고 한다. 다음 〈조건〉에 따를 때, S군이 충전할 수 있는 정기권으로 옳은 것은?(단, 교통카드 기준 운임 비용에 대한 종별 정기권 운임의 비는 모두 37이다)

> **조건**
> • S군의 이용 거리는 편도 45km이다.
> • S군은 교내 일정으로 한 달에 25일은 학교에 가는 것으로 계산한다.
> • S군은 통학할 때에만 정기권을 사용하였으며, 통학 외에는 정기권을 사용하지 않았다.
> • 승차권 사용 불가 구간 및 추가 차감 구간은 없었다.
> • 정기권은 월 1회만 충전하는 것으로 가정한다.

① 9단계　　　　　　　　② 10단계
③ 11단계　　　　　　　　④ 12단계
⑤ 13단계

**23** 다음 글의 빈칸에 들어갈 내용을 순서대로 바르게 연결한 것은?

> • ___㉠___ : 인간관계를 지향하게 하고 사회적 행동을 유발하는 욕구이다.
> • ___㉡___ : 개인이 인간과 인간관계에 대해 가지고 있는 지적인 이해나 믿음이다.
> • ___㉢___ : 인간관계를 성공적으로 이끌어 갈 수 있는 사교적 능력이다.

|  | ㉠ | ㉡ | ㉢ |
|---|---|---|---|
| ① | 대인신념 | 대인기술 | 대인동기 |
| ② | 대인신념 | 대인동기 | 대인기술 |
| ③ | 대인동기 | 대인신념 | 대인기술 |
| ④ | 대인동기 | 대인기술 | 대인신념 |
| ⑤ | 대인기술 | 대인동기 | 대인신념 |

**24** 다음 중 도덕적 해이(Moral Hazard)의 특징으로 적절하지 않은 것은?

① 결정을 내리고 책임지기보다 상급기관에 결정을 미루는 행동방식을 취한다.
② 법률 위반과 차이가 있어 적발과 입증이 어렵다.
③ 사익을 추구하지 않는 방만한 경영 행태는 도덕적 해이에 포함되지 않는다.
④ 조직의 틀에 어긋나는 개인의 이익 실현 행위이다.
⑤ 신규 업무에 관심을 갖지 않는 등 소극적인 모습을 보인다.

※ 다음 글을 읽고 이어지는 질문에 답하시오. [25~26]

코로나19는 2019년 중국 우한에서 처음 발생한 감염병으로 전 세계적으로 확산되어 대규모의 유행을 일으켰다. 코로나19는 주로 호흡기를 통해 전파되며 기침, 인후통, 발열 등의 경미한 증상에서 심각한 호흡곤란같이 치명적인 증상을 일으키기도 한다.

코로나19의 유행은 공공의료체계에 큰 영향을 주었다. 대부분의 국가는 코로나19 감염환자의 대량 입원으로 병상부족 문제를 겪었으며 의료진의 업무부담 또한 매우 증가되었다. 또한 예방을 위한 검사 및 검체 채취, 밀접 접촉자 추적, 격리 및 치료 등의 과정에서 많은 인력과 시간이 _____되었다.

국가 및 지역 사회에서 모든 사람들에게 평등하고 접근 가능한 의료 서비스를 제공하기 위한 공공의료는 전염병의 대유행 상황에서 매우 중요한 역할을 담당한다. 공공의료는 환자의 치료와 예방, 감염병 관리에서 필수적인 역할을 수행하며 코로나19 대유행 당시 검사, 진단, 치료, 백신 접종 등 다양한 서비스를 국민에게 제공하여 사회 전체의 건강보호를 담당하였다.

공공의료는 국가와 지역 단위에서의 재난 대응 체계와 밀접하게 연계되어 있다. 정부는 공공의료 시스템을 효과적으로 운영하여 감염병의 확산을 억제하고, 병원 부족 문제를 해결하며, 의료진의 안전과 보호를 보장해야 한다. 이를 위해 예방 접종 캠페인, 감염병 관리 및 예방 교육, 의료 인력과 시설의 지원 등 다양한 조치를 취하고 있다.

코로나19 대유행은 공공의료의 중요성과 필요성을 다시 한 번 강조하였다. 강력한 공공의료 체계는 전염병과의 싸움에서 핵심적인 역할을 수행하며, 국가와 지역 사회의 건강을 보호하는 데 필수적이다. 이를 위해서는 지속적인 투자와 개선이 이루어져야 하며, 협력과 혁신을 통해 미래의 감염병에 대비할 수 있는 강력한 공공의료 시스템을 구축해야 한다.

**❘ 건강보험심사평가원 / 의사소통능력**

**25** 다음 중 윗글에 대한 주제로 가장 적절한 것은?

① 코로나19 유행과 지역사회 전파 방지를 위한 노력

② 감염병과 백신의 중요성

③ 코로나19 격리 과정

④ 코로나19 유행과 공공의료의 중요성

⑤ 코로나19의 대표적 증상

**❘ 건강보험심사평가원 / 의사소통능력**

**26** 다음 중 윗글의 빈칸에 들어갈 단어로 가장 적절한 것은?

① 대비          ② 대체

③ 제공          ④ 초과

⑤ 소요

**27** S유통사는 창고 내 자재의 보안 강화와 원활한 관리를 위해 국가별, 제품별로 자재를 분류하고자 9자리 상품코드 및 바코드를 제작하였다. 상품코드 및 바코드 규칙이 다음과 같을 때 8자리 상품코드와 수입 국가, 전체 9자리 바코드가 바르게 연결된 것은?

〈S유통사 상품코드 및 바코드 규칙〉

1. 상품코드의 첫 세 자릿수는 수입한 국가를 나타낸다.

| 첫 세 자리 | 000 ~ 099 | 100 ~ 249 | 250 ~ 399 | 400 ~ 549 | 550 ~ 699 | 700 ~ 849 | 850 ~ 899 | 900 ~ 999 |
|---|---|---|---|---|---|---|---|---|
| 국가 | 한국 | 독일 | 일본 | 미국 | 캐나다 | 호주 | 중국 | 기타 국가 |

2. 상품코드의 아홉 번째 수는 바코드의 진위 여부를 판단하는 수로, 앞선 여덟 자릿수를 다음 규칙에 따라 계산하여 생성한다.
   ① 홀수 번째 수에는 2를, 짝수 번째 수에는 5를 곱한 다음 여덟 자릿수를 모두 합한다.
   ② 모두 합한 값을 10으로 나누었을 때, 그 나머지 수가 아홉 번째 수가 된다.

3. 바코드는 각 자리의 숫자에 대응시켜 생성한다.

| 구분 | 코드 | 구분 | 코드 |
|---|---|---|---|
| 0 | | 5 | |
| 1 | | 6 | |
| 2 | | 7 | |
| 3 | | 8 | |
| 4 | | 9 | |

| | 8자리 상품코드 | 수입 국가 | 9자리 바코드 |
|---|---|---|---|
| ① | 07538627 | 한국 | |
| ② | 23978527 | 일본 | |
| ③ | 51227532 | 미국 | |
| ④ | 73524612 | 호주 | |
| ⑤ | 93754161 | 기타 국가 | |

**┃ 건강보험심사평가원 / 정보능력**

**28** 다음은 S중학교 2학년 1반 국어, 수학, 영어, 사회, 과학에 대한 학생 9명의 성적표이다. 학생들의 평균 점수를 가장 높은 순서대로 구하고자 할 때, [H2] 셀에 들어갈 함수로 옳은 것은?(단, G열의 평균 점수는 구한 것으로 가정한다)

〈2학년 1반 성적표〉

| | A | B | C | D | E | F | G | H |
|---|---|---|---|---|---|---|---|---|
| 1 | | 국어 | 수학 | 영어 | 사회 | 과학 | 평균 점수 | 평균 점수 순위 |
| 2 | 강○○ | 80 | 77 | 92 | 81 | 75 | | |
| 3 | 권○○ | 70 | 80 | 87 | 65 | 88 | | |
| 4 | 김○○ | 90 | 88 | 76 | 86 | 87 | | |
| 5 | 김△△ | 60 | 38 | 66 | 40 | 44 | | |
| 6 | 신○○ | 88 | 66 | 70 | 58 | 60 | | |
| 7 | 장○○ | 95 | 98 | 77 | 70 | 90 | | |
| 8 | 전○○ | 76 | 75 | 73 | 72 | 80 | | |
| 9 | 현○○ | 30 | 60 | 50 | 44 | 27 | | |
| 10 | 황○○ | 76 | 85 | 88 | 87 | 92 | | |

① = RANK(G2,G$2:G$10,0)  ② = RANK(G2,$G2$:G10,0)

③ = RANK(G2,$B2$:G10,0)  ④ = RANK(G2,$B$2:$G$10,0)

⑤ = RANK(G2,$B$2$:$F$F10,0)

**29** 어느 날 민수가 사탕 바구니에 있는 사탕의 $\frac{1}{3}$을 먹었다. 그다음 날 남은 사탕의 $\frac{1}{2}$을 먹고 또 그다음 날 남은 사탕의 $\frac{1}{4}$을 먹었다. 현재 남은 사탕의 개수가 18개일 때, 처음 사탕 바구니에 들어있던 사탕의 개수는?

① 48개                    ② 60개
③ 72개                    ④ 84개
⑤ 96개

**30** 5개의 임의의 양수 $a \sim e$에 대해 서로 다른 2개를 골라 더한 값 10개가 다음과 같을 때, 5개의 양수 $a \sim e$의 평균과 분산은?

| | | | | | | | | | |
|---|---|---|---|---|---|---|---|---|---|
| 8 | 10 | 11 | 13 | 12 | 13 | 15 | 15 | 17 | 18 |

|  | 평균 | 분산 |  | 평균 | 분산 |
|---|---|---|---|---|---|
| ① | 6.6 | 5.84 | ② | 9.6 | 5.84 |
| ③ | 6.6 | 8.84 | ④ | 9.6 | 8.84 |
| ⑤ | 6.6 | 12.84 | | | |

**31** 다음은 S중학교 재학생의 2013년과 2023년의 평균 신장 변화에 대한 자료이다. 2013년 대비 2023년 신장 증가율이 큰 순서대로 바르게 나열한 것은?(단, 소수점 셋째 자리에서 반올림한다)

〈S중학교 재학생 평균 신장 변화〉

(단위 : cm)

| 구분 | 2013년 | 2023년 |
|---|---|---|
| 1학년 | 160.2 | 162.5 |
| 2학년 | 163.5 | 168.7 |
| 3학년 | 168.7 | 171.5 |

① 1학년 – 2학년 – 3학년          ② 1학년 – 3학년 – 2학년
③ 2학년 – 1학년 – 3학년          ④ 2학년 – 3학년 – 1학년
⑤ 3학년 – 2학년 – 1학년

**32** A는 S공사 사내 여행 동아리의 회원으로 이번 주말에 가는 여행에 반드시 참가할 계획이다. 다음 〈조건〉에 따라 여행에 참가한다고 할 때, 여행에 참가하는 사람을 모두 고르면?

> **조건**
> • C가 여행에 참가하지 않으면, A도 여행에 참가하지 않는다.
> • E가 여행에 참가하지 않으면, B는 여행에 참가한다.
> • D가 여행에 참가하지 않으면, B도 여행에 참가하지 않는다.
> • E가 여행에 참가하면, C는 여행에 참가하지 않는다.

① A, B

② A, B, C

③ A, B, D

④ A, B, C, D

⑤ A, C, D, E

**33** 다음 단어들의 관계를 토대로 할 때, 빈칸 ㉠에 들어갈 단어로 가장 적절한 것은?

> • 치르다 – 지불하다
> • 가쁘다 – 벅차다
> • 연약 – 나약
> • 가뭄 – ㉠

① 갈근

② 해수

③ 한발

④ 안건

(가) 경영학 측면에서도 메기 효과는 한국, 중국 등 고도 경쟁사회인 동아시아 지역에서만 제한적으로 사용되며 영미권에서는 거의 사용되지 않는다. 기획재정부의 조사에 따르면 메기에 해당하는 해외 대형 가구업체인 이케아(IKEA)가 국내에 들어오면서 청어에 해당하는 중소 가구업체의 입지가 더욱 좁아졌다고 한다. 이처럼 경영학 측면에서도 메기 효과는 제한적으로 파악될 뿐 과학적으로는 검증되지 않은 가설이다.

(나) 결국 과학적으로 증명되지 않았지만 메기 효과는 '경쟁'의 양면성을 보여 주는 가설이다. 기업의 경영에서 위험이 발생하였을 때, 위기감에 의한 성장 동력을 발현시킬 수는 있을 것이다. 그러나 무한 경쟁사회에서 규제 등의 방법으로 적정 수준을 유지하지 못한다면 거미의 등장으로 인해 폐사한 메뚜기와 토양처럼, 거대한 위협이 기업과 사회를 항상 좋은 방향으로 이끌어 나가지는 않을 것이다.

(다) 그러나 메기 효과가 전혀 시사점이 없는 것은 아니다. 이케아가 국내에 들어오면서 도산할 것으로 예상되었던 일부 국내 가구 업체들이 오히려 성장하는 현상 또한 관찰되고 있다. 강자의 등장으로 약자의 성장 동력이 어느 정도는 발현되었다는 것을 보여 주는 사례라고 할 수 있다.

(라) 그러나 최근에는 메기 효과가 과학적으로 검증되지 않았고 과장되어 사용되고 있으며 심지어 거짓이라고 주장하는 사람들이 있다. 먼저 메기 효과의 기원부터 의문점이 있다. 메기는 민물고기로 바닷물고기인 청어는 메기와 관련이 없으며, 실제로 북유럽의 어부들이 수조에 메기를 넣었을 때 청어에게 효과가 있었는지는 검증되지 않았다. 이와 비슷한 사례인 메뚜기와 거미의 경우는 과학적으로 검증된 바 있다. 2012년 『사이언스』에서 제한된 공간에 메뚜기와 거미를 두었을 때 메뚜기들은 포식자인 거미로 인해 스트레스의 수치가 증가하고 체내 질소 함량이 줄어들었으며, 죽은 메뚜기에 포함된 질소 함량이 줄어들면서 토양 미생물도 줄어들었고 토양은 황폐화되었다.

(마) 우리나라에서 '경쟁'과 관련된 이론 중 가장 유명한 것은 영국의 역사가 아놀드 토인비가 주장했다고 하는 '메기 효과(Catfish Effect)'이다. 메기 효과란 냉장시설이 없었던 과거에 북유럽의 어부들이 잡은 청어를 싱싱하게 운반하기 위하여 수조 속에 천적인 메기를 넣어 끊임없이 움직이게 했다는 것이다. 이 가설은 경영학계에서 비유적으로 사용된다. 다시 말해 기업의 경쟁력을 키우기 위해서는 적절한 위협과 자극이 필요하다는 것이다.

**❘ K-water 한국수자원공사 / 의사소통능력**

**34** 다음 중 윗글의 문단을 논리적 순서대로 바르게 나열한 것은?

① (가) – (라) – (나) – (다) – (마)　　② (다) – (마) – (가) – (나) – (라)
③ (마) – (가) – (라) – (다) – (나)　　④ (마) – (라) – (가) – (다) – (나)

**❘ K-water 한국수자원공사 / 의사소통능력**

**35** 다음 중 윗글을 이해한 내용으로 적절하지 않은 것은?

① 거대 기업의 출현은 해당 시장의 생태계를 파괴할 수도 있다.
② 메기 효과는 과학적으로 검증되지 않았으므로 낭설에 불과하다.
③ 발전을 위해서는 기업 간 경쟁을 적정 수준으로 유지해야 한다.
④ 메기 효과는 경쟁을 장려하는 사회에서 널리 사용되고 있다.

**36** K하수처리장은 오수 탱크 한 개를 정수로 정화하는 데 A ~ E 5가지 공정을 거친다고 한다. 공정별 소요시간이 다음과 같을 때, 탱크 30개 분량의 오수를 정화하는 데 소요되는 최소 시간은?(단, 공정별 소요시간에는 정비시간이 포함되어 있다)

<K하수처리장 공정별 소요시간>

| 공정 | A | B | C | D | E |
| --- | --- | --- | --- | --- | --- |
| 소요시간 | 4시간 | 6시간 | 5시간 | 4시간 | 6시간 |

① 181시간      ② 187시간
③ 193시간      ④ 199시간

**37** 어느 회사에 입사하는 사원 수를 조사하니 올해 남자 사원 수는 작년에 비하여 8% 증가하고 여자 사원 수는 10% 감소했다. 작년의 전체 사원 수는 820명이고, 올해는 작년에 비하여 10명이 감소하였다고 할 때, 올해 여자 사원 수는?

① 378명      ② 379명
③ 380명      ④ 381명

**38** 철호는 50만 원으로 K가구점에서 식탁 1개와 의자 2개를 사고, 남은 돈은 모두 장미꽃을 구매하는 데 쓰려고 한다. 판매하는 가구의 가격이 다음과 같을 때, 구매할 수 있는 장미꽃의 수는?(단, 장미꽃은 한 송이당 6,500원이다)

<K가구점 가격표>

| 구분 | 책상 | 식탁 | 침대 | 의자 | 옷장 |
| --- | --- | --- | --- | --- | --- |
| 가격 | 25만 원 | 20만 원 | 30만 원 | 10만 원 | 40만 원 |

※ 30만 원 이상 구매 시 10% 할인

① 20송이      ② 21송이
③ 22송이      ④ 23송이

〈시리얼 넘버 부여 방식〉

시리얼 넘버는 [제품 분류] – [배터리 형태][배터리 용량][최대 출력] – [고속충전 규격] – [생산날짜] 순서로 부여한다.

〈시리얼 넘버 세부사항〉

| 제품 분류 | 배터리 형태 | 배터리 용량 | 최대 출력 |
|---|---|---|---|
| NBP : 일반형 보조배터리<br>CBP : 케이스 보조배터리<br>PBP : 설치형 보조배터리 | LC : 유선 분리형<br>LO : 유선 일체형<br>DK : 도킹형<br>WL : 무선형<br>LW : 유선+무선 | 4 : 40,000mAH 이상<br>3 : 30,000mAH 이상<br>2 : 20,000mAH 이상<br>1 : 10,000mAH 이상 | A : 100W 이상<br>B : 60W 이상<br>C : 30W 이상<br>D : 20W 이상<br>E : 10W 이상 |

| 고속충전 규격 | 생산날짜 | | |
|---|---|---|---|
| P31 : USB – PD3.1<br>P30 : USB – PD3.0<br>P20 : USB – PD2.0 | B3 : 2023년<br>B2 : 2022년<br>…<br>A1 : 2011년 | 1 : 1월<br>2 : 2월<br>…<br>0 : 10월<br>A : 11월<br>B : 12월 | 01 : 1일<br>02 : 2일<br>…<br>30 : 30일<br>31 : 31일 |

**39** 다음 〈보기〉 중 시리얼 넘버가 잘못 부여된 제품은 모두 몇 개인가?

> **보기**
>
> • NBP – LC4A – P20 – B2102
> • CBP – WK4A – P31 – B0803
> • NBP – LC3B – P31 – B3230
> • CNP – LW4E – P20 – A7A29
> • PBP – WL3D – P31 – B0515
> • CBP – LO3E – P30 – A9002
> • PBP – DK1E – P21 – A8B12
> • PBP – DK2D – P30 – B0331
> • NBP – LO3B – P31 – B2203
> • CBP – LC4A – P31 – B3104

① 2개  ② 3개
③ 4개  ④ 5개

**40** K사 고객지원팀에 재직 중인 S주임은 보조배터리를 구매한 고객으로부터 다음과 같은 전화를 받았다. 해당 제품을 회사 데이터베이스에서 검색하기 위해 시리얼 넘버를 입력할 때, 고객이 보유 중인 제품의 시리얼 넘버로 옳은 것은?

> S주임 : 안녕하세요. K사 고객지원팀 S입니다. 무엇을 도와드릴까요?
> 고객 : 안녕하세요. 지난번에 구매한 보조배터리가 작동을 하지 않아서요.
> S주임 : 네, 고객님. 해당 제품 확인을 위해 시리얼 넘버를 알려 주시기 바랍니다.
> 고객 : 제품을 들고 다니면서 시리얼 넘버가 적혀 있는 부분이 지워졌네요. 어떻게 하면 되죠?
> S주임 : 고객님 혹시 구매하셨을 때 동봉된 제품설명서를 가지고 계실까요?
> 고객 : 네, 가지고 있어요.
> S주임 : 제품설명서 맨 뒤에 제품 정보가 적혀 있는데요. 순서대로 불러 주시기 바랍니다.
> 고객 : 설치형 보조배터리에 70W, 24,000mAH의 도킹형 배터리이고, 규격은 USB – PD3.0이고, 생산날짜는 2022년 10월 12일이네요.
> S주임 : 확인 감사합니다. 고객님 잠시만 기다려 주세요.

① PBP – DK2B – P30 – B1012　　　　② PBP – DK2B – P30 – B2012

③ PBP – DK3B – P30 – B1012　　　　④ PBP – DK3B – P30 – B2012

**41** 다음 명제가 모두 참일 때, 빈칸에 들어갈 명제로 가장 적절한 것은?

> • 흰색 공을 가지고 있는 사람은 모두 검은색 공을 가지고 있지 않다.
> • _____
> • 따라서 흰색 공을 가지고 있는 사람은 모두 파란색 공을 가지고 있다.

① 검은색 공을 가지고 있는 사람은 모두 파란색 공을 가지고 있다.

② 파란색 공을 가지고 있지 않은 사람은 모두 검은색 공도 가지고 있지 않다.

③ 파란색 공을 가지고 있지 않은 사람은 모두 검은색 공을 가지고 있다.

④ 파란색 공을 가지고 있는 사람은 모두 검은색 공을 가지고 있다.

※ 다음은 I사의 파일명 비밀번호 설정 규칙에 대한 자료이다. 이어지는 질문에 답하시오. [42~43]

〈I사 파일명 비밀번호 설정 규칙〉

- 파일명은 반드시 한글로만 설정해야 한다.
- 비밀번호는 파일명을 변환표 1에 따라 변환한 후 변환표 2에 따라 다시 변환한 영문자 배열로 설정된다.

〈비밀번호 변환표 1〉

| 기존 문자 | ㄱ | ㄴ | ㄷ | ㄹ | ㅁ | ㅂ | ㅅ | ㅇ | ㅈ | ㅊ | ㅋ | ㅌ |
|---|---|---|---|---|---|---|---|---|---|---|---|---|
| 변환 문자 | ㅇ | ㅈ | ㅊ | ㅋ | ㅌ | ㅍ | ㅎ | ㄲ | ㄸ | ㅆ | ㅃ | ㅉ |
| 기존 문자 | ㅍ | ㅎ | ㄲ | ㄸ | ㅆ | ㅃ | ㅉ | ㄳ | ㄵ | ㄶ | ㄺ | ㄻ |
| 변환 문자 | ㄱ | ㄴ | ㄷ | ㄹ | ㅁ | ㅂ | ㅅ | ㄼ | ㄽ | ㄾ | ㄿ | ㅀ |
| 기존 문자 | ㄼ | ㄽ | ㄾ | ㄿ | ㅀ | ㅄ | ㅏ | ㅑ | ㅓ | ㅕ | ㅗ | ㅛ |
| 변환 문자 | ㅄ | ㄳ | ㄵ | ㄶ | ㄺ | ㄻ | ㅐ | ㅒ | ㅔ | ㅖ | ㅘ | ㅚ |
| 기존 문자 | ㅜ | ㅠ | ㅡ | ㅣ | ㅐ | ㅒ | ㅔ | ㅖ | ㅘ | ㅚ | ㅙ | ㅝ |
| 변환 문자 | ㅙ | ㅟ | ㅓ | ㅖ | ㅢ | ㅏ | ㅑ | ㅓ | ㅕ | ㅗ | ㅛ | ㅜ |
| 기존 문자 | ㅟ | ㅞ | ㅢ | 받침이 없을 경우 | | | | | | | | |
| 변환 문자 | ㅠ | ㅡ | ㅣ | ㅡ | | | | | | | | |

〈비밀번호 변환표 2〉

| 변환 문자 | ㄱ | ㄴ | ㄷ | ㄹ | ㅁ | ㅂ | ㅅ | ㅇ | ㅈ | ㅊ | ㅋ | ㅌ |
|---|---|---|---|---|---|---|---|---|---|---|---|---|
| 영문자 | a | b | c | d | e | f | g | h | i | j | k | l |
| 변환 문자 | ㅍ | ㅎ | ㄲ | ㄸ | ㅆ | ㅃ | ㅉ | ㄳ | ㄵ | ㄶ | ㄺ | ㄻ |
| 영문자 | m | n | o | p | q | r | s | t | u | v | w | x |
| 변환 문자 | ㄼ | ㄽ | ㄾ | ㄿ | ㅀ | ㅄ | ㅏ | ㅑ | ㅓ | ㅕ | ㅗ | ㅛ |
| 영문자 | y | z | A | B | C | D | E | F | G | H | I | J |
| 변환 문자 | ㅜ | ㅠ | ㅡ | ㅣ | ㅐ | ㅒ | ㅔ | ㅖ | ㅘ | ㅚ | ㅙ | ㅝ |
| 영문자 | K | L | M | N | O | P | Q | R | S | T | U | V |
| 변환 문자 | ㅟ | ㅞ | ㅢ | 받침이 없을 경우 | | | | | | | | |
| 영문자 | W | X | Y | Z | | | | | | | | |

예 '사과'는 다음과 같은 암호로 저장한다.

'ㅅ', 'ㅏ', 'ㅡ', 'ㄱ', 'ㅘ', 'ㅡ' → 'ㅎ', 'ㅐ', 'ㅡ', 'ㅇ', 'ㅕ', 'ㅡ' → nOZhHZ

**42** 다음 중 규칙에 따라 '청량리'를 변환한 암호로 옳은 것은?

① qQokPokXZ

② qTyrXZgT

③ qWZhHcwU

④ aEAhKkXZ

⑤ rYcnNOlQZ

**43** 다음 중 규칙에 따라 'jYZbOilXihUh'를 바르게 해독한 것은?

① 대리운전

② 대추나무

③ 인구과잉

④ 대한민국

⑤ 우거지국

**44** I사의 A지점에서 근무하는 진과장은 미팅 일정으로 팀원 세 명과 함께 B지점에 가려고 한다. 지점 구간별 교통정보가 다음과 같을 때, 최소 왕복 비용은 얼마인가?(단, 같은 교통수단을 이용할 때, 요금이 더 높은 곳으로 환승 시 부족한 요금만큼 추가로 환승비용이 부과되며, 요금이 더 낮은 곳으로 환승 시 추가 요금이 부과되지 않는다)

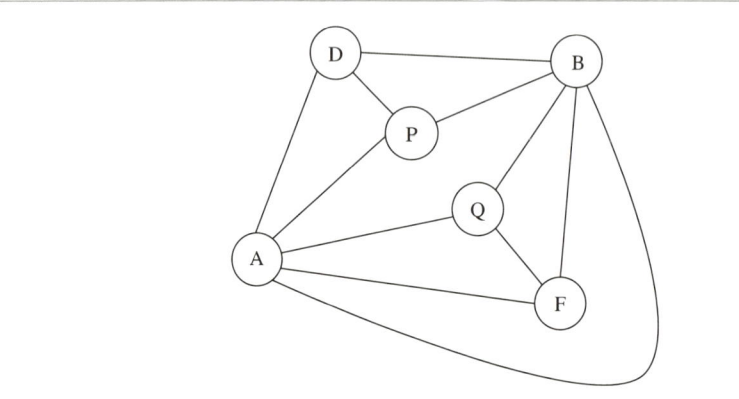

〈지점 구간별 교통정보〉

| 구간 | 교통수단 | 비용 | 구간 | 교통수단 | 비용 |
|---|---|---|---|---|---|
| A – D | 버스 | 1,250원 | D – B | 도보 | – |
| | 지하철 | 1,300원 | | 지하철 | 1,200원 |
| | | | D – P | 지하철 | 1,100원 |
| A – P | 버스 | 1,200원 | P – B | 버스 | 1,100원 |
| A – Q | 도보 | – | Q – B | 버스 | 1,650원 |
| | 버스 | 900원 | Q – F | 도보 | – |
| A – F | 버스 | 900원 | F – B | 버스 | 2,000원 |
| A – B | 6인승 택시 | 8,000원 | – | – | – |

① 7,200원

③ 9,600원

⑤ 16,000원

② 8,400원

④ 10,000원

※ 다음은 I사에서 전 직원들에게 사원코드를 부여하는 방식에 대한 자료이다. 이어지는 질문에 답하시오. [45~46]

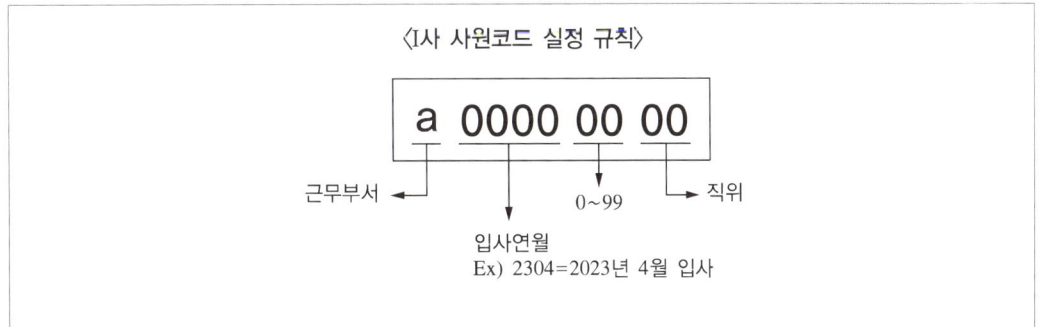

〈I사 사원코드 실정 규칙〉

**a 0000 00 00**

근무부서 — a
입사연월 Ex) 2304=2023년 4월 입사
0~99
직위

〈직위〉

| 직위 | 부장 | 차장 | 과장 | 대리 | 주임 | 사원 |
| --- | --- | --- | --- | --- | --- | --- |
| 번호 | 90 ~ 99 | 70 ~ 79 | 60 ~ 69 | 50 ~ 59 | 30 ~ 39 | 10 ~ 19 |

〈근무부서〉

| 부서 | 총무 | 연구개발 | 고객지원 | 정보보안 | 영업 / 마케팅 |
| --- | --- | --- | --- | --- | --- |
| 번호 | a | t | c | i | s |

※ 승진, 부서이동의 정보 변동이 있을 경우 사원코드가 재발급되며, 무작위 난수 또한 다시 설정됨
※ 부서이동, 육아휴직의 경우 입사연월의 변동은 없음
※ 퇴사 후 재입사의 경우 입사연월은 재입사일로 설정됨

┃ 인천국제공항공사 / 문제해결능력

**45** 다음 중 I사에 근무하고 있는 직원의 사원코드와 정보가 바르게 연결되지 않은 것은?

　　　사원코드　　　　　　　　　직원 정보
① a05073875　　　　　　총무부 차장, 2005년 7월 입사
② t22071717　　　　　연구개발부 사원, 2022년 7월 입사
③ c23038710　　　　　고객지원부 사원, 2023년 3월 입사
④ i02128789　　　　정보보안부 부장, 2002년 12월 입사
⑤ s15113756　　　영업 / 마케팅부 대리, 2015년 11월 입사

┃ 인천국제공항공사 / 문제해결능력

**46** 2008년 3월에 입사한 연구개발부 C과장은 2023년 8월에 고객지원부 과장으로 부서를 옮겼다. 다음 중 C과장이 새로 발급받은 사원코드로 옳은 것은?

① t08030666　　　　　　　　② t23080369
③ c08036719　　　　　　　　④ c23086967
⑤ c08031062

**47** 다음 중 $1^2 - 2^2 + 3^2 - 4^2 + \cdots + 199^2$의 값은?

① 17,500　　　　　　　　② 19,900

③ 21,300　　　　　　　　④ 23,400

⑤ 25,700

**48** 어떤 학급에서 이어달리기 대회 대표로 A ~ E학생 5명 중 3명을 순서와 상관없이 뽑을 수 있는 경우의 수는?

① 5가지　　　　　　　　② 10가지

③ 20가지　　　　　　　　④ 60가지

⑤ 120가지

**49** X커피 300g은 A, B원두의 양을 1 : 2 비율로 배합하여 만들고, Y커피 300g은 A, B원두의 양을 2 : 1 비율로 배합하여 만든다. X커피와 Y커피 300g의 판매 가격이 각각 3,000원, 2,850원일 때, B원두의 100g당 원가는?(단, 판매 가격은 원가의 합의 1.5배이다)

① 500원　　　　　　　　② 600원

③ 700원　　　　　　　　④ 800원

⑤ 1,000원

**50** 다음은 1g당 80원인 A회사 우유와 1g당 50원인 B회사 우유를 100g씩 섭취했을 때 얻을 수 있는 열량과 단백질의 양을 나타낸 표이다. 우유 A, B를 합하여 300g을 만들어 열량 490kcal 이상과 단백질 29g 이상을 얻으면서 우유를 가장 저렴하게 구입했다고 할 때, 그 가격은 얼마인가?

〈A, B회사 우유의 100g당 열량과 단백질의 양〉

| 성분<br>식품 | 열량(kcal) | 단백질(g) |
|---|---|---|
| A회사 우유 | 150 | 12 |
| B회사 우유 | 200 | 5 |

① 20,000원  ② 21,000원

③ 22,000원  ④ 23,000원

⑤ 24,000원

**51** 다음은 S헬스클럽의 회원들이 하루 동안 운동하는 시간을 조사하여 나타낸 도수분포표이다. 하루 동안 운동하는 시간이 80분 미만인 회원이 전체의 80%일 때, $A - B$의 값은?

〈S헬스클럽 회원 운동시간 도수분포표〉

| 시간(분) | 회원 수(명) |
|---|---|
| 0 이상 20 미만 | 1 |
| 20 이상 40 미만 | 3 |
| 40 이상 60 미만 | 8 |
| 60 이상 80 미만 | $A$ |
| 80 이상 100 미만 | $B$ |
| 합계 | 30 |

① 2  ② 4

③ 6  ④ 8

⑤ 10

**52** 다음 중 글로벌화에 대한 설명으로 적절하지 않은 것은?

① 범지구적 시스템과 네트워크 안에서 기업 활동이 이루어지는 국제경영이 중요시된다.

② 글로벌화가 이루어지면 시장이 확대되어 기업 경쟁이 상대적으로 완화된다.

③ 경제나 산업에서 벗어나 문화, 정치 등 다른 영역까지 확대되고 있다.

④ 조직의 활동 범위가 세계로 확대되는 것을 의미한다.

⑤ 글로벌화에 따른 다국적 기업의 증가에 따라 국가 간 경제통합이 강화되었다.

**53** 다음 중 팀워크에 대한 설명으로 적절하지 않은 것은?

① 조직에 대한 이해 부족은 팀워크를 저해하는 요소이다.

② 팀워크를 유지하기 위해 구성원은 공동의 목표의식과 강한 도전의식을 가져야 한다.

③ 공동의 목적을 달성하기 위해 상호관계성을 가지고 협력하여 업무를 수행하는 것이다.

④ 사람들이 집단에 머물도록 만들고, 집단의 멤버로서 계속 남아 있기를 원하게 만드는 힘이다.

⑤ 효과적인 팀은 갈등을 인정하고 상호신뢰를 바탕으로 건설적으로 문제를 해결한다.

**54** 다음 〈보기〉 중 근로윤리의 판단 기준으로 적절한 것을 모두 고르면?

> **보기**
> ㉠ 예절　　　　　　　　　　　　㉡ 준법
> ㉢ 정직한 행동　　　　　　　　　㉣ 봉사와 책임
> ㉤ 근면한 태도　　　　　　　　　㉥ 성실한 자세

① ㉠, ㉡, ㉢　　　　　　　　　　② ㉠, ㉡, ㉣

③ ㉡, ㉢, ㉤　　　　　　　　　　④ ㉢, ㉤, ㉥

⑤ ㉣, ㉤, ㉥

※ 다음은 K농장 귤 매출액의 증감률에 대한 자료이다. 이어지는 질문에 답하시오. [55~56]

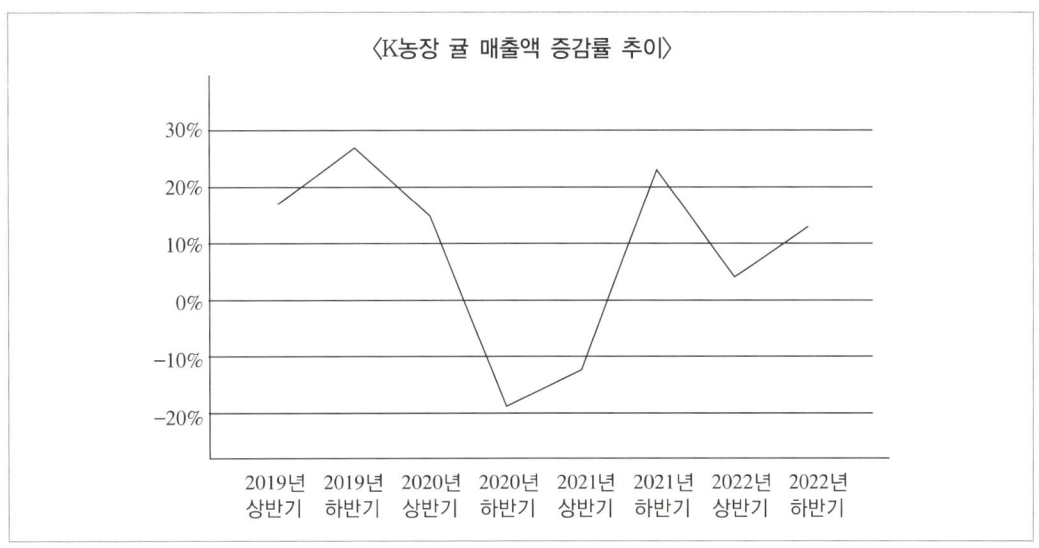

〈K농장 귤 매출액 증감률 추이〉

한국관광공사 / 수리능력

**55** 다음 중 자료에 대한 설명으로 옳지 않은 것은?

① 매출액은 2021년 하반기부터 꾸준히 증가하였다.
② 2019년 하반기의 매출 성장 폭이 가장 크다.
③ 2020년 하반기의 매출액은 2018년 하반기의 매출액보다 적다.
④ 2019년 상반기부터 2022년 하반기까지 매출액이 가장 적은 때는 2021년 상반기이다.

한국관광공사 / 수리능력

**56** 다음은 신문에 실린 어떤 기사의 일부이다. 이 기사의 작성 시기로 가장 적절한 것은?

> … (중략) …
> 이 병해충에 감염되면 식물의 엽록소가 파괴되어 잎에 반점이 생기고 광합성 능력이 저하되며 결국 고사(枯死)하게 된다. 피해 지역 농민들은 감염된 농작물을 전량 땅에 묻으며 생계에 대한 걱정에 눈물을 보이고 있다. 실제로 병충해로 인해 피해 농가의 매출액이 감염 전에 비해 큰 폭으로 떨어지고 있다. 현재 피해 지역이 전국적으로 확산되고 있으며 수확을 앞둔 다른 농가에서도 이 병해충에 대한 걱정에 잠을 못 이루고 있다.
> … (후략) …

① 2019년 상반기 ~ 2019년 하반기
② 2020년 하반기 ~ 2021년 상반기
③ 2021년 하반기 ~ 2022년 상반기
④ 2022년 상반기 ~ 2022년 하반기

**57** 연도별 1분기 K국립공원 방문객 수가 다음과 같을 때, 2022년 1분기 K국립공원 방문객 수와 방문객 수 비율을 바르게 연결한 것은?(단, 방문객 수는 천의 자리에서 반올림하고, 방문객 수 비율은 소수점 아래는 버리며, 증감률은 소수점 둘째 자리에서 반올림한다)

〈연도별 1분기 K국립공원 방문객 수〉

| 구분 | 방문객 수(명) | 방문객 수 비율(%) | 증감률(%p) |
| --- | --- | --- | --- |
| 2018년 | 1,580,000 | 90 | − |
| 2019년 | 1,680,000 | 96 | 6.3 |
| 2020년 | 1,750,000 | 100 | 4.2 |
| 2021년 | 1,810,000 | 103 | 3.4 |
| 2022년 | ( ) | ( ) | −2.8 |

※ 방문객 수 비율은 2020년을 100%로 함

　　　방문객 수　　　방문객 수 비율
① 1,760,000　　　103
② 1,760,000　　　100
③ 1,780,000　　　101
④ 1,780,000　　　100

**58** K빌딩 시설관리팀에서 건물 화단 보수를 위해 인원을 두 팀으로 나누었다. 한 팀은 작업 하나를 마치는 데 15분이 걸리지만 작업을 마치면 도구 교체를 위해 5분이 걸리고, 다른 한 팀은 작업 하나를 마치는 데 30분이 걸리지만 한 작업을 마치면 도구 교체 없이 바로 다른 작업을 시작한다고 한다. 오후 1시부터 두 팀이 쉬지 않고 작업한다고 할 때, 이후 두 팀이 세 번째로 동시에 작업을 시작하는 시각은?

① 오후 3시 30분　　　　　　② 오후 4시
③ 오후 4시 30분　　　　　　④ 오후 5시

※ 다음은 M공사 정보보안팀에서 배포한 사내 메신저 계정의 비밀번호 설정 규칙이다. 이어지는 질문에 답하시오. **[59~60]**

---

〈비밀번호 설성 규칙〉

- 오름차순 또는 내림차순으로 3회 이상 연이은 숫자, 알파벳은 사용할 수 없다.
  (예) 123, 876, abc, jih, …)
- 쿼티 키보드에서 자판이 3개 이상 나열된 문자는 사용할 수 없다.
- 특수문자를 반드시 포함하되 같은 특수문자를 연속하여 2회 이상 사용할 수 없다.
- 숫자, 특수문자, 알파벳 소문자와 대문자를 구별하여 8자 이상으로 설정한다.
  (단, 알파벳 대문자는 반드시 1개 이상 넣는다)
- 3자 이상 알파벳을 연이어 사용할 경우 단어가 만들어지면 안 된다.
  (단, 이니셜 및 약어까지는 허용한다)

〈불가능한 비밀번호 예시〉

- 3756#DefG99
- xcv@cL779
- UnfkCKdR$$7576
- eXtra2@CL377
- ksn3567#38cA
  ⋮

---

┃ 한국마사회 / 정보능력

**59** M공사에 근무하는 B사원은 비밀번호 설정 규칙에 따라 사내 메신저 계정 비밀번호를 새로 설정하였으나 규칙에 어긋났다고 한다. 재설정한 비밀번호가 다음과 같을 때, 어떤 규칙에 위배되었는가?

> qdfk#9685@21ck

① 숫자가 내림차순으로 3회 연달아 배치되어서는 안 된다.
② 같은 특수문자가 2회 이상 연속되어서는 안 된다.
③ 알파벳 대문자가 1개 이상 들어가야 한다.
④ 특정 영단어가 형성되어서는 안 된다.

┃ 한국마사회 / 정보능력

**60** B사원이 비밀번호 설정 규칙에 따라 사내 메신저 계정 비밀번호를 다시 설정할 때, 다음 중 옳은 것은?

① Im#S367
② asDf#3689!
③ C8&hOUse100%ck
④ 735%#Kmpkd2R6

※ 다음 문단을 논리적 순서대로 바르게 나열한 것을 고르시오. [1~2]

| 코레일 한국철도공사 / 의사소통능력

**01**

(가) 물론 이전과 달리 노동 시장에서 여성이라서 채용하지 않는 식의 직접적 차별은 많이 감소했지만, 실질적으로 고학력 여성들이 면접 과정에서 많이 탈락하거나 회사에 들어간 후에도 승진을 잘 하지 못하고 있다. 이는 여성이 육아 휴직 등을 사용하는 경우가 많아 회사가 여성을 육아와 가사를 신경 써야 하는 존재로 간주해 여성의 생산성을 낮다고 판단하고 있기 때문이다.

(나) 한국은 직종(Occupation), 직무(Job)와 사업장(Establishment)이 같은 남녀 사이의 임금 격차 또한 다른 국가들에 비해 큰 것으로 나타났는데, 영국의 한 보고서의 따르면 한국은 조사국 14개국 중 직종, 직무, 사업장별 남녀 임금 격차에서 상위권에 속했다. 즉, 한국의 경우 같은 직종에 종사하며 같은 직장에 다니면서 같은 업무를 수행하더라도 성별에 따른 임금 격차가 다른 국가들에 비해 상대적으로 높다는 이야기다.

(다) OECD가 공개한 '성별 간 임금 격차(Gender Wage Gap)'에 따르면 지난해 기준 OECD 38개 회원국들의 평균 성별 임금 격차는 12%였다. 이 중 한국의 성별 임금 격차는 31.1%로 조사국들 중 가장 컸으며, 이는 남녀 근로자를 각각 연봉 순으로 줄 세울 때 정중앙인 중위 임금을 받는 남성이 여성보다 31.1%를 더 받았다는 뜻에 해당한다. 한국은 1996년 OECD 가입 이래 26년 동안 줄곧 회원국들 중 성별 임금 격차 1위를 차지해 왔다.

(라) 이처럼 한국의 남녀 간 성별 임금 격차가 크게 유지되는 이유로 노동계와 여성계는 연공서열제와 여성 경력 단절을 꼽고 있다. 이에 대해 A교수는 노동 시장 문화에는 여성 경력 단절이 일어나도록 하는 여성 차별이 있어 여성이 중간에 떨어져 나가거나 승진을 못하는 것이 너무나 자연스러운 일처럼 보인다고 말했다.

이에 정부는 여성 차별적 노동 문화의 체질을 바꾸기 위해서는 정책적으로 여성에게만 혜택을 더 주는 것으로 보이는 시혜적 정책은 지양하되, 여성 정책이 여성한테 무언가를 해주기보다는 남녀 간 평등을 촉진하는 방향으로 나아갈 수 있도록 해야 할 것이다.

① (나) – (가) – (다) – (라)
② (나) – (다) – (가) – (라)
③ (나) – (다) – (라) – (가)
④ (다) – (나) – (가) – (라)
⑤ (다) – (나) – (라) – (가)

**02**

(가) 천일염 안전성 증대 방안 5가지가 'K-농산어촌 한마당'에서 소개됐다. 첫째, 함수(농축한 바닷물)의 청결도를 높이기 위해 필터링(여과)을 철저히 하고, 둘째, 천일염전에 생긴 이끼 제거를 위해 염전의 증발지를 목제 도구로 완전히 뒤집는 것이다. 그리고 셋째, 염전의 밀대·운반 도구 등을 식품 용기에 사용할 수 있는 소재로 만들고, 넷째, 염전 수로 재료로 녹 방지 기능이 있는 천연 목재를 사용하는 것이다. 마지막으로 다섯째, 염전 결정지의 바닥재로 장판 대신 타일(타일염)이나 친환경 바닥재를 쓰는 것이다.

(나) 한편, 천일염과 찰떡궁합인 김치도 주목을 받았다. 김치를 담글 때 천일염을 사용하면 김치의 싱싱한 맛이 오래 가고 식감이 아삭아삭해지는 등 음식궁합이 좋다. 세계김치연구소는 '발효과학의 중심, 김치'를 주제로 관람객을 맞았다. 세계김치연구소 이창현 박사는 "김치는 중국·일본 등 다른 나라의 채소 절임 식품과 채소를 절이는 단계 외엔 유사성이 전혀 없는 매우 독특한 식품이자 음식 문화"라고 설명했다.

(다) K-농산어촌 한마당은 헬스경향·한국농수산식품유통공사에서 공동 주최한 박람회이다. 해양수산부 소속 국립수산물품질관리원은 천일염 부스를 운영했다. 대회장을 맡은 국회 농림축산식품해양수산위원회 소속 서삼석 의원은 "갯벌 명품 천일염 생산지인 전남 신안을 비롯해 우리나라의 천일염 경쟁력은 세계 최고 수준"이라며, "이번 한마당을 통해 국산 천일염의 우수성이 더 많이 알려지기를 기대한다."라고 말했다.

① (가) – (나) – (다)
② (가) – (다) – (나)
③ (나) – (다) – (가)
④ (다) – (가) – (나)
⑤ (다) – (나) – (가)

**03** 다음 글을 참고할 때, 문법형태소가 가장 많이 포함된 문장은?

> 문법형태소(文法形態素)는 문법적 의미가 있는 형태소로 어휘형태소와 함께 쓰여 그들 사이의 관계를 나타내는 기능을 하는 형태소를 말한다. 한국어에서는 조사와 어미가 이에 해당한다. 의미가 없고 문장의 형식 구성을 보조한다는 의미에서 형식형태소(形式形態素)라고도 한다.

① 동생이 나 몰래 사탕을 먹었다.
② 우리 오빠는 키가 작았다.
③ 봄이 오니 산과 들에 꽃이 피었다.
④ 나는 가게에서 김밥과 돼지고기를 샀다.
⑤ 지천에 감자꽃이 가득 피었다.

**04** 다음 글의 주제로 가장 적절한 것은?

이제 2023년 6월부터 민법과 행정 분야에서 나이를 따질 때 기존 계산하는 방식에 따라 1 ~ 2살까지 차이가 났던 우리나라 특유의 나이 계산법이 국제적으로 통용되는 '만 나이'로 일원화된다. 이는 태어난 해를 0살로 보고 정확하게 1년이 지날 때마다 한 살씩 더하는 방식을 말한다.

이에 대해 여론은 대체적으로 긍정적이나, 일각에서는 모두에게 익숙한 관습을 벗어나 새로운 방식에 적응해야 한다는 점을 우려하고 있다. 특히 지금 받고 있는 행정서비스에 급격한 변화가 일어나 혹시라도 손해를 보거나 미리 따져 봐야 할 부분이 있는 건 아닌지, 또 다른 혼선이 야기되는 건 아닌지 하는 것들이 이에 해당한다.

한국의 나이 기준은 우리가 관습적으로 쓰는 '세는 나이'와 민법 등에서 법적으로 규정한 '만 나이', 일부 법령이 적용하고 있는 '연 나이' 등 세 가지로 되어 있다. 이처럼 국회가 법적 나이 규정을 만 나이로 정비한 이유는 한 사람의 나이가 계산 방식에 따라 최대 2살이 달라져 '나이 불일치'로 인한 각종 행정서비스 이용과 계약체결 과정에서 혼선과 법적 다툼이 발생했기 때문이다.

더군다나 법적 나이를 규정한 민법에서조차 표현상으로 만 나이와 일반 나이가 혼재되어 있어 문구를 통일해야 한다는 지적이 나왔다. 표현상 '만 ○○세'로 돼 있지 않아도 기본적으로 만 나이로 보는 게 관례이지만, 법적 분쟁 발생 시 이는 해석의 여지를 줄 수 있기 때문이다. 다른 법에서 특별히 나이의 기준을 따로 두지 않았다면 민법의 나이 규정을 따르도록 되어 있는데, 실상은 민법도 명확하지 않았던 것이다.

정부는 내년부터 개정된 법이 시행되면 우선 그동안 문제로 지적됐던 법적·사회적 분쟁이 크게 줄어들 것으로 기대하고 있지만, 국민 전체가 일상적으로 체감하는 변화는 크지 않을 것으로 보고 있다. 이번 법 개정의 취지 자체가 나이 계산법 혼용에 따른 분쟁을 해소하는 데 맞춰져 있고, 오랜 세월 확립된 나이에 대한 사회적 인식이 법 개정으로 단번에 바뀔 수 있는 건 아니기 때문이다.

또한 여야와 정부는 연 나이를 채택해 또래 집단과 동일한 기준을 적용하는 것이 오히려 혼선을 막을 수 있고 법 집행의 효율성이 담보된다고 합의한 병역법, 청소년보호법, 민방위기본법 등 52개 법령에 대해서는 연 나이 규정의 필요성이 크다면 굳이 만 나이 적용을 하지 않겠다고 밝혔다.

① 연 나이 계산법 유지의 필요성
② 우리나라 나이 계산법의 문제점
③ 기존 나이 계산법 개정의 필요성
④ 나이 계산법 혼용에 따른 분쟁 해소 방안
⑤ 나이 계산법의 변화로 달라지는 행정서비스

**05** 다음 중 밑줄 친 단어가 문맥상 적절하지 않은 것은?

① 효율적인 회사 운영을 위해 회의를 정례화(定例化)해야 한다는 주장이 나왔다.

② 그 계획은 아무래도 중장기적(中長期的)으로 봐야 할 필요가 있다.

③ 그 문제를 해결하기 위해서는 표면적이 아닌 피상적(皮相的)인 이해가 필요하다.

④ 환경을 고려한 신제품을 출시하는 기업들의 친환경(親環境) 마케팅이 유행이다.

⑤ 인생의 중대사를 정할 때는 충분한 숙려(熟慮)가 필요하다.

**06** 세현이의 몸무게는 체지방량과 근육량을 합하여 65kg이었다. 세현이는 운동을 하여 체지방량은 20% 줄이고, 근육량은 25% 늘려서 전체적으로 몸무게를 4kg 줄였다. 운동한 후 세현이의 체지방량과 근육량을 각각 구하면?

① 36kg, 25kg          ② 34kg, 25kg

③ 36kg, 23kg          ④ 32kg, 25kg

⑤ 36kg, 22kg

**07** 가로의 길이가 140m, 세로의 길이가 100m인 직사각형 모양의 공터 둘레에 일정한 간격으로 꽃을 심기로 했다. 네 모퉁이에 반드시 꽃을 심고, 심는 꽃의 수를 최소로 하고자 할 때, 꽃은 몇 송이를 심어야 하는가?

① 21송이          ② 22송이

③ 23송이          ④ 24송이

⑤ 25송이

**08** 2022년 새해를 맞아 K공사에서는 직사각형의 사원증을 새롭게 제작하려고 한다. 기존의 사원증은 개당 제작비가 2,800원이고 가로와 세로의 비율이 1 : 2이다. 기존의 디자인에서 크기를 변경할 경우, 가로의 길이가 0.1cm 증감할 때마다 제작비용은 12원이 증감하고, 세로의 길이가 0.1cm 증감할 때마다 제작비용은 22원이 증감한다. 새로운 사원증의 길이가 가로 6cm, 세로 9cm이고, 제작비용은 2,420원일 때, 디자인을 변경하기 전인 기존 사원증의 둘레는 얼마인가?

① 30cm                     ② 31cm

③ 32cm                     ④ 33cm

⑤ 34cm

**09** K강사는 월요일부터 금요일까지 매일 4시간 동안 수업을 진행한다. 다음 〈조건〉에 따라 주간 NCS 강의 시간표를 짤 때, 가능한 경우의 수는 모두 몇 가지인가?(단, 4교시 수업과 다음 날 1교시 수업은 연속된 수업으로 보지 않는다)

> **조건**
> • 문제해결능력 수업은 4시간 연속교육으로 진행해야 하며, 주간 교육시간은 총 4시간이다.
> • 수리능력 수업은 3시간 연속교육으로 진행해야 하며, 주간 교육시간은 총 9시간이다.
> • 자원관리능력 수업은 2시간 연속교육으로 진행해야 하며, 주간 교육시간은 총 4시간이다.
> • 의사소통능력 수업은 1시간 교육으로 진행해야 하며, 주간 교육시간은 총 3시간이다.

① 40가지                  ② 80가지

③ 120가지                ④ 160가지

⑤ 200가지

**10** 다음 기사의 내용으로 미루어 볼 때, 청년 고용시장에 대한 〈보기〉의 정부 관계자들의 태도로 가장 적절한 것은?

> 정부가 향후 3~4년을 청년실업 위기로 판단한 것은 '에코세대(1991~1996년생·베이비부머의 자녀세대)'의 노동시장 진입 때문이었다. 에코세대가 본격적으로 취업전선에 뛰어들면서 일시적으로 청년실업 상황이 더 악화될 것이라고 생각했다.
>
> 2021년을 기점으로 청년인구가 감소하기 시작하면 청년실업 문제가 일부 해소될 것이라는 정부의 전망도 이런 맥락에서 나왔다. 고용노동부 임서정 고용정책실장은 "2021년 이후 인구문제와 맞물리면 청년 고용시장 여건은 좀 더 나아질 것이라 생각한다."라고 말했다.
>
> 그러나 청년인구 감소가 청년실업 문제 완화로 이어질 것이란 생각은 지나치게 낙관적이라는 지적도 나오고 있다. 한국노동연구원 김유빈 부연구위원은 "지금의 대기업과 중소기업, 정규직과 비정규직 간 일자리 질의 격차를 해소하지 않는 한 청년실업 문제는 더 심각해질 수 있다."라고 우려했다. 일자리 격차가 메워지지 않는 한 질 좋은 직장을 구하기 위해 자발적 실업상황조차 감내하는 현 청년들의 상황이 개선되지 않을 것이기 때문이다.
>
> 한국보다 먼저 청년실업 사태를 경험한 일본을 비교대상으로 거론하는 것도 적절하지 않다는 지적이 나온다. 일본의 경우 청년인구가 줄면서 청년실업 문제는 상당 부분 해결됐다. 하지만 이는 '단카이 세대(1947~1949년에 태어난 일본의 베이비부머)'가 노동시장에서 빠져나오는 시점과 맞물렸기 때문에 가능했다. 베이비부머가 1~2차에 걸쳐 넓게 포진된 한국과는 상황이 다르다는 것이다. 김 부연구위원은 "일본에서도 일자리 질적 문제는 나타나고 있다."라며 "일자리 격차가 큰 한국에서는 문제가 더 심각하게 나타날 수 있어 중장기적 대책이 필요하다."라고 말했다.

**보기**

- 기획재정부 1차관 : '구구팔팔(국내 사업체 중 중소기업 숫자가 99%, 중기 종사자가 88%란 뜻)'이란 말이 있다. 중소기업을 새로운 성장동력으로 만들어야 한다. 취업에서 중소기업 선호도는 높지 않다. 여러 가지 이유 중 임금 격차도 있다. 청년에게 중소기업에 취업하고자 하는 유인을 줄 수 있는 수단이 없다. 그 격차를 메워 의사 결정의 패턴을 바꾸자는 것이다. 앞으로 에코세대가 노동시장에 진입하는 4년 정도가 중요한 시기이다.
- 고용노동부 고용정책실장 : 올해부터 3~4년은 인구 문제가 크고, 그로 인한 수요·공급 문제가 있다. 개선되는 방향으로 가더라도 에코세대 대응까지 맞추기 쉽지 않다. 때문에 집중투자를 해야 한다. 3~4년 후에는 격차를 줄여가기 위한 대책도 병행하겠다. 이후부터는 청년의 공급이 줄어들기 때문에 인구 측면에서 노동시장에 유리한 조건이 된다.

① 올해를 가장 좋지 않은 시기로 평가하고 있다.

② 현재 회복국면에 있다고 판단하고 있다.

③ 실제 전망은 어둡지만, 밝은 면을 강조하여 말하고 있다.

④ 에코세대의 노동시장 진입을 통해 청년실업 위기가 해소될 것으로 기대하고 있다.

⑤ 한국의 상황이 일본보다 낫다고 평가하고 있다.

**11** 다음 중 RPS 제도에 대한 설명으로 적절하지 않은 것은?

신·재생에너지 공급의무화 제도(RPS; Renewable energy Portfolio Standard)는 발전설비 규모가 일정 수준 이상을 보유한 발전사업자(공급의무자)에게 일정 비율만큼 구체적인 수치의 신·재생에너지 공급 의무발전량을 할당하여 효율적으로 신·재생에너지 보급을 확대하기 위해 2012년에 도입된 제도다. 2018년 기준 공급의무자는 한국전력공사(KEPCO)의 자회사 6개사 등 21개사이며, 공급의무자는 신·재생에너지 발전소를 스스로 건설하여 전력을 자체 생산하거나 기타 발전사업자들로부터 신·재생에너지 공급인증서(REC; Renewable Energy Certificate)를 구매하는 방법 등을 통해 할당받은 공급의무량을 충당할 수 있다.

이 제도를 통해 신·재생에너지를 이용한 발전량과 발전설비 용량이 지속적으로 증가하였고, 최근에는 목표 대비 의무 이행 비율 역시 90%를 상회하는 등 긍정적인 성과가 있었으나 다음과 같은 문제점들이 지적되고 있다. 첫째, 제도 도입취지와 달리 제도의 구조적 특징으로 신·재생에너지 공급 비용 절감 효과가 불확실한 면이 있다. 둘째, 단기간 내 사업 추진이 용이한 '폐기물 및 바이오매스 혼소 발전' 등의 에너지원에 대한 편중성이 나타나고 있다. 셋째, 발전 공기업 등 공급의무자에게 할당되는 공급의무량이 단계적으로 증가함에 따라 최종 전력소비자인 국민들에게 전가되는 비용 부담 또한 지속적으로 증가할 가능성이 있다.

이에 다음과 같은 개선방안을 고려해볼 수 있다. 첫째, RPS 제도의 구조적 한계를 보완하고 신·재생에너지 공급 비용의 효과적 절감을 도모하기 위해, 제도화된 신·재생에너지 경매 시장을 도입하고 적용 범위를 확대하는 방안을 고려해 볼 필요가 있다. 둘째, 신·재생에너지 공급인증서(REC) 지급 기준을 지속적으로 재정비할 필요가 있다. 셋째, 에너지 다소비 기업 및 탄소 다량 배출 산업분야의 기업 등 민간 에너지 소비 주체들이 직접 신·재생에너지를 통해 생산된 전력을 구매할 수 있거나, 민간 기업들이 직접 REC 구매를 가능하게 하는 등 관련 제도 보완을 마련할 필요가 있다.

① 신·재생에너지 발전량이 증가하였다.
② 발전 비용 증가로 전기료가 인상될 가능성이 있다.
③ 민간 기업은 직접 REC를 구매할 수 없다.
④ 다양한 종류의 신·재생에너지원 사업이 추진되었다.
⑤ 자체 설비만으로 RPS 비율을 채울 수 없을 경우 신·재생에너지 투자 등의 방법으로 대신할 수 있다.

**12** 다음 글의 내용으로 적절하지 않은 것은?

> 전남 나주시가 강소연구개발특구 운영 활성화를 위해 한국전력, 특구기업과의 탄탄한 소통 네트워크 구축에 나섰다.
>
> 나주시는 혁신산업단지에 소재한 에너지신기술연구원에서 전남도, 한국전력공사, 강소특구 44개 기업과 전남 나주 강소연구개발특구 기업 커뮤니티 협약을 체결했다고 밝혔다.
>
> 이번 협약은 각 주체 간 정보 교류, 보유 역량 활용 등을 위해 특구기업의 자체 커뮤니티 구성에 목적을 뒀다. 협약 주체들은 강소특구 중장기 성장모델과 전략수립 시 공동으로 노력을 기울이고, 적극적인 연구개발(R&D) 참여를 통해 상호 협력의 밸류체인(Value Chain)을 강화하기로 했다.
>
> 커뮤니티 구성에는 총 44개 기업이 참여해 강소특구 주력사업인 지역특성화육성사업에 부합하는 에너지효율화, 특화사업, 지능형 전력그리드 등 3개 분과로 운영된다. 또한 ㈜한국항공조명, ㈜유진테크노, ㈜미래이앤아이가 분과 리더기업으로 각각 지정되어 커뮤니티 활성화를 이끌 예정이다.
>
> 나주시와 한국전력공사는 협약을 통해 기업 판로 확보와 에너지산업 수요·공급·연계 지원 등 특구기업과의 동반성장 플랫폼 구축에 힘쓸 계획이다.
>
> 한국전력공사 기술기획처장은 "특구사업의 선택과 집중을 통한 차별화된 지원을 추진하고, 기업 성장단계에 맞춘 효과적 지원을 통해 오는 2025년까지 스타기업 10개사를 육성하겠다."라는 계획을 밝혔다.
>
> 나주시장 권한대행은 "이번 협약을 통해 기업 수요 기반 통합정보 공유로 각 기업의 성장단계별 맞춤형 지원을 통한 기업 경쟁력 확보와 동반성장 인프라 구축에 힘쓰겠다."라고 말했다.

① 협약에 참여한 기업들은 연구 개발 활동에 적극적으로 참여해야 한다.

② 나주시의 에너지신기술연구원은 혁신산업단지에 위치해 있다.

③ 협약 주체들은 한국전력공사와 강소특구의 여러 기업들이다.

④ 협약의 커뮤니티 구성은 총 3개 분과로 이루어져 있고, 분과마다 2개의 리더 그룹이 분과를 이끌어갈 예정이다.

⑤ 나주시와 한국전력공사는 협약을 통해 기업의 판로 확보와 에너지산업 연계 지원 등을 꾀하고 있다.

**13** 다음 글을 읽고 추론할 수 있는 내용으로 적절하지 않은 것은?

> 해외여행을 떠날 때, 필수품 중의 하나는 여행용 멀티 어댑터라고 볼 수 있다. 나라마다 사용 전압과 콘센트 모양이 다르기 때문에 여행자들은 어댑터를 이용해 다양한 종류의 표준전압에 대처하고 있다. 일본·미국·대만은 110V를 사용하고, 유럽은 220 ~ 240V를 사용하는 등 나라마다 이용 전압도 다르고, 주파수·플러그 모양·크기도 제각각으로 형성되어 있다.
>
> 그렇다면 세계 여러 나라는 전압을 통합해 사용하지 않고, 우리나라는 왜 220V를 사용할까? 한국도 처음 전기가 보급될 때는 11자 모양 콘센트의 110V를 표준전압으로 사용했다. 1973년부터 2005년까지 32년에 걸쳐 1조 4,000억 원을 들여 220V로 표준전압을 바꾸는 작업을 진행했다. 어렸을 때, 집에서 일명 '도란스(Trance)'라는 변압기를 사용했던 기억이 있다.
>
> 한국전력공사 승압 작업으로 인해 110V의 가전제품을 220V의 콘센트·전압에 이용했다. 220V 승압 작업을 진행했던 이유는 전력 손실을 줄이고 같은 굵기의 전선으로 많은 전력을 보내기 위함이었다. 전압이 높을수록 저항으로 인한 손실도 줄어들고 발전소에서 가정으로 보급하는 데까지의 전기 전달 효율이 높아진다. 쉽게 말해서 수도관에서 나오는 물이 수압이 높을수록 더욱 더 강하게 나오는 것에 비유하면 되지 않을까 싶다.
>
> 한국전력공사에 따르면 110V에서 220V로 전압을 높임으로써 설비의 증설 없이 기존보다 2배 정도의 전기 사용이 가능해지고, 전기 손실도 줄어 세계 최저 수준의 전기 손실률을 기록하게 됐다고 한다. 물론 220V를 이용할 때 가정에서 전기에 노출될 경우 위험성은 더 높을 수 있다.
>
> 110V를 표준전압으로 사용하는 일본·미국은 비교적 넓은 대지와 긴 송전선로로 인해 220V로 전압을 높이려면 전력설비 교체 비용과 기존의 전자제품 이용으로 엄청난 비용과 시간이 소요되므로 승압이 어려운 상황이다. 또 지진이나 허리케인과 같은 천재지변으로 인한 위험성이 높고 유지 관리에 어려운 점, 다수의 민영 전력회사로 운영된다는 점도 승압이 어려운 이유라고 생각한다.
>
> 국가마다 표준전압이 달라서 조심해야 할 사항도 있다. 콘센트 모양만 맞추면 사용할 수 있겠다고 생각하겠지만 110V 가전제품을 우리나라로 가져와서 220V의 콘센트에 연결 후 사용하면 제품이 망가지고 화재나 폭발이 일어날 수도 있다. 반대로 220V 가전제품을 110V에 사용하면 낮은 전압으로 인해 정상적으로 작동되지 않는다. 해외에 나가서 가전제품을 이용하거나 해외 제품을 직접 구매해 가정에서 이용할 때는 꼭 주의하여 사용하기 바란다.

① 한국에 처음 전기가 보급될 때는 110V를 표준전압으로 사용했었다.
② 일본과 미국에서는 전력을 공급하는 사기업들이 있을 것이다.
③ 1조 4,000억 원가량의 예산을 들여 220V로 전환한 이유는 가정에서의 전기 안전성을 높이기 위함이다.
④ 220V로 전압을 높이면 전기 전달 과정에서 발생하는 손실을 줄여 효율적으로 가정에 전달할 수 있다.
⑤ 전압이 다른 가전제품을 변압기 없이 사용하면 제품이 망가지고 화재나 폭발이 일어나거나 정상적으로 작동되지 않는 문제가 발생할 수 있다.

**14** G사는 직원들의 다면평가를 실시하고, 평가항목별 점수의 합으로 상대평가를 실시하여 성과급을 지급한다. 상위 25% 직원에게는 월 급여의 200%, 상위 25 ~ 50% 이내의 직원에게는 월 급여의 150%, 나머지는 월 급여의 100%를 지급한다. 다음 자료를 참고하여 A와 비교했을 때, 수령하는 성과급의 차이가 가장 적은 직원은?

### 〈경영지원팀 직원들의 평가 결과〉

(단위 : 점, 만 원)

| 직원 | 업무전문성 | 조직친화력 | 책임감 | 월 급여 |
|------|-----------|-----------|--------|---------|
| A | 37 | 24 | 21 | 320 |
| B | 25 | 29 | 20 | 330 |
| C | 24 | 18 | 25 | 340 |
| D | 21 | 28 | 17 | 360 |
| E | 40 | 18 | 21 | 380 |
| F | 33 | 21 | 30 | 370 |

### 〈전체 직원의 평가 결과〉

| 구분 | 합산점수 기준 |
|------|--------------|
| 평균 | 70.4 |
| 중간값 | 75.5 |
| 제1사분위 수 | 50.7 |
| 제3사분위 수 | 79.8 |
| 표준편차 | 10.2 |

① B  
② C  
③ D  
④ E  
⑤ F

**15** 다음은 입사지원자 5명의 정보와 G사의 서류전형 평가기준이다. 5명의 지원자 중 서류전형 점수가 가장 높은 사람은 누구인가?

〈입사지원자 정보〉

| 지원자 | 전공 | 최종학력 | 제2외국어 | 관련 경력 | 자격증 | 특이사항 |
|---|---|---|---|---|---|---|
| A | 법학 | 석사 | 스페인어 | 2년 | 변호사 | 장애인 |
| B | 경영학 | 대졸 | 일본어 | – | – | 다문화가족 |
| C | 기계공학 | 대졸 | – | 3년 | 변리사 | 국가유공자 |
| D | – | 고졸 | 아랍어 | 7년 | 정보처리기사 | – |
| E | 물리학 | 박사 | 독일어 | – | – | – |

〈평가기준〉

1. 최종학력에 따라 대졸 10점, 석사 20점, 박사 30점을 부여한다.
2. 자연과학 및 공학 석사 이상 학위 취득자에게 가산점 10점을 부여한다.
3. 일본어 또는 독일어 가능자에게 20점을 부여한다. 기타 구사 가능한 제2외국어가 있는 지원자에게는 5점을 부여한다.
4. 관련 업무 경력 3년 이상인 자에게 20점을 부여하고, 3년을 초과하는 추가 경력에 대해서는 1년마다 10점을 추가로 부여한다.
5. 변호사 면허 소지자에게 20점을 부여한다.
6. 장애인, 국가유공자, 보훈보상대상자에 대해 10점을 부여한다.

① A지원자
② B지원자
③ C지원자
④ D지원자
⑤ E지원자

**16** G공사는 인사이동에 앞서 직원들의 근무 희망부서를 조사하였다. 각 직원의 부서 관련 내용이 다음과 같을 때, 〈조건〉을 토대로 본인이 희망한 부서에 배치된 사람은 몇 명인가?

| 구분 | 기존부서 | 희망부서 | 배치부서 |
|------|---------|---------|---------|
| A | 회계팀 | 인사팀 | ? |
| B | 국내영업팀 | 해외영업팀 | ? |
| C | 해외영업팀 | ? | ? |
| D | 홍보팀 | ? | 홍보팀 |
| E | 인사팀 | ? | 해외영업팀 |

**조건**

- A ~ E 5명은 각각 회계팀, 국내영업팀, 해외영업팀, 홍보팀, 인사팀 중 한 곳을 희망하였다.
- A ~ E 5명은 인사이동 후 회계팀, 국내영업팀, 해외영업팀, 홍보팀, 인사팀에 1명씩 근무한다.
- 본인이 근무하던 부서를 희망부서로 제출한 사람은 없다.
- B는 다른 직원과 근무부서를 서로 맞바꾸게 되었다.

① 없음  ② 1명

③ 2명  ④ 3명

⑤ 4명

※ 다음은 G공사 S팀 직원의 월급 정보이다. 이어지는 질문에 답하시오. [17~18]

**〈기본급 외 임금수당〉**

| 구분 | 금액 | 비고 |
|---|---|---|
| 식비 | 10만 원 | 전 직원 공통지급 |
| 교통비 | 10만 원 | 전 직원 공통지급 |
| 근속수당 | 10만 원 | 근속연수 1년부터 지급,<br>3년마다 10만 원씩 증가 |
| 자녀수당 | 10만 원 | 자녀 1명당 |
| 자격증수당 | 전기기사 : 50만 원<br>전기산업기사 : 25만 원<br>전기기능사 : 15만 원 | – |

**〈사원 정보〉**

| 구분 | 근속연수 | 자녀 수 | 보유 자격증 |
|---|---|---|---|
| A부장 | 7년 | 2명 | – |
| B과장 | 2년 | 1명 | 전기기사 |
| C과장 | 6년 | 3명 | – |
| D대리 | 4년 | 1명 | 전기기능사 |
| E사원 | 1년 | 0명 | 전기산업기사 |

**〈사원별 기본급〉**

| 구분 | 기본급 |
|---|---|
| A부장 | 4,260,000원 |
| B과장 | 3,280,000원 |
| C과장 | 3,520,000원 |
| D대리 | 2,910,000원 |
| E사원 | 2,420,000원 |

※ (월급)＝(기본급)＋(기본급 외 임금수당)

▎한국전력공사 / 자원관리능력

**17** 다음 중 위 자료에 대한 설명으로 옳지 않은 것은?

① 근속연수가 높을수록 기본급 또한 높다.

② S팀의 자녀수당의 합보다 근속수당의 합이 더 높다.

③ A부장의 월급은 E사원의 기본급의 2배 이상이다.

④ C과장이 전기기능사에 합격하면 S팀 직원 중 가장 많은 기본급 외 임금수당을 받게 된다.

⑤ 자녀의 수가 가장 많은 직원은 근속연수가 가장 높은 직원보다 기본급 외 임금수당을 더 받는다.

**18** 다음 중 위 자료를 바탕으로 월급이 높은 순서대로 바르게 나열한 것은?

① A부장 → B과장 → C과장 → D대리 → E사원

② A부장 → B과장 → C과장 → E사원 → D대리

③ A부장 → C과장 → B과장 → D대리 → E사원

④ C과장 → A부장 → B과장 → D대리 → E사원

⑤ C과장 → A부장 → B과장 → E사원 → D대리

**19** G공사는 다음과 같은 기준으로 국내출장여비를 지급한다. 국내출장여비 지급 기준과 김차장의 국내출장 신청서를 참고할 때, 김차장이 받을 수 있는 여비는?

---

### 〈국내출장여비 지급 기준〉

- 직위는 사원 – 대리 – 과장 – 차장 – 부장 순이다.
- 사원을 기준으로 기본 교통비는 2만 원이 지급되며, 직위가 올라갈 때마다 기본 교통비에 10%씩 가산하여 지급한다. … ㉠
- 출장지까지의 거리가 50km 미만인 지역까지는 기본 교통비만 지급하며, 50km 이상인 지역은 50km를 지나는 순간부터 매 50km 구간마다 5천 원을 추가 지급한다. 예를 들어 출장지까지의 거리가 120km라면 기본 교통비에 1만 원을 추가로 지급받는다. … ㉡
- 출장지가 광주광역시, 전라남도인 경우에는 기본 교통비에 ㉠, ㉡이 적용된 금액을 그대로 지급받으며, 출장지가 서울특별시, 인천광역시, 경기도 남부인 경우 10%, 경기도 북부인 경우 15%, 강원도인 경우 20%, 제주특별자치도인 경우 25%의 가산율을 기본 교통비와 추가 여비의 합산 금액에 적용하여 교통비를 지급받는다. 기타 지역에 대해서는 일괄적으로 5%의 가산율을 기본 교통비와 추가 여비의 합산 금액에 적용한다.
- 지급금액은 백 원 단위에서 올림한다.

### 〈국내출장 신청서〉

- 성명 : 김건우
- 직위 : 차장
- 출장지 : 산업통상자원부(세종특별자치시 한누리대로 402)
- 출장지까지의 거리(자동계산) : 204km
- 출장목적 : 스마트그리드 추진 민관협의체 회의 참석

---

① 49,000원  ② 50,000원

③ 51,000원  ④ 52,000원

⑤ 53,000원

**20** 다음은 G공사의 비품신청서이다. 각 열의 2행에서 〈Ctrl〉＋채우기 핸들로 7행까지 드래그할 때, 7행에 표시되는 값이 바르게 연결된 것은?

| | A | B | C | D | E |
|---|---|---|---|---|---|
| 1 | 순서 | 신청일 | 부서 | 품명 | 금액 |
| 2 | 1 | 2022-12-20 | 영업1팀 | A | ₩10,000 |
| 3 | | | | | |
| 4 | | | | | |
| 5 | | | | | |
| 6 | | | | | |
| 7 | | | | | |

| | 순서 | 신청일 | 부서 | 품명 | 금액 |
|---|---|---|---|---|---|
| ① | 1 | 2022-12-25 | 영업1팀 | F | ₩10,000 |
| ② | 1 | 2022-12-25 | 영업2팀 | A | ₩10,005 |
| ③ | 1 | 2022-12-20 | 영업1팀 | F | ₩10,005 |
| ④ | 6 | 2022-12-20 | 영업1팀 | A | ₩10,005 |
| ⑤ | 6 | 2022-12-20 | 영업2팀 | F | ₩10,000 |

**21** 다음은 S공사의 성과급 지급 기준과 甲대리의 성과평가 등급에 대한 자료이다. 이를 바탕으로 甲대리가 받게 될 성과급은 얼마인가?

<S공사의 성과급 지급 기준>

■ 개인 성과평가 점수

(단위 : 점)

| 실적 | 난이도평가 | 중요도평가 | 신속성 | 합 |
|---|---|---|---|---|
| 30 | 20 | 30 | 20 | 100 |

■ 각 성과평가 항목에 대한 등급별 가중치

| 구분 | 실적 | 난이도평가 | 중요도평가 | 신속성 |
|---|---|---|---|---|
| A등급(매우 우수) | 1 | 1 | 1 | 1 |
| B등급(우수) | 0.8 | 0.8 | 0.8 | 0.8 |
| C등급(보통) | 0.6 | 0.6 | 0.6 | 0.6 |
| D등급(미흡) | 0.4 | 0.4 | 0.4 | 0.4 |

■ 성과평가 결과에 따른 성과급 지급액

| 구분 | 성과급 지급액 |
|---|---|
| 85점 이상 | 120만 원 |
| 75점 이상 85점 미만 | 100만 원 |
| 65점 이상 75점 미만 | 80만 원 |
| 55점 이상 65점 미만 | 60만 원 |
| 55점 미만 | 40만 원 |

<甲대리의 성과평가 등급>

| 실적 | 난이도평가 | 중요도평가 | 신속성 |
|---|---|---|---|
| A등급 | B등급 | D등급 | B등급 |

① 40만 원
② 60만 원
③ 80만 원
④ 100만 원
⑤ 120만 원

**22** S공사의 K대리는 지사 4곳을 방문하여 재무건전성을 조사하려고 한다. 다음 〈조건〉에 따라 이동한다고 할 때, K대리가 방문할 지사를 순서대로 바르게 나열한 것은?

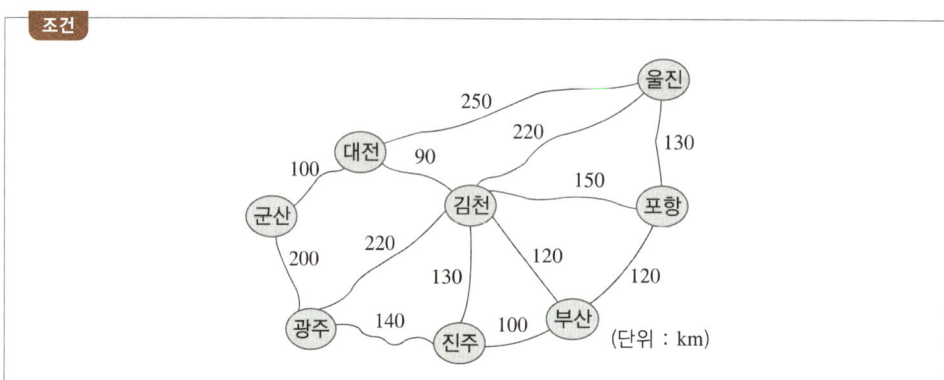

- K대리는 방금 대전 지사에서 재무조사를 마쳤다.
- 대전을 포함하여 기 방문한 도시는 재방문하지 않는다.
- 이동 방법은 디스크 스케줄링 기법인 SSTF(Shortest Seek Time First)를 활용한다.
- ※ SSTF : 현 위치에서 가장 짧은 거리를 우선 탐색하는 기법

① 군산 – 광주 – 김천　　　　　　　② 군산 – 광주 – 진주
③ 김천 – 부산 – 진주　　　　　　　④ 김천 – 부산 – 포항
⑤ 울진 – 김천 – 광주

**23** 다음 중 임파워먼트의 장애요인에 대한 내용으로 적절하지 않은 것은?

① 개인 차원 : 주어진 일을 해내는 역량의 결여, 대응성, 동기의 결여, 결의의 부족, 책임감 부족 등
② 대인 차원 : 다른 사람과의 성실성 결여, 약속 불이행, 성과를 제한하는 조직의 규범(Norm) 등
③ 관리 차원 : 효과적 리더십 발휘능력 결여, 경험 부족, 정책 및 기획의 실행능력 결여 등
④ 조직 차원 : 공감대 형성이 없는 구조와 시스템, 제한된 정책과 절차 등
⑤ 업무 차원 : 새로운 동기부여에 도움이 되는 시스템, 환경 변화에 따라 변화하는 업무 실적 등

**24** S공단에서 근무하고 있는 김인턴은 경기본부로 파견 근무를 나가고자 한다. 다음 〈조건〉에 따라 파견일을 결정할 때, 김인턴이 경기본부로 파견 근무를 갈 수 있는 날짜는?

〈12월 달력〉

| 일요일 | 월요일 | 화요일 | 수요일 | 목요일 | 금요일 | 토요일 |
| --- | --- | --- | --- | --- | --- | --- |
|  |  |  |  | 1 | 2 | 3 |
| 4 | 5 | 6 | 7 | 8 | 9 | 10 |
| 11 | 12 | 13 | 14 | 15 | 16 | 17 |
| 18 | 19 | 20 | 21 | 22 | 23 | 24 |
| 25 | 26 | 27 | 28 | 29 | 30 | 31 |

**조건**

- 김인턴은 12월 중에 경기본부로 파견 근무를 나간다.
- 파견 근무는 2일 동안 진행되며, 이틀 동안 연이어 진행하여야 한다.
- 파견 근무는 주중에만 진행된다.
- 김인턴은 12월 1일부터 12월 7일까지 연수에 참석하므로 해당 기간에는 근무를 진행할 수 없다.
- 김인턴은 12월 27일부터 부서이동을 하므로, 27일부터는 파견 근무를 포함한 모든 담당 업무를 후임자에게 인계하여야 한다.
- 김인턴은 목요일마다 H본부로 출장을 가며, 출장일에는 파견 근무를 수행할 수 없다.

① 12월 6 ~ 7일
② 12월 11 ~ 12일
③ 12월 14 ~ 15일
④ 12월 20 ~ 21일
⑤ 12월 27 ~ 28일

**25** 다음은 S공단 자기소개서 가산점 기준표의 일부를 나타낸 자료이다. 이를 참고하여 〈보기〉의 가산점 계산 시 가산점이 5점, 4점, 2점인 경우는 각각 몇 가지인가?

〈S공단 자기소개서 가산점 기준표〉

| 분야 | | 관련 자격증 및 가산점 | | |
|---|---|---|---|---|
| | | 5점 | 4점 | 2점 |
| 학위 | | 박사학위 | 석사학위 | 학사학위 |
| 정보처리 | | • 정보관리기술사<br>• 전자계산기조직응용기술사 | • 정보처리기사<br>• 전자계산기조직응용기사<br>• 정보보안기사 | • 정보처리산업기사<br>• 사무자동화산업기사<br>• 컴퓨터활용능력 1 · 2급<br>• 워드프로세서 1급<br>• 정보보안산업기사 |
| 전자 · 통신 | | • 정보통신기술사<br>• 전자계산기기술사 | • 무선설비 · 전파통신 · 전파<br> 전자 · 정보통신 · 전자 · 전<br> 자계산기기사<br>• 통신설비기능장 | • 무선설비 · 전파통신 · 전파<br> 전자 · 정보통신 · 통신선로 ·<br> 전자 · 전자계산기산업기사 |
| 국어 | | • 한국실용글쓰기검정 750점<br> 이상<br>• 한국어능력시험 770점 이상<br>• 국어능력인증시험 162점<br> 이상 | • 한국실용글쓰기검정 630점<br> 이상<br>• 한국어능력시험 670점 이상<br>• 국어능력인증시험 147점<br> 이상 | • 한국실용글쓰기검정 550점<br> 이상<br>• 한국어능력시험 570점 이상<br>• 국어능력인증시험 130점<br> 이상 |
| 외국어 | 영어 | • TOEIC 900점 이상<br>• TEPS 850점 이상<br>• IBT 102점 이상<br>• PBT 608점 이상<br>• TOSEL 880점 이상<br>• Flex 790점 이상<br>• PELT 446점 이상 | • TOEIC 800점 이상<br>• TEPS 720점 이상<br>• IBT 88점 이상<br>• PBT 570점 이상<br>• TOSEL 780점 이상<br>• Flex 714점 이상<br>• PELT 304점 이상 | • TOEIC 600점 이상<br>• TEPS 500점 이상<br>• IBT 57점 이상<br>• PBT 489점 이상<br>• TOSEL 580점 이상<br>• Flex 480점 이상<br>• PELT 242점 이상 |
| | 일어 | • JLPT 1급<br>• JPT 850점 이상 | • JLPT 2급<br>• JPT 650점 이상 | • JLPT 3급<br>• JPT 550점 이상 |
| | 중국어 | • HSK 9급 이상 | • HSK 8급 | • HSK 7급 |

※ 자격증 종류에 따라 5점, 4점, 2점으로 차등적으로 부여되며, 점수의 합산을 통해 최대 5점(5점이 넘는 경우도 5점으로 적용)까지만 받을 수 있음
※ 같은 분야에 포함된 자격증에 대해서는 점수가 높은 자격증만 인정됨

**보기**

(가) : 정보관리기술사, 사무자동화산업기사, TOEIC 750점, JLPT 2급
(나) : TOSEL 620점, 워드프로세서 1급, PELT 223점
(다) : 한국실용글쓰기검정 450점, HSK 6급, 정보보안산업기사
(라) : JPT 320점, 석사학위, TEPS 450점
(마) : 무선설비산업기사, JLPT 3급, ITQ OA 마스터
(바) : TOEIC 640점, 국어능력인증시험 180점, HSK 8급
(사) : JLPT 3급, HSK 5급, 한국어능력시험 530점
(아) : IBT 42점, 컴퓨터활용능력 2급, 에너지관리산업기사

|  | 5점 | 4점 | 2점 |
|---|---|---|---|
| ① | 2가지 | 3가지 | 3가지 |
| ② | 2가지 | 4가지 | 2가지 |
| ③ | 3가지 | 2가지 | 3가지 |
| ④ | 3가지 | 4가지 | 1가지 |
| ⑤ | 2가지 | 5가지 | 1가지 |

❙ 한국산업인력공단 / 조직이해능력

**26** 다음은 S사 직무전결표의 일부분이다. 이에 따라 결재한 기안문으로 가장 적절한 것은?

〈직무전결표〉

| 직무 내용 | 위임 시 전결권자 | | | 대표이사 |
|---|---|---|---|---|
|  | 부서장 | 상무 | 부사장 |  |
| 주식관리 – 명의개서 및 제신고 |  | ○ |  |  |
| 기업공시에 관한 사항 |  |  |  | ○ |
| 주식관리에 관한 위탁계약 체결 |  |  |  | ○ |
| 문서이관 접수 | ○ |  |  |  |
| 인장의 보관 및 관리 | ○ |  |  |  |
| 4대 보험 관리 |  | ○ |  |  |
| 직원 국내출장 |  |  | ○ |  |
| 임원 국내출장 |  |  |  | ○ |

① 신입직원의 고용보험 가입신청을 위한 결재 : 대리 김철민 / 부장 전결 박경석 / 상무 후결 최석우

② 최병수 부장의 국내출장을 위한 결재 : 대리 서민우 / 부장 박경석 / 상무 대결 최석우 / 부사장 전결

③ 임원변경에 따른 기업공시를 위한 결재 : 부장 최병수 / 상무 임철진 / 부시장 대결 신은진 / 대표이사 전결 김진수

④ 주식의 명의개서를 위한 결재 : 주임 신은현 / 부장 전결 최병수 / 상무 후결 임철진

⑤ 박경석 상무의 국내출장을 위한 결재 : 대리 서민우 / 부장 박경석 / 상무 대결 최석우 / 부사장 전결

**27** 다음 중 토론의 정의에 대한 설명으로 가장 적절한 것은?

① 주어진 주제에 대하여 찬반을 나누어, 서로 논리적인 의견을 제시하면서 상대방의 의견이 이치에 맞지 않다는 것을 명확하게 하는 논의이다.

② 주어진 주제에 대하여 찬반을 나누어, 서로의 주장에 대한 논리적인 근거를 제시하면서, 상호 간의 타협점을 찾아가는 논의 방식이다.

③ 주어진 주제에 대한 자신의 의견을 밝히고 이에 대한 추론적인 근거를 들어가면서, 상대방과 청중을 설득하는 말하기이다.

④ 주어진 주제에 대하여 찬성하는 측과 반대하는 측이 다양한 의견을 제시하고, 제시된 의견에 대해 분석하면서 해결방안을 모색하는 말하기 방식이다.

⑤ 주어진 주제에 대하여 제시된 다양한 의견을 인정하고 존중하되, 자신의 의견에 대한 논리적인 근거를 제시하며 말하는 논의이다.

**28** 다음 중 개인차원에서의 인적 자원 관리에 대한 설명으로 가장 적절한 것은?

① 정치적, 경제적 또는 학문적으로 유대관계가 형성된 사람들과의 관계만을 국한적으로 관리하는 것을 의미한다.

② 자신과 직접적으로 관계가 형성된 사람들 또는 그런 사람들을 통해 관계가 형성된 사람들을 핵심 인맥, 그 밖의 우연한 계기로 관계가 형성된 사람들을 파생 인맥이라 지칭한다.

③ 개인은 핵심 인맥을 통하여 다양한 정보를 획득하고, 파생 인맥을 통하여 다양한 정보를 전파할 수 있다.

④ 개인의 인맥은 파생 인맥을 통해 끝없이 생겨날 수 있기 때문에, 한 개인의 인맥은 계속하여 확장될 수 있다.

⑤ 개인은 인적 자원 관리를 위해 핵심 인맥 및 파생 인맥의 능동성, 개발가능성, 전략적 자원을 고려하여 인맥 관리를 진행하여야 한다.

**29** 다음 중 기술에 대한 설명으로 적절하지 않은 것은?

① 현대의 기술은 주로 과학을 기반으로 하는 기술이 되었다.

② Know-How는 경험적이고 반복적인 행위에 의해 얻어진다.

③ 시대가 지남에 따라 Know-How의 중요성이 커지고 있다.

④ Know-Why는 어떻게 기술이 성립하고 작용하는가에 대한 원리적 측면에 중심을 둔 개념이다.

⑤ Know-How란 흔히 특허권을 수반하지 않는 과학자, 엔지니어 등이 가지고 있는 체계화된 기술이다.

**30** 다음 글에서 알 수 있는 노와이(Know-Why)의 사례로 가장 적절한 것은?

> 기술은 노하우(Know-How)와 노와이(Know-Why)로 구분할 수 있다. 노하우는 특허권을 수반하지 않는 과학자, 엔지니어 등이 가지고 있는 체계화된 기술을 의미하며, 노와이는 어떻게 기술이 성립하고 작용하는가에 대한 원리적 측면에 중심을 둔 개념이다.
>
> 이 두 가지는 획득과 전수방법에 차이가 있다. 노하우는 경험적이고 반복적인 행위에 의해 얻어지는 것이며, 이러한 성격의 지식을 흔히 Technique 혹은 Art라고 부른다. 반면, 노와이는 이론적인 지식으로서 과학적인 탐구에 의해 얻어진다. 오늘날 모든 기술과 경험이 공유되는 시대에서 노하우는 점점 경쟁력을 잃어가고 있으며, 노와이가 점차 각광받고 있다. 즉, 노하우가 구성하고 있는 환경, 행동, 능력을 벗어나 신념과 정체성, 영성 부분도 관심받기 시작한 것이다. 과거에는 기술에 대한 공급이 부족하고 공유가 잘 되지 않기 때문에 노하우가 각광받았지만, 현재는 기술에 대한 원인과 결과 간의 관계를 파악하고, 그것을 통해 목적과 동기를 새로 설정하는 노와이의 가치가 높아졌다. 노와이가 말하고자 하는 핵심은 왜 이 기술이 필요한지를 알아야 기술의 가치가 무너지지 않는다는 것이다.

① J사에 근무 중인 C씨는 은퇴 후 중장비학원에서 중장비 운영 기술을 열심히 공부하고 있다.
② 자판기 사업을 운영하고 있는 K씨는 이용자들의 화상을 염려하여 화상 방지 시스템을 개발하였다.
③ 요식업에 종사 중인 S씨는 영업시간 후 자신의 초밥 만드는 비법을 아들인 B군에게 전수하고 있다.
④ H병원에서 근무 중인 의사 G씨는 방글라데시의 의료진에게 자신이 가지고 있는 선진의술을 전수하기 위해 다음 주에 출국할 예정이다.
⑤ D사는 최근에 제조 관련 분야에서 최소 20년 이상 근무해 제조 기술에 있어 장인 수준의 숙련도를 가진 직원 4명을 D사 명장으로 선정하여 수상하였다.

**31** 다음 중 지식재산권에 대한 설명으로 적절하지 않은 것은?

① 새로운 것을 만들어내는 활동 또는 경험 등을 통해 최초로 만들어내거나 발견한 것 중 재산상 가치가 있는 것에 대해 가지는 권리를 말한다.
② 금전적 가치를 창출해낼 수 있는 지식·정보·기술이나 표현·표시 또는 그 밖에 유·무형적인 지적 창작물에 주어지는 권리를 말한다.
③ 실질적인 형체가 없는 기술 상품의 특성으로 인해 타국과의 수출입이 용이하다.
④ 개발된 기술에 대해 독점적인 권리를 부여해줌으로써, 기술개발이 활성화될 수 있도록 한다.
⑤ 기술을 통해 국가 간의 협력이 이루어지면서 세계화가 장려되고 있다.

**32** 다음은 독일의 산재보험에 대한 글이다. 이에 대한 설명으로 가장 적절한 것은?

〈독일의 산재보험〉

- 담당기구 : 업종별, 지역별로 별도의 산재보험조합(BG)이 조직되어 있으며, 각 산재보험조합은 자율권을 가지고 있는 독립적인 공공법인이고, 국가는 주요 업무사항에 대한 감독권만을 가지고 있다.
- 적용대상 : 산재보험 적용대상에는 근로자뿐만 아니라 학생 및 교육훈련생 집단, 기타 집단 등도 포함된다. 자영업자(같이 근무하는 배우자)는 의무 가입대상이 아닌 임의 가입대상이다.
- 징수 : 근로자 부담분은 없으며, 사업주는 위험등급에 따라 차등화된 보험료를 납부하는데 평균보험료율은 임금지급총액의 1.33%이다.
- 보상 : 보상의 경우 통근재해를 인정하고 있으며, 일일평균임금산정 시 휴업급여는 재해발생 직전 3개월간의 임금총액을 고려하지만, 연금으로 지급되는 급여(상병·장해·유족)는 상병이 발생한 날이 속하는 연도로부터 1년간을 고려한다.
- 요양급여 : 1일 이상의 모든 재해에 대하여 의약품, 물리치료 그리고 보조도구의 구입을 위한 일체의 비용을 부담한다.
- 휴업급여 : 재해발생 이후 처음 6주간은 사업주가 임금 전액을 지급하고, 사업주의 임금지불의무가 없어지는 7주째부터 산재보험에서 휴업급여가 지급되며, 휴업급여는 1일 단위로 계산(1개월 단위로 계산하는 경우에는 1일 단위로 산출된 값에 30을 곱함)하여 기준소득의 80%를 지급하되, 세금 등을 공제한 순소득을 초과할 수 없다.
- 직업재활급여 : 새로운 일자리를 얻거나 요청하기 위해 소요되는 제반 경비, 장해로 인해 전직하는 경우에 교육훈련을 포함한 직업준비, 직업적응훈련·향상훈련·전직훈련 및 이를 위하여 필요한 경우 정규 학교교육, 불편 없이 학교교육을 받기 위한 보조·도움 및 이에 필요한 준비 또는 학교교육 시작 전에 정신적 및 육체적 기능을 발전·개발시키기 위한 지원, 장애인 전용 사업장에서의 직업훈련 등을 제공한다. 현금급여(전환급여)는 근로생활 복귀를 지원하고자 직업재활을 실행하는 과정에서 근로자에게 지급하는 금전으로, 가족관계에 따라 기준소득에 68 ~ 75%를 곱하여 산출한다.
- 장해급여 : 노동능력이 최소한 20% 이상 감소하고 장해가 26주 이상 지속될 경우, 이 두 가지 모두에 해당될 때만 지급된다. 지급액은 노동능력의 상실 정도와 전년도 소득 등 두 가지 기준을 이용하여 결정한다.
- 유족급여 : 유족은 배우자, 유자녀, 직계존속(부모) 등이 해당되고, 총유족연금은 연간근로소득의 80%를 초과할 수 없다.

① 단기 계약직 근로자라도 교육훈련생의 지위를 가지고 있다면, 산재보험의 적용을 받을 수 없다.
② 예산의 효율적 활용을 위해 국가에 의해 통합적으로 운영된다.
③ 휴업급여와 연금식 급여의 일일평균임금산정 방식은 동일하다.
④ 1일을 기준으로 기준소득 대비 급여지급액 비율은 휴업급여의 경우가 직업재활급여 현금급여의 경우보다 높다.
⑤ 근로 중 장해를 당하여 노동능력이 33% 감소하였고, 장해가 24주간 지속되는 근로자는 장해급여를 지급받는다.

**33** 다음은 근로복지공단에서 개최한 맞춤형통합서비스 발표회에 대한 보도자료이다. 이에 대해 추론한 내용으로 적절하지 않은 것은?

---

〈근로복지공단, 맞춤형통합서비스 우수사례 발표회 개최〉

근로복지공단은 올 한해 동안 산재노동자의 재활성공 사례에 대해 2018년 맞춤형통합서비스 우수사례 발표회를 개최하여 내일찾기서비스 부문 12건, 일반서비스 부문 4건을 우수사례로 선정 후 시상했다.

맞춤형통합서비스는 산재노동자가 보다 원활하게 직업에 복귀할 수 있도록 지원하는 고객 중심의 산재보험 재활 업무 프로세스이다. 이는 요양초기단계부터 재활전문가인 잡코디네이터가 1 : 1 사례관리를 진행하는 내일찾기서비스, 요양서비스 과정에서 위기상황에 맞게 적절히 개입하는 일반서비스로 구분된다. 올해 일곱 번째를 맞이하는 우수사례 발표회는 한 해 동안의 재활사업 성과를 평가하고 우수사례 노하우를 공유·확산하는 장으로, 산재노동자의 직업복귀를 촉진시키고 재활사업의 발전방안을 모색하는 자리이기도 하다.

내일찾기서비스 부문 대상은 "서로에게 주는 기쁨"이라는 주제로 발표한 대구지역본부 과장이 수상의 영예를 안았다. 분쇄기에 손이 절단되는 재해를 입고 극심한 심리불안을 겪는 50대 여성 산재노동자 이씨에게 미술심리치료 11회 등 심리상담을 통하여 자존감을 회복하게 하였고, 재활스포츠지원을 통해 재활의욕을 고취하였으며, 사업주를 위한 직장복귀지원금 지급 등 공단의 다양한 재활서비스 지원을 통해 원직복귀에 성공한 사례이다.

일반서비스 부문 대상은 "캄보디아 외국인노동자의 '삶의 희망찾기' 프로젝트"라는 주제로 발표한 안산지사에서 수상했다. 캄보디아 산재노동자 핑씨가 프레스 기계에 손이 협착되었음에도 사업주와 의료진에 대한 불신 때문에 치료를 거부하자 주한 캄보디아 대사관, 외국인지원센터와 연계하여 현 상황을 정확히 설명하였고, 그로 인해 치료의 골든타임을 놓치지 않고 적기에 치료를 제공한 사례이며, 만약 치료를 거부하고 귀국했다면 생명까지 매우 위험한 상태였을 거라는 게 의학전문가의 공통된 소견이다.

근로복지공단 이사장은 "산재노동자의 눈높이에 맞는 맞춤형 서비스를 제공할 수 있도록 업무 프로세스를 더욱 보완·발전시켜 현장 중심의 고객감동 서비스로 산재노동자의 든든한 희망버팀목이 되겠다."라고 밝혔다.

---

① 맞춤형통합서비스는 각 요양단계 및 상황에 맞게 구분되어 제공된다.
② 맞춤형통합서비스 우수사례 발표회는 2012년부터 시행되었다.
③ 내일찾기서비스의 경우, 산재노동자가 처한 위기상황에 따라 잡코디네이터가 사례관리를 진행한다.
④ 신체적 상해를 입은 산재노동자의 근로현장 복귀를 위해서는 심리적 지원이 필요할 수 있다.
⑤ 근로자의 신체 및 생명을 보호하는 차원에서도 근로자와 사업주 간의 신뢰구축이 필요하다.

**34** 다음은 C국가고시 현황에 대한 자료이다. 이를 나타낸 그래프로 옳지 않은 것은?

〈C국가고시 현황〉

(단위 : 명, %)

| 구분 | 2017년 | 2018년 | 2019년 | 2020년 | 2021년 |
|---|---|---|---|---|---|
| 접수자 | 3,540 | 3,380 | 3,120 | 2,810 | 2,990 |
| 응시자 | 2,810 | 2,660 | 2,580 | 2,110 | 2,220 |
| 응시율 | 79.40 | 78.70 | 82.70 | 75.10 | 74.20 |
| 합격자 | 1,310 | 1,190 | 1,210 | 1,010 | 1,180 |
| 합격률 | 46.60 | 44.70 | 46.90 | 47.90 | 53.20 |

※ 응시율(%) : $\dfrac{(응시자\ 수)}{(접수자\ 수)} \times 100$, 합격률(%) : $\dfrac{(합격자\ 수)}{(응시자\ 수)} \times 100$

① 연도별 미응시자 수 추이

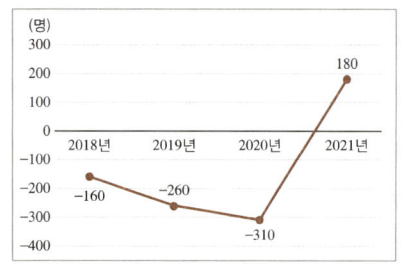

② 연도별 응시자 중 불합격자 수 추이

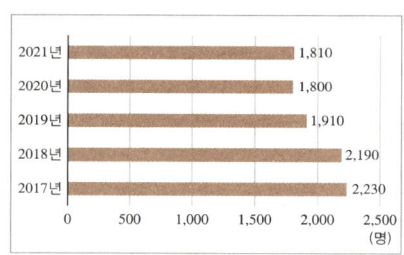

③ 2018 ~ 2021년 전년 대비 접수자 수 변화량

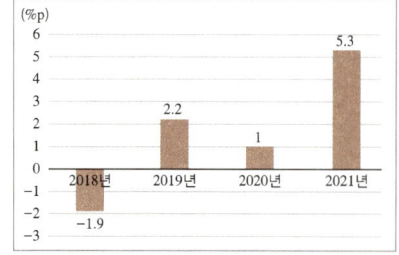

④ 2018 ~ 2021년 전년 대비 합격자 수 변화량

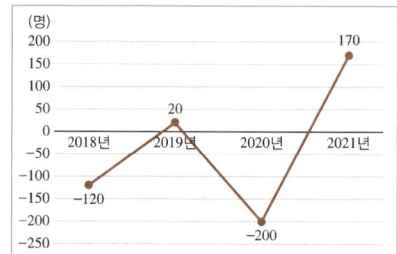

⑤ 2018 ~ 2021년 전년 대비 합격률 증감량

**35** 다음은 C은행 금융통화위원회의 구성 및 운영에 대한 규정이다. 이에 대한 설명으로 적절하지 않은 것은?

---

■ **금융통화위원회의 구성**

금융통화위원회는 C은행의 통화신용정책에 관한 주요 사항을 심의·의결하는 정책결정기구로서 C은행 총재 및 부총재를 포함하여 총 7인의 위원으로 구성된다.

C은행 총재는 금융통화위원회 의장을 겸임하며, 국무회의 심의를 거쳐 대통령이 임명한다. 부총재는 총재의 추천에 의해 대통령이 임명하며, 다른 5인의 위원은 각각 기획재정부 장관, C은행 총재, 금융위원회 위원장, 대한상공회의소 회장, 전국은행연합회 회장 등의 추천을 받아 대통령이 임명한다.

총재의 임기는 4년이고 부총재는 3년으로 각각 1차에 한하여 연임할 수 있으며, 나머지 금통위원의 임기는 4년으로 연임할 수 있다.

■ **금융통화위원회의 운영**

C은행 총재는 금융통화위원회를 대표하는 의장으로서 회의를 주재한다. 금융통화위원회의 본회의는 의장이 필요하다고 인정하는 때 또는 위원 2인 이상의 요구가 있을 때 의장이 소집할 수 있는데, 현재는 매월 둘째 주, 넷째 주 목요일에 정기회의가 개최되고 있다. 본회의에 상정되는 안건을 심의·의결하기 위해서는 통상 7인의 금통위원 중 5인 이상의 출석과 출석위원 과반수의 찬성이 필요하며 금융통화위원회가 의결을 한 때에는 의결서를 작성한다. 한편, 본회의의 논의 내용에 대해서는 의사록을 작성하고 의사록 내용 중 통화신용정책에 관한 사항에 대해서는 외부에 공개한다.

본회의 이외의 회의로는 상정 안건과 관련한 논의 등을 위한 간담회, 금융경제동향 등에 관하여 관련 부서의 보고를 듣고 서로 의견을 교환하기 위한 협의회 등이 있다. 한편, 대국회 보고를 위한 통화신용정책보고서나 연차보고서, 금융안정보고서, C은행의 예산 등과 같은 중요 사안에 대해서는 별도로 심의위원회를 구성하여 보다 면밀한 검토가 이루어지도록 하고 있다.

---

① 면밀한 검토가 필요한 사안에 대해서는 본회의 외에 별도로 위원회가 구성되기도 한다.

② 금융통화위원회 의장은 C은행 총재이다.

③ 총재와 부총재를 제외한 금융통화위원은 총재가 임명한다.

④ 본회의 개최를 위해서는 의장을 제외한 금융통화위원 최소 2인의 요구가 필요하다.

**36** 다음은 한국인의 주요 사망원인에 대한 자료이다. 이를 참고하여 인구 10만 명당 사망원인별 인원 수를 나타낸 그래프로 옳은 것은?(단, 모든 그래프의 단위는 '명'이다)

> 한국인 10만 명 중 무려 185명이나 암으로 사망한다는 통계를 바탕으로 암이 한국인의 사망원인 1위로 알려진 가운데, 그 밖의 순위에 대한 관심도 뜨겁다. 2위와 3위는 각각 심장과 뇌 관련 질환으로 알려졌으며, 1위와의 차이는 20명 미만으로 큰 차이를 보이지 않아 한국인의 주요 3대 사망원인으로 손꼽아진다. 특히 4위는 자살로 알려져 큰 충격을 더하고 있는데, 우리나라의 경우 20대·30대 사망원인 1위가 자살이며, 인구 10만 명당 50명이나 이로 인해 사망한다고 한다. 그다음으로는 당뇨, 치매, 고혈압의 순서이다.

①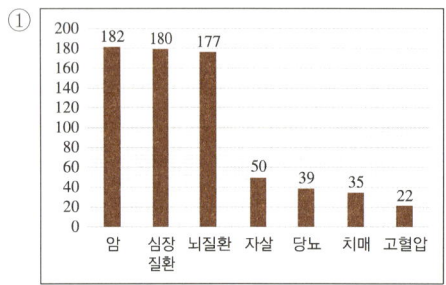

②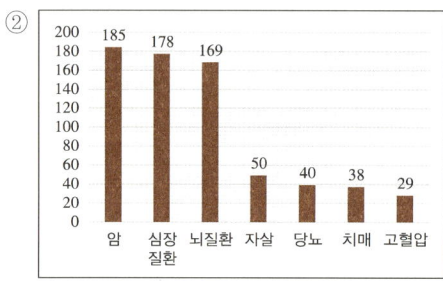

③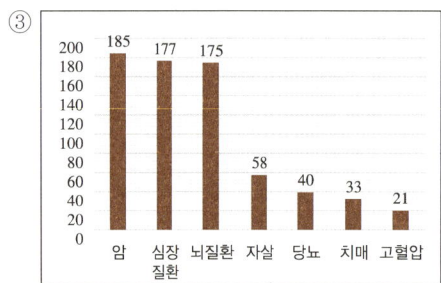

④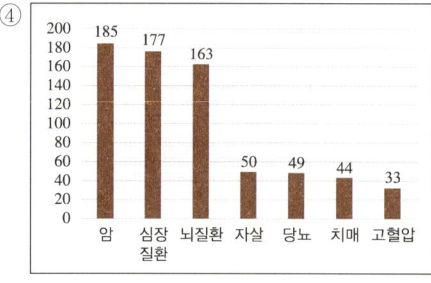

**37**  다음은 신재생에너지 산업에 대한 자료이다. 이에 대한 설명으로 옳은 것은?

〈신재생에너지원별 산업 현황〉

| 구분 | 기업체 수 (개) | 고용인원 (명) | 매출액 (억 원) | 내수 (억 원) | 수출액 (억 원) | 해외공장 매출 (억 원) | 투자액 (억 원) |
|---|---|---|---|---|---|---|---|
| 태양광 | 127 | 8,698 | 75,637 | 22,975 | 33,892 | 18,770 | 5,324 |
| 태양열 | 21 | 228 | 290 | 290 | 0 | 0 | 1 |
| 풍력 | 37 | 2,369 | 14,571 | 5,123 | 5,639 | 3,809 | 583 |
| 연료전지 | 15 | 802 | 2,837 | 2,143 | 693 | 0 | 47 |
| 지열 | 26 | 541 | 1,430 | 1,430 | 0 | 0 | 251 |
| 수열 | 3 | 46 | 29 | 29 | 0 | 0 | 0 |
| 수력 | 4 | 83 | 129 | 116 | 13 | 0 | 0 |
| 바이오 | 128 | 1,511 | 12,390 | 11,884 | 506 | 0 | 221 |
| 폐기물 | 132 | 1,899 | 5,763 | 5,763 | 0 | 0 | 1,539 |
| 합계 | 493 | 16,177 | 113,076 | 49,753 | 40,743 | 22,579 | 7,966 |

① 태양광에너지 분야의 기업체 수가 가장 많다.

② 태양광에너지 분야의 고용인원이 전체 고용인원의 반 이상을 차지한다.

③ 전체 매출액 중 풍력에너지 분야의 매출액이 차지하는 비율은 15% 이상이다.

④ 바이오에너지 분야의 수출액은 전체 수출액의 1% 미만이다.

## 38 다음 기사를 이해한 내용으로 적절하지 않은 것은?

정부가 탈(脫)원전 이후 태양광·풍력을 중심으로 신재생에너지 발전을 20%까지 늘리겠다는 방침을 밝히자 에너지업계와 학계에선 "현실화하기 쉽지 않다."는 반응이 나오고 있다. 우리나라는 태양광 발전을 늘리기엔 국토 면적이나 일사량, 발전단가 등에서 상대적으로 조건이 열등하기 때문이다. 한 전문가는 "우리는 신재생에너지 발전 환경이 좋지 않기 때문에 태양광·풍력 등 순수 신재생에너지가 차지할 수 있는 비중은 10%가 최대치"라면서 "그 이상 끌어올리려 하면 자연 훼손과 전기요금 상승 등 부작용이 따를 수밖에 없다."라고 말했다.

이처럼 일사량이 부족하니 태양광 발전소 이용률도 낮다. 평균 설비 이용률(24시간 가동했을 때 최대 설계 전력량 대비 실제 전력량)은 15%로, 미국(21%)과 중국(17%)에 미치지 못한다. 2008년에 10% 밑으로 떨어졌다가 2011년엔 15%를 웃도는 등 수치를 가늠할 수 없어 안심할 수도 없다. 영월발전소는 그나마 태양 위치에 따라 태양광 패널이 움직이는 최신 '추적식' 시스템을 적용하여 효율이 국내 최고지만 17%를 넘지 못한다. 영월발전소 관계자는 "보통 7월은 하루 평균 4.6시간을 발전하는데, 올해는 장마 등의 영향으로 3.2시간밖에 돌리지 못했다."라고 말했다. 또한 "일사량을 바꿀 수 없으니 효율을 높여야 하는데 기술적으로 상당한 어려움이 있다."라고 말했다.

좁은 땅덩이도 걸림돌이다. 태양광은 통상 원전 1기 정도 발전량인 1GW 전력을 만드는 데 축구장 1,300개 넓이인 $10km^2$에 태양광 패널을 깔아야 한다. 정부 구상대로 태양광 설비를 29GW로 늘리려면 서울 면적 절반가량인 $290km^2$가 필요한 것이다. 국토의 70%가 산인 우리나라에선 만만치 않다. 영월 태양광 발전소를 만들 때도 야산 3개를 깎아야 했다. 에너지 전공 교수는 "원전이 '자본 집약적' 발전이라면, 태양광 등 신재생에너지는 '토지 집약적'"이라며 "기술 발전으로 효율을 높이더라도 국토 여건상 빠르게 확대하긴 무리"라고 말했다.

사정이 이렇다 보니 발전 단가도 비싸다. 땅값과 일사량 등을 고려한 태양광 발전 단가는 한국이 MWh당 101.86달러로, 미국(53.5달러)이나 중국(54.84달러)의 2배이며, 스페인(87.33달러)이나 독일(92.02달러)보다도 비싸다.

땅이 좁다 보니 건설 과정에서 지역 주민과의 마찰도 통과 의례이다. 인근에 태양광 발전소 건설이 추진 중인 충북 음성군 소이면 비산리의 이장은 "태양광 발전 시설로 주변 온도가 2 ~ 3℃ 올라간다는데 복숭아 농사에 치명적이다."라고 말했다. 일부 유휴지나 도로, 건물 옥상, 농지 등을 활용하는 방안도 나왔지만 도시 미관 등 다양한 문제가 발생한다. 건물 옥상 같은 경우 발전 단가가 평지일 때보다 20 ~ 50% 비싸다는 것도 문제이다.

태양광 발전은 설비만 확충했다고 끝나는 게 아니다. 발전 단가가 비싸다 보니 시장에서 외면받을 수밖에 없어 태양광 발전 비율을 높이기 위해서는 정부가 보조금 지원이나 세액 공제 등 혜택을 줘야 한다. 태양광 발전 사업자에게 보조금을 주는 발전 차액 보조금(FIT)이 대표적인데, 이는 정부 재정에 부담으로 작용한다는 게 문제이다. 과거 우리도 FIT를 운영하다 매년 3,000억 원 이상씩 지출이 불어나자 2011년 이를 폐지했다. 독일과 일본, 중국 등도 FIT 제도를 도입하며 태양광 설비를 늘렸지만, 나중에 재정 압박과 전기 요금 인상으로 이어지면서 이를 축소하거나 폐지하고 있다. 국내 태양광 관련 업계에서는 여전히 "FIT를 부활해야 한다."라고 주장한다. 그러나 에너지경제연구원 선임 연구위원은 "정부가 태양광을 키우기 위해 사업자에 대해 보조금 등 혜택을 너무 많이 주게 되면 결국 '모럴 해저드'를 유발할 수 있다."라며 "자칫 국민 세금으로 자생력 없는 신재생에너지 사업자들에게 돈만 쥐여주는 꼴이 될 수 있다."라고 말했다.

① 발전 차액 보조금 FIT는 국민 세금 낭비로 이어질 수 있다.

② 태양광 발전의 단가가 싸다 보니 시장에서 외면받고 있다.

③ 우리나라는 태양광 발전소를 운영하기에 일사량이 부족한 상황이다.

④ 태양광 발전은 토지 집약적이기 때문에 우리나라의 국토 특성상 빠르게 확대되기에는 무리가 있다.

**| 건강보험심사평가원 / 의사소통능력**

**39** 다음 글의 내용으로 적절하지 않은 것은?

> 건강보험심사평가원은 2022년 5월 3일 '세계 천식의 날'을 맞아 2020년(8차) 천식 적정성 평가 결과를 분석했다.
>
> 그 결과 폐기능검사 시행률이 꾸준히 증가하고 있으나, 평가 대상 환자 중 42.4%만 검사를 받아 여전히 낮은 것으로 나타났다. 천식 악화의 조기 발견 및 약제 조절 등 질환 관리를 위해서는 최소 1년에 한 번 이상 폐기능검사를 받아야 한다. 연령별로는 70대의 폐기능검사 시행률이 48.5%로 가장 높고, 90대 이상이 27.6%로 가장 낮았다. 성별로는 여성이 40.9%, 남성이 44.2%로 전 연령에서 여성이 남성보다 폐기능검사 시행률이 낮게 나타났다.
>
> 흡입스테로이드(ICS)* 처방 환자비율도 55.9%로 낮아 검사와 처방 지표 모두 낮은 결과를 보였다. 아울러 폐기능검사 장비를 보유한 기관이 보유하지 않은 기관보다 모든 평가 지표에서 좋은 결과를 보였다.
>
> 천식은 외래에서 효과적으로 진료가 이루어질 경우, 질병의 악화를 예방할 수 있는 만성 호흡기 질환이다. 2019년 우리나라 천식의 19세 이상 유병률은 3.2%, 65세 이상은 5.0%로 나이가 들수록 높게 나타났고, 천식 입원율의 경우 인구 10만 명당 65명으로, OECD 평균 34.4명에 비해 높게 나타났다.
>
> 국민건강통계에서 추정하는 천식 유병률에 비해 진료받는 환자수는 적게 나타나고 있어 천식 조기 진단을 위한 폐기능검사 시행이 더욱 중요한 실정이다.
>
> 이에 심사평가원 김위원은 "호흡기능검사(폐기능검사) 중에는 간편하게 받을 수 있는 종류도 있다."라며, "천식 의심환자는 물론이고, 치료를 받고 있는 환자도 적어도 1년에 한 번씩은 호흡기능검사를 받도록 권장한다."라고 설명했다.
>
> * 흡입스테로이드는 천식 조절상태를 유지하는 데 가장 효과적인 예방약물로, 가능한 모든 천식 환자들이 사용해야 한다.

① 연령별 통계 결과 20대의 폐기능검사 시행률이 가장 낮다.

② 흡입스테로이드는 가능한 모든 천식 환자들이 사용하는 것이 좋다.

③ 천식은 질병의 악화를 예방할 수 있는 만성 호흡기 질환이다.

④ 폐기능검사로 일컬어지는 호흡기능검사 중에는 간편하게 받을 수 있는 종류 또한 존재한다.

⑤ 천식 의심환자 역시 1년에 한 번씩은 호흡기능검사를 받는 것이 좋다.

**40** 다음은 의료급여진료비 통계에 대한 자료이다. 이를 토대로 상황에 맞는 2023년 외래 의료급여 예상비용은 얼마인가?[단, 증감율(%)과 비용은 소수점 첫째 자리에서 반올림한다]

〈의료급여진료비 통계〉

| 구분 | | 환자 수 (천 명) | 청구건수 (천 건) | 내원일수 (천 일) | 의료급여비용 (억 원) |
|---|---|---|---|---|---|
| 2017년 | 입원 | 424 | 2,267 | 37,970 | 28,576 |
| | 외래 | 1,618 | 71,804 | 71,472 | 24,465 |
| 2018년 | 입원 | 455 | 2,439 | 39,314 | 30,397 |
| | 외래 | 1,503 | 71,863 | 71,418 | 26,005 |
| 2019년 | 입원 | 421 | 2,427 | 40,078 | 32,333 |
| | 외래 | 1,550 | 72,037 | 71,672 | 27,534 |
| 2020년 | 입원 | 462 | 2,620 | 41,990 | 36,145 |
| | 외래 | 1,574 | 77,751 | 77,347 | 31,334 |
| 2021년 | 입원 | 459 | 2,785 | 42,019 | 38,356 |
| | 외래 | 1,543 | 77,686 | 77,258 | 33,003 |

〈상황〉

건강보험심사평가원의 A사원은 의료급여진료비에 대해 분석을 하고 있다. 표면적으로 2017년부터 매년 입원 환자 수보다 외래 환자 수가 많고, 청구건수와 내원일수도 외래가 더 많았다. 하지만 의료급여비용은 입원 환자에게 들어가는 비용이 더 많았다. 외래 의료급여비용이 2022년에는 전년 대비 증가율과 같았고, 입원 및 외래 진료비용이 매년 증가하여 A사원은 올해 예상비용을 2020년부터 2022년까지 전년 대비 평균 증가율로 계산하여 보고하려고 한다.

① 35,840억 원　　　　　　② 37,425억 원
③ 38,799억 원　　　　　　④ 39,678억 원
⑤ 40,021억 원

**41** 다음 〈조건〉에 따를 때, 1층에서 엘리베이터를 탄 갑이 20층에 도착할 때까지 소요된 시간은?

> **조건**
> - 정지 중이던 엘리베이터가 한 층을 올라갈 때 소요되는 시간은 3초이며, 이후 가속이 붙어 한 층을 올라갈 때마다 0.2초씩 단축되나, 1.4초보다 빨라지는 않는다.
> - 정지 중이던 엘리베이터가 한 층을 내려갈 때 소요되는 시간은 2.5초이며, 이후 가속이 붙어 한 층을 내려갈 때마다 0.3초씩 단축되나, 1.3초보다 빨라지는 않는다.
> - 1층에서 엘리베이터를 탄 갑은 20층을 눌러야 할 것을 잘못하여 30층을 눌러 30층에 도착하였으나, 다시 20층을 눌러 해당 층으로 이동하였다.
> - 갑이 타는 동안 엘리베이터는 1층, 30층, 20층 순으로 각 한 번만 정차하였으며, 각 층에 정차한 시간은 고려하지 않는다.

① 62.4초 　　　　　　　　② 63.8초
③ 65.1초 　　　　　　　　④ 65.2초
⑤ 66.5초

**42** 다음 글의 빈칸에 들어갈 수 있는 단어로 적절하지 않은 것은?

> 원상복구는 도배, 장판 등 임대주택 전용 부분에 기본적으로 제공된 시설물을 퇴거 시 입주 당시의 상태로 유지하는 것과 별도설치 품목 및 해당 품목 설치를 위한 천공, 변형 등 부수행위에 대해 입주 당시의 상태로 복원하는 것을 말한다. 따라서 임차인은 _____된 부분에 대한 원상복구의 의무를 지닌다.

① 오손(汚損) 　　　　　　② 박리(剝離)
③ 망실(亡失) 　　　　　　④ 고의(故意)
⑤ 손모(損耗)

**43** 다음 글의 내용으로 적절하지 않은 것은?

> 파리기후변화협약은 2020년 만료 예정인 교토의정서를 대체하여 2021년부터의 기후변화 대응을 담은 국제협약으로, 2015년 12월 프랑스 파리에서 열린 제21차 유엔기후변화협약(UNFCCC) 당사국총회(COP21)에서 채택되었다.
>
> 파리기후변화협약에서는 산업화 이전 대비 지구의 평균기온 상승을 2℃보다 상당히 낮은 수준으로 유지하고, 1.5℃ 이하로 제한하기 위한 노력을 추구하기로 하였다. 또 국가별 온실가스 감축량은 각국이 제출한 자발적 감축 목표를 인정하되, 5년마다 상향된 목표를 제출하도록 하였다. 차별적인 책임 원칙에 따라 선진국의 감축 목표 유형은 절대량 방식을 유지하며, 개발도상국은 자국 여건을 고려해 절대량 방식과 배출 전망치 대비 방식 중 채택하도록 하였다. 미국은 2030년까지 온실가스 배출량을 2005년 대비 26 ~ 65%까지 감축하겠다고 약속했고, 우리나라도 2030년 배출 전망치 대비 37%를 줄이겠다는 내용의 감축 목표를 제출했다. 이 밖에도 온실가스 배출량을 꾸준히 감소시켜 21세기 후반에는 이산화탄소의 순 배출량을 0으로 만든다는 내용에 합의하고, 선진국들은 2020년부터 개발도상국 등의 기후변화 대처를 돕는 데 매년 최소 1,000억 달러(약 118조 원)를 지원하기로 했다.
>
> 파리기후변화협약은 사실상 거의 모든 국가가 서명했을 뿐 아니라 환경 보존에 대한 의무를 전 세계의 국가들이 함께 부담하도록 하였다. 즉, 온실가스 감축 의무가 선진국에만 있었던 교토의정서와 달리 195개의 당사국 모두에게 구속력 있는 보편적인 첫 기후 합의인 것이다.
>
> 그런데 2017년 6월, 미국의 트럼프 대통령은 환경 보호를 위한 미국의 부담을 언급하며 파리기후변화협약 탈퇴를 유엔에 공식 통보하였다. 그러나 발효된 협약은 3년간 탈퇴를 금지하고 있어 2019년 11월 3일까지는 탈퇴 통보가 불가능하였다. 이에 따라 미국은 다음 날인 11월 4일 유엔에 협약 탈퇴를 통보했으며, 통보일로부터 1년이 지난 뒤인 2020년 11월 4일 파리기후변화협약에서 공식 탈퇴했다. 서명국 중에서 탈퇴한 국가는 미국이 유일하다.

① 교토의정서는 2020년 12월에 만료된다.

② 파리기후변화협약은 2015년 12월 3일 발효되었다.

③ 파리기후변화협약에서 우리나라는 개발도상국에 해당한다.

④ 현재 미국을 제외한 194개국이 파리기후변화협약에 합의한 상태이다.

⑤ 파리기후변화협약에 따라 선진국과 개발도상국 모두에게 온실가스 감축 의무가 발생하였다.

**44** 다음 〈보기〉 중 공문서 작성 방법에 대한 설명으로 적절하지 않은 것은 모두 몇 개인가?

> **보기**
>
> ㄱ. 회사 외부 기관에 송달되는 문서인 만큼 육하원칙에 따라 명확하게 작성하여야 한다.
> ㄴ. 날짜의 연도와 월일을 함께 작성하며, 날짜 다음에 마침표를 반드시 찍는다.
> ㄷ. 내용이 복잡하게 얽혀 있는 경우, '−다음−' 또는 '−아래−'와 같은 표기를 통해 항목을 나누어 서술하도록 한다.
> ㄹ. 대외 문서인 공문서는 특성상 장기간 보관되므로 정확한 기술을 위해 여러 장을 사용하여 세부적인 내용까지 기술하도록 한다.
> ㅁ. 공문서 작성 후 마지막에는 '내용 없음'이라는 문구를 표기하여 마무리하도록 한다.

① 1개                ② 2개
③ 3개                ④ 4개

**45** 다음 중 인사관리의 법칙에 대한 설명과 원칙이 바르게 연결되지 않은 것은?

① 적재적소 배치의 원리 : 해당 업무에 있어 가장 적격인 인재를 배치하여야 한다.
② 공정 보상의 원칙 : 모든 근로자에게 근로의 대가를 평등하게 보상하여야 한다.
③ 종업원 안정의 원칙 : 종업원이 근로를 계속할 수 있다는 신뢰를 줌으로써 근로자가 안정을 갖고 근로를 할 수 있도록 하여야 한다.
④ 창의력 계발의 원칙 : 근로자가 새로운 것을 생각해낼 수 있도록 다양한 기회를 제공함은 물론 이에 상응하는 보상을 제공하여야 한다.

**46** 다음 중 빈칸 ㉠, ㉡에 들어갈 접속어를 바르게 나열한 것은?

> 도덕적 명분관은 인간의 모든 행위에 대해 인간의 본성에 근거하는 도덕적 정당성의 기준을 제시함으로써 개인의 정의감이나 용기를 뒷받침한다. 즉, 불의에 대한 비판 의식이라든가 타협을 거부하는 선비의 강직한 정신 같은 것이 바로 그것인데, 이는 우리 사회를 도덕적으로 건전하게 이끌어 오는 데 기여하였다. 또한 사회적 행위에 적용되는 도덕적 명분은 공동체의 정당성을 확고하게 하여 사회를 통합하는 데 기여해 왔다. ____㉠____ 자신의 정당성에 대한 신념이 지나친 나머지 경직된 비판 의식을 발휘하게 되면 사회적 긴장과 분열을 초래할 수도 있다. ____㉡____ 조선 후기의 당쟁(黨爭)은 경직된 명분론의 대립으로 말미암아 심화한 측면이 있는 것이다.

① 게다가, 예컨대

② 그리고, 왜냐하면

③ 하지만, 그리고

④ 그러나, 예컨대

**47** A휴게소의 물품 보관함에는 자물쇠로 잠긴 채 오랫동안 방치되고 있는 보관함 네 개가 있다. 휴게소 관리 직원인 L씨는 방치 중인 보관함을 정리하기 위해 사무실에서 보유하고 있는 1 ~ 6번까지의 열쇠로 네 개의 자물쇠를 모두 열어 보았다. 그 결과가 〈조건〉과 같이 나왔을 때, 다음 중 항상 참인 것은?(단, 하나의 자물쇠는 정해진 하나의 열쇠로만 열린다)

> **조건**
> • 첫 번째 자물쇠는 1번 또는 2번 열쇠로 열렸다.
> • 두 번째 자물쇠와 네 번째 자물쇠는 3번 열쇠로 열리지 않았다.
> • 6번 열쇠로는 어떤 자물쇠도 열지 못했다.
> • 두 번째 또는 세 번째 자물쇠는 4번 열쇠로 열렸다
> • 세 번째 자물쇠는 4번 또는 5번 열쇠로 열렸다.

① 첫 번째 자물쇠는 반드시 1번 열쇠로 열린다.

② 두 번째 자물쇠가 2번 열쇠로 열리면, 세 번째 자물쇠는 반드시 5번 열쇠로 열린다.

③ 세 번째 자물쇠가 5번 열쇠로 열리면, 네 번째 자물쇠는 반드시 2번 열쇠로 열린다.

④ 3번 열쇠로는 어떤 자물쇠도 열지 못한다.

**48** 다음 글을 읽고 밑줄 친 물음에 대한 답변으로 가장 적절한 것은?

한 장의 종이를 반으로 계속해서 접어 나간다면 과연 몇 번이나 접을 수 있을까? 얼핏 생각하면 수없이 접을 수 있을 것 같지만, 실제로는 그럴 수 없다. <u>그 이유는 무엇일까?</u>

먼저, 종이를 접는 횟수에 따라 종이의 넓이와 두께의 관계가 어떻게 변하는지를 생각해 보자. 종이를 한 방향으로 접을 경우, 한 번, 두 번, 세 번 접어 나가면 종이의 넓이는 계속해서 반으로 줄어들게 되고, 두께는 각각 2겹, 4겹, 8겹으로 늘어나 두꺼워진다. 이런 식으로 두께 0.1mm의 종이를 10번 접으면 1,024겹이 되어 그 두께는 약 10cm가 되고, 42번을 접는다면 그 두께는 439,805km로 지구에서 달에 이를 수 있는 거리에 이르게 된다. 물론 이때 종이를 접으면서 생기는 종이의 두께는 종이의 길이를 초과할 수 없으므로 종이 접기의 횟수 역시 무한할 수 없다.

다음으로, 종이를 접는 횟수에 따라 종이의 길이와 종이가 접힌 모서리 부분에서 만들어지는 반원의 호 길이가 어떻게 변하는지 알아보자. 종이의 두께가 t이고 길이가 L인 종이를 한 번 접으면, 접힌 모서리 부분이 반원을 이루게 된다. 이때 이 반원의 반지름 길이가 t이면 반원의 호 길이는 $\pi t$가 된다. 결국 두께가 t인 종이를 한 번 접기 위해서는 종이의 길이가 최소한 $\pi t$보다는 길어야 한다. 예를 들어 두께가 1cm인 종이를 한 번 접으려면, 종이의 길이가 최소 3.14cm보다는 길어야 한다는 것이다.

그런데 종이를 한 방향으로 두 번 접는 경우에는 접힌 모서리 부분에 반원이 3개 나타난다. 그래서 모서리에 생기는 반원의 호 길이를 모두 합하면, 가장 큰 반원의 호 길이인 $2\pi t$와 그 반원 속의 작은 반원의 호 길이인 $\pi t$, 그리고 처음 접힌 반원의 호 길이인 $\pi t$의 합, 즉 $4\pi t$가 된다. 그러므로 종이를 한 방향으로 두 번 접으려면 종이는 최소한 $4\pi t$보다는 길어야 한다. 종이를 한 번 더 접었을 뿐이지만 모서리에 생기는 반원의 호 길이의 합은 이전보다 훨씬 커진다. 결국, 종이 접는 횟수는 산술적으로 늘어나는 데 비해 이로 인해 생기는 반원의 호 길이의 합은 기하급수적으로 커지기 때문에 종이의 길이가 한정되어 있다면 계속해서 종이를 접는 것은 불가능하다는 것을 알 수 있다.

① 종이의 면에 미세하게 존재하는 입자들이 종이를 접는 것을 방해하기 때문이다.

② 종이에도 미약하지만 탄성이 있어 원래 모양대로 돌아가려고 하기 때문이다.

③ 종이가 충분히 접힐 수 있도록 힘을 가하는 것이 힘들기 때문이다.

④ 접는 종이의 길이는 제한되어 있는데, 접은 부분에서 생기는 반원의 길이가 너무 빠르게 증가하기 때문이다.

**49** 다음 문단을 논리적 순서대로 바르게 나열한 것은?

> (가) 한편 지난 1월에 개최된 '제1회 물벗 나눔장터'는 안동, 영주, 영천, 장수, 청송, 충주 등 6개 댐 주변 지역이 참여해 사과 및 사과 가공품을 판매했으며 약 5,000만 원가량의 제품이 판매되는 등 성황리에 진행됐다. 수자원공사는 "코로나19 장기화로 어려움을 겪는 지역 농가를 돕고 지역사회 이웃들에게 온정을 전달하기 위해 임직원이 함께 나섰다."라며 "앞으로도 수자원공사는 다양한 지역사회와의 상생활동을 지속하고 K-ESG 경영을 실천해 공기업의 사회적 책임을 다하겠다."라고 말했다.
>
> (나) 한국수자원공사는 7일 대전시 대덕구 본사에서 딸기 농가와 함께 '제2회 물벗 나눔 장터, 딸기 팝업 스토어' 행사를 진행했다. '물벗 나눔장터'는 한국수자원공사가 2022년 창립 55주년 맞이해 새롭게 추진 중인 지역상생형 K-ESG 경영 실천 프로젝트이다. 온·오프라인 장터 운영을 통해 사업장이 위치한 전국 각지의 농가에서 생산하는 주요 농산물 판로확보에 기여하고 일부는 직접 구매 후 취약계층에게 전달하는 적극적 나눔을 실천하는 연간 프로젝트이다.
>
> (다) 이번 행사는 지난겨울 작황 부진과 재배면적 감소 등으로 어려움을 겪은 금강유역 대표 딸기 산지인 충남 논산시와 전북 완주군의 딸기 재배 농가를 돕기 위한 직거래 장터로 진행했다. 이번 장터에서 딸기 재배 농가는 대표적 국산 품종인 '설향' 뿐만 아니라 하이베리, 비타베리, 킹스베리 등 최근 개발된 우수한 국산 품종 딸기를 저렴한 가격으로 판매해 행사 참가자들의 호응을 얻었다. 수자원공사는 이번 행사와 연계해 총 400만 원 상당의 딸기를 추가로 구매해 논산시와 전북 사회복지공동모금회의 협조를 통해 지역사회 이웃들에게 전달돼 지역 상생 및 나눔을 이어갈 계획이다.

① (가) - (나) - (다)  ② (나) - (가) - (다)

③ (나) - (다) - (가)  ④ (다) - (가) - (나)

**50** A사원은 연회장 좌석을 배치하려고 하는데, 연회장은 좌우 대칭으로 구성되어 있으며 총 테이블 수는 짝수이다. 한 테이블에 3명씩 앉게 할 경우 15명의 자리가 모자라고, 5명씩 앉게 할 경우 테이블이 2개가 남는다. 참석자 수는 총 몇 명인가?

① 54명                 ② 57명

③ 60명                 ④ 63명

**51** K초등학교의 체육대회에서 학생 가 ~ 바 6명이 달리기 경주를 하여 결승선을 빠르게 통과한 순서 대로 1등부터 6등을 결정하였다. 순위가 다음 〈조건〉을 모두 만족한다고 할 때, 학생들의 달리기 순위로 가장 적절한 것은?

> **조건**
> • 동시에 결승선을 통과한 학생은 없다.
> • 마는 1등 혹은 6등이다.
> • 라는 다보다 먼저 결승선을 통과하였다.
> • 다와 바의 등수는 2 이상 차이가 난다.
> • 가는 나의 바로 다음에 결승선을 통과하였다.
> • 가는 6등이 아니다.

① 가 – 나 – 바 – 마 – 라 – 다

② 마 – 다 – 바 – 나 – 라 – 가

③ 마 – 라 – 다 – 나 – 가 – 바

④ 바 – 나 – 다 – 가 – 라 – 마

**52** 한국수자원공사는 2주간 사업부문별로 직원들의 보안교육을 실시하고자 한다. 다음 공지문과 회신 내용을 참고하여 6월 2일에 교육이 진행되는 사업부문으로 가장 적절한 것은?

〈보안교육 일자〉

| 일 | 월 | 화 | 수 | 목 | 금 | 토 |
| --- | --- | --- | --- | --- | --- | --- |
| 5/29 | 5/30 | 5/31 | 6/1 | 6/2 | 6/3 | 6/4 |
| 6/5 | 6/6 | 6/7 | 6/8 | 6/9 | 6/10 | 6/11 |

〈전 직원 보안교육 실시에 대한 공지〉

우리 한국수자원공사는 최근 국내외적으로 빈번하게 벌어지고 있는 랜섬웨어 감염 등의 보안사고에 대한 대응역량 향상을 위해 전 직원 대상 보안교육을 실시할 예정입니다. 교육은 월요일부터 금요일까지의 기간 중 공휴일을 제외한 업무일을 활용하여 하루에 한 사업부문씩 교육을 진행할 예정입니다. 금번 교육은 기획부문, 경영부문, 수자원환경부문, 수도부문, 그린인프라부문의 5개 사업부문을 대상으로 이루어지며, 기획부문과 경영부문의 경우 최소한의 관리업무를 위해 이틀에 나누어 절반의 인원씩 교육을 진행합니다. 공휴일인 6월 1일 전국지방선거일과 6월 6일 현충일에는 교육을 진행하지 않습니다. 각 사업부문에서는 교육 선호 일정 및 교육 진행이 어려운 일정을 작성하여 회신해 주시기 바랍니다.

〈부서별 회신내용〉

- 기획부문 : 매주 첫 업무일에는 환경부, 국토교통부와의 통화량이 많아 교육 진행이 어렵습니다. 두 차례의 교육은 각각 다른 주에 이루어져야 할 것 같습니다.
- 경영부문 : 5월 31일과 6월 2일은 회계업무가 많을 것으로 예상되므로 타부서 교육을 진행해 주십시오. 아울러 6월 10일은 전 직원 걷기행사를 계획 중에 있으므로 모든 부서 교육 진행이 불가능할 것으로 예상됩니다.
- 수자원환경부문 : 팀 내 업무 특성상 매주 수요일만 교육이 가능합니다.
- 수도부문 : 6월 3일까지는 출장자가 많아 교육 진행이 어렵습니다.
- 그린인프라부문 : 6월 중 모든 날짜에 교육 진행이 가능합니다.

① 기획부문  
② 경영부문  
③ 수자원환경부문  
④ 그린인프라부문

**53** 다음 글을 읽고 추론할 수 있는 내용으로 적절하지 않은 것은?

> 한국중부발전이 2025년까지 재생에너지 전력중개자원을 4GW까지 확보하겠다는 목표를 세웠다. 중부발전에 따르면, 재생에너지 발전사업자 수익향상과 전력계통 안정화를 위해 100MW 새만금세 빛발전소(태양광)를 비롯해 모두 130개소 230MW규모 전력중개자원을 확보하는 등 에너지플랫폼 신시장을 개척하고 있다.
>
> 전력중개사업은 가상발전소(VPP; Virtual Power Plant)의 첫걸음으로 중개사업자가 전국에 분산돼 있는 태양광이나 풍력자원을 모아 전력을 중개거래하면서 발전량 예측제도에 참여하고 수익을 창출하는 에너지플랫폼 사업이다. 설비용량 20MW 이하 소규모 전력자원은 집합자원으로, 20MW 초과 개별자원은 위탁을 통한 참여가 각각 가능하다.
>
> 앞서 지난해 중부발전은 전력중개사업 및 발전량 예측제도 시행에 맞춰 분산자원 통합관리시스템을 도입했고, 분산에너지 통합 관제를 위한 신재생모아센터를 운영하고 있다. 특히 날씨 변동이 심해 발전량 예측이 어려운 제주지역에서 발전사 최초로 중개자원을 모집해 발전량 예측제도에 참여하고 있으며, 향후 제주지역의 태양광자원 모집에 역량을 집중할 계획이다.
>
> 올해 1월부터는 전력중개 예측제도에 참여한 발전사업자 대상으로 첫 수익을 지급하였으며, 기대수익은 1MW 발전사업자 기준 연간 약 220만 원씩 20년간 약 4,400만 원이다.
>
> 중부발전은 2025년까지 소규모 태양광 자원 및 풍력 발전량 예측성 향상을 통해 약 4GW의 VPP자원을 모집하는 한편 빅데이터 플랫폼이나 신재생통합관제센터를 활용한 신사업 영역을 확대한다고 발표했다.
>
> 한국중부발전의 사장은 "전력중개사업은 VPP 사업의 기초모델로, 재생에너지 자원확보와 기술개발을 통해 에너지전환을 리드하고 새로운 비즈니스 모델이 창출될 수 있도록 최선을 다할 예정"이라고 말했다.

① 올해 전력중개 예측제도에 참여한 발전사업자들은 수익을 받을 수 있을 것이다.

② 올해에는 분산되어 있는 에너지를 통합하여 관리할 수 있는 센터를 신설할 예정이다.

③ 제주 지역은 날씨 변동이 심해 에너지 생산량을 예측하기가 쉽지 않다.

④ 전력중개를 통해 수익을 창출하는 사업은 기본적으로 에너지플랫폼에 기반하고 있다.

**54** 다음은 J사 총무팀에서 정리한 4월과 5월의 회사 지출 내역이다. 이를 참고할 때, J사의 4월 대비 5월 직접비용의 증감액은 얼마인가?

| | 4월 | | | 5월 | |
|---|---|---|---|---|---|
| 번호 | 항목 | 금액(원) | 번호 | 항목 | 금액(원) |
| 1 | 원료비 | 680,000 | 1 | 원료비 | 720,000 |
| 2 | 재료비 | 2,550,000 | 2 | 재료비 | 2,120,000 |
| 3 | 사무비품비 | 220,000 | 3 | 사무비품비 | 175,000 |
| 4 | 장비 대여비 | 11,800,000 | 4 | 장비 대여비 | 21,500,000 |
| 5 | 건물 관리비 | 1,240,000 | 5 | 건물 관리비 | 1,150,000 |
| 6 | 통신비 | 720,000 | 6 | 통신비 | 820,000 |
| 7 | 가스·수도·전기세 | 1,800,000 | 7 | 가스·수도·전기세 | 1,650,000 |
| 8 | 사내 인건비 | 75,000,000 | 8 | 사내 인건비 | 55,000,000 |
| 9 | 광고비 | 33,000,000 | 9 | 외부 용역비 | 28,000,000 |
| 10 | − | − | 10 | 광고비 | 42,000,000 |

① 17,160,000원 증액      ② 17,310,000원 증액

③ 29,110,000원 증액      ④ 10,690,000원 감액

**55** 다음 시트에서 평균이 가장 큰 값을 구하려 할 때, [F8]에 들어갈 수식으로 옳은 것은?

| | A | B | C | D | E | F |
|---|---|---|---|---|---|---|
| 1 | 번호 | 이름 | 국어 | 수학 | 영어 | 평균 |
| 2 | 1 | 김지우 | 58 | 60 | 90 | 78 |
| 3 | 2 | 최준영 | 91 | 80 | 55 | 65 |
| 4 | 3 | 박민준 | 45 | 45 | 66 | 81 |
| 5 | 4 | 윤민지 | 62 | 23 | 61 | 79 |
| 6 | 5 | 이재영 | 77 | 97 | 87 | 66 |
| 7 | 6 | 김세아 | 60 | 95 | 91 | 88 |
| 8 | | | | | 최고점수 | |

① =MID(F2,F7)      ② =MAX(F2:F7)

③ =AVERAGE(F2:F7)      ④ =MAX(C2:C7)

**56** 다음 글의 내용으로 적절하지 않은 것은?

> 국토교통부에서 부동산 관련 직무를 맡고 있는 공무원은 이달부터 토지, 건물 등 부동산 신규 취득
> 이 제한된다. 주택정책 담당 공무원은 조정대상지역 내 집을 살 수 없고, 토지정책 담당 공무원은
> 토지거래허가구역과 택지개발지구 내 주택 구매가 금지된다.
> 5일 국토부에 따르면 이 같은 내용이 담긴 '국토부 공무원의 부동산 신규취득 제한에 대한 지침'이
> 지난달 25일 국토부 훈령으로 제정돼 이달 1일부터 시행됐다. 해당 지침에는 '국토부 소속 공무원은
> 직무상 알게 된 부동산에 대한 정보를 이용해 재물이나 재산상 이익을 취득하거나 그 이해관계자에
> 게 재물이나 재산상 이익을 취득하게 해서는 안 된다.'라고 명시됐다.
> 따라서 제한대상 부서에 근무하는 국토부 소속 공무원과 그 업무를 지휘·감독하는 상급감독자, 배
> 우자와 직계존비속 등 이해관계자들은 앞으로 직무 관련 부동산을 새로 취득할 수 없다. 다만 이해
> 관계자 중 관련법에 따라 재산등록사항의 고지거부 허가를 받은 사람은 제외한다. 제한부서는 국토
> 도시실 국토정책관 소속 지역정책과·산업입지정책과·복합도시정책과와 건축정책관 소속 건축정
> 책과, 주택토지실 주택정책관 소속 주택정책과 등 총 29개다. 제한부동산의 범위는 소관법령에 따
> 라 국토부 장관이 지정하는 지역·지구·구역 내의 건물, 토지 등 모든 부동산이다.
> 부서별로 제한받는 부동산은 다르다. 주택정책과는 분양가상한제적용지역, 투기과열지구, 조정대
> 상지역 내 주택, 준주택 및 부속토지가 대상이다. 토지정책과는 토지거래허가구역 내, 부동산개발
> 정책과는 택지개발지구 내 부동산 취득이 제한된다. 도로정책과는 도로구역 내 부동산, 철도정책과
> 는 역세권 개발구역 내 부동산 취득이 금지된다. 감사담당관은 제한대상자의 직무 관련 부동산 취득
> 사실을 조사 과정에서 적발할 경우 6개월 이내 자진 매각 권고, 직위변경 및 전보 등 조치 요구,
> 이해충돌 방지에 필요한 조치를 할 수 있다. 다만 증여나 담보권 행사 및 대물변제 수령, 근무 또는
> 결혼 등 일상생활에 필요한 부동산은 취득이 예외적으로 허용된다.

① 감사담당관은 공무원의 부당한 부동산 이익 취득을 적발할 경우 적절한 조치를 취할 권한이 있다.
② 결혼으로 인한 부동산 마련은 일상생활에 필요한 부동산 취득으로 인정을 하고 있다.
③ 국토교통부 소속 부동산 관련 업무를 담당하는 공무원 본인은 제재의 대상이지만, 공무원의 가족
　은 제재 대상에 해당되지 않는다.
④ 이 같은 훈령이 시행된 것은, 공무원이 업무 중 알게 된 사실을 통해 이익을 얻는 것이 부당하다는
　판단이 전제된 것이다.
⑤ 동일하게 국토교통부에서 부동산 업무를 맡은 공무원이더라도 근무 부서가 다르면 부동산 관련
　다른 제재를 받을 수 있다.

**57** 다음은 연도별 임대주택 입주자의 근로 형태를 나타낸 자료이다. 이에 대한 설명으로 옳지 않은 것은?(단, 소수점 첫째 자리에서 반올림한다)

〈연도별 임대주택 입주자의 근로 형태〉

| 구분 | 2017년 | 2018년 | 2019년 | 2020년 | 2021년 |
|------|--------|--------|--------|--------|--------|
| 전업 | 68% | 62% | 58% | 52% | 46% |
| 겸직 | 8% | 11% | 15% | 21% | 32% |
| 휴직 | 6% | 15% | 18% | 23% | 20% |
| 무직 | 18% | 12% | 9% | 4% | 2% |
| 입주자 수(명) | 300,000 | 350,000 | 420,000 | 480,000 | 550,000 |

① 전년 대비 전업자의 비율은 감소하는 반면, 겸직자의 비율은 증가하고 있다.

② 2021년 휴직자 수는 2020년 휴직자 수보다 많다.

③ 전업자 수가 가장 적은 연도는 2017년이다.

④ 2020년 겸직자 수는 2017년의 4.2배이다.

⑤ 2017년 휴직자 수는 2021년 휴직자 수의 약 16%이다.

**58** 다음은 연도별 한국토지주택공사 입사자의 최종학력 현황을 나타낸 자료이다. 이에 대한 설명으로 옳은 것은?(단, 소수점 첫째 자리에서 반올림한다)

〈연도별 입사자 최종학력 현황〉

| 구분 | 2017년 | | 2018년 | | 2019년 | | 2020년 | | 2021년 | |
|------|------|------|------|------|------|------|------|------|------|------|
| | 남성 | 여성 | 남성 | 여성 | 남성 | 여성 | 남성 | 여성 | 남성 | 여성 |
| 고등학교 | 10 | 28 | 2 | 32 | 35 | 10 | 45 | 5 | 60 | 2 |
| 전문대학 | 24 | 15 | 8 | 28 | 15 | 14 | 10 | 9 | 4 | 7 |
| 대학교 | 80 | 5 | 75 | 12 | 96 | 64 | 100 | 82 | 102 | 100 |
| 대학원 | 36 | 2 | 55 | 8 | 14 | 2 | 5 | 4 | 4 | 1 |
| 전체 | 150 | 50 | 140 | 80 | 160 | 90 | 160 | 100 | 170 | 110 |

① 남성 입사자 수와 여성 입사자 수는 매년 증가하고 있다.

② 전년 대비 전체 입사자 수가 가장 많이 증가한 연도는 2021년이다.

③ 전체 입사자 중 여성이 차지하는 비율이 가장 높은 연도는 2020년이다.

④ 남성 입사자 수와 여성 입사자 수 중 대학교 졸업자의 수는 매년 증가하고 있다.

⑤ 전체 입사자 중 고등학교 졸업자 수와 대학원 졸업자 수의 증감은 반비례하고 있다.

**59** 다음 글의 내용으로 적절하지 않은 것은?

습관의 힘은 아무리 강조해도 지나치지 않죠. 사소한 습관 하나가 미래를 달라지게 합니다. 그러니 많은 부모들이 어려서부터 자녀에게 좋은 습관을 들이게 하려고 노력하는 것이겠죠. 공부두뇌연구원장 박사는 '잘'하는 것보다 조금이라도 '매일'하는 게 중요하다고 강조합니다. 그러면 싫증을 잘 내는 사람도 습관 만들기를 통해 '스스로 끝까지 하는 힘'을 체득할 수 있다고 말이죠.

'물건 관리'라는 말을 들었을 때, 어떤 의미부터 떠올리셨나요? 혹시 정리 정돈 아니었나요? 하지만 물건 관리란 단지 정리의 의미에 한정되어 있지 않습니다.

물건을 구매할 때는 '필요'와 '욕심'을 구분할 줄 알아야 한다는 의미입니다. 지금 사려는 그 물건은 꼭 필요한 물건인지, 그냥 갖고 싶은 욕심이 드는 물건인지 명확하게 구분해야 한다는 거죠. 물건을 구매하기 전 스스로에게 질문하는 것을 습관화하면 충동구매를 줄일 수 있습니다. 만약 저녁 늦게 쇼핑을 많이 한다면, 바로 결제하지 말고 장바구니에 담아두고, 그다음 날 아침에 한 번 더 생각해 보는 것도 좋은 방법입니다.

돈이 모이는 습관 두 번째는 '생활습관 관리'입니다. 아무리 돈을 모으고 있다고 해도 한쪽에서 돈이 줄줄 새는 습관을 바로잡지 못한다면 돈을 모으는 의미가 없어지니까요. 혹시 보상심리로 스스로에게 상을 주거나 스트레스를 해소하기 위해 돈을 썼던 경험이 있으신가요?

돈을 쓰면서 스트레스를 풀고 싶어지고, 음식을 먹으면서 스트레스를 푼다면 돈을 모으기 쉽지 않습니다. 사회생활은 스트레스의 연속이니까요. 야식이나 외식 빈도가 잦은 것도 좋지 않은 소비 습관입니다. 특히 요즘에는 배달음식을 많이 시켜 먹게 되죠.

필요하다면 스트레스 소비 금액이나, 외식 금액의 한도를 정해 놓아 보세요. 단, 실현 가능한 한도를 정하는 것이 중요합니다. 예를 들어, '다음 주부터 배달음식 안 먹을 거야.'라고 하면 오히려 역효과가 나게 됩니다. 이번 주에 4번 배달음식을 먹었다면 3번으로 줄이는 등 실천할 수 있도록 조정해 가는 것이 필요합니다.

돈을 모으는 것이 크게 어렵지 않을 수도 있습니다. 절약을 이기는 투자는 없다고 하죠. 소액 적금은 수입 규모와 상관없이 절약하는 것만으로도 성공시킬 수 있는 수 있는 작은 목표입니다.

확고한 목표와 끈기를 가지고 끝까지 저축을 하는 것이 중요합니다. 소액 적금이 성공적으로 진행된다면 규모를 조금씩 늘려 저축하는 습관을 기르면 됩니다. 이자가 크지는 않아도 일정 기간 동안 차곡차곡 납입해 계획한 금액이 모두 모이는 기쁨을 맛보는 것이 중요합니다.

① 돈을 모으는 습관을 만들기 위해서는 꾸준히 하는 것이 중요하다.

② 사고자 하는 물건을 바로 결제하지 않는 것만으로도 충동구매를 어느 정도 막을 수 있다.

③ 소액 적금이라도 돈을 저금하는 습관을 들이는 것이 중요하다.

④ 돈을 모으는 생활 습관을 만들기 위해서는 점진적으로 소비 습관을 개선하기보다는 행동을 완전히 바꾸는 것이 도움이 된다.

⑤ 스트레스를 해소하기 위해 소비를 하는 행동은 돈을 모으는 데는 좋지 않은 행동이므로 금액의 한도를 정해 줄여나가는 것이 좋다.

**60** H씨는 6개월 전 이사를 하면서 전세보증금 5억 원을 납입하기 위해 전세자금대출을 받았다. H씨는 최대한도로 대출을 신청하였으며, 당시 신청한 상품의 약관은 다음과 같다. 6개월간 H씨가 지불한 이자는 얼마인가?

---

〈전세자금대출 약관〉

- 개요
  - 최대 5억 원까지, 아파트 전세대출
- 특징
  - 영업점 방문 없이, 신청에서 실행까지
- 대출대상
  - 부동산중개업소를 통해 신규 주택임대차계약을 체결하고, 임차보증금의 5% 이상을 지급한 세대주 또는 세대원
  - 현재 직장에서 3개월 이상 근무 중인 직장인(재직기간은 건강보험 직장자격 취득일 기준으로 확인)
  - 무주택(기혼자인 경우 배우자 합산)으로 확인된 고객
    ※ 갱신계약이나 개인사업자는 가까운 W은행 영업점에서 상담 부탁드립니다.
    ※ 개인신용평점 및 심사기준에 따라 대출이 제한될 수 있습니다.
- 대출한도금액
  - 최대 5억 원(임대차계약서상 임차보증금의 80% 이내)
- 대출기간
  - 임대차계약 종료일 이내에서 1년 이상 2년 이내(단, 보험증권 기일이 연장된 경우 그 기일까지 연장가능)
- 기본금리
  - 기준금리 : 연 3.6%
- 우대금리
  - 부수거래 감면 우대금리 조건 없음
- 상환방법
  - 만기일시상환
    ㄱ. 매달 대출이자만 납부
    ㄴ. 대출기간이 종료되는 날까지 대출상환 필요
    ㄷ. 마이너스통장방식(한도대출) 불가

---

① 540만 원
② 630만 원
③ 720만 원
④ 810만 원
⑤ 900만 원

📋 문항 수 : 60문항　🕐 응시시간 : 60분

정답 및 해설 p.064

| 코레일 한국철도공사 / 의사소통능력

**01**　다음 글의 빈칸 (가) ~ (마)에 들어갈 내용으로 적절하지 않은 것은?

> "언론의 잘못된 보도나 마음에 들지 않는 논조조차도 그것이 토론되는 과정에서 옳은 방향으로 흘러가게끔 하는 것이 옳다." 한 야당 정치인이 서울외신기자클럽(SFCC) 토론회에 나와 마이크에 대고 밝힌 공개 입장이다. 언론은 ___(가)___ 해야 한다. 이것이 지역 신문이라 할지라도 언론이 표준어를 사용하는 이유이다.
>
> 언론중재법 개정안이 국회 본회의를 통과할 것이 확실시되었을 때 정부는 침묵으로 일관했었다. 청와대 핵심 관계자들은 이 개정안에 대한 입장을 묻는 국내 일부 매체에 영어 표현인 "None of My Business"라는 답을 내놨다고 한다.
>
> 그사이 이 개정안에 대한 국제 사회의 ___(나)___ 은/는 높아지고 있다. 이 개정안이 시대착오적이며 정권의 오남용이고 더 나아가 아이들에게 좋지 않은 영향을 줄 수 있다는 것이 논란의 요지이다. SFCC는 지난 20일 이사회 전체 명의로 성명을 냈다. 그 내용을 그대로 옮기자면 다음과 같다. "___(다)___ 내용을 담은 언론중재법 개정안을 국회에서 강행 처리하려는 움직임에 깊은 우려를 표한다."며 "이 법안이 국회에서 전광석화로 처리되기보다 '돌다리도 두들겨 보고 건너라.'는 한국 속담처럼 심사숙고하며 ___(라)___ 을/를 기대한다."고 밝혔다.
>
> 다만, 언론이 우리 사회에서 발생하는 다양한 전투만을 중계하는 것으로 기능하는 건 ___(마)___ 우리나라뿐만 아니라 일본 헌법, 독일 헌법 등에서 공통적으로 말하는 것처럼 언론이 자유를 가지고 대중에게 생각할 거리를 끊임없이 던져주어야 한다. 이러한 언론의 기능을 잘 수행하기 위해서는 언론의 힘과 언론에 가해지는 규제의 정도가 항상 적절하도록 절제하는 법칙이 필요하다.

① (가) : 모두가 읽기 쉽고 편향되지 않은 어조를 사용

② (나) : 규탄의 목소리

③ (다) : 언론의 자유를 심각하게 위축시킬 수 있는

④ (라) : 보편화된 언어를 사용하기

⑤ (마) : 바람직하지 않다.

※ 다음은 코레일의 맞춤형 우대예약 서비스에 대한 자료이다. 이어지는 질문에 답하시오. **[2~3]**

### 〈맞춤형 우대예약 서비스(원콜 서비스)〉

- 경로고객 및 장애인 등 인터넷 예약이 어려운 고객을 위한 우대예약 서비스
- 대상고객
  만 65세 이상의 경로고객, 장애인, 상이등급이 있는 국가유공자
- 가입 방법
  역에 대상자 자격을 확인할 수 있는 신분증, 복지카드, 유공자증 등을 제시하고 서비스를 신청하시기 바랍니다.
- 신청 방법
  역 방문 → 대상자 확인(주민등록증, 복지카드, 국가유공자 등) → 신청서 작성 및 제출 → 개인정보 입력 및 활용 동의 → 결제 신용카드 정보 등록
  ※ 기존 우대서비스 대상자는 추가등록 없이 서비스 이용이 가능합니다.
- 제공서비스
  1. 철도고객센터로 전화 시 상담원 우선 연결
  2. 승차권 대금 결제기한을 열차출발 20분 전까지 유보
  3. 원콜(One-Call) : 전화상으로 결제 · 발권(전화 예약 후 역에서 발권하는 불편 개선)

### 원콜(One-Call) 서비스란?

- 맞춤형 우대서비스 대상자가 철도고객센터에서 전화 예약 후 역에서 대기 후 승차권을 구매해야 하는 불편함을 개선하고, 보다 쉽고 편리하게 열차 이용이 가능하도록 전화상으로 결제 · 발권이 가능한 원스톱 예약 · 발권 서비스를 개발
- 대상 고객이 결제 · 발권까지 원하는 경우
  일반휴대폰 / 코레일톡 미설치자 : '승차권 대용 문자' 발권
  코레일톡 설치자(스마트폰) : 승차권 대용 문자+스마트폰 티켓 혼용 발권
  ※ 승차권 대용 문자 : 승차권 대신 사용이 가능하도록 휴대폰으로 전송하는 문자메시지(열차 내에서는 승차권에 표시된 대상자 이름과 승무원 단말기에 표시된 이름과 신분증을 같이 확인하여 유효한 승차권 여부 및 대상자임을 확인)
  ※ 1회 예약 및 발권 가능 매수는 2매입니다.
  ※ 공공할인(경로, 장애인, 어린이 등)과 중복할인이 되지 않습니다.
- 주의사항
  승차권 전화 예약 후 결제기한 3회 초과로 자동 취소 시 6개월 간 서비스 제한
  ☞ 1월 1일과 7월 1일 기준으로 반기별 예약 부도 실적이 3회 이상인 경우 다음 산정일까지 우대서비스 제한
- 원콜(One-Call) 서비스를 이용한 전화 결제 · 발권 방법
  ① 철도고객센터 전화 → ② 상담원 자동 · 우선연결 → ③ 대상자 유형에 따라 예약 안내 → ④ 승차권 예약(상담원) → ⑤ 사전등록된 신용카드 정보로 결제(ARS) → ⑥ 고객의 선택에 따라 상담원 안내에 맞춰 승차권 대용문자 단독 발권 또는 승차권 대용 문자+스마트폰 티켓 혼용발권 선택 → ⑦ 발권완료(☞ 고객의 휴대폰으로 승차권과 동일하게 대용으로 사용이 가능한 문자 전송)
  - 코레일톡 사용 가능 여부에 따라 '승차권 대용 문자' or '승차권 대용 문자'+'스마트폰 티켓' 선택
  - 휴대폰을 이용한 승차권 발권을 원하지 않는 경우 전화 예약 후 역창구 발권 가능
  - 열차 내에서는 승차권 대용 문자의 운송정보와 승객의 신분증, 승무원 이동단말기 정보를 동시에 확인하여 정당한 이용 대상자임을 확인(대상자 외 타인 이용 적발 시, 무임승차 적용)

**02** 다음 중 맞춤형 우대예약 서비스에 대한 설명으로 가장 적절한 것은?

① 모든 국가유공자는 해당 시비스를 이용할 수 있다.

② 전화를 통해서는 맞춤형 우대예약 서비스를 이용할 수 없다.

③ 신청을 위해서는 반드시 신분증을 지참하여야 한다.

④ 원콜 서비스를 이용하기 위해서는 반드시 신용카드를 사전등록하여야 한다.

⑤ 해당 서비스 이용에 따른 발권 방식은 이용자가 선택할 수 없다.

**03** A씨는 맞춤형 우대예약 서비스를 이용하여 서울에서 대전으로 가는 KTX를 예매하고자 한다. A씨가 전화를 통해 발권 및 결제를 희망한다고 할 때, 다음 〈보기〉 중 적절하지 않은 것을 모두 고르면?

> **보기**
>
> ㄱ. A씨는 철도고객센터에 전화한 후, ARS를 통해서만 승차권 예약이 가능하다.
> ㄴ. 예약한 승차권은 복수의 방식으로 발급받을 수 있다.
> ㄷ. 예약한 승차권은 별도 신청을 통해 타인에게 양도할 수 있다.
> ㄹ. 예약 부도가 반복되는 경우, 서비스 이용이 제한될 수 있다.

① ㄱ, ㄴ         ② ㄱ, ㄷ

③ ㄴ, ㄷ         ④ ㄴ, ㄹ

⑤ ㄷ, ㄹ

**04** 다음 중 그리스 수학에 대한 내용으로 가장 적절한 것은?

> '20세기 최고의 수학자'로 불리는 프랑스의 장피에르 세르 명예교수는 경북 포항시 효자동에 위치한 포스텍 수리과학관 3층 교수 휴게실에서 '수학이 우리에게 왜 필요한가.'를 묻는 첫 질문에 이같이 대답했다.
>
> "교수님은 평생 수학의 즐거움, 학문(공부)하는 기쁨에 빠져 있었죠. 후회는 없나요? 수학자가 안 됐으면 어떤 인생을 살았을까요?"
>
> "내가 굉장히 좋아했던 선배 수학자가 있었어요. 지금은 돌아가셨죠. 그분은 라틴어와 그리스어 등 언어에 굉장히 뛰어났습니다. 그만큼 재능이 풍부했지만 본인은 수학 외엔 다른 일을 안 하셨어요. 나보다 스무 살 위의 앙드레 베유 같은 이는 뛰어난 수학적 재능을 타고 태어났습니다. 하지만 나는 수학적 재능은 없는 대신 호기심이 많았습니다. 누가 써놓은 걸 이해하려 하기보다 새로운 걸 발견 하는 데 관심이 있었죠. 남이 이미 해놓은 것에는 별로 흥미가 없었어요. 수학 논문들도 재미있어 보이는 것만 골라서 읽었으니까요."
>
> "학문이란 과거의 거인들로부터 받은 선물을 미래의 아이들에게 전달하는 일이라고 누군가 이야기 했습니다. 그 비유에 대해 어떻게 생각하세요?"
>
> "학자의 첫 번째 임무는 새로운 것을 발견하려는 진리의 추구입니다. 전달(교육)은 그다음이죠. 우리는 발견한 진리를 혼자만 알고 있을 게 아니라, 출판(Publish : 넓은 의미의 '보급'에 해당하는 원로학자의 비유)해서 퍼트릴 의무를 갖고 있습니다."
>
> 장피에르 교수는 고대부터 이어져 온 고대 그리스 수학자의 정신을 잘 나타내고 있다고 볼 수 있다. 그가 생각하는 학자에 대한 입장처럼 고대 그리스 수학자들에게 수학과 과학은 사람들에게 새로운 진리를 알려주고 놀라움을 주는 것이었다. 이때의 수학자들에게 수학이라는 학문은 순수한 앎의 기쁨을 깨닫게 해 주는 것이었다. 그래서 고대 그리스에서는 수학을 연구하는 다양한 학파가 등장했을 뿐만 아니라 많은 사람의 연구를 통해 짧은 시간에 폭발적인 혁신을 이룩할 수 있었다.

① 그리스 수학을 연구하는 학파는 그리 많지 않았다.
② 그리스의 수학자들은 학문적 성취보다는 교육을 통해 후대를 양성하는 것에 집중했다.
③ 그리스 수학은 장기간에 걸쳐 점진적으로 발전하였다.
④ 고대 수학자들에게 수학은 새로운 사실을 발견하는 순수한 학문적 기쁨이었다.
⑤ 그리스 수학은 도형 위주로 특히 폭발적인 발전을 했다.

**05** 오늘 철도씨는 종합병원에 방문하여 A ~ C과 진료를 모두 받아야 한다. 다음 〈조건〉에 따를 때, 가장 빠르게 진료를 받을 수 있는 경로는?(단, 주어진 조건 외에는 고려하지 않는다)

> **조건**
> • 모든 과의 진료와 예약은 오전 9시 시작이다.
> • 모든 과의 점심시간은 오후 12시 30분부터 1시 30분이다.
> • A과와 C과는 본관에 있고 B과는 별관동에 있다. 본관과 별관동 이동에는 셔틀로 약 30분이 소요되며, 점심시간에는 셔틀을 운행하지 않는다.
> • A과는 오전 10시부터 오후 3시까지만 진료를 한다.
> • B과는 점심시간 후에 사람이 몰려 약 1시간의 대기시간이 필요하다.
> • A과 진료는 단순 진료로 30분 정도 소요될 예정이다.
> • B과 진료는 치료가 필요하여 1시간 정도 소요될 예정이다.
> • C과 진료는 정밀 검사가 필요하여 2시간 정도 소요될 예정이다.

① A - B - C
② A - C - B
③ B - C - A
④ C - A - B
⑤ C - B - A

PART 1

※ 다음은 A ~ E약물에 대한 자료이고, S씨는 〈조건〉을 바탕으로 약을 복용한다. 이어지는 질문에 답하시오. [6~7]

〈약물별 복용 정보〉

| 약 종류 | 1주 복용 횟수 | 복용 시기 | 혼용하면 안 되는 약 | 복용 우선순위 |
|---|---|---|---|---|
| A | 4회 | 식후 | B, C, E | 3 |
| B | 4회 | 식후 | A, C | 1 |
| C | 3회 | 식전 | A, B | 2 |
| D | 5회 | 식전 | – | 5 |
| E | 4회 | 식후 | A | 4 |

**조건**

• S씨는 모든 약을 복용해야 한다.
• 혼용하면 안 되는 약은 한 끼니를 전후하여 혼용해서는 안 된다.
  – 아침 전후 or 점심 전후 or 저녁 전후는 혼용 불가
• 약은 우선순위대로 최대한 빨리 복용하여야 한다.
• 식사는 아침, 점심, 저녁만 해당한다.
• 하루 최대 6회까지 복용할 수 있다.
• 약은 한번 복용하기 시작하면 해당 약을 모두 먹을 때까지 중단 없이 복용하여야 한다.
• 모든 약은 하루 최대 1회 복용할 수 있다.

**06** 다음 중 〈조건〉을 고려할 때, 모든 약의 복용이 완료되는 시점으로 가장 적절한 것은?

① 4일 차 점심

② 4일 차 저녁

③ 5일 차 아침

④ 5일 차 저녁

⑤ 6일 차 아침

**07** 다음 〈보기〉 중 S씨의 A ~ E약물 복용에 대한 설명으로 적절한 것을 모두 고르면?

> **보기**
>
> ㄱ. 하루에 A ~ E를 모두 복용할 수 있다.
>
> ㄴ. D는 점심에만 복용한다.
>
> ㄷ. 최단 시일 내에 모든 약을 복용하기 위해서는 A는 저녁에만 복용하여야 한다.
>
> ㄹ. A와 C를 동시에 복용하는 날은 총 2일이다.

① ㄱ, ㄴ

② ㄱ, ㄷ

③ ㄴ, ㄷ

④ ㄴ, ㄹ

⑤ ㄷ, ㄹ

※ 다음은 N스크린(스마트폰, VOD, PC)의 영향력을 파악하기 위한 방송사별 통합시청점유율과 기존시청점유율에 대한 자료이다. 이어지는 질문에 답하시오. **[8~9]**

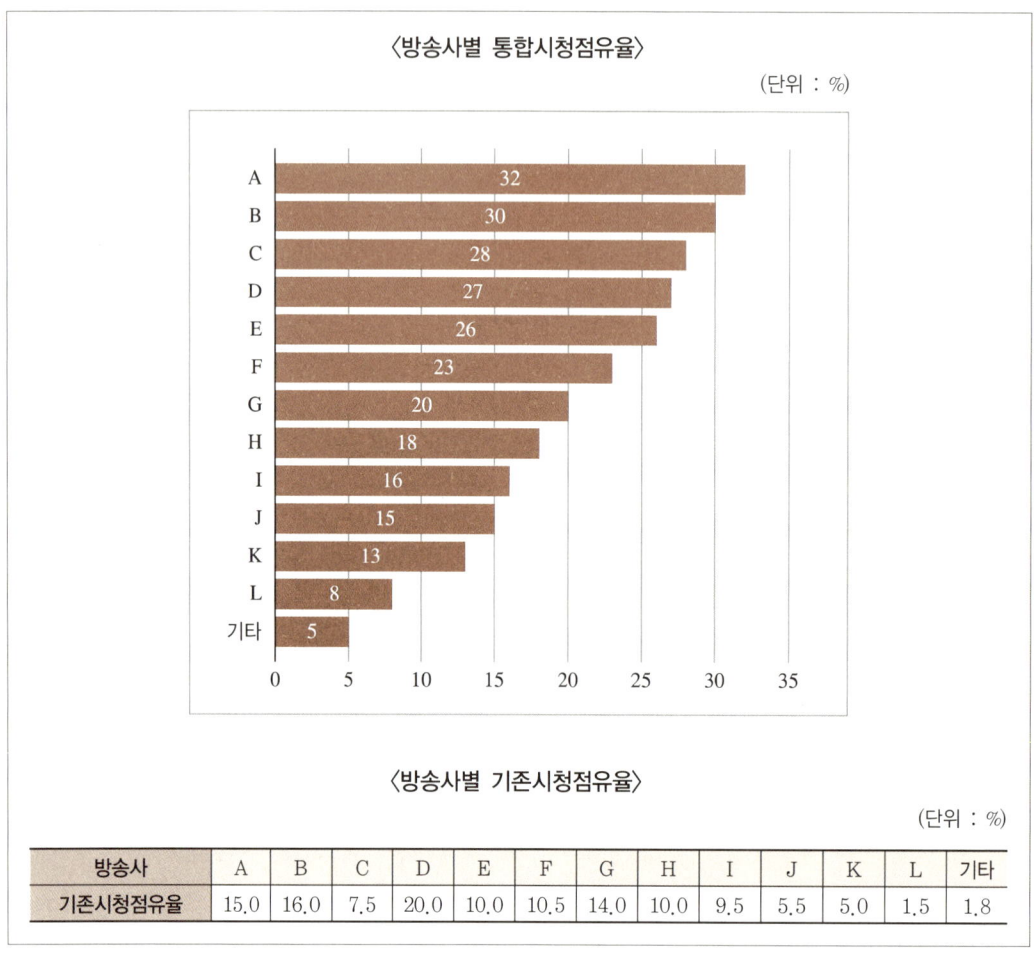

〈방송사별 통합시청점유율〉

(단위 : %)

〈방송사별 기존시청점유율〉

(단위 : %)

| 방송사 | A | B | C | D | E | F | G | H | I | J | K | L | 기타 |
|---|---|---|---|---|---|---|---|---|---|---|---|---|---|
| 기존시청점유율 | 15.0 | 16.0 | 7.5 | 20.0 | 10.0 | 10.5 | 14.0 | 10.0 | 9.5 | 5.5 | 5.0 | 1.5 | 1.8 |

**08** 다음 중 방송사별 시청점유율에 대한 설명으로 옳지 않은 것은?

① 통합시청점유율 순위와 기존시청점유율 순위가 같은 방송사는 B, J, K이다.

② 기존시청점유율이 가장 높은 방송사는 D이다.

③ 기존시청점유율이 다섯 번째로 높은 방송사는 F이다.

④ 기타를 제외하고 통합시청점유율과 기존시청점유율의 차이가 가장 작은 방송사는 G이다.

⑤ 기타를 제외하고 통합시청점유율과 기존시청점유율의 차이가 가장 큰 방송사는 A이다.

**09** 다음은 N스크린 영향력의 범위를 표시한 그래프이다. 가 ~ 마의 범위에 들어갈 방송국이 바르게 짝지어진 것은?

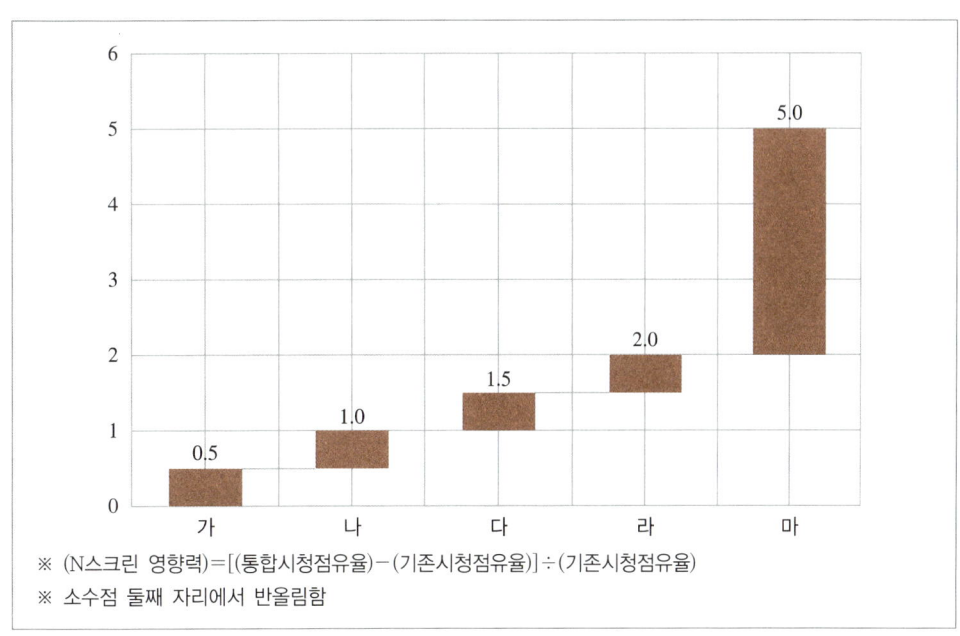

※ (N스크린 영향력)＝[(통합시청점유율)－(기존시청점유율)]÷(기존시청점유율)
※ 소수점 둘째 자리에서 반올림함

① 가＝A

② 나＝C

③ 다＝F

④ 라＝H

⑤ 마＝K

**10** 한국전력공사의 A팀 가대리, 나사원, 다사원, 라사원, 마대리 중 1명이 어제 출근하지 않았다. 이와 관련하여 5명의 직원이 다음과 같이 말했고, 이들 중 2명이 거짓말을 한다고 할 때, 출근하지 않은 사람은 누구인가?(단, 출근을 하였어도 결근 사유를 듣지 못할 수도 있다)

---

- 가대리 : 나는 출근했고, 마대리도 출근했다. 누가 왜 출근하지 않았는지는 알지 못한다.
- 나사원 : 다사원은 출근하였다. 가대리님의 말은 모두 사실이다.
- 다사원 : 라사원은 출근하지 않았다.
- 라사원 : 나사원의 말은 모두 사실이다.
- 마대리 : 출근하지 않은 사람은 라사원이다. 라사원이 개인 사정으로 인해 출석하지 못한다고 가대리에게 전했다.

---

① 가대리                    ② 나사원
③ 다사원                    ④ 라사원
⑤ 마대리

**11**  다음 중 (가) ~ (다)의 문제 유형을 바르게 짝지은 것은?

> (가) G회사의 에어컨 판매부서는 현재 어느 정도 매출이 나오고 있는 상황이지만, 경쟁사가 늘어나고 있어 생산성을 높이기 위한 방안을 모색하고 있다.
>
> (나) 작년에 G회사에서 구입한 에어컨을 꺼내 사용하고자 하였으나, 고장이 나서 작동하지 않았다.
>
> (다) 에어컨에 주력하던 G회사는 올해부터 새로운 사업으로 공기청정기 분야에 관심을 보이고 있다.

PART 1

|     | (가)       | (나)       | (다)       |
| --- | --------- | --------- | --------- |
| ①   | 발생형 문제  | 탐색형 문제  | 설정형 문제  |
| ②   | 설정형 문제  | 탐색형 문제  | 발생형 문제  |
| ③   | 설정형 문제  | 발생형 문제  | 탐색형 문제  |
| ④   | 탐색형 문제  | 발생형 문제  | 설정형 문제  |
| ⑤   | 탐색형 문제  | 설정형 문제  | 발생형 문제  |

※ 다음은 지역별 폐기물 현황 및 집하장에 대한 자료이다. 이어지는 질문에 답하시오. [12~13]

〈지역별 폐기물 현황〉

| 구분 | 1일 폐기물 배출량 | 인구수 |
| --- | --- | --- |
| 용산구 | 305.2톤/일 | 132,259명 |
| 중구 | 413.7톤/일 | 394,679명 |
| 종로구 | 339.9톤/일 | 240,665명 |
| 서대문구 | 240.1톤/일 | 155,106명 |
| 마포구 | 477.5톤/일 | 295,767명 |

〈지역별 폐기물 집하장 위치 및 이동시간〉

다음은 지역별 폐기물 집하장 간 이동에 걸리는 시간을 표시한 것이다.

| 구분 | 용산구 | 중구 | 종로구 | 서대문구 | 마포구 |
| --- | --- | --- | --- | --- | --- |
| 용산구 | | 50분 | 200분 | 150분 | 100분 |
| 중구 | 50분 | | 60분 | 70분 | 100분 |
| 종로구 | 200분 | 60분 | | 50분 | 100분 |
| 서대문구 | 150분 | 70분 | 50분 | | 80분 |
| 마포구 | 100분 | 100분 | 100분 | 80분 | |

**12** 1인당 1일 폐기물 배출량이 가장 많은 곳에 폐기물 처리장을 만든다고 할 때, 어느 구에 설치해야 하는가?(단, 소수점 셋째 자리에서 반올림한다)

① 용산구  ② 중구

③ 종로구  ④ 서대문구

⑤ 마포구

**13** 12번 문제의 결과를 참고하여 폐기물 처리장이 설치된 구에서 폐기물 수집 차량이 출발하여 1인당 1일 폐기물 배출량이 많은 순서대로 수거하고 다시 돌아올 때, 걸리는 최소 시간은?

① 3시간 10분  ② 4시간 20분

③ 5시간 40분  ④ 6시간 00분

⑤ 7시간 10분

**14** 다음 주 당직 근무에 대한 일정표를 작성하고 있는데, 작성하고 봤더니 잘못된 점이 보여 수정을 하려 한다. 한 사람만 옮겨 일정표를 완성하려고 할 때, 일정을 변경해야 하는 사람은?

〈당직 근무 규칙〉

- 낮에 2명, 야간에 2명은 항상 당직을 서야 하고, 더 많은 사람이 당직을 설 수도 있다.
- 낮과 야간을 합하여 하루에 최대 6명까지 당직을 설 수 있다.
- 같은 날에 낮과 야간 당직 근무는 함께 설 수 없다.
- 낮과 야간 당직을 합하여 주에 세 번 이상 다섯 번 미만으로 당직을 서야 한다.
- 월요일부터 일요일까지 모두 당직을 선다.

〈당직 근무 일정〉

| 직원 | 낮 | 야간 | 직원 | 낮 | 야간 |
|------|------|------|------|------|------|
| 가 | 월요일 | 수요일, 목요일 | 바 | 금요일, 일요일 | 화요일, 수요일 |
| 나 | 월요일, 화요일 | 수요일, 금요일 | 사 | 토요일 | 수요일, 목요일 |
| 다 | 화요일, 수요일 | 금요일, 일요일 | 아 | 목요일 | 화요일, 금요일 |
| 라 | 토요일 | 월요일, 수요일 | 자 | 목요일, 금요일 | 화요일, 토요일 |
| 마 | 월요일, 수요일 | 화요일, 토요일 | 차 | 토요일 | 목요일, 일요일 |

① 나  ② 라

③ 마  ④ 바

⑤ 사

리튬은 원자번호 3번이며, 알칼리 금속이다. 리튬은 아르헨티나와 칠레 등 남미와 호주에서 대부분 생산되며, 소금호수로 불리는 염호에서 리튬을 채굴한다. 리튬을 비롯한 알칼리 금속은 쉽게 전자를 잃어버리고 양이온이 되는 특성이 있으며, 전자를 잃은 리튬은 리튬이온($Li^+$) 상태로 존재한다.

리튬의 특성을 살펴보면 가장 큰 장점은 가볍다는 점이다. 스마트폰이나 노트북 등 이동형 기기가 등장할 수 있었던 것도 바로 이러한 리튬의 특성과 관련이 있다. 이동형 기기에 전원을 공급하는 전지가 무겁다면 들고 다니기 쉽지 않기 때문이다. 이는 경량화를 통해 에너지 효율을 추구하는 전기차도 마찬가지다. 또한, 양이온 중 수소를 제외하면 이동 속도가 가장 빠르다. 리튬이온의 이동 속도가 빠르면 더 큰 전기에너지를 내는 전지로 만들 수 있기 때문에 리튬이온전지 같은 성능을 내는 2차 전지는 현재로서는 없다고 할 수 있다.

리튬이온전지는 양극과 음극 그리고 전지 내부를 채우는 전해질로 구성된다. 액체로 구성된 전해질은 리튬이온이 이동하는 경로 역할을 한다. 일반적으로 리튬이온전지의 음극에는 흑연을, 양극에는 금속산화물을 쓴다.

충전은 외부에서 전기에너지를 가해 리튬이온을 음극재인 흑연으로 이동시키는 과정이며, 방전은 음극에 모인 리튬이온이 양극으로 이동하는 과정을 말한다. 양극재로 쓰이는 금속산화물에는 보통 리튬코발트산화물이 쓰인다. 충전 과정을 통해 음극에 삽입돼 있던 리튬이온이 빠져나와 전해질을 통해 양극으로 이동한다. 이때 리튬이온이 잃은 전자가 외부 도선을 통해 양극으로 이동하게 되는데, 이 과정에서 전기에너지가 만들어진다. 리튬이온이 전부 양극으로 이동하면 방전상태가 된다. 다시 외부에서 전기에너지를 가하면 리튬이온이 음극으로 모이면서 충전된다. 이 같은 충·방전 과정을 반복하며 전기차나 스마트폰, 노트북 등에 전원을 공급하는 역할을 하는 것이다.

리튬이온전지와 같은 2차 전지 기술의 발달로 전기차 대중화를 바라보고 있다. 하지만 전기차에 집어넣을 수 있는 2차 전지의 양을 무작정 늘리기는 어렵다. 전지의 양이 많아지면 무게가 그만큼 무거워져 에너지 효율이 낮아지기 때문이다. 크게 무거운 일반 내연기관차가 경차보다 단위 연료(가솔린, 디젤)당 주행거리를 의미하는 연비가 떨어지는 것과 같은 이치이다.

전기차를 움직이는 리튬이온전지의 용량 단위는 보통 킬로와트시(kWh)를 쓴다. 이때 와트는 전기에너지 양을 나타내는 일반적인 단위로 1볼트(V)의 전압을 가해 1암페어(A)의 전류를 내는 양을 말한다. 와트시(Wh)는 1시간 동안 소모할 수 있는 에너지의 양을 의미한다. 1시간 동안 1W의 전력량을 소모하면 1Wh가 된다. 전지의 용량은 전기차를 선택하는 핵심 요소인 완전 충전 시 주행거리와 연결된다. 테슬라 모델3 스탠더드 버전의 경우 공개된 자료에 따르면 1kWh당 6.1km를 주행할 수 있다. 이를 기준으로 50킬로와트시의 전지 용량을 곱하게 되면 약 300km를 주행하는 것으로 계산된다. 물론 운전자의 주행 습관이나 기온, 도로 등 주행 환경에 따라 주행거리는 달라진다.

보편적으로 쓰이는 2차 전지인 리튬이온전지의 성능을 개선하려는 연구 노력도 이어지고 있다. 대표적인 것이 양극에 쓰이는 금속산화물을 개선하는 것이다. 현재 리튬이온전지 양극재는 리튬에 니켈, 코발트, 망간, 알루미늄을 섞은 금속산화물이 쓰인다. 리튬이온전지 제조사마다 쓰이는 성분이 조금씩 다른데 각 재료의 함유량에 따라 성능이 달라지기 때문이다. 특히 충·방전을 많이 하면 전지 용량이 감소하는 현상과 리튬이온을 양극에 잘 붙들 수 있는 소재 조성과 구조를 개선하는 연구가 이뤄지고 있다.

**15** 다음 〈보기〉 중 윗글의 내용을 바르게 이해한 사람을 모두 고르면?

> **보기**
>
> A : 리튬의 장점은 가볍다는 것이며, 모든 양이온 중에서 이동속도가 가장 빠르다.
> B : 리튬이온은 충전 과정을 통해 전지의 양극에 모이게 된다.
> C : 내연기관차는 무게가 무겁기 때문에 에너지 효율이 그만큼 떨어진다.
> D : 테슬라 모델3 스탠더드 버전이 20kWh로 달리면 약 20km를 주행하게 된다.
> E : 전지의 충전과 방전이 계속되면 전지 용량이 줄어들게 된다.

① A, B  ② B, C

③ C, D  ④ D, E

⑤ C, E

**16** 다음 중 윗글의 주된 서술 방식으로 가장 적절한 것은?

① 대상이 지난 문제점을 파악하고 이를 해결하기 위한 방안을 제시하고 있다.

② 대상과 관련된 논쟁을 비유적인 표현을 통해 묘사하고 있다.

③ 구체적인 예시를 통해 대상의 특징을 설명하고 있다.

④ 시간의 흐름에 따른 대상의 변화를 설명하고 있다.

⑤ 대상을 여러 측면에서 분석하고 현황을 소개하고 있다.

※ 다음은 국민건강보험공단의 여비규정에 대한 자료이다. 이어지는 질문에 답하시오. [17~18]

### 〈국내여비 정액표〉

| 구분 \ 대상 | | | 가군 | 나군 | 다군 |
|---|---|---|---|---|---|
| 운임 | 항공운임 | | 실비(1등석 / 비즈니스) | 실비(2등석 / 이코노미) | |
| | 철도운임 | | 실비(특실) | | 실비(일반실) |
| | 선박운임 | | 실비(1등급) | 실비(2등급) | |
| | 자동차 운임 | 버스운임 | 실비 | | |
| | | 자가용승용차운임 | 실비 | | |
| 일비(1일당) | | | 2만 원 | | |
| 식비(1일당) | | | 2만 5천 원 | 2만 원 | |
| 숙박비(1박당) | | | 실비 | 실비(상한액 : 서울특별시 7만 원, 광역시·제주도 6만 원, 그 밖의 지역 5만 원) | |

### 〈실비 단가(1일당 상한액)〉

| 구분 | 가군 | 나군 | 다군 |
|---|---|---|---|
| 항공운임 | 100만 원 | 50만 원 | |
| 철도운임 | 7만 원 | | 3만 원 |
| 선박운임 | 50만 원 | 20만 원 | |
| 버스운임 | 1,500원 | | |
| 자가용승용차운임 | 20만 원 | | |
| 숙박비 | 15만 원 | – | – |

**17** 지난 주 출장을 다녀온 A부장의 출장 내역이 다음과 같을 때, A부장이 받을 수 있는 최대 여비는?

> 〈A부장 출장 내역〉
>
> • 2박 3일 동안 가군으로 출장을 간다.
> • 항공은 첫째 날과 셋째 날에 이용한다.
> • 철도는 첫째 날과 둘째 날에 이용한다.
> • 자가용은 출장 기간 동안 매일 이용한다.

① 315만 5천 원　　　　　　　　　② 317만 원
③ 317만 5천 원　　　　　　　　　④ 318만 원

**18** 영업팀 3명이 각각 다른 군으로 출장을 간다면, 영업팀이 받는 총여비는?

> 〈영업팀 출장 내역〉
>
> • 1박 2일 동안 출장을 간다.
> • 비용은 최대로 받는다.
> • 항공은 첫째 날에 이용한다.
> • 선박은 둘째 날에 이용한다.
> • 기차는 출장 기간 동안 매일 이용한다.
> • 버스는 출장 기간 동안 매일 이용한다.
> • 자가용은 출장 기간 동안 매일 이용한다.
> • 나군은 서울에 해당한다.
> • 다군은 제주도에 해당한다.

① 485만 9천 원　　　　　　　　　② 488만 6천 원
③ 491만 6천 원　　　　　　　　　④ 497만 9천 원

**19** 다음은 국민건강보험공단의 재난적 의료비 지원사업에 대한 자료이다. 〈보기〉 중 이에 대해 바르게 말하고 있는 사람을 모두 고르면?

---

〈재난적 의료비 지원사업〉

- 개요
  질병·부상 등으로 인한 치료·재활 과정에서 소득·재산 수준 등에 비추어 과도한 의료비가 발생해 경제적 어려움을 겪게 되는 상황으로 의료비 지원이 필요하다고 인정된 사람에게 지원합니다.
- 대상질환
  1. 모든 질환으로 인한 입원환자
  2. 중증질환으로 외래진료를 받은 환자
     ※ 중증질환 : 암, 뇌혈관, 심장, 희귀, 중증난치, 중증화상질환
- 소득기준
  - 기준중위소득 100% 이하 : 지원 원칙(건보료 기준)
  - 기준중위소득 100 ~ 200% 이하 : 연소득 대비 의료비부담비율을 고려해 개별심사 후 지원
    ※ 재산 과표 5.4억 원 초과 고액재산보유자는 지원 제외
- 의료비기준
  1회 입원에 따른 가구의 연소득 대비 의료비 발생액[법정본인부담, 비급여 및 예비(선별)급여 본인부담]기준금액 초과 시 지원
  - 기초생활수급자, 차상위계층 : 80만 원 초과 시 지원
  - 기준중위소득 50% 이하 : 160만 원 초과 시 지원
  - 기준중위소득 100% 이하 : 연소득의 15% 초과 시 지원

---

보기

가 : 18세로 뇌혈관 치료 때문에 외래진료를 받은 학생에게 이 사업에 대해 알려주었어. 학생의 집은 기준중위소득 100%에 해당되기 때문에 지원을 받을 수 있을 거야.

나 : 이번에 개인 질환으로 입원했는데, 200만 원이 나왔어. 기준중위소득 50%에 해당되는데 지원금을 받을 수 있어 다행이야.

다 : 어머니가 심장이 안 좋으셔서 외래진료를 받고 있는데 돈이 많이 들어. 기준중위소득 200%에 속하는데 현금은 없지만 재산이 5.4억 원이어서 공단에서 지원하는 사업에 지원도 못하고 요즘 힘드네.

라 : 요즘 열이 많이 나서 근처 병원으로 통원 치료를 하고 있어. 기초생활수급자인 내 형편으로 볼 때, 지원금을 받는 데 문제없겠지?

① 가, 나　　　　　　　　　　② 가, 다
③ 나, 다　　　　　　　　　　④ 다, 라

※ 다음은 K기업이 1분기에 해외로부터 반도체를 수입한 거래내역과 거래일의 환율이다. 이어지는 질문에 답하시오. **[20~21]**

〈K기업의 1분기 반도체 수입 내역 및 환율〉

| 구분 | 수입 | 환율 |
|---|---|---|
| 1월 | 4달러 | 1,000원/달러 |
| 2월 | 3달러 | 1,120원/달러 |
| 3월 | 2달러 | 1,180원/달러 |

※ (평균환율)= $\dfrac{(총원화금액)}{(환전된\ 총달러금액)}$

**❙ 국민건강보험공단 / 수리능력**

**20** 1분기 평균환율은 얼마인가?

① 1,180원/달러  ② 1,120원/달러
③ 1,100원/달러  ④ 1,080원/달러

**❙ 국민건강보험공단 / 수리능력**

**21** 현재 창고에 K기업이 수입한 반도체 재고가 200달러만큼 존재할 때, 20번 문제에서 구한 평균환율로 환산한 창고재고 금액은 얼마인가?

① 200,000원  ② 216,000원
③ 245,000원  ④ 268,000원

**22** 다음 글을 이해한 내용으로 적절하지 않은 것은?

---

서울특별시는 매일 최소 8번, 30초 이상 손을 규칙적으로 씻는 것을 권장하는 '1830 손 씻기 운동'을 추진했다. 그러나 일정한 시간 간격을 두고 손 씻기를 하는 것과는 별도로 다음과 같은 경우에 손을 씻기를 권장한다.

음식을 만들기 전후, 음식을 먹기 전, 화장실 사용 후, 놀이터나 헬스장을 사용한 후, 동물과 접촉을 한 후, 기침한 후, 코를 푼 후, 환자와 접촉을 하기 전후, 쓰레기 만진 후, 외출 후 귀가 시, 맨눈으로 손에 불순물이 묻은 것이 확인됐을 때 등 외부에서 손을 사용했을 때 가능한 손 씻기를 수시로 하는 것이 좋다는 것이다. 하루에 몇 번 손을 씻었는지 세보는 것도 습관을 개선하는 방법이다. 손은 얼마나 오래 씻어야 할까? 15 ~ 30초? 손을 씻을 때마다 시계나 타이머를 준비할 수 없으니 생일축하 노래를 처음부터 끝까지 두 번 부르는 데 걸리는 시간이면 된다. 더 구석구석 오래 씻고 싶다면 더 긴 노래를 흥얼거려도 된다.

그렇다면 손을 어떻게 씻어야 '꼼꼼한' 손 씻기일까? CDC의 5단계부터 WHO의 11단계까지 손 씻기 방법은 다양하다. 질병관리청은 6단계 20초 이상을 권장하고 있다. 흐르는 물에 손을 충분히 적신 뒤 비누를 손에 묻혀 손바닥, 손등, 손가락, 손가락 사이, 손톱 밑까지 구석구석 강렬히 생일축하 노래를 2번 흥얼거리며 문지른 후 다시 흐르는 물로 씻는다고 생각하면 된다. 물론 비누를 사용하는 것이 더 효과적이다. 비누를 사용해 흐르는 물로 20초 이상 씻었을 때 세균을 90% 이상 제거할 수 있다. 하지만 흐르는 물로만 씻어도 상당한 제거 효과가 있다. 단지 비누가 없다는 이유로 대충 씻으면 안 되는 이유다. 반면, 소독력이 있는 항균비누와 시중 일반 비누를 비교했을 때는 별다른 차이가 없는 것으로 나타났다.

습기가 많은 곳에서 곰팡이가 쉽게 피듯 젖은 손은 미생물의 전이를 돕는다. 그렇기 때문에 손을 건조하는 것 또한 매우 중요하다. 손을 어떻게 말리는 것이 가장 효과적인지에 대해서는 여러 연구가 아직 나오고 있다. 보건복지부는 가장 이상적인 건조 방법으로 일회용 종이 타월 한 장을 사용해 손의 물기를 제거하는 것을 권장했다. 미국 CDC는 깨끗한 수건을 사용해 손을 말리는 것과 자연 건조하는 것을 권장하고 있다.

손 소독제 또한 손 전체에 구석구석 문지르는 것이 중요하다. 손 씻기 방법과 비슷하다고 생각하면 된다. 손 소독제에는 소독 작용을 하는 에탄올이 함유돼 있다. 세계보건기구(WHO)가 권장하는 손 소독제의 에탄올 비율은 75 ~ 85%, 미국 식품의약처(FDA)는 에탄올 60 ~ 95% 이상을 권장한다. 한국 식품의약품안전처는 외용소독제의 표준제조기준으로 에탄올 함량 54.7 ~ 70%를 제시한다. 미국 CDC는 손 소독제가 완벽히 마를 때까지 손을 문지를 것을 권고하고 있다. 하지만 손 소독제보다 손을 흐르는 물에 씻는 것이 더 효과적이라는 의견이 지배적이다. 특히 손이 더러워졌다고 느낄 때는 꼭 손을 씻자.

---

① 손을 규칙적으로 씻기 위해 하루에 몇 번 손을 씻었는지 세보는 것이 좋다.

② 손을 씻는 데는 생일축하 노래를 처음부터 끝까지 한 번 부르는 데 걸리는 시간이면 충분하다.

③ 손 소독제 사용도 중요하지만 무엇보다도 흐르는 물에 손을 씻는 것이 효과적일 것이다.

④ 손을 깨끗이 씻는 것만큼 손을 제대로 말리는 것도 중요하다.

**23** 다음 글을 읽고 보인 반응으로 적절하지 않은 것은?

> 국민건강보험공단(이하 공단)은 11월부터 건강보험 고지·안내문을 네이버와 협력하여 '디지털 전자문서 발송시스템구축' 사업을 시작한다고 밝혔다.
>
> 공단은 전 국민에게 다양한 건강보험 고지·안내문을 종이 우편물로 행정안전부의 주민등록주소 또는 본인이 신청한 주소로 발송해 왔으나, 종이 우편물은 인쇄 및 발송에 따르는 비용과 시간, 분실 등으로 원하는 때에 전달받지 못하는 불편함이 있었고, 지속적으로 늘어나는 단독세대와 빈번한 주소이전, 부재 등으로 반송이 증가해왔다.
>
> 이러한 불편을 해결하고자 공단은 네이버와 전자문서 서비스 분야 협업을 통해 올해 12월까지 모바일을 활용한 전자문서 발송시스템을 구축하여 시범운영하고, 2021년부터 '디지털 고지·안내문 발송서비스를 단계적으로 확대 시행하기로 하였다.
>
> 이번 사업은 5년 동안 단계별로 고지·안내방식 전환 및 발송을 목표로 디지털 발송서식 전환, 업무 프로세스 표준화, 발송시스템 구축, 대국민 참여 안내 등으로 진행될 예정이며, 네이버 전자문서 서비스를 통한 건강보험 고지·안내문 발송으로 모바일에서 국민들은 언제 어디서나 공단의 전자문서를 손쉽게 열람하고 건강검진 대상 확인, 환급금 조회와 신청까지 원스톱으로 해결할 수 있게 된다.
>
> 공단은 '정부혁신 종합 추진 계획' 및 언택트 시대에 맞춘 이러한 공공서비스 개선 사업이 민간과 공공기관의 협업으로 국민의 알권리 충족과 다양한 건강보험 정보를 보다 안전하고 편리하게 이용할 수 있는 전환점이 될 것으로 기대하고 있다.
>
> 전자문서는 블록체인 기술 적용 등 보안이 강화된 인증서로 본인인증 절차를 거쳐 열람할 수 있다. 고지·안내문에 담긴 개인정보와 민감정보는 공단 모바일(The 건강보험)로 연동하여 확인하도록 하여 이용자의 개인정보를 안전하게 보호할 수 있도록 추진하고, 모바일로 발송되는 전자문서에 대한 국민들의 관심과 참여를 높이기 위해 네이버와 함께 다양한 홍보도 계획하고 있다.
>
> 공단 정보화본부 관계자는 "대국민 고지·안내문 발송 패러다임 전환을 위한 '디지털 전자문서 발송시스템 구축'의 성공적 이행을 위해 네이버와 적극 협력하여 추진하고 있으며, 이번 '디지털 전자문서 고지·안내문 발송 서비스'는 국민의 적극적인 참여가 가장 중요하므로, 12월에 네이버를 통해 안내 예정인 전자문서 본인 인증에 적극 참여해 주시길 당부 드린다."라며, "공단은 국민에게 다가가는 소통형 정보 활용을 위해 지난 11월 건강보험 홈페이지와 '모바일(The 건강보험)'을 혁신적으로 개편하였으며, 지속적으로 훌륭한 품질의 서비스를 발굴해 나갈 것"이라고 밝혔다.

① 때와 장소와 관계없이 언제 어디서나 건강보험 내역을 확인할 수 있겠어.

② 전자문서를 통해 즉각적인 확인은 가능하지만, 환급금 신청을 위해선 공단에 방문해야 해.

③ 인증서를 통해 고지서를 확인할 수 있기 때문에 보안상으로도 걱정할 필요가 없겠어.

④ 이 사업이 정착되기까지는 최소 5년의 시간이 걸리겠어.

**24** 다음은 국민행복카드에 대한 자료이다. 〈보기〉 중 이에 대한 설명으로 적절하지 않은 것을 모두 고르면?

---

- 국민행복카드
'보육료', '유아학비', '건강보험 임신·출산 진료비 지원', '청소년산모 임신·출산 의료비 지원' 및 '사회서비스 전자바우처' 등 정부의 여러 바우처 지원을 공동으로 이용할 수 있는 통합카드입니다. 국민행복카드로 어린이집·유치원 어디서나 사용이 가능합니다.

- 발급방법
〈온라인〉
  - 보조금 신청 : 정부 보조금을 신청하면 어린이집 보육료와 유치원 유아학비 인증이 가능합니다.
  - 보조금 신청서 작성 및 제출 : 복지로 홈페이지
  - 카드 발급 : 5개 카드사 중 원하시는 카드사를 선택해 발급받으시면 됩니다.
    ※ 연회비는 무료
  - 카드 발급처 : 복지로 홈페이지, 임신육아종합포털 아이사랑, 5개 제휴카드사 홈페이지
〈오프라인〉
  - 보조금 신청 : 정부 보조금을 신청하면 어린이집 보육료와 유치원 유아학비 인증이 가능합니다.
  - 보조금 신청서 작성 및 제출 : 읍면동 주민센터
  - 카드 발급 : 5개 제휴카드사
    ※ 연회비는 무료
  - 카드 발급처 : 읍면동 주민센터, 전국 은행과 주요 카드사 지점
    ※ 어린이집 ↔ 유치원으로 기관 변경 시에는 복지로 또는 읍면동 주민센터에서 반드시 보육료·유아학비 자격변경 신청이 필요

---

**보기**

ㄱ. 국민행복카드 신청을 위한 보육료 및 학비 인증을 위해서는 별도 절차 없이 정부 보조금 신청을 하면 된다.
ㄴ. 온라인이나 오프라인 둘 중 어떤 발급경로를 선택하더라도 연회비는 무료이다.
ㄷ. 국민행복카드 신청을 위한 보조금 신청서는 읍면동 주민센터, 복지로 혹은 카드사의 홈페이지에서 작성할 수 있으며 작성처에 제출하면 된다.
ㄹ. 오프라인으로 신청한 경우 카드를 발급받기 위해서는 읍면동 주민센터 혹은 전국 은행 지점을 방문하여야 한다.

① ㄱ, ㄴ      ② ㄱ, ㄷ
③ ㄴ, ㄷ      ④ ㄷ, ㄹ

**25** 다음은 국민건강보험공단에서 제공한 외국인 유학생 건강보험 관련 자료이다. 이에 대한 설명으로 적절하지 않은 것은?

---

### 〈외국인 유학생 건강보험 안내〉

- 가입 대상
  유학생, 외국인 및 재외국민
- 가입 시기

| 체류자격 구분 | 적용시기 |
|---|---|
| 유학, 초중고생 | 최초입국 시 → 외국인등록일 |
| | 외국인등록 후 재입국 시 → 재입국일 |
| 초중고생 외의 일반연수 | 입국일로부터 6개월 후 가입 |
| 재외국민 · 재외동포 유학생 | 입국 후 학교 입학일로 가입<br>(재학증명서 제출하는 경우) |

※ 국내 체류 유학생 중 건강보험에 가입하지 않은 유학생은 2021.3.1.로 당연가입
- 가입 절차
  유학생이 공단에 별도로 신고하지 않아도 자동 가입처리
  국내 체류지(거소지)로 건강보험증과 가입안내증 발송
  다만, 아래의 경우 반드시 가까운 지사에 방문하여 신고
  1. 가족(배우자 및 미성년 자녀)과 함께 보험료를 납부하고자 하는 경우
  2. 국내에서 유학 중인 재외국민 또는 재외동포가 가입하는 경우
  3. 체류지(거소지), 여권번호, 체류자격 등에 변경사항이 있는 경우
  ※ 외국의 법령, 외국의 보험, 사용자와의 계약으로 건강보험 급여에 상당하는 의료보장을 받아 건강보험이
    필요하지 않는 경우 건강보험 가입 제외 신청 가능
- 건강보험료 부과
  전자고지 · 자동이체 및 환급사전계좌 신청 : 전화, 홈페이지, 외국인민원센터, 공단지사에서 신청
  ※ 우편 대신 이메일 고지서 또는 모바일 고지서 신청 가능
  ※ 자동이체 신청으로 편리한 납부 · 환급사전계좌 등록으로 빠른 지급

---

① 외국인이 건강보험료를 납부하는 경우 우편, 이메일, 모바일을 통해 고지서를 받아 볼 수 있다.

② 유학생은 본인의 의사에 따라 건강보험 적용을 받지 않을 수 있다.

③ 학업이 끝나고 직장인이 되어 체류자격에 변동이 생긴 경우 인근 건강보험공단 지사에 방문하여 신고하여야 한다.

④ 유학생이 건강보험에 가입하기 위해서는 거소지의 지방자치단체에 신고하여야 한다.

**26** 다음 상황을 참고할 때, A씨가 물적 자원을 적절하게 활용하지 못하는 이유로 적절하지 않은 것은?

〈상황〉

A씨는 홈쇼핑이나 SNS 광고를 보다가 혹하여 구매를 자주 하는데, 이는 지금 당장은 필요 없지만 추후에 필요할 경우가 반드시 생길 것이라 생각하기 때문이다. 이렇다 보니 쇼핑 중독 수준에 이르러 집에는 포장도 뜯지 않은 박스들이 널브러져 있다. 이에 A씨는 오늘 모든 물품들을 정리하였는데, 지금 당장 필요한 것만 빼놓고 나머지를 창고에 마구잡이로 올려놓는 식이었다. 며칠 뒤 A씨는 전에 샀던 물건이 필요하게 되어 창고를 들어갔지만, 물건이 순서 없이 쌓여져 있는 탓에 찾다가 포기하고 돌아서 나오다가 옆에 있던 커피머신을 떨어뜨려 고장이 났다.

① 물품을 정리하지 않고 보관한 경우
② 물품의 보관 장소를 파악하지 못하는 경우
③ 물품이 훼손된 경우
④ 물품을 분실한 경우
⑤ 물품을 목적 없이 구입한 경우

**27** 다음 글을 토대로 감정은행계좌 저축으로 적절하지 않은 것은?

우리가 은행에 계좌를 만들고 이를 통해 예치와 인출을 하듯이, 인간관계 속에서도 신뢰를 구축하거나 무너뜨릴 수 있는 감정은행계좌라는 것이 존재한다. 이는 사람들이 같은 행동을 하더라도 이 감정은행계좌에 신뢰가 많고 적음에 따라 그 사람의 행동이 달리 판단되도록 한다. 예를 들어 평소 감정은행계좌를 통해 서로 신뢰를 구축한 어떤 사람이 실수를 한다면, 무슨 일이 있었을 것이라 생각하며 그 실수에 대해 이해하고 용서하려 했을 확률이 높다. 하지만 평소 감정은행계좌로 구축한 신뢰가 적은 경우라면, 그 사람에 대해 성실하지 않고 일을 대충하는 사람으로 생각했을 확률이 높았을 것이다. 따라서 사람과 사람 사이의 평소 감정은행계좌의 저축은 매우 중요한 사안이다.

① 상대방에 대한 이해와 배려       ② 사소한 일에 대한 관심
③ 약속 이행 및 언행일치           ④ 칭찬하고 감사하는 마음
⑤ 반복적인 사과

**28** 다음 글을 토대로 기술경영자의 역할로 적절하지 않은 것은?

> 기술경영자에게는 리더십, 기술적인 능력, 행정능력 외에도 다양한 도전을 해결하기 위한 여러 능력들이 요구된다. 기술개발이 결과 지향적으로 수행되도록 유도하는 능력, 기술개발 과제의 세부 사항까지도 파악할 수 있는 능력, 기술개발 과제의 전 과정을 전체적으로 조망할 수 있는 능력이 그것이다. 또한 기술개발은 기계적인 관리보다는 조직 및 인간 행동상의 요인들이 더 중요하게 작용되는 사람 중심의 진행이다. 그렇기 때문에 기술의 성격 및 이와 관련된 동향·사업 환경 등을 이해할 수 있는 능력과 기술적인 전문성을 갖춰 팀원들의 대화를 효과적으로 이끌어낼 수 있는 능력 등 다양한 능력을 필요로 하고 있다. 이와 달리 중간급 매니저라 할 수 있는 기술관리자에게는 기술경영자와는 조금 다른 능력이 필요한데, 이는 기술적 능력에 대한 것과 계획서 작성, 인력 관리, 예산 관리, 일정 관리 등 행정능력에 대한 것이다.

① 시스템적인 관점에서 인식하는 능력
② 기술을 효과적으로 평가할 수 있는 능력
③ 조직 내의 기술 이용을 수행할 수 있는 능력
④ 새로운 제품개발 시간을 단축할 수 있는 능력
⑤ 기술을 기업의 전반적인 전략 목표에 통합시키는 능력

**29** 다음은 한국산업인력공단 일학습병행 운영규칙이다. 이에 대한 설명으로 적절하지 않은 것은?

---

〈한국산업인력공단 일학습병행 운영규칙〉

**정의(제2조)**

이 규칙에서 사용하는 용어의 뜻은 다음과 같다.

1. '사업주'란 고용보험 성립신고 적용 단위의 학습기업 사업주를 말하며, 개인 또는 법인이 될 수 있다.
2. '사업장'이란 고용보험 성립신고 적용 개별 단위사업장으로서 학습기업의 지정단위가 되며 동일한 사업주하에 2개 이상의 사업장이 존재할 수 있다.
3. '훈련과정'이란 학습기업으로 지정된 이후 법 제11조 제1항에 따른 일학습병행을 실시할 수 있는 직종(이하 '일학습병행 직종'이라 한다) 및 해당 직종별 교육훈련기준(이하 '교육훈련기준'이라 한다)을 활용하여 학습기업에 맞게 개발된 규정 제2조 제5호에 따른 일학습병행과정을 말한다.
4. '학습도구'란 학습근로자의 훈련내용, 평가사항 등을 정리하여 제시한 자료를 말한다.
5. '훈련과정 개발・인정시스템(이하 'PDMS'라 한다)'이란 훈련과정 개발신청, 개발, 인정신청, 인정 등 절차를 관리할 수 있도록 운영하는 전산시스템을 말한다.
6. '모니터링'이란 훈련현장 방문, 전화, 면담, 훈련진단, 컨설팅 및 근로자직업능력 개발법 제6조에 따른 직업능력개발정보망(이하 'HRD-Net'이라 한다) 등을 통하여 얻은 훈련 관련 자료의 조사・분석으로 훈련실태 및 직업능력개발훈련 사업의 부정・부실 등 문제점을 파악하고 이를 시정하거나 연구용역・제도개선 등에 활용하는 일련의 업무를 말한다.
7. '일학습병행 지원기관'이란 일학습병행 기업 발굴, 컨설팅, 홍보 등을 지원하는 일학습전문지원센터, 특화업종(특구) 지원센터, 관계부처전담기관을 말한다.

---

① 학습도구에는 학습근로자의 훈련내용이 정리된 자료여야 한다.
② PDMS는 훈련과정 개발신청부터 인정까지 모든 절차를 관리한다.
③ 특화업종(특구) 지원센터는 일학습병행 지원기관에 속한다.
④ 본사와 지사가 있는 사업장은 신청할 수 없다.
⑤ 한 사업주가 10개의 사업장을 가질 수 있다.

**30** 다음은 한국산업인력공단의 HRD 동향 3월호 일부이다. 이를 토대로 마련할 수 있는 고용지원 대책으로 적절하지 않은 것은?

---

1. 우선 당장 소득이 없어 생계가 불안정한 취약계층 약 81만 명에게 소득안정지원금을 늦어도 3월 초까지 신속하게 지급하기로 했다. 택배, 배달, 프리랜서 긴급고용안정지원금의 경우 기 수혜자 56.7만 명은 2월 초 지급이 완료됐고, 신규 신청한 17만 명에 대해 소득심사 등을 거쳐 3월 초 일괄 지급할 계획이다.

2. 코로나19 장기화로 고용유지에 어려움을 겪고 있는 사업주를 지원하기 위해 올해 계획된 고용유지지원금 지원인원(78만 명)의 52%(40만 명)를 1분기 내 집중적으로 지원하기로 했다. 아울러 자금 여력 부족으로 무급휴직을 선택한 기업에 종사하는 근로자의 생계안정을 위해 올해 한시로 무급휴직지원금 지급기간을 90일 연장(180일 → 270일)하여 지원하는 한편, 파견·용역 및 10인 미만 사업장 등 취약사업장 근로자에 대한 고용유지지원도 강화해 나가기로 했다.

3. 고용충격이 가장 클 1분기에 실업자 등 취약계층 보호를 위해 공공·민간부문 일자리사업과 직업훈련도 속도감 있게 추진한다. 1분기에 디지털·신기술 분야 2,000명, 국가기간·전략산업 분야 등 11.5만 명에게 직업훈련을 제공하고, 저소득층 생계비 대부(1천만 원 → 2천만 원) 및 훈련수당(11.6만 원 → 30만 원) 확대를 통해 훈련기간 중 저소득층의 생계안정도 함께 지원하기로 했다.

4. 저소득, 청년 등 고용충격 집중계층의 고용안전망 강화도 차질 없이 추진한다. 올해 계획된 국민취업지원제도 목표인원(59만 명)의 32%(18.9만 명)를 1분기에 신속하게 지원하고, 비경제활동인구로 유입되는 청년층의 구직활동을 촉진하기 위해 1분기에 청년층 5만 명에게 구직 촉진수당(50만 원×6개월) 및 일 경험 프로그램 등 맞춤형 취업지원서비스를 적극 제공할 계획이다.

---

① 중장년층의 일자리를 확대하기 위한 고용정책을 논의해야 한다.

② 당장 소득이 없어 생계가 불안전한 계층을 조사해야 한다.

③ 코로나19의 장기화로 인한 기업의 피해 규모를 파악해야 한다.

④ 실업자에게 맞춤 훈련을 할 수 있는 프로그램을 기획해야 한다.

⑤ 청년들이 구직하는 데 직접적으로 도움이 되는 일자리 마련을 논의해야 한다.

※ 다음은 노트북 상품에 대한 자료이다. 이어지는 질문에 답하시오. **[31~32]**

### 〈노트북 상품별 정보〉

| 구분 | 가격 | 속도 | 모니터 | 메모리 | 제조 연도 |
|---|---|---|---|---|---|
| TR-103 | 150만 원 | 1.8GHz | 13.3인치 | 4GB | 2021년 5월 |
| EY-305 | 200만 원 | 1.9GHz | 14.5인치 | 6GB | 2021년 4월 |
| WS-508 | 110만 원 | 1.7GHz | 14인치 | 3GB | 2021년 1월 |
| YG-912 | 160만 원 | 2GHz | 15인치 | 5GB | 2021년 3월 |
| NJ-648 | 130만 원 | 2.1GHz | 15인치 | 2GB | 2021년 4월 |

### 〈노트북 평가 점수〉

| 1위 | 2위 | 3위 | 4위 | 5위 |
|---|---|---|---|---|
| 5점 | 4점 | 3점 | 2점 | 1점 |

### 〈노트북 구입 조건〉

- 같은 순위가 있을 경우 동순위로 하고 차순위는 다다음 순위로 한다.
  - 예 1위가 TR-103, 2위가 EY-305이고 3위가 WS-508과 YG-912로 동점일 때, 마지막 NJ-648은 5위 이다.
- 가격은 낮을수록 점수가 높다.
- 속도는 빠를수록 점수가 높다.
- 모니터는 크기가 클수록 점수가 높다.
- 메모리는 용량이 클수록 점수가 높다.
- 제조연도는 최근 것일수록 점수가 높다.
- 순위가 높은 순서대로 점수를 높게 측정한다.

**┃ 한국산업인력공단 / 자원관리능력**

**31** A사원은 평가 점수의 합이 가장 높은 노트북을 구입하려고 한다. 다음 중 어떤 노트북을 구입하겠는가?

① TR-103　　　　　　　　　② EY-305
③ WS-508　　　　　　　　　④ YG-912
⑤ NJ-648

**32**  한국산업인력공단은 총 600만 원의 예산으로 5대의 노트북을 구입하려 한다. 노트북 구입 시 모니터 크기 대신 노트북 무게를 기준으로 삼는다고 할 때, 노트북의 무게는 YG-912, TR-103, NJ-648, EY-305, WS-508 순서로 가볍다. 무게가 가벼울수록 점수가 높을 경우, 공단에서 구입할 노트북은?(단, 5대 이상의 노트북을 구입할 경우 노트북별 할인율에 따라 할인을 제공한다)

〈할인율〉

| TR-103 | EY-305 | WS-508 | YG-912 | NJ-648 |
|--------|--------|--------|--------|--------|
| 10% | 할인 불가 | 10% | 10% | 30% |

① TR-103

② EY-305

③ WS-508

④ YG-912

⑤ NJ-648

**33**  A씨는 기간제로 6년을 일하였고, 시간제로 6개월을 근무하였다. 다음과 같은 연차 계산법을 활용하였을 때, A씨의 연차는 며칠인가?(단, 소수점 첫째 자리에서 올림한다)

〈연차 계산법〉

- 기간제 : (근무 연수)×(연간 근무 일수)÷365일×15
- 시간제 : (근무 총시간)÷365
- ※ 근무는 1개월을 30일, 1년을 365일로, 1일 8시간 근무로 계산함

① 86일

② 88일

③ 92일

④ 94일

⑤ 100일

**34** 다음 중 업무상 명함 예절로 적절하지 않은 것은?

① 명함은 악수하기 전에 건네주어야 한다.

② 명함은 아랫사람이 윗사람에게 먼저 준다.

③ 명함은 오른손으로 준다.

④ 명함을 계속 만지지 않는다.

⑤ 명함을 받으면 바로 명합지갑에 넣지 않고 몇 마디 나눈다.

**35** 마이클 포터의 본원적 경쟁전략 중 다음 사례에서 확인할 수 있는 전략으로 가장 적절한 것은?

> 픽사는 스티브 잡스가 애플에서 물러난 직후인 1986년 500만 달러라는 낮은 가격에 인수하여, 2006년 무려 75억 달러에 매각한 회사이다. 초기에 픽사는 그래픽 기술을 보유하고 있는 애니메이션 회사였다. 하지만 창의적인 스토리와 캐릭터로 애니메이션 영화를 성공시켰고, 디즈니보다 더 신뢰받는 애니메이션 제작사가 되었다. 픽사는 디즈니의 '미녀와 야수' 등 공주와 왕자가 만나 행복하게 살게 되는 스토리와는 다른 작품을 만들고 싶었고, '토이 스토리', '니모를 찾아서' 등 수많은 애니메이션을 통해 고객에게 감동과 재미를 모두 선사하며 이를 성공시켰다. 오랜 시간의 적자에도 끊임없이 창의적인 발상을 주도하여 새 스토리를 주도한 픽사는 고객에게 신뢰를 형성하게 되었고, 이는 픽사가 대기업으로 발돋움하는 결정적인 계기가 되었다.

① 윈윈 전략
② 관리 전략
③ 원가우위 전략
④ 차별화 전략
⑤ 집중화 전략

**36** 다음 중 상향식 기술선택과 하향식 기술선택에 대한 설명으로 적절하지 않은 것은?

① 상향식 기술선택은 연구자나 엔지니어들이 자율적으로 기술을 선택한다.

② 상향식 기술선택은 기술 개발자들의 창의적인 아이디어를 활용할 수 있다.

③ 상향식 기술선택은 기업 간 경쟁에서 승리할 수 없는 기술이 선택될 수 있다.

④ 하향식 기술선택은 단기적인 목표를 설정하고 달성하기 위해 노력한다.

⑤ 하향식 기술선택은 기업이 획득해야 하는 대상 기술과 목표기술수준을 결정한다.

PART 1

**37** 다음은 기술선택으로 성공한 사례이다. 이를 토대로 확인할 수 있는 벤치마킹으로 가장 적절한 것은?

> 스타벅스코리아는 모바일 앱으로 커피 주문과 결제를 모두 할 수 있는 사이렌 오더를 처음으로 시행하였다. 시행 이후 스타벅스 창업자는 'Fantastic!!'이라는 메일을 보냈고, 이후 스타벅스코리아의 전체 결제 중 17% 이상이 사이렌 오더를 이용하고 있다. 국내뿐 아니라 미국, 유럽, 아시아 등의 여러 국가의 스타벅스 매장에서 이를 벤치마킹하여 사이렌 오더는 스타벅스의 표준이 되었다.

① 글로벌 벤치마킹           ② 내부 벤치마킹

③ 비경쟁적 벤치마킹        ④ 경쟁적 벤치마킹

⑤ 직접적 벤치마킹

**38** 다음은 물품을 효과적으로 관리하기 위한 물적자원관리 과정이다. 빈칸 ㉠, ㉡에 들어갈 단어가 바르게 연결된 것은?

> 사용 물품과 보관 물품의 구분 → ___㉠___ 및 ___㉡___ 물품으로의 분류 → 물품 특성에 맞는 보관 장소 선정

| | ㉠ | ㉡ | | ㉠ | ㉡ |
|---|---|---|---|---|---|
| ① | 가치 | 귀중 | ② | 동일 | 유사 |
| ③ | 진가 | 쓸모 | ④ | 유용 | 중요 |
| ⑤ | 무게 | 재질 | | | |

**39** 기획팀은 새해 사업계획과 관련해 회의를 하고자 한다. 회의 참석자들에 대한 〈조건〉이 다음과 같을 때, 회의에 참석할 사람으로 바르게 짝지은 것은?

**조건**

- 기획팀에는 A사원, B사원, C주임, D주임, E대리, F팀장이 있다.
- 새해 사업계획 관련 회의는 화요일 오전 10시부터 11시 30분 사이에 열린다.
- C주임은 같은 주 월요일부터 수요일까지 대구로 출장을 간다.
- 담당 업무 관련 연락 유지를 위해 B사원과 D주임 중 한 명만 회의에 참석 가능하다.
- F팀장은 반드시 회의에 참석한다.
- 새해 사업계획 관련 회의에는 주임 이상만 참여 가능하다.
- 회의에는 가능한 모든 인원이 참석한다.

① A사원, C주임, E대리
② A사원, E대리, F팀장
③ B사원, C주임, F팀장
④ D주임, E대리, F팀장

**40** 가로 100m, 세로 20m인 직사각형 모양의 밭에 배추와 감자, 고구마를 각각 재배하려고 한다. 이때 배추는 가로, 세로가 각각 3m인 정사각형 면적의 단위로 재배를 해야 하고, 감자는 가로, 세로가 각각 4m인 정사각형 면적의 단위로 재배해야 하며, 고구마는 가로 6m, 세로 3m의 직사각형 면적 단위로 재배해야 한다. 배추와 감자, 고구마는 수확 이익이 각 재배 단위당 3만 원, 4만 원, 5만 원이라고 할 때 농사를 통해 얻을 수 있는 최대 이익은 얼마인가?

① 556만 원
② 596만 원
③ 615만 원
④ 627만 원

**41** 다음 글의 내용으로 가장 적절한 것은?

가계부채는 규모에 있어 2000 ~ 2003년의 폭발적인 증가세를 경험한 이후 신용카드버블 붕괴에 따른 일시적인 조정기를 가졌으나 2004년 이후로도 연 평균 10.6%의 빠른 증가세를 보여왔다. 이러한 증가세는 GDP, 개인처분가능소득, 개인소비 등의 변수에 비해 훨씬 빠른 것으로 가계부채부담이 가중되고 있음을 확인시켜 주고 있다.

한편 외환위기 이후 가계 소득과 부채의 상관관계는 2000년 이후로 다시 강화되는 모습을 보여주어 경제능력(Affordability)에 기초한 채무부담이 이루어지고 있음을 시사하고 있다. 또한 금융자산과 부채의 상관관계도 지속적으로 증가하는 모습을 보여주고 있어, 유동성 충격에 대한 가계의 대응능력이 다소 강화되었음을 보여 준다. 하지만 부동산과 부채의 상관관계는 급격히 증가한 모습을 보여주고 있어 가계대출에 의존한 부동산 투자 편중 심화라는 측면에서 우려의 소지를 안고 있다. 특히 가계 보유자산의 80%에 이르는 부동산 비중은 과도한 부동산 투자가 부채증가의 한 배경일 가능성을 제시하고 있다.

물론 신용카드 버블기에 해당하는 2000 ~ 2003년 사이에는 과도한 소비현상이 발생했던 것으로 보인다. 다만 같은 기간 주택가격 역시 빠르게 상승하였고 주택담보대출 역시 빠르게 증가하였다는 점에서 부동산에 대한 과도한 투자의 가능성을 배제하지 못하며, 특히 2003년 이후 지금까지 평균 소비성향이 장기추세선 아래에 위치해 있음을 감안하면, 이후 기간의 연 10.6% 가계신용증가는 부동산 투자에 몰렸을 가능성이 높아 보인다. 이러한 맥락에서 주택가격 상승과 주택담보대출 증가는 상호 작용을 통해 서로를 강화하는 방향으로 작용하였고, 이 과정에서 가계소비의 빠른 증가세가 실현된 것으로 이해된다.

이러한 상황에서 단기 / 일시상환 방식 / 변동금리부의 현 주택담보대출시스템은 금리 및 주택가격 충격에 취약하며, 차환 위험과 소득 충격 간의 상호작용에 민감한 반응을 보이는 것으로 보인다. 지금까지의 주택금융시장의 구조적 개선은 LTV(Loan To Value ratio : 주택을 담보로 돈을 빌릴 때 인정되는 자산가치의 비율) 상한을 적용하여 주택 가격 충격의 영향을, DTI(Debt To Income : 금융부채 상환능력을 소득으로 따져서 대출한도를 정하는 계산비율) 상한을 적용하여 소득 충격의 영향을, 고정금리의 확대를 통해 금리충격의 영향을 줄이는 방향으로 진행되어 왔다. 그럼에도 여전히 주택경기의 침체 가능성에 대한 가계 및 금융부분의 대응능력은 여전히 낮은 수준에 머무른 것으로 보인다. 일례로 주택대출 시장의 만기가 DTI 규제 도입 이후 장기화되었다고는 하나, 거치기간을 길게 두는 '무늬만 장기 대출'인 경우가 많은 것으로 알려져 있다. 이런 맥락에서 금융감독당국은 DTI 상한의 유지와 함께 주택담보대출의 만기 및 상환조건별(금리 변동 및 원리금 분할상환 여부) 대출비중과 연체율의 추이에 관해 항시적인 주의를 기울일 필요가 있어 보인다.

① 가계부채는 2000년 이전부터 매년 꾸준한 증가세를 보여 왔다.

② 금융자산에 따른 부채의 상관관계가 증가하는 것은 유동성 충격에 대한 가계의 대응 능력이 약화되었음을 의미한다.

③ 주택가격 상승과 주택담보대출 증가의 상황 속에서 가계소비는 아무런 영향을 받지 않았다.

④ 주택담보인정비율을 통해 주택 가격 충격의 영향을 줄일 수 있다.

PART 1

**42**   다음 중 대기오염에 대한 설명으로 적절하지 않은 것은?

---

공장 굴뚝에서 방출된 연기나 자동차의 배기가스 등의 대기오염물질은 기상이나 지형 조건에 의해 다른 지역으로 이동·확산되거나 한 지역에 농축된다. 대기권 중 가장 아래층인 대류권 안에서 기온의 일반적인 연직 분포는 위쪽이 차갑고 아래쪽이 따뜻한 불안정한 상태를 보인다. 이러한 상황에서, 따뜻한 공기는 위로, 차가운 공기는 아래로 이동하는 대류 운동이 일어나게 되고, 이 대류 운동에 의해 대기오염물질이 대류권에 확산된다.

반면, 아래쪽이 차갑고 위쪽이 따뜻한 경우에는 공기층이 매우 안정되기 때문에 대류 운동이 일어나지 않는다. 이와 같이 대류권의 정상적인 기온 분포와 다른 현상을 '기온 역전 현상'이라 하며, 이로 인해 형성된 공기층을 역전층이라 한다. 기온 역전 현상은 일교차가 큰 계절이나, 지표가 눈으로 덮이는 겨울, 호수나 댐 주변 등에서 많이 발생한다. 또한 역전층 상황에서는 지표의 기온이 낮기 때문에 공기 중의 수증기가 응결하여 안개가 형성되는데, 여기에 오염물질이 많이 포함되어 있으면 스모그가 된다. 안개는 해가 뜨면 태양의 복사열로 지표가 데워지면서 곧 사라지지만, 스모그는 오염물질이 포함되어 있어 오래 지속되기도 한다.

자동차 배기가스는 잘 보이지 않기 때문에 이동 양상을 관찰하기 어렵지만, 공장의 오염물질은 연기 형태로 대량 방출되므로 이동 양상을 관찰하기 쉽다. 연기의 형태는 기온과 바람의 연직 분포에 따라 다른 모양을 보이기 때문이다. 즉, 대기가 불안정하고 강한 바람이 불어 대류 혼합이 심할 때에는 연기의 형태가 환상형을 이룬다. 또, 날씨가 맑고 따뜻할수록 대류 운동이 활발하게 일어나기 때문에 연기가 빨리 분산된다. 반면, 평평하고 반듯한 부채형은 밤이나 이른 새벽에 많이 나타난다. 밤이나 새벽에는 지표가 흡수하는 태양 복사열이 거의 없으므로 지표의 온도가 내려가 역전층이 형성되고 대기가 안정되기 때문이다.

지형이나 건물로 인해 발생하는 난류도 대기오염물질의 이동 양상과 밀접한 관계가 있다. 바람이 건물에 부딪쳐 분리되면 건물 뒤에는 소용돌이가 생기면서 공동(Cavity)이 형성된다. 공동 부분과 바람의 주 흐름 간에는 혼합이 별로 없기 때문에 공동 부분에 오염물질이 흘러 들어가면 장기간 머물게 되고, 그 결과 오염 농도가 증가하게 된다. 이러한 공동은 높은 언덕의 뒷부분에서도 생길 수 있다.

오염물질의 이동 양상은 공장 굴뚝의 높이에 따라서도 달라질 수 있다. 건물 앞에 굴뚝이 위치하고 있다고 하자. 굴뚝이 건물보다 높으면 연기가 건물에 부딪치지 않으므로 오염물질이 멀리까지 날려가지만, 굴뚝이 건물보다 낮으면 오염물질이 건물 뒤편의 공동 부분에 갇히게 된다. 따라서 건물이나 건물 가까이에 굴뚝을 세울 때에는 통상적으로 건물 높이의 2.5배 이상으로 세워야 한다.

---

① 대기오염물질은 발생 지역에만 있는 것이 아니라 이동을 하기도 한다.

② 공장 굴뚝에서 발생하는 오염물질은 굴뚝의 높이에 따라 이동하는 양상이 달라질 수 있다.

③ 대기가 안정적일 때는 공장의 연기 형태가 환상형을 이룬다.

④ 아래쪽에 차가운 공기가 모이고, 위쪽에 뜨거운 공기가 모이면 그렇지 않은 경우보다 스모그가 생기기 쉽다.

**43** 다음 기사를 읽고 한국동서발전에서 시행하는 사업에 대한 설명으로 적절하지 않은 것은?

> 한국동서발전이 울산광역시 울주군과 손잡고 친환경 신재생에너지 사업에 나선다. 앞서 한국동서발전은 작년 9월 경기도 파주시에 8MW급 생활 SOC형 연료전지 1호 사업을 성공적으로 준공한 바 있다.
>
> 한국동서발전은 울주군청에서 한국동서발전 사장과 울주군수, 울주군 경제산업국장 등이 참석한 가운데 '울주 미래 희망에너지 타운 조성' 공동추진 상호협력 협약을 체결했다고 밝혔다.
>
> 미래 희망에너지 타운은 탄소중립시대 울주군이 청정에너지 도시로 도약할 수 있도록 울주군 내 유휴부지에 친환경에너지 사업을 추진하는 사업이다. 앞서 한국동서발전은 작년에 경기도 파주시에 8MW급 생활 SOC형 연료전지 1호 사업을 성공적으로 준공한 바 있다.
>
> 이번 협약에 따라 울주군은 사업추진에 필요한 유휴부지 정보 제공 등 행정적 지원을 맡고, 한국동서발전은 태양광·풍력·수소융복합·미래 등 테마별 신재생에너지 사업 추진을 담당한다.
>
> 1단계로 울주군 상천리 지역의 도로 유휴부지를 활용해 태양광(0.6MW)과 연료전지(8MW급)를 융합한 '햇빛상생 발전사업'을 내년 3월 착공을 목표로 추진한다. 이 사업은 도시가스 미공급지역인 상천리 주민 117세대에 도시가스 배관 설치를 지원해 주는 '생활 SOC(사회간접자본)형' 연료전지 발전사업이다.
>
> 한국동서발전은 울주군의 약 70%가 산지임을 감안해 자연환경 훼손이 없도록 건물 지붕 등 입체공간과 장기간 유휴부지를 활용해 신재생에너지 설비를 설치한다. 또 사업 추진 시 지역주민을 대상으로 상시 정보를 공개하고, 이익공유와 지역일자리 창출 등 지역사회와의 상생 방안도 적극 모색할 방침이다.

① 한국동서발전은 연료전지 1호 사업을 울주군에 성공적으로 유치하였다.

② 미래 희망에너지 타운 건설 사업은 친환경적인 목적을 가지고 있다.

③ 여러 가지 신재생에너지 사업 중 가장 먼저 활용될 기술은 태양광이다.

④ 미래 희망에너지 타운 건설은 울주군의 자연환경을 고려하여 자연 파괴가 최소화되는 방향으로 시행될 예정이다.

**44** 다음 기사를 읽고 조력발전소에 대한 설명으로 적절하지 않은 것은?

조력발전이 다시 주목받고 있다. 민주당 의원은 2021년 10월 18일 환경부 산하기관 대상 국정감사에서 시화호 사례를 들어 새만금 조력발전 필요성을 제기했다. 수질 악화로 몸살을 앓고 있는 새만금호에 조력발전소를 설치해 해수 유통을 실시하여 전기를 생산한다면 환경도 살리고 깨끗한 에너지도 얻을 수 있다는 논리이다. 6월 4일 환경부 장관은 시화호에서 열린 환경의 날 기념식에서 "중기 계획 중 하나로 조력발전을 확대하는 것에 대한 예비타당성조사가 계획된 상태"라며, "타당성조사 등을 검토한 후에 진행해 나갈 것"이라고 말했다.

하지만 조력발전이 해양생태계를 파괴한다는 상반된 주장도 세기된 바 있다. 2010년 시화호에 조력발전소를 설치할 당시 환경단체들은 "조력발전소가 갯벌을 죽이고 해양생태계를 파괴한다."라고 주장했다. 또한 어업으로 생활을 영위하는 주민들도 설립 초기에 생태계 파괴 우려로 반대의 목소리가 높았다.

1994년, 6년 7개월간의 공사 끝에 방조제 끝막이 공사가 완료되고 시화호는 바다로부터 분리됐다. 그로부터 2년 후 인근 공단 지역에서 흘러든 오염물질로 인해 시화호는 죽음의 호수로 전락했다. 착공 전부터 수질오염에 대한 우려가 끊임없이 제기됐지만 개발 위주의 정책을 바꾸기엔 역부족이었다. 착공 당시 중동 건설경기 침체로 인해 갈 곳을 잃은 건설근로자와 장비들을 놀리지 않고, 국내경기를 활성화하며 대규모 산업단지가 들어설 '새 땅'을 확보하겠다는 목표를 세웠기 때문에 환경피해에 대한 고려는 우선순위에 들어가지 않았다.

정부는 부랴부랴 담수 방류를 결정하고 하수처리장 신·증설 등 수질개선 대책을 내놨지만 눈에 띄는 성과가 나타나지 않았다. 2000년에는 담수화 계획을 전면 포기했고, 이듬해 해수 상시 유통을 결정했다. 2002년 12월 시화호 방조제에 조력발전소를 건설하기로 확정하고 2004년부터 착공에 들어갔다. 2011년 준공된 시화호 조력발전소는 시설용량 254MW의 세계 최대 조력발전소로 기록됐다. 조력발전소의 발전은 밀물이 들어오는 힘으로 수차 발전기를 돌려 전기를 생산하는 방식이다. 썰물 때는 수차가 작동하지 않고 배수만 진행되며, 지난해 12월까지 44억kWh의 전기를 생산했다. 이 발전소에서 연간 생산되는 전력량은 인구 40~50만 명의 도시 소비량과 맞먹는다.

제방을 터 바다로 물을 흘려보내고 밀물이 들어오게 하면서 수질은 개선됐다. 상류 주거지역과 공단지역의 하수처리 시설을 확충하면서 오염물질 유입량이 줄어든 것도 수질 개선을 도왔다.

현재 시화호 지역은 눈에 띄게 환경이 개선됐다. 1997년에 17.4mg/L에 이르던 연도별 평균 COD는 해수 유통 이후 낮아졌고, 2020년엔 2.31mg/L를 기록했다. 수질평가지(WQI)에 의한 수질 등급은 정점 및 시기별로 변화가 있지만 2020년의 연평균 수질은 II등급으로 개선됐다. 수질이 개선되면서 시화호 지역의 생태계도 살아나고 있다.

조력발전이 생태계를 살려냈다고 하기보다는 담수화 포기, 해수유통의 영향이라고 보는 것이 타당하다. 조력발전은 해수유통을 결정한 이후 배수 갑문으로 흘러 나가는 물의 흐름을 이용해 전기를 생산하는 것으로 해수유통의 부차적 결과물이기 때문이다.

① 조력발전소에서는 밀물을 통해 전기를 생산하고 있으며, 최근 주목받고 있는 발전소이다.

② 시화호 발전소의 1년 전기 생산량으로 인구 40만의 도시에 전기 공급이 가능하다.

③ 조력발전소가 설치된 이후 시화호의 수질이 악화되었으나, 해수유통을 통해 다시 수질을 회복할 수 있었다.

④ 우리나라에 세계 최대 규모의 조력발전소가 있다.

**45** 건강보험심사평가원 A팀은 9월 연차 계획을 짜고 있다. A팀의 팀장 B는 업무에 지장이 가지 않는 범위 내에서 남은 연차 3일을 연속으로 사용해 가족과 여행을 가고자 한다. 다음 〈조건〉을 토대로 B가 여행을 갈 수 있는 날짜는?

> **조건**
> • 첫째 주에는 팀원이 연차이므로 연차를 사용할 수 없다.
> • 연차는 추석연휴에 붙일 수 없다.
> • 매주 월요일에는 부서회의가 있어 연차를 사용할 수 없다.
> • 이번 달 안으로 해결해야 하는 프로젝트가 있다. 둘째 주에 2일, 셋째 주에 1일, 넷째 주에 1일 동안 팀장이 포함되어 작업해야 한다. 이 작업은 부서회의가 있는 날에는 하지 않는다.

〈9월 달력〉

| 일요일 | 월요일 | 화요일 | 수요일 | 목요일 | 금요일 | 토요일 |
|---|---|---|---|---|---|---|
|  |  |  | 1 | 2 | 3 | 4 |
| 5 | 6 | 7 | 8 | 9 | 10 | 11 |
| 12 | 13 | 14 | 15 | 16 | 17 | 18 |
| 19 | 20 | 21 | 22 | 23 | 24 | 25 |
| 26 | 27 | 28 | 29 | 30 |  |  |

※ 주중에만 근무함
※ 20 ~ 22일은 추석 연휴임
※ 주말은 휴일이므로 연차는 주중에 사용함

① 8 ~ 10일
② 14 ~ 16일
③ 16 ~ 18일
④ 22 ~ 24일
⑤ 27 ~ 29일

**46** 다음 글을 읽고 바르게 이해하지 못한 사람은?

ADHD로 진단받는 사람은 얼마나 될까? 국내 연구에서는 ADHD 발병률이 5.9 ~ 8.5%이며 전 세계적으로도 3 ~ 8%, 평균적으로 5%라고 한다. 한편 ADHD로 치료받는 아동의 유병률을 살펴보면 0.8%에 불과해 많은 아동청소년이 진단과 치료 시기를 놓치고 있다는 것을 알 수 있다. 또한, 성인의 경우 국내는 1.1%, 전 세계적으로는 3.4% 정도라는 사실이 최근 언론을 통해 알려져 많은 관심을 받고 있다.

정신과적 질환은 유전과 환경 양쪽이 상호작용을 하며 발병하는 경우가 대부분이다. ADHD도 가족력, 저체중, 조산, 충분한 제한 설정을 경험하지 못하는 양육환경, 납과 같은 중금속 노출, TV・핸드폰・컴퓨터와 같은 미디어 노출 등 다양한 원인이 존재한다. 뇌의 기능과 영상을 연구해 보면 통제, 집중, 정보처리 등을 담당하는 전전두엽 기능이 저하된 소견을 보인다. ADHD 아동청소년의 뇌기능 영상 연구를 살펴보면 이와 같은 영역의 기능이 저하된 소견을 보인다. 즉, ADHD 아동청소년 뇌 안의 브레이크가 잘 작동하지 않아 선택적인 집중, 충동 억제, 각성 조절 등에 어려움이 생긴다. 산만하다고 다 ADHD는 아니다. 아동청소년의 나이와 그간 받아온 훈육, 가정환경, 최근 생활의 변화 등 다양한 요인이 집중력에 영향을 미치기 때문에, 그 요인을 분석하고 교정하면서 진찰해야 한다. 보통은 집중력과 통제력이 또래와 2 ~ 3년 정도 차이가 나고, 만 5세가 지나도록 또래에 비해 산만하고 충동적일 경우 ADHD를 의심해 본다.

진단 기준에 따라 증상을 구분한다면 주의산만, 과잉행동 및 충동성으로 나눌 수 있다. 증상은 특정 상황에서만 두드러지게 보이기도 하며 성별에 따라 차이를 보이기도 한다. 이때, 적어도 학교와 집과 같이 두 군데 이상의 상황에서 증상이 뚜렷하게 보여야 한다.

주의산만은 해야 할 일을 잊어버리거나, 물건을 자주 잃어버리거나, 부모나 친구의 말을 흘려듣고 중간에 딴 생각을 하며 질문에 엉뚱한 대답을 하는 모습을 일컫는다. 자신이 좋아하거나 재미있어 하는 일에는 집중하는 것을 잘하지만, 지루해서 집중할 때 정신적인 노력이 많이 드는 일에서는 일반 아동과 비교해 집중력에 큰 차이를 보인다.

이런 상황에서 부모님이 격려하고 칭찬하면 일반 아동은 끝까지 과제를 수행해 내지만, ADHD 아동은 미루려고 하며, 정말 오랜 시간을 주고받거나 난이도를 낮춰도 끝맺지 못한다. 또 아동청소년이 해야 할 일을 스스로 하지 않아 부모가 잔소리를 하게 되는 일이 있는데, 이때 아동은 일을 끝맺기도 전에 딴 일을 벌이는 경우가 많다.

ADHD 진단은 아동청소년의 임상증상에 대한 면담과 설문검사, 심리검사 등을 토대로 이루어진다. 이후 틱, 불안장애, 우울장애, 학습장애, 반항장애, 지적장애 등 동반 질환이 있는지 확인한다. 치료는 약물치료와 비약물치료로 나뉘며, 비약물치료는 상담치료, 부모 교육과 훈육방식의 변화, 작업기억 훈련, 뉴로피드백 등이 있다.

약물 치료의 경우 약 2년간 치료한 뒤 경과를 관찰해 치료 종결을 결정한다. 50 ~ 80%가 청소년기에도 증상이 지속되고 이후 성인기에도 35 ~ 65%는 증상이 남는 경우도 있어 초등학교에 입학하면서 치료를 결정할 경우 장기간 치료가 필요할 수 있다. 그러나 뇌의 성숙이 이루어지고, 시행착오를 통해 경험이 축적되고, 스스로 ADHD 증상을 인식하고 고치려고 노력한다면 호전되므로 적극적으로 진료를 받는 것이 바람직하다.

① 가원 : ADHD는 평균적으로 100명 중 5명이 걸린다고 볼 수 있어.

② 송이 : 중금속에 노출되면 ADHD 증상을 보일 수 있어.

③ 산하 : ADHD는 정보처리를 담당하는 뇌 영역이 제대로 기능을 하지 못해 나타난다고 할 수 있어.

④ 찬솔 : 집에서만 부모님의 말을 흘려듣고 엉뚱한 대답을 한다면 ADHD라고 볼 수 없어.

⑤ 하진 : ADHD 환자 35 ~ 65%는 성인이 되면 자연스럽게 증상이 사라지므로 그대로 놔두는 편이 좋아.

※ S부서는 보안을 위해 부서원들만 알 수 있는 비밀번호를 생성하려고 한다. 이를 위해 부서원에게 다음과 같은 메일을 보냈다. 이어지는 질문에 답하시오. **[47~48]**

---

〈신규 비밀번호 생성방법〉

• 각자의 컴퓨터에 보안을 위해 새로운 비밀번호를 생성하십시오.

• 비밀번호 생성방법은 다음과 같습니다.

1. 앞 두 자리는 성을 제외한 이름의 첫 자음으로 합니다. → 김동석=ㄷㅅ
2. 한글의 경우 대응되는 알파벳으로 변형합니다. → ㄷ=C, ㅅ=G
3. 세 번째와 네 번째 자리는 생년월일의 일로 합니다. → 10월 3일=03
4. 다섯 번째와 여섯 번째 자리는 첫 번째와 두 번째 자리의 알파벳에 3을 더한 알파벳으로 합니다. → C=F, G=J
5. 가장 마지막 자리에는 직위의 번호로 합니다. → (사원=01, 대리=11, 과장=12, 차장=22, 부장=03)

---

**| 건강보험심사평가원 / 문제해결능력**

**47** 새로 발령을 받은 공효주 사원은 9월 13일생이다. 이 사원이 생성할 비밀번호로 가장 적절한 것은?

① NI13QL11　　　　　　　　② NI13QL01

③ NI13JV01　　　　　　　　④ NI45QL01

⑤ WK13QL01

**| 건강보험심사평가원 / 문제해결능력**

**48** 부서원들이 만든 비밀번호 중 잘못 만들어진 비밀번호는?

① 김민후 사원(12월 6일생) → EN06HQ01

② 유오경 대리(2월 25일생) → HA25KD11

③ 손정민 과장(3월 30일생) → IE30LH12

④ 김연보 차장(11월 14일생) → HF14KI22

⑤ 황대찬 부장(4월 8일생) → CJ08FN03

**49** 다음 글을 읽고 시력 저하 예방 사업과 그 핵심 내용의 연결이 적절하지 않은 것은?

예전에 비해 안경이나 콘택트렌즈 등 일상생활을 영위하기 위해 시력 보조 도구를 사용해야 하는 사람들이 증가하고 있는 추세이다. 이는 모니터나 서류 같은 시각 자료들을 오랫동안 보아야 하는 현대인들의 생활 패턴과도 관계가 있다고 할 수 있다. 근시와 난시 같은 시력 저하의 문제도 심각하지만, 그와 별개로 안압 증가 등의 이유로 시력에 영구적인 손상을 입어 시각 장애 판정을 받거나, 사고로 실명이 될 수도 있다. 옛말에 몸이 천 냥이라면 눈이 구백 냥이라는 말이 있듯이, 시력은 우리 생활에서 중요한 부분을 차지하기 때문에 문제가 생겼을 때, 그만큼 일상생활조차 힘들어질 수 있다. 그래서 한국실명예방재단에서는 다양한 이유로 생길 수 있는 시력 저하에 대해서 예방할 수 있는 여러 사업을 시행하고 있다.

첫 번째로 '눈 건강 교육'을 시행하고 있다. 눈 건강 교육 사업이란 흔히 노안이라고 하는 노인 저시력 현상 원인에 대한 교육과 전문가들의 상담을 제공함으로써, 노인 집단에서 저시력 위험군을 선별하여 미리 적절한 치료를 받을 수 있도록 하고 개안 수술, 재활 기구 및 재활 훈련을 지원하는 사업이다. 노인분들을 대상으로 하는 사업이기 때문에 어르신들의 영구적인 시각 장애나 실명 등을 예방할 수 있고, 특히 의료 서비스에서 소외되어 있는 취약 계층의 어르신들께 큰 도움이 될 수 있다.

또한, 비슷한 맥락에서 취약 계층의 눈 건강 보호를 위하여 '안과 취약지역 눈 검진' 사업 또한 시행하고 있다. 안과 관련 진료를 받기 힘든 의료 사각지대에 있는 취약계층에 해당하는 어르신과 어린이, 외국인 근로자를 대상으로 안과의사 등 전문 인력을 포함한 이동검진팀이 지역을 순회하면서 무료 안과검진을 실시하고 있다. 눈 관련 질병은 조기에 발견하여 치료를 받으면 치료의 효과가 극대화될 수 있기 때문에 정기적인 안과검진이 더욱 중요하다. 그러나 정기적인 검진을 받기 힘든 분들을 위하여 이동검진을 통한 조기발견과 적기 치료를 추구하고 있다. 재단은 전국 시 · 군 · 구 보건소로부터 검진신청을 받아 안과의사를 포함한 이동 안과 검진팀이 의료장비와 안약, 돋보기를 준비하여 환자에게 치료 및 상담과 수술이 필요한 저소득층에게는 지역 안과와 연계하여 수술비를 지원하고 있다. 안과 취약지역 눈 검진 일정은 매년 초 지역 시 · 군 · 구보건소에서 재단에 신청, 일정을 편성하고 있으며, 개별 신청은 받지 않는다.

① 눈 건강 교육 : 저시력 문제에 취약한 노인층을 사업의 대상으로 한다.

② 눈 건강 교육 : 저시력 위험군에 선정되면 개안 수술과 재활 훈련을 지원받을 수 있다.

③ 안과 취약지역 눈 검진 : 취약 계층 안구 질환의 조기발견과 적기 치료가 사업의 목표이다.

④ 안과 취약지역 눈 검진 : 수술이 필요한 경우 서울에 위치한 재단 연계 병원에서 수술받게 된다.

⑤ 안과 취약지역 눈 검진 : 보건소를 통하지 않고 개인이 직접 신청할 수는 없다.

**50** 다음 글에 대한 설명으로 적절하지 않은 것은?

우리나라 역시 미래 경제성장의 동력으로 수소경제를 선정하고, 수소경제 선도국가로 도약하기 위해 2019년 수소차와 연료전지를 양대 축으로 하는 '수소경제 활성화 로드맵'과 '수소 인프라 및 충전소 구축방안'을 발표했다. 이어서 2020년 2월에는 '수소경제'를 체계적으로 추진하기 위하여 '수소경제 육성 및 안전관리에 관한 법률'을 세계 최초로 공포했고, 전국 지자체들은 지역별 여건과 특성에 맞는 수소 산업 육성에 참여하고 있다. 한국가스공사도 수소경제에 발맞춰 '수소 사업 추진 로드맵'을 수립, 친환경 에너지 공기업의 책임을 다하고 있다. 정부의 수소 사업에 민간이 선제적으로 참여하기는 쉽지 않은 만큼, 인프라 확충 및 민간의 참여 활성화를 위해서는 공공기관의 선도적인 투자가 필수이다. 이에 한국가스공사는 기존의 천연가스 인프라망을 활용한 수소경제의 마중물 역할을 해 나갈 계획이다. 1983년 우리나라 최초의 천연가스회사로 출발, 뜨거운 열정과 치열한 노력으로 일궈온 기술과 인프라는 우리나라가 수소경제 선도국가로 나아가는 데 든든한 디딤돌이 될 것이다. 아울러 지난 수년간의 천연가스 설비 건설, 운영, 공급 경험을 기반으로 국민에게 경제적이고 안정적인 수소 공급 서비스를 제공하기 위해 힘쓸 것이다. 수소 관련 설비, 운영 등 전반적인 과정에서 한국가스공사가 안전관리 및 최적화에 주도적인 역할을 할 것으로 기대된다. 한국가스공사의 '수소 사업 추진 로드맵'은 국가의 수소 사업을 든든하게 지원하는 역할뿐만 아니라, 공사의 미래 성장 동력을 마련, 수소 에너지를 주도하는 글로벌 기업으로 도약하기 위한 시작이 될 것이다. 한국가스공사는 천연가스 산업의 불모지였던 우리나라에 최초로 LNG를 도입하였고, 이제는 1,156만kL 규모의 LNG 저장 용량과 4,908km의 배관망을 갖춘 국내 최고의 에너지 기업이자, 세계 곳곳에서 다양한 프로젝트를 수행하는 글로벌 기업으로 성장했다. 그 과정에서 변화하는 국내외 에너지 시장을 선도하기 위한 도전과 노력을 멈추지 않았고, 다가올 수소 사회를 위한 준비도 차근차근 진행 중이다. 저탄소 에너지로의 전환은 전 인류에게 주어진 과제이고, 수소 에너지 시대를 향한 경쟁은 이미 시작됐다. 한국가스공사는 이를 기회로 삼고자 한다. 이미 2018년 12월, 한국가스공사법 개정을 통해 수소 에너지의 생산과 공급 관련 사업을 추가하였고, 수소 시장 활성화와 산업 발전을 위해 수소 인프라 구축에 선제적으로 투자하고 있다. 점차 감소하는 천연가스 사용량을 보완·대체하기 위해 수소 발전과 연료전지 사업 등 새로운 시장 발굴에 힘쓰고 있으며, 천연가스와 더불어 수소로 상품을 다양화하여 세계적인 종합 가스 기업으로 도약해 나갈 것이다.

① 수소경제 육성 및 안전관리에 관한 법률은 2019년에 발표됐다.
② 한국가스공사는 원래 천연가스회사로 설립됐다.
③ 한국가스공사는 수소 기술 활성화를 위해 기존의 천연가스 인프라를 활용할 예정이다.
④ LNG는 한국가스공사에 의해 우리나라에 최초로 도입됐다.
⑤ 한국가스공사는 2018년 수소 에너지를 새로운 사업으로 추가하였다.

**51** SWOT 분석 결과가 다음과 같을 때, 〈보기〉 중 한국가스공사에 대한 SWOT 분석 내용으로 적절한
것을 모두 고르면?

〈한국가스공사 SWOT 분석 결과〉

| 구분 | 분석 결과 |
| --- | --- |
| 강점(Strength) | • 해외 가스공급기관 대비 높은 LNG 구매력<br>• 세계적으로 우수한 배관 인프라 |
| 약점(Weakness) | • 타 연료 대비 높은 단가 |
| 기회(Opportunity) | • 북아시아 가스관 사업 추진 논의 지속<br>• 수소 자원 개발 고도화 추진중 |
| 위협(Threat) | • 천연가스에 대한 수요 감소 추세<br>• 원전 재가동 확대 전망에 따른 에너지 점유율 감소 가능성 |

**보기**

ㄱ. 해외 기관 대비 LNG 확보가 용이하다는 점을 근거로 북아시아 가스관 사업 추진 시 우수한
   효율을 이용하는 것은 SO전략에 해당한다.
ㄴ. 지속적으로 감소할 것으로 전망되는 천연가스 수요를 북아시아 가스관 사업을 통해 확보하는
   것은 ST전략에 해당한다.
ㄷ. 수소 자원 개발을 고도화하여 다른 연료 대비 상대적으로 높았던 공급단가를 낮추려는 R&D
   사업 추진은 WO전략에 해당한다.
ㄹ. 높은 LNG 확보 능력을 이용해 상대적으로 높은 가스 공급단가가 더욱 상승하는 것을 방지하는
   것은 WT전략에 해당한다.

① ㄱ, ㄴ      ② ㄱ, ㄷ
③ ㄴ, ㄷ      ④ ㄴ, ㄹ
⑤ ㄷ, ㄹ

**52** 다음 〈보기〉 중 해양환경공단 총무부에서 교육자료로 배부하고자 하는 직장 내 성 예절과 관련된 지침으로 적절하지 않은 것을 모두 고르면?

> **보기**
>
> ㄱ. 성희롱은 성폭행과 달리 형사처벌 대상에 해당되며, 사내 징계대상에도 해당한다.
> ㄴ. 성희롱 해당 여부를 판단하는 법적 기준은 가해자의 의도성이다.
> ㄷ. 직장 내에서 남성과 여성은 동등한 책임과 역할을 다함으로써 동등한 지위를 보장받아야 한다.
> ㄹ. 성 관련 문제를 예방하기 위해서는 평소 직장 내 상스러운 언어 등을 자제하고, 개인과 회사의 품위를 지키는 행실을 체화하여야 한다.

① ㄱ, ㄴ         ② ㄱ, ㄷ

③ ㄴ, ㄷ         ④ ㄷ, ㄹ

**53** 다음 글의 밑줄 친 부분 중 맞춤법 표기가 잘못된 것은?

> 한전KDN은 전력에 ㉠ 특화되고, '혁신기술로 고도화'된 사람을 ㉡ 포용하는 전력서비스 제공을 지원하고 있습니다. 주요 사업으로는 전력정보시스템사업, 전력정보통신사업, 전력계통ICT사업, 미래성장동력사업이 있으며, 매출액은 6,256억 원을 ㉢ 달성하였습니다. 또한 동반성장형 R&D 사업화로는 전력 빅데이터 및 지중 전력구 상태진단, 원격검침용 차세대 DCU, 배전자동화 단말장치 및 마이크로그리드 에너지관리시스템 등 총 35과제로 700억 원의 사업화를 달성하였습니다. ㉣ 더불어 정전예방설비 ㉤ 장애률은 전년 대비 14.5% 감소된 1.496%를 달성하였습니다.

① ㉠         ② ㉡

③ ㉢         ④ ㉣

⑤ ㉤

**54** 다음 중 신입사원이 업무를 위해 출장을 가서 한 행동 가운데 적절하지 않은 것은?

> 신입사원 A는 업무상 B기업으로 출장을 갔다. 그곳에서 이번 사업 협상자를 만나 ㉠ 오른손으로 악수를 하면서, ㉡ 가볍게 고개를 숙였다. 이어서 ㉢ 먼저 명함을 꺼내 ㉣ 협상자에게 오른손으로 주었고, 협상자의 명함을 한 손으로 받은 후 ㉤ 명함을 보고난 후 탁자 위에 보이게 놓은 채 대화를 하였다.

① ㉠

② ㉡

③ ㉢

④ ㉣

⑤ ㉤

**55** 다음은 한국가스안전공사 신입직원에 대한 정기교육 내용이다. 명함예절로 적절하지 않은 것은 모두 몇 개인가?

> 〈명함예절〉
>
> ㄱ. 협력사 및 관계기관 직원과 만나는 경우, 올바른 명함예절을 준수하도록 한다.
> ㄴ. 명함은 명함지갑에서 꺼내어 상대에게 건넨다.
> ㄷ. 상대방이 명함을 건네면 정중하게 받아 즉시 명함지갑에 넣는다.
> ㄹ. 동시에 명함을 꺼낼 때에는 왼손으로 서로 교환하고, 받은 명함은 오른손으로 옮기도록 한다.
> ㅁ. 윗사람과 만난다면 먼저 명함을 꺼내도록 한다.
> ㅂ. 타인으로부터 받은 명함이나 자신의 명함은 구겨지지 않도록 보관한다.
> ㅅ. 윗사람으로부터 명함을 받을 때는 오른손으로만 받는다.

① 5개

② 4개

③ 3개

④ 2개

⑤ 1개

**56** 다음은 데이터와 정보의 관계를 나타내는 DIKW 피라미드이다. 〈보기〉 중 피라미드와 관련된 내용으로 적절하지 않은 것을 모두 고르면?

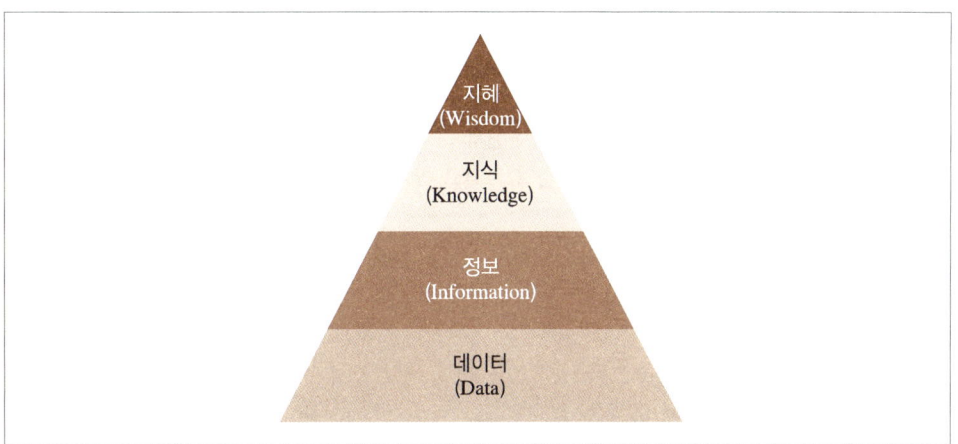

보기

ㄱ. 지혜란 상호 연결된 정보 패턴을 이해하여 이를 토대로 예측한 결과물이다.

ㄴ. 데이터란 객관적 사실로서 다른 데이터와 상관관계가 없는 가공 전 순수한 수치 및 기호이다.

ㄷ. 지식이란 정보들을 구조화하여 유의미한 정보로 분류한 것으로서, 비가 오면 집이 습해지니 가습기를 가동하는 행동양식을 사례로 들 수 있다.

ㄹ. 정보란 가공 및 처리를 통해 데이터 간 연관관계를 나타낸 것으로서, A가게보다 B가게의 물건 가격이 더 저렴하므로 B가게에서 물건을 구매할 것이라고 판단하는 것을 사례로 들 수 있다.

① ㄱ, ㄴ
② ㄱ, ㄹ
③ ㄴ, ㄷ
④ ㄴ, ㄹ
⑤ ㄷ, ㄹ

**57** 다음 중 밑줄 친 ㉠, ㉡에 들어갈 단어를 바르게 연결한 것은?

한국국토정보공사는 ODA 지원 국가 전체 또는 일부의 SOC 인프라 사업지에 대한 정보를 통합하고 분석·활용하는 서비스를 제공하고, 사업수행과정 및 완료 후에도 지속적으로 현행화되는 공간정보에 대한 통합플랫폼을 ㉠ 운영 / 운용하여 민간기업의 해외진출에 필요한 데이터를 제공한다. 또한, 다양한 해외협력 ㉡ 개발 / 계발 사업을 진행하고 있다.

|  | ㉠ | ㉡ |
|---|---|---|
| ① | 운영 | 개빌 |
| ② | 운영 | 계발 |
| ③ | 운용 | 개발 |
| ④ | 운용 | 계발 |

**58** 다음 〈보기〉 중 효율적이고 합리적인 인사관리를 하기 위한 원칙으로 적절한 것을 모두 고르면?

> **보기**
>
> ㄱ. 근로자의 창의력이 발휘할 수 있도록 기회를 마련하고 인센티브를 제공한다.
> ㄴ. 자신에게 직접적인 도움을 줄 수 있는 사람들로 적재적소에 배치한다.
> ㄷ. 근로자의 인권을 존중하고, 공헌도에 따라 노동의 대가를 지급한다.
> ㄹ. 직장에서 신분이 보장되고, 계속해서 근무할 수 있다는 믿음을 갖게 한다.
> ㅁ. 직장 구성원들이 서로 유대감을 가지고 협동, 단결하는 체제를 이루도록 한다.

① ㄱ, ㄴ, ㄷ, ㄹ        ② ㄱ, ㄷ, ㄹ, ㅁ

③ ㄴ, ㄷ, ㄹ, ㅁ        ④ ㄱ, ㄴ, ㄷ, ㄹ, ㅁ

**59** 다음 글의 밑줄 친 '이 조직'에 대한 설명으로 가장 적절한 것은?

> 이 조직은 기존 Top-Down 방식의 기계적 구조가 한계를 나타내자 이에 대한 보완으로 등장한 조직으로 민첩한, 기민한 조직이라는 뜻을 가지고 있다. 코로나19의 확산 이후 금융권에서도 변화하는 시대에 대처하기 위해 이 조직을 도입하고 있으며, 이미 글로벌 기업인 마이크로소프트, 구글, 애플 등은 이 조직을 도입하여 운영하고 있다. 도입 초기에는 지속가능한 모델을 구축하지 못해 실패하는 경우도 있었지만, 시간이 지나면서 점점 지속가능한 모델을 구축하고 활성화되고 있다.

① 관리자형 리더가 적합하다.
② 외부 변화에 빠르게 대처할 수 없는 단점이 있다.
③ 부서 간 경계가 낮아 정보 공유 등을 한다.
④ 대규모 팀을 구성해 프로젝트를 진행한다.

**60** 다음은 이번 달 D사원의 초과 근무 기록이다. D사원의 연봉은 3,600만 원이고, 시급 산정 시 월평균 근무시간은 200시간이다. D사원이 받는 야근·특근 근무 수당은 얼마인가?(단, 소득세는 고려하지 않는다)

〈이번 달 초과 근무 기록〉

| 일요일 | 월요일 | 화요일 | 수요일 | 목요일 | 금요일 | 토요일 |
|---|---|---|---|---|---|---|
| | | 1 | 2 18:00 ~ 19:00 | 3 | 4 | |
| 5 09:00 ~ 11:00 | 6 | 7 19:00 ~ 21:00 | 8 | 9 | 10 | 11 |
| 12 | 13 | 14 | 15 18:00 ~ 22:00 | 16 | 17 | 18 13:00 ~ 16:00 |
| 19 | 20 19:00 ~ 20:00 | 21 | 22 | 23 | 24 | 25 |
| 26 | 27 | 28 | 29 19:00 ~ 23:00 | 30 18:00 ~ 21:00 | 31 | |

〈초과 근무 수당 규정〉

- 평일 야근 수당은 시급에 1.2배를 한다.
- 주말 특근 수당은 시급에 1.5배를 한다.
- 식대는 10,000원을 지급하며(야근·특근 수당에 포함되지 않는다), 평일 야근 시 20시 이상 근무할 경우에 지급한다(주말 특근에는 지급하지 않는다).
- 야근시간은 오후 7 ~ 10시이다(초과시간 수당 미지급).

① 265,500원  
② 285,500원  
③ 300,000원  
④ 310,500원

MEMO

# PART 2

# 직업기초능력평가

| CHAPTER 01 | 의사소통능력 |
| CHAPTER 02 | 수리능력 |
| CHAPTER 03 | 문제해결능력 |
| CHAPTER 04 | 자원관리능력 |
| CHAPTER 05 | 정보능력 |
| CHAPTER 06 | 기술능력 |
| CHAPTER 07 | 조직이해능력 |
| CHAPTER 08 | 대인관계능력 |
| CHAPTER 09 | 자기개발능력 |
| CHAPTER 10 | 직업윤리 |

# 의사소통능력

**합격 CHEAT KEY**

의사소통능력은 평가하지 않는 공사·공단이 없을 만큼 필기시험에서 중요도가 높은 영역으로, 세부 유형은 문서 이해, 문서 작성, 의사 표현, 경청, 기초 외국어로 나눌 수 있다. 문서 이해·문서 작성과 같은 지문에 대한 주제 찾기, 내용 일치 문제의 출제 비중이 높으며, 문서의 특성을 파악하는 문제도 출제되고 있다.

## 01 문제에서 요구하는 바를 먼저 파악하라!

의사소통능력에서 가장 중요한 것은 제한된 시간 안에 빠르고 정확하게 답을 찾아내는 것이다. 의사소통능력에서는 지문이 아니라 문제가 주인공이므로 지문을 보기 전에 문제를 먼저 파악해야 하며, 문제에 따라 전략적으로 빠르게 풀어내는 연습을 해야 한다.

## 02 잠재되어 있는 언어 능력을 발휘하라!

세상에 글은 많고 우리가 학습할 수 있는 시간은 한정적이다. 이를 극복할 수 있는 방법은 다양한 글을 접하는 것이다. 실제 시험장에서 어떤 내용의 지문이 나올지 아무도 예측할 수 없으므로 평소에 신문, 소설, 보고서 등 여러 글을 접하는 것이 필요하다.

## 03 상황을 가정하라!

업무 수행에 있어 상황에 따른 언어 표현은 중요하다. 같은 말이라도 상황에 따라 다르게 해석될 수 있기 때문이다. 그런 의미에서 자신의 의견을 효과적으로 전달할 수 있는 능력을 평가하는 것이다. 업무를 수행하면서 발생할 수 있는 여러 상황을 가정하고 그에 따른 올바른 언어표현을 정리하는 것이 필요하다.

## 04 말하는 이의 입장에서 생각하라!

잘 듣는 것 또한 하나의 능력이다. 상대방의 이야기에 귀 기울이고 공감하는 태도는 업무를 수행하는 관계 속에서 필요한 요소이다. 그런 의미에서 다양한 상황에서 듣는 능력을 평가하는 것이다. 말하는 이가 요구하는 듣는 이의 태도를 파악하고, 이에 따른 판단을 할 수 있도록 언제나 말하는 사람의 입장이 되는 연습이 필요하다.

## 01 의사소통능력

### 1. 의사소통능력의 의의

**(1) 의사소통이란?**

두 사람 또는 그 이상의 사람들 사이에서 일어나는 의사의 전달과 상호교류를 의미하며, 어떤 개인 또는 집단이 개인 또는 집단에 대해서 정보, 감정, 사상, 의견 등을 전달하고 그것들을 받아들이는 과정을 말한다.

**(2) 의사소통의 중요성**

① 대인관계의 기본이며, 직업생활에서 필수적이다.
② 인간관계는 의사소통을 통해서 이루어지는 상호과정이다.
③ 의사소통은 상호 간의 일반적 이해와 동의를 얻기 위한 유일한 수단이다.
④ 서로에 대한 지각의 차이를 좁혀주며, 선입견을 줄이거나 제거해 줄 수 있는 수단이다.

---

**〈핵심예제〉**

**다음은 의사소통에 대한 설명이다. 빈칸 (A), (B)에 들어갈 말을 순서대로 바르게 나열한 것은?**

> 의사소통이란 두 사람 또는 그 이상의 사람들 사이에서 일어나는 _____(A)_____ 과 _____(B)_____ 이/가 이루어진다는 뜻이며, 어떤 개인 또는 집단이 개인 또는 집단에 대해서 정보, 감정, 사상, 의견 등을 전달하고 그것들을 받아들이는 과정이라고 할 수 있다.

|  | (A) | (B) |
|---|---|---|
| ① | 의사의 전달 | 상호분석 |
| ② | 의사의 이행 | 상호분석 |
| ③ | 의사의 전달 | 상호교류 |
| ④ | 의사의 이행 | 상호교류 |

의사소통이란 기계적으로 무조건적인 정보의 전달이 아니라 두 사람 또는 그 이상의 사람들 사이에서 '의사의 전달'과 '상호교류'가 이루어진다는 뜻이며, 어떤 개인 또는 집단에 대해서 정보, 감정, 사상, 의견 등을 전달하고 그것들을 받아들이는 과정이다.

정답 ③

---

**(3) 성공적인 의사소통의 조건**

| |
|---|
| 내가 가진 정보를 상대방이 이해하기 쉽게 표현 |

\+

| |
|---|
| 상대방이 어떻게 받아들일 것인가에 대한 고려 |

||

| |
|---|
| 일방적인 말하기가 아닌 의사소통의 정확한 목적을 알고, 의견을 나누는 자세 |

## 2. 의사소통능력의 종류

### (1) 문서적인 의사소통능력

| 문서이해능력 | 업무와 관련된 다양한 문서를 읽고 핵심을 이해하고 정보를 획득하며, 수집·종합하는 능력 |
|---|---|
| 문서작성능력 | 목적과 상황에 적합하도록 정보를 전달할 수 있는 문서를 작성하는 능력 |

### (2) 언어적인 의사소통능력

| 경청능력 | 원활한 의사소통을 위해 상대의 이야기를 집중하여 듣는 능력 |
|---|---|
| 의사표현능력 | 자신의 의사를 목적과 상황에 맞게 설득력을 가지고 표현하는 능력 |

### (3) 특징

| 구분 | 문서적인 의사소통능력 | 언어적인 의사소통능력 |
|---|---|---|
| 장점 | 권위감, 정확성, 전달성, 보존성 높음 | 유동성 높음 |
| 단점 | 의미의 곡해 | 정확성 낮음 |

### (4) 기초외국어능력

외국어로 된 간단한 자료를 이해하거나, 외국인과의 전화응대와 간단한 대화 등 외국인의 의사표현을 이해하고, 자신의 의사를 기초외국어로서 표현할 수 있는 능력을 말한다.

## 3. 의사소통의 저해요인

### (1) 의사소통 기법의 미숙, 표현 능력의 부족, 이해 능력의 부족

'일방적으로 말하고', '일방적으로 듣는' 무책임한 태도

### (2) 복잡한 메시지, 경쟁적인 메시지

너무 복잡한 표현, 모순되는 메시지 등 잘못된 정보 전달

## (3) 의사소통에 대한 잘못된 선입견

'말하지 않아도 아는 문화'에 안주하는 태도

## (4) 기타요인

정보의 과다, 메시지의 복잡성, 메시지의 경쟁, 상이한 직위와 과업지향성, 신뢰의 부족, 의사소통을 위한 구조상의 권한, 잘못된 의사소통 매체의 선택, 폐쇄적인 의사소통 분위기

---

《 핵심예제 》

**다음 중 의사소통의 저해요인에 해당하지 않는 것은?**

① 표현능력의 부족

② 평가적이며 판단적인 태도

③ 상대방을 배려하는 마음가짐

④ 선입견과 고정관념

의사소통 시 '상대방을 배려하는 마음가짐'은 성공적인 대화를 위해 필수적으로 갖춰야 하는 마음가짐이다. 따라서 의사소통의 저해요인이 될 수 없다.

정답 ③

---

## 4. 키슬러의 대인관계 의사소통 유형

| 구분 | 특징 | 제안 |
|------|------|------|
| 지배형 | 자신감이 있고 지도력이 있으나, 논쟁적이고 독단이 강하여 대인 갈등을 겪을 수 있음 | 타인의 의견을 경청하고 수용하는 자세 필요함 |
| 실리형 | 이해관계에 예민하고 성취지향적으로, 경쟁적이며 자기중심적임 | 타인의 입장을 배려하고 관심을 갖는 자세 필요함 |
| 냉담형 | 이성적인 의지력이 강하고 타인의 감정에 무관심하며 피상적인 대인관계를 유지함 | 타인의 감정상태에 관심을 가지고 긍정적 감정을 표현하는 것이 필요함 |
| 고립형 | 혼자 있는 것을 선호하고 사회적 상황을 회피하며 지나치게 자신의 감정을 억제함 | 대인관계의 중요성을 인식하고 타인에 대한 비현실적인 두려움의 근원을 성찰하는 것이 필요함 |
| 복종형 | 수동적이고 의존적이며 자신감이 없음 | 적극적인 자기표현과 주장이 필요함 |
| 순박형 | 단순하고 솔직하며 자기주관이 부족함 | 자기주장을 적극적으로 표현하는 것이 필요함 |
| 친화형 | 따뜻하고 인정이 많고 자기희생적이나 타인의 요구를 거절하지 못함 | 타인과의 정서적인 거리를 유지하는 노력이 필요함 |
| 사교형 | 외향적이고 인정하는 욕구가 강하며 타인에 대한 관심이 많고 쉽게 흥분함 | 심리적으로 안정을 취할 필요가 있으며 지나친 인정욕구에 대한 성찰 필요함 |

## 5. 의사소통능력의 개발

### (1) 사후검토와 피드백의 활용

지접 말로 물어보거나 표정, 기다 표시 등을 통해 정확한 반응을 살핀다.

### (2) 언어의 단순화

명확하고 쉽게 이해 가능한 단어를 선택하여 이해도를 높인다.

### (3) 적극적인 경청

감정을 이입하여 능동적으로 집중하며 경청한다.

### (4) 감정의 억제

감정에 치우쳐 메시지를 곡해하지 않도록 침착하게 의사소통한다.


## 6. 입장에 따른 의사소통전략

| | |
|---|---|
| **화자의 입장** | • 의사소통에 앞서 생각을 명확히 할 것<br>• 문서를 작성할 때는 주된 생각을 앞에 쓸 것<br>• 평범한 단어를 쓸 것<br>• 편견 없는 언어를 사용할 것<br>• 사실 밑에 깔린 감정을 의사소통할 것<br>• 어조, 표정 등 비언어적인 행동이 미치는 결과를 이해할 것<br>• 행동을 하면서 말로 표현할 것<br>• 피드백을 받을 것 |
| **청자의 입장** | • 세세한 어휘를 모두 들으려고 노력하기보다는 요점, 즉 의미의 파악에 집중할 것<br>• 말하고 있는 바에 관한 생각과 사전 정보를 동원하여 말하는 바에 몰입할 것<br>• 모든 이야기를 듣기 전에 결론에 이르지 말고 전체 생각을 청취할 것<br>• 말하는 사람의 관점에서 진술을 반복하여 피드백할 것<br>• 들은 내용을 요약할 것 |

## 1. 문서이해능력의 의의

### (1) 문서이해능력이란?

다양한 종류의 문서에서 전달하고자 하는 핵심 내용을 요약·정리하여 이해하고, 문서에서 전달하는 정보의 출처를 파악하고 옳고 그름을 판단하는 능력을 말한다.

### (2) 문서이해의 목적

문서이해능력이 부족하면 직업생활에서 본인의 업무를 이해하고 수행하는 데 막대한 지장을 끼친다. 따라서 본인의 업무를 제대로 수행하기 위해 문서이해능력은 필수적이다.

## 2. 문서의 종류

### (1) 공문서

- 정부 행정기관에서 대내적·대외적 공무를 집행하기 위해 작성하는 문서
- 정부 기관이 일반회사, 단체로부터 접수하는 문서 및 일반회사에서 정부 기관을 상대로 사업을 진행할 때 작성하는 문서 포함
- 엄격한 규격과 양식에 따라 정당한 권리를 가진 사람이 작성
- 최종 결재권자의 결재가 있어야 문서로서의 기능 성립

### (2) 보고서

특정 업무에 대한 현황이나 진행 상황 또는 연구·검토 결과 등을 보고할 때 작성하는 문서

| 종류 | 내용 |
| --- | --- |
| 영업보고서 | 영업상황을 문장 형식으로 기재해 보고하는 문서 |
| 결산보고서 | 진행됐던 사안의 수입과 지출결과를 보고하는 문서 |
| 일일업무보고서 | 매일의 업무를 보고하는 문서 |
| 주간업무보고서 | 한 주간에 진행된 업무를 보고하는 문서 |
| 출장보고서 | 출장을 다녀와 외부 업무나 그 결과를 보고하는 문서 |
| 회의보고서 | 회의 결과를 정리해 보고하는 문서 |

### (3) 설명서

상품의 특성이나 사물의 성질과 가치, 작동 방법이나 과정을 소비자에게 설명하는 것을 목적으로 작성한 문서

| 종류 | 내용 |
| --- | --- |
| 상품소개서 | • 일반인들이 친근하게 읽고 내용을 쉽게 이해하도록 하는 문서<br>• 소비자에게 상품의 특징을 잘 전달해 상품을 구입하도록 유도 |
| 제품설명서 | • 제품의 특징과 활용도에 대해 세부적으로 언급하는 문서<br>• 제품의 사용법에 대해 알려주는 것이 주목적 |

## (4) 비즈니스 메모

업무상 필요한 중요한 일이나 앞으로 체크해야 할 일이 있을 때 필요한 내용을 메모형식으로 작성하여 전달하는 글

| 종류 | 내용 |
|------|------|
| 전화 메모 | • 업무적인 내용부터 개인적인 전화의 전달사항들을 간단히 작성하여 당사자에게 전달하는 메모<br>• 스마트폰의 발달로 현저히 줄어듦 |
| 회의 메모 | • 회의에 참석하지 못한 구성원에게 회의 내용을 간략하게 적어 전달하거나 참고자료로 남기기 위해 작성한 메모<br>• 업무 상황 파악 및 업무 추진에 대한 궁금증이 있을 때 핵심적인 역할을 하는 자료 |
| 업무 메모 | • 개인이 추진하는 업무나 상대의 업무 추진 상황을 메모로 적는 형태 |

## (5) 비즈니스 레터(E-mail)

- 사업상의 이유로 고객이나 단체에 편지를 쓰는 것
- 직장업무나 개인 간의 연락, 직접 방문하기 어려운 고객관리 등을 위해 사용되는 비공식적 문서
- 제안서나 보고서 등 공식적인 문서를 전달하는 데도 사용

## (6) 기획서

하나의 프로젝트를 문서형태로 만들어, 상대방에게 기획의 내용을 전달하여 해당 기획안을 시행하도록 설득하는 문서

## (7) 기안서

회사의 업무에 대한 협조를 구하거나 의견을 전달할 때 작성하며 흔히 사내 공문서로 불림

## (8) 보도자료

정부 기관이나 기업체, 각종 단체 등이 언론을 상대로 하여 자신들의 정보가 기사로 보도되도록 하기 위해 보내는 자료

## (9) 자기소개서

개인의 가정환경과 성장과정, 입사 동기와 근무자세 등을 구체적으로 기술하여 자신을 소개하는 문서

## 3. 문서의 이해

### (1) 문서이해의 절차

| 1. 문서의 목적을 이해하기 |
|---|

↓

| 2. 이러한 문서가 작성되게 된 배경과 주제를 파악하기 |
|---|

↓

| 3. 문서에 쓰인 정보를 밝혀내고, 문서가 제시하고 있는 현안을 파악하기 |
|---|

↓

| 4. 문서를 통해 상대방의 욕구와 의도 및 내게 요구되는 행동에 관한 내용을 분석하기 |
|---|

↓

| 5. 문서에서 이해한 목적 달성을 위해 취해야 할 행동을 생각하고 결정하기 |
|---|

↓

| 6. 상대방의 의도를 도표나 그림 등으로 메모하여 요약·정리해보기 |
|---|

---

《 핵심예제 》

**다음 중 문서이해를 위한 구체적인 절차에서 가장 먼저 행해져야 할 사항은?**

① 문서의 목적을 이해하기
② 문서가 작성된 배경과 주제를 파악하기
③ 현안을 파악하기
④ 내용을 요약하고 정리하기

> 문서를 이해하기 위해 가장 먼저 행해져야 할 것은 문서의 목적을 이해하는 것이다. 목적을 명확히 해야 문서의 작성 배경과 주제, 현안을 파악할 수 있다. 궁극적으로 문서에서 이해한 목적달성을 위해 취해야 할 행동을 생각하고 결정할 수 있게 된다.
>
> 정답 ①

---

### (2) 내용종합능력의 배양

① 주어진 모든 문서를 이해했다 하더라도 그 내용을 모두 기억하기란 불가능하므로 문서내용을 요약하는 문서이해능력에 더해 내용종합능력의 배양이 필요하다.
② 이를 위해서는 다양한 종류의 문서를 읽고, 구체적인 절차에 따라 이해하고, 정리하는 습관을 들여야 한다.

## 1. 문서작성능력의 의의

### (1) 문서작성능력이란?

① 문서의 의미

제안서·보고서·기획서·편지·메모·공지사항 등 문자로 구성된 것을 지칭하며 일상생활뿐만 아니라 직업생활에서도 다양한 문서를 자주 사용한다.

② 문서작성의 목적

치열한 경쟁상황에서 상대를 설득하거나 조직의 의견을 전달하고자 한다.

---

◀◀ **핵심예제** ▶▶

**다음은 무엇에 대한 설명인가?**

> 상황과 목적에 적합한 문서를 시각적이고 효과적으로 작성하기 위한 능력

① 문서이해능력　　　　　　　　　　② 문서작성능력

③ 언어이해능력　　　　　　　　　　④ 언어표현능력

**오답분석**

① 문서이해능력 : 업무와 관련된 다양한 문서를 읽고 핵심을 이해하고 정보를 획득하며, 수집·종합하는 능력이다.

**정답** ②

---

### (2) 문서작성 시 고려사항

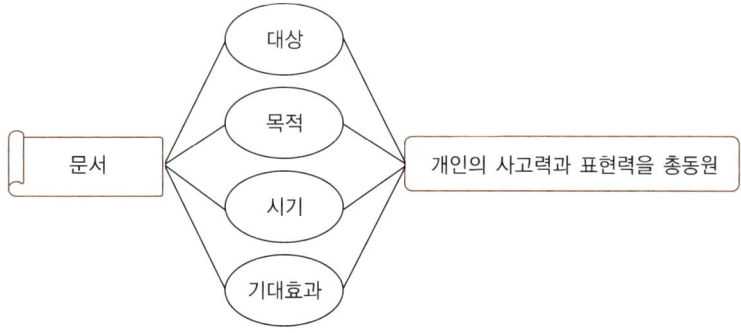

## 2. 문서작성의 실제

### (1) 상황에 따른 문서의 작성

| 상황 | 내용 |
|---|---|
| 요청이나 확인을 위한 경우 | • 공문서 형식<br>• 일정한 양식과 격식을 갖추어 작성 |
| 정보제공을 위한 경우 | • 홍보물, 보도자료, 설명서, 안내서<br>• 시각적인 정보의 활용<br>• 신속한 정보 제공 |
| 명령이나 지시가 필요한 경우 | • 업무 지시서<br>• 명확한 지시사항이 필수적 |
| 제안이나 기획을 할 경우 | • 제안서, 기획서<br>• 종합적인 판단과 예견적인 지식이 필요 |
| 약속이나 추천을 위한 경우 | • 제품의 이용에 대한 정보<br>• 입사지원, 이직 시 상사가 작성 |

### (2) 문서의 종류에 따른 작성법

① 공문서

- '누가, 언제, 어디서, 무엇을, 어떻게(왜)'가 드러나도록 작성해야 함
- 날짜는 연도와 월일을 반드시 함께 기입해야 함
- 날짜 다음에 괄호를 사용할 때는 마침표를 찍지 않음
- 내용이 복잡할 경우 '−다음−', '−아래−'와 같은 항목을 만들어 구분함
- 한 장에 담아내는 것이 원칙
- 마지막엔 반드시 '끝' 자로 마무리함
- 대외문서이고 장기간 보관되는 문서이므로 정확하게 기술해야 함

② 설명서

- 간결하게 작성함
- 전문용어의 사용은 가급적 삼갈 것
- 복잡한 내용은 도표화
- 명령문보다 평서형으로, 동일한 표현보다는 다양한 표현으로 작성함
- 글의 성격에 맞춰 정확하게 기술해야 함

③ 기획서

- 무엇을 위한 기획서인지 핵심 메시지가 정확히 도출되었는지 확인
- 상대가 요구하는 것이 무엇인지 고려하여 작성
- 글의 내용이 한눈에 파악되도록 목차를 구성
- 분량이 많으므로 핵심 내용의 표현에 유념할 것
- 효과적인 내용전달을 위해 표나 그래프를 활용
- 제출하기 전에 충분히 검토할 것
- 인용한 자료의 출처가 정확한지 확인

④ 보고서

> - 핵심내용을 구체적으로 제시
> - 간결하고 핵심적이 내용의 도출이 우선이므로 내용의 중복을 피할 것
> - 독자가 궁금한 점을 질문할 것에 대비할 것
> - 산뜻하고 간결하게 작성
> - 도표나 그림은 적절히 활용
> - 참고자료는 정확하게 제시
> - 개인의 능력을 평가하는 기본 자료이므로 제출하기 전 최종점검을 할 것

《 핵심예제 》

**다음 중 설명서의 올바른 작성법에 해당하지 않는 것은?**

① 정확한 내용 전달을 위해 명령문으로 작성한다.
② 상품이나 제품에 대해 설명하는 글의 성격에 맞춰 정확하게 기술한다.
③ 정확한 내용전달을 위해 간결하게 작성한다.
④ 소비자들이 이해하기 어려운 전문용어는 가급적 사용을 삼간다.

설명서는 명령문이 아닌 평서형으로 작성해야 한다.

정답 ①

## 3. 문서작성의 원칙

### (1) 문장 구성 시 주의사항

> - 간단한 표제를 붙일 것
> - 결론을 먼저 작성
> - 상대방이 이해하기 쉽게
> - 중요하지 않은 경우 한자의 사용은 자제
> - 문장은 짧고, 간결하게
> - 문장은 긍정문의 형식으로

### (2) 문서작성 시 주의사항

> - 문서의 작성 시기를 기입
> - 제출 전 반드시 최종점검
> - 반드시 필요한 자료만 첨부
> - 금액, 수량, 일자는 정확하게 기재

**다음 중 문서작성의 원칙으로 적절하지 않은 것은?**

① 문장을 짧고, 간결하게 작성하도록 한다.

② 정확한 의미전달을 위해 한자어를 최대한 많이 사용한다.

③ 간단한 표제를 붙인다.

④ 문서의 주요한 내용을 먼저 쓰도록 한다.

문서의미의 전달에 그다지 중요하지 않은 경우에는 한자 사용을 최대한 자제하도록 하며, 상용한자의 범위 내에서 사용하는 것이 상대방의 문서이해에 도움이 될 것이다.

정답 ②

## 4. 문서표현의 시각화

### (1) 시각화의 구성요소

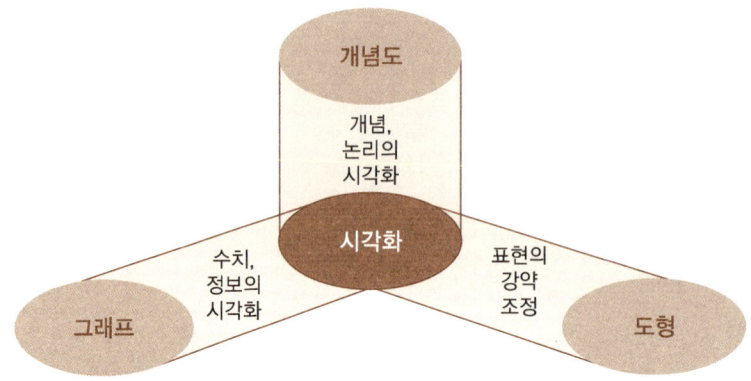

　　문서의 내용을 시각화하기 위해서는 전하고자 하는 내용의 개념이 명확해야 하고, 수치 등의 정보는 그래프 등을 사용하여 시각화하며, 특히 강조하여 표현하고 싶은 내용은 도형을 이용할 수 있다.

### (2) 시각화 방법

① **차트 시각화** : 데이터 정보를 쉽게 이해할 수 있도록 시각적으로 표현하며, 주로 통계 수치 등을 도표나 차트를 통해 명확하고 효과적으로 전달한다.

② **다이어그램 시각화** : 개념이나 주제 등 중요한 정보를 도형, 선, 화살표 등 여러 상징을 사용하여 시각적으로 표현한다.

③ **이미지 시각화** : 전달하고자 하는 내용을 관련 그림이나 사진 등으로 표현한다.

## 04 경청능력

### 1. 경청능력의 의의

**(1) 경청능력이란?**

① 경청의 의미

상대방이 보내는 메시지에 주의를 기울이고 이해를 위해 노력하는 행동으로, 대화의 과정에서 신뢰를 쌓을 수 있는 최고의 방법이다.

② 경청의 효과

대화의 상대방이 본능적으로 안도감을 느끼게 되어 무의식적인 믿음을 갖게 되며, 이 효과로 인해 말과 메시지, 감정이 효과적으로 상대방에게 전달된다.

**(2) 경청의 중요성**

| 경청을 통해 | + | 대화의 상대방을(의) | ⇨ | • 한 개인으로 존중하게 된다.<br>• 성실한 마음으로 대하게 된다.<br>• 입장에 공감하며 이해하게 된다. |

### 2. 효과적인 경청방법

**(1) 적극적 경청과 소극적 경청**

① 적극적 경청

상대의 말에 집중하고 있음을 행동을 통해 표현하며 듣는 것으로 질문, 확인, 공감 등으로 표현된다.

② 소극적 경청

상대의 말에 특별한 반응 없이 수동적으로 듣는 것을 말한다.

**(2) 적극적 경청을 위한 태도**

• 비판적·충고적인 태도를 버린다.
• 상대방이 말하고자 하는 의미를 이해한다.
• 단어 이외에 보여지는 표현에 신경쓴다.
• 경청하고 있다는 것을 표현한다.
• 흥분하지 않는다.

**(3) 경청의 올바른 자세**

• 상대를 정면으로 마주하여 의논할 준비가 되었음을 알린다.
• 손이나 다리를 꼬지 않는 개방적 자세를 취한다.
• 상대를 향해 상체를 기울여 경청하고 있다는 사실을 강조한다.
• 우호적인 눈빛 교환을 한다.
• 편안한 자세를 취한다.

## (4) 효과적인 경청을 위한 트레이닝

| 종류 | 내용 |
|---|---|
| 준비 | 미리 나누어준 계획서 등을 읽어 강연 등에 등장하는 용어에 친숙해질 필요가 있음 |
| 집중 | 말하는 사람의 속도와 말을 이해하는 속도 사이에 발생하는 간격을 메우는 방법을 학습해야 함 |
| 예측 | 대화를 하는 동안 시간 간격이 있으면, 다음에 무엇을 말할 것인가를 추측하려고 노력해야 함 |
| 연관 | 상대방이 전달하려는 메시지가 무엇인가를 생각해보고 자신의 삶, 목적, 경험과 관련지어 보는 습관이 필요함 |
| 질문 | 질문에 대한 답이 즉각적으로 이루어질 수 없다고 하더라도 질문을 하려고 하면 경청하는 데 적극적이 되고 집중력이 높아지게 됨 |
| 요약 | 대화 도중에 주기적으로 대화의 내용을 요약하면 상대방이 전달하려는 메시지를 이해하고, 사상과 정보를 예측하는 데 도움이 됨 |
| 반응 | 상대방에 대한 자신의 지각이 옳았는지 확인할 수 있으며, 상대방에게 자신이 정확하게 의사소통을 하였는가에 대한 정보를 제공함 |

《 핵심예제 》

**다음 중 효과적인 경청방법으로 적절하지 않은 것은?**

① 주의를 집중한다.
② 나와 관련지어 생각해 본다.
③ 상대방의 대화에 적절히 반응한다.
④ 상대방의 말을 적당히 걸러내며 듣는다.

듣는 사람이 임의로 상대방이 말하는 내용을 걸러내며 들으면 상대방의 의견을 제대로 이해할 수 없는 경우가 있다. 효과적인 경청 방법은 상대방의 말을 전적으로 수용하며 듣는 태도이다.

정답 ④

## 3. 경청의 방해요인

| 요인 | 내용 |
|---|---|
| 짐작하기 | 상대방의 말을 듣고 받아들이기보다 자신의 생각에 들어 맞는 단서들을 찾아 자신의 생각을 확인하는 것 |
| 대답할 말 준비하기 | 자신이 다음에 할 말을 생각하기에 바빠서 상대방이 말하는 것을 잘 듣지 않는 것 |
| 걸러내기 | 상대의 말을 듣기는 하지만 상대방의 메시지를 온전하게 듣지 않는 것 |
| 판단하기 | 상대방에 대한 부정적인 판단 때문에, 또는 상대방을 비판하기 위해 상대방의 말을 듣지 않는 것 |
| 다른 생각하기 | 상대방이 말을 할 때 다른 생각을 하는 것으로, 현실이 불만스럽지만 이러한 상황을 회피하고 있다는 신호임 |
| 조언하기 | 본인이 다른 사람의 문제를 지나치게 해결해 주고자 하는 것을 말하며, 말끝마다 조언하려고 끼어들면 상대방은 제대로 말을 끝맺을 수 없음 |
| 언쟁하기 | 단지 반대하고 논쟁하기 위해서만 상대방의 말에 귀를 기울이는 것 |
| 자존심 세우기 | 자존심이 강한 사람에게서 나타나는 태도로 자신의 부족한 점에 대한 상대방의 말을 듣지 않으려 함 |
| 슬쩍 넘어가기 | 문제를 회피하려 하거나 상대방의 부정적 감정을 회피하기 위해서 유머 등을 사용하는 것으로 이로 인해 상대방의 진정한 고민을 놓치게 됨 |
| 비위 맞추기 | 상대방을 위로하기 위해서 너무 빨리 동의하는 것을 말하며, 상대방에게 자신의 생각이나 감정을 충분히 표현할 시간을 주지 못하게 됨 |

다음 중 경청을 방해하는 요인에 해당하지 않는 것은?

① 상대방의 말을 짐작하면서 듣기

② 대답할 말을 미리 준비하며 듣기

③ 상대방의 마음상태를 이해하며 듣기

④ 상대방의 말을 판단하며 듣기

상대방의 마음상태를 이해하며 듣는 것은 올바른 경청방법으로, 방해요인에 해당하지 않는다.

**정답** ③

## 4. 경청훈련

### (1) 대화법을 통한 경청훈련

① 주의 기울이기

바라보기, 듣기, 따라하기가 이에 해당하며, 산만한 행동은 중단하고 비언어적인 것, 즉 상대방의 얼굴과 몸의 움직임뿐만 아니라 호흡하는 자세까지도 주의하여 관찰해야 한다.

② 상대방의 경험을 인정하고 더 많은 정보 요청하기

화자가 인도하는 방향으로 따라가고 있다는 것을 언어적·비언어적인 표현을 통하여 상대방에게 알려주는 것은 상대방이 더 많은 것을 말할 수 있는 수단이 된다.

③ 정확성을 위해 요약하기

상대방에 대한 이해의 정확성을 확인할 수 있게 하며, 자신과 상대방의 메시지를 공유할 수 있도록 한다.

④ 개방적인 질문하기

단답형의 대답이나 반응보다 상대방의 다양한 생각을 이해하고, 상대방으로부터 보다 많은 정보를 얻기 위한 방법이다.

⑤ '왜?'라는 질문 피하기

'왜?'라는 질문은 보통 진술을 가장한 부정적·추궁적·강압적인 표현이므로 사용하지 않는 것이 좋다.

### (2) 경청능력을 높이는 공감하는 태도

① 공감적 태도

성숙된 인간관계를 유지하기 위해서는 서로의 의견을 공감하고 존중하며 의견 조율이 필요하다. 이를 위해 깊이 있는 대화가 필요하며 이때 필요한 것이 공감적 태도이다. 즉, 공감이란 상대방이 하는 말을 상대방의 관점에서 이해하고 느끼는 것이다.

② 공감적 반응

㉠ 상대방의 이야기를 자신의 관점이 아닌 그의 관점에서 이해한다.

㉡ 상대방의 말 속에 담겨 있는 감정과 생각에 민감하게 반응한다.

## 1. 의사표현능력의 의의

### (1) 의사표현능력이란?

① 의사표현의 의미

말하는 이가 자신의 생각과 감정을 듣는 이에게 음성언어나 신체언어로 표현하는 행위로서 말하는 이의 목적을 달성하는 데 효과가 있다고 생각하는 말하기를 말한다.

② 의사표현의 종류

| 종류 | 내용 |
|---|---|
| 공식적 말하기 | • 사전에 준비된 내용을 대중을 상대로 하여 말하는 것<br>• 연설, 토의, 토론 등 |
| 의례적 말하기 | • 정치적·문화적 행사에서와 같이 의례 절차에 따라 말하는 것<br>• 식사, 주례, 회의 등 |
| 친교적 말하기 | • 매우 친근한 사람들 사이에서 이루어지는 것으로 자연스러운 상황에서 떠오르는 대로 주고받는 말하기 |

### (2) 의사표현의 중요성

언어에 의해 그려지는 이미지로 인해 자신의 이미지가 형상화될 수 있다. 즉, 자신이 자주 하는 말로써 자신의 이미지가 결정된다는 것이다.

## 2. 의사표현에 영향을 미치는 비언어적 요소

### (1) 연단공포증

청중 앞에서 이야기를 해야 하는 상황일 때 정도의 차이는 있지만 누구나 가슴이 두근거리는 등의 현상을 느끼게 된다. 이러한 연단공포증은 소수가 경험하는 심리상태가 아니라, 90% 이상의 사람들이 호소하는 불안이므로 이를 걱정할 필요는 없으며, 오히려 이러한 심리현상을 잘 통제하면서 표현을 한다면 청자는 그것을 더 인간다운 것으로 생각하게 된다.

### (2) 말

① 장단

표기가 같은 말이라도 소리가 길고 짧음에 따라 전혀 다른 뜻이 되는 단어의 경우 긴 소리와 짧은 소리를 구분하여 정확하게 발음해야 한다.

② 발음

발음이 분명하지 못하면 듣는 이에게 정확하게 의사를 전달하기 어렵다. 천천히 복식호흡을 하며 깊은 소리로 침착하게 이야기하는 습관을 가져야 한다.

③ 속도

발표할 때의 속도는 10분에 200자 원고지 15장 정도가 적당하다. 이보다 빠르면 청중이 내용에 대해 생각할 시간이 부족하고 놓친 메시지가 있다고 느끼며, 말하는 사람이 바쁘고 성의 없는 느낌을 주게 된다. 반대로 느리게 말하면, 분위기가 처지게 되어 청중이 내용에 집중을 하지 못한다. 발표에 능숙하게 되면 청중의 반응을 감지하면서 분위기가 처질 경우 좀 더 빠르게, 내용상 중요한 부분을 짚고 넘어가고자 할 경우는 조금 여유 있게 말하는 등의 조절을 할 수 있다.

④ 쉼

의도적으로 쉼을 잘 활용함으로써 논리성, 동질감 등을 확보할 수 있다.

### (3) 몸짓

① 몸의 방향

몸의 방향을 통해 대화 상대를 향하는가, 피하는가가 판단된다. 예를 들어 대화 도중에 끼어든 제3자가 있다고 상상했을 때, 말하는 이가 제3자를 불편하게 생각하는 경우 살짝 몸을 돌릴 수 있다. 몸의 방향은 의도적일 수도 있고, 비의도적일 수도 있으나 말하는 이가 그 사람을 '피하고' 있음을 표현하는 방식이 된다.

② 자세

특정 자세를 보고 그 사람의 분노, 슬픔, 행복과 같은 일부 감정들을 맞히는 것은 90% 이상 일치한다는 연구 결과가 있다. 자신뿐 아니라 지금 대화를 나누고 있는 상대방의 자세에 주의를 기울임으로써 우리는 언어적 요소와는 다른 중요한 정보를 얻을 수 있다.

③ 몸짓

몸짓의 가장 흔한 유형은 몸동작으로 화자가 말을 하면서 자연스럽게 동반하는 움직임이다. 누군가 우리에게 길을 물어볼 때 자연스럽게 말과 함께 손가락과 몸짓을 통해 길을 알려준다. 몸동작은 말로 설명하기는 어려운 것들을 설명하는 데 자주 사용되며, 몸동작이 완전히 배제된 의사표현은 때로 어색함을 줄 수 있다. 또 '최고다.'라는 긍정적 신호를 보내기 위해 엄지를 들어 올리는 등의 상징적 동작은 말을 동반하지 않아도 의사표현이 가능하게 한다. 상징적 동작은 문화권에 따라 다를 수 있으므로, 다른 문화권의 사람들과 의사소통을 해야 할 경우에는 문화적 차이를 고려해야 한다.

④ 유머

유머는 의사표현을 더욱 풍요롭게 도와준다. 하지만 하루아침에 유머를 포함한 의사표현을 할 수 있는 것은 아니며, 평소 일상생활 속에서 부단히 유머 감각을 훈련하여야만 자연스럽게 상황에 맞는 유머를 즉흥적으로 구사할 수 있다.

## 3. 효과적인 의사표현법

| 상황 | 내용 |
|------|------|
| 지적 | • 충고나 질책의 형태로 나타난다.<br>• '칭찬 – 질책 – 격려'의 샌드위치 화법을 사용한다.<br>• 충고는 최후의 수단으로 은유적으로 접근한다. |
| 칭찬 | • 대화 서두의 분위기 전환용으로 사용한다.<br>• 상대에 어울리는 중요한 내용을 포함한다. |
| 요구 | • 부탁 : 상대의 상황을 확인한 후 응하기 쉽도록 구체적으로 부탁하며, 거절을 당해도 싫은 내색을 하지 않는다.<br>• 업무상 지시, 명령 : 강압적 표현보다는 청유식 표현이 효과적이다. |
| 거절 | • 거절에 대한 사과와 함께 응할 수 없는 이유를 설명한다.<br>• 요구를 들어주는 것이 불가능할 경우 단호하게 거절하지만, 정색하는 태도는 지양한다. |
| 설득 | • 강요는 금물이다.<br>• 문 안에 한 발 들여놓기 기법<br>• 얼굴 부딪히기 기법 |

## 06 기초외국어능력

## 1. 기초외국어능력의 의의

### (1) 기초외국어능력이란?

일 경험에 있어 우리만의 언어가 아닌 세계의 언어로 의사소통을 가능하게 하는 능력을 말하며, 일 경험 중에 필요한 문서이해나 문서작성, 의사표현, 경청 등 기초적인 의사소통을 기초적인 외국어로 가능하게 하는 능력을 말한다.

### (2) 기초외국어능력의 중요성

외국인들과의 업무가 잦은 특정 직무뿐만 아니라 컴퓨터 활용 및 공장의 기계사용, 외국산 제품의 사용법을 확인하는 경우 등 기초외국어를 모르면 불편한 경우가 많다.

## 2. 외국인과의 비언어적 의사소통

### (1) 표정으로 알아채기

외국인과 마주하여 대화할 때 그들의 감정이나, 생각을 가장 쉽게 알 수 있는 것이 표정이다. 웃는 표정은 행복과 만족, 친절을 표현하는 데 비해, 눈살을 찌푸리는 표정은 불만족과 불쾌를 나타낸다. 또한 눈을 마주 쳐다보는 것은 흥미와 관심이 있음을, 그리고 그렇게 하지 않음은 무관심을 말해준다.

## (2) 음성으로 알아채기

어조가 높으면 적대감이나 대립감을 나타내고, 낮으면 만족이나 안심을 나타낸다. 또한 목소리가 커졌으면 내용을 강조하는 것이거나 흥분, 불만족 등의 감정 상태를 표현하는 것이다. 또한 말의 속도와 리듬이 매우 빠르거나 짧게 얘기하면 공포나 노여움을 나타내는 것이며, 너무 자주 말을 멈추면 결정적인 의견이 없음을 의미하거나 긴장 또는 저항을 의미한다.

## (3) 외국인과의 의사소통에서 피해야 할 행동

- 상대를 볼 때 흘겨보거나, 아예 보지 않는 것
- 팔이나 다리를 꼬는 것
- 표정이 없는 것
- 다리를 흔들거나 펜을 돌리는 것
- 맞장구를 치지 않거나, 고개를 끄덕이지 않는 것
- 생각 없이 메모하는 것
- 자료만 들여다보는 것
- 바르지 못한 자세로 앉는 것
- 한숨, 하품, 신음을 내는 것
- 다른 일을 하며 듣는 것
- 상대방에게 이름이나 호칭을 어떻게 부를지 묻지 않고 마음대로 부르는 것

---

◀◀ 핵심예제 ▶▶

**다음 중 기초외국어능력을 대하는 마음가짐으로 적절하지 않은 것은?**

① 상대방과 목적을 공유한다.
② 외국어를 너무 어렵게만 생각하지 않는다.
③ 자신을 극복한다.
④ 자신의 부족한 외국어 실력을 의식하여, 실수하지 않도록 한다.

외국어에 대한 자신감이 부족한 사람들이 가지는 특징은 외국어를 잘 못한다는 지나친 의식, 불명확한 의사표현, 의견정리의 어려움, 표현력의 저하 등이다. 따라서 이러한 마음상태를 극복하고, 자신만의 기초외국어로의 의사소통 방법을 만들어 나가는 것도 기초외국어능력을 높이는 좋은 방법이라 할 수 있다.

정답 ④

# 01 문서 내용 이해

| 유형분석 |

- 주어진 지문을 읽고 선택지를 고르는 전형적인 독해 문제이다.
- 지문은 주로 신문기사(보도자료 등)나 업무 보고서, 시사 등이 제시된다.
- 공사공단에 따라 자사와 관련된 내용의 기사나 법조문, 보고서 등이 출제되기도 한다.

**다음 글의 내용으로 가장 적절한 것은?**

멋이라는 것도 일상생활의 단조로움이나 생활의 압박에서 해방되려는 노력의 하나일 것이다. 끊임없이 일상의 복장, 그 복장이 주는 압박감에서 벗어나기 위해 옷을 잘 차려 입는 사람은 그래서 멋쟁이이다. 또는 삶을 공리적 계산으로서가 아니라 즐김의 대상으로 볼 수 있게 해 주는 활동, 가령 서도(書道)라든가 다도(茶道)라든가 꽃꽂이라든가 하는 일을 과외로 즐길 줄 아는 사람을 우리는 생활의 멋을 아는 사람이라고 말한다. 그러나 그렇다고 해서 값비싸고 화려한 복장, 어떠한 종류의 스타일과 수련을 전제하는 활동만이 멋을 나타내는 것이 아니다. 경우에 따라서는 털털한 옷차림, 겉으로 내세울 것이 없는 소탈한 생활 태도가 멋있게 생각될 수도 있다. 기준적인 것에 변화를 더하는 것이 중요한 것이다. 그러나 기준으로부터의 편차가 너무 커서는 안 된다. 혐오감을 불러일으킬 정도의 몸가짐, 몸짓 또는 생활 태도는 멋이 있는 것으로 생각되지 않는다. 편차는 어디까지나 기준에 의해서만 존재하는 것이다.

① 다양한 종류의 옷을 가지고 있는 사람은 멋쟁이이다.
② 값비싸고 화려한 복장을 하는 사람은 공리적 계산을 하는 사람이다.
③ 소탈한 생활 태도를 갖는 것이 가장 중요하다.
④ 꽃꽂이를 과외로 즐길 줄 아는 사람은 생활의 멋을 아는 사람이다.
⑤ 차는 종류별로 즐길 줄 알아야 진정한 멋을 아는 사람이다.

**정답** ④

'서도(書道)라든가 다도(茶道)라든가 꽃꽂이라든가 하는 일을 과외로 즐길 줄 아는 사람을 우리는 생활의 멋을 아는 사람이라고 말한다.'의 문장을 통해 알 수 있다.

**풀이 전략!**

주어진 선택지에서 키워드를 체크한 후, 지문의 내용과 비교해 가면서 내용의 일치 유무를 빠르게 판단한다.

**01** 다음 글의 내용으로 적설하지 않은 것은?

역사란 무엇인가 하는 대단히 어려운 물음에 아주 쉽게 답한다면, 그것은 인간 사회의 지난날에 일어난 사실(事實) 자체를 가리키기도 하고, 또 그 사실에 관해 적어 놓은 기록을 가리키기도 한다고 말할 수 있다. 그러나 지난날의 인간 사회에서 일어난 사실이 모두 역사가 되는 것은 아니다. 쉬운 예를 들면, 김 총각과 박 처녀가 결혼한 사실은 역사가 될 수 없고, 한글이 만들어진 사실, 임진왜란이 일어난 사실 등은 역사가 된다.

이렇게 보면 사소한 일, 일상적으로 반복되는 일은 역사가 될 수 없고, 거대한 사실, 한 번만 일어나는 사실만이 역사가 될 것 같지만, 반드시 그런 것도 아니다. 고려 시대의 경우를 예로 들면, 주기적으로 일어나는 자연 현상인 일식과 월식은 모두 역사로 기록되었지만, 우리는 지금 세계 최고(最古)의 금속 활자를 누가 몇 년에 처음으로 만들었는지 모르고 있다. 일식과 월식은 자연 현상이면서도 하늘이 인간 세계의 부조리를 경고하는 것이라 생각했기 때문에 역사가 되었지만, 목판(木版)이나 목활자 인쇄술이 금속 활자로 넘어가는 중요성이 인식되지 않았기 때문에 금속 활자는 역사가 될 수 없었다. 이렇게 보면, 또 역사라는 것은 지난날의 인간 사회에서 일어난 사실 중에서 누군가에 의해 중요한 일이라고 인정되어 뽑힌 것이라 할 수 있다. 이 경우, 그것을 뽑은 사람은 기록을 담당한 사람, 곧 역사가라 할 수 있으며, 뽑힌 사실이란 곧 역사책을 비롯한 각종 기록에 남은 사실들이다. 다시 말하면 역사란 결국 기록에 남은 것이며, 기록에 남지 않은 것은 역사가 아니라 할 수 있다. 일식과 월식은 과학이 발달한 오늘날에는 역사로서 기록에 남지 않게 되었다. 금속 활자의 발견은 그 중요성을 안 훗날 사람들의 노력에 의해 최초로 발명한 사람과 정확한 연대(年代)는 모른 채 고려 말기의 중요한 역사로 추가 기록되었다. '지난날의 인간 사회에서 일어난 수많은 사실 중에서 누군가가 기록해 둘만한 중요한 일이라고 인정하여 기록한 것이 역사이다.'라고 생각해 보면, 여기에 좀 더 깊이 생각해 보아야 할 몇 가지 문제가 있다.

첫째는 '기록해 둘 만한 중요한 사실이란 무엇을 말하는 것인가?' 하는 문제이고, 둘째는 '과거에 일어난 일들 중에서 기록해둘 만한 중요한 사실을 가려내는 사람의 생각과 처지'의 문제이다. 먼저, '무엇이 기록해 둘 만한 중요한 문제인가? 기록해 둘 만하다는 기준(基準)이 무엇인가?' 하고 생각해 보면, 아주 쉽게 말해서 후세(後世) 사람들에게 어떤 참고가 될 만한 일이라고 말할 수 있겠다. 다시 말하면 오늘날의 역사책에 남아 있는 사실들은 모두 우리가 살아나가는 데 참고가 될 만한 일들이라 할 수 있다. 다음으로, 참고가 될 만한 일과 그렇지 않은 일을 가려 내는 일은 사람에 따라 다를 수 있으며, 또 시대에 따라 다를 수 있다. 고려 시대나 조선 시대 사람들에게는 일식과 월식이 정치를 잘못한 왕이나 관리들에 대한 하늘의 노여움이라 생각되었기 때문에 역사에 기록되었지만, 오늘날에는 그렇지 않다는 것을 알게 되었기 때문에 역사에는 기록되지 않는다.

① 인간 사회에서 일어난 모든 사실이 역사가 될 수 없다.
② 역사라는 것은 역사가의 관점에 의하여 선택된 사실이다.
③ 역사의 가치는 시대나 사회의 흐름과 무관한 절대적인 것이다.
④ 역사는 기록에 남은 것이며, 기록된 것은 가치가 있는 것이어야 한다.
⑤ 희소가치가 있는 것이나 서내한 사실이 반드시 역사가 되는 것은 아니다.

**02** 다음은 K공단의 사보에 실린 기사이다. 기사를 읽고 대화를 나눈 사원들 중 적절하지 않은 내용을 말하는 사람은?

'혁신'이라는 용어는 이미 경영·기술 분야에서 널리 사용되고 있다. 미국의 경제학자 슘페터는 혁신을 새로운 제품소개, 생산방법의 도입, 시장개척, 조직방식 등의 새로운 결합으로 발생하는 창조적 파괴라고 정의한 바 있다. 이를 '열린 혁신'의 개념으로 확장해 보면 기관 자체의 역량뿐 아니라 외부의 아이디어를 받아들이고 결합함으로써, 당면한 문제를 해결하고 사회적 가치를 창출하는 일련의 활동이라 말할 수 있을 것이다.

위에서 언급한 정의의 측면에서 볼 때 열린 혁신의 성공을 위한 초석은 시민사회(혹은 고객)를 포함한 다양한 이해관계자의 적극적인 참여와 협업이다. 어린이 – 시민 – 전문가 – 공무원이 모여 자연을 이용해 기획하고 디자인한 순천시의 '기적의 놀이터', 청년들이 직접 제안한 아이디어를 정부가 정식 사업으로 채택하여 발전시킨 '공유기숙사' 등은 열린 혁신의 추진방향을 보여주는 대표적인 사례이다. 특히, 시민을 공공서비스의 수혜 대상에서 함께 사업을 만들어가는 파트너로 격상시킨 것이 큰 변화이며, 바로 이 지점이 열린 혁신의 출발점이라 할 수 있다.

그렇다면 '열린 혁신'을 보다 체계적·성공적으로 추진하기 위한 선행조건은 무엇일까?

첫째, 구성원들이 열린 혁신을 명확히 이해하고 수요자의 입장에서 사업을 바라보는 마인드셋이 필요하다. 공공기관이 혁신을 추진하는 목적은 결국 본연의 사업을 잘 수행하기 위함이다. 이를 위해서는 수요자인 고객을 먼저 생각해야 한다. 제공받는 서비스에 만족하지 못하는 고객을 생각한다면 사업에 대한 변화와 혁신은 자연스럽게 따라올 수밖에 없다.

둘째, 다양한 아이디어가 존중받고 추진될 수 있는 조직문화를 만들어야 한다. 나이·직급과 관계없이 새로운 아이디어를 마음껏 표현할 수 있는 환경을 조성하는 한편, 참신하고 완성도 높은 아이디어에 대해 인센티브를 제공하는 등 조직 차원의 동기부여가 필요하다. 행정안전부에서 주관하는 정부 열린 혁신 평가에서 기관장의 의지와 함께 전사 차원의 지원체계 마련을 주문하는 것도 이러한 연유에서다.

마지막으로 지속할 수 있는 혁신을 위해 이를 뒷받침할 수 있는 열정적인 혁신 퍼실리테이터가 필요하다. 수요자의 니즈를 발굴하여 사업에 반영하는 제안 – 설계 – 집행 – 평가 전 과정을 살피고 지원할 수 있는 조력자의 역할은 필수적이다. 따라서 역량 있는 혁신 조력자를 육성하기 위한 체계적인 교육이 수반되어야 할 것이다. 덧붙여 전 과정에 다양한 이해관계자의 참여가 필요한 만큼 담당부서와 사업부서 간의 긴밀한 협조가 이루어진다면 혁신의 성과는 더욱 커질 것이다.

최근 우리 공단은 청년 실업률 증가, 4차 산업혁명 발 일자리의 구조적 변화 등 주요 사업과 관련한 큰 환경 변화에 직면해 있다. 특히, 일자리 창출 지원, 인적자원개발 패러다임 변화를 반영한 인력양성 등 공단에 대한 정부와 국민의 기대감은 날로 커질 전망이다. '열린 혁신'은 공단의 지속할 수 있는 발전을 위해 꼭 추진되어야 할 과제이다. 공단 전 직원들의 관심과 적극적인 참여가 필요한 시점이다.

A사원 : 혁신은 혼자서 하는 게 아니야. 혁신을 위해서는 부서 간의 긴밀한 협조가 꼭 필요해.
B사원 : 우리 모두 업무를 함에 있어 고객들의 마음을 생각해 보는 것은 어떨까?
C사원 : 연린 혁신을 위해서는 외부의 도움 없이 스스로 문제를 해결할 수 있는 역량이 중요해.
D사원 : 기존의 수직적인 조직문화를 수평적인 문화로 개선해 보는 것은 어떨까?
E사원 : 인력 양성에 대한 국가적인 기대감은 날로 커질 전망이야.

① A사원
② B사원
③ C사원
④ D사원
⑤ E사원

PART 2

**03** 다음 글의 내용으로 가장 적절한 것은?

'청렴(淸廉)'은 현대 사회에서 좁게는 반부패와 동의어로 사용되며 넓게는 투명성과 책임성 등을 포괄하는 통합적 개념으로 사용되고 있다. 유학자들은 청렴을 효제와 같은 인륜의 덕목보다는 하위에 두었지만 군자라면 마땅히 지켜야 할 일상의 덕목으로 중시하였다. 조선의 대표적 유학자였던 이황과 이이는 청렴을 사회 규율이자 개인 처세의 지침으로 강조하였다. 특히 공적 업무에 종사하는 사람이라면 사회 규율로서의 청렴이 개인의 처세와 직결된다는 점에 유념해야 한다고 보았다.

청렴에 대한 논의는 정약용의 『목민심서』에서 본격적으로 나타난다. 정약용은 청렴이야말로 목민관이 지켜야 할 근본적인 덕목이며 목민관의 직무는 청렴이 없이는 불가능하다고 강조하였다. 정약용은 청렴을 당위의 차원에서 주장하는 기존의 학자들과 달리 행위자 자신에게 실질적 이익이 된다는 점을 들어 설득하고자 한다. 그는 청렴은 큰 이득이 남는 장사라고 말하면서, 지혜롭고 욕심이 큰 사람은 청렴을 택하지만 지혜가 짧고 욕심이 작은 사람은 탐욕을 택한다고 설명한다. 정약용은 "지자(知者)는 인(仁)을 이롭게 여긴다."라는 공자의 말을 빌려 "지혜로운 자는 청렴함을 이롭게 여긴다."라고 하였다. 비록 재물을 얻는 데 뜻이 있더라도 청렴함을 택하는 것이 결과적으로는 지혜로운 선택이라고 정약용은 말한다. 목민관의 작은 탐욕은 단기적으로 보면 눈 앞의 재물을 취하여 이익을 얻을 수 있겠지만 궁극에는 개인의 몰락과 가문의 불명예를 가져올 수 있기 때문이다.

정약용은 청렴을 지키는 것은 두 가지 효과가 있다고 보았다. 첫째, 청렴은 다른 사람에게 긍정적 효과를 미친다. 목민관이 청렴할 경우 백성을 비롯한 공동체 구성원에게 좋은 혜택이 돌아갈 것이다. 둘째, 청렴한 행위를 하는 것은 목민관 자신에게도 좋은 결과를 가져다준다. 청렴은 그 자신의 덕을 높이는 것일 뿐 아니라 자신의 가문에 빛나는 명성과 영광을 가져다줄 것이다.

① 정약용은 청렴이 목민관이 반드시 지켜야 할 덕목임을 당위론 차원에서 정당화하였다.
② 정약용은 탐욕을 택하는 것보다 청렴을 택하는 것이 이롭다는 공자의 뜻을 계승하였다.
③ 정약용은 청렴한 사람은 욕심이 작기 때문에 재물에 대한 탐욕에 빠지지 않는다고 보았다.
④ 정약용은 청렴이 백성에게 이로움을 줄 뿐 아니라 목민관 자신에게도 이로운 행위라고 보았다.
⑤ 이황과 이이는 청렴을 개인의 처세에 있어 주요 지침으로 여겼으나 사회 규율로는 보지 않았다.

# 02 글의 주제·제목

## | 유형분석 |

- 주어진 지문을 파악하여 전달하고자 하는 핵심 주제를 고르는 문제이다.
- 정보를 종합하고 중요한 내용을 구별하는 능력이 필요하다.
- 설명문부터 주장, 반박문까지 다양한 성격의 지문이 제시되므로 글의 성격별 특징을 알아두는 것이 좋다.

### 다음 글의 제목으로 가장 적절한 것은?

반대는 필수불가결한 것이다. 지각 있는 대부분의 사람이 그러하듯 훌륭한 정치가는 항상 열렬한 지지자보다는 반대자로부터 더 많은 것을 배운다. 만약 반대자들이 위험이 있는 곳을 지적해 주지 않는다면, 그는 지지자들에 떠밀려 파멸의 길을 걷게 될 수 있기 때문이다. 따라서 현명한 정치가라면 그는 종종 친구들로부터 벗어나기를 기도할 것이다. 친구들이 자신을 파멸시킬 수도 있다는 것을 알기 때문이다. 그리고 비록 고통스럽다 할지라도 결코 반대자 없이 홀로 남겨지는 일이 일어나지 않기를 기도할 것이다. 반대자들이 자신을 이성과 양식의 길에서 멀리 벗어나지 않도록 해준다는 사실을 알기 때문이다. 자유의지를 가진 국민의 범국가적 화합은 정부의 독단과 반대당의 혁명적 비타협성을 무력화시키는 정치권력의 충분한 균형에 의존하고 있다. 그 균형이 어떤 상황 때문에 강제로 타협하게 되지 않는 한 그리고 모든 시민이 어떤 정책에 영향을 미칠 수는 있으나 누구도 혼자 정책을 지배할 수 없다는 것을 느끼게 되지 않는 한 그리고 습관과 필요에 의해서 서로 조금씩 양보하지 않는 한, 자유는 유지될 수 없기 때문이다.

① 민주주의와 사회주의
② 반대의 필요성과 민주주의
③ 민주주의와 일방적인 의사소통
④ 권력을 가진 자와 혁명을 꿈꾸는 집단
⑤ 혁명의 정의

**정답** ②

제시문의 핵심 내용은 '반대는 필수불가결한 것이다.', '자유의지를 가진 국민의 범국가적 화합은 정부의 독단과 반대당의 혁명적 비타협성을 무력화시키는 정치권력의 충분한 균형에 의존하고 있다.', '그 균형이 더 이상 존재하지 않는다면 민주주의는 사라지고 만다.'로 요약할 수 있다. 따라서 제시문의 제목으로 ②가 적절하다.

**풀이 전략!**

'결국', '즉', '그런데', '그러나', '그러므로' 등의 접속어 뒤에 주제가 드러나는 경우가 많다는 것에 주의하면서 지문을 읽는다.

※ 다음 글의 주제로 가장 적절한 것을 고르시오. **[1~2]**

**01**

> 사대부가 퇴장하고, 시민이 지배세력으로 등장하면서 근대문학이 시작되었다. 염상섭, 현진건, 나도향 등은 모두 서울 중인의 후예인 시민이었기 때문에 근대 소설을 이룩하는 데 앞장설 수 있었다. 이광수, 김동인, 김소월 등 평안도 출신 시민계층도 근대문학 형성에 큰 몫을 담당했다. 근대문학의 주역인 시민은 본인의 계급 이익을 배타적으로 옹호하지 않았다. 그들은 사대부 문학의 유산을 계승하는 한편, 민중문학과 제휴해 중세 보편주의와는 다른 근대 민족주의 문학을 발전시키는 의무를 감당해야 했다.

① 근대문학 형성의 주역들　　　　　② 근대문학의 지역 문제
③ 민족주의 문학의 탄생과 발전　　④ 근대문학의 특성과 의의
⑤ 근대문학과 민족문학

**02**

> 통계는 다양한 분야에서 사용되며 막강한 위력을 발휘하고 있다. 그러나 모든 도구나 방법이 그렇듯이 통계 수치에도 함정이 있다. 함정에 빠지지 않으려면 통계 수치의 의미를 정확히 이해하고, 도구와 방법을 올바르게 사용해야 한다. 친구 5명이 만나서 이야기를 나누다가 연봉이 화두에 올랐다고 가정해 보자. 2천만 원이 4명, 7천만 원이 1명이었는데, 평균을 내면 3천만 원이다. 이 숫자에 대해 4명은 "나는 봉급이 왜 이렇게 적을까?"라며 한숨을 내쉬었다. 그러나 이 평균값 3천만 원이 5명의 집단을 대표하는 데 아무 문제가 없을까? 물론 계산 과정에는 하자가 없지만, 평균을 집단의 대푯값으로 사용하는 데 어떤 한계가 있을 수 있는지 깊이 생각해 보지 않는다면, 우리는 잘못된 생각에 빠질 수도 있다. 평균은 극단적으로 아웃라이어(비정상적인 수치)에 민감하다. 집단 내에 아웃라이어가 하나만 있어도 평균이 크게 바뀐다는 것이다. 위의 예에서 1명의 연봉이 7천만 원이 아니라 100억 원이었다고 하자. 그러면 평균은 20억 원이 넘게 된다.
> 나머지 4명은 자신의 연봉이 평균치의 100분의 1밖에 안 된다며 슬퍼해야 할까? 연봉 100억 원인 사람이 아웃라이어이듯이 처음의 예에서 연봉 7천만 원인 사람도 아웃라이어인 것이다. 두드러진 아웃라이어가 있는 경우에는 평균보다는 최빈값이나 중앙값이 대푯값으로서 더 나을 수 있다.

① 평균은 집단을 대표하는 수치로서는 매우 부적당하다.
② 통계는 숫자 놀음에 불과하므로 통계 수치에 일희일비할 필요가 없다.
③ 평균보다는 최빈값이나 중앙값을 대푯값으로 사용해야 한다.
④ 통계 수치의 의미와 한계를 정확히 인식하고 사용할 필요가 있다.
⑤ 통계는 올바르게 활용하면 다양한 분야에서 사용할 수 있는 도구이다.

※ 다음 글의 제목으로 가장 적절한 것을 고르시오. [3~4]

**03**

우리는 처음 만난 사람의 외모를 보고 그를 어떤 방식으로 대우해야 할지를 결정할 때가 많다. 그가 여자인지 남자인지, 얼굴색이 흰지 검은지, 나이가 많은지 적은지, 혹은 그의 스타일이 조금은 상류층의 모습을 띠고 있는지 아니면 너무나 흔해서 별 특징이 드러나 보이지 않는 외모를 하고 있는지 등을 통해 그들과 나의 차이를 재빨리 감지한다. 일단 감지가 되면 우리는 둘 사이의 지위 차이를 인식하고 우리가 알고 있는 방식으로 그를 대하게 된다. 한 개인이 특정 집단에 속한다는 것은 단순히 다른 집단의 사람과 다르다는 것뿐만 아니라, 그 집단이 다른 집단보다는 지위가 높거나 우월하다는 믿음을 갖게 한다. 모든 인간은 평등하다는 우리의 신념에도 불구하고 왜 인간들 사이의 이러한 위계화(位階化)를 당연한 것으로 받아들일까? 위계화란 특정 부류의 사람들은 자원과 권력을 소유하고 다른 부류의 사람들은 낮은 사회적 지위를 갖게 되는 사회적이며 문화적인 체계이다. 다음으로 이러한 불평등이 어떠한 방식으로 경험되고 조직화되는지를 살펴보기로 하자.

인간이 불평등을 경험하게 되는 방식은 여러 측면으로 나눌 수 있다. 산업 사회에서의 불평등은 계층과 계급의 차이를 통해서 정당화되는데, 이는 재산, 생산 수단의 소유 여부, 학력, 집안 배경 등등의 요소들의 결합에 의해 사람들 사이의 위계를 만들어 낸다. 또한 모든 사회에서 인간은 태어날 때부터 얻게 되는 인종, 성, 종족 등의 생득적 특성과 나이를 통해 불평등을 경험한다. 이러한 특성들은 단순히 생물학적인 차이를 지칭하는 것이 아니라, 개인의 열등성과 우등성을 가늠하게 만드는 사회적 개념이 되곤 한다.

한편 불평등이 재생산되는 다양한 사회적 기제들이 때로는 관습이나 전통이라는 이름 아래 특정 사회의 본질적인 문화적 특성으로 간주되고 당연시되는 경우가 많다. 불평등은 체계적으로 조직되고 개인에 의해 경험됨으로써 문화의 주요 부분이 되었고, 그 결과 같은 문화권 내의 구성원들 사이에 권력 차이와 그에 따른 폭력이나 비인간적인 행위들이 자연스럽게 수용될 때가 많다.

문화 인류학자들은 사회 집단의 차이와 불평등, 사회의 관습 또는 전통이라고 얘기되는 문화 현상에 대해 어떤 입장을 취해야 할지 고민을 한다. 문화 인류학자가 이러한 문화 현상은 고유한 역사적 산물이므로 나름대로 가치를 지닌다는 입장만을 반복하거나 단순히 관찰자로서의 입장에 안주한다면, 이러한 차별의 형태를 제거하는 데 도움을 줄 수 없다. 실제로 문화 인류학 연구는 기존의 권력 관계를 유지시켜주는 다양한 문화적 이데올로기를 분석하고, 인간 간의 차이가 우등성과 열등성을 구분하는 지표가 아니라 동등한 다름일 뿐이라는 것을 일깨우는 데 기여해 왔다.

① 차이와 불평등
② 차이의 감지 능력
③ 문화 인류학의 역사
④ 위계화의 개념과 구조
⑤ 관습과 전통의 계승과 창조

**04**

일반적으로 소비자들은 합리적인 경제 행위를 추구하기 때문에 최소 비용으로 최대 효과를 얻으려 한다는 것이 소비의 기본 원칙이다. 그들은 '보이지 않는 손'이라고 일컬어지는 시장 원리 아래에서 생산자와 만난다. 그러나 이러한 일차적 의미의 합리적 소비가 언제나 유효한 것은 아니다. 생산보다는 소비가 화두가 된 소비 자본주의 시대에 소비는 단순히 필요한 재화 그리고 경제학적으로 유리한 재화를 구매하는 행위에 머물지 않는다. 최대 효과 자체에 정서적이고 사회 심리학적인 요인이 개입하면서, 이제 소비는 개인이 세계와 만나는 다분히 심리적인 방법이 되어버린 것이다. 곧 인간의 기본적인 생존 욕구를 충족시켜 주는 합리적 소비 수준에 머물지 않고, 자신을 표현하는 상징적 행위가 된 것이다. 이처럼 오늘날의 소비문화는 물질적 소비 차원이 아닌 심리적 소비 형태를 띠게 된다.

소비 자본주의의 화두는 과소비가 아니라 '과시 소비'로 넘어간 것이다. 과시 소비의 중심에는 신분의 논리가 있다. 신분의 논리는 유용성의 논리, 나아가 시장의 논리로 설명되지 않는 것들을 설명해 준다. 혈통으로 이어지던 폐쇄적 계층 사회는 소비 행위에 대해 계급에 근거한 제한을 부여했다. 먼 옛날 부족 사회에서 수장들만이 걸칠 수 있었던 장신구에서부터, 제아무리 권문세가의 정승이라도 아흔아홉 칸을 넘을 수 없던 집이 좋은 예이다. 권력을 가진 자는 힘을 통해 자기의 취향을 주위 사람들과 분리시킴으로써 경외감을 강요하고, 그렇게 자기 취향을 과시함으로써 잠재적 경쟁자들을 통제한 것이다.

가시적 신분 제도가 사라진 현대 사회에서도 이러한 신분의 논리는 여전히 유효하다. 이제 개인은 소비를 통해 자신의 물질적 부를 표현함으로써 신분을 과시하려 한다.

① '보이지 않는 손'에 의한 합리적 소비의 필요성
② 소득을 고려하지 않은 무분별한 과소비의 폐해
③ 계층별 소비 규제의 필요성
④ 신분사회에서 의복 소비와 계층의 관계
⑤ 소비가 곧 신분이 되는 과시 소비의 원리

| 유형분석 |

- 각 문단의 내용을 파악하고 논리적 순서에 맞게 나열하는 복합적인 문제이다.
- 전체적인 글의 흐름을 이해하는 것이 중요하며, 각 문장의 지시어나 접속어에 주의한다.

### 다음 문단을 논리적 순서대로 바르게 나열한 것은?

(가) 르네상스와 종교개혁을 거치면서 성립된 근대 계몽주의는 중세를 지배했던 신(神) 중심의 사고에서 벗어나 합리적 사유에 근거한 인간 해방을 추구하였다.

(나) 하지만 이 같은 문명의 이면에는 환경 파괴와 물질만능주의, 인간소외와 같은 근대화의 병폐가 숨어 있었다.

(다) 또한 계몽주의의 합리적 사고는 자연과학의 성립으로 이어졌으며, 우주와 자연에서 신비로운 요소를 걷어낸 과학 기술의 발전은 인류에게 그 어느 때보다 풍요로운 물질적 부를 가져왔다.

(라) 인간의 무지로부터 비롯된 자연에 대한 공포가 종교적 세계관을 낳았지만, 계몽주의는 이성과 합리성을 통해 이를 극복하였다.

① (가) - (다) - (나) - (라)       ② (가) - (나) - (다) - (라)

③ (라) - (다) - (가) - (나)       ④ (라) - (가) - (다) - (나)

⑤ (라) - (나) - (다) - (가)

정답  ④

제시문은 종교 해방을 위해 나타난 계몽주의의 발현 배경과 계몽주의가 추구한 방향에 대해 설명하고 그 결과 나타난 긍정적 요소와 부정적 요소를 설명하는 글이다. 따라서 (라) 인간의 종교와 이를 극복하게 한 계몽주의 - (가) 계몽주의의 추구 방향 - (다) 계몽주의의 결과로 나타난 효과 - (나) 계몽주의의 결과로 나타난 역효과 순으로 나열하는 것이 적절하다.

풀이 전략!

- 각 문단에 위치한 지시어와 접속어를 살펴본다. 문두에 접속어가 오거나 문장 중간에 지시어가 나오는 경우 글의 첫 번째 문단이 될 수 없다.
- 각 문단의 첫 문장과 마지막 문장에 집중하면서 글의 순서를 하나씩 맞춰 나가는 것도 좋은 방법이다.
- 상대적으로 시간이 부족하다고 느낄 때는 선택지를 참고하여 문장의 순서를 생각해 본다.

※ 다음 문단을 논리적 순서대로 바르게 나열한 것을 고르시오. [1~2]

**01**

(가) 최초로 입지를 선정하는 업체는 시장의 어디든 입지할 수 있으나 소비자의 이동 거리를 최소화하기 위하여 시장의 중심에 입지한다.

(나) 최대수요입지론은 산업 입지와 상관없이 비용은 고정되어 있다고 가정한다. 이 이론에서는 경쟁 업체와 가격 변동을 고려하여 수요가 극대화되는 입지를 선정한다.

(다) 그다음 입지를 선정해야 하는 경쟁 업체는 가격 변화에 따라 수요가 변하는 정도가 크지 않은 경우, 시장의 중심에서 멀어질수록 시장을 뺏기게 되므로 경쟁 업체가 있더라도 가능한 중심에 가깝게 입지하려고 한다.

(라) 하지만 가격 변화에 따라 수요가 크게 변하는 경우에는 두 경쟁자는 서로 적절히 떨어져 입지하여 보다 낮은 가격으로 제품을 공급하려고 한다.

① (가) – (나) – (라) – (다)　　　② (나) – (가) – (다) – (라)
③ (나) – (라) – (다) – (가)　　　④ (라) – (가) – (나) – (다)
⑤ (라) – (가) – (다) – (나)

**02**

(가) 그런데 자연의 일양성은 선험적으로 알 수 있는 것이 아니라 경험에 기대어야 알 수 있는 것이다. 즉, '귀납이 정당한 추론이다.'라는 주장은 '자연은 일양적이다.'라는 다른 지식을 전제로 하는데, 그 지식은 다시 귀납에 의해 정당화되어야 하는 경험 지식이므로 귀납의 정당화는 순환 논리에 빠져 버린다는 것이다. 이것이 귀납의 정당화 문제이다.

(나) 귀납은 논리학에서 연역이 아닌 모든 추론, 즉 전제가 결론을 개연적으로 뒷받침하는 모든 추론을 가리킨다. 귀납은 기존의 정보나 관찰 증거 등을 근거로 새로운 사실을 추가하는 지식 확장적 특성을 지닌다.

(다) 이와 관련하여 흄은 과거의 경험을 근거로 미래를 예측하는 귀납이 정당한 추론이 되려면 미래의 세계가 과거에 우리가 경험해 온 세계와 동일하다는 자연의 일양성, 곧 한결같음이 가정되어야 한다고 보았다.

(라) 이 특성으로 인해 귀납은 근대 과학 발전의 방법적 토대가 되었지만, 한편으로 귀납 자체의 논리 한계를 지적하는 문제들에 부딪히기도 한다.

① (가) – (나) – (다) – (라)　　　② (가) – (나) – (라) – (다)
③ (가) – (다) – (나) – (라)　　　④ (나) – (다) – (라) – (가)
⑤ (나) – (라) – (다) – (가)

# 04 내용 추론

## | 유형분석 |

- 주어진 지문을 바탕으로 도출할 수 있는 내용을 찾는 문제이다.
- 선택지의 내용을 정확하게 확인하고 지문의 정보와 비교하여 추론하는 능력이 필요하다.

**다음 글을 통해 타당하게 추론한 것은?**

사람들은 단순히 공복을 채우기 위해서가 아니라 다른 많은 이유로 '먹는다.'는 행위를 행한다. 먹는다는 것에 대한 비 생리학적인 동기에 관해서 연구하고 있는 과학자들에 따르면 비만인 사람들과 표준체중인 사람들은 식사 패턴에서 꽤나 차이를 보이는 것을 알 수 있다고 한다. 한 연구에서는 비만인 사람들에 대해 식사전에 그 식사에 대한 상세한 설명을 하면 설명을 하지 않은 경우에 비해서 식사량이 늘었지만, 표준체중인 사람들에게서는 그런 현상이 보이지 않았다. 또한 표준체중인 사람들은 밝은 색 접시에 담긴 견과류와 어두운 색 접시에 담긴 견과류를 먹은 개수의 차가 거의 없는 것에 비해, 비만인 사람들은 밝은 색 접시에 담긴 견과류를 어두운 색 접시에 담긴 견과류보다 2배 더 많이 먹었다는 연구도 있다.

① 비만인 사람들은 표준체중인 사람들에 비해 외부 자극에 의해 식습관에 영향을 받기 쉽다.
② 표준체중인 사람들은 비만체중인 사람들에 비해 식사량이 적다.
③ 비만인 사람들은 생리학적인 필요성이라기보다 감정적 또는 심리적인 필요성에 쫓겨서 식사를 하고 있다.
④ 비만인 사람들은 표준체중인 사람들보다 감각이 예민하다.
⑤ 표준체중인 사람들은 음식에 대한 욕구를 절제할 수 있다.

### 정답 ①

식사에 대한 상세한 설명이 주어지거나, 요리가 담긴 접시 색이 밝을 때 비만인 사람들의 식사량이 증가했다는 내용을 통해 비만인 사람들이 외부로부터의 자극에 의해 식습관에 영향을 받기 쉽다는 것을 추론할 수 있다.

### 풀이 전략!

주어진 지문이 어떠한 내용을 다루고 있는지 파악한 후 선택지의 키워드를 확실하게 체크하고, 지문의 정보에서 도출할 수 있는 내용을 찾는다.

**01** 다음 글을 읽고 추론한 내용으로 적절하지 않은 것은?

> 지구와 태양 사이의 거리와 지구가 태양 주위를 도는 방식은 인간의 생존에 유리한 여러 특징을 지니고 있다. 인간을 비롯한 생명이 생존하려면 행성은 액체 상태의 물을 포함하면서 너무 뜨겁거나 차갑지 않아야 한다. 이를 위해서는 태양과 같은 별에서 적당히 떨어져 있어야 한다. 이 적당한 영역을 '골디락스 존(Goldilocks Zone)'이라고 한다. 또한, 지구가 태양의 중력장 주위를 도는 타원 궤도는 충분히 원에 가깝다. 따라서 연중 태양에서 오는 열에너지가 비교적 일정하게 유지될 수 있다. 만약 태양과의 거리가 일정하지 않았다면 지구는 여름에는 바다가 모두 끓어 넘치고 겨울에는 거대한 얼음덩어리가 되는 불모의 행성이었을 것이다.
>
> 우리 우주에 작용하는 근본적인 힘의 세기나 물리법칙도 인간을 비롯한 생명의 탄생에 유리하도록 미세하게 조정되어 있다. 예를 들어 근본적인 힘인 강한 핵력이나 전기력의 크기가 현재 값에서 조금만 달랐다면, 별의 내부에서 탄소처럼 무거운 원소는 만들어질 수 없었고 행성도 만들어질 수 없었을 것이다. 최근 들어 물리학자들은 이들 힘을 지배하는 법칙이 현재와 다르다면 우주는 구체적으로 어떤 모습이 될지 컴퓨터 모형으로 계산했다. 그 결과를 보면 강한 핵력의 강도가 겨우 0.5% 다르거나 전기력의 강도가 겨우 4% 다를 경우에도 탄소나 산소는 우주에서 합성되지 않는다. 따라서 생명 탄생의 가능성도 사라진다. 결국, 강한 핵력이나 전기력을 지배하는 법칙들을 조금이라도 건드리면 우리가 존재할 가능성은 사라지는 것이다.
>
> 결론적으로 지구 주위 환경뿐만 아니라 보편적 자연법칙까지도 인류와 같은 생명이 진화해 살아가기에 알맞은 범위 안에 제한되어 있다고 할 수 있다. 만일 그러한 제한이 없었다면 태양계나 지구가 탄생할 수 없었을 뿐만 아니라 생명 또한 진화할 수 없었을 것이다. 우리가 아는 행성이나 생명이 탄생할 가능성을 열어두면서 물리법칙을 변경할 수 있는 폭은 매우 좁다.

① 탄소가 없는 상황에서도 생명은 자연적으로 진화할 수 있다.
② 중력법칙이 현재와 조금만 달라도 지구에 생명체가 존재할 수 없다.
③ 원자핵의 질량이 현재보다 조금 더 크다면 우리 몸을 이루는 원소는 합성되지 않는다.
④ 별 주위의 '골디락스 영역'에 행성이 위치할 확률은 매우 낮지만, 지구는 그 영역에 위치한다.
⑤ 핵력의 강도가 현재와 약간만 달라도 별의 내부에서 무거운 원소가 거의 전부 사라진다.

**02** 다음 글의 밑줄 친 시기에 대한 설명으로 가장 적절한 것은?

하나의 패러다임 형성은 애초에 불완전하지만 이후 연구의 방향을 제시하고 소수 특정 부분의 성공적인 결과를 약속할 수 있을 뿐이다. 그러나 패러다임의 정착은 연구의 정밀화, 집중화 등을 통하여 자기 지식을 확장해 가며 차츰 폭넓은 이론 체계를 구축한다.

이처럼 과학자들이 패러다임을 기반으로 하여 연구를 진척시키는 것을 쿤은 '정상 과학'이라고 부른다. 기초적인 전제가 확립되었으므로 과학자들은 이 시기에 상당히 심오한 문제의 작은 영역들에 집중함으로써 그렇지 않았더라면 상상조차 못했을 자연의 어느 부분을 깊이 있게 탐구하게 된다. 그에 따라 각종 실험 장치들도 정밀해지고 다양해지며, 문제를 해결해 가는 특정 기법과 규칙들이 만들어진다.

연구는 이제 혼란으로서의 다양성이 아니라, 이론과 자연 현상을 일치시켜 가는 지식의 확장으로서의 다양성을 이루게 된다.

그러나 정상 과학은 완성된 과학이 아니다. 과학적 사고방식과 관습, 기법 등이 하나의 기반으로 통일되어 있다는 것일 뿐 해결해야 할 과제는 무수하다. 패러다임이란 과학자들 사이의 세계관 통일이지 세계에 대한 해석의 끝은 아니다.

그렇다면 정상 과학의 시기에는 어떤 연구가 어떻게 이루어지는가? 정상 과학의 시기에는 이미 이론의 핵심 부분들은 정립되어 있다. 따라서 과학자들의 연구는 근본적인 새로움을 좇아가지는 않으며, 다만 연구의 세부 내용이 좀 더 깊어지거나 넓어질 뿐이다. 그렇다면 이러한 시기에 과학자들의 열정과 헌신성은 무엇으로 유지될 수 있을까? 연구가 고작 예측된 결과를 좇아갈 뿐이고, 예측된 결과가 나오지 않으면 실패라고 규정되는 상태에서 과학의 발전은 어떻게 이루어지는가?

쿤은 이 물음에 대하여 '수수께끼 풀이'라는 대답을 준비한다. 어떤 현상의 결과가 충분히 예측된다고 할지라도 정작 그 예측이 달성되는 세세한 과정은 대개 의문 속에 있기 마련이다. 자연 현상의 전 과정을 우리가 일목요연하게 알고 있는 것은 아니기 때문이다. 이론으로서의 예측 결과와 실제의 현상을 일치시키기 위해서는 여러 복합적인 기기적, 개념적, 수학적인 방법이 필요하다. 이것이 바로 수수께끼 풀이다.

① 패러다임을 기반으로 하여 연구를 진척하기 때문에 다양한 학설과 이론이 등장한다.

② 예측된 결과만을 좇을 수밖에 없기 때문에 과학자들의 열정과 헌신성은 낮아진다.

③ 기초적인 전제가 확립되었으므로 작은 범주의 영역에 대한 연구에 집중한다.

④ 과학자들 사이의 세계관이 통일된 시기이기 때문에 완성된 과학이라고 부를 수 있다.

⑤ 이 시기는 문제를 해결해 가는 과정보다는 기초 이론에 대한 발견이 주가 된다.

**03** 다음 글을 읽고 추론한 내용으로 적절한 것을 〈보기〉에서 모두 고르면?

우리가 현재 가지고 있는 믿음들은 추가로 획득된 정보에 의해서 수정된다. 뺑소니 사고의 용의자로 갑, 을, 병이 지목되었고 이 중 단 한 명만 범인이라고 하자. 수사관 K는 운전 습관, 범죄 이력 등을 근거로 각 용의자가 범인일 확률을 추측하여, '갑이 범인'이라는 것을 0.3, '을이 범인'이라는 것을 0.45, '병이 범인'이라는 것을 0.25만큼 믿게 되었다고 하자. 얼마 후 병의 알리바이가 확보되어 병은 용의자에서 제외되었다.

그렇다면 K의 믿음의 정도는 어떻게 수정되어야 할까? 믿음의 정도를 수정하는 두 가지 방법이 있다. 방법 A는 0.25를 다른 두 믿음에 동일하게 나누어 주는 것이다. 따라서 병의 알리바이가 확보된 이후 '갑이 범인'이라는 것과 '을이 범인'이라는 것에 대한 K의 믿음의 정도는 각각 0.425와 0.575가 된다. 방법 B는 기존 믿음의 정도에 비례해서 분배하는 것이다. '을이 범인'이라는 것에 대한 기존 믿음의 정도 0.45는 '갑이 범인'이라는 것에 대한 기존 믿음의 정도 0.3의 1.5배이다. 따라서 믿음의 정도 0.25도 이 비율에 따라 나누어주어야 한다. 즉, 방법 B는 '갑이 범인'이라는 것에는 0.1을, '을이 범인'이라는 것에는 0.15를 추가하는 것이다. 방법 B에 따르면 병의 알리바이가 확보된 이후 '갑이 범인'이라는 것과 '을이 범인'이라는 것에 대한 K의 믿음의 정도는 각각 0.4와 0.6이 된다.

**보기**

㉠ 만약 기존 믿음의 정도들이 위 사례와 달랐다면, 병이 용의자에서 제외된 뒤 '갑이 범인'과 '을이 범인'에 대한 믿음의 정도의 합은, 방법 A와 방법 B 중 무엇을 이용하는지에 따라 다를 수 있다.

㉡ 만약 기존 믿음의 정도들이 위 사례와 달랐다면, 병이 용의자에서 제외된 뒤 '갑이 범인'과 '을이 범인'에 대한 믿음의 정도의 차이는 방법 A를 이용한 결과가 방법 B를 이용한 결과보다 클 수 있다.

㉢ 만약 '갑이 범인'에 대한 기존 믿음의 정도와 '을이 범인'에 대한 기존 믿음의 정도가 같았다면, '병이 범인'에 대한 기존 믿음의 정도에 상관없이 병이 용의자에서 제외된 뒤 방법 A를 이용한 결과와 방법 B를 이용한 결과는 서로 같다.

① ㉡

② ㉢

③ ㉠, ㉡

④ ㉠, ㉢

⑤ ㉡, ㉢

# 05 빈칸 삽입

## │ 유형분석 │

- 주어진 지문을 바탕으로 빈칸에 들어갈 내용을 찾는 문제이다.
- 선택지의 내용을 정확하게 확인하고 빈칸 앞뒤 문맥을 파악하는 능력이 필요하다.

**다음 글의 빈칸에 들어갈 내용으로 가장 적절한 것은?**

미세먼지와 황사는 여러모로 비슷하면서도 뚜렷한 차이점을 지니고 있다. 삼국사기에도 기록되어 있는 황사는 중국 내륙 내몽골 사막에 강풍이 불면서 날아오는 모래와 흙먼지를 일컫는데, 장단점이 존재했던 과거와 달리 중국 공업지대를 지난 황사에 미세먼지와 중금속 물질이 더해지며 심각한 환경문제로 대두되었다. 이와 달리 미세먼지는 일반적으로는 대기오염물질이 공기 중에 반응하여 형성된 황산염이나 질산염 등 이온성분, 석탄·석유 등에서 발생한 탄소화합물과 검댕, 흙먼지 등 금속화합물의 유해성분으로 구성된다.

미세먼지의 경우 통념적으로는 먼지를 미세먼지와 초미세먼지로 구분하고 있지만, 대기환경과 환경 보전을 목적으로 하는 환경정책기본법에서는 미세먼지를 PM(Particulate Matter)이라는 단위로 구분한다. 즉, 미세먼지($PM_{10}$)의 경우 입자의 크기가 $10\mu m$ 이하인 먼지이고, 미세먼지($PM_{2.5}$)는 입자의 크기가 $2.5\mu m$ 이하인 먼지로 정의하고 있다. 이에 비해 황사는 통념적으로는 입자 크기로 구분하지 않으나 주로 지름 $20\mu m$ 이하의 모래로 구분하고 있다. 때문에 _____

① 미세먼지의 역할 또한 분명히 존재함을 기억해야 할 것이다.

② 황사와 미세먼지의 차이를 입자의 크기만으로 구분 짓긴 어렵다.

③ 황사와 미세먼지의 근본적인 구별법은 그 역할에서 찾아야 할 것이다.

④ 황사 문제를 해결하기 위해서는 근본적으로 황사의 발생 자체를 억제할 필요가 있다.

⑤ 초미세먼지를 차단할 수 있는 마스크라 해도 황사와 초미세먼지를 동시에 차단하긴 어렵다.

**정답** ②

미세먼지의 경우 최소 $10\mu m$ 이하의 먼지로 정의되고 있지만, 황사의 경우 주로 지름 $20\mu m$ 이하의 모래로 구분하되 통념적으로는 입자 크기로 구분하지 않는다. 그러므로 $10\mu m$ 이하의 황사의 경우 크기만으로 미세먼지와 구분 짓기는 어렵다. 따라서 빈칸에는 ②가 가장 적절하다.

**풀이 전략!**

빈칸 앞뒤의 문맥을 파악한 후 선택지에서 가장 어울리는 내용을 찾는다. 빈칸 앞에 접속어가 있다면 이를 활용한다.

**01** 다음 글의 빈칸에 들어갈 접속어를 순서대로 바르게 나열한 것은?

> 대부분의 사람은 성적, 돈, 건강 등이 행복을 좌우한다고 생각하지만, 실제 행복에 대한 개념은 지극히 주관적이다. _____ 국민의 행복을 위하여 다양한 경제·복지정책을 수립해야 하는 정부는 행복을 객관화해야 할 필요가 있다. UN은 매년 나라별로 조사한 삶의 만족도를 바탕으로 구매력 기준 국내총생산(GDP), 기대수명, 선택의 자유, 부정부패, 포용력, 사회적 지지 등 6개 변수로 정량화한 행복지수를 발표한다. _____ 1970년대 중반부터 사용된 이 지표는 한 나라의 행복에 대한 인식 변화를 장기적으로 파악하기 어렵다. _____ 국민적·지리적 특성들로 나타날 수 있는 인식의 차이가 반영되지 않아 국가별 정책 수립에 큰 도움을 주지 못한다.

|    | ㉠ | ㉡ | ㉢ |
|----|------|--------|------|
| ① | 그리고 | 반면 | 그래서 |
| ② | 그리고 | 하지만 | 한편 |
| ③ | 그러나 | 하지만 | 또한 |
| ④ | 그러나 | 그러므로 | 또한 |
| ⑤ | 왜냐하면 | 그래서 | 즉 |

**02** 다음 글의 빈칸에 들어갈 문장을 〈보기〉에서 찾아 순서대로 바르게 나열한 것은?

요즘에는 낯선 곳을 찾아갈 때 지도를 해석하며 어렵게 길을 찾지 않아도 된다. 이는 기술력의 발달에 따라 제공되는 공간 정보를 바탕으로 최적의 경로를 탐색할 수 있게 되었기 때문이다. _____ 이처럼 공간 정보가 시간에 따른 변화를 반영할 수 있게 된 것은 정보를 수집하고 분석하는 정보 통신 기술의 발전과 밀접한 관련이 있다.

공간 정보의 활용은 '위치정보시스템(GPS)'과 '지리정보시스템(GIS)' 등의 기술적 발전과 휴대전화나 태블릿 PC 등 정보 통신 기기의 보급을 기반으로 한다. 위치정보시스템은 공간에 대한 정보를 수집하고, 지리정보시스템은 정보를 저장, 분류, 분석한다. 이렇게 분석된 정보는 사용자의 요구에 따라 휴대전화나 태블릿 PC 등을 통해 최적화되어 전달된다.

길 찾기를 예로 들어 이 과정을 살펴보자. 휴대전화 애플리케이션을 이용해 사용자가 가려는 목적지를 입력하고 이동 수단으로 버스를 선택하였다면, 우선 사용자의 현재 위치가 위치정보시스템에 의해 실시간으로 수집된다. 그리고 목적지와 이동 수단 등 사용자의 요구와 실시간으로 수집된 정보에 따라 지리정보시스템은 탑승할 버스 정류장의 위치, 다양한 버스 노선, 최단 시간 등을 분석하여 제공한다. _____

_____ 예를 들어 여행지와 관련한 공간 정보는 여행자의 요구와 선호에 따라 선별적으로 분석되어 활용된다. 나아가 유동 인구를 고려한 상권 분석과 교통의 흐름을 고려한 도시 계획 수립에도 공간 정보 활용이 가능하게 되었다. 획기적으로 발전되고 있는 첨단 기술이 적용된 공간 정보가 국가 차원의 자연재해 예측 시스템에도 활발히 활용된다면 한층 정밀한 재해 예방 및 대비가 가능해질 것이다. 이로 인해 우리의 삶도 더 편리하고 안전해질 것으로 기대된다.

**보기**

㉠ 어떤 곳의 위치 좌표나 지리적 형상에 대한 정보뿐만 아니라 시간에 따른 공간의 변화를 포함한 공간 정보를 이용할 수 있게 되면서 가능해진 것이다.

㉡ 더 나아가 교통 정체와 같은 돌발 상황과 목적지에 이르는 경로의 주변 정보까지 분석하여 제공한다.

㉢ 공간 정보의 활용 범위는 계속 확대되고 있다.

① ㉠, ㉡, ㉢
② ㉠, ㉢, ㉡
③ ㉡, ㉠, ㉢
④ ㉡, ㉢, ㉠
⑤ ㉢, ㉠, ㉡

**03** 다음 글의 빈칸에 들어갈 내용으로 가장 적절한 것은?

탁월함은 어떻게 습득되는가, 그것을 가르칠 수 있는가? 이 물음에 대하여 아리스토텔레스는 지성의 탁월함은 가르칠 수 있지만, 성품의 탁월함은 비이성적인 것이어서 가르칠 수 없고, 훈련을 통해서 얻을 수 있다고 대답한다.

그는 좋은 성품을 얻는 것을 기술을 습득하는 것에 비유한다. 그에 따르면, 리라(Lyra)를 켬으로써 리라를 켜는 법을 배우며 말을 탐으로써 말을 타는 법을 배운다. 어떤 기술을 얻고자 할 때 처음에는 교사의 지시대로 행동한다. 그리고 반복 연습을 통하여 그 행동이 점점 더 하기 쉽게 되고 마침내 제2의 천성이 된다. 이와 마찬가지로 어린아이는 어떤 상황에서 어떻게 행동해야 진실되고 관대하며 예의를 차리게 되는지 일일이 배워야 한다. 훈련과 반복을 통하여 그런 행위들을 연마하다 보면 그것들을 점점 더 쉽게 하게 되고, 결국에는 스스로 판단할 수 있게 된다.

그는 올바른 훈련이란 강제가 아니고 그 자체가 즐거움이 되어야 한다고 지적한다. 또한 그렇게 훈련받은 사람은 일을 바르게 처리하는 것을 즐기게 되고, 일을 바르게 처리하고 싶어하게 되며, 올바른 일을 하는 것을 어려워하지 않게 된다. 이처럼 성품의 탁월함이란 사람들이 '하는 것'만이 아니라 사람들이 '하고 싶어 하는 것'과도 관련된다. 그리고 한두 번 관대한 행동을 한 것으로 충분하지 않으며, 늘 관대한 행동을 하고 그런 행동에 감정적으로 끌리는 성향을 갖고 있어야 비로소 관대함에 관하여 성품의 탁월함을 갖고 있다고 할 수 있다.

다음과 같은 예를 통해 아리스토텔레스의 견해를 생각해 보자. 갑돌이는 성품이 곧고 자신감이 충만하다. 그가 한 모임에 참석하였는데, 거기서 다수의 사람들이 옳지 않은 행동을 한다고 생각했을 때, 그는 다수의 행동에 대하여 비판의 목소리를 낼 것이며 그렇게 하는 데 별 어려움을 느끼지 않을 것이다. 한편, 수줍어하고 우유부단한 병식이도 한 모임에 참석하였는데, 그 역시 다수의 행동이 잘못되었다는 판단을 했다고 하자. 이런 경우에 병식이는 일어나서 다수의 행동이 잘못되었다고 말할 수 있겠지만, 그렇게 하려면 엄청난 의지를 발휘해야 할 것이고 자신과 힘든 싸움도 해야 할 것이다. 그런데도 병식이가 그렇게 행동했다면 우리는 병식이가 용기 있게 행동하였다고 칭찬할 것이다. 그러나 아리스토텔레스의 입장에서 성품의 탁월함을 가진 사람은 갑돌이다. 왜냐하면 _____ 우리가 어떠한 사람을 존경할 것인가가 아니라, 우리 아이를 어떤 사람으로 키우고 싶은가라는 질문을 받는다면 우리는 아리스토텔레스의 견해에 가까워질 것이다. 왜냐하면 우리는 우리 아이들을 갑돌이와 같은 사람으로 키우고 싶어 할 것이기 때문이다.

① 그는 내적인 갈등 없이 옳은 일을 하기 때문이다.
② 그는 옳은 일을 하는 천성을 타고났기 때문이다.
③ 그는 주체적 판단에 따라 옳은 일을 하기 때문이다.
④ 그는 자신이 옳다는 확신을 가지고 옳은 일을 하기 때문이다.
⑤ 그는 다른 사람들의 칭찬을 의식하지 않고 옳은 일을 하기 때문이다.

## | 유형분석 |

- 맞춤법에 맞는 단어를 찾거나 주어진 지문의 내용에 어울리는 단어를 찾는 문제가 주로 출제된다.
- 단어 사이의 관계에 대한 문제가 출제되므로 뜻이 비슷하거나 반대되는 단어를 함께 학습하는 것이 좋다.
- 자주 출제되는 단어나 헷갈리는 단어에 대한 학습을 꾸준히 하는 것이 좋다.

### 다음 중 밑줄 친 부분의 맞춤법이 옳지 않은 것은?

① 그는 목이 <u>메어</u> 한동안 말을 잇지 못했다.

② 어제는 종일 아이를 <u>치다꺼리</u>하느라 잠시도 쉬지 못했다.

③ <u>왠일로</u> 선물까지 준비했는지 모르겠다.

④ 노루가 나타난 것은 나무꾼이 도끼로 나무를 <u>베고</u> 있을 때였다.

⑤ 그는 입술을 <u>지그시</u> 깨물었다.

**정답** ③

'어찌 된'의 뜻을 나타내는 관형사는 '웬'이므로, '어찌 된 일로'라는 함의를 가진 '웬일'이 맞는 말이다.

**오답분석**

① 메다 : 어떤 감정이 북받쳐 목소리가 잘 나지 않음

② 치다꺼리 : 남의 자잘한 일을 보살펴서 도와줌

④ 베다 : 날이 있는 연장 따위로 무엇을 끊거나 자르거나 가름

⑤ 지그시 : 슬며시 힘을 주는 모양

**풀이 전략!**

문제에서 물어보는 단어를 정확히 확인해야 하고, 문제에서 다루고 있는 단어의 앞뒤 내용을 읽고 글의 전체적 흐름을 생각하며 문제에 접근해야 한다.

**01**    다음 글의 밑줄 친 단어와 같은 의미로 쓰인 것은?

> ○○공사에서 근무하는 김과장은 올해 60세가 되어 정년퇴직을 준비하고 있다. 김과장은 인생의 전환점을 맞이하여 은퇴 후에 아내와 함께 귀농할 수 있도록 농사와 관련된 전문 서적을 찾아 읽거나 귀농인들을 위한 사이트에 가입하여 여러 정보를 모으고 있다.

① 그들은 우리를 반갑게 맞아 주었다.
② 그들은 자신의 목숨이 다하도록 적군을 맞아 싸웠다.
③ 그 신문은 창간 7주년을 맞아 푸짐한 사은품을 준비했다.
④ 이번 학기에도 학사 경고를 맞으면 퇴학이다.
⑤ 갑자기 쏟아진 우박을 맞아 배추들이 모조리 주저앉아 있었다.

**02**    다음 중 밑줄 친 부분의 띄어쓰기가 옳지 않은 것은?

① 휴가철 비행기 값이 너무 비싼데 그냥 헤엄쳐 갈까 보다.
② 그 문제를 깊이 파고들어보면 다양한 조건들이 얽혀 있음을 알 수 있다.
③ 감독은 처음부터 그 선수를 마음에 들어 했다.
④ 지나가는 사람을 붙잡고 그를 보았는지 물어도 보았다.
⑤ 모르는 것을 아는체하지 말고, 아는 것에 만족해하지 마라.

**03**    다음 글의 밑줄 친 ㉠ ~ ㉤의 쓰임이 적절하지 않은 것은?

> 현행 수입화물의 프로세스는 ㉠ 적하(積荷) 목록 제출, 입항, 하선, 보세운송, 보세구역 반입, 수입신고, 수입신고 수리, ㉡ 반출(搬出)의 절차를 이행하고 있다. 입항 전 수입신고는 5% 내외에 머무르고, 대부분의 수입신고가 보세구역 반입 후에 행해짐에 따라 보세운송 절차와 보세구역 반입 절차가 반드시 ㉢ 인도(引導)되어야 했다. 하지만 새로운 제도가 도입되면 해상화물의 적하 목록 제출 시기가 ㉣ 적재(積載) 24시간 전(근거리 출항 전)으로 앞당겨져 입항 전 수입신고가 일반화될 수 있는 여건이 조성될 것이다. 따라서 수입화물 프로세스가 적하 목록 제출, 수입신고, 수입신고 수리, 입항, 반출의 절차를 거침에 따라 화물반출을 위한 세관 절차가 입항 전에 종료되므로 보세운송, 보세구역 반입이 생략되어 수입화물을 신속하게 ㉤ 화주(貨主)에게 인도할 수 있게 된다.

① ㉠ 적하(積荷)                     ② ㉡ 반출(搬出)
③ ㉢ 인도(引導)                     ④ ㉣ 적재(積載)
⑤ ㉤ 화주(貨主)

대 표 기 출 유 형

# 07 한자성어 · 속담

## | 유형분석 |

- 실생활에서 활용되는 한자성어 또는 속담을 이해할 수 있는지 평가한다.
- 제시된 상황과 일치하는 한자성어 또는 속담을 고르거나 한자의 훈음·독음을 맞히는 등 다양한 유형이 출제된다.

**다음 글과 가장 관련 있는 한자성어는?**

> 이제 막 성인이 되어 직장생활을 시작한 철수는 학창시절 선생님의 농담 같았던 이야기들이 사회에서 꼭 필요한 것들이었음을 깨달았다.

① 오비이락(烏飛梨落)   ② 중언부언(重言復言)
③ 탁상공론(卓上空論)   ④ 희희낙락(喜喜樂樂)
⑤ 언중유골(言中有骨)

**정답** ⑤

'언중유골(言中有骨)'은 말 속에 뼈가 있다는 뜻으로, 예사로운 말 속에 단단한 속뜻이 들어 있음을 이르는 말이다.

**오답분석**

① 오비이락(烏飛梨落) : 까마귀 날자 배 떨어진다는 뜻으로, 아무 관계도 없이 한 일이 공교롭게도 때가 같아 억울하게 의심을 받거나 난처한 위치에 서게 됨을 이르는 말
② 중언부언(重言復言) : 이미 한 말을 자꾸 되풀이함 또는 그런 말
③ 탁상공론(卓上空論) : 현실성이 없는 허황한 이론이나 논의
④ 희희낙락(喜喜樂樂) : 매우 기뻐하고 즐거워함

**풀이 전략!**

- 한자성어 또는 속담 문제의 경우 일정 수준 이상의 사전지식을 요구하므로, 지원하는 공사·공단 관련 기사 및 이슈를 틈틈이 찾아보며 한자성어 또는 속담에 대입하는 연습을 하면 효과적으로 대처할 수 있다.
- 문제에 제시된 한자성어의 의미를 파악하기 어렵다면, 먼저 알고 있는 한자가 있는지 확인한 후 글의 문맥과 상황에 대입하며 선택지를 하나씩 소거해 나가는 것이 효율적이다.

**01** 다음 글과 가상 관련 있는 속담은?

> 한국을 방문한 외국인들을 대상으로 한 설문조사에서 인상 깊은 한국의 '빨리빨리' 문화로 '자판기에 손 넣고 기다리기, 웹사이트가 3초 안에 안 나오면 창 닫기, 엘리베이터 닫힘 버튼 계속 누르기' 등이 뽑혔다. 외국인들에게 가장 큰 충격을 준 것은 바로 '가게 주인의 대리 서명'이었다. 외국인들은 가게 주인이 카드 모서리로 대충 사인을 하는 것을 보고 큰 충격을 받았다고 하였다. 외국에서는 서명을 대조하여 확인하기 때문에 대리 서명은 상상도 할 수 없다는 것이다.

① 가재는 게 편이다.
② 우물에 가 숭늉 찾는다.
③ 봇짐 내어 주며 앉으라 한다.
④ 하나를 듣고 열을 안다.
⑤ 낙숫물이 댓돌을 뚫는다.

**02** 다음 글과 가장 관련 있는 한자성어는?

> 서로 다른 산업 분야의 기업 간 협업이 그 어느 때보다 절실해진 상황에서 기업은 '협업'과 '소통'을 고민하지 않을 수 없다. 협업과 소통의 중요성은 기업의 경쟁력 강화를 위해 항상 강조되어 왔지만, 한 기업 내에서조차 성공적으로 운영하기가 쉽지 않았다. 그런데 이제는 서로 다른 산업 분야에서 기업 간의 원활한 협업과 소통까지 이뤄내야 하니 기업의 고민은 깊어질 수밖에 없다.
> 협업과 소통의 문화 및 환경을 성공적으로 정착시키는 길은 결코 쉽게 갈 수 없다. 하지만 그 길을 가기 위해 첫걸음을 내디딜 수만 있다면 성공의 절반은 담보할 수 있다. 우선 직원 개인에게 '혼자서 큰일을 할 수 있는 시대는 끝이 났음'을 명확하게 인지시키고, 협업과 소통을 통한 실질적 성공 사례들을 탐구하여 그 가치를 직접 깨닫게 해야 한다.
> 그런 다음에는 협업과 소통을 위한 시스템을 갖추는 데 힘을 쏟아야 한다. 당장 협업 시스템을 전사 차원에서 적용하라는 것은 결코 아니다. 작은 변화를 통해 직원들 간 또는 협력업체 간, 고객들 간의 협업과 소통을 조금이나마 도울 수 있는 노력을 시작하라는 것이다. 동시에 시스템을 십분 활용할 수 있도록 독려하는 노력도 간과하지 말아야 한다.

① 장삼이사(張三李四)
② 하석상대(下石上臺)
③ 등고자비(登高自卑)
④ 주야장천(晝夜長川)
⑤ 내유외강(內柔外剛)

# 08 경청 · 의사 표현

## | 유형분석 |

- 주로 특정 상황을 제시한 뒤 올바른 의사소통 방법을 묻는 형태의 문제가 출제된다.
- 경청과 관련한 이론에 대해 묻거나 대화문 중에서 올바른 경청 자세를 고르는 문제가 출제되기도 한다.

A씨 부부는 대화를 하다 보면 사소한 다툼으로 이어지곤 한다. A씨의 아내는 A씨가 자신의 이야기를 제대로 들어주지 않기 때문이라고 생각한다. 다음 사례에 나타난 A씨의 경청을 방해하는 습관은 무엇인가?

A씨의 아내가 남편에게 직장에서 업무 실수로 상사에게 혼난 일을 이야기하자 A씨는 "항상 일을 진행하면서 꼼꼼하게 확인하라고 했잖아요. 당신이 일을 처리하는 방법이 잘못됐어요. 다음부터는 일을 하기 전에 미리 계획을 세우고 체크리스트를 작성해보세요."라고 이야기했다. A씨의 아내는 이런 대답을 듣자고 이야기한 것이 아니라며 더 이상 이야기하고 싶지 않다고 말하며 밖으로 나가 버렸다.

① 짐작하기
② 걸러내기
③ 판단하기
④ 조언하기
⑤ 옳아야만 하기

**정답** ④

A씨의 아내는 A씨가 자신의 이야기에 공감해 주길 바랐지만, A씨는 아내의 이야기를 들어주기보다는 해결책을 찾아 아내의 문제에 대해 조언하려고만 하였다. 즉, 아내는 마음을 털어놓고 남편에게 위로받고 싶었지만, A씨의 조언하려는 태도 때문에 더 이상 대화가 이어질 수 없었다.

**오답분석**

① 짐작하기 : 상대방의 말을 듣고 받아들이기보다 자신의 생각에 들어맞는 단서들을 찾아 자신의 생각을 확인하는 것이다.
② 걸러내기 : 상대의 말을 듣기는 하지만 상대방의 메시지를 온전하게 듣는 것이 아닌 경우이다.
③ 판단하기 : 상대방에 대한 부정적인 판단 때문에 또는 상대방을 비판하기 위하여 상대방의 말을 듣지 않는 것이다.
⑤ 옳아야만 하기 : 자존심이 강한 사람은 자존심에 관한 것을 전부 막아버리려 하기 때문에 자신의 부족한 점에 대한 상대방의 말을 들을 수 없게 된다.

**풀이 전략!**

별다른 암기 없이도 풀 수 있는 문제가 자주 출제되지만, 문제에 주어진 상황에 대한 확실한 이해가 필요하다.

**01** 다음 사례에 나타난 의사 표현에 영향을 미치는 요소에 대한 설명으로 적절하지 않은 것은?

> • 독일의 유명 가수 슈만 하이크는 "음악회에서 노래를 부를 때 심리적 긴장감을 갖지 않느냐?"는 한 기자의 질문에 대해 "노래하기 전에 긴장감을 느끼지 않는다면, 그때는 내가 은퇴할 때이다."라고 이야기하였다.
> • 영국의 유명 작가 버나드 쇼는 젊은 시절 매우 내성적인 청년이었다. 그는 잘 아는 사람의 집을 방문할 때도 문을 두드리지 못하고 20분이나 문밖에서 망설이며 거리를 서성거렸다. 그는 자신의 내성적인 성격을 극복하기 위해 런던에서 공개되는 모든 토론에 의도적으로 참가하였고, 그 결과 장년에 이르러서 20세기 전반에 가장 재치와 자신이 넘치는 웅변가가 될 수 있었다.

① 소수인의 심리상태가 아니라, 90% 이상의 사람들이 호소하는 불안이다.
② 잘 통제하면서 표현을 한다면 청자는 더 인간답다고 생각하게 될 것이다.
③ 개인의 본질적인 문제이므로 완전히 치유할 수 있다.
④ 분명한 원인은 아직 규명되지 않았다.
⑤ 불안을 심하게 느끼는 사람일수록 다른 사람과 접촉이 없는 직업을 선택하려 한다.

**02** 〈보기〉는 K사원의 고민에 대한 A ~ E사원의 반응이다. 다음 중 A ~ E사원의 경청을 방해하는 요인이 잘못 연결된 것은?

> K사원 : P부장님이 새로 오시고부터 일하기가 너무 힘들어. 내가 하는 일 하나하나 지적하시고, 매일매일 체크하셔. 마치 내가 초등학생 때 담임선생님께 숙제를 검사받는 것 같은 기분이야. 일을 맡기셨으면 믿고 기다려 주셨으면 좋겠어.

> **보기**
> A사원 : 매일매일 체크하신다는 건 네가 일을 못한 부분이 많아서 아닐까 생각이 들어. 너의 행동도 뒤돌아보는 것이 좋을 것 같아.
> B사원 : 내가 생각하기엔 네가 평소에도 예민한 편이라 P부장님의 행동을 너무 예민하게 받아들이는 것 같아. 부정적으로만 보지 말고 좋게 생각해 봐.
> C사원 : 너의 말을 들으니 P부장님이 너를 너무 못 믿는 것 같네. 직접 대면해서 이 문제에 대해 따져보는 게 좋을 것 같아. 계속 듣고만 있을 수는 없잖아, 안 그래?
> D사원 : 기분 풀고 우리 맛있는 거나 먹으러 가자. 회사 근처에 새로 생긴 파스타집 가봤어? 정말 맛있더라. 먹으면 기분이 풀릴 거야.
> E사원 : P부장님 왜 그러신다니? 마음 넓은 네가 참아.

① A사원 – 짐작하기　　　　　　　　② B사원 – 판단하기
③ C사원 – 언쟁하기　　　　　　　　④ D사원 – 슬쩍 넘어가기
⑤ E사원 – 비위 맞추기

PART 2

# CHAPTER 02

# 수리능력

## 합격 CHEAT KEY

수리능력은 사칙 연산·통계·확률의 의미를 정확하게 이해하고 이를 업무에 적용하는 능력으로, 기초 연산과 기초 통계, 도표 분석 및 작성의 문제 유형으로 출제된다. 수리능력 역시 채택하지 않는 공사·공단이 거의 없을 만큼 필기시험에서 중요도가 높은 영역이다.

특히, 난이도가 높은 공사·공단의 시험에서는 도표 분석, 즉 자료 해석 유형의 문제가 많이 출제되고 있고, 응용 수리 역시 꾸준히 출제하는 공사·공단이 많기 때문에 기초 연산과 기초 통계에 대한 공식의 암기와 자료 해석 능력을 기를 수 있는 꾸준한 연습이 필요하다.

### 01  응용 수리의 공식은 반드시 암기하라!

응용 수리는 공사·공단마다 출제되는 문제는 다르지만, 사용되는 공식은 비슷한 경우가 많으므로 자주 출제되는 공식을 반드시 암기하여야 한다. 문제에서 묻는 것을 정확하게 파악하여 그에 맞는 공식을 적절하게 적용하는 꾸준한 노력과 공식을 암기하는 연습이 필요하다.

**02** **자료의 해석은 자료에서 즉시 확인할 수 있는 지문부터 확인하라!**

수리능력 중 도표 분석, 즉 자료 해석 능력은 많은 시간을 필요로 하는 문제가 출제되므로, 증가
·감소 추이와 같이 눈으로 확인이 가능한 지문을 먼저 확인한 후 복잡한 계산이 필요한 지문을
확인하는 방법으로 문제를 풀이한다면 시간을 조금이라도 아낄 수 있다. 또한, 여러 가지 보기가
주어진 문제 역시 지문을 잘 확인하고 문제를 풀이한다면 불필요한 계산을 생략할 수 있으므로
항상 지문부터 확인하는 습관을 들여야 한다.


**03** **도표 작성에서 지문에 작성된 도표의 제목을 반드시 확인하라!**

도표 작성은 하나의 자료 혹은 보고서와 같은 수치가 표현된 자료를 도표로 작성하는 형식으로
출제되는데, 대체로 표보다는 그래프를 작성하는 형태로 많이 출제된다. 지문을 살펴보면 각
지문에서 주어진 도표에도 소제목이 있는 경우가 대부분이다. 이때, 자료의 수치와 도표의 제목
이 일치하지 않는 경우 함정이 존재하는 문제일 가능성이 높으므로 도표의 제목을 반드시 확인하
는 것이 중요하다.

01 수리능력

## 1. 수리능력의 의의

### (1) 수리능력이란?

직업생활에서 요구되는 사칙연산과 기초적인 통계를 이해하고, 도표의 의미를 파악하거나 도표를 이용해서 결과를 효과적으로 제시하는 능력을 의미한다.

### (2) 수리능력의 분류

| 분류 | 내용 |
|---|---|
| 기초연산능력 | 기초적인 사칙연산과 계산방법을 이해하고 활용하는 능력 |
| 기초통계능력 | 평균, 합계와 같은 기초적인 통계기법을 활용하여 자료의 특성과 경향성을 파악하는 능력 |
| 도표분석능력 | 도표의 의미를 파악하고, 필요한 정보를 해석하는 능력 |
| 도표작성능력 | 자료를 이용하여 도표를 효과적으로 제시하는 능력 |

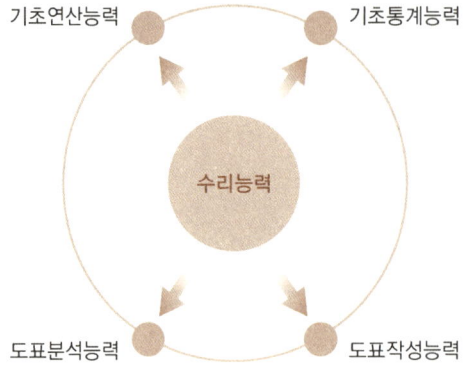

## 2. 수리능력의 중요성

### (1) 수학적 사고를 통한 문제해결

수학 원리를 활용하면 업무 중 문제 해결이 더욱 쉽고 편해진다.

## (2) 직업세계 변화에 적응

수리능력은 논리적이고 단계적 학습을 통해서만 향상된다. 수십 년에 걸친 직업세계의 변화에 적응하기 위해 수리능력을 길러야 한다.

## (3) 실용적 가치의 구현

수리능력의 향상을 통해 일상생활과 업무수행에 필요한 수학적 지식을 습득하며, 생활 수준의 발전에 따라 실용성도 늘어난다.

# 3. 도표의 분석 및 작성

## (1) 도표의 의의

내용을 선, 그림, 원 등으로 시각화하여 표현하는 것이며, 한눈에 내용을 파악할 수 있다는 데에 그 특징이 있다.

## (2) 도표 작성의 목적

① 타인에 대한 보고・설명 : 회의에서의 설명, 상급자에게 보고
② 현재의 상황분석 : 상품별 매출액의 경향
③ 관리목적 : 진도표

## (3) 도표 작성 시 주의사항

- 보기 쉽도록 깔끔하게 그린다.
- 하나의 도표에 여러 가지 내용을 넣지 않는다.
- 특별히 순서가 정해지지 않은 것은 큰 것부터, 왼쪽에서 오른쪽으로, 또는 위에서 아래로 그린다.
- 눈금의 간격을 부적절하게 설정할 경우 수치가 왜곡될 수 있으므로 주의한다.
- 수치를 생략할 경우에는 잘못 이해하는 경우가 생기니 주의한다.
- 컴퓨터에 의한 전산 그래프를 최대한 이용한다.

# 4. 일상생활에서 필요한 단위의 환산

| 종류 | 단위 환산 |
|---|---|
| 길이 | $1cm=10mm$, $1m=100cm$, $1km=1,000m$ |
| 넓이 | $1cm^2=100mm^2$, $1m^2=10,000cm^2$, $1km^2=1,000,000m^2$ |
| 부피 | $1cm^3=1,000mm^3$, $1m^3=1,000,000cm^3$, $1km^3=1,000,000,000m^3$ |
| 들이 | $1mL=1cm^3$, $1dL=100m^3=100mL$, $1L=1,000m^3=10dL$ |
| 무게 | $1kg=1,000g$, $1t=1,000kg=1,000,000g$ |
| 시간 | 1분=60초, 1시간=60분=3,600초 |
| 할푼리 | 1푼=0.1할, 1리=0.01할, 1모=0.001할 |

**1부터 200까지의 숫자 중 약수가 3개인 수는 몇 개인가?**

① 5개                          ② 6개

③ 7개                          ④ 8개

1에서 200까지의 숫자 중 소수인 수는 약수가 2개이고, 소수의 제곱은 약수가 3개이므로 2, 3, 5, 7, 11, 13의 제곱인 4, 9, 25, 49, 121, 169 총 6개이다.

정답 ②

---

## 02   기초연산능력

### 1. 사칙연산과 검산

#### (1) 사칙연산의 의의

수에 관한 덧셈, 뺄셈, 곱셈, 나눗셈의 네 종류의 계산법으로 사칙계산이라고도 한다. 특히 업무를 원활하게 수행하기 위해서는 기본적인 사칙연산뿐만 아니라 복잡한 사칙연산까지도 수행할 수 있어야 한다.

#### (2) 기초연산능력이 요구되는 상황

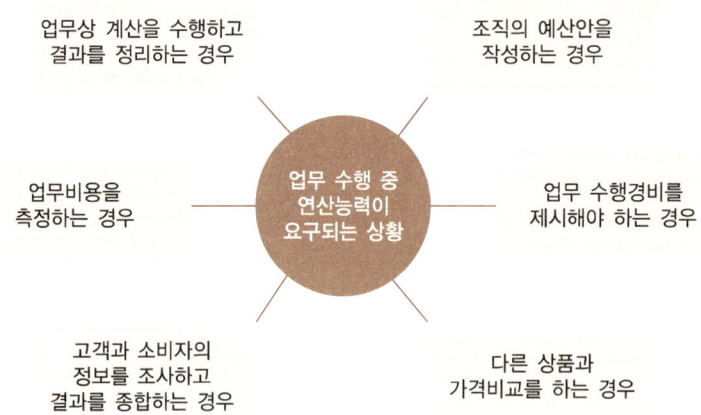

## (3) 검산

① 검산의 의의

연산의 결과를 확인하는 과정을 의미하며, 업무를 수행하는 데 있어서 연산의 결과를 확인하는 검산 과성을 거치는 것은 필수적이다.

② 검산방법의 종류

| 역연산법 | 본래의 풀이와 반대로 연산을 해가면서 본래의 답이 맞는지를 확인해 나가는 방법이다. |
| --- | --- |
| 구거법 | 원래의 수와 각자리 수의 합이 9로 나눈 나머지와 같다는 원리를 이용하는 것으로써, 각각의 수를 9로 나눈 나머지가 같은지를 확인하는 방법이다. |

③ 구거법의 예

$3,456+341=3,797$에서 좌변의 $3+4+5+6$의 9로 나눈 나머지는 0, $3+4+1$의 9로 나눈 나머지는 8이고, 우변의 $3+7+9+7$을 9로 나눈 나머지는 8인데, 구거법에 의하면 좌변의 나머지의 합 (8)과 우변의 나머지(8)가 같으므로 이 계산은 옳은 것이 된다.

〈 핵심예제 〉

$15^2 - 6^2$은 얼마인가?

① 165  ② 170
③ 189  ④ 215

$15^2 - 6^2 = (15+6)(15-6) = 21 \times 9 = 189$

정답 ③

# 2. 응용 수리

## (1) 방정식・부등식의 활용

① 거리・속력・시간

$$(거리) = (속력) \times (시간), \quad (속력) = \frac{(거리)}{(시간)}, \quad (시간) = \frac{(거리)}{(속력)}$$

② 일

전체 작업량을 1로 놓고, 단위 시간 동안 한 일의 양을 기준으로 식을 세움

영미가 혼자 하면 4일, 민수가 혼자 하면 6일 걸리는 일이 있다. 영미가 먼저 2일 동안 일하고, 남은 양을 민수가 끝내려고 할 때, 민수는 며칠 동안 일을 해야 하는가?

① 2일                          ② 3일

③ 4일                          ④ 5일

전체 일의 양을 1이라고 하면 영미와 민수가 하루에 할 수 있는 일의 양은 각각 $\frac{1}{4}$, $\frac{1}{6}$이다.

민수가 $x$일 동안 일한다고 하면 다음과 같다.

$$\frac{1}{4}\times 2+\frac{1}{6}\times x=1 \rightarrow \frac{x}{6}=\frac{1}{2} \rightarrow x=3$$

따라서 민수는 3일 동안 일을 해야 한다.

정답 ②

③ 농도

㉠ [소금물의 농도(%)]$=\dfrac{(\text{소금의 양})}{(\text{소금물의 양})}\times 100$

㉡ (소금의 양)$=\dfrac{[\text{소금물의 농도(\%)}]}{100}\times(\text{소금물의 양})$

농도 10%의 소금물 100g과 농도 25%의 소금물 200g을 섞으면, 농도 몇 %의 소금물이 되겠는가?

① 15%                          ② 20%

③ 25%                          ④ 30%

농도 $x$%의 소금물이 된다고 하면 다음과 같다.

$$\frac{10}{100}\times 100+\frac{25}{100}\times 200=\frac{x}{100}\times(100+200)$$

$\therefore x=20$

따라서 농도 20%의 소금물이 된다.

정답 ②

④ 나이

문제에서 제시된 조건의 나이가 현재인지 과거인지를 확인한 후 구해야 하는 한 명의 나이를 변수로 잡고 식을 세움

⑤ 비율

$x$가 $a$% 증가 : $x\times\left(1+\dfrac{a}{100}\right)$, $x$가 $a$% 감소 : $x\times\left(1-\dfrac{a}{100}\right)$

⑥ 금액

ㄱ (정가)＝(원가)＋(이익), (이익)＝(원가)×(이율)

ㄴ $a$원에서 $b\%$ 할인한 가격＝$a\times\left(1-\dfrac{b}{100}\right)$

ㄷ 단리법·복리법(원금 : $a$, 이율 : $r$, 기간 : $n$, 원리합계 : $S$)

| 단리법 | 복리법 |
|---|---|
| • 정의 : 원금에 대해서만 약정된 이자율과 기간을 곱해 이자를 계산<br>• $S＝a\times(1+r\times n)$ | • 정의 : 원금에 대한 이자를 가산한 후 이 합계액을 새로운 원금으로 계산<br>• $S＝a\times(1+r)^n$ |

⑦ 날짜·요일

ㄱ 1일＝24시간＝1,440$(＝24\times60)$분＝86,400$(＝1,440\times60)$초

ㄴ 월별 일수 : 1, 3, 5, 7, 8, 10, 12월은 31일, 4, 6, 9, 11월은 30일, 2월은 28일 또는 29일

ㄷ 윤년(2월 29일)은 4년에 1회

《 핵심예제 》

**어느 해의 2월 5일이 수요일이라고 할 때, 8월 15일은 무슨 요일인가?(단, 2월은 29일까지이다)**

① 토요일                          ② 일요일

③ 월요일                          ④ 화요일

2월 5일에서 8월 15일까지는 총 24＋31＋30＋31＋30＋31＋15＝192일이다.
이를 7로 나누면 192÷7＝27 … 3이므로 8월 15일은 토요일이다.

정답 ①

⑧ 시계

ㄱ 시침이 1시간 동안 이동하는 각도 : $\dfrac{360°}{12}＝30°$

ㄴ 시침이 1분 동안 이동하는 각도 : $\dfrac{30°}{60}＝0.5°$

ㄷ 분침이 1분 동안 이동하는 각도 : $\dfrac{360°}{60}＝6°$

《 핵심예제 》

**12시 이후 처음으로 시침과 분침의 각도가 55°가 되는 시각은 12시 몇 분인가?**

① 10분                          ② 11분

③ 12분                          ④ 13분

시침은 1시간에 30°, 1분에 0.5°씩 움직인다. 분침은 1분에 6°씩 움직이므로 시침과 분침은 1분에 5.5°씩 치이기 난다. 12시에 분침과 시침 사이의 각은 0°이고, 55°가 되려면 5.5°씩 10번 벌어지면 된다.

정답 ①

⑨ 수
　　㉠ 연속한 두 자연수 : $x$, $x+1$
　　㉡ 연속한 세 자연수 : $x-1$, $x$, $x+1$
　　㉢ 연속한 두 짝수(홀수) : $x$, $x+2$
　　㉣ 연속한 세 짝수(홀수) : $x-2$, $x$, $x+2$
　　㉤ 십의 자릿수가 $x$, 일의 자릿수가 $y$인 두 자리 자연수 : $10x+y$
　　㉥ 백의 자릿수가 $x$, 십의 자릿수가 $y$, 일의 자릿수가 $z$인 세 자리 자연수 : $100x+10y+z$

## (2) 경우의 수와 확률

① 경우의 수
　　㉠ 어떤 사건이 일어날 수 있는 모든 가짓수
　　㉡ 합의 법칙 : 두 사건 A와 B가 동시에 일어나지 않을 때, 사건 A가 일어나는 경우의 수를 $m$, 사건 B가 일어나는 경우의 수를 $n$이라 하면, 사건 A 또는 B가 일어나는 경우의 수는 $(m+n)$이다.
　　㉢ 곱의 법칙 : 사건 A가 일어나는 경우의 수를 $m$, 사건 B가 일어나는 경우의 수를 $n$이라 하면, 사건 A와 B가 동시에 일어나는 경우의 수는 $(m \times n)$이다.

〈 핵심예제 〉

A, B주사위 2개를 동시에 던졌을 때, A에서는 짝수의 눈이 나오고, B에서는 3 또는 5의 눈이 나오는 경우의 수는?

① 2가지　　　　　　　　　　　　　　② 3가지
③ 5가지　　　　　　　　　　　　　　④ 6가지

・A에서 짝수의 눈이 나오는 경우의 수 : 2, 4, 6 → 3가지
・B에서 3 또는 5의 눈이 나오는 경우의 수 : 3, 5 → 2가지
A, B주사위는 동시에 던지므로 곱의 법칙에 의해 3×2=6가지이다.

정답 ④

② 순열・조합

| 순열 | 조합 |
|---|---|
| ㉠ 서로 다른 $n$개에서 $r$개를 순서대로 나열하는 경우의 수 | ㉠ 서로 다른 $n$개에서 $r$개를 순서에 상관없이 나열하는 경우의 수 |
| ㉡ $_n\mathrm{P}_r = \dfrac{n!}{(n-r)!}$ | ㉡ $_n\mathrm{C}_r = \dfrac{n!}{(n-r)! \times r!}$ |
| ㉢ $_n\mathrm{P}_n = n!$, $0!=1$, $_n\mathrm{P}_0 = 1$ | ㉢ $_n\mathrm{C}_r = {}_n\mathrm{C}_{n-r}$, $_n\mathrm{C}_0 = {}_n\mathrm{C}_n = 1$ |

③ 확률

 ㉠ (사건 A가 일어날 확률)$=\dfrac{(\text{사건 A가 일어나는 경우의 수})}{(\text{모든 경우의 수})}$

 ㉡ 여사건의 확률 : 사건 A가 일어날 확률이 $p$일 때, 사건 A가 일어나지 않을 확률은 $(1-p)$이다.

 ㉢ 확률의 덧셈정리 : 두 사건 A, B가 동시에 일어나지 않을 때 A가 일어날 확률을 $p$, B가 일어날 확률을 $q$라고 하면, 사건 A 또는 B가 일어날 확률은 $(p+q)$이다.

 ㉣ 확률의 곱셈정리 : A가 일어날 확률을 $p$, B가 일어날 확률을 $q$라고 하면, 사건 A와 B가 동시에 일어날 확률은 $(p \times q)$이다.

---

《 핵심예제 》

**서로 다른 주사위 2개를 동시에 던졌을 때, 나온 눈의 곱이 홀수일 확률은?**

① $\dfrac{1}{4}$         ② $\dfrac{1}{5}$

③ $\dfrac{1}{6}$         ④ $\dfrac{1}{8}$

 • 두 개의 주사위를 던지는 경우의 수 : $6 \times 6 = 36$가지
 • 나온 눈의 곱이 홀수인 경우(홀수×홀수)의 수 : $3 \times 3 = 9$가지
 ∴ 주사위의 눈의 곱이 홀수일 확률 : $\dfrac{9}{36} = \dfrac{1}{4}$

정답 ①

---

《 핵심예제 》

**일정한 규칙으로 수를 나열할 때, 빈칸에 들어갈 수로 옳은 것은?**

| | | | | | | | | |
|---|---|---|---|---|---|---|---|---|
| 31 | 71 | 27 | 64 | (   ) | 57 | 19 | 50 | |

① 9          ② 23

③ 41         ④ 63

 홀수항은 $-4$, 짝수항은 $-7$인 수열이다.
 따라서 (   )$=27-4=23$이다.

정답 ②

## 1. 통계의 의의

### (1) 통계란?

집단현상에 대한 구체적인 양적 기술을 반영하는 숫자를 의미하며, 특히 사회집단 또는 자연집단의 상황을 숫자로 나타낸 것을 말한다.

### (2) 통계의 의의

사회적, 자연적인 현상이나 추상적인 수치를 포함한 모든 집단적 현상을 숫자로 나타낸 것을 말한다.

### (3) 통계의 본질

① 구체적인 일정집단에 대한 숫자자료가 통계이며, 단일개체에 대한 숫자자료일 때에는 통계라고 하지 않는다.

② 통계의 요소인 단위나 표지를 어떻게 규정하는지에 따라 통계자료가 다르게 나타나게 되므로 이들에 대한 구체적 개념이나 정의를 어떻게 정하는가가 중요하다.

③ 통계의 필요성이나 작성능력의 측면에서 볼 때 대부분 정부나 지방자치단체 등에 의한 관청통계로 작성되고 있다.

### (4) 통계의 기능

- 많은 수량적 자료를 처리가능하고 쉽게 이해할 수 있는 형태로 축소시킴
- 표본을 통해 연구대상 집단의 특성을 유추할 수 있게 함
- 의사결정의 보조수단으로 이용됨
- 관찰가능한 자료를 통해 논리적으로 결론을 추출·검증할 수 있게 함

### (5) 통계의 속성

① 단위와 표지

집단을 구성하는 각 개체를 단위라 하며, 이 단위가 가지고 있는 공통의 성질을 표지라고 한다.

② 표지의 분류

| 속성통계 | 질적인 표지 | 남녀, 산업, 직업 등 |
|---|---|---|
| 변수통계 | 양적인 표지 | 연령, 소득금액 등 |

## (6) 기본적인 통계치

| 종류 | 내용 |
|------|------|
| 빈도 | 어떤 사건이 일어나거나 증상이 나타나는 정도 |
| 빈도분포 | 빈도를 표나 그래프로 종합적이면서도 일목요연하게 표시하는 것 |
| 평균 | 모든 사례의 수치를 합한 후 총 사례 수로 나눈 값 |
| 백분율 | 백분비라고도 하며, 전체의 수량을 100으로 하여, 해당되는 수량이 그중 몇이 되는가를 가리키는 수를 %로 나타낸 것 |
| 범위 | 분포의 흩어진 정도를 가장 간단히 알아보는 방법으로, 최고값에서 최저값을 뺀 값 |
| 분산 | 각 관찰값과 평균값과의 차이의 제곱의 평균을 의미하며, 구체적으로는 각 관찰값과 평균값 차이의 제곱을 모두 합한 값을 개체의 수로 나눈 값 |
| 표준편차 | 분산의 제곱근 값을 의미하며, 개념적으로는 평균으로부터 얼마나 떨어져 있는가를 나타내는 개념으로서 분산과 개념적으로 동일함 |

# 2. 통계자료의 해석

## (1) 다섯숫자 요약

| 종류 | 내용 |
|------|------|
| 최솟값(m) | 원자료 중 값의 크기가 가장 작은 값 |
| 최댓값(M) | 원자료 중 값의 크기가 가장 큰 값 |
| 중앙값($Q_2$) | 최솟값부터 최댓값까지 크기에 의하여 배열하였을 때 중앙에 위치하는 값 |
| 하위 25%값($Q_1$) 상위 25%값($Q_3$) | 원자료를 크기 순서로 배열하여 4등분한 값을 의미하며 백분위 수의 관점에서 25백분위수, 75백분위수로 표기 |

## (2) 평균값과 중앙값

① 원자료에 대한 대푯값으로써 평균값과 중앙값은 엄연히 다른 개념이지만 모두 중요한 역할을 하게 되므로 통계값을 제시할 때에는 어느 수치를 이용했는지를 명확하게 제시해야 한다.

② 평균값이 중앙값보다 높다는 의미는 자료 중에 매우 큰 값이 일부 있음을 의미하며, 이와 같은 경우는 평균값과 중앙값 모두를 제시해줄 필요가 있다.

## 1. 도표의 종류와 활용

### (1) 도표의 종류

도표는 크게 목적별·용도별·형상별로 구분할 수 있는데, 실제로는 목적, 용도와 형상을 여러 가지로 조합하여 하나의 도표로 작성하게 된다.

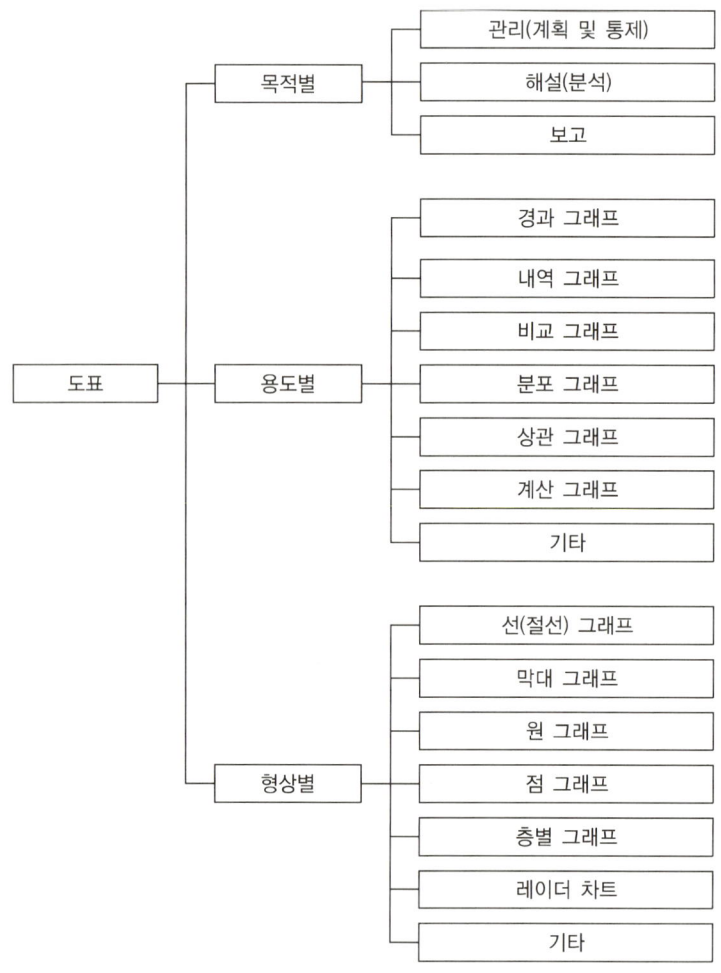

(2) 도표의 활용

| 종류 | 내용 |
|---|---|
| 선 그래프 | • 시간적 추이(시계열 변화)를 표시하고자 할 때 적합<br>예 연도별 매출액 추이 변화 |
| 막대 그래프 | • 수량 간의 대소관계를 비교하고자 할 때 적합<br>예 영업소별 매출액 |
| 원 그래프 | • 내용의 구성비를 분할하여 나타내고자 할 때 적합<br>예 제품별 매출액 구성비 |
| 층별 그래프 | • 합계와 각 부분의 크기를 백분율로 나타내고 시간적 변화를 보고자 할 때 적합<br>예 상품별 매출액 추이 |
| 점 그래프 | • 지역분포를 비롯한 기업 등의 평가나 위치, 성격을 표시하고자 할 때 적합<br>예 광고비율과 이익률의 관계 |
| 방사형 그래프 | • 다양한 요소를 비교하고자 할 때 적합<br>예 매출액의 계절변동 |

## 2. 도표의 형태별 특징

### (1) 선 그래프

시간의 경과에 따라 수량에 의한 변화의 상황을 선의 기울기로 나타내는 그래프로, 시간적 변화에 따른 수량의 변화를 표현하기에 적합하다.

〈중학교 장학금, 학비감면 수혜현황〉

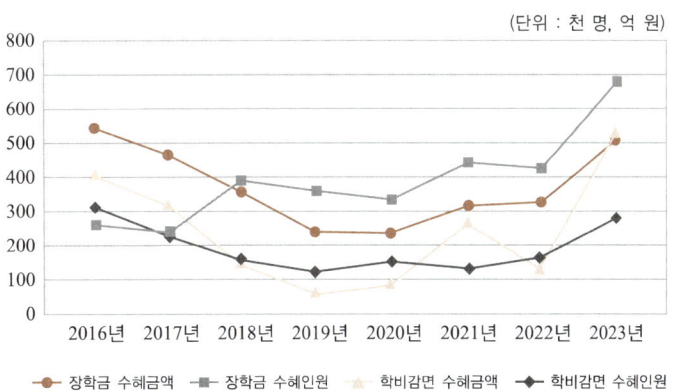

## (2) 막대 그래프

비교하고자 하는 수량을 막대 길이로 표시하고 그 길이를 비교하여 각 수량 간의 대소관계를 나타내는 그래프로서, 전체에 대한 구성비를 표현할 때 다양하게 활용할 수 있다.

〈연도별 암 발생 추이〉

| 연도 | 값 |
| --- | --- |
| 2019년 | 276.2 |
| 2020년 | 300.2 |
| 2021년 | 314.2 |
| 2022년 | 337.8 |
| 2023년 | 361.9 |

## (3) 원 그래프

내용의 구성비를 원을 분할하여 작성하는 그래프로서, 전체에 대한 구성비를 표현할 때 다양하게 활용할 수 있다.

〈C국의 가계 금융자산 구성비〉

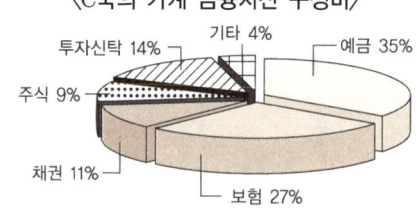

투자신탁 14%  기타 4%  예금 35%  주식 9%  채권 11%  보험 27%

## (4) 층별 그래프

선의 움직임보다는 선과 선 사이의 크기로써 데이터 변화를 나타내는 그래프로서, 시간적 변화에 따른 구성비의 변화를 표현하고자 할 때 활용할 수 있다.

〈우리나라 세계유산 현황〉

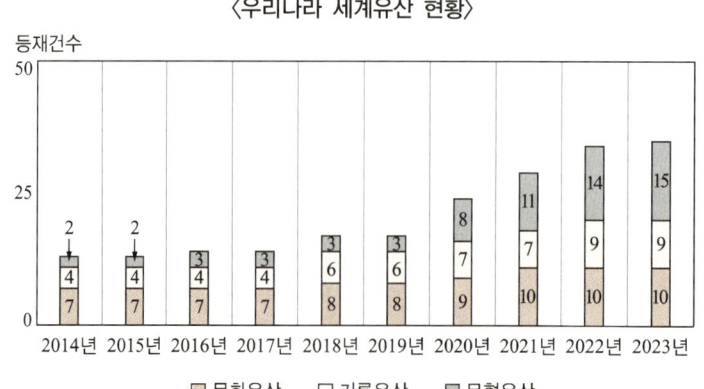

□ 문화유산  □ 기록유산  ■ 무형유산

### (5) 점 그래프

종축과 횡축에 두 개의 요소를 두고, 보고자 하는 것이 어떤 위치에 있는가를 알고자 하는 데 쓰인다.

〈OECD 국가의 대학졸업자 취업률 및 경제활동인구 비중〉

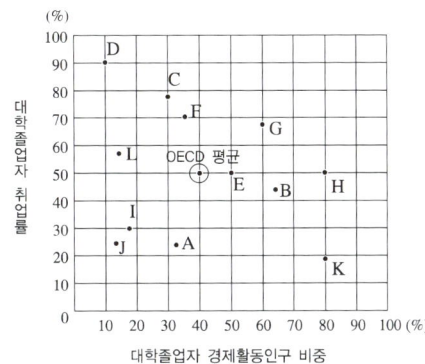

### (6) 방사형 그래프(레이더 차트, 거미줄 그래프)

비교하는 수량을 직경 또는 반경으로 나누어 원의 중심에서의 거리에 따라 각 수량의 관계를 나타내는 그래프로서 대상들을 비교하거나 경과를 나타낼 때 활용할 수 있다.

〈외환위기 전후 한국의 경제상황〉

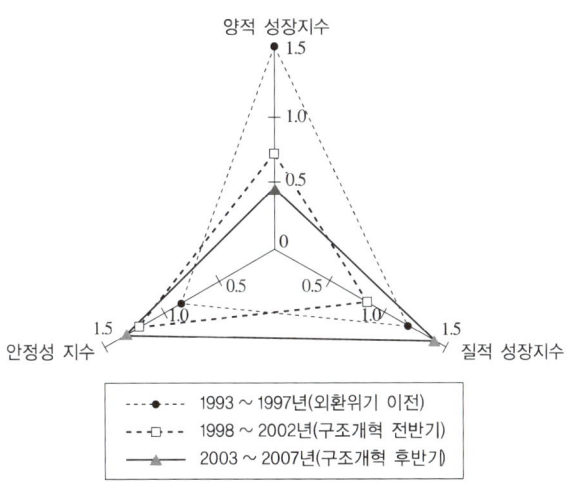

## 3. 도표 해석 시 유의사항

- 요구되는 지식의 수준을 넓혀야 한다.
- 도표에 제시된 자료의 의미를 정확히 숙지하여야 한다.
- 도표로부터 알 수 있는 것과 없는 것을 구별하여야 한다.
- 총량의 증가와 비율의 증가를 구분하여야 한다.
- 백분위수와 사분위수를 정확히 이해하고 있어야 한다.

## 1. 도표의 작성절차

① 작성하려는 도표의 종류 결정

⬇

② 가로축과 세로축에 나타낼 것을 결정

⬇

③ 가로축과 세로축의 눈금의 크기 결정

⬇

④ 자료를 가로축과 세로축이 만나는 곳에 표시

⬇

⑤ 표시된 점에 따라 도표 작성

⬇

⑥ 도표의 제목 및 단위 표기

## 2. 도표 작성 시 유의사항

### (1) 선 그래프

① 세로축에 수량(금액, 매출액 등), 가로축에 명칭구분(연, 월, 장소 등)을 표시하고 축의 모양은 L자형으로 하는 것이 일반적이다.

② 선의 높이에 따라 수치를 파악하는 경우가 많으므로 세로축의 눈금을 가로축의 눈금보다 크게 하는 것이 효과적이다.

③ 선이 두 종류 이상인 경우는 각각에 대해 명칭을 기입해야 하며, 중요한 선을 다른 선보다 굵게 하는 등의 노력을 기울일 필요가 있다.

### (2) 막대 그래프

① 세로형이 보다 일반적이나 가로형으로 작성할 경우 사방을 틀로 싸는 것이 좋다.

② 가로축은 명칭구분(연, 월, 장소 등), 세로축은 수량(금액, 매출액)을 표시하는 것이 일반적이다.

③ 막대의 수가 많은 경우에는 눈금선을 기입하는 것이 알아보기에 좋다.

④ 막대의 폭은 모두 같게 하여야 한다.

### (3) 원 그래프

① 정각 12시의 선을 시작선으로 하며, 이를 기점으로 하여 오른쪽으로 그리는 것이 보통이다.

② 분할선은 구성비율이 큰 순서로 그리되, '기타' 항목은 구성비율의 크기에 관계없이 가장 뒤에 그리는 것이 좋다.

③ 각 항목의 명칭은 같은 방향으로 기록하는 것이 일반적이나, 각도가 적어서 명칭을 기록하기 힘든 경우에는 지시선을 사용하여 기록한다.

### (4) 층별 그래프

① 가로로 할 것인지 세로로 할 것인지는 작성자의 기호나 공간에 따라 판단하나, 구성비율 그래프는 가로로 작성하는 것이 좋다.

② 눈금은 선 그래프나 막대 그래프보다 적게 하고 눈금선을 넣지 않아야 하며, 층별로 색이나 모양이 모두 완전히 다른 것이어야 한다.

③ 같은 항목은 옆에 있는 층과 선으로 연결하여 보기 쉽도록 하여야 한다.

④ 세로 방향일 경우 위로부터 아래로, 가로 방향일 경우 왼쪽에서 오른쪽으로 나열하면 보기가 좋다.

# 01 응용 수리

## | 유형분석 |

- 문제에서 제공하는 정보를 파악한 뒤, 사칙연산을 활용하여 계산하는 전형적인 수리문제이다.
- 문제를 풀기 위한 정보가 산재되어 있는 경우가 많으므로 주어진 조건 등을 꼼꼼히 확인해야 한다.

용민이와 효린이가 호수를 같은 방향으로 도는데 용민이는 7km/h, 효린이는 3km/h로 걷는다고 한다. 두 사람이 다시 만났을 때, 7시간이 지나있었다면 호수의 둘레는 몇 km인가?

① 24km ② 26km
③ 28km ④ 30km
⑤ 32km

정답 ③

7시간이 지났다면 용민이는 7×7=49km, 효린이는 3×7=21km를 걸은 것이다. 용민이는 호수를 한 바퀴 돌고나서 효린이가 걸은 21km까지 더 걸은 것이므로 호수의 둘레는 49−21=28km이다.

**풀이 전략!**

문제에서 묻는 바를 정확하게 확인한 후, 필요한 조건 또는 정보를 구분하여 신속하게 풀어 나간다. 단, 계산에 착오가 생기지 않도록 유의한다.

**01** 고등학생 8명이 래프팅을 하러 여행을 떠났다. 보트는 3명, 5명 두 팀으로 나눠 타기로 했다. 이때 8명 중 반장, 부반장은 서로 다른 팀이 된다고 할 때, 가능한 경우의 수는 몇 가지인가?(단, 반장과 부반장은 각각 1명이다)

① 15가지　　　　　　　　　　　　② 18가지

③ 30가지　　　　　　　　　　　　④ 32가지

⑤ 40가지

**02** A, B가 서로 일직선상으로 20km 떨어져 마주보는 위치에 있고, A로부터 7.6km 떨어진 곳에는 400m 길이의 다리가 있다. A가 먼저 6km/h로 출발하고, B가 $x$분 후에 12km/h로 출발하여 A와 B가 다리 위에서 만났다고 할 때, $x$의 최댓값과 최솟값의 차는 얼마인가?(단, 다리와 일반 도로 사이의 경계는 다리에 포함한다)

① 3　　　　　　　　　　　　　　② 4

③ 6　　　　　　　　　　　　　　④ 7

⑤ 8

**03** 3글자가 적힌 카드 7장, 1글자가 적힌 카드 5장이 있다. 이 중에서 3장의 카드를 고를 때 3장 모두 3글자가 적힌 카드일 확률은?

① $\dfrac{7}{44}$　　　　　　　　　　　② $\dfrac{7}{110}$

③ $\dfrac{7}{55}$　　　　　　　　　　　④ $\dfrac{1}{4}$

⑤ $\dfrac{1}{10}$

**04** 올해 현식이는 아버지와 18세 차이가 나는데, 4년 후에는 아버지의 나이가 4년 후 현식이 나이의 3배가 된다. 올해 기준으로 2년 전 현식의 나이는?

① 3세                         ② 6세

③ 9세                         ④ 12세

⑤ 15세

**05** 농도가 15%인 소금물을 5% 증발시킨 후 농도가 30%인 소금물 200g을 모두 섞어서 농도가 20%인 소금물을 만들었다. 증발 전 농도가 15%인 소금물의 양은?

① 350g                      ② 400g

③ 450g                      ④ 500g

⑤ 550g

**06** 어떤 물통을 채우는 데 A수도만 틀었을 때는 5시간, B수도만 틀었을 때는 2시간이 소요된다. 처음 1시간은 B수도가 고장나서 A수도만을 이용해 물을 채우고, 이후 A수도와 B수도를 모두 이용하여 물통을 가득 채웠을 때, 두 수도를 모두 이용한 시간은?

① 1시간                    ② $\dfrac{8}{7}$ 시간

③ $\dfrac{9}{7}$ 시간                ④ $\dfrac{10}{7}$ 시간

⑤ $\dfrac{11}{7}$ 시간

**07** A공사에서 노후화된 컴퓨터 모니터를 교체하기 위해 부서별로 조사를 한 결과, 다음과 같이 교체하기로 하였다. 이때, 새로 구입할 모니터는 총 몇 대인가?(단, 부서는 인사부, 총무부, 연구부, 마케팅부 4개만 있다)

> 새로 구입할 전체 모니터 중 $\frac{2}{5}$ 대는 인사부, $\frac{1}{3}$ 대는 총무부의 것이고, 연구부에서 교체할 모니터의 개수는 인사부에서 교체할 모니터 개수의 $\frac{1}{3}$ 이며, 마케팅부는 400대를 교체할 것이다.

① 1,000대          ② 1,500대
③ 2,500대          ④ 3,000대
⑤ 3,500대

PART 2

**08** 희경이의 회사는 본사에서 A지점까지의 거리가 총 50km이다. 본사에서 근무하는 희경이가 A지점에서의 미팅을 위해 버스를 타고 60km/h의 속력으로 20km를 갔더니 미팅시간이 얼마 남지 않아 택시로 바꿔 타고 90km/h의 속력으로 갔더니 오후 3시에 도착할 수 있었다. 희경이가 본사에서 나온 시각은 언제인가?(단, 본사에서 나와 버스를 기다린 시간과 버스에서 택시로 바꿔 탄 시간은 고려하지 않는다)

① 오후 1시 40분          ② 오후 2시
③ 오후 2시 20분          ④ 오후 2시 40분
⑤ 오후 3시

| 유형분석 |

- 나열된 수의 규칙을 찾아 해결하는 문제이다.
- 등차·등비수열 등 다양한 수열 규칙에 대한 사전 학습이 요구된다.

다음과 같이 일정한 규칙으로 수를 나열할 때, 빈칸에 들어갈 수는 무엇인가?

| 3 8 28 ( ) 428 1,708 |

① 102
② 104
③ 106
④ 108
⑤ 110

**정답** ④

앞의 항에 +5, +20, +80, +320, +1,280, …을 하는 수열이다.
따라서 ( )=28+80=108이다.

**풀이 전략!**

- 수열을 풀이할 때는 다음과 같은 규칙이 적용되는지를 순차적으로 판단한다.
  1) 각 항에 일정한 수를 사칙연산(+, −, ×, ÷)하는 규칙
  2) 홀수 항, 짝수 항 규칙
  3) 피보나치 수열과 같은 계차를 이용한 규칙
  4) 군수열을 활용한 규칙
  5) 항끼리 사칙연산을 하는 규칙

주요 수열 규칙

| 구분 | 내용 |
| --- | --- |
| 등차수열 | 앞의 항에 일정한 수를 더해 이루어지는 수열 |
| 등비수열 | 앞의 항에 일정한 수를 곱해 이루어지는 수열 |
| 피보나치 수열 | 앞의 두 항의 합이 그다음 항의 수가 되는 수열 |
| 건너뛰기 수열 | 두 개 이상의 수열 또는 규칙이 일정한 간격을 두고 번갈아가며 적용되는 수열 |
| 계차수열 | 앞의 항과 차가 일정하게 증가하는 수열 |
| 군수열 | 일정한 규칙성으로 몇 항씩 묶어 나눈 수열 |

※ 다음과 같이 일정한 규칙으로 수를 나열할 때, 빈칸에 들어갈 수를 고르시오. [1~2]

**01**

$$\frac{1}{3} \quad \frac{6}{10} \quad (\ \ ) \quad \frac{16}{94} \quad \frac{21}{283}$$

① $\dfrac{10}{31}$  ② $\dfrac{11}{31}$

③ $\dfrac{10}{47}$  ④ $\dfrac{11}{47}$

⑤ $\dfrac{10}{49}$

**02**

$$19 \quad 38 \quad 59 \quad 82 \quad 107 \quad (\ \ )$$

① 131  ② 134

③ 137  ④ 140

⑤ 143

**03** 다음과 같이 일정한 규칙으로 수를 나열할 때, B－A를 구하면?

$$1 \quad 2 \quad A \quad 5 \quad 8 \quad 13 \quad 21 \quad B$$

① 22  ② 25

③ 28  ④ 30

⑤ 31

# 03 자료 계산

## | 유형분석 |

- 제시된 자료를 통해 문제에서 주어진 특정한 값을 계산하거나 자료의 변동량을 구할 수 있는지 평가하는 유형이다.
- 자료상에 주어진 공식을 활용하는 계산문제와 증감률, 비율, 합, 차 등을 활용한 문제가 출제된다.
- 출제 비중은 낮지만, 숫자가 큰 경우가 많으므로 제시된 수치와 조건을 꼼꼼히 확인하여 정확하게 계산하는 것이 중요하다.

다음은 2019 ~ 2024년 K동 자원봉사 참여 현황에 대한 표이다. 6년 동안 참여율이 4번째로 높은 해의 전년 대비 참여율의 증가율은?(단, 증가율은 소수점 첫째 자리에서 반올림한다)

### 〈자원봉사 참여 현황〉

| 구분 | 2019년 | 2020년 | 2021년 | 2022년 | 2023년 | 2024년 |
|---|---|---|---|---|---|---|
| 총 성인 인구수(명) | 35,744 | 36,786 | 37,188 | 37,618 | 38,038 | 38,931 |
| 자원봉사 참여 성인 인구수(명) | 1,621 | 2,103 | 2,548 | 3,294 | 3,879 | 4,634 |
| 참여율(%) | 4.5 | 5.7 | 6.9 | 8.8 | 10.2 | 11.9 |

① 17%
② 19%
③ 21%
④ 23%
⑤ 25%

**정답** ③

참여율이 4번째로 높은 해는 2021년이다.

(참여율의 증가율)$=\dfrac{(\text{해당연도 참여율})-(\text{전년도 참여율})}{(\text{전년도 참여율})}\times100$이므로 $\dfrac{6.9-5.7}{5.7}\times100≒21\%$이다.

**풀이 전략!**

자료 계산 유형은 일반적으로 표에 숫자 값을 제시하고, 주어진 값을 바탕으로 계산을 하는 문제가 주로 출제된다. 그러므로 문제가 요구하는 것이 무엇인지 정확히 파악하고, 관련 값을 표에서 찾아 표시하는 것이 좋다. 표시한 값을 바탕으로 사칙연산을 정확하고 빠르게 수행해야 하며, 증가율, 감소율 등 비율 계산을 요구하는 경우가 많으므로 변동률 계산 공식을 숙지하고 연습하면 빠르게 문제를 해결할 수 있다.

- (백분율)$=\dfrac{(\text{비교하는 양})}{(\text{기준량})}\times100$

- (증감률)$=\dfrac{(\text{비교대상의 값})-(\text{기준값})}{(\text{기준값})}\times100$

- (증감량)$=(\text{비교대상 값 A})-(\text{또 다른 비교대상의 값 B})$

**01** 다음은 언도별 병역자원 현황에 대한 표이다. 총 인원에 대한 2017 · 2018년 평균과 2023 · 2024년 평균의 차이는?

〈병역자원 현황〉

(단위 : 만 명)

| 구분 | 2017년 | 2018년 | 2019년 | 2020년 | 2021년 | 2022년 | 2023년 | 2024년 |
|---|---|---|---|---|---|---|---|---|
| 징 · 소집 대상 | 135.3 | 128.6 | 126.2 | 122.7 | 127.2 | 130.2 | 133.2 | 127.7 |
| 보충역 복무자 등 | 16.0 | 14.3 | 11.6 | 9.5 | 8.9 | 8.6 | 8.6 | 8.9 |
| 병력동원 대상 | 675.6 | 664.0 | 646.1 | 687.0 | 694.7 | 687.4 | 654.5 | 676.4 |
| 계 | 826.9 | 806.9 | 783.9 | 819.2 | 830.8 | 826.2 | 796.3 | 813.0 |

① 11.25만 명

② 11.75만 명

③ 12.25만 명

④ 12.75만 명

⑤ 13.25만 명

**02** A통신회사는 휴대전화의 통화시간에 따라 월 2시간까지는 기본요금을 부과하고, 2시간 초과 3시간 미만까지는 분당 $a$원, 3시간 초과부터는 $2a$원을 부과한다. 다음과 같이 요금이 청구되었을 때, $a$의 값은 얼마인가?

〈휴대전화 이용요금〉

| 구분 | 통화시간 | 요금 |
|---|---|---|
| 8월 | 3시간 30분 | 21,600원 |
| 9월 | 2시간 20분 | 13,600원 |

① 50

② 80

③ 100

④ 120

⑤ 150

**03** 서울에서 사는 A씨는 휴일에 가족들과 경기도 맛집에 가기 위해 오후 3시에 집 앞으로 중형 콜택시를 불렀다. 집에서 맛집까지의 거리는 12.56km이며, 집에서 맛집으로 출발하여 4.64km를 이동하면 경기도에 진입한다. 맛집에 도착할 때까지 신호로 인해 택시가 멈췄던 시간은 8분이며, 택시의 속력은 이동 시 항상 60km/h 이상이었다. 다음 자료를 참고할 때, A씨가 지불하게 될 택시요금은 얼마인가?(단, 콜택시의 예약 비용은 없으며, 신호로 인한 멈춘 시간은 모두 경기도 진입 후이다)

〈서울시 택시요금 계산표〉

| 구분 | | | 신고요금 |
|---|---|---|---|
| 중형택시 | 주간 | 기본요금 | 2km까지 3,800원 |
| | | 거리요금 | 100원당 132m |
| | | 시간요금 | 100원당 30초 |
| | 심야 | 기본요금 | 2km까지 4,600원 |
| | | 거리요금 | 120원당 132m |
| | | 시간요금 | 120원당 30초 |
| | 공통사항 | | − 시간·거리 부분 동시병산(15.33km/h 미만 시)<br>− 시계외 할증 20%<br>− 심야(00:00 ~ 04:00) 할증 20%<br>− 심야·시계외 중복할증 40% |

※ 시간요금은 속력이 15.33km/h 미만이거나 멈춰있을 때 적용됨
※ 서울시에서 다른 지역으로 진입 후 시계외 할증(심야 거리 및 시간요금)이 적용됨

① 13,800원  ② 14,000원
③ 14,220원  ④ 14,500원
⑤ 14,920원

**04** 다음은 2024년 연령별 인구수 현황을 나타낸 그래프이다. 연령대를 기준으로 남성 인구가 40% 이하인 연령대 ㉠과 여성 인구가 50% 초과 60% 이하인 연령대 ㉡이 바르게 연결된 것은?(단, 소수점 둘째 자리에서 반올림한다)

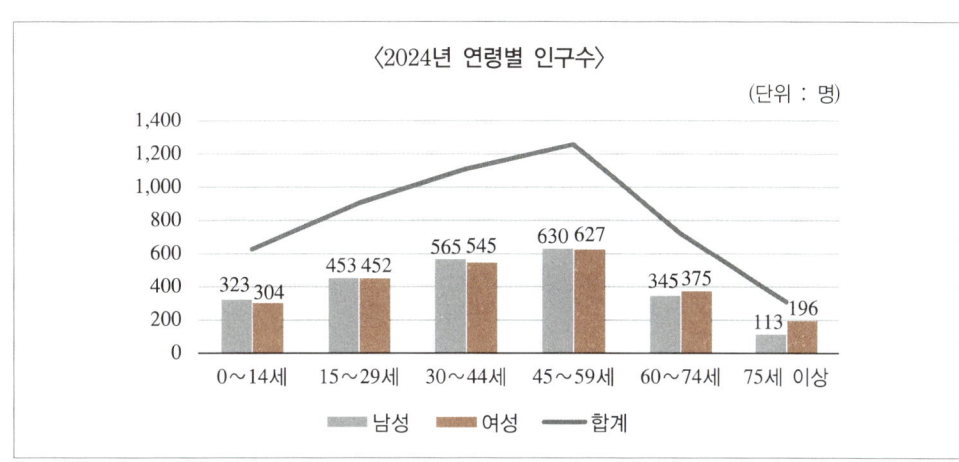

|  | ㉠ | ㉡ |
|---|---|---|
| ① | 0 ~ 14세 | 15 ~ 29세 |
| ② | 30 ~ 44세 | 15 ~ 29세 |
| ③ | 45 ~ 59세 | 60 ~ 74세 |
| ④ | 75세 이상 | 60 ~ 74세 |
| ⑤ | 75세 이상 | 45 ~ 59세 |

## | 유형분석 |

- 제시된 표를 분석하여 선택지의 정답 유무를 판단하는 문제이다.
- 표의 수치 등을 통해 변화량이나 증감률, 비중 등을 비교하여 판단하는 문제가 자주 출제된다.
- 지원하고자 하는 공사공단이나 관련 산업 자료 등이 문제의 자료로 많이 다뤄진다.

다음은 민간 분야 사이버 침해사고 발생현황에 대한 자료이다. 이에 대한 〈보기〉의 설명 중 옳지 않은 것을 모두 고르면?

### 〈민간 분야 사이버 침해사고 발생현황〉

(단위 : 건)

| 구분 | 2021년 | 2022년 | 2023년 | 2024년 |
|---|---|---|---|---|
| 홈페이지 변조 | 650 | 900 | 600 | 390 |
| 스팸릴레이 | 100 | 90 | 80 | 40 |
| 기타 해킹 | 300 | 150 | 170 | 165 |
| 단순 침입시도 | 250 | 300 | 290 | 175 |
| 피싱 경유지 | 200 | 430 | 360 | 130 |
| 전체 | 1,500 | 1,870 | 1,500 | 900 |

**보기**

ㄱ. 단순 침입시도 분야의 침해사고는 매년 스팸릴레이 분야의 침해사고 건수의 2배 이상이다.

ㄴ. 2021년 대비 2024년 침해사고 건수가 50% 이상 감소한 분야는 2개 분야이다.

ㄷ. 2023년 홈페이지 변조 분야의 침해사고 건수가 차지하는 비중은 35% 이상이다.

ㄹ. 2022년 대비 2024년은 모든 분야의 침해사고 건수가 감소하였다.

① ㄱ, ㄴ      ② ㄱ, ㄹ

③ ㄴ, ㄷ      ④ ㄴ, ㄹ

⑤ ㄷ, ㄹ

정답 ④

ㄴ. 2021년 대비 2024년 분야별 침해사고 건수 감소율은 다음과 같다.

- 홈페이지 변조 : $\dfrac{390-650}{650}\times100=-40\%$

- 스팸릴레이 : $\dfrac{40-100}{100}\times100=-60\%$

- 기타 해킹 : $\dfrac{165-300}{300}\times100=-45\%$

- 단순 침입시도 : $\dfrac{175-250}{250}\times100=-30\%$

- 피싱 경유지 : $\dfrac{130-200}{200}\times100=-35\%$

따라서 50% 이상 감소한 분야는 '스팸릴레이'한 분야이다.

ㄹ. 기타 해킹 분야의 2022년 대비 2024년 침해사고 건수는 증가했으므로 옳지 않은 설명이다.

오답분석

ㄱ. 단순 침입시도 분야의 침해사고는 매년 스팸릴레이 분야의 침해사고 건수의 2배 이상인 것을 확인할 수 있다.

ㄷ. 2023년 홈페이지 변조 분야의 침해사고 건수가 차지하는 비중은 $\dfrac{600}{1,500}\times100=40\%$로, 35% 이상이다.

---

**풀이 전략!**

**간단한 선택지부터 해결하기**
계산이 필요 없거나 생각하지 않아도 되는 선택지를 먼저 해결한다.
예 제시된 수치의 증감 추이를 판단하는 선택지는 가장 먼저 풀이 가능하다.

**적절한 것 / 적절하지 않은 것 헷갈리지 않게 표시하기**
자료해석은 적절한 것 또는 적절하지 않은 것을 찾는 문제가 출제된다. 문제마다 매번 바뀌므로 이를 확인하는 것은 매우 중요하다. 따라서 선택지에 표시할 때에도 선택지가 적절하지 않은 내용이라서 '×' 표시를 했는지, 적절한 내용이지만 문제가 적절하지 않은 것을 찾는 문제라 '×' 표시를 했는지 헷갈리지 않도록 표시 방법을 정해야 한다.

**제시된 자료를 통해 계산할 수 있는 값인지 확인하기**
제시된 자료만으로 계산할 수 없는 값을 묻는 선택지인지 먼저 판단해야 한다. 문제를 읽고 바로 계산부터 하면 함정에 빠지기 쉽다.

※ 다음은 국내기업의 업종별 현재 수출 국가와 업종별 향후 진출 희망 국가에 대한 자료이다. 이어지는 질문에 답하시오. **[1~2]**

〈업종별 현재 수출 국가〉

(단위 : 개)

| 구분 | 일본 | 중국 | 미국 | 동남아 | 독일 | 유럽<br>(독일제외) | 기타 | 무응답 | 합계 |
|------|------|------|------|--------|------|------|------|--------|------|
| 주조 | 24 | 15 | 20 | 18 | 20 | 13 | 15 | 0 | 125 |
| 금형 | 183 | 149 | 108 | 133 | 83 | 83 | 91 | 0 | 830 |
| 소성가공 | 106 | 100 | 94 | 87 | 56 | 69 | 94 | 19 | 625 |
| 용접 | 96 | 96 | 84 | 78 | 120 | 49 | 77 | 0 | 600 |
| 표면처리 | 48 | 63 | 63 | 45 | 0 | 24 | 57 | 0 | 300 |
| 열처리 | 8 | 13 | 11 | 9 | 5 | 6 | 8 | 0 | 60 |
| 합계 | 465 | 436 | 380 | 370 | 284 | 244 | 342 | 19 | 2,540 |

〈업종별 향후 진출 희망 국가〉

(단위 : 개)

| 구분 | 일본 | 중국 | 미국 | 동남아 | 독일 | 유럽<br>(독일제외) | 기타 | 합계 |
|------|------|------|------|--------|------|------|------|------|
| 주조 | 24 | 16 | 29 | 25 | 1 | 8 | 3 | 106 |
| 금형 | 16 | 7 | 23 | 16 | 24 | 25 | 0 | 111 |
| 소성가공 | 96 | 129 | 140 | 129 | 8 | 28 | 58 | 588 |
| 용접 | 16 | 295 | 92 | 162 | 13 | 119 | 48 | 745 |
| 표면처리 | 5 | 32 | 7 | 19 | 0 | 13 | 10 | 86 |
| 열처리 | 0 | 16 | 2 | 7 | 0 | 0 | 2 | 27 |
| 합계 | 157 | 495 | 293 | 358 | 46 | 193 | 121 | 1,663 |

※ 모든 업종의 기업은 하나의 국가에만 수출함

**01**    다음 중 업종별 현재 수출 국가에 대한 설명으로 옳지 않은 것은?

① 열처리 분야 기업 중 중국에 수출하는 기업의 비율은 20% 이상이다.

② 금형 분야 기업의 수는 전체 기업 수의 40% 미만이다.

③ 일본에 수출하는 용접 분야 기업의 수는 중국에 수출하는 주조 분야 기업의 수의 7배 이상이다.

④ 소성가공 분야 기업 중 미국에 수출하는 기업의 수가 동남아에 수출하는 기업의 수보다 많다.

⑤ 주조 분야 기업 중 가장 많은 기업이 수출하는 국가는 일본이다.

**02** 다음 〈보기〉 중 위 자료에 대해 옳은 설명을 한 사람을 모두 고르면?

> **보기**
>
> 지헌 : 가장 많은 수의 금형 분야 기업들이 신출하고 싶어 하는 국가는 독일이야.
> 준엽 : 국내 열처리 분야 기업들이 가장 많이 수출하는 국가는 가장 많은 열처리 분야 기업들이 진출하고 싶어 하는 국가와 같아.
> 찬영 : 표면처리 분야 기업 중 유럽(독일 제외)에 진출하고 싶어 하는 기업은 미국에 진출하고 싶어 하는 기업의 2배 이상이야.
> 진경 : 용접 분야 기업 중 기타 국가에 수출하는 기업의 수는 용접 분야 기업 중 독일을 제외한 유럽에 수출하는 기업의 수보다 많아.

① 지헌, 준엽　　　　　　　　　② 지헌, 찬영

③ 준엽, 찬영　　　　　　　　　④ 준엽, 진경

⑤ 찬영, 진경

**03** A편의점은 3 ~ 8월까지 6개월간 캔 음료 판매현황을 다음과 같이 정리하였다. 이에 대한 설명으로 옳지 않은 것은?(단, 3 ~ 5월은 봄, 6 ~ 8월은 여름이다)

〈월별 캔 음료 판매현황〉

(단위 : 캔)

| 구분 | 맥주 | 커피 | 탄산음료 | 이온음료 | 과일음료 |
|------|------|------|----------|----------|----------|
| 3월 | 601 | 264 | 448 | 547 | 315 |
| 4월 | 536 | 206 | 452 | 523 | 362 |
| 5월 | 612 | 184 | 418 | 519 | 387 |
| 6월 | 636 | 273 | 456 | 605 | 406 |
| 7월 | 703 | 287 | 476 | 634 | 410 |
| 8월 | 812 | 312 | 513 | 612 | 419 |

① 맥주는 매월 커피의 2배 이상 판매되었다.

② 모든 캔 음료는 봄보다 여름에 더 잘 팔렸다.

③ 이온음료는 봄에 탄산음료보다 더 잘 팔렸다.

④ 맥주는 매월 가장 큰 판매 비중을 보이고 있다.

⑤ 모든 캔 음료는 여름에 매월 꾸준히 판매량이 증가하였다.

※ 다음은 주요 직업별 종사자 총 2,000명을 대상으로 주 평균 여가시간을 조사한 자료이다. 이어지는 질문에 답하시오. [4~5]

**〈주요 직업별 주 평균 여가시간〉**

| 구분 | 1시간 미만 | 1시간 이상<br>3시간 미만 | 3시간 이상<br>5시간 미만 | 5시간 이상 | 응답자 수 |
|---|---|---|---|---|---|
| 일반회사직 | 22% | 45% | 20% | 13% | 420명 |
| 자영업자 | 36% | 35% | 25% | 4% | 180명 |
| 공교육직 | 4% | 12% | 34% | 50% | 300명 |
| 사교육직 | 30% | 27% | 25% | 18% | 200명 |
| 교육 외 공무직 | 30% | 28% | 24% | 18% | 400명 |
| 연구직 | 67% | 1% | 7% | 25% | 260명 |
| 의료직 | 52% | 5% | 2% | 41% | 240명 |

**04** 다음 〈보기〉 중 위 자료에 대한 설명으로 옳은 것을 모두 고르면?

> **보기**
> ㄱ. 전체 응답자 중 공교육직 종사자가 차지하는 비율은 연구직 종사자보다 3%p 높다.
> ㄴ. 공교육직 종사자의 응답 비율이 가장 높은 구간의 응답자 수는 사교육직 종사자의 응답 비율이 가장 높은 구간의 응답자 수의 1.5배이다.
> ㄷ. '5시간 이상'이라고 응답한 교육 외 공무직 종사자 비율은 연구직 종사자보다 낮지만, 응답자 수는 더 많다.

① ㄱ
② ㄴ
③ ㄷ
④ ㄱ, ㄴ
⑤ ㄴ, ㄷ

**05** 다음 중 위 자료에 대한 설명으로 옳지 않은 것은?

① 전체 응답자 중 교육에 종사하는 사람이 차지하는 비율은 27% 미만이다.
② 일반회사직 종사자와 자영업자 모두 주 평균 여가시간이 '1시간 이상 3시간 미만'이라고 응답한 인원이 가장 많다.
③ 공교육직 종사자의 응답 비율이 높은 순서대로 나열한 것과 교육 외 공무직 종사자의 응답 비율이 높은 순서대로 나열한 것은 반대의 추이를 보인다.
④ 연구직 종사자와 의료직 종사자의 응답 비율의 차가 가장 큰 구간은 '5시간 이상'이다.
⑤ '3시간 이상 5시간 미만'에 가장 많이 응답한 직업군은 없다.

**06** 다음은 A국의 인구성장률에 대한 그래프이다. 이에 대한 설명으로 옳은 것은?

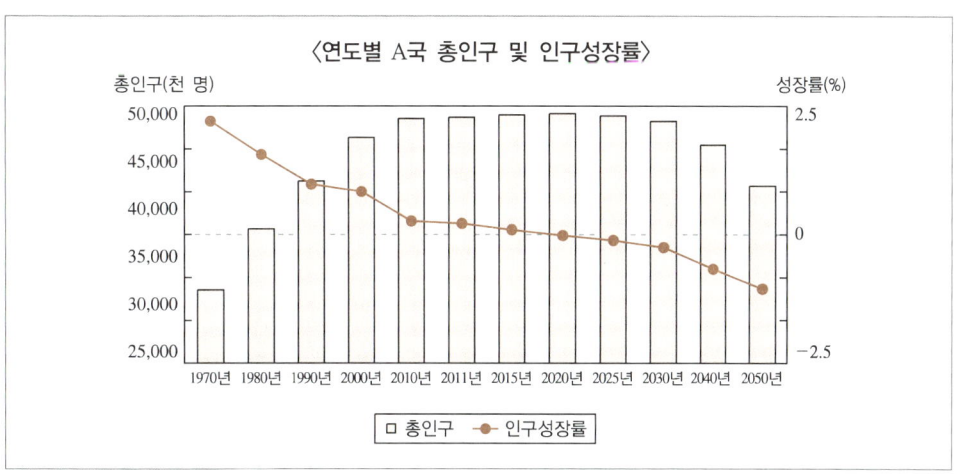

① 인구성장률은 2025년에 잠시 성장하다가 다시 감소할 것이다.

② 2011년부터 총인구는 감소할 것이다.

③ 2000 ~ 2010년 기간보다 2025 ~ 2030년 기간의 인구 증가가 덜할 것이다.

④ 2040년 총인구는 1990년 총인구보다 적을 것이다.

⑤ 총인구는 2000년부터 계속해서 감소하는 모습을 보이고 있다.

# CHAPTER 03

# 문제해결능력

문제해결능력은 업무를 수행하면서 여러 가지 문제 상황이 발생하였을 때, 창의적이고 논리적인 사고를 통하여 이를 올바르게 인식하고 적절히 해결하는 능력으로, 하위 능력에는 사고력과 문제처리능력이 있다.

문제해결능력은 NCS 기반 채용을 진행하는 대다수의 공사·공단에서 채택하고 있으며, 다양한 자료와 함께 출제되는 경우가 많아 어렵게 느껴질 수 있다. 특히, 난도가 높은 문제로 자주 출제되기 때문에 다른 영역보다 더 많은 노력이 필요할 수는 있지만 그렇기에 차별화를 할 수 있는 득점 영역이므로 포기하지 말고 꾸준하게 노력해야 한다.

## 01 질문의 의도를 정확하게 파악하라!

문제해결능력은 문제에서 무엇을 묻고 있는지 정확하게 파악하여 먼저 풀이 방향을 설정하는 것이 가장 효율적인 방법이다. 특히, 조건이 주어지고 답을 찾는 창의적·분석적인 문제가 주로 출제되고 있기 때문에 처음에 정확한 풀이 방향이 설정되지 않는다면 문제를 제대로 풀지 못하게 되므로 첫 번째로 출제 의도 파악에 집중해야 한다.

**02 중요한 정보는 반드시 표시하라!**

출제 의도를 정확히 파악하기 위해서는 문제의 중요한 정보를 반드시 표시하거나 메모하여 하나의 조건, 단서도 잊고 넘어가는 일이 없도록 해야 한다. 실제 시험에서는 시간의 압박과 긴장감으로 정보를 잘못 적용하거나 잊어버리는 실수가 많이 발생하므로 사전에 충분한 연습이 필요하다.

**03 반복 풀이를 통해 취약 유형을 파악하라!**

문제해결능력은 특히 시간관리가 중요한 영역이다. 따라서 정해진 시간 안에 고득점을 할 수 있는 효율적인 문제 풀이 방법을 찾아야 한다. 이때, 반복적인 문제 풀이를 통해 자신이 취약한 유형을 파악하는 것이 중요하다. 정확하게 풀 수 있는 문제부터 빠르게 풀고 취약한 유형은 나중에 푸는 효율적인 문제 풀이를 통해 최대한 고득점을 맞는 것이 중요하다.

## 01 문제해결능력

### 1. 문제의 의의

#### (1) 문제와 문제점

| 문제 | 업무를 수행함에 있어서 답을 요구하는 질문이나 의논하여 해결해야 하는 사항 |
|------|--------------------------------------------------------------------------------|
| 문제점 | 문제의 원인이 되는 사항으로 문제해결을 위해서 조치가 필요한 대상 |

예 난폭운전으로 전복사고가 일어난 경우는 '사고의 발생'이 문제이며, '난폭운전'은 문제점이다.

#### (2) 문제의 유형

① 기능에 따른 분류 : 제조 문제, 판매 문제, 자금 문제, 인사 문제, 경리 문제, 기술상 문제

② 시간에 따른 분류 : 과거 문제, 현재 문제, 미래 문제

③ 해결방법에 따른 분류 : 논리적 문제, 창의적 문제

#### (3) 발생형 문제, 탐색형 문제, 설정형 문제

| 구분 | 내용 |
|------|------|
| 발생형 문제<br>(보이는 문제) | • 우리 눈앞에 발생되어 걱정하고 해결하기 위해 고민하는 문제를 말하며 원인지향적인 문제라고도 함<br>• 일탈 문제 : 어떤 기준을 일탈함으로써 생기는 문제<br>• 미달 문제 : 기준에 미달하여 생기는 문제 |
| 탐색형 문제<br>(찾는 문제) | • 현재의 상황을 개선하거나 효율을 높이기 위한 문제를 말하며 문제를 방치하면 뒤에 큰 손실이 따르거나 해결할 수 없게 되는 것<br>• 잠재 문제 : 문제가 잠재되어 인식하지 못하다가 결국 문제가 확대되어 해결이 어려운 문제<br>• 예측 문제 : 현재는 문제가 아니지만 계속해서 현재 상태로 진행할 경우를 가정하고 앞으로 일어날 수 있는 문제<br>• 발견 문제 : 현재는 문제가 없으나 좋은 제도나 기법, 기술을 발견하여 개선, 향상할 수 있는 문제 |
| 설정형 문제<br>(미래의 문제) | • 장래의 경영전략을 통해 앞으로 어떻게 할 것인가 하는 문제<br>• 새로운 목표를 설정함에 따라 일어나는 문제로서 목표 지향적 문제라고도 함<br>• 지금까지 경험한 바가 없는 문제로 많은 창조적인 노력이 요구되므로 창조적 문제라고도 함 |

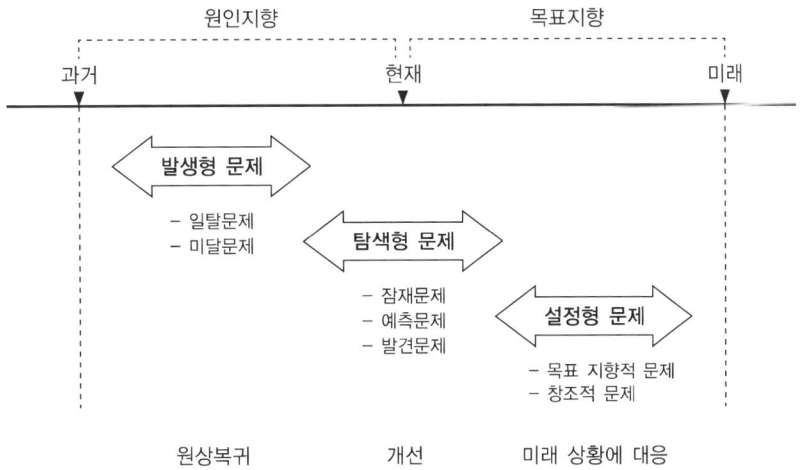

**다음 중 문제에 대한 설명으로 적절하지 않은 것은?**

① 업무를 수행함에 있어서 답을 요구하는 질문이나 의논하여 해결해야 되는 사항을 의미한다.

② 해결하기를 원하지만 실제로 해결해야 하는 방법을 모르고 있는 상태도 포함된다.

③ 얻고자 하는 해답이 있지만 그 해답을 얻는 데 필요한 일련의 행동을 알지 못한 상태도 있다.

④ 일반적으로 발생형 문제, 설정형 문제, 논리적 문제로 구분된다.

문제는 일반적으로 발생형 문제, 탐색형 문제, 설정형 문제로 구분된다.

정답 ④

## 2. 문제해결의 의의

### (1) 문제해결이란?

목표와 현상을 분석하고, 분석 결과를 토대로 주요 과제를 도출한 뒤, 바람직한 상태나 기대되는 결과가 나타나도록 최적의 해결책을 찾아 실행, 평가해 가는 활동을 말한다.

### (2) 문제해결에 필요한 기본요소

① 체계적인 교육훈련

② 창조적 스킬의 습득

③ 전문영역에 대한 지식 습득

④ 문제에 대한 체계적인 접근

## 3. 문제해결에 필요한 기본적 사고

### (1) 전략적 사고

현재 당면하고 있는 문제와 해결방법에만 집착하지 말고, 그 문제와 해결방안이 상위 시스템 또는 다른 문제와 어떻게 연결되어 있는지를 생각하는 것이 필요하다.

### (2) 분석적 사고

전체를 각각의 요소로 나누어 그 요소의 의미를 도출한 다음 우선순위를 부여하고 구체적인 문제해결방법을 실행하는 것이 요구된다.

| 문제의 종류 | 요구되는 사고 |
| --- | --- |
| 성과 지향의 문제 | 기대하는 결과를 명시하고 효과적으로 달성하는 방법을 사전에 구상하고 실행에 옮길 것 |
| 가설 지향의 문제 | 현상 및 원인분석 전에 지식과 경험을 바탕으로 일의 과정이나 결과, 결론을 가정한 다음 검증 후 사실일 경우 다음 단계의 일을 수행할 것 |
| 사실 지향의 문제 | 일상 업무에서 일어나는 상식, 편견을 타파하여 객관적 사실로부터 사고와 행동을 출발할 것 |

### (3) 발상의 전환

사물과 세상을 바라보는 인식의 틀을 전환하여 새로운 관점에서 바로 보는 사고를 지향하는 것이 필요하다.

### (4) 내·외부자원의 효과적 활용

기술, 재료, 방법, 사람 등 필요한 자원 확보 계획을 수립하고 내·외부자원을 효과적으로 활용하도록 해야 한다.

---

《핵심예제》

**다음 중 문제해결에 필요한 기본적 사고로 가장 적절한 것은?**

① 외부자원만을 효과적으로 활용한다.
② 전략적 사고를 해야 한다.
③ 같은 생각을 유지한다.
④ 추상적 사고를 해야 한다.

**문제해결에 필요한 기본적 사고**
전략적 사고, 분석적 사고, 발상의 전환, 내·외부자원의 활용

정답 ②

## 4. 문제해결의 장애요소

- 문제를 철저하게 분석하지 않는 것
- 고정관념에 얽매이는 것
- 쉽게 떠오르는 단순한 정보에 의지하는 것
- 너무 많은 자료를 수집하려고 노력하는 것

## 5. 제3자를 통한 문제해결

| 종류 | 내용 |
|---|---|
| 소프트 어프로치 | • 대부분의 기업에서 볼 수 있는 전형적인 스타일<br>• 조직구성원들이 같은 문화적 토양을 가짐<br>• 직접적인 표현보다는 암시를 통한 의사전달<br>• 제3자 : 결론을 미리 그려가면서 권위나 공감에 의지함<br>• 결론이 애매하게 산출되는 경우가 적지 않음 |
| 하드 어프로치 | • 조직구성원들이 상이한 문화적 토양을 가짐<br>• 직설적인 주장을 통한 논쟁과 협상<br>• 논리, 즉 사실과 원칙에 근거한 토론<br>• 제3자 : 지도와 설득을 통해 전원이 합의하는 일치점 추구<br>• 이론적으로는 가장 합리적인 방법<br>• 창조적인 아이디어나 높은 만족감을 이끌어내기 어려움 |
| 퍼실리테이션 | • 그룹이 나아갈 방향을 알려주고, 공감을 이룰 수 있도록 도와주는 것<br>• 제3자 : 깊이 있는 커뮤니케이션을 통해 창조적인 문제해결 도모<br>• 창조적인 해결방안 도출, 구성원의 동기와 팀워크 강화<br>• 퍼실리테이터의 줄거리대로 결론이 도출되어서는 안 됨 |

## 1. 창의적 사고의 의의

### (1) 창의적 사고란?

당면한 문제를 해결하기 위해 이미 알고 있는 경험과 지식을 해체하여 다시 새로운 정보로 결합함으로써 새로운 아이디어를 다시 도출하는 것이다.

### (2) 창의적 사고의 특징

- 발산적(확산적) 사고
- 새롭고 유용한 아이디어를 생산해 내는 정신적인 과정
- 기발하거나 신기하며 독창적인 것
- 유용하고 적절하며 가치가 있는 것
- 기존의 정보들을 새롭게 조합시킨 것

〈 핵심예제 〉

**다음 중 창의적 사고의 특징으로 적절하지 않은 것은?**

① 외부 정보끼리의 조합이다.
② 사회나 개인에게 새로운 가치를 창출한다.
③ 창조적인 가능성이다.
④ 사고력, 성격, 태도 등의 전인격적인 가능성을 포함한다.

창의적 사고는 정보와 정보의 조합으로, 정보에는 내부 정보와 외부 정보가 있다.

정답 ①

## 2. 창의적 사고의 개발 방법

### (1) 자유 연상법 – 생각나는 대로 자유롭게 발상 – 브레인스토밍

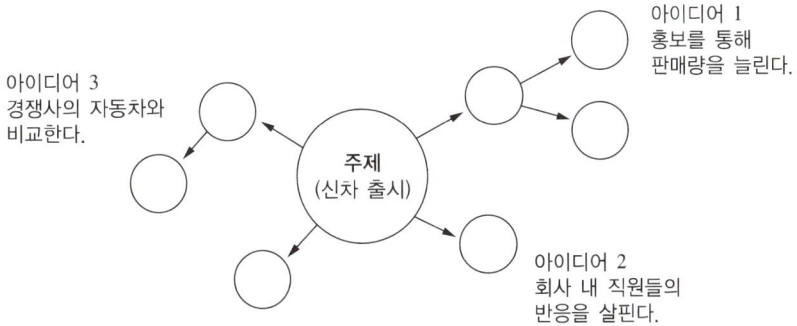

### (2) 강제 연상법 – 각종 힌트와 강제적으로 연결지어서 발상 – 체크리스트

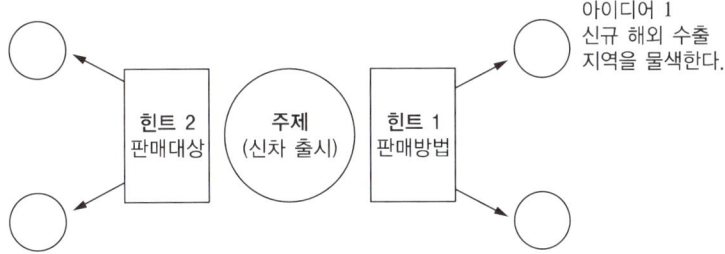

### (3) 비교 발상법 – 주제의 본질과 닮은 것을 힌트로 발상 – NM법, Synectics

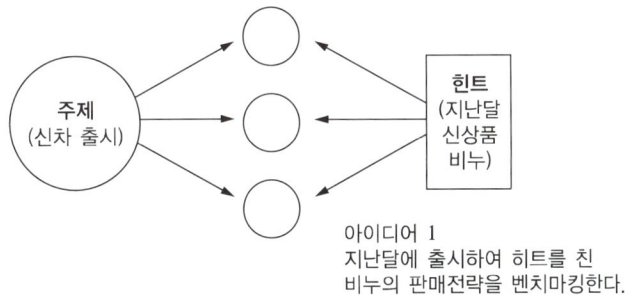

### (4) 브레인스토밍 진행 방법

> • 주제를 구체적이고 명확하게 정한다.
> • 구성원의 얼굴을 볼 수 있는 좌석 배치와 큰 용지를 준비한다.
> • 구성원들의 다양한 의견을 도출할 수 있는 사람을 리더로 선출한다.
> • 구성원은 다양한 분야의 사람들로 5 ~ 8명 정도로 구성한다.
> • 발언은 누구나 자유롭게 할 수 있도록 하며, 모든 발언 내용을 기록한다.
> • 아이디어에 대한 평가는 비판해서는 안 된다.

## 3. 논리적 사고

### (1) 논리적 사고란?

사고의 전개에 있어서 전후의 관계가 일치하고 있는가를 살피고, 아이디어를 평가하는 능력을 말한다.

### (2) 논리적 사고의 5요소

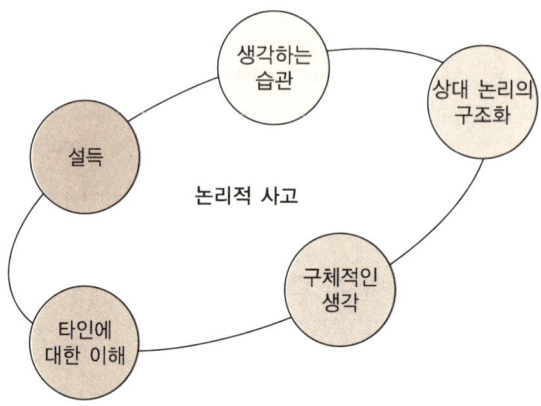

### (3) 논리적 사고를 개발하기 위한 방법

① 피라미드 기법

보조 메시지들을 통해 주요 메인 메시지를 얻고, 다시 메인 메시지를 종합한 최종적인 정보를 도출해 내는 방법이다.

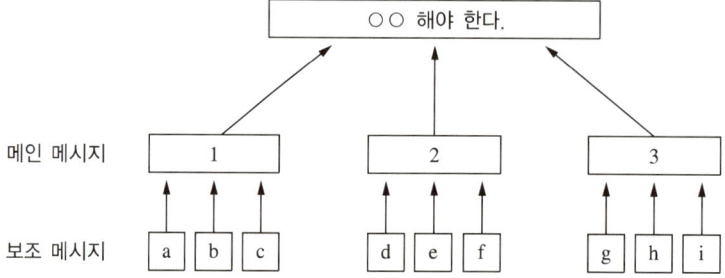

② So What 기법

"그래서 무엇이지?" 하고 자문자답하는 의미로 눈앞에 있는 정보로부터 의미를 찾아내어 가치 있는 정보를 이끌어 내는 사고이다. "So What?"은 "어떻게 될 것인가?", "어떻게 해야 한다."라는 내용이 포함되어야 한다. 다음은 이에 대한 사례이다.

[상황]

ㄱ. 우리 회사의 자동차 판매대수가 사상 처음으로 전년 대비 마이너스를 기록했다.

ㄴ. 우리나라의 자동차 업계 전체는 일제히 적자 결산을 발표했다.

ㄷ. 주식 시장은 몇 주간 조금씩 하락하는 상황에 있다.

[So What?을 사용한 논리적 사고의 예]

a. 자동차 판매의 부진

b. 자동차 산업의 미래

c. 자동차 산업과 주식시장의 상황

d. 자동차 관련 기업의 주식을 사서는 안 된다.

e. 지금이야말로 자동차 관련 기업의 주식을 사야 한다.

[해설]

a. 상황 ㄱ만 고려하고 있으므로 So What의 사고에 해당하지 않는다.

b. 상황 ㄷ을 고려하지 못하고 있으므로 So What의 사고에 해당하지 않는다.

c. 상황 ㄱ ~ ㄷ을 모두 고려하고는 있으나 자동차 산업과 주식시장이 어떻게 된다는 것을 알 수 없으므로 So What의 사고에 해당하지 않는다.

d · e. "주식을 사지 마라(사라)."라는 메시지를 주고 있으므로 So What의 사고에 해당한다.

《 핵심예제 》

**다음 중 논리적 사고를 위한 요소가 아닌 것은?**

① 생각하는 습관                    ② 상대 논리의 구조화

③ 타인에 대한 이해 · 설득          ④ 추상적인 생각

**논리적 사고의 요소**
생각하는 습관, 상대 논리의 구조화, 구체적인 생각, 타인에 대한 이해 · 설득

정답 ④

## 4. 비판적 사고

### (1) 비판적 사고란?

어떤 주제나 주장 등에 대해서 적극적으로 분석하고 종합하며 평가하는 능동적인 사고를 말한다. 이는 문제의 핵심을 중요한 대상으로 하며, 지식과 정보를 바탕으로 합당한 근거에 기초를 두고 현상을 분석, 평가하는 사고이다. 비판적 사고를 개발하기 위해서는 지적 호기심, 객관성, 개방성, 융통성, 지적 회의성, 지적 정직성, 체계성, 지속성, 결단성, 다른 관점에 대한 존중과 같은 합리적인 태도가 요구된다.

## (2) 비판적 사고에 필요한 태도

① 문제의식

문제의식을 가지고 있다면 주변에서 발생하는 사소한 것에서도 정보를 수집하고 새로운 아이디어를 끊임없이 생산해 낼 수 있다.

② 고정관념 타파

지각의 폭을 넓히는 일은 정보에 대한 개방성을 가지고 편견을 갖지 않는 것으로 이를 위해서는 고정관념을 타파하는 것이 중요하다.

---

03　　문제처리능력

## 1. 문제 인식

### (1) 문제 인식 절차

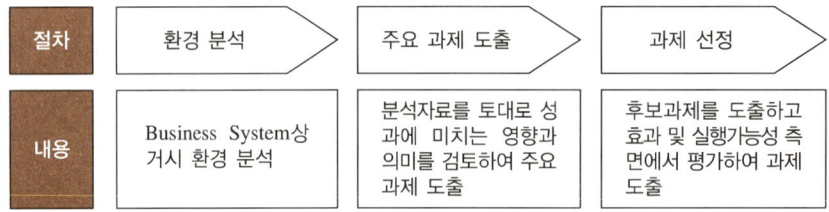

| 절차 | 환경 분석 | 주요 과제 도출 | 과제 선정 |
| --- | --- | --- | --- |
| 내용 | Business System상 거시 환경 분석 | 분석자료를 토대로 성과에 미치는 영향과 의미를 검토하여 주요 과제 도출 | 후보과제를 도출하고 효과 및 실행가능성 측면에서 평가하여 과제 도출 |

### (2) 환경 분석

① 3C 분석

사업환경을 구성하고 있는 요소인 자사, 경쟁사, 고객을 3C라고 한다.

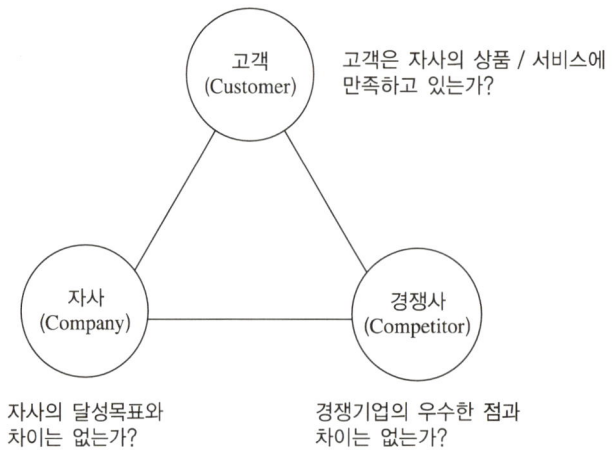

고객(Customer) — 고객은 자사의 상품 / 서비스에 만족하고 있는가?

자사(Company) — 자사의 달성목표와 차이는 없는가?

경쟁사(Competitor) — 경쟁기업의 우수한 점과 차이는 없는가?

② SWOT 분석

    ⊙ 의의 : 기업내부의 강점, 약점과 외부환경의 기회, 위협요인을 분석 평가하고 이들을 서로 연관지어 전략을 개발하고 문제해결 방안을 개발하는 방법이다.

    ⓒ SWOT 분석방법

| 외부환경 분석 | • 좋은 쪽으로 작용하는 것은 기회, 나쁜 쪽으로 작용하는 것은 위협으로 분류<br>• 언론매체, 개인 정보망 등을 통하여 입수한 상식적인 세상의 변화 내용을 시작으로 당사자에게 미치는 영향을 순서대로, 점차 구체화<br>• 인과관계가 있는 경우 화살표로 연결<br>• 동일한 Data라도 자신에게 긍정적으로 전개되면 기회로, 부정적으로 전개되면 위협으로 구분<br>• 외부환경분석 시에는 SCEPTIC 체크리스트를 활용<br>  ① Social(사회), ② Competition(경쟁), ③ Economic(경제), ④ Politic(정치),<br>  ⑤ Technology(기술), ⑥ Information(정보), ⑦ Client(고객) |
|---|---|
| 내부환경 분석 | • 경쟁자와 비교하여 나의 강점과 약점을 분석<br>• 강점과 약점의 내용 : 보유하거나 동원 가능하거나 활용 가능한 자원<br>• 내부환경분석에는 MMMITI 체크리스트를 활용<br>  ① Man(사람), ② Material(물자), ③ Money(돈), ④ Information(정보), ⑤ Time(시간),<br>  ⑥ Image(이미지) |

    ⓒ SWOT 전략 수립 방법

    내부의 강점과 약점을, 외부의 기회와 위협을 대응시켜 기업 목표 달성을 위한 SWOT 분석을 바탕으로 구축한 발전전략의 특성은 다음과 같다.

| SO전략 | 외부환경의 기회를 활용하기 위해 강점을 사용하는 전략 선택 |
|---|---|
| ST전략 | 외부환경의 위협을 회피하기 위해 강점을 사용하는 전략 선택 |
| WO전략 | 자신의 약점을 극복함으로써 외부환경의 기회를 활용하는 전략 선택 |
| WT전략 | 약점을 보완해 미래의 위협에 대응하거나 비상시 대처하기 위한 전략 선택 |

## (3) 주요 과제 도출

과제 도출을 위해서는 다양한 과제 후보안을 다음 그림과 같은 표를 이용해서 하는 것이 체계적이며 바람직하다. 주요 과제 도출을 위한 과제안 작성 시, 과제안 간의 동일한 수준, 표현의 구체성, 기간 내 해결 가능성 등을 확인해야 한다.

### (4) 과제 선정

과제안 중 효과 및 실행 가능성 측면을 평가하여 가장 우선순위가 높은 안을 선정하며, 우선순위 평가 시에는 과제의 목적, 목표, 자원현황 등을 종합적으로 고려하여 평가한다.

### (5) 과제안 평가기준

과제해결의 중요성, 과제착수의 긴급성, 과제해결의 용이성을 고려하여 여러 개의 평가기준을 동시에 설정하는 것이 바람직하다.

## 2. 문제 도출

### (1) 세부 절차

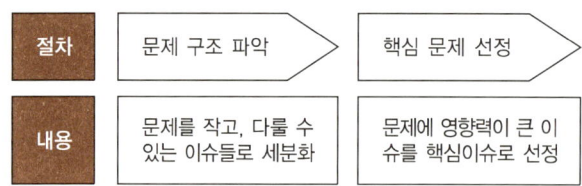

### (2) 문제 구조 파악

전체 문제를 개별화된 세부 문제로 쪼개는 과정으로 문제의 내용 및 부정적인 영향 등을 파악하여 문제의 구조를 도출해내는 것이다. 이를 위해서는 문제가 발생한 배경이나 문제를 일으키는 원인을 분명히 해야 하며, 문제의 본질을 다양하고 넓은 시야로 보아야 한다.

### (3) Logic Tree

주요 과제를 나무모양으로 분해·정리하는 기술로서, 제한된 시간 동안 문제의 원인을 깊이 파고든다든지, 해결책을 구체화할 때 유용하게 사용된다. 이를 위해서는 전체 과제를 명확히 해야 하며, 분해해 가는 가지의 수준을 맞춰야 하고, 원인이 중복되거나 누락되지 않고 각각의 합이 전체를 포함해야 한다.

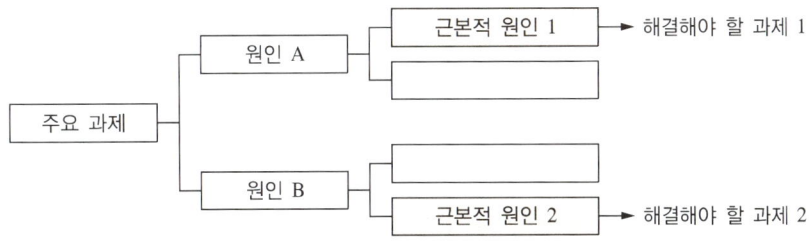

## 3. 원인 분석

### (1) 세부 절차

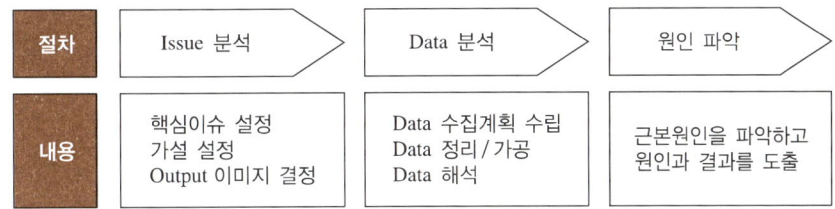

### (2) Issue 분석

① 핵심이슈 설정

업무에 가장 크게 영향을 미치는 문제로 선정하며, 사내외 고객 인터뷰 등을 활용한다.

② 가설 설정

이슈에 대해 자신의 직관, 경험 등에 의존하여 일시적인 결론을 예측하는 것이며, 설정된 가설은 관련자료 등을 통해 검증할 수 있어야 하고, 논리적이며 객관적이어야 한다.

③ Output 이미지 결정

가설검증계획에 따라 분석결과를 미리 이미지화하는 것이다.

### (3) Data 분석

① Data 수집계획 수립

데이터 수집 시에는 목적에 따라 수집 범위를 정하고, 전체 자료의 일부인 표본을 추출하는 전통적인 통계학적 접근과 전체 데이터를 활용한 빅데이터 분석을 구분해야 한다. 이때, 객관적인 사실을 수집해야 하며 자료의 출처를 명확히 밝힐 수 있어야 한다.

② Data 정리 / 가공

데이터 수집 후에는 목적에 따라 수집된 정보를 항목별로 분류 정리하여야 한다.

③ Data 해석

정리된 데이터는 '무엇을', '왜', '어떻게' 측면에서 의미를 해석해야 한다.

### (4) 원인 파악

① 단순한 인과관계

원인과 결과를 분명하게 구분할 수 있는 경우로, 날씨가 더울 때 아이스크림 판매량이 증가하는 경우가 이에 해당한다.

② 닭과 계란의 인과관계

원인과 결과를 구분하기가 어려운 경우로, 브랜드의 향상이 매출확대로 이어지고, 매출확대가 다시 브랜드의 인지도 향상으로 이어져 원인과 결과를 쉽게 밝혀내기 어려운 상황이 이에 해당한다.

③ 복잡한 인과관계

단순한 인과관계와 닭과 계란의 인과관계의 유형이 복잡하게 서로 얽혀 있는 경우로, 대부분의 문제가 이에 해당한다.

## 4. 해결안 개발

### (1) 세부 절차

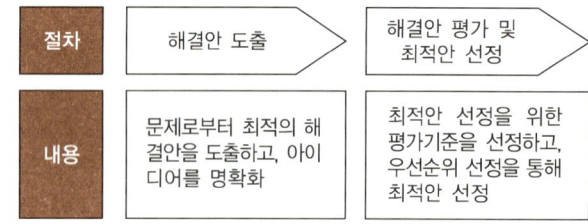

### (2) 해결안 도출 과정

① 근본원인으로 열거된 내용을 어떠한 방법으로 제거할 것인지를 명확히 한다.

② 독창적이고 혁신적인 방안을 도출한다.

③ 유사한 방법이나 목적을 갖는 내용을 군집화한다.

④ 최종 해결안을 정리한다.

### (3) 해결안 평가 및 최적안 선정

문제(What), 원인(Why), 방법(How)을 고려해서 해결안을 평가하고 가장 효과적인 해결안을 선정해야 하며, 중요도와 실현가능성 등을 고려해서 종합적인 평가를 내리고, 채택 여부를 결정하는 과정이다.

## 5. 실행 및 평가

### (1) 세부 절차

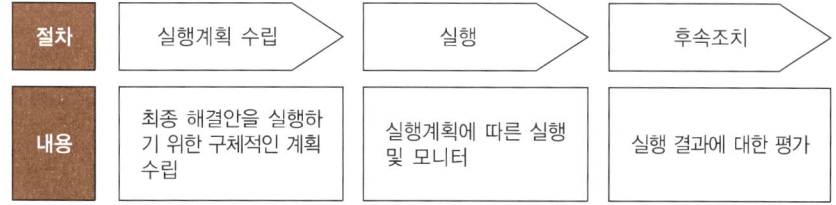

| 절차 | 실행계획 수립 | 실행 | 후속조치 |
|------|--------------|------|----------|
| 내용 | 최종 해결안을 실행하기 위한 구체적인 계획 수립 | 실행계획에 따른 실행 및 모니터 | 실행 결과에 대한 평가 |

### (2) 실행계획 수립

세부 실행내용의 난이도를 고려하여 가급적 구체적으로 세우는 것이 좋으며, 해결안별 실행계획서를 작성함으로써 실행의 목적과 과정별 진행내용을 일목요연하게 파악하도록 하는 것이 필요하다.

### (3) 실행 및 후속조치

① 파일럿 테스트를 통해 문제점을 발견하고, 해결안을 보완한 후 대상 범위를 넓혀서 전면적으로 실시해야 한다. 그리고 실행상의 문제점 및 장애요인을 신속히 해결하기 위해서 모니터링 체제를 구축하는 것이 바람직하다.

② 모니터링 시 고려 사항

- 바람직한 상태가 달성되었는가?
- 문제가 재발하지 않을 것을 확신할 수 있는가?
- 사전에 목표한 기간 및 비용은 계획대로 지켜졌는가?
- 혹시 또 다른 문제를 발생시키지 않았는가?
- 해결책이 주는 영향은 무엇인가?

---

⟨ 핵심예제 ⟩

**다음 중 문제해결 과정을 순서대로 바르게 나열한 것은?**

| | |
|---|---|
| ㄱ. 문제 인식 | ㄴ. 실행 및 평가 |
| ㄷ. 원인 분석 | ㄹ. 문제 도출 |
| ㅁ. 해결안 개발 | |

① ㄱ - ㄴ - ㄷ - ㄹ - ㅁ      ② ㄱ - ㄹ - ㄷ - ㅁ - ㄴ

③ ㄴ - ㄷ - ㄹ - ㅁ - ㄱ      ④ ㄹ - ㄱ - ㄷ - ㅁ - ㄴ

**문제해결 과정**
문제 인식 · 문제 도출 → 원인 분석 → 해결안 개발 → 실행 및 평가

정답 ②

## | 유형분석 |

- 주어진 조건을 토대로 논리적으로 추론하여 참 또는 거짓을 구분하는 문제이다.
- 자료를 제시하고 새로운 결과나 자료에 주어지지 않은 내용을 추론해 가는 형식의 문제가 출제된다.

미국, 영국, 중국, 프랑스에 파견된 4명의 외교관(A~D)는 1년에 한 번, 1명씩 새로운 국가로 파견된다. 다음 〈조건〉을 참고할 때, 반드시 참인 것은?

### 조건

- 두 번 연속 같은 국가에 파견될 수는 없다.
- A는 작년에 영국에 파견되어 있었다.
- C와 D는 이번에 프랑스에 파견되지는 않는다.
- D는 작년에 중국에 파견되어 있었다.
- C가 작년에 파견된 나라는 미국이다.
- B가 이번에 파견된 국가는 중국이다.

① A가 이번에 파견된 국가는 영국이다.
② C가 이번에 파견된 국가는 미국이다.
③ D가 이번에 파견된 국가는 프랑스다.
④ B가 작년에 파견된 국가는 프랑스일 것이다.
⑤ A는 영국, 또는 미국에 파견되었을 것이다.

### 정답 ④

제시된 조건을 정리하면 다음과 같다.

| 구분 | 미국 | 영국 | 중국 | 프랑스 |
| --- | --- | --- | --- | --- |
| 올해 | D | C | B | A |
| 작년 | C | A | D | B |

따라서 항상 참인 것은 ④이다.

### 풀이 전략!

조건과 관련한 기본적인 논법에 대해서는 미리 학습해 두며, 이를 바탕으로 각 문장에 있는 핵심단어 또는 문구를 기호화하여 정리한 후, 선택지와 비교하여 참 또는 거짓을 판단한다. 또한, 이를 바탕으로 문제에서 구하고자 하는 내용을 추론 및 분석한다.

**01**  5명의 선생님(A ~ E)이 1반부터 5반 중에서 새로 반 배정을 받으려고 한다. 다음 〈조건〉을 참고할 때, 반드시 참인 것은?

> **조건**
> - 한 번 배정되었던 반에는 다시 배정되지 않는다.
> - A는 1반과 3반에 배정되었던 적이 있다.
> - B는 2반과 4반에 배정되었던 적이 있다.
> - C는 올해 4반에 배정되었다.
> - D는 2반과 5반에 배정되었던 적이 있다.
> - E는 올해 5반에 배정되었다.

① B는 1반에 배정될 수도 있다.
② D는 2반에 배정될 것이다.
③ A는 3반에 배정될 수도 있다.
④ C는 4반에 배정된 적이 있을 것이다.
⑤ E는 이전에 1반에 배정되었을 것이다.

**02**  다음 〈조건〉에 근거하여 수진, 지은, 혜진, 정은의 수면 시간에 대해 바르게 추론한 것은?

> **조건**
> - 수진이는 어제 밤 10시에 자서 오늘 아침 7시에 일어났다.
> - 지은이는 어제 수진이보다 30분 늦게 자서 오늘 아침 7시가 되기 10분 전에 일어났다.
> - 혜진이는 항상 9시에 자고, 8시간의 수면 시간을 지킨다.
> - 정은이는 어제 수진이보다 10분 늦게 잤고, 혜진이보다 30분 늦게 일어났다.

① 지은이는 가장 먼저 일어났다.
② 정은이는 가장 늦게 일어났다.
③ 혜진이의 수면 시간이 가장 짧다.
④ 수진이의 수면 시간이 가장 길다.
⑤ 수진, 지은, 혜진, 정은 모두 수면 시간이 8시간 이상이다.

※ 다음 명제가 모두 참일 때, 반드시 참인 명제를 고르시오. [3~4]

**03**

> • A가 외근을 나가면 B도 외근을 나간다.
> • A가 외근을 나가면 D도 외근을 나간다.
> • D가 외근을 나가면 E도 외근을 나간다.
> • C가 외근을 나가지 않으면 B도 외근을 나가지 않는다.
> • D가 외근을 나가지 않으면 C도 외근을 나가지 않는다.

① B가 외근을 나가면 A도 외근을 나간다.
② D가 외근을 나가면 C도 외근을 나간다.
③ A가 외근을 나가면 E도 외근을 나간다.
④ C가 외근을 나가지 않으면 D도 외근을 나가지 않는다.
⑤ B가 외근을 나가지 않으면 D도 외근을 나가지 않는다.

**04**

> • 등산을 하는 사람은 심폐지구력이 좋다.
> • 심폐지구력이 좋은 어떤 사람은 마라톤 대회에 출전한다.
> • 자전거를 타는 사람은 심폐지구력이 좋다.
> • 자전거를 타는 어떤 사람은 등산을 한다.

① 등산을 하는 어떤 사람은 마라톤 대회에 출전한다.
② 자전거를 타는 어떤 사람은 마라톤 대회에 출전한다.
③ 마라톤 대회에 출전하는 사람은 등산을 하지 않는다.
④ 심폐지구력이 좋은 어떤 사람은 등산을 하고 자전거도 탄다.
⑤ 심폐지구력이 좋은 사람 중 등산을 하고 자전거도 타고, 마라톤 대회에도 출전하는 사람은 없다.

**05** K건설은 A공사의 건설사업과 관련한 입찰부정 의혹사건으로 감사원의 집중 감사를 받았다. 감사원에서는 이 사건에 연루된 윤부장, 이과장, 김대리, 박대리 및 입찰담당자 강주임을 조사하여 최종적으로 〈조건〉과 같은 결론을 내렸다. 다음 중 입찰부정에 실제로 가담한 사람을 모두 고르면?

> **조건**
> • 입찰부정에 가담한 사람은 정확히 2명이다.
> • 이과장과 김대리는 함께 가담했거나 가담하지 않았다.
> • 윤부장이 가담하지 않았다면, 이과장과 입찰담당자 강주임도 가담하지 않았다.
> • 박대리가 가담하지 않았다면, 김대리도 가담하지 않았다.
> • 박대리가 가담하였다면, 입찰담당자 강주임도 분명히 가담하였다.

① 윤부장, 이과장
② 이과장, 김대리
③ 김대리, 박대리
④ 윤부장, 강주임
⑤ 이과장, 박대리

**06** A ~ D는 한 판의 가위바위보를 한 후 그 결과에 대해 각각 두 가지의 진술을 하였다. 두 가지의 진술 중 하나는 반드시 참이고, 하나는 반드시 거짓이라고 할 때, 다음 중 항상 참인 것은?

> • A : C는 B를 이길 수 있는 것을 냈고, B는 가위를 냈다.
> • B : A는 C와 같은 것을 냈지만, A가 편 손가락의 수는 나보다 적었다.
> • C : B는 바위를 냈고, 그 누구도 같은 것을 내지 않았다.
> • D : A, B, C 모두 참 또는 거짓을 말한 순서가 동일하다. 이 판은 승자가 나온 판이었다.

① B와 같은 것을 낸 사람이 있다.
② 보를 낸 사람은 1명이다.
③ D는 혼자 가위를 냈다.
④ B가 기권했다면 가위를 낸 사람이 지는 판이다.
⑤ 바위를 낸 사람은 2명이다.

# 02 SWOT 분석

## | 유형분석 |

- 상황에 대한 환경 분석 결과를 통해 주요 과제를 도출하는 문제이다.
- 주로 3C 분석 또는 SWOT 분석을 활용한 문제들이 출제되고 있으므로 해당 분석도구에 대한 사전 학습이 요구된다.

안전본부 사고분석 개선처에 근무하는 B대리는 혁신우수 연구대회에 출전하여 첨단장비를 활용한 차종별 보행자사고 모형개발 자료를 발표했다. 연구 추진방향을 도출하기 위해 SWOT 분석을 한 결과가 다음과 같을 때, 분석 결과에 대응하는 전략과 그 내용의 연결이 바르지 않은 것은?

<table>
<tr><td colspan="2" align="center">〈SWOT 분석 결과〉</td></tr>
<tr><td align="center">강점(Strength)</td><td align="center">약점(Weakness)</td></tr>
<tr><td>10년 이상 지속적인 교육과 연구로 신기술 개발을 위한 인프라 구축</td><td>보행자사고 모형개발을 위한 예산 및 실차 실험을 위한 연구소 부재</td></tr>
<tr><td align="center">기회(Opportunity)</td><td align="center">위협(Threat)</td></tr>
<tr><td>첨단 과학장비(3D스캐너, MADYMO) 도입으로 정밀 시뮬레이션 분석 가능</td><td>교통사고에 대한 국민의 관심과 분석수준 향상으로 공단의 사고분석 질적 제고 필요</td></tr>
</table>

① SO전략 : 과학장비를 통한 정밀 시뮬레이션 분석을 토대로 국내 차량의 전면부 형상을 취득하고 보행자사고를 분석해 신기술 개발에 도움

② WO전략 : 실차 실험 대신 과학장비를 통한 시뮬레이션 연구로 모형개발

③ ST전략 : 지속적 교육과 연구로 쌓아온 데이터를 바탕으로 사고분석 프로그램 신기술 개발을 통해 사고분석 질적 향상에 기여

④ WT전략 : 신기술 개발을 위한 연구대회를 개최해 인프라를 더욱 탄탄히 구축

⑤ WT전략 : 보행자사고 실험을 위한 연구소를 만들어 사고 분석 데이터 축적

---

정답 ④

WT전략은 외부 환경의 위협 요인을 회피하고 약점을 보완하는 전략을 적용해야 한다. 반면, ④는 강점(S)을 강화하는 방법에 대해 이야기하고 있으므로 적절하지 않다.

### 풀이 전략!

문제에 제시된 분석도구를 확인한 후, 분석 결과를 종합적으로 판단하여 각 선택지의 전략 과제와 일치 여부를 판단한다.

**01** 다음 SWOT 분석 결과를 참고하여 섬유 산업이 발전할 수 있는 방안으로 적절한 것을 〈보기〉에서 모두 고르면?

〈섬유 산업에 대한 SWOT 분석 결과〉

| 강점(Strength) | 약점(Weakness) |
|---|---|
| • 빠른 제품 개발 시스템 | • 기능 인력 부족 심화<br>• 인건비 상승 |
| 기회(Opportunity) | 위협(Threat) |
| • 한류의 영향으로 한국 제품 선호<br>• 국내 기업의 첨단 소재 개발 성공 | • 외국산 저가 제품 공세 강화<br>• 선진국의 기술 보호주의 |

**보기**

ㄱ. 한류 배우를 모델로 브랜드 홍보 전략을 추진한다.
ㄴ. 단순 노동 집약적인 소품종 대량 생산 체제를 갖춘다.
ㄷ. 소비자 기호를 빠르게 분석하여 제품 생산에 반영한다.
ㄹ. 선진국의 원천 기술을 이용한 기능성 섬유를 생산한다.

① ㄱ, ㄴ　　　　　　　　　　　　　② ㄱ, ㄷ
③ ㄴ, ㄷ　　　　　　　　　　　　　④ ㄴ, ㄹ
⑤ ㄷ, ㄹ

**02** 다음은 국내 여행업계에서 선도적 위치에 있다고 평가받는 N사에 대한 SWOT 분석 결과를 정리한 것이다. 빈칸 ㉠에 들어갈 요인으로 가장 적절한 것은?

〈N사의 SWOT 분석 결과〉

| | |
|---|---|
| 강점(Strength) | • 국내 여행업계의 전통적인 강자라는 위상<br>• 전국 6,000개 이상의 대리점, 850개 이상의 전문 판매점, 300여 개 이상의 전 세계 협력업체 등 강력한 네트워크 |
| 약점(Weakness) | • 아웃바운드 자유 여행(FIT) 부문은 저가 여행사들과의 치열한 마케팅 전쟁 부담 |
| 기회(Opportunity) | • 내국인이 무비자로 입국 가능한 국가의 증가<br>• 코로나19 종식 이후 해외 출국자 수 및 국내·해외 여행 수요 증가 추세<br>• 　　　　　　　　㉠ |
| 위협(Threat) | • 숙박 예약 온라인 플랫폼(OTA) 시장의 성장<br>• 중국·일본 및 북한 등 주변국 국가와의 정치적·경제적·군사적 갈등 |

① 자회사들의 수년간 누적된 적자
② 관광 분야 예산 확대 등 정부의 여행 산업 육성 정책
③ 여행사를 이용하지 않는 자유 여행(FIT) 수요 증가 경향
④ 온라인 플랫폼(OTA) 기업들의 본격적인 여행업 진출
⑤ 높은 고객만족도지수 등 고객과의 소통이 원활한 기업이라는 평가

| 유형분석 |

- 주어진 자료를 해석하고 활용하여 풀어가는 문제이다.
- 꼼꼼하고 분석적인 접근이 필요한 다양한 자료들이 출제된다.

K사 인사팀 직원인 A씨는 사내 설문조사를 통해 요즘 사람들이 연봉보다는 일과 삶의 균형을 더 중요시하고 직무의 전문성을 높이고 싶어 한다는 결과를 도출했다. 다음 중 설문조사 결과와 K사 임직원의 근무여건에 대한 자료를 참고하여 인사제도를 합리적으로 변경한 것은?

〈임직원 근무여건〉

| 구분 | 주당 근무 일수(평균) | 주당 근무시간(평균) | 직무교육 여부 | 퇴사율 |
|------|------|------|------|------|
| 정규직 | 6일 | 52시간 이상 | ○ | 17% |
| 비정규직 1 | 5일 | 40시간 이상 | ○ | 12% |
| 비정규직 2 | 5일 | 20시간 이상 | × | 25% |

① 정규직의 연봉을 7% 인상한다.
② 정규직을 비정규직으로 전환한다.
③ 비정규직 1의 직무교육을 비정규직 2와 같이 조정한다.
④ 정규직의 주당 근무시간을 비정규직 1과 같이 조정하고 비정규직 2의 직무교육을 시행한다.
⑤ 비정규직 2의 근무 일수를 정규직과 같이 조정한다.

**정답** ④

정규직의 주당 근무시간을 비정규직 1과 같이 줄여 근무여건을 개선하고, 퇴사율이 가장 높은 비정규직 2의 직무교육을 시행하여 퇴사율을 줄이는 것이 가장 합리적이다.

**오답분석**

① 설문조사 결과에서 연봉보다는 일과 삶의 균형을 더 중요시한다고 하였으므로 연봉이 상승하는 것은 퇴사율에 영향을 미치지 않음을 추론할 수 있다.
② 정규직을 비정규직으로 전환하는 것은 고용의 안정성을 낮추어 퇴사율을 더욱 높일 수 있다.
③ 직무교육을 하지 않는 비정규직 2보다 직무교육을 하는 정규직과 비정규직 1의 퇴사율이 더 낮기 때문에 적절하지 않다.
⑤ 비정규직 2의 주당 근무 일수를 정규직과 같이 조정하면 주 6일 20시간을 근무하게 되어 비효율적인 업무를 수행한다.

**풀이 전략!**

문제 해결을 위해 필요한 정보가 무엇인지 먼저 파악한 후, 제시된 자료를 분석적으로 읽고 해석한다.

**01** K공사에 근무하는 S사원은 부서 워크숍을 진행하기 위하여 워크숍 장소를 선정하려고 한다. 다음 〈조건〉을 참고할 때, 워크숍 장소로 가장 적절한 곳은?

〈K공사 워크숍 장소 후보〉

| 구분 | 거리(공사 기준) | 수용 가능 인원 | 대관료 | 이동 시간(편도) |
|------|------|------|------|------|
| A호텔 | 40km | 100명 | 40만 원/일 | 1시간 30분 |
| B연수원 | 40km | 80명 | 50만 원/일 | 2시간 |
| C세미나 | 20km | 40명 | 30만 원/일 | 1시간 |
| D리조트 | 60km | 80명 | 80만 원/일 | 2시간 30분 |
| E호텔 | 100km | 120명 | 100만 원/일 | 3시간 30분 |

**조건**
- 워크숍은 1박 2일로 진행한다.
- S사원이 속한 부서의 직원은 모두 80명이며 전원 참석한다.
- 거리는 공사 기준 60km 이하인 곳으로 선정한다.
- 대관료는 100만 원 이하인 곳으로 선정한다.
- 이동 시간은 왕복으로 3시간 이하인 곳으로 선정한다.

① A호텔          ② B연수원
③ C세미나         ④ D리조트
⑤ E호텔

※ 다음은 하수처리시설 평가 기준 및 결과에 대한 자료이다. 이어지는 질문에 답하시오. **[2~3]**

<hr />

### 〈하수처리시설 평가 기준〉

| 구분 | 정상 | 주의 | 심각 |
|---|---|---|---|
| 생물화학적 산소요구량 | 5 미만 | 5 이상 | 15 이상 |
| 화학적 산소요구량 | 20 미만 | 20 이상 | 30 이상 |
| 부유물질 | 10 미만 | 10 이상 | 20 이상 |
| 질소 총량 | 20 미만 | 20 이상 | 40 이상 |
| 인 총량 | 0.2 미만 | 0.2 이상 | 1.0 이상 |

### 〈A ~ C처리시설의 평가 결과〉

| 구분 | 생물화학적 산소요구량 | 화학적 산소요구량 | 부유물질 | 질소 총량 | 인 총량 |
|---|---|---|---|---|---|
| A처리시설 | 4 | 10 | 15 | 10 | 0.1 |
| B처리시설 | 9 | 25 | 25 | 22 | 0.5 |
| C처리시설 | 18 | 33 | 15 | 41 | 1.2 |

※ '정상' 지표 4개 이상 : 우수
※ '주의' 지표 2개 이상 또는 '심각' 지표 2개 이하 : 보통
※ '심각' 지표 3개 이상 : 개선필요

**02** 하수처리시설 평가 기준을 근거로 할 때, 하수처리시설에 대한 평가가 바르게 연결된 것은?

| | A처리시설 | B처리시설 | C처리시설 |
|---|---|---|---|
| ① | 우수 | 보통 | 개선필요 |
| ② | 보통 | 보통 | 보통 |
| ③ | 보통 | 개선필요 | 개선필요 |
| ④ | 우수 | 보통 | 보통 |
| ⑤ | 우수 | 우수 | 개선필요 |

**03** 다음 글을 읽고 B처리시설의 문제점과 개선방향을 바르게 지적한 것은?

> B처리시설은 C처리시설에 비해 좋은 평가를 받았지만, '정상' 지표는 없었다. 그렇기 때문에 관련된 시설분야에 대한 조사와 개선이 필요하다. 지적사항으로 '심각' 지표를 가장 우선으로 개선하고, 최종적으로 '우수' 단계로 개선해야 한다.

① 생물화학적 산소요구량은 4로 '정상' 지표이기 때문에 개선할 필요가 없다.
② 화학적 산소요구량은 25로 '주의' 지표이기 때문에 가장 먼저 개선해야 한다.
③ 질소 총량과 인 총량을 개선한다면, 평가결과 '우수' 지표를 받을 수 있다.
④ 부유물질은 가장 먼저 개선해야 하는 '심각' 지표이다.
⑤ '우수' 단계로 개선하기 위해서 부유물질을 포함한 3가지 지표를 '정상' 지표로 개선해야 한다.

**04** 다음은 아동수당에 대한 매뉴얼이다. 〈보기〉 중 고객의 문의에 대한 처리로 적절한 것을 모두 고르면?

---

〈아동수당〉

- 아동수당은 만 6세 미만 아동의 보호자에게 월 10만 원의 수당을 지급하는 제도이다.
- 아동수당은 보육료나 양육수당과는 별개의 제도로서 다른 복지급여를 받고 있어도 수급이 가능하지만, 반드시 신청을 해야 혜택을 받을 수 있다.
- 6월 20일부터 사전 신청 접수가 시작되고, 9월 21일부터 수당이 지급된다.
- 아동수당 수급대상 아동을 보호하고 있는 보호자나 대리인은 20일부터 아동 주소지 읍・면・동 주민센터에서 방문 신청 또는 복지로 홈페이지 및 모바일 앱에서 신청할 수 있다.
- 아동수당 제도 첫 도입에 따라 초기에 아동수당 신청이 한꺼번에 몰릴 것으로 예상되어 연령별 신청기간을 운영한다(연령별 신청기간은 만 0~1세는 20~25일, 만 2~3세는 26~30일, 만 4~5세는 7월 1~5일, 전 연령은 7월 6일부터이다).
- 아동수당은 신청한 달의 급여분(사전신청은 제외)부터 지급한다. 따라서 9월분 아동수당을 받기 위해서는 9월 말까지 아동수당을 신청해야 한다(단, 소급 적용은 되지 않는다).
- 아동수당 관련 신청서 작성요령이나 수급 가능성 등 자세한 내용은 아동수당 홈페이지에서 확인 가능하다.

---

**보기**

고객 : 저희 아이가 만 5세인데요. 아동수당을 지급받을 수 있나요?
(가) : 네, 만 6세 미만의 아동이면 9월 21일부터 10만 원의 수당을 지급받을 수 있습니다.
고객 : 제가 보육료를 지원받고 있는데, 아동수당도 받을 수 있는 건가요?
(나) : 아동수당은 보육료와는 별개의 제도로 신청만 하면 수당을 받을 수 있습니다.
고객 : 그럼 아동수당을 신청하려면 어떻게 해야 하나요?
(다) : 아동 주소지의 주민센터를 방문하거나 복지로 홈페이지 또는 모바일 앱에서 신청하시면 됩니다.
고객 : 따로 정해진 신청기간은 없나요?
(라) : 6월 20일부터 사전 신청 접수가 시작되고, 9월 말까지 아동수당을 신청하면 되지만 소급 적용이 되지 않습니다. 10월에 신청하시면 9월 아동수당은 지급받을 수 없으므로 9월 말까지 신청해 주시면 될 것 같습니다.
고객 : 네, 감사합니다.
(마) : 아동수당 관련 신청서 작성요령이나 수급 가능성 등의 자세한 내용은 메일로 문의해 주세요.

① (가), (나)　　　　　　　　　　　　② (가), (다)
③ (가), (나), (다)　　　　　　　　　　④ (나), (다), (라)
⑤ (나), (다), (마)

## | 유형분석 |

- 주어진 상황과 규칙을 종합적으로 활용하여 풀어 가는 문제이다.
- 일정, 비용, 순서 등 다양한 내용을 다루고 있어 유형을 한 가지로 단일화하기 어렵다.

K기업은 생산된 제품의 품번을 다음과 같은 규칙에 따라 정한다고 한다. 제품에 설정된 임의의 영단어가 'abroad'일 경우, 이 제품의 품번으로 옳은 것은?

---

〈규칙〉

- 1단계 : 알파벳 A ~ Z를 숫자 1, 2, 3, …으로 변환하여 계산한다.
- 2단계 : 제품에 설정된 임의의 영단어를 숫자로 변환한 값의 합을 구한다.
- 3단계 : 임의의 단어 속 모음의 합의 제곱 값을 모음의 개수로 나눈다.
- 4단계 : 3단계의 값이 정수가 아닐 경우, 소수점 첫째 자리에서 버림한다.
- 5단계 : 2단계의 값과 4단계의 값을 더한다.

---

① 110 　　　　　　　　　　　　　② 137

③ 311 　　　　　　　　　　　　　④ 330

⑤ 450

**정답** ②

알파벳 순서에 따라 숫자로 변환하면 다음과 같다.

| a | b | c | d | e | f | g | h | i | j | k | l | m |
|---|---|---|---|---|---|---|---|---|---|---|---|---|
| 1 | 2 | 3 | 4 | 5 | 6 | 7 | 8 | 9 | 10 | 11 | 12 | 13 |
| n | o | p | q | r | s | t | u | v | w | x | y | z |
| 14 | 15 | 16 | 17 | 18 | 19 | 20 | 21 | 22 | 23 | 24 | 25 | 26 |

'abroad'의 품번을 규칙에 따라 계산하면 다음과 같다.
- 1단계 : 1(a), 2(b), 18(r), 15(o), 1(a), 4(d)
- 2단계 : 1+2+18+15+1+4=41
- 3단계 : 1+15+1=17 → $17^2=289$ → $289 \div 3 = 96.3$
- 4단계 : 96.3을 소수점 첫째 자리에서 버림하면 96이다.
- 5단계 : 41+96=137

따라서 제품의 품번은 '137'이다.

**풀이 전략!**

문제에 제시된 조건이나 규칙을 정확히 파악한 후, 선택지나 상황에 적용하여 문제를 풀어 나간다.

**01** K회사는 일정한 규칙에 따라 만든 암호를 팀별 보안키로 활용한다. 이때 $x$와 $y$의 합은?

<K회사의 팀별 보안키>

| A팀 | B팀 | C팀 | D팀 | E팀 | F팀 |
|---|---|---|---|---|---|
| 1938 | 2649 | 3576 | 6537 | 9642 | 2766 |
| G팀 | H팀 | I팀 | J팀 | K팀 | L팀 |
| 19344 | 21864 | 53193 | 84522 | $9023x$ | $7y352$ |

① 11  ② 13

③ 15  ④ 17

⑤ 19

**02** A ~ E 5명이 순서대로 퀴즈게임을 해서 벌칙을 받을 사람 1명을 선정하고자 한다. 다음 게임 규칙과 결과에 근거할 때, 〈보기〉 중 항상 옳은 것을 모두 고르면?

- 규칙
  - A → B → C → D → E 순서대로 퀴즈를 1개씩 풀고, 모두 한 번씩 퀴즈를 풀고 나면 한 라운드가 끝난다.
  - 퀴즈 2개를 맞힌 사람은 벌칙에서 제외되고, 다음 라운드부터는 게임에 참여하지 않는다.
  - 라운드를 반복하여 맨 마지막까지 남는 한 사람이 벌칙을 받는다.
  - 벌칙에서 제외되는 4명이 확정되면 라운드 중이라도 더 이상 퀴즈를 출제하지 않으며, 이 외에는 라운드 끝까지 퀴즈를 출제한다.
  - 게임 중 동일한 문제는 출제하지 않는다.
- 결과
  3라운드에서 A는 참가자 중 처음으로 벌칙에서 제외되었고, 4라운드에서는 오직 B만 벌칙에서 제외되었으며, 벌칙을 받을 사람은 5라운드에서 결정되었다.

**보기**

ㄱ. 5라운드까지 참가자들이 정답을 맞힌 퀴즈는 총 9개이다.

ㄴ. 게임이 종료될 때까지 총 22개의 퀴즈가 출제되었다면, E는 5라운드에서 퀴즈의 정답을 맞혔다.

ㄷ. 게임이 종료될 때까지 총 21개의 퀴즈가 출제되었다면, 퀴즈를 푸는 순서가 벌칙을 받을 사람 선정에 영향을 미친 것으로 볼 수 있다.

① ㄱ  ② ㄴ

③ ㄱ, ㄷ  ④ ㄴ, ㄷ

⑤ ㄱ, ㄴ, ㄷ

## | 유형분석 |

- 창의적 사고에 대한 개념을 묻는 문제가 출제된다.
- 창의적 사고 개발 방법에 대한 암기가 필요한 문제가 출제되기도 한다.

**다음은 창의적 사고에 대한 설명이다. 빈칸에 들어갈 내용으로 적절하지 않은 것은?**

창의적 사고란 당면한 문제를 해결하기 위해 이미 알고 있는 경험지식을 해체하여 새로운 아이디어를 다시 도출하는 것을 말한다. 즉, 창의적 사고는 개인이 가지고 있는 경험과 지식을 통해 새로운 가치 있는 아이디어로 다시 결합함으로써 참신한 아이디어를 산출하는 힘을 의미하며, ＿＿＿＿ 특징을 지닌다.

① 발산적                              ② 독창적
③ 가치 지향적                          ④ 다양성
⑤ 통상적

**정답**  ⑤

창의적인 사고는 통상적인 것이 아니라 기발하거나, 신기하며 독창적이다. 또한 발산적 사고로서 아이디어가 많고, 다양하고, 독특한 것을 의미하며, 유용하고 가치가 있어야 한다.

**풀이 전략!**

모듈이론에 대한 전반적인 학습을 미리 해두어야 하며, 이를 주어진 문제에 적용하여 빠르게 풀이한다.

**01**　K공단은 매년 사내 직원을 대상으로 창의공모대회를 개최하여 최고의 창의적 인재를 선발해 큰 상금을 수여한다. 귀하를 포함한 동료들은 올해의 창의공모대회에 참가하기로 하고, 함께 창의적 사고에 대해 생각을 공유하는 시간을 가졌다. 다음 중 귀하가 받아들이기에 적절하지 않은 것은?

① 누구라도 자기 일을 하는 데 있어 요구되는 지능 수준을 가지고 있다면, 그 분야에서 어느 누구 못지않게 창의적일 수 있어.

② 창의적인 사고를 하기 위해서는 고정관념을 버리고, 문제의식을 느껴야 해.

③ 창의적으로 문제를 해결하기 위해서는 문제의 원인이 무엇인가를 분석하는 논리력이 매우 뛰어나야 해.

④ 창의적인 사고는 선천적으로 타고나야 하고, 후천적인 노력에는 한계가 있어.

⑤ 창의적인 사고는 아이디어를 내고 그 유용성을 생각해 보는 활동이라고 볼 수 있어.

**02**　다음 글에서 설명하는 창의적 사고를 개발하는 방법으로 가장 적절한 것은?

> '신차 출시'라는 같은 주제에 대해서 판매방법, 판매대상 등의 힌트를 통해 사고 방향을 미리 정해서 발상한다. 이때, 판매방법이라는 힌트에 대해서는 '신규 해외 수출 지역을 물색한다.'라는 아이디어를 떠올릴 수 있을 것이다.

① 자유 연상법　　　　　　　　② 강제 연상법
③ 비교 발상법　　　　　　　　④ 비교 연상법
⑤ 자유 발상법

**03** 다음과 같은 특징을 가지고 있는 창의적 사고의 개발 방법은?

> 일정한 주제에 관하여 회의를 하고, 참가하는 인원이 자유발언을 통해 아이디어를 제시하는 것으로,
> 다른 사람의 발언에 비판하지 않는다.

① 스캠퍼 기법  ② 여섯 가지 색깔 모자
③ 브레인스토밍  ④ TRIZ
⑤ Logic Tree

**04** 다음 중 최근에 많이 사용되고 있는 퍼실리테이션의 문제해결에 대한 설명으로 옳지 않은 것은?

① 어떤 그룹이나 집단이 의사결정을 잘하도록 도와주는 일을 의미한다.
② 주제에 대한 공감을 이룰 수 있도록 능숙하게 도와주는 역할을 한다.
③ 구성원의 동기뿐만 아니라 팀워크도 한층 강화되는 특징을 보인다.
④ 제3자가 합의점이나 줄거리를 준비해놓고 예정대로 결론을 도출한다.
⑤ 깊이 있는 커뮤니케이션을 통해 서로의 문제점을 이해하고 공감함으로써 창조적인 문제해결을
   도모한다.

**05** 다음 중 문제를 해결할 때 필요한 분석적 사고에 대한 설명으로 옳은 것은?

① 전체를 각각의 요소로 나누어 그 요소의 의미를 도출한 다음 우선순위를 부여하고 구체적인 문제 해결 방법을 실행하는 것이 요구된다.

② 성과 지향의 문제는 일상업무에서 일어나는 상식, 편견을 타파하여 사고와 행동을 객관적 사실로 부터 시작해야 한다.

③ 가설 지향의 문제는 기대하는 결과를 명시하고 효과적인 달성 방법을 사전에 구상하고 실행에 옮겨야 한다.

④ 사실 지향의 문제는 현상 및 원인분석 전에 지식과 경험을 바탕으로 일의 과정이나 결과, 결론을 가정한 다음 검증 후 사실일 경우 다음 단계의 일을 수행해야 한다.

⑤ 개별 요소가 나타나는 문제의 해결보다는 조직의 분위기에 부합하는 방향으로만 문제해결 방안을 수립해야 한다.

**06** 다음 중 문제해결 절차에 따라 사용되는 문제해결 방법을 〈보기〉에서 골라 순서대로 바르게 나열한 것은?

〈문제해결 절차〉

문제 인식 → 문제 도출 → 원인 분석 → 해결안 개발 → 실행 및 평가

**보기**

㉠ 주요 과제를 나무 모양으로 분해·정리한다.
㉡ 자사, 경쟁사, 고객사에 대해 체계적으로 분석한다.
㉢ 부분을 대상으로 먼저 실행한 후 전체로 확대하여 실행한다.
㉣ 전체적 관점에서 방향과 방법이 같은 해결안을 그룹화한다.

① ㉠ - ㉡ - ㉢ - ㉣
② ㉠ - ㉡ - ㉣ - ㉢
③ ㉡ - ㉠ - ㉢ - ㉣
④ ㉡ - ㉠ - ㉣ - ㉢
⑤ ㉣ - ㉠ - ㉡ - ㉢

# CHAPTER 04

# 자원관리능력

## 합격 CHEAT KEY

자원관리능력은 현재 NCS 기반 채용을 진행하는 많은 공사·공단에서 핵심영역으로 자리 잡아, 일부를 제외한 대부분의 시험에서 출제되고 있다.

세부 유형은 비용 계산, 해외파견 지원금 계산, 주문 제작 단가 계산, 일정 조율, 일정 선정, 행사 대여 장소 선정, 최단거리 구하기, 시차 계산, 소요시간 구하기, 해외파견 근무 기준에 부합하는 또는 부합하지 않는 직원 고르기 등으로 나눌 수 있다.

### 01 시차를 먼저 계산하라!

시간 자원 관리의 대표유형 중 시차를 계산하여 일정에 맞는 항공권을 구입하거나 회의시간을 구하는 문제에서는 각각의 나라 시간을 한국 시간으로 전부 바꾸어 계산하는 것이 편리하다. 조건에 맞는 나라들의 시간을 전부 한국 시간으로 바꾸고 한국 시간과의 시차만 더하거나 빼면 시간을 단축하여 풀 수 있다.

### 02 선택지를 잘 활용하라!

계산을 해서 값을 요구하는 문제 유형에서는 선택지를 먼저 본 후 자리 수가 몇 단위로 끝나는지 확인해야 한다. 예를 들어 412,300원, 426,700원, 434,100원인 선택지가 있다고 할 때, 제시된 조건에서 100원 단위로 나올 수 있는 항목을 찾아 그 항목만 계산하는 방법이 있다. 또한, 일일이 계산하는 문제가 많다. 예를 들어 640,000원, 720,000원, 810,000원 등의 수를 이용해 푸는 문제가 있다고 할 때, 만 원 단위를 절사하고 계산하여 64, 72, 81처럼 요약하는 방법이 있다.

**03** ## 최적의 값을 구하는 문제인지 파악하라!

물적 자원 관리의 대표유형에서는 제한된 자원 내에서 최대의 만족 또는 이익을 얻을 수 있는 방법을 강구하는 문제가 출제된다. 이때, 구하고자 하는 값을 $x$, $y$로 정하고 연립방정식을 이용해 $x$, $y$ 값을 구한다. 최소 비용으로 목표생산량을 달성하기 위한 업무 및 인력 할당, 정해진 시간 내에 최대 이윤을 낼 수 있는 업체 선정, 정해진 인력으로 효율적 업무 배치 등을 구하는 문제에서 사용되는 방법이다.


**04** ## 각 평가항목을 비교하라!

인적 자원 관리의 대표유형에서는 각 평가항목을 비교하여 기준에 적합한 인물을 고르거나, 저렴한 업체를 선정하거나, 총점이 높은 업체를 선정하는 문제가 출제된다. 이런 유형은 평가항목에서 가격이나 점수 차이에 영향을 많이 미치는 항목을 찾아 1 ~ 2개의 선택지를 삭제하고, 남은 3 ~ 4개의 선택지만 계산하여 시간을 단축할 수 있다.

## 01 자원관리능력

**(1) 자원과 자원관리**

① **자원이란?**

사전적으로는 인간생활에 도움이 되는 자연계의 일부를 말하며, 이를 확장시켜 사람들이 가지고 있는 기본적인 자산을 물질적 자산(물적 자원), 재정적 자산(돈), 인적 자산(인적 자원)으로 나누기도 한다. 최근에는 시간도 중요한 자원 중 하나로 보고 있다.

② **자원의 유한성**

주어진 시간은 제한되기 마련이어서 정해진 시간을 어떻게 활용하느냐가 중요하며, 돈과 물적 자원 역시 제한적일 수밖에 없다. 또한 인적 자원 역시 제한된 사람들을 알고 활용할 수밖에 없다. 이러한 자원의 유한성으로 인해 자원을 효과적으로 확보, 유지, 활용하는 자원 관리는 매우 중요하다고 할 수 있다.

③ **자원관리의 분류**

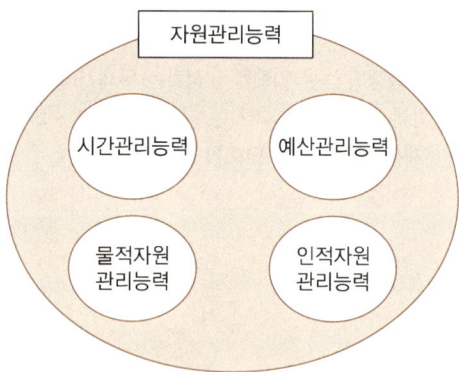

④ **자원낭비의 요인**

| 종류 | 내용 |
| --- | --- |
| 비계획적 행동 | 계획 없이 충동적이고 즉흥적으로 행동하여 자신이 활용할 수 있는 자원들을 낭비하게 되는 것 |
| 편리성 추구 | 자원을 활용하는 데 있어서 너무 편한 방향으로만 활용하는 것 |
| 자원에 대한 인식 부재 | 자신이 가지고 있는 중요한 자원을 인식하지 못하는 것 |
| 노하우 부족 | 자원관리의 중요성을 인식하면서도 효과적인 방법을 활용할 줄 모르는 것 |

## (2) 자원 관리의 과정

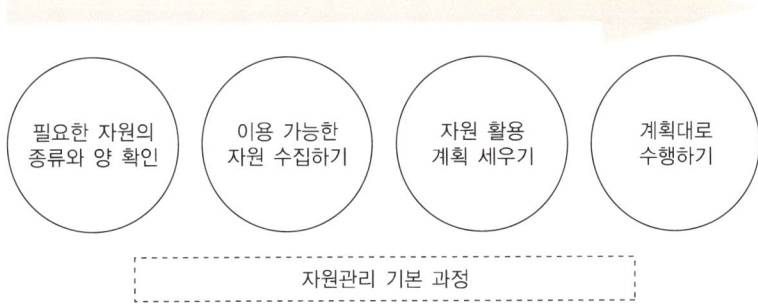

자원관리 기본 과정

① 필요한 자원의 종류와 양 확인

업무를 추진하는 데 있어서 어떤 자원이 필요하며, 또 얼마만큼 필요한지를 파악하는 단계이다. 구체적으로 어떤 활동을 할 것이며, 이 활동에 어느 정도의 시간, 돈, 물적·인적 자원이 필요한지를 파악한다.

② 이용 가능한 자원 수집하기

실제 준비나 활동을 하는 데 있어서 계획과 차이를 보이는 경우가 빈번하기 때문에 여유 있게 확보하는 것이 안전하다.

③ 자원 활용 계획 세우기

자원을 실제 필요한 업무에 할당하여 계획을 세워야 하며, 최종적인 목적을 이루는 데 가장 핵심이 되는 것에 우선순위를 두고 계획을 세울 필요가 있다.

④ 계획대로 수행하기

업무 추진의 단계로서 계획에 맞게 업무를 수행해야 하는 단계이다. 계획에 얽매일 필요는 없지만 최대한 계획대로 수행하는 것이 바람직하며, 불가피하게 수정해야 하는 경우에는 전체 계획에 미칠 수 있는 영향을 고려해야 한다.

---

**◀ 핵심예제 ▶**

**다음 중 자원 관리의 단계를 순서대로 바르게 나열한 것은?**

| ㄱ. 자원 활용 계획 세우기 | ㄴ. 필요한 자원의 종류와 양 확인 |
|---|---|
| ㄷ. 이용 가능한 자원 수집하기 | ㄹ. 계획대로 수행하기 |

① ㄱ - ㄴ - ㄷ - ㄹ      ② ㄱ - ㄷ - ㄹ - ㄴ

③ ㄴ - ㄱ - ㄷ - ㄹ      ④ ㄴ - ㄷ - ㄱ - ㄹ

**자원 관리의 4단계 과정**
① 필요한 자원의 종류와 양 확인
② 이용 가능한 자원의 수집과 확보
③ 자원 활용 계획 수립
④ 계획에 따른 수행

**정답** ④

## (1) 시간 관리 능력의 의의

### ① 시간의 특성

- 시간은 똑같은 속도로 흐른다.
- 시간의 흐름은 멈추게 할 수 없다.
- 시간은 빌리거나 저축할 수 없다.
- 시간은 어떻게 사용하느냐에 따라 가치가 달라진다.
- 시간은 시기에 따라 밀도도 틀리고 가치도 다르다.

### ② 시간 관리의 효과

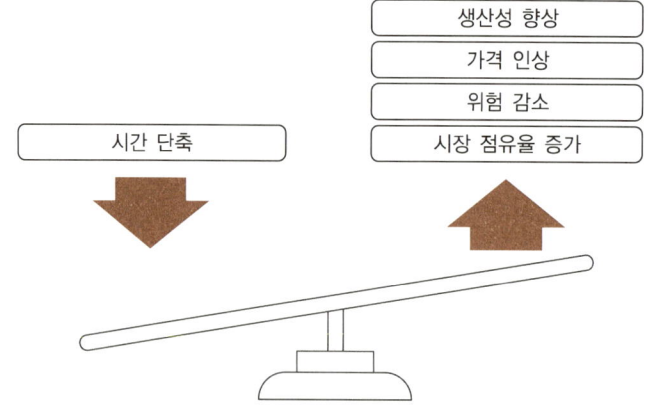

---

〈 **핵심예제** 〉

**다음 중 시간 자원의 특징으로 적절하지 않은 것은?**

① 시간은 매일 주어진다.

② 시간의 흐름은 멈추게 할 수 없다.

③ 시간은 가치가 똑같다.

④ 시간은 똑같은 속도로 흐른다.

시간의 가치는 어떻게 활용하느냐에 따라서 달라질 수 있다. 예를 들어 같은 시간에 일을 많이 한 사람과 적게 한 사람의 시간은 가치가 다르다.

정답 ③

## (2) 시간 낭비

### ① 시간 낭비의 요인

| | |
|---|---|
| • 목적이 불명확하다. | • 우선순위가 없이 일을 한나. |
| • 여러 가지 일을 한번에 많이 다룬다. | • 장래의 일에 도움이 되지 않는 일을 한다. |
| • 하루의 계획이 구체적이지 않다. | • 책상 위가 항상 번잡하다. |
| • 서류정리를 하다가 서류를 숙독한다. | • 파일링시스템이 부적당하다. |
| • 메모 등을 찾는 시간이 걸리는 편이다. | • 일에 대한 의욕이 부족하다. |
| • 팀워크가 부족하다. | • 전화를 너무 많이 한다. |
| • 예정 외의 방문자가 많다. | • No라고 말하지 못한다. |
| • 불완전하거나 지연된 정보가 많다. | • 극기심이 결여되어 있다. |
| • 일을 끝내지 않고 남겨둔다. | • 주의가 산만하다. |
| • 회의 시간이 길다. | • 회의에 대한 준비가 불충분하다. |
| • 커뮤니케이션이 부족하다. | • 잡담이 많다. |
| • 통지문서가 많다. | • 메모 회람이 많다. |
| • 일을 느긋하게 처리하는 경향이 있다. | • 모든 것에 대해 사실을 알고 싶어 한다. |
| • 기다리는 시간이 많다. | • 초조하고 성질이 급하다. |
| • 권한 위임을 충분히 하지 않는다. | • 권한 위임한 업무에 대해 관리가 부족하다. |

### ② 시간관리에 대한 오해

시간관리는 상식에 불과하다. 나는 회사에서 일을 잘하고 있기 때문에 시간관리도 잘한다고 말할 수 있다.

나는 시간에 쫓기면 일을 더 잘하는데, 시간을 관리하면 오히려 나의 이런 강점이 없어질지도 모른다.

**시간관리에 대한 오해**

나는 약속을 표시해 둔 달력과 해야 할 일에 대한 목록만으로 충분하다.

시간관리 자체는 유용할지 모르나 창의적인 일을 하는 나에게는 잘 맞지 않는다. 나는 일상적인 업무에 얽매이는 것이 싫다.

---

**〈 핵심예제 〉**

**다음 중 직장에서의 시간 낭비 요인으로 적절하지 않은 것은?**

① 불명확한 목적을 가진 긴 회의
② 많은 통지문서
③ 점심시간
④ 부적당한 파일링시스템

점심시간은 직장에서의 시간 낭비 요인이라 볼 수 없다. 점심시간은 당연히 할당되어야 하는 시간이며, 시간 계획을 세우는 데 있어서도 반드시 포함되어야 하는 시간이다.

**정답** ③

## (3) 시간 계획

### ① 시간 계획의 의의

시간이라고 하는 자원을 최대한 활용하기 위하여, 가장 많이 반복되는 일에 가장 많은 시간을 분배하고, 최단시간에 최선의 목표를 달성하는 것을 의미한다.

### ② 시간 계획서 작성의 순서

㉠ 명확한 목표 설정

㉡ 일의 우선순위 판단(Stenphen R. Covey)

| 중요성 | 결과와 연관되는 사명과 가치관, 목표에 기여하는 정도 |
|---|---|
| 긴급성 | 승각적인 처리가 요구되고 눈앞에 보이며, 심리적으로 압박감을 주는 정도 |

㉢ 예상 소요시간 결정

모든 일마다 자세한 계산을 할 필요는 없으나, 규모가 크거나 힘든 일의 경우에는 정확한 소요시간을 계산하여 결정하는 것이 효과적이다.

㉣ 시간 계획서 작성

해야 할 일의 우선순위와 소요 시간을 바탕으로 작성하며 간단한 서식, 일정관리 소프트웨어 등 다양한 도구를 활용할 수 있다.

### ③ 60 : 40의 법칙

| 계획된 행동(60%) | 계획 외의 행동(20%) | 자발적 행동(20%) |
|---|---|---|

← 총 시간 →

### ④ 시간 계획 시 고려요소

| 종류 | 내용 |
|---|---|
| 행동과 시간 저해요인 | 어디에서 어떻게 시간을 사용하고 있는가를 점검 |
| 일과 행동의 목록 | 해당 기간에 예정된 행동을 모두 목록화 |
| 규칙성 – 일관성 | 시간 계획을 정기적 체계적으로 체크하여 일관성 있게 일을 마칠 수 있게 해야 함 |
| 현실적인 계획 | 무리한 계획을 세우지 않도록 해야 하며, 실현가능한 것만을 계획화해야 함 |

| 유연성 | 머리를 유연하게 하여야 함. 시간 계획이란 그 자체가 중요한 것이 아니고, 목표달성을 위해 필요함 |
|---|---|
| 시간의 손실 | 발생된 시간 손실은 가능한 즉시 메워야 함. 밤을 세우더라도 미루지 않는 자세가 중요함 |
| 기록 | 체크리스트니 스케줄표를 사용하여 계획을 반드시 기록하여 전체 상황을 파악할 수 있게 하여야 함 |
| 미완료된 일 | 꼭 해야만 할 일을 끝내지 못했을 경우, 차기 계획에 반영함 |
| 성과 | 예정 행동만을 계획하는 것이 아니라 기대되는 성과나 행동의 목표도 기록 |
| 시간 프레임 | 적절한 시간 프레임을 설정하고 특정의 일을 하는 데 소요되는 꼭 필요한 시간만을 계획에 삽입할 것 |
| 우선순위 | 여러 일 중에서 어느 일을 가장 우선적으로 처리해야 할 것인가를 결정하여야 함 |
| 권한위양 | 기업의 규모가 커질수록 그 업무활동은 점점 복잡해져서 관리자가 모든 것을 다스리기가 어려우므로, 사무를 위임하고 책임을 지움 |
| 시간의 낭비요인 | 예상 못한 방문객 접대, 전화 등의 사건으로 예정된 시간이 부족할 경우를 대비하여 여유 시간을 확보할 것 |
| 여유 시간 | 자유롭게 된 시간(이동시간 또는 기다리는 시간)도 계획에 삽입하여 활용할 것 |
| 정리 시간 | 중요한 일에는 좀 더 시간을 할애하고 중요도가 낮은 일에는 시간을 단축시켜 전체적인 계획을 정리 |
| 시간 계획의 조정 | 자기 외 다른 사람(비서, 부하, 상사)의 시간 계획을 감안하여 계획 수립 |

## 03  예산 관리 능력

### (1) 예산 관리 능력의 의의

① 예산이란?

필요한 비용을 미리 헤아려 계산하는 것이나 그 비용을 의미한다.

② 예산 관리의 의의

아무리 예산을 정확하게 수립하였다 하더라도 활동이나 사업을 진행하는 과정에서 계획에 따라 적절히 관리하지 않으면 아무런 효과가 없다. 따라서, 활동이나 사업에 소요되는 비용을 산정하고, 예산을 편성하는 것뿐만 아니라 예산을 통제하는 과정이 필요하며, 이 과정을 예산 관리라 한다.

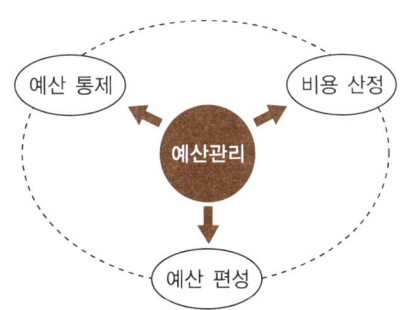

③ 예산 관리의 필요성

예산 관리란 이용 가능한 예산을 확인하고, 어떻게 사용할 것인지 계획하여 그 계획대로 사용하는 능력을 의미하며, 최소의 비용으로 최대의 효과를 얻기 위해 요구된다.

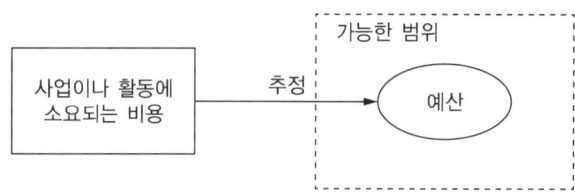

④ 예산책정의 원칙

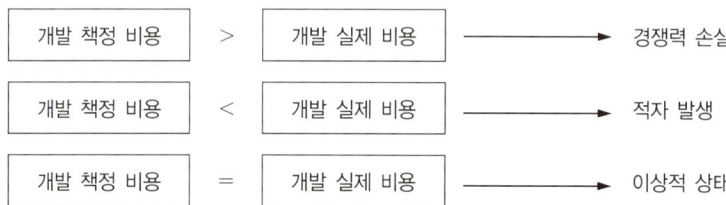

## (2) 예산의 구성요소

① 직접비용

간접비용에 상대되는 용어로서, 제품 생산 또는 서비스를 창출하기 위해 직접 소비된 것으로 여겨지는 비용을 말한다.

② 직접비용의 구성

| 종류 | 내용 |
| --- | --- |
| 재료비 | 제품의 제조를 위하여 구매된 재료에 지출된 비용 |
| 원료와 장비 | 제품을 제조하는 과정에서 소모된 원료나 과제를 수행하기 위해 필요한 장비에 지출된 비용. 이 비용에는 실제 구매된 비용이나 혹은 임대한 비용이 모두 포함 |
| 시설비 | 제품을 효과적으로 제조하기 위한 목적으로 건설되거나 구매된 시설에 지출한 비용 |
| 여행(출장)경비 및 잡비 | 제품 생산 또는 서비스를 창출하기 위해 출장이나 타 지역으로의 이동이 필요한 경우와 기타 과제 수행상에서 발생하는 다양한 비용을 포함 |
| 인건비 | 제품 생산 또는 서비스 창출을 위한 업무를 수행하는 사람들에게 지급되는 비용. 계약에 의해 고용된 외부 인력에 대한 비용도 인건비에 포함. 일반적으로 인건비는 전체 비용 중에서 가장 비중이 높은 항목 |

③ 간접비용

- 제품을 생산하거나 서비스를 창출하기 위해 소비된 비용 중에서 직접비용을 제외한 비용으로 제품 생산에 직접 관련되지 않은 비용
- 보험료, 건물 관리비, 광고비, 통신비, 사무비품비, 각종 공과금 등

다음 중 〈보기〉에서 직접비용으로만 짝지어진 것을 모두 고르면?

**보기**

ㄱ. 컴퓨터 구입비
ㄴ. 보험료
ㄷ. 건물 관리비
ㄹ. 광고비
ㅁ. 통신비
ㅂ. 빔프로젝터 대여료
ㅅ. 인건비
ㅇ. 출장 교통비
ㅈ. 건물 임대료

① ㄱ, ㄷ, ㄹ, ㅁ, ㅇ
② ㄱ, ㅂ, ㅅ, ㅇ, ㅈ
③ ㄴ, ㄷ, ㅁ, ㅂ, ㅈ
④ ㄷ, ㅁ, ㅂ, ㅅ, ㅇ

• 직접비용 : 컴퓨터 구입비, 빔프로젝터 대여료, 인건비, 출장 교통비, 건물 임대료
• 간접비용 : 보험료, 건물 관리비, 광고비, 통신비

정답 ②

## (3) 예산수립과 예산집행

### ① 예산수립절차

### ② 필요한 과업 및 활동 규명 : 과업세부도

과제 및 활동의 계획을 수립하는 데 있어서 가장 기본적인 수단으로 활용되는 그래프로 필요한 모든 일들을 중요한 범주에 따라 체계화시켜 구분해 놓은 그래프를 말한다. 다음은 생일파티를 진행하기 위한 과업세부도의 예이다.

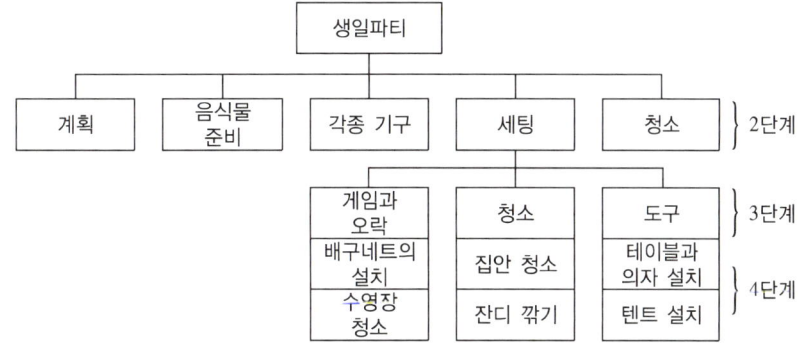

③ 우선순위 결정

과제를 핵심적인 활동과 부수적인 활동으로 구분한 후 핵심활동 위주로 예산을 편성한다.

④ 예산 배정

- 과업세부도와 예산을 서로 연결하여 배정할 경우 어떤 항목에 얼마만큼의 비용이 소요되는지를 정확하게 파악할 수 있다.
- 과제 수행에 필요한 예산 항목을 빠뜨리지 않고 확인할 수 있으며, 전체 예산을 정확하게 분배할 수 있다.
- 큰 단위의 예산을 수립하고자 할 때에는 해당 기관의 규정을 잘 확인하여야 한다.

⑤ 예산집행

효과적으로 예산을 관리하기 위해서는 예산 집행 과정에 대한 관리가 중요하다. 개인 차원에서는 가계부 등을 작성함으로 인해 관리할 수 있으며, 프로젝트나 과제와 같은 경우는 예산 집행 실적을 워크시트로 작성함으로써 효과적인 예산 관리를 할 수 있다.

**04**  **물적 자원 관리 능력**

**(1) 물적 자원 관리의 의의**

① 물적 자원의 종류

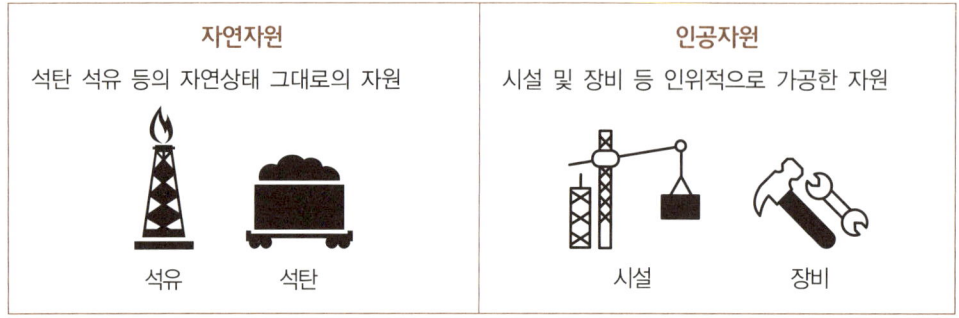

② 물적 자원 관리의 중요성

물적 자원을 효과적으로 관리하면 경쟁력 향상과 과제 및 사업의 성공이 가능하지만, 관리를 소홀히 하게 되면 경제적 손실과 더불어 과제 및 사업의 실패를 낳을 수 있다.

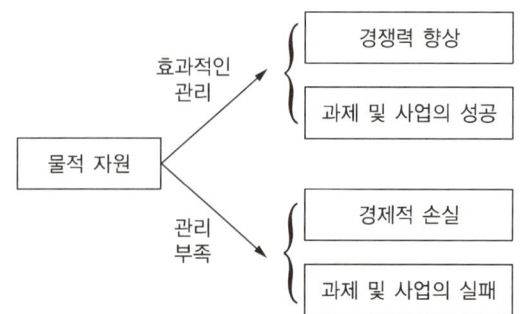

③ 물적 자원 활용의 방해요인

> • 보관 장소를 파악하지 못하는 경우
> • 훼손된 경우
> • 분실한 경우
> • 분명한 목적 없이 물건을 구입한 경우

---

〈 핵심예제 〉

**다음 중 물적 자원 활용의 방해요인으로 적절하지 않은 것은?**

① 보관 장소를 파악하지 못하는 경우    ② 목적 없이 물건을 구입한 경우

③ 과도하게 많이 구입한 경우    ④ 분실한 경우

**물적 자원 활용의 방해요인**
• 보관 장소를 파악하지 못하는 경우    • 훼손된 경우
• 분실한 경우    • 목적 없이 물건을 구입한 경우

정답 ③

---

### (2) 물적 자원 관리 과정과 기법

① 물적 자원 관리의 과정

| 사용 물품과 보관 물품의 구분 | • 물품활용의 편리성<br>• 반복 작업 방지 |

| 동일 및 유사 물품으로의 분류 | • 동일성의 원칙<br>• 유사성의 원칙 |

| 물품 특성에 맞는 보관 장소 선정 | • 물품의 형상<br>• 물품의 소재 |

② 바코드와 QR코드

| 바코드 | • 컴퓨터가 쉽게 판독하고 데이터를 빠르게 입력하기 위하여 굵기가 다른 검은 막대와 하얀 막대를 조합시켜 문자나 숫자를 코드화한 것 |
|---|---|
| QR코드 | • 격자무늬 패턴으로 정보를 나타내는 매트릭스 형식의 바코드<br>• 바코드가 용량 제한에 따라 가격과 상품명 등 한정된 정보만 담는 데 비해 QR코드는 넉넉한 용량을 강점으로 다양한 정보를 담을 수 있음 |

③ 물품관리 프로그램

개인보다는 기업이나 조직차원에서 물품관리를 보다 쉽고 체계적으로 수행할 수 있도록 하기 위하여 사용하며, 이를 통해 다량의 물품을 효과적으로 관리할 수 있다.

## (1) 인적 자원의 의의

① 인적 자원 관리란?

> - 기업이 필요한 인적 자원을 조달, 확보, 유지, 개발하여 경영조직 내에서 구성원들이 능력을 최고로 발휘하게 하는 것
> - 근로자 스스로가 자기만족을 얻게 하는 동시에 경영 목적을 효율적으로 달성하게끔 관리하는 것

② 효율적이고 합리적인 인사관리 원칙

| 종류 | 내용 |
|---|---|
| 적재적소 배치의 원칙 | 해당 직무 수행에 가장 적합한 인재를 배치해야 한다. |
| 공정 보상의 원칙 | 근로자의 인권을 존중하고 공헌도에 따라 노동의 대가를 공정하게 지급해야 한다. |
| 공정 인사의 원칙 | 직무 배당, 승진, 상벌, 근무 성적의 평가, 임금 등을 공정하게 처리해야 한다. |
| 종업원 안정의 원칙 | 직장에서 신분이 보장되고 계속해서 근무할 수 있다는 믿음을 갖게 하여 근로자가 안정된 회사 생활을 할 수 있도록 해야 한다. |
| 창의력 계발의 원칙 | 근로자가 창의력을 발휘할 수 있도록 새로운 제안, 건의 등의 기회를 마련하고, 적절한 보상을 하여 인센티브를 제공해야 한다. |
| 단결의 원칙 | 직장 내에서 구성원들이 소외감을 갖지 않도록 배려하고, 서로 유대감을 가지고 협동, 단결하는 체제를 이루도록 한다. |

## (2) 개인차원과 조직차원에서의 인적 자원 관리

① 개인차원에서의 인적 자원 관리

㉠ 인맥

사전적 의미로 정계, 재계, 학계 따위에서 형성된 사람들의 유대 관계라고 하지만 이에 국한하지 않고 모든 개인에게 적용되는 개념으로 자신이 알고 있거나 관계를 형성하고 있는 사람들, 일반적으로 가족이나 친구, 직장동료, 선후배, 동호회 등 다양한 사람들을 포함한다.

㉡ 인맥의 분류

| 종류 | 내용 |
|---|---|
| 핵심 인맥 | 자신과 직접적인 관계가 있는 사람들 |
| 파생 인맥 | 핵심 인맥으로부터 파생되어 자신과 연결된 사람들 |

㉢ 개인이 인맥을 활용할 경우 이를 통해 각종 정보와 정보의 소스를 획득하고, 참신한 아이디어와 해결책을 도출하며, 유사시 필요한 도움을 받을 수 있다는 장점이 있다.

② 조직차원에서의 인적 자원 관리

㉠ 인적 자원 관리의 중요성

기업체의 경우 인적 자원에 대한 관리가 조직의 성과에 큰 영향을 미치는데 이는 기업의 인적 자원이 가지는 특성에서 비롯된다.

ⓛ 인적 자원의 특성

| 종류 | 내용 |
|------|------|
| 능동성 | 물적 자원으로부터의 성과는 자원 자체의 양과 질에 의해 지배되는 수동적인 특성을 지니고 있는 반면, 인적 자원의 경우는 욕구와 동기, 태도와 행동 그리고 만족감 여하에 따라 성과가 결정된다. |
| 개발가능성 | 인적 자원은 자연적인 성장과 성숙 그리고 교육 등을 통해 개발될 수 있는 잠재능력과 자질을 보유하고 있다는 것이다. 환경변화와 이에 따른 조직의 변화가 심할수록 중요성이 커지는 특성을 지닌다. |
| 전략적 중요성 | 조직의 성과는 인적 자원, 물적 자원 등을 효과적이고 능률적으로 활용하는데 달려있는데, 이러한 자원을 활용하는 것이 바로 사람이기 때문에 인적 자원에 대한 중요성이 강조된다. |

〈핵심예제〉

**다음 중 효율적인 인사관리의 원칙으로 적절하지 않은 것은?**

① 공정 보상의 원칙　　　　　　　② 창의력 계발의 원칙
③ 종업원 안정의 원칙　　　　　　④ 독립의 원칙

**효율적인 인사관리의 원칙**
• 적재 적소 배치의 원리　　　　　• 공정 보상의 원칙
• 공정 인사의 원칙　　　　　　　• 종업원 안정의 원칙
• 창의력 계발의 원칙　　　　　　• 단결의 원칙

정답 ④

## (3) 인맥관리방법

### ① 명함관리

ⓐ 명함의 가치

> • 자신의 신분을 증명한다.
> • 자신을 PR하는 도구로 사용할 수 있다.
> • 자신의 정보를 전달하고 상대방에 대한 정보를 얻을 수 있다.
> • 대화의 실마리를 제공할 수 있다.
> • 후속 교류를 위한 도구로 사용할 수 있다.

ⓛ 명함에 메모해두면 좋은 정보

> • 언제, 어디서, 무슨 일로 만났는지에 관한 내용
> • 소개자의 이름
> • 학력이나 경력
> • 상대의 업무내용이나 취미, 기타 독특한 점
> • 전근, 전직 등의 변동 사항
> • 가족사항
> • 거주지와 기타 연락처
> • 대화를 나누고 나서의 느낀 점이나 성향

② 인맥관리카드

　　⊙ 자신의 주변에 있는 인맥을 관리카드를 작성하여 관리하는 문서를 말한다. 인맥관리카드에는 이름, 관계, 직장 및 부서, 학력, 출신지, 연락처, 친한 정도 등의 내용을 기입한다.

　　ⓒ 자신과 직접적인 관계를 가지는 '핵심인맥'과 핵심인력으로부터 파생된 '파생인맥'을 구분하여 각각 핵심인맥카드와 파생인맥카드를 작성하는 것이 좋다. 특히 파생인맥카드에는 어떤 관계에 의해 파생되었는지를 기록하는 것이 필요하다.

③ 소셜네트워크(SNS)

　　⊙ 초연결사회

　　　정보통신기술 발달하면서 사람, 정보, 사물 등을 네트워크로 촘촘하게 연결한 사회를 말하는데, 초연결사회에서는 직접 대면하지 않고 시간과 공간을 초월하여 네트워크상에서 인맥을 형성하고 관리한다.

　　ⓒ 소셜네트워크 서비스(SNS; Social Network Service)와 더불어 인맥 구축과 채용에 도움이 되는 비즈니스 특화 인맥관리서비스(BNS; Business social Network Service)로 관심이 증대되고 있다.

## (4) 인력배치의 원리

① 인력배치의 3원칙

　　⊙ 적재적소주의

　　　팀의 효율성을 높이기 위해 팀원의 능력이나 성격 등과 가장 적합한 위치에 배치하여 팀원 개개인의 능력을 최대로 발휘해 줄 것을 기대하는 것이다. 배치는 작업이나 직무가 요구하는 요건, 개인이 보유하고 있는 조건이 서로 균형 있고, 적합하게 대응되어야 성공할 수 있다.

　　ⓒ 능력주의

　　　개인에게 능력을 발휘할 수 있는 기회와 장소를 부여하고, 그 성과를 바르게 평가하고, 평가된 능력과 실적에 대해 그에 상응하는 보상을 주는 원칙을 말하며, 적재적소주의 원칙의 상위개념이라고 할 수 있다.

　　ⓒ 균형주의

　　　모든 팀원에 대한 평등한 적재적소, 즉 팀 전체의 적재적소를 고려할 필요가 있다는 것이다. 팀 전체의 능력향상, 의식개혁, 사기양양 등을 도모하는 의미에서 전체와 개체가 균형을 이루어야 할 것이다.

② 배치의 3가지 유형

| 종류 | 내용 |
| --- | --- |
| 양적 배치 | 부분의 작업량과 조업도, 여유 또는 부족 인원을 감안하여 소요인원을 결정하여 배치하는 것 |
| 질적 배치 | 적재적소주의와 동일한 개념 |
| 적성 배치 | 팀원의 적성 및 흥미에 따라 배치하는 것 |

③ 과업세부도

할당된 과업에 따른 책임자와 참여자를 명시하여 관리함으로써 업무 추진에 차질이 생기는 것을 막기 위한 문서이다. 다음은 과업세부도의 예이다.

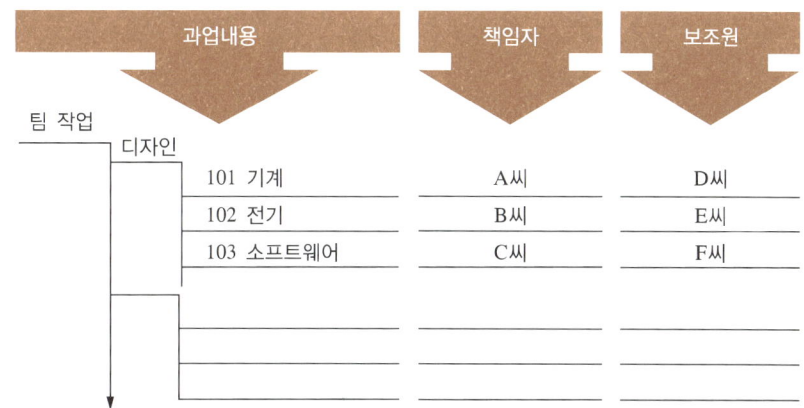

| 과업내용 | 책임자 | 보조원 |
|---|---|---|
| 101 기계 | A씨 | D씨 |
| 102 전기 | B씨 | E씨 |
| 103 소프트웨어 | C씨 | F씨 |

팀 작업 → 디자인

다음은 효과적인 인력배치의 유형이다. 빈칸 ㉠ ~ ㉢에 들어갈 말을 순서대로 바르게 나열한 것은?

| ㉠ | 부문의 작업량과 조업도, 여유 또는 부족 인원을 감안하여 소요 인원을 결정하여 배치하는 것 |
|---|---|
| ㉡ | 적재적소의 배치 |
| ㉢ | 팀원의 적성 및 흥미에 따른 배치 |

|  | ㉠ | ㉡ | ㉢ |
|---|---|---|---|
| ① | 양적 배치 | 적성 배치 | 질적 배치 |
| ② | 양적 배치 | 질적 배치 | 적성 배치 |
| ③ | 질적 배치 | 양적 배치 | 적성 배치 |
| ④ | 질적 배치 | 적성 배치 | 양적 배치 |

| 양적 배치 | 부문의 작업량과 조업도, 여유 또는 부족 인원을 감안하여 소요 인원을 결정하여 배치하는 것 |
|---|---|
| 질적 배치 | 적재적소의 배치 |
| 적성 배치 | 팀원의 적성 및 흥미에 따른 배치 |

정답 ②

| 유형분석 |

- 시간 자원과 관련된 다양한 정보를 활용하여 풀어 가는 유형이다.
- 대체로 교통편 정보나 국가별 시차 정보가 제공되며, 이를 근거로 '현지 도착 시각 또는 약속된 시간 내에 도착하기 위한 방안'을 고르는 문제가 출제된다.

한국은 뉴욕보다 16시간 빠르고, 런던은 한국보다 8시간 느리다. 다음 비행기가 현지에 도착할 때 현지 시간이 바르게 연결된 것은?

〈비행 정보〉

| 구분 | 출발 일자 | 출발 시간 | 비행 시간 | 도착 시간 |
|---|---|---|---|---|
| 뉴욕행 비행기 | 6월 6일 | 22:20 | 13시간 40분 | ㉠ |
| 런던행 비행기 | 6월 13일 | 18:15 | 12시간 15분 | ㉡ |

|  | ㉠ | ㉡ |
|---|---|---|
| ① | 6월 6일 09시 | 6월 13일 09시 30분 |
| ② | 6월 6일 20시 | 6월 13일 22시 30분 |
| ③ | 6월 7일 09시 | 6월 14일 09시 30분 |
| ④ | 6월 7일 13시 | 6월 14일 15시 30분 |
| ⑤ | 6월 7일 20시 | 6월 14일 20시 30분 |

정답 ②

㉠ 뉴욕행 비행기는 한국에서 6월 6일 22시 20분에 출발하고, 13시간 40분 동안 비행하기 때문에 한국 시간으로 6월 7일 12시에 도착한다. 한국 시간은 뉴욕보다 16시간 빠르므로 현지에 도착하는 시간은 6월 6일 20시가 된다.

㉡ 런던행 비행기는 한국에서 6월 13일 18시 15분에 출발하고, 12시간 15분 동안 비행하기 때문에 한국 시간으로 6월 14일 6시 30분에 도착한다. 한국 시간은 런던보다 8시간 빠르므로 현지에 도착하는 시간은 6월 13일 22시 30분이 된다.

풀이 전략!

문제에서 묻는 것을 정확히 파악한다. 특히 제한사항에 대해서는 빠짐없이 확인해 두어야 한다. 이후 제시된 정보(시차 등)에서 필요한 것을 선별하여 문제를 풀어 간다.

**01** K공사는 한국 현지 시각 기준으로 오후 4시부터 5시까지 외국 지사와 화상 회의를 진행하려고 한다. 모든 지사는 각국 현지 시각으로 오전 8시부터 오후 6시까지 근무한다고 때, 다음 중 회의에 참석할 수 없는 지사는?(단, 서머타임을 시행하는 국가는 +1:00을 반영한다)

**〈국가별 한국과의 시차〉**

| 국가 | 시차 | 국가 | 시차 |
|---|---|---|---|
| 파키스탄 | −4:00 | 불가리아 | −6:00 |
| 호주 | +1:00 | 영국 | −9:00 |
| 싱가포르 | −1:00 | | |

※ 오후 12시부터 1시까지는 점심시간이므로 회의를 진행하지 않음
※ 서머타임 시행 국가 : 영국

① 파키스탄 지사　　　　　　　　② 호주 지사
③ 싱가포르 지사　　　　　　　　④ 불가리아 지사
⑤ 영국 지사

**02** 해외로 출장을 가는 김대리는 다음 〈조건〉과 같이 이동하려고 계획하고 있다. 연착 없이 계획대로 출장지에 도착했을 때의 현지 시각은?

**조건**
• 서울 시각으로 5일 오후 1시 35분에 출발하는 비행기를 타고, 경유지 한 곳을 거쳐 출장지에 도착한다.
• 경유지는 서울보다 1시간 빠르고, 출장지는 경유지보다 2시간 느리다.
• 첫 번째 비행은 3시간 45분이 소요된다.
• 경유지에서 3시간 50분을 대기하고 출발한다.
• 두 번째 비행은 9시간 25분이 소요된다.

① 오전 5시 35분　　　　　　　　② 오전 6시
③ 오후 5시 35분　　　　　　　　④ 오후 6시
⑤ 오전 7시

**03** 다음 중 시간 계획에 대한 설명으로 적절하지 않은 것은?
① 시간이라고 하는 자원을 최대한 활용하기 위한 것이다.
② 가장 많이 반복되는 일에 가장 적은 시간을 분배한다.
③ 최단시간에 최선의 목표를 달성하려고 한다.
④ 시간 계획을 잘할수록 자기의 이상을 달성할 수 있는 시간을 창출할 수 있다.
⑤ 시간 계획에 너무 얽매여서는 안 된다.

## | 유형분석 |

- 예산 자원과 관련된 다양한 정보를 활용하여 문제를 풀어간다.
- 대체로 한정된 예산 내에서 수행할 수 있는 업무 및 예산 비용을 묻는 문제가 출제된다.

대구에서 광주까지 편도운송을 하는 A사는 다음과 같이 화물차량을 운용한다. 수송비 절감을 통해 경영에 필요한 예산을 확보하기 위하여 적재효율을 기존 1,000상자에서 1,200상자로 높여 운행 횟수를 줄인다면, A사가 얻을 수 있는 월 수송비 절감액은?

〈A사의 화물차량 운용 정보〉

- 차량 운행대수 : 4대
- 1대당 1일 운행횟수 : 3회
- 1대당 1회 수송비 : 100,000원
- 월 운행일수 : 20일

① 3,500,000원        ② 4,000,000원

③ 4,500,000원        ④ 5,000,000원

⑤ 5,500,000원

**정답** ②

기존의 운송횟수는 12회이므로 1일 운송되는 화물량은 $12 \times 1,000 = 12,000$상자이다. 이때, 적재효율을 높여 기존 1,000상자에서 1,200상자로 늘어나므로 10회($= 12,000 \div 1,200$)로 운송횟수를 줄일 수 있다. 기존 방법과 새로운 방법의 월 수송비를 계산하면 다음과 같다.

(월 수송비)=(1회당 수송비)×(차량 1대당 1일 운행횟수)×(차량 운행대수)×(월 운행일수)

- 기존 월 수송비 : $100,000 \times 3 \times 4 \times 20 = 24,000,000$원
- 신규 월 수송비 : $100,000 \times 10 \times 20 = 20,000,000$원

따라서 월 수송비 절감액은 4,000,000원($= 24,000,000 - 20,000,000$)이다.

**풀이 전략!**

제한사항인 예산을 고려하여 문제에서 묻는 것을 정확히 파악한 후, 제시된 정보에서 필요한 것을 선별하여 문제를 풀어간다.

**01** 황사원은 본인을 포함한 팀원 5명이서 출장 업무를 위해 대전으로 가야 한다. 서울과 대전 간 교통편 및 비용이 다음과 같을 때, 원활한 업무 진행을 위해 편도로 2시간 30분을 초과하는 교통편을 이용할 수 없다면 이용할 수 있는 가장 저렴한 교통 및 편도 비용은?(단, 출장 출발일은 7월 15일이며 비용은 출발일 기준으로 지불한다)

〈서울 ↔ 대전 교통편 및 비용〉

| 구분 | 소요시간(편도) | | 비용 | 비고 |
|---|---|---|---|---|
| 기차 | V호 | 1시간 30분 | 27,000원/인 | 5인 이상 구매 시 5% 할인 |
| | G호 | 1시간 45분 | 18,000원/인 | 10인 이상 구매 시 10% 할인 |
| | T호 | 2시간 | 15,000원/인 | 할인 없음 |
| 고속버스 | L여객 | 2시간 45분 | 12,000원/인 | 20인 이상 구매 시 15% 할인 |
| | P여객 | 2시간 30분 | 16,000원/인 | 성수기(7월, 8월) 제외 상시 10% 할인 |

|  | 교통 | 비용 |
|---|---|---|
| ① | 기차 V호 | 128,250원 |
| ② | 기차 G호 | 81,000원 |
| ③ | 기차 T호 | 75,000원 |
| ④ | 고속버스 L여객 | 60,000원 |
| ⑤ | 고속버스 P여객 | 72,000원 |

**02** A와 B는 각각 해외에서 직구로 물품을 구매하였다. 해외 관세율이 다음과 같을 때, A와 B 중 관세를 더 많이 낸 사람과 그 금액은 얼마인가?

〈해외 관세율〉

(단위 : %)

| 구분 | 관세 | 부가세 |
|---|---|---|
| 책 | 5 | 5 |
| 유모차, 보행기 | 5 | 10 |
| 노트북 | 8 | 10 |
| 스킨, 로션 등 화장품 | 6.5 | 10 |
| 골프용품, 스포츠용 헬멧 | 8 | 10 |
| 향수 | 7 | 10 |
| 커튼 | 13 | 10 |
| 카메라 | 8 | 10 |
| 신발 | 13 | 10 |
| TV | 8 | 10 |
| 휴대폰 | 8 | 10 |

※ 향수의 경우 개별소비세 7%, 농어촌특별세 10%, 교육세 30%가 추가됨
※ 100만 원 이상 전자제품(TV, 노트북, 카메라, 핸드폰 등)은 개별소비세 20%, 교육세 30%가 추가됨

〈구매 품목〉

A : TV(110만 원), 화장품(5만 원), 휴대폰(60만 원), 스포츠용 헬멧(10만 원)
B : 책(10만 원), 카메라(80만 원), 노트북(110만 원), 신발(10만 원)

① A, 91.5만 원
② B, 90.5만 원
③ A, 92.5만 원
④ B, 92.5만 원
⑤ B, 93.5만 원

**03** A구에서는 주택을 소유하고 해당 주택에 거주하는 가구를 대상으로 주택 노후도 평가를 시행하여 그 결과에 따라 주택보수비용을 지원하고 있다. 주택보수비용 지원 내용과 지원율, 상황을 근거로 판단할 때, A구에 사는 C씨가 지원받을 수 있는 주택보수비용의 최대 액수는 얼마인가?

〈주택보수비용 지원 내용〉

| 구분 | 경보수 | 중보수 | 대보수 |
| --- | --- | --- | --- |
| 보수항목 | 도배 혹은 장판 | 수도시설 혹은 난방시설 | 지붕 혹은 기둥 |
| 주택당 보수비용 지원한도액 | 350만 원 | 650만 원 | 950만 원 |

〈소득인정액별 주택보수비용 지원율〉

| 구분 | 중위소득 25% 미만 | 중위소득 25% 이상 35% 미만 | 중위소득 35% 이상 43% 미만 |
| --- | --- | --- | --- |
| 지원율 | 100% | 90% | 80% |

※ 소득인정액에 따라 위 보수비용 지원한도액의 80 ~ 100%를 차등 지원

〈상황〉

C씨는 현재 거주하고 있는 B주택의 소유자이며, 소득인정액이 중위소득 40%에 해당한다. B주택의 노후도 평가 결과, 지붕의 수선이 필요한 주택보수비용 지원 대상에 선정되었다.

① 520만 원  ② 650만 원
③ 760만 원  ④ 855만 원
⑤ 950만 원

**04** 다음은 예산 관리의 정의이다. 빈칸에 들어갈 단어로 적절하지 않은 것은?

예산 관리는 활동이나 사업에 소요되는 비용을 산정하고, 예산을 _____하는 것뿐만 아니라 예산을 _____하는 것 모두를 포함한다고 할 수 있다. 즉, 예산을 _____하고 _____하는 모든 일을 예산 관리라고 할 수 있다.

① 편성  ② 지원
③ 통제  ④ 수립
⑤ 집행

# 03 품목 확정

## | 유형분석 |

- 물적 자원과 관련된 다양한 정보를 활용하여 풀어 가는 문제이다.
- 주로 공정도·제품·시설 등에 대한 가격·특징·시간 정보가 제시되며, 이를 종합적으로 고려하는 문제가 출제된다.

K사는 사원들의 복지 증진을 위해 안마의자를 구매할 계획이다. K사의 평가기준이 다음과 같을 때, 〈보기〉 중 어떤 안마의자를 구매하겠는가?

### 〈K사의 안마의자 구입 시 평가기준〉

- 사원들이 자주 사용할 것으로 생각되니 A/S기간이 2년 이상이어야 한다.
- 사무실 인테리어를 고려하여 안마의자의 컬러는 레드보다는 블랙이 적절한 것으로 보인다.
- 겨울철에도 이용할 경우를 위해 안마의자에 온열기능이 있어야 한다.
- 안마의자의 구입 예산은 최대 2,500만 원까지며, 가격이 예산 안에만 해당하면 모두 구매 가능하다.
- 안마의자의 프로그램 개수는 최소 10개 이상은 되어야 하며, 많으면 많을수록 좋다.

**보기**

| 구분 | 가격 | 컬러 | A/S 기간 | 프로그램 | 옵션 |
|------|------|------|---------|---------|------|
| A안마의자 | 2,200만 원 | 블랙 | 2년 | 12개 | 온열기능 |
| B안마의자 | 2,100만 원 | 레드 | 2년 | 13개 | 온열기능 |
| C안마의자 | 2,600만 원 | 블랙 | 3년 | 15개 | – |
| D안마의자 | 2,400만 원 | 블랙 | 2년 | 13개 | 온열기능 |

① A안마의자
② B안마의자
③ C안마의자
④ D안마의자
⑤ 조건을 만족하는 의자가 없다.

**정답** ④

C안마의자는 가격이 최대 예산을 초과하였을 뿐만 아니라 온열기능이 없으므로 제외하고, B안마의자는 색상이 블랙이 아니므로 고려 대상에서 제외한다. 남은 A안마의자와 D안마의자 중 프로그램 개수가 많으면 많을수록 좋다고 하였으므로 K사는 D안마의자를 구매할 것이다.

**풀이 전략!**

문제에서 묻고자 하는 바를 정확히 파악하는 것이 중요하다. 문제에서 제시한 물적 자원의 정보를 문제의 의도에 맞게 선별하면서 풀어 간다.

**01** 신입사원 J씨는 A ~ E과제 중 어떤 과제를 먼저 수행해야 하는지를 결정하기 위해 평가표를 작성하였다. 다음 중 가장 먼저 수행할 과제는?(단, 가중치를 반영한 평가 항목 최종 합산 점수가 가장 높은 과제부터 수행한다)

〈과제별 평가표〉

(단위 : 점)

| 구분 | A | B | C | D | E |
|---|---|---|---|---|---|
| 중요도 | 84 | 82 | 95 | 90 | 94 |
| 긴급도 | 92 | 90 | 85 | 83 | 92 |
| 적용도 | 96 | 90 | 91 | 95 | 83 |

※ 과제당 가중치 부여 방식 : [(중요도)×0.3]+[(긴급도)×0.2]+[(적용도)×0.1]
※ 항목당 최하위 점수에 해당하는 과제는 선정하지 않음

① A
② B
③ C
④ D
⑤ E

**02** 다음은 A기업의 재고 관리에 대한 자료이다. 금요일까지 부품 재고 수량이 남지 않게 완성품을 만들 수 있도록 월요일에 주문할 부품 A ~ C의 개수가 바르게 연결된 것은?(단, 주어진 조건 이외에는 고려하지 않는다)

〈부품 재고 수량과 완성품 1개당 소요량〉

(단위 : 개)

| 구분 | 부품 재고 수량 | 완성품 1개당 소요량 |
|---|---|---|
| A | 500 | 10 |
| B | 120 | 3 |
| C | 250 | 5 |

〈완성품 납품 수량〉

| 항목 ＼ 요일 | 월 | 화 | 수 | 목 | 금 |
|---|---|---|---|---|---|
| 완성품 납품 개수(개) | 없음 | 30 | 20 | 30 | 20 |

※ 부품 주문은 월요일에 한 번 신청하며, 화요일 작업 시작 전에 입고됨
※ 완성품은 부품 A, B, C를 모두 조립해야 함

|  | A | B | C |  |  | A | B | C |
|---|---|---|---|---|---|---|---|---|
| ① | 100 | 100 | 100 |  | ② | 100 | 180 | 200 |
| ③ | 500 | 100 | 100 |  | ④ | 500 | 150 | 200 |
| ⑤ | 500 | 180 | 250 |  |  |  |  |  |

# 04 인원 선발

## | 유형분석 |

- 인적 자원과 관련된 다양한 정보를 활용하여 풀어 가는 문제이다.
- 주로 근무명단, 휴무일, 업무할당 등의 주제로 다양한 정보를 활용하여 종합적으로 풀어 가는 문제가 출제된다.

**다음 글의 내용이 참일 때, K공단의 신입사원으로 채용될 수 있는 지원자들의 최대 인원은 몇 명인가?**

금년도 신입사원 채용에서 N은행이 요구하는 자질은 이해능력, 의사소통능력, 대인관계능력, 실행능력이다. K공단은 이 4가지 자질 중 적어도 3가지 자질을 지닌 사람을 채용하고자 한다. 지원자는 갑, 을, 병, 정 4명이며, 이들이 지닌 자질을 평가한 결과 다음과 같은 정보가 주어졌다.

ⓐ 갑이 지닌 자질과 정이 지닌 자질 중 적어도 2가지는 일치한다.
ⓑ 대인관계능력은 병만 가진 자질이다.
ⓒ 만약 지원자가 의사소통능력을 지녔다면 그는 대인관계능력의 자질도 지닌다.
ⓓ 의사소통능력의 자질을 지닌 지원자는 1명뿐이다.
ⓔ 갑, 병, 정은 이해능력이라는 자질을 지니고 있다.

① 1명
② 2명
③ 3명
④ 4명
⑤ 없음

**정답** ①

ⓑ, ⓒ, ⓓ에 의해 의사소통능력과 대인관계능력을 지닌 사람은 오직 병뿐이라는 사실을 알 수 있다. 또한 ⓔ에 의해 병이 이해능력도 가지고 있음을 알 수 있다. 이처럼 병은 4가지 자질 중에 3가지를 갖추고 있으므로 K공단의 신입사원으로 채용될 수 있다. 신입사원으로 채용되기 위해서는 적어도 3가지 자질이 필요한데, 4가지 자질 중 의사소통능력과 대인관계능력은 병만 지닌 자질임이 확인되었으므로 나머지 갑, 을, 정은 채용될 수 없다. 따라서 신입사원으로 채용될 수 있는 최대 인원은 1명이다.

**풀이 전략!**

문제에서 신입사원 채용이나 인력배치 등의 주제가 출제될 경우에는 주어진 규정 혹은 규칙을 꼼꼼히 확인하여야 한다. 이를 근거로 각 선택지가 어긋나지 않는지 검토하며 문제를 풀어 간다.

**01** A기업에서는 9월 셋째 주에 연속 이틀에 걸쳐 본사에 있는 B강당에서 인문학 특강을 진행하려고 한다. 강당을 이용할 수 있는 날과 강사의 스케줄을 고려할 때 섭외 가능한 강사는?

〈B강당 이용 가능 날짜〉

| 구분 | 월요일 | 화요일 | 수요일 | 목요일 | 금요일 |
|---|---|---|---|---|---|
| 오전(9 ~ 12시) | × | ○ | × | ○ | ○ |
| 오후(13 ~ 14시) | × | × | ○ | ○ | × |

※ 가능 : ○, 불가능 : ×

〈섭외 강사 후보 스케줄〉

| | |
|---|---|
| A강사 | 매주 수 ~ 목요일 10 ~ 14시 문화센터 강의 |
| B강사 | 첫째 주, 셋째 주 화요일, 목요일 10 ~ 14시 대학교 강의 |
| C강사 | 매월 첫째 주 ~ 셋째 주 월요일, 수요일 오후 12 ~ 14시 면접 강의 |
| D강사 | 매주 수요일 오후 13 ~ 16시, 금요일 오전 9 ~ 12시 도서관 강좌 |
| E강사 | 매월 첫째, 셋째 주 화 ~ 목요일 오전 9 ~ 11시 강의 |

※ A기업 본사까지의 이동거리와 시간은 고려하지 않음
※ 강의는 연속 이틀로 진행되며 강사는 동일해야 함

① A, B강사　　　　　　　　　② B, C강사
③ C, D강사　　　　　　　　　④ C, E강사
⑤ D, E강사

**02** 다음은 팀원들을 적절한 위치에 효과적으로 배치하기 위한 3가지 원칙에 대한 글이다. 빈칸 ㉠ ~ ㉣에 들어갈 말을 바르게 연결한 것은?

> _____㉠_____는 개인에게 능력을 발휘할 수 있는 기회와 장소를 부여하고, 그 성과를 바르게 평가한 뒤 평가된 실적에 대해 그에 상응하는 보상을 주는 원칙을 말한다. 이때, 미래에 개발 가능한 능력까지도 함께 고려해야 한다. 반면, _____㉡_____는 팀의 효율성을 높이기 위해 팀원을 그의 능력이나 성격 등과 가장 적합한 위치에 배치하여 팀원 개개인의 능력을 최대로 발휘해 줄 것을 기대하는 것이다. 즉, 작업이나 직무가 요구하는 요건과 개인이 보유하고 있는 조건이 서로 균형 있고 적합하게 대응되어야 한다. 결국 _____㉢_____는 _____㉣_____의 하위개념이라고 할 수 있다.

| | ㉠ | ㉡ | ㉢ | ㉣ |
|---|---|---|---|---|
| ① | 능력주의 | 적재적소주의 | 적재적소주의 | 능력주의 |
| ② | 능력주의 | 적재적소주의 | 능력주의 | 적재적소주의 |
| ③ | 적재적소주의 | 능력주의 | 능력주의 | 적재적소주의 |
| ④ | 적재적소주의 | 능력주의 | 적재적소주의 | 능력주의 |
| ⑤ | 능력주의 | 균형주의 | 균형주의 | 능력주의 |

**03** A구청은 주민들의 정보화 교육을 위해 정보화 교실을 동별로 시행하고 있고, 주민들은 각자 일정에 맞춰 정보화 교육을 수강하려고 한다. 다음 중 개인 일정상 신청과목을 수강할 수 없는 사람은?(단, 하루라도 수강을 빠진다면 수강이 불가능하다)

〈정보화 교육 일정표〉

| 교육 날짜 | 교육 시간 | 장소 | 과정명 | 장소 | 과정명 |
|---|---|---|---|---|---|
| 화, 목 | 09:30~12:00 | A동 | 인터넷 활용하기 | C동 | 스마트한 클라우드 활용 |
| | 13:00~15:30 | | 그래픽 초급 픽슬러 에디터 | | 스마트폰 SNS 활용 |
| | 15:40~18:10 | | ITQ한글2010(실전반) | | – |
| 수, 금 | 09:30~12:00 | | 한글 문서 활용하기 | | Windows10 활용하기 |
| | 13:00~15:30 | | 스마트폰 / 탭 / 패드(기본앱) | | 스마트한 클라우드 활용 |
| | 15:40~18:10 | | 컴퓨터 기초(윈도우 및 인터넷) | | – |
| 월 | 09:30~15:30 | | 포토샵 기초 | | 사진 편집하기 |
| 화~금 | 09:30~12:00 | B동 | 그래픽 편집 달인되기 | D동 | 한글 시작하기 |
| | 13:00~15:30 | | 한글 활용 작품 만들기 | | 사진 편집하기 |
| | 15:40~18:10 | | – | | 엑셀 시작하기 |
| 월 | 09:30~15:30 | | Windows10 활용하기 | | 스마트폰 사진 편집 & 앱 배우기 |

〈개인 일정 및 신청과목〉

| 구분 | 개인 일정 | 신청과목 |
|---|---|---|
| D동의 홍길동 | • 매주 월~금 08:00~15:00 편의점 아르바이트<br>• 매주 월요일 16:00~18:00 음악학원 수강 | 엑셀 시작하기 |
| A동의 이몽룡 | • 매주 화, 수, 목 09:00~18:00 학원 강의<br>• 매주 월 16:00~20:00 배드민턴 동호회 활동 | 포토샵 기초 |
| C동의 성춘향 | • 매주 수, 금 17:00~22:00 호프집 아르바이트<br>• 매주 월 10:00~12:00 과외 | 스마트한 클라우드 활용 |
| B동의 변학도 | • 매주 월, 화 08:00~15:00 카페 아르바이트<br>• 매주 수, 목 18:00~20:00 요리학원 수강 | 그래픽 편집 달인되기 |
| A동의 김월매 | • 매주 월, 수, 금 10:00~13:00 필라테스 수강<br>• 매주 화 14:00~17:00 제빵학원 수강 | 인터넷 활용하기 |

① 홍길동
② 이몽룡
③ 성춘향
④ 변학도
⑤ 김월매

정보능력은 업무를 수행함에 있어 기본적인 컴퓨터를 활용하여 필요한 정보를 수집, 분석, 활용하는 능력을 의미한다. 또한 업무와 관련된 정보를 수집하고, 이를 분석하여 의미 있는 정보를 얻는 능력이다. 국가직무능력표준에 따르면 정보능력의 세부 유형은 컴퓨터 활용·정보 처리로 나눌 수 있다.

## **01** 평소에 컴퓨터 활용 스킬을 틈틈이 익혀라!

윈도우(OS)에서 어떠한 설정을 할 수 있는지, 응용프로그램(엑셀 등)에서 어떠한 기능을 활용할 수 있는지를 평소에 직접 사용해 본다면 문제를 보다 수월하게 해결할 수 있다. 여건이 된다면 컴퓨터 활용 능력에 관련된 자격증 공부를 하는 것도 이론과 실무를 익히는 데 도움이 될 것이다.

## **02** 문제의 규칙을 찾는 연습을 하라!

일반적으로 코드체계나 시스템 논리체계를 제공하고 이를 분석하여 문제를 해결하는 유형이 출제된다. 이러한 문제는 문제해결능력과 같은 맥락으로 규칙을 파악하여 접근하는 방식으로 연습이 필요하다.

**03** 현재 보고 있는 그 문제에 집중하라!

정보능력의 모든 것을 공부하려고 한다면 양이 너무나 방대하다. 그렇기 때문에 수험서에서 본인이 현재 보고 있는 문제들을 집중적으로 공부하고 기억하려고 해야 한다. 그러나 엑셀의 함수수식, 연산자 등 암기를 필요로 하는 부분들은 필수적으로 암기를 해서 출제가 되었을 때 오답률을 낮출 수 있도록 한다.

**04** 사진·그림을 기억하라!

컴퓨터 활용 능력을 파악하는 영역이다 보니 컴퓨터 속 옵션, 기능, 설정 등의 사진·그림이 문제에 같이 나오는 경우들이 있다. 그런 부분들은 직접 컴퓨터를 통해서 하나하나 확인을 하면서 공부한다면 더 기억에 잘 남게 된다. 조금 귀찮더라도 한 번씩 클릭하면서 확인을 해보도록 한다.

## 01 정보능력

### (1) 정보의 의의

① 정보능력의 의미

컴퓨터를 활용하여 필요한 정보를 수집·분석·활용하는 능력이다.

② 자료(Data), 정보(Information), 지식(Knowledge)

| 구분 | 일반적 정의 | 사례 |
|------|------------|------|
| 자료 | 객관적 실체를 전달이 가능하게 기호화한 것 | 스마트폰 활용 횟수 |
| 정보 | 자료를 특정한 목적과 문제 해결에 도움이 되도록 가공한 것 | 20대의 스마트폰 활용 횟수 |
| 지식 | 정보를 체계화하여 보편성을 갖도록 한 것 | 스마트폰 디자인에 대한 20대의 취향 |

※ 일반적으로 '자료⊇지식⊇정보'의 포함관계로 나타낼 수 있다.

《 핵심예제 》

**다음 중 정보의 사례로 적절한 것을 〈보기〉에서 모두 고르면?**

보기

ㄱ 남성용 화장품 개발      ㄴ 1인 가구의 인기 음식
ㄷ 라면 종류별 전체 판매량      ㄹ 다큐멘터리와 예능 시청률
ㅁ 5세 미만 아동들의 선호 색상

① ㄱ, ㄷ             ② ㄴ, ㅁ
③ ㄷ, ㄹ             ④ ㄹ, ㅁ

ㄴ·ㅁ 음식과 색상에 대한 자료를 가구, 연령으로 특징지음으로써 자료를 특정한 목적으로 가공한 정보이다.

오답분석
ㄱ 특정 목적을 달성하기 위한 지식이다.
ㄷ·ㄹ 특정 목적이 없는 자료이다.

정답 ②

③ 정보의 핵심특성
　　㉠ 적시성 : 정보는 원하는 시간에 제공되어야 한다.
　　㉡ 독점성 : 정보는 공개가 되고 나면 정보가치가 급감하나(경쟁성), 정보회득에 필요한 비용이 줄
　　　어드는 효과도 있다(경제성).

| 구분 | 공개 정보 | 반(半)공개 정보 | 비(非)공개 정보 |
|---|---|---|---|
| 경쟁성 | 낮음 | ⟶ | 높음 |
| 경제성 | 높음 | ⟶ | 낮음 |

## (2) 정보화 사회

① 정보화 사회의 의의
　　정보가 사회의 중심이 되는 사회로 IT기술을 활용해 필요한 정보가 창출되는 사회이다.
② 정보화 사회의 특징

- 정보의 사회적 중요성이 요구되며, 정보 의존성이 강화됨
- 전 세계를 하나의 공간으로 여기는 수평적 네트워크 커뮤니케이션이 가능해짐
- 경제 활동의 중심이 유형화된 재화에서 정보, 서비스, 지식의 생산으로 옮겨감
- 정보의 가치 생산을 중심으로 사회 전체가 움직이게 됨

〈 핵심예제 〉

**다음에서 설명하고 있는 사회는?**

이 세상에서 필요로 하는 정보가 사회의 중심이 되는 사회로서, 컴퓨터 기술과 정보통신 기술을 활용해 사회 각 분야에서 필요로 하는 가치 있는 정보를 창출하고, 보다 유익하고 윤택한 생활을 영위하는 사회로 발전시켜 나가는 것을 뜻한다.

① 시민 사회　　　　　　　　　　　② 미래 사회
③ 정보화 사회　　　　　　　　　　④ 산업화 사회

정보화 사회는 경제 활동의 중심이 상품의 정보나 서비스, 지식의 생산으로 옮겨지는 사회이다. 즉, 지식·정보와 관련된 산업이 부가가치를 높일 수 있는 사회이다.

정답 ③

③ 미래 사회의 특징

- 지식 및 정보 생산 요소에 의한 부가가치 창출
- 세계화의 진전
- 지식의 폭발적 증가

④ 정보화 사회의 필수 행위
　　정보 검색, 정보 관리, 정보 전파

## (3) 컴퓨터의 활용 분야

### ① 기업 경영 분야

| | |
|---|---|
| 경영정보시스템(MIS), 의사결정지원시스템(DSS) | 기업 경영에 필요한 정보를 효과적으로 활용하도록 지원해 경영자가 신속히 의사결정을 할 수 있게 함 |
| 전략정보시스템(SIS) | 기업의 전략을 실현해 경쟁 우위를 확보하기 위한 목적으로 사용 |
| 사무자동화(OA) | 문서 작성과 보관의 자동화, 전자 결재 시스템이 도입되어 업무 처리의 효율을 높여 줌 |
| 전자상거래(EC) | 기업의 입장에서는 물류 비용을 절감할 수 있으며, 소비자는 값싸고 질 좋은 제품을 구매할 수 있게 함 |

### ② 행정 분야

| | |
|---|---|
| 행정 데이터베이스 | 민원 처리, 행정 통계 등의 행정 관련 정보의 데이터베이스 구축 |
| 행정 사무자동화 | 민원 서류의 전산 발급 |

### ③ 산업 분야

| | |
|---|---|
| 공업 | 컴퓨터를 이용한 공정 자동화와 산업용 로봇의 활용 |
| 상업 | POS 시스템 |

---

《 핵심예제 》

### 다음 글의 빈칸에 들어갈 용어로 가장 적절한 것은?

이것은 기업이 경쟁에서 우위를 확보하려고 구축·이용하는 것이다. 기존의 정보시스템이 기업 내 업무의 합리화·효율화에 역점을 두었던 것에 반해, 기업이 경쟁에서 승리해 살아남기 위한 필수적인 시스템이라는 뜻에서 _____(이)라고 한다. 그 요건으로는 경쟁 우위의 확보, 신규 사업의 창출이나 상권의 확대, 업계 구조의 변혁 등을 들 수 있다. 실례로는 금융 기관의 대규모 온라인시스템, 체인점 등의 판매시점관리(POS)를 들 수 있다.

① 경영정보시스템(MIS)  ② 전략정보시스템(SIS)
③ 전사적 자원관리(ERP)  ④ 의사결정지원시스템(DSS)

전략정보시스템(SIS)은 기업의 전략을 실현해 경쟁 우위를 확보하기 위한 목적으로 사용되는 정보시스템으로, 기업의 궁극적 목표인 이익에 직접적인 영향을 끼치는 시장점유율 향상, 매출 신장, 신상품 전략, 경영 전략 등의 전략 계획에 도움을 준다.

정답 ②

## (4) 정보 처리 과정

| 기획 | → | 수집 | → | 관리 | → | 활용 |

### ① 기획

정보 활동의 가장 첫 단계이며, 정보 관리의 가장 중요한 단계이다.

| 5W | What(무엇을) | 정보의 입수대상을 명확히 한다. |
| | Where(어디에서) | 정보의 소스를 파악한다. |
| | When(언제) | 정보의 요구시점을 고려한다. |
| | Why(왜) | 정보의 필요 목적을 염두에 둔다. |
| | Who(누가) | 정보 활동의 주체를 확정한다. |
| 2H | How(어떻게) | 정보의 수집 방법을 검토한다. |
| | How much(얼마나) | 정보 수집의 효용성을 중시한다. |

### ② 수집

㉠ 다양한 정보원으로부터 목적에 적합한 정보를 입수하는 것이다.

㉡ 정보 수집의 최종적인 목적은 '예측'을 잘하기 위함이다.

### ③ 관리

㉠ 수집된 다양한 형태의 정보를 사용하기 쉬운 형태로 바꾸는 것이다.

㉡ 정보관리의 3원칙

| 목적성 | 사용 목적을 명확히 설명해야 한다. |
| 용이성 | 쉽게 작업할 수 있어야 한다. |
| 유용성 | 즉시 사용할 수 있어야 한다. |

### ④ 활용

최신 정보기술을 통한 정보들을 당면한 문제에 활용하는 것이다.

---

**〈 핵심예제 〉**

**다음 중 정보 관리의 3원칙에 해당하지 않는 것은?**

① 목적성                    ② 용이성

③ 유용성                    ④ 상대성

정보 관리의 3원칙에는 목적성, 용이성, 유용성 등이 있다.

정답 ④

## (1) 인터넷 서비스의 종류

① 전자우편

> • 인터넷을 이용하여 다른 이용자들과 정보를 주고받는 통신 방법을 말한다.
> • 포털, 회사, 학교 등에서 제공하는 전자우편 시스템에 계정을 만들어 이용 가능하다.

② 웹하드

웹서버에 대용량의 저장 기능을 갖추고 사용자가 개인의 하드디스크와 같은 기능을 인터넷을 통해 이용할 수 있게 하는 서비스를 말한다.

③ 메신저

컴퓨터를 통해 실시간으로 메시지와 데이터를 주고받을 수 있는 서비스이며 응답이 즉시 이루어져 가장 보편적으로 사용되는 서비스이다.

④ 클라우드

> • 사용자들이 별도의 데이터 센터를 구축하지 않고도, 인터넷 서버를 활용해 정보를 보관하고 있다가 필요할 때 꺼내 쓰는 기술을 말한다.
> • 모바일 사회에서는 장소와 시간에 관계없이 다양한 단말기를 통해 사용 가능하다.

⑤ SNS

온라인 인맥 구축을 목적으로 개설된 커뮤니티형 웹사이트를 말하며 트위터, 페이스북, 인스타그램과 같은 1인 미디어와 정보 공유 등을 포괄하는 개념이다.

⑥ 전자상거래

| 협의의 전자상거래 | 인터넷이라는 전자적인 매체를 통해 재화나 용역을 거래하는 것 |
|---|---|
| 광의의 전자상거래 | 소비자와의 거래뿐만 아니라 관련된 모든 기관과의 행위를 포함 |

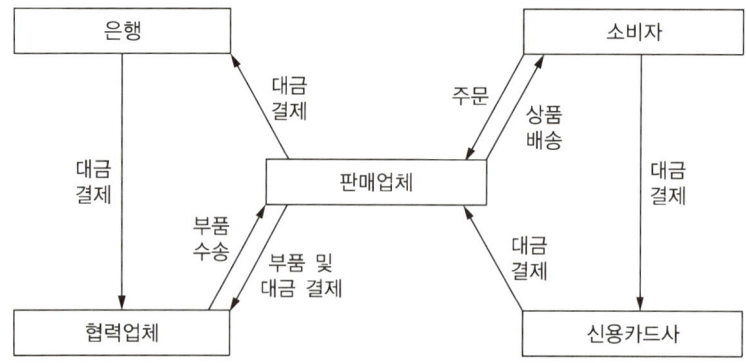

**다음 〈보기〉 중 전자상거래에 대한 설명으로 적절한 것을 모두 고르면?**

보기

㉠ 내가 겪은 경험담도 전자상거래 상품이 될 수 있다.
㉡ 인터넷 서점, 홈쇼핑, 홈뱅킹 등도 전자상거래 유형이다.
㉢ 팩스나 전자우편 등을 이용하면 전자상거래가 될 수 없다.
㉣ 개인이 아닌 공공기관이나 정부는 전자상거래를 할 수 없다.

① ㉠, ㉡                    ② ㉠, ㉢
③ ㉡, ㉢                    ④ ㉡, ㉣

오답분석
㉢ 팩스나 전자우편 등을 이용해 전자상거래를 할 수 있다.
㉣ 공공기관이나 정부도 전자상거래를 할 수 있다.

정답 ①

## (2) 검색 엔진의 유형

| 종류 | 내용 |
| --- | --- |
| 키워드 검색 방식 | • 정보와 관련된 키워드를 직접 입력하여 정보를 찾는 방식<br>• 방법이 간단하나 키워드를 불명확하게 입력하면 검색이 어려움 |
| 주제별 검색 방식 | • 주제별, 계층별로 문서들을 정리해 DB를 구축한 후 이용하는 방식<br>• 원하는 정보를 찾을 때까지 분류된 내용을 차례로 선택해 검색 |
| 자연어 검색 방식 | • 문장 형태의 질의어를 형태소 분석을 거쳐 각 질문에 답이 들어 있는 사이트를 연결해 주는 방식 |
| 통합형 검색 방식 | • 검색엔진 자신만의 DB를 구축하지 않음<br>• 검색어를 연계된 다른 검색 엔진에 보낸 후 검색 결과를 보여줌 |

## (3) 업무용 소프트웨어

① 워드프로세서

㉠ 문서를 작성, 편집, 저장, 인쇄할 수 있는 프로그램을 말하며, 키보드 등으로 입력한 문서의 내용을 화면으로 확인하면서 쉽게 고칠 수 있어 편리하다.

㉡ 흔글과 MS-Word가 가장 대표적으로 활용되는 프로그램이다.

㉢ 워드프로세서의 주요 기능

| 구분 | 내용 |
| --- | --- |
| 입력 | 키보드나 마우스를 통해 문자, 그림 등을 입력할 수 있는 기능 |
| 표시 | 입력한 내용을 표시 장치를 통해 나타내는 기능 |
| 지장 | 입력된 내용을 저장하여 필요할 때 사용할 수 있는 기능 |
| 편집 | 문서의 내용이나 형태 등을 변경해 새롭게 문서를 꾸미는 기능 |
| 인쇄 | 작성된 문서를 프린터로 출력하는 기능 |

② 스프레드시트

　　㉠ 수치나 공식을 입력하여 그 값을 계산해 내고, 결과를 차트로 표시할 수 있는 프로그램을 말하며, 다양한 함수를 이용해 복잡한 수식도 계산할 수 있다.

　　㉡ Excel이 가장 대표적으로 활용되는 프로그램이다.

　　㉢ 스프레드시트의 구성단위

　　　스프레드시트는 셀, 열, 행, 영역의 4가지 요소로 구성된다. 그중에서 셀은 가로행과 세로열이 교차하면서 만들어지는 공간을 말하며, 이는 정보를 저장하는 기본단위이다.

---

**핵심예제**

**다음은 스프레드시트로 작성한 워크시트이다. ㉠ ~ ㉣에 대한 설명으로 적절하지 않은 것은?**

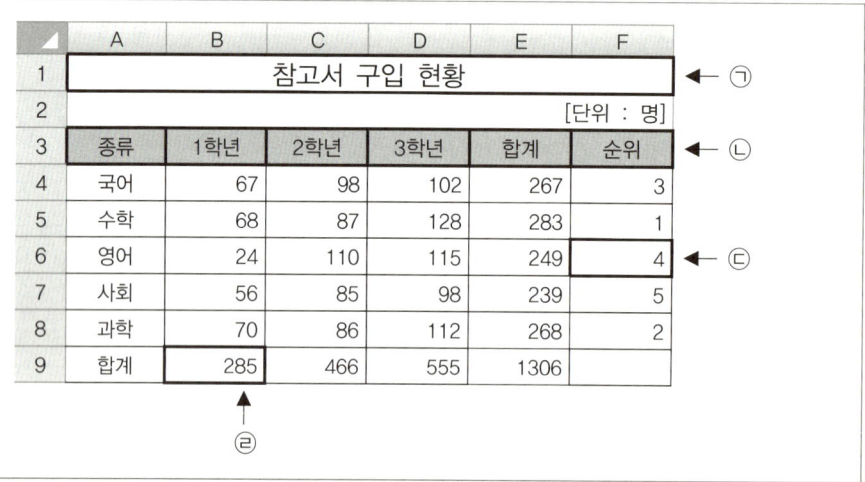

① ㉠은 '셀 병합' 기능을 이용해 작성할 수 있다.

② ㉡은 '셀 서식'의 '채우기' 탭에서 색상을 변경할 수 있다.

③ ㉢은 셀 F4를 =RANK(F4,E4:E8)로 구한 후에 '자동 채우기' 기능으로 구할 수 있다.

④ ㉣은 '자동 합계' 기능을 사용해 구할 수 있다.

　　㉢은 셀 F4를 =RANK(F4,$E$4:$E$8)로 구한 후에 '자동 채우기' 기능으로 구할 수 있다.

　　　　　　　　　　　　　　　　　　　　　　　　　　　　　　　　　정답 ③

---

③ 프레젠테이션

　　㉠ 컴퓨터 등을 이용하여 그 속에 담겨 있는 각종 정보를 전달하는 행위를 프레젠테이션이라고 하며, 이를 위해 사용되는 프로그램 들을 프레젠테이션 프로그램이라고 한다.

　　㉡ 파워포인트가 가장 대표적으로 활용되는 프로그램이다.

## (4) 데이터베이스

① 데이터베이스의 의의

여러 개의 서로 연관된 파일을 데이터베이스라 하며, 이 연관성으로 인해 사용자는 여러 개의 파일에 있는 정보를 한 번에 검색할 수 있다.

| | |
|---|---|
| 데이터베이스 관리시스템 | 데이터와 파일의 관계를 생성, 유지, 검색할 수 있게 하는 소프트웨어 |
| 파일 관리시스템 | 한 번에 한 개의 파일만 생성, 유지, 검색할 수 있는 소프트웨어 |

② 데이터베이스의 필요성

| 구분 | 내용 |
|---|---|
| 데이터 중복 감소 | 데이터를 한 곳에서만 갖고 있으므로 유지 비용이 절감된다. |
| 데이터 무결성 증가 | 데이터가 변경될 경우 한 곳에서 수정하는 것만으로 해당 데이터를 이용하는 모든 프로그램에 반영된다. |
| 검색의 용이 | 한 번에 여러 파일에서 데이터를 찾을 수 있다. |
| 데이터 안정성 증가 | 사용자에 따라 보안등급의 차등을 둘 수 있다. |

③ 데이터베이스의 기능

| 구분 | 내용 |
|---|---|
| 입력 기능 | 형식화된 폼을 사용해 내용을 편리하게 입력할 수 있다. |
| 검색 기능 | 필터나 쿼리 기능을 이용해 데이터를 빠르게 검색하고 추출할 수 있다. |
| 일괄 관리 기능 | 테이블을 사용해 데이터를 관리하기 쉽고, 많은 데이터를 종류별로 분류해 일괄적으로 관리할 수 있다. |
| 보고서 기능 | 데이터를 이용해 청구서나 명세서 등의 문서를 쉽게 만들 수 있다. |

---

〈 핵심예제 〉

**다음 〈보기〉 중 데이터베이스의 필요성에 대한 설명으로 적절한 것을 모두 고르면?**

보기

㉠ 데이터의 양이 많아 검색이 어려워진다.
㉡ 데이터의 중복을 줄이고 안정성을 높인다.
㉢ 프로그램의 개발이 쉽고 개발기간도 단축한다.
㉣ 데이터가 한 곳에만 기록되어 있어 결함 없는 데이터를 유지하기 어려워졌다.

① ㉠, ㉡                   ② ㉠, ㉢
③ ㉡, ㉢                   ④ ㉡, ㉣

오답분석

㉠ 한 번에 여러 파일에서 데이터를 찾아내는 기능은 원하는 검색이나 보고서 작성 등을 쉽게 할 수 있게 해준다.
㉣ 데이터가 중복되지 않고 한 곳에만 기록되어 있으므로 데이터의 무결성, 즉 결함 없는 데이터를 유지하는 것이 훨씬 쉬워졌다.

정답 ③

## (1) 정보의 수집

### ① 1차 자료와 2차 자료

| 1차 자료 | 원래의 연구 성과가 기록된 자료 |
|---|---|
| 2차 자료 | 1차 자료를 효과적으로 찾아보기 위한 자료 혹은 1차 자료에 포함되어 있는 정보를 압축, 정리한 자료 |

### ② 인포메이션과 인텔리전스

| 인포메이션 | 하나하나의 개별적인 정보 |
|---|---|
| 인텔리전스 | 인포메이션 중에 몇 가지를 선별해 그것을 연결시켜 판단하기 쉽게 도와주는 하나의 정보 덩어리 |

### ③ 정보 수집을 잘하기 위한 방법

㉠ 신뢰관계 수립 : 중요한 정보는 신뢰관계가 좋은 사람에게만 전해지므로 중요한 정보를 수집하려면 먼저 신뢰관계를 이루어야 한다.

㉡ 선수필승(先手必勝) : 변화가 심한 시대에는 질이나 내용보다 빠른 정보 획득이 중요하다.

㉢ 구조화 : 얻은 정보를 의식적으로 구조화하여 머릿속에 가상의 서랍을 만들어 둔다.

㉣ 도구의 활용 : 기억력에는 한계가 있으므로 박스, 스크랩 등을 활용하여 정리한다.

## (2) 정보 분석

### ① 정보 분석의 정의

여러 정보를 상호관련지어 새로운 정보를 생성해 내는 활동을 말한다.

### ② 정보 분석의 절차

③ 정보의 서열화와 구조화

　　㉠ 1차 정보가 포함하는 내용을 몇 개의 카테고리로 분석해 각각의 상관관계를 확정하고,

　　㉡ 1차 정보가 포함하는 주요 개념을 대표하는 용어(키워드)를 추출하여,

　　㉢ 이를 간결하게 서열화·구조화한다.

PART 2

《 핵심예제 》

**다음 중 정보 분석에 대한 설명으로 적절하지 않은 것은?**

① 좋은 자료는 항상 훌륭한 분석이 될 수 있다.

② 반드시 고도의 수학적 기법을 요구하는 것만은 아니다.

③ 한 개의 정보로써 불분명한 사항을 다른 정보로써 명백히 할 수 있다.

④ 서로 상반되거나 큰 차이가 있는 정보의 내용을 판단해서 새로운 해석을 할 수 있다.

좋은 자료가 있다고 해서 항상 훌륭한 분석이 되는 것은 아니다. 좋은 자료가 있어도 그것을 평범한 것으로 바꾸는 것만으로는 훌륭한 분석이라고 할 수 없다. 훌륭한 분석이란 하나의 메커니즘을 그려낼 수 있고, 동향과 미래를 예측할 수 있는 것이어야 한다.

정답 ①

## (3) 효율적인 정보 관리 방법

① 목록을 이용한 정보 관리

　　정보에서 중요 항목을 찾아 기술한 후 정리해 목록을 만드는 것이며, 디지털 파일로 저장해 두면 특정 용어를 입력하는 것만으로 결과물을 쉽게 찾을 수 있다.

② 색인을 이용한 정보 관리

　　㉠ 목록과 색인의 차이

| 목록 | 하나의 정보원에 하나의 목록이 대응된다. |
| --- | --- |
| 색인 | 하나의 정보원에 여러 색인을 부여할 수 있다. |

　　㉡ 색인의 구성요소

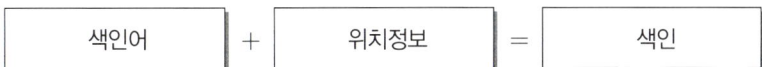

③ 분류를 이용한 정보 관리

    ⊙ 유사한 정보를 하나로 모아 분류하여 정리하는 것은 신속한 정보 검색을 가능하게 한다.

    ⓒ 분류 기준 예시

| 구분 | 내용 | 예 |
|---|---|---|
| 시간적 기준 | 정보의 발생 시간별로 분류 | 2024년 봄, 7월 등 |
| 주제적 기준 | 정보의 내용에 따라 분류 | 역사, 스포츠 등 |
| 기능적 / 용도별 기준 | 정보의 용도나 기능에 따라 분류 | 참고자료용, 강의용, 보고서 작성용 등 |
| 유형적 기준 | 정보의 유형에 따라 분류 | 도서, 비디오, CD, 한글파일, 파워포인트 파일 등 |

---

《 핵심예제 》

**다음 중 효율적인 정보 관리 방법에 대한 설명으로 적절하지 않은 것은?**

① 디지털 파일에 색인을 저장하면 추가·삭제·변경이 쉽다.

② 색인은 1개를 추출해 한 정보원에 1개의 색인어를 부여할 수 있다.

③ 정보 목록은 정보에서 중요 항목을 찾아 기술한 후 정리하면서 만들어진다.

④ 정보를 유사한 것끼리 모아 체계화해 정리하면 나중에 정보를 한번에 찾기가 가능하다.

목록은 한 정보원에 하나만 만드는 것이지만, 색인은 여러 개를 추출해 한 정보원에 여러 개의 색인어를 부여할 수 있다.

정답 ②

---

## (4) 인터넷의 역기능과 네티켓

    ① 인터넷의 역기능

| | |
|---|---|
| • 불건전 정보의 유통 | • 언어 훼손 |
| • 개인 정보 유출 | • 인터넷 중독 |
| • 사이버 성폭력 | • 불건전한 교제 |
| • 사이버 언어폭력 | • 저작권 침해 |

    ② 네티켓

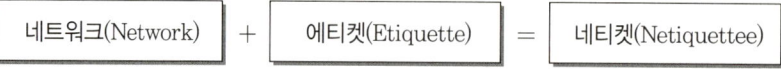

네트워크(Network) + 에티켓(Etiquette) = 네티켓(Netiquettee)

| 상황 | 내용 |
|---|---|
| 전자우편 사용 시 | • 메시지는 가능한 짧게 요점만 작성한다.<br>• 메일을 보내기 전에 주소가 올바른지 확인한다.<br>• 제목은 메시지 내용을 함축해 간략하게 쓴다.<br>• 가능한 메시지 끝에 Signature(성명, 직위 등)를 포함시킨다. |
| 온라인 대화 시 | • 도중에 들어가면 지금까지 진행된 대화의 내용과 분위기를 익힌다.<br>• 광고, 홍보 등을 목적으로 악용하지 않는다. |

| | |
|---|---|
| 게시판 사용 시 | • 글의 내용은 간결하게 요점만 작성한다.<br>• 제목에는 내용을 파악할 수 있는 함축된 단어를 사용한다.<br>• 글을 쓰기 전에 이미 같은 내용의 글이 있는지 확인한다. |
| 공개자료실 이용 시 | • 자료는 가급적 압축된 형식으로 능복한다.<br>• 프로그램을 등록할 경우에는 바이러스 감염 여부를 점검한다.<br>• 음란물, 상업용 S/W를 올리지 않는다. |
| 인터넷 게임 | • 온라인 게임은 온라인 상의 오락으로 끝나야 한다.<br>• 게임 중에 일방적으로 퇴장하지 않는다. |

## (5) 개인정보 보호

① 개인정보의 의미

생존하는 개인에 관한 정보로서, 정보에 포함된 성명 등에 의해 개인을 식별할 수 있는 정보를 의미하며, 단일 정보뿐만 아니라 다른 정보와 결합해 식별할 수 있는 것도 이에 해당한다.

② 개인정보의 유출 방지

> • 회원 가입 시 이용 약관 확인
> • 이용 목적에 부합하는 정보를 요구하는지 확인
> • 정기적인 비밀번호 교체
> • 정체가 불분명한 사이트 접속 자제
> • 가입 해지 시 정보 파기 여부 확인
> • 생년월일, 전화번호 등 유추 가능한 비밀번호 사용 자제

<< 핵심예제 >>

**다음 중 개인정보의 유출을 방지할 수 있는 방법이 아닌 것은?**

① 정체 불명의 사이트는 멀리한다.
② 비밀번호는 주기적으로 교체한다.
③ 회원 가입 시 이용약관을 읽는다.
④ 비밀번호는 기억하기 쉬운 전화번호를 사용한다.

생년월일이나 전화번호 등 남들이 쉽게 유추할 수 있는 비밀번호는 사용하지 말아야 한다.

정답 ④

## | 유형분석 |

- 정보능력 전반에 대한 이해를 확인하는 문제이다.
- 정보능력 이론이나 새로운 정보 기술에 대한 문제가 자주 출제된다.

**다음 중 정보처리 절차에 대한 설명으로 옳지 않은 것은?**

① 정보의 기획은 정보의 입수대상, 주제, 목적 등을 고려하여 전략적으로 이루어져야 한다.
② 정보처리는 기획 – 수집 – 활용 – 관리 순으로 이루어진다.
③ 다양한 정보원으로부터 목적에 적합한 정보를 수집해야 한다.
④ 정보 관리 시에 고려하여야 할 3요소는 목적성, 용이성, 유용성이다.
⑤ 정보 활용 시에는 합목적성 외에도 합법성이 고려되어야 한다.

**정답** ②

정보처리는 기획 – 수집 – 관리 – 활용 순으로 이루어진다.

**오답분석**
① 전략적 기획은 정보수집의 첫 단계로서 정보처리 과정 전반에 필요한 전략적 계획수립 단계이다.
③ 다양한 정보원으로부터 합목적적 정보를 수집하는 것이 좋다.
④ 정보 관리 시 고려해야 하는 요소 3가지는 목적성, 용이성, 유용성이다.
⑤ 정보윤리가 강조되고 있는 만큼, 합목적성과 합법성을 모두 고려해야 한다.

**풀이 전략!**

자주 출제되는 정보능력 이론을 확인하고, 확실하게 암기해야 한다. 특히 새로운 정보 기술이나 컴퓨터 전반에 대해 관심을 가지는 것이 좋다.

**01** 다음 중 온라인에서의 개인정보 오남용으로 인한 피해를 예방하기 위한 행동으로 적절하지 않은 것은?

① 회원가입을 하거나 개인정보를 제공할 때 개인정보 취급방침 및 약관을 꼼꼼히 살핀다.

② 회원가입 시 비밀번호를 타인이 유추하기 어렵도록 설정하고 이를 주기적으로 변경한다.

③ 아무 자료나 함부로 다운로드하지 않는다.

④ 온라인에 자료를 올릴 때 개인정보가 포함되지 않도록 한다.

⑤ 금융 거래 시 금융정보 등은 암호화하여 저장하고, 되도록 PC방, 공용 컴퓨터 등 개방 환경을 이용한다.

**02** 다음은 데이터베이스에 대한 설명이다. 이를 참고할 때, 데이터베이스의 특징으로 적절하지 않은 것은?

> 데이터베이스란 대량의 자료를 관리하고 내용을 구조화하여 검색이나 자료 관리 작업을 효과적으로 실행하는 프로그램으로, 삽입, 삭제, 수정, 갱신 등을 통하여 항상 최신의 데이터를 유동적으로 유지할 수 있으며, 이와 같은 대량의 데이터는 사용자의 질의에 대한 신속한 응답 처리를 가능하게 한다. 또한 이러한 데이터를 여러 명의 사용자가 동시에 공유할 수 있고, 각 데이터를 참조할 때는 사용자가 요구하는 내용에 따라 참조가 가능함은 물론 응용프로그램과 데이터베이스를 독립시킴으로써 데이터를 변경시키더라도 응용프로그램은 변경되지 않는다.

① 실시간 접근성                  ② 계속적인 진화

③ 동시 공유                       ④ 내용에 의한 참조

⑤ 데이터의 논리적 의존성

**03** 귀하는 거래처의 컴퓨터를 빌려서 쓰게 되었는데, 해당 컴퓨터를 부팅하고 바탕화면에 저장된 엑셀 파일을 열자 어디에 사용될지 모르는 고객의 상세한 신상정보가 담겨 있었다. 다음 중 귀하가 취해야 할 태도로 가장 적절한 것은?

① 고객 신상 정보를 즉시 지우고 빌린 컴퓨터를 사용한다.

② 고객 신상 정보의 훼손을 방지하고자 자신의 USB에 백업해두고 보관해 준다.

③ 고객 신상 정보를 저장장치에 복사해서 빌린 거래처 담당자에게 되돌려 준다.

④ 거래처에 고객 신상 정보 삭제를 요청한다.

⑤ 고객 신상 정보에 나와 있는 고객에게 연락하여 알려준다.

# 02 엑셀 함수

## | 유형분석 |

- 컴퓨터 활용과 관련된 상황에서 문제를 해결하기 위한 행동이 무엇인지 묻는 문제이다.
- 주로 업무수행 중에 많이 활용되는 대표적인 엑셀 함수(COUNTIF, ROUND, MAX, SUM, COUNT, AVERAGE, …)가 출제된다.
- 종종 엑셀시트를 제시하여 각 셀에 들어갈 함수식이 무엇인지 고르는 문제가 출제되기도 한다.

다음 시트에서 [E10] 셀에 함수식 「=INDEX(E2:E9,MATCH(0,D2:D9,0))」를 입력했을 때, [E10] 셀에 표시되는 결괏값으로 옳은 것은?

| | A | B | C | D | E |
|---|---|---|---|---|---|
| 1 | 부서 | 직급 | 사원명 | 근무연수 | 근무월수 |
| 2 | 재무팀 | 사원 | 이수연 | 2 | 11 |
| 3 | 교육사업팀 | 과장 | 조민정 | 3 | 5 |
| 4 | 신사업팀 | 사원 | 최지혁 | 1 | 3 |
| 5 | 교육컨텐츠팀 | 사원 | 김다연 | 0 | 2 |
| 6 | 교육사업팀 | 부장 | 민경희 | 8 | 10 |
| 7 | 기구설계팀 | 대리 | 김형준 | 2 | 1 |
| 8 | 교육사업팀 | 부장 | 문윤식 | 7 | 3 |
| 9 | 재무팀 | 대리 | 한영혜 | 3 | 0 |
| 10 | | | | | |

① 1　　　　　　　　　　　　　　② 2

③ 3　　　　　　　　　　　　　　④ 4

⑤ 5

**정답** ②

INDEX 함수는 「=INDEX(배열로 입력된 셀의 범위, 배열이나 참조의 행 번호, 배열이나 참조의 열 번호)」로, MATCH 함수는 「=MATCH(찾으려고 하는 값, 연속된 셀 범위, 되돌릴 값을 표시하는 숫자)」로 표시된다. 따라서 「=INDEX(E2:E9,MATCH(0,D2:D9,0))」를 입력하면 근무연수가 0인 사람의 근무월수가 셀에 표시되므로 2가 표시된다.

**풀이 전략!**

제시된 상황에서 사용할 엑셀 함수가 무엇인지 파악한 후, 선택지에서 적절한 함수식을 골라 식을 만들어야 한다. 평소 대표적으로 문제에 자주 출제되는 몇몇 엑셀 함수를 익혀두면 풀이시간을 단축할 수 있다.

**01** K공단 인사팀에 근무하는 L주임은 다음과 같이 하반기 공채 지원자들의 PT 면접 점수를 입력한 후 면접 결과를 정리하고자 한다. 이를 위해 [F3]셀에 〈보기〉와 같은 함수를 입력하고, 채우기 핸들을 이용하여 [F6]셀까지 드래그했을 때, [F3] ~ [F6]셀에 나타나는 결괏값이 바르게 연결된 것은?

| ◢ | A | B | C | D | E | F |
|---|---|---|---|---|---|---|
| 1 | | | | | | (단위 : 점) |
| 2 | 이름 | 발표내용 | 발표시간 | 억양 | 자료준비 | 결과 |
| 3 | 조재영 | 85 | 92 | 75 | 80 | |
| 4 | 박슬기 | 93 | 83 | 82 | 90 | |
| 5 | 김현진 | 92 | 95 | 86 | 91 | |
| 6 | 최승호 | 95 | 93 | 92 | 90 | |

보기

=IF(AVERAGE(B3:E3)>=90, "합격", "불합격")

| | [F3] | [F4] | [F5] | [F6] |
|---|---|---|---|---|
| ① | 불합격 | 불합격 | 합격 | 합격 |
| ② | 합격 | 합격 | 불합격 | 불합격 |
| ③ | 합격 | 불합격 | 합격 | 불합격 |
| ④ | 불합격 | 합격 | 불합격 | 합격 |
| ⑤ | 불합격 | 불합격 | 불합격 | 합격 |

PART 2

02 A중학교에서 근무하는 P교사는 반 학생들의 과목별 수행평가 제출 여부를 확인하기 위해 다음과 같이 자료를 정리하였다. P교사가 [D11] ~ [D13] 셀에 〈보기〉와 같이 함수를 입력하였을 때, [D11] ~ [D13] 셀에 나타날 결괏값이 바르게 연결된 것은?

| | A | B | C | D |
|---|---|---|---|---|
| 1 | | | | (제출했을 경우 '1'로 표시) |
| 2 | 이름 | A과목 | B과목 | C과목 |
| 3 | 김혜진 | 1 | 1 | 1 |
| 4 | 이방숙 | 1 | | |
| 5 | 정영교 | 재제출 요망 | 1 | |
| 6 | 정혜운 | | 재제출 요망 | 1 |
| 7 | 이승준 | | 1 | |
| 8 | 이혜진 | | | 1 |
| 9 | 정영남 | 1 | | 1 |
| 10 | | | | |
| 11 | | | | |
| 12 | | | | |
| 13 | | | | |

보기

[D11] 셀에 입력한 함수 → =COUNTA(B3:D9)
[D12] 셀에 입력한 함수 → =COUNT(B3:D9)
[D13] 셀에 입력한 함수 → =COUNTBLANK(B3:D9)

| | [D11] | [D12] | [D13] |
|---|---|---|---|
| ① | 12 | 10 | 11 |
| ② | 12 | 10 | 9 |
| ③ | 10 | 12 | 11 |
| ④ | 10 | 12 | 9 |
| ⑤ | 10 | 10 | 9 |

※ K병원에서 근무하는 A씨는 건강검진 관리 현황을 정리하고 있다. 이어지는 질문에 답하시오. [3~4]

| | A | B | C | D | E | F |
|---|---|---|---|---|---|---|
| 1 | | | 〈건강검진 관리 현황〉 | | | |
| 2 | 이름 | 검사구분 | 주민등록번호 | 검진일 | 검사항목 수 | 성별 |
| 3 | 강민희 | 종합검진 | 960809-2****** | 2025-08-12 | 18 | |
| 4 | 김범민 | 종합검진 | 010323-3****** | 2025-02-13 | 17 | |
| 5 | 조현진 | 기본검진 | 020519-3****** | 2025-07-07 | 10 | |
| 6 | 최진석 | 추가검진 | 871205-1****** | 2025-08-06 | 6 | |
| 7 | 한기욱 | 추가검진 | 980228-1****** | 2025-04-22 | 3 | |
| 8 | 정소희 | 종합검진 | 001015-4****** | 2025-02-19 | 17 | |
| 9 | 김은정 | 기본검진 | 891025-2****** | 2025-06-14 | 10 | |
| 10 | 박미옥 | 추가검진 | 011002-4****** | 2025-07-21 | 5 | |

**03** 다음 중 2025년 상반기에 검진 받은 사람의 수를 확인하고자 할 때 사용해야 할 함수는?

① COUNT

② COUNTA

③ SUMIF

④ MATCH

⑤ COUNTIF

**04** 다음 중 주민등록번호를 통해 성별을 구분하려고 할 때, 각 셀에 필요한 함수식으로 옳은 것은?

① F3 ： =IF(AND(MID(C3,8,1)="2",MID(C3,8,1)="4"),"여자","남자")

② F4 ： =IF(AND(MID(C4,8,1)="2",MID(C4,8,1)="4"),"여자","남자")

③ F7 ： =IF(OR(MID(C7,8,1)="2",MID(C7,8,1)="4"),"여자","남자")

④ F9 ： =IF(OR(MID(C9,8,1)="1",MID(C9,8,1)="3"),"여자","남자")

⑤ F6 ： =IF(OR(MID(C6,8,1)="2",MID(C6,8,1)="3"),"남자","여자")

| 유형분석 |

- 프로그램의 실행 결과를 코딩을 통해 파악하여 이를 풀이하는 문제이다.
- 대체로 문제에서 규칙을 제공하고 있으며, 해당 규칙을 적용하여 새로운 코드번호를 만들거나 혹은 만들어진 코드번호를 해석하는 등의 문제가 출제된다.

**다음 프로그램의 실행 결과로 옳은 것은?**

```c
#include <stdio.h>
void main( ) {
  int array[10]={ 1, 2, 3, 4, 5, 6, 7, 8, 9, 10 };
  int i;
  int num=0;

  for (i=0; i<10; i+=2) {
    num+=array[i];
  }
  printf("%d", num);
}
```

① 55                    ② 45

③ 35                    ④ 25

⑤ 0

**정답** ④

for 반복문은 i 값이 0부터 2씩 증가하면서 10보다 작을 때까지 수행하므로 i 값은 각 배열의 인덱스(0, 2, 4, 6, 8)를 가리키게 된다. num에는 i가 가리키는 배열 요소들에 대한 합이 저장되므로 i 값에 해당하는 배열 인덱스의 각 요소(1, 3, 5, 7, 9)의 합인 25가 출력된다.

**풀이 전략!**

문제에서 실행 프로그램 내용이 주어지면 핵심 키워드를 확인한다. 코딩 프로그램을 통해 요구되는 내용을 알아맞혀 정답 유무를 판단한다.

**01**   다음 중첩 반복문을 실행할 때 "Do all one can"이 출력되는 횟수는 총 몇 번인가?

```
for (i=0; i<4; i++)
{
for (j=0; j<6; j++)
{
printf("Do all one can\n");
}
}
```

① 4번                    ② 6번

③ 12번                  ④ 18번

⑤ 24번

**02**   다음 프로그램의 실행 결과로 옳은 것은?

```
#include <stdio.h>
void main(){
    char *arr[]={"AAA","BBB","CCC"};
    printf("%s", *(arr+1));
}
```

① AAA                  ② AAB

③ BBB                   ④ CCC

⑤ AAABBBCCC

# CHAPTER 06
# 기술능력

기술능력은 업무를 수행함에 있어 도구, 장치 등을 포함하여 필요한 기술에 어떠한 것들이 있는지 이해하고, 실제 업무를 수행함에 있어 적절한 기술을 선택하여 적용하는 능력이다.

세부 유형은 기술 이해·기술 선택·기술 적용으로 나눌 수 있다. 제품설명서나 상황별 매뉴얼을 제시하는 문제 또는 명령어를 제시하고 규칙을 대입할 수 있는지 묻는 문제가 출제되기 때문에 이런 유형들을 공략할 수 있는 전략을 세워야 한다.

## 01 긴 지문이 출제될 때는 선택지의 내용을 미리 보라!

기술능력에서 자주 출제되는 제품설명서나 상황별 매뉴얼을 제시하는 문제에서는 기술을 이해하고, 상황에 알맞은 원인 및 해결방안을 고르는 문제가 출제된다. 실제 시험장에서 문제를 풀 때는 시간적 여유가 없기 때문에 보기를 먼저 읽고, 그다음 긴 지문을 보면서 동시에 보기와 일치하는 내용이 나오면 확인해 가면서 푸는 것이 좋다.

## 02 모듈형에도 대비하라!

모듈형 문제의 비중이 늘어나는 추세이므로 공기업을 준비하는 취업준비생이라면 모듈형 문제에 대비해야 한다. 기술능력의 모듈형 이론 부분을 학습하고 모듈형 문제를 풀어보고 여러 번 읽으며 이론을 확실히 익혀두면 실제 시험장에서 이론을 묻는 문제가 나왔을 때 단번에 답을 고를 수 있다.

## 03　전공 이론도 익혀 두어라!

지원하는 직렬의 전공 이론이 기술능력으로 출제되는 경우가 많기 때문에 전공 이론을 익혀두는 것이 좋다. 깊이 있는 지식을 묻는 문제가 아니더라도 출제되는 문제의 소재가 전공과 관련된 내용일 가능성이 크기 때문에 최소한 지원하는 직렬의 전공 용어는 확실히 익혀 두어야 한다.

## 04　쉽게 포기하지 말라!

직업기초능력에서 주요 영역이 아니면 소홀한 경우가 많다. 시험장에서 기술능력을 읽어보지도 않고 포기하는 경우가 많은데 차근차근 읽어보면 지문만 잘 읽어도 풀 수 있는 문제들이 출제되는 경우가 있다. 이론을 모르더라도 풀 수 있는 문제인지 파악해보자.

## 01 기술능력

**(1) 기술의 의의**

① 기술의 의미

지적인 도구를 특정한 목적에 사용하는 지식 체계를 말하며, 제품이나 용역을 생산하는 원료·생산 공정 등에 관한 지식의 집합체를 의미한다.

② 노하우(Know-how)와 노와이(Know-why)

원래 노하우의 개념이 강하였으나 시대가 지남에 따라 노하우와 노와이가 결합하는 모습을 보이고 있다.

| 노하우 | • 특허권을 수반하지 않는 엔지니어 등이 가지고 있는 체화된 기술<br>• 경험적·반복적인 행위를 통해 얻게 됨 |
|---|---|
| 노와이 | • 어떻게 기술이 성립하고 작용하는가에 관한 원리적 측면<br>• 이론적인 지식으로 과학적인 탐구를 통해 얻게 됨 |

③ 기술의 특징

- 하드웨어나 인간에 의해 만들어진 비자연적인 대상 혹은 그 이상을 의미한다.
- 기술을 설계·생산·사용하기 위해서는 노하우가 필요하므로, 기술은 노하우를 포함한다.
- 하드웨어를 생산하는 과정이다.
- 인간의 능력을 확장시키기 위한 하드웨어와 그것의 활용이다.
- 정의 가능한 문제를 해결하기 위해 순서화되고, 이해 가능한 노력을 뜻한다.

〈 핵심예제 〉

**기술의 특징에 대한 다음 설명이 맞으면 ○를, 틀리면 ×를 괄호 안에 표시하시오.**

㉠ 기술은 소프트웨어를 생산하는 과정이다. ( )

㉡ 기술은 인간의 능력을 확장시키기 위한 하드웨어와 그것의 활용이다. ( )

㉢ 모든 직업 세계에서 필요로 하는 기술적 요소들로 이루어지는 것은 기술의 광의의 개념이다.

( )

㉠ 기술은 소프트웨어를 생산하는 과정이 아니라 하드웨어를 생산하는 과정이다.

정답 ㉠-×, ㉡-○, ㉢-○

④ 광의의 기술과 협의의 기술

| 광의의 기술 | 직업 세계에서 필요로 하는 기술적 요소 |
|---|---|
| 협의의 기술 | 구체적 직무 수행 능력 |

⑤ 지속가능한 발전과 기술

| 지속가능한 발전 | • 현재의 욕구를 충족시키지만, 동시에 후속 세대의 욕구 충족을 침해하지 않는 발전 |
|---|---|
| 지속가능한 기술 | • 지속가능한 발전을 가능케 하는 기술<br>• 고갈되지 않는 자연 에너지를 활용<br>• 낭비적인 소비 행태를 지양<br>• 기술적 효용만이 아닌 환경효용을 추구하는 기술 |

《 핵심예제 》

**다음 중 지속가능한 기술의 특징으로 옳지 않은 것은?**

① 이용 가능한 자원과 에너지를 고려하는 기술이다.

② 자원이 생산적인 방식으로 사용되는가에 주의를 기울이는 기술이다.

③ 자원이 사용되고 그것이 재생산되는 비율의 조화를 추구하는 기술이다.

④ 석탄에너지와 같이 고갈되는 자연 에너지를 활용하며, 낭비적인 소비 형태를 지양하고, 기술적 효용만을 추구한다.

> 지속가능한 기술은 태양에너지처럼 고갈되지 않는 자연 에너지를 활용하기 때문에 석탄에너지와 같이 고갈되는 자연 에너지를 활용한다는 것은 옳지 않다.
>
> 정답 ④

## (2) 기술능력의 의의

### ① 기술교양과 기술능력

| 기술교양 | 기술의 특성 등에 대해 일정 수준의 지식을 갖추는 것 |
|---|---|
| 기술능력 | 일상적으로 요구되는 수단·도구·조작 등에 관한 기술적인 요소들을 이해하고, 적절한 기술을 선택·적용하는 능력. 기술교양의 개념을 구체화시킨 개념 |

---

**《핵심예제》**

**다음 중 K씨가 선반 작업과 관련해 지닌 기술능력은 무엇인가?**

> K씨는 자신의 선반 작업에 관한 관련 기술의 특성, 기술적 행동, 기술의 결과에 대해 어느 정도 지식을 가지고 있다. 그리고 선반 작업에 관련한 문제 발생을 해결할 수 있는 생산력, 체계, 환경을 설계하고 개발해야 할 때 비판적 사고를 갖고 있다. 즉, 그는 선반 작업에 관한 기술을 사용하고 운영하고 이해하는 능력을 지니고 있다.

① 기술교양  　　　　　　　　② 기술지능
③ 전문기술  　　　　　　　　④ 기술상식

기술교양을 갖춘 사람들은 기술학의 특성과 역할을 이해하고, 기술 관련 이익을 가치화하고 위험을 평가할 수 있으며, 기술과 관련한 윤리적 딜레마에 합리적으로 반응할 수 있다는 특징이 있다.

**정답** ①

---

### ② 기술능력을 향상시키는 방법

| 전문 연수원 | • 연수 분야의 노하우를 통한 체계적인 교육이 가능<br>• 최신 실습장비, 전산 시설 등을 활용할 수 있음<br>• 자체교육에 비해 교육비가 저렴하며, 고용보험 환급도 가능 |
|---|---|
| E-Learning | • 원하는 시간과 장소에서 학습이 가능<br>• 새로운 내용을 커리큘럼에 반영하기가 수월<br>• 의사소통과 상호작용이 자유롭게 이루어질 수 있음 |
| 상급학교 진학 | • 실무 중심의 교육이 가능하며, 인적 네트워크 형성이 가능<br>• 경쟁을 통해 학습 효과를 향상시킬 수 있음 |
| OJT | • 시간 낭비가 적고 조직의 필요에 부합하는 교육이 가능<br>• 교육자와 피교육자 사이에 친밀감이 조성 |

<< 핵심예제 >>

중견사원 K씨는 전산 관련 자기계발을 고려 중이다. 다음 중 K씨가 선택할 수 있는 가장 적절한 학습 방법은?

- K씨는 야간과 주말에 학습 시간을 확보할 수 있고 주변에 컴퓨터가 잘 연결돼 있지만 근무지가 시외로 도시 외곽에 있다.
- 학습의 효과를 높일 수 있는 비디오, 사진, 텍스트, 소리, 동영상 등 멀티미디어를 이용한 학습을 이용하기를 원한다.

① OJT
② 야간대학
③ 사내연수원
④ E-learning

E-learning은 컴퓨터만 연결돼 있다면 원하는 시간·장소에서 학습이 가능하므로 시간적·공간적으로 독립적이다. 또한 비디오·사진·텍스트·소리·동영상 등 멀티미디어를 이용한 학습이 가능하고, 이메일·토론방·자료실 등을 통해 의사교환과 상호작용이 자유롭게 이루어질 수 있다.

정답 ④

## (3) 산업 재해

### ① 산업 재해의 의미

산업 활동 중의 사고로 인해 사망·부상을 당하거나 유해 물질에 의한 중독 등으로 직업성 질환·신체적 장애를 가져오는 것

<< 핵심예제 >>

**다음 중 산업 재해로 볼 수 없는 것은?**

① 선반 작업 시 근로자의 손이 절단된 경우
② 근로자가 휴가 중 교통사고에 의해 부상당한 경우
③ 산업 현장에서 근로자가 시설물에 의해 넘어져 부상당한 경우
④ 아파트 건축 현장에서 근로자가 먼지에 의해 질병에 걸린 경우

산업안전보건법에서는 노무를 제공하는 사람이 업무에 관계되는 건설물·설비·원재료·가스·증기·분진 등에 의하거나 작업 또는 그 밖의 업무로 인하여 사망 또는 부상하거나 질병에 걸리는 것을 산업 재해로 정의한다.

정답 ②

② 산업 재해의 원인

| 교육적 원인 | 안전지식의 불충분, 안전수칙의 오해, 훈련의 불충분 등 |
|---|---|
| 기술적 원인 | 기계 장치의 설계불량, 구조물의 불안정, 생산 공정의 부적당 등 |
| 작업 관리상 원인 | 안전관리 조직의 결함, 작업 준비 불충분, 인원 배치의 부적당 등 |

〈핵심예제〉

다음 〈보기〉에 해당하는 산업 재해의 기본적인 원인은?

보기

• 건물 · 기계 장치의 설계 불량          • 구조 · 재료의 부적합
• 생산 공정의 부적당                   • 점검 · 정비 · 보존의 불량

① 교육적 원인                          ② 기술적 원인
③ 작업 관리상 원인                      ④ 불안전한 상태

산업 재해의 기본적 원인 중에서 기술적 원인은 물적 요소들의 관리 소홀 때문에 발생한다.

정답 ②

③ 산업 재해 예방 대책 5단계

| 안전관리 조직 | • 경영자 : 사업장의 안전 목표 설정, 안전관리 책임자 선정<br>• 안전관리 책임자 : 안전계획 수립 · 시행 · 감독 |
|---|---|
| 사실의 발견 | • 사고 조사, 현장 분석, 관찰 및 보고서 연구, 면담 등 |
| 원인 분석 | • 발생 장소, 재해 형태, 재해 정도, 공구 및 장비의 상태 등 |
| 시정책의 선정 | • 기술적 개선, 인사 조정 및 교체, 공학적 조치 등 |
| 시정책의 적용 | • 안전에 대한 교육 및 훈련 실시, 결함 개선 등 |

〈핵심예제〉

다음 중 산업 재해의 예방 대책 5단계를 순서대로 바르게 나열한 것은?

㉠ 안전관리 조직                        ㉡ 시정책의 선정
㉢ 사실의 발견                          ㉣ 원인 분석
㉤ 시정책의 적용 및 뒤처리

① ㉠ － ㉡ － ㉢ － ㉣ － ㉤          ② ㉠ － ㉢ － ㉣ － ㉡ － ㉤
③ ㉡ － ㉣ － ㉢ － ㉤ － ㉠          ④ ㉢ － ㉣ － ㉡ － ㉤ － ㉠

산업 재해의 예방 대책은 '안전관리 조직 → 사실의 발견 → 원인 분석 → 시정책의 선정 → 시정책 적용 및 뒤처리'의
5단계로 이루어진다.

정답 ②

④ 불안전한 행동과 상태의 제거

| 불안전한 행동 제거 | 안전수칙 제정, 상호 간 불안전한 행동 지적, 쾌적한 작업 환경 등 |
| --- | --- |
| 불안전한 상태 제거 | 안전성이 보장된 설비 제작, 사고 요인의 사전 제거 |

## 02 기술이해능력

**(1) 기술 시스템**

① 기술 시스템의 의의

개별 기술들이 네트워크로 결합하여 새로운 기술이 만들어지는 것을 말한다.

〈〈 핵심예제 〉〉

**다음은 기술 시스템의 정의를 설명한 글이다. 빈칸 ㉠ ~ ㉢에 들어갈 적절한 단어는?**

기술 시스템은 인공물의 집합체만이 아니라 회사, 투자회사, 법적 제도, 정치, 과학, 자연자원을 모두 포함하는 것이기 때문에 기술 시스템에는 ___㉠___ 인 것과 ___㉡___ 인 것이 결합·공존한다. 이러한 의미에서 기술 시스템은 ___㉢___ (이)라고 불리기도 한다.

**정답** ㉠ 기술적, ㉡ 사회적, ㉢ 사회기술 시스템

② 기술 시스템의 발전 4단계

| 1단계 | • 발명·개발·혁신의 단계<br>• 기술 시스템이 탄생하고 성장<br>• 기술자의 역할이 중요 |
| --- | --- |
| 2단계 | • 기술 이전의 단계<br>• 성공적인 기술이 다른 지역으로 이동<br>• 기술자의 역할이 중요 |
| 3단계 | • 기술 경쟁의 단계<br>• 기술 시스템 사이의 경쟁이 이루어짐<br>• 기업가의 역할이 중요 |
| 4단계 | • 기술 공고화 단계<br>• 경쟁에서 승리한 기술 시스템이 관성화<br>• 자문 엔지니어의 역할이 중요 |

**다음은 기술 시스템의 발전 단계를 도식화한 것이다. 빈칸 ㉠~㉡에 들어갈 적절한 단어는?**

기술 이전의 단계는 성공적인 기술이 다른 지역으로 이동하는 단계로, 기술자들의 역할이 중요하다. 기술 공고화 단계는 경쟁에서 승리한 기술 시스템이 관성화된다.

**정답** ㉠ 이전, ㉡ 공고화

## (2) 기술혁신

### ① 기술혁신의 특성

- 과정 자체가 매우 불확실하고, 장기간의 시간을 필요로 한다.
- 지식 집약적인 활동이며, 조직의 경계를 넘나드는 특성이 있다.
- 혁신과정의 불확실성 · 모호함은 기업 내에서 많은 논쟁과 갈등을 유발할 수 있다.
- 기술혁신은 조직의 경계를 넘나든다는 특성을 갖고 있다.

**다음 중 기술혁신의 특성으로 옳지 않은 것은?**

① 기술혁신은 노동 집약적인 활동이다.

② 기술혁신은 조직의 경계를 넘나드는 특성이 있다.

③ 기술혁신은 그 과정 자체가 매우 불확실하고 장기간의 시간을 필요로 한다.

④ 혁신 과정의 불확실성과 모호함은 기업 내에서 많은 논쟁과 갈등을 유발할 수 있다.

기술혁신은 지식 집약적인 활동이다. 인간의 개별적인 지능과 창의성, 상호 학습을 통해 새로운 지식과 경험은 빠르게 축적되고 학습되지만, 기술 개발에 참가한 엔지니어의 지식은 문서화되기 어렵기 때문에 다른 사람들에게 쉽게 전파될 수 없다.

**정답** ①

② 기술혁신의 과정과 역할

| 과정 | 혁신 활동 | 필요한 자질 |
|---|---|---|
| 아이디어 창안 | • 아이디어를 창출하고 가능성을 검증<br>• 일을 수행하는 새로운 방법 고안 | • 각 분야의 전문지식<br>• 추상화와 개념화 능력 |
| 챔피언 | • 아이디어의 전파<br>• 혁신을 위한 자원 확보 | • 정력적이고 위험을 감수<br>• 아이디어의 응용 |
| 프로젝트 관리 | • 리더십 발휘<br>• 프로젝트의 기획 및 조직 | • 의사결정능력<br>• 업무 수행 방법에 대한 지식 |
| 정보 수문장 | • 조직외부의 정보를 내부에 전달<br>• 조직 내 정보원 기능 | • 높은 수준의 기술적 역량<br>• 원만한 대인관계능력 |
| 후원 | • 혁신에 대한 격려와 안내<br>• 불필요한 제약에서 프로젝트 보호 | • 조직의 주요 의사결정에 대한 영향력 |

**◀ 핵심예제 ▶**

다음은 기술혁신의 과정과 활동을 도식화한 것이다. 빈칸 ㉠ ~ ㉡에 들어갈 적절한 단어는?

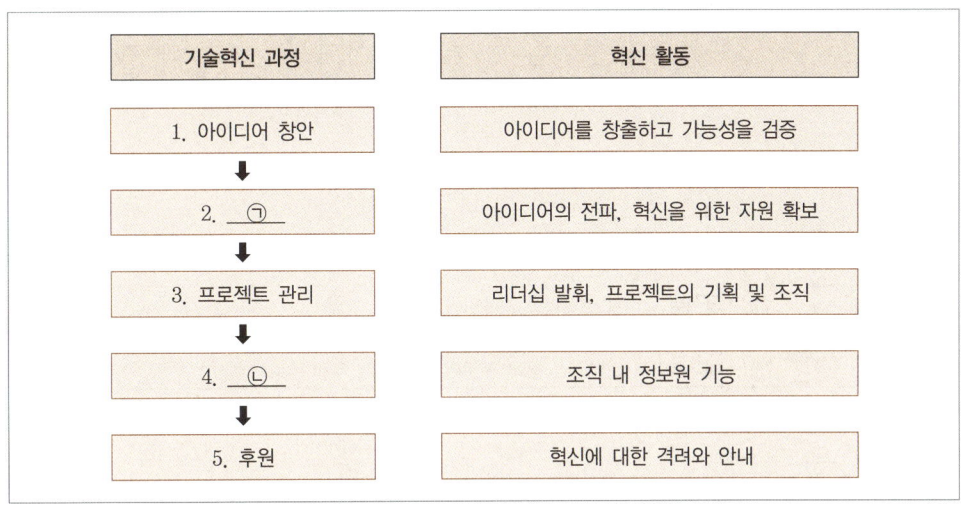

아이디어 단계부터 상업화 단계에 이르기까지 기술혁신의 전 과정이 성공적으로 수행되기 위해서는 다섯 가지 핵심적인 역할이 혁신에 참여하는 핵심 인력들에 의해 수행되어야 한다. 그 역할은 아이디어 창안, 챔피언, 프로젝트 관리, 정보 수문장, 후원 등이다.

**정답** ㉠ 챔피언, ㉡ 정보 수문장

③ 기술혁신의 지식 집약성

• 지식과 경험은 인간의 개별적인 지능과 창의성, 상호 학습을 통해 축적되고 학습된다.
• 개발에 참가한 엔지니어의 지식은 문서화되기 어렵기 때문에 다른 사람들에게 쉽게 전파될 수 없다.

## (1) 기술선택

① 기술선택의 의의

기술을 외부로부터 도입할 것인지 자체 개발할 것인지를 결정하는 것이다.

---

〈 **핵심예제** 〉

**다음 글의 빈칸에 들어갈 적절한 단어는?**

_____ 기술선택은 기업 전체 차원에서 필요한 기술에 대한 체계적인 분석이나 검토를 생략하고, 연구자나 엔지니어들이 자율적으로 기술을 선택하는 방법을 뜻한다.

상향식 기술선택은 기술 개발 실무를 담당하는 기술자들의 흥미를 유발하고, 그들의 창의적인 아이디어를 활용할 수 있다.

**정답** 상향식

---

② 기술선택 방법

| **상향식 기술선택** | • 연구자나 엔지니어들이 자율적으로 기술을 선택<br>• 고객의 니즈와 동떨어진 기술이 선택될 수 있음 |
|---|---|
| **하향식 기술선택** | • 경영진과 기획담당자들에 의한 체계적인 분석이 이루어짐<br>• 내부역량과 외부환경 분석, 전략수립을 통해 우선순위를 결정 |

---

〈 **핵심예제** 〉

**다음 글의 빈칸에 들어갈 적절한 단어는?**

_____ 기술선택은 기술경영진과 기술기획 기획담당자들에 의한 체계적인 분석을 통해 기업이 획득해야 하는 대상 기술과 목표 기술 수준을 결정하는 방법을 뜻한다.

하향식 기술선택은 기업이 직면하고 있는 외부환경과 기업의 보유 자원에 대한 분석을 통해 기업의 중장기적인 사업 목표를 설정하고, 이를 달성하기 위해 확보해야 하는 핵심 고객층과 그들에게 제공하고자 하는 제품과 서비스를 결정하는 방법이다.

**정답** 하향식

---

③ 기술선택 시 우선순위

- 제품의 성능이나 원가에 미치는 영향력이 큰 기술
- 매출과 이익 창출 잠재력이 큰 기술
- 기업 간에 모방이 어려운 기술
- 기업이 생산하는 제품에 보다 광범위하게 활용할 수 있는 기술
- 최신 기술로 인해 진부화될 가능성이 적은 기술

④ 기술선택 절차

ㄱ 외부 환경 분석 : 수요 변화 및 경쟁자 변화, 기술 변화 등 분석
ㄴ 중장기 사업목표 설정 : 기업의 장기 비전, 중장기 매출목표 및 이익목표 설정
ㄷ 내부 역량 분석 : 기술능력, 생산능력, 마케팅·영업능력, 재무능력 등 분석
ㄹ 사업 전략 수립 : 사업 영역 결정, 경쟁우위 확보 방안 수립
ㅁ 요구 기술 분석 : 제품 설계·디자인 기술, 제품 생산공정, 원재료·부품 제조 기술 분석
ㅂ 기술 전략 수립 : 핵심기술의 선택, 기술 획득 방법 결정

〈 핵심예제 〉

**다음 빈칸 ㄱ ~ ㄴ에 들어갈 적절한 단어는?**

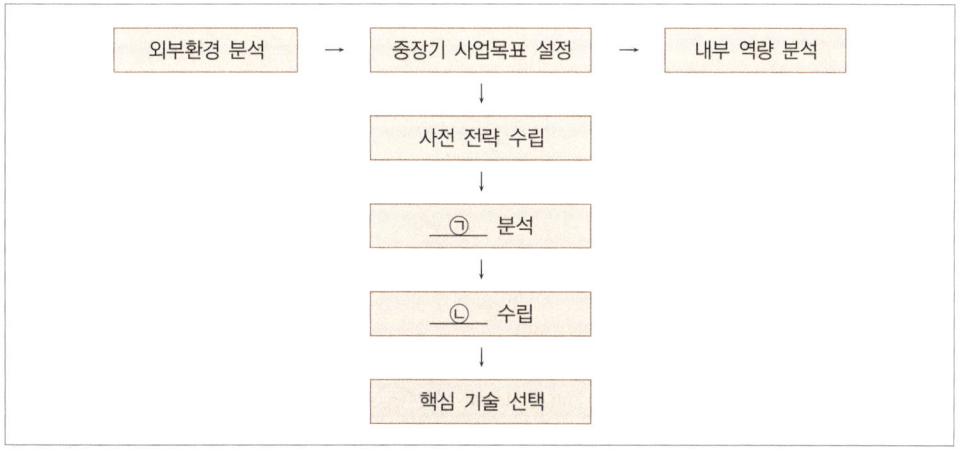

ㄱ 요구 기술 분석은 제품 설계·디자인 기술, 제품 생산공정, 원재료·부품 제조기술 등을 분석하는 것이다.
ㄴ 기술 전략 수립은 기술 획득 방법을 결정하는 것이다.

정답 ㄱ 요구 기술, ㄴ 기술 전략

## (2) 벤치마킹

### ① 벤치마킹의 의의

특정 분야에서 뛰어난 기술 등을 배워 합법적으로 응용하는 것으로, 단순한 모방이 아니라 자사의 환경에 맞추어 재창조하는 것을 말한다.

---

〈핵심예제〉

**다음 글의 빈칸에 들어갈 적절한 단어는?**

_____은/는 특정 분야에서 뛰어난 업체나 상품, 기술, 경영방식 등을 배워 합법적으로 응용하는 것을 뜻하는 말이다. 단순한 모방과는 달리 우수한 기업이나 성공한 상품, 기술, 경영방식 등의 장점을 충분히 배우고 익힌 후 자사의 환경에 맞추어 재창조하는 것이다. 쉽게 아이디어를 얻어 신상품을 개발하거나 조직 개선을 위한 새로운 출발점의 기법으로 많이 이용된다.

벤치마킹은 단순한 모방과 달리 우수한 기업이나 성공한 상품, 기술, 경영방식 등의 장점을 충분히 배우고 익힌 후 자사의 환경에 맞추어 재창조하는 것이다.

**정답** 벤치마킹

---

### ② 벤치마킹의 종류

| | | |
|---|---|---|
| **비교 대상에 따른 분류** | 내부 벤치마킹 | • 대상 : 같은 기업 내의 유사한 활용<br>• 자료수집이 용이하고 다각화된 기업의 경우 효과가 크나, 관점이 제한적일 수 있다. |
| | 경쟁적 벤치마킹 | • 대상 : 동일 업종에서 고객을 공유하는 경쟁기업<br>• 기술에 대한 비교가 가능하지만, 대상의 적대적인 태도로 인해 자료수집이 어렵다. |
| | 비경쟁적 벤치마킹 | • 대상 : 우수한 성과를 거둔 비경쟁 기업<br>• 혁신적인 아이디어의 창출 가능성이 높으나, 환경이 상이하다는 것을 감안하지 않으면 효과가 없다. |
| | 글로벌 벤치마킹 | • 대상 : 최고로 우수한 동일 업종의 비경쟁적 기업<br>• 자료수집이 용이하나, 문화적·제도적 차이를 감안하지 않으면 효과가 없다. |
| **수행 방식에 따른 분류** | 직접적 벤치마킹 | • 직접 접촉하여 자료를 입수하고 조사하기 때문에 정확도가 높으며 지속가능하다.<br>• 벤치마킹 대상의 선정이 어렵고, 수행비용 및 시간이 과다하게 소요된다. |
| | 간접적 벤치마킹 | • 벤치마킹 대상의 수에 제한이 없고 다양하다.<br>• 벤치마킹 대상을 직접적으로 방문하지 않고 문서 등을 이용해 수행한다.<br>• 비용 또는 시간이 상대적으로 많이 절감된다.<br>• 벤치마킹 결과가 피상적이며, 정확한 자료의 확보가 어렵다. |

**다음 중 간접적 벤치마킹의 특징으로 옳지 않은 것은?**

① 벤치마킹 대상의 수에 제한이 없고 다양하다.

② 벤치마킹 대상을 직접 방문해 수행하는 방법이다.

③ 비용 또는 시간적 측면에서 상대적으로 많이 절감된다.

④ 벤치마킹 결과가 피상적이며 정확한 자료의 확보가 어렵다.

벤치마킹 대상을 직접적으로 방문해 수행하는 방법은 직접적 벤치마킹에 해당하는 방법이다.

정답 ②

## (3) 매뉴얼

### ① 매뉴얼의 의의

기술선택과 적용·활용에 있어 가장 종합적이고 기본적인 안내서를 말한다.

### ② 매뉴얼의 종류

| | |
|---|---|
| **제품 매뉴얼** | • 제품의 특징이나 기능 설명, 사용 방법, 유지보수, A/S, 폐기까지의 제품에 관련된 정보를 소비자에게 제공하는 것<br>• 사용능력 및 사용자의 오작동까지 고려해 만들어야 함 |
| **업무 매뉴얼** | • 어떤 일의 진행방식, 규칙 및 관리상의 절차 등을 일관성 있게 표준화해 설명하는 지침서<br>• 프랜차이즈 점포의 경우 '편의점 운영 매뉴얼', '제품 진열 매뉴얼', 기업의 경우 '부서 운영 매뉴얼', '품질 경영 매뉴얼' 등이 대표적임 |

### ③ 매뉴얼 작성 방법

- 내용이 정확해야 한다.
  추측성 기능 설명은 사용자에게 사고를 유발할 수 있으므로 절대 금물이다.
- 사용자가 이해하기 쉬운 문장으로 작성해야 한다.
  하나의 문장에는 하나의 명령 또는 밀접하게 관련된 소수의 명령만을 포함해야 하며, 수동태보다는 능동태를, 추상적 명사보다는 행위 동사를 사용한다.
- 사용자를 위한 심리적 배려가 있어야 한다.
  사용자의 질문들을 예상하고 사용자에게 답을 제공한다.
- 사용자가 찾고자 하는 정보를 쉽게 찾을 수 있어야 한다.
  짧고 의미 있는 제목을 사용하여 원하는 정보의 위치를 파악하는 데 도움이 된다.
- 사용하기 쉬워야 한다.
  사용자가 보기 불편하게 크거나, 구조가 복잡해 찾아보기 힘들다면 아무 소용이 없다.

**다음 상황에서 총무과장 K씨가 참고해야 할 자료로 가장 적절한 것은?**

> 총무과장 K씨는 자사에게 생산되는 ○○ 제품에 대한 특징이나 기능 설명, 사용 방법과 고장 조치 방법, 유지보수 및 A/S, 폐기까지 제품에 관련된 모든 서비스에 대해 기본적으로 알아야 할 모든 정보를 신입사원에게 교육하고자 한다. 그리고 신입사원이 작업장에서 적용하고자 하는 기술에 대한 활용 방법 또는 조작 방법에 대해서도 설명하고자 한다.

① 정관　　　　　　　　　　　② 약관
③ 매뉴얼　　　　　　　　　　④ 작업지시서

> 매뉴얼은 제품 특징이나 기능 설명, 사용 방법과 고장 조치 방법, 유지보수 및 A/S, 폐기까지 제품에 관련된 모든 서비스에 대해 기본적으로 알아야 할 모든 정보를 담고 있다. 그리고 작업장에서 적용하고자 하는 기술에 대한 활용 방법 또는 조작 방법에 대해서도 설명하고 있다.

**정답 ③**

## (4) 지식재산권

### ① 지식재산권의 의의

인간의 창조적 활동 또는 경험 등을 통해 창출되거나 발견한 지식·정보·기술이나 표현·표시, 그 밖에 무형적인 것으로서, 재산적 가치가 실현될 수 있는 지적 창작물에 부여된 권리를 말한다.

### ② 지식재산권의 체계

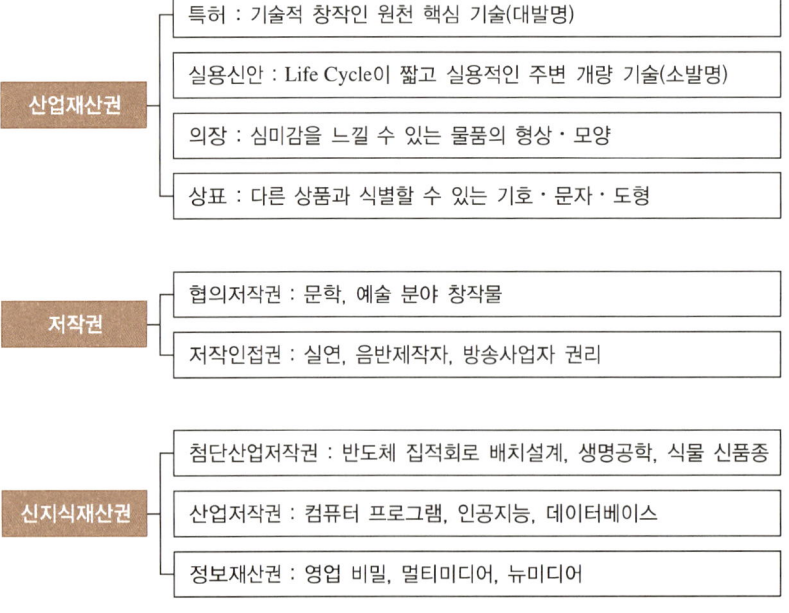

**산업재산권**
- 특허 : 기술적 창작인 원천 핵심 기술(대발명)
- 실용신안 : Life Cycle이 짧고 실용적인 주변 개량 기술(소발명)
- 의장 : 심미감을 느낄 수 있는 물품의 형상·모양
- 상표 : 다른 상품과 식별할 수 있는 기호·문자·도형

**저작권**
- 협의저작권 : 문학, 예술 분야 창작물
- 저작인접권 : 실연, 음반제작자, 방송사업자 권리

**신지식재산권**
- 첨단산업저작권 : 반도체 집적회로 배치설계, 생명공학, 식물 신품종
- 산업저작권 : 컴퓨터 프로그램, 인공지능, 데이터베이스
- 정보재산권 : 영업 비밀, 멀티미디어, 뉴미디어

**다음은 신지식재산권의 종류들이다. 명칭이 바르게 연결된 것은?**

> ㉠ 반도체 집적회로 배치설계권, 생명공학기술권
> ㉡ 컴퓨터 프로그램과 인공지능, 소프트웨어권
> ㉢ 영업비밀보호권, 데이터베이스권, 뉴미디어권, 소프트웨어권

① ㉠ 첨단산업재산권, ㉡ 산업저작권, ㉢ 정보재산권
② ㉠ 첨단산업재산권, ㉡ 정보재산권, ㉢ 산업저작권
③ ㉠ 산업저작권, ㉡ 정보재산권, ㉢ 첨단산업재산권
④ ㉠ 정보재산권, ㉡ 산업저작권, ㉢ 첨단산업재산권

㉠ 첨단산업재산권에는 반도체 집적회로 배치설계권, 생명공학기술권 등이 있다.
㉡ 산업저작권에는 컴퓨터 프로그램과 인공지능, 소프트웨어권 등이 있다.
㉢ 정보재산권에는 영업비밀보호권, 데이터베이스권, 뉴미디어권, 소프트웨어권 등이 있다.

정답 ①

③ 지식재산권의 특징

> • 국가 산업 발전 및 경쟁력을 결정짓는 산업자본이다.
> • 눈에 보이지 않는 무형의 재산이다.
> • 지식재산권을 활용한 다국적 기업화가 이루어지고 있다.
> • 연쇄적인 기술 개발을 촉진하는 계기를 마련하고 있다.
> • 타인에게 사용권을 설정하거나 권리 자체를 양도해 판매 수입 등을 얻을 수 있다.

**다음 중 지식재산권의 특징으로 옳지 않은 것은?**

① 물체가 아니고 실체가 없는 기술상품이다.
② 국가 산업 발전 및 경쟁력을 결정짓는 '산업자본'이다.
③ 지식재산권을 활용한 다국적 기업화가 이루어지고 있다.
④ 타인에게 사용권을 설정하거나 권리 자체를 양도할 수는 없다.

타인에게 실시 사용권을 설정하거나 권리 자체를 양도해 판매수입이나 로열티를 얻을 수 있다.

정답 ④

## (1) 기술적용

① 기술적용능력의 의의

직장생활에 필요한 기술을 실제로 적용하고 결과를 확인하는 능력을 말한다.

② 기술적용의 형태

| 기술을 그대로 적용 | • 시간과 비용의 절감<br>• 기술이 적합하지 않을 경우 실패할 가능성 높음 |
|---|---|
| 기술을 그대로 적용하되,<br>불필요한 기술은 버리고 적용 | • 시간과 비용의 절감, 프로세스의 효율성<br>• 버린 기술이 과연 불필요한가에 대한 문제 제기 |
| 기술을 분석하고 가공 | • 시간과 비용의 소요<br>• 업무 환경에 맞는 프로세스를 구축할 수 있음 |

〈 **핵심예제** 〉

**다음 중 기술을 적용할 때 가장 적절한 행동을 한 사람은?**

① 현진 : 항상 앞서가는 동료가 선택한 기술은 다 좋을 것이므로 따라서 선택한다.

② 재호 : 기술을 적용할 때 불필요한 부분이 있을 수 있지만 검증된 기술이라면 그대로 받아들인다.

③ 상기 : 지금 내가 하고 있는 기술이 가장 좋은 기술이기 때문에 다른 기술은 굳이 받아들일 필요가 없다.

④ 지헌 : 자신의 업무환경, 발전 가능성, 업무의 효율성 증가, 성과향상 등에 도움을 줄 수 있는 기술인지 판단해 선택한다.

아무리 앞선 기술이라고 할지라도 자신의 업무환경, 발전 가능성, 효용성 증가, 성과향상 등에 도움을 주지 못하면 좋은 기술이라고 할 수 없다. 선진 기술이라고 할지라도 반드시 자신이 활용할 수 있도록 개선해 활용해야 한다.

**정답** ④

③ 기술적용 시 고려사항

• 기술적용에 따른 비용이 많이 드는가?
• 기술의 수명주기는 어떻게 되는가?
• 기술의 전략적 중요도는 어떻게 되는가?
• 잠재적으로 응용 가능성이 있는가?

**다음 중 A회사가 기술적용 시 고려해야 할 사항으로 옳은 것을 〈보기〉에서 모두 고르면?**

A회사는 기계가공 제품을 생산한다. 최근 새로운 가공 기술이 개발되어 구입해 적용하고 싶지만, 소규모 주문자 맞춤형 제품 위주로 생산하는 관계로 신기술의 도입이 적절하지 않다고 판단했다. 또한 이 기술을 익숙하게 활용할 수 있도록 적응하는 데에도 일정한 시간이 요구되는데, 단기간에 기술이 진보하거나 변화할 것이라고 예상되고 있다.

**보기**

㉠ 비용
㉡ 수명주기
㉢ 전략적 중요도
㉣ 잠재적 응용 가능성

① ㉠, ㉡
② ㉠, ㉡, ㉢
③ ㉡, ㉢, ㉣
④ ㉠, ㉡, ㉢, ㉣

기술적용 시 고려할 사항에는 비용, 수명주기, 전략적 중요도, 잠재적 응용 가능성 등이 있다.

정답 ④

## (2) 기술경영

① 기술경영자의 일반적 요건

- 기술 개발이 결과 지향적으로 수행되도록 유도하는 능력
- 기술 개발 과제의 세부 사항까지 파악하는 치밀함
- 기술 개발 과제의 전 과정을 전체적으로 조망하는 능력

② 기술경영자에게 요구되는 행정능력

- 기술을 기업의 전반적인 전략 목표에 통합시키는 능력
- 새로운 기술을 습득하고 기존의 기술에서 탈피하는 능력
- 기술을 효과적으로 평가할 수 있는 능력
- 기술 이전을 효과적으로 할 수 있는 능력
- 새로운 제품 개발 시간을 단축할 수 있는 능력
- 서로 다른 분야에 걸쳐있는 프로젝트를 수행할 수 있는 능력
- 기술 전문 인력을 운용할 수 있는 능력

### (3) 네트워크 혁명과 융합기술

#### ① 네트워크 혁명의 의의

사람과 사람을 연결하는 방법, 정보를 교환하는 방법 등 대상 간의 연결 방법에 혁명적인 변화가 생기고 있는 현상을 말하며, 인터넷이 상용화된 1990년대 이후에 촉발되었다.

#### ② 네트워크 혁명의 특징

- 정보통신 네트워크의 전 지구성에 따라 네트워크 혁명도 전 지구적이다.
- 상호 영향이 보편화되면서 사회의 위험과 개인의 불안이 증가한다.
- '이타적 개인주의'라는 공동체 철학이 부각된다.

---

**《 핵심예제 》**

**다음 글의 밑줄 친 이러한 사회가 가능하게 된 이유는 무엇인가?**

이러한 사회에서는 '이타적 개인주의'라는 새로운 공동체 철학의 의미가 부각된다. 원자화된 개인주의나 협동을 배제한 경쟁만으로는 성공을 꿈꾸기 힘들기 때문이다. 기업과 기업 사이에, 개인과 공동체 사이에, 노동자와 기업가 사이에 새로운 창조적인 긴장 관계가 이루어지는 것이다.

① 산업 혁명                ② 자원 혁명

③ 민주화 혁명            ④ 네트워크 혁명

네트워크 혁명으로 인해 전 세계의 사람들과 나의 지식·활동이 연결되면서 지구 반대편에 있는 사람에게 미치는 영향의 범위와 정도가 증대되고, 반대로 지구 저쪽에서 내려진 결정이 내게 영향을 미칠 수 있는 가능성도 커졌다.

**정답** ④

---

#### ③ 네트워크 혁명의 3가지 법칙

| 무어의 법칙 | 컴퓨터의 파워가 18개월마다 2배씩 증가 |
|---|---|
| 메트칼프의 법칙 | 네트워크의 가치는 사용자 수의 제곱에 비례 |
| 카오의 법칙 | 창조성은 네트워크가 가진 다양성에 비례 |

**네트워크 혁명과 관련한 다음 용어와 그것에 해당하는 설명을 바르게 연결하시오.**

| | |
|---|---|
| ㉠ 무어의 법칙 | ⓐ 창조성은 네트워크에 접속되어 있는 다양한 지수함수로 비례한다는 법칙 |
| ㉡ 메트칼피의 법칙 | ⓑ 네트워크의 가치는 사용자 수의 제곱에 비례한다는 법칙 |
| ㉢ 카오의 법칙 | ⓒ 컴퓨터의 파워가 18개월마다 2배씩 증가한다는 법칙 |

정답 ㉠-ⓒ, ㉡-ⓑ, ㉢-ⓐ

④ 네트워크 혁명의 역기능

- 사례 : 디지털 격차(Digital Divide), 정보화에 따른 실업, 게임 중독, 반사회적 사이트 활성화, 정보기술을 이용한 감시
- 문제점 : 네트워크의 역기능과 순기능은 잘 분리되지 않아 해결책을 찾기 어려움
- 해결방안 : 법적−제도적 기반 구축, 사회 전반에 걸친 정보화 윤리의식 강화, 시스템 보안−관리 제품의 개발

⑤ 융합기술

- 나노기술(NT), 생명공학기술(BT), 정보기술(IT), 인지과학(CS)의 4대 핵심기술(NBIC)이 상호 의존적으로 결합되는 것을 의미
- NT, BT, IT 등의 신기술 간 또는 이들과 기존 산업·학문 간의 상승적인 결합을 통해 새로운 창조적 가치를 창출함으로써 미래 경제와 사회·문화의 변화를 주도하는 기술

## | 유형분석 |

- 업무수행에 필요한 기술의 개념 및 원리, 관련 용어에 대한 문제가 자주 출제된다.
- 기술 시스템의 개념과 발전 단계에 대한 문제가 출제되므로 각 단계의 순서와 그에 따른 특징을 숙지하여야 하며, 단계별로 요구되는 핵심 역할이 다름에 유의한다.

## 다음 글을 읽고 이해한 내용으로 가장 적절한 것은?

최근 환경오염의 주범이었던 화학회사들이 환경 보호 정책을 표방하고 나섰다. 기업의 분위기가 변하면서 대학의 엔지니어뿐만 아니라 기업에 고용된 엔지니어들도 점차 대체기술, 환경기술, 녹색 디자인 등을 추구하는 방향으로 전환해 가고 있는 것이다.

또한, 최근 각광받고 있는 3R의 구호[줄이고(Reduce), 재사용하고(Reuse), 재처리하자(Recycle)]는 엔지니어들로 하여금 미래 사회를 위한 자신들의 역할에 대해 방향을 제시해 주고 있다.

① 개발이라는 이름으로 행해지는 개발독재의 사례로 볼 수 있어.
② 자연과학기술에 대한 연구개발의 사례로 적절하구나.
③ 균형과 조화를 위한 지속가능한 개발의 사례로 볼 수 있어.
④ 기술이나 자금을 위한 개발수입의 사례인 것 같아.
⑤ 기업의 생산능률을 위한 조직개발의 사례로 볼 수 있겠구나.

**정답** ③

기술 발전에 있어 환경 보호를 추구하는 점을 볼 때, 지속가능한 개발의 사례로 볼 수 있다. 지속가능한 개발은 경제 발전과 환경 보전의 양립을 위하여 새롭게 등장한 개념으로 볼 수 있으며, 미래세대가 그들의 필요를 충족시킬 수 있는 가능성을 손상시키지 않는 범위에서 현재 세대의 필요를 충족시키는 개발인 것이다.

**오답분석**

① 개발독재 : 개발도상국에서 개발이라는 이름으로 행해지는 정치적 독재를 말한다.
② 연구개발 : 자연과학기술에 대한 새로운 지식이나 원리를 탐색하고 해명해서 그 성과를 실용화하는 일을 말한다.
④ 개발수입 : 기술이나 자금을 제3국에 제공하여 미개발자원 등을 개발하거나 제품화하여 수입하는 것을 말한다.
⑤ 조직개발 : 기업이 생산능률을 높이기 위하여 기업조직을 개혁하는 일을 말한다.

**풀이 전략!**

문제에 제시된 내용만으로는 풀이가 어려울 수 있으므로, 사전에 관련 기술 이론을 숙지하고 있어야 한다. 자주 출제되는 개념을 확실하게 암기하여 빠르게 문제를 풀 수 있도록 하는 것이 좋다.

**01** 다음 중 기술의 특징으로 옳지 않은 것은?

① 하드웨어나 인간에 의해 만들어진 비자연적인 대상, 혹은 그 이상을 의미한다.

② 기술을 설계하고, 생산하고 사용하기 위해 Know-why가 필요하다.

③ 기술은 하드웨어를 생산하는 과정이다.

④ 기술은 정의 가능한 문제를 해결하기 위해 순서화되고 이해가 가능한 노력이다.

⑤ 기술은 인간의 능력을 확장시키기 위한 하드웨어와 그것의 활용을 뜻한다.

**02** 다음 중 노하우(Know-How)와 노와이(Know-Why)에 대한 설명으로 옳은 것은?

① 노와이는 과학자, 엔지니어 등이 가지고 있는 체화된 기술이다.

② 노하우는 이론적인 지식으로서 과학적인 탐구에 의해 얻어진다.

③ 노하우는 Technique 혹은 Art라고도 부른다.

④ 기술은 원래 노와이의 개념이 강했으나, 시간이 지나면서 노와이와 노하우가 결합하게 되었다.

⑤ 노와이는 기술을 설계하고, 생산하고, 사용하기 위해 필요한 정보, 기술, 절차 등을 갖는 데 필요하다.

**03** 다음 중 상향식 기술선택과 하향식 기술선택에 대한 설명으로 옳지 않은 것은?

① 상향식 기술선택은 연구자나 엔지니어들이 자율적으로 기술을 선택한다.

② 상향식 기술선택은 기술 개발자들의 창의적인 아이니어를 활용할 수 있나.

③ 상향식 기술선택은 기업 간 경쟁에서 승리할 수 없는 기술이 선택될 수 있다.

④ 하향식 기술선택은 단기적인 목표를 설정하고 달성하기 위해 노력한다.

⑤ 하향식 기술선택은 기업이 획득해야 하는 대상 기술과 목표 기술 수준을 결정한다.

**04** 다음은 기술선택을 위한 절차를 나타내는 도표이다. 밑줄 친 (A) ~ (E)에 대한 행동으로 옳은 것은?

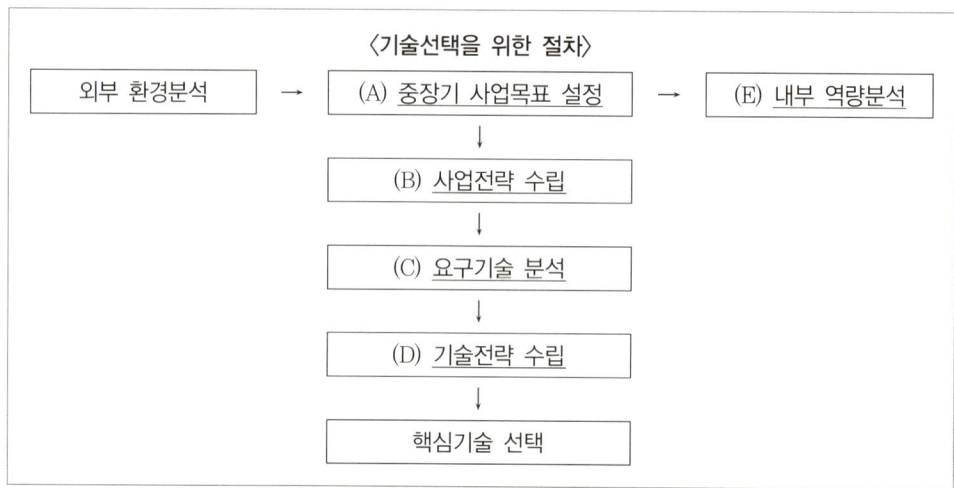

① (A) : 기술획득 방법 결정
② (B) : 사업 영역 결정, 경쟁 우위 확보 방안 수립
③ (C) : 기업의 장기비전, 매출목표 및 이익목표 설정
④ (D) : 기술능력, 생산능력, 마케팅 / 영업능력, 재무능력 등 분석
⑤ (E) : 제품 설계 / 디자인 기술, 제품 생산 공정, 원재료 / 부품 제조기술 분석


**05** 다음은 벤치마킹을 수행 방식에 따라 분류한 자료이다. 빈칸 (A) ~ (E)에 들어갈 내용으로 옳지 않은 것은?

〈벤치마킹의 수행 방식에 따른 분류〉

| 구분 | 직접적 벤치마킹 | 간접적 벤치마킹 |
|---|---|---|
| 정의 | • 벤치마킹 대상을 직접 방문하여 조사·분석하는 방법 | • 벤치마킹 대상을 인터넷 및 문서형태의 자료 등을 통해서 간접적으로 조사·분석하는 방법 |
| 장점 | • 필요로 하는 정확한 자료의 입수 및 조사가 가능하다.<br>• _____ (A) | • 벤치마킹 대상의 수에 제한이 없고 다양하다.<br>• _____ (C) |
| 단점 | • 벤치마킹 수행과 관련된 비용 및 시간이 많이 소요된다.<br>• _____ (B) | • _____ (D)<br>• _____ (E) |

① (A) : 벤치마킹의 이후에도 계속적으로 자료의 입수 및 조사가 가능하다.
② (B) : 벤치마킹 결과가 피상적일 수 있다.
③ (C) : 비용과 시간을 상대적으로 많이 절감할 수 있다.
④ (D) : 핵심자료의 수집이 상대적으로 어렵다.
⑤ (E) : 정확한 자료 확보가 어렵다.

**06** 다음 글에 나타난 산업 재해의 원인으로 가장 적절한 것은?

원유저장탱크에서 탱크 동체 하부에 설치된 믹서 임펠러의 날개깃이 파손됨에 따라 과진동(과하중)이 발생하여 믹서의 지지부분(볼트)이 파손되어 축이 이탈되면서 생긴 구멍으로 탱크 내부의 원유가 대량으로 유출되었다. 분석에 따르면 임펠러 날개깃의 파손이 피로 현상에 의해 발생되어 표면에 응력집중을 일으킬 수 있는 결함이 존재하였을 가능성이 높다고 한다.

① 교육적 원인　　　　　　　　　　② 기술적 원인
③ 고의적인 악행　　　　　　　　　　④ 불안전한 행동
⑤ 작업 관리상 원인

PART 2

**07** 다음 글에 나타난 산업 재해의 원인으로 적절하지 않은 것은?

전선 제조 사업장에서 고장난 변압기 교체를 위해 K전력 작업자가 변전실에서 작업을 준비하던 중 특고압 배전반 내 충전부 COS 1차 홀더에 접촉 감전되어 치료 도중 사망하였다. 증언에 따르면 변전실 TR-5 패널의 내부는 협소하고, 피재해자의 키에 비하여 경첩의 높이가 높아 문턱 위에 서서 불안전한 작업자세로 작업을 실시하였다고 한다. 또한 피재해자는 전기 관련 자격이 없었으며, 복장은 일반 안전화, 면장갑, 패딩점퍼를 착용한 상태였다.

① 기술적 원인　　　　　　　　　　② 불안전한 상태
③ 불안전한 행동　　　　　　　　　　④ 작업 관리상 원인
⑤ 작업 준비 불충분

| 유형분석 |

- 주어진 자료를 해석하고 기술을 적용하여 풀이가는 문제이다.
- 자료 등을 읽고 제시된 문제 상황에 적절한 해결 방법을 찾는 문제가 자주 출제된다.
- 지문의 길이가 길고 복잡하므로, 문제에서 요구하는 정보를 놓치지 않도록 주의해야 한다.

B사원은 최근 ○○전자제품회사의 빔프로젝터를 구입하였으며, 빔프로젝터 고장 신고 전 확인사항 자료를 확인하였다. 다음 중 빔프로젝터의 증상과 그에 따른 확인 및 조치사항으로 옳은 것은?

〈빔프로젝터 고장 신고 전 확인사항〉

| 구분 | 증상 | 확인 및 조치사항 |
|------|------|------------------|
| 설치 및 연결 | 전원이 들어오지 않음 | • 제품 배터리의 충전 상태를 확인하세요.<br>• 만약 그래도 제품이 전혀 동작하지 않는다면 제품 옆면의 'Reset' 버튼을 1초간 누르시기 바랍니다. |
| | 전원이 자동으로 꺼짐 | • 본 제품은 약 20시간 지속 사용 시 제품의 시스템 보호를 위해 전원이 자동 차단될 수 있습니다. |
| | 외부기기가 선택되지 않음 | • 외부기기 연결선이 신호 단자에 맞게 연결되었는지 확인하고, 연결 상태를 점검해주시기 바랍니다. |
| 메뉴 및 리모컨 | 리모컨이 동작하지 않음 | • 리모컨의 건전지 상태 및 건전지가 권장 사이즈에 부합하는지 확인해 주세요.<br>• 리모컨 각도와 거리가(10m 이하) 적당한지, 제품과 리모컨 사이에 장애물이 없는지 확인해 주세요. |
| | 메뉴가 선택되지 않음 | • 메뉴의 글자가 회색으로 나와 있지 않은지 확인해 주세요. 회색의 글자 메뉴는 선택되지 않습니다. |
| 화면 및 소리 | 영상이 희미함 | • 리모컨 메뉴창의 초점 조절 기능을 이용하여 초점을 조절해 주세요.<br>• 투사거리가 초점에서 너무 가깝거나 멀리 떨어져 있지 않은지 확인해 주세요(권장거리 1 ~ 3m). |
| | 제품에서 이상한 소리가 남 | • 이상한 소리가 계속해서 발생할 경우 사용을 중지하고 서비스 센터로 문의해 주시기 바랍니다. |
| | 화면이 안 나옴 | • 제품 배터리의 충전 상태를 확인해 주세요.<br>• 본체의 발열이 심할 경우 화면이 나오지 않을 수 있습니다. |
| | 화면에 줄, 잔상, 경계선 등이 나타남 | • 일정 시간 정지된 영상을 지속적으로 표시하면 부분적으로 잔상이 발생합니다.<br>• 영상의 상·하·좌·우의 경계선이 고정되어 있거나 빛의 투과량이 서로 상이한 영상을 장시간 시청 시 경계선에 자국이 발생할 수 있습니다. |

① 영화를 보는 중에 갑자기 전원이 꺼진 것은 본체의 발열이 심해서 그런 것이므로 약 20시간 동안 사용을 중지하였다.

② 메뉴가 선택되지 않아 외부기기와 연결선이 제대로 연결되었는지 확인하였다.

③ 일주일째 이상한 소리가 나 제품 배터리가 충분히 충전된 상태인지 살펴보았다.

④ 언젠가부터 화면에 잔상이 나타나 제품과 리모콘 배터리의 충전 상태를 확인하였다.

⑤ 영상이 너무 희미해 초점과 투사거리를 확인하여 조절하였다.

**정답** ⑤

영상이 희미한 경우 리모컨 메뉴창의 초점 조절 기능을 이용하여 초점을 조절하거나, 투사거리가 초점에서 너무 가깝거나 멀리 떨어져있지 않은지 확인해야 한다.

**오답분석**

① 전원이 자동으로 꺼지는 것은 제품을 20시간 지속 사용하여 전원이 자동 차단된 것으로 확인할 수 있다. 발열이 심한 경우는 화면이 나오지 않는 문제의 원인이다.

② 메뉴가 선택되지 않을 때는 메뉴의 글자가 회색으로 나와 있지 않은지 확인해야 한다. 외부기기 연결 상태 확인은 외부기기가 선택되지 않을 때의 조치사항이다.

③ 이상한 소리가 계속해서 날 경우 사용을 중지하고 서비스 센터로 문의해야 한다.

④ 화면 잔상은 일정 시간 정지된 영상을 지속적으로 표시하면 나타날 수 있다. 제품 및 리모컨의 배터리 충전 상태와는 무관하다.

**풀이 전략!**

문제에 제시된 자료 중 필요한 정보를 빠르게 파악하는 것이 중요하다. 질문을 먼저 읽고 문제 상황을 파악한 뒤 제시된 선택지를 하나씩 소거하며 문제를 푸는 것이 좋다.

※ 다음은 제습기 사용과 보증기간에 대한 설명이다. 이어지는 질문에 답하시오. **[1~2]**

### 〈사용 전 알아두기〉

• 제습기의 적정 사용온도는 $18 \sim 35℃$입니다.
 − $18℃$ 미만에서는 냉각기에 결빙이 시작되어 제습량이 줄어들 수 있습니다.
• 제습 운전 중에는 컴프레서 작동으로 실내 온도가 올라갈 수 있습니다.
• 설정한 희망 습도에 도달하면 운전을 멈추고 실내 습도가 높아지면 자동 운전을 다시 시작합니다.
• 물통이 가득 찰 경우 제습기 작동이 멈춥니다.
• 안전을 위하여 제습기 물통에 다른 물건을 넣지 마십시오.
• 제습기가 작동하지 않거나 아무 이유 없이 작동을 멈추는 경우 다음 사항을 확인하세요.
 − 전원플러그가 제대로 끼워져 있는지 확인하십시오.
 − 위의 사항이 정상인 경우, 전원을 끄고 10분 정도 경과 후 다시 전원을 켜세요.
 − 여전히 작동이 안 되는 경우, 판매점 또는 서비스 센터에 연락하시기 바랍니다.
• 현재 온도 / 습도는 설치장소 및 주위 환경에 따라 실제와 차이가 있을 수 있습니다.

### 〈보증기간 안내〉

• 품목별 소비자 피해 보상규정에 의거 아래와 같이 제품에 대한 보증을 실시합니다.
• 보증기간 산정 기준
 − 제품 보증기간이라 함은 제조사 또는 제품 판매자가 소비자에게 정상적인 상태에서 자연 발생한 품질 성능 기능 하자에 대하여 무료 수리해 주겠다고 약속한 기간을 말합니다.
 − 제품 보증기간은 구입일자를 기준으로 산정하며 구입일자의 확인은 제품보증서를 기준으로 합니다. 단, 보증서가 없는 경우는 제조일(제조번호, 검사필증)로부터 3개월이 경과한 날부터 보증기간을 계산합니다.
 − 중고품(전파상 구입, 모조품) 구입 시 보증기간은 적용되지 않으며 수리 불가의 경우 피해보상을 책임지지 않습니다.
• 당사와의 계약을 통해 납품되는 제품의 보증은 그 계약내용을 기준으로 합니다.
• 제습기 보증기간은 일반제품으로 1년으로 합니다.
 − 2017년 1월 이전 구입분은 2년 적용

### 〈제습기 부품 보증기간〉

• 인버터 컴프레서(2016년 1월 이후 생산 제품) : 10년
• 컴프레서(2018년 1월 이후 생산 제품) : 4년
• 인버터 컴프레서에 한해서 5년 차부터 부품대만 무상 적용함

**01** 제습기 구매자가 사용 전 알아두기에 대한 설명을 읽고 나서 제습기를 사용했다. 다음 중 구매자가 서비스센터에 연락해야 할 작동 이상에 해당하는 것은?

① 실내 온노가 17℃일 때 제습량이 줄어들었다.

② 제습기 사용 후 실내 온도가 올라갔다.

③ 물통에 물이 $\frac{1}{2}$ 정도 들어있을 때 작동이 멈췄다.

④ 제습기가 갑자기 작동되지 않아 잠시 10분 꺼두었다가 다시 켰더니 작동하였다.

⑤ 희망 습도에 도달하니 운전을 멈추었다.

**02** 보증기간 안내 및 제습기 부품 보증기간을 참고할 때, 제습기 사용자가 이해한 내용으로 옳지 않은 것은?

① 제품 보증서가 없는 경우, 영수증에 찍힌 구입한 날짜부터 보증기간을 계산한다.

② 보증기간 무료 수리는 정상적인 상태에서 자연 발생한 품질 성능 기능 하자가 있을 때이다.

③ 제습기 보증기간은 구입일로부터 1년이다.

④ 2017년도 이전에 구입한 제습기는 보증기간이 2년 적용된다.

⑤ 2016년도에 생산된 인버터 컴프레서는 10년이 보증기간이다.

**03** A정보통신회사에 입사한 K씨는 시스템 모니터링 및 관리 업무를 담당하게 되었다. 다음 자료를 참고할 때, 〈보기〉의 빈칸에 들어갈 코드로 옳은 것은?

다음 모니터에 나타나는 정보를 이해하고 시스템 상태를 판독하여 적절한 코드를 입력하는 방식을 파악하시오.

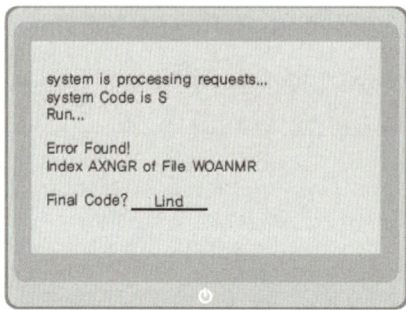

```
system is processing requests...
system Code is S
Run...

Error Found!
Index AXNGR of File WOANMR

Final Code?   Lind
```

| 항목 | 세부사항 |
|---|---|
| Index ◇◇◇ of File ◇◇◇ | • 오류 문자 : Index 뒤에 나타나는 문자<br>• 오류 발생 위치 : File 뒤에 나타나는 문자 |
| Error Value | • 오류 문자와 오류 발생 위치를 의미하는 문자에 사용된 알파벳을 비교하여 일치하는 알파벳의 개수를 확인 |
| Final Code | • Error Value를 통하여 시스템 상태 판단 |

| 판단 기준 | Final Code |
|---|---|
| 일치하는 알파벳의 개수=0 | Svem |
| 0<일치하는 알파벳의 개수≤1 | Atur |
| 1<일치하는 알파벳의 개수≤3 | Lind |
| 3<일치하는 알파벳의 개수≤5 | Nugre |
| 일치하는 알파벳의 개수>5 | Qutom |

**보기**

```
system is processing requests...
system Code is S
Run...

Error Found!
Index SOPENTY of File ATONEMP

Final Code?_____
```

① Svem　　　　　　② Atur

③ Lind　　　　　　④ Nugre

⑤ Qutom

**04** 기술개발팀에서 근무하는 A씨는 차세대 로봇에 사용할 주행 알고리즘을 개발하고 있다. 다음 주행 알고리즘과 예시를 참고하였을 때, 로봇의 이동 경로로 옳은 것은?

〈주행 알고리즘〉

회전과 전진만이 가능한 로봇이 미로에서 목적지까지 길을 찾아가도록 구성하였다. 미로는 (4단위)× (4단위)의 정방형 단위구역(Cell) 16개로 구성되며 미로 중앙부에는 1단위구역 크기의 도착지점이 있다. 도착지점에 이르기 전 로봇은 각 단위구역과 단위구역 사이를 이동할 때 벽의 유무를 탐지하여 벽이 없음이 감지되는 방향으로 주행한다. 로봇은 주명령을 수행하고, 이에 따라 주행할 수 없을 때만 보조명령을 따른다.

- 주명령 : 현재 단위구역(Cell)에서 로봇은 왼쪽, 앞쪽, 오른쪽 순서로 벽의 유무를 탐지하여 벽이 없음이 감지되는 방향의 단위구역을 과거에 주행한 기록이 없다면 해당 방향으로 한 단위구역만큼 주행한다.
- 보조명령 : 현재 단위구역에서 로봇이 왼쪽, 앞쪽, 오른쪽, 뒤쪽 순서로 벽의 유무를 탐지하여 벽이 없음이 감지되는 방향의 단위구역에 벽이 없음이 감지되는 방향과 반대 방향의 주행기록이 있을 때만, 로봇은 그 방향으로 한 단위구역만큼 주행한다.

〈예시〉

로봇이 A → B → C → B → A로 이동한다고 가정할 때, A에서 C로의 이동은 주명령에 의한 것이고 C에서 A로의 이동은 보조명령에 의한 것이다.

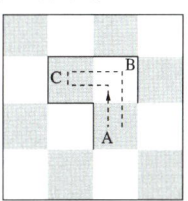

①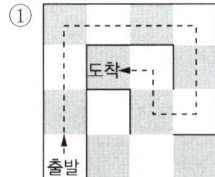

②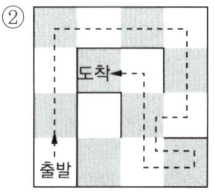

③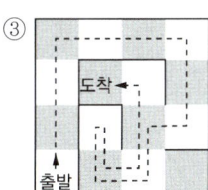

④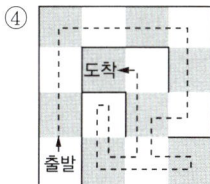

⑤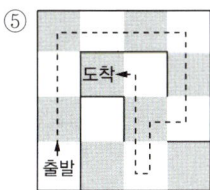

※ A회사에서는 화장실의 청결을 위해 비데를 구매하고 화장실과 가까운 곳에 위치한 귀하에게 비데를 설치하도록 지시하였다. 다음은 비데를 설치하기 위해 참고할 제품 설명서의 일부이다. 이어지는 질문에 답하시오. [5~6]

---

### 〈설치방법〉

1) 비데 본체의 변좌와 변기의 앞면이 일치되도록 전후로 고정하십시오.
2) 비데용 급수호스를 정수필터와 비데 본체에 연결한 후 급수밸브를 열어 주십시오.
3) 전원을 연결하십시오(반드시 전용 콘센트를 사용하십시오).
4) 비데가 작동하는 소리가 들린다면 설치가 완료된 것입니다.

### 〈주의사항〉

• 전원은 반드시 AC220V에 연결하십시오(반드시 전용 콘센트를 사용하십시오).
• 변좌에 걸터앉지 말고 항상 중앙에 앉고, 변좌 위에 어떠한 것도 놓지 마십시오(착좌센서가 동작하지 않을 수도 있습니다).
• 정기적으로 수도필터와 정수필터를 청소 또는 교환해 주십시오.
• 급수밸브를 꼭 열어 주십시오.

### 〈A/S 신청 전 확인사항〉

| 구분 | 원인 | 조치방법 |
|---|---|---|
| 물이 나오지 않을 경우 | 급수밸브가 잠김 | 매뉴얼을 참고하여 급수밸브를 열어 주세요. |
| | 정수필터가 막힘 | 매뉴얼을 참고하여 정수필터를 교체해 주세요(A/S상담실로 문의하세요). |
| | 본체 급수호스 등이 동결 | 더운물에 적신 천으로 급수호스 등의 동결부위를 녹여 주세요. |
| 기능 작동이 되지 않을 경우 | 수도필터가 막힘 | 흐르는 물에 수도필터를 닦아 주세요. |
| | 착좌센서 오류 | 착좌센서에서 의류, 물방울, 이물질 등을 치워 주세요. |
| 수압이 약할 경우 | 수도필터에 이물질이 낌 | 흐르는 물에 수도필터를 닦아 주세요. |
| | 본체의 호스가 꺾임 | 호스의 꺾인 부분을 펴 주세요. |
| 노즐이 나오지 않을 경우 | 착좌센서 오류 | 착좌센서에서 의류, 물방울, 이물질을 치워 주세요. |
| 본체가 흔들릴 경우 | 고정 볼트가 느슨해짐 | 고정 볼트를 다시 조여 주세요. |
| 비데가 작동하지 않을 경우 | 급수밸브가 잠김 | 매뉴얼을 참고하여 급수밸브를 열어 주세요. |
| | 급수호스의 연결문제 | 급수호스의 연결 상태를 확인해 주세요. 계속 작동하지 않는다면 A/S상담실로 문의하세요. |
| 변기의 물이 샐 경우 | 급수호스가 느슨해짐 | 급수호스 연결부분을 조여 주세요. 계속 샐 경우 급수밸브를 잠근 후 A/S상담실로 문의하세요. |

**05** 귀하는 지시에 따라 비데를 설치하였다. 일주일이 지난 뒤, 동료 K사원으로부터 기능 작동이 되지 않는다는 사실을 접수하였다. 다음 중 귀하가 해당 문제점에 대한 원인을 파악하기 위해 확인해야 할 사항으로 가장 적절한 것은?

① 급수밸브의 잠김 여부
② 수도필터의 청결 상태
③ 정수필터의 청결 상태
④ 급수밸브의 연결 상태
⑤ 비데의 고정 여부

PART 2

**06** 05번 문제에서 확인한 사항이 추가로 다른 문제를 일으킬 수 있는지 미리 점검하고자 할 때, 다음 중 가장 적절한 행동은?

① 수압이 약해졌는지 확인한다.
② 물이 나오지 않는지 확인한다.
③ 본체가 흔들리는지 확인한다.
④ 노즐이 나오지 않는지 확인한다.
⑤ 변기의 물이 새는지 확인한다.

# CHAPTER 07
# 조직이해능력

조직이해능력은 업무를 원활하게 수행하기 위해 조직의 체제와 경영을 이해하고 국제적인 추세를 이해하는 능력이다. 현재 많은 공사·공단에서 출제 비중을 높이고 있는 영역이기 때문에 미리 대비하는 것이 중요하다. 실제 업무 능력에서 조직이해능력을 요구하기 때문에 중요도는 점점 높아 질 것이다.

세부 유형은 조직 체제 이해, 경영 이해, 업무 이해, 국제 감각으로 나눌 수 있다. 조직도를 제시하는 문제가 출제되거나 조직의 체계를 파악해 경영의 방향성을 예측하고, 업무의 우선순위를 파악하는 문제가 출제된다.

## 01 문제 속에 정답이 있다!

경력이 없는 경우 조직에 대한 이해가 낮을 수밖에 없다. 그러나 문제 자체가 실무적인 내용을 담고 있어도 문제 안에는 해결의 단서가 주어진다. 부담을 갖지 않고 접근하는 것이 중요하다.

## 02 경영·경제학원론 정도의 수준은 갖추도록 하라!

지원한 직군마다 차이는 있을 수 있으나, 경영·경제이론을 접목시킨 문제가 꾸준히 출제되고 있다. 따라서 기본적인 경영·경제이론은 익혀 둘 필요가 있다.

## 03 지원하는 공사·공단의 조직도를 파악하라!

출제되는 문제는 각 공사·공단의 세부내용일 경우가 많기 때문에 지원하는 공사·공단의 조직도를 파악해 두어야 한다. 조직이 운영되는 방법과 전략을 이해하고, 조직을 구성하는 체제를 파악하고 간다면 조직이해능력에서 조직도가 나올 때 단기간에 문제를 풀 수 있을 것이다.

## 04 실제 업무에서도 요구되므로 이론을 익혀라!

각 공사·공단의 직무 특성상 일부 영역에 중요도가 가중되는 경우가 있어서 많은 취업준비생들이 일부 영역에만 집중하지만, 실제 업무 능력에서 직업기초능력 10개 영역이 골고루 요구되는 경우가 많고, 현재는 필기시험에서도 조직이해능력을 출제하는 기관의 비중이 늘어나고 있기 때문에 미리 이론을 익혀 둔다면 모듈형 문제에서 고득점을 노릴 수 있다.

01 조직이해능력

## 1. 조직이란?

**(1) 조직의 개념과 조직이해의 필요성**

① 조직의 의미

ㄱ 조직 : 두 사람 이상이 공동의 목표를 달성하기 위해 의식적으로 구성되며 상호작용과 조정을 행하는 행동의 집합체

ㄴ 조직은 목적을 가지고 있고, 구조가 있으며, 목적을 달성하기 위해 구성원들은 서로 협동적인 노력을 하고, 외부 환경과 긴밀한 관계를 이룸

ㄷ 조직의 경제적 기능 : 재화나 서비스를 생산함

ㄹ 조직의 사회적 기능 : 조직구성원들에게 만족감을 주고 협동을 지속시킴

〈핵심예제〉

**조직의 정의에 대한 다음 글에서 알 수 있는 조직의 사례로 적절하지 않은 것은?**

> 조직은 두 사람 이상이 공동의 목표를 달성하기 위해 의식적으로 구성된 상호작용과 조정을 행하는 행동의 집합체이다. 그러나 단순히 사람들이 모였다고 해서 조직이라고 하지는 않는다. 조직은 목적을 가지고 있고, 구조가 있으며, 목적을 달성하기 위해 구성원들은 서로 협동적인 노력을 하고, 외부 환경과도 긴밀한 관계를 이루고 있다. 조직은 일반적으로 재화나 서비스의 생산이라는 경제적 기능과 조직구성원들에게 만족감을 주고 협동을 지속시키는 사회적 기능을 갖는다.

① 편의점을 운영 중인 가족

② 백화점에 모여 있는 직원과 고객

③ 다문화 가정을 돕고 있는 종교단체

④ 병원에서 일하고 있는 의사와 간호사

백화점에 모여 있는 직원과 고객은 조직의 특징인 조직의 목적과 구조가 없고, 목적을 위해 서로 협동하는 모습도 볼 수 없으므로 조직의 사례로 적절하지 않다.

정답 ②

② 기업이란?
  ㉠ 직장생활을 하는 대표적인 조직으로, 노동·자본·물자·기술 등을 투입해 제품·서비스를 산출하는 기관
  ㉡ 최소의 비용으로 최대의 효과를 얻음으로써 차액인 이윤을 극대화하기 위해 만들어진 조직
  ㉢ 고객에게 보다 좋은 상품과 서비스를 제공하고 잠재적 고객에게 마케팅을 하며 고객을 만족시키는 주체
③ 조직이해능력은 왜 필요한가?
  ㉠ 조직이해능력 : 직업인이 자신이 속한 조직의 경영과 체제를 이해하고, 직장생활과 관련된 국제 감각을 가지는 능력
  ㉡ 조직의 구성원이 개인의 업무 성과를 높이고 조직 전체의 경영 효과를 높이려면 개개인과 긍정적인 인간관계를 갖는 것뿐만 아니라 조직의 체제와 경영 원리를 이해하는 것이 중요함

◀◀ 핵심예제 ▶▶

**다음 중 조직이해능력이 필요한 이유로 적절하지 않은 것은?**

① 조직과 개인은 영향을 주고받는 관계이기 때문이다.
② 조직이 정해준 범위 내에서 업무를 효과적으로 수행하기 위해서이다.
③ 구성원 간의 정보를 공유하고 하나의 조직 목적을 달성하기 위해서이다.
④ 조직구성원을 아는 것이 조직의 실체를 완전히 이해하는 것이기 때문이다.

개개인을 안다고 조직의 실체를 완전히 알 수 있는 것은 아니다. 구성원들을 연결하는 조직의 목적, 구조, 환경 등을 알아야 조직을 제대로 이해할 수 있기 때문에 조직이해능력이 필요하다.

정답 ④

④ 조직의 유형
  ㉠ 공식성에 따른 분류 : 비공식조직으로부터 공식화가 진행되어 공식조직으로 발전되지만, 공식조직 내에서 인간관계를 지향하면서 비공식조직이 새롭게 생성되기도 함
    • 공식조직 : 조직의 구조, 기능, 규정 등이 조직화되어 있는 조직
    • 비공식조직 : 개인들의 협동과 상호작용(자발적인 인간관계)에 따라 형성된 자발적인 집단 조직
  ㉡ 영리성에 따른 분류
    • 영리조직 : 기업과 같이 이윤을 목적으로 하는 조직
    • 비영리조직 : 정부조직을 비롯해 공익을 추구하는 병원, 대학, 시민단체
  ㉢ 조직 규모에 따른 분류
    • 소규모조직 : 가족 소유의 상점처럼 규모가 작은 조직
    • 대규모조직 : 대기업처럼 규모가 큰 조직이며, 최근에는 동시에 둘 이상의 국가에서 법인을 등록하고 경영 활동을 벌이는 다국적 기업이 증가함

**조직의 유형에 대한 다음 설명이 맞으면 ○를, 틀리면 ×를 표시하시오.**

㉠ 기업은 대표적인 영리조직이다. ( )

㉡ 병원, 대학은 비영리조직에 해당한다. ( )

㉢ 최근 다국적 기업과 같은 대규모조직이 증가하고 있다. ( )

㉣ 공식조직 내에서 비공식조직들이 새롭게 생성되기도 한다. ( )

㉤ 공직이 발달해 온 역사를 보면 공식조직에서 자유로운 비공식조직으로 발전해 왔다. ( )

---

**오답분석**

㉤ 조직의 유형은 공식성, 영리성, 조직의 규모에 따라 구분할 수 있다. 공식성 정도에 따라 공식조직과 비공식조직으로 나뉜다. 조직이 발달해 온 역사를 보면 비공식조직으로부터 공식화가 진행되어 공식조직으로 발전해 왔다.

**정답** ㉠ - ○, ㉡ - ○, ㉢ - ○, ㉣ - ○, ㉤ - ×

---

## (2) 조직 체제의 구성

① 조직은 하나의 체제(System)이며, 체제는 특정한 방식이나 양식으로 서로 결합된 부분들의 총체를 의미한다.

② 체제(System)의 구성

  ㉠ 인풋(Input) : 시스템에 유입되는 것

  ㉡ 업무 프로세스(Process) : 시스템의 연결망, 즉 조직의 구조를 통해서 인풋이 아웃풋으로 전환되는 과정

  ㉢ 아웃풋(Output) : 업무 프로세스를 통해 창출된 시스템의 결과물

③ 조직 체제의 구성 요소

  ㉠ 조직의 목표

    • 조직이 달성하려는 장래의 상태로, 조직이 존재하는 정당성·합법성을 제공

    • 전체 조직의 성과, 자원, 시장, 인력 개발, 혁신과 변화, 생산성에 대한 목표를 포함

  ㉡ 조직의 구조 : 조직 내의 부문 사이에 형성된 관계로, 조직의 목표 달성을 위한 조직구성원들의 상호작용을 보여줌

    • 조직의 구조는 의사결정권의 집중 정도, 명령 계통, 최고경영자의 통제, 규칙과 규제의 정도에 따라 달라짐

    • 조직의 구조는 기계적 조직과 유기적 조직으로 구분

      - 기계적 조직 : 구성원들의 업무나 권한이 분명하게 정의된 조직

      - 유기적 조직 : 의사결정권이 하부 구성원들에게 많이 위임되고 업무가 고정적이지 않은 조직

    • 조직도는 구성원들의 임무, 수행하는 과업, 일하는 장소 등을 파악하는 데 용이함

  ㉢ 업무 프로세스 : 조직에 유입된 인풋 요소들이 최종 산출물로 만들어지기까지 구성원 간의 업무 흐름이 어떻게 연결되는지를 보여주는 것

**조직의 체제를 구성하는 요소에 대한 다음 설명이 맞으면 ○를, 틀리면 ✕를 표시하시오.**

㉠ 조직의 목표는 조직이 달성하려는 장래의 상태이다. ( )

㉡ 조직의 규칙과 규정은 조직구성원들의 행동 범위를 정하고 일관성을 부여하는 역할을 한다.

( )

㉢ 조직의 구조는 조직 내의 부문 사이에 형성된 관계로, 조직구성원들의 공유된 생활양식이나 가치이다. ( )

㉣ 조직도는 조직 내적인 구조뿐만 아니라 구성원들의 임무, 수행 과업, 일하는 장소들을 알아보는데 유용하다. ( )

오답분석
㉢ 조직구성원들의 공유된 생활양식이나 가치를 뜻하는 것은 조직문화이다.
㉣ 조직도로는 조직 내적인 구조를 파악할 수 없다.

정답 ㉠ - ○, ㉡ - ○, ㉢ - ✕, ㉣ - ✕

㉣ 조직문화 : 조직이 지속되게 되면 조직구성원들이 생활양식이나 가치를 공유하게 되는 것
 • 조직문화는 조직구성원들의 사고・행동에 영향을 주며, 일체감・정체성을 부여하고 조직이 안정적으로 유지되게 함
 • 최근 조직문화를 긍정적인 방향으로 조성하기 위한 경영층의 노력이 강조되고 있음
㉤ 조직의 규칙과 규정
 • 조직의 목표나 전략에 따라 수립되어 조직구성원들이 활동 범위를 제약하고 일관성을 부여함
 • 조직이 구성원들의 행동을 관리하기 위해 규칙・절차에 의존하므로 공식화 정도에 따라 조직의 구조가 결정되기도 함

**다음 글의 빈칸에 공통으로 들어갈 용어는?**

_____은/는 조직구성원들의 사고와 행동에 영향을 미치며 일체감과 정체성을 부여하고 조직이 안정적으로 유지되게 한다. 이에 따라 최근 _____에 대한 중요성이 부각되면서 _____을/를 긍정적인 방향으로 조성하기 위한 경영층의 노력이 강조되고 있다.

조직문화는 조직구성원들의 사고와 행동에 영향을 끼치며 일체감과 정체성을 부여하고 조직이 안정적으로 유지되게 한다. 이에 따라 최근 조직문화에 대한 중요성이 부각되면서 조직문화를 긍정적인 방향으로 조성하기 위한 경영층의 노력이 강조되고 있다.

정답 조직문화

## (3) 조직 변화의 중요성

① 급변하는 환경에 맞춰 조직이 생존하려면 조직은 새로운 아이디어·행동을 받아들이는 조직 변화에 적극적이어야 한다.

② 조직 변화의 과정

    ⊙ 환경 변화 인지 : 환경 변화 중에 해당 조직에 영향을 미치는 변화를 인식하는 것

    ⓒ 조직 변화 방향 수립 : 조직의 세부 목표나 경영 방식을 수정하거나, 규칙·규정 등을 새로 제정하며, 특히 체계적으로 구체적인 추진 전략을 수립하고, 추진 전략별 우선순위를 마련함

    ⓒ 조직 변화 실행 : 수립된 조직 변화 방향에 따라 조직을 변화시킴

    ⓔ 변화 결과 평가 : 조직 개혁의 진행 사항과 성과를 평가

③ 조직 변화의 유형

    ⊙ 제품·서비스의 변화 : 기존 제품·서비스의 문제점을 인식하고 고객의 요구에 부응하기 위한 것으로, 고객을 늘리거나 새로운 시장을 확대하기 위한 변화

    ⓒ 전략·구조의 변화 : 조직의 목적 달성과 효율성 제고를 위해 조직 구조, 경영 방식, 각종 시스템 등을 개선함

    ⓒ 기술 변화 : 새로운 기술을 도입하는 것으로, 신기술이 발명되었을 때나 생산성을 높이기 위한 변화

    ⓔ 문화의 변화 : 구성원들의 사고방식·가치체계를 변화시키는 것으로, 조직의 목적과 일치시키기 위해 문화를 유도함

---

◀ **핵심예제** ▶

**조직 변화의 유형에 대한 다음 설명이 맞으면 ○를, 틀리면 ×를 표시하시오.**

⊙ 조직의 목적과 일치시키기 위해 문화를 변화시키기도 한다. ( )

ⓒ 조직 변화는 기존의 조직 구조나 경영 방식하에서 환경 변화에 따라 제품이나 기술을 변화시키는 것이다. ( )

ⓒ 조직 변화는 환경 변화에 따른 것으로 어떤 환경 변화가 있느냐는 어떻게 조직을 변화시킬 것인가에 지대한 영향을 미친다. ( )

---

오답분석
ⓒ 조직 변화는 조직의 목적을 달성하고 효율성을 높이기 위해 기존의 조직 구조, 경영 방식 등을 개선하는 것이다.

정답 ⊙-○, ⓒ-×, ⓒ-○

## 1. 조직의 경영 원리와 방법

(1) **경영의 필요성** : 경영은 조직의 목적을 달성하기 위한 전략·관리·운영 활동을 뜻하며, 조직은 목적을 달성하기 위해 지속적인 관리와 운영이 요구된다.

(2) 조직은 다양한 유형이 있기 때문에 모든 조직에 공통적인 경영 원리를 적용하는 것은 어렵지만, 특정 조직에 적합한 특수경영 외에 일반경영은 조직의 특성에 관계없이 공통적으로 적용할 수 있는 개념이다.

---

⟨ **핵심예제** ⟩

**조직 경영에 대한 다음 글의 빈칸 ㉠, ㉡에 들어갈 용어는?**

> 경영이란 조직의 목적을 달성하기 위한 ___㉠___, 관리, 운영 활동이다. 조직은 다양한 유형이 있기 때문에 모든 조직에 공통적인 경영 원리를 적용하는 것은 어렵다. 그러나 특정 조직에 적합한 특수경영 외에 ___㉡___ 은/는 조직의 특성에 관계없이 공통적으로 적용할 수 있는 개념이다.

경영이란 조직의 목적을 달성하기 위한 전략, 관리, 운영 활동이다. 조직 경영에는 특정 조직에게 적합한 특수경영과 조직의 특성에 관계없이 적용할 수 있는 일반경영이 있다.

**정답** ㉠ 전략, ㉡ 일반경영

---

(3) **경영의 구성 요소**

① **경영 목적** : 조직의 목적을 어떤 과정과 방법을 택해 수행할 것인가를 구체적으로 제시해준다.
② **조직구성원** : 조직에서 일하고 있는 임직원들로, 이들이 어떠한 역량을 가지고 어떻게 직무를 수행하는지에 따라 경영 성과가 달라진다.
③ **자금** : 경영 활동에 사용할 수 있는 돈으로, 이윤 추구를 목적으로 하는 사기업에서 자금은 이를 통해 새로운 이윤을 창출하는 기초가 된다.
④ **경영 전략** : 기업 내 모든 인적·물적 자원을 경영 목적을 달성하기 위해 조직화하고, 이를 실행에 옮겨 경쟁우위를 달성하는 일련의 방침 및 활동이다.

(4) **경영의 과정**

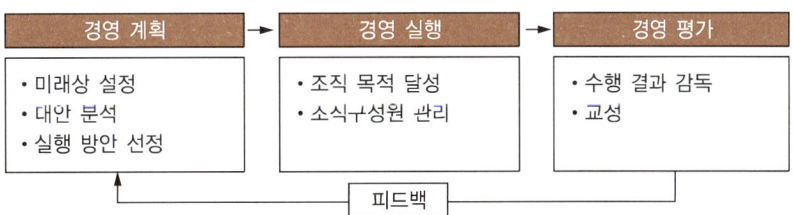

① **경영 계획** : 조직의 미래상을 결정하고 이를 달성하기 위한 대안을 분석하고 목표를 수립하며 실행 방안을 선정하는 과정이다.

② **경영 실행** : 조직 목적을 달성하기 위한 활동들과 조직구성원을 관리한다.

③ **경영 평가** : 경영 실행에 대한 평가로, 수행 결과를 감독하고 교정해 다시 피드백한다.

《핵심예제》

**다음 중 경영의 과정에 대한 설명으로 적절하지 않은 것은?**

① 경영의 과정은 경영 계획, 경영 실행, 경영 평가의 단계로 이루어진다.

② 경영 계획 단계에서는 조직의 미래상을 결정하고 목표를 수립한다.

③ 경영 실행 단계에서는 구체적인 실행 방안을 선정하고 조직구성원을 관리한다.

④ 경영 평가 단계에서는 수행 결과를 감독하고 교정한다.

경영의 과정은 계획·실행·평가로 구분된다. 경영의 계획 단계에서 조직의 미래상 결정, 대안 분석, 실행 방안을 선정한다. 실행 단계에서는 계획 단계에서 수립된 실행 방안에 따라 조직 목적 달성을 위한 관리활동이 이루어진다.

정답 ③

**(5) 경영 활동의 유형**

① **외부 경영 활동** : 조직 외부에서 조직의 효과성을 높이기 위해 이루어지는 활동, 즉 외적 이윤 추구 활동으로, 대표적으로 마케팅 활동이 있다.

② **내부 경영 활동** : 조직 내부에서 인적·물적 자원 및 생산 기술을 관리하는 것으로, 대표적으로 인사·재무·생산 관리 등이 있다.

**(6) 경영참가 제도**

① **의의** : 근로자 또는 노동조합을 경영의 파트너로 인정하는 협력적 노사관계가 중시됨에 따라 이들을 경영의사결정 과정에 참여시키는 것

② **목적** : 경영의 민주성 제고, 노사 간의 세력 균형 추구, 새로운 아이디어 제시 또는 현장에 적합한 개선방안 마련, 경영의 효율성 향상, 노사 간 상호 신뢰 증진

## 2. 조직의 의사결정

**(1) 의사결정의 과정** : 조직에서의 의사결정 시에는 대부분 제한된 정보와 여러 견해들이 공존하게 된다. 또한 혁신적인 결정뿐만 아니라 현재의 체제 내에서 기존의 결정을 지속적으로 개선하는 방식이 자주 활용된다.

① **확인 단계** : 의사결정이 필요한 문제를 인식하고 이를 진단하는 단계

  ㉠ 문제의 중요도나 긴급도에 따라서 체계적으로 이루어지기도 하며 비공식적으로 이루어지기도 함

  ㉡ 문제를 신속히 해결할 필요가 있는 경우에는 진단시간을 줄이고 즉각 대응해야 함

  ㉢ 일반적으로는 다양한 문제를 리스트한 후 주요 문제를 선별하거나, 문제의 증상을 리스트한 후 그러한 증상이 나타나는 근본원인을 찾아야 함

② 개발 단계 : 확인된 문제의 해결 방안을 모색하는 단계

　　㉠ 탐색 : 조직 내의 기존 해결 방법 중에서 새로운 문제의 해결 방법을 찾는 과정(조직 내 관련자와
　　　　의 대화나 공식적인 문서 등을 참고)

　　㉡ 설계 : 이전에 없었던 새로운 문제의 경우 이에 대한 해결안을 설계(시행착오적 과정을 거치면서
　　　　적합한 해결 방법 모색)

③ 선택 단계 : 실행 가능한 해결안을 선택하는 단계

　　㉠ 선택을 위한 3가지 방법

　　　• 판단 : 한 사람의 의사결정권자의 판단에 의한 선택

　　　• 분석 : 경영과학 기법과 같은 분석에 의한 선택

　　　• 교섭 : 이해관계 집단의 토의와 교섭에 의한 선택

　　㉡ 해결 방안의 선택 후에 조직 내에서 공식적인 승인 절차를 거친 다음 실행

**[점진적 의사결정 모형]**

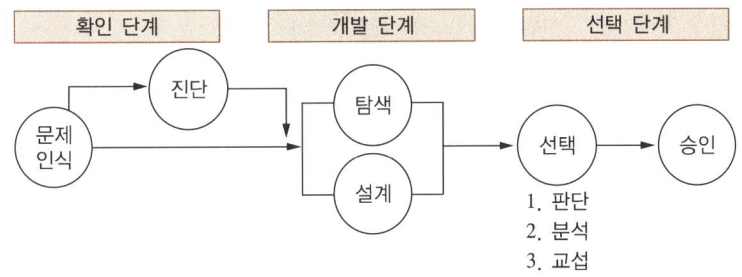

PART 2

---

◁◁ **핵심예제** ▷▷

**다음 중 조직 내 의사결정 과정에 대한 설명으로 적절하지 않은 것은?**

① 진단 단계는 문제의 심각성에 따라서 체계적 혹은 비공식적으로 이루어진다.

② 개발 단계에서는 확인된 문제에 대해 해결 방안을 모색한다.

③ 설계 단계에서는 조직 내의 기존 해결 방법을 검토한다.

④ 실행 가능한 해결안의 선택은 의사결정권자의 판단, 분석적 방법 활용, 토의와 교섭으로 이루어
　질 수 있다.

> 조직 내 의사결정의 과정은 대부분의 경우 조직에서 이루어진 기존 해결 방법 중에서 새로운 문제의 해결 방법을
> 탐색하는 과정이 있다. 이는 문제를 확인하고 난 후 개발 단계 중 구체적인 설계가 이루어지기 전 탐색 단계에서
> 이루어지게 된다.

**정답** ③

## (2) 집단의사결정의 특징

① 집단의사결정은 한 사람보다 집단이 가지고 있는 지식·정보가 더 많으므로 효과적인 결정을 할 수 있다.

② 다양한 집단구성원이 각자 다른 시각에서 문제를 바라보므로 다양한 견해를 가지고 접근할 수 있다.

③ 집단의사결정을 할 경우 결정된 사항에 대해 의사결정에 참여한 사람들이 해결책을 수월하게 수용하고, 의사소통의 기회도 향상된다.

④ 의견이 불일치하는 경우 의사결정을 내리는 데 시간이 많이 소요되며, 특정 구성원에 의해 의사결정이 독점될 가능성이 있다.

## (3) 브레인스토밍

① 여러 명이 한 가지의 문제를 놓고 아이디어를 비판 없이 제시해 그중에서 최선책을 찾아내는 방법

② 브레인스토밍의 규칙

　㉠ 다른 사람이 아이디어를 제시할 때에는 비판하지 않는다.

　㉡ 문제에 대한 제안은 자유롭게 이루어질 수 있다.

　㉢ 아이디어는 많이 나올수록 좋다.

　㉣ 모든 아이디어들이 제안되고 나면 이를 결합하고 해결책을 마련한다.

③ 브레인라이팅(Brain Writing) : 구두로 의견을 교환하는 브레인스토밍과 달리, 포스트잇 같은 메모지에 의견을 적은 다음 메모된 내용을 차례대로 공유하는 방법

---

《핵심예제》

**다음 글을 읽고 브레인스토밍에 대한 설명으로 적절하지 않은 것은?**

> 집단에서 의사결정을 하는 대표적인 방법으로 브레인스토밍이 있다. 브레인스토밍은 일정한 테마에 관하여 회의 형식을 채택하고, 구성원의 자유로운 발언을 통해 아이디어의 제시를 요구해 발상을 찾아내려는 방법으로 볼 수 있다.

① 문제에 대한 제안은 자유롭게 이루어질 수 있다.

② 아이디어는 적게 나오는 것보다는 많이 나올수록 좋다.

③ 모든 아이디어들이 제안되고 나면 이를 결합하고 해결책을 마련한다.

④ 다른 사람이 아이디어를 제시할 때, 비판을 통해 새로운 아이디어를 창출한다.

브레인스토밍에서는 어떠한 내용의 발언이라도 그것에 대한 비판을 할 수 없다는 규칙이 있다.

정답 ④

---

## 3. 조직의 경영 전략

### (1) 경영 전략의 개념

① 조직의 경영 전략은 조직이 환경에 적응해 목표를 달성할 수 있도록 경영 활동을 체계화해 나타내는 수단이 된다.

② 조직은 전략 목표를 설정하고 환경을 분석해 경영 전략을 도출할 수 있으며, 해당 사업에서 경쟁우위를 확보하기 위한 다양한 전략을 구사할 수 있다.

### (2) 경영 전략의 추진 과정

① **전략 목표 설정** : 경영 전략을 통해 도달하고자 하는 미래의 모습인 비전을 규명하고, 미션(전략 목표)을 설정

② **환경 분석** : SWOT 분석 등의 기법으로 조직의 내부·외부 환경을 분석해 전략 대안들을 수립하고 실행·통제

[SWOT 분석 기법]

| 내부 환경 분석 | 조직이 우위를 점할 수 있는 장점<br>(Strength) | 조직의 효과적인 성과를 방해하는 약점<br>(Weakness) |
|---|---|---|
| 외부 환경 분석 | 조직 활동에 이점을 주는 기회<br>(Opportunity) | 조직 활동에 불이익을 미치는 위협<br>(Threat) |

↓

| 내적 요소＼외적 요소 | 기회(O) | 위협(T) |
|---|---|---|
| 장점(S) | SO전략<br>(기회의 이점을 얻기 위해 강점을 활용) | ST전략<br>(위협을 회피하기 위해 강점을 활용) |
| 약점(W) | WO전략<br>(강점을 살리면서 기회의 이점을 살림) | WT전략<br>(약점을 최소화하고 위협을 회피) |

③ **경영전략 도출** : 조직 전략, 사업 전략, 부문 전략 등은 위계적인 관계를 이룸(조직 전략이 가장 상위 단계)

ㄱ) 조직 전략 : 조직의 사명을 정의함

ㄴ) 사업 전략 : 사업 수준에서 각 사업의 경쟁적 우위를 점하기 위한 방향·방법을 다룸

ㄷ) 부문 전략 : 기능부서별로 사업 전략을 구체화해 세부적인 수행 방법을 결정함

④ **경영 전략 실행** : 수립된 경영 전략을 실행해 경영 목적을 달성함

⑤ **평가 및 피드백** : 경영 전략의 결과를 평가하고, 전략 목표 및 경영 전략을 재조정함

**◀핵심예제▶**

SWOT 분석에 대한 설명 중 빈칸 ㉠ ~ ㉣에 들어갈 적절한 용어는?

> SWOT 분석에서 조직 내부 환경으로는 조직이 우위를 점할 수 있는 ___㉠___ 와/과 조직의 효과적인 성과를 방해하는 자원·기술·능력 면에서의 ___㉡___ 이/가 있다. 조직의 외부 환경으로 ___㉢___ 은/는 조직 활동에 이점을 주는 환경 요인이고, ___㉣___ 은/는 조직 활동에 불이익을 미치는 환경 요인이다.

조직의 환경을 분석하는 데 이용되는 SWOT 분석에서 조직 내부 환경은 조직이 우위를 점할 수 있는 장점, 조직의 효과적인 성과를 방해하는 자원·기술·능력 면에서의 약점으로 구분된다. 또한 조직의 외부 환경으로는 조직 활동에 이점을 주는 기회 요인, 조직 활동에 불이익을 미치는 위협 요인으로 구분된다.

**정답** ㉠ 장점, ㉡ 약점, ㉢ 기회, ㉣ 위협

## (3) 본원적 경쟁 전략의 유형

① **원가우위 전략** : 원가를 절감해 해당 산업에서 우위를 점하는 전략으로, 대량생산을 통해 단위 원가를 낮추거나 새로운 생산 기술을 개발해야 함(온라인 소매업체)

② **차별화 전략** : 생산품·서비스를 차별화해 고객에게 가치가 있고 독특하게 인식되도록 하는 전략으로, 연구·개발·광고를 통해 기술·품질·서비스·브랜드이미지를 개선해야 함(저가전략에 맞서 고품질의 프리미엄 제품으로 차별화)

③ **집중화 전략** : 특정 시장·고객에게 한정된 전략으로, 경쟁 조직들이 소홀히 하고 있는 한정된 시장을 원가우위나 차별화 전략을 써서 집중적으로 공략함(저가 항공사)

**[본원적 경쟁 전략(Michael E. Porter)]**

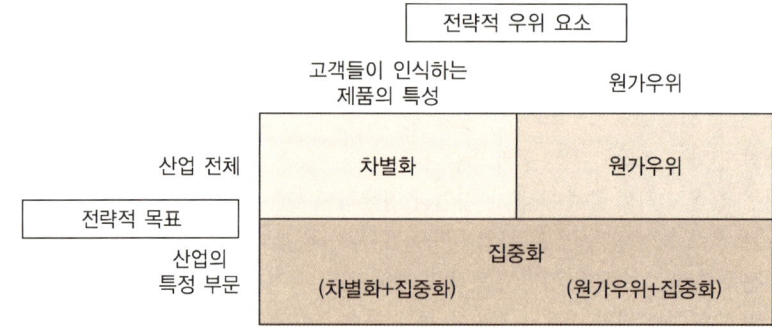

전략의 각 유형과 그것에 대한 설명을 바르게 연결하시오.

| ㉠ 차별화 전략 | ⓐ 대량생산, 새로운 생산 기술 개발 |
|---|---|
| ㉡ 원가우위 전략 | ⓑ 생산품이나 서비스 차별화 |
| ㉢ 집중화 전략 | ⓒ 산업의 특정 부문 대상 |

㉠ 조직이 생산품·서비스를 차별화해 고객에게 가치 있고 독특하게 인식되도록 하는 전략
㉡ 원가 절감을 통해 해당 산업에서 우위를 점하는 전략
㉢ 특정 시장·고객에게 한정해 특정 산업을 대상으로 하는 전략

정답 ㉠-ⓑ, ㉡-ⓐ, ㉢-ⓒ

## 03 체제이해능력

### 1. 조직 목표

(1) **조직 목표의 개념** : 조직이 달성하려는 장래의 상태로, 미래지향적이지만 현재 조직 행동의 방향을 결정하는 역할을 한다.

(2) **조직 목표의 기능과 특징**
① 조직 목표의 기능
  ㉠ 공식적 목표
   • 조직의 존재 이유와 관련된 조직의 사명
   • 조직의 사명 : 조직의 비전, 가치와 신념, 조직의 존재 이유 등을 공식적인 목표로 표현한 것으로, 조직이 존재하는 정당성과 합법성을 제공
  ㉡ 실제적 목표
   • 조직의 사명을 달성하기 위한 세부 목표
   • 세부 목표(운영 목표) : 조직이 실제적인 활동을 통해 달성하고자 하는 것으로, 사명에 비해 측정 가능한 형태로 기술되는 단기적인 목표
   • 운영 목표는 조직이 나아갈 방향을 제시하고 조직구성원들이 여러 가지 행동 대안 중에서 적합한 것을 선택하고 의사결정하는 기준을 제시한다.
   • 조직 목표는 조직구성원들이 공통된 조직 목표 아래서 소속감·일체감을 느끼고 행동 수행의 동기를 가지게 한다.
   • 조직 목표는 조직구성원들의 수행을 평가하는 기준, 조직 체제를 구체화하는 조직 설계의 기준이 된다.

② 조직 목표의 특징

    ㉠ 조직이 추구하는 다수의 목표들은 위계적 상호관계가 있어서 서로 상하관계를 이루고 영향을 주고받는다.

    ㉡ 조직 목표들은 조직의 구조·전략·문화 등과 같은 조직 체제의 다양한 구성 요소들과 상호관계를 이룬다.

    ㉢ 조직 목표들은 가변적이어서 조직 내의 다양한 원인들에 의해 변동되거나 없어지고, 새로운 목표로 대치되기도 한다.

    ㉣ 조직 목표의 수정과 새로운 목표 형성에 영향을 미치는 요인
       • 조직 내적 요인 : 조직 리더의 결단이나 태도의 변화, 조직 내 권력 구조의 변화, 목표 형성 과정의 변화 등
       • 조직 외적 요인 : 경쟁업체의 변화, 조직 자원의 변화, 경제 정책의 변화 등

## (3) 조직의 운영 목표의 분류(R. L. Daft)

① 전체 성과 : 영리 조직은 수익성, 사회복지기관은 서비스 제공과 같은 조직의 성장 목표

② 자원 : 조직에 필요한 재료와 재무 자원을 획득하는 것

③ 시장 : 시장점유율, 시장에서의 지위 향상 등의 조직 목표

④ 인력 개발 : 조직구성원에 대한 교육·훈련, 승진, 성장 등과 관련된 목표

⑤ 혁신과 변화 : 불확실한 환경 변화에 대한 적응 가능성을 높이고 내부의 유연성을 향상시키고자 수립하는 것

⑥ 생산성 : 투입된 자원에 대비한 산출량을 높이기 위한 목표로 단위생산 비용, 조직구성원 1인당 생산량 및 투입비용 등으로 산출 가능함

[조직 목표의 분류(Richard L. Daft)]

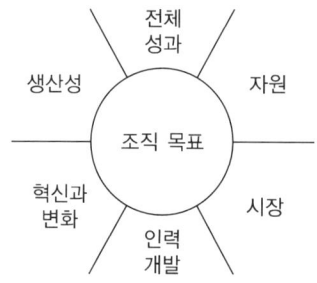

**◀◀ 핵심예제 ▶**

**조직 목표의 개념 및 특징에 대한 다음 설명이 맞으면 ○를, 틀리면 ×를 표시하시오.**

ⓐ 조직은 한 가지의 목표를 추구한다. ( )

ⓑ 조직 목표는 조직구성원들의 의사결정 기준이 된다. ( )

ⓒ 조직 목표는 환경이나 조직 내의 다양한 원인들에 의해 변동되거나 없어지기도 한다. ( )

ⓓ 조직 목표 중 공식적인 목표인 사명은 측정 가능한 형태로 기술되는 단기적인 목표이다.

( )

ⓜ 조직구성원들이 자신의 업무를 성실하게 수행하면 전체 조직 목표는 자연스럽게 달성된다.

( )

---

**오답분석**

ⓐ 조직은 다수의 목표를 추구할 수 있다.

ⓓ 사명은 공식적이고 장기적인 목표이다.

ⓜ 조직구성원들이 자신의 업무를 성실하게 수행해도 전체 조직 목표에 부합하지 않으면 조직 목표가 달성될 수 없다.

**정답** ⓐ - ×, ⓑ - ○, ⓒ - ○, ⓓ - ×, ⓜ - ×

---

## 2. 조직의 구조

**(1) 조직 구조 이해의 필요성** : 직업인은 조직의 한 구성원으로 조직 내의 다른 사람들과 상호작용해야 한다. 이때, 자신이 속한 조직 구조의 특징을 모르면 자신에게 주어진 업무와 권한의 범위는 물론 자신에게 필요한 정보를 누구에게서 어떤 방식으로 구해야 할지도 알지 못하게 된다. 따라서 직업인에게는 조직의 구조를 이해할 수 있는 능력이 필수적이다.

**(2) 조직 구조도의 유용성** : 조직도를 통해 자신의 위치를 파악하고 조직구성원의 임무, 수행 과업, 장소 등의 체계를 파악할 수 있다.

**(3) 조직 구조의 구분** : 의사결정 권한의 집중 정도, 명령 계통, 최고경영자의 통제, 규칙과 규제의 정도에 따라 구분한다.

① **기계적 조직** : 구성원들의 업무가 분명히 정의되고, 규칙·규제들이 많으며, 상하 간 의사소통이 공식적인 경로를 통해 이루어지고, 위계질서가 엄격하다.

② **유기적 조직** : 의사결정 권한이 조직의 하부 구성원들에게 많이 위임되어 있고, 업무가 고정되지 않고 공유 가능하며, 비공식적인 상호 의사소통이 원활히 이루어지고, 규제나 통제의 정도가 낮아 변화에 따라 쉽게 변할 수 있다.

**조직 구조의 유형과 그것에 대한 특징을 바르게 연결하시오.**

| | |
|---|---|
| ㉠ 기계적 조직<br>㉡ 유기적 조직 | ⓐ 구성원들의 업무가 분명하게 규정<br>ⓑ 비공식적인 상호 의사소통<br>ⓒ 엄격한 상하 간 위계질서<br>ⓓ 급변하는 환경에 적합한 조직<br>ⓔ 다수의 규칙과 규정 존재 |

㉠ 기계적 조직은 구성원들의 업무가 분명하게 정의되고 많은 규칙과 규제들이 있으며, 상하 간 의사소통이 공식적인 경로를 통해 이루어지고 엄격한 위계질서가 있다.
㉡ 유기적 조직은 비공식적인 상호 의사소통이 원활히 이루어지며, 환경 변화에 따라 쉽게 변할 수 있다.

**정답** ㉠ - ⓐ, ⓒ, ⓔ / ㉡ - ⓑ, ⓓ

**(4) 조직 구조의 결정 요인** : 조직의 전략, 규모, 기술, 환경
  ① **조직 전략** : 조직의 목적을 달성하기 위해 수립한 계획으로, 조직이 자원을 배분하고 경쟁적 우위를 달성하기 위한 주요 방침이다.
  ② **조직 규모** : 대규모조직은 소규모조직에 비해 업무가 전문화·분화되어 있고 많은 규칙과 규정이 있다.
  ③ **기술** : 조직이 투입 요소를 산출물로 전환시키는 지식·기계·절차 등을 뜻하며, 소량생산 기술을 가진 조직은 유기적 조직 구조를, 대량생산 기술을 가진 조직은 기계적 조직 구조를 이룬다.
  ④ **환경** : 조직은 환경의 변화에 적절하게 대응해야 하므로 환경에 따라 조직의 구조가 달라진다. 안정적이고 확실한 환경에서는 기계적 조직이, 급변하는 환경에서는 유기적 조직이 적합하다.

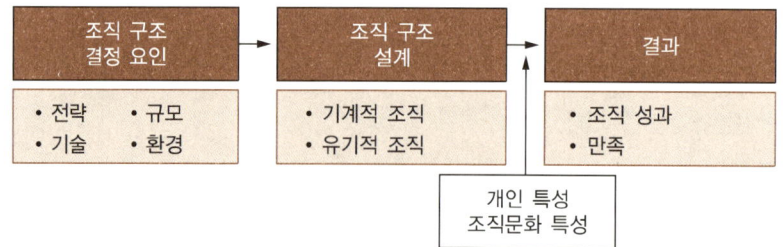

## (5) 조직 구조의 형태

① **기능적 조직 구조** : 대부분의 조직은 조직의 CEO가 조직의 최상층에 있고, 조직구성원들이 단계적으로 배열되는 구조를 이룬다. 환경이 안정적이거나 일상적인 기술, 조직의 내부 효율성을 중요시하며 기업의 규모가 작을 때에는 업무의 내용이 유사하고 관련성이 있는 것들을 결합해서 기능적 조직 구조 형태를 이룬다.

[기능적 조직 구조 형태]

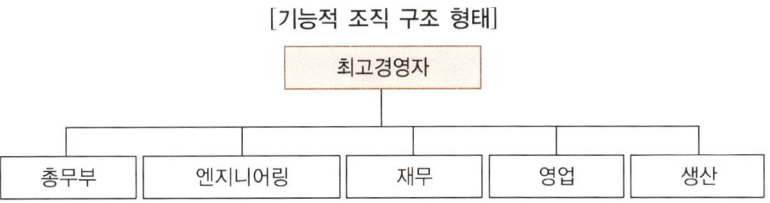

② **사업별 조직 구조** : 급변하는 환경 변화에 대응하고, 제품·지역·고객별 차이에 신속하게 적응하기 위해 분권화된 의사결정이 가능하다. 사업별 조직 구조는 개별 제품, 서비스, 제품 그룹, 주요 프로젝트·프로그램 등에 따라 조직화된다. 즉, 제품에 따라 조직이 구성되고 사업별 구조 아래 생산, 판매, 회계 등의 역할이 이루어진다.

[사업별 조직 구조 형태]

```
                  최고경영자
                         └─────── 기획실
        ┌──────────────┼──────────────┐
      제품 1          제품 2          제품 3
              ┌────────┼────────┬────────┐
            생산      판매    기술 개발    회계
```

---

〈핵심예제〉

**다음 중 조직 구조의 형태를 비교해 이해한 내용으로 적절하지 않은 것은?**

① 기능적 조직 구조는 사업별 조직 구조보다 분권화된 의사결정이 가능하다.
② 기능적 조직 구조와 사업별 조직 구조 모두 조직의 CEO가 최상층에 있다.
③ 사업별 조직 구조는 기능적 조직 구조보다 제품별 차이에 신속하게 적응하기 위한 것이다.
④ 사업별 조직 구조는 기능적 조직 구조보다 급변하는 환경 변화에 효과적으로 대응할 수 있다.

사업별 조직 구조는 기능적 조직 구조보다 분권화된 의사결정이 가능하다.

정답 ①

## 3. 조직 내 집단

### (1) 조직 내 집단의 개념
① 조직 내 집단은 조직구성원들이 모여 일정한 상호작용의 체제를 이룰 때에 형성된다.
② 직업인들은 자신이 속한 집단에서 소속감을 느끼며, 필요한 정보를 얻고, 인간관계를 확장한다.
③ 최근에는 자율적인 환경에서 인적 자원을 효율적으로 활용하고 내부 유연성을 강화하기 위한 조직 형태인 팀제를 많이 활용하고 있다.

### (2) 집단의 유형
① 공식적인 집단 : 조직의 공식적인 목표를 추구하기 위해 조직에서 의도적으로 만든 집단으로, 목표·임무가 비교적 명확하게 규정되어 있고, 참여하는 구성원들도 인위적으로 결정되는 경우가 많다.
② 비공식적인 집단 : 조직구성원들의 요구에 따라 자발적으로 형성된 집단으로, 공식적인 업무 수행 이외에 다양한 요구들에 의해 이루어진다.

---

**◁ 핵심예제 ▷**

**조직 구조의 유형과 그것에 대한 특징을 바르게 연결하시오.**

| | |
|---|---|
| ㉠ 공식적 집단<br>㉡ 비공식적 집단 | ⓐ 조직에서 의식적으로 만듦<br>ⓑ 집단의 목표, 임무가 명확하게 규정됨<br>ⓒ 조직구성원들의 요구에 따라 자발적으로 형성됨 |

㉠ 공식적 집단은 조직에서 의식적으로 만든 것으로 집단의 목표와 임무가 명확하게 규정된다. 공식적 집단의 사례로는 각종 상설·임시위원회, 임무 수행을 위한 작업팀 등이 있다.
㉡ 비공식적 집단은 조직구성원들의 요구에 따라 자발적으로 형성된 것이다. 비공식적 집단의 사례로는 업무 수행 능력 향상을 위해 자발적으로 형성된 스터디 모임, 봉사활동 동아리, 각종 친목회 등이 있다.

**정답** ㉠ - ⓐ, ⓑ / ㉡ - ⓒ

---

### (3) 집단 간 관계
① 집단 간 경쟁의 발생 원인 : 조직 내의 한정된 자원을 더 많이 가지려 하거나 서로 상반되는 목표를 추구하기 때문
② 집단 간 경쟁의 순기능 : 집단 내부에서는 응집성이 강화되고 집단의 활동이 더욱 조직화됨
③ 집단 간 경쟁의 역기능 : 경쟁이 과열되면 조직 내에서 자원의 낭비, 업무 방해, 비능률 등의 문제를 일으킴

## (4) 팀의 역할과 성공 조건

① 팀의 의미 : 구성원들이 공동의 목표를 이루기 위해 기술을 공유하고 공동으로 책임을 지는 집단으로, 공동 목표의 추구를 위해 헌신해야 한다는 의식을 공유함

② 팀은 다른 집단에 비해 구성원들의 개인적 기여를 강조하고, 개인적 책임뿐만 아니라 상호 공동 책임을 중요시하며, 자율성을 가지고 스스로 관리하는 경향이 있음

③ 팀은 생산성을 높이고 의사를 신속하게 결정하며 구성원들의 다양한 창의성 향상을 도모하기 위해 조직됨

④ 팀이 성공적으로 운영되려면 조직구성원들의 협력과 관리자층의 지지가 필요함

---

**《 핵심예제 》**

**다음 중 조직 내의 팀에 대한 설명으로 적절하지 않은 것은?**

① 팀은 구성원 간 서로 기술을 공유한다.

② 팀은 의사결정을 지연시키는 문제가 있다.

③ 팀은 개인적 책임뿐만 아니라 공동의 책임을 강조한다.

④ 팀이 성공적으로 운영되려면 관리자층의 지지가 요구된다.

팀은 생산성을 높이고 의사결정을 신속하게 하며 구성원들의 다양한 창의성 향상을 위해 조직된다.

**정답** ②

---

## 04 | 업무이해능력

## 1. 업무 특성

**(1) 업무이해능력의 의미** : 직업인이 자신에게 주어진 업무의 성격과 내용을 알고 그에 필요한 지식, 기술, 행동을 확인하는 능력으로, 효과적인 업무 수행의 기초가 된다.

**(2) 업무의 의미** : 업무는 상품이나 서비스를 창출하기 위한 생산적인 활동으로, 조직의 목적 달성을 위한 중요한 근거가 된다. 또한 업무는 조직의 구조를 결정한다.

## (3) 업무의 종류

① 조직의 목적·규모에 따라 업무는 다양하게 구성되며, 같은 규모의 조직도 업무의 종류·범위가 다를 수 있다.

② 업무의 종류를 세분화할 것인가, 업무의 수를 줄일 것인가의 문제도 조직에 따라 다양하게 결정될 수 있다.

③ 조직마다 외부 상황, 특유의 조직문화와 내부 권력 구조, 성공 여건 내지 조직의 강점·약점 등이 서로 다르기 때문에 업무의 종류도 달라질 수 있다.

| 구분 | 업무 예시 |
|---|---|
| 총무부 | 주주총회 및 이사회 개최 관련 업무, 의전 및 비서 업무, 집기·비품 및 소모품의 구입과 관리, 사무실 임차 및 관리, 차량 및 통신시설의 운영, 국내외 출장 업무 협조, 복리·후생 업무, 법률 자문과 소송 관리, 사내외 홍보·광고 업무 |
| 인사부 | 조직 기구의 개편 및 조정, 업무분장 및 조정, 인력 수급 계획 및 관리, 직무 및 정원의 조정 종합, 노사 관리, 평가 관리, 상벌 관리, 인사 발령, 교육 체계 수립 및 관리, 임금 제도, 복리·후생 제도 및 지원 업무, 복무 관리, 퇴직 관리 |
| 기획부 | 경영 계획 및 전략 수립, 전사 기획 업무 종합 및 조정, 중장기 사업 계획의 종합 및 조정, 경영 정보 조사 및 기획 보고, 경영 진단 업무, 종합예산 수립 및 실적 관리, 단기 사업 계획 종합 및 조정, 사업 계획, 손익 추정, 실적 관리 및 분석 |
| 회계부 | 회계 제도의 유지 및 관리, 재무 상태 및 경영 실적 보고, 결산 관련 업무, 재무제표 분석 및 보고, 법인세·부가가치세·국세·지방세 업무 자문 및 지원, 보험 가입 및 보상 업무, 고정자산 관련 업무 |
| 영업부 | 판매 계획, 판매 예산의 편성, 시장조사, 광고 선전, 견적 및 계약, 제조지시서의 발행, 외상매출금의 청구 및 회수, 제품의 재고 조절, 거래처로부터의 불만 처리, 제품의 애프터서비스, 판매원가 및 판매가격의 조사·검토 |

《 핵심예제 》

**다음 중 업무에 대한 설명으로 적절하지 않은 것은?**

① 조직의 규모가 같아도 업무의 종류·범위가 다를 수 있다.

② 업무는 조직의 목적을 달성하기 위한 중요한 근거가 된다.

③ 조직구성원들이 수행하는 업무는 조직의 구조를 결정한다.

④ 업무의 종류를 세분화할 것인가, 업무의 수를 줄일 것인가 하는 문제는 모든 조직에서 동일하게 결정된다.

업무의 종류를 세분화할 것인가, 업무의 수를 줄일 것인가의 문제는 조직에 따라 다양하게 결정될 수 있다. 이는 조직마다 외부적인 상황이 다르고 오랜 세월에 걸쳐 형성된 특유의 조직문화와 내부 권력 구조, 성공 여건 내지 조직의 강점·약점 등이 서로 다르기 때문이다.

정답 ④

## (4) 업무의 특성

① **공통된 목적 지향** : 업무는 조직 목적의 효과적 달성을 위해 세분화된 것이므로 궁극적으로 같은 목적을 지향한다.

② **적은 재량권** : 업무는 개인이 선호하는 업무를 임의로 선택할 수 있는 재량권이 매우 적다.

③ **다른 업무와 밀접한 관련성** : 업무가 독립적으로 이루어지지만 업무 간에는 서열성이 있어서 순차적으로 이루어지기도 하며, 서로 정보를 주고받는다.

④ 조직이라는 전체로 통합되기 위해 개별 업무들은 필요한 지식·기술·도구가 다르고 이들 간 다양성도 다르다.

⑤ 어떤 업무는 일련의 주어진 절차를 거치는 반면, 어떤 업무는 재량권이 주어져 자율적·독립적으로 이루어진다.

⑥ **업무 권한** : 조직의 구성원들이 업무를 공적으로 수행할 수 있는 힘을 말하며, 자신의 결정에 다른 사람들이 따르게 할 수 있게 하는 힘이기도 하다. 구성원들은 이 업무 권한에 따라 자신이 수행한 일에 대한 책임도 부여받는다.

---

◀핵심예제▶

**다음 중 업무에 대한 설명으로 적절하지 않은 것은?**

① 업무는 조직의 목적 아래 통합된다.
② 직업인들은 자신의 업무를 자유롭게 선택할 수 있다.
③ 업무에 따라 다른 업무와의 독립성의 정도가 다르다.
④ 업무는 상품이나 서비스를 창출하기 위한 생산적인 활동이다.

업무는 조직에 의해 직업인들에게 부여되며, 개인이 선호하는 업무를 임의로 선택할 수 있는 재량권이 매우 적다.

정답 ②

---

## 2. 업무 수행 계획 수립의 절차

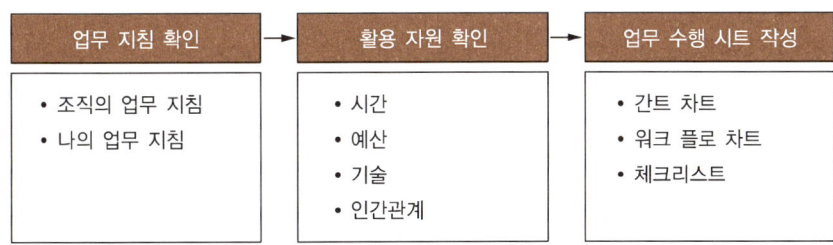

| 업무 지침 확인 | 활용 자원 확인 | 업무 수행 시트 작성 |
|---|---|---|
| • 조직의 업무 지침<br>• 나의 업무 지침 | • 시간<br>• 예산<br>• 기술<br>• 인간관계 | • 간트 차트<br>• 워크 플로 차트<br>• 체크리스트 |

## (1) 업무 지침 확인

① 조직의 업무 지침은 개인이 임의로 업무를 수행하지 않고 조직의 목적에 부합될 수 있도록 안내한다.

② 조직의 업무 지침을 토대로 작성하는 개인의 업무 지침은 업무 수행의 준거가 되고 시간 절약에 도움이 된다.

③ 개인의 업무 지침 작성 시에는 조직의 업무 지침, 장단기 목표, 경영 전략, 조직 구조, 규칙·규정 등을 고려한다.

④ 개인의 업무 지침은 3개월에 한 번 정도로 지속적인 개정이 필요하다.

## (2) 활용 자원 확인

① 시간·예산·기술 등의 물적 자원과 조직 내부·외부에서 함께 일하는 인적 자원 등 업무 관련 자원을 확인한다.

② 자원은 무한정하지 않으므로 효과적으로 활용해야 한다.

③ 업무 수행에 필요한 지식·기술이 부족하면 이를 함양하기 위한 계획을 수립한다.

## (3) 업무 수행 시트 작성

① 구체적인 업무 수행 계획을 수립한다.

② 업무 수행 시트 작성의 장점

　　㉠ 주어진 시간 내에 일을 끝낼 수 있다.

　　㉡ 세부적인 단계로 구분해 단계별로 협조를 구해야 할 사항과 처리해야 할 일을 체계적으로 알 수 있다.

　　㉢ 문제가 발생할 경우에는 발생 지점을 정확히 파악해 시간과 비용을 절약할 수 있다.

---

《 핵심예제 》

**다음 중 업무 수행 계획 수립에 대한 설명으로 적절하지 않은 것은?**

① 개인의 업무 지침은 제한 없이 자유롭게 작성한다.

② 업무 수행 시트는 업무를 단계별로 구분해 작성한다.

③ 조직에는 다양한 업무가 있으며, 이것의 수행 절차는 다르다.

④ 업무 수행 시 활용 가능한 자원으로는 시간, 예산, 기술, 인적자원 등이 있다.

---

조직 내의 다양한 업무는 조직의 공동 목표를 달성하기 위한 것으로, 조직이 정한 규칙과 규정·시간 등의 제약을 받는다.

정답 ①

③ 업무 수행 시트의 종류

　㉠ 간트 차트 : 단계별로 업무를 시작해서 끝내는 데 걸리는 시간을 바 형식으로 표시한다. 전체 일정을 한눈에 볼 수 있고, 단계별로 소요되는 시간과 각 업무 활동 사이의 관계를 파악할 수 있다.

**[간트 차트의 예시]**

| 업무 | | 6월 | 7월 | 8월 | 9월 |
|---|---|---|---|---|---|
| 설계 | 자료 수집 | ▨ | | | |
| | 기본 설계 | | ▨ | | |
| | 타당성 조사 및 실시 설계 | | | ▨ | |
| 시공 | 시공 | | | ▨ | |
| | 결과 보고 | | | | ▨ |

　㉡ 워크 플로 차트 : 일의 흐름을 동적으로 보여주는 데 효과적이다. 사용하는 도형을 다르게 표현함으로써 주된 작업과 부차적인 작업, 혼자 처리할 수 있는 일과 타인의 협조가 필요한 일, 주의해야 할 일, 컴퓨터와 같은 도구를 사용해서 할 일 등을 구분해서 표현할 수 있다. 활동별로 소요시간을 표기하면 더욱 효과적이다.

**[워크 플로 차트]**

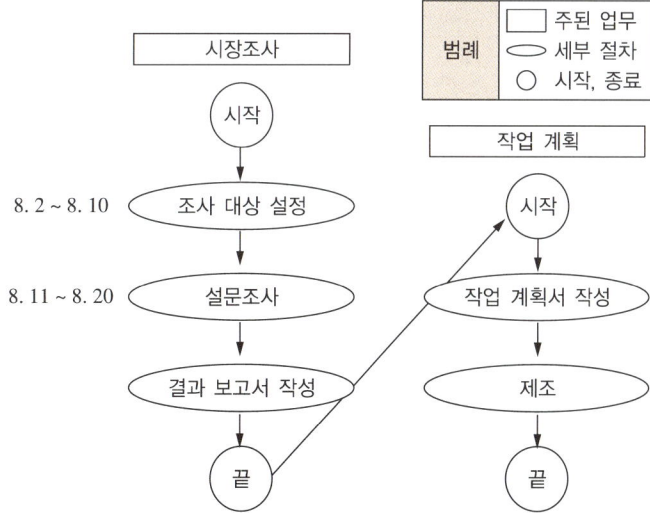

ⓒ 체크리스트 : 업무의 각 단계를 효과적으로 수행했는지 자가 점검해 볼 수 있다. 시간의 흐름을 표현할 때는 한계가 있지만, 업무를 세부적인 활동들로 나누고 활동별로 기대되는 수행 수준을 달성했는지를 확인하는 데에는 효과적이다.

[체크리스트의 예시]

| 업무 | | 체크 | |
| --- | --- | --- | --- |
| | | YES | NO |
| 고객관리 | 고객 대장을 정비했는가? | | |
| | 3개월에 한 번씩 고객 구매 데이터를 분석했는가? | | |
| | 고객의 청구 내용 문의에 정확하게 응대했는가? | | |
| | 고객 데이터를 분석해 판매 촉진 기획에 활용했는가? | | |

◀핵심예제▶

**업무 수행 시트와 그것에 대한 설명을 바르게 연결하시오.**

┌─────────────────┐
│ ㉠ 간트 차트    │
│ ㉡ 워크 플로 차트 │
│ ㉢ 체크리스트    │
└─────────────────┘

┌──────────────────────────────────┐
│ ⓐ 수행 수준 달성을 자가 점검       │
│ ⓑ 일의 흐름을 동적으로 보여줌      │
│ ⓒ 단계별로 업무의 시작과 끝 시간을 바 형식으로 표현 │
└──────────────────────────────────┘

㉠ 간트 차트는 전체 일정을 한눈에 볼 수 있고, 단계별로 업무의 시작과 끝을 알려준다.
㉡ 워크 플로 차트는 도형과 선으로 일의 흐름을 동적으로 보여준다.
㉢ 체크리스트는 업무의 각 단계를 구분하고 활동별로 수행 수준을 달성했는지를 자가 점검할 수 있게 한다.

정답 ㉠-ⓒ, ㉡-ⓑ, ㉢-ⓐ

## 3. 업무의 방해 요인

### (1) 방문, 인터넷, 전화, 메신저

① 타인의 방문, 인터넷, 전화, 메신저 등으로 인한 업무 방해를 막기 위해 무조건적으로 타인과 대화를 단절하는 것은 비현실적이며 바람직하지 않다.

② 타인의 방문, 인터넷, 전화, 메신저 등을 효과적으로 통제하는 제1의 원칙은 시간을 정해 놓는 것이다.

### (2) 갈등 관리

① 갈등은 새로운 시각에서 문제를 바라보게 하고, 다른 업무에 대한 이해를 증진시키며, 조직의 침체를 예방하기도 한다.

② 갈등을 효과적으로 관리하려면 갈등 상황을 받아들이고 이를 객관적으로 평가해야 한다.

③ 갈등을 일으키는 원인, 장기적으로 조직에 이익이 될 수 있는 해결책 등을 생각해본다.

④ 대화·협상으로 의견을 일치시키고, 양측에 도움이 되는 해결 방법을 찾는 것이 갈등 해결에서 가장 중요하다.

⑤ 일단 갈등 상황에서 벗어나는 회피 전략이 더욱 효과적일 수도 있으므로 갈등의 해결이 분열을 초래할 수 있을 때에는 충분한 해결 시간을 가지고 서서히 접근한다.

### (3) 스트레스

① 적정 수준의 스트레스는 사람들을 자극해 개인의 능력을 개선하고 최적의 성과를 내게 한다.

② 시간 관리를 통해 업무 과중을 극복하고, 긍정적인 사고방식을 가지며, 운동을 하거나 전문가의 도움을 받는다.

③ 조직 차원에서는 직무 재설계, 역할 재설정 등을 하고 심리적 안정을 찾을 수 있게 사회적 관계 형성을 장려한다.

---

〈 **핵심예제** 〉

**다음 중 업무 방해 요소의 특징과 극복 방법에 대한 설명으로 적절하지 않은 것은?**

① 업무 스트레스는 없을수록 좋으므로 잘 관리해야 한다.

② 갈등을 해결하는 데 가장 중요한 것은 대화와 협상이다.

③ 조직 내 갈등은 개인 간 갈등, 집단 간 갈등, 조직 간 갈등 등이 있다.

④ 인터넷, 전화, 메신저 등을 효과적으로 활용하기 위해서 시간을 정하는 등 자신만의 기준을 세운다.

적정 수준의 스트레스는 사람들을 자극해 개인의 능력을 개선하고 최적의 성과를 내게 하므로 스트레스가 반드시 해롭기만 한 것은 아니다.

**정답** ①

## 1. 국제감각의 필요성

(1) **국제감각의 의미** : 직장생활을 하는 중에 다른 나라의 문화를 이해하고 국제적인 동향을 이해하는 능력

(2) **국제감각의 중요성** : 세계는 이제 3Bs(Border, Boundary, Barrier)가 완화되고 있으며, 국제 간 자원의 이동이 자유롭고, 통신의 발달로 네트워크가 형성되었다. 이에 따라 조직에 대한 세계화의 영향력이 커지면서 국제동향을 고려해 자신의 업무 방식을 개선할 수 있는 국제감각이 필수적이다.

(3) **글로벌화의 의미** : 활동 범위가 세계로 확대되는 것으로, 경제나 산업 등의 측면에서 벗어나 문화·정치와 다른 영역까지 확대되는 개념으로 이해된다.
   ① 다국적·초국적 기업이 등장해 범지구적 시스템·네트워크 안에서 기업이 활동하는 국제경영이 중요해졌다.
   ② 글로벌화에 따른 변화
      ㉠ 세계적인 경제 통합 : 기업은 신기술을 확보해 세계적인 주도 기업으로 국경을 넘어 확장하고 있으며, 다국적 기업의 증가에 따라 국가 간 경제 통합이 강화되었다.
      ㉡ 국가 간 자유무역협정(FTA) 체결 등 무역장벽을 없애는 노력이 이어지고 있다.
   ③ 현대의 경제적인 변화는 정치적인 전망이나 산업에 대한 조직들의 태도 변화를 일으키고, 전 세계적으로 공기업을 민영화해 새로운 경쟁과 시장 환경이 조성되고 있다.

---

〈**핵심예제**〉

**다음 글의 빈칸 ㉠과 ㉡에 들어갈 적절한 용어는?**

> 글로벌화란 활동 범위가 세계로 확대되는 것을 의미하며, 최근에는 다국적 기업이 등장하여 범지구적 시스템과 네트워크 안에서 기업 활동이 이루어지는 ___㉠___이/가 중요시되고 있다. 이 중 세계적인 경제 통합은 가장 큰 변화로, 최근 우리나라는 ___㉡___을/를 체결하고 국가 간 무역장벽을 없애나가고 있다.

기업은 상품, 서비스, 자본, 노동, 기술과 정보 등을 대상으로 국경을 초월해 두 나라 이상에서 동시에 기업 활동을 벌이고 있으며, 이를 국제경영이라 한다. 우리나라는 칠레 등과 자유무역협정을 체결하고 국가 간 무역장벽을 없애나가고 있다.

**정답** ㉠ 국제경영, ㉡ 자유무역협정

---

## (4) 국제적 식견과 능력의 필요성

① 글로벌화가 이루어지면 조직은 경제적인 이익을 얻을 수 있지만, 그만큼 경쟁이 치열해지므로 국제 감각을 가지고 세계화 대응 전략을 마련해야 한다.

② 조직의 시장이 세계로 확대되는 것에 맞춰 조직구성원들은 의식과 태도, 행동이 세계 수준에 이르러 야 한다.

③ 국제감각은 세계를 하나의 공동체로 인식하고, 문화적 배경이 다른 사람과의 커뮤니케이션을 위해 각 국가의 문화적 특징·의식·예절 등 각국의 시장과 다양성에 적응할 수 있는 능력을 뜻한다. 또 한 자신의 업무와 관련해 국제동향을 파악하고 이를 적용할 수 있는 능력을 의미한다.

---

**◀핵심예제▶**

**국제감각에 대한 다음 설명이 맞으면 ○를, 틀리면 ✕를 표시하시오.**

㉠ 국제감각은 영어만 잘하면 길러질 수 있다.                            (      )

㉡ 국제감각은 세계화가 진행됨에 따라 중요한 능력이 되고 있다.         (      )

㉢ 국제감각은 자신의 업무와 관련해 국제적인 동향을 파악하고 이를 적용할 수 있는 능력이다.

(      )

[오답분석]
㉠ 국제감각은 단순히 외국어만을 잘하는 것이 아니라 다른 나라 사람과의 효과적인 커뮤니케이션을 위해 다른 나라 의 문화적 특징을 이해하는 것을 의미한다.

**정답** ㉠ - ✕, ㉡ - ○, ㉢ - ○

## 2. 국제동향의 파악

(1) 국제감각은 외국의 문화를 이해하는 것뿐만 아니라 관련 업무의 국제동향을 이해하고 이를 업무에 적용하는 능력이며, 글로벌 시대에 성공하려면 국제감각을 길러야 한다.

(2) **국제동향 파악 방법**

① 관련 분야의 해외 사이트에서 최신 이슈를 확인한다.

② 매일 신문의 국제면을 읽는다.

③ 업무와 관련된 국제 잡지를 정기구독한다.

④ 고용노동부, 한국산업인력공단, 산업통상자원부, 중소벤처기업부, 대한상공회의소, 산업별 인적자원개발 위원회 등의 사이트를 방문해 국제동향을 확인한다.

⑤ 국제 학술대회에 참석한다.

⑥ 업무와 관련된 주요 용어의 외국어를 알아둔다.

⑦ 해외 서점 사이트를 방문해 최신 서적 목록과 주요 내용을 파악한다.

⑧ 외국인 친구를 사귀고 대화를 자주 나눈다.

---

《 **핵심예제** 》

**다음 글의 빈칸에 공통으로 들어갈 적절한 용어는?**

국제감각이란 외국의 문화를 이해하는 것뿐만 아니라 _____을/를 이해하고 이를 업무에 적용하는 것이다. 구체적으로는 각종 매체를 활용해 _____을/를 파악하기, 조직의 업무와 관련된 국제적인 법규・규정을 숙지하고, 국제적인 상황 변화에 능동적으로 대처하는 능력이 요구된다.

직업인에게는 자신의 업무와 관련된 국제동향을 이해하고 이를 적용할 수 있는 국제감각이 필요하다. 업무와 관련된 국제동향에는 다양한 경제적・정치적 이슈 등이 있으며, 그 가운데 하나로 국제적인 법규・규정을 숙지할 필요가 있다.

**정답** 국제동향

## 3. 외국인과의 커뮤니케이션

### (1) 문화충격(Culture Shock)

① 문화충격 : 한 문화권에 속한 사람이 다른 문화를 접하게 되었을 때 체험하는 충격 → 이질적으로 상대 문화를 대하게 되고 불일치, 위화감, 심리적 부적응 상태를 경험

② 문화충격에 대비하려면 다른 문화에 대해 개방적인 태도를 견지해야 한다. 자문화의 기준으로 다른 문화를 평가하지 말고, 자신의 정체성은 유지하되 새롭고 다른 것을 경험하는 데 즐거움을 느끼도록 적극적 자세를 취한다.

---

〈 핵심예제 〉

**다음 사례에 나타난 현상에 대비하는 태도로 가장 적절한 것은?**

> K씨는 남아시아 한 국가의 문화부장관을 만나기 위해 어느 사찰을 방문했다가 깜짝 놀랐다. 그 사찰의 큰스님이기도 한 문화부장관은 격식을 갖추기 위해 양복을 차려입고 있었는데, 그 멋진 차림새에도 불구하고 신발을 신지 않았기 때문이다.

① 더 뛰어난 새로운 문화를 적극적으로 수용한다.

② 자신의 문화를 가르쳐 주고, 이에 따르도록 권유한다.

③ 새롭고 다른 것을 경험하는 데 적극적 자세를 취한다.

④ 자신의 정체성을 유지하기 위해 다른 문화는 수용하지 않는다.

문화충격은 한 나라의 문화권에 속한 사람이 다른 나라의 새로운 문화를 접했을 때 이질적인 문화적 차이로 인해 받는 심리적인 충격을 뜻한다. 문화충격에 대비하기 위해서는 다른 문화에 대해 개방적인 태도를 견지하고, 자신이 속한 문화의 기준으로 다른 문화를 평가하지 말아야 한다.

 정답 ③

---

### (2) 이문화(Intercultural) 커뮤니케이션

① 이문화 커뮤니케이션 : 서로 상이한 문화 간 커뮤니케이션, 즉 직업인이 자신의 일을 수행하는 가운데 문화적 배경을 달리하는 사람과 커뮤니케이션하는 것

② 이문화 커뮤니케이션의 구분

ⓐ 언어적 커뮤니케이션은 의사를 전달할 때 직접적으로 이용되는 것으로, 외국어 사용 능력과 직결된다.

ⓑ 국제관계에서는 언어적 커뮤니케이션 외에 비언어적 커뮤니케이션 때문에 문제를 겪는 경우가 많다. 외국어 능력이 유창해도 문화적 배경을 잘 모르면 언어에 내포된 의미를 오해하거나 수용하지 못할 수 있다.

ⓒ 상대국의 문화적 배경에 입각한 생활양식, 행동 규범, 가치관 등을 사전에 이해하기 위한 노력을 지속적으로 해야 한다.

**다음 중 다른 나라의 문화를 이해하는 것에 대한 설명으로 적절하지 않은 것은?**

① 외국의 문화를 이해하는 것은 많은 시간과 노력이 요구된다.

② 상이한 문화 간 커뮤니케이션을 이문화 커뮤니케이션이라고 한다.

③ 문화충격에 대비해서 가장 중요한 것은 자신이 속한 문화를 기준으로 다른 문화를 주관적으로 평가하는 것이다.

④ 한 문화권에 속하는 사람이 다른 문화를 접할 때 겪는 불일치, 위화감, 심리적 부적응 상태를 문화충격이라고 한다.

문화충격에 대비해서 중요한 것은 자신이 속한 문화를 기준으로 다른 문화를 평가하지 말고, 자신의 정체성은 유지하되 다른 문화를 경험하는 데 개방적·적극적 자세를 취하는 것이다.

정답 ③

## 4. 글로벌 시대에 적합한 국제매너

**(1) 국제매너의 필요성** : 조직을 대표해 파견된 직업인들의 실수는 조직 전체의 모습으로 비춰질 수 있으며, 이러한 실수의 결과는 업무 성과에 큰 영향을 미친다. 따라서 직업인은 다른 나라의 문화에 순응하고 그들의 관습을 존중해야 한다.

### (2) 인사하는 방법

① 영미권에서 악수를 할 때는 일어서서, 상대방의 눈이나 얼굴을 보면서, 오른손으로 상대방의 오른손을 잠시 힘주어서 잡았다가 놓아야 한다.

② 미국에서는 상대방의 이름이나 호칭을 어떻게 부를지 먼저 물어보는 것이 예의이며, 인사나 이야기할 때에 너무 다가가지 않고 상대방의 개인 공간을 지켜줘야 한다.

③ 아프리카에서는 상대방과 시선을 마주보며 대화하면 실례이므로 코끝을 보면서 대화하도록 한다.

④ 러시아와 라틴아메리카에서는 친밀함의 표현으로 포옹을 하는데, 이를 이해하고 자연스럽게 받아주어야 한다.

⑤ 영미권의 업무용 명함은 악수를 한 이후 교환하며, 아랫사람이나 손님이 먼저 꺼내 오른손으로 상대방에게 주고, 받는 사람은 두손으로 받는 것이 예의이다. 받은 명함은 한번 보고나서 탁자 위에 보이게 놓은 채로 대화를 하거나, 명함지갑에 넣는다. 명함을 구기거나 계속 만지는 것은 실례이다.

### (3) 시간 약속 지키기

① 미국인은 시간 엄수를 매우 중요하게 생각하여 시간을 지키지 않는 사람과는 같이 일을 하려고 하지 않는다.

② 라틴아메리카, 동유럽, 아랍 지역에서는 약속된 시간 정각에 나오는 법이 없다. 시간 약속은 형식적일 뿐이며, 상대방이 기다려줄 것으로 생각한다. 따라서 인내심을 가지고 기다려야 한다.

## (4) 식사 예절

① 서양 요리에서 수프는 소리내면서 먹지 않으며 몸 쪽에서 바깥쪽으로 숟가락을 사용한다. 뜨거운 수프는 입으로 불지 말고 숟가락으로 저어서 식혀야 한다.

② 빵은 수프를 먹은 후부터 먹으며 디저트 직전 식사가 끝날 때까지 먹을 수 있다. 빵은 칼이나 치아로 자르지 않고 손으로 떼어 먹는다.

③ 음식 종류별로 생선 요리는 뒤집어 먹지 않고, 스테이크는 처음에 다 잘라놓지 않고 잘라가면서 먹는 것이 좋다.

---

〈 **핵심예제** 〉

**국제매너에 대한 다음 설명이 맞으면 ○를, 틀리면 ×를 표시하시오.**

㉠ 생선 요리는 뒤집어 먹지 않는다. ( )

㉡ 빵은 아무 때나 먹어도 관계없다. ( )

㉢ 수프는 바깥쪽에서 몸 쪽으로 숟가락을 사용한다. ( )

㉣ 명함을 구기거나 계속 만지는 것은 예의에 어긋나는 일이다. ( )

㉤ 러시아와 라틴아메리카 사람들은 친밀함의 표시로 포옹을 한다. ( )

㉥ 미국인이나 동유럽 사람들은 약속 시간에 늦을 경우 으레 기다려줄 것으로 생각한다. ( )

㉦ 미국 사람과 인사할 때에는 눈이나 얼굴을 보면서 왼손으로 상대방의 왼손을 힘주어서 잡았다가 놓아야 한다. ( )

오답분석
㉡ 빵은 수프를 먹고 난 후부터 디저트 직전 식사가 끝날 때까지 먹을 수 있다.
㉢ 수프는 몸 쪽에서 바깥쪽으로 숟가락을 사용해 먹는다.
㉥ 미국인은 시간 엄수를 중요하게 여기므로 약속 시간에 늦지 말아야 한다.
㉦ 미국인과 악수할 때는 오른손으로 상대방의 오른손을 잡는다.
**정답** ㉠ - ○, ㉡ - ×, ㉢ - ×, ㉣ - ○, ㉤ - ○, ㉥ - ×, ㉦ - ×

# 01 경영 전략

## | 유형분석 |

- 경영 전략에서 대표적으로 출제되는 문제는 마이클 포터(Michael Porter)의 본원적 경쟁 전략이다.
- 경쟁 전략의 기본적인 이해와 구조를 물어보는 문제가 자주 출제되므로 전략별 특징 및 개념에 대한 이론 학습이 요구된다.

마이클 포터는 경쟁우위 전략으로 차별화 전략, 집중화 전략, 원가우위 전략을 제시하였다. 다음 사례에 나타난 전략의 특징으로 옳은 것은?

A사는 일반적으로 경쟁사에 비해 제품의 가격이 비싸다. 하지만 소비자들은 A사의 제품의 품질, 디자인, 브랜드 이미지에 대해 비싼 가격을 지불하고 제품을 구매하기 때문에 경쟁사들보다 영업이익률이 높다.

① 제품을 더 저렴하게 제공하는 경쟁사가 등장하면 고객을 잃게 된다.
② 급격한 기술 변화가 이전의 시설이나 노하우를 필요 없게 만들 수 있다.
③ 한정된 영역에 경영자원을 집중한다.
④ 브랜드 이미지를 위해 광고가 경쟁의 수단으로 작용한다.
⑤ 비용우위를 통한 가격 정책으로 매출을 올린다.

**정답** ④

사례에 나타난 전략은 차별화 전략으로 품질, 디자인, 서비스, 브랜드 이미지 등을 경쟁사와 차별화하여 이익을 올리는 전략이다. 광고는 회사의 브랜드 이미지를 상승시킬 수 있는 중요한 전략 중 하나이다.

**오답분석**

①·②·⑤ 원가우위 전략의 특징이다.
③ 집중화 전략의 특징이다.

**풀이 전략!**

대부분의 기업들은 마이클 포터의 본원적 경쟁 전략을 사용하고 있다. 각 전략에 해당하는 대표적인 기업을 연결하고, 그들의 경영 전략을 상기하며 문제를 풀어보도록 한다.

**01** 다음은 경영 전략 추진과정을 나타낸 내용이다. (가)에 대한 사례 중 그 성격이 다른 것은?

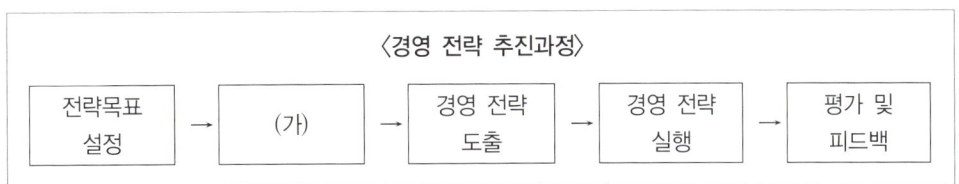

〈경영 전략 추진과정〉

전략목표 설정 → (가) → 경영 전략 도출 → 경영 전략 실행 → 평가 및 피드백

① 제품 개발을 위해 우리가 가진 예산의 현황을 파악해야 해.
② 우리 제품의 시장 개척을 위해 법적으로 문제가 없는지 확인해 봐야겠군.
③ 이번에 발표된 정부의 정책으로 우리 제품이 어떠한 영향을 받을 수 있는지 확인해 볼 필요가 있어.
④ 신제품 출시를 위해 경쟁사들의 동향을 파악해 봐야겠어.
⑤ 우리가 공급받고 있는 원재료들의 원가를 확인해 보자.

**02** A씨는 취업스터디에서 마이클 포터의 본원적 경쟁 전략을 토대로 기업의 경영 전략을 정리하고자 한다. 다음 중 〈보기〉의 내용이 바르게 분류된 것은?

- 차별화 전략 : 가격 이상의 가치로 브랜드 충성심을 이끌어 내는 전략이다.
- 원가우위 전략 : 업계에서 가장 낮은 원가로 우위를 확보하는 전략이다.
- 집중화 전략 : 특정 세분시장만 집중공략하는 전략이다.

**보기**
㉠ I기업은 S/W에 집중하기 위해 H/W의 한글전용 PC분야를 한국계기업과 전략적으로 제휴하고 회사를 설립해 조직체에 위양하였으며 이후 고유분야였던 S/W에 자원을 집중하였다.
㉡ B마트는 재고 네트워크를 전산화하여 원가를 절감하고 양질의 제품을 최저가격에 판매하고 있다.
㉢ A호텔은 5성급 호텔로 하루 숙박비용이 상당히 비싸지만, 환상적인 풍경과 더불어 친절한 서비스를 제공하고 객실 내 제품이 모두 최고급으로 비치되어 있어 이용객들에게 높은 만족도를 준다.

| | 차별화 전략 | 원가우위 전략 | 집중화 전략 |
|---|---|---|---|
| ① | ㉠ | ㉡ | ㉢ |
| ② | ㉠ | ㉢ | ㉡ |
| ③ | ㉡ | ㉠ | ㉢ |
| ④ | ㉢ | ㉡ | ㉠ |
| ⑤ | ㉢ | ㉠ | ㉡ |

## | 유형분석 |

- 조직 구조 유형에 대한 특징을 물어보는 문제가 자주 출제된다.
- 기계적 조직과 유기적 조직의 차이점과 사례 등을 숙지하고 있어야 한다.
- 조직 구조 형태에 따라 기능적 조직, 사업별 조직으로 구분하여 출제되기도 한다.

### 다음 글에 제시된 조직의 특징으로 가장 적절한 것은?

> K공단의 사내 봉사 동아리에 소속된 70여 명의 임직원이 연탄 나르기 봉사활동을 펼쳤다. 이날 임직원들은 지역 주민들이 보다 따뜻하게 겨울을 날 수 있도록 연탄 총 3,000장과 담요를 직접 전달했다. 사내 봉사 동아리에 소속된 K공단 M대리는 "매년 진행하는 연말 연탄 나눔 봉사활동을 통해 지역사회에 도움의 손길을 전할 수 있어 기쁘다."라며 "오늘의 작은 손길이 큰 불씨가 되어 많은 분들이 따뜻한 겨울을 보내길 바란다." 라고 말했다.

① 인간관계에 따라 형성된 자발적인 조직
② 이윤을 목적으로 하는 조직
③ 규모와 기능 그리고 규정이 조직화되어 있는 조직
④ 조직 구성원들의 행동을 통제할 장치가 마련되어 있는 조직
⑤ 공익을 요구하지 않는 조직

**정답** ①

K공단의 사내 봉사 동아리이기 때문에 공식이 아닌 비공식조직에 해당한다. 비공식조직의 특징에는 인간관계에 따라 형성된 자발적인 조직, 내면적・비가시적・비제도적・감정적, 사적 목적 추구, 부분적 질서를 위해 활동 등이 있다.

**오답분석**

② 영리조직에 대한 설명이다.
③・④ 공식조직에 대한 설명이다.
⑤ 비영리조직에 대한 설명이다.

**풀이 전략!**

조직 구조는 유형에 따라 기계적 조직과 유기적 조직으로 나눌 수 있다. 기계적 조직과 유기적 조직은 서로 상반된 특징을 가지고 있으며, 기계적 조직이 관료제의 특징과 비슷함을 파악하고 있다면, 이와 상반된 유기적 조직의 특징도 수월하게 파악할 수 있다.

**01**    다음 글에 해당하는 조직체계 구성요소는 무엇인가?

> 조직의 목표나 전략에 따라 수립되며, 조직구성원들의 활동범위를 제약하고 일관성을 부여하는 기능을 한다.

① 조직목표                    ② 경영자
③ 조직문화                    ④ 조직구조
⑤ 규칙 및 규정

**02**    조직문화는 조직구성원들에게 일체감과 정체성을 부여하고 조직구성원들의 행동지침을 제공하는 등의 기능을 가지고 있다. 다음 중 조직문화의 구성요소에 대한 설명으로 적절하지 않은 것은?

① 공유가치는 가치관과 이념, 조직관, 전통가치, 기본목적 등을 포함한다.
② 조직구성원은 인력구성뿐만 아니라 그들의 가치관과 신념, 동기, 태도 등을 포함한다.
③ 관리기술은 조직경영에 적용되는 목표관리, 예산관리, 갈등관리 등을 포함한다.
④ 관리시스템으로는 리더와 부하 간 상호관계를 볼 수 있다.
⑤ 조직의 전략은 조직운영에 필요한 장기적인 틀을 제공한다.

**03**    다음 중 조직목표의 기능에 대한 설명으로 적절하지 않은 것은?

① 조직이 나아갈 방향을 제시해 주는 기능을 한다.
② 조직구성원의 의사결정 기준의 기능을 한다.
③ 조직구성원의 행동에 동기를 유발시키는 기능을 한다.
④ 조직을 운영하는 데 융통성을 제공하는 기능을 한다.
⑤ 조직구조나 운영과정과 같이 조직체제를 구체화할 수 있는 기준이 된다.

**04** 다음 중 조직 변화의 과정을 순서대로 바르게 나열한 것은?

| ㄱ. 환경 변화 인지 | ㄴ. 변화결과 평가 |
| --- | --- |
| ㄷ. 조직 변화 방향 수립 | ㄹ. 조직 변화 실행 |

① ㄱ – ㄷ – ㄹ – ㄴ
② ㄱ – ㄹ – ㄷ – ㄴ
③ ㄴ – ㄷ – ㄹ – ㄱ
④ ㄹ – ㄱ – ㄷ – ㄴ
⑤ ㄹ – ㄷ – ㄱ – ㄴ

**05** 조직구조의 형태 중 사업별 조직구조는 제품이나 고객별로 부서를 구분하는 것이다. 다음 중 사업별 조직구조의 형태로 적절하지 않은 것은?

**06** 다음 〈보기〉 중 조직도에 대해 바르게 설명한 사람을 모두 고르면?

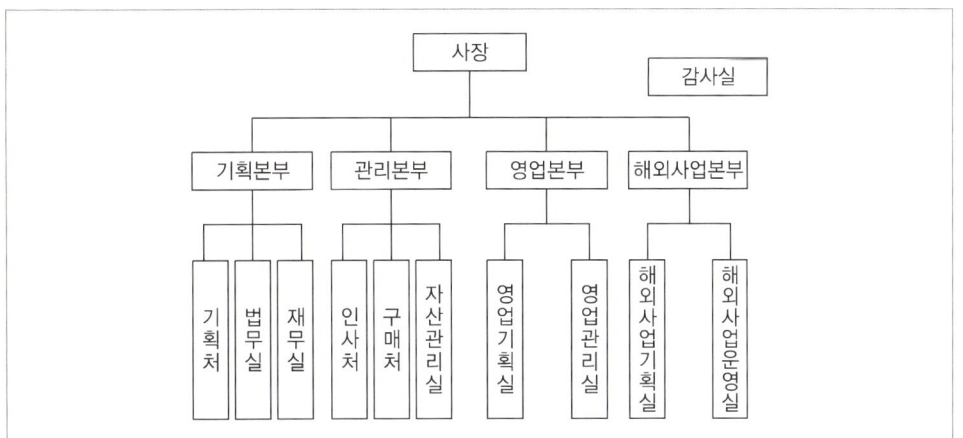

> **보기**
>
> A : 조직도를 보면 4개 본부, 3개의 처, 8개의 실로 구성되어 있어.
>
> B : 사장 직속으로 4개의 본부가 있고, 그중 한 본부에서는 인사업무만을 전담하고 있네.
>
> C : 감사실은 사장 직속이지만 별도로 분리되어 있구나.
>
> D : 해외사업기획실과 해외사업운영실은 둘 다 해외사업과 관련이 있으니까 해외사업본부에 소속
> 되어 있는 것이 맞아.

① A, B

② A, C

③ A, D

④ B, C

⑤ B, D

# 03 업무 종류

## | 유형분석 |

- 부서별 주요 업무에 대해 묻는 문제이다.
- 부서별 특징과 담당 업무에 대한 이해가 필요하다.

김부장과 박대리는 A공단의 고객지원실에서 근무하고 있다. 다음 상황에서 김부장이 박대리에게 지시할 사항으로 가장 적절한 것은?

- 부서별 업무분장
  - 인사혁신실 : 신규 채용, 부서 / 직무별 교육계획 수립 / 시행, 인사고과 등
  - 기획조정실 : 조직문화 개선, 예산사용계획 수립 / 시행, 대외협력, 법률지원 등
  - 총무지원실 : 사무실, 사무기기, 차량 등 업무지원 등

### 〈상황〉

박대리 : 고객지원실에서 사용하는 A4 용지와 볼펜이 부족해서 비품을 신청해야 할 것 같습니다. 그리고 지난번에 말씀하셨던 고객 상담 관련 사내 교육 일정이 이번에 확정되었다고 합니다. 고객지원실 직원들에게 관련 사항을 전달하려면 교육 일정 확인이 필요할 것 같습니다.

① 박대리, 인사혁신실에 전화해서 비품 신청하고, 전화한 김에 교육 일정도 확인해서 나한테 알려 줘요.
② 박대리, 총무지원실에 가서 교육 일정 확인하고, 간 김에 비품 신청도 하고 오세요.
③ 박대리, 기획조정실에 가서 교육 일정 확인하고, 인사혁신실에 가서 비품 신청하고 오도록 해요.
④ 박대리, 총무지원실에 전화해서 비품 신청하고, 기획조정실에서 교육 일정 확인해서 나한테 알려 줘요.
⑤ 박대리, 총무지원실에 전화해서 비품 신청하고, 인사혁신실에서 교육 일정 확인해서 나한테 알려 줘요.

**정답** ⑤

비품은 기관의 비품이나 차량 등을 관리하는 총무지원실에 신청해야 하며, 교육 일정은 사내 직원의 교육 업무를 담당하는 인사혁신실에서 확인해야 한다.

**오답분석**

기획조정실은 전반적인 조직 경영과 조직문화 형성, 예산 업무, 이사회, 국회 협력 업무, 법무 관련 업무를 담당한다.

**풀이 전략!**

조직은 목적의 달성을 위해 업무를 효과적으로 분배하고 처리할 수 있는 구조를 확립해야 한다. 조직의 목적이나 규모에 따라 업무의 종류는 다양하지만, 대부분의 조직에서는 총무, 인사, 기획, 회계, 영업으로 부서를 나누어 업무를 담당하고 있다. 따라서 5가지 업무 종류에 대해서는 미리 숙지해야 한다.

**01** 다음 상황에서 K주임이 처리해야 할 업무 순서를 바르게 나열한 것은?

> 안녕하세요, K주임님. 언론홍보팀 L대리입니다. 다름이 아니라 이번에 공사에서 진행하는 '소셜벤처 성장지원사업'에 관한 보도 자료를 작성하려고 하는데, 디지털소통팀의 업무 협조가 필요하여 연락드렸습니다. 디지털소통팀 P팀장님께 K주임님이 협조해 주신다는 이야기를 전해 들었습니다. 자세한 요청 사항은 회의를 통해서 말씀드리도록 하겠습니다. 혹시 내일 오전 10시에 회의를 진행해도 괜찮을까요? 일정 확인하시고 오늘 내로 답변 주시면 감사하겠습니다. 일단 회의 전에 알아두시면 좋을 것 같은 자료는 메일로 발송하였습니다. 회의 전에 미리 확인하셔서 관련 사항 숙지하시고 회의에 참석해 주시면 좋을 것 같습니다. 아! 그리고 오늘 2시에 홍보실 각 팀 팀장 회의가 있다고 하니, P팀장님께 꼭 전해주세요.

① 팀장 회의 참석 – 익일 업무 일정 확인 – 메일 확인 – 회의 일정 답변 전달
② 팀장 회의 참석 – 메일 확인 – 익일 업무 일정 확인 – 회의 일정 답변 전달
③ 팀장 회의 일정 전달 – 메일 확인 – 회의 일정 답변 전달 – 익일 업무 일정 확인
④ 팀장 회의 일정 전달 – 익일 업무 일정 확인 – 회의 일정 답변 전달 – 메일 확인
⑤ 팀장 회의 일정 전달 – 익일 업무 일정 확인 – 메일 확인 – 회의 일정 답변 전달

**02** 직무 전결 규정상 전무이사가 전결인 '과장의 국내출장 건'의 결재를 시행하고자 한다. 박기수 전무이사가 해외출장으로 인해 부재중이어서 직무대행자인 최수영 상무이사가 결재하였다. 다음 〈보기〉 중 이에 대한 설명으로 적절하지 않은 것을 모두 고르면?

> **보기**
> ㄱ. 최수영 상무이사가 결재한 것은 전결이다.
> ㄴ. 공문의 결재표상에는 '과장 최경옥, 부장 김석호, 상무이사 전결, 전무이사 최수영'이라고 표시되어 있다.
> ㄷ. 박기수 전무이사가 출장에서 돌아와서 해당 공문을 검토하는 것은 후결이다.
> ㄹ. 위임 전결받은 사항에 대해서는 원결재자인 대표이사에게 후결을 받는 것이 원칙이다.

① ㄱ, ㄴ                          ② ㄱ, ㄹ
③ ㄱ, ㄴ, ㄹ                     ④ ㄴ, ㄷ, ㄹ
⑤ ㄱ, ㄴ, ㄷ, ㄹ

※ 다음은 A공사 조직도의 일부이다. 이어지는 질문에 답하시오. [3~4]

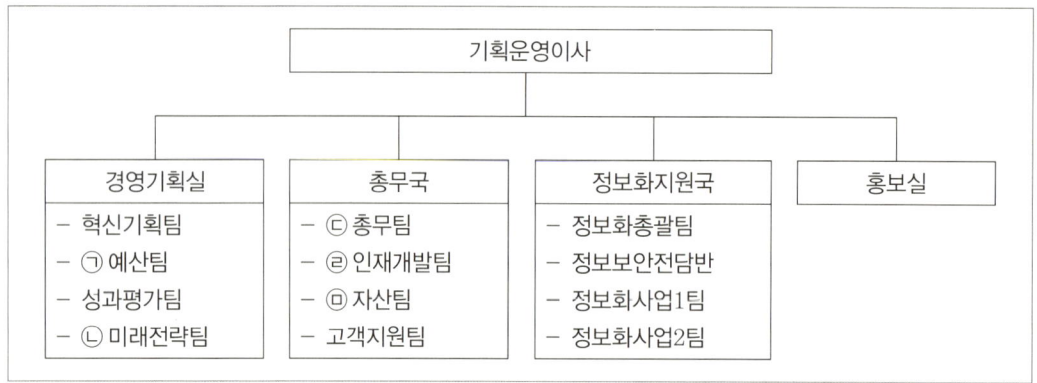

**03** 다음 중 A공사의 각 부서와 업무가 바르게 연결되지 않은 것은?

① ㉠ : 수입·지출 예산 편성 및 배정 관리

② ㉡ : 공단사업 관련 연구과제 개발 및 추진

③ ㉢ : 복무관리 및 보건·복리 후생

④ ㉣ : 임직원 인사, 상훈, 징계

⑤ ㉤ : 예산집행 조정, 통제 및 결산 총괄

**04** 다음 중 정보보안전담반의 업무로 적절하지 않은 것은?

① 정보보안기본지침 및 개인정보보호지침 제·개정 관리

② 직원 개인정보보호 의식 향상 교육

③ 개인정보종합관리시스템 구축·운영

④ 정보보안 및 개인정보보호 계획 수립

⑤ 전문자격 시험 출제정보시스템 구축·운영

※ 다음은 A공사 연구소의 주요 사업별 연락처이다. 이어지는 질문에 답하시오. **[5~6]**

**〈주요 사업별 연락처〉**

| 주요 사업 | 담당부서 | 연락처 |
|---|---|---|
| 고객지원 | 고객지원팀 | 044-410-7001 |
| 감사, 부패방지 및 지도점검 | 감사실 | 044-410-7011 |
| 국제협력, 경영평가, 예산기획, 규정, 이사회 | 전략기획팀 | 044-410-7023 |
| 인재개발, 성과평가, 교육, 인사, ODA사업 | 인재개발팀 | 044-410-7031 |
| 복무노무, 회계관리, 계약 및 시설 | 경영지원팀 | 044-410-7048 |
| 품질평가관리, 품질평가 관련 민원 | 평가관리팀 | 044-410-7062 |
| 가공품 유통 전반(실태조사, 유통정보), 컨설팅 | 유통정보팀 | 044-410-7072 |
| 대국민 교육, 기관 마케팅, 홍보관리, CS, 브랜드인증 | 고객홍보팀 | 044-410-7082 |
| 이력관리, 역학조사지원 | 이력관리팀 | 044-410-7102 |
| 유전자분석, 동일성검사 | 유전자분석팀 | 044-410-7111 |
| 연구사업 관리, 기준개발 및 보완, 시장조사 | 연구개발팀 | 044-410-7133 |
| 정부3.0, 홈페이지 운영, 대외자료제공, 정보보호 | 정보사업팀 | 044-410-7000 |

**PART 2**

**05** 다음 중 A공사 연구소의 주요 사업별 연락처를 본 채용 지원자의 반응으로 적절하지 않은 것은?

① A공사 연구소는 1개 실과 11개 팀으로 이루어져 있구나.

② 예산기획과 경영평가는 같은 팀에서 종합적으로 관리하겠구나.

③ 평가업무라 하더라도 평가 특성에 따라 담당하는 팀이 달라지겠구나.

④ 홈페이지 운영은 고객홍보팀에서 마케팅과 함께 하겠구나.

⑤ 부패방지를 위해 부서를 따로 두었구나.

**06** 다음 민원인의 요청을 듣고 난 후 민원을 해결하기 위해 연결할 부서로 가장 적절한 것은?

> 민원인 : 얼마 전 신제품 관련 등급 신청을 했습니다. 신제품 품질에 대한 등급에 대해 이의가 있습니다. 관련 건으로 담당자분과 통화하고 싶습니다.
>
> 상담직원 : 불편을 드려서 죄송합니다. _____ 연결해 드리겠습니다. 잠시만 기다려 주십시오.

① 지도점검 업무를 담당하고 있는 감사실로

② 연구사업을 관리하고 있는 연구개발팀으로

③ 기관의 홈페이지 운영을 전담하고 있는 정보사업팀으로

④ 이력관리 업무를 담당하고 있는 이력관리팀으로

⑤ 품질평가를 관리하는 평가관리팀으로

# CHAPTER 08

# 대인관계능력

## 합격 CHEAT KEY

대인관계능력은 직장생활에서 접촉하는 사람들과 원만한 관계를 유지하고 조직구성원들에게 도움을 줄 수 있으며 조직 내부 및 외부의 갈등을 원만히 해결하고 고객의 요구를 충족할 수 있는 능력을 의미한다. 또한, 직장생활을 포함한 일상에서 스스로를 관리하고 개발하는 능력을 말한다. 세부 유형은 팀워크, 갈등 관리, 협상, 고객 서비스로 나눌 수 있다.

### 01 일반적인 수준에서 판단하라!

일상생활에서의 대인관계를 생각하면서 문제에 접근하면 어렵지 않게 풀 수 있다. 그러나 수험생들 입장에서 직장 내에서의 상황, 특히 역할(직위)에 따른 대인관계를 묻는 문제는 까다롭게 느껴질 수 있고 일상과는 차이가 있을 수 있기 때문에 이런 유형에 대해서는 따로 알아둘 필요가 있다.

### 02 이론을 먼저 익혀라!

대인관계능력 이론을 접목한 문제가 종종 출제된다. 물론 상식 수준에서도 풀 수 있지만 정확하고 신속하게 해결하기 위해서는 이론을 정독한 후 자주 출제되는 부분들은 암기를 필수로 해야 한다. 자주 출제되는 부분은 리더십과 멤버십의 차이, 단계별 협상 과정, 고객 불만 처리 프로세스 등이 있다.

### 03 실제 업무에 대한 이해를 높여라!

출제되는 문제의 수는 많지 않으나, 고객과의 접점에 있는 서비스 직군 시험에 출제될 가능성이 높은 영역이다. 특히 상황 제시형 문제들이 많이 출제되므로 실제 업무에 대한 이해를 높여야 한다.

### 04 애매한 유형의 빈출 문제, 선택지를 파악하라!

대인관계능력의 출제 문제들을 보면 이것도 맞고, 저것도 맞는 것 같은 선택지가 많다. 하지만 정답은 하나이다. 출제자들은 대인관계능력이란 공부를 통해 얻는 것이 아닌 본인의 독립적인 성품으로부터 자연스럽게 나오는 것이라고 생각한다. 수험생들이 선택하는 보기로 그 수험생들을 파악한다. 그러므로 대인관계능력은 빈출 유형의 문제와 선택지를 파악하고 가는 것이 애매한 문제들의 정답률을 높이는 데 도움이 될 것이다. 내가 맞다고 생각하는 선택지가 답이 아닐 가능성이 있기 때문이다.

## 01 대인관계능력

### (1) 대인관계능력

① 직장생활에서 타인과 협조적인 관계를 유지하고, 조직 내부 및 외부의 갈등을 원만히 해결하며, 고객의 요구를 충족시켜줄 수 있는 능력이다.

② 인간관계를 형성할 때 무엇을 말하고 어떻게 행동하느냐보다 사람됨이 가장 중요한 요소이다.

③ 대인관계능력은 팀워크능력, 리더십능력, 갈등관리능력, 협상능력, 고객서비스능력 등으로 구분된다.

### (2) 대인관계 향상 방법

① 상대방에 대한 이해와 양보

② 사소한 일에 대한 관심

③ 약속의 이행

④ 칭찬하고 감사하는 마음

⑤ 언행일치

⑥ 진지한 사과

---

**《 핵심예제 》**

**다음 중 인간관계에 있어서 가장 중요한 요소는 무엇인가?**

① 무엇을 말하는가 하는 것

② 어떻게 행동하느냐 하는 것

③ 피상적인 인간관계 기법

④ 내적 성품, 자신의 사람됨

인간관계를 형성할 때 가장 중요한 요소는 무엇을 말하느냐, 어떻게 행동하느냐보다 사람됨이다. 다른 사람과의 인간관계를 형성하기 시작하는 출발점은 자신의 내면이고, 내적 성품이다.

정답 ④

---

## 02  팀워크능력

### (1) 팀워크(Teamwork)

① 팀워크란 팀 구성원이 공동의 목적을 달성하기 위하여 서로 협력하여 업무를 수행하는 것을 말한다.
② 단순히 모이는 것만을 중요시하는 것이 아니라 공동의 목표를 세우고 힘을 모으는 것이다.
③ 팀워크의 유형은 협력·통제·자율의 3가지로 구분되는데, 조직이나 팀의 목적, 추구하는 사업 분야에 따라 서로 다른 유형의 팀워크가 필요하다.

---

**〈핵심예제〉**

**다음 중 팀워크에 대한 설명으로 적절하지 않은 것은?**

① 팀워크란 팀 구성원이 공동의 목적을 달성하기 위해 상호관계성을 가지고 협력하여 일을 해 나가는 것을 의미한다.
② 팀워크란 사람들로 하여금 집단에 머물도록 만들고, 그 집단의 멤버로서 계속 남아 있기를 원하게 만드는 힘을 의미한다.
③ 팀워크를 위해서는 공동의 목표의식과 상호 신뢰가 중요하다.
④ 효과적인 팀워크를 형성하기 위해서는 명확한 팀 비전과 목표설정을 공유하여야 한다.

　사람들로 하여금 집단에 머물도록 하고 계속 남아 있기를 원하게 만드는 힘은 응집력이다.

**정답** ②

---

### (2) 효과적인 팀의 특성

① 명확하게 기술된 사명과 목표
② 창조적인 운영
③ 결과에 초점 맞추기
④ 역할과 책임의 명료화
⑤ 조직화
⑥ 개인의 강점 활용
⑦ 리더십 역량 공유
⑧ 팀 풍토 발전
⑨ 의견의 불일치를 건설적으로 해결
⑩ 개방적인 의사소통
⑪ 객관적인 의사결정
⑫ 팀 자체의 효과성 평가

## (3) 팀의 발전과정

① 형성기(Forming) : 팀 구축의 초기단계로서 팀원들은 팀에서 인정받기를 원하며, 다른 팀원들을 신뢰할 수 있는지 탐색한다.

② 격동기(Storming) : 팀원 간에 과제를 수행하면서 마찰이 일어나고, 리더십이나 구조·권한·권위에 대한 문제 전반에 걸쳐서 경쟁심과 적대감이 나타난다.

③ 규범기(Norming) : 팀원 간에 응집력이 생기고, 개인의 주장보다 공동체 형성과 팀의 문제해결에 더욱 집중한다.

④ 성취기(Performing) : 팀원들은 사기충천하고, 팀에 대한 충성심이 높으며, 팀의 역량과 인간관계의 깊이를 확장함으로써 가장 생산적인 팀의 모습으로 비춰진다.

## (4) 멤버십(Membership)

① 멤버십이란 조직의 구성원으로서의 자격과 지위를 갖는 것으로, 훌륭한 멤버십은 팔로워십의 역할을 충실하게 잘 수행하는 것이다.

② 리더십과 멤버십 두 개념은 상호보완적인 관계이다.

③ 멤버십 유형

　㉠ 소외형 : 자립적인 사람으로, 일부러 반대의견 제시

　㉡ 순응형 : 팀 플레이를 하며, 리더나 조직을 믿고 헌신함

　㉢ 실무형 : 조직의 운영방침에 민감하고, 사건을 균형잡힌 시각으로 봄

　㉣ 수동형 : 판단 및 사고를 리더에게만 의존하며, 지시가 있어야 행동함

　㉤ 주도형 : 가장 이상적인 멤버십 유형

## (5) 팀워크 촉진 방법

① 동료 피드백 장려하기

② 갈등을 해결하기

③ 창의력 조성을 위해 협력하기

④ 참여적으로 의사결정하기

## (6) 팀워크 개발의 3요소

① 신뢰 쌓기

② 참여하기

③ 성과 내기

## (1) 리더십의 의미

리더십이란 조직의 공통된 목적을 달성하기 위하여 리더가 조직원들에게 행사하는 영향력이다.

## (2) 리더와 관리자의 비교

| 리더(Leader) | 관리자(Manager) |
| --- | --- |
| • 새로운 상황 창조자 | • 상황에 수동적 |
| • 혁신지향적 | • 유지지향적 |
| • 내일에 초점 | • 오늘에 초점 |
| • 사람의 마음에 불을 지핀다. | • 사람을 관리한다. |
| • 사람을 중시 | • 체제나 기구를 중시 |
| • 정신적 | • 기계적 |
| • 계산된 위험(Risk)을 취한다. | • 위험(Risk)을 회피한다. |
| • '무엇을 할까?'를 생각한다. | • '어떻게 할까?'를 생각한다. |

《 **핵심예제** 》

**다음 중 리더십에 대한 설명으로 적절하지 않은 것은?**

① 조직구성원들로 하여금 조직목표를 위해 자발적으로 노력하도록 영향을 주는 행위이다.

② 자신의 주장을 소신있게 나타내고 다른 사람들을 격려하는 힘이다.

③ 모든 조직구성원들에게 요구되는 역량이다.

④ 상사가 하급자에게 발휘하는 형태만을 의미한다.

상사가 하급자에게 발휘하는 형태뿐만 아니라 동료나 상사에게까지도 발휘하는 형태도 있다.

**정답** ④

## (3) 리더십 유형

① 독재자 유형
  ㉠ 통제 없이 방만한 상태 혹은 가시적인 성과물이 안 보일 때 효과적이다.
  ㉡ 특징 : 질문 금지, 모든 정보는 내 것이라는 생각, 실수를 용납하지 않음
② 민주주의에 근접한 유형
  ㉠ 혁신적이고 탁월한 부하직원들을 거느리고 있을 때 효과적이다.
  ㉡ 특징 : 참여·토론의 장려, 거부권
③ 파트너십 유형
  ㉠ 소규모 조직에서 경험과 재능을 소유한 조직원이 있을 때 효과적이다.
  ㉡ 특징 : 평등, 집단의 비전, 책임 공유
④ 변혁적 유형
  ㉠ 조직에 획기적인 변화가 요구될 때 효과적이다.
  ㉡ 특징 : 카리스마, 자기 확신, 존경심과 충성심, 풍부한 칭찬·감화

## (4) 동기부여 방법

① 긍정적 강화법 활용
② 새로운 도전의 기회 부여
③ 창의적인 문제 해결법 찾기
④ 책임감으로 철저히 무장
⑤ 몇 가지 코칭을 하기
⑥ 변화를 두려워하지 않는 것
⑦ 지속적인 교육

## (5) 코칭으로 구성원들의 리더십 역량 강화

① 코칭 활동은 직원들의 능력을 신뢰하며 확신하고 있다는 사실에 기초하며, 조직의 지속적인 성장과 성공을 만들어내는 리더의 능력이다.
② 직원들에게 질문을 던지는 한편, 직원들의 의견을 적극적으로 경청하고, 필요한 지원을 아끼지 않아 생산성을 높이고 기술 수준을 발전시키는 것이다.
③ 자기 향상을 도모하는 직원들에게 도움을 줌으로써 업무에 대한 만족감을 높이는 과정이라고 말할 수 있다.

---

**◀핵심예제▶**

### 다음 중 코칭의 기본원칙에 대한 설명으로 옳은 것은?

① 관리는 만병통치약과 같은 기능을 한다.
② 권한을 위임한다.
③ 코칭을 하는 동안 특별한 반응을 보여줘야 한다.
④ 리더가 각 직원의 목표를 정해줄 필요는 없다.

**코칭의 기본원칙**
• 만병통치약이 아니다.
• 권한을 위임한다.
• 훌륭한 코치는 뛰어난 경청자이다.
• 목표를 정하는 것이 가장 중요하다.

정답 ②

---

## (6) 임파워먼트(Empowerment)

① 조직구성원들을 신뢰하고, 그들의 잠재력을 믿으며, 그 잠재력의 개발을 통해 고성과(High Performance) 조직이 되도록 하는 일련의 행위이다.
② 임파워먼트의 충족 기준 : 여건의 조성, 재능과 에너지의 극대화, 명확하고 의미있는 목적에 초점

## (1) 갈등의 의미와 원인

① 갈등이란 조직을 구성하는 개인·집단·조직 간에 잠재적 또는 현재적으로 대립하는 심리적 상태이다.

② 갈등은 의견 차이가 생기기 때문에 발생하는데 항상 부정적인 것만은 아니다.

③ 갈등수준이 적절(X1)할 때는 조직 내부적으로 생동감이 넘치고, 변화지향적이며, 문제해결능력이 발휘된다.

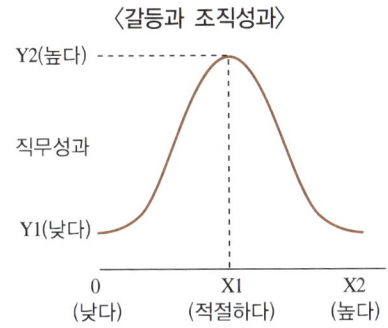

〈갈등과 조직성과〉

④ 갈등을 증폭시키는 원인에는 적대적 행동, 입장 고수, 감정적 관여 등이 있다.

## (2) 갈등의 쟁점 및 유형

① 갈등의 두 가지 쟁점
  ㉠ 핵심 문제 : 역할 모호성, 방법·목표·절차·책임·가치·사실에 대한 불일치
  ㉡ 감정적 문제 : 공존할 수 없는 개인적 스타일, 통제나 권력 확보를 위한 싸움, 자존심에 대한 위협, 질투와 분노 등

② 갈등의 유형
  ㉠ 불필요한 갈등 : 개개인이 저마다 문제를 다르게 인식하거나 정보가 부족한 경우, 편견 때문에 발생한 의견 불일치로 적대적 감정이 생길 때 불필요한 갈등이 일어난다.
  ㉡ 해결할 수 있는 갈등 : 목표와 욕망, 가치, 문제를 바라보는 시각과 이해하는 시각이 다를 경우에 일어날 수 있는 갈등이다.

---

〈 **핵심예제** 〉

**다음 중 갈등의 두 가지 쟁점 중 감정적 문제에 해당하지 않는 것은?**

① 역할 모호성  ② 질투와 분노
③ 자존심에 대한 위협  ④ 통제나 권력 확보를 위한 싸움

> 역할 모호성은 갈등의 두 가지 쟁점 중 핵심문제에 해당한다. 공존할 수 없는 개인적 스타일, 통제나 권력 확보를 위한 싸움, 자존심에 대한 위협, 질투와 분노 등이 감정적 문제에 해당한다.
>
> **정답** ①

## (3) 갈등의 과정

의견 불일치 → 대결 국면 → 격화 국면 → 진정 국면 → 갈등의 해소

## (4) 갈등의 해결방법

① 회피형(Avoiding)
  ㉠ 자신과 상대방에 대한 관심이 모두 낮음
  ㉡ 나도 지고 너도 지는 방법(I Lose-You Lose)
② 경쟁형(Competing)＝지배형(Dominating)
  ㉠ 자신에 대한 관심은 높고, 상대방에 대한 관심은 낮음
  ㉡ 나는 이기고 너는 지는 방법(I Win-You Lose)
③ 수용형(Accommodating)
  ㉠ 자신에 대한 관심은 낮고, 상대방에 대한 관심은 높음
  ㉡ 나는 지고 너는 이기는 방법(I Lose-You Win)
④ 타협형(Compromising)
  ㉠ 자신에 대한 관심과 상대방에 대한 관심이 중간 정도
  ㉡ 서로가 타협적으로 주고받는 방식(Give and Take)
⑤ 통합형(Integrating)＝협력형(Collaborating)
  ㉠ 자신은 물론 상대방에 대한 관심이 모두 높음
  ㉡ 나도 이기고 너도 이기는 방법(I Win-You Win)

---

◀핵심예제▶

**다음에서 설명하는 갈등해결 방법은 무엇인가?**

- 자신에 대한 관심은 높고 상대방에 대한 관심은 낮은 경우
- 제로섬(Zero Sum) 개념

① 회피형(Avoiding)　　　　　　　　② 경쟁형(Competing)
③ 수용형(Accommodating)　　　　　④ 통합형(Integrating)

경쟁형 갈등해결 방법은 '나는 이기고 너는 지는 방법(I Win-You Lose)'을 말하며, 상대방의 목표달성을 희생시키면서 자신의 목표를 이루기 위해 전력을 다하는 전략(제로섬, Zero Sum)이다.

정답 ②

---

## (5) 윈-윈(Win-Win) 갈등 관리법

윈-윈(Win-Win) 갈등 관리법이란 갈등과 관련된 모든 사람으로부터 의견을 받아서 문제의 본질적인 해결책을 얻는 것을 의미한다.

## (1) 협상의 의미

협상이란 갈등상태에 있는 이해 당사자들이 대화를 통해 서로를 설득하여 문제를 해결하려는 의사결정 과정이다.

## (2) 협상의 과정

① 협상과정의 5단계

| 협상시작 | • 협상 당사자들 사이에 상호 친근감을 쌓음<br>• 간접적인 방법으로 협상의사를 전달<br>• 상대방의 협상의지를 확인<br>• 협상진행을 위한 체제를 짬 |
|---|---|
| 상호이해 | • 갈등문제의 진행상황과 현재의 상황을 점검<br>• 적극적으로 경청하고 자기주장을 제시<br>• 협상을 위한 협상대상 안건을 결정 |
| 실질이해 | • 겉으로 주장하는 것과 실제로 원하는 것을 구분하여 실제로 원하는 바를 찾아 냄<br>• 분할과 통합 기법을 활용하여 이해관계를 분석 |
| 해결대안 | • 협상 안건마다 대안들을 평가<br>• 개발한 대안들을 평가<br>• 최선의 대안에 대해서 합의하고 선택<br>• 대안 이행을 위한 실행계획 수립 |
| 합의문서 | • 합의문 작성<br>• 합의문 상의 합의내용, 용어 등을 재점검<br>• 합의문에 서명 |

② 협상과정의 3단계

| '협상 전'<br>단계 | • 협상을 진행하기 위한 준비단계<br>• 협상기획 : 협상과정(준비, 집행, 평가 등)을 계획<br>• 협상준비 : 목표설정, 협상 환경분석, 협상 형태파악, 협상팀 선택과 정보수집, 자기분석, 상대방분석, 협상 전략과 전술수립, 협상 대표훈련 |
|---|---|
| '협상 진행' 단계 | • 협상이 실제로 진행되는 단계<br>• 협상진행 : 상호인사, 정보교환, 설득, 양보 등 협상전략과 전술구사<br>• 협상종결 : 합의 및 합의문 작성과 교환 |
| '협상 후'<br>단계 | • 합의된 내용을 집행하는 단계<br>• 협의내용 비준<br>• 협의내용 집행 : 실행<br>• 분석평가 : 평가와 피드백 |

**다음은 협상과정의 어느 단계에 해당하는가?**

• 갈등문제의 진행상황과 현재의 상황을 점검한다.
• 적극적으로 경청하고 자기주장을 제시한다.
• 협상을 위한 협상대상 안건을 결정한다.

① 상호이해                   ② 실질이해

③ 해결대안                   ④ 합의문서

협상과정은 관점에 따라 다양한 형태로 언급될 수 있으며, 협상과정을 5단계로 설명할 경우, '협상시작 → 상호이해 → 실질이해 → 해결대안 → 합의문서' 순으로 협상이 진행된다. 제시된 내용은 상호이해에 해당한다.

**정답** ①

### (3) 협상전략의 종류

① **협력전략**(Cooperative Strategy) : I Win-You Win 전략

    ㉠ 협상 참여자들이 협동과 통합으로 문제를 해결하고자 하는 협력적 문제 해결 전략이다.

    ㉡ 문제를 해결하는 합의에 이르기 위해서 협상 당사자들이 서로 협력하는 것이다.

    ㉢ 전술 : 협동적 원인 탐색, 정보수집과 제공, 쟁점의 구체화, 대안 개발, 개발된 대안들에 대한 공동평가, 협동하여 최종안 선택 등

② **유화전략**(Smoothing Strategy) : I Lose-You Win 전략

    ㉠ 양보전략, 순응전략, 화해전략, 수용전략, 굴복전략이다.

    ㉡ 상대방이 제시하는 것을 일방적으로 수용하여 협상의 가능성을 높이려는 전략이다.

    ㉢ 전술 : 유화, 양보, 순응, 수용, 굴복, 요구사항의 철회 등

③ **회피전략**(Avoiding Strategy) : I Lose-You Lose 전략

    ㉠ 무행동전략, 협상 철수전략으로, 협상을 피하거나 잠정적으로 중단하거나 철수하는 전략이다.

    ㉡ 나도 손해보고 상대방도 피해를 입게 되어 모두가 손해를 보게 되는 전략이다.

    ㉢ 전술 : 협상을 회피·무시, 상대방의 도전에 대한 무반응, 협상안건을 타인에게 넘겨주기, 협상으로부터 철수 등

④ **강압전략**(Forcing Strategy) : I Win-You Lose 전략

    ㉠ 자신이 상대방보다 힘에 있어서 우위를 점유하고 있을 때 자신의 이익을 극대화하기 위한 공격적·경쟁전략이다.

    ㉡ 인간관계를 중요하게 여기지 않고, 어떠한 수단과 방법을 동원해서라도 자신의 입장과 이익 극대화를 관철시키고자 한다.

    ㉢ 전술 : 위압적인 입장 천명, 협박과 위협, 협박적 설득, 확고한 입장에 대한 논쟁, 협박적 회유와 설득, 상대방 입장에 대한 강압적 설명 요청 등

**다음 중 협상전략과 그 내용에 대한 설명으로 옳지 않은 것은?**

① 협력전략 – 협상 참여자들이 협동과 통합으로 문제를 해결하고자 하는 과정이다.

② 유화전략 – 'I Win, You Lose' 전략으로서 영합(Zero Sum)적인 결과가 산출될 수 있다.

③ 회피전략 – 상대방의 도전에 대한 무반응・무시, 협상안건을 타인에게 넘겨주기 등의 전술을 사용한다.

④ 강압전략 – 자신이 상대방보다 힘에 있어서 우위를 점유하고 있을 때 자신의 이익을 극대화하기 위한 공격적 전략이다.

유화전략은 상대방이 제시하는 것을 일방적으로 수용하여 협상의 가능성을 높이려는 것으로서, 'Lose-Win' 전략이다.

**정답** ②

## (4) 상대방 설득방법

① **See-Feel-Change 전략** : 시각화하여 상대방에게 직접 보고 느끼게 함으로써 설득에 성공하는 전략

② **상대방 이해 전략** : 상대방에 대한 이해를 바탕으로 갈등해결을 용이하게 하는 전략

③ **호혜관계 형성 전략** : 호혜관계 형성을 통해 협상을 용이하게 하는 전략

④ **헌신과 일관성 전략** : 협상 당사자 간에 기대하는 바에 일관성있게 헌신적으로 부응하여 행동함으로써 협상을 용이하게 하는 전략

⑤ **사회적 입증 전략** : 과학적인 논리보다 동료나 사람들의 행동에 의해서 상대방을 설득하는 전략

⑥ **연결 전략** : 갈등문제와 갈등관리자를 연결시키는 것이 아니라 갈등을 야기한 사람과 관리자를 연결시킴으로써 협상을 용이하게 하는 전략

⑦ **권위 전략** : 직위나 전문성, 외모 등을 활용하여 협상을 용이하게 하는 전략

⑧ **희소성 해결 전략** : 인적・물적자원 등의 희소성을 해결함으로써 협상 과정상의 갈등 해결을 용이하게 하는 전략

⑨ **반항심 극복 전략** : 억압하면 할수록 더욱 반항하게 될 가능성이 높아지므로 이를 피함으로써 협상을 용이하게 하는 전략

## 06 고객서비스능력

### (1) 고객서비스의 의미

고객서비스란 다양한 고객의 요구를 파악하고 적절한 대응법을 마련함으로써 고객에게 양질의 서비스를 제공하는 것을 말한다.

### (2) 고객의 불만표현 유형 및 대응 방안

| 구분 | 대응 방안 |
| --- | --- |
| 거만형 | 자신의 과시욕을 드러내고 싶어 하는 고객으로, 자신의 과시욕이 채워지도록 뽐내든 말든 내버려 두며, 정중하게 대한다. |
| 의심형 | 직원의 설명이나 제품의 품질에 대해 의심을 많이 하는 고객으로, 분명한 증거나 근거를 제시하여 스스로 확신을 갖도록 유도하고, 때로는 책임자가 응대하는 것도 좋다. |
| 트집형 | 사소한 것에 트집을 잡는 까다로운 고객으로, 이야기를 경청하고, 맞장구치고, 추켜세우고, 설득해 가는 방법이 효과적이다. |
| 빨리빨리형 | 성격이 급하고 확신있는 말이 아니면 잘 믿지 않는 고객으로, "글쎄요?", "아마…" 등의 애매한 화법을 피하고, 시원스럽게 처리하는 모습을 보이면 응대하기 쉽다. |

《핵심예제》

**다음 중 트집형 고객에 대한 응대로 적절하지 않은 것은?**

① 이야기를 경청하고 추켜세우며 설득한다.

② 분명한 증거나 근거를 제시하여 확신을 갖도록 유도한다.

③ 고객의 지적이 옳음을 표시하고 "저도 그렇게 생각하고 있습니다만…"하고 설득한다.

④ 잠자코 고객의 의견을 들어주고 사과를 하는 응대가 바람직하다.

분명한 증거나 근거를 제시하여 확신을 갖도록 유도하는 방법은 의심형 고객에 대한 응대 방법에 해당된다.

정답 ②

## (3) 고객불만 처리 프로세스 8단계

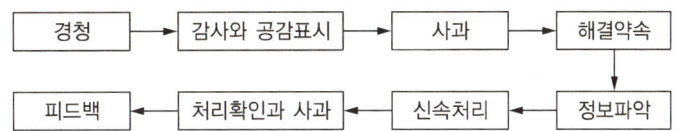

**다음 중 고객불만 처리 프로세스가 바르게 제시된 것은?**

① 경청 → 공감표시 → 사과 → 해결약속 → 신속처리 → 처리확인 → 피드백
② 공감표시 → 사과 → 경청 → 해결약속 → 신속처리 → 피드백 → 처리확인
③ 경청 → 공감표시 → 사과 → 해결약속 → 신속처리 → 피드백 → 처리확인
④ 공감표시 → 사과 → 경청 → 해결약속 → 신속처리 → 처리확인 → 피드백

고객불만 처리 프로세스는 먼저 '불만사항에 대한 경청 → 감사와 공감표시 → 사과 → 해결약속 → 신속처리 → 처리확인 및 사과 → 피드백' 등의 절차로 이루어진다.

**정답** ①

## (4) 고객만족 조사계획의 수행

① 조사분야 및 대상 설정
조사 분야와 대상을 명확히 설정해야만 정확한 조사가 이루어질 수 있다.

② 조사목적 설정
전체적 경향의 파악, 고객에 대한 개별대응 및 고객과의 관계유지 파악, 평가 및 개선 등의 목적이 있다.

③ 조사방법 및 횟수
설문조사와 심층면접법이 주로 활용되며, 1회 조사가 아닌 연속조사를 권장한다.

④ 조사결과 활용 계획
조사목적에 맞게 구체적인 활용 계획을 작성한다.

## 팀워크

| 유형분석 |

- 팀워크에 대한 이해를 묻는 문제가 자주 출제된다.
- 직장 내 상황 중에서 구성원으로서 팀워크를 위해 어떤 행동을 해야 하는지 묻는 문제가 출제되기도 한다.

다음 〈보기〉 중 팀워크(Teamwork)를 저해하는 요인을 모두 고르면?

> **보기**
>
> ㄱ. 역할과 책임의 모호성
> ㄴ. 개인의 무뚝뚝한 성격
> ㄷ. 자기중심적 성격
> ㄹ. 사고방식의 차이에 대한 무시

① ㄱ, ㄴ      ② ㄴ, ㄷ
③ ㄱ, ㄷ, ㄹ      ④ ㄴ, ㄷ, ㄹ
⑤ ㄱ, ㄴ, ㄷ, ㄹ

**정답** ③

ㄱ. 역할과 책임을 명료화하는 것은 팀워크에 도움이 되지만 역할과 책임이 모호한 것은 팀워크를 저해한다.
ㄷ. 자기중심적 성격의 이기주의는 팀워크를 저해한다.
ㄹ. 사고방식의 차이에 대한 무시는 팀워크를 저해한다.

**팀워크를 저해하는 요소**
- 조직에 대한 이해 부족
- 자기중심적인 이기주의
- 자아의식의 과잉
- 질투나 시기로 인한 파벌주의
- 사고방식의 차이에 대한 무시

**오답분석**
ㄴ. 개인의 무뚝뚝한 성격이 팀워크를 저해하지는 않는다.

**풀이 전략!**

제시된 상황을 자신의 입장이라고 생각해 본 후, 가장 모범적이라고 생각되는 것을 찾아야 한다. 이때, 지나치게 자신의 생각만 가지고 문제를 풀지 않도록 주의하며, 팀워크에 대한 이론과 연관 지어 답을 찾도록 해야 한다.

**01** 다음 〈보기〉 중 응집력과 팀워크를 비교한 내용으로 옳지 않은 것을 모두 고르면?

> **보기**
>
> ㄱ. 팀워크와 응집력 모두 공동의 목적 달성을 위한 구성원의 노력을 전제로 한다.
> ㄴ. 응집력과 달리 팀워크는 양질의 성과를 필수적으로 요구한다.
> ㄷ. 응집력과 팀워크는 구성원 간의 협력이 전제된다는 점에서 공통점을 갖는다.

① ㄱ
② ㄴ
③ ㄱ, ㄷ
④ ㄴ, ㄷ
⑤ ㄱ, ㄴ, ㄷ

**02** 다음 두 사례를 보고 팀워크에 대해 잘못 분석한 사람은?

〈A사의 사례〉

A사는 1987년부터 1992년까지 품질과 효율 향상은 물론 생산 기간을 50%나 단축시키는 성과를 내었다. 모든 부서에서 품질 향상의 경쟁이 치열했고, 그 어느 때보다 좋은 팀워크가 만들어졌다고 평가되었다. 가장 성과가 우수하였던 부서는 미국의 권위 있는 볼드리지(Baldrige) 품질 대상을 수상하기도 하였다. 그런데 이러한 개별 팀의 성과가 회사 전체의 성과나 주주의 가치로 잘 연결되지 못했던 것으로 분석되었다. 시장의 PC 표준 규격을 반영하지 않은 새로운 규격으로 인해 호환성 문제가 대두되었고, 대중의 외면을 받아야만 했다. 한 임원은 "아무리 빨리, 제품을 잘 만들어도 고객의 가치를 반영하지 못하거나, 시장에서 고객의 접촉이 제대로 이루어지지 않으면 의미가 없다는 점을 배웠다."라고 말했다.

〈K병원의 사례〉

가장 정교하고 효과적인 팀워크가 요구되는 의료 분야에서 K병원은 최고의 의료 수준과 서비스로 명성을 얻고 있다. 이 병원의 조직 운영 기본 원칙에는 '우리 지역과 국가, 세계의 환자들의 니즈에 집중하는 최고의 의사, 연구원 및 의료 전문가의 협력을 기반으로 병원을 운영한다.'라고 명시되어 있다고 한다. 팀 간의 협력은 물론 전 세계의 고객을 지향하는 웅대한 가치를 공유하고 있는 것이다. K병원이 최고의 명성과 함께 노벨상을 수상하는 실력을 갖출 수 있었던 데는 이러한 팀워크가 중요한 역할을 하였다고 볼 수 있다.

① 재영 : 개별 팀의 팀워크가 좋다고 해서 반드시 조직의 성과로 이어지는 것은 아니군.
② 건우 : 팀워크는 공통된 비전을 공유하고 있어야 해.
③ 수정 : 개인의 특성을 이해하고 개인 간의 차이를 중시해야 해.
④ 유주 : 팀워크를 지나치게 강조하다 보면 외부에 배타적인 자세가 될 수 있어.
⑤ 바위 : 역시 팀워크는 성과를 만드는 데 중요한 역할을 하네.

# 02 리더십

## | 유형분석 |

- 리더십의 개념을 비교하는 문제가 자주 출제된다.
- 리더의 역할에 대한 문제가 출제되기도 한다.

**다음 글을 참고할 때 거래적 리더십과 변혁적 리더십의 차이점에 대한 설명으로 옳지 않은 것은?**

거래적 리더십은 '규칙을 따르는' 의무에 관계되어 있기 때문에 거래적 리더들은 변화를 촉진하기보다는 조직의 안정을 유지하는 것을 중시한다. 그리고 거래적 리더십에는 리더의 요구에 부하가 순응하는 결과를 가져오는 교환 과정이 포함되지만, 조직원들이 과업목표에 대해 열의와 몰입까지는 발생시키지 않는 것이 일반적이다.

변혁적 리더십은 거래적 리더십 내용에 대조적이다. 리더가 조직원들에게 장기적 비전을 제시하고 그 비전을 향해 매진하도록 조직원으로 하여금 자신의 정서·가치관·행동 등을 바꾸어 목표달성을 위한 성취의지와 자신감을 고취시킨다. 즉, 거래적 리더십은 교환에 초점을 맞춰 단기적 목표를 달성하고 이에 따른 보상을 받고, 변혁적 리더십은 장기적으로 성장과 발전을 도모하며 조직원들이 소속감, 몰입감, 응집력, 직무만족 등을 발생시킨다.

① 거래적 리더십의 보상체계는 규정에 맞게 성과 달성 시 인센티브와 보상이 주어진다.
② 변혁적 리더십은 기계적 관료제에 적합하고, 거래적 리더십은 단순구조나 임시조직에 적합하다.
③ 거래적 리더십은 안전을 지향하고 폐쇄적인 성격을 가지고 있다.
④ 변혁적 리더십은 공동목표를 추구하고 리더가 교육적 역할을 담당한다.
⑤ 변혁적 리더십은 업무 등의 과제의 가치와 당위성을 주시하여 성공에 대한 기대를 제공한다.

**정답** ②

거래적 리더십은 기계적 관료제에 적합하고, 변혁적 리더십은 단순구조나 임시조직, 경제적응적 구조에 적합하다.
- 거래적 리더십 : 리더와 조직원들이 이해타산적 관계에 의해 규정에 따르며, 합리적인 사고를 중시하고 보강으로 동기를 유발한다.
- 변혁적 리더십 : 리더와 조직원들이 장기적 목표 달성을 추구하고, 리더는 조직원의 변화를 통해 동기를 부여하고자 한다.

**풀이 전략!**

리더십의 개념을 비교하는 문제가 자주 출제되기 때문에 관련 개념을 정확하게 암기해야 하고, 조직 내에서의 리더의 역할에 대한 이해가 필요하다.

**01**　다음 대화에서 리더십과 멤버십에 대해 바르게 설명하는 사람을 모두 고르면?

> 김사원 : 리더십은 멤버십과 상호보완적인 관계에 있다고 생각합니다. 멤버의 질에 따라 좋은 리더도 훌륭한 지휘를 하지 못할 수 있고, 다소 부족한 리더라도 좋은 성과를 낼 수 있기 때문입니다.
> 박주임 : 리더십과 멤버십은 독립적인 관계입니다. 리더의 수행능력이 뛰어나다고 하여 멤버의 수행능력 또한 뛰어나다는 보장이 없기 때문입니다.
> 이대리 : 조직의 성공은 훌륭한 리더십과 훌륭한 멤버십 중 한 가지만 충족되어도 가능합니다. 능력이 뛰어난 것에 중점을 맞추면 성공할 수 있기 때문입니다.
> 최사원 : 조직의 성공을 위해서는 반드시 리더와 멤버 모두 뛰어난 기량을 발휘하여야 합니다. 양자가 확보되어야 최선의 결과를 낼 수 있기 때문입니다.

① 김사원, 박주임　　　　　　　　　　② 김사원, 최사원
③ 박주임, 이대리　　　　　　　　　　④ 박주임, 최사원
⑤ 이대리, 최사원

**02**　다음은 멤버십 유형별 특징에 대한 자료이다. 이를 참고하여 각 유형의 멤버십을 가진 사원에 대한 리더의 대처방안으로 가장 적절한 것은?

〈멤버십 유형별 특징〉

| 소외형 | 순응형 |
|---|---|
| • 조직에서 자신을 인정해주지 않음<br>• 적절한 보상이 없음<br>• 업무 진행에 있어 불공정하고 문제가 있음 | • 기존 질서를 따르는 것이 중요하다고 생각함<br>• 리더의 의견을 거스르는 것은 어려운 일임<br>• 획일적인 태도와 행동에 익숙함 |
| **실무형** | **수동형** |
| • 조직에서 규정준수를 강조함<br>• 명령과 계획을 빈번하게 변경함 | • 조직이 나의 아이디어를 원치 않음<br>• 노력과 공헌을 해도 아무 소용이 없음<br>• 리더는 항상 자기 마음대로 함 |

① 소외형 사원은 팀에 협조하는 경우에 적절한 보상을 주도록 한다.
② 소외형 사원은 팀을 위해 업무에서 배제시킨다.
③ 순응형 사원에 대해서는 조직을 위해 순응적인 모습을 계속 권장한다.
④ 실무형 사원에 대해서는 징계를 통해 규정 준수를 강조한다.
⑤ 수동형 사원에 대해서는 자신의 업무에 대해 자신감을 주도록 한다.

# 03 갈등 관리

## |유형분석|

- 갈등의 개념이나 원인, 해결방법을 묻는 문제가 자주 출제된다.
- 실제 사례에 적용할 수 있는지를 확인하는 문제가 출제되기도 한다.
- 일반적인 상식으로 해결할 수 있는 문제가 출제되기도 하지만, 자의적인 판단에 주의해야 한다.

**다음 〈보기〉 중 갈등의 단서에 해당하는 것을 모두 고르면?**

> **보기**
>
> ㄱ. 지나치게 감정적으로 논평과 제안을 한다.
> ㄴ. 타인의 의견발표가 끝나기도 전에 타인의 의견에 대해 공격한다.
> ㄷ. 핵심을 이해하지 못한 데 대해 서로 비난한다.
> ㄹ. 편을 가르고, 타협하기를 거부한다.
> ㅁ. 개인적인 수준에서 미묘한 방식으로 서로를 공격한다.

① ㄱ, ㄴ  　　　　　　　　② ㄷ, ㄹ
③ ㄷ, ㄹ, ㅁ  　　　　　　 ④ ㄱ, ㄷ, ㄹ, ㅁ
⑤ ㄱ, ㄴ, ㄷ, ㄹ, ㅁ

**정답** ⑤

ㄱ. 감정적으로 논평과 제안을 하면 상대방도 감정적으로 되어 갈등이 일어날 수 있다.
ㄴ. 타인의 의견발표가 끝나고 난 뒤 의견에 대해 피드백을 해야 한다.
ㄷ. 핵심을 이해하지 못하고 서로 비난하면 결론이 나지 않고 갈등만 커진다.
ㄹ. 편을 가르지 않고 타협을 해야 갈등이 덜 일어난다.
ㅁ. 개인적인 수준에서 미묘한 방식으로 서로를 공격하면 상대방뿐 아니라 자신에게도 갈등이 형성된다.

**풀이 전략!**

문제에서 물어보는 내용을 정확하게 파악한 뒤, 갈등 관련 이론과 대조해 본다. 특히 자주 출제되는 갈등 해결방법에 대한 이론을 암기해 두면 문제 푸는 속도를 줄일 수 있다.

**01** 다음은 갈등해결을 위한 6단계 프로세스이다. 3단계에 해당하는 대화의 예로 가장 적절한 것은?

① 그럼 A씨의 생각대로 진행해 보시죠.
② 제 생각은 이런데, A씨의 생각은 어떠신지 말씀해 주시겠어요?
③ 저도 좋아요. 그것으로 결정해요.
④ 저는 모두가 만족하는 해결책을 찾고 싶어요.
⑤ A씨의 말은 아무리 들어도 이해가 안 되는데요.

**02** 다음 중 갈등에 대한 설명으로 옳은 것은?
① 의사소통의 폭을 줄이면서, 서로 접촉하는 것을 꺼리게 된다.
② 갈등이 없으면 항상 의욕이 상승하고, 조직성과가 높아진다.
③ 승리하기보다는 문제를 해결하는 것을 중시한다.
④ 목표달성을 위해 노력하는 팀은 갈등이 없다.
⑤ 갈등은 부정적인 요소만 만든다.

## | 유형분석 |

- 고객 불만을 효과적으로 처리하기 위한 과정이나 방법에 대한 문제이다.
- 고객 불만 처리 프로세스에 대한 숙지가 필요하다.

귀하는 K공단 고객지원팀에서 고객 상담 업무를 담당하고 있다. 고객이 찾아와 화를 내며 불만을 말할 때, 다음 중 귀하가 대응해야 할 방법으로 가장 적절한 것은?

① 회사 규정을 말하며 변명을 한다.
② 고객의 불만을 먼저 들은 후에 사과를 한다.
③ 어떠한 비난도 하지 않고 문제를 해결한다.
④ 일단 당장 화를 가라앉히기 위해 터무니없는 약속을 해 둔다.
⑤ 내 잘못이 아니라는 것을 확인시켜 주고 문제를 해결한다.

**정답** ③

어떠한 비난도 하지 않고 문제를 해결하는 것은 고객 불만에 대응하는 적절한 방법이다.

**오답분석**
① 회사 규정을 말하며 변명을 하는 것은 오히려 화를 키울 수 있다.
② 먼저 사과를 하고 이야기를 듣는 것이 더 효과적이다.
④ 실현 가능한 최선의 대안을 제시해야 한다.
⑤ 내 잘못이 아니라는 것을 고객에게 알리는 것은 화를 더 키울 수 있다.

**풀이 전략!**

제시된 상황이나 고객 유형을 정확하게 파악해야 하고, 고객 불만 처리 프로세스를 토대로 갈등을 해결해야 한다.

**01** K사원온 A공사에시 고객응대 입무를 맡고 있다. 다음과 같이 고객의 민원에 답변하였을 때, 적절하지 않은 것은?

> 고객 : 저기요. 제가 너무 답답해서 이렇게 전화했습니다.
> K사원 : 안녕하세요. 고객님. 상담사 ○○○입니다. 무슨 문제로 전화해 주셨나요? … ①
>
> 고객 : 아니, 아직 납부기한이 지나지도 않았는데, 홈페이지에 왜 '납부하지 않은 보험료'로 나오는 건가요? 일 처리를 왜 이렇게 하는 건가요?
> K사원 : 고객님, 이건 저희 실수가 아니라 고객님이 잘못 이해하신 부분 같습니다. … ②
>
> 고객 : 무슨 소리예요? 내가 지금 홈페이지에서 확인하고 왔는데.
> K사원 : 고객님, 홈페이지에서 '납부하지 않은 보험료'로 표시되는 경우는 고객님께서 다음 달 10일까지 납부하셔야 할 당월분 보험료라고 이해하시면 됩니다. … ③
>
> 고객 : 정말이에요? 나 참 왜 이렇게 헷갈리게 만든 건가요?
> K사원 : 죄송합니다. 고객님. 참고로 이미 보험료를 납부했는데도 '납부하지 않은 보험료'로 표시되는 경우에는 보험료 납부내역이 공단 전산에 반영되는 기준일이 '납부 후 최장 4일 경과한 시점'이기 때문임을 유의해 주시기 바랍니다. … ④
>
> 고객 : 알겠습니다. 수고하세요.
> K사원 : 감사합니다. 고객님 좋은 하루 보내세요. 상담사 ○○○이었습니다. … ⑤

**02** 다음 중 '고객만족관리'의 필요성에 대한 설명으로 옳지 않은 것은?

① 고객만족은 기업의 단골 증대로 이어지며 공생의 개념과 관계가 있다.
② 경제성장으로 인해 고객의 욕구는 더욱 진화하였으며, 기대수준 또한 높아졌다.
③ 기업의 제품이나 서비스에 대해 만족한 고객의 구전이 신규고객의 창출로 이어진다.
④ 기업의 제품이나 서비스의 불만족은 고객이탈로 이어지지 않으나 기업 이미지에 큰 영향을 미친다.
⑤ 불만족 고객의 대부분은 회사가 적극적인 자세로 신속하게 해결해 줄 경우 재거래율이 높아진다.

# CHAPTER 09

# 자기개발능력

자기개발능력은 직업인으로서 자신의 능력, 적성, 특성 등의 객관적 이해를 기초로 자기 발전 목표를 스스로 수립하고 자기관리를 통하여 성취해 나가는 능력을 의미한다. 또한 직장 생활을 포함한 일상에서 스스로를 관리하고 개발하는 능력을 말한다. 국가직무능력표준에 따르면 세부 유형은 자아 인식·자기 관리·경력 개발로 나눌 수 있다.

### 01 개념을 정립하라!

자기개발능력의 문제들은 대부분 어렵거나 특별한 지식을 요구하지는 않는다. 그렇기 때문에 따로 시간을 할애해 학습하지 않아도 득점이 가능하다. 다만, 매슬로의 욕구 단계, 조하리의 창 등의 개념이나 키워드들은 정리해서 미리 알아 둘 필요가 있다.

### 02 개념과 상황에 대비하라!

자신에 대한 이해를 바탕으로 스스로를 관리하고 나아가 개발하는 것에 대한 문제가 대부분인데, 상식으로 풀 수 있는 내용뿐만 아니라 지식을 알아 두지 않으면 틀릴 수밖에 없는 내용도 많다. 그렇기 때문에 자주 출제되는 개념들은 분명히 정리해야 하고, 출제되는 유형이 지식 자체를 묻기보다는 대화나 예시와 함께 제시되기 때문에 상황과 함께 연결해서 정리해 두어야 한다.

## 03 업무 사례와 연관 지어라!

자기개발의 정의와 구성 요인을 파악하는 기본적인 이론도 중요하지만, 실제 업무 사례와 연관 짓거나 상황에 적용하는 등의 문제를 통해 자기개발 전략에 대해 이해할 필요가 있다. 스스로 자기개발 계획을 수립하여 실제 업무 수행 시 반영할 수 있어야 한다.

## 04 출제 이유를 생각하라!

이 영역은 굳이 공부를 하지 않아도 되는 영역이라고 생각하는 사람들이 많다. 그럼에도 공사·공단에서 자기개발능력을 시험으로 출제하는 근본적인 이유를 생각해 볼 필요가 있다. 대부분의 수험생들이 자기개발능력에 공부시간을 전혀 할애하지 않고 시험을 보러 간다. 그렇기 때문에 본인이 찍는 정답이 곧 본인의 가치관을 반영하는 것이라고 할 수 있다. 자기개발은 본인 스스로를 위해서 이루어지고, 직장생활에서의 자기개발은 업무의 성과를 향상시키기 위해 이루어진다. 출제자들은 그것을 파악하려고 하는 것이다. 이는 기본적인 개념을 암기해야 할 이유이다.

# 모듈이론

## 01    자기개발능력

**(1) 자기개발의 의미와 필요성**

　① 자기개발의 의미

　　자신의 능력·적성·특성 등에 있어서 강점을 강화하고, 약점을 관리해 성장을 위한 기회로 활용하
　　는 것이다.

　② 자기개발능력의 의미

　　자신의 능력·적성·특성 등의 이해를 기초로 자기 발전 목표를 스스로 수립하고 자기관리를 통해
　　성취해 나가는 능력을 말한다.

　③ 자기개발의 특징

> - 자기개발을 통해 지향하는 바와 선호하는 방법 등이 사람마다 다르다.
> - 평생에 걸쳐 이루어지는 과정이다.
> - 일과 관련해 이루어지는 활동이다.
> - 생활 가운데 이루어져야 한다.
> - 모든 사람이 해야 하는 것이다.

---

《 핵심예제 》

**다음 중 자기개발의 특징에 대한 설명으로 옳지 않은 것은?**

① 자기개발은 개별적인 과정이다.

② 자기개발은 일시적인 과정이다.

③ 특정한 프로그램에 참가하는 것보다 생활 가운데 이루어지는 것이 더 중요하다.

④ 모든 사람이 해야 한다.

> 자기개발은 평생에 걸쳐서 이루어져야 한다. 우리는 날마다 조금씩 다른 상황에 처하게 되며, 학교교육에서는 원리·
> 원칙에 대한 교육이 이루어질 뿐이므로 실생활에서 적응하기 위해서는 평생에 걸친 자기개발이 필요하다.
>
>  ②

④ 자기개발의 필요성

- 효과적인 업무 처리, 즉 업무 성과의 향상을 위해 필요하다.
- 빠르게 변화하는 환경에 적응하기 위해 필요하다.
- 주변 사람들과 긍정적인 인간관계를 형성하기 위해 필요하다.
- 달성하고자 하는 목표의 성취를 위해 필요하다.
- 개인적으로 보람된 삶을 살기 위해 필요하다.

## (2) 자기개발의 방법

① 자아인식

| 의미 | • 자신의 가치, 신념 등 자신이 누구인지 아는 것<br>• 자신이 어떠한 특성을 가지고 있는 지를 인식할 수 있어야 함 |
| --- | --- |
| 방법 | • 내가 아는 나를 확인하는 방법<br>• 다른 사람과의 대화를 통해 알아가는 방법<br>• 표준화된 검사 척도를 이용하는 방법 |

② 자기관리

| 의미 | 자신을 이해하고, 목표의 성취를 위해 자신의 행동 및 업무수행을 관리하는 것 |
| --- | --- |
| 과정 | 자신에 대한 이해를 토대로 비전·목표를 수립 → 과제를 발견 → 자신의 일정을 수립·조정해 자기관리를 수행 → 반성 및 피드백 |

③ 경력개발

| 경력 | 일생에 걸쳐서 지속적으로 이루어지는 일과 관련된 경험 |
| --- | --- |
| 경력개발 | 개인의 경력목표와 전략을 수립하고 실행하며 피드백하는 과정 |
| 경력계획 | 자신과 상황을 인식하고 경력 관련 목표를 설정해 목표를 달성하기 위한 과정 |
| 경력관리 | 경력계획을 준비하고 실행하며 피드백함 |

< 핵심예제 >

**다음 중 자기개발의 방법으로 옳지 않은 것은?**

① 자아인식                    ② 자기관리
③ 자기비판                    ④ 경력개발

자기개발을 위해서는 자아를 인식하고, 관리하며, 경력을 개발해야 한다.

정답 ③

### (3) 자기개발 계획

① 자기개발 설계 전략

| 구분 | 내용 |
|---|---|
| 장·단기 목표의 수립 | • 장기 목표 : 보통 5 ~ 20년 정도의 목표로, 욕구·가치·흥미·적성·기대를 고려해 수립한다.<br>• 단기 목표 : 보통 1 ~ 3년 정도의 목표로, 장기 목표를 이루기 위한 기본 단계가 된다. |
| 인간관계의 고려 | • 인간관계를 고려하지 않고 자기개발 계획을 수립하면 계획을 실행하는 데 어려움을 겪는다.<br>• 다른 사람과의 관계를 발전시키는 것도 하나의 자기개발 목표가 된다. |
| 현재의 직무 고려 | • 현재의 직무 상황과 이에 대한 만족도가 자기개발 계획의 수립에 중요한 역할을 한다.<br>• 현재의 직무 담당에 필요한 능력과 이에 대한 자신의 수준, 개발해야 할 능력, 관련된 적성 등을 고려한다. |
| 구체적인 방법 계획 | • 자기개발 방법을 명확하고 구체적으로 수립하면, 노력을 집중하고 효율화할 수 있다.<br>• 장기 목표일 경우에는 구체적인 방법을 계획하는 것이 어렵거나 바람직하지 않을 수도 있다. |
| 자신의 브랜드화 | • 자신을 알리는 것을 넘어 다른 사람과의 차별화된 특징을 지속적인 자기개발을 통하여 알리는 것을 말한다.<br>• 구체적인 방법으로는 소셜네트워크와 인적네트워크 활용, 경력 포트폴리오의 구성 등이 있다. |

② 자기개발 계획 수립의 장애 요인

자기 정보의 부족, 내·외부 작업 정보의 부족, 의사결정 시 자신감의 부족, 일상생활의 요구사항, 주변 상황의 제약

---

### (1) 자아인식의 개념

① 자아인식의 의미

자신의 요구를 파악하고 자신의 능력·기술을 이해하여 자신의 가치를 확신하는 것으로, 개인과 팀의 성과를 높이는 데 필수적으로 요구된다.

② 자아존중감

개인의 가치에 대한 주관적인 평가와 판단을 통해 자기결정에 도달하는 과정이며, 스스로에 대한 긍정적 또는 부정적 평가를 통해 가치를 결정짓는 것이다.

| 구분 | 내용 |
|---|---|
| 가치 차원 | 다른 사람들이 자신을 가치 있게 여기며 좋아한다고 생각하는 것 |
| 능력 차원 | 과제를 완수하고 목표를 달성할 수 있다는 신념 |
| 통제감 차원 | 자신이 세상에서 경험하는 일들과 거기에 영향을 미칠 수 있다고 느끼는 정도 |

③ 나를 아는 방법

• 본인 스스로에게 질문하는 방법
• 다른 사람과의 대화를 통하는 방법
• 표준화된 검사도구를 활용하는 방법

## (2) 흥미와 적성의 개발 방법과 자아성찰

### ① 흥미와 적성의 개발 방법

- 마인드 컨트롤을 하라.
- 조금씩 성취감을 느껴라.
- 기업의 문화 및 풍토의 고려하라.

### ② 자아성찰의 필요성

- 다른 일을 할 때 필요한 노하우의 축적
- 성장의 기회
- 신뢰감 형성
- 창의적인 사고

PART 2

## 03 자기관리능력

## (1) 자기관리 단계별 계획

### ① 비전 및 목적 정립

- 나에게 가장 중요한 것은 무엇인가?
- 나의 가치관은?
- 내 삶의 목적은 어디에 있는가?

### ② 과제 발견

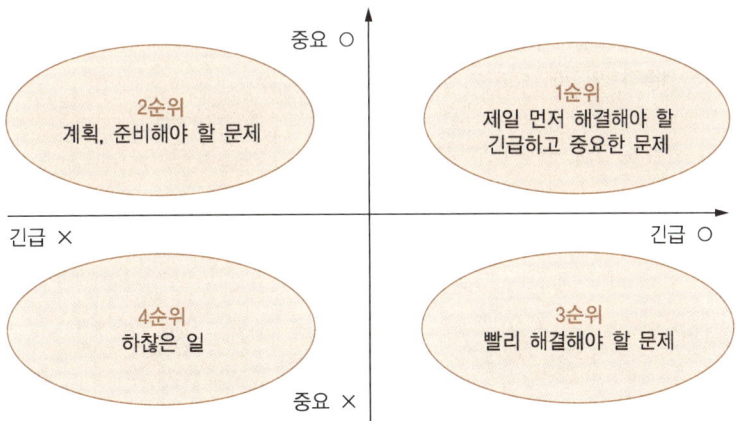

**다음 중 가장 먼저 해결해야 할 과제는?**

① 중요하지만 긴급하지 않은 과제

② 중요하고 긴급한 과제

③ 중요하지 않지만 긴급한 과세

④ 중요하지 않고 긴급하지도 않은 과제

---

가장 먼저 해결해야 할 과제는 중요하고 긴급한 과제이다.

정답 ②

---

③ 일정 수립

긴급한 문제라고 하여 우선순위를 높게 잡고 계획을 세우면 오히려 중요한 일을 놓칠 수 있다. 앞서 분석한 우선순위에 따라 중요한 일을 모두 수행할 수 있도록 계획을 세워야 한다.

| 구분 | 내용 |
|------|------|
| 월간 계획 | 장기적인 관점에서 계획하고 준비해야 될 일을 작성 |
| 주간 계획 | 우선순위가 높은 일을 먼저 하도록 계획을 세움 |
| 일간 계획 | 보다 자세하게 시간 단위로 작성 |

④ 수행

내가 하려고 하는 일은 무엇인지, 이 일에 영향을 미치는 요소들은 무엇인지, 이를 관리하기 위한 방법은 어떤 것이 있는지 찾아 계획한대로 바람직하게 수행한다.

⑤ 반성 및 피드백

㉠ 일을 수행하고 나면 다음의 질문을 통해 분석한다.

- 일을 수행하는 동안 어떤 문제에 직면했는가?
- 어떻게 결정을 내리고 행동했는가?
- 우선순위, 일정에 따라 계획적으로 수행했는가?

㉡ 분석 결과를 다음 수행에 반영한다.

## (2) 합리적인 의사결정

### ① 합리적인 의사결정 과정

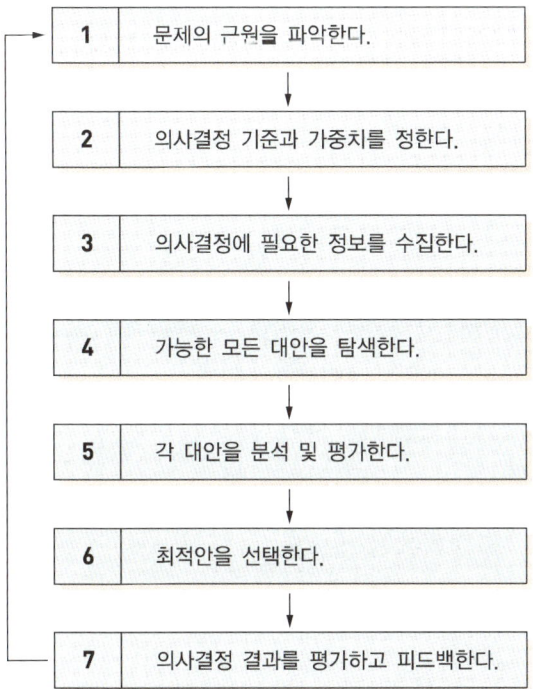

| 1 | 문제의 근원을 파악한다. |
| 2 | 의사결정 기준과 가중치를 정한다. |
| 3 | 의사결정에 필요한 정보를 수집한다. |
| 4 | 가능한 모든 대안을 탐색한다. |
| 5 | 각 대안을 분석 및 평가한다. |
| 6 | 최적안을 선택한다. |
| 7 | 의사결정 결과를 평가하고 피드백한다. |

### ② 거절의 의사결정을 하고 표현할 때 유의할 사항

- 상대방의 말을 들을 때에는 주의를 기울여 문제의 본질을 파악한다.
- 거절의 의사결정은 빠를수록 좋다.
- 거절을 할 때에는 분명한 이유를 만들어야 한다.
- 대안을 제시한다.

## (3) 의사결정의 오류

| 숭배에 의한 논증 | 권위 있는 전문가의 말을 따르는 것은 일반적으로 옳을 수 있지만, 무작정 따라간다면 문제가 있다. |
|---|---|
| 상호성의 법칙 | 상대의 호의로 인한 부담으로 인해 부당한 요구를 거절하지 못하게 된다면 문제가 있다. |
| 사회적 증거의 법칙 | 베스트셀러를 사는 것처럼 많은 사람들이 하는 것을 무의식적으로 따라간다면 문제가 있다. |
| 호감의 법칙 | 자신에게 호감을 주는 상대의 권유에 무의식적으로 따라간다면 문제가 있다. |
| 권위의 법칙 | 권위에 맹종하여 따라간다면 문제가 있다. |
| 희귀성의 법칙 | '얼마 없습니다.', '이번이 마지막 기회입니다.'라는 유혹에 꼭 필요하지 않은 것임에도 따라간다면 문제가 있다. |

## (4) 자신의 내면 관리와 성과 향상 방법

- 인내심 키우기
- 긍정적인 마음 가지기
- 업무수행 성과를 높이기 위한 행동전략 : 역할 모델 설정, 일을 미루지 않음, 회사·팀의 업무 지침을 따름, 업무를 묶어서 처리

## 04 경력개발능력

### (1) 경력개발의 의미

① 경력개발

개인이 경력목표와 전략을 수립하고 실행하며 피드백하는 과정으로, 개인은 한 조직의 구성원으로서 조직과 함께 상호작용하며 자신의 경력을 개발한다.

② 경력개발능력

자신의 진로에 대해 단계적 목표를 설정하고, 목표 성취에 필요한 역량을 개발해 나가는 능력을 말한다.

③ 경력개발능력의 필요성

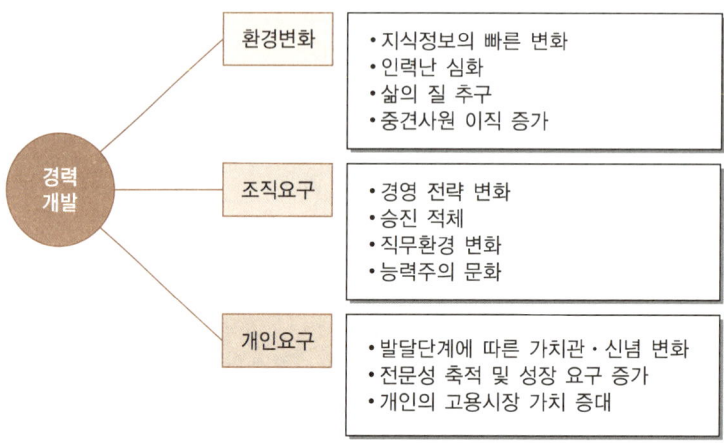

④ 지속적인 경력관리

계속적·적극적인 경력관리를 통해 경력목표를 지속적으로 수정하며, 환경·조직의 변화에 따라 새로운 미션을 수립해 새로운 경력이동 경로를 만들어야 한다.

## (2) 경력단계의 과정

### ① 경력개발 단계별 세부 내용

| 직업선택<br>(0 ~ 25세) | • 최대한 여러 직업의 정보를 수집하여 탐색 후 나에게 적합한 최초의 직업 선택<br>• 관련 학과 외부 교육 등 필요한 교육 이수 |
| --- | --- |
| 조직입사<br>(18 ~ 25세) | • 원하는 조직에서 일자리 얻음<br>• 정확한 정보를 토대로 적성에 맞는 적합한 직무 선택 |
| 경력초기<br>(25 ~ 40세) | • 조직의 규칙과 규범에 대해 배움<br>• 직업과 조직에 적응해 감<br>• 역량(지식·기술·태도)을 증대시킴 |
| 경력중기<br>(40 ~ 55세) | • 경력초기를 재평가함<br>• 성인 중기에 적합한 선택을 함 |
| 경력말기<br>(55세 ~ 퇴직) | • 자존심 유지<br>• 퇴직 준비의 자세한 계획 |

### ② 경력개발 계획의 단계

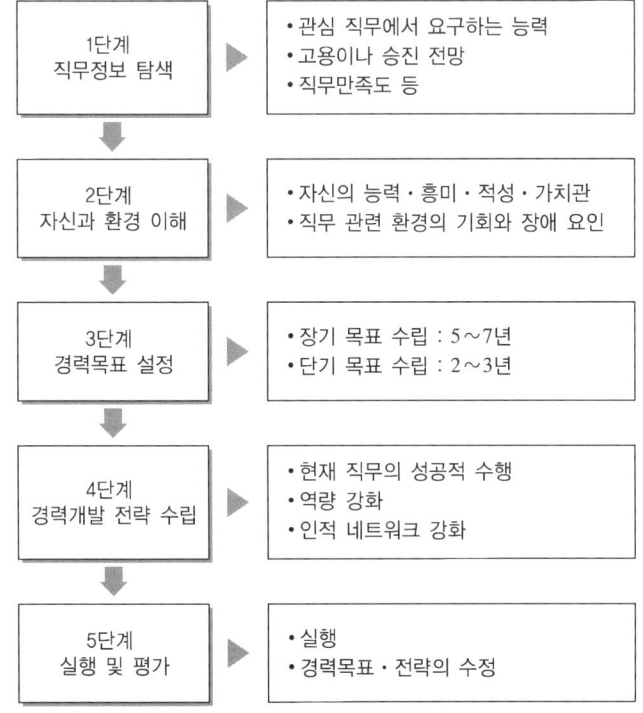

| 1단계<br>직무정보 탐색 | ▶ | • 관심 직무에서 요구하는 능력<br>• 고용이나 승진 전망<br>• 직무만족도 등 |
| 2단계<br>자신과 환경 이해 | ▶ | • 자신의 능력·흥미·적성·가치관<br>• 직무 관련 환경의 기회와 장애 요인 |
| 3단계<br>경력목표 설정 | ▶ | • 장기 목표 수립 : 5~7년<br>• 단기 목표 수립 : 2~3년 |
| 4단계<br>경력개발 전략 수립 | ▶ | • 현재 직무의 성공적 수행<br>• 역량 강화<br>• 인적 네트워크 강화 |
| 5단계<br>실행 및 평가 | ▶ | • 실행<br>• 경력목표·전략의 수정 |

## (3) 경력개발 관련 최근 이슈

① 평생학습 사회

② 투잡스(Two-Jobs)

③ 청년 실업

④ 독립근로자와 같은 새로운 노동 형태의 등장

⑤ 일과 생활의 균형(WLB; Work-life Balance, 워라밸)

# 자기 관리

## | 유형분석 |

- 자기개발과 관련된 개념 문제가 자주 출제된다.
- 다양한 상황에 이론을 대입하여 푸는 문제가 출제된다.

신입사원 A씨는 자신이 하고 있는 일에 적응하기 위하여 흥미를 높이고 자신의 재능을 개발하려고 한다. 다음 〈보기〉 중 A씨가 흥미나 적성을 개발하기 위해 취할 수 있는 방법으로 옳지 않은 것을 모두 고르면?

### 보기

ㄱ. '나는 지금 주어진 일이 적성에 맞는다.'라고 마인드컨트롤을 한다.
ㄴ. 업무를 수행할 때 작은 단위로 나누어 수행한다.
ㄷ. 기업의 문화나 풍토를 파악하는 것보다는 흥미나 적성검사를 수행한다.
ㄹ. 커다란 업무를 도전적으로 수행하여 성취를 높인다.

① ㄱ, ㄷ
② ㄱ, ㄴ
③ ㄷ, ㄹ
④ ㄱ, ㄴ, ㄷ
⑤ ㄱ, ㄴ, ㄹ

### 정답 ③

ㄷ. 흥미나 적성검사를 통해 자신에게 알맞은 직업을 도출할 수는 있으나 이러한 결과가 직업에서의 성공을 보장해 주는 것은 아니다. 실제 직장에서는 직장문화, 풍토 등 외부적인 요인에 의해 적응을 하지 못하는 경우가 발생하기 때문에 기업의 문화와 풍토를 잘 이해하고 활용할 필요가 있다.

ㄹ. 일을 할 때는 너무 커다란 업무보다는 작은 단위로 나누어 수행한다. 작은 성공의 경험들이 축적되어 자신에 대한 믿음이 강화되면 보다 큰일을 할 수 있게 되기 때문이다.

### 풀이 전략!

주로 상황과 함께 문제가 출제되기 때문에 제시된 상황을 정확하게 이해하는 것이 중요하다. 또한 자주 출제되는 개념을 반복 학습하여 빠르게 문제를 풀어야 한다.

**01** 다음 중 자기개발 계획 수립 시 설계 전략으로 적절하지 않은 것은?

① 나의 욕구·흥미·적성 및 기대 등을 고려하여 5년 후의 목표를 수립해야겠어.
② 5년 후의 목표를 위해 단기간 내 달성할 수 있는 목표도 함께 수립해야겠어.
③ 물론 인간관계도 고려해야겠지.
④ 나의 목표가 현재의 직무와 관련이 없으므로 이를 고려할 필요는 없겠어.
⑤ 목표 달성을 위해 최대한 구체적인 방법으로 계획해야겠어.

**02** 인사팀 부장 A씨는 올해 입사한 신입사원을 대상으로 자기개발을 해야 하는 이유에 대하여 이야기 하려고 한다. 다음 중 A씨가 해야 할 말로 적절하지 않은 것은?

① 자기개발을 통해 자신의 장점을 유지하고, 한 분야에서 오랫동안 업무를 수행할 수 있어요.
② 직장생활에서의 자기개발은 업무의 성과를 향상시키는 데 도움이 됩니다.
③ 자기개발은 자신이 달성하고자 하는 목표를 설정하여 성취하는 데 큰 도움을 줄 수 있습니다.
④ 자기개발을 하게 되면 자신감이 상승하고, 삶의 질이 향상되어 보다 보람된 삶을 살 수 있어요.
⑤ 자기개발은 주변 사람들과 긍정적인 인간관계를 형성하는 데 도움이 됩니다.

**03** 관리부에 근무 중인 A과장은 회사 사람들에게 자기개발 계획서를 작성해 제출하도록 하였다. 다음 중 자기개발 계획서를 잘못 작성한 사람은?

① P사원 : 자신이 맡은 직무를 정확하게 파악하고 앞으로 개발해야 할 능력을 작성했다.
② T인턴 : 현재 부족한 점을 파악하고 단기, 장기적 계획을 모두 작성했다.
③ R사원 : 10년 이상의 계획은 무의미하기 때문에 1년의 계획과 목표만 작성했다.
④ S인턴 : 자신이 속해 있는 환경과 인간관계를 모두 고려하며 계획서를 작성했다.
⑤ Q대리 : 자신이 현재 자기개발을 위해 하고 있는 활동을 적고 앞으로 어떤 부분을 보완해야 할지 작성했다.

**04** 다음은 K사원이 자신의 업무성과를 높이기 위해 작성한 워크시트이다. 이를 통해 K사원이 업무수행 성과를 높이기 위한 전략으로 적절하지 않은 것은?

| 〈K사원의 워크시트〉 | |
|---|---|
| 내가 활용할 수 있는 자원 | • 업무시간 8시간<br>• 업무시간 외에 하루에 2시간의 자유시간<br>• 노트북과 스마트폰 보유 |
| 업무 지침 | • 회의에서 나온 내용은 모두가 공유할 것<br>• 회사 신제품에 대한 고객 만족도 조사를 실시할 것<br>• 경쟁사 제품에 대한 조사를 실시할 것<br>• 신제품의 개선방안에 대해 발표자료를 준비할 것 |
| 나의 현재 능력 | • 컴퓨터 타자 속도가 매우 빠르다.<br>• 엑셀과 파워포인트 활용 능력이 뛰어나다.<br>• 인터넷 정보검색 능력이 뛰어나다. |
| 상사 / 동료의 지원 정도 | • 상사와 동료 모두 자기 업무에 바빠 업무 지침에 해당되는 업무를 지원하는<br>데 한계가 있다. |

⇩

업무수행 성과를 높이기 위한 전략

① 자신의 자유시간에 경쟁사 제품에 대한 고객의 반응을 스마트폰으로 살핀다.
② 팀원들이 조사한 만족도 조사를 받아서, 엑셀로 통계화하여 보고서를 작성한다.
③ 아침 회의 내용을 타이핑하고, 문서화하여 팀원과 공유하도록 한다.
④ 신제품 사용 시 불편했던 점을 정리해서, 파워포인트를 통해 발표자료를 만든다.
⑤ 고객의 리뷰를 인터넷으로 검색하여 신제품에 대한 고객의 반응을 살핀다.

**05** 다음 중 C사원이 계획 수행에 성공하지 못한 이유로 적절하지 않은 것은?

H공단 신입사원 C는 회사 일도 잘하고 싶고 업무 외의 자기개발에도 욕심이 많다. 그래서 업무와 관련한 자격증을 따기 위해서 3개의 인터넷 강의도 등록하였고, 체력관리를 위해 피트니스 센터에도 등록하였으며, 친목을 다지기 위해 본인이 동호회도 만들었다. 그러나 의욕에 비해 첫 주부터 자격증 강의도 반밖에 듣지 못했고, 피트니스 센터에는 2번밖에 가지 못했다. 동호회는 자신이 만들었기 때문에 빠질 수가 없어서 참석했지만 C사원은 수행하지 못한 다른 일 때문에 기분이 좋지 않다. 단순히 귀찮아서가 아니라 회사 회식도 빠지기 난감했고, 감기에 걸려 몸도 좋지 않았기 때문인데 계획이 문제인지 본인이 문제인지 C사원은 고민이 많아졌다.

① 자기실현에 대한 욕구보다 다른 욕구가 더 강해서
② 자기합리화를 하려는 인간의 제한적인 사고 때문에
③ 자기개발에 대한 구체적인 방법을 몰라서
④ 내・외부 요인 때문에
⑤ 투자할 수 있는 시간에 비해 계획이 과해서

# 02 경력 관리

## | 유형분석 |

- 경력개발의 단계에 대한 문제가 자주 출제된다.
- 직장 내 상황에 경력개발의 단계를 대입하여 푸는 문제가 출제된다.

B팀장은 자신의 경력을 개발하기 위한 계획을 수립하려고 한다. 다음 중 B팀장이 경력개발계획을 수립하기 위한 과정을 순서대로 바르게 나열한 것은?

> ㉠ 경력개발 전략 수립
> ㉡ 경력목표 설정
> ㉢ 직무정보 탐색
> ㉣ 자신과 환경이해

① ㉠ - ㉣ - ㉢ - ㉡  
② ㉡ - ㉢ - ㉣ - ㉠  
③ ㉢ - ㉣ - ㉡ - ㉠  
④ ㉢ - ㉡ - ㉣ - ㉠  
⑤ ㉣ - ㉢ - ㉠ - ㉡

**정답** ③

**경력개발계획 수립 과정**

- 직무정보 탐색 : 관심 직무에 대한 모든 정보를 알아내는 단계이다.
- 자신과 환경이해 : 자기인식 관련 워크숍 참여 등의 자기 탐색과 경력 상담 회사·기관을 방문하는 등의 환경 탐색이 이루어지는 단계이다.
- 경력목표 설정 : 하고 싶은 일과 이를 달성하기 위해서는 어떻게 능력을 개발해야 하는지에 대하여 단계별 목표를 설정한다.
- 경력개발 전략 수립 : 경력목표를 달성하기 위한 활동계획을 수립한다.
- 실행 및 평가 : 전략에 따라 목표달성을 위해 실행하고 도출된 결과를 검토·수정한다.

**풀이 전략!**

경력개발의 단계에 대한 암기를 확실하게 해야 하고, 문제에 제시된 상황을 꼼꼼하게 읽고 이론을 대입해야 한다.

**01** 다음은 C부장이 경력목표를 설정하기 위해 사용한 방법들이다. 이 중 그 성격이 다른 하나는?

① 자기인식 관련 워크숍 참여

② 평가기관의 전문가와 면담

③ 표준화된 검사 이용

④ 일기 등을 통한 성찰

⑤ 직업 관련 홈페이지 탐색

**02** 다음 사례를 토대로 현재 A씨가 해당하는 경력개발 단계는 무엇인가?

> A씨는 33세에 건축회사에 취업하여 20년 가까이 직장생활을 하다가 문득 직장생활을 되돌아보고 창업을 결심하여 지난 달 퇴사하였다. 현재는 창업 관련 서적을 찾아 구입하기도 하고, 관련 박람회를 찾아 가기도 하며 많은 노력을 기울이고 있다.

① 경력 초기　　　　　　　　② 경력 말기

③ 경력 중기　　　　　　　　④ 직업 선택

⑤ 조직 입사

# CHAPTER 10
# 직업윤리

합격 CHEAT KEY

직업윤리는 업무를 수행함에 있어 원만한 직업생활을 위해 필요한 태도, 매너, 올바른 직업관이다. 직업윤리는 필기시험뿐만 아니라 서류를 제출하면서 자기소개서를 작성할 때와 면접을 시행할 때도 포함되는 항목으로 들어가지 않는 공사·공단이 없을 정도로 필수 능력으로 꼽힌다.

직업윤리의 세부 능력은 근로 윤리·공동체 윤리로 나눌 수 있다. 구체적인 문제 상황을 제시하여 해결하기 위해 어떤 대안을 선택해야 할지에 관한 문제들이 출제된다.

## 01 오답을 통해 대비하라!

이론을 따로 정리하는 것보다는 문제에서 본인이 생각하는 모범답안을 선택하고 틀렸을 경우 그 이유를 정리하는 방식으로 학습하는 것이 효율적이다. 암기하기보다는 이해에 중점을 두고 자신의 상식으로 문제를 푸는 것이 아니라 해당 문제가 어느 영역 어떤 하위능력의 문제인지 파악하는 훈련을 한다면 답이 보일 것이다.

## 02 직업윤리와 일반윤리를 구분하라!

일반윤리와 구분되는 직업윤리의 특징을 이해해야 한다. 통념상 비윤리적이라고 일컬어지는 행동도 특정한 직업에서는 허용되는 경우가 있다. 그러므로 문제에서 주어진 상황을 판단할 때는 우선 직업의 특성을 고려해야 한다.

**03** **직업윤리의 하위능력을 파악해 두어라!**

직업윤리의 경우 직장생활 경험이 없는 수험생들은 조직에서 일어날 수 있는 구체적인 직업윤리와 관련된 내용에 흥미가 없고 이를 이해하는 데 어려움이 있을 수 있다. 그러나 문제에서는 구체적인 상황·사례를 제시하는 문제가 나오기 때문에 직장에서의 예절을 정리하고 문제 상황에서 적절한 대처를 선택하는 연습을 하는 것이 중요하다.

**04** **면접에서도 유리하다!**

많은 공사·공단에서 면접 시 직업윤리에 관련된 질문을 하는 경우가 많다. 직업윤리 이론 학습을 미리 해 두면 본인의 가치관을 세우는 데 도움이 되고 이는 곧 기업의 인재상과도 연결되기 때문에 미리 준비해 두면 필기시험에서 합격하고 면접을 준비할 때도 수월할 것이다.

# CHAPTER

## 10 모듈이론

## 01 윤리

**(1) 윤리의 의의**

① 윤리의 의미

㉠ '윤(倫)'의 의미 : 인간관계에 있어 필요한 길, 도리, 질서

㉡ '리(理)'의 의미 : 다스리다, 바르다, 원리, 이치, 더 나아가서는 가리다(판단), 밝히다(해명), 명백하다 등

㉢ '윤리'의 의미

- '인간과 인간 사이에서 지켜야 할 도리를 바르게 하는 것' 또는 '인간사회에 필요한 올바른 질서'라고 해석할 수 있다. 동양적 사고에서 윤리는 전적으로 인륜과 같은 의미이며, 엄격한 규율이나 규범의 의미가 있다.
- 윤리는 인간사회의 결(理)과 같다. 윤리를 존중하며 살아야 사회가 질서·평화를 얻고, 모든 사람이 안심하고 개인적 행복을 얻는다.
- 동양에서는 인간관계를 천륜과 인륜 두 가지로 나누어 왔는데, 천륜은 부자 관계처럼 인간으로서 생명을 얻음과 동시에 맺는 필연적인 관계를 말하고, 인륜은 후천적으로 인간사회에서 맺는 관계를 말한다.

**《 핵심예제 》**

**다음 중 윤리에 대한 설명으로 옳은 것을 〈보기〉에서 모두 고르면?**

**보기**

㉠ '윤(倫)'이라는 글자는 동료, 친구, 무리, 또래 등의 인간 집단 등을 뜻한다.
㉡ '윤(倫)'이라는 글자는 길, 도리, 질서, 차례, 법 등을 뜻한다.
㉢ '이(理)'는 다스리다, 바르다, 원리, 이치, 밝히다 등의 여러 가지 뜻이 있다.
㉣ 동양 사회에서는 예로부터 인간관계를 천륜과 인륜 두 가지로 나누어 왔다.

① ㉠, ㉡  　　　　　② ㉡, ㉣
③ ㉡, ㉢, ㉣  　　　　④ ㉠, ㉡, ㉢, ㉣

윤리라는 것은 '인간과 인간 사이에서 지켜야 할 도리를 바르게 하는 것'으로, 이 세상에 두 사람 이상이 있으면 존재하고, 반대로 혼자 있을 때는 의미가 없는 말이 되기도 한다.

**정답 ④**

② 윤리적 가치의 중요성

  ㉠ 모든 사람이 윤리적 가치보다 자신의 이익을 우선한다면 사회질서가 붕괴되기 때문에 윤리적 가치는 중요하다.

   • 모두가 타인을 배려하지 않고 자신만을 위한다면 타인이 자신을 해칠지 모른다고 생각해 끊임없이 서로를 두려워하고 적대시하면서 비협조적으로 살게 될 것이다.

   • 인간은 혼자 살 수 없는 사회적 동물이며, 사람이 윤리적으로 살아야 하는 이유는 '윤리적으로 살 때 개인의 행복, 모든 사람의 행복을 보장할 수 있기 때문'이다.

  ㉡ 윤리적 규범을 지켜야 하는 이유

   • 모든 사람이 윤리적으로 행동할 때 나 혼자 비윤리적 행동을 하면 중요한 이익을 얻을 수 있는데도 윤리적 규범을 지켜야 하는 것은 어떻게 살 것인가 하는 가치관의 문제와도 관련이 있기 때문이다.

   • 눈에 보이는 경제적 이득과 육신의 안락만을 추구하는 것이 아니라, 삶의 본질적 가치와 도덕적 신념을 존중하기 때문에 윤리적으로 행동해야 하는 것이다.

③ 윤리적 인간의 성립 : 윤리적인 인간은 '공동의 이익을 추구'하고, '도덕적 가치 신념'을 기반으로 형성되는 것이다.

④ 윤리규범의 형성 : '공동 생활'과 '협력'을 필요로 하는 인간생활에서 형성되는 '공동 행동의 룰'을 기반으로 윤리적 규범이 형성된다.

  ㉠ 인간의 특성 : 인간도 동물이므로 기본적인 욕구 충족에 도움이나 방해가 되는 사물·행동을 좋아하거나 싫어한다.

  ㉡ 사회적 인간 : 어느 한 개인의 욕구는 다른 사람의 행동과 협력을 통해서 충족 여부가 결정되므로 인간은 사회의 공동 목표 달성과 모든 구성원들의 욕구 충족에 도움이 되는 행위는 찬성하고, 반대되는 행위는 비난한다.

  ㉢ 윤리의 형성 : 위와 같은 일이 반복되다 보면 어떤 행위는 '마땅히 해야 할 행위', 어떤 행위는 '결코 해서는 안 될 행위'로서 가치를 인정받게 된다. 즉, 모든 윤리적 가치는 만고불변의 진리가 아니라 시대와 사회 상황에 따라서 조금씩 다르게 변화된다.

---

**핵심예제**

**다음 중 윤리적 인간에 대한 설명으로 적절하지 않은 것은?**

① 공동의 이익보다는 자신의 이익을 우선으로 행동하는 사람

② 원만한 인간관계를 유지할 수 있도록 다른 사람의 행복을 고려하는 사람

③ 눈에 보이는 육신의 안락보다는 삶의 가치와 도덕적 신념을 존중하는 사람

④ 인간은 결코 혼자 살아갈 수 없는 사회적 동물이기 때문에 다른 사람을 배려하면서 행동하는 사람

윤리적인 인간은 자신의 이익보다는 공동의 이익을 우선하는 사람이다.

정답 ①

## (2) 직업의 의미

① 일과 인간의 삶의 관계 : 인간은 일을 통해 경제적 욕구 충족, 원만한 인간관계, 건강, 자아실현 등을 성취할 수 있다.

   ㉠ 일은 사람이 살기 위해서 필요한 것이며, 인간의 삶을 풍부하고 행복하게 만들기에 원래 일은 그 자체와 일의 결과가 사람의 기쁨과 연결된 것이다.

   ㉡ 일은 경제적 욕구의 충족뿐만 아니라 그 이상의 자기실현이라는 측면이 있다. 인간은 일을 통해 자신을 규정하고 삶의 의미를 실현한다.

   ㉢ 일은 의무인 동시에 인간으로서의 권리이기도 하다. 일은 인간의 삶을 구성하는 매우 중요한 요소이다.

   ㉣ 직업은 분업화된 사회에서 개인이 담당하는 체계화·전문화된 일의 영역을 가리킨다.

② 직업의 의미 : 직업은 생활에 필요한 경제적 보상을 주고, 평생에 걸쳐 물질적인 보수 외에 만족감, 명예 등 자아실현의 중요한 기반이 된다.

   ㉠ 직업은 경제적인 보상이 있어야 하고, 본인의 자발적 의사에 의한 것이어야 하며, 장기적으로 계속해서 일하는 지속성이 있어야 한다.

   ㉡ '직(職)'은 사회적 역할의 분배인 직분을, '업(業)'은 일·행위를 뜻하며, 직업은 사회적으로 맡은 역할, 하늘이 맡긴 소명 등으로 볼 수 있다.

---

**〈 핵심예제 〉**

**다음 중 직업에 대한 설명으로 옳은 것을 〈보기〉에서 모두 고르면?**

**보기**

㉠ 경제적인 보상이 있어야 한다.
㉡ 본인의 자발적 의사에 의한 것이어야 한다.
㉢ 장기적으로 계속해서 일하는 지속성이 있어야 한다.
㉣ 취미 활동, 아르바이트, 강제노동 등도 포함된다.
㉤ 다른 사람들과 함께 인간관계를 쌓을 수 있는 기회가 된다.
㉥ '직업(職業)'의 '직(職)'은 사회적 역할의 분배인 직분(職分)을 의미한다.
㉦ 직업은 사회적으로 맡은 역할, 하늘이 맡긴 소명 등으로 볼 수 있다.

① ㉠, ㉡, ㉢, ㉣
② ㉠, ㉢, ㉣, ㉤
③ ㉠, ㉡, ㉤, ㉥
④ ㉠, ㉡, ㉢, ㉤, ㉥, ㉦

**오답분석**
㉣ 취미 활동, 아르바이트, 강제노동 등은 직업에 포함되지 않는다.

정답 ④

---

③ 우리나라의 직업관

   ㉠ 우리는 종래 직업 활동의 결과를 '출세'에 비중을 두는 경향이 있었다. '출세'는 '입신양명(立身揚名)'이라는 말이 '입신출세'로 바뀌고, '입신'이 빠져 생겨난 말이다.

ⓛ 원래의 '입신양명'이 '출세'라는 말로 변질되면서 과정은 생략하고 주로 외부로 드러나는 유형적 형태(물질과 권력 등)만을 가지고 평가를 하는 것으로 왜곡되었다.

ⓒ 입신출세론은 각자의 분야에서 땀 흘리며 본분을 다하는 노동을 경시하는 측면이 강하고, 과정·절차보다는 결과만을 중시하는 경향을 초래했다. 결국 직업을 부(富)의 축적과 권력의 획득 수단으로 오인하게 되었다.

ⓓ 힘들고(Difficult), 더럽고(Dirty), 위험한(Dangerous) 일은 하지 않으려 하는 '3D 기피 현상'까지 생겨 노동력은 풍부하지만 생산 인력은 부족해져 실업자 증가와 외국 노동자들의 불법취업이라는 사회문제가 대두되었다.

---

《 핵심예제 》

현재 우리나라에서 힘들고, 더럽고, 위험한 일은 하지 않으려고 하는 현상으로, 노동력은 풍부하지만 생산 인력은 부족한 파행적 모습을 보여, 실업자 증가와 외국인 노동자들의 불법 문제를 일으키는 것은?

① 님비 현상
② 아노미 현상
③ 3D 기피 현상
④ 청년 실업 현상

힘들고(Difficult), 더럽고(Dirty), 위험한(Dangerous) 일을 기피하는 현상을, 앞의 대문자를 따서 3D 기피 현상이라고 한다.

정답 ③

---

### (3) 직업윤리의 의의

① 직업윤리의 의미

ⓐ 직업에 종사하는 현대인으로서 누구나 공통적으로 지켜야 할 윤리 기준을 '직업윤리'라고 한다. 직업윤리는 어느 직장에 다니는가를 구분하지 않고 직업을 가진 사람이라면 반드시 지켜야 할 공통적인 윤리규범을 뜻한다.

ⓑ 직업윤리는 개인윤리를 바탕으로 직업에 종사하는 과정에서 요구되는 특수한 윤리규범이다. 개인윤리의 기본 덕목인 사랑, 자비 등, 방법론상의 이념인 공동 발전의 추구, 장기적 상호 이익 등의 기본은 동일하다.

ⓒ 인간은 사인(私人)으로서의 입장과 공인(公人), 즉 직업인으로서의 입장이 합해져 개인적 인격을 구성한다. 인간은 공사의 구분, 동료와의 협조, 전문성, 책임감, 사회적 책임 등 직업윤리의 확립을 통해 존경받는 인간으로서의 인격을 완성하고 사회 발전에 기여할 수 있다.

ⓓ 인간은 직업의 성격에 따라 다른 직업윤리를 가진다. 현대사회에서 직업인으로서 지켜야 할 윤리에는 사회 시스템 전체의 관계를 규정하고 질서를 유지시키는 '공통부편적 윤리', 그러한 사회를 구성하는 개체로서 각자의 목적 달성을 위해 노력하는 특정 조직체 내부 구성원 간의 관계를 규정하고 효율을 도모하는 '특수 윤리'가 있다.

핵심예제

**다음 중 직업윤리에 대한 설명으로 적절하지 않은 것은?**

① 공사의 구분, 동료와의 협조, 전문성, 책임감 등이 포함된다.
② 어느 회사 직원이냐를 구분하는 그 회사의 특수한 윤리이다.
③ 직업을 가진 사람이라면 반드시 지켜야 할 공통적인 윤리규범이다.
④ 인간의 윤리 관계에서 직업 특수 상황에서 요구되는 별도의 덕목과 규범이다.

직장윤리에 대한 설명이다.

정답 ②

② 개인윤리와 직업윤리의 조화
  ㉠ 직업윤리는 개인윤리에 비해 특수성이 있다. 개인윤리가 보통 상황에서의 일반적 원리 규범이라고 한다면, 직업윤리는 더 구체적인 상황에서의 실천 규범이다.
  ㉡ 직업윤리가 기본적으로는 개인윤리를 바탕으로 성립되지만, 상황에 따라 양자는 서로 충돌하거나 배치되는 경우도 있다. 이러한 상황에서 직업인이라면 직업윤리를 우선해야 한다. 기본적 윤리 기준에 충실해 개인적 윤리의 준수와 공인으로서의 직분을 실천하려 노력해야 한다.

핵심예제

**다음 중 개인윤리와 직업윤리의 관계에 대한 설명으로 적절하지 않은 것은?**

① 개인윤리에서는 폭력을 금지하지만, 경찰관에게는 허용된다.
② 모든 사람은 직업의 성격에 따라 각각 다른 직업윤리를 지닌다.
③ 직업윤리는 개인윤리를 바탕으로 각 직업에서 요구되는 특수한 윤리이다.
④ 개인적인 삶보다 직업의 규모가 더 크므로 개인윤리가 직업윤리에 포함된다.

일반적으로 직업윤리가 개인윤리에 포함되지만, 때로는 충돌하기도 한다.

정답 ④

  ㉢ 직업윤리와 개인윤리의 조화
    • 업무상 개인의 판단과 행동이 사회적 영향력이 큰 기업시스템을 통해 다수의 이해관계자와 관련되게 된다.
    • 수많은 사람이 관련되어 고도화된 공동의 협력을 요구하므로 맡은 역할에 대한 책임 완수가 필요하고, 정확하고 투명한 일 처리가 필요하다.
    • 규모가 큰 공동의 재산, 정보 등을 개인의 권한하에 위임·관리하므로 높은 윤리의식이 요구된다.
    • 직장이라는 특수 상황에서 갖는 집단적 인간관계는 가족 관계, 개인적 선호에 의한 친분 관계와는 다른 측면의 배려가 요구된다.
    • 기업은 경쟁을 통해 사회적 책임을 다하고, 보다 강한 경쟁력을 키우기 위해 조직원 개개인의 역할과 능력이 경쟁 상황에서 적절하게 꾸준히 향상되어야 한다.

- 각각의 직무에서 오는 특수한 상황에서는 개인적 덕목 차원의 일반적인 상식과 기준으로는 규제할 수 없는 경우가 많다.

〈핵심예제〉

**다음 중 개인윤리와 직업윤리가 조화를 이루는 상황을 〈보기〉에서 모두 고르면?**

보기

ㄱ. 개인윤리를 기반으로 공동의 협력을 추구한다.
ㄴ. 팔은 안으로 굽는다는 속담이 있듯이, 직장 내에서도 활용된다.
ㄷ. 규모가 큰 공동의 재산, 정보 등을 개인의 권한하에 위임하는 것이다.
ㄹ. 업무상 개인의 판단과 행동은 직장 내 다수의 이해관계자와 관련되게 된다.
ㅁ. 각 직무에서 오는 특수한 상황에서는 직업윤리가 개인윤리와 충돌하는 경우도 있다.

① ㄱ, ㄴ, ㄷ, ㄹ
② ㄱ, ㄴ, ㄹ, ㅁ
③ ㄱ, ㄷ, ㄹ, ㅁ
④ ㄱ, ㄴ, ㄷ, ㄹ, ㅁ

오답분석

ㄴ. '팔은 안으로 굽는다'는 속담은 공과 사를 구분하지 못하는 것으로, 올바른 직업윤리라고 할 수 없다.

정답 ③

③ 직업윤리의 5대 기본 원칙
  ㉠ 객관성의 원칙 : 업무의 공공성을 바탕으로 공사 구분을 명확히 하고, 모든 것을 숨김없이 투명하게 처리하는 것을 말한다.
  ㉡ 고객 중심의 원칙 : 고객에 대한 봉사를 최우선으로 생각하고 현장 중심, 실천 중심으로 일하는 것을 말한다.
  ㉢ 전문성의 원칙 : 자기 업무에 전문가로서의 능력과 의식을 가지고 책임을 다하며, 능력을 연마하는 것을 말한다.
  ㉣ 정직과 신용의 원칙 : 업무와 관련된 모든 것을 숨김없이 정직하게 수행하고, 본분과 약속을 지켜 신뢰를 유지하는 것을 말한다.
  ㉤ 공정 경쟁의 원칙 : 법규를 준수하고, 경쟁 원리에 따라 공정하게 행동하는 것을 말한다.

〈핵심예제〉

**다음 중 직업윤리의 5대 원칙에 해당하지 않는 것은?**

① 객관성의 원칙
② 전문성의 원칙
③ 기업 중심의 원칙
④ 정직과 신용의 원칙

기업 중심의 원칙이 아니라 고객 중심의 원칙이다. 고객 중심의 원칙은 고객에 대한 봉사를 최우선으로 생각하고 현장 중심, 실천 중심으로 일하는 것을 말한다.

정답 ③

**(1) 근면의 의미** : 근면은 게으르지 않고 부지런한 것으로 성공을 이루는 기본 조건이다.

**(2) 근면의 종류**

① 외부로부터 강요 당한 근면

㉠ 삶(생계)의 유지를 위한 필요에 의해서 강요된 근면으로는 삶이 향상되지 않는다.

㉡ 외부로부터 강요당한 근면은 외부로부터의 압력이 사라지면 아무것도 남지 않게 된다.

② 스스로 자진해서 하는 근면

㉠ 자신의 것을 창조하며 조금씩 자신을 발전시키고, 시간의 흐름에 따라 자아를 확립시켜 가게 된다.

㉡ 자진해서 하는 근면에는 능동적·적극적인 태도가 우선시되어야 한다. 자진해서 일할 때는 그 일이 즐겁고, 강요에 의해 억지로 할 때는 그 일이 부담스럽기 때문에 심리 상태에 따라 일의 진행이 달라진다.

---

《 **핵심예제** 》

**다음 두 종류의 근면에 해당하는 사례를 바르게 연결하시오.**

| ㉠ 외부로부터 강요 당한 근면 ㉡ 스스로 자진해서 하는 근면 | ⓐ 상사의 명령에 따라 잔업을 하는 일 ⓑ 회사 내 진급시험을 위해 외국어를 열심히 공부하는 일 ⓒ 세일즈맨이 자신의 성과를 높이기 위해서 노력하는 일 ⓓ 오직 삶의 유지를 위해 열악한 노동 조건에서 기계적으로 하는 일 |
|---|---|

㉠ 억지로 하는 노동과 상사에 의한 잔업은 외부로부터 강요당한 근면의 사례이다.

㉡ 자진해서 하는 근면은 일정한 목표를 성취하기 위해 스스로 노력하는 것을 말한다.

정답 ㉠ - ⓐ, ⓓ / ㉡ - ⓑ, ⓒ

---

## (3) 근면의 자세

① 직장에서 하는 일은 돈을 받고 하는 일이고, 수동적인 자세로 마지못해 하기 쉬우므로 지루하고 괴롭게 느껴진다. 그러나 직장에서 능동적 자세로 일한다면, 돈을 받아가며 즐거운 시간을 갖는 결과가 될 것이다.

② 직장에서 능동적인 자세로 일하기 쉽지 않은 이유는 직장에서 하는 일의 의의를 과소평가하기 때문일 것이다. 직장인들이 하는 일 가운데 귀중하지 않은 것은 하나도 없다는 사실은 직장에서 하는 일에 능동적·적극적인 태도로 임해야 할 이유로 충분하다.

③ 직장에서 하는 일이 자신의 행복을 위해서 필요한 일임을 명심한다면, 그 일에 적극적 태도로 임하고자 하는 의욕을 느낄 것이다. 적극적 태도로 일할 때, 일하는 시간을 즐거운 마음으로 보내게 된다.

PART 2

---

〈 핵심예제 〉

**다음 〈보기〉 중 자진해서 하는 근면의 사례를 모두 고르면?**

> **보기**
> ㉠ 진수는 어머니의 성화에 못 이겨 공부에 매진하고 있다.
> ㉡ 영희는 미국 여행을 위해 매일 30분씩 영어 공부를 한다.
> ㉢ K사에 근무하는 A씨는 상사의 지시로 3일 동안 야근을 했다.
> ㉣ 70세를 넘긴 B씨는 뒤늦게 공부에 재미를 느껴, 현재 만학도로 공부에 전념하고 있다.
> ㉤ 자동차 세일즈맨 C씨는 성과에 따라 보수가 결정되기 때문에 성과를 높이기 위해 누구보다 열심히 노력한다.

① ㉠, ㉣                    ② ㉡, ㉢
③ ㉠, ㉢, ㉣                 ④ ㉡, ㉣, ㉤

---

자진해서 하는 근면은 능동적·적극적인 태도가 우선시된다. ㉡·㉣·㉤은 자진해서 행동하고 있다.

**오답분석**
㉠·㉢ 각각 어머니와 상사로부터 근면을 강요당했다.

정답 ④

## (1) 정직의 의미

① 정직은 신뢰의 형성과 유지에 기본적·필수적인 규범으로, 정직에 기반을 두는 신뢰가 있어야만 사람과 사람이 함께 살아가는 사회 시스템이 유지·운영될 수 있다. 정직이 신뢰를 형성하는 충분한 조건은 아니지만, 정직은 신뢰 형성의 필수적인 요소이다.

② 사람은 혼자서는 살 수 없으므로 타인과 협력해야 하며, 그것이 확대되어 사회 시스템 전체가 유기적인 협조가 이루어져야 한다. 타인이 전하는 말·행동이 사실과 부합된다는 신뢰가 없다면 일일이 직접 확인해야 하므로 사람들의 행동은 상당한 제약을 피할 수 없으며, 조직과 사회 체제의 유지 자체가 불가능해진다.

---

**《핵심예제》**

**다음 중 정직에 대한 설명으로 적절하지 않은 것은?**

① 정직한 것은 성공을 이루는 기본 조건이 된다.

② 정직은 신뢰를 형성하기 위해 필요한 규범이다.

③ 사람은 혼자서 살 수 없으므로 타인과의 신뢰가 필요하다.

④ 다른 사람이 전하는 말이나 행동이 사실과 부합된다는 신뢰가 없어도 사회생활을 하는 데 별로 지장이 없다.

사람은 사회적인 동물이므로 다른 사람들과의 관계가 매우 중요하다. 이러한 관계를 유지하기 위해서는 다른 사람이 전하는 말이나 행동이 사실과 부합된다는 신뢰가 있어야 한다.

 정답 ④

---

## (2) 우리사회의 정직성 수준

① 우리 사회의 정직성은 완벽하지 못하다. 원칙보다는 집단 내의 정과 의리를 소중히 하는 문화적 정서도 그 원인이다. 우리나라의 국가 경쟁력을 높이기 위해서는 개개인의 정직성 수준부터 높여야 한다.

② 정직은 사람 사이의 협력에 필요한 가장 기본적인 규범이므로 "거짓말하는 사람은 정상인 대우를 해주지 않는다."는 사회적 인식·믿음을 굳혀야 한다. 정직은 정보사회에서는 더욱 필요불가결하다. 정보에서 정직이 빠지면 정보사회가 성립될 수 없다.

③ 정직함이 몸에 배인 사람은 조급하거나 가식적이지 않으며, 자신의 삶을 올바른 방향으로 이끌 수 있는 생각과 시각을 지니고 있다. 정직한 사람만이 신뢰를 얻을 수 있으며, 신뢰는 돈보다 더 중요한 자산이다.

### (3) 정직과 신용을 구축하기 위한 4가지 지침

① 정직과 신뢰의 자산을 매일 조금씩 쌓아가자. 정직은 돈보다 소중한 자산임을 명심하고, 매사에 정직한 태도를 지녀 자산을 차곡차곡 축적해야 한다.

② 잘못된 것도 정직하게 밝히자. 자신의 잘못·실패를 정직하게 인정하고 밝히는 것은 잘못을 줄이고 더 큰 잘못을 예방하는 최고의 전략이다. 모든 일은 투명하게 진행하며 사실 그대로 알려야 한다. 실수나 결함보다 부정직이 더욱 잘못된 것이다.

③ 타협하거나 부정직을 눈감아주지 말자. 개인적인 인정에 치우쳐 부정직을 눈감아주거나 타협하는 것은 자신의 몰락은 물론 또 다른 부정을 일으킬 수 있다. 또한 부정직이 관행화되어 전체에 피해를 끼칠 수 있다.

④ 부정직한 관행은 인정하지 말자. 부정직한 관행을 근절하지 않으면 살아남지 못하는 시대가 되었다. 관행은 잘못을 합리화하는 근거가 될 수 없다. 부정직한 관행을 깨는 것에도 도전정신이 필요하다.

PART 2

## 04 성실한 자세

### (1) 성실의 의미

① 성실은 기본인 동시에 세상을 살아가는 데 가장 큰 무기이다. 성실하지 못하면 관계는 오래갈 수 없고 신뢰는 무너진다. 조직에서도 마찬가지이다. 조직의 리더가 조직구성원에게 원하는 첫째 요건은 성실성이다.

② 성실은 일관하는 마음과 정성의 덕이다. 정성스러움을 '진실해 전혀 흠이 없는 완전한 상태에 도달하고자 하는 사람이 선을 택해 굳게 잡고 놓지 않는 태도'라고 말할 수 있다. 그러한 태도가 보통 사람들의 삶 속으로 스며들면서 자신의 일에 최선을 다하고자 하는 마음자세로 연결되었다고 볼 수 있다.

---

〈 핵심예제 〉

**다음 중 성실에 대한 설명으로 적절하지 않은 것은?**

① 성실은 근면한 태도와 정직한 태도 모두와 관련이 되어 있다.
② "최고보다는 최선을 꿈꾸어라."라는 말은 성실의 중요성을 강조한다.
③ 성실하면 사회생활을 할 때 '바보'라는 평가를 받고, 실패하기 쉽다.
④ "천재는 1%의 영감과 99%의 노력으로 만들어진다."라는 말은 성실의 중요성을 역설한다.

성공한 사람들은 대부분 성실하게 일을 한 사람들이다.

**정답 ③**

---

## (2) 성실한 사람과 성실하지 못한 사람의 차이

① 정직하고 성실한 태도로 일하는 사람들이 국가와 사회에 이바지하는 바가 크며, 정직·성실한 태도가 좋은 결과를 가져올 확률이 높다. 그러나 부정직·불성실한 직업인들이 많은 것은 돈벌이를 위해서는 정직·성실성이 불리한 결과를 가져온다는 계산 때문이다.

② 현대 생활에서 돈이 필요하다는 사실을 외면하고 돈에 대한 애착을 비난하면 위선에 빠질 수 있으므로 "정직·성실한 태도로 돈을 벌 수는 없는가?"라는 문제를 제기할 수 있다.

③ 기본 생활 유지에 필요한 정도의 돈을 장기간에 걸쳐서 벌려고 한다면, 정직·성실한 태도가 안전하다. 우리에게 꼭 필요한 것은 거액의 재산이 아니며, 기본 생활의 안정에 필요한 정도의 돈을 서서히 벌어도 늦을 것이 없다.

④ 돈의 사용처에 따라서 돈의 가치에 큰 차이가 생긴다. 기본 생활 유지에 쓰는 돈은 가치가 매우 크지만, 사치하는 데 쓰는 돈은 가치가 적다. 기본 생활에 쓰이는 가치 있는 돈은 반드시 거액일 필요가 없기 때문에 그것을 얻기 위해 범법·투기 등의 비상 수단에 의존할 필요가 없다.

⑤ 어떤 특수한 사정 때문에 정직·성실한 태도로는 살아가기 어려운 경우에도 범법이나 모험을 통해 문제가 풀릴 가능성은 희박하다. 이처럼 특수한 경우에 관한 문제는 사회 제도의 개선이나 정책적 배려를 요구하므로, 직업을 대하는 올바른 태도의 문제와는 차원이 다르다.

⑥ 직업인이라면 정직·성실한 노력을 오랫동안 꾸준히 하는 것만으로도 기본 생활의 안정에 필요한 돈은 벌 수 있다고 믿는다.

---

◀ 핵심예제 ▶

**다음 중 돈벌이에 있어서 성실한 사람과 불성실한 사람에 대한 설명으로 적절하지 않은 것은?**

① 성실하게 번 돈은 유흥비 등으로 쉽게 쓰게 된다.

② 성실하게 돈을 벌어 절약하면서 얼마든지 생활을 유지할 수 있다.

③ 범법 행위 등으로 성실하지 않게 돈을 번 사람들은 자칫하면 패가망신할 수 있다.

④ 현대 사회에서는 빨리 큰돈을 벌어야 한다고 성급하게 생각하기 때문에 성실하지 않은 방법을 찾게 된다.

성실하지 않게 번 돈은 유흥비처럼 가치가 낮은 용도로 쓰이기 쉽다.

정답 ①

## (1) 봉사의 의미

① 봉사의 사전적 의미는 "나라·사회·타인을 위해 자신을 돌보지 않고 몸과 마음을 다해 일하는 것" 이다. 고객은 회사의 영속적인 발전을 돕는 기반이기 때문에 현대 사회의 직업인에게 봉사는 자신보 다는 고객의 가치를 최우선으로 하는 서비스 개념인 것이다.

② 기업이 고객의 사랑을 받아 발전하려면 기본적으로 봉사(서비스)를 강조해야 한다. 회사는 항상 고 객의 입장에서 고객이 필요로 하는 것과 고객이 만족하는 품질 수준은 무엇인가를 생각하고, 체계적 인 노력을 기울여야 한다.

③ 고객의 의견을 경청하고 요구의 해결을 위해 힘쓰는 것은 기업 활동의 시작이자 끝이다. 고객의 의견 을 듣는 것은 좋은 상품과 서비스를 만드는 바탕이 된다.

④ 우수한 상품도 높은 수준의 서비스가 뒤따르지 않으면 고객은 만족할 수 없다. 고객만족의 성패는 상품과 함께 제공되는 서비스에 의해서 결정된다.

---

《핵심예제》

**다음 중 봉사(서비스)에 대한 설명으로 적절하지 않은 것은?**

① 봉사는 어려운 사람을 돕는 자원봉사만을 의미한다.

② 기업이 고객에게 사랑을 받기 위해서는 봉사(서비스)를 강조해야 한다.

③ 현대 사회의 직업인에게 봉사는 자신보다는 고객의 가치를 최우선으로 하는 서비스 개념이다.

④ 봉사의 사전적 의미는 "나라·사회·타인을 위해 자신의 이해를 돌보지 않고 몸과 마음을 다해 일하는 것"이다.

봉사는 자원봉사를 포함한 의미로, 나라나 사회 또는 남을 위해 자신의 이해를 돌보지 않고 몸과 마음을 다해 일하는 것을 뜻한다.

정답 ①

---

## (2) "SERVICE"에 숨겨진 7가지 의미

① S(Smile & Speed) : 서비스는 미소와 함께 신속하게 하는 것

② E(Emotion) : 서비스는 감동을 주는 것

③ R(Respect) : 서비스는 고객을 존중하는 것

④ V(Value) : 서비스는 고객에게 가치를 제공하는 것

⑤ I(Image) : 서비스는 고객에게 좋은 이미지를 심어 주는 것

⑥ C(Courtesy) : 서비스는 예의를 갖추고 정중하게 하는 것

⑦ E(Excellence) : 서비스는 고객에게 탁월하게 제공되어야 하는 것

**다음 중 "SERVICE"의 숨겨진 의미로 적절하지 않은 것은?**

① S : Smile & Speed

② C : Courtesy

③ R : Responsibility

④ V : Value

"SERVICE"의 'R'은 'Respect', 즉 서비스는 고객을 존중하는 것이라는 의미를 담고 있다.

정답 ③

## (3) 고객접점 서비스의 의미

① 고객접점 서비스는 고객과 서비스 요원 사이에서 15초 정도의 짧은 시간에 이루어지는 서비스로, '진실의 순간(MOT; Moment of Truth), 결정적 순간'이라고 한다. 15초 동안 고객접점에 있는 서비스 요원이 책임과 권한을 가지고 자신이 소속된 회사를 선택한 것이 최선의 선택이라는 사실을 고객에게 입증해야 한다.

② '결정적 순간'은 고객이 기업 조직의 어떤 한 측면과 접촉하는 사건이며, 그 서비스의 품질에 관해 무언가 인상을 받을 수 있는 사건이다. 고객이 서비스나 상품을 구매하기 위해 입구에 들어올 때부터 나갈 때까지 여러 서비스 요원과 몇 번의 짧은 순간을 경험하는데, 그때마다 서비스 요원은 고객을 만족시켜야 한다.

③ 고객접점에 있는 서비스 요원들에게 권한을 부여하고 그들을 교육해야 하며, 고객과의 상호작용에 의해 서비스가 순발력 있게 제공되는 서비스 전달 시스템을 갖추어야 한다. 고객은 윗사람의 결재를 받을 여유를 주지 않으며, 기다리지도 않는다.

④ 고객접점 서비스가 중요한 것은 곱셈 법칙이 작용해 고객이 여러 번의 결정적 순간에서 단 한 명에게 0점의 서비스를 받는다면 모든 서비스가 0이 되기 때문이다.

⑤ 서비스업체 관리자는 고객접점에서 가시적인 서비스를 담당하는 요원은 물론 경비, 주차 등 비가시적인 서비스 요원들도 고객접점에 있다는 것을 강조해 용모나 서비스정신 등을 교육하고 요구해야 된다.

⑥ 서비스를 할 때 금지해야 할 행위
  ㉠ 개인 용무의 전화 통화를 하는 행위
  ㉡ 큰소리를 내는 행위
  ㉢ 고객을 방치한 채 업무자끼리 대화하는 행위
  ㉣ 고객 앞에서 음식물을 먹는 행위
  ㉤ 요란한 구두 소리를 내며 걷는 행위
  ㉥ 옷을 벗거나 부채질을 하는 행위
  ㉦ 고객이 있는데 화장을 하거나 고치는 행위
  ㉧ 고객 앞에서 서류를 정리하는 행위
  ㉨ 고객이 보이는 곳에서 흡연을 하는 행위
  ㉩ 이어폰을 꽂고 음악을 듣는 행위

---

<< 핵심예제 >>

**다음 중 서비스 업무자가 고객 앞에서 하지 말아야 할 사항으로 적절하지 않은 것은?**

① 큰소리를 내는 행위

② 서류를 정리하는 행위

③ 업무상 전화를 받는 행위

④ 화장을 하거나 고치는 행위

서비스 중에도 고객의 양해를 구한 후 업무상의 전화 통화를 할 수 있다.

정답 ③

---

## 06 책임

(1) **책임의 의미** : 책임은 "모든 결과는 나의 선택으로 말미암아 일어난 것"이라는 식의 태도를 뜻한다. 책임은 어떤 일에 대해서 선택할 수 있는 태도 중의 하나이다. 누구의 잘못이든 상관없이 어떤 상황에 있어서 '나'는 주체이다. 일에 대해서 책임을 지기로 한 잘못을 들먹이거나 비난하면서 소모할 에너지를 다른 일을 위해 저축하게 되는 것이다.

---

<< 핵심예제 >>

**다음 중 책임감이 부족한 경우에 해당하는 것은?**

① 출퇴근 시간을 엄수한다.

② 업무를 위해서는 개인의 시간도 일정 부분 할애한다.

③ 동료의 일은 자신이 알아서 해결하도록 관여하지 않는다.

④ 힘든 업무를 동료의 도움을 받아 해결한 후 정중하게 감사의 뜻을 전한다.

동료의 일도 팀의 업무라 생각하고 적극적으로 참여한다.

정답 ③

---

## (2) 책임에 필요한 자세

① 어떤 일에 있어서 책임의식을 갖는 태도는 인생을 지배하는 능력을 최대화하는 데 긍정적인 역할을 한다. 이 일 저 일에 대해서 책임을 질 수 없음을 다른 사람들에게 증명하려 하는 것은 시간 낭비가 될 수 있다. 책임에는 삶을 긍정적으로 바라보는 태도가 필요하다.

② 일반적으로 책임감이 없는 직업인은 회사에서 불필요한 사람이라는 평가를 받기 쉽고, 사명감·책임 감이 투철한 직업인은 타인에게 도움을 주므로 조직에서 꼭 필요한 사람이라는 평가를 받는다. 자기 의 직분·역할에 최선을 다하고 책임을 완수할 수 있는 사람이 되어야 한다.

---

**《 핵심예제 》**

**다음 중 책임감이 강한 사람의 특징으로 적절하지 않은 것은?**

① 업무에 활기차게 임한다.
② 긍정적 마인드를 가진다.
③ 타인의 업무에 대해 비판한다.
④ 자신의 업무와 동료의 업무를 비교하며 불평한다.

---

업무에 대한 비난이 아닌 비판은 자유로워야 하지만, 자신에게 많은 업무가 주어졌다고 불평해서는 안 된다.

**정답 ④**

---

## 07 준법

**(1) 준법의 의미** : 준법은 민주 시민으로서 기본적으로 지켜야 하는 의무이며 생활 자세이다. 민주 사회의 법과 규칙을 준수하는 것은 시민으로서의 자신의 권리를 보장받고, 다른 사람의 권리를 보호하며 사회질서를 유지하는 역할을 한다.

## (2) 우리나라 준법의식 수준

① 한국 사회의 준법의식은 상당히 부족하다. 사회적 부패 현상은 올바름에 대한 기준과 윤리적 판단 기준을 흐리게 한다. 이에 따라 잘못된 관행·의식·제도를 개혁해야 한다는 여론이 일고 있다.

② 우리 사회는 민주주의와 시장경제를 지향한다고 하지만 그것이 제대로 정착될 만한 사회적·정신적 토대를 갖추지 못했다. 민주주의와 시장경제는 구성원들에게 자유와 권리를 주는 동시에 규율의 준 수와 책임을 요구하므로 개개인의 의식 변화와 함께 체계적 접근과 단계별 실행을 통한 제도적·시 스템적 기반의 확립이 필요하다.

**다음 중 준법에 대한 설명으로 적절하지 않은 것은?**

① 준법의 사전적 의미는 법과 규칙을 준수하는 것이다.

② 준법의식이 해이해지면 사회적으로 부패가 싹트게 된다.

③ 우리나라의 준법의식 수준은 세계 최고이기 때문에 부패지수가 0이다.

④ 선진국들과 경쟁하기 위해서는 개인의 의식 변화와 이를 뒷받침할 시스템 기반의 확립이 필요하다.

우리나라의 준법의식 수준은 세계 최고가 아니다. 아직까지 우리나라는 준법의식 수준이 낮은 편이다.

 정답 ③

## (3) 우리가 세계 1위인 것

① **교통사고** : 한국은 경제협력개발기구(OECD) 회원국 중에 인구 10만 명당 교통사고 사망자 수가 가장 많은데, 교통법규를 준수하지 않아 발생하는 사고가 많다.

② **외모지상주의** : 한국은 '의란성 쌍둥이'라는 신조어가 등장할 정도로 외모지상주의가 만연하다. 또한 직장인의 94%가 외모가 경쟁력이라 여기며, 수험생의 12%가 성형수술을 했고, 나머지 28%도 고려 중이라는 최근의 조사는 한국 사회에 만연한 외모지상주의를 드러낸다.

③ **자살률** : 2018년 통계청 자료에 따르면 한국의 10만 명당 자살률은 26.6명으로, OECD 평균(2017년 12.3명)보다 2배가량 높다. 경제적 이유와 가정불화, 우울증 등이 대표적인 이유이며, 최근 성적이나 학교 폭력 등으로 인한 청소년의 자살이 급증해 더욱 큰 우려를 낳고 있다. 이는 인간이 살아가면서 지켜야 할 규범을 제대로 지키지 않은 것도 원인 중의 하나이다.

**다음 중 한국 사회의 공직 청렴도를 떨어뜨리는 가장 큰 요소는?**

① 봉사정신의 부재

② 예절의식의 부재

③ 준법의식의 부재

④ 근면의식의 부재

공직자의 부패는 주로 준법의식의 부재에서 비롯된다.

 정답 ③

(1) **예절의 의미** : 일정한 생활문화권에서 오랜 생활 습관을 통해 하나의 공통된 생활 방법으로 정립되어 관습적으로 행해지는 사회계약적인 생활 규범
　① 현대의 에티켓의 본질 : 남을 대할 때의 마음가짐과 태도
　　㉠ 남에게 폐를 끼치지 않는다.
　　㉡ 남에게 호감을 주어야 한다.
　　㉢ 남을 존경한다.
　② 매너와 에티켓의 차이
　　㉠ 매너 : 생활 속에서의 관습이나 몸가짐 등 일반적인 룰
　　㉡ 에티켓 : 보다 고도한 규칙・예법・의례 등 신사・숙녀가 지켜야 할 범절들로서 요구도가 높은 것

(2) **예절의 특성**
　① 예절은 일정한 생활문화권에 사는 사람들이 가장 편리하고 바람직한 방법이라 여겨 모두 그렇게 행하는 생활 방법이다.
　② 예절은 언어문화권과 밀접한 관계를 이룬다. 예절은 국가와 민족에 따라 달라지며, 같은 언어문화권이라도 지방에 따라 약간씩 다를 수 있다.
　③ 한 나라에서는 예절이 통일되어야 그 나라의 국민으로서 생활하기가 수월하다. 따라서 우리는 어울려 사는 데 지장이 없도록 통일된 바른 예절을 알아야 한다.

---

◀ **핵심예제** ▶

**다음 중 예절에 대한 설명으로 적절하지 않은 것은?**
① 예절은 에티켓이라는 용어로 많이 활용된다.
② 언어문화권과 상관없이 전 세계의 예절은 차이가 없다.
③ 공통적으로 행해지는 가장 바람직한 예절을 알아야 한다.
④ 예절은 일정한 생활문화권에서 오랜 생활 습관을 통해 하나의 공통된 생활 방법으로 정립된 것이다.

예절은 언어문화권에 따라 차이가 있다.

 **정답** ②

---

**(3) 직장에서의 인사 예절** : 인사는 타인과의 사귐에 있어 가장 기본이 되는 예절이다. 인사할 때는 정성과 감사하는 마음을 지니며, 예의 바르고 정중한 태도를 갖추고, 진실을 담은 자세를 보여야 한다.

① **첫인사** : 직장에서 직원끼리 주고받는 인사는 서로 업무를 잘 해나가자는 의욕의 표현이며, 인간관계를 형성하는 기본이다.

    ㉠ 처음 만난 사람에게 하는 인사는 그 사람의 첫인상을 규정짓는다. 따라서 인사할 때는 다음을 주의해야 한다.

- 상대보다 먼저 인사한다.
- 타이밍을 맞추어 적절히 응답한다.
- 명랑하고 활기차게 인사한다.
- 사람에 따라 인사법이 다르면 안 된다.
- 기분에 따라 인사의 자세가 다르면 안 된다.

    ㉡ 우호와 화합을 표현하는 악수는 가장 일반적인 인사법으로 전 세계적으로 사용된다.

- 윗사람에게는 먼저 목례를 한 후 악수를 한다.
- 상대의 눈을 보며 밝은 표정을 짓는다.
- 오른손을 사용한다.
- 손을 잡을 때는 너무 꽉 잡아서는 안 된다.
- 손끝만 잡는 행위는 금한다.
- 주머니에 손을 넣고 악수하지 않는다.

② **소개** : 서로가 처음 만나는 사이이므로 소개할 때는 좋은 인상을 상대에게 전달하는 것이 중요하다. 소개는 두 사람이 처음 만났을 때 서로를 보다 편하게 느낄 수 있도록 돕는 친절한 행위이다.

    ㉠ 비즈니스적인 만남에서 소개할 때는 직장 내에서의 서열과 나이를 고려한다. 이때 성별은 고려의 대상이 아니다. 소개는 보통 타당성 있는 순서에 의한다.

    ㉡ 직장 내에서의 서열과 직위를 고려한 소개의 순서

- 연소자를 연장자에게 소개한다.
- 자신이 소속된 회사의 관계자를 다른 회사의 관계자에게 소개한다.
- 신참자를 고참자에게 소개한다.
- 동료, 임원을 고객, 손님에게 소개한다.
- 소개받는 사람의 별칭은 그 이름이 비즈니스에서 사용되는 것이 아니라면 사용하지 않는다.
- 반드시 성과 이름을 함께 말한다.
- 상대방이 항상 사용하는 경우라면, Dr(Doctor) 또는 Ph.D(Doctor of Philosophy) 등의 칭호를 함께 언급한다.
- 정부 고관의 직급명은 퇴직했더라도 항상 사용한다.
- 천천히 그리고 명확하게 말한다.
- 각각의 관심사와 최근의 성과에 대하여 간단한 언급을 한다.

핵심예제

**다음 중 우리나라 직장에서의 인사 예절에 대한 설명으로 적절하지 않은 것은?**

① 반드시 성과 이름을 함께 말한다.

② 왼손잡이는 악수를 왼손으로 해야 한다.

③ 나이 어린 사람을 연장자에게 소개한다.

④ 자신이 소속된 회사의 관계자를 다른 회사의 관계자에게 소개한다.

왼손잡이라도 악수는 오른손으로 한다.

정답 ②

③ 명함 교환 예절

　　㉠ 오늘날의 명함은 직장인에게는 필수적인 소도구이다. 명함은 받는 사람에게 종종 첫인상을 줌과
　　　 동시에 오랫동안 계속될 인상을 남긴다.

　　㉡ 명함을 주고받을 때의 유의할 점

　　　　• 명함은 반드시 명함 지갑에서 꺼내고 상대방에게 받은 명함도 명함 지갑에 넣는다.

　　　　• 상대방에게서 명함을 받으면 받은 즉시 호주머니에 넣지 않는다.

　　　　• 명함은 하위에 있는 사람이 먼저 꺼내는데, 상위자에 대해서는 왼손으로 가볍게 받치는 것이
　　　　　 예의이다.

　　　　• 명함을 받으면 그대로 집어넣지 말고 명함에 관해서 한두 마디 대화를 건네는 것이 바람직하다.

　　　　• 쌍방이 동시에 명함을 꺼낼 때는 왼손으로 교환하고 오른손으로 옮겨 잡는다.

　　　　• 명함은 새 것을 사용하여야 한다.

　　　　• 명함에 부가 정보는 상대방과의 만남이 끝난 후에 적는다.

핵심예제

**다음 중 직장에서의 명함 교환에 대한 설명으로 적절하지 않은 것은?**

① 명함은 하위에 있는 사람이 먼저 꺼낸다.

② 상대방에게 받은 명함은 받은 즉시 호주머니에 꾸겨 넣는다.

③ 명함을 받으면 명함에 대해 한두 마디 대화를 하는 것이 좋다.

④ 쌍방이 동시에 명함을 꺼낼 때는 왼손으로 교환하고 오른손으로 옮겨 잡는다.

상대방에게 받은 명함은 잠시 동안 살펴보고, 명함 지갑에 넣는다.

정답 ②

## (4) 직장에서의 전화 예절

① 전화 걸기

　ⓐ 전화를 걸기 전에 먼저 준비를 한다. 정보를 얻기 위해 전화를 하는 경우라면 얻고자 하는 내용을 미리 메모하여 모든 정보를 빠뜨리지 않도록 한다.

　ⓑ 전화를 건 이유를 숙지하고 이와 관련해 대화를 나눌 수 있도록 준비한다.

　ⓒ 전화는 정상적인 업무가 이루어지는 근무 시간에 걸도록 한다. 업무 종료 5분 전에 전화를 건다면 제대로 통화할 수 없을 것이다.

　ⓓ 상대와 통화할 수 없을 경우에 대비해 비서나 다른 사람에게 메시지를 남길 수 있도록 준비한다.

　ⓔ 전화는 직접 걸도록 한다. 비서를 통해 고객에게 전화를 건다면 고객으로 하여금 당신의 시간이 고객의 시간보다 더 소중하다는 느낌을 갖게 만든다.

　ⓕ 전화를 해달라는 메시지를 받았다면 가능한 한 48시간 안에 응답해야 한다. 하루 이상 자리를 비우게 되는 경우 다른 사람이 대신 전화를 받아줄 수 없을 때는 자리를 비우게 되었다는 메시지를 남겨놓는 것이 예의이다.

② 전화 받기

　ⓐ 전화벨이 3~4번 울리기 전에 받는다.

　ⓑ 자신이 누구인지를 즉시 말한다.

　ⓒ 천천히, 명확하게 예의를 갖추고 말한다.

　ⓓ 목소리에 미소를 띠고 말한다.

　ⓔ 말을 할 때 상대방의 이름을 함께 사용한다.

　ⓕ 펜과 메모지를 곁에 두어 메시지를 받아 적을 수 있도록 한다.

　ⓖ 주위의 소음을 최소화한다.

　ⓗ 긍정적인 말로 전화 통화를 마치도록 하고 전화를 건 상대방에게 감사의 표시를 한다.

③ 스마트폰 : 스마트폰의 각종 부가 기능은 업무에 지장을 초래할 수 있다. 따라서 직장에서 스마트폰을 사용하게 될 경우에는 다음을 유의해야 한다.

　ⓐ 상대방에게 통화를 강요하지 않는다.

　ⓑ 지나친 SNS의 사용은 업무에 지장을 주므로 휴식시간을 이용한다.

　ⓒ 운전하면서 스마트폰을 사용하지 않는다.

　ⓓ 온라인상에서 예절을 지킨다.

　ⓔ 알림은 무음으로 하여 타인에게 폐를 끼치지 않게 한다.

**다음 중 직장에서의 전화 예절에 대한 설명으로 적절하지 않은 것은?**

① 전화를 걸기 전에 미리 메모하여 준비한다.

② 상대방의 대답을 듣기 전에 준비한 말을 빨리 한다.

③ 전화는 업무가 정상적으로 이루어지는 근무 시간에 건다.

④ 전화를 해달라는 메시지를 받았다면 가능한 한 빨리 응답하려고 노력한다.

상대방의 대답을 들으면서 대화를 해야 한다.

정답 ②

(5) **직장에서의 E-Mail 예절** : 축약된 언어나 이모티콘을 무분별하게 사용하면 연락을 받는 당사자가 이해하지 못할 수 있다. E-Mail 특유의 언어 사용을 최소한으로 유지함으로써 상대방을 혼돈스럽게 하는 것을 피해야 한다. E-Mail 메시지는 간단하게, 가능한 한 간결하게 작성해 수신자가 빨리 읽고 제대로 응답할 수 있게 해야 한다.

① E-Mail 메시지 보내기

    ㉠ 상단에 보내는 사람의 이름을 적는다.

    ㉡ 메시지에는 언제나 제목을 넣도록 한다.

    ㉢ 메시지는 간략하게 만든다.

    ㉣ 요점을 빗나가지 않는 제목을 잡도록 한다.

    ㉤ 올바른 철자와 문법을 사용한다.

② E-Mail 메시지에 답하기

    ㉠ 원래 E-Mail의 내용과 관련된 일관성 있는 답을 하도록 한다.

    ㉡ 다른 비즈니스 서신에서와 마찬가지로 화가 난 감정의 표현을 보내는 것은 피한다.

    ㉢ 당신의 답장을 어디로, 누구에게로 보내는지 주의한다. 자동 답신을 선택해 보내는 것이 효율적인 것 같지만, 원래 메일을 보낸 사람에게 도착하지 않을 수도 있다. 원래의 메시지에 첨부된 회신 주소는 메시지를 보낸 사람의 것이 아닐 수도 있다.

**다음 중 직장에서의 E-Mail 예절에 대한 설명으로 적절하지 않은 것은?**

① 올바른 철자와 문법을 사용한다.

② 요점을 빗나가지 않는 제목을 잡도록 한다.

③ 메시지는 모든 내용을 포함해 정교하고 복잡하게 작성한다.

④ E-Mail 메시지를 보낼 때에는 제목과 보내는 사람의 이름을 적는다.

메시지는 필요한 내용만 간단명료하게 작성한다.

정답 ③

## (1) 성 예절의 의미

① 직장에서 성 예절을 지키지 않으면 성희롱으로 연결되며, 피해자는 심한 불쾌감·모욕감과 자기 비하감을 느껴 직장생활과 업무에 심각한 지장을 받는다. 가해자와 피해자의 인식과 입장 차이는 성희롱 문제 발생의 원인이다.

② 직장 내에서 발생하는 성희롱의 유형

　㉠ 육체적 행위

　　• 입맞춤·포옹 등 원하지 않는 신체 접촉

　　• 가슴·엉덩이 등 특정한 신체 부위를 만지는 행위

　　• 어깨를 잡고 밀착하는 행위

　㉡ 언어적 행위

　　• 음란한 농담을 하는 행위

　　• 외모에 대한 성적 비유

　　• 성적인 내용의 정보를 유포하는 행위

　　• 음란한 내용의 전화 통화

　㉢ 시각적 행위

　　• 음란한 사진, 낙서, 그림 등을 게시하거나 보여주는 행위

　　• 정보 기기를 이용해 음란물을 보내는 행위

　　• 자신의 특정 신체 부위를 노출하거나 만지는 행위

---

《핵심예제》

**다음 중 직장에서의 성희롱과 관련된 대화가 아닌 것은?**

① "여자는 치마를 입고 다녀야 좋지."

② "예쁘고 일도 잘해서 귀여워 해줬는데?"

③ "집에 애가 있으니까, 야근하지 말고 빨리 집에 가야지."

④ "그런 것은 여자가 해야 어울리지, 분위기 좀 살려 봐."

　여성의 다른 상황을 인정해 주는 것은 성희롱이라고 할 수 없다.

정답 ③

---

③ 성희롱의 법적 정의와 조치

　㉠ 남녀고용평등과 일·가정 양립 지원에 관한 법률은 직장 내 성희롱을 "사업주·상급자 또는 근로자가 직장 내의 지위를 이용하거나 업무와 관련하여 다른 근로자에게 성적 언동 등으로 성적 굴욕감 또는 혐오감을 느끼게 하거나 성적 언동 또는 그 밖의 요구 등에 따르지 아니하였다는 이유로 근로조건 및 고용에서 불이익을 주는 것"으로 정의한다.

ⓛ 성희롱은 그 행위에 대해서 회사에서 필요한 인사나 징계 조치를 해야 하고, 그 피해자는 가해자에게 민사상의 손해배상청구를 할 수 있다.

ⓒ 성희롱에 대한 법률적인 기준은 가해자가 '의도적으로 성희롱을 했느냐'가 아니라, 피해자가 '성적 수치심이나 굴욕감을 느꼈느냐, 아니냐'이다. 성희롱 관련법의 기본 취지가 '피해자 보호'에 초점을 맞추고 있는 것은 직장에서 불리한 입장에 있으므로 피해를 입었을 때 스스로의 구제 방안을 모색하기가 쉽지 않기 때문이다.

**(2) 성 예절을 지키기 위한 자세** : 성희롱 예방의 근본적 이유는 바람직한 남녀 공존의 직장문화를 정착시키자는 것이다.

① 여성의 직업 참가율이 비약적으로 높아졌다. 여성과 남성이 대등한 동반자 관계로 동등한 역할과 능력 발휘를 한다는 인식을 가져야 한다.

② 직장 내에서 여성이 남성과 동등한 지위를 보장받기 위해서 그만한 책임과 역할을 다해야 하며, 조직은 그에 상응하는 여건을 조성해야 한다.

③ 성희롱 문제가 법정 다툼, 사회적인 문제로 이어지기 전에 예방하고 효과적으로 처리하는 방안이 필요하다. 그렇지 않으면 회사와 당사자 모두 심각한 피해를 입을 수 있기 때문이다.

④ 우리 사회에는 뿌리 깊은 남성 위주의 가부장적 문화와 성역할에 대한 과거의 잘못된 인식이 아직도 남아있기 때문에 남녀공존의 직장문화를 정착하는 데 남다른 노력이 필요하다.

⑤ 직장 내에서 성 예절을 지키기 위해서는 부적절한 언행을 하지 않으며, 실정법을 준수해야 한다. 또한 사회적·윤리적으로 비난받는 행위를 하지 않아야 한다.

---

**◀ 핵심예제 ▶**

**다음 중 직장에서 성 예절에 대한 설명으로 적절하지 않은 것은?**

① 여성과 남성이 동등한 지위를 보장받아야 한다.

② 남성 위주의 가부장적 문화와 성역할에 대한 전통적 인식을 지녀야 한다.

③ 직장 내 성 예절을 지키기 위해서는 부적절한 언어와 행동을 삼가야 한다.

④ 성희롱은 가해자가 '성희롱을 했느냐'가 아니라 피해자가 '성적 수치심이나 굴욕감을 느꼈느냐, 아니냐'를 기준으로 한다.

---

남성 위주의 가부장적 문화와 성역할에 대한 잘못된 인식으로 인해 성희롱이 발생되기 때문에 이러한 인식을 바로잡아야 한다.

 정답 ②

## (3) 성 예절에 어긋나는 행동에 대한 대처 방법

① 개인적 대응
  ㉠ 직접적으로 거부 의사를 밝히고 중지할 것을 요구한다.
  ㉡ 증거 자료를 수집하고 공식적 처리를 준비한다.
  ㉢ 상사나 노동조합 등의 내부 기관에 도움을 요청한다.
  ㉣ 외부 단체 및 성폭력 상담기관 등에 도움을 요청한다.

② 직장의 대응
  ㉠ 회사 내부의 관련 직원이나 외부의 전문가를 초빙하여 공정하게 처리한다.
  ㉡ 사안에 대해 신속하게 조사하여 처리한다.
  ㉢ 개인 정보의 유출을 철저히 방지한다.
  ㉣ 가해자에 대해 납득할 정도의 조치를 취하고 결과를 피해자에게 통지한다.

---

◀핵심예제▶

**다음 중 직장 내에서 성희롱을 당한 경우의 대처 방법으로 적절하지 않은 것은?**

① 증거 자료를 수집한다.
② 직접적으로 거부 의사를 밝히고 항의한다.
③ 노동조합 등의 내부 기관에 도움을 요청한다.
④ 직장의 분위기를 위해 공식적 대처를 자제한다.

성적 수치심을 느꼈을 때는 공식적인 대처가 필요하다.

정답 ④

---

# 01 윤리 · 근면

## | 유형분석 |

- 주어진 제시문 속의 비윤리적인 상황에 대하여 원인이나 대처법을 고르는 문제가 출제된다.
- 근면한 자세의 사례를 고르는 문제 또한 종종 출제된다.
- 직장생활 내에서 필요한 윤리적이고 근면한 태도에 대한 문제가 자주 출제된다.

**다음은 직장생활에서 나타나는 근면한 태도의 사례이다. 근면한 태도의 성격이 다른 것은?**

① A씨는 자기 계발을 위해 퇴근 후 컴퓨터 학원에 다니고 있다.

② B씨는 아침 일찍 출근하여 업무 계획을 세우는 것을 좋아한다.

③ C씨는 같은 부서 사원들의 업무 경감을 위해 적극적으로 프로그램을 개발하고 있다.

④ D씨는 다가오는 휴가를 준비하여 프로젝트 마무리에 최선을 다하고 있다.

⑤ E씨는 상사의 지시로 신제품 출시를 위한 설문조사를 계획하고 있다.

**정답 ⑤**

근면은 스스로 자진해서 행동하는 근면이 있으며, 이와 다르게 외부로부터 강요당한 근면이 있다. ⑤는 외부(상사의 지시)로부터
강요당한 근면으로 다른 사례들과 성격이 다르다.

**풀이 전략!**

근로윤리는 우리 사회가 요구하는 도덕상에 기초하고 있다는 점을 유념하고, 다양한 사례를 익혀 문제에 적응한다.

**01**　다음 중 기업 간 거래 관계에서 요구되는 윤리적 기초에 대한 설명으로 적절하지 않은 것은?

① 배려의 도덕성은 의무이행을 위해 보상과 격려, 관용과 존경을 강조한다.

② 이해할 만한 거래상대방의 설명 등 쌍방 간 의사소통이 원활하면 분배 공정성이 달성된다.

③ 약속의 성실한 이행은 거래를 지속시키며, 갈등을 해소하는 토대가 된다.

④ 의무의 도덕성이란 불가조항을 일일이 열거하는 것을 말한다.

⑤ 힘이 강한 소매상이 힘이 약한 납품업체에 구매가격 인하를 요구하는 것은 거래의 평등성을 위배하는 행위이다.

**02**　A대리는 B사원 때문에 스트레스를 받고 있다. 빠르게 처리해야 할 업무에 대해 B사원은 항상 꼼꼼하게 검토하고 A대리에게 늦게 보고하기 때문이다. A대리가 B사원의 업무방식에 불만을 표현하자 B사원은 자신의 소심한 성격 때문이라고 대답했다. 이때 A대리에게 가장 필요한 역량은 무엇인가?

① 통제적 리더십　　　　　　　② 감사한 마음

③ 상호 인정　　　　　　　　　④ 헌신의 자세

⑤ 책임감

**03**　다음 〈보기〉 중 직장에서 근면한 생활을 하는 사람을 모두 고르면?

> **보기**
>
> A사원 : 저는 이제 더 이상 일을 배울 필요가 없을 만큼 업무에 익숙해졌어요. 실수 없이 완벽하게 업무를 해결할 수 있어요.
> B사원 : 저는 요즘 매일 운동을 하고 있어요. 일에 지장이 가지 않도록 건강관리에 힘쓰고 있습니다.
> C대리 : 나도 오늘 할 일을 내일로 미루지 않으려고 노력 중이야. 그래서 업무 시간에는 개인적인 일을 하지 않아.
> D대리 : 나는 업무 시간에 잡담을 하지 않아. 대신 사적인 대화는 사내 메신저를 활용하는 편이야.

① A사원, B사원　　　　　　　② A사원, C대리

③ B사원, C대리　　　　　　　④ B사원, D대리

⑤ C대리, D대리

| 유형분석 |

- 개인이 가져야 하는 책임 의식과 기업의 사회적 책임으로 양분되는 문제이다.
- 봉사의 의미를 묻는 문제가 종종 출제된다.

**다음은 봉사에 대한 글이다. 영문 철자에서 봉사가 함유한 의미로 적절하지 않은 것은?**

봉사란 나라나 사회 혹은 타인을 위하여 자신의 이해를 돌보지 아니하고 몸과 마음을 다하여 일하는 것을 가리키며, 영문으로는 'Service'에 해당한다. 'Service'의 각 철자에서 봉사가 함유한 7가지 의미를 도출해 볼 수 있다.

① S : Smile & Speed        ② E : Emotion
③ R : Repeat        ④ V : Value
⑤ C : Courtesy

**정답** ③

'R'은 반복하여 제공한다는 'Repeat'이 아니라 'Respect'로, 고객을 존중하는 것을 의미한다.

**오답분석**

① 미소와 함께 신속한 도움을 제공한다는 의미이다.
② 고객에게 감동을 준다는 의미이다.
④ 고객에게 가치를 제공한다는 의미이다.
⑤ 고객에게 예의를 갖추고 정중하게 대한다는 의미한다.

**풀이 전략!**

직업인으로서 요구되는 봉사정신과 책임 의식에 대해 숙지하도록 한다.

**01** 다음은 A사 사보에 올라온 영국 처칠 수상의 일화이다. 이에 대한 직장생활의 교훈으로 가장 적절한 것은?

> 어느 날 영국의 처칠 수상은 급한 업무 때문에 그의 운전기사에게 차를 빠르게 몰 것을 지시하였다. 그때 교통 경찰관은 속도를 위반한 처칠 수상의 차량을 발견하고 차를 멈춰 세웠다. 처칠 수상은 경찰관에게 말했다. "이봐. 내가 누군지 알아?" 그러자 경찰관이 대답했다. "얼굴은 우리 수상 각하와 비슷하지만, 법을 지키지 않는 것을 보니 수상 각하가 아닌 것 같습니다." 경찰관의 답변에 부끄러움을 느낀 처칠은 결국 벌금을 지불했고, 교통 경찰관의 근무 자세에 감명을 받았다고 한다.

① 무엇보다 고객의 가치를 최우선으로 생각해야 한다.
② 업무에 대해서는 스스로 자진해서 성실하게 임해야 한다.
③ 모든 결과는 나의 선택으로 일어난 것으로 여긴다.
④ 조직의 운영을 위해서는 지켜야 하는 의무가 있다.
⑤ 직장동료와 신뢰를 형성하고 유지해야 한다.

**02** 다음 중 직장에서 책임 있는 생활을 하고 있지 않은 사람은?

① A사원 : 몸이 아파도 맡은 임무는 다하려고 한다.
② B대리 : 자신의 업무뿐만 아니라 내가 속한 부서의 일은 나의 일이라고 생각하고 다른 사원들을 적극적으로 돕는다.
③ C대리 : 자신의 상황을 최대한 객관적으로 판단한 뒤 책임질 수 있는 범위의 일을 맡는다.
④ D과장 : 내가 맡은 일이라면 개인적인 일을 포기하고 그 일을 먼저 한다.
⑤ E부장 : 나쁜 상황이 일어났을 때 왜 이런 일이 일어났는지만을 끊임없이 분석한다.

**03** 다음 중 직업윤리에 따른 직업인의 기본자세로 옳지 않은 것은?

① 대체 불가능한 희소성을 갖추어야 한다.
② 봉사 정신과 협동 정신이 있어야 한다.
③ 소명 의식과 천직 의식을 가져야 한다.
④ 공평무사한 자세가 필요하다.
⑤ 책임 의식과 전문 의식이 있어야 한다.

MEMO

# PART 3

# 최종점검 모의고사

**제1회** 모듈형 모의고사

**제2회** 피듈형 모의고사

**제3회** PSAT형 모의고사

# 제1회
# 모듈형 모의고사

# ■ 취약영역 분석

| 번호 | O/× | 영역 | 번호 | O/× | 영역 | 번호 | O/× | 영역 |
|---|---|---|---|---|---|---|---|---|
| 01 | | 의사소통능력 | 21 | | 자원관리능력 | 41 | | 조직이해능력 |
| 02 | | | 22 | | | 42 | | |
| 03 | | | 23 | | | 43 | | |
| 04 | | | 24 | | | 44 | | 대인관계능력 |
| 05 | | | 25 | | 정보능력 | 45 | | |
| 06 | | | 26 | | | 46 | | |
| 07 | | 수리능력 | 27 | | | 47 | | |
| 08 | | | 28 | | | 48 | | |
| 09 | | | 29 | | | 49 | | 자기개발능력 |
| 10 | | | 30 | | | 50 | | |
| 11 | | | 31 | | 기술능력 | 51 | | |
| 12 | | | 32 | | | 52 | | |
| 13 | | 문제해결능력 | 33 | | | 53 | | |
| 14 | | | 34 | | | 54 | | |
| 15 | | | 35 | | | 55 | | 직업윤리 |
| 16 | | | 36 | | | 56 | | |
| 17 | | | 37 | | 조직이해능력 | 57 | | |
| 18 | | | 38 | | | 58 | | |
| 19 | | 자원관리능력 | 39 | | | 59 | | |
| 20 | | | 40 | | | 60 | | |

| 평가문항 | 60문항 | 평가시간 | 60분 |
|---|---|---|---|
| 시작시간 | : | 종료시간 | : |
| 취약영역 | | | |

# 제1회 | 모듈형 모의고사

 문항 수 : 60문항  응시시간 : 60분

정답 및 해설 p.116

**01** 다음 중 의사소통능력의 하위능력에 대한 설명이 잘못 연결된 것은?

① 문서이해능력 – 부서 전체 회의에서 발표자의 이야기를 듣고 들은 내용을 종합한다.

② 문서작성능력 – 상사의 지시나 전화 메시지 같은 간단한 문서를 읽기 쉽게 작성한다.

③ 경청능력 – 상사의 지시를 들으며, 업무 진행 방향에 대해 이해한다.

④ 의사표현능력 – 업무 성과를 발표하는 상황에서 논리적으로 의사를 표현한다.

⑤ 기초외국어능력 – 외국어로 된 메일을 직접 읽고 의미를 이해한다.

**02** 의사표현에서는 말하는 사람이 말하는 순간 듣는 사람이 바로 알아들을 수 있어야 하므로 어떠한 언어를 사용하는지가 매우 중요하다. 다음 〈보기〉 중 의사표현에 사용되는 언어로 적절하지 않은 것을 모두 고르면?

> **보기**
>
> ㉠ 이해하기 쉬운 언어  ㉡ 상세하고 구체적인 언어
> ㉢ 간결하면서 정확한 언어  ㉣ 전문적 언어
> ㉤ 단조로운 언어  ㉥ 문법적 언어

① ㉠, ㉡

② ㉡, ㉢

③ ㉢, ㉥

④ ㉣, ㉤

⑤ ㉤, ㉥

**03** 다음 중 가장 적절한 의사표현법을 사용하고 있는 사람은?

① A대리 : (늦잠으로 지각한 후배 사원의 잘못을 지적하며) 오늘도 지각을 했네요. 어제도 늦게 출근하지 않았나요? 왜 항상 지각하는 거죠?

② B대리 : (후배 사원의 고민을 들으며) 방금 뭐라고 이야기했죠? 미안해요. 아까 이야기한 고민에 대해서 어떤 답을 해야 할지 생각하고 있었어요.

③ C대리 : (후배 사원의 실수가 발견되어 이를 질책하며) 이번 프로젝트를 위해 많이 노력했다는 것 압니다. 다만, 발신 메일 주소를 한 번 더 확인하는 습관을 갖는 것이 좋겠어요. 앞으로는 더 잘할 거라고 믿어요.

④ D대리 : (거래처 직원에게 변경된 계약서에 서명할 것을 설득하며) 이 정도는 그쪽에 큰 손해 사항도 아니지 않습니까? 지금 서명해 주지 않으시면 곤란합니다.

⑤ E대리 : (후배 사원에게 업무를 지시하며) 이번 일은 직접 발로 뛰어야 해요. 특히 빨리 처리해야 하니까 반드시 이 순서대로 진행하세요!

PART 3

**04** 다음 중 경청 방법에 대한 설명으로 적절하지 않은 것은?

① 상대를 정면으로 마주하는 자세는 상대방이 자칫 위축되거나 부담스러워할 수 있으므로 지양한다.

② 손이나 다리를 꼬지 않는 개방적인 자세는 상대에게 마음을 열어놓고 있음을 알려주는 신호이다.

③ 우호적인 눈의 접촉(Eye-Contact)은 자신이 상대방에게 관심을 가지고 있음을 알려준다.

④ 비교적 편안한 자세는 전문가다운 자신만만함과 아울러 편안한 마음을 상대방에게 전할 수 있다.

⑤ 상대방을 향하여 상체를 기울여 다가앉은 자세는 자신이 열심히 듣고 있다는 사실을 강조한다.

**05** 다음 중 빈칸에 들어갈 단어가 바르게 연결된 것은?

> • 그는 부인에게 자신의 친구를 ⓒ 소개시켰다 / 소개했다.
> • 이 소설은 실제 있었던 일을 바탕으로 ⓛ 쓰인 / 쓰여진 것이다.
> • 자전거가 마주 오던 자동차와 ⓒ 부딪혔다 / 부딪쳤다.

| | ㉠ | ㉡ | ㉢ |
|---|---|---|---|
| ① | 소개시켰다 | 쓰인 | 부딪혔다 |
| ② | 소개시켰다 | 쓰여진 | 부딪혔다 |
| ③ | 소개했다 | 쓰인 | 부딪혔다 |
| ④ | 소개했다 | 쓰인 | 부딪쳤다 |
| ⑤ | 소개했다 | 쓰여진 | 부딪쳤다 |

**06** 다음 중 '자는 호랑이에게 코침 주기'와 뜻이 비슷한 한자성어는?

① 전전반측(輾轉反側)　　　　　　　② 각골통한(刻骨痛恨)
③ 평지풍파(平地風波)　　　　　　　④ 백아절현(伯牙絕絃)
⑤ 곡학아세(曲學阿世)


**07** P사원은 지하철을 타고 출근한다. 속력이 60km/h인 지하철에 이상이 생겨 평소 속력의 0.4배로 운행하게 되었다. 지하철이 평소보다 45분 늦게 도착하였다면, P사원이 출발하는 역부터 도착하는 역까지 지하철의 이동거리는 얼마인가?

① 20km　　　　　　　　　　　　② 25km
③ 30km　　　　　　　　　　　　④ 35km
⑤ 40km


**08** 농도 8% 소금물 200g에서 소금물을 조금 퍼낸 후, 퍼낸 소금물만큼 물을 부었다. 그리고 소금 50g을 넣어 농도 24%의 소금물 250g을 만들었을 때, 처음 퍼낸 소금물의 양은?

① 75g　　　　　　　　　　　　　② 80g
③ 90g　　　　　　　　　　　　　④ 95g
⑤ 100g


**09** 다음 수열의 11번째 항의 값은?

| | | | | | | |
|---|---|---|---|---|---|---|
| 500 | 499 | 493 | 482 | 466 | 445 | ⋯ |

① 255　　　　　　　　　　　　　② 260
③ 265　　　　　　　　　　　　　④ 270
⑤ 275

※ 일정한 규칙으로 수를 나열할 때, 빈칸에 들어갈 알맞은 수를 고르시오. **[10~11]**

**10**

$$5 \qquad \frac{10}{9} \qquad \frac{9}{2} \qquad \frac{20}{81} \qquad (\quad)$$

① $\dfrac{729}{40}$                    ② $\dfrac{718}{40}$

③ $\dfrac{707}{40}$                    ④ $\dfrac{729}{30}$

⑤ $\dfrac{718}{30}$

**11**

$$18 \qquad 13 \qquad 10.5 \qquad 9.25 \qquad (\quad)$$

① 6.5                    ② 8.5

③ 8.625                 ④ 9.625

⑤ 10.5

**12** 핸드폰에 찍힌 지문을 통해 비밀번호를 유추하려고 한다. 핸드폰 화면의 1, 2, 5, 8, 9번 위치에 지문이 찍혀 있었으며, 면밀히 조사한 결과 지움 버튼에서도 지문이 발견되었다. 핸드폰 비밀번호는 네 자릿수이며, 비밀번호 힌트로 가장 작은 수는 맨 앞, 가장 큰 수는 맨 뒤라는 것을 알았다. 총 몇 번의 시도를 하면 비밀번호를 반드시 찾을 수 있는가?

① 8번                    ② 10번

③ 12번                   ④ 24번

⑤ 36번

**13** 문제해결 절차의 실행 및 평가 단계가 다음과 같이 진행될 때, 실행계획 수립 단계에서 고려해야 할 사항으로 적절하지 않은 것은?

| 실행계획 수립 | → | 실행 | → | Follow – Up |
|---|---|---|---|---|

① 인적 자원, 물적 자원, 예산 자원, 시간 자원을 고려하여 계획을 세운다.

② 세부 실행내용의 난이도를 고려하여 구체적으로 세운다.

③ 해결안별 구체적인 실행계획서를 작성한다.

④ 실행의 목적과 과정별 진행내용을 일목요연하게 파악할 수 있도록 작성한다.

⑤ 실행상의 문제점 및 장애요인을 신속하게 해결하기 위해 모니터링 체제를 구축한다.

**14** 다음 글의 빈칸에 들어갈 말이 바르게 연결된 것은?

> ___㉠___ (이)란 업무를 수행함에 있어서 답을 요구하는 질문이나 의논하여 해결해야 되는 사항을 의미한다. ___㉠___ 은/는 흔히 ___㉡___ 와/과 구분하지 않고 사용되는데, ___㉡___ (이)란 ___㉢___ 의 원인이 되는 사항으로 해결을 위해서 손을 써야 할 대상을 말한다.

|  | ㉠ | ㉡ | ㉢ |
|---|---|---|---|
| ① | 문제 | 문제점 | 결과 |
| ② | 문제 | 문제점 | 문제 |
| ③ | 문제점 | 오류 | 문제 |
| ④ | 문제점 | 문제 | 문제점 |
| ⑤ | 문제점 | 문제 | 결과 |

**15** 다음 중 3C 분석에 대한 설명으로 옳은 것은?

① 기업 내부의 강점과 약점, 외부 환경의 기회, 위협요인을 조사한다.

② 시장을 세분화하고, 목표시장을 실정한 후 적질한 제품 포지셔닝을 한다.

③ 제품, 가격, 유통경로, 프로모션을 효과적으로 조합한다.

④ 고객, 경쟁사, 자사를 각각 분석한다.

⑤ 산업환경에 영향을 미치는 신규진입의 위협, 공급자의 협상력, 구매자의 협상력, 대체재, 기존 사업자 요인을 분석한다.

**16** 문제해결에 어려움을 겪고 있는 A대리는 상사인 B부장에게 면담을 요청하였고 B부장은 다음과 같이 조언하였다. B부장이 A대리에게 제시한 문제해결 사고방식으로 옳은 것은?

> 현재 당면하고 있는 문제와 그 해결방법에만 집착하지 말고, 그 문제와 해결방법이 상위 시스템과 어떻게 연결되어 있는지를 생각해 보세요.

① 분석적 사고        ② 발상의 전환

③ 내·외부자원의 활용      ④ 창의적 사고

⑤ 전략적 사고

**17** 업무 수행과정에서 발생하는 문제를 발생형, 탐색형, 설정형의 세 가지 문제 유형으로 분류한다고 할 때, 다음 중 탐색형 문제에 해당하는 것은?

① 판매된 제품에서 이물질이 발생했다는 고객의 클레임이 발생하였다.

② 국내 생산 공장을 해외로 이전할 경우 발생할 수 있는 문제들을 파악히여 보고해야 한디.

③ 대외경쟁력과 성장률을 강화하기 위해서는 생산성을 15% 이상 향상시켜야 한다.

④ 공장의 생산 설비 오작동으로 인해 제품의 발주량을 미처 채우지 못하였다.

⑤ 향후 5년간 시장의 흐름을 예측한 후 자사의 새로운 성장 목표를 설정하기로 하였다.

**18** 다음 글의 빈칸에 들어갈 내용으로 적절하지 않은 것은?

> 비판적 사고는 어떤 주제나 주장 등에 대해서 적극적으로 분석하고 종합하며 평가하는 능동적인 사고이다. 이러한 비판적 사고는 어떤 논증, 추론, 증거, 가치를 표현한 사례를 타당한 것으로 수용할 것인가 아니면 불합리한 것으로 거절할 것인가에 대한 결정을 내릴 때 요구되는 사고력이다. 비판적 사고를 개발하기 위해서는 _____과 같은 태도가 요구된다.

① 체계성                      ② 결단성
③ 예술성                      ④ 지적 호기심
⑤ 지적 회의성

**19** 다음 중 자원관리과정을 바르게 나열한 것은?

> ㄱ. 필요한 자원의 종류와 양 확인
> ㄴ. 계획대로 수행하기
> ㄷ. 자원 활용 계획 세우기
> ㄹ. 이용 가능한 자원 수집하기

① ㄱ - ㄴ - ㄷ - ㄹ            ② ㄱ - ㄹ - ㄷ - ㄴ
③ ㄴ - ㄷ - ㄹ - ㄱ            ④ ㄷ - ㄹ - ㄱ - ㄴ
⑤ ㄹ - ㄱ - ㄷ - ㄴ

**20** 다음 글의 빈칸 ㉠ ~ ㉤에 들어갈 말이 바르게 연결된 것은?

> 예산의 구성요소는 일반적으로 직접비용과 간접비용으로 구분된다.  ㉠ 비용은 제품 또는 서비스를 창출하기 위해  ㉡  소비된 것으로 여겨지는 비용을 말한다. 반면,  ㉢ 비용은 과제를 수행하기 위해 소비된 비용 중  ㉣ 비용을 제외한 비용으로, 생산에  ㉤  관련되지 않은 비용을 말한다.

| | ㉠ | ㉡ | ㉢ | ㉣ | ㉤ |
|---|---|---|---|---|---|
| ① | 직접 | 직접 | 간접 | 직접 | 직접 |
| ② | 직접 | 직접 | 간접 | 간접 | 직접 |
| ③ | 직접 | 간접 | 간접 | 직접 | 간접 |
| ④ | 간접 | 간접 | 직접 | 간접 | 직접 |
| ⑤ | 간접 | 직접 | 직접 | 간접 | 간접 |

**21** 다음 대화를 읽고 빈칸에 들어갈 내용으로 보기 어려운 것은?

> A사원 : 시간은 개인에게 있어서도 중요하지만, 기업 입장에서 매우 중요한 요소임에 틀림없어.
> B사원 : 맞아. 시시각각 변해가는 현대사회에서 기업은 일을 수행하는 데 있어 소요되는 시간을 줄이기 위해 많은 노력을 기울이고 있지.
> C사원 : 기업 입장에서 작업 소요 시간의 단축으로 인해 볼 수 있는 효과는 _____을/를 들 수 있어.

① 생산성 향상　　　　　　　　② 이익 증가
③ 위험 감소　　　　　　　　　④ 시장 점유율 증가
⑤ 비용 증가

**22** 다음은 바코드 원리를 활용하여 물품을 기호화하고 관리한 자료이다. 이와 같은 방식의 특징으로 옳지 않은 것은?

| 대분류 | 중분류 | 소분류 | 비고 |
| --- | --- | --- | --- |
| 책(A) | 소설책(A-1) | A-1-1. 가시고기 | • 2010년에 구입<br>• 책의 일부분이 파손됨 |
|  | 전공책(A-2) | A-1-2. 레베카 |  |
|  | 만화책(A-3) | A-1-3. 태백산맥 |  |
|  | 잡지책(A-4) |  |  |

① 물품의 위치를 쉽게 파악할 수 있다.
② 동일성의 원칙과 유사성의 원칙을 기반으로 분류한 것이다.
③ 보유하고 있는 물품에 대한 정보를 쉽게 확인할 수 있다.
④ 지속적으로 확인해서 개정해야 하는 번거로움이 없다.
⑤ 물품을 관리하는 데 관심을 기울일 수 있게 한다.

**23** 다음 중 인적 자원에 대한 설명으로 옳지 않은 것은?

① 주위에 있는 모든 사람들이 하나의 중요한 자원이다.

② 인적 자원은 조직 차원에서만 중요하다.

③ 인맥은 기본적으로 가족, 친구, 직장동료 등으로 나누어진다.

④ 인맥에는 핵심인맥과 파생인맥 등이 있다.

⑤ 조직 차원의 인적 자원은 조직에 고용된 사람을 말하는 것이다.

**24** A사원은 인적 자원의 효과적 활용에 대한 강연을 듣고, 인맥을 활용하였을 때의 장점에 대해 다음과 같이 정리하였다. 밑줄 친 ㉠~㉣ 중 A사원이 잘못 메모한 내용은 모두 몇 개인가?

〈인적 자원의 효과적 활용〉

• 인적 자원이란?

… 중략 …

• 인맥 활용 시 장점
 ─ ㉠ 각종 정보와 정보의 소스 획득
 ─ ㉡ '나' 자신의 인간관계나 생활에 대해서 알 수 있음
  ↳ ㉢ 자신의 인생에 탄력이 생김
 ─ ㉣ '나' 자신만의 사업을 시작할 수 있음 ← 참신한 아이디어 획득

① 0개       ② 1개

③ 2개       ④ 3개

⑤ 4개

**25** 다음은 정보의 처리 과정 중 하나이다. 제시된 단계 다음에 수행해야 할 정보의 처리 과정으로 옳은 것은?

질병관리본부는 최근 발생한 집단감염병의 전파 상황을 예측하기 위해 전 세계 발생 동향 및 발생 지역, 집단감염에 대한 자료를 취합하여 향후 예상되는 발생 동향 및 발생 지역 그리고 집단감염 예상 지역을 예측하였다.

① 정보의 기획       ② 정보의 관리

③ 정보의 수집       ④ 정보의 활용

⑤ 정보의 적용

**26** 다음 사례에 나타난 K대학교의 문제해결을 위한 대안으로 가장 적절한 것은?

> K대학교는 현재 학생 관리 프로그램, 교수 관리 프로그램, 성적 관리 프로그램의 3개의 응용 프로그램을 갖추고 있다. 학생 관리 프로그램은 학생 정보를 저장하고 있는 파일을 이용하고, 교수 관리 프로그램은 교수 정보 파일 그리고 성적 관리 프로그램은 성적 정보 파일을 이용한다. 즉, 각각의 응용 프로그램들은 개별적인 파일을 이용한다.
> 이런 경우의 파일에는 많은 정보가 중복 저장되어 있다. 그렇기 때문에 중복된 정보가 수정되면 관련된 모든 파일을 수정해야 하는 불편함이 있다. 예를 들어, 한 학생이 자퇴하게 되면 학생 정보 파일뿐만 아니라 교수 정보 파일, 성적 정보 파일도 수정해야 하는 것이다.

① 데이터베이스 구축　　　　　　　② 유비쿼터스 구축
③ RFID 구축　　　　　　　　　　④ NFC 구축
⑤ 와이파이 구축

PART 3

**27** 다음은 정보화 사회에서 필수적으로 해야 할 일을 설명한 것이다. 이에 해당하는 사례로 적절하지 않은 것은?

> 첫째, 정보검색이다. 인터넷에는 수많은 사이트가 있으며, 여기서 내가 원하는 정보를 찾는 것을 정보검색, 즉 소위 말하는 인터넷 서핑이라 할 수 있다. 지금은 다행히 검색방법이 발전하여 문장검색용 검색엔진과 자연어 검색방법도 보급되어 네티즌들로부터 대환영을 받고 있다. 검색이 그만큼 쉬워졌다는 것이다. 이러한 발전에 맞추어 정보화 사회에서는 궁극적으로 타인의 힘을 빌리지 않고 내가 원하는 정보는 무엇이든지 다 찾을 수가 있도록 되어야 한다. 즉, 당신은 자신이 가고 싶은 곳의 정보라든지 궁금한 사항을 스스로 해결할 정도는 되어야 한다는 것이다.
> 둘째, 정보관리이다. 인터넷에서 어렵게 검색하여 찾아낸 결과를 관리하지 못하여 머리 속에만 입력하고, 컴퓨터를 끄고 나면 잊어버리는 것은 정보관리를 못하는 것이다. 자기가 검색한 내용에 대하여 파일로 만들어 보관하든, 프린터로 출력하여 인쇄물로 보관하든, 언제든지 필요할 때 다시 볼 수 있을 정도가 되어야 하는 것이다.
> 셋째, 정보전파이다. 이것은 정보관리를 못한 사람은 어렵다. 오로지 입을 이용해서만 전파가 가능하기 때문이다. 요즘은 전자우편과 SNS를 이용해서 정보를 전달하기 때문에 정보전파가 매우 쉽다. 참으로 편리한 세상이 아닐 수 없다. 인터넷만 이용하면 편안히 서울에 앉아서 미국에도 논문을 보낼 수 있는 것이다.

① 내일 축구에서 승리하는 국가를 맞추기 위해 선발 선수들의 특징을 파악해야겠어.
② 라면을 맛있게 조리할 수 있는 나만의 비법을 SNS에 올려야지.
③ 다음 주 제주도 여행을 위해서 다음 주 날씨를 요일별로 잘 파악해서 기억해 둬야지.
④ 내가 가진 금액에 맞는 의자를 사기 위해 가격 비교 사이트를 이용해야겠다.
⑤ 작년에 작성했었던 보고서를 지금 미국에 출장 가 있는 동료에게 보내줘야겠다.

**28** 다음 글을 토대로 알 수 있는 2차 자료에 해당되는 것은?

> 우리는 흔히 필요한 정보를 수집할 수 있는 원천을 정보원(Sources)이라 부른다. 정보원은 정보를 수집하는 사람의 입장에서 볼 때 공개된 것은 물론이고 비공개된 것도 포함되며 수집자의 주위에 있는 유형의 객체 가운데서 발생시키는 모든 것이 정보원이라 할 수 있다.
> 이러한 정보원은 크게 1차 자료와 2차 자료로 구분할 수 있다. 1차 자료는 원래의 연구성과가 기록된 자료를 의미한다. 2차 자료는 1차 자료를 효과적으로 찾아보기 위한 자료 혹은 1차 자료에 포함되어 있는 정보를 압축·정리해서 읽기 쉬운 형태로 제공하는 자료를 의미한다.

① 학술회의자료
② 백과사전
③ 출판 전 배포자료
④ 학위논문
⑤ 신문

**29** 다음 중 정보의 전략적 기획에 대한 설명으로 옳지 않은 것은?

① 전략적 기획은 정보수집을 수행하기 이전에 이루어진다.
② 수집정보의 품질뿐 아니라 정보수집의 비용성도 고려되어야 한다.
③ 언제까지 정보를 수집하여야 하는지 기한도 계획하여야 한다.
④ 정보의 전략적 기획은 정보수집 원천을 파악하는 과정을 포함한다.
⑤ 폭넓은 정보수집을 위해 정보수집의 대상과 종류 등은 포괄적으로 지정할수록 좋다.

**30** C주임은 최근 개인정보 보호의 중요성을 실감하였고, 개인정보의 종류를 파악하기 위해 다음과 같이 표를 만들었다. 빈칸 ㉠ ~ ㉤에 들어갈 정보가 바르게 연결되지 않은 것은?

〈개인정보의 종류〉

| 구분 | 내용 |
| --- | --- |
| 일반정보 | 이름, 주민등록번호, 운전면허정보, 주소, 전화번호, 생년월일, 출생지, 본적지, 성별, 국적 등 |
| 가족정보 | 가족의 이름, 직업, 생년월일, ___㉠___, 출생지 등 |
| 교육 및 훈련정보 | 최종학력, 성적, 기술자격증 / 전문면허증, 이수훈련 프로그램, 동아리 활동, 상벌사항, 성격 / 행태보고 등 |
| 병역정보 | 군번 및 계급, 제대유형, 주특기, 근무부대 등 |
| 부동산 및 동산정보 | 소유주택 및 토지, ___㉡___, 저축현황, 현금카드, 주식 및 채권, 수집품, 고가의 예술품, 보석 등 |
| 소득정보 | 연봉, 소득의 원천, ___㉢___, 소득세 지불 현황 등 |
| 기타 수익정보 | 보험가입현황, 수익자, 회사의 판공비 등 |
| 신용정보 | 저당, 신용카드, 담보설정 여부 등 |
| 고용정보 | 고용주, 회사주소, 상관의 이름, 직무수행 평가 기록, 훈련기록, 상벌기록 등 |
| 법적정보 | 전과기록, 구속기록, 이혼기록 등 |
| 의료정보 | 가족병력기록, 과거 의료기록, 신체장애, 혈액형 등 |
| 조직정보 | 노조가입, ___㉣___, 클럽회원, 종교단체 활동 등 |
| 습관 및 취미정보 | 흡연 / 음주량, 여가활동, 도박성향, ___㉤___ 등 |

① ㉠ – 주민등록번호
② ㉡ – 자동차
③ ㉢ – 대부상황
④ ㉣ – 정당가입
⑤ ㉤ – 도서 대여기록

**31** 다음 글의 빈칸에 들어갈 용어로 가장 적절한 것은?

_____ 분야에서 유망한 기술로 전망되는 것은 지능형 로봇 분야이다. 지능형 로봇이란 외부 환경을 인식하여 스스로 상황을 판단하여 자율적으로 동작하는 기계 시스템을 말한다. 지능형 로봇은 소득 2만 달러 시대를 선도할 미래 유망산업으로 발전할 것이며, 타 분야에 대한 기술적 파급 효과가 큰 첨단 기술의 복합체이다. 산업적 측면에서 볼 때 지능형 로봇 분야는 자동차 산업 규모 이상의 성장 잠재력을 가지고 있으며, 기술 혁신과 신규투자가 유망한 신산업으로, 국내 로봇 산업은 2020년 국내 시장 규모 100조 원을 달성할 것으로 예측되고 있다.

최근에는 기술혁신과 사회적 패러다임의 변화에 따라 인간 공존, 삶의 질 향상을 이룩하기 위한 새로운 '지능형 로봇'의 개념이 나타나고 있다. 지능형 로봇은 최근 IT기술의 융복합화, 지능화 추세에 따라 점차 네트워크를 통한 로봇의 기능 분산, 가상 공간 내에서의 동작 등 IT와 융합한 '네트워크 기반 로봇'의 개념을 포함하고 있다.

일본이 산업형 로봇 시장을 주도하였다면, IT기술이 접목되는 지능형 로봇은 우리나라가 주도하기 위해 국가 발전 전략에 따라 국가 성장 동력산업으로 육성하고 있다.

① 토목공학
② 환경공학
③ 생체공학
④ 전기전자공학
⑤ 자원공학

**32** 다음 사례에서 나타난 산업 재해의 원인으로 가장 적절한 것은?

A씨는 퇴근하면서 회사 엘리베이터를 이용하던 중 갑자기 엘리베이터가 멈춰 그 안에 20분 동안 갇히는 사고를 당하였다. 20분 후 A씨는 실신한 상태로 구조되었고 바로 응급실로 옮겨졌다. 이후 A씨는 응급실로 옮겨져 의식을 되찾았지만, 극도의 불안감과 공포감을 느껴 결국 병원에서는 A씨에게 공황장애 진단을 내렸다.

① 교육적 원인
② 기술적 원인
③ 작업 관리상 원인
④ 불안전한 행동
⑤ 불안전한 상태

**33** 다음 중 기술경영자에게 요구되는 능력이 아닌 것은?

① 기술을 기업의 전반적인 전략 목표에 통합시키는 능력
② 빠르고 효과적으로 새로운 기술을 습득하고 기존의 기술에서 탈피하는 능력
③ 기술을 효과적으로 평가할 수 있는 능력
④ 조직 밖의 기술 이용을 수행할 수 있는 능력
⑤ 기술 이전을 효과적으로 할 수 있는 능력

**34** 다음 글을 읽고 추론할 수 있는 기술혁신의 특성으로 옳은 것은?

> 인간의 개별적인 지능과 창의성, 상호학습을 통해 발생하는 새로운 지식과 경험은 빠른 속도로 축적되고 학습되지만, 이러한 지식은 문서화되기 어렵기 때문에 다른 사람들에게 쉽게 전파될 수 없다. 따라서 연구개발에 참가한 연구원과 엔지니어들이 그 기업을 떠나는 경우 기술과 지식의 손실이 크게 발생하여 기술 개발을 지속할 수 없는 경우가 종종 발생한다.

① 기술혁신은 그 과정 자체가 매우 불확실하다.
② 기술혁신은 장기간의 시간을 필요로 한다.
③ 기술혁신은 지식 집약적인 활동이다.
④ 기술혁신 과정의 불확실성과 모호함은 기업 내에서 많은 갈등을 유발할 수 있다.
⑤ 기술혁신은 조직의 경계를 넘나든다.

**35** 다음은 기술의 특징을 설명하는 글이다. 이를 읽고 이해한 내용으로 적절하지 않은 것은?

> 일반적으로 기술에 대한 특징은 다음과 같이 정의될 수 있다.
> 첫째, 하드웨어나 인간에 의해 만들어진 비자연적인 대상 혹은 그 이상을 의미한다.
> 둘째, 기술은 '노하우(Know-How)'를 포함한다. 즉, 기술을 설계하고, 생산하고, 사용하기 위해 필요한 정보, 기술, 절차를 갖는 데 노하우(Know-How)가 필요한 것이다.
> 셋째, 기술은 하드웨어를 생산하는 과정이다.
> 넷째, 기술은 인간의 능력을 확장시키기 위한 하드웨어와 그것의 활용을 뜻한다.
> 다섯째, 기술은 정의 가능한 문제를 해결하기 위해 순서화되고 이해 가능한 노력이다.
> 이와 같은 기술이 어떻게 형성되는가를 이해하는 것과 사회에 의해 형성되는 방법을 이해하는 것은 두 가지 원칙에 근거한다. 먼저 기술은 사회적 변화의 요인이다. 기술체계는 의사소통의 속도를 증가시켰으며, 이것은 개인으로 하여금 현명한 의사결정을 할 수 있도록 도와준다. 또한, 사회는 기술 개발에 영향을 준다. 사회적, 역사적, 문화적 요인은 기술이 어떻게 활용되는가를 결정한다.
> 기술은 두 개의 개념으로 구분될 수 있으며, 하나는 모든 직업 세계에서 필요로 하는 기술적 요소들로 이루어지는 광의의 개념이고, 다른 하나는 구체적 직무수행능력 형태를 의미하는 협의의 개념이다.

① 기술은 건물, 도로, 교량, 전자장비 등 인간이 만들어낸 모든 물질적 창조물을 생산하는 과정으로 볼 수 있구나.
② 전기산업기사, 건축산업기사, 정보처리산업기사 등의 자격 기술은 기술의 광의의 개념으로 볼 수 있겠어.
③ 영국에서 시작된 산업혁명 역시 기술 개발에 영향을 주었다고 볼 수 있어.
④ 컴퓨터의 발전은 기술체계가 개인으로 하여금 현명한 의사결정을 할 수 있는 사례로 볼 수 있지 않을까?
⑤ 미래 산업을 위해 인간의 노동을 대체할 로봇을 활용하는 것 역시 기술이라고 볼 수 있겠지?

**36** 다음은 제품 매뉴얼과 업무 매뉴얼을 설명한 것이다. 이를 읽고 이해한 내용으로 적절하지 않은 것은?

> 제품 매뉴얼이란 사용자를 위해 제품의 특징이나 기능 설명, 사용방법과 고장 조치방법, 유지 보수 및 A/S, 폐기까지 제품에 관련된 모든 서비스에 대해 소비자가 알아야 할 모든 정보를 제공하는 것을 말한다.
> 다음으로 업무 매뉴얼이란 어떤 일의 진행 방식, 지켜야 할 규칙, 관리상의 절차 등을 일관성 있게 여러 사람이 보고 따라할 수 있도록 표준화하여 설명하는 지침서이다.

① 제품 매뉴얼은 제품의 설계상 결함이나 위험 요소를 대변해야 한다.
② '재난대비 국민행동 매뉴얼'은 업무 매뉴얼의 사례로 볼 수 있다.
③ 제품 매뉴얼은 제품의 의도된 안전한 사용과 사용 중 해야 할 일 또는 하지 말아야 할 일까지 정의해야 한다.
④ 제품 매뉴얼과 업무 매뉴얼 모두 필요한 정보를 빨리 찾을 수 있도록 구성되어야 한다.
⑤ 제품 매뉴얼은 혹시 모를 사용자의 오작동까지 고려하여 만들어져야 한다.

**37** 다음 중 조직 구조의 결정요인에 해당하지 않는 것은?

① 조직의 규모
② 환경의 변화
③ 조직 구성원들의 개인적 성향
④ 조직의 목적을 달성하기 위하여 수립한 계획
⑤ 조직이 투입요소를 산출물로 전환하는 지식, 기계, 절차 등

**38** 다음 중 경영전략 추진 단계에 따른 사례가 잘못 연결된 것은?

① 전략목표 설정 – A기업은 수도권의 새 수주를 확보하기 위해 경쟁력을 확보하고자 한다.
② 환경분석 – B기업은 중동분쟁으로 인한 유가상승이 생산비 증가에 미치는 영향을 분석하였다.
③ 환경분석 – C기업은 원자재 가격이 더 낮은 곳으로 공급처를 변경하기로 하였다.
④ 경영전략 도출 – D기업은 단기간 내 직원들의 생산성 증대를 위해 분기 인센티브를 추가로 지급하기로 하였다.
⑤ 경영전략 도출 – E기업은 코로나로 인해 수출이 급감한 만큼, 수출부문 인력을 내수부문으로 일시적으로 이동시키기로 하였다.

**39** 다음 글에서 설명하고 있는 조직의 경영 기법으로 가장 적절한 것은?

> 모든 조직은 경영의 기본 활동인 '계획 – 실행 – 평가'를 통해 조직이 원하는 성과를 창출해 낸다. 해당 기법은 이러한 조직의 경영 활동을 체계적으로 지원하는 관리 도구로, 경영자 및 관리자들이 시간 관리를 통해서 개인 자기 자신을 관리하듯 목표를 통해서 개인 및 조직성과를 관리한다. 성과 향상을 위해서는 목표를 설정하고, 이를 지속적으로 관리하는 것이 중요하다. 평가 결과는 과정의 산물이며, 성과 개선에 영향을 미치는 부수적인 요인이다. 따라서 기업들은 해당 기법을 활용할 경우 평가나 그 결과의 활용보다는 목표 설정, 중간 점검 등의 단계에 더욱 많은 관심을 기울여야 한다.

① 과업평가계획(PERT)　　　　② 목표관리(MBO)
③ 조직개발(OD)　　　　④ 총체적 질관리(TQM)
⑤ 전사적자원관리(ERP)

**40** 다음 글에서 설명하는 의사결정 방법으로 가장 적절한 것은?

> 조직에서 의사결정을 하는 대표적인 방법으로, 여러 명이 한 가지 문제를 놓고 아이디어를 비판 없이 제시하여 그중에서 최선책을 찾아내는 방식이다. 다른 사람이 아이디어를 제시할 때 비판하지 않고, 아이디어를 최대한 많이 공유하고 이를 결합하여 해결책을 마련하게 된다.

① 만장일치　　　　② 다수결
③ 브레인스토밍　　　　④ 의사결정나무
⑤ 델파이 기법

**41** 다음 〈보기〉에서 경영참가제도에 대한 설명으로 옳은 것을 모두 고르면?

> **보기**
> ㄱ. 근로자의 경영참여로 의사결정의 합리성이 저하되기도 한다.
> ㄴ. 근로자 측 대표가 조합원의 권익을 지속적으로 보장할 수 있을지 불투명하다.
> ㄷ. 노동조합의 단체교섭 기능이 약화될 가능성이 있다.
> ㄹ. 경영참가제도는 경영자의 경영권을 강화한다.

① ㄱ, ㄷ　　　　② ㄴ, ㄹ
③ ㄷ, ㄹ　　　　④ ㄱ, ㄴ, ㄷ
⑤ ㄴ, ㄷ, ㄹ

**42** 조직의 목적이나 규모에 따라 업무는 다양하게 구성될 수 있다. 다음 중 조직 내의 업무 종류에 대한 설명으로 적절하지 않은 것은?

① 총무부 : 주주총회 및 이사회 개최 관련 업무, 의전 및 비서 업무, 집기비품 및 소모품의 구매와 관리, 사무실 임차 및 관리 등
② 인사부 : 조직기구의 개편 및 조정, 업무분장 및 조정, 인력수급 계획 및 관리, 직무 및 정원의 조정 종합, 노사관리 등
③ 기획부 : 교육체계 수립 및 관리, 임금제도, 복리후생제도 및 지원 업무, 복무 관리, 퇴직 관리 등
④ 회계부 : 재무 상태 및 경영실적 보고, 결산 관련 업무, 재무제표 분석 및 보고 등
⑤ 영업부 : 판매계획, 판매예산의 편성, 시장조사, 광고·선전, 견적 및 계약 등

**43** 다음 중 팀워크에 대한 설명으로 적절하지 않은 것은?

① 팀워크가 좋은 팀의 구성원은 공동의 목적을 달성하기 위하여 서로 협력한다.
② 팀워크는 팀의 구성원으로서 계속 남아 있기를 원하게 만드는 힘을 의미한다.
③ 목적이 다른 조직은 서로 다른 유형의 팀워크를 필요로 한다.
④ 팀워크는 협력, 통제, 자율을 통해 다양한 유형으로 구분된다.
⑤ 팀워크가 좋은 팀일수록 명확한 목적을 공유한다.

**44** 다음 〈보기〉 중 조직 구성원에 대한 리더의 동기 부여 방법으로 적절하지 않은 것을 모두 고르면?

> **보기**
> ㄱ. 구성원에게 심리적 압박을 줄 수 있으므로 스스로 동기가 생길 때까지 도전의 부여를 미룬다.
> ㄴ. 리더가 변화를 두려워하지 않아야 구성원들도 변화에 대한 두려움 없이 업무 의욕을 얻을 수 있다.
> ㄷ. 경력에 기반한 경험을 활용하여 구성원에게 구체적 사례의 코칭을 한다.
> ㄹ. 열정 없이 소극적 자세를 유지했을 때 나타나는 결과를 강조하여 구성원이 직접 동기 부여에 나서도록 유도한다.

① ㄱ, ㄴ
② ㄱ, ㄹ
③ ㄴ, ㄷ
④ ㄴ, ㄹ
⑤ ㄷ, ㄹ

**45** 다음 중 리더와 관리자를 비교하여 분류한 내용으로 적절하지 않은 것은?

| | 리더 | 관리자 |
|---|---|---|
| ① | 계산된 리스크(위험)를 수용한다. | 리스크(위험)를 최대한 피한다. |
| ② | '어떻게 할까'를 생각한다. | '무엇을 할까'를 생각한다. |
| ③ | 사람을 중시한다. | 체제·기구를 중시한다. |
| ④ | 새로운 상황을 만든다. | 현재 상황에 집중한다. |
| ⑤ | 내일에 초점을 둔다. | 오늘에 초점을 둔다. |

**46** F사 관리팀에 근무하는 B팀장은 최근 부하직원 A씨 때문에 고민 중이다. B팀장이 보기에 A씨의 업무 방법은 업무의 성과를 내기에 부적절해 보이지만, 자존감이 강하고 자기결정권을 중시하는 A씨는 자기 자신이 스스로 잘하고 있다고 생각하며 B팀장의 조언이나 충고에 대해 반발심을 표현하고 있기 때문이다. 이와 같은 상황에서 B팀장이 부하직원인 A씨에게 할 수 있는 코칭 방법으로 옳은 것은?

① 징계를 통해 B팀장의 조언을 듣도록 유도한다.
② 대화를 통해 스스로 자신의 잘못을 인식하도록 유도한다.
③ A씨에 대한 칭찬을 통해 업무 성과를 극대화시킨다.
④ A씨를 더 강하게 질책하여 업무 방법을 개선시키도록 한다.
⑤ 스스로 업무 방법을 고칠 때까지 믿어주고 기다려준다.

**47** 다음 중 조직 내 갈등에 대한 설명으로 적절하지 않은 것은?

① 갈등상황을 형성하는 구성요소로서는 조직의 목표, 구성원의 특성, 조직의 규모, 분화, 의사전달, 권력구조, 의사결정에의 참여의 정도, 보상제도 등이 있다.
② 갈등은 직무의 명확한 규정, 직위 간 관계의 구체적 규정, 직위에 적합한 인원의 선발 및 훈련 등을 통해서 제거할 수 있다.
③ 조직 내 갈등은 타협을 통해서도 제거할 수 있다.
④ 회피는 갈등을 일으킬 수 있는 의사결정을 보류하거나 갈등상황에 처한 당사자들이 접촉을 피하도록 하는 것이나 갈등행동을 억압하는 것이다.
⑤ 갈등은 순기능이 될 수 없으므로, 갈등이 없는 상태가 가장 이상적이다.

**48** S통신회사에서 상담원으로 근무하는 K사원은 다음과 같은 문의 전화를 받게 되었다. 이와 같은 상황에서 K사원이 고객을 응대하는 방법으로 적절하지 않은 것은?

> K사원 : 안녕하세요. S통신입니다. 무엇을 도와드릴까요?
> 고객 : 인터넷이 갑자기 안 돼서 너무 답답해요. 좀 빨리 해결해 주세요. 지금 당장요!
> K사원 : 네, 고객님 최대한 빠르게 처리해 드리겠습니다.
> 고객 : 확실해요? 언제 해결 가능하죠? 빨리 좀 부탁합니다.

① 현재 업무 절차에 대해 설명해 주면서 시원스럽게 업무 처리하는 모습을 보여준다.
② 고객이 문제 해결에 대해 의심하지 않도록 확신감을 가지고 말한다.
③ "글쎄요", "아마"와 같은 표현으로 고객이 흥분을 가라앉힐 때까지 시간을 번다.
④ 정중한 어조를 통해 고객의 흥분을 가라앉히도록 노력한다.
⑤ 고객의 이야기를 경청하고, 공감해 주면서 업무 진행을 위한 고객의 협조를 유도한다.

**49** 다음에서 설명하는 자기개발의 구성요소는?

> • 나의 업무에서 생산성을 높이기 위해서는 어떻게 해야 할까?
> • 다른 사람과의 대인관계를 향상시키기 위한 방법은?
> • 나의 장점을 살리기 위해 어떤 비전과 목표를 수립해야 할까?

① 자아인식　　　　　　　　② 자기관리
③ 자기비판　　　　　　　　④ 경력개발
⑤ 자기반성

**50** 다음 글의 밑줄 친 부분에 해당하는 자기개발 전략으로 적절하지 않은 것은?

> 자기개발에 대한 계획을 수립한다고 해서 모든 목표를 달성할 수 있는 것은 아니다. 자기개발 목표를 성취하기 위해서는 <u>다음과 같은 전략</u>을 고려하여 목표를 수립하고, 자기개발 방법을 선정하여야 한다.

① 인간관계를 고려한다.
② 자신과 상관없는 직무보다는 현재의 직무를 고려한다.
③ 구체적인 방법으로 계획한다.
④ 장기목표보다는 단기목표를 수립한다.
⑤ 자기개발을 위해 자신과 내·외부의 정보를 확보한다.

**51** 경력단계는 직업선택, 조직 입사, 경력 초기, 경력 중기, 경력 말기의 단계로 구분된다. 다음 중 경력 초기에 수행해야 하는 과제에 대한 설명으로 적절하지 않은 것은?

① 자신이 맡은 업무의 내용을 파악해야 한다.
② 회사의 규칙이나 규범을 파악해야 한다.
③ 회사의 분위기를 파악하여 적응해 나가야 한다.
④ 자신의 역량을 증대시키고 꿈을 추구해 나가야 한다.
⑤ 자신의 성취를 평가하고, 생산성을 유지해야 한다.

**52** 다음 사례의 L씨가 경력개발 계획을 수립하고 실행하는 과정에서 나타나지 않은 단계는?

> 자산관리 회사에서 근무 중인 L씨는 투자 전문가가 되고자 한다. L씨는 주변 투자 전문가를 보면서 그들이 높은 보수를 받고 있으며, 직업에 대한 만족도도 높다는 것을 알았다. 또한 얼마 전 실시했던 적성검사 결과를 보니, 투자 전문가의 업무가 자신의 적성과 적합한 것 같았다. L씨는 투자 전문가가 되기 위해 본격적으로 알아본 결과 많은 경영학 지식과 관련 자격증이 필요하다는 것을 알게 되었다. 이를 위해 퇴근 후 저녁시간을 활용하여 공부를 해야겠다고 다짐하면서 투자 전문가 관련 자격증을 3년 내에 취득하는 것을 목표로 설정하였다.

① 직무정보 탐색                    ② 자기 탐색
③ 경력목표 설정                    ④ 경력개발 전략수립
⑤ 환경 탐색

**53** 다음 중 '조해리의 창(Johari's Window)' 속 자아와 〈보기〉의 사례가 바르게 연결된 것은?

> **보기**
> ㉠ A는 평소 활발하고 밝은 성격으로, 주변 사람들도 모두 A를 쾌활한 사람으로 알고 있다.
> ㉡ 그러나 A는 자신이 혼자 있을 때 그 누구보다 차분하고 냉정한 편이라고 생각한다.
> ㉢ 하지만 A를 오랫동안 알고 지낸 친구들은 A가 정이 많으며, 결코 냉정한 성격은 아니라고 말한다.

|     | ㉠ | ㉡ | ㉢ |
|-----|------|------|------|
| ① | 아무도 모르는 자아 | 숨겨진 자아 | 눈먼 자아 |
| ② | 눈먼 자아 | 공개된 자아 | 아무도 모르는 자아 |
| ③ | 눈먼 자아 | 숨겨진 자아 | 공개된 자아 |
| ④ | 공개된 자아 | 눈먼 자아 | 숨겨진 자아 |
| ⑤ | 공개된 자아 | 숨겨진 자아 | 눈먼 자아 |

**54** M팀장은 자기 역량 강화 프로그램을 운영하기 위해 팀원들에게 자기개발계획서를 작성하도록 하였다. 다음 중 자기개발계획서 작성이 적절하지 않은 사람은?

① A는 자신이 담당하고 있는 업무와 관련하여 필요한 역량이 무엇인지 분석하여 역량 강화를 위한 실천 계획을 수립하였다.

② B는 급변하는 조직 및 사회 환경에 빠르게 적응할 수 있도록 실현 가능성이 높은 1년 이내의 기간을 선정하여 자기개발계획을 수립하였다.

③ C는 목표를 수립한 후 자기 역량 강화를 위한 실천력을 높이기 위해 자기개발계획을 생활계획표 형태로 구체적으로 작성하였다.

④ D는 자신에게 요구되는 역량과 직장동료들과의 관계에 있어서 요구되는 항목으로 구분해 자기개발계획서를 작성하였다.

⑤ E는 자신의 현재 업무를 고려하여 10년 뒤의 장기목표를 설정하였고, 이를 달성하는 데 필요한 자격증 취득을 단기목표로 설정하였다.

**55** 다음 글을 참고할 때, 직업윤리의 5대 원칙으로 볼 수 없는 것은?

<직업윤리의 5대 원칙>

1. 업무의 공공성을 바탕으로 공사구분을 명확히 하고, 모든 것을 숨김없이 투명하게 처리하는 원칙
2. 고객에 대한 봉사를 최우선으로 생각하고 현장 중심, 실천 중심으로 일하는 원칙
3. 자기업무에 전문가로서의 능력과 의식을 가지고 책임을 다하며, 능력을 연마하는 것
4. 업무와 관련된 모든 것을 숨김없이 정직하게 수행하고, 본분과 약속을 지켜 신뢰를 유지하는 것
5. 법규를 준수하고, 경쟁원리에 따라 공정하게 행동하는 것

① 정직과 신용의 원칙
② 전문성의 원칙
③ 공정경쟁의 원칙
④ 고객 중심의 원칙
⑤ 주관성의 원칙

**56** K사는 1년에 2번씩 사원들에게 봉사 의식을 심어주기 위해 자원봉사 활동을 진행하고 있다. 자원봉사 활동 전 봉사에 대한 마음가짐을 설명하고자 할 때, 이에 대한 설명으로 적절하지 않은 것은?

① 봉사는 적절한 보상에 맞춰 참여해야 한다.

② 봉사는 의도적이고 계획된 활동이 되어야 한다.

③ 봉사는 함께하는 공동체 의식에 바탕을 두어야 한다.

④ 봉사는 개인의 의지에 따라 이루어져야 한다.

⑤ 봉사는 상대방의 입장에서 생각하고 행동해야 한다.

**57** 다음 사례를 읽고, K대리에게 필요한 윤리의식으로 가장 적절한 것은?

> K대리는 늦잠을 자서 약속시간 지키기가 빠듯했고, 결국은 과속으로 경찰에 단속되었다.
>
> 경찰　　: 안녕하세요. 제한속도 60km 이상 과속하셨습니다.
>
> K대리 : 어머님이 위독하다는 연락을 받고 경황이 없어서 그랬습니다.
>
> 경찰　　: 그래도 과속하셨습니다. 벌점 15점에 벌금 6만 원입니다.
>
> K대리 : 이번에 벌점을 받으면 면허가 정지됩니다. 한 번만 봐주세요.

① 창의력　　　　　　　　　② 협동심
③ 근면　　　　　　　　　　④ 자주
⑤ 준법

**58** 다음 중 직장 내의 성실한 태도에 대한 사례로 적절하지 않은 것은?

① 청결을 위해 아침에 사무실을 청소하는 A씨
② 많은 업무를 차근차근 해결해 나가는 B씨
③ 약속 장소에 10분 일찍 나오는 C씨
④ 먼저 나서서 솔선수범하는 D씨
⑤ 단기간에 많은 돈을 벌고자 하는 E씨

**59** 다음 중 기업의 사회적 책임(CSR; Corporate Social Responsibility)의 등장 배경으로 적절하지 않은 것은?

① 기업 영향력의 확대
② 지속가능성 이슈의 대두
③ 정보통신 기술의 발전
④ 사회의 획일화
⑤ 국제기구 및 비정부기구의 활동

**60** 총무팀 팀장인 귀하는 어느 날 같은 팀 여직원으로부터 메일 한 통을 받았다. 다음 밑줄 친 내용 중 성희롱 예방 수칙에 어긋나는 것은?

> 팀장님, 안녕하세요?
> 다름이 아니라 어제 팀 회식 자리에서 최과장님이 제게 한 행동들 중 불편한 것이 있어 메일을 보냅니다.
> 팀장님도 아시다시피 최과장님은 ① 회식 내내 제가 하는 말마다 큰 소리로 지적하곤 했잖아요. 또한 ② 조그만 실수에도 너무 과하다는 생각이 들 만큼 크게 웃으셨고요. 이뿐만이 아니라 ③ 자꾸 간식을 사오라는 심부름을 시키기도 했습니다. 그리고 회식 자리가 끝난 후 방향이 같아 ④ 최과장님과 함께 택시를 탔습니다. 그런데 대뜸 ⑤ 제게 자신의 상반신 탈의 사진을 보여주면서 어떻게 생각하는지 물어보는 게 아니겠습니까? 저는 순간 성적 수치심이 들었지만, 내색은 하지 않았습니다.
>
> 팀장님의 의견을 듣고 싶습니다.
> 답변 부탁드립니다.

# 제2회
# 피듈형 모의고사

## ■ 취약영역 분석

| 번호 | O/× | 영역 | 번호 | O/× | 영역 | 번호 | O/× | 영역 |
|------|-----|------|------|-----|------|------|-----|------|
| 01 | | 의사소통능력 | 21 | | 문제해결능력 | 41 | | 기술능력 |
| 02 | | | 22 | | | 42 | | 조직이해능력 |
| 03 | | | 23 | | | 43 | | |
| 04 | | | 24 | | 자원관리능력 | 44 | | |
| 05 | | | 25 | | | 45 | | |
| 06 | | | 26 | | | 46 | | |
| 07 | | | 27 | | | 47 | | 대인관계능력 |
| 08 | | | 28 | | | 48 | | |
| 09 | | 수리능력 | 29 | | | 49 | | |
| 10 | | | 30 | | | 50 | | |
| 11 | | | 31 | | 정보능력 | 51 | | |
| 12 | | | 32 | | | 52 | | 자기개발능력 |
| 13 | | | 33 | | | 53 | | |
| 14 | | | 34 | | | 54 | | |
| 15 | | | 35 | | | 55 | | |
| 16 | | | 36 | | | 56 | | 직업윤리 |
| 17 | | 문제해결능력 | 37 | | 기술능력 | 57 | | |
| 18 | | | 38 | | | 58 | | |
| 19 | | | 39 | | | 59 | | |
| 20 | | | 40 | | | 60 | | |

| 평가문항 | 60문항 | 평가시간 | 60분 |
|----------|--------|----------|------|
| 시작시간 | : | 종료시간 | : |
| 취약영역 | | | |

**01** 다음 글을 읽고 추론할 수 없는 것은?

초기의 독서는 소리 내어 읽는 음독 중심이었다. 고대 그리스인들은 쓰인 글이 완전해지려면 소리 내어 읽는 행위가 필요하다고 생각했다. 또한 초기의 두루마리 책은 띄어쓰기나 문장부호 없이 이어 쓰는 연속 기법으로 표기되어 어쩔 수 없이 독자가 자기 목소리로 문자의 뜻을 더듬어가며 읽어봐야 글을 이해할 수 있었다. 흡사 종교의식을 치르듯 성서나 경전을 진지하게 암송하는 낭독이나, 필자나 전문 낭독가가 낭독하는 것을 들음으로써 간접적으로 책을 읽는 낭독 – 듣기가 보편적이었다. 그러던 12세기 무렵 독서 역사에 큰 변화가 일어나는데, 그것은 유럽 수도원의 필경사들 사이에서 시작된 '소리를 내지 않고 읽는 묵독'의 발명이었다. 공동생활에서 소리를 최대한 낮춰 읽는 것이 불가피했던 것이다. 비슷한 시기에 두루마리 책을 완전히 대체하게 된 책자형 책은 주석을 참조하거나 앞부분을 다시 읽는 것을 가능하게 하여 묵독을 도왔다. 묵독이 시작되자 낱말의 간격이나 문장의 경계 등을 표시할 필요성이 생겨 띄어쓰기와 문장부호가 발달했다. 이와 함께 반체제, 에로티시즘, 신앙심 등 개인적 체험을 기록한 책도 점차 등장했다. 이러한 묵독은 꼼꼼히 읽는 분석적 읽기를 가능하게 했다.

음독과 묵독이 공존하던 18세기 중반에 새로운 독서 방식으로 다독이 등장했다. 금속활자와 인쇄술의 보급으로 책 생산이 이전의 3 ~ 4배로 증가하면서 다양한 장르의 책들이 출판되었다. 이전에 책을 접하지 못했던 여성들이 독자로 대거 유입되었고, 독서 조합과 대출 도서관 등 독서 기관이 급격히 증가했다. 이전 시대에는 제한된 목록의 고전을 여러 번 정독하는 집중형 독서가 주로 행해졌던 반면, 이제는 분산형 독서가 행해졌다. 이것은 필독서인 고전의 권위에 대항하여 자신이 읽고 싶은 것을 골라 읽는 자유로운 선택적 읽기를 뜻한다. 이처럼 오늘날 행해지는 다양한 독서 방식들은 장구한 시간의 흐름 속에서 하나씩 등장했다. 그래서 거기에는 당대의 지식사를 이끌었던 흔적들이 남아 있다.

① 다양한 내용의 책을 읽는 데에는 분산형 독서가 효과적이다.
② 분산형 독서는 고전이 전에 가졌던 권위를 약화시켰다.
③ 18세기 중반 이전에는 여성 독자의 수가 제한적이었다.
④ 책의 형태가 변화하면 독서의 방식도 따라서 변화한다.
⑤ 책자형 책의 출현으로 인해 낭독의 확산이 가능해졌다.

**02** 다음 문단을 논리적 순서대로 바르게 나열한 것은?

> (가) 정책 수단 선택의 사례로 환율과 관련된 경제 현상을 살펴보자. 외국 통화에 대한 자국 통화의 교환 비율을 의미하는 환율은 장기적으로 한 국가의 생산성과 물가 등 기초 경제 여건을 반영하는 수준으로 수렴된다.
>
> (나) 이처럼 환율이나 주가 등 경제 변수가 단기에 지나치게 상승 또는 하락하는 현상을 오버슈팅(Overshooting)이라고 한다.
>
> (다) 이러한 오버슈팅은 물가 경직성 또는 금융 시장 변동에 따른 불안 심리 등에 의해 촉발되는 것으로 알려져 있다. 여기서 물가 경직성은 시장에서 가격이 조정되기 어려운 정도를 의미한다.
>
> (라) 그러나 단기적으로 환율은 이와 괴리되어 움직이는 경우가 있다. 만약 환율이 예상과는 다른 방향으로 움직이거나 또는 비록 예상과 같은 방향으로 움직이더라도 변동 폭이 예상보다 크게 나타날 경우 경제 주체들은 과도한 위험에 노출될 수 있다.

① (가) – (나) – (다) – (라)　　　② (가) – (다) – (나) – (라)
③ (가) – (라) – (나) – (다)　　　④ (나) – (다) – (라) – (가)
⑤ (나) – (라) – (다) – (가)


**03** 다음 글의 빈칸 ㉠, ㉡에 들어갈 접속어를 순서대로 바르게 나열한 것은?

> 평화로운 시대에 시인의 존재는 문화의 비싼 장식일 수 있다. __㉠__ 시인의 조국이 비운에 빠졌거나 혼란에 놓였을 때 시인은 장식의 의미를 떠나 민족의 예언가가 될 수 있고, 민족혼을 불러일으키는 선구자적 지위에 놓일 수도 있다. 예를 들면 스스로 군대를 가지지 못한 채 제정 러시아의 가혹한 탄압 아래 있던 폴란드 사람들은 시인의 존재를 민족의 재생을 예언하고 굴욕스러운 현실을 탈피하도록 격려하는 예언자로 여겼다. __㉡__ 통일된 국가를 가지지 못하고 이산되어 있던 이탈리아 사람들은 시성 단테를 유일한 '이탈리아'로 숭앙했고, 제1차 세계대전 때 독일군의 잔혹한 압제에 있었던 벨기에 사람들은 베르하렌을 조국을 상징하는 시인으로 추앙하였다.

|     | ㉠ | ㉡ |
| --- | --- | --- |
| ① | 따라서 | 또한 |
| ② | 즉 | 그럼에도 불구하고 |
| ③ | 그러나 | 또한 |
| ④ | 그래도 | 그래서 |
| ⑤ | 그래서 | 그러나 |

**04** 다음 글의 내용으로 가장 적절한 것은?

보름달 중에 가장 크게 보이는 보름달을 슈퍼문이라고 한다. 이때 보름달이 크게 보이는 이유는 달이 평소보다 지구에 가까이 있기 때문이다. 슈퍼문이 되려면 보름달이 되는 시점과 달이 지구에 가장 가까워지는 시점이 일치하여야 한다. 달의 공전 궤도가 완벽한 원이라면 지구에서 달까지의 거리가 항상 똑같을 것이다. 하지만 실제로는 타원 궤도여서 달이 지구에 가까워지거나 멀어지는 현상이 생긴다. 유독 달만 그런 것은 아니고 태양계의 모든 행성이 태양을 중심으로 타원 궤도로 돈다. 이것이 바로 그 유명한 케플러의 행성운동 제1법칙이다.

지구와 달의 평균 거리는 약 38만 km인 반면 슈퍼문일 때는 그 거리가 35만 7,000km 정도로 가까워진다. 달의 반지름은 약 1,737km이므로, 지구와 달의 거리가 평균 정도일 때 지구에서 보름달을 바라보는 시각도*는 0.52도 정도인 반면, 슈퍼문일 때는 시각도가 0.56도로 커진다. 반대로 보름달이 가장 작게 보일 때, 다시 말해 보름달이 지구에서 제일 멀 때는 그 거리가 약 40만 km여서 보름달을 보는 시각도가 0.49도로 작아진다.

밀물과 썰물이 생기는 원인은 지구에 작용하는 달과 태양의 중력 때문인데, 달이 태양보다는 지구에 훨씬 더 가깝기 때문에 더 큰 영향을 미친다. 달이 지구에 가까워지면 평소 달이 지구를 당기는 힘보다 더 강하게 지구를 당긴다. 그리고 달의 중력이 더 강하게 작용하면, 달을 향한 쪽의 해수면은 평상시보다 더 높아진다. 실제 우리나라에서도 슈퍼문일 때 제주도 등 해안가에 바닷물이 평소보다 더 높게 밀려 들어와서 일부 지역이 침수 피해를 겪기도 했다.

한편 달의 중력 때문에 높아진 해수면이 지구와 함께 자전을 하다보면 지구의 자전을 방해하게 된다. 일종의 브레이크가 걸리는 셈이다. 이 때문에 지구의 자전 속도가 느려지게 되고 그 결과 하루의 길이에 미세하게 차이가 생긴다. 실제 연구 결과에 따르면 100만 년에 17초 정도씩 길어지는 효과가 생긴다고 한다.

*시각도 : 물체의 양끝에서 눈의 결합점을 향하여 그은 두 선이 이루는 각을 의미한다.

① 지구에서 태양까지의 거리는 1년 동안 항상 일정하다.
② 해수면의 높이는 지구와 달의 거리와 관계가 없다.
③ 달이 지구에서 멀어지면 궤도에서 벗어나지 않기 위해 평소보다 더 강하게 지구를 잡아당긴다.
④ 지구와 달의 거리가 36만 km 정도인 경우, 지구에서 보름달을 바라보는 시각도는 0.49도보다 크다.
⑤ 달의 중력 때문에 지구가 자전하는 속도는 점점 빨라지고 있다.

**05** 다음 중 맞춤법이 옳지 않은 것은?

① 과녁에 화살을 맞추다.
② 오랜만에 친구를 만났다.
③ 그는 저기에 움츠리고 있었다.
④ 단언컨대 내 말이 맞다.
⑤ 저건 정말 희한하다.

**06** 다음 글과 가장 관련 있는 한자성어는?

> 패스트푸드점 매장에서 새벽에 종업원을 폭행한 여성이 경찰에 붙잡혔다. 부산의 한 경찰서는 폭행 혐의로 30대 A씨를 현행범으로 체포해 조사 중이라고 밝혔다. 경찰에 따르면 A씨는 새벽 3시 반쯤 부산의 한 패스트푸드점 매장에서 술에 취해 "내가 2층에 있는데 왜 부르지 않았냐."라며 여성 종업원을 수차례 밀치고 뺨을 7 ~ 8차례 때리는 등 폭행한 혐의를 받고 있다. 보다 못한 매장 매니저가 경찰에 신고해 A씨는 현행범으로 체포되었다. A씨는 경찰에서 "기분이 나빠서 때렸다."라고 진술한 것으로 알려졌다. 경찰은 A씨를 상대로 폭행 경위를 조사한 뒤 신병을 처리할 예정이다. 지난해 11월 울산의 다른 패스트푸드점 매장에서도 손님이 햄버거를 직원에게 던지는 등의 사건이 있었는데, 손님의 갑질 행태가 끊이지 않고 있다.

① 견마지심(犬馬之心)　　　　　　　② 빙청옥결(氷淸玉潔)
③ 소탐대실(小貪大失)　　　　　　　④ 호승지벽(好勝之癖)
⑤ 방약무인(傍若無人)

**07** 다음 중 비언어적 의사표현에 대한 설명으로 적절하지 않은 것은?

① 눈살을 찌푸리는 표정은 불만족과 불쾌를 나타낸다.
② 상대방의 눈을 쳐다보는 것은 흥미와 관심이 있음을 나타낸다.
③ 어조가 높으면 적대감이나 대립감을 나타낸다.
④ 말의 속도와 리듬에 있어서 매우 빠르거나 짧게 얘기하면 흥분, 즐거움을 나타낸다.
⑤ 말을 자주 중지하면 결정적인 의견이 없음 또는 긴장, 저항을 나타낸다.

**08** 다음 중 밑줄 친 어휘의 쓰임이 옳은 것은?

① 김팀장님, 여기 서류에 <u>결제</u> 부탁드립니다.
② 한국 남자 수영팀이 10년 만에 한국 신기록을 <u>갱신</u>했다.
③ 일제강점기 독립운동가들은 일제 경찰에게 갖은 <u>곤혹</u>을 당했다.
④ 재난 당국은 실종자들의 생사 <u>유무</u>를 파악 중이다.
⑤ 그녀는 솔직하고 <u>담백하게</u> 자신의 마음을 표현했다.

**09** 다음은 A ~ D 4개 고등학교의 대학 진학 희망자의 학과별 비율과 그중 희망대로 진학한 학생의 비율을 나타낸 자료이다. 〈보기〉 중 이에 대해 바르게 추론한 사람을 모두 고르면?

〈A ~ D고 진학 통계〉

| 구분 | | 국문학과 | 경제학과 | 법학과 | 기타 | 진학 희망자 수 |
|---|---|---|---|---|---|---|
| A | 진학 희망자 비율 | 60% | 10% | 20% | 10% | 700명 |
| | 실제 진학 비율 | 20% | 10% | 30% | 40% | |
| B | 진학 희망자 비율 | 50% | 20% | 40% | 20% | 500명 |
| | 실제 진학 비율 | 10% | 30% | 30% | 30% | |
| C | 진학 희망자 비율 | 20% | 50% | 40% | 60% | 300명 |
| | 실제 진학 비율 | 35% | 40% | 15% | 10% | |
| D | 진학 희망자 비율 | 5% | 25% | 80% | 30% | 400명 |
| | 실제 진학 비율 | 30% | 25% | 20% | 25% | |

**보기**

영이 : B고와 D고 중에서 경제학과에 합격한 학생은 D고가 많다.

재인 : A고에서 법학과에 합격한 학생은 40명보다 많고, C고에서 국문학과에 합격한 학생은 20명보다 적다.

준아 : 국문학과에 진학한 학생들이 많은 순서대로 나열하면 A − B − C − D 순이다.

① 영이
② 재인
③ 준아
④ 영이, 재인
⑤ 재인, 준아

**10** 2개의 주사위가 있다. 2개의 주사위를 굴려서 나온 눈의 합이 2 이하가 될 확률은?

① $\dfrac{1}{36}$                      ② $\dfrac{1}{18}$

③ $\dfrac{1}{12}$                      ④ $\dfrac{1}{9}$

⑤ $\dfrac{5}{36}$

PART 3

**11** 다음은 2018 ~ 2024년 우리나라 지진 발생 현황에 대한 자료이다. 이에 대한 설명으로 옳은 것은?

<우리나라 지진 발생 현황>

| 구분 | 지진 횟수 | 최고 규모 |
|------|-----------|-----------|
| 2018년 | 42회 | 3.3 |
| 2019년 | 52회 | 4.0 |
| 2020년 | 56회 | 3.9 |
| 2021년 | 93회 | 4.9 |
| 2022년 | 49회 | 3.8 |
| 2023년 | 44회 | 3.9 |
| 2024년 | 492회 | 5.8 |

① 2018년 이후 지진 발생 횟수가 꾸준히 증가하고 있다.

② 2021년에는 2020년보다 지진이 44회 더 발생했다.

③ 지진 횟수가 증가할 때 지진의 최고 규모도 커진다.

④ 2021년에 일어난 규모 4.9의 지진은 2018년 이후 우리나라에서 발생한 지진 중 가장 강력한 규모이다.

⑤ 2024년에 발생한 지진은 2018년부터 2023년까지의 평균 지진 발생 횟수에 비해 약 8.8배 급증 했다.

**12** 다음은 OECD 국가의 대학졸업자 취업에 대한 자료이다. A ~ L국가 중 전체 대학졸업자 대비 대학졸업자 중 취업자 비율이 OECD 평균보다 높은 국가가 바르게 연결된 것은?

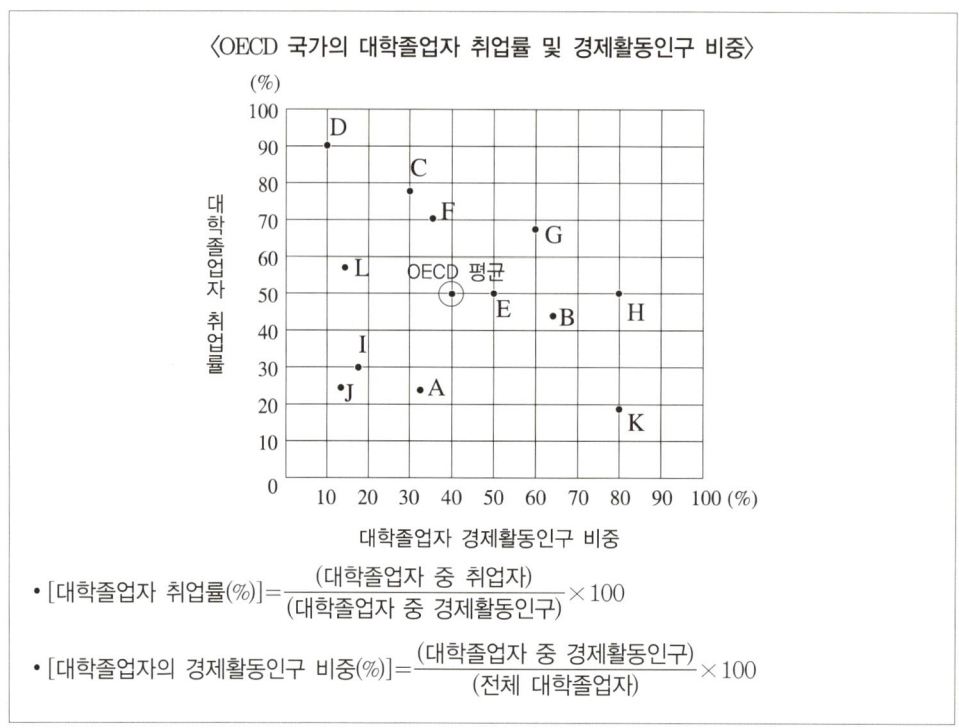

〈OECD 국가의 대학졸업자 취업률 및 경제활동인구 비중〉

- [대학졸업자 취업률(%)] $= \dfrac{(\text{대학졸업자 중 취업자})}{(\text{대학졸업자 중 경제활동인구})} \times 100$

- [대학졸업자의 경제활동인구 비중(%)] $= \dfrac{(\text{대학졸업자 중 경제활동인구})}{(\text{전체 대학졸업자})} \times 100$

① A, D
② B, C
③ D, H
④ G, K
⑤ H, L

**13** 다음은 1호선 지하역사 공기질 측정결과에 대한 자료이다. 〈보기〉 중 이에 대한 설명으로 옳지 않은 것을 모두 고르면?

〈1호선 지하역사 공기질 측정결과〉

| 구분 | 측정항목 및 기준 | | | | | | | | |
|---|---|---|---|---|---|---|---|---|---|
| | PM-10 | $CO_2$ | HCHO | CO | $NO_2$ | Rn | 석면 | $O_3$ | TVOC |
| | $\mu g/m^3$ | ppm | $\mu g/m^3$ | ppm | ppm | $Bq/m^3$ | 이하/cc | ppm | $\mu g/m^3$ |
| 기준치 | 140 | 1,000 | 100 | 9 | 0.05 | 148 | 0.01 | 0.06 | 500 |
| 1호선 평균 | 91.4 | 562 | 8.4 | 0.5 | 0.026 | 30.6 | 0.01 미만 | 0.017 | 117.7 |
| 서울역 | 86.9 | 676 | 8.5 | 0.6 | 0.031 | 25.7 | 0.01 미만 | 0.009 | 56.9 |
| 시청 | 102.0 | 535 | 7.9 | 0.5 | 0.019 | 33.7 | 0.01 미만 | 0.022 | 44.4 |
| 종각 | 79.4 | 562 | 9.5 | 0.6 | 0.032 | 35.0 | 0.01 미만 | 0.016 | 154.4 |
| 종각3가 | 87.7 | 495 | 6.4 | 0.6 | 0.036 | 32.0 | 0.01 미만 | 0.008 | 65.8 |
| 종로5가 | 90.1 | 591 | 10.4 | 0.4 | 0.020 | 29.7 | 0.01 미만 | 0.031 | 158.6 |
| 동대문 | 89.4 | 566 | 9.2 | 0.7 | 0.033 | 28.5 | 0.01 미만 | 0.016 | 97.7 |
| 동묘앞 | 93.6 | 606 | 8.3 | 0.5 | 0.018 | 32.0 | 0.01 미만 | 0.023 | 180.4 |
| 신설동 | 97.1 | 564 | 4.8 | 0.4 | 0.015 | 44.5 | 0.01 미만 | 0.010 | 232.1 |
| 제기동 | 98.7 | 518 | 8.0 | 0.5 | 0.024 | 12.0 | 0.01 미만 | 0.016 | 98.7 |
| 청량리 | 89.5 | 503 | 11.4 | 0.6 | 0.032 | 32.5 | 0.01 미만 | 0.014 | 87.5 |

**보기**

㉠ CO가 1호선 평균보다 낮게 측정된 역사는 종로5가역과 신설동역이다.
㉡ HCHO가 가장 높게 측정된 역과 가장 낮게 측정된 역의 평균은 1호선 평균 HCHO 수치보다 높다.
㉢ 시청역은 PM-10이 가장 높게 측정됐지만, TVOC는 가장 낮게 측정되었다.
㉣ 청량리역은 3가지 항목에서 1호선 평균이 넘는 수치가 측정됐다.

① ㉠, ㉡
② ㉠, ㉢
③ ㉡, ㉢
④ ㉡, ㉣
⑤ ㉢, ㉣

**14** I공단에서는 사무실에서 쓸 가습기 50대를 구매하기 위해 업체 간 판매 조건을 비교 중이다. A업체는 가습기 10대 구매 시 그중 1대를 무료로 제공하고, 추가로 100만 원당 5만 원을 할인해 준다. B업체는 가습기 9대 구매 시 그중 1대를 무료로 제공하고, 추가로 가격 할인은 제공하지 않는다. 어느 업체에서 구매하는 것이 얼마만큼 더 저렴한가?(단, 가습기 1대당 가격은 10만 원이다)

① A업체, 10만 원  
③ B업체, 10만 원  
⑤ B업체, 30만 원  
② A업체, 20만 원  
④ B업체, 20만 원  

**15** 어떤 농산물 A는 날마다 가격이 다르다. 7일간의 평균 가격이 다음 표와 같을 때, 5월 10일의 가격은 얼마인가?

<농산물 A의 7일간 평균 가격>

| 구분 | 5/7 | 5/8 | 5/9 | 5/10 | 5/11 | 5/12 | 5/13 | 평균 |
|------|-----|-----|-----|------|------|------|------|------|
| 가격(원) | 400 | 500 | 300 | ( ) | 400 | 550 | 300 | 400 |

① 300원  
③ 400원  
⑤ 500원  
② 350원  
④ 450원  

**16** 출장을 가는 A사원은 오후 2시에 출발하는 KTX를 타기 위해 오후 12시 30분에 역에 도착하였다. A사원은 남은 시간을 이용하여 음식을 포장해 오려고 한다. 역에서 음식점까지의 거리는 다음과 같으며, 음식을 포장하는 데 15분이 걸린다고 한다. A사원이 3km/h로 걸어서 갔다 올 때, 구입할 수 있는 음식의 종류는?

<음식점까지의 거리>

| 구분 | G김밥 | P빵집 | N버거 | M만두 | B도시락 |
|------|-------|-------|-------|-------|---------|
| 거리 | 2km | 1.9km | 1.8km | 1.95km | 1.7km |

① 도시락  
③ 도시락, 햄버거, 빵  
⑤ 도시락, 햄버거, 빵, 만두, 김밥  
② 도시락, 햄버거  
④ 도시락, 햄버거, 빵, 만두

**17** A ~ E 5명이 다음 〈조건〉과 같이 일렬로 나란히 자리에 앉는다고 할 때, 바르게 추론한 것은?(단, 자리의 순서는 왼쪽을 기준으로 첫 번째 자리로 한다)

> **조건**
> • D는 A의 바로 왼쪽에 앉는다.
> • B와 D 사이에 C가 있다.
> • A는 마지막 자리가 아니다.
> • A와 B 사이에 C가 있다.
> • B는 E의 바로 오른쪽에 앉는다.

① C는 두 번째 자리에 앉을 수 있다.
② D는 두 번째 자리에 앉을 수 있다.
③ E는 네 번째 자리에 앉을 수 있다.
④ C는 A의 왼쪽에 앉을 수 있다.
⑤ C는 E의 오른쪽에 앉을 수 있다.

**18** 다음 글의 빈칸에 들어갈 단어로 적절하지 않은 것은?

> 창의적 사고는 창조적인 가능성이다. 여기에는 '문제를 사전에 찾아내는 힘', '문제해결에 있어서 다각도로 힌트를 찾아내는 힘' 그리고 '문제해결을 위해 끈기 있게 도전하는 태도' 등이 포함된다. 다시 말해서 창의적 사고에는 사고력을 비롯하여 성격, 태도에 걸친 전인격적인 가능성까지도 포함된다. 이러한 창의적 사고는 창의력 교육훈련을 통해 개발할 수 있으며, _____일수록 높은 창의력을 보인다.

① 모험적               ② 적극적
③ 예술적               ④ 객관적
⑤ 자유분방적

**19** A중학교 백일장에 참여한 A ~ E학생에게 다음 〈조건〉에 따라 점수를 부여할 때, 점수가 가장 높은 학생은?

〈A중학교 백일장 채점표〉

| 구분 | 오탈자(건) | 글자 수(자) | 주제의 적합성 | 글의 통일성 | 가독성 |
|------|-----------|------------|--------------|------------|--------|
| A | 33 | 654 | A | A | C |
| B | 7 | 476 | B | B | B |
| C | 28 | 332 | B | B | C |
| D | 25 | 572 | A | A | A |
| E | 12 | 786 | C | B | A |

**조건**

- 기본 점수는 80점이다.
- 오탈자가 10건 이상일 때 1점을 감점하고, 5건이 추가될 때마다 1점을 추가로 감점한다.
- 전체 글자 수가 350자 미만일 때 10점을 감점하고, 600자 이상일 때 1점을 부여하며, 25자가 추가될 때마다 1점을 추가로 부여한다.
- 주제의 적합성, 글의 통일성, 가독성을 A, B, C등급으로 나누며 등급 개수에 따라 추가점수를 부여한다.
  - A등급 3개 : 25점
  - A등급 2개, B등급 1개 : 20점
  - A등급 2개, C등급 1개 : 15점
  - A등급 1개, B등급 2개 또는 A등급, B등급, C등급 1개 : 10점
  - B등급 3개 : 5점

예 오탈자 46건, 전체 글자 수 626자, 주제의 적합성, 글의 통일성, 가독성이 각각 A, B, A일 때 점수는 80-8+2+20=94점이다.

① A  ② B
③ C  ④ D
⑤ E

**20** 갑은 다음 규칙을 참고하여 알파벳 단어를 숫자로 변환하고자 한다. 규칙을 적용한 〈보기〉의 단어에서 알파벳 Z에 해당하는 자연수들을 모두 더한 값은?

---

〈규칙〉

① 알파벳 'A'부터 'Z'까지 순서대로 자연수를 부여한다.

　예 A=2라고 하면 B=3, C=4, D=5이다.

② 단어의 음절에 같은 알파벳이 연속되는 경우 ①에서 부여한 숫자를 알파벳이 연속되는 횟수만큼 거듭제곱한다.

　예 A=2이고 단어가 'AABB'이면 AA는 '$2^2$'이고, BB는 '$3^2$'이므로 '49'로 적는다.

---

> **보기**
>
> ㉠ AAABBCC는 100000010020110404로 변환된다.
> ㉡ CDFE는 3465로 변환된다.
> ㉢ PJJYZZ는 1712126729로 변환된다.
> ㉣ QQTSR은 625282726으로 변환된다.

① 154　　　　　　　　　② 176

③ 199　　　　　　　　　④ 212

⑤ 234

**21** 다음은 A기업에 대한 SWOT 분석 결과이다. 〈보기〉에서 각 전략과 그 내용이 바르게 연결된 것을 모두 고르면?

〈A기업의 SWOT 분석 결과〉

| 강점(Strength) | 약점(Weakness) |
|---|---|
| • 높은 브랜드 이미지·평판<br>• 훌륭한 서비스와 판매 후 보증수리<br>• 확실한 거래망, 딜러와의 우호적인 관계<br>• 막대한 R&D 역량<br>• 자동화된 공장<br>• 대부분의 차량 부품 자체 생산 | • 한 가지 차종에만 집중<br>• 고도의 기술력에 대한 과도한 집중<br>• 생산설비에 막대한 투자 → 차량모델 변경의 어려움<br>• 한 곳의 생산 공장만 보유<br>• 전통적인 가족형 기업 운영 |
| 기회(Opportunity) | 위협(Threat) |
| • 소형 레저용 차량에 대한 수요 증대<br>• 새로운 해외시장의 출현<br>• 저가형 레저용 차량에 대한 선호 급증 | • 휘발유의 부족 및 가격의 급등<br>• 레저용 차량 전반에 대한 수요 침체<br>• 다른 회사들과의 경쟁 심화<br>• 차량 안전 기준의 강화 |

**보기**

ㄱ. ST전략 : 기술개발을 통하여 연비를 개선한다.

ㄴ. SO전략 : 대형 레저용 차량을 생산한다.

ㄷ. WO전략 : 규제 강화에 대비하여 보다 안전한 레저용 차량을 생산한다.

ㄹ. WT전략 : 생산량 감축을 고려한다.

ㅁ. WO전략 : 국내 다른 지역이나 해외에 공장들을 분산 설립한다.

ㅂ. ST전략 : 경유용 레저 차량 생산을 고려한다.

ㅅ. SO전략 : 해외시장 진출보다는 내수 확대에 집중한다.

① ㄱ, ㄴ, ㅁ, ㅂ      ② ㄱ, ㄹ, ㅁ, ㅂ

③ ㄴ, ㄷ, ㅂ, ㅅ      ④ ㄴ, ㄹ, ㅁ, ㅅ

⑤ ㄷ, ㅁ, ㅂ, ㅅ

**22** 이웃해 있는 10개의 건물에 초밥가게, 옷가게, 신발가게, 편의점, 약국, 카페가 있다. 카페가 3번째 건물에 있을 때, 〈조건〉을 토대로 항상 옳은 것은?(단, 한 건물에 한 가지 업종만 들어갈 수 있다)

> **조건**
> • 초밥가게는 카페보다 앞에 있다.
> • 초밥가게와 신발가게 사이에 건물이 6개 있다.
> • 옷가게와 편의점은 인접할 수 없으며, 옷가게와 신발가게는 인접해 있다.
> • 신발가게 뒤에 아무것도 없는 건물이 2개 있다.
> • 2번째와 4번째 건물은 아무것도 없는 건물이다.
> • 편의점과 약국은 인접해 있다.

① 카페와 옷가게는 인접해 있다.
② 초밥가게와 약국 사이에 2개의 건물이 있다.
③ 편의점은 6번째 건물에 있다.
④ 신발가게는 8번째 건물에 있다.
⑤ 옷가게는 5번째 건물에 있다.

**23** N사는 6층 건물의 모든 층을 사용하고 있으며, 건물에는 기획부, 인사교육부, 서비스개선부, 연구·개발부, 해외사업부, 디자인부가 층별로 위치하고 있다. 다음 〈조건〉을 참고할 때 항상 옳은 것은?(단, 6개의 부서는 서로 다른 층에 위치하며, 3층 이하에 위치한 부서의 직원은 출근 시 반드시 계단을 이용해야 한다)

> **조건**
> • 기획부의 문대리는 해외사업부의 이주임보다 높은 층에 근무한다.
> • 인사교육부는 서비스개선부와 해외사업부 사이에 위치한다.
> • 디자인부의 김대리는 오늘 아침 엘리베이터에서 서비스개선부의 조대리를 만났다.
> • 6개의 부서 중 건물의 옥상과 가장 가까이에 위치한 부서는 연구·개발부이다.
> • 연구·개발부의 오사원이 인사교육부 박차장에게 휴가 신청서를 제출하기 위해서는 4개의 층을 내려와야 한다.
> • 건물 1층에는 회사에서 운영하는 커피숍이 함께 있다.

① 출근 시 엘리베이터를 탄 디자인부의 김대리는 5층에서 내린다.
② 디자인부의 김대리가 서비스개선부의 조대리보다 먼저 엘리베이터에서 내린다.
③ 인사교육부와 커피숍은 같은 층에 위치한다.
④ 기획부의 문대리는 출근 시 반드시 계단을 이용해야 한다.
⑤ 인사교육부의 박차장은 출근 시 연구·개발부의 오사원을 계단에서 만날 수 없다.

**24** 다음은 문제의 유형에 대한 설명이다. 이를 참고하여 〈보기〉의 사례에 해당하는 문제유형을 바르게 연결한 것은?

업무 수행 과정 중 발생한 문제를 효과적으로 해결하기 위해서는 문제의 유형을 파악하는 것이 우선시 되어야 하며, 이러한 문제의 유형은 발생형 문제, 탐색형 문제, 설정형 문제의 세 가지로 분류할 수 있다.

> **보기**
>
> ㄱ. 지속되는 경기 악화에 따라 새로운 신약 개발에 사용되는 원료 중 일부의 단가가 상승할 것으로 예상되어 다른 공급처를 물색할 필요성이 대두되고 있다.
> ㄴ. 새로운 신약 개발과정에서의 임상시험 중 임상시험자의 다수가 부작용을 보이고 있어 신약 개발이 전면 중단되었다.
> ㄷ. 현재는 신약 개발이 주 업무인 제약회사이지만, 매년 새로운 감염병이 발생하고 있는 현 실정에 진단키트 개발도 추진한다면, 회사의 성장 가능성은 더 커질 것으로 보고 있다.

| | 발생형 문제 | 탐색형 문제 | 설정형 문제 |
|---|---|---|---|
| ① | ㄱ | ㄴ | ㄷ |
| ② | ㄱ | ㄷ | ㄴ |
| ③ | ㄴ | ㄱ | ㄷ |
| ④ | ㄴ | ㄷ | ㄱ |
| ⑤ | ㄷ | ㄴ | ㄱ |

**25** 다음은 예산 관리 시스템의 유형 중 하나인 '항목별 예산 관리'에 대한 설명이다. 항목별 예산 관리의 특징으로 보기 어려운 것은?

항목별 예산 관리는 대개 회계연도를 기준으로 하는 가장 기본적인 예산 형식이며, 사회복지 조직에서 가장 많이 사용되고 있는 형식이다. 지출 항목별 회계와 전년도에 기초하여 작성되며, 액수의 점진적인 증가에 기초를 둔 점진주의적 특징을 가진다.

① 지출근거가 명확하므로 예산 통제에 효과적이다.
② 예산 항목별로 지출이 정리되므로 회계에 유리하다.
③ 예산 증감의 신축성을 가진다.
④ 예산 증감의 기준의 타당성이 희박하고 효율성을 무시한다.
⑤ 프로그램의 목표나 내용, 결과에 대한 고려가 부족하다.

**26** 다음 글의 빈칸 ㉠ ~ ㉢에 들어갈 말을 바르게 연결한 것은?

> 인적 자원 배치의 유형에는 세 가지가 있다. 먼저 양적 배치는 작업량과 조업도, 여유 또는 부족 인원을 감안하여 소요인원을 결정하여 배치하는 것을 말한다. 반면, 질적 배치는 효과적인 인력배치의 세 가지 원칙 중 ____㉠____주의에 따른 배치를 말하며, ____㉡____ 배치는 팀원의 ____㉢____ 및 흥미에 따라 배치하는 것을 말한다.

|  | ㉠ | ㉡ | ㉢ |
|---|---|---|---|
| ① | 균형 | 적성 | 능력 |
| ② | 적재적소 | 균형 | 능력 |
| ③ | 적재적소 | 적성 | 적성 |
| ④ | 능력 | 적성 | 적성 |
| ⑤ | 능력 | 균형 | 적성 |

PART 3

**27** 다음 중 물적 자원의 관리를 방해하는 요인에 대한 사례로 적절하지 않은 것은?

① A대리는 부서 예산으로 구입한 공용 노트북을 분실하였다.
② B주임은 세미나를 위해 회의실의 의자를 옮기던 중 의자를 훼손하였다.
③ C대리는 예산의 목적과 달리 겨울에 사용하지 않는 선풍기를 구입하였다.
④ D주임은 사내 비품을 구매하는 과정에서 필요 수량을 초과하여 구입하였다.
⑤ E사원은 당장 필요한 서류철들의 보관 장소를 파악하지 못하였다.

**28** H공단에서 ○○기능사 실기시험 일정을 5월 중에 3일간 진행하려고 한다. 일정은 다른 기능사 실기시험일 또는 행사일에는 동시에 진행할 수 없으며, 필기시험일과는 중복이 가능하다. 다음 중 ○○기능사 실기시험 날짜로 가장 적절한 것은?

<5월 달력>

| 일 | 월 | 화 | 수 | 목 | 금 | 토 |
|---|---|---|---|---|---|---|
|  |  |  | 1 | 2 | 3<br><br>체육대회 | 4 |
| 5<br><br>어린이날 | 6 | 7 | 8 | 9<br><br>□□기능사<br>필기시험 | 10 | 11 |
| 12<br><br>석가탄신일 | 13 | 14<br><br>△△기능사<br>실기시험 | 15<br><br>△△기능사<br>실기시험 | 16<br><br>△△기능사<br>실기시험 | 17 | 18 |
| 19 | 20 | 21 | 22 | 23 | 24 | 25 |
| 26 | 27 | 28 | 29 | 30 | 31 |  |

※ 실기시험은 월 ~ 토요일에 실시함
※ 24 ~ 29일에는 시험장 보수공사를 실시함

① 5월 3 ~ 6일
② 5월 7 ~ 9일
③ 5월 13 ~ 15일
④ 5월 23 ~ 25일
⑤ 5월 29 ~ 31일

29 A과장은 월요일에 사천연수원에서 진행될 세미나에 참석해야 한다. 세미나는 월요일 낮 12시부터 시작이며, 수요일 오후 6시까지 진행된다. 갈 때는 세미나에 늦지 않게만 도착하면 되지만, 올 때는 목요일 회의 준비를 위해 최대한 일찍 서울로 올라와야 한다. 교통비는 회사에 청구하지만 가능한 한 적은 비용으로 세미나 참석을 원할 때, 교통비는 얼마가 들겠는가?(단, 기차역과 공항에서 연수원까지는 택시를 이용하며, 반대의 경우도 동일하다)

〈KTX〉

| 구분 | 월요일 | | 수요일 | | 가격 |
|---|---|---|---|---|---|
| 서울 – 사천 | 08:00 ~ 11:00 | 09:00 ~ 12:00 | 08:00 ~ 11:00 | 09:00 ~ 12:00 | 65,200원 |
| 사천 – 서울 | 16:00 ~ 19:00 | 20:00 ~ 23:00 | 16:00 ~ 19:00 | 20:00 ~ 23:00 | 66,200원 (10% 할인 가능) |

※ 사천역에서 사천연수원까지 택시비는 22,200원이며, 30분이 걸림(사천연수원에서 사천역까지의 비용과 시간도 동일함)

〈비행기〉

| 구분 | 월요일 | | 수요일 | | 가격 |
|---|---|---|---|---|---|
| 서울 – 사천 | 08:00 ~ 09:00 | 09:00 ~ 10:00 | 08:00 ~ 09:00 | 09:00 ~ 10:00 | 105,200원 |
| 사천 – 서울 | 19:00 ~ 20:00 | 20:00 ~ 21:00 | 19:00 ~ 20:00 | 20:00 ~ 21:00 | 93,200원 (10% 할인 가능) |

※ 사천공항에서 사천연수원까지 택시비는 21,500원이며, 30분이 걸림(사천연수원에서 사천공항까지의 비용과 시간도 동일함)

① 168,280원

② 178,580원

③ 192,780원

④ 215,380원

⑤ 232,080원

**30** K공사에 근무하는 임직원은 7월 19일부터 7월 21일까지 2박 3일간 워크숍을 가려고 한다. 워크숍 장소 예약을 담당하게 된 N대리는 〈조건〉에 따라 호텔을 예약하려고 한다. 다음 중 N대리가 예약할 호텔로 가장 적절한 것은?

〈워크숍 장소 현황〉

(단위 : 실, 명, 개)

| 구분 | 총 객실 수 | 객실 예약완료 현황 | | | 세미나룸 현황 | | | |
|---|---|---|---|---|---|---|---|---|
| | | 7월 19일 | 7월 20일 | 7월 21일 | 최대 수용인원 | 빔 프로젝터 | 4인용 테이블 | 의자 |
| A호텔 | 88 | 20 | 26 | 38 | 70 | ○ | 26 | 74 |
| B호텔 | 70 | 11 | 27 | 32 | 70 | × | 22 | 92 |
| C호텔 | 76 | 10 | 18 | 49 | 100 | ○ | 30 | 86 |
| D호텔 | 68 | 12 | 21 | 22 | 90 | × | 18 | 100 |
| E호텔 | 84 | 18 | 23 | 19 | 90 | ○ | 15 | 70 |

※ 4인용 테이블 2개를 사용하면 8명이 앉을 수 있음

〈K공사 임직원 현황〉

(단위 : 명)

| 구분 | 신사업기획처 | 신사업추진처 | 기술기획처 | ICT융합기획처 |
|---|---|---|---|---|
| 처장 | 1 | 1 | 1 | 1 |
| 부장 | 3 | 4 | 2 | 3 |
| 과장 | 5 | 6 | 4 | 3 |
| 대리 | 6 | 6 | 5 | 4 |
| 주임 | 2 | 2 | 3 | 6 |
| 사원 | 3 | 4 | 3 | 2 |

**조건**
- 워크숍은 한 호텔에서 실시하며, 워크숍에 참여하는 모든 직원은 해당 호텔에서 숙박한다.
- 부장급 이상은 1인 1실을 이용하며, 나머지 임직원은 2인 1실을 이용한다.
- 워크숍에서는 빔프로젝터가 있어야 하며, 8인용 테이블과 의자는 참여하는 인원수만큼 필요하다.

① A호텔
② B호텔
③ C호텔
④ D호텔
⑤ E호텔

**31** 다음 중 Windows의 바탕화면에 있는 바로가기 아이콘에 대한 설명으로 옳지 않은 것은?

① 바로가기 아이콘의 왼쪽 아래에는 화살표 모양의 그림이 표시된다.

② 바로가기 아이콘의 이름, 크기, 형식, 수정한 날짜 등의 순으로 정렬하여 표시힐 수 있다.

③ 바로가기 아이콘의 바로가기를 또 만들 수 있다.

④ 바로가기 아이콘을 삭제하면 연결된 실제의 대상 파일도 삭제된다.

⑤ 〈F2〉 키로 바로가기 아이콘의 이름을 바꿀 수 있다.

**32** S사 인사부에 근무하는 김대리는 신입사원들의 교육점수를 다음과 같이 정리한 후 VLOOKUP 함수를 이용해 교육점수별 등급을 입력하려고 한다. [E2:F8]의 데이터 값을 이용해 (가) 셀에 함수식을 입력한 후 자동 채우기 핸들로 사원들의 교육점수별 등급을 입력할 때, (가) 셀에 입력해야 할 함수식으로 옳은 것은?

| | A | B | C | D | E | F |
|---|---|---|---|---|---|---|
| 1 | 사원 | 교육점수 | 등급 | | 교육점수 | 등급 |
| 2 | 최○○ | 100 | (가) | | 100 | A |
| 3 | 이○○ | 95 | | | 95 | B |
| 4 | 김○○ | 95 | | | 90 | C |
| 5 | 장○○ | 70 | | | 85 | D |
| 6 | 정○○ | 75 | | | 80 | E |
| 7 | 소○○ | 90 | | | 75 | F |
| 8 | 신○○ | 85 | | | 70 | G |
| 9 | 구○○ | 80 | | | | |

① $=$VLOOKUP(B2,E2:F8,2,1)

② $-$VLOOKUP(B2,E2:F8,2,0)

③ $=$VLOOKUP(B2,$E$2:$F$8,2,0)

④ $=$VLOOKUP(B2,$E$2:$F$8,1,0)

⑤ $=$VLOOKUP(B2,$E$2:$F$8,1,1)

**33** 다음 프로그램의 실행 결과로 옳은 것은?

```
#include <stdio.h>
int main()
{
        for(int i = 0; i < 5; i++) {
                for(int j = 0; j <= i; j++) {
                                printf("*");
                }
                printf("\n");
        }
}
```

① 
```
*
**
***
****
*****
```

② 
```
*****
*****
*****
*****
*****
```

③ 
```
*****
****
***
**
*
```

④ 
```
*
***
***
*****
*****
```

⑤ 
```
*
**
***
****
```

**34** 다음 파이썬 프로그램의 실행 결과로 옳은 것은?

>>> print(int(50/5))

① 50  ② 5
③ 1  ④ 10
⑤ 0

**35** 다음 글의 빈칸에 공통으로 들어갈 용어로 옳은 것은?

_____은/는 '언제 어디에나 존재한다.'는 뜻의 라틴어로, 사용자가 컴퓨터나 네트워크를 의식하지 않고 장소에 상관없이 자유롭게 네트워크에 접속할 수 있는 환경을 말한다. 그리고 컴퓨터 관련 기술이 생활 구석구석에 스며들어 있음을 뜻하는 '퍼베이시브 컴퓨팅(Pervasive Computing)'과 같은 개념이다.

_____화가 이루어지면 가정·자동차는 물론, 심지어 산꼭대기에서도 정보기술을 활용할 수 있고, 네트워크에 연결되는 컴퓨터 사용자의 수도 늘어나 정보기술산업의 규모와 범위도 그만큼 커지게 된다. 그러나 _____ 네트워크가 이루어지기 위해서는 광대역통신과 컨버전스 기술의 일반화, 정보기술 기기의 저가격화 등 정보기술의 고도화가 전제되어야 한다. 그러나 _____은/는 휴대성과 편의성뿐 아니라 시간과 장소에 구애받지 않고도 네트워크에 접속할 수 있는 장점 때문에 현재 세계적인 개발 경쟁이 일고 있다.

① 블록체인(Block Chain)  ② AI(Artificial Intelligence)
③ 딥러닝(Deep Learning)  ④ 유비쿼터스(Ubiquitous)
⑤ P2P(Peer to Peer)

**36** 다음 〈보기〉 중 응용 소프트웨어의 특성에 대한 설명으로 옳은 것을 모두 고르면?

> **보기**
>
> ㄱ. 여러 형태의 문서를 작성, 편집, 저장, 인쇄할 수 있는 프로그램을 스프레드 시트(Spread Sheet)라 한다.
> ㄴ. 유틸리티 프로그램은 대표적인 응용 소프트웨어로서, 크기가 작고 기능이 단순하다는 특징을 가지고 있다.
> ㄷ. 워드프로세서의 주요 기능으로는 입력 기능, 표시 기능, 저장 기능, 편집 기능, 인쇄 기능이 있다.
> ㄹ. 스프레드 시트의 구성단위는 셀, 열, 행, 영역 4가지이다.

① ㄱ, ㄴ  ② ㄱ, ㄷ
③ ㄴ, ㄷ  ④ ㄴ, ㄹ
⑤ ㄷ, ㄹ

**37** 다음 중 기술 시스템의 발전 단계에 따라 빈칸 ㉠ ~ ㉣에 들어갈 내용이 바르게 연결된 것은?

〈기술 시스템의 발전 단계〉

| 발전 단계 | 특징 | Key Man |
|---|---|---|
| 발명 · 개발 · 혁신의 단계 | 기술 시스템이 탄생하고 성장 | 기술자 |
| ㉠ | 성공적인 기술이 다른 지역으로 이동 | 기술자 |
| ㉡ | 기술 시스템 사이의 경쟁 | ㉢ |
| 기술 공고화 단계 | 경쟁에서 승리한 기술 시스템의 관성화 | ㉣ |

| | ㉠ | ㉡ | ㉢ | ㉣ |
|---|---|---|---|---|
| ① | 기술 이전의 단계 | 기술 경쟁의 단계 | 기업가 | 자문 엔지니어 |
| ② | 기술 경쟁의 단계 | 기술 이전의 단계 | 금융전문가 | 자문 엔지니어 |
| ③ | 기술 이전의 단계 | 기술 경쟁의 단계 | 기업가 | 기술자 |
| ④ | 기술 경쟁의 단계 | 기술 이전의 단계 | 금융전문가 | 기업가 |
| ⑤ | 기술 이전의 단계 | 기술 경쟁의 단계 | 금융전문가 | 기술자 |

**38** 다음은 산업 재해를 예방하기 위해 제시되고 있는 하인리히의 법칙이다. 이를 참고할 때, 산업 재해의 예방을 위해 조치를 취해야 하는 단계는 무엇인가?

> 1931년 미국의 한 보험회사에서 근무하던 하인리히는 회사에서 접한 수많은 사고를 분석하여 하나의 통계적 법칙을 발견하였다. '1 : 29 : 300 법칙'이라고도 부르는 이 법칙은 큰 사고로 인해 산업 재해가 발생하면 이 사고가 발생하기 이전에 같은 원인으로 발생한 작은 사고 29번, 잠재적 사고 징후가 300번이 있었다는 것을 나타낸다.
> 하인리히는 이처럼 심각한 산업 재해의 발생 전에 여러 단계의 사건이 도미노처럼 발생하기 때문에 앞 단계에서 적절히 대처한다면 산업 재해를 예방할 수 있다고 주장했다.

① 사회 환경적 문제가 발생한 단계
② 개인 능력의 부족이 보이는 단계
③ 기술적 결함이 나타난 단계
④ 불안전한 행동 및 상태가 나타난 단계
⑤ 작업 관리상 문제가 나타난 단계

**39** 다음 글은 무엇에 대한 설명인가?

> 농부는 농기계와 화학비료를 써서 밀을 재배하고 수확한다. 이렇게 생산된 밀은 보관업자, 운송업자, 제분회사, 제빵 공장을 거쳐 시장에서 판매된다. 보다 높은 생산성을 위해 화학비료를 연구하고, 공장을 가동하기 위해 공작기계와 전기를 생산한다. 보다 빠른 운송을 위해서 트럭이나 기차, 배가 개발되었고, 보다 효과적인 운송수단과 농기계를 운용하기 위해 증기기관에서 석유에너지로 발전하였다. 이렇듯 우리의 식탁에 올라오는 빵은 여러 기술이 네트워크로 결합하여 시너지를 낸 결과이다.

① 기술 시스템
② 기술혁신
③ 기술경영
④ 기술이전
⑤ 기술경쟁

※ K레스토랑에서는 영유아 손님들을 위해 유아용 식탁 의자를 구비하였고 다음은 해당 제품에 대한 설명서이다. 이어지는 질문에 답하시오. [40~41]

우리 회사의 유아용 식탁 의자는 아이가 도움 없이 혼자 앉을 수 있는 6 ~ 7개월부터 사용할 수 있습니다.

■ 안전에 대한 유의사항
 – 압사의 위험 방지를 위해 사용 전 모든 플라스틱 커버를 제거하고, 유아 및 아동의 손이 닿지 않는 곳에 두세요.
 – 항상 벨트를 채워 주세요.
 – 아이가 혼자 있지 않도록 해 주세요.
 – 모든 구성 요소가 제대로 장착되어 있지 않으면 의자 사용을 삼가세요.
 – 부품이 망가지거나 부서지면 의자 사용을 삼가세요.
 – 강한 열원이나 난로가 있는 곳에서는 의자 사용을 삼가세요.
 – 아이가 의자 근처에서 놀거나 의자에 올라가지 못하도록 해 주세요.
 – 의자가 항상 평평하고 안정된 상태에서 사용될 수 있도록 해 주세요.
 – 식탁 의자는 계단, 층계, 창문, 벽과는 거리를 두고 비치해 주세요.
 – 의자에 충격이 가해지면 안정성을 해칠 우려가 있고 의자가 뒤집어질 수 있어요.
 – 아이가 앉아 있는 동안에는 의자의 높낮이를 조정하지 마세요.

■ 청소 및 유지
 – 젖은 천이나 중성 세제로 유아용 의자나 액세서리를 청소할 수 있습니다.
 – 재료를 손상시킬 수 있는 연마 세제나 용제는 사용하지 마세요.
 – 알루미늄 식탁 다리는 부식이 되지 않지만, 충격이나 긁힘으로 손상될 수 있습니다.
 – 햇빛에 지속적으로 장시간 노출되면 여러 부품의 색이 변할 수 있습니다.
 – 손상을 파악하기 위해 정기적으로 검사하십시오.

**40** 다음 중 레스토랑 내 유아용 식탁 의자를 비치하기 위한 장소 선정 시 고려해야 할 사항으로 적절하지 않은 것은?

① 난방기구가 있는 곳은 피하도록 한다.
② 바닥이 평평하여 안정된 상태로 의자가 서 있을 수 있는지 확인한다.
③ 아이를 식탁 의자에 혼자 두지 않으며, 항상 벨트를 채워야 한다.
④ 계단이나 창문이 있는 곳은 피하도록 한다.
⑤ 의자에 충격이 가해질 수 있는 장소는 피하도록 한다.

**41** 다음 중 직원들에게 안내할 유아용 식탁 의자 청소 및 관리법으로 적절하지 않은 것은?

① 식탁 의자 사용 후에는 햇볕이 들지 않는 곳에 보관한다.
② 사용 후 젖은 천을 사용해 깨끗하게 닦는다.
③ 이동 시 식탁 다리가 부딪히거나 긁히지 않도록 주의한다.
④ 더러운 부분은 연마 세제를 사용해서 닦는다.
⑤ 정기적인 검사를 통해 손상 여부를 확인한다.

**42** H공단에 근무 중인 B차장은 새로운 사업을 실행하기에 앞서 설문 조사를 하려고 한다. 다음의 방법을 이용하려고 할 때, 설문 조사 순서를 바르게 나열한 것은?

> 델파이 기법은 전문가들의 의견을 종합하기 위해 고안된 기법으로 불확실한 상황을 예측하고자 할 경우 사용하는 인문사회과학 분석기법 중 하나이다. 설문지로만 이루어지기 때문에 전문가들의 익명성이 보장되고, 반복적인 설문을 통해 얻은 반응을 수집·요약해 특정한 주제에 대한 전문가 집단의 합의를 도출하는 방식으로 진행된다.

① 설문지 제작 – 발송 – 회수 – 검토 후 결론 도출 – 결론 통보
② 설문지 제작 – 1차 대면 토론 – 중간 분석 – 2차 대면 토론 – 합의 도출
③ 설문지 제작 – 발송 – 회수 – 중간 분석 – 대면 토론 – 합의 도출
④ 설문지 제작 – 발송 – 새 설문지 제작 – 발송 – 회수 – 합의 도출
⑤ 설문지 제작 – 발송 – 회수 – 중간 분석 – 재발송 – 회수 – 합의 도출

**43** 귀하는 W은행의 프라이빗뱅킹(PB) 서비스를 제공하는 업무를 담당하고 있다. 최근 팀 내의 실적이 감소하고 있는 추세에 대해서 근본적인 원인을 파악하기 위해서 여러 가지 떠오르는 생각들을 순서대로 기술하였다. 귀하는 이를 체계적으로 분석하여 팀 회의에서 보고할 예정이다. 다음 원인들의 인과관계를 따져보고 귀하가 택할 가장 근본적인 원인은 무엇인가?

> • 재무설계 제안서의 미흡
> • 절대적인 고객 수 감소
> • 고객과의 PB 서비스 계약 건수 감소
> • 고객정보의 수집 부족
> • 금융상품의 다양성 부족

① 고객과의 PB 서비스 계약 건수 감소
② 절대적인 고객 수 감소
③ 재무설계 제안서의 미흡
④ 금융상품의 다양성 부족
⑤ 고객정보의 수집 부족

PART 3

**44** A팀장은 급하게 해외 출장을 떠나면서 B대리에게 다음과 같은 메모를 남겨두었다. 다음 중 B대리가 가장 먼저 처리해야 할 일은?

> B대리, 지금 급하게 해외 출장을 가야 해서 오늘 처리해야 하는 것들 메모 남겨요.
> 오후 2시에 거래처와 미팅 있는 거 알고 있죠? 오전 내로 거래처에 전화해서 다음 주 중으로 다시 미팅날짜 잡아줘요. 그리고 오늘 신입사원들과 점심 식사하기로 한 거 난 참석하지 못하니까 다른 직원들이 참석해서 신입사원들 고충도 좀 들어주고 해요. 식당은 지난번 갔었던 한정식집이 좋겠네요. 점심 시간에 많이 붐비니까 오전 10시까지 예약전화하는 것도 잊지 말아요. 식비는 법인카드로 처리하도록 하고. 오후 5시에 진행할 회의 PPT는 거의 다 준비되었다고 알고 있는데 바로 나한테 메일로 보내줘요. 확인하고 피드백할게요. 아, 그 전에 내가 중요한 자료를 안 가지고 왔어요. 그것부터 메일로 보내줘요. 고마워요.

① 거래처에 미팅일자 변경 전화를 한다.
② 점심 예약전화를 한다.
③ 회의 자료를 준비한다.
④ 메일로 회의 PPT를 보낸다.
⑤ 메일로 A팀장이 요청한 자료를 보낸다.

**45** 다음 〈보기〉 중 조직 구조에 따른 설명으로 옳지 않은 것을 모두 고르면?

> **보기**
> ㄱ. 기계적 조직은 구성원들의 업무분장이 명확하게 이루어져 있는 편이다.
> ㄴ. 기계적 조직은 조직 내 의사소통이 비공식적 경로를 통해 활발히 이루어진다.
> ㄷ. 유기적 조직은 의사결정권한이 조직 하부구성원들에게 많이 위임되어 있으며, 업무내용이 명확히 규정되어 있는 것이 특징이다.
> ㄹ. 유기적 조직은 기계적 조직에 비해 조직의 형태가 가변적이다.

① ㄱ, ㄴ
② ㄱ, ㄷ
③ ㄴ, ㄷ
④ ㄴ, ㄹ
⑤ ㄷ, ㄹ

**46** A기업은 새로운 조직 개편 기준에 따라 다음에 제시된 조직도 (가)를 조직도 (나)로 변경하려 한다. 조직도 (나)의 빈칸에 들어갈 팀으로 적절하지 않은 것은?

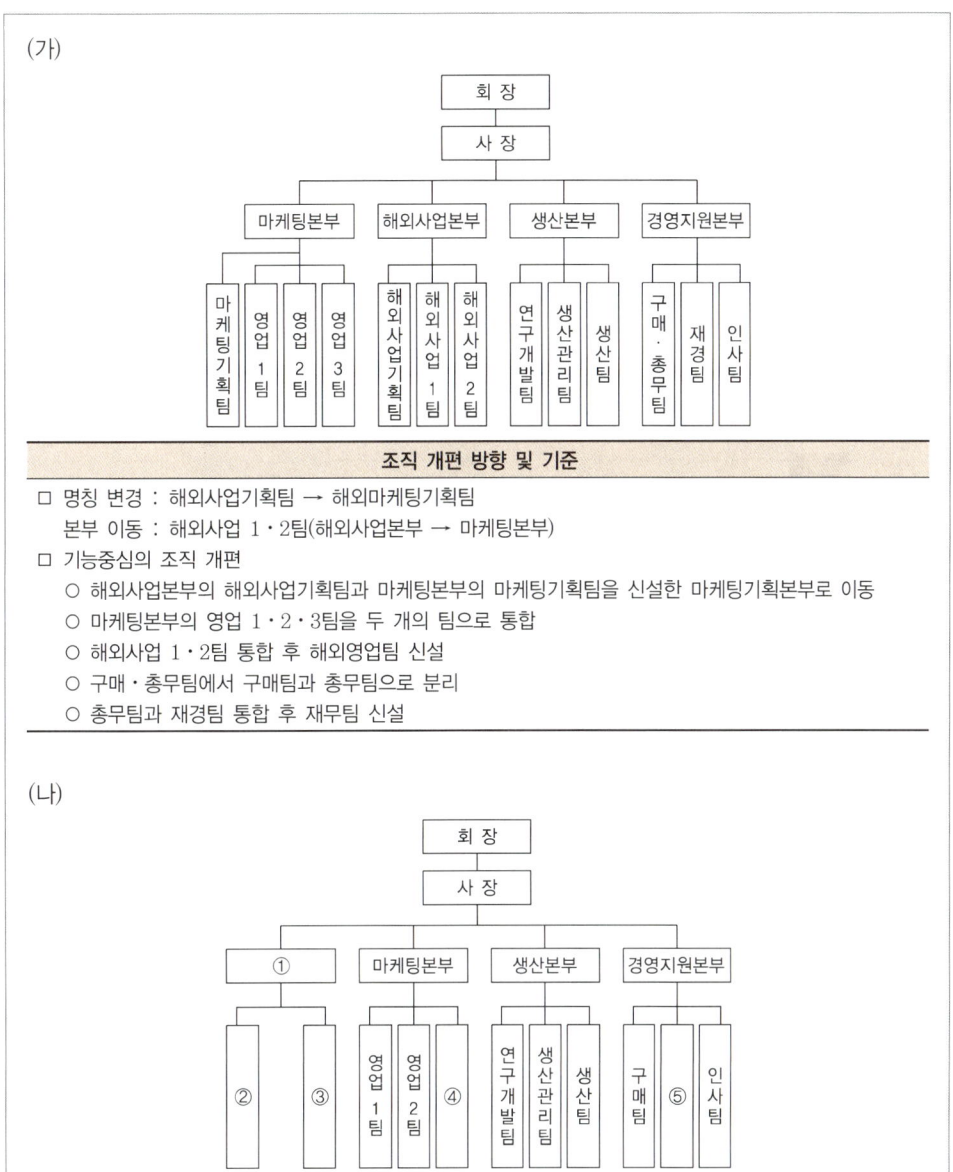

① 마케팅기획본부       ② 해외마케팅기획팀

③ 영업 3팀       ④ 해외영업팀

⑤ 재무팀

**47** 다음 중 높은 성과를 내는 임파워먼트 환경의 특징으로 옳지 않은 것은?

① 학습과 성장의 기회

② 현상 유지와 순응

③ 개인들이 공헌하며 만족한다는 느낌

④ 도전적이고 흥미 있는 일

⑤ 성과에 대한 지식

**48** 다음 〈보기〉 중 코칭의 진행 과정에 대한 설명으로 옳은 것을 모두 고르면?

> **보기**
> ㄱ. 코칭을 할 경우 시간과 목표를 명확히 알린다.
> ㄴ. 문제점에 대한 해결책을 직접 제시한다.
> ㄷ. 코칭 과정을 반복한다.
> ㄹ. 질문과 피드백에 충분한 시간을 할애한다.
> ㅁ. 경청보다는 핵심적인 질문 위주로 진행한다.

① ㄱ, ㄴ, ㅁ

② ㄱ, ㄷ, ㄹ

③ ㄴ, ㄷ, ㄹ

④ ㄴ, ㄹ, ㅁ

⑤ ㄷ, ㄹ, ㅁ

**49** 다음은 팀워크(Teamwork)와 응집력에 대한 글이다. 이를 참고할 때 팀워크의 사례로 적절하지 않은 것은?

> 팀워크(Teamwork)란 '팀 구성원이 공동의 목적을 달성하기 위하여 상호관계성을 가지고 협력하여 업무를 수행하는 것'으로 볼 수 있다. 반면 응집력은 '사람들로 하여금 집단에 머물도록 느끼게끔 만들고, 그 집단의 멤버로서 계속 남아 있기를 원하게 만드는 힘'으로 볼 수 있다.

① 다음 주 조별 발표 준비를 위해 같은 조원인 A와 C는 각자 주제를 나누어 조사하기로 했다.

② K사의 S사원과 C사원은 내일 진행될 행사 준비를 위해 함께 야근을 할 예정이다.

③ D고등학교 학생인 A와 B는 내일 있을 시험 준비를 위해 도서관에서 공부하기로 했다.

④ 같은 배에서 활약 중인 D와 E는 곧 있을 조정경기 시합을 위해 열심히 연습하고 있다.

⑤ 연구원 G와 S는 효과적인 의약품을 개발하기 위해 함께 연구하기로 했다.

**50** 회사 동료인 최주임이 귀하에게 다음과 같은 고민을 이야기하였을 때, 귀하가 최주임에게 해줄 수 있는 조언으로 적절하지 않은 것은?

> 나는 입사 이후부터 항상 내 업무에 충실히 임해 왔어. 내가 맡은 과업이 우선이기에 다른 부서원들의 업무는 눈여겨볼 여유가 없었어. 협업을 약속한 바가 있어도 내 담당업무가 우선이기에 약속을 변경하는 일이 잦았어. 그러다 보니 크고 작은 갈등이 생기곤 하였지만, 업무에 집중하느라 해결에 시간을 쓰는 게 내키지 않았어. 그저 열심히 일하기만 했는데 요즘 들어 조직 내에서 사람들과 원활히 지내지 못하는 것 같은 느낌이 들어.

① 주변 부서원들도 본인들이 하는 업무에 대해 열의를 갖고 있어. 본인 업무가 있음에도 불구하고 모두 협업을 위해 노력한다는 것을 이해하도록 노력해 봐.

② 주변 사람들의 사소한 일까지 모두 기억할 필요는 없어. 중요한 일에 조금 더 집중하고 관심을 기울이도록 해.

③ 협업뿐만 아니라 타인과의 약속은 꼭 이행하도록 해.

④ 사소한 잘못이더라도 명확하게 사과하여 갈등을 해소하는 것이 중요해. 다음부터는 업무가 있더라도 갈등을 그냥 지나치지 마.

⑤ 타인과의 관계에서는 언행일치가 무척 중요해. 업무 외에도 일정을 정하거나 약속을 하였다면 꼭 지키도록 해.

**51** 다음 상황의 고객 유형에게 대처할 방법으로 가장 적절한 것은?

> **〈상황〉**
>
> 직원 : 반갑습니다. 고객님, 찾으시는 제품 있으실까요?
>
> 고객 : 아이가 에어드레서가 필요하다고 해서요. 제품 좀 보러왔어요.
>
> 직원 : 그렇군요. 그럼 고객님, ○○제품 한번 보시겠어요? 이번에 나온 신제품인데요. 기존 제품들이 살균과 미세먼지 제거 기능 및 냄새 분해 기능만 있었다면, 이 제품은 그 기능에 더하여 바이러스 제거 기능이 추가되었습니다.
>
> 고객 : 가격이 얼마인가요?
>
> 직원 : 가격은 기존 제품의 약 1.8배 정도로 ×××만 원이지만, 이번에 저희 매장에서 2025년도 신제품은 5%의 할인이 적용되기 때문에 지금 타사 대비 최저가로 구매가 가능합니다.
>
> 고객 : 아, 비싸네요. 근데 바이러스가 눈에 안 보이는데 정말 제거되는지 믿을 수 있나요? 그냥 신제품이라고 좀 비싸게 파는 건 아닐까 생각이 드네요.

① 잠자코 고객의 의견을 경청하고 사과를 하도록 한다.

② 고객의 이야기를 경청하고, 맞장구치고, 추켜세우고, 설득한다.

③ 분명한 증거나 근거를 제시하여 고객이 확신을 갖도록 유도한다.

④ 과시욕이 충족될 수 있도록 고객의 언행을 제지하지 않고 인정해 준다.

⑤ 의외로 단순하게 생각하는 면이 있으므로 고객의 호감을 얻기 위해 노력한다.

**52** 다음 빈칸에 들어갈 말이 바르게 연결된 것은?

> 〈매슬로의 욕구 5단계〉
>
> 생리적 욕구 → ____㉠____ → ____㉡____ → 존경의 욕구 → 자기실현의 욕구

|     | ㉠ | ㉡ |
|-----|------|------|
| ① | 안정의 욕구 | 문화적 욕구 |
| ② | 문화적 욕구 | 사회적 욕구 |
| ③ | 사회적 욕구 | 안정의 욕구 |
| ④ | 안정의 욕구 | 사회적 욕구 |
| ⑤ | 개인의 욕구 | 안정적 욕구 |

**53** 다음 중 자기관리의 단계를 순서대로 바르게 나열한 것은?

> ㉠ 일정 수립              ㉡ 과제 발견
> ㉢ 수행                   ㉣ 반성 및 피드백
> ㉤ 비전 및 목표 정립

① ㉡－㉠－㉤－㉢－㉣         ② ㉤－㉡－㉠－㉢－㉣
③ ㉤－㉢－㉠－㉡－㉣         ④ ㉤－㉢－㉡－㉠－㉣
⑤ ㉤－㉣－㉡－㉢－㉠

**54** 경력개발이 필요한 이유 중 환경 변화의 분류에 속하지 않는 것은?

① 지식정보의 빠른 변화          ② 삶의 질 추구
③ 능력주의 문화               ④ 중견사원 이직 증가
⑤ 인력난 심화

**55** 다음 사례를 읽고 C가 A와 B에게 해줄 수 있는 조언으로 옳지 않은 것은?

> 같은 제약회사에서 일하는 A, B, C 세 사람은 열심히 일을 하고 있다. 요즘 들어 업무량이 많아졌기 때문에, 세 사람 모두 하루 종일 열심히 일을 해도 배당되는 업무량을 달성하기가 쉽지 않다. 그러나 일을 하는 태도에 있어서는 차이를 보이고 있다.
> A의 경우는 오늘도 불평이다. "왜 이렇게 더워?", "도대체 집에는 언제 가면되는 거야?", "뭐야? 몇 번이나 실험을 해야 돼?", "정말 내가 그만두지 못해서 다닌다. 다녀."
> B의 경우는 묵묵히 자신의 일을 하지만 그렇게 즐거워 보이지는 않는다. "회사는 돈을 버는 수단이지. 열심히 일해서 돈을 많이 벌고, 그 돈을 여가생활에 쓰면 되는 거 아냐?", "나는 주말만 기다려. 주말에는 수상스키를 타러 가야지."
> C의 경우는 뭐가 그렇게 좋은지 오늘도 싱글벙글이다. "이번 신상품 개발에 내가 낸 제안이 받아들여졌어. 너무 신나지 않아?", "아. 이렇게 하면 졸리지 않은 코감기 약이 나올 수 있겠는걸? 한 번 더 실험해 봐야겠다." 이처럼 매사에 긍정적인 C는 A와 B에게 흥미나 적성도 노력을 통해 개발될 수 있음을 알려주고 싶어 한다.

① 마인드컨트롤을 통해 자신을 의식적으로 관리해 보는 건 어때?
② 자신이 수행한 결과물을 점검해 보면 자신이 성취한 일에 대한 자긍심이 생길거야.
③ 현재 기업의 문화와 풍토가 자신에게 어떠한 영향을 주고 있는지 확인해 보는 게 어때?
④ 자기 스스로 이 일을 잘 할 수 있다고 생각하는 자신감을 꾸준히 가질 필요가 있어.
⑤ 무엇보다 일을 할 때에는 작은 단위보다 큰 단위로 수행하는 것이 좋아.

**56** 직장에서 벌어지는 다음 상황을 보고 생각할 수 있는 근면한 직장생활로 적절하지 않은 것은?

> 허주임은 감각파이자 낙천주의자이다. 오늘 점심시간에 백화점 세일에 갔다 온 것을 친구에게 전화로 자랑하기 바쁘다. "오늘 땡잡았어! 스키용품을 50%에 구했지 뭐니!" "넌 혼자만 일하니? 대충대충 해. 그래서 큰 회사 다녀야 땡땡이치기 쉽다니까."

① 업무시간에는 개인적인 일을 하지 않는다.
② 업무시간에 최대한 업무를 끝내도록 한다.
③ 점심시간보다 10분 정도 일찍 나가는 것은 괜찮다.
④ 사무실 내에서 전화나 메신저 등을 통해 사적인 대화를 나누지 않는다.
⑤ 주어진 지위에 걸맞은 책임감 있는 행동을 한다.

**57** 다음 사례에서 필요한 가장 중요한 역량은 무엇인가?

> S항공은 고객이 예약 문의전화를 하고, 공항카운터를 방문하고, 티켓을 받은 후 탑승을 하고, 기내 서비스를 받고, 공항을 빠져나오는 등 모든 순간에 고객이 항공사와 함께 있다는 기분을 느낄 수 있도록 다양한 광고와 질 높은 서비스를 제공하는 MOT 마케팅을 도입함으로써 수년간의 적자경영을 흑자경영으로 돌려놓는 결과를 낳았다. MOT 마케팅은 고객이 여러 번에 걸쳐 최상의 서비스를 경험했다 하더라도 단 한 번의 불만족스러움을 느낀다면 결국 전체 서비스에 대한 만족도를 0으로 만들어버린다는 곱셈의 법칙(100−1=99가 아니라 100×0=0이라는 법칙)에 따라 고객과의 접점의 순간에서 최상의 서비스를 제공할 것을 강조한다.

① 근면　　　　　　　　　　　② 성실
③ 봉사　　　　　　　　　　　④ 책임감
⑤ 정직

**58** 다음 〈보기〉에 제시된 비윤리적 행위 유형이 바르게 연결된 것은?

> **보기**
> ㉠ 제약회사에서 근무하는 A사원은 자신의 매출실적을 올리기 위하여 계속해서 병원에 금품을 제공하고 있다.
> ㉡ B건설회사는 완공일자를 맞추기에 급급하여 안전수칙을 제대로 지키지 않았고, 결국 커다란 인명사고가 발생하였다.
> ㉢ C가구업체는 제품 설계 시 안전상의 고려를 충분히 하지 않아, 제품을 구매한 소비자들에게 안전사고를 유발시켰다.
> ㉣ IT회사의 D팀장은 관련 업계의 회사 간 가격담합이 이루어지고 있음을 발견하였으나, 별다른 조치를 취하지 않았다.

|  | 도덕적 타성 | 도덕적 태만 |
|---|---|---|
| ① | ㉠, ㉡ | ㉢, ㉣ |
| ② | ㉠, ㉢ | ㉡, ㉣ |
| ③ | ㉠, ㉣ | ㉡, ㉢ |
| ④ | ㉡, ㉢ | ㉠, ㉣ |
| ⑤ | ㉡, ㉣ | ㉠, ㉢ |

**59** 다음 사례에서 총무부 L부장에게 가장 필요한 태도는 무엇인가?

> 총무부 L부장은 신입사원 K가 얼마 전 처리한 업무로 인해 곤경에 빠졌다. 신입사원 K가 처리한 서류에서 기존 금액에 0이 하나 추가되어 회사에 엄청난 손실을 끼치게 생긴 것이다.

① 개인적인 일을 먼저 해결하려는 자세가 필요하다.
② 나 자신뿐만 아니라 나의 부서의 일은 내 책임이라고 생각한다.
③ '왜 이런 일이 나에게 일어났는지' 생각해 본다.
④ 다른 사람의 입장에서 생각해보는 태도가 필요하다.
⑤ 책임을 가리기 위해 잘잘못을 분명하게 따져본다.

PART 3

**60** 다음 중 정직에 대한 설명으로 옳지 않은 것은?
① 국가경쟁력을 제고하기 위해서는 개개인뿐만 아니라 사회 시스템 전반의 정직성이 확보되어야 한다.
② 정직을 추구하기 위해서는 스스로가 잘못한 것도 정직하게 밝혀내야 한다.
③ 부정직한 관행은 인정하지 않음으로써 신용을 구축할 수 있다.
④ 피해가 없음에도 정직하지 못하다는 이유로 부정직한 모든 행위를 지적하는 것은 사회융합을 저해할 수 있다.
⑤ 정직이란 신뢰를 형성하고 유지하는 데 가장 기본적이고 필수적인 규범이다.

# 제3회
# PSAT형 모의고사

※ 제3회 PSAT형 모의고사는 의사소통능력, 수리능력, 문제해결능력, 자원관리능력으로 구성
되어 있습니다.

## ■ 취약영역 분석

| 번호 | O/× | 영역 | 번호 | O/× | 영역 | 번호 | O/× | 영역 |
|------|-----|------|------|-----|------|------|-----|------|
| 01 | | 의사소통능력 | 21 | | 수리능력 | 41 | | 문제해결능력 |
| 02 | | | 22 | | | 42 | | |
| 03 | | | 23 | | | 43 | | |
| 04 | | | 24 | | | 44 | | |
| 05 | | | 25 | | | 45 | | |
| 06 | | | 26 | | | 46 | | |
| 07 | | | 27 | | | 47 | | |
| 08 | | | 28 | | | 48 | | |
| 09 | | | 29 | | | 49 | | |
| 10 | | | 30 | | | 50 | | |
| 11 | | | 31 | | 문제해결능력 | 51 | | |
| 12 | | | 32 | | | 52 | | |
| 13 | | | 33 | | | 53 | | 자원관리능력 |
| 14 | | | 34 | | | 54 | | |
| 15 | | | 35 | | | 55 | | |
| 16 | | 수리능력 | 36 | | | 56 | | |
| 17 | | | 37 | | | 57 | | |
| 18 | | | 38 | | | 58 | | |
| 19 | | | 39 | | | 59 | | |
| 20 | | | 40 | | | 60 | | |

| 평가문항 | 60문항 | 평가시간 | 60분 |
|----------|--------|----------|------|
| 시작시간 | : | 종료시간 | : |
| 취약영역 | | | |

# 제3회 · PSAT형 모의고사

📋 문항 수 : 60문항 ⏰ 응시시간 : 60분

정답 및 해설 p.141

## 01 다음 글의 내용으로 적절하지 않은 것은?

> 기업은 많은 이익을 남기길 원하고, 소비자는 좋은 제품을 저렴하게 구매하길 원한다. 그 과정에서 힘이 약한 저개발국가의 농민, 노동자, 생산자들은 무역상품의 가격 결정 과정에 참여하지 못하고, 자신이 재배한 식량과 상품을 매우 싼값에 팔아 겨우 생계를 유지한다. 그 결과, 세계 인구의 20% 정도가 우리 돈 약 1,000원으로 하루를 살아가고, 세계 노동자의 40%가 하루 2,000원 정도의 소득으로 살아가고 있다.
>
> 이러한 무역 거래의 한계를 극복하고, 공평하고 윤리적인 무역 거래를 통해 저개발국가 농민, 노동자, 생산자들이 겪고 있는 빈곤 문제를 해결하기 위해 공정무역이 생겨났다. 공정무역은 기존 관행 무역으로부터 소외당하며 불이익을 받고 있는 생산자와 지속가능한 파트너십을 통해 공정하게 거래하는 것으로, 생산자들과 공정무역 단체의 직거래를 통한 거래 관계에서부터 단체나 제품 등에 대한 인증시스템까지 모두 포함하는 무역을 의미한다.
>
> 이와 같은 공정무역은 국제 사회 시민운동의 일환으로, 1946년 미국의 시민단체 '텐사우전드빌리지 (Ten Thousand Villages)'가 푸에르토리코의 자수 제품을 구매하고, 1950년대 후반 영국의 '옥스팜(Oxfam)'이 중국 피난민들의 수공예품과 동유럽국가의 수공예품을 팔면서 시작되었다. 이후 1960년대에는 여러 시민 단체들이 조직되어 아프리카, 남아메리카, 아시아의 빈곤한 나라에서 본격적으로 활동을 전개하였다. 이 단체들은 가난한 농부와 노동자들이 스스로 조합을 만들어 환경친화적으로 농산물을 생산하도록 교육하고, 이에 필요한 자금 등을 지원했다. 2000년대에는 공정무역이 자본주의의 대안활동으로 여겨지며 급속도로 확산되었고, 공정무역 단체나 회사가 생겨남에 따라 저개발국가 농부들이 생산한 농산물이 공정한 값을 받고 거래되었다. 이러한 과정에서 공정무역은 저개발국 생산자들의 삶을 개선하기 위한 중요한 시장 메커니즘으로 주목을 받게 된 것이다.

① 기존 관행 무역에서는 저개발국가의 농민, 노동자, 생산자들이 무역상품의 가격 결정 과정에 참여하지 못했다.

② 세계 노동자의 40%가 하루 2,000원 정도의 소득으로 살아가며, 세계 인구의 20%는 약 1,000원으로 하루를 살아간다.

③ 공정무역에서는 저개발국가의 생산자들과 지속가능한 파트너십을 통해 그들을 무역 거래 과정에서 소외시키지 않는다.

④ 공정무역은 1946년 시작되었고, 1960년대 조직된 여러 시민 단체들이 본격적으로 활동을 전개하였다.

⑤ 시민 단체들은 조합을 만들어 환경친화적인 농산물을 직접 생산하고, 이를 회사에 공정한 값으로 판매하였다.

**02**  다음 글의 주제로 가장 적절한 것은?

> 표준화된 언어는 의사소통을 효과적으로 하기 위하여 의도적으로 선택해야 할 공용어로서의 가치가 있다. 반면에 방언은 지역이나 계층의 언어와 문화를 보존하고 드러냄으로써 국가 전체의 언어와 문화를 다양하게 발전시키는 토대로서의 가치가 있다. 이러한 의미에서 표준화된 언어와 방언은 상호 보완적인 관계에 있다. 표준화된 언어가 있기에 정확한 의사소통이 가능하며, 방언이 있기에 개인의 언어생활에서나 언어 예술 활동에서 자유롭고 창의적인 표현이 가능하다. 결국 우리는 표준화된 언어와 방언 둘 다의 가치를 인정해야 하며, 발화(發話) 상황(狀況)을 잘 고려해서 표준화된 언어와 방언을 잘 가려서 사용할 줄 아는 능력을 길러야 한다.

① 창의적인 예술 활동에서는 방언의 기능이 중요하다.
② 표준화된 언어와 방언에는 각각 독자적인 가치와 역할이 있다.
③ 정확한 의사소통을 위해서는 표준화된 언어가 꼭 필요하다.
④ 표준화된 언어와 방언을 구분할 줄 아는 능력을 길러야 한다.
⑤ 표준화된 언어는 방언보다 효용가치가 있다.

**03**  다음 글의 제목으로 가장 적절한 것은?

> 영양분이 과도하게 많은 물에서는 오히려 물고기의 생존이 어렵다. 농업용 비료나 하수 등에서 배출되는 질소와 인 등으로 영양분이 많아진 하천의 수온이 상승하면 식물성 플랑크톤이 대량으로 증식하게 된다. 녹색을 띠는 플랑크톤이 수면을 뒤덮으면 물속으로 햇빛이 닿지 못하고 결국 물속의 산소가 고갈되어 물고기는 숨을 쉬기 어려워진다. 즉, 물속의 과도한 영양분이 오히려 물고기의 생존을 위협하는 것이다.
> 이처럼 부영양화된 물에서의 플랑크톤 증식으로 인한 녹조 현상은 경제발전과 각종 오염물질 배출량의 증가로 인해 심각한 사회문제가 되고 있다. 녹조는 냄새를 유발하는 물질과 함께 독소를 생성하여 수돗물의 수질을 저하시킨다. 특히 독성물질을 배출하는 녹조를 유해 녹조로 지정하여 관리하고 있는 현실을 고려하면 이제 녹조는 생태계뿐만 아니라 먹는 물의 안전까지도 위협한다.
> 하천의 생태계를 보호하고 우리가 먹는 물을 보호하기 위해서는 녹조의 발생 원인을 사전에 제거해야 한다. 이를 위해서는 무엇보다 생활 속에서의 작은 실천이 중요하다. 질소나 인이 첨가되지 않은 세제를 사용하고, 농가에서는 화학 비료 사용을 최소화하며 하천에 오염된 물이 흘러 들어가지 않도록 철저히 관리하는 노력을 기울여야 한다.

① 물고기의 생존을 위협하는 하천의 수질 오염
② 녹조를 가속화하는 이상 기온 현상
③ 물고기와 인간의 안전을 위협하는 하천의 부영양화
④ 녹조 예방을 위한 정부의 철저한 관리 필요성
⑤ 수돗물 수질 향상을 위한 기술 개발의 필요성

(가) 사실 19세기 중엽은 전화 발명으로 무르익은 시기였고, 전화 발명에 많은 사람이 도전했다고 볼 수 있다. 한 개인이 전화를 발명했다기보다 여러 사람이 전화 탄생에 기여했다는 이야기로 이어질 수 있다. 하지만 결국 최초의 공식 특허를 받은 사람은 벨이며, 벨이 만들어낸 전화 시스템은 지금도 세계 통신망에 단단히 뿌리를 내리고 있다.

(나) 그러나 벨의 특허와 관련된 수많은 소송은 무치의 죽음, 벨의 특허권 만료와 함께 종료되었다. 그레이와 벨의 특허 소송에서도 벨은 모두 무혐의 처분을 받았고, 1887년 재판에서 전화의 최초 발명자는 벨이라는 판결이 났다. 그레이가 전화의 가능성을 처음 인지한 것은 사실이지만, 전화를 완성하기 위한 후속 조치를 취하지 않았다는 것이었다.

(다) 하지만 벨이 특허를 받은 이후 누가 먼저 전화를 발명했는지에 대해 치열한 소송전이 이어졌다. 여기에는 그레이를 비롯하여 안토니오 무치 등 많은 사람이 관련돼 있었다. 특히 무치는 1871년 전화에 대한 임시 특허를 신청하였지만, 돈이 없어 정식 특허로 신청하지 못했다. 2002년 미국 하원 의회에서는 무치가 10달러의 돈만 있었다면 벨에게 특허가 부여되지 않았을 것이라며 무치의 업적을 인정하기도 했다.

(라) 알렉산더 그레이엄 벨은 전화를 처음 발명한 사람으로 알려져 있다. 1876년 2월 14일 벨은 설계도와 설명서를 바탕으로 전화에 대한 특허를 신청했고, 같은 날 그레이도 전화에 대한 특허 신청서를 제출했다. 1876년 3월 7일 미국 특허청은 벨에게 전화에 대한 특허를 부여했다.

**04** 다음 중 위 문단을 논리적 순서대로 바르게 나열한 것은?

① (가) − (다) − (라) − (나)
② (가) − (라) − (다) − (나)
③ (라) − (가) − (다) − (나)
④ (라) − (나) − (가) − (다)
⑤ (라) − (다) − (나) − (가)

**05** 다음 중 윗글의 내용으로 가장 적절한 것은?

① 법적으로 전화를 처음으로 발명한 사람은 벨이다.
② 그레이는 벨보다 먼저 특허 신청서를 제출했다.
③ 무치는 1871년 전화에 대한 정식 특허를 신청하였다.
④ 현재 세계 통신망에는 그레이의 전화 시스템이 사용되고 있다.
⑤ 그레이는 전화의 가능성을 인지하지 못하였다.

**06** 다음 글에 나타난 버클리의 견해와 부합하는 것을 〈보기〉에서 모두 고르면?

세계관은 세계의 존재와 본성, 가치 등에 관한 신념들의 체계이다. 세계를 해석하고 평가하는 준거인 세계관은 곧 우리 사고와 행동의 토대가 되므로, 우리는 최대한 정합성과 근거를 갖추도록 노력해야 한다. 모순되거나 일관되지 못한 신념은 우리의 사고와 행동을 교란할 것이므로 세계관에 대한 관심과 검토는 중요하다. 세계관을 이루는 여러 신념 가운데 가장 근본적인 수준의 신념은 '세계는 존재한다.'이다. 이 신념이 성립해야만 세계에 관한 다른 신념, 이를테면 세계가 항상 변화한다든가 불변한다든가 하는 등의 신념이 성립하기 때문이다.

실재론은 이 근본적 신념에 덧붙여 세계가 '우리 정신과 독립적으로' 존재함을 주장한다. 내가 만들어 날린 종이비행기는 멀리 날아가, 볼 수 없게 되었다 해도 여전히 존재한다. 이는 명확해서 논란의 여지가 없어 보이지만, 반실재론자는 이 상식에 도전한다. 유명한 반실재론자인 버클리는 세계의 독립적 존재를 부정한다. 그에 따르면 우리가 감각 경험에 의존하지 않고는 세계를 인식할 수 없다고 한다. 그는 이를 바탕으로 세계에 관한 주장을 편다. 그에 의하면 '주관적' 성질인 색깔, 소리, 냄새, 맛 등은 물론, '객관적'으로 성립한다고 여겨지는 형태, 공간을 차지함, 딱딱함, 운동 등의 성질도 오로지 우리가 감각할 수 있을 때만 존재하는 주관적 속성이다. 세계 속의 대상과 현상이란 이런 속성으로 구성되므로 세계는 감각으로 인식될 때만 존재한다는 것이다.

버클리의 주장은 우리의 통념과 충돌한다. 당시 어떤 사람이 돌을 차면서 "나는 이렇게 버클리를 반박한다!"라고 외쳤다고 한다. 그는 날아간 돌이 엄연히 존재한다는 점을 근거로 버클리의 주장을 반박하고자 한 것이다. 그러나 버클리를 비롯한 반실재론자들이 부정한 것은 세계가 정신과 독립하여 그 자체로 존재한다는 신념이다. 따라서 돌을 찬 사람은 그들을 제대로 반박하지 못했다고 볼 수 있다.

최근까지도 새로운 형태의 반실재론이 제기되어 활발한 논의가 진행 중이다. 논증의 성패를 떠나 반실재론자는 타성에 젖은 실재론적 세계관의 토대에 대해 성찰할 기회를 제공한다. 또한 세계관에 대한 도전과 응전의 반복은 그 자체로 인간 지성이 상호 소통하면서 발전해 가는 과정을 보여준다.

**보기**

ㄱ. 번개가 치는 현상은 감각 경험으로 구성된 것이다.
ㄴ. '비둘기가 존재한다.'는 '비둘기가 지각된다.'와 같은 뜻이다.
ㄷ. 우리에게 지각되는 책상은 우리의 인식 이전에 그 자체로 존재한다.
ㄹ. 사과의 단맛은 주관적인 속성이며, 둥근 모양은 객관적 속성이다.

① ㄱ, ㄴ          ② ㄱ, ㄷ
③ ㄴ, ㄷ          ④ ㄴ, ㄹ
⑤ ㄷ, ㄹ

**07** 다음 글의 빈칸에 들어갈 내용으로 가장 적절한 것은?

일반적으로 물체, 객체를 의미하는 프랑스어 오브제(Objet)는 라틴어에서 유래된 단어로, 어원적으로는 앞으로 던져진 것을 의미한다. 미술에서 대개 인간이라는 '주체'와 대조적인 '객체'로서의 대상을 지칭할 때 사용되는 오브제가 미술사 전면에 나타나게 된 것은 입체주의 이후이다.

20세기 초 입체파 화가들이 화면에 나타나는 공간을 자연의 모방이 아닌 독립된 공간으로 인식하기 시작하면서 회화는 재현미술로서의 단순한 성격을 벗어나기 시작한다. 즉, '미술은 그 자체가 실재이다. 또한 그것은 객관세계의 계시 혹은 창조이지 그것의 반영이 아니다.'라는 세잔의 사고에 의하여 공간의 개방화가 시작된 것이다. 이는 평면에 실제 사물이 부착되는 콜라주 양식의 탄생과 함께 일상의 평범한 재료들이 회화와 자연스레 연결되는 예술과 비예술의 결합으로 차츰 변화하게 된다.

이러한 오브제의 변화는 다다이즘과 쉬르리얼리즘에서 '일용의 기성품과 자연물 등을 원래의 그 기능이나 있어야 할 장소에서 분리하고, 그대로 독립된 작품으로서 제시하여 일상적 의미와는 다른 상징적·환상적인 의미를 부여하는' 것으로 일반화된다. 그리고 동시에 기존 입체주의에서 단순한 보조 수단에 머물렀던 오브제를 캔버스와 대리석의 대체하는 확실한 표현 방법으로 완성시켰다.

이후 오브제는 그저 예술가가 지칭하는 것만으로도 우리의 일상생활과 환경 그 자체가 곧 예술작품이 될 수 있음을 주장한다. _____ 거기에서 더 나아가 오브제는 일상의 오브제를 다양하게 전환시켜 다양성과 대중성을 내포하고, 오브제의 진정성과 상징성을 제거하는 팝아트에서 다시 한 번 새롭게 변화하기에 이른다.

① 무너진 베를린 장벽의 조각을 시내 한복판에 장식함으로써 예술과 비예술이 결합한 것이다.

② 화려하게 채색된 소변기를 통해 일상성에 환상적인 의미를 부여한 것이다.

③ 평범한 세면대일지라도 예술가에 의해 오브제로 정해진다면 일상성을 간직한 미술과 일치되는 것이다.

④ 폐타이어나 망가진 금관악기 등으로 제작된 자동차를 통해 일상의 비일상화를 나타낸 것이다.

⑤ 기존의 수프 통조림을 실크 스크린으로 동일하게 인쇄하여 손쉽게 대량생산되는 일상성을 풍자하는 것이다.

**08** 다음 글을 읽고 속담을 활용하여 이해한 내용으로 가장 적절한 것은?

최근 핀테크가 등장하면서 예금과 대출만이 아니라 투자, 자산 관리, 채무 보증, 파생 거래 등 수많은 금융서비스가 전통적인 금융회사들로부터 분리를 거듭하자 많은 사람들은 금융회사의 해체 과정에만 주목하고 있다. 은행의 해체라는 화두가 등장한 것도 이 때문이다. 하지만 전체적인 흐름에서 보면 분절 또는 해체의 과정만 일어나고 있는 것은 아니다.

넷스케이프(Netscape)의 전 CEO 짐 박스데일에 따르면 사업에서 돈을 버는 방법은 통합하는 것 (Bundle)과 해체하는 것(Unbundle) 두 가지라고 했듯이 해체와 통합은 상시적으로 필요에 의해 일어난다. 예를 들면 은행으로부터 대출을 떼어 온 P2P 서비스도 대출 이외에 더 많은 서비스를 고객에게 원스톱으로 제공하기 위해 새로운 서비스를 자신의 범주에 통합하려고 노력하고 있다. 지급결제로 홀로서기에 성공한 심플(Simple) 등 상당수 핀테크들도 초기 성공을 바탕으로 은행업 면허를 받아 종합금융 서비스를 제공하려 하고 있다. 즉, 핀테크들이 기존 금융회사보다 세분화된 서비스를 빅데이터와 인공 지능의 도움을 받아 제공하면서 전통 금융회사들의 대안으로 떠올랐지만, 어느 임계점에 들어서 다른 금융 서비스를 추가하면서 종합금융서비스 기관으로 변신을 추진하고 있다. 이는 새로운 기술로 무장한 다른 핀테크들이 등장할 기회를 제공한다. 이처럼 통합과 해체의 사이클은 끊임없이 계속되는 것이다.

전통적인 금융회사들도 자신의 영역을 핀테크에 내주고 있는 듯 하지만 이 또한 또 다른 통합을 지향하고 있음을 알아야 한다. 즉, 은행들은 오픈 API(Application Programming Interfaces)를 통해 자신의 핵심 경쟁력을 공개하고 있지만, 이는 역으로 자신이 핀테크들의 플랫폼으로 자리 잡을 기회를 확보한 것이다. 결국 보는 관점에 따라 현재 금융시장에서 해체와 통합이 동시다발적으로 일어나고 있다고 볼 수 있다.

① 금융회사들은 핀테크를 '강 건너 불구경하듯' 하는구나.
② 핀테크는 금융업에 있어서 '귀에 걸면 귀걸이 코에 걸면 코걸이'로 볼 수 있겠군.
③ 핀테크에 대한 금융업의 모습을 보니 '우물에 가 숭늉을 찾는 격'이구나.
④ '될성부른 나무는 떡잎부터 알아본다.'더니, 핀테크의 발전은 예상된 것이었어.
⑤ '사공이 많으면 배가 산으로 간다.'던데 앞으로 핀테크의 방향이 걱정되는구나.

**09** C사원은 사보 담당자인 G주임에게 다음 달 기고할 사설 원고를 전달하였다. G주임은 문단마다 소제목을 붙였으면 좋겠다는 의견을 보냈다. C사원이 G주임의 의견을 반영하여 소제목을 붙였을 때, 적절하지 않은 것은?

---

(가) 떨어질 줄 모르는 음주율은 정신건강 지표와도 연결된다. 아무래도 생활에서 스트레스를 많이 느끼는 사람들이 음주를 통해 긴장을 풀고자 하는 욕구가 많기 때문이다. 특히 퇴근 후 혼자 한적하고 조용한 술집을 찾아 맥주 1 ~ 2캔을 즐기는 혼술 문화는 젊은 연령층에서 급속히 퍼지고 있는 트렌드이기도 하다. 이렇게 혼술 문화가 대중적으로 널리 퍼지게 된 원인은 1인 가구의 증가와 사회적 관계망이 헐거워진 데 있다는 것이 지배적인 분석이다.

(나) 혼술은 간단하게 한잔, 긴장을 푸는 데 더없이 좋은 효과를 주기도 하지만 그 이면에는 '음주 습관의 생활화'라는 문제도 있다. 혼술이 습관화되면 알코올중독으로 병원 신세를 질 가능성이 9배 늘어난다는 최근 연구결과도 있다. 실제로 가톨릭대 알코올 의존치료센터에 따르면 5년 동안 알코올 의존 상담환자 중 응답자 75.4%가 평소 혼술을 즐겼다고 답했다.

(다) 2016년 보건복지부와 국립암센터에서는 국민 암 예방 수칙의 하나인 '술은 하루 2잔 이내로 마시기' 수칙을 '하루 한두 잔의 소량 음주도 피하기'로 개정했다. 뉴질랜드 오타고대 연구진의 최신 연구에 따르면 술이 7종 암과 직접적 관련이 있는 것으로 밝혀졌고 이런 영향력은 적당한 음주에도 예외가 아닌 것으로 나타났다. 연구를 이끈 제니 코너 박사는 "음주 습관은 소량에서 적당량을 섭취했을 때도 몸에 상당한 부담으로 작용한다."고 밝혔다.

(라) 흡연과 함께 하는 음주는 1군 발암요인이기도 하다. 몸속에서 알코올과 니코틴 등의 독성물질이 만나면 더 큰 부작용과 합병증을 일으키기 때문이다. 일본 도쿄대 나카무라 유스케 교수는 '체질과 생활습관에 따른 식도암 발병률'이라는 논문에서 하루에 캔 맥주 1개 이상을 마시고 흡연을 같이할 경우 유해물질이 인체에서 상승작용을 한다는 것을 밝혀냈다. 또한 술, 담배를 함께 하는 사람의 식도암 발병 위험이 다른 사람들에 비해 190배나 높은 것으로 나타났다. 우리나라는 세계적으로도 식도암 발병률이 높은 나라이기도 하다. 이것이 우리가 음주습관 형성에 특히 주의를 기울여야 하는 이유다.

---

① (가) : 1인 가구, 혼술 문화의 유행
② (나) : 혼술습관, 알코올중독으로 발전할 수 있어
③ (다) : 가벼운 음주, 대사 촉진에 도움이 돼
④ (라) : 흡연과 음주를 동시에 즐기면 식도암 위험률 190배
⑤ (라) : 하루 한두 잔, 가벼운 음주와 흡연, 암 위험에서 벗어나지 못해

『조선왕조실록』에 기록된 지진만 1,900여 건, 가뭄과 홍수는 이루 헤아릴 수 없을 정도다. 농경 사회였던 조선 시대 백성의 삶을 더욱 힘들게 했던 재난·재해, 특히 목조 건물과 초가가 대부분이던 당시에 화재는 즉각적인 재앙이었고 공포였다. 우리 조상은 화재를 귀신이 장난치거나, 땅에 불의 기운이 넘쳐서라 여겼다. 화재 예방을 위해 벽사(僻邪)를 상징하는 조형물을 세우며 안녕을 기원했다.

고대 건축에서 안전관리를 상징하는 대표적인 예로 지붕 용마루 끝에 장식 기와로 사용하는 '치미(鴟尾)'를 들 수 있다. 전설에 따르면 불이 나자 큰 새가 꼬리로 거센 물결을 일으키며 비를 내려 불을 껐다는 기록이 남아있다. 약 1700년 전에 중국에서 처음 시작돼 화재 예방을 위한 주술적 의미로 쓰였고, 우리나라에선 황룡사 '치미'가 대표적이다.

조선 건국 초기, 관악산의 화기를 잠재우기 위해 '해치(해태)'를 광화문에 세웠다. '해치'는 물의 기운을 지닌 수호신으로 현재 서울의 상징이기도 한 상상 속 동물이다. 또한 궁정이나 관아의 안전을 수호하는 상징물로 '잡상(雜像)'을 세웠다. 궁궐 관련 건물에만 등장하는 '잡상'은 건물의 지붕 내림마루에 『서유기』에 등장하는 기린, 용, 원숭이 등 다양한 종류의 신화적 형상으로 장식한 기와이다.

그 밖에 경복궁 화재를 막기 위해 경회루에 오조룡(발톱이 다섯인 전설의 용) 두 마리를 넣었다는 기록이 전해진다. 실제 1997년 경회루 공사 중 오조룡이 발견되면서 화제가 됐었다. 불을 상징하는 구리 재질의 오조룡을 물속에 가둬놓고 불이 나지 않기를 기원했던 것이다.

조선 시대에는 도성 내 화재 예방에 각별히 신경 썼다. 궁궐을 지을 때 불이 번지는 것을 막기 위해 건물 간 10m 이상 떨어져 지었고, 창고는 더 큰 피해를 입기에 30m 이상 간격을 뒀다. 민간에선 다섯 집마다 물독을 비치해 방화수로 활용했고, 행랑이나 관청에 우물을 파게 해 화재 진압용수로 사용했다.

지붕 화재에 대비해 사다리를 비치하거나 지붕에 쇠고리를 박고, 타고 올라갈 수 있도록 쇠줄을 늘여놓기도 했다. 오늘날 소화기나 완강기 등과 같은 이치다. 특히 세종대왕은 '금화도감'이라는 소방기구를 설치해 인접 가옥 간에 '방화장(防火墻)'을 쌓고, 방화범을 엄히 다루는 등 화재 예방에 만전을 기했다.

**10**  다음 중 윗글의 제목으로 가장 적절한 것은?

① 불귀신을 호령하기 위한 조상들의 노력
② 화재 예방을 위해 지켜야 할 법칙들
③ 미신에 관한 과학적 증거들
④ 자연재해에 어떻게 대처해야 하는가?
⑤ 옛 건축 장식물들의 상징적 의미

**11**  다음 중 윗글의 내용으로 적절하지 않은 것은?

① 조선 시대의 재난·재해 중 특히 화재는 백성들을 더욱 힘들게 했다.
② 해치는 화재 예방을 위한 주술적 의미로 쓰인 '치미'의 예이다.
③ 잡상은 『서유기』에 등장하는 다양한 종류의 신화적 형상을 장식한 기와를 말한다.
④ 오조룡은 실제 경회루 공사 중에 발견되었다.
⑤ 세종대왕은 '금화도감'이라는 소방기구를 설치하여 화재를 예방하였다.

변혁적 리더십은 리더가 조직 구성원의 사기를 고양하기 위해 미래의 비전과 공동체적 사명감을 강조하고, 이를 통해 조직의 장기적 목표를 달성하는 것을 핵심으로 한다. 거래적 리더십이 협상과 교환을 통해 구성원의 동기를 부여한다면, 변혁적 리더십은 구성원의 변화를 통해 동기를 부여하고자 한다. 또한 거래적 리더십은 합리적 사고와 이성에 호소하는 반면, 변혁적 리더십은 감정과 정서에 호소하는 측면이 크다.

이러한 변혁적 리더십은 조직의 합병을 주도하고 신규 부서를 만들어 내며, 조직문화를 창출해 내는 등 조직 변혁을 주도하고 관리한다. 따라서 오늘날 급변하는 환경과 조직의 실정에 적합한 리더십 유형으로 주목받고 있다. 변혁적 리더는 주어진 목적의 중요성과 의미에 대한 구성원의 인식 수준을 제고시키고, 개인적 이익을 넘어서 구성원 자신과 조직 전체의 이익을 위해 일하도록 만든다. 그리고 구성원의 욕구 수준을 상위 수준으로 끌어올림으로써 구성원을 근본적으로 변혁시킨다. 즉, 거래적 리더십을 발휘하는 리더는 구성원에게서 기대되었던 성과만을 얻어내지만, 변혁적 리더는 _____

변혁적 리더가 변화를 이끌어내는 전문적 방법의 하나는 카리스마와 긍정적인 행동 양식을 보여주는 것이다. 이를 통해 리더는 구성원들의 신뢰와 충성심을 얻을 수 있다. 조직의 비전을 구체화하여 알려주고 어떻게 목표를 달성할 것인지를 설명해 주거나 높은 윤리적 기준으로 모범이 되는 것도 좋은 방법이 된다.

지속적으로 구성원의 동기를 부여하는 것도 매우 중요하다. 팀워크를 장려하고, 조직의 비전을 구체화하여 개인의 일상 업무에도 의미를 부여할 수 있도록 해야 한다. 변혁적 리더는 구성원이 조직의 중요한 부분이 될 수 있도록 노력하게 만드는 데에 초점을 둔다. 따라서 높지만 달성 가능한 목표를 세워 구성원의 생산력을 향상시키고, 구성원에게는 성취 경험을 제공하여 그들이 계속 성장할 수 있도록 만들어야 한다.

현재 상황에 대한 의문은 새로운 변화를 일어나게 한다. 변혁적 리더는 구성원들의 지적 자극을 불러일으켜 조직의 이슈에 대해 적극적으로 관심을 갖도록 만들며, 이를 통해서 참신한 아이디어와 긍정적인 변화가 일어날 수 있도록 한다.

변혁적 리더는 개개인의 관점을 소홀히 생각하지 않는다. 각각의 구성원들을 독특한 재능, 기술 등을 보유한 독립된 개인으로 인지한다. 리더가 구성원들을 개개인으로 인지하게 되면 그들의 능력에 적합한 역할을 부여할 수 있으며, 구성원들 역시 개인적인 목표를 용이하게 달성할 수 있게 된다. 따라서 리더는 각 구성원의 소리에 귀 기울이고, 구성원 개개인에게 관심을 표현해야 한다.

**12** 다음 중 윗글의 빈칸에 들어갈 내용으로 가장 적절한 것은?

① 개개인의 성과를 얻어낼 수 있다.

② 구체적인 성과를 얻어낼 수 있다.

③ 기대 이상의 성과를 얻어낼 수 있다.

④ 참신한 아이디어도 함께 얻어낼 수 있다.

⑤ 구성원들의 신뢰도 함께 얻어낼 수 있다.

PART 3

**13** 다음 중 윗글의 내용으로 적절하지 않은 것은?

① 변혁적 리더는 구성원의 합리적 사고와 이성에 호소한다.

② 변혁적 리더는 구성원의 변화를 통해 동기를 부여하고자 한다.

③ 변혁적 리더는 구성원이 자신과 조직 전체의 이익을 위해 일하도록 한다.

④ 변혁적 리더는 구성원에게 카리스마와 긍정적 행동 양식을 보여준다.

⑤ 변혁적 리더는 구성원 개개인에게 관심을 표현한다.

일반 사용자가 디지털 카메라를 들고 촬영하면 손의 미세한 떨림으로 인해 영상이 번져 흐려지고, 걷거나 뛰면서 촬영하면 식별하기 힘들 정도로 영상이 흔들리게 된다. 흔들림에 의한 영향을 최소화하는 기술이 영상 안정화 기술이다.

영상 안정화 기술에는 빛을 이용하는 광학적 기술과 소프트웨어를 이용하는 디지털 기술 등이 있다. 광학 영상 안정화(OIS) 기술을 사용하는 카메라 모듈은 렌즈 모듈, 이미지 센서, 자이로센서, 제어 장치, 렌즈를 움직이는 장치로 구성되어 있다. 렌즈 모듈은 보정용 렌즈들을 포함한 여러 개의 렌즈들로 구성된다. 일반적으로 카메라는 렌즈를 통해 들어온 빛이 이미지 센서에 닿아 피사체의 상이 맺히고, 피사체의 한 점에 해당하는 위치인 화소마다 빛의 세기에 비례하여 발생한 전기 신호가 저장 매체에 영상으로 저장된다. 그런데 카메라가 흔들리면 이미지 센서 각각의 화소에 닿는 빛의 세기가 변한다. 이때 OIS 기술이 작동되면 자이로센서가 카메라의 움직임을 감지하여 방향과 속도를 제어 장치에 전달한다. 제어 장치가 렌즈를 이동시키면 피사체의 상이 유지되면서 영상이 안정된다.

렌즈를 움직이는 방법 중에는 보이스코일 모터를 이용하는 방법이 많이 쓰인다. 보이스코일 모터를 포함한 카메라 모듈은 중앙에 위치한 렌즈 주위에 코일과 자석이 배치되어 있다. 카메라가 흔들리면 제어 장치에 의해 코일에 전류가 흘러서 자기장과 전류의 직각 방향으로 전류의 크기에 비례하는 힘이 발생한다. 이 힘이 렌즈를 이동시켜 흔들림에 의한 영향이 상쇄되고 피사체의 상이 유지된다. 이외에도 카메라가 흔들릴 때 이미지 센서를 움직여 흔들림을 감쇄하는 방식도 이용된다.

OIS 기술이 손 떨림을 훌륭하게 보정해 줄 수는 있지만 렌즈의 이동 범위에 한계가 있어 보정할 수 있는 움직임의 폭이 좁다. 디지털 영상 안정화(DIS) 기술은 촬영 후에 소프트웨어를 사용해 흔들림을 보정하는 기술로 역동적인 상황에서 촬영한 동영상에 적용할 때 좋은 결과를 얻을 수 있다. 이 기술은 촬영된 동영상을 프레임 단위로 나눈 후 연속된 프레임 간 피사체의 움직임을 추정한다. 움직임을 추정하는 한 방법은 특징점을 이용하는 것이다. 특징점으로는 피사체의 모서리처럼 주위와 밝기가 뚜렷이 구별되며 영상이 이동하거나 회전해도 그 밝기 차이가 유지되는 부분이 선택된다.

먼저 k번째 프레임에서 특징점을 찾고, 다음 k+1번째 프레임에서 같은 특징점을 찾는다. 이 두 프레임 사이에서 같은 특징점이 얼마나 이동하였는지 계산하여 영상의 움직임을 추정한다. 그리고 흔들림이 발생한 곳으로 추정되는 프레임에서 위치 차이만큼 보정하여 흔들림의 영향을 줄이면 보정된 동영상은 움직임이 부드러워진다. 그러나 특징점의 수가 늘어날수록 연산이 더 오래 걸린다. 한편 영상을 보정하는 과정에서 영상을 회전하면 프레임에서 비어 있는 공간이 나타난다. 비어 있는 부분이 없도록 잘라내면 프레임들의 크기가 작아지는데, 원래의 프레임 크기를 유지하려면 화질은 떨어진다.

**14** 다음 중 윗글을 이해한 내용으로 가장 적절한 것은?

① 디지털 카메라의 저장 매체에는 개별 화소 단위가 아닌 한 이미지 단위로 전기 신호가 발생해 영상으로 저장된다.

② 손 떨림이 있을 때 보정 기능이 없어도 이미지 센서 각각의 화소에 닿는 빛의 세기는 변하지 않는다.

③ 디지털 영상 안정화 기술은 소프트웨어를 이용하여 프레임 간 피사체의 위치 차이를 줄여 영상을 보정한다.

④ 광학 영상 안정화 기술을 사용하지 않는 디지털 카메라에는 이미지 센서가 필요하지 않다.

⑤ 연속된 프레임에서 동일한 피사체의 위치 차이가 클수록 동영상의 움직임이 부드러워진다.

**15** 다음 중 '광학 영상 안정화(OIS) 기술'에 대한 설명으로 가장 적절한 것은?

① 카메라가 흔들리면 이미지 센서에 의해 코일에 전류가 흐른다.

② OIS 기술은 보정할 수 있는 움직임의 폭이 넓은 것이 특징이다.

③ 카메라가 흔들리면 자기장과 전류의 직각 방향으로 전류의 크기에 반비례하는 힘이 발생한다.

④ OIS 기술에서 카메라의 움직임을 감지하여 방향과 속도를 제어 장치에 전달하는 것은 자이로 센서이다.

⑤ 카메라가 흔들리면 렌즈 모듈이 렌즈를 이동시켜 피사체의 상이 유지되면서 영상이 안정된다.

**16** 다음은 시도별 전입자 수 및 전입률에 대한 자료이다. 이에 대한 설명으로 옳지 않은 것은?

〈시도별 전입자 수〉

(단위 : 명)

| 구분 | 전국 | 서울 | 부산 | 대구 | 인천 | 광주 |
|------|------|------|------|------|------|------|
| 전입자 수 | 650,197 | 132,012 | 42,243 | 28,060 | 40,391 | 17,962 |

〈시도별 전입률〉

(단위 : %)

| 구분 | 전국 | 서울 | 부산 | 대구 | 인천 | 광주 |
|------|------|------|------|------|------|------|
| 전입률 | 1.27 | 1.34 | 1.21 | 1.14 | 1.39 | 1.23 |

① 서울의 총 전입자 수는 전국의 총 전입자 수의 약 20.3%이다.

② 서울, 부산, 대구, 인천, 광주 중 대구의 총 전입률이 가장 낮다.

③ 서울은 총 전입자 수와 총 전입률 모두 다른 지역에 비해 가장 높다.

④ 부산의 총 전입자 수는 광주의 총 전입자 수의 약 2.35배이다.

⑤ 제시된 지역 중 총 전입자 수가 가장 적은 지역은 광주이다.

**17** 다음은 K사진관이 올해 찍은 사진의 용량 및 개수를 나타낸 자료이다. 올해 찍은 사진을 모두 모아서 한 개의 USB에 저장하려고 할 때, 최소 몇 GB의 USB가 필요한가?[단, 1MB＝1,000kB, 1GB＝1,000MB이며, 합계 파일 용량(GB)은 소수점 첫째 자리에서 버림한다]

〈올해 사진 자료〉

| 구분 | 크기(cm) | 용량 | 개수 |
| --- | --- | --- | --- |
| 반명함 | 3×4 | 150kB | 8,000개 |
| 신분증 | 3.5×4.5 | 180kB | 6,000개 |
| 여권 | 5×5 | 200kB | 7,500개 |
| 단체사진 | 10×10 | 250kB | 5,000개 |

① 4.0GB  ② 4.5GB

③ 5.0GB  ④ 5.5GB

⑤ 6.0GB

**18** 다음은 OECD 회원국의 고용률을 조사한 자료이다. 이에 대한 설명으로 옳지 않은 것은?

〈OECD의 고용률 추이〉

(단위 : %)

| 구분 | 2020년 | 2021년 | 2022년 | 2023년 | | | | 2024년 | |
| --- | --- | --- | --- | --- | --- | --- | --- | --- | --- |
| | | | | 1분기 | 2분기 | 3분기 | 4분기 | 1분기 | 2분기 |
| OECD 전체 | 64.9 | 65.1 | 66.2 | 66.8 | 66.1 | 66.3 | 66.5 | 66.8 | 66.9 |
| 미국 | 67.1 | 67.4 | 68.7 | 68.5 | 68.7 | 68.7 | 68.9 | 69.3 | 69.2 |
| 일본 | 70.6 | 71.7 | 73.3 | 73.1 | 73.2 | 73.4 | 73.7 | 74.1 | 74.2 |
| 영국 | 70.0 | 70.5 | 72.7 | 72.5 | 72.5 | 72.7 | 73.2 | 73.3 | 73.6 |
| 독일 | 73.0 | 73.5 | 74.0 | 74.0 | 73.8 | 74.0 | 74.2 | 74.4 | 74.5 |
| 프랑스 | 64.0 | 64.1 | 63.8 | 63.8 | 63.8 | 63.8 | 64.0 | 64.2 | 64.2 |
| 한국 | 64.2 | 64.4 | 65.7 | 65.7 | 65.6 | 65.8 | 65.9 | 65.9 | 65.9 |

① 2020년부터 2024년 2분기까지 프랑스와 한국의 고용률은 OECD 전체 고용률을 넘은 적이 한 번도 없었다.

② 2020년부터 영국의 고용률은 계속 증가하고 있다.

③ 2024년 1분기 6개 국가의 고용률 중 가장 높은 국가와 가장 낮은 국가의 고용률 차이는 10.2%p이다.

④ 2024년 1분기와 2분기에서 2개 국가 고용률이 변하지 않았다.

⑤ 2024년 2분기 OECD 전체 고용률은 작년 동분기 대비 약 1.21% 증가하였으며, 직전분기 대비 약 0.15% 증가하였다.

**19** 다음은 A도서관에서 특정 시점에 구입한 도서 10,000권에 대한 5년간의 대출현황을 조사한 자료이다. 이에 대한 설명으로 옳지 않은 것은?

〈도서 10,000권의 5년간 대출현황〉

(단위 : 권)

| 구분 | 구입 ~ 1년 | 구입 ~ 3년 | 구입 ~ 5년 |
|---|---|---|---|
| 0회 | 5,302 | 4,021 | 3,041 |
| 1회 | 2,912 | 3,450 | 3,921 |
| 2회 | 970 | 1,279 | 1,401 |
| 3회 | 419 | 672 | 888 |
| 4회 | 288 | 401 | 519 |
| 5회 | 109 | 177 | 230 |
| 계 | 10,000 | 10,000 | 10,000 |

① 구입 후 1년 동안 도서의 절반 이상이 대출됐다.

② 도서의 약 40%가 구입 후 3년 동안 대출되지 않았으며, 도서의 약 30%가 구입 후 5년 동안 대출되지 않았다.

③ 구입 후 1년 동안 1회 이상 대출된 도서의 60% 이상이 단 1회 대출됐다.

④ 구입 후 1년 동안 도서의 평균 대출횟수는 약 0.78회이다.

⑤ 구입 후 5년 동안 적어도 2회 이상 대출된 도서의 비율은 전체 도서의 약 30%이다.

**20** 다음은 초·중·고교생 스마트폰 중독 현황에 대한 자료이다. 이에 대한 설명으로 옳지 않은 것을 〈보기〉에서 모두 고르면?

〈초·중·고교생 스마트폰 중독 비율〉

(단위 : %)

| 구분 | | 전체 | 초등학생<br>(9 ~ 11세) | 중·고교생<br>(12 ~ 17세) |
|---|---|---|---|---|
| 전체 | | 32.38 | 31.51 | 32.71 |
| 아동성별 | 남성 | 32.88 | 33.35 | 32.71 |
| | 여성 | 31.83 | 29.58 | 32.72 |
| 가구소득별 | 기초수급 | 30.91 | 30.35 | 31.05 |
| | 차상위 | 30.53 | 24.21 | 30.82 |
| | 일반 | 32.46 | 31.56 | 32.81 |
| 거주지역별 | 대도시 | 31.95 | 30.80 | 32.40 |
| | 중소도시 | 32.49 | 32.00 | 32.64 |
| | 농어촌 | 34.50 | 32.84 | 35.07 |
| 가족유형별 | 양부모 | 32.58 | 31.75 | 32.90 |
| | 한부모·조손 | 31.16 | 28.83 | 31.79 |

※ 각 항목의 전체 인원은 그 항목에 해당하는 초등학생 수와 중·고교생 수의 합을 말함

**보기**

ㄱ. 초등학생과 중·고교생 모두 남성의 스마트폰 중독 비율이 여성의 스마트폰 중독 비율보다 높다.
ㄴ. 한부모·조손 가족의 스마트폰 중독 비율은 초등학생의 경우가 중·고교생 중독 비율의 70% 이상이다.
ㄷ. 조사대상 중 대도시에 거주하는 초등학생 수는 중·고교생 수보다 많다.
ㄹ. 초등학생과 중·고교생 모두 기초수급가구의 경우가 일반가구의 경우보다 스마트폰 중독 비율이 높다.

① ㄴ
② ㄱ, ㄷ
③ ㄱ, ㄹ
④ ㄱ, ㄷ, ㄹ
⑤ ㄴ, ㄷ, ㄹ

**21** 다음은 2019 ~ 2024년 관광통역 안내사 자격증 취득 현황에 대한 자료이다. 이에 대한 설명으로 옳지 않은 것을 〈보기〉에서 모두 고르면?

〈관광통역 안내사 자격증 취득 현황〉

(단위 : 명)

| 구분 | 영어 | 일어 | 중국어 | 불어 | 독어 | 스페인어 | 러시아어 | 베트남어 | 태국어 |
|------|------|------|--------|------|------|----------|----------|----------|--------|
| 2019년 | 150 | 353 | 370 | 2 | 2 | 1 | 5 | 2 | 3 |
| 2020년 | 165 | 270 | 698 | 2 | 2 | 2 | 3 | – | 12 |
| 2021년 | 235 | 245 | 1,160 | 3 | 4 | 3 | 5 | 4 | 8 |
| 2022년 | 380 | 265 | 2,469 | 3 | 2 | 4 | 6 | 14 | 35 |
| 2023년 | 345 | 137 | 1,963 | 7 | 3 | 4 | 5 | 5 | 17 |
| 2024년 | 460 | 150 | 1,350 | 6 | 2 | 3 | 6 | 5 | 15 |
| 합계 | 1,735 | 1,420 | 8,010 | 23 | 15 | 17 | 30 | 30 | 90 |

**보기**

ㄱ. 영어와 스페인어 관광통역 안내사 자격증 취득자 수는 2020년부터 2024년까지 매년 증가하였다.

ㄴ. 2024년 중국어 관광통역 안내사 자격증 취득자 수는 일어 관광통역 안내사 자격증 취득자 수의 9배이다.

ㄷ. 2021년과 2022년의 태국어 관광통역 안내사 자격증 취득자 수 대비 베트남어 관광통역 안내사 자격증 취득자 수의 비율 차이는 10%p이다.

ㄹ. 불어 관광통역 안내사 자격증 취득자 수와 독어 관광통역 안내사 자격증 취득자 수는 2020년부터 2024년까지 전년 대비 증감 추이가 같다.

① ㄱ, ㄴ
② ㄱ, ㄹ
③ ㄴ, ㄹ
④ ㄱ, ㄷ, ㄹ
⑤ ㄴ, ㄷ, ㄹ

<유형별 재산범죄 발생 추이>

(단위 : 건)

| 구분 | 전체 | 절도 | 장물 | 사기 | 횡령 | 배임 | 손괴 |
|---|---|---|---|---|---|---|---|
| 2015년 | 392,473 | 169,121 | 1,319 | 180,350 | 22,867 | 4,842 | 13,974 |
| 2016년 | 415,572 | 179,208 | 1,418 | 195,914 | 21,990 | 4,767 | 12,275 |
| 2017년 | 470,790 | 187,871 | 1,145 | 240,359 | 23,859 | 5,322 | 12,234 |
| 2018년 | 447,163 | 154,850 | 1,581 | 246,204 | 27,224 | 6,736 | 10,568 |
| 2019년 | 442,015 | 191,114 | 3,547 | 203,697 | 25,412 | 5,901 | 12,344 |
| 2020년 | 455,948 | 190,745 | 2,432 | 203,346 | 25,084 | 5,402 | 28,939 |
| 2021년 | 469,654 | 212,530 | 3,050 | 186,115 | 24,122 | 5,256 | 38,581 |
| 2022년 | 503,302 | 223,264 | 2,212 | 205,140 | 26,750 | 5,135 | 40,801 |
| 2023년 | 561,972 | 256,680 | 3,381 | 224,889 | 27,362 | 6,709 | 42,951 |
| 2024년 | 568,623 | 268,007 | 3,206 | 205,913 | 26,312 | 14,619 | 50,566 |

**22** 다음 중 위 자료에 대한 설명으로 옳지 않은 것은?

① 조사기간 동안 전체 재산범죄 발생건수는 2018년과 2019년에 각각 전년 대비 감소하였으나, 2020년부터 지속적으로 증가하였다.

② 장물은 2019년에 3,547건으로 전년 대비 100% 이상 증가한 후 매년 증감을 반복하였다.

③ 2018년과 2019년 절도의 발생건수를 비교하면 절도는 2018년 대비 2019년에 20% 이상 증가하였다.

④ 조사기간 동안 사기의 발생건수는 항상 절도의 발생건수보다 많았다.

⑤ 전체 재산범죄 건수는 2024년에 가장 많았다.

**23** 2022년 전체 재산범죄 중 횡령이 차지하는 비율은 얼마인가?(단, 소수점 둘째 자리에서 반올림한다)

① 5.3%                    ② 8.1%

③ 9.5%                    ④ 11.1%

⑤ 12.5%

※ 다음은 농촌 · 도시 간 유동인구 현황에 대한 자료이다. 이어지는 질문에 답하시오. **[24~25]**

### 〈농촌 · 도시 간 유동인구 현황〉

(단위 : 백 명)

| 구분 | 2022년 | 2023년 | 2024년 |
|---|---|---|---|
| 농촌 → 도시 | 500 | 600 | 700 |
| 도시 → 농촌 | 400 | 300 | 100 |

**24** 2021년 농촌의 인구가 150,000명, 도시의 인구가 300,000명이라면, 다음 중 2024년의 도시와 농촌의 인구가 바르게 연결된 것은?

|  | 도시의 인구 | 농촌의 인구 |
|---|---|---|
| ① | 430,000명 | 20,000명 |
| ② | 420,000명 | 30,000명 |
| ③ | 410,000명 | 40,000명 |
| ④ | 400,000명 | 50,000명 |
| ⑤ | 390,000명 | 60,000명 |

**25** 2021년 농촌의 인구가 150,000명, 도시의 인구가 300,000명이라면, 다음 중 도시와 농촌의 2022년 대비 2024년의 인구 증감률이 바르게 연결된 것은?(단, 소수점 첫째 자리에서 버림한다)

|  | 도시 | 농촌 |
|---|---|---|
| ① | 27% | − 66% |
| ② | 28% | − 65% |
| ③ | 29% | − 64% |
| ④ | 30% | − 63% |
| ⑤ | 31% | − 62% |

※ 다음은 경지면적 및 수리답률에 대한 자료이다. 이어지는 질문에 답하시오. **[26~27]**

〈경지면적 및 수리답률 추이〉

■ 경지 면적 ─●─ 수리답률

※ 수리답률 : 전체 논 면적 중 수리시설을 통해 농업용수를 공급받는 면적의 비율로, 공식은 다음과 같음

$$[수리답률(\%)] = \frac{(수리답 면적)}{(논 면적)} \times 100$$

〈항목별 경지 면적의 추이〉

(단위 : 천 ha)

| 구분 | 2017년 | 2018년 | 2019년 | 2020년 | 2021년 | 2022년 | 2023년 | 2024년 |
|---|---|---|---|---|---|---|---|---|
| 논 | 1,070 | 1,046 | 1,010 | 984 | 960 | 966 | 964 | 934 |
| 밭 | 712 | 713 | 727 | 731 | 738 | 764 | 748 | 757 |

**26** 다음 중 2024년의 수리답 면적은 몇 ha인가?(단, 백의 자리에서 반올림한다)

① 753천 ha
② 758천 ha
③ 763천 ha
④ 768천 ha
⑤ 773천 ha

**27** 다음 중 위 자료에 대한 설명으로 옳은 것을 〈보기〉에서 모두 고르면?

<보기>
ㄱ. 2017 ~ 2022년 전체 경지 면적에서 밭이 차지하는 비율은 계속 증가하고 있다.
ㄴ. 논 면적이 2017 ~ 2024년 전체의 평균 논 면적보다 줄어든 것은 2020년부터이다.
ㄷ. 전체 논 면적 중 수리시설로 농업용수를 공급받지 않는 면적만 줄어들고 있다.

① ㄱ, ㄴ
② ㄱ, ㄷ
③ ㄱ, ㄷ
④ ㄴ, ㄷ
⑤ ㄱ, ㄴ, ㄷ

※ 다음은 1970년 이후 주요 작물 재배면적의 비중에 대한 자료이다. 이어지는 질문에 답하시오. [28~29]

### 〈주요 작물 재배면적의 비중〉

(단위 : %)

| 구분 | 식량작물 | | | 채소류 | | | 과실류 | | |
|---|---|---|---|---|---|---|---|---|---|
| | 전체 | 미곡 | 맥류 | 전체 | 배추 | 양파 | 전체 | 사과 | 감귤 |
| 1970년 | 82.9 | 44.6 | 30.9 | 7.8 | 27.5 | 1.6 | 1.8 | 35.0 | 10.0 |
| 1975년 | 80.2 | 48.3 | 30.2 | 7.8 | 15.6 | 1.7 | 2.4 | 41.9 | 12.2 |
| 1980년 | 71.7 | 62.2 | 18.2 | 13.0 | 12.7 | 2.0 | 3.6 | 46.5 | 12.1 |
| 1985년 | 68.7 | 69.5 | 14.4 | 13.0 | 11.2 | 2.4 | 4.2 | 34.9 | 14.7 |
| 1990년 | 69.3 | 74.5 | 9.6 | 11.5 | 13.9 | 2.5 | 5.5 | 36.8 | 14.3 |
| 1995년 | 61.3 | 78.5 | 6.7 | 14.7 | 9.9 | 3.1 | 7.8 | 28.7 | 13.8 |
| 2000년 | 62.7 | 81.3 | 5.2 | 14.1 | 11.9 | 4.1 | 8.1 | 16.8 | 15.6 |
| 2005년 | 64.1 | 79.4 | 4.9 | 12.5 | 11.4 | 5.2 | 7.2 | 17.4 | 14.2 |
| 2010년 | 63.3 | 80.9 | 4.9 | 12.6 | 13.0 | 5.6 | 7.9 | 18.4 | 13.8 |
| 2016년 | 62.6 | 81.7 | 4.8 | 12.0 | 11.2 | 6.4 | 8.0 | 18.8 | 13.6 |
| 2021년 | 62.3 | 81.7 | 4.9 | 12.2 | 12.4 | 6.8 | 8.1 | 19.5 | 13.6 |
| 2022년 | 60.1 | 82.0 | 4.8 | 11.5 | 11.8 | 7.1 | 8.1 | 19.7 | 13.4 |
| 2023년 | 60.0 | 82.0 | 3.6 | 11.3 | 10.2 | 9.0 | 8.6 | 19.1 | 13.0 |

※ 식량작물, 채소류, 과실류 항목의 수치는 전체 경지이용면적 대비 각 작물의 재배면적 비중을 의미함
※ 미곡, 맥류 등 세부품목의 수치는 식량작물, 채소류, 과실류의 재배면적 대비 각 품목의 재배면적 비중을 의미함

**28** 다음 중 위 자료에 대한 설명으로 옳은 것은?

① 2022년과 2023년의 미곡 재배면적은 동일하다.
② 2005년 과실류의 재배면적이 1970년에 비하여 100%p 증가하였다고 가정할 경우, 전체 경지이용면적은 동일한 기간 동안 절반 수준으로 감소한 것으로 추정할 수 있다.
③ 1975년 과실류의 재배면적 중 사과의 재배면적이 가장 넓다.
④ 2000년 감귤의 재배면적은 배추의 재배면적보다 넓다.
⑤ 1970~2023년 양파의 재배면적은 꾸준히 증가하고 있다.

**29** 1970년에 비해서 2005년 비중이 가장 크게 감소한 작물의 감소치는 얼마인가?

① 26.0%p
② 27.3%p
③ 29.7%p
④ 31.4%p
⑤ 33.2%p

**30** 다음은 A지역 전체 가구를 대상으로 원자력발전소 사고 전·후 식수 조달원에 대해 사고 후 설문조사한 결과이다. 이에 대한 설명으로 옳은 것은?

〈원자력발전소 사고 전·후 A지역 식수 조달원별 가구 수〉

(단위 : 가구)

| 사고 전 조달원 \ 사고 후 조달원 | 수돗물 | 정수 | 약수 | 생수 |
|---|---|---|---|---|
| 수돗물 | 60 | 30 | 20 | 30 |
| 정수 | 10 | 80 | 10 | 30 |
| 약수 | 20 | 10 | 20 | 40 |
| 생수 | 10 | 10 | 10 | 70 |

※ A지역 가구의 식수 조달원은 수돗물, 정수, 약수, 생수로 구성되며, 각 가구는 한 종류의 식수 조달원만 이용함

① 사고 전에 식수 조달원으로 정수를 이용하는 가구 수가 가장 많다.
② 사고 전에 비해 사고 후에 이용 가구 수가 감소한 식수 조달원의 수는 3개이다.
③ 사고 전·후 식수 조달원을 변경한 가구 수는 전체 가구 수의 60% 이상이다.
④ 사고 전에 식수 조달원으로 정수를 이용하던 가구는 모두 사고 후에도 정수를 이용한다.
⑤ 각 식수 조달원 중에서 사고 전·후에 이용 가구 수의 차이가 가장 큰 것은 생수이다.

**31** 컨설팅 회사에 근무 중인 A사원은 최근 컨설팅 의뢰를 받은 B사진관에 대해 SWOT 분석을 진행하기로 하였다. 다음 ㉠ ~ ㉥ 중 SWOT 분석에 들어갈 내용으로 적절하지 않은 것은?

〈SWOT 분석 결과〉

| | |
|---|---|
| 강점(Strength) | • ㉠ 넓은 촬영 공간(야외 촬영장 보유)<br>• 백화점 인근의 높은 접근성<br>• ㉡ 다양한 채널을 통한 홍보로 높은 인지도 확보 |
| 약점(Weakness) | • ㉢ 직원들의 높은 이직률<br>• 회원 관리 능력 부족<br>• 내부 회계 능력 부족 |
| 기회(Opportunity) | • 사진 시장의 규모 확대<br>• 오프라인 사진 인화 시장의 성장<br>• ㉣ 전문가용 카메라의 일반화 |
| 위협(Threat) | • 저가 전략 위주의 경쟁 업체 증가<br>• ㉤ 온라인 사진 저장 서비스에 대한 수요 증가 |

① ㉠
② ㉡
③ ㉢
④ ㉣
⑤ ㉤

※ 다음은 K아동병원의 8월 진료스케줄을 안내한 자료이다. 이어지는 질문에 답하시오. **[32~33]**

### 〈K아동병원 8월 진료스케줄〉

(◎ : 휴진, ● : 진료, ★ : 당직)

| 구분 | 일 | 월 오전 | 월 오후 | 월 야간 | 화 오전 | 화 오후 | 화 야간 | 수 오전 | 수 오후 | 수 야간 | 목 오전 | 목 오후 | 목 야간 | 금 오전 | 금 오후 | 금 야간 | 토 오전 | 토 오후 |
|---|---|---|---|---|---|---|---|---|---|---|---|---|---|---|---|---|---|---|
| 1주 차 | | | | | | | | 1 | | | 2 | | | 3 | | | 4 | |
| 의사 A | | | | | | | | ● | ● | | ● | ● | | | | | ● | ● |
| 의사 B | | 〈진료시간〉 | | | | | | ◎ | ◎ | ◎ | ◎ | ◎ | ◎ | ◎ | ◎ | ◎ | ◎ | ◎ |
| 의사 C | | 평일 : 오전 9시 ~ 오후 8시 | | | | | | ● | ● | | ● | ● | | | ● | ★ | ● | ● |
| 의사 D | | 공휴일(토, 일) : 오전 9시 ~ 오후 5시 | | | 점심시간 : 오후 12시 30분 ~ 오후 2시 | | | ● | | | ◎ | ◎ | ◎ | ◎ | ◎ | ◎ | ◎ | ◎ |
| 의사 E | | | | | | | | | ● | ★ | ● | ★ | | | | | | |
| 3주 차 | 12 | 13 | | | 14 | | | 15(광복절) | | | 16 | | | 17 | | | 18 | |
| 2주 차 | 5 | 6 | | | 7 | | | 8 | | | 9 | | | 10 | | | 11 | |
| 의사 A | | | ● | ★ | ● | ● | | | ● | ★ | ● | ● | | ● | | | ● | ● |
| 의사 B | ● | ● | ● | | | ● | ★ | ● | | | ● | ● | | ● | | | ● | ● |
| 의사 C | | | ● | ● | ● | ● | | | | | ◎ | ◎ | ◎ | | ● | ★ | ● | ● |
| 의사 D | ◎ | ◎ | ◎ | ◎ | ◎ | ◎ | ◎ | ◎ | ◎ | ◎ | ◎ | ◎ | ◎ | ◎ | ◎ | ◎ | ◎ | ◎ |
| 의사 E | | | | | | | | | | | | | ★ | | | | | |
| 3주 차 | 12 | 13 | | | 14 | | | 15(광복절) | | | 16 | | | 17 | | | 18 | |
| 의사 A | ● | | ● | ★ | | | | ◎ | ◎ | ◎ | ● | ● | | ● | | | ● | ● |
| 의사 B | | | ● | | ● | | | ◎ | ◎ | ◎ | ● | ● | | | ● | ★ | ● | ● |
| 의사 C | ● | ● | ● | ● | ● | ● | | | | ★ | | | | ● | | | ● | ● |
| 의사 D | | | ● | ● | | ● | ★ | ● | | | ● | ★ | | | | | ● | ● |
| 의사 E | ◎ | ◎ | ◎ | ◎ | ◎ | ◎ | ◎ | ◎ | ◎ | ◎ | ◎ | ◎ | ◎ | ◎ | ◎ | ◎ | ◎ | ◎ |

**32** 다음 중 위 자료를 이해한 내용으로 옳지 않은 것은?

① 2 ~ 3주 차에 당직을 가장 많이 하는 의사는 A이다.

② 의사 D는 8월 2일부터 11일까지 휴진이다.

③ 2주 차 월 ~ 토요일 오전에 근무하는 의사는 요일마다 3명 이상이다.

④ 1 ~ 3주 차 동안 가장 많은 의사가 휴진하는 날은 광복절이다.

⑤ 3주 차 월 ~ 토요일 오전에 근무를 가장 많이 하는 의사는 B와 C이다.

**33** 직장인 S씨는 아들의 예방접종을 위해 진료를 예약하려고 한다. 오후에 출근하는 S씨는 8월 2 ~ 3주 차 중 평일 오전에 하루 시간을 내려고 하며, 아들이 평소에 좋아하는 의사 A에게 진료를 받고자 힐 때, 예약날짜로 적절한 날짜는?

① 8월 3일
② 8월 8일
③ 8월 9일
④ 8월 13일
⑤ 8월 15일

※ 귀하는 출국 전 수하물 탁송과 관련하여 K공항 수하물에 대한 안내문을 찾아보았다. 이어지는 질문에 답하시오. [34~35]

<K공항 수하물 안내>

| | |
|---|---|
| 수하물 보내기 전 주의사항 | • 타인이 수하물 운송을 부탁할 경우 사고 위험이 있으므로 반드시 거절하시기 바랍니다.<br>• 카메라, 귀금속류 등 고가의 물품과 도자기, 유리병 등 파손되기 쉬운 물품은 직접 휴대하시기 바랍니다.<br>• 짐 분실에 대비하여 가방에 소유자의 이름, 주소지, 목적지를 영문으로 작성하여 붙여 두십시오.<br>• 위탁수하물 중에 세관신고가 필요한 경우에는 대형수하물 전용 카운터 옆 세관신고대에서 신고해야 합니다. |
| 위탁수하물 금지 물품 | • 아래의 물품은 위탁수하물 금지 물품입니다. 짐을 부치기 전 반드시 확인하시기 바랍니다.<br><br>보조배터리    라이터<br><br>※ 보조배터리는 기내수하물에 반입 가능합니다. |
| 수하물 보낼 때 분류 방법<br>(A) 가로  (C) 폭<br>(B) 세로 | 1) 기내수하물(가지고 타는 짐)<br>  • 규격 : (A)가로+(B)세로+(C)폭=115cm 이하<br>  • 무게 : 10kg 이하<br>2) 위탁수하물(부치는 짐)<br>  • 규격 : (A)가로+(B)세로+(C)폭=158cm 이하<br>  • 무게 : 10kg 초과 50kg 미만<br>3) 대형수하물(부치는 짐)<br>  • 규격 : (A)가로 45cm, (B)세로 90cm, (C)폭 70cm 이상<br>  • 무게 : 50kg 이상<br>※ 대형수하물은 항공사 체크인 카운터에서 요금을 지불한 후 B, D, J, L카운터 뒤편 대형수하물 카운터에서 탁송 |
| 수하물 재검사 안내 | • 여객이 부친 짐에 대하여 보안 검색을 실시합니다. 항공기 내 반입금지 물품이 발견될 경우를 대비하여 5분간 대기 후 이동합니다.<br>• 수하물검사실 위치 : 체크인 카운터 근처 |

**34** 다음 중 수하물 관련 안내문을 보고 귀하가 할 행동으로 적절하지 않은 것은?

① 위탁수하물 금지 물품을 확인하고 보조배터리와 라이터를 기내수하물로 옮겨 담았다.

② 수하물 검사 결과 반입금지 물품이 발견될 때를 대비해 여유 있게 공항에 도착하였다.

③ 같은 비행기 탑승객이 짐을 대신 운송하여 줄 것을 부탁하였으나 거절하였다.

④ 수하물을 부치기 전 이름과 목적지, 주소를 영문으로 인쇄하여 붙여 두었다.

⑤ 세관신고가 필요한 품목이 있어 대형수하물 카운터 옆 세관 신고대에서 신고를 완료하였다.

**35** 귀하의 일행이 다음과 같이 가 ~ 바 6개의 수하물을 가지고 있을 때, 기내·위탁·대형수하물의 개수를 바르게 짝지은 것은?

〈수화물별 길이와 무게〉

(단위 : cm, kg)

| 구분 | 가로 | 세로 | 폭 | 무게 |
| --- | --- | --- | --- | --- |
| 가 | 41 | 61 | 27 | 50 |
| 나 | 37.5 | 55 | 22.3 | 9 |
| 다 | 38 | 73 | 34 | 23 |
| 라 | 36 | 49 | 22 | 10 |
| 마 | 43 | 95 | 20 | 38 |
| 바 | 42 | 34 | 24 | 15 |

| | 기내수하물 | 위탁수하물 | 대형수하물 |
| --- | --- | --- | --- |
| ① | 1개 | 4개 | 2개 |
| ② | 2개 | 2개 | 2개 |
| ③ | 2개 | 3개 | 1개 |
| ④ | 3개 | 2개 | 1개 |
| ⑤ | 3개 | 3개 | 없음 |

**36** 6명의 학생이 아침, 점심, 저녁을 먹는데, 메뉴는 김치찌개와 된장찌개뿐이다. 다음 〈조건〉이 모두 참일 때, 옳지 않은 것은?

조건

- 아침과 저녁은 다른 메뉴를 먹는다.
- 점심과 저녁에 같은 메뉴를 먹은 사람은 4명이다.
- 아침에 된장찌개를 먹은 사람은 3명이다.
- 하루에 된장찌개를 한 번만 먹은 사람은 3명이다.

① 아침에 된장찌개를 먹은 사람은 모두 저녁에 김치찌개를 먹었다.

② 된장찌개는 총 9그릇이 필요하다.

③ 저녁에 된장찌개를 먹은 사람들은 모두 아침에 김치찌개를 먹었다.

④ 점심에 된장찌개를 먹은 사람은 아침이나 저녁 중 한 번은 된장찌개를 먹었다.

⑤ 김치찌개는 총 10그릇이 필요하다.

37  K공단은 직원들의 여가를 위해 하반기 동안 다양한 프로그램을 운영하고자 한다. 운영할 프로그램은 수요도 조사 결과를 통해 결정된다. 다음 〈조건〉에 따라 프로그램을 선정할 때, 운영될 프로그램으로 바르게 짝지어진 것은?

〈프로그램 후보별 수요도 조사 결과〉

(단위 : 점)

| 분야 | 프로그램명 | 인기 점수 | 필요성 점수 |
|------|-----------|-----------|-------------|
| 운동 | 강변 자전거 타기 | 6 | 5 |
| 진로 | 나만의 책 쓰기 | 5 | 7 |
| 여가 | 자수 교실 | 4 | 2 |
| 운동 | 필라테스 | 7 | 6 |
| 교양 | 독서 토론 | 6 | 4 |
| 여가 | 볼링 모임 | 8 | 3 |

※ 수요도 조사에는 전 직원이 참여하였음

조건

• 수요도는 인기 점수와 필요성 점수에 가점을 적용한 후 2 : 1의 가중치에 따라 합산하여 판단한다.
• 각 프로그램의 인기 점수와 필요성 점수는 10점 만점으로 하여 전 직원이 부여한 점수의 평균값이다.
• 운영 분야에 하나의 프로그램만 있는 경우, 그 프로그램의 필요성 점수에 2점을 가산한다.
• 운영 분야에 복수의 프로그램이 있는 경우, 분야별로 필요성 점수가 가장 낮은 프로그램은 후보에서 탈락한다.
• 수요도 점수가 동점일 경우, 인기 점수가 높은 프로그램을 우선시한다.
• 수요도 점수가 가장 높은 2개의 프로그램을 선정한다.

① 강변 자전거 타기, 볼링 모임
② 나만의 책 쓰기, 필라테스
③ 자수 교실, 독서 토론
④ 필라테스, 볼링 모임
⑤ 독서 토론, 볼링 모임

**38** 다음은 중국에 진출한 프랜차이즈 커피전문점에 대해 SWOT 분석을 한 것이다. (가) ~ (라)에 들어갈 전략이 바르게 연결된 것은?

〈SWOT 분석 결과〉

| S(강점) | W(약점) |
|---|---|
| • 풍부한 원두커피의 맛<br>• 독특한 인테리어<br>• 브랜드 파워<br>• 높은 고객 충성도 | • 낮은 중국 내 인지도<br>• 높은 시설비<br>• 비싼 임대료 |
| **O(기회)** | **T(위협)** |
| • 중국 경제 급성장<br>• 서구문화에 대한 관심<br>• 외국인 집중<br>• 경쟁업체 진출 미비 | • 중국의 차 문화<br>• 유명 상표 위조<br>• 커피 구매 인구의 감소 |

〈SWOT 분석 결과에 따른 전략〉

| (가) | (나) |
|---|---|
| • 브랜드가 가진 미국 고유문화 고수<br>• 독특하고 차별화된 인테리어 유지<br>• 공격적 점포 확장 | • 외국인 많은 곳에 점포 개설<br>• 본사 직영으로 인테리어 |
| **(다)** | **(라)** |
| • 고품질 커피로 상위 소수고객에 집중 | • 녹차 향 커피<br>• 개발 상표 도용 감시 |

|  | (가) | (나) | (다) | (라) |
|---|---|---|---|---|
| ① | SO전략 | ST전략 | WO전략 | WT전략 |
| ② | WT전략 | ST전략 | WO전략 | SO전략 |
| ③ | SO전략 | WO전략 | ST전략 | WT전략 |
| ④ | ST전략 | WO전략 | SO전략 | WT전략 |
| ⑤ | WT전략 | WO전략 | ST전략 | SO전략 |

**39** 다음은 K교통카드의 환불방법에 대한 자료이다. K교통카드에서 근무하고 있는 C사원은 이를 통해 고객들에게 환불규정을 설명하고자 한다. 다음 중 환불규정에 대한 설명으로 옳지 않은 것은?

〈K교통카드 정상카드 잔액환불 안내〉

| 환불처 | | 환불금액 | 환불방법 | 환불수수료 | 비고 |
|---|---|---|---|---|---|
| 편의점 | A편의점 | 2만 원 이하 | 환불처에 방문하여 환불수수료를 제외한 카드 잔액 전액을 현금으로 환불받음 | 500원 | 카드값 환불 불가 |
| | B편의점 C편의점 D편의점 E편의점 | 3만 원 이하 | | | |
| 지하철 | 역사 내 K교통카드 서비스센터 | 5만 원 이하 | 환불처에 방문하여 환불수수료를 제외한 카드 잔액 전액 또는 일부 금액을 현금으로 환불받음<br>※ 한 카드당 한 달에 최대 50만 원까지 환불 가능 | 500원<br>※ 기본운임료(1,250원) 미만 잔액은 수수료 없음 | |
| 은행 ATM | A은행 | 20만 원 이하 | − 본인 명의의 해당 은행 계좌로 환불수수료를 제외한 잔액 이체<br>※ 환불 불가카드 : 모바일 K교통카드, Y사 플러스카드 | 500원 | |
| | B은행 C은행 D은행 E은행 F은행 | 50만 원 이하 | | | |
| 모바일 (P사, Q사, R사) | | 50만 원 이하 | − 1인 월 3회, 최대 50만 원까지 환불 가능 : 10만 원 초과 환불은 월 1회, 연 5회 가능<br>※ App에서 환불 신청 가능하며 고객명의 계좌로 환불수수료를 제외한 금액이 입금 | 500원<br>※ 기본운임료(1,250원) 미만 잔액은 수수료 없음 | |
| K교통카드 본사 | | | − 1인 1일 최대 50만 원까지 환불 가능<br>− 5만 원 이상 환불 요청 시 신분확인(이름, 생년월일, 연락처)<br>※ 10만 원 이상 고액 환불의 경우 내방 당일 카드 잔액 차감 후 익일 18시 이후 계좌로 입금(주말, 공휴일 제외)<br>※ 지참서류 : 통장사본, 신분증 | 월 누적 50만 원까지 수수료 없음<br>(50만 원 초과 시 수수료 1%) | |

− 잔액이 5만 원을 초과하는 경우 K교통카드 본사로 내방하시거나, K교통카드 잔액환불 기능이 있는 ATM에서 해당 은행 계좌로 환불이 가능합니다(단, 모바일 K교통카드, Y사 플러스카드는 ATM에서 환불이 불가능합니다).
− ATM 환불은 주민번호 기준으로 월 50만 원까지 가능하며, 환불금액은 해당 은행 본인명의 계좌로 입금됩니다.
※ 환불접수처 : K교통카드 본사, 지하철 역사 내 K교통카드 서비스센터, 은행 ATM, 편의점 등
   단, 부분환불 서비스는 K교통카드 본사, 지하철 역사 내 K교통카드 서비스센터에서만 가능합니다.
※ 부분환불 금액 제한 : 환불요청금액 1만 원 이상 5만 원 이하만 부분환불 가능(환불금액단위는 1만 원이며, 이용 건당 수수료는 500원임)

① 카드 잔액이 4만 원이고 환불 요청금액이 2만 원일 경우, 지하철 역사 내 K교통카드 서비스센터에서 환불이 가능하다.

② 모바일에서 환불 시 카드 잔액이 40만 원일 경우, 399,500원을 환불받을 수 있다.

③ 카드 잔액 30만 원을 전액 환불할 경우, A은행을 제외한 은행 ATM에서 299,500원을 환불받을 수 있다.

④ 환불금액이 13만 원일 경우, K교통카드 본사 방문 시 수수료 없이 전액 환불받을 수 있다.

⑤ 카드 잔액 17만 원을 K교통카드 본사에 방문해 환불한다면, 당일 카드 잔액을 차감하고 즉시 계좌로 이체받을 수 있다.

PART 3

**40** 김과장은 건강상의 이유로 간헐적 단식을 시작하기로 했다. 김과장이 선택한 간헐적 단식 방법은 월요일부터 일요일까지 일주일 중에 2일을 선택하여 아침 혹은 저녁 한 끼 식사만 하는 것이다. 김과장이 단식을 시작한 첫 주 월요일부터 일요일까지 한 끼만 먹은 요일과 이때 식사를 한 때는?

- 단식을 하는 날 전후로 각각 최소 2일간은 세 끼 식사를 한다.
- 단식을 하는 날 이외에는 항상 세 끼 식사를 한다.
- 2주 차 월요일에는 단식을 했다.
- 1주 차에 먹은 아침식사 횟수와 저녁식사 횟수가 같다.
- 1주 차 월요일, 수요일, 금요일은 조찬회의에 참석하여 아침식사를 했다.
- 1주 차 목요일은 업무약속이 있어서 점심식사를 했다.

① 월요일(아침), 목요일(저녁)
② 화요일(아침), 금요일(아침)
③ 화요일(저녁), 금요일(아침)
④ 화요일(저녁), 토요일(아침)
⑤ 수요일(아침), 일요일(저녁)

**41** N공단은 창립 10주년을 맞이하여 전 직원 단합대회를 준비하고 있다. 이를 위해 사장 K는 여행상품 중 한 가지를 선정하려 하는데, 직원 투표 결과를 통해 결정하려고 한다. 직원 투표 결과와 상품별 1인당 비용은 다음과 같으며, 추가로 행사를 위한 부서별 고려사항을 참고하여 선택할 경우 〈보기〉의 설명 중 옳은 것을 모두 고르면?

**〈직원 투표 결과〉**

| 상품 | 1인당 비용(원) | 투표 결과 | | | | | |
|---|---|---|---|---|---|---|---|
| | | 총무팀 | 영업팀 | 개발팀 | 홍보팀 | 공장 1 | 공장 2 |
| A | 500,000 | 2 | 1 | 2 | 0 | 15 | 6 |
| B | 750,000 | 1 | 2 | 1 | 1 | 20 | 5 |
| C | 600,000 | 3 | 1 | 0 | 1 | 10 | 4 |
| D | 1,000,000 | 3 | 4 | 2 | 1 | 30 | 10 |
| E | 850,000 | 1 | 2 | 0 | 2 | 5 | 5 |

**〈상품별 혜택 정리〉**

| 상품 | 날짜 | 장소 | 식사 제공 | 차량 지원 | 편의시설 | 체험시설 |
|---|---|---|---|---|---|---|
| A | 5/10 ~ 5/11 | 해변 | ○ | ○ | × | × |
| B | 5/10 ~ 5/11 | 해변 | ○ | ○ | ○ | × |
| C | 6/7 ~ 6/8 | 호수 | ○ | ○ | ○ | × |
| D | 6/15 ~ 6/17 | 도심 | ○ | × | ○ | ○ |
| E | 7/10 ~ 7/13 | 해변 | ○ | ○ | ○ | × |

**〈부서별 고려사항〉**

• 총무팀 : 행사 시 차량 지원 가능함
• 영업팀 : 6월 초순에 해외 바이어와 가격 협상 회의 일정
• 공장 1 : 3일 연속 공장 비가동 시 품질 저하 예상됨
• 공장 2 : 7월 중순 공장 이전 계획 있음

**보기**
ㄱ. 여행 상품 비용은 총 1억 500만 원이 필요하다.
ㄴ. 투표 결과, 가장 인기 있는 여행 상품은 B이다.
ㄷ. 공장 1의 A, B 투표 결과가 바뀐다면 여행 상품 선택은 변경된다.

① ㄱ
② ㄱ, ㄴ
③ ㄱ, ㄷ
④ ㄴ, ㄷ
⑤ ㄱ, ㄴ, ㄷ

**42** A씨는 영업비밀 보호를 위해 자신의 컴퓨터 속 각 문서의 암호를 다음 규칙에 따라 만들었다. 파일 이름이 다음과 같을 때, 이 파일의 암호는 무엇인가?

---

<규칙>

1. 비밀번호 중 첫 번째 자리에는 파일 이름의 첫 문자가 한글일 경우 @, 영어일 경우 #, 숫자일 경우 *로 특수문자를 입력한다.
   → 고슴Dochi=@, haRAMY801=#, 1app루=*

2. 두 번째 자리에는 파일 이름의 총 자리 개수를 입력한다.
   → 고슴Dochi=@7, haRAMY801=#9, 1app루=*5

3. 세 번째 자리부터는 파일 이름 내에 숫자를 순서대로 입력한다. 숫자가 없을 경우 0을 두 번 입력한다.
   → 고슴Dochi=@700, haRAMY801=#9801, 1app루=*51

4. 그다음 자리에는 파일 이름 중 한글이 있을 경우 초성만 순서대로 입력한다. 없다면 입력하지 않는다.
   → 고슴Dochi=@700ㄱㅅ, haRAMY801=#9801, 1app루=*51ㄹ

5. 그다음 자리에는 파일 이름 중 영어가 있다면 뒤에 덧붙여 순서대로 입력하되, a, e, i, o, u만 'a=1, e=2, i=3, o=4, u=5'로 변형하여 입력한다(대문자·소문자 구분 없이 모두 소문자로 입력한다).
   → 고슴Dochi=@700ㄱㅅd4ch3, haRAMY801=#9801h1r1my, 1app루=*51ㄹ1pp

---

2022매운전골Cset3인기준recipe8

① @23202238ㅁㅇㅈㄱㅇㄱㅈcs2trecipe
② @23202238ㅁㅇㅈㄱㅇㄱㅈcs2tr2c3p2
③ *23202238ㅁㅇㅈㄱㅇㄱㅈcs2trecipe
④ *23202238ㅁㅇㅈㄱㅇㄱㅈcs2tr2c3p2
⑤ *23202238ㅁㅇㅈㄱㅇㄱㅈcsetrecipe

**43** K공사에서 근무하는 A사원은 경제자유구역사업에 대한 SWOT 분석 결과를 토대로 SWOT 분석에 의한 경영전략을 세웠다. 다음 〈보기〉 중 SWOT 분석에 의한 경영전략의 내용으로 적절하지 않은 것을 모두 고르면?

〈경제자유구역사업에 대한 SWOT 분석 결과〉

| 구분 | 분석 결과 |
|------|-----------|
| 강점(Strength) | • 성공적인 경제자유구역 조성 및 육성 경험<br>• 다양한 분야의 경제자유구역 입주희망 국내기업 확보 |
| 약점(Weakness) | • 과다하게 높은 외자금액 비율<br>• 외국계 기업과 국내기업 간의 구조 및 운영상 이질감 |
| 기회(Opportunity) | • 국제경제 호황으로 인하여 타국 사업지구 입주를 희망하는 해외시장부문의 지속적 증가<br>• 국내진출 해외기업 증가로 인한 동형화 및 협업 사례 급증 |
| 위협(Threat) | • 국내거주 외국인 근로자에 대한 사회적 포용심 부족<br>• 대대적 교통망 정비로 인한 기성 대도시의 흡수효과 확대 |

〈SWOT 분석에 의한 경영전략〉

• SO전략 : 강점을 활용하여 기회를 선점하는 전략
• ST전략 : 강점을 활용하여 위협을 최소화하거나 극복하는 전략
• WO전략 : 기회를 활용하여 약점을 보완하는 전략
• WT전략 : 약점을 최소화하고 위협을 회피하는 전략

**보기**

ㄱ. 성공적인 경제자유구역 조성 노하우를 활용하여 타국 사업지구로의 진출을 희망하는 해외기업을 유인 및 유치하는 전략은 SO전략에 해당한다.
ㄴ. 다수의 풍부한 경제자유구역 성공 사례를 바탕으로 외국인 근로자를 국내주민과 문화적으로 동화시킴으로써 원활한 지역발전의 토대를 조성하는 전략은 ST전략에 해당한다.
ㄷ. 기존에 국내에 입주한 해외기업의 동형화 사례를 활용하여 국내기업과 외국계 기업의 운영상 이질감을 해소하여 생산성을 증대시키는 전략은 WO전략에 해당한다.
ㄹ. 경제자유구역 인근 대도시와의 연계를 활성화하여 경제자유구역 내 국내·외 기업 간의 이질감을 해소하는 전략은 WT전략에 해당한다.

① ㄱ, ㄴ
② ㄱ, ㄷ
③ ㄴ, ㄷ
④ ㄴ, ㄹ
⑤ ㄷ, ㄹ

**44** 연경, 효진, 다솜, 지민, 지현 5명 중에서 1명이 선생님의 책상에 있는 화병에 꽃을 꽂아 두었다. 이들 중 2명의 이야기는 모두 거짓이지만 3명의 이야기는 참이라고 할 때, 선생님 책상에 꽃을 꽂아두는 사람은?

- 연경 : 화병에 꽃을 꽂아두는 것을 나와 지현이만 보았다. 효진이의 말은 모두 맞다.
- 효진 : 화병에 꽃을 꽂아둔 사람은 지민이다. 지민이가 그러는 것을 지현이가 보았다.
- 다솜 : 지민이는 꽃을 꽂아두지 않았다. 지현이의 말은 모두 맞다.
- 지민 : 화병에 꽃을 꽂아두는 것을 세 명이 보았다. 효진이는 꽃을 꽂아두지 않았다.
- 지현 : 나와 연경이는 꽃을 꽂아두지 않았다. 나는 누가 꽃을 꽂는지 보지 못했다.

① 연경       ② 효진
③ 다솜       ④ 지민
⑤ 지현

**45** S은행 A지점에 근무하는 귀하는 한 입주예정자로부터 평일에는 개인사정으로 인해 영업시간 내에 방문하지 못한다고 문의를 받아, 근처 다른 지점에 방문하여 대출신청을 진행할 수 있도록 안내하였다. 〈조건〉이 다음과 같을 때, 입주예정자의 대출신청을 완료하는 데까지 걸리는 최소시간은 얼마인가?(단, 지점 간 숫자는 영업점 간의 거리를 의미한다)

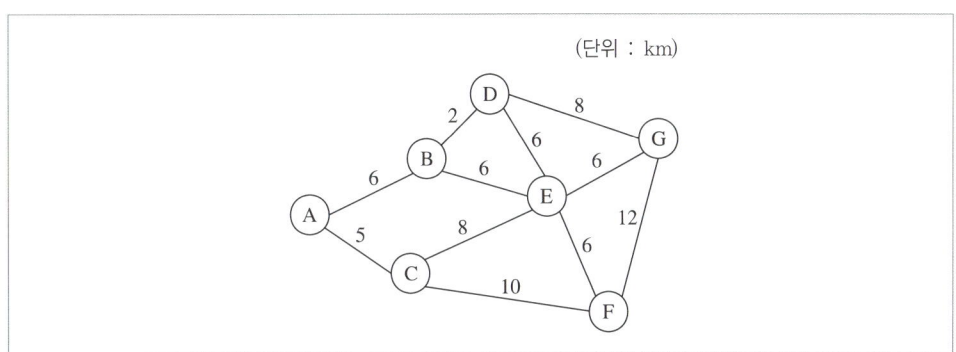

**조건**
- 입주예정자는 G지점 근처에 거주하고 있어, 영업시간 내에 언제든지 방문 가능하다.
- 대출과 관련한 서류는 A지점에서 G지점까지 행낭을 통해 전달한다.
- 은행 영업점 간 행낭 배송은 60km/h로 운행하며 요청에 따라 배송지 순서는 변경(생략)할 수 있다(단, 연결된 구간으로만 운행 가능).
- 대출신청서 등 대출 관련 서류는 입주예정자 본인 또는 대리인(대리인증명서 필요)이 작성하여야 한다(작성하는 시간은 총 30분이 소요됨).
- 대출신청 완료는 A지점에 입주예정자가 작성한 신청서류가 도착했을 때를 기준으로 한다.

① 46분       ② 49분
③ 57분       ④ 1시간 2분
⑤ 1시간 5분

**46** 출발지 O로부터 목적지 D까지의 사이에 다음과 같은 운송망이 주어졌을 때, 최단경로에 대한 설명으로 옳지 않은 것은?(단, 구간별 숫자는 거리를 나타낸다)

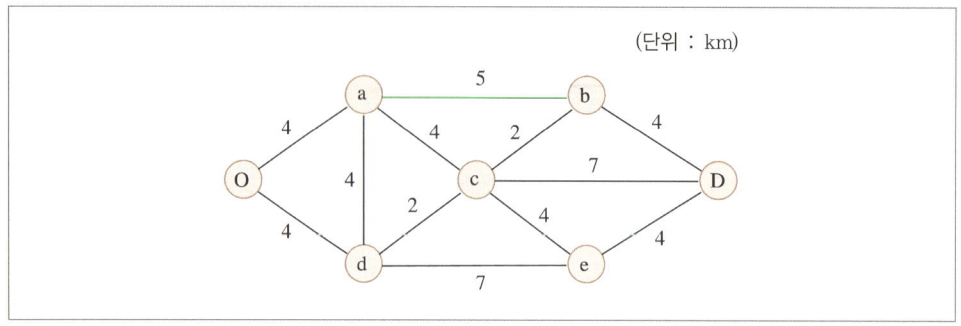

① O에서 b를 경유하여 D까지의 최단거리는 12km이다.
② O에서 c까지 최단거리는 6km이다.
③ O에서 a를 경유하여 D까지의 최단거리는 13km이다.
④ O에서 e를 경유하여 D까지의 최단거리는 15km이다.
⑤ O에서 D까지 최단거리는 12km이다.

**47** 굴업도 백핑킹을 계획하던 A씨는 이른 아침 인천 여객터미널에 가서 배편으로 섬에 들어가려고 한다. 오전 7:20에 집에서 출발하였고, 반드시 오전 중에 굴업도에 입섬해야 한다면 A씨가 취할 수 있는 가장 저렴한 여객선 비용은 얼마인가?(단, 집에서 인천 여객터미널까지 1시간 걸린다)

〈인천 여객터미널 배편 알림표〉

| 구분 | 출항시간 | 항로 1 여객선 | 항로 2 여객선 |
|---|---|---|---|
| A회사 | AM 7:00 | 20,000원 | 25,000원 |
| | AM 9:00 | | |
| | AM 11:00 | | |
| | PM 1:00 | | |
| B회사 | AM 8:00 | 30,000원 | 40,000원 |
| | AM 9:30 | | |
| | AM 10:30 | | |
| | AM 11:30 | | |

※ 항로 1 여객선 : 자월도 → 덕적도 → 승봉도 → 굴업도 방문(총 4시간)
※ 항로 2 여객선 : 굴업도 직항(총 2시간)

① 20,000원
② 25,000원
③ 30,000원
④ 40,000원
⑤ 45,000원

**48** A는 여행을 가기 위해 B자동차를 대여하려 한다. 〈조건〉이 다음과 같을 때, A가 B자동차를 대여할 수 있는 첫날의 요일로 옳지 않은 것은?

〈2월 달력〉

| 일 | 월 | 화 | 수 | 목 | 금 | 토 |
|---|---|---|---|---|---|---|
|  | 1 | 2 | 3 | 4 | 5 | 6 |
| 7 | 8 | 9 | 10 | 11<br>설 연휴 | 12<br>설 연휴 | 13<br>설 연휴 |
| 14 | 15 | 16 | 17 | 18 | 19 | 20 |
| 21 | 22 | 23 | 24 | 25 | 26 | 27 |
| 28 |  |  |  |  |  |  |

**조건**

- 2월에 주말을 포함하여 3일 동안 연속으로 대여한다.
- 설 연휴에는 대여하지 않는다.
- 설 연휴가 끝난 다음 주 월, 화에 출장이 있다(단, 출장 중에 대여하지 않는다).
- B자동차는 첫째 주 짝수 날에는 점검이 있어 대여할 수 없다.
- C는 24일부터 3일간 B자동차를 대여한다.
- 설 연휴가 있는 주의 화요일과 수요일은 업무를 마쳐야 하므로 대여하지 않는다.

① 수요일　　　　　　② 목요일
③ 금요일　　　　　　④ 토요일
⑤ 일요일

**49** 기획팀 A사원은 9월 19일 금요일에 열릴 세미나 장소를 섭외하라는 부장님의 지시를 받았다. 세미나에 참여할 인원은 총 17명이며, 모든 인원이 앉을 수 있는 테이블과 의자, 발표에 사용할 빔프로젝터 1개가 필요하다. A사원은 모든 회의실의 잔여상황을 살펴보고 가장 적합한 대회의실을 선택하였고, 필요한 비품은 회의실과 창고에서 확보한 후 부족한 물건을 주문하였다. 주문한 비품이 도착한 후 물건을 확인했지만 수량을 착각해 빠트린 것이 있었다. 다시 주문해야 한다고 할 때, A사원이 주문할 물품 목록은?

〈회의실별 비품현황〉

| 구분 | 대회의실 | 1회의실 | 2회의실 | 3회의실 | 4회의실 |
|---|---|---|---|---|---|
| 테이블(2인용) | 4 | 1 | 2 | – | – |
| 의자 | 9 | 2 | – | – | 4 |
| 빔프로젝터 | – | – | – | – | – |
| 화이트보드 | – | – | – | – | – |
| 보드마카 | 2 | 3 | 1 | – | 2 |

〈창고 내 비품보유현황〉

| 구분 | 테이블(2인용) | 의자 | 빔프로젝터 | 화이트보드 | 보드마카 |
|---|---|---|---|---|---|
| 창고 | – | 2 | 1 | 5 | 2 |

〈1차 주문서〉

2025년 9월 11일

1. 테이블 : 4개
2. 의자 : 1개
3. 화이트보드 : 1개
4. 보드마카 : 2개

① 빔프로젝터 : 1개, 의자 : 3개
② 빔프로젝터 : 1개, 테이블 : 1개
③ 테이블 : 1개, 의자 : 5개
④ 테이블 : 9개, 의자 : 6개
⑤ 테이블 : 9개, 의자 : 3개

**50** S사에서는 A ～ N직원 중 면접위원을 선발하고자 한다. 면접위원의 구성 조건이 다음과 같을 때, 적절하지 않은 것은?

〈면접위원 구성 조건〉

- 면접관은 총 6명으로 구성한다.
- 이사 이상의 직급으로 50% 이상 구성해야 한다.
- 인사팀을 제외한 모든 부서는 2명 이상 선출할 수 없고, 인사팀은 반드시 2명 이상을 포함한다.
- 모든 면접위원의 입사 후 경력은 3년 이상으로 한다.

| 구분 | 직급 | 부서 | 입사 후 경력 |
|---|---|---|---|
| A | 대리 | 인사팀 | 2년 |
| B | 과장 | 경영지원팀 | 5년 |
| C | 이사 | 인사팀 | 8년 |
| D | 과장 | 인사팀 | 3년 |
| E | 사원 | 홍보팀 | 6개월 |
| F | 과장 | 홍보팀 | 2년 |
| G | 이사 | 고객지원팀 | 13년 |
| H | 사원 | 경영지원팀 | 5개월 |
| I | 이사 | 고객지원팀 | 2년 |
| J | 과장 | 영업팀 | 4년 |
| K | 대리 | 홍보팀 | 4년 |
| L | 사원 | 홍보팀 | 2년 |
| M | 과장 | 개발팀 | 3년 |
| N | 이사 | 개발팀 | 8년 |

① L사원은 면접위원으로 선출될 수 없다.
② N이사는 반드시 면접위원으로 선출된다.
③ B과장이 면접위원으로 선출됐다면 K대리도 선출된다.
④ 과장은 2명 이상 선출되었다.
⑤ 모든 부서에서 면접위원이 선출될 수는 없다.

### 〈K공사의 출장여비 기준〉

| 항공 | 숙박(1박) | 교통비 | 일비 | 식비 |
|---|---|---|---|---|
| 실비 | • 1·2급 : 실비<br>• 3급 : 80,000원<br>• 4·5·6급 : 50,000원 | • 서울·경기지역 : 1일 10,000원<br>• 나머지 지역 : 1일 15,000원 | 30,000원/일 | 20,000원/일 |

※ 항공은 외국으로 출장을 갈 경우에 해당함

### 〈직급별 등급〉

| 1급 | 2급 | 3급 | 4급 | 5급 | 6급 |
|---|---|---|---|---|---|
| 이사장 | 이사 | 부장 | 차장 | 과장 | 대리 |

※ 2급 이상 차이 나는 등급과 출장에 동행하게 된 경우, 높은 등급이 묵는 호텔에서 묵을 수 있는 금액을 지원함

**51** 다음 중 위 자료에 대한 설명으로 옳은 것은?

① 외국으로 출장을 다니는 B과장이 항상 같은 객실에서 묵는다면 총비용은 언제나 같다.

② 서울·경기지역으로 1박 2일 출장을 가는 C차장의 출장비는 20만 원 이상이다.

③ 같은 조건으로 출장을 간다면 이사장이 이사보다 출장비를 많이 받는다.

④ 이사장과 함께 출장을 가게 된 A대리는 이사장과 같은 호텔, 같은 등급의 객실에서 묵을 수 있다.

⑤ 자동차를 이용해 1박 2일간 지방 출장을 가는 부장과 차장의 비용은 같다.

**52** A부장과 P차장이 9박 10일로 함께 제주도 출장을 가게 되었다. 동일한 출장비를 제공하기 위하여 P차장의 호텔을 한 단계 업그레이드할 때, P차장이 원래 묵을 수 있는 호텔보다 얼마나 이득인가?

① 230,000원      ② 250,000원

③ 270,000원      ④ 290,000원

⑤ 310,000원

53  다음은 K기업 직원들의 이번 주 초과근무 계획표이다. 하루에 5명 이상 초과근무를 할 수 없고, 초과근무 시간은 각자 일주일에 10시간을 초과할 수 없다고 한다. 1명만 초과근무 일정을 수정할 수 있을 때, 규칙에 어긋난 요일과 그날에 속한 사람 중 변경해야 할 직원이 바르게 연결된 것은? (단, 주말은 1시간당 1.5시간으로 계산한다)

〈초과근무 계획표〉

| 성명 | 초과근무 일정 | 성명 | 초과근무 일정 |
|------|--------------|------|--------------|
| 김혜정 | 월요일 3시간, 금요일 3시간 | 김재건 | 수요일 1시간 |
| 이설희 | 토요일 6시간 | 신혜선 | 수요일 4시간, 목요일 3시간 |
| 임유진 | 토요일 3시간, 일요일 1시간 | 한예리 | 일요일 6시간 |
| 박주환 | 목요일 2시간 | 정지원 | 월요일 6시간, 목요일 3시간 |
| 이지호 | 화요일 4시간 | 최명진 | 화요일 5시간 |
| 김유미 | 금요일 6시간, 토요일 2시간 | 김우석 | 목요일 1시간 |
| 정해리 | 월요일 5시간 | 이상엽 | 목요일 6시간, 일요일 3시간 |

|    | 요일 | 직원 |    | 요일 | 직원 |
|----|------|------|----|------|------|
| ① | 월요일 | 김혜정 | ② | 목요일 | 정지원 |
| ③ | 목요일 | 이상엽 | ④ | 토요일 | 임유진 |
| ⑤ | 토요일 | 김유미 |    |      |      |

**54** 다음은 K공사 인사팀의 하계 휴가 스케줄이다. G사원은 휴가를 신청하기 위해 하계 휴가 스케줄을 확인하였다. 인사팀 팀장인 A부장은 25 ~ 28일은 하계 워크숍 기간이므로 휴가 신청이 불가능하며, 하루에 6명 이상은 사무실에 반드시 있어야 한다고 팀원들에게 공지했다. G사원이 휴가를 쓸 수 있는 기간으로 옳은 것은?

| 구분 | 8월 휴가 | | | | | | | | | | | | | | | | | | | |
|---|---|---|---|---|---|---|---|---|---|---|---|---|---|---|---|---|---|---|---|---|
| | 3 | 4 | 5 | 6 | 7 | 10 | 11 | 12 | 13 | 14 | 17 | 18 | 19 | 20 | 21 | 24 | 25 | 26 | 27 | 28 |
| | 월 | 화 | 수 | 목 | 금 | 월 | 화 | 수 | 목 | 금 | 월 | 화 | 수 | 목 | 금 | 월 | 화 | 수 | 목 | 금 |
| A부장 | ■ | ■ | ■ | | | | | | | | | | | | | | | | | |
| B차장 | | | | | | | | ■ | ■ | | | | | | | | | | | |
| C과장 | ■ | ■ | ■ | ■ | ■ | | | | | | | | | | | | | | | |
| D대리 | | | | | | | | | ■ | ■ | ■ | ■ | ■ | | | | | | | |
| E주임 | | | | | | | | | | | | | | ■ | ■ | ■ | | | | |
| F주임 | | | | | | | | | | ■ | ■ | ■ | ■ | | ■ | | | | | |
| G사원 | | | | | | | | | | | | | | | | | | | | |
| H사원 | | | | | | ■ | ■ | | | | | | | | | | | | | |

※ 스케줄에 색칠된 부분은 해당 직원의 휴가 예정일임
※ G사원은 4일 이상 휴가를 사용해야 함(토, 일 제외)

① 8월 7 ~ 11일
② 8월 6 ~ 11일
③ 8월 11 ~ 16일
④ 8월 13 ~ 18일
⑤ 8월 19 ~ 24일

**55** H발전 기획전략처 문화홍보부 A대리는 부서 출장 일정에 맞춰 업무 시 사용할 렌터카를 대여하려고 한다. 제시된 자료를 참고할 때, A대리가 일정에 사용할 렌터카로 옳은 것은?

〈문화홍보부 출장 일정〉

| 일자 | 내용 | 인원 | 짐 무게 |
|---|---|---|---|
| 08.08(월) | 보령화력 3부두 방문 | 2명 | 6kg |
| 08.09(화) | 임금피크제 도입 관련 세미나 참여 | 3명 | 3kg |
| 08.10(수) | 신서천화력 건설사업 | 5명 | – |
| 08.11(목) | 햇빛새싹발전소(학교태양광) 발전사업 대상지 방문 | 3명 | 3kg |
| 08.12(금) | 제주 LNG복합 건설사업 관련 좌담회 | 8명 | 2kg |
| 08.15(월) | H그린파워 제철 부생가스 발전사업 관련 미팅 | 10명 | 3kg |
| 08.16(화) | 방만경영 개선 이행실적 발표회 | 4명 | 1kg |
| 08.17(수) | 보령항로 준설공사현장 방문 | 3명 | 2kg |
| 08.18(목) | 보령 본사 방문 | 4명 | 6kg |

※ 짐 무게 3kg당 탑승인원 1명으로 취급함

〈렌터카 요금 안내〉

| 구분 | 요금 | 유류 | 최대 탑승인원 |
|---|---|---|---|
| A렌터카 | 45,000원 | 경유 | 4명 |
| B렌터카 | 60,000원 | 휘발유 | 5명 |
| C렌터카 | 55,000원 | LPG | 8명 |
| D렌터카 | 55,000원 | 경유 | 6명 |

※ 렌터카 선정 시 가격을 가장 우선으로 하고, 최대 탑승인원을 다음으로 함
※ 8월 1 ~ 12일까지는 여름휴가 할인행사로 휘발유 차량을 30% 할인함

보내는 이 : A대리
안녕하십니까, 문화홍보부 A대리입니다.
금주 문화홍보부에서 참여하는 햇빛새싹발전소 발전사업 대상지 방문과 차주 보령 본사 방문에 관련된 정보를 첨부합니다. 해당 사항 확인해 주시기 바랍니다. 감사합니다.

받는 이 : 문화홍보부

① A렌터카, B렌터카
② A렌터카, D렌터카
③ B렌터카, C렌터카
④ B렌터카, D렌터카
⑤ C렌터카, D렌터카

K공사에 다니는 W사원이 해외로 출장을 가기로 하였다. 이번 달 영국에서 5일 동안 일을 마치고 한국에 돌아와 일주일 후 스페인으로 다시 4일간의 출장을 간다고 한다. 다음 자료를 참고하여 W사원이 영국과 스페인 출장 시 들었던 총 비용을 A ~ C은행에서 환전할 때 필요한 원화의 최댓값과 최솟값의 차이는 얼마인가?(단, 출장비는 해외여비와 교통비의 합이다)

〈국가별 1일 여비〉

| 구분 | 영국 | 스페인 |
|---|---|---|
| 1일 해외여비 | 50파운드 | 60유로 |

〈국가별 교통비 및 추가 지급비용〉

| 구분 | 영국 | 스페인 |
|---|---|---|
| 교통비(비행시간) | 380파운드(12시간) | 870유로(14시간) |
| 초과 시간당 추가 지급비용 | 20파운드 | 15유로 |

※ 교통비는 편도 항공권 비용이며, 비행시간도 편도에 해당함
※ 편도 비행시간이 10시간을 초과하면 시간당 추가 비용이 지급됨

〈은행별 환율 현황〉

| 구분 | 매매기준율(KRW) | |
|---|---|---|
| | 원/파운드 | 원/유로 |
| A은행 | 1,470 | 1,320 |
| B은행 | 1,450 | 1,330 |
| C은행 | 1,460 | 1,310 |

① 31,900원
② 32,700원
③ 33,500원
④ 34,800원
⑤ 35,200원

**57** 스포츠용품을 판매하는 K쇼핑몰을 운영하는 B씨는 최근 S축구사랑재단으로부터 대량주문을 접수 받았다. 다음 대화를 토대로 거래가 원활히 성사되었다면, 거래에 의한 매출액은 총 얼마인가?

> A씨 : 안녕하세요? S축구사랑재단 구매담당자입니다. 이번에 축구공 기부행사를 진행할 예정이어 서 견적을 받아 보았으면 합니다. 초등학교 2곳, 중학교 3곳, 고등학교 1곳에 각 용도에 맞 는 축구공으로 300개씩 배송했으면 합니다. 그리고 견적서에 배송료 등 기타 비용이 있다면 함께 추가해서 보내 주세요.
>
> B씨 : 네, 저희 쇼핑몰을 이용해 주셔서 감사합니다. 5천만 원 이상의 대량구매 건에 대해서 전체 주문금액의 10%를 할인하고 있습니다. 또한 기본 배송료는 5,000원이지만 3천만 원 이상 구매 시 무료 배송을 제공해 드리고 있습니다. 알려주신 정보로 견적서를 보내 드리겠습니 다. 감사합니다.

**〈쇼핑몰 취급 축구공 규격 및 가격〉**

| 구분 | 3호 | 4호 | 5호 |
|---|---|---|---|
| 무게(g) | 300 ~ 320 | 350 ~ 390 | 410 ~ 450 |
| 둘레(mm) | 580 | 640 | 680 |
| 지름(mm) | 180 | 200 | 220 |
| 용도 | 8세 이하 어린이용 | 8 ~ 13세 초등학생용 | 14세 이상 사용, 시합용 |
| 판매가격 | 25,000원 | 30,000원 | 35,000원 |

① 5,100만 원
② 5,400만 원
③ 5,670만 원
④ 6,000만 원
⑤ 6,100만 원

**58** 다음 대화 내용을 읽고 A팀장과 B사원이 함께 시장조사를 하러 갈 수 있는 가장 적절한 시간은 언제인가?(단, 근무시간은 09:00 ~ 18:00, 점심시간은 12:00 ~ 13:00이다)

> A팀장 : B씨, 저번에 우리가 함께 진행했던 제품이 오늘 출시된다고 하네요. 시장에서 어떤 반응이 있는지 조사하러 가야 할 것 같아요.
>
> B사원 : 네, 팀장님. 그런데 오늘 갈 수 있을지 의문입니다. 우선 오후 4시에 사내 정기 강연이 예 정되어 있고 초청강사가 와서 시간관리 강의를 한다고 합니다. 아마 두 시간 정도 걸릴 것 같은데, 저는 강연준비로 30분 정도 일찍 가야 할 것 같습니다. 그리고 부서장님께서 요청하셨던 기획안도 오늘 퇴근 전까지 제출해야 하는데, 팀장님 검토시간까지 고려하면 두 시간 정도 소요될 것 같습니다.
>
> A팀장 : 오늘도 역시 할 일이 참 많네요. 지금이 11시니까 열심히 업무를 하면 한 시간 정도는 시 장에 다녀올 수 있겠네요. 먼저 기획안부터 마무리 짓도록 합시다.
>
> B사원 : 네, 알겠습니다. 팀장님, 오늘 점심은 된장찌개 괜찮으시죠? 바쁘니까 예약해 두겠습니다.

① 11:00 ~ 12:00
② 13:00 ~ 14:00
③ 14:00 ~ 15:00
④ 15:00 ~ 16:00
⑤ 16:00 ~ 17:00

※ 다음은 K공사가 이용하는 비품 거래처의 비품 가격표이다. 이어지는 질문에 답하시오. [59~60]

<비품 가격표>

| 품명 | 수량(개) | 단가(원) |
|---|---|---|
| 라벨지 50mm(SET) | 1 | 18,000 |
| 1단 받침대 | 1 | 24,000 |
| 블루투스 마우스 | 1 | 27,000 |
| 탁상용 문서수동세단기 | 1 | 36,000 |
| AAA건전지(SET) | 1 | 4,000 |

※ 3단 받침대는 개당 2,000원 추가
※ 라벨지 91mm 사이즈 변경 구매 시 SET당 5% 금액 추가
※ 블루투스 마우스 3개 이상 구매 시 건전지 3SET 무료 증정

**59** K공사에서는 2분기 비품 구매를 하려고 한다. 다음 주문서를 토대로 주문할 때, 총주문금액은?

| 주문서 | | | |
|---|---|---|---|
| 라벨지 50mm | 2SET | 1단 받침대 | 1개 |
| 블루투스 마우스 | 5개 | AAA건전지 | 5SET |

① 148,000원  ② 183,000원
③ 200,000원  ④ 203,000원
⑤ 205,000원

**60** 비품 구매를 담당하는 A사원은 주문 수량을 잘못 기재해서 주문 내역을 수정하였다. 수정 내역대로 비품을 주문했을 때, 총주문금액은?

| 주문서 | | | |
|---|---|---|---|
| 라벨지 91mm | 4SET | 3단 받침대 | 2개 |
| 블루투스 마우스 | 3개 | AAA건전지 | 3SET |
| 탁상용 문서수동세단기 | 1개 | – | – |

① 151,000원  ② 244,600원
③ 252,600원  ④ 256,600원
⑤ 262,600원

# PART 4

# 채용 가이드

**CHAPTER 01** 블라인드 채용 소개

**CHAPTER 02** 서류전형 가이드

**CHAPTER 03** 인성검사 소개 및 모의테스트

**CHAPTER 04** 면접전형 가이드

**CHAPTER 05** 주요 공기업 최신 면접 기출질문

# 블라인드 채용 소개

## 1. 블라인드 채용이란?

채용 과정에서 편견이 개입되어 불합리한 차별을 야기할 수 있는 출신지, 가족관계, 학력, 외모 등의 편견요인은 제외하고, 직무능력만을 평가하여 인재를 채용하는 방식입니다.

## 2. 블라인드 채용의 필요성

- 채용의 공정성에 대한 사회적 요구
  - 누구에게나 직무능력만으로 경쟁할 수 있는 균등한 고용기회를 제공해야 하나, 아직도 채용의 공정성에 대한 불신이 존재
  - 채용상 차별금지에 대한 법적 요건이 권고적 성격에서 처벌을 동반한 의무적 성격으로 강화되는 추세
  - 시민의식과 지원자의 권리의식 성숙으로 차별에 대한 법적 대응 가능성 증가
- 우수인재 채용을 통한 기업의 경쟁력 강화 필요
  - 직무능력과 무관한 학벌, 외모 위주의 선발로 우수인재 선발기회 상실 및 기업경쟁력 약화
  - 채용 과정에서 차별 없이 직무능력중심으로 선발한 우수인재 확보 필요
- 공정한 채용을 통한 사회적 비용 감소 필요
  - 편견에 의한 차별적 채용은 우수인재 선발을 저해하고 외모·학벌 지상주의 등의 심화로 불필요한 사회적 비용 증가
  - 채용에서의 공정성을 높여 사회의 신뢰수준 제고

## 3. 블라인드 채용의 특징

편견요인을 요구하지 않는 대신 직무능력을 평가합니다.

※ 직무능력중심 채용이란?
기업의 역량기반 채용, NCS기반 능력중심 채용과 같이 직무수행에 필요한 능력과 역량을 평가하여 선발하는 채용방식을 통칭합니다.

## 4. 블라인드 채용의 평가요소

직무수행에 필요한 지식, 기술, 태도 등을 과학적인 선발기법을 통해 평가합니다.

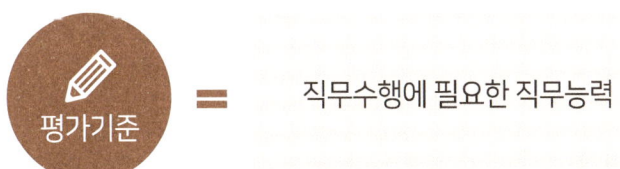

평가기준 **=** **직무수행에 필요한 직무능력**

※ 과학적 선발기법이란?
　직무분석을 통해 도출된 평가요소를 서류, 필기, 면접 등을 통해 체계적으로 평가하는 방법으로 입사지원서, 자기소개서,
　직무수행능력평가, 구조화 면접 등이 해당됩니다.

## 5. 블라인드 채용 주요 도입 내용

- 입사지원서에 인적사항 요구 금지
  - 인적사항에는 출신지역, 가족관계, 결혼여부, 재산, 취미 및 특기, 종교, 생년월일(연령), 성별, 신장
    및 체중, 사진, 전공, 학교명, 학점, 외국어 점수, 추천인 등이 해당
  - 채용 직무를 수행하는 데 있어 반드시 필요하다고 인정될 경우는 제외
    예 특수경비직 채용 시 : 시력, 건강한 신체 요구
    　연구직 채용 시 : 논문, 학위 요구 등
- 블라인드 면접 실시
  - 면접관에게 응시자의 출신지역, 가족관계, 학교명 등 인적사항 정보 제공 금지
  - 면접관은 응시자의 인적사항에 대한 질문 금지

## 6. 블라인드 채용 도입의 효과성

- 구성원의 다양성과 창의성이 높아져 기업 경쟁력 강화
  - 편견을 없애고 직무능력 중심으로 선발하므로 다양한 직원 구성 가능
  - 다양한 생각과 의견을 통하여 기업의 창의성이 높아져 기업경쟁력 강화
- 직무에 적합한 인재선발을 통한 이직률 감소 및 만족도 제고
  - 사전에 지원자들에게 구체적이고 상세한 직무요건을 제시함으로써 허수 지원이 낮아지고, 직무에
    적합한 지원자 모집 가능
  - 직무에 적합한 인재가 선발되어 직무이해도가 높아져 업무효율 증대 및 만족도 제고
- 채용의 공정성과 기업이미지 제고
  - 블라인드 채용은 사회적 편견을 줄인 선발 방법으로 기업에 대한 사회적 인식 제고
  - 채용과정에서 불합리한 차별을 받지 않고 실력에 의해 공정하게 평가를 받을 것이라는 믿음을 제공
    하고, 지원자들은 평등한 기회와 공정한 선발과정 경험

## 01   채용공고문

### 1. 채용공고문의 변화

| 기존 채용공고문 | 변화된 채용공고문 |
|---|---|
| • 취업준비생에게 불충분하고 불친절한 측면 존재<br>• 모집 분야에 대한 명확한 직무관련 정보 및 평가기준 부재<br>• 해당 분야에 지원하기 위한 취업준비생의 무분별한 스펙 쌓기 현상 발생 | • NCS 직무분석에 기반한 채용공고를 토대로 채용전형 진행<br>• 지원자가 입사 후 수행하게 될 업무에 대한 자세한 정보 공지<br>• 직무수행내용, 직무수행 시 필요한 능력, 관련된 자격, 직업기초능력 제시<br>• 지원자가 해당 직무에 필요한 스펙만을 준비할 수 있도록 안내 |
| • 모집부문 및 응시자격<br>• 지원서 접수<br>• 전형절차<br>• 채용조건 및 처우<br>• 기타사항 | • 채용절차<br>• 채용유형별 선발분야 및 예정인원<br>• 전형방법<br>• 선발분야별 직무기술서<br>• 우대사항 |

### 2. 지원 유의사항 및 지원요건 확인

채용 직무에 따른 세부사항을 공고문에 명시하여 지원자에게 적격한 지원 기회를 부여함과 동시에 채용과정에서의 공정성과 신뢰성을 확보합니다.

| 구성 | 내용 | 확인사항 |
|---|---|---|
| 모집분야 및 규모 | 고용형태(인턴 계약직 등), 모집분야, 인원, 근무지역 등 | 채용직무가 여러 개일 경우 본인이 해당되는 직무의 채용규모 확인 |
| 응시자격 | 기본 자격사항, 지원조건 | 지원을 위한 최소자격요건을 확인하여 불필요한 지원을 예방 |
| 우대조건 | 법정·특별·자격증 가점 | 본인의 가점 여부를 검토하여 가점 획득을 위한 사항을 사실대로 기재 |
| 근무조건 및 보수 | 고용형태 및 고용기간, 보수, 근무지 | 본인이 생각하는 기대수준에 부합하는지 확인하여 불필요한 지원을 예방 |
| 시험방법 | 서류·필기·면접전형 등의 활용방안 | 전형방법 및 세부 평가기법 등을 확인하여 지원전략 준비 |
| 전형일정 | 접수기간, 전형단계별 심사 및 합격자 발표일 등 | 본인의 지원 스케줄을 검토하여 차질이 없도록 준비 |
| 제출서류 | 입사지원서(경력·경험기술서 등), 각종 증명서 및 자격증 사본 등 | 지원요건 부합 여부 및 자격 증빙서류 사전에 준비 |
| 유의사항 | 임용취소 등의 규정 | 임용취소 관련 법적 또는 기관 내부 규정을 검토하여 해당 여부 확인 |

직무기술서란 직무수행의 내용과 필요한 능력, 관련 자격, 직업기초능력 등을 상세히 기재한 것으로 입사 후 수행하게 될 업무에 대한 정보가 수록되어 있는 자료입니다.

## 1. 채용분야

[설명]

NCS 직무분류 체계에 따라 직무에 대한 「대분류 – 중분류 – 소분류 – 세분류」 체계를 확인할 수 있습니다. 채용직무에 대한 모든 직무기술서를 첨부하게 되며 실제 수행 업무를 기준으로 세부적인 분류정보를 제공합니다.

| 채용분야 | 분류체계 | | | |
|---|---|---|---|---|
| 사무행정 | 대분류 | 중분류 | 소분류 | 세분류 |
| 분류코드 | 02. 경영·회계·사무 | 03. 재무·회계 | 01. 재무 | 01. 예산 |
| | | | | 02. 자금 |
| | | | 02. 회계 | 01. 회계감사 |
| | | | | 02. 세무 |

## 2. 능력단위

[설명]

직무분류 체계의 세분류 하위능력단위 중 실질적으로 수행할 업무의 능력만 구체적으로 파악할 수 있습니다.

| | | | |
|---|---|---|---|
| 능력단위 | (예산) | 03. 연간종합예산수립<br>05. 확정예산 운영 | 04. 추정재무제표 작성<br>06. 예산실적 관리 |
| | (자금) | 04. 자금운용 | |
| | (회계감사) | 02. 자금관리<br>05. 회계정보시스템 운용<br>07. 회계감사 | 04. 결산관리<br>06. 재무분석 |
| | (세무) | 02. 결산관리<br>07. 법인세 신고 | 05. 부가가치세 신고 |

## 3. 직무수행내용

[설명]

세분류 영역의 기본정의를 통해 직무수행내용을 확인할 수 있습니다. 입사 후 수행할 직무내용을 구체적으로 확인할 수 있으며, 이를 통해 입사서류 작성부터 면접까지 직무에 대한 명확한 이해를 바탕으로 자신의 희망직무인지 아닌지, 해당 직무가 자신이 알고 있던 직무가 맞는지 확인할 수 있습니다.

| | |
|---|---|
| 직무수행내용 | (예산) 일정 기간 예상되는 수익과 비용을 편성, 집행하며 통제하는 일 |
| | (자금) 자금의 계획 수립, 조달, 운용을 하고 발생 가능한 위험 관리 및 성과평가 |
| | (회계감사) 기업 및 조직 내·외부에 있는 의사결정자들이 효율적인 의사결정을 할 수 있도록 유용한 정보를 제공, 제공된 회계정보의 적정성을 파악하는 일 |
| | (세무) 세무는 기업의 활동을 위하여 주어진 세법범위 내에서 조세부담을 최소화시키는 조세전략을 포함하고 정확한 과세소득과 과세표준 및 세액을 산출하여 과세당국에 신고·납부하는 일 |

PART 4

## 4. 직무기술서 예시

| | |
|---|---|
| 태도 | (예산) 정확성, 분석적 태도, 논리적 태도, 타 부서와의 협조적 태도, 설득력 |
| | (자금) 분석적 사고력 |
| | (회계 감사) 합리적 태도, 전략적 사고, 정확성, 적극적 협업 태도, 법률준수 태도, 분석적 태도, 신속성, 책임감, 정확한 판단력 |
| | (세무) 규정 준수 의지, 수리적 정확성, 주의 깊은 태도 |
| 우대 자격증 | 공인회계사, 세무사, 컴퓨터활용능력, 변호사, 워드프로세서, 전산회계운용사, 사회조사분석사, 재경관리사, 회계관리 등 |
| 직업기초능력 | 의사소통능력, 문제해결능력, 자원관리능력, 대인관계능력, 정보능력, 조직이해능력 |

## 5. 직무기술서 내용별 확인사항

| 항목 | 확인사항 |
|---|---|
| 모집부문 | 해당 채용에서 선발하는 부문(분야)명 확인 예 사무행정, 전산, 전기 |
| 분류체계 | 지원하려는 분야의 세부직무군 확인 |
| 주요기능 및 역할 | 지원하려는 기업의 전사적인 기능과 역할, 산업군 확인 |
| 능력단위 | 지원분야의 직무수행에 관련되는 세부업무사항 확인 |
| 직무수행내용 | 지원분야의 직무군에 대한 상세사항 확인 |
| 전형방법 | 지원하려는 기업의 신입사원 선발전형 절차 확인 |
| 일반요건 | 교육사항을 제외한 지원 요건 확인(자격요건, 특수한 경우 연령) |
| 교육요건 | 교육사항에 대한 지원요건 확인(대졸 / 초대졸 / 고졸 / 전공 요건) |
| 필요지식 | 지원분야의 업무수행을 위해 요구되는 지식 관련 세부항목 확인 |
| 필요기술 | 지원분야의 업무수행을 위해 요구되는 기술 관련 세부항목 확인 |
| 직무수행태도 | 지원분야의 업무수행을 위해 요구되는 태도 관련 세부항목 확인 |
| 직업기초능력 | 지원분야 또는 지원기업의 조직원으로서 근무하기 위해 필요한 일반적인 능력사항 확인 |

## 1. 입사지원서의 변화

| 기존지원서 | | 능력중심 채용 입사지원서 |
|---|---|---|
| 직무와 관련 없는 학점, 개인신상, 어학점수, 자격, 수상 경력 등을 나열하도록 구성 | VS | 해당 직무수행에 꼭 필요한 정보들을 제시할 수 있도록 구성 |

| 직무기술서 | | 인적사항 | 성명, 연락처, 지원분야 등 작성 (평가 미반영) |
|---|---|---|---|
| 직무수행내용 | | 교육사항 | 직무지식과 관련된 학교교육 및 직업교육 작성 |
| 요구지식 / 기술 | ➡ | 자격사항 | 직무관련 국가공인 또는 민간자격 작성 |
| 관련 자격증 | | 경력 및 경험사항 | 조직에 소속되어 일정한 임금을 받거나(경력) 임금 없이(경험) 직무와 관련된 활동 내용 작성 |
| 사전직무경험 | | | |

## 2. 교육사항

- 지원분야 직무와 관련된 학교 교육이나 직업교육 혹은 기타교육 등 직무에 대한 지원자의 학습 여부를 평가하기 위한 항목입니다.
- 지원하고자 하는 직무의 학교 전공교육 이외에 직업교육, 기타교육 등을 기입할 수 있기 때문에 전공 제한 없이 직업교육과 기타교육을 이수하여 지원이 가능하도록 기회를 제공합니다.
(기타교육 : 학교 이외의 기관에서 개인이 이수한 교육과정 중 지원직무와 관련이 있다고 생각되는 교육내용)

| 구분 | 교육과정(과목)명 | 교육내용 | 과업(능력단위) |
|---|---|---|---|
|  |  |  |  |
|  |  |  |  |

## 3. 자격사항

- 채용공고 및 직무기술서에 제시되어 있는 자격 현황을 토대로 지원자가 해당 직무를 수행하는 데 필요한 능력을 가지고 있는지를 평가하기 위한 항목입니다.
- 채용공고 및 직무기술서에 기재된 직무관련 필수 또는 우대자격 항목을 확인하여 본인이 보유하고 있는 자격사항을 기재합니다.

| 자격유형 | 자격증명 | 발급기관 | 취득일자 | 자격증번호 |
|---|---|---|---|---|
| | | | | |
| | | | | |

## 4. 경력 및 경험사항

- 직무와 관련된 경력이나 경험 여부를 표현하도록 하여 직무와 관련한 능력을 갖추었는지를 평가하기 위한 항목입니다.
- 해당 기업에서 직무를 수행함에 있어 필요한 사항만을 기록하게 되어 있기 때문에 직무와 무관한 스펙을 갖추지 않아도 됩니다.
- 경력 : 금전적 보수를 받고 일정기간 동안 일했던 경우
- 경험 : 금전적 보수를 받지 않고 수행한 활동

※ 기업에 따라 경력 / 경험 관련 증빙자료 요구 가능

| 구분 | 조직명 | 직위 / 역할 | 활동기간(년 / 월) | 주요과업 / 활동내용 |
|---|---|---|---|---|
| | | | | |
| | | | | |

**Tip**

입사지원서 작성 방법

○ 경력 및 경험사항 작성
- 직무기술서에 제시된 지식, 기술, 태도와 지원자의 교육사항, 경력(경험)사항, 자격사항과 연계하여 개인의 직무역량에 대해 스스로 판단 가능

○ 인적사항 최소화
- 개인의 인적사항, 학교명, 가족관계 등을 노출하지 않도록 유의

---

부적절한 입사지원서 작성 사례
- 학교 이메일을 기입하여 학교명 노출
- 거주지 주소에 학교 기숙사 주소를 기입하여 학교명 노출
- 자기소개서에 부모님이 재직 중인 기업명, 직위, 직업을 기입하여 가족관계 노출
- 자기소개서에 석·박사 과정에 대한 이야기를 언급하여 학력 노출
- 동아리 활동에 대한 내용을 학교명과 더불어 언급하여 학교명 노출

## 1. 자기소개서의 변화

- 기존의 자기소개서는 지원자의 일대기나 관심 분야, 성격의 장·단점 등 개괄적인 사항을 묻는 질문으로 구성되어 지원자가 자신의 직무능력을 제대로 표출하지 못합니다.
- 능력중심 채용의 자기소개서는 직무기술서에 제시된 직업기초능력(또는 직무수행능력)에 대한 지원자의 과거 경험을 기술하게 함으로써 평가 타당도의 확보가 가능합니다.

| 1. 우리 회사와 해당 지원 직무분야에 지원한 동기에 대해 기술해 주세요. |
| --- |
| |

| 2. 자신이 경험한 다양한 사회활동에 대해 기술해 주세요. |
| --- |
| |

| 3. 지원 직무에 대한 전문성을 키우기 위해 받은 교육과 경험 및 경력사항에 대해 기술해 주세요. |
| --- |
| |

| 4. 인사업무 또는 팀 과제 수행 중 발생한 갈등을 원만하게 해결해 본 경험이 있습니까? 당시 상황에 대한 설명과 갈등의 대상이 되었던 상대방을 설득한 과정 및 방법을 기술해 주세요. |
| --- |
| |

| 5. 과거에 있었던 일 중 가장 어려웠던(힘들었었던) 상황을 고르고, 어떤 방법으로 그 상황을 해결했는지를 기술해 주세요. |
| --- |
| |

**자기소개서 작성 방법**

① 자기소개서 문항이 묻고 있는 평가 역량 추측하기

> 예시
>
> • 팀 활동을 하면서 갈등 상황 시 상대방의 니즈나 의도를 명확히 파악하고 해결하여 목표 달성에 기여했던 경험에 대해서 작성해 주시기 바랍니다.
> • 다른 사람이 생각해내지 못했던 문제점을 찾고 이를 해결한 경험에 대해 작성해 주시기 바랍니다.

② 해당 역량을 보여줄 수 있는 소재 찾기(시간×역량 매트릭스)

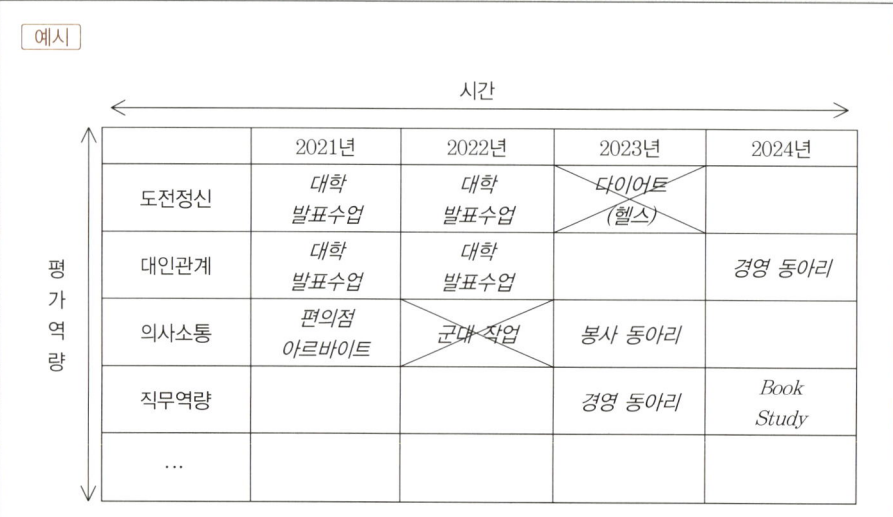

③ 자기소개서 작성 Skill 익히기
- 두괄식으로 작성하기
- 구체적 사례를 사용하기
- '나'를 중심으로 작성하기
- 직무역량 강조하기
- 경험 사례의 차별성 강조하기

## 01 인성검사 유형

인성검사는 지원자의 성격특성을 객관적으로 파악하고 그것이 각 기업에서 필요로 하는 인재상과 가치에 부합하는가를 평가하기 위한 검사입니다. 인성검사는 KPDI(한국인재개발진흥원), K-SAD(한국사회적성개발원), KIRBS(한국행동과학연구소), SHR(에스에이치알) 등의 전문기관을 통해 각 기업의 특성에 맞는 검사를 선택하여 실시합니다. 대표적인 인성검사의 유형에는 크게 다음과 같은 세 가지가 있으며, 채용 대행업체에 따라 달라집니다.

### 1. KPDI 검사

조직적응성과 직무적합성을 알아보기 위한 검사로 인성검사, 인성역량검사, 인적성검사, 직종별 인적성검사 등의 다양한 검사 도구를 구현합니다. KPDI는 성격을 파악하고 정신건강 상태 등을 측정하고, 직무검사는 해당 직무를 수행하기 위해 기본적으로 갖추어야 할 인지적 능력을 측정합니다. 역량검사는 특정 직무 역할을 효과적으로 수행하는 데 직접적으로 관련 있는 개인의 행동, 지식, 스킬, 가치관 등을 측정합니다.

### 2. KAD(Korea Aptitude Development) 검사

K-SAD(한국사회적성개발원)에서 실시하는 적성검사 프로그램입니다. 개인의 성향, 지적 능력, 기호, 관심, 흥미도를 종합적으로 분석하여 적성에 맞는 업무가 무엇인가 파악하고, 직무수행에 있어서 요구되는 기초능력과 실무능력을 분석합니다.

### 3. SHR 직무적성검사

직무수행에 필요한 종합적인 사고 능력을 다양한 적성검사(Paper and Pencil Test)로 평가합니다. SHR의 모든 직무능력검사는 표준화 검사입니다. 표준화 검사는 표본집단의 점수를 기초로 규준이 만들어진 검사이므로 개인의 점수를 규준에 맞추어 해석·비교하는 것이 가능합니다. S(Standardized Tests), H(Hundreds of Version), R(Reliable Norm Data)을 특징으로 하며, 직군·직급별 특성과 선발 수준에 맞추어 검사를 적용할 수 있습니다.

인성검사는 특히 면접질문과 관련성이 높습니다. 면접관은 지원자의 인성검사 결과를 토대로 질문을 하기 때문입니다. 일관적이고 이상적인 답변을 하는 것이 가장 좋지만, 실제 시험은 매우 복잡하여 전문가라 해도 일정 성격을 유지하면서 답변을 하는 것이 힘듭니다. 또한, 인성검사에는 라이 스케일(Lie Scale) 설문이 전체 설문 속에 교묘하게 섞여 들어가 있으므로 겉치레적인 답을 하게 되면 회답태도의 허위성이 그대로 드러나게 됩니다. 예를 들어 '거짓말을 한 적이 한 번도 없다.'에 '예'로 답하고, '때로는 거짓말을 하기도 한다.'에 '예'라고 답하여 라이 스케일의 득점이 올라가게 되면 모든 회답의 신빙성이 사라지고 '자신을 돋보이게 하려는 사람'이라는 평가를 받을 수 있으므로 주의해야 합니다. 따라서 모의테스트를 통해 인성검사의 유형과 실제 시험 시 어떻게 문제를 풀어야 하는지 연습해 보고 체크한 부분 중 자신의 단점과 연결되는 부분은 면접에서 질문이 들어왔을 때 어떻게 대처해야 하는지 생각해 보는 것이 좋습니다.

### 1. 기업의 인재상을 파악하라!

인성검사를 통해 개인의 성격 특성을 파악하고 그것이 기업의 인재상과 가치에 부합하는지를 평가하는 시험이기 때문에 해당 기업의 인재상을 먼저 파악하고 시험에 임하는 것이 좋습니다. 모의테스트에서 인재상에 맞는 가상의 인물을 설정하고 문제에 답해 보는 것도 많은 도움이 됩니다.

### 2. 일관성 있는 대답을 하라!

짧은 시간 안에 다양한 질문에 답을 해야 하는데, 그 안에는 중복되는 질문이 여러 번 나옵니다. 이때 앞서 자신이 체크했던 대답을 잘 기억해뒀다가 일관성 있는 답을 하는 것이 중요합니다.

### 3. 모든 문항에 대답하라!

많은 문제를 짧은 시간 안에 풀려다 보니 다 못 푸는 경우도 종종 생깁니다. 하지만 대답을 누락하거나 끝까지 다 못했을 경우 좋지 않은 결과를 가져올 수도 있으니 최대한 주어진 시간 안에 모든 문항에 답할 수 있도록 해야 합니다.

※ 모의테스트는 질문 및 답변 유형 연습을 위한 것으로 실제 시험과 다를 수 있습니다.
※ 인성검사는 정답이 따로 없는 유형의 검사이므로 결과지를 제공하지 않습니다.

| 번호 | 내용 | 예 | 아니요 |
| --- | --- | --- | --- |
| 001 | 나는 솔직한 편이다. | ☐ | ☐ |
| 002 | 나는 리드하는 것을 좋아한다. | ☐ | ☐ |
| 003 | 법을 어겨서 말썽이 된 적이 한 번도 없다. | ☐ | ☐ |
| 004 | 거짓말을 한 번도 한 적이 없다. | ☐ | ☐ |
| 005 | 나는 눈치가 빠르다. | ☐ | ☐ |
| 006 | 나는 일을 주도하기보다는 뒤에서 지원하는 것을 선호한다. | ☐ | ☐ |
| 007 | 앞일은 알 수 없기 때문에 계획은 필요하지 않다. | ☐ | ☐ |
| 008 | 거짓말도 때로는 방편이라고 생각한다. | ☐ | ☐ |
| 009 | 사람이 많은 술자리를 좋아한다. | ☐ | ☐ |
| 010 | 걱정이 지나치게 많다. | ☐ | ☐ |
| 011 | 일을 시작하기 전 재고하는 경향이 있다. | ☐ | ☐ |
| 012 | 불의를 참지 못한다. | ☐ | ☐ |
| 013 | 처음 만나는 사람과도 이야기를 잘 한다. | ☐ | ☐ |
| 014 | 때로는 변화가 두렵다. | ☐ | ☐ |
| 015 | 나는 모든 사람에게 친절하다. | ☐ | ☐ |
| 016 | 힘든 일이 있을 때 술은 위로가 되지 않는다. | ☐ | ☐ |
| 017 | 결정을 빨리 내리지 못해 손해를 본 경험이 있다. | ☐ | ☐ |
| 018 | 기회를 잡을 준비가 되어 있다. | ☐ | ☐ |
| 019 | 때로는 내가 정말 쓸모없는 사람이라고 느낀다. | ☐ | ☐ |
| 020 | 누군가 나를 챙겨주는 것이 좋다. | ☐ | ☐ |
| 021 | 자주 가슴이 답답하다. | ☐ | ☐ |
| 022 | 나는 내가 자랑스럽다. | ☐ | ☐ |
| 023 | 경험이 중요하다고 생각한다. | ☐ | ☐ |
| 024 | 전자기기를 분해하고 다시 조립하는 것을 좋아한다. | ☐ | ☐ |

PART 4

| 025 | 감시받고 있다는 느낌이 든다. | ☐ | ☐ |
| 026 | 난처한 상황에 놓이면 그 순간을 피하고 싶다. | ☐ | ☐ |
| 027 | 세상엔 믿을 사람이 없다. | ☐ | ☐ |
| 028 | 잘못을 빨리 인정하는 편이다. | ☐ | ☐ |
| 029 | 지도를 보고 길을 잘 찾아간다. | ☐ | ☐ |
| 030 | 귓속말을 하는 사람을 보면 날 비난하고 있는 것 같다. | ☐ | ☐ |
| 031 | 막무가내라는 말을 들을 때가 있다. | ☐ | ☐ |
| 032 | 장래의 일을 생각하면 불안하다. | ☐ | ☐ |
| 033 | 결과보다 과정이 중요하다고 생각한다. | ☐ | ☐ |
| 034 | 운동은 그다지 할 필요가 없다고 생각한다. | ☐ | ☐ |
| 035 | 새로운 일을 시작할 때 좀처럼 한 발을 떼지 못한다. | ☐ | ☐ |
| 036 | 기분 상하는 일이 있더라도 참는 편이다. | ☐ | ☐ |
| 037 | 업무능력은 성과로 평가받아야 한다고 생각한다. | ☐ | ☐ |
| 038 | 머리가 맑지 못하고 무거운 느낌이 든다. | ☐ | ☐ |
| 039 | 가끔 이상한 소리가 들린다. | ☐ | ☐ |
| 040 | 타인이 내게 자주 고민상담을 하는 편이다. | ☐ | ☐ |

※ 모의테스트는 질문 및 답변 유형 연습을 위한 것으로 실제 시험과 다를 수 있습니다.
※ 인성검사는 정답이 따로 없는 유형의 검사이므로 결과지를 제공하지 않습니다.

※ 이 성격검사의 각 문항에는 서로 다른 행동을 나타내는 네 개의 문장이 제시되어 있습니다. 이 문장들을 비교하여, 자신의 평소 행동과 가장 가까운 문장을 'ㄱ' 열에 표기하고, 가장 먼 문장을 'ㅁ' 열에 표기하십시오.

**01**    나는 _____

| | ㄱ | ㅁ |
|---|---|---|
| A. 실용적인 해결책을 찾는다. | ☐ | ☐ |
| B. 다른 사람을 돕는 것을 좋아한다. | ☐ | ☐ |
| C. 세부 사항을 잘 챙긴다. | ☐ | ☐ |
| D. 상대의 주장에서 허점을 잘 찾는다. | ☐ | ☐ |

**02**    나는 _____

| | ㄱ | ㅁ |
|---|---|---|
| A. 매사에 적극적으로 임한다. | ☐ | ☐ |
| B. 즉흥적인 편이다. | ☐ | ☐ |
| C. 관찰력이 있다. | ☐ | ☐ |
| D. 임기응변에 강하다. | ☐ | ☐ |

**03**    나는 _____

| | ㄱ | ㅁ |
|---|---|---|
| A. 무서운 영화를 잘 본다. | ☐ | ☐ |
| B. 조용한 곳이 좋다. | ☐ | ☐ |
| C. 가끔 울고 싶다. | ☐ | ☐ |
| D. 집중력이 좋다. | ☐ | ☐ |

**04**    나는 _____

| | ㄱ | ㅁ |
|---|---|---|
| A. 기계를 조립하는 것을 좋아한다. | ☐ | ☐ |
| B. 집단에서 리드하는 역할을 맡는다. | ☐ | ☐ |
| C. 호기심이 많다. | ☐ | ☐ |
| D. 음악을 듣는 것을 좋아한다. | ☐ | ☐ |

**05** 나는 _____

| | ㄱ | ㅁ |
|---|---|---|
| A. 타인을 늘 배려한다. | ☐ | ☐ |
| B. 감수성이 예민하다. | ☐ | ☐ |
| C. 즐겨하는 운동이 있다. | ☐ | ☐ |
| D. 일을 시작하기 전에 계획을 세운다. | ☐ | ☐ |

**06** 나는 _____

| | ㄱ | ㅁ |
|---|---|---|
| A. 타인에게 설명하는 것을 좋아한다. | ☐ | ☐ |
| B. 여행을 좋아한다. | ☐ | ☐ |
| C. 정적인 것이 좋다. | ☐ | ☐ |
| D. 남을 돕는 것에 보람을 느낀다. | ☐ | ☐ |

**07** 나는 _____

| | ㄱ | ㅁ |
|---|---|---|
| A. 기계를 능숙하게 다룬다. | ☐ | ☐ |
| B. 밤에 잠이 잘 오지 않는다. | ☐ | ☐ |
| C. 한 번 간 길을 잘 기억한다. | ☐ | ☐ |
| D. 불의를 보면 참을 수 없다. | ☐ | ☐ |

**08** 나는 _____

| | ㄱ | ㅁ |
|---|---|---|
| A. 종일 말을 하지 않을 때가 있다. | ☐ | ☐ |
| B. 사람이 많은 곳을 좋아한다. | ☐ | ☐ |
| C. 술을 좋아한다. | ☐ | ☐ |
| D. 휴양지에서 편하게 쉬고 싶다. | ☐ | ☐ |

**09**  나는 _____

| | ㄱ | ㅁ |
|---|---|---|
| A. 뉴스보다는 드라마를 좋아한다. | ☐ | ☐ |
| B. 길을 잘 찾는다. | ☐ | ☐ |
| C. 주말엔 집에서 쉬는 것이 좋다. | ☐ | ☐ |
| D. 아침에 일어나는 것이 힘들다. | ☐ | ☐ |

**10**  나는 _____

| | ㄱ | ㅁ |
|---|---|---|
| A. 이성적이다. | ☐ | ☐ |
| B. 할 일을 종종 미룬다. | ☐ | ☐ |
| C. 어른을 대하는 게 힘들다. | ☐ | ☐ |
| D. 불을 보면 매혹을 느낀다. | ☐ | ☐ |

**11**  나는 _____

| | ㄱ | ㅁ |
|---|---|---|
| A. 상상력이 풍부하다. | ☐ | ☐ |
| B. 예의 바르다는 소리를 자주 듣는다. | ☐ | ☐ |
| C. 사람들 앞에 서면 긴장한다. | ☐ | ☐ |
| D. 친구를 자주 만난다. | ☐ | ☐ |

**12**  나는 _____

| | ㄱ | ㅁ |
|---|---|---|
| A. 나만의 스트레스 해소 방법이 있다. | ☐ | ☐ |
| B. 친구가 많다. | ☐ | ☐ |
| C. 책을 자주 읽는다. | ☐ | ☐ |
| D. 활동적이다. | ☐ | ☐ |

## 01 면접유형 파악

### 1. 면접전형의 변화

기존 면접전형에서는 일상적이고 단편적인 대화나 지원자의 첫인상 및 면접관의 주관적인 판단 등에 의해서 입사 결정 여부를 판단하는 경우가 많았습니다. 이러한 면접전형은 면접 내용의 일관성이 결여되거나 직무 관련 타당성이 부족하였고, 면접에 대한 신뢰도에 영향을 주었습니다.

| 기존 면접(전통적 면접) | | 능력중심 채용 면접(구조화 면접) |
|---|---|---|
| • 일상적이고 단편적인 대화<br>• 인상, 외모 등 외부 요소의 영향<br>• 주관적인 판단에 의존한 총점 부여<br><br>⇩<br><br>• 면접 내용의 일관성 결여<br>• 직무관련 타당성 부족<br>• 주관적인 채점으로 신뢰도 저하 | VS | • 일관성<br>  - 직무관련 역량에 초점을 둔 구체적 질문 목록<br>  - 지원자별 동일 질문 적용<br>• 구조화<br>  - 면접 진행 및 평가 절차를 일정한 체계에 의해 구성<br>• 표준화<br>  - 평가 타당도 제고를 위한 평가 Matrix 구성<br>  - 척도에 따라 항목별 채점, 개인 간 비교<br>• 신뢰성<br>  - 면접진행 매뉴얼에 따라 면접위원 교육 및 실습 |

### 2. 능력중심 채용의 면접 유형

① 경험 면접
  • 목적 : 선발하고자 하는 직무 능력이 필요한 과거 경험을 질문합니다.
  • 평가요소 : 직업기초능력과 인성 및 태도적 요소를 평가합니다.
② 상황 면접
  • 목적 : 특정 상황을 제시하고 지원자의 행동을 관찰함으로써 실제 상황의 행동을 예상합니다.
  • 평가요소 : 직업기초능력과 인성 및 태도적 요소를 평가합니다.
③ 발표 면접
  • 목적 : 특정 주제와 관련된 지원자의 발표와 질의응답을 통해 지원자 역량을 평가합니다.
  • 평가요소 : 직무수행능력과 인지적 역량(문제해결능력)을 평가합니다.
④ 토론 면접
  • 목적 : 토의과제에 대한 의견수렴 과정에서 지원자의 역량과 상호작용능력을 평가합니다.
  • 평가요소 : 직무수행능력과 팀워크를 평가합니다.

## 1. 경험 면접

① 경험 면접의 특징
- 주로 직업기초능력에 관련된 지원자의 과거 경험을 심층 질문하여 검증하는 면접입니다.
- 직무능력과 관련된 과거 경험을 평가하기 위해 심층 질문을 하며, 이 질문은 지원자의 답변에 대하여 '꼬리에 꼬리를 무는 형식'으로 진행됩니다.

> - 능력요소, 정의, 심사 기준
>   - 평가하고자 하는 능력요소, 정의, 심사기준을 확인하여 면접위원이 해당 능력요소 관련 질문을 제시합니다.
> - Opening Question
>   - 능력요소에 관련된 과거 경험을 유도하기 위한 시작 질문을 합니다.
> - Follow-up Question
>   - 지원자의 경험 수준을 구체적으로 검증하기 위한 질문입니다.
>   - 경험 수준 검증을 위한 상황(Situation), 임무(Task), 역할 및 노력(Action), 결과(Result) 등으로 질문을 구분합니다.

**경험 면접의 형태**

[면접관 1]   [면접관 2]   [면접관 3]

[면접관 1]   [면접관 2]   [면접관 3]

[지원자]

〈일대다 면접〉

[지원자 1]   [지원자 2]   [지원자 3]

〈다대다 면접〉

PART 4

② 경험 면접의 구조

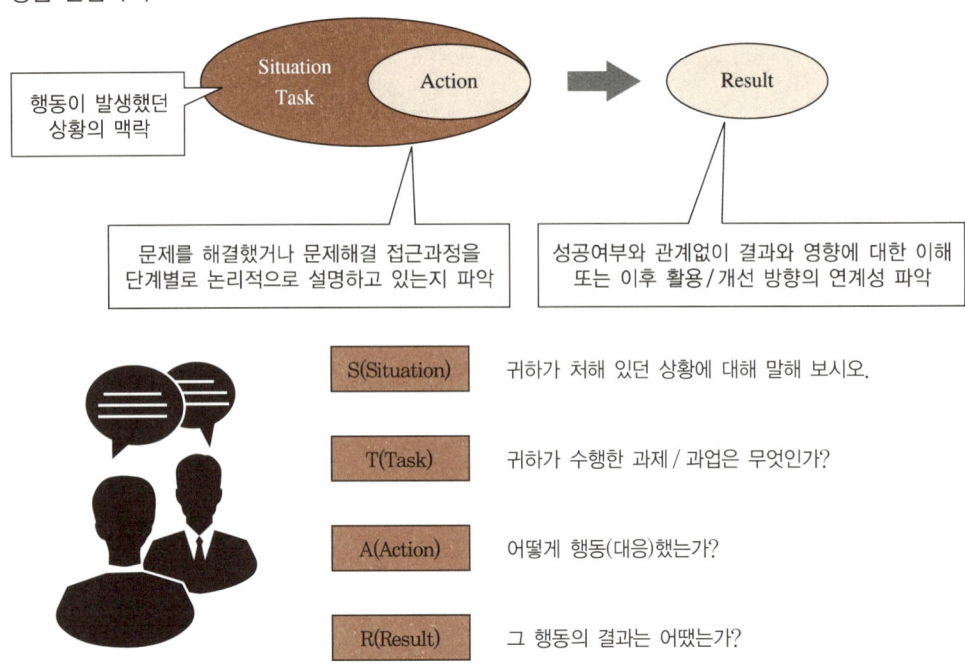

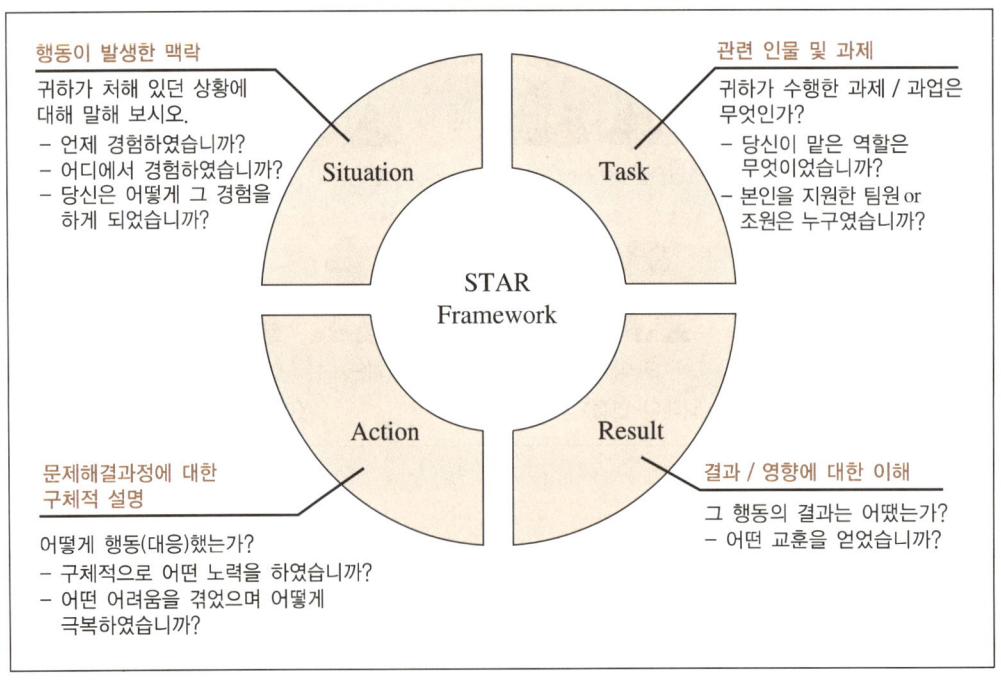

③ 경험 면접 질문 예시(직업윤리)

| 시작 질문 | |
|---|---|
| 1 | 남들이 신경 쓰지 않는 부문까지 고려하여 절차대로 업무(연구)를 수행하여 성과를 낸 경험을 구체적으로 말해 보시오. |
| 2 | 조직의 원칙과 절차를 철저히 준수하며 업무(연구)를 수행한 것 중 성과를 향상시킨 경험에 대해 구체적으로 말해 보시오. |
| 3 | 세부적인 절차와 규칙에 주의를 기울여 실수 없이 업무(연구)를 마무리한 경험을 구체적으로 말해 보시오. |
| 4 | 조직의 규칙이나 원칙을 고려하여 성실하게 일했던 경험을 구체적으로 말해 보시오. |
| 5 | 타인의 실수를 바로잡고 원칙과 절차대로 수행하여 성공적으로 업무를 마무리하였던 경험에 대해 말해 보시오. |

| 후속 질문 | | |
|---|---|---|
| 상황<br>(Situation) | 상황 | 구체적으로 언제, 어디에서 경험한 일인가? |
| | | 어떤 상황이었는가? |
| | 조직 | 어떤 조직에 속해 있었는가? |
| | | 그 조직의 특성은 무엇이었는가? |
| | | 몇 명으로 구성된 조직이었는가? |
| | 기간 | 해당 조직에서 얼마나 일했는가? |
| | | 해당 업무는 몇 개월 동안 지속되었는가? |
| | 조직규칙 | 조직의 원칙이나 규칙은 무엇이었는가? |
| 임무<br>(Task) | 과제 | 과제의 목표는 무엇이었는가? |
| | | 과제에 적용되는 조직의 원칙은 무엇이었는가? |
| | | 그 규칙을 지켜야 하는 이유는 무엇이었는가? |
| | 역할 | 당신이 조직에서 맡은 역할은 무엇이었는가? |
| | | 과제에서 맡은 역할은 무엇이었는가? |
| | 문제의식 | 규칙을 지키지 않을 경우 생기는 문제점 / 불편함은 무엇인가? |
| | | 해당 규칙이 왜 중요하다고 생각하였는가? |
| 역할 및 노력<br>(Action) | 행동 | 업무 과정의 어떤 장면에서 규칙을 철저히 준수하였는가? |
| | | 어떻게 규정을 적용시켜 업무를 수행하였는가? |
| | | 규정은 준수하는 데 어려움은 없었는가? |
| | 노력 | 그 규칙을 지키기 위해 스스로 어떤 노력을 기울였는가? |
| | | 본인의 생각이나 태도에 어떤 변화가 있었는가? |
| | | 다른 사람들은 어떤 노력을 기울였는가? |
| | 동료관계 | 동료들은 규칙을 철저히 준수하고 있었는가? |
| | | 팀원들은 해당 규칙에 대해 어떻게 반응하였는가? |
| | | 규칙에 대한 태도를 개선하기 위해 어떤 노력을 하였는가? |
| | | 팀원들의 태도는 당신에게 어떤 자극을 주었는가? |
| | 업무추진 | 주어진 업무를 추진하는 데 규칙이 방해되진 않았는가? |
| | | 업무수행 과정에서 규정을 어떻게 적용하였는가? |
| | | 업무 시 규정을 준수해야 한다고 생각한 이유는 무엇인가? |

| | | |
|---|---|---|
| | | 규칙을 어느 정도나 준수하였는가? |
| | | 그렇게 준수할 수 있었던 이유는 무엇이었는가? |
| | 평가 | 업무의 성과는 어느 정도였는가? |
| | | 성과에 만족하였는가? |
| 결과 (Result) | | 비슷한 상황이 온다면 어떻게 할 것인가? |
| | | 주변 사람들로부터 어떤 평가를 받았는가? |
| | 피드백 | 그러한 평가에 만족하는가? |
| | | 다른 사람에게 본인의 행동이 영향을 주었다고 생각하는가? |
| | 교훈 | 업무수행 과정에서 중요한 점은 무엇이라고 생각하는가? |
| | | 이 경험을 통해 느낀 바는 무엇인가? |

## 2. 상황 면접

① 상황 면접의 특징

직무 관련 상황을 가정하여 제시하고 이에 대한 대응능력을 직무관련성 측면에서 평가하는 면접입니다.

---

- 상황 면접 과제의 구성은 크게 2가지로 구분
  - 상황 제시(Description) / 문제 제시(Question or Problem)
- 현장의 실제 업무 상황을 반영하여 과제를 제시하므로 직무분석이나 직무전문가 워크숍 등을 거쳐 현장성을 높임
- 문제는 상황에 대한 기본적인 이해능력(이론적 지식)과 함께 실질적 대응이나 변수 고려능력(실천 적 능력) 등을 고르게 질문해야 함

---

상황 면접의 형태

| [면접관 1] [면접관 2] | |
| [연기자 1] [연기자 2] | [면접관 1] [면접관 2] |
| [지원자] | [지원자 1] [지원자 2] [지원자 3] |
| 〈시뮬레이션〉 | 〈문답형〉 |

② 상황 면접 예시

| 상황<br>제시 | 인천공항 여객터미널 내에는 다양한 용도의 시설(사무실, 통신실, 식당, 전산실, 창고, 면세점 등)이 설치되어 있습니다. | 실제 업무<br>상황에 기반함 |
|---|---|---|
| | 금년에 소방배관의 누수가 잦아 메인 배관을 교체하는 공사를 추진하고 있으며, 당신은 이번 공사의 담당자입니다. | 배경 정보 |
| | 주간에는 공항 운영이 이루어져 주로 야간에만 배관 교체 공사를 수행하던 중, 시공하는 기능공의 실수로 배관 연결 부위를 잘못 건드려 고압배관의 소화수가 누출되는 사고가 발생하였으며, 이로 인해 인근 시설물에 누수에 의한 피해가 발생하였습니다. | 구체적인 문제 상황 |
| 문제<br>제시 | 일반적인 소방배관의 배관연결(이음)방식과 배관의 이탈(누수)이 발생하는 원인에 대해 설명해 보시오. | 문제 상황 해결을 위한<br>기본 지식 문항 |
| | 담당자로서 본 사고를 현장에서 긴급히 처리하는 프로세스를 제시하고, 보수완료 후 사후적 조치가 필요한 부분 및 재발방지 방안에 대해 설명해 보시오. | 문제 상황 해결을 위한<br>추가 대응 문항 |

## 3. 발표 면접

① 발표 면접의 특징
- 직무관련 주제에 대한 지원자의 생각을 정리하여 의견을 제시하고, 발표 및 질의응답을 통해 지원자의 직무능력을 평가하는 면접입니다.
- 발표 주제는 직무와 관련된 자료로 제공되며, 일정 시간 후 지원자가 보유한 지식 및 방안에 대한 발표 및 후속 질문을 통해 직무적합성을 평가합니다.

- 주요 평가요소
  - 설득적 말하기 / 발표능력 / 문제해결능력 / 직무관련 전문성
- 이미 언론을 통해 공론화된 시사 이슈보다는 해당 직무분야에 관련된 주제가 발표면접의 과제로 선정되는 경우가 최근 들어 늘어나고 있음
- 짧은 시간 동안 주어진 과제를 빠른 속도로 분석하여 발표문을 작성하고 제한된 시간 안에 면접관에게 효과적인 발표를 진행하는 것이 핵심

**발표 면접의 형태**

[면접관 1]　[면접관 2]　　　　　[면접관 1]　[면접관 2]

[지원자]　　　　　　[지원자 1]　[지원자 2]　[지원자 3]

〈개별 과제 발표〉　　　　　〈팀 과제 발표〉

※ 면접관에게 시각적 효과를 사용하여 메시지를 전달하는 쌍방향 커뮤니케이션 방식
※ 심층면접을 보완하기 위한 방안으로 최근 많은 기업에서 적극 도입하는 추세

② 발표 면접 예시

1. 지시문

당신은 현재 A사에서 직원들의 성과평가를 담당하고 있는 팀원이다. 인사팀은 지난주부터 사내 조직문화 관련 인터뷰를 하던 도중 성과평가제도에 관련된 개선 니즈가 제일 많다는 것을 알게 되었다. 이에 팀장님은 인터뷰 결과를 종합하려 성과평가제도 개선 아이디어를 A4용지에 정리하여 신속 보고할 것을 지시하셨다. 당신에게 남은 시간은 1시간이다. 자료를 준비하는 대로 당신은 팀원들이 모인 회의실에서 5분간 발표할 것이며, 이후 질의응답을 진행할 것이다.

2. 배경자료

〈성과평가제도 개선에 대한 인터뷰〉

최근 A사는 회사 사세의 급성장으로 인해 작년보다 매출이 두 배 성장하였고, 직원 수 또한 두 배로 증가하였다. 회사의 성장은 임금, 복지에 대한 상승 등 긍정적인 영향을 주었으나 업무의 불균형 및 성과보상의 불평등 문제가 발생하였다. 또한 수시로 입사하는 신입직원과 경력직원, 퇴사하는 직원들까지 인원들의 잦은 변동으로 인해 평가해야 할 대상이 변경되어 현재의 성과평가제도로는 공정한 평가가 어려운 상황이다.

[생산부서 김상호]
우리 팀은 지난 1년 동안 생산량이 급증했기 때문에 수십 명의 신규인력이 급하게 채용되었습니다. 이 때문에 저희 팀장님은 신규 입사자들의 이름조차 기억 못할 때가 많이 있습니다. 성과평가를 제대로 하고 있는지 의문이 듭니다.

[마케팅 부서 김흥민]
개인의 성과평가의 취지는 충분히 이해합니다. 그러나 현재 평가는 실적기반이나 정성적인 평가가 많이 포함되어 있어 객관성과 공정성에는 의문이 드는 것이 사실입니다. 이러한 상황에서 평가제도를 재수립하지 않고, 인센티브에 계속 반영한다면, 평가제도에 대한 반감이 커질 것이 분명합니다.

[교육부서 홍경민]
현재 교육부서는 인사팀과 밀접하게 일하고 있습니다. 그럼에도 인사팀에서 실시하는 성과평가제도에 대한 이해가 부족한 것 같습니다.

[기획부서 김경호 차장]
저는 저의 평가자 중 하나가 연구부서의 팀장님인데, 일 년에 몇 번 같이 일하지 않는데 어떻게 저를 평가할 수 있을까요? 특히 연구팀은 저희가 예산을 배정하는데, 저에게는 좋지만 ….

## 4. 토론 면접

① 토론 면접의 특징

- 다수의 지원자가 조를 편성해 과제에 대한 토론(토의)을 봉해 결론을 노출해 가는 면접입니다.
- 의사소통능력, 팀워크, 종합인성 등의 평가에 용이합니다.

---

- 주요 평가요소
  - 설득적 말하기, 경청능력, 팀워크, 종합인성
- 의견 대립이 명확한 주제 또는 채용분야의 직무 관련 주요 현안을 주제로 과제 구성
- 제한된 시간 내 토론을 진행해야 하므로 적극적으로 자신 있게 토론에 임하고 본인의 의견을 개진할 수 있어야 함

---

**토론 면접의 형태**

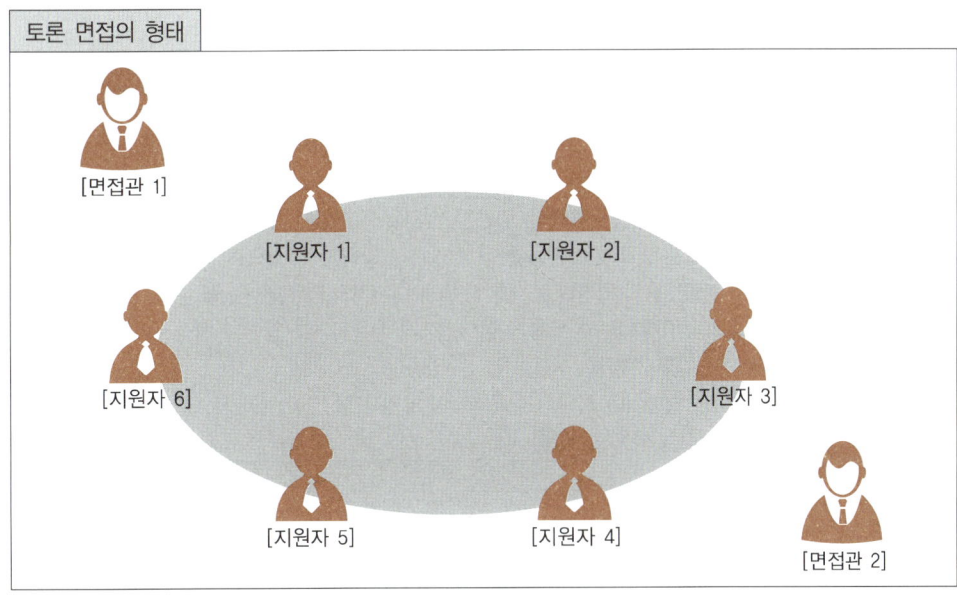

② 토론 면접 예시

| 고객 불만 고충처리 |
|---|

**1. 들어가며**

최근 우리 상품에 대한 고객 불만의 증가로 고객고충처리 TF가 만들어졌고 당신은 여기에 지원해 배치받았다. 당신의 업무는 불만을 가진 고객을 만나서 애로사항을 듣고 처리해 주는 일이다. 주된 업무로는 고객의 니즈를 파악해 방향성을 제시해 주고 그 해결책을 마련하는 일이다. 하지만 경우에 따라서 고객의 주관적인 의견으로 인해 제대로 된 방향으로 의사결정을 하지 못할 때가 있다. 이럴 경우 설득이나 논쟁을 해서라도 의견을 관철시키는 것이 좋을지 아니면 고객의 의견대로 진행하는 것이 좋을지 결정해야 할 때가 있다. 만약 당신이라면 이러한 상황에서 어떤 결정을 내릴 것인지 여부를 자유롭게 토론해 보시오.

**2. 1분 자유 발언 시 준비사항**

• 당신은 의견을 자유롭게 개진할 수 있으며 이에 따른 불이익은 없습니다.

• 토론의 방향성을 이해하고, 내용의 장점과 단점이 무엇인지 문제를 명확히 말해야 합니다.

• 합리적인 근거에 기초하여 개선방안을 명확히 제시해야 합니다.

• 제시한 방안을 실행 시 예상되는 긍정적·부정적 영향요인도 동시에 고려할 필요가 있습니다.

**3. 토론 시 유의사항**

• 토론 주제문과 제공해드린 메모지, 볼펜만 가지고 토론장에 입장할 수 있습니다.

• 사회자의 지정 또는 발표자가 손을 들어 발언권을 획득할 수 있으며, 사회자의 통제에 따릅니다.

• 토론회가 시작되면, 팀의 의견과 논거를 정리하여 1분간의 자유발언을 할 수 있습니다. 순서는 사회자가 지정합니다. 이후에는 자유롭게 상대방에게 질문하거나 답변을 하실 수 있습니다.

• 핸드폰, 서적 등 외부 매체는 사용하실 수 없습니다.

• 논제에 벗어나는 발언이나 지나치게 공격적인 발언을 할 경우, 위에서 제시한 유의사항을 지키지 않을 경우 불이익을 받을 수 있습니다.

## 1. 면접 Role Play 편성

- 교육생끼리 조를 편성하여 면접관과 지원자 역할을 교대로 진행합니다.
- 지원자 입장과 면접관 입장을 모두 경험해 보면서 면접에 대한 적응력을 높일 수 있습니다.

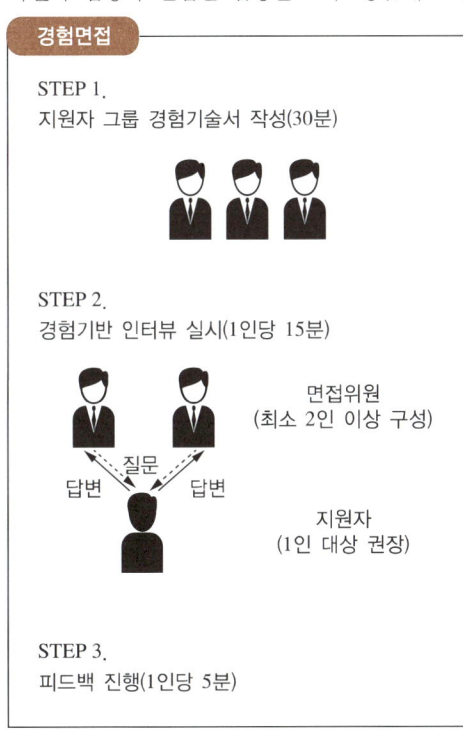

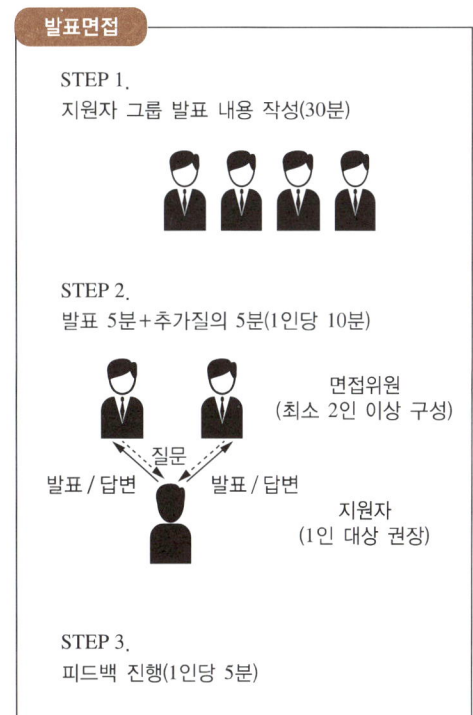

**Tip**

면접 준비하기
1. 면접 유형 확인 필수
   - 기업마다 면접 유형이 상이하기 때문에 해당 기업의 면접 유형을 확인하는 것이 좋음
   - 일반적으로 실무진 면접, 임원면접 2차례에 거쳐 면접을 실시하는 기업이 많고 실무진 면접과 임원 면접에서 평가 요소가 다르기 때문에 유형에 맞는 준비방법이 필요
2. 후속 질문에 대한 사전 점검
   - 블라인드 채용 면접에서는 주요 질문과 함께 후속 질문을 통해 지원자의 직무능력을 판단
     → STAR 기법을 통한 후속 질문에 미리 대비하는 것이 필요

## 1. 코레일 한국철도공사

[경험면접]

- 조직생활에서의 갈등 경험에 대해 말해 보시오.
- 일을 할 때 본인만의 우선순위가 있다면 말해 보시오.
- 체계적인 계획을 통해 일을 성공적으로 마무리한 경험이 있는가?
- 특정 설비에 어떤 장비가 사용되는지 설명해 보시오.
- 가장 존경하는 인물은 누구인지 말해 보시오.
- 원칙과 고객만족 중 어느 것이 더 중요한지 말해 보시오.
- 기차가 고장 나는 이유가 무엇이라고 생각하는지 말해 보시오.
- 새로운 조직에 적응하기 위해 노력했던 경험이 있다면 말해 보시오.
- 이미 완수된 작업을 창의적으로 개선한 경험이 있다면 말해 보시오.
- 작업을 창의적으로 개선했을 때 주변인의 반응에 대해 말해 보시오.
- 타인과 협업했던 경험에 대해 말해 보시오.
- 다른 사람과의 갈등을 해결한 경험이 있다면 말해 보시오.
- 추가로 어필하고 싶은 본인의 역량에 대해 말해 보시오.
- 자기개발을 어떻게 하는지 말해 보시오.
- 인생을 살면서 실패해 본 경험이 있다면 말해 보시오.
- 팀워크를 발휘한 경험이 있다면 본인의 역할과 성과에 대해 말해 보시오.
- 본인의 장점과 단점은 무엇인지 말해 보시오.
- 본인의 장단점을 업무와 연관지어 말해 보시오.
- 성공이나 실패의 경험으로 얻은 교훈이 있다면 이를 직무에 어떻게 적용할 것인지 말해 보시오.
- 본인이 중요하게 생각하는 가치관에 대해 말해 보시오.
- 공공기관의 직원으로서 중요시해야 하는 덕목이나 역량에 대해 말해 보시오.
- 인간관계에서 스트레스를 받은 경험이 있다면 말해 보시오.
- 코레일의 직무를 수행하기 위해 특별히 더 노력한 부분이 있다면 말해 보시오.
- 주변 사람이 부적절한 일을 했을 때 어떻게 해결했는지 말해 보시오.

[직무상황면접]

- 실제 역무원이 되었다고 가정하고 안내방송을 해 보시오.
- 기관사로 근무하던 중 졸아서 신호기가 황색일 때 비상제동을 했고, 전동차는 이미 적색 신호를 현시하고 있는 신호기를 넘어섰다. 사업소로 복귀한 후 기관사로서 어떻게 행동할 것인지 말해 보시오.
- 동료가 일하기 싫다며 일을 제대로 하지 않을 경우 어떻게 대처할 것인지 말해 보시오.
- 노력한 프로젝트의 결과가 안 좋을 경우 어떻게 해결할 것인지 말해 보시오.
- 상사와 가치관이 대립한다면 어떻게 해결할 것인지 말해 보시오.
- 상사가 불법적인 일을 시킨다면 어떻게 행동할 것인지 말해 보시오.

## 2. 국민건강보험공단

### [토론면접]

- 불법의료기관 개설 방지를 위한 특별사법경찰권의 실효성 재고 방안을 제시해 보시오.
- 아동청소년 정신건강 사회공헌활동을 고안해 보시오.
- 노인장기요양기관 부당청구 신고 활성화 방안을 제시해 보시오.
- 출생신고제와 보호출산제의 병행 방향을 제시해 보시오.
- 섭식장애에 대한 지원 방향을 제시해 보시오.
- 저소득층의 당뇨 관리 방안은 무엇인가?
- 공단에 제시하고 싶은 개인정보보호 강화 방안은 무엇인가?
- 국민건강보험공단의 보장성을 강화할 수 있는 방안은 무언인가?
- 상병수당을 효과적으로 홍보할 수 있는 방안은 무엇인가?
- 고령화시대에서 국민건강보험공단의 이상적인 사업 추진 방향은 무엇인가?

### [상황면접]

- 본인이 프로젝트 자료 조사 및 데이터 수집을 담당하였고, 이를 바탕으로 제작한 성과물이 좋은 반응을 얻었다. 하지만 자료에 오류가 있었고, 이 사실을 본인만 알고 있다면 어떻게 할 것인가?
- 함께 일하는 직원이 매우 내향적이라 본인에게만 이야기하려고 하고, 모든 활동을 본인과 하려고 하며 다른 직원들과는 잘 어울리지 않는다. 이럴 때 본인은 어떻게 할 것인가?
- 데이터 분석 역량이 뛰어난 본인은 사내 데이터 분석 동호회에 가입했다. 동호회 상사가 데이터 분석 관련 일을 부탁하였고, 처음에는 그 부탁을 들어줬으나 이제는 본인 업무에 무리가 될 정도로 부탁하고 있다. 이럴 때 본인은 어떻게 할 것인가?
- 선임이 나에게는 잡일을 시키고 동기에게는 중요한 일을 시킨다면 본인은 어떻게 할 것인가?
- 열심히 자료 조사를 했는데 선임이 상사에게 본인이 찾았다고 하는 상황에서 어떻게 대처할 것인가?
- 선임 A와 선임 B의 업무방식이 다른데 각자의 방식대로 업무를 처리하라고 하는 경우 본인은 어떻게 할 것인가?
- 갑작스럽게 전산 시스템이 먹통이 되어 고객 응대가 불가능한 상황일 때 어떻게 대처할 것인가?
- 공단 사업에 불만을 가진 고객들이 지사 앞에서 시위를 하여 내방 민원인들이 지사를 들어오지 못하고 있다면 어떻게 행동할 것인가?
- 지사에 방문한 고객이 비효율적인 제도를 논리적으로 지적하면서 화를 내고 있다면 신입사원으로서 어떻게 대응할 것인가?
- 사후관리 대상자들이 전화를 받지 않고 상담을 진행하려 해도 대상자들이 본인의 검진결과를 모른다. 본인이 담당자라면 어떻게 하겠는가?
- 해당 방안에서 가장 어려울 것이라고 생각하는 것은 무엇인가?
- 노인들을 응대할 때 가장 중요한 것은 무엇인가?
- 민원인이 자신의 생각만 고집하며 계속 우긴다면 신입사원으로서 어떻게 대처할 것인가?

[경험행동면접]
- 업무상 스스로 한계를 느낀 경험과 그것을 어떻게 해결했는지 말해 보시오.
- 적응에 어려움을 겪는 동료를 도운 경험에 대해 말해 보시오.
- 평소 어떤 상황에서 스트레스를 받으며, 어떻게 해소하는지 말해 보시오.
- 목표를 초과 달성한 경험과 그 동기에 대해 말해 보시오.
- 예의 없는 동료와 협력한 경험이 있다면 말해 보시오.
- 사회복지와 관련된 경험이 적은 편인데, 관련된 지식은 어떤 것들이 있는지 말해 보시오.
- 성장의 동력이 되었던 실패 경험이 있는가?
- 성실하다는 평을 들어본 경험이 있다면 이야기해 보시오.
- 상사와 가치관이 대립된다면 어떻게 대처할 것인지 말해 보시오.
- 본인이 가지고 있는 역량 중 어떤 업무에 전문성이 있다고 생각하는가?
- 가장 자신 있는 업무와 이와 관련된 이슈를 아는 대로 말해 보시오.
- 업무 중 모르는 것이 있다면 어떻게 대처하겠는가?
- 업무를 숙지하는 노하우가 있다면 말해 보시오.
- 악성 민원을 대처해 본 경험이 있다면 말해 보시오.
- 상사의 긍정적 또는 부정적 피드백을 받은 경험이 있는가?
- 동료와의 갈등상황이 생긴다면 어떻게 대처하겠는가?
- 끈기를 가지고 노력했던 경험이 있는가?
- 공공기관 직원이 갖춰야 할 중요한 가치나 덕목은 무엇이라고 생각하는가?
- 실패하거나 힘들었던 경험에서 후회하는 부분은 무엇이며 지금 다시 돌아간다면 어떻게 할 것인가?

## 3. 한국전력공사

- 부족한 점을 개발해서 극복한 경험이 있다면 말해 보시오.
- 타인과 협력해서 일을 처리한 경험이 있다면 말해 보시오.
- 기성세대와 갈등이 생긴다면 어떻게 대처할 것인지 말해 보시오.
- 이직을 준비하게 된 이유가 있다면 말해 보시오.
- 타인을 위해 희생했던 경험이 있다면 말해 보시오.
- 경력이 부족한데, 경력 부족을 극복하기 위한 본인의 노력을 말해 보시오.
- 이력서에 있는 프로젝트에 대한 자세한 내용을 말해 보시오.
- 공기업, 사기업이 많은데 왜 하필 한국전력공사에 지원하게 됐는지 말해 보시오.
- 타인과의 갈등 상황이 발생했을 때, 지원자만의 해결 방안이 있는가?
- 우리 공사에 관련한 최신 기사에 대하여 간략하게 말해 보시오.
- 정확성과 신속성 중 무엇을 더 중요하게 생각하는가?
- 지원자의 좌우명은 무엇인가?
- 지원자의 단점을 말해 보시오.
- 최근의 시사이슈를 한 가지 말해 보고, 그에 대한 본인의 생각을 말해 보시오.
- 최근에 겪은 변화에 대하여 말해 보시오.

- 지원자의 특별한 장점에 대하여 말해 보시오.
- 우리 공사에 입사한다면, 포부에 대하여 말해 보시오.
- 지원자는 팀 프로젝드에 적극적으로 참여한 것 같은데, 적극성과 신중함 중 이느 쪽에 가깝게 프로젝트를 진행했는가?
- 우리 공사가 추구하는 가치가 무엇인지 알고 있는가?

## 4. 건강보험심사평가원

- 업무를 개선하기 위하여 창의적인 대안을 마련한 경험이 있는지 말해 보시오.
- 업무 개선을 위해 다른 플랫폼의 사용을 생각한 경험이 있는지 말해 보시오.
- 업무에 있어서 전문지식을 향상하기 위해 노력한 경험이 있는지 말해 보시오.
- 업무를 하면서 역량이 부족하다고 느낀 경험이 있다면, 어떤 노력을 했는지 말해 보시오.
- 본인의 역량을 발휘할 수 있는 부서는 어디인지 말해 보시오.
- 원칙과 상황 중 어느 것을 중요하게 생각하는지 말해 보시오.
- 업무를 익히는 노하우에 대해 말해 보시오.
- 본인의 강점을 직무와 연관지어 말해 보시오.
- 본인의 단점으로 인해 발생할 수 있는 문제와 이를 개선하기 위한 방안을 말해 보시오.
- 인생을 살면서 가장 몰입했던 일이 무엇인지 말해 보시오.
- 그 일에 몰입하게 된 이유에 대해 말해 보시오.
- 꾸준히 해온 자기계발이 있다면 말해 보시오.
- 신뢰를 받은 경험이 있다면 말해 보시오.
- 건강보험심사평가원에서 가장 관심 있게 본 것에 대해 말해 보시오.
- 건강보험심사평가원의 업무에서 발휘할 수 있는 자신의 역량은 무엇인지 말해 보시오.
- 고객 서비스 정신이란 무엇이라고 생각하는지 말해 보시오.
- 팀원들과 함께 해오던 프로젝트를 갈아 엎어야 하는 상황이 발생한다면 어떻게 대처할지 말해 보시오.
- 힘들지만 끝까지 해낸 경험이 있다면 말해 보시오.
- 건강보험심사평가원의 가치 중 가장 중요하다 생각하는 것은 무엇인지 말해 보시오.
- 건강보험심사평가원에서 해 보고 싶은 업무가 있다면 무엇인지 말해 보시오.

## 5. 서울교통공사

- 혼잡한 시간대에 발생하는 응급환자와 관련한 민원에 어떻게 대응할 것인지 말해 보시오.
- 서울교통공사의 목표와 본인의 목표가 다르다면 어떻게 할 것인지 말해 보시오.
- 서울교통공사에 근무하게 된다면 어떠한 업무를 담당하고 싶은지 말해 보시오.
- 자신의 소통 역량을 어필할 수 있는 경험이 있다면 말해 보시오.
- 본인의 강점과 업무상 필요한 자질을 연관 지어 이야기해 보시오.
- 경쟁하던 상대방을 배려한 경험이 있다면 말해 보시오.
- 책에서 배우지 않았던 지식을 활용했던 경험이 있다면 말해 보시오.
- 타인과의 소통에 실패했던 경험이 있는지, 이를 통해 느낀 점은 무엇인지 말해 보시오.
- 본인의 직업관을 솔직하게 말해 보시오.
- 정보를 수집하는 본인만의 기준이 있다면 말해 보시오.
- 긍정적인 에너지를 발휘했던 경험이 있다면 말해 보시오.
- 서울교통공사와 관련하여 최근 접한 이슈가 있는지, 그에 대한 본인의 생각은 어떠한지 말해 보시오.
- 팀 프로젝트 과정 중에 문제를 겪었던 경험이 있는지, 그런 경험이 있다면 문제를 어떻게 효과적으로 해결했는지 말해 보시오.
- 본인은 주위 사람들로부터 어떤 평가를 받는 사람인지 말해 보시오.
- 본인이 맡은 바보다 더 많은 일을 해 본 경험이 있는지 말해 보시오.
- 평소 생활에서 안전을 지키기 위해 노력했던 습관이 있다면 말해 보시오.
- 기대했던 목표보다 더 높은 성과를 거둔 경험이 있다면 말해 보시오.
- 공공데이터의 활용 방안에 대해 말해 보시오.
- 상대방을 설득하는 본인만의 방법에 대해 말해 보시오.
- 지하철 객차 내에서 느낀 불편한 점이 있는지 말해 보시오.
- 본인의 스트레스 해소 방안에 대해 말해 보시오.
- 서울교통공사에 입사하기 위해 참고했던 자료 중 세 가지를 골라 말해 보시오.
- 본인의 악성민원 응대 방법에 대해 말해 보시오.
- 기획안을 작성하고자 할 때 어떤 자료를 어떻게 참고할 것인지 말해 보시오.

## 6. LH 한국토지주택공사

[업무직]
- 가장 최근에 실패한 경험과 그것을 어떻게 극복하였는지 말해 보시오.
- 입사 후 어떻게 적응해 나갈 것인가?
- 지금까지 살면서 겪은 일 중 가장 자랑할 만한 일을 말해 보시오.
- 본인의 평소 별명이 무엇인가?
- 공기업을 택한 이유가 무엇인가?
- 소통을 잘할 수 있는 방법이 무엇이라고 생각하는가?
- 새로운 것에 도전한 사례를 말해 보시오.

- 이력서에 기재된 사항을 잘 확인해봤는가?
- 현장근무가 가능한가?
- 현장에서 근무하다 민원 등의 난처한 상황이 발생한다면 어떻게 대처하겠는가?
- LH에서 진행하고 있는 사업 중 관심 있는 사업과 그 이유는 무엇인가?
- LH 계약직에 지원한 이유가 무엇인가?
- 주거급여 수급자가 본인에게 욕을 하거나 민원응대 거부를 하면 어떻게 대응할 것인가?
- 국가에 대해 어떻게 생각하는가?

# 7. LX 한국국토정보공사

[상황면접]

- 지적 재조사로 인해 민원인의 경계를 조정해야 하는 상황이라면 어떻게 행동하겠는가?
- 상사가 업무와 무관한 지시를 내린다면 어떻게 하겠는가?
- 공금 횡령 등 회사에 재무적 손실을 야기하는 부당한 지시를 내린다면 어떻게 대처하겠는가?
- 지적측량 업무 민원이 많이 밀려 있으며, 업무처리는 선임이 거의 맡아서 하고 있다. 신입직원인 지원자는 업무처리 능력도 부족하고 민원을 처리하는 것도 어려운 상황이다. 이 상황에서 지원자는 어떻게 대처할 것인가?
- 업무수행 중 민원이 발생하였다면 어떻게 대처하겠는가?

[경험면접]

- 팀 활동을 할 때, 자신의 노력으로 성과를 보인 경험을 말해 보시오.
- 살면서 힘들었던 경험에 대해 말해 보시오.
- 지원한 직무에 대해서 경험이 없을 때, 어떻게 극복할 것인가?
- 인턴생활을 하면서 어려운 점이 있었는가?
- 자신은 리더형과 팔로워형 중 무엇에 더 가까운가?
- 준비한 자격증은 무엇이며 전공이 무엇인가?
- 협력을 통해 성과를 낸 경험에 대해 말해 보시오.
- 정보의 편향을 막기 위한 본인만의 방법이 있는가?
- 직무와 간접적으로 관련된 자료를 분석한 경험이 있다면, 그 경험에 대해 구체적으로 말해 보시오.
- 지원자가 직접 수집한 정보를 바탕으로 문제를 해결한 경험이 있다면, 그 경험에 대해 구체적으로 말해 보시오.

## 8. 한국산업인력공단

- 한국산업인력공단이 지원자를 꼭 뽑아야 하는 이유에 대해 말해 보시오.
- 자신의 아이디어를 발휘한 경험이 있다면 말해 보시오.
- 갈등을 해결한 경험이 있다면 말해 보시오.
- 과정과 결과 중 무엇이 더 중요하다고 생각하는지 말해 보시오.
- 역량과 능력의 차이점에 대해 설명해 보시오.
- 민간 자격과 국가공인 자격의 차이점에 대해 설명해 보시오.
- 한국산업인력공단의 ESG 사업에 대해 실명해 보시오.
- 업무적으로 소통이 필요할 때 말과 글 중 어떤 것을 선택하겠는가?
- 한국산업인력공단이 디지털 시대에 맞춰 변화해야 한다고 생각하는 2가지를 말해 보시오.
- 내키지 않는 업무를 했던 경험을 말해 보시오.
- 주변 사람들에게 받았던 피드백에 대해 말해 보시오.
- 주변 사람들이 본인을 어떻게 생각하는지 말해 보시오.
- 한국산업인력공단의 사업을 보다 널리 알릴 수 있는 방안에 대해 말해 보시오.
- 한국산업인력공단의 여러 사업 중 본인이 가장 관심 있는 사업에 대해 설명해 보시오.
- 본인이 지원한 직무에 기여할 수 있는 역량을 말해 보시오.
- 공직자로서 가장 중요하다고 생각하는 것이 무엇인지 말해 보시오.
- 선배에게 피드백을 받기 위해 노력했던 경험을 말해 보시오.
- 리더의 자질이 무엇이라고 생각하는지 말해 보시오.
- 입사 후 가장 맡고 싶은 사업은 무엇이며, 이에 어떤 태도로 임할 것인지 말해 보시오.

## 9. 한국농어촌공사

- 살면서 가장 노력해 본 경험이 무엇인지 말해 보시오.
- 세대갈등의 현황과 이를 해결하기 위한 방법에 대해 설명해 보시오.
- 시니어 세대와 MZ 세대의 단점을 각각 세 가지씩 말해 보시오.
- ESG가 무엇인지 설명하고, 각각에 대하여 한국농어촌공사에서 하는 일을 설명해 보시오.
- 창의력을 발휘한 경험이 있다면 말해 보시오.
- 한국농어촌공사가 관리하는 농지가 총 몇 ha인지 설명하고, 1ha에서 몇 톤의 쌀이 생산되는지 말해 보시오.
- 안전 관련 경험에 대해 말해 보시오.
- 회의 문화에 대해 말해 보시오.
- 한국농어촌공사 채용 과정에서 준비한 것을 말해 보시오.
- 한국농어촌공사 채용을 준비하면서 인상 깊었던 공사의 사업을 말해 보시오.
- 동료 또는 상사로부터 받은 긍정적인 피드백에 대해 말해 보시오.
- 동료 또는 상사로부터 받은 부정적인 피드백에 대해 말해 보시오.
- 갈등해결을 위해 중요하다고 생각하는 부분에 대해 말해 보시오.
- 한국농어촌공사에 입사하기 위해 가장 필요한 역량을 말해 보시오.
- 한국농어촌공사에 기여하기 위한 방안을 말해 보시오.

## 10. 국민연금공단

- 성격의 상난섬과 난섬을 극복하기 위해 어떤 노력을 하고 있는지 밀해 보시오.
- 회사가 본인을 뽑아야 하는 이유에 대해 말해 보시오.
- 반드시 국민연금공단에 입사해야 하는 이유에 대해 말해 보시오.
- 국민연금공단의 가장 큰 개선점에 대해 말해 보시오.
- 공공기관 직원으로서 가져야 하는 태도에 대해 말해 보시오.
- 본인만의 스트레스 해소법에 대해 말해 보시오.
- 열정적으로 일한 경험에 대해 말해 보시오.
- 실패했던 경험에 대해 말해 보시오.
- 누군가를 설득해 본 경험에 대해 말해 보시오.
- 다른 세대와 소통한 경험에 대해 말해 보시오.
- 리더를 맡은 경험에 대해 말해 보시오.
- 본인을 표현할 수 있는 키워드에 대해 말해 보시오.
- 민원인이 선물을 준다면 어떻게 할 것인지 말해 보시오.
- 상사의 비리를 목격한다면 어떻게 할 것인지 말해 보시오.
- 비연고지 근무 시 대처방안에 대해 말해 보시오.
- 상사와 조직의 규정이 다르다면 어떻게 할 것인지 말해 보시오.
- 회사에 기여할 수 있는 점에 대해 설명해 보시오.
- 국민연금의 주요 고객층에 대해 설명하고, 고객 만족을 높이기 위한 방법에 대해 말해 보시오.
- 국민연금 개혁에 대해 어떻게 생각하는지 말해 보시오.
- 국민연금제도의 특성에 대해 설명해 보시오.
- 내년 증시에 대해 전망해 보시오.
- 자신이 함께 일하기 힘든 사람의 유형을 설명하고, 어떻게 동기부여를 할 것인지 말해 보시오.
- 본인의 장점을 소개하고, 그 점이 우리 회사에 어떻게 기여할 수 있는지 말해 보시오.
- 워라벨을 중요시하는 요즘 신입사원들의 분위기에 대해 어떻게 생각하는지 말해 보시오.
- 리더십이란 무엇이라고 생각하는지 말해 보시오.
- 주 52시간 근무제도 활성화를 위한 강점 강화 방법과 문제의 극복 방안을 말해 보시오.
- 저출생 시대에 국민연금공단이 사회를 위하여 할 수 있는 일에 대해 말해 보시오.
- 우리 공단이 운영하고 있는 연금제도가 다른 연금과 다른 점이 무엇인지 말해 보시오.
- 공단 창단일을 기념하여 오케스트라를 초청하려고 하는데, MZ세대 신입사원들은 아이돌 가수의 공연을 원할 경우 어떻게 대처할 것인지 말해 보시오.
- 향후 우리 공단이 해결해야 할 가장 큰 과제와 대책을 말해 보시오.
- 키오스크 사용을 어려워하는 노령층을 위해 어떻게 할 것인지 말해 보시오.
- 공공기관의 직원으로서 함양해야 한다고 생각하는 자세가 무엇인지 말해 보시오.
- 본인은 어떤 사람을 보았을 때 '일을 잘한다.'라고 느끼는지 말해 보시오.
- 자신을 한 문장으로 설명해 보시오.
- 퇴근 후 중요한 약속이 있는데 갑자기 급한 업무가 주어졌을 때 어떻게 할 것인지 말해 보시오.
- 국민연금공단의 직원으로서 가져야 할 자세에 대해 말해 보시오.
- 우리 공단에 입사하기 위하여 노력했던 점에 대해 자격증 취득을 제외하고 말해 보시오.
- 조직 생활을 하면서 책임감이나 성실성을 인정 받았던 경험이 있다면 말해 보시오.

- 고객만족을 위해 노력한 경험이 있다면 말해 보시오.
- 화가 난 민원인이 폭력을 행사하려고 할 경우 어떻게 대응할 것인지 말해 보시오.
- 노령의 민원인이 본인의 말을 알아듣지 못할 경우 어떻게 응대할 것인지 말해 보시오.

## 11. 한국가스공사

- 살면서 불합리한 일을 개선한 적이 있는가?
- 자기주도적으로 한 일을 말해 보시오.
- 프로젝트를 진행한 경험이 있는가? 있다면 그 경험을 통해 얻은 것과 보완하고 싶은 것을 말해 보시오.
- 지원한 분야와 관련하여 가장 열정적으로 임했던 업무에 대해 말해 보시오.
- 전공에 대한 지식을 업무에 어떻게 녹여낼 것인지 말해 보시오.
- 분쟁 시 어떻게 해결할지 그 과정을 말해 보시오.
- 포기하지 않고 일을 완수한 경험을 말해 보시오.
- 창의적인 경험으로 문제를 해결했던 적이 있는가?
- 트라우마 극복 방법을 말해 보시오.
- 한국가스공사에 지원하게 된 동기는 무엇인가?

MEMO

# 답안채점 • 성적분석 서비스

# 모바일 OMR

| 도서 내 모의고사 우측 상단에 위치한 QR코드 찍기 | 로그인 하기 | '시작하기' 클릭 | '응시하기' 클릭 | 나의 답안을 모바일 OMR 카드에 입력 | '성적분석 & 채점결과' 클릭 | 현재 내 실력 확인하기 |

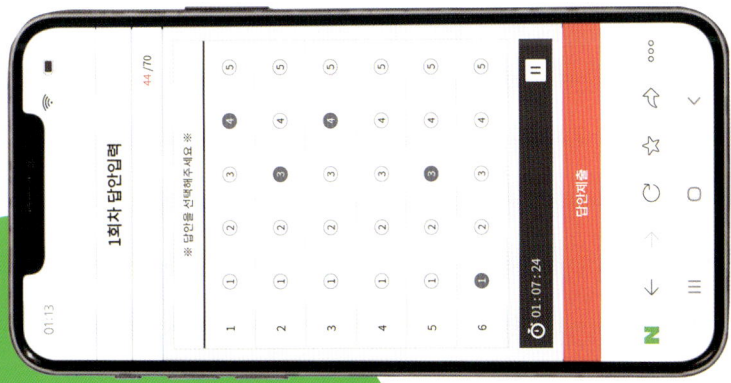

도서에 수록된 모의고사에 대한
객관적인 결과(정답률, 순위)를
종합적으로 분석하여 제공합니다.

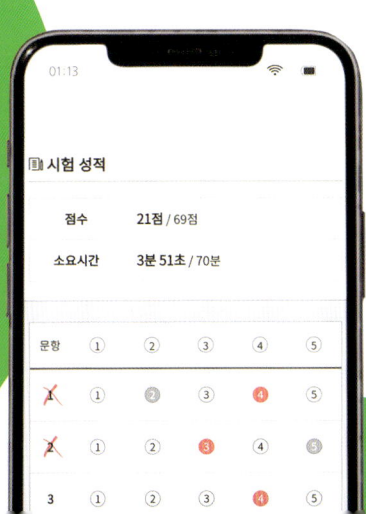

※OMR 답안채점 / 성적분석 서비스는 등록 후 30일간 사용 가능합니다.

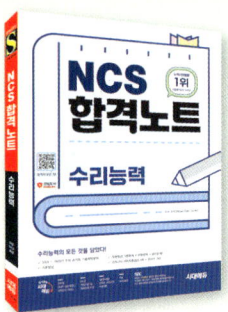

# NCS
# 모듈형+
# 피듈형+
# PSAT형

편저 | SDC(Sidae Data Center)

1위
기업별 NCS 시리즈
누적 판매량

## 정답 및 해설

# 통합기본서

시대에듀

# PART 1

# 공기업
# 기출복원 모의고사

| 제1회 | 2025년 기출복원 모의고사 |
| 제2회 | 2024년 기출복원 모의고사 |
| 제3회 | 2023년 기출복원 모의고사 |
| 제4회 | 2022년 기출복원 모의고사 |
| 제5회 | 2021년 기출복원 모의고사 |

| 01 | 02 | 03 | 04 | 05 | 06 | 07 | 08 | 09 | 10 | 11 | 12 | 13 | 14 | 15 | 16 | 17 | 18 | 19 | 20 |
|----|----|----|----|----|----|----|----|----|----|----|----|----|----|----|----|----|----|----|----|
| ② | ③ | ⑤ | ③ | ③ | ④ | ① | ⑤ | ⑤ | ③ | ③ | ⑤ | ④ | ① | ⑤ | ② | ④ | ① | ② | ③ |
| 21 | 22 | 23 | 24 | 25 | 26 | 27 | 28 | 29 | 30 | 31 | 32 | 33 | 34 | 35 | 36 | 37 | 38 | 39 | 40 |
| ④ | ① | ⑤ | ④ | ⑤ | ⑤ | ⑤ | ③ | ③ | ③ | ① | ② | ① | ① | ③ | ① | ④ | ③ | ④ |
| 41 | 42 | 43 | 44 | 45 | 46 | 47 | 48 | 49 | 50 | 51 | 52 | 53 | 54 | 55 | 56 | 57 | 58 | 59 | 60 |
| ③ | ② | ② | ① | ① | ② | ② | ④ | ① | ⑤ | ② | ③ | ① | ② | ③ | ② | ③ | ③ | ④ | ③ |

## 01

**정답** ②

마지막 문단에서 현재 'AI 음성 합성 기술이 사람의 감정까지 담아 표현할 수 없다.'는 한계점이 존재한다고 했다. 따라서 현재는 AI 음성 합성 기술이 오디오북 제작에서 전문 성우의 역할을 대체할 수 있다고 보기는 어렵다.

오답분석
① 세 번째 문단을 통해 AI 음성 합성 기술이 비용과 시간 측면에서 전문 성우 녹음보다 효율적임을 알 수 있다.
③ 마지막 문단에서 문학 도서의 경우 AI 음성 합성 기술이 사람의 감정까지 담아 표현할 수 없는 반면, 비문학 도서들은 전문 성우가 반드시 필요하지는 않으므로 AI 음성 합성 기술로 제작이 가능하다고 하였다.
④·⑤ 두 번째 문단에서 전문 성우의 오디오북 녹음에는 많은 시간이 필요하며, 비용 또한 많이 들어 현실적인 한계에 부딪히고 있다고 하였다.

## 02

**정답** ③

두 번째 문단에서 2024년 설날 노쇼 비율은 46%이지만, 이 중 10만 매 이상이 재판매되지 않아 공석으로 운행되었음을 알 수 있다.

오답분석
① 첫 번째 문단에서 명절에 '예매 경쟁률이 평상시보다 수십 배에 달하는 경우도 흔하다.'고 하였다.
② 세 번째 문단에서 노쇼 문제는 사회적 비용 증가로 연결되며, 이에 따른 비용이나 환불 정책 변경은 국민의 부담으로 돌아올 것이라고 하였다.
④ 네 번째 문단에서 노쇼 문제를 해결하기 위해 '코레일은 2025년부터 명절 특별 수송 기간에 출발 후 20분까지의 위약금을 기존 15%에서 30%로 상향 조정'한다고 하였다.
⑤ 마지막 문단에서 노쇼 문제는 단순히 코레일의 노력만으로 해결되기 어렵고, 근본적인 제도 개선과 국민 인식 변화가 함께 이루어져야 함을 이야기하고 있다.

## 03

**정답** ⑤

선주는 문제점을 자신의 탓으로 돌리며 상대방에게 부탁을 하고 있다. 따라서 관용의 격률에 해당하는 사례이다.

오답분석
① 민재는 상대방을 칭찬하는 표현을 최대화해서 말하고 있다. 따라서 타인에 대한 비난은 최소화하고 칭찬은 최대화하여 말하는 표현법인 찬동의 격률에 해당하는 사례로 볼 수 있다.
② 지우는 문제점을 상대방의 탓으로 돌리며 상대방에게 부탁을 하고 있다. 따라서 관용의 격률에 해당하지 않는다.

③ 다예는 자신의 이익을 위해 상대방에게 부담을 주며 말하고 있다. 따라서 관용의 격률에 해당하지 않는다.

④ 동현은 상대에게 부담이 되는 표현은 최소화하면서 도움을 요청하고 있다. 따라서 상대방의 부담은 최소화하고 이익은 최대화하여 말하는 표현법인 요령의 격률에 해당하는 사례로 볼 수 있다.

## 04

정답 ③

먼저 분자와 분모를 따로 계산하면 다음과 같다.

- 분자 : $18 \times (15^2 + 12 + 3)$
  $\rightarrow 18 \times (225 + 12 + 3)$
  $\therefore 18 \times 240 = 4,320$
- 분모 : $90^2 - 2 \times 45 \times 4$
  $\rightarrow 8,100 - (2 \times 45 \times 4)$
  $\therefore 8,100 - 360 = 7,740$

제시된 식을 정리하면 다음과 같다.

$$\frac{4,320}{7,740} + 1 = \frac{4,320 + 7,740}{7,740} = \frac{12,060}{7,740}$$

$\frac{12,060}{7,740}$ 을 기약분수로 만들기 위해 최대공약수 180으로 약분하면 $\frac{67}{43}$ 이므로 $p = 43$, $q = 67$이다.

따라서 $p + q = 110$이다.

## 05

정답 ③

K시 전철의 기본요금은 1회 1,500원이고, 아침에 20% 할인을 받으면 $1,500 \times 0.8 = 1,200$원이다. A씨의 전철 총 이용 횟수는 $22 \times 2 = 44$회이며, 할인은 출근 시간에만 적용된다. 그러므로 퇴근 시 이용하는 전철 요금은 $1,500 \times 22 = 33,000$원이다.

한 달 전철 요금을 62,000원 이하로 유지하고자 하므로 출근 시 사용 가능한 전철 요금은 $62,000 - 33,000 = 29,000$원이다.

할인을 받은 일수를 $x$일이라 하면, 할인을 받지 않은 일수는 $(22 - x)$일이므로 다음과 같은 식이 성립한다.

$1,200x + 1,500(22 - x) \leq 29,000$
$\rightarrow 1,200x + 33,000 - 1,500x \leq 29,000$
$\rightarrow -300x \leq -4,000$
$\therefore x \geq 13.33$

따라서 최소 14일은 할인을 받아야 한 달 전철 요금을 62,000원 이하로 유지할 수 있다.

## 06

정답 ④

조사기간인 1 ~ 4월의 리뷰 수가 판매 건수와 같으므로 월별 판매 건수와 반품 및 환불 건수를 계산하면 다음과 같다.

(단위 : 건)

| 구분 | 판매 건수 | 반품 건수 | 환불 건수 |
|---|---|---|---|
| 1월 | 1,000 | $1,000 \times 0.03 = 30$ | $1,000 \times 0.02 = 20$ |
| 2월 | 1,200 | $1,200 \times 0.02 = 24$ | $1,200 \times 0.03 = 36$ |
| 3월 | 1,500 | $1,500 \times 0.04 = 60$ | $1,500 \times 0.01 = 15$ |
| 4월 | 1,300 | $1,300 \times 0.03 = 39$ | $1,300 \times 0.02 = 26$ |
| 합계 | 5,000 | 153 | 97 |

따라서 반품 건수와 환불 건수를 모두 합하면 $153 + 97 = 250$건이다.

## 07

먼저 1부터 6까지 숫자를 사용하여 만들 수 있는 4자리 수의 조합을 계산하면 $6^4=1{,}296$이다. 조건에 따라 중복된 숫자는 최대 2번 사용할 수 있으므로 같은 숫자가 3번 이상 사용된 경우의 수를 구하여 제외해야 한다.

• 같은 숫자가 4번 사용된 경우는 6가지이다(1111, 2222, …, 6666).
• 같은 숫자가 3번 사용된 경우는 aaab, aaba, abaa, baaa 4가지 경우가 있고, a로 가능한 수는 6가지, b로 가능한 수는 a를 제외한 5가지이므로 $4\times6\times5=120$가지이다.

따라서 조건을 만족하는 4자리 비밀번호는 총 $1{,}296-(6+120)=1{,}170$가지이다.

## 08

구로디지털단지역 하차 인원은 출근시간대 400명, 퇴근시간대 2,150명이므로 $2{,}150\div400=5.375$이다. 따라서 퇴근시간대 하차 인원은 출근시간대 하차 인원의 5배 이상이다.

오답분석

① 역삼역의 점심시간대와 퇴근시간대는 탑승 인원보다 하차 인원이 더 많다.
② 시청역의 탑승 인원은 점심시간대에 530명, 퇴근시간대에 420명으로 점심시간대에 탑승 인원이 더 많다.
③ 역삼역의 출근시간대는 탑승 1,150명, 하차 350명으로 탑승 인원이 더 많다.
④ 시청역의 출근시간대 대비 퇴근시간대 하차 인원의 증가 폭은 $1{,}480-870=610$명, 역삼역의 출근시간대 대비 퇴근시간대 하차 인원의 증가 폭은 $1{,}250-350=900$명이므로 시청역의 증가 폭이 더 작다.

## 09

조건에 따라 직원들의 100m 완주 시간은 다음과 같다.
• A : 13.0초
• B : $13.0-0.5=12.5$초
• C : $12.5+0.4=12.9$초
• D : $12.9-0.2=12.7$초
• E : $12.7+0.3=13.0$초
• F : $13.0-0.1=12.9$초
• G : $13.0+1.0=14.0$초

이때 가장 빠른 사람은 B, 가장 느린 사람은 G이다. 둘의 속력을 구하면 다음과 같다.

• B의 속력 : $\dfrac{100}{12.5}=8.00$m/s

• G의 속력 : $\dfrac{100}{14.0}\fallingdotseq7.14$m/s

따라서 B와 G의 속력 차이의 절댓값을 구하면 $8.00-7.14=0.86$m/s이다.

## 10

셔틀버스 A ~ C가 동시에 도착하는 시간은 운행시간의 최소공배수이다. 각 버스의 운행시간을 소인수분해하면 다음과 같다.
• A : $12=2^2\times3$
• B : $16=2^4$
• C : $30=2\times3\times5$

$\therefore\ 2^4\times3\times5=240$분$=4$시간

따라서 오전 10시에서 4시간이 경과한 오후 2시에 동시에 K역에 도착한다.

## 11

KTX와 SRT를 모두 이용한 고객 수를 $x$명이라 하면 KTX만 이용한 고객은 $(36-x)$명, SRT만 이용한 고객은 $(42-x)$명이다. 그러므로 KTX와 SRT를 모두 이용한 고객 수는 다음과 같다.

$(36-x)+(42-x)+x=60$

$\rightarrow 78-x=60$

$\therefore x=18$

따라서 18명의 고객이 KTX와 SRT를 모두 이용하였으므로 SRT만 이용한 고객은 $42-18=24$명이다.


## 12

자발적 취업자의 수는 매년 증가하고 있고, 정부 지원형 취업자 수는 매년 감소하고 있으므로 독립적인 증가 추세를 보이고 있다.

오답분석
① 정부 지원형 취업자 수는 꾸준히 감소하고 있다.
② 전체 취업자 수는 매년 증가하고 있지만, 정부 지원형 취업자 수는 매년 감소하고 있으므로 옳지 않다.
③ 전체 노인 취업자 수와 자발적 취업자 수 모두 증가하고 있다.
④ 자발적으로 취업하는 노인의 수는 매년 증가하고 있지만, 정부 지원 취업자 수는 매년 감소하므로 옳지 않다.


## 13

산사태 피해면적은 2023년이 210ha로 조사연도 중 최대이며, 복구비용도 2023년이 112억 원으로 최대이다. 따라서 산사태 피해면적과 복구비용이 모두 가장 높았던 해는 2023년이다.

오답분석
① 2023년의 피해면적 1ha당 복구비용은 약 0.533억 원이고, 2022년의 피해면적 1ha당 복구비용은 약 0.513억 원이다. 따라서 피해면적 대비 복구비용이 가장 높은 연도는 2023년이다.
② 연도별 복구비용은 2022년과 2024년에 감소하였으므로 매년 증가하지는 않았다.
③ 연도별 피해면적 1ha당 복구비용을 구하면 다음과 같다.
  • 2020년 : $65 \div 130 = 0.5$억 원/ha
  • 2021년 : $98 \div 190 = 0.516$억 원/ha
  • 2022년 : $82 \div 160 = 0.513$억 원/ha
  • 2023년 : $112 \div 210 = 0.533$억 원/ha
  • 2024년 : $93 \div 175 = 0.531$억 원/ha
  매년 소폭의 변화가 있으므로 피해면적 1ha당 복구비용은 일정하게 유지되지 않았다.
⑤ 2024년에는 피해면적과 복구비용 모두 전년보다 감소하였다.


## 14

A주임은 복잡한 역사 구조로 승객들이 길을 헤매는 문제를 해결하기 위한 아이디어를 지하철역과 비슷한 대상인 쇼핑센터의 증강현실 지도 기술에서 얻었고, 지하철역에서 이용 가능한 증강현실 길안내 서비스를 기획하였다. 따라서 제시된 사례에서 나타나는 창의적 사고 개발방법으로 가장 적절한 것은 대상과 비슷한 것을 찾아내 그것을 힌트로 새로운 아이디어를 생각해 내는 비교발상법인 NM(Nakayama Masakazu Method)법이다.

오답분석
② Synectics : 서로 관련이 없어 보이는 것들을 조합하여 새로운 것을 도출해 내는 비교발상법이다.
③ 체크리스트 : 미리 준비된 힌트들을 시각화하고, 주제를 힌트에 연결 지어 발상하는 강제연상법이다.
④ SCAMPER : 체크리스트의 발전된 기법으로, 대체·결합·응용·수정·전용·제거·반전과 같이 7가지 키워드를 주제와 연결 지어 발상하는 강제연상법이다.
⑤ 브레인스토밍 : 어떤 주제에서 자유롭게 생각나는 것을 계속해서 열거하여 창의적인 아이디어를 이끌어 내는 자유연상법이다.

## 15

정답 ⑤

A씨는 사고로 학생과 부딪힌 사건 하나만을 부풀려 젊은이들이 모두 조심성이 없으며 남을 배려하지 않는다고 주장하고 있다. 이는 특정한 사례 하나를 토대로 집단을 일반화하는 주장이므로 성급한 일반화의 오류에 해당한다.

**오답분석**

① 무지의 오류 : '외계인이 있다는 증거가 없으므로 외계인은 존재하지 않는다.'처럼 어떠한 주장이 증명되지 않았다고 해서 그 반대의 주장이 참이라고 주장하는 오류이다.

② 결합의 오류 : '머리카락 1개가 빠지면 대머리가 되지 않는다. 2개가 빠져도, 100개가 빠져도 그렇다. 따라서 1만 개가 빠져도 대머리가 되지 않는다.'처럼 하나의 사례에는 오류가 없지만, 여러 사례를 잘못 결합하여 발생하는 오류이다.

③ 애매성의 오류 : '여자는 남자보다 약하다. 따라서 여자는 오래 살지 못한다.'처럼 애매한 어휘의 사용으로 발생하는 오류이다.

④ 과대 해석의 오류 : '퇴근길에 조심하세요.'라는 말을 퇴근길에만 조심하라는 의미로 받아들이는 것처럼 문맥을 무시하고 과도하게 문구에만 집착하여 발생하는 오류이다.

## 16

정답 ②

ㄱ. 철도 이용객 수 증가는 외부환경요인인 법안에 의한 긍정적 효과이므로 기회에 해당한다.

ㄷ. 민간투자의 확대는 외부환경요인의 긍정적인 효과이므로 기회에 해당한다.

ㅂ. 기업 외부에서 발생한 공동 프로젝트에 참여하는 것은 기술혁신 등 긍정적인 측면이므로 기회에 해당한다.

**오답분석**

ㄴ. 내부환경요인인 운영 노하우는 기업 내부의 긍정적인 요소로 강점(Strength)에 해당한다.

ㄹ. 외부환경요인인 정부의 교통요금 동결 정책은 위협(Threat)에 해당한다.

ㅁ. 내부환경요인인 직원 수 부족으로 인한 저조한 고객 만족도는 약점(Weakness)에 해당한다.

## 17

정답 ④

ㄱ. A차장은 노인 이용자 대표와 논리적 토론을 통해 합리적 타협점을 찾고 있다. 이는 상이한 문화적 토양을 가지고 있는 구성원을 가정하여 서로의 생각을 직설적으로 주장하고 논쟁이나 협상을 통해 의견을 조정하는 하드 어프로치에 해당한다.

ㄴ. A센터장은 역할극과 브레인스토밍 기법을 통하여 직원들이 자발적으로 의견을 제시하고, 창의적인 해결방법을 도모할 수 있도록 촉진하고 있다. 이는 어떤 그룹이나 집단이 자발적으로 창의적인 문제해결을 할 수 있도록 촉진하는 퍼실리테이션에 해당한다.

ㄷ. A팀장은 B사원에게 실수에 대한 결과를 시사하여 실수를 줄일 수 있도록 넌지시 제안하였으며, 다른 팀원들에게도 B사원을 잘 도와줄 수 있도록 요청하였다. A팀장은 중재자로서 같은 문화적 토양을 가지고 있는 팀원들이 서로 이해할 수 있도록 돕고, 권위와 공감에 의지하여 의견을 중재하고 있으므로 소프트 어프로치에 해당한다.

## 18

정답 ①

A직원은 직원들의 호흡기 질환이라는 문제 현상을 인지하였고, 질의응답을 통해 역사 내 공기질 저하가 주요 문제임을 파악하고 있다. 이는 문제의 존재 자체를 인식하는 초기 단계인 문제 인식 단계에 해당한다. 이후 문제 도출 단계에서 역사 내 분진 현황, 환기 시스템의 출력 저하 등 '역사 내 공기질 저하'에 대한 세부적인 문제점을 설정해야 하고, 원인 분석을 통해 각 문제점의 근본 원인을 파악하여 해결안을 개발하고, 해결안을 실행 및 평가하는 단계를 거쳐야 한다.

> **문제해결 절차 5단계**
> 1. 문제 인식 : 해결해야 할 전체 문제를 파악하여 우선순위를 정하고 선정 문제에 대한 목표를 명확히 하는 단계
> 2. 문제 도출 : 선정된 문제를 분석하여 해결해야 할 것이 무엇인지를 명확히 하는 단계로, 현상에 대한 문제를 분해하여 인과관계 및 구조를 파악하는 단계
> 3. 원인 분석 : 파악된 핵심 문제에 대한 분석을 통해 근본 원인을 도출해 내는 단계
> 4. 해결안 개발 : 문제로부터 도출된 근본 원인을 효과적으로 해결할 수 있는 최적의 해결 방안을 수립하는 단계
> 5. 실행 및 평가 : 해결안 개발을 통해 만들어진 실행 계획을 실제 상황에 적용하는 단계로, 해결안을 통해 문제의 원인들을 제거해 나가는 단계

## 19

'된서리'는 늦가을에 아주 되게 내리는 서리를 의미하며, 이런 특성으로 인해 모진 재앙이나 타격을 비유적으로 이르는 말이다. 따라서 가장 비슷한 어휘는 '어떤 일에서 크게 기를 꺾음. 또는 그로 인한 손해·손실'을 의미하는 '타격(打擊)'이다.

오답분석

① 타계(他界) : 인간계를 떠나서 다른 세계로 간다는 뜻으로, 사람의 죽음 특히 귀인(貴人)의 죽음을 이르는 말
③ 타점(打點) : 붓이나 펜 따위로 점을 찍음. 야구에서 안타 따위로 득점한 점수
④ 타락(墮落) : 올바른 길에서 벗어나 잘못된 길로 빠지는 일
⑤ 타산(打算) : 자신에게 도움이 되는지를 따져 헤아림

## 20

빈칸에 들어갈 단어의 대상은 빈칸 앞의 애민주의이므로 '어떤 명목을 붙여 주의나 주장 또는 처지를 앞에 내세움'을 의미하는 '표방(標榜)'이 가장 적절한 단어이다.

오답분석

① 표징(表徵) : 겉으로 드러나는 특징이나 상징
② 표집(標集) : 사회 조사에서 모집단의 특성을 잘 반영할 수 있는 표본을 추출하는 방법
④ 표류(漂流) : 물 위에 떠서 정처 없이 흘러감
⑤ 표리(表裏) : 물체의 겉과 속 또는 안과 밖을 통틀어 이르는 말

## 21

제시문은 원자력 발전소에서 방사성 물질의 차단과 외부 오염물질 유입 방지를 위해 강력한 공기조화시스템이 필요함을 주장하며, 이 시스템의 핵심 장치인 헤파필터에 대해 상세히 설명하고, 원자력 발전소에서 헤파필터의 역할과 중요성에 대해 서술하고 있다. 따라서 글의 주제로 가장 적절한 것은 '원자력 발전소에서의 헤파필터의 역할'이다.

## 22

제시문은 잠복결핵감염에 대해 설명하는 글로, 잠복결핵감염의 특성과 치료 방법 등을 서술하면서 잠복결핵감염이 어떻게 개인 건강뿐 아니라 사회 전체의 공중보건에 영향을 주는지 서술하고 있다. 따라서 글의 주제로 가장 적절한 것은 '잠복결핵감염의 위험성'이다.

## 23

• 가영 : 기관에서만 제기하는 소송은 기관소송 및 권한쟁의이다. 따라서 80,000＋191,000＝271,000건이다.
• 나리 : 제시된 자료는 주요 소송 종류에 대한 것이므로 개인이 제기한 모든 민사소송 건수를 정확히 알 수 없다.
• 다솜 : 2021년에 기관이 제기한 헌법소원의 건수는 2,000－1,000＝1,000건이며, 2022년에 기관이 제기한 헌법소원의 건수는 1,900－1,000＝900건으로 전년 대비 감소했다.
• 라주 : 제시된 자료는 주요 소송 종류에 대한 것이므로 개인이 제기한 소송의 전체 건수는 알 수 없다.
따라서 모든 사람이 제시된 자료에 대해 잘못 설명하였다.

## 24

2022년부터 2024년까지 전체 소송 중 기관에서 제기한 기관소송 및 권한쟁의 소송의 비율은 다음과 같다.

• 2022년 : $\dfrac{20,000+40,000}{481,900} \times 100 ≒ 12.45\%$

• 2023년 : $\dfrac{17,000+50,000}{509,500} \times 100 ≒ 13.15\%$

• 2024년 : $\dfrac{16,000+53,000}{531,500} \times 100 ≒ 12.98\%$

2024년의 경우 전년 대비 감소하였으므로 옳지 않은 내용이다.

[오답분석]

① J국의 전체 소송 건수는 2019년부터 2021년까지 증가하다가 2022년 감소한 뒤, 2022년부터 2024년까지 다시 증가하였다.

② 민사소송에서 사기가 차지하는 비율은 $\dfrac{250,000+140,000}{1,480,000} \times 100 ≒ 26.35\%$이고, 형사소송에서 사기가 차지하는 비율은

$\dfrac{125,000+50,000}{710,000} \times 100 ≒ 24.65\%$이다. 따라서 민사소송에서 차지하는 비율이 더 크다.

③ 기관에서만 제기한 소송은 기관소송과 권한쟁의 소송이며 매년 이들의 합은 다음과 같다.

• 2019년 : 5,000+3,000=8,000건
• 2020년 : 7,000+5,000=12,000건
• 2021년 : 15,000+40,000=55,000건
• 2022년 : 20,000+40,000=60,000건
• 2023년 : 17,000+50,000=67,000건
• 2024년 : 16,000+53,000=69,000건

따라서 기관에서만 제기하는 소송의 총합 건수는 매년 증가하였다.

⑤ 개인이 제기한 형사 소송에서 상해 대비 살인의 비율은 매년 절반으로 동일하다.

## 25

메뉴별 손익분기점을 구하면 다음과 같으며, 손익분기점을 넘기기 위해서 필요한 판매량은 이보다 1단위 더 많아야 한다.

• 제육볶음 : 2,800,000÷(10,000−2,000)=350 → 351인분
• 오징어볶음 : 3,300,000÷(12,000−2,000)=330 → 331인분
• 돈가스 : 2,600,000÷(9,000−1,500)≒346.7 → 347인분
• 라면 : 1,800,000÷(6,000−800)≒346.2 → 347인분
• 고등어구이 : 3,100,000÷(11,000−2,000)≒344.4 → 345인분

따라서 손익분기점을 넘기기 위해 필요한 판매량이 가장 많은 메뉴는 제육볶음이다.

## 26

B지점에서 C지점까지의 거리를 $x$km라고 하고 식을 세우면 다음과 같다.

$(x+110)+x=190$

$\rightarrow 2x=80$

$\therefore x=40$

즉, A지점에서 B지점까지의 거리는 150km, B지점에서 C지점까지의 거리는 40km이다. K주임은 A지점에서 B지점까지 150km를 100km/h의 속력으로 이동하였으므로 소요된 시간은 1.5시간이고, B지점에서 C지점까지 40km를 80km/h의 속력으로 이동하였으므로 소요된 시간은 0.5시간이다.

그러므로 A지점에서 C지점까지 이동하는 데 걸린 시간은 2시간이다. 단, B지점에서 1시간 동안 업무를 수행하였으므로 C지점에 도착한 시간은 오후 3시이다. 따라서 이동할 때의 평균 속력의 경우 총 190km를 2시간 동안 이동하였으므로 평균 속력은 $\dfrac{190}{2}=$ 95km/h이다.

## 27

본회의 시간이 1시간이고, 전후 30분간 회의 준비 및 회의록 작성을 진행해야 하므로 모두 2시간이 필요하다. 제시된 조건에 따라 회의가 불가능한 시간을 표시하면 다음과 같다

| 9시 | 10시 | 11시 | 12시 | 13시 | 14시 | 15시 | 16시 | 17시 |
|---|---|---|---|---|---|---|---|---|
| | 예약 | | 점심시간 | | 예약 | 외부일정 | | |

30분 간격으로 칸을 나누었으므로 회의를 진행하기 위해서는 총 4칸이 필요하다. 따라서 16시부터 회의 준비를 할 수 있으므로 본회의를 시작할 수 있는 가장 빠른 시각은 오후 4시 30분(=16시 30분)이다.

## 28

약술형에서 48점을 득점하여 과락이 된 D를 제외하고 나머지 4명의 필기시험 점수의 평균과 가점을 더한 값은 다음과 같다.
- A : {(85+52+61+57)÷4}+6=69.75점 → 불합격
- B : (75+71+67+81)÷4=73.5점 → 합격
- C : {(67+81+72+54)÷4}+2=70.5점 → 합격
- E : (66+82+58+78)÷4=71점 → 합격

따라서 제20회 J국가자격 필기시험에 합격한 사람은 B, C, E 3명이다.

## 29

HDD(Hard Disk Drive)는 회전하는 자기 디스크와 기계적인 헤드를 사용해 데이터를 저장하고 읽는 저장장치로 플래시 메모리를 사용해 전자적으로 데이터를 저장하는 SSD(Solid State Drive)에 비해 가격이 저렴하다.

오답분석

① HDD는 움직이는 자기 디스크나 헤드가 필요하므로 SSD에 비해 무겁고, 소형화가 어렵다.
② HDD는 자기 디스크와 헤드를 움직이는 모터 및 회전 부품으로 인해 전력 소모가 SSD에 비해 더 크다.
④ SSD는 읽고 쓰는 데 물리적인 움직임이 필요 없으나, HDD는 회전하는 자기 디스크와 헤드가 데이터 위치를 찾기 위해 움직여야 하므로 데이터 접근이 SSD에 비해 느리다.
⑤ 플래시 드라이브로 구성되어 있는 SSD는 움직이는 부품이 없으나, HDD는 움직이는 기계적 부품이 많으며, 충격으로 인해 헤드가 자기 디스크에 닿아 스크래치가 생기는 등의 심각한 손상이 발생할 수 있다. 따라서 HDD는 SSD보다 외부 충격에 대한 내구력이 낮다.

## 30

제시된 상황은 조건이 참인지 거짓인지에 따라 서로 다른 값을 반환해야 하므로 IF 함수를 활용해야 한다. IF 함수의 함수식은 「=IF(조건, "참일 때의 값", "거짓일 때의 값"」이며, 조건은 참조 대상의 값이 90 이상이어야 하므로 "참조대상>=90"이어야 한다. 따라서 올바른 함수식은 「=IF(참조 대상>=90, "합격", "불합격")」이다.

오답분석

① 90점을 초과해야 합격으로 값이 나온다.
② 90점 이상이면 불합격, 90점 미만이면 합격으로 값이 나온다.
④ · ⑤ CHOOSE 함수는 지정된 인덱스 번호를 기준으로 목록에서 특정 값을 선택하여 반환하는 함수로 제시된 상황에는 적절하지 않은 함수이다.

## 31

한글에서 클릭 가능한 체크박스는 [입력] → [양식 개체] → [선택 상자]를 통해 만들 수 있다. 단순한 특수문자 ☐와 달리 실제로 클릭하여 체크할 수 있는 양식 개체이다.

## 32

**정답** ②

상대참조는 수식을 복사할 때 행과 열이 함께 복사되므로 「＝A2＋B2」가 옳은 수식이다.

## 33

**정답** ①

제시문은 허리 통증을 유발하는 직업적 요인에 대해 서술하고 있다. 따라서 글의 주제로 가장 적절한 것은 '허리 통증의 직업적 요인'이다.

오답분석

② 제시문은 허리 통증이나 질환이 어떻게 발생하는지만 서술하고, 관리 방법에 대해서는 서술하고 있지 않다.
③ 허리 질환의 원인을 여러 직업적 요인을 나누어 설명하지만, 직업에 따라 질환이 달라진다고는 서술하고 있지 않다. 오히려 허리 질환의 직업적 요인들이 대부분 추간판탈출증, 척추협착증 같이 비슷한 질환을 유발하는 것을 알 수 있다.
④ 세 번째 문단에서 허리 구부림 자세가 많은 업종이 허리 통증 관련 산재 신청이 많음에 대해 서술하고는 있지만, 글 전체를 포괄하는 주제로 적절하지 않다.

## 34

**정답** ①

A교수의 발표 주제는 사람이 제공하던 서비스를 인공지능 기술로 대체하자는 것이 아닌, 인공지능 기술이 건강보험 가입자의 데이터를 기반으로 가입자에게 필요한 맞춤형 서비스를 제공해 주는지에 대한 것이다. 따라서 적절하지 않다.

오답분석

② B교수의 발표 주제는 sLLM(소형 언어 모델)을 사용한 고객 서비스의 향상과 공단 근로자의 업무 효율성을 증대 사례이므로 이에 대한 고객과 공단 근로자의 의견이 필요하다.
③ D교수의 발표 주제는 야간 인공조명이 인간의 건강에 미치는 영향에 대한 것이므로, 야간 인공조명을 받은 사람과 이를 받지 않은 사람과의 건강상의 차이에 대한 구분되는 수치가 필요하다.
④ F팀장의 발표 주제는 병원 내에서 발생하는 폐렴의 데이터 분석을 통해 감염관리 체계 마련이 필요함을 제시하는 것이므로, 병원 내 감염병에 대한 데이터 정보가 필요하다. 따라서 병원 내 어느 병동에서 어떠한 상황에서 발생하였는지, 또 어느 연령대에서 주로 발생하는지 등에 대한 데이터가 필요하다.

## 35

**정답** ③

네 번째 문단에 따르면 천식 환자는 심장박동 및 호흡수를 증가시키는 운동은 발작을 일으킬 수 있으므로 피해야 하고, 건조하지 않고 심장 박동이나 호흡수가 급격히 증가하지 않는 수영과 같은 운동이 좋다고 하였다. 따라서 등산의 경우 가파른 오르막이나, 건조한 환경 등 천식 환자에게 좋지 않은 운동 환경일 가능성이 높으므로 적절하지 않다.

오답분석

① 세 번째 문단에 따르면 당뇨는 인슐린이 제 기능을 하지 못해 혈당을 낮추지 못하는 질환으로, 유산소 운동을 통해 혈당을 낮출 수 있다.
② 세 번째 문단에 따르면 당뇨 환자와 심장병 환자는 유산소 운동이 좋다고 하였으며, 특히 심장병 환자의 경우 규칙적인 유산소 운동은 심혈관계를 향상시킨다고 하였다.
④ 마지막 문단에 따르면 허리 통증 환자는 유산소 운동보다는 척추를 지지하는 근육을 발달시킬 수 있는 코어 운동이 도움이 된다고 하였다.

## 36

**정답** ③

제시된 문단은 국민건강보험공단이 담배 소송 변론에서 적극적으로 입장을 표명했다고 서술하고 있다. 그러므로 이어질 문단으로 공단의 주장이 포함된 (나) 문단 또는 (다) 문단이 와야 한다. 이 중 (다) 문단은 '마지막으로'로 시작하므로 글의 가장 마지막에 오는 것이 적절하므로 제시된 문단 뒤에 이어질 문단으로 가장 적절한 것은 (나) 문단이다. 다음 (가) 문단과 (라) 문단을 살펴보면, (가) 문단은 담배와 암 사이에는 인과관계가 있다는 주장, (라) 문단은 담배와 암 사이에 인과관계에 대한 뒷받침 자료로 제출한 증거의 목록에 대한 것이므로 (가) - (라) 순으로 이어져야 한다. 따라서 (나) - (가) - (라) - (다) 순으로 나열하는 것이 적절하다.

## 37

정답 ①

조사 지역별 법인 기업에서 사단법인이 차지하는 비율은 다음과 같다.

- 수도권 : $\dfrac{50,000}{60,000} \times 100 ≒ 83.33\%$

- 강원권 : $\dfrac{500}{1,000} \times 100 = 50\%$

- 충청권 : $\dfrac{2,500-800}{2,500} \times 100 = 68\%$

- 호남권 : $\dfrac{3,000-1,000}{3,000} \times 100 ≒ 66.67\%$

- 영남권 : $\dfrac{1,500}{2,500} \times 100 = 60\%$

수도권, 충청권, 호남권, 영남권, 강원권 순으로 높으므로 세 번째로 높은 지역은 호남권이다.

오답분석

② 5대 업종의 대기업 중 IT업이 아닌 기업의 수는 $11,000-6,000=5,000$개소이며, 수도권의 기타 기업도 5,000개소로 같다.

③ 조사 지역에서 대기업이 20% 증가하면 $13,500 \times 0.2=2,700$개소 증가하고, 중소기업이 10% 감소하면 $25,000 \times 0.1=2,500$개소 감소하므로 전체 기업 수는 증가한다.

④ 조사 지역의 재단법인 중 강원권 재단법인이 차지하는 비율은 $\dfrac{1,000-500}{13,300} \times 100 ≒ 3.76\%$이고, 조사 지역의 대기업 중 강원권 대기업이 차지하는 비율은 $\dfrac{500}{13,500} \times 100 ≒ 3.7\%$이므로 옳은 설명이다.

## 38

정답 ④

조사 지역의 전체 기업 중 운송업에 해당하는 중소기업 및 5인 미만 기업의 비율은 다음과 같다.

- 중소기업 : $\dfrac{9,000}{25,000} \times 100 = 36\%$

- 5인 미만 : $\dfrac{100,000}{290,000} \times 100 ≒ 34.48\%$

따라서 5인 미만 기업의 운송업 비율은 중소기업보다 낮다.

오답분석

① 조사 지역의 전체 기업 중 5인 미만인 기업의 비율은 $\dfrac{290,000}{405,000} \times 100 ≒ 71.6\%$로 70% 이상이다.

② 조사 지역의 5인 미만 기업 중 수도권이 차지하는 비율은 $\dfrac{200,000}{290,000} \times 100 ≒ 68.97\%$로 60% 이상이다.

③ 조사 지역 전체 기업 중 5대 업종에 해당하지 않는 기업의 수는 다음과 같다.

  - 대기업 : $13,500-11,000=2,500$개소
  - 중소기업 : $25,000-22,000=3,000$개소
  - 5인 미만 : $290,000-235,000=55,000$개소
  - 사단법인 : $55,700-20,000=35,700$개소
  - 재단법인 : $13,300-9,000=4,300$개소

  따라서 대기업보단 중소기업이, 중소기업보단 5인 미만이 많고, 사단법인이 재단법인보다 많다.

## 39

정답 ③

제시된 자료는 7대 주요 범죄 현황이므로 한 해 전체 범죄 현황은 알 수 없다. 따라서 옳지 않은 설명이다.

오답분석

① 살인이 가장 많이 발생한 해는 1995년이며, 절도 역시 1995년에 가장 많이 발생하였다.

② K국 교도소의 잔여 형량별 복역자 수 자료를 통해 잔여 형량이 많을수록 복역자 수가 적음을 알 수 있다.

④ 잔여 형량이 1년 미만인 복역자의 수가 가장 많은 교도소는 F교도소이며, 전체 복역자 수 역시 F교도소가 가장 많다.

# 40

교도소별 잔여 형량이 1년 미만인 복역자 수 대비 3년 이상 5년 미만인 복역자 수의 비율은 다음과 같다.

- A : $\frac{400}{3,000} \times 100 ≒ 13.3\%$

- B : $\frac{400}{4,000} \times 100 = 10\%$

- C : $\frac{500}{5,000} \times 100 = 10\%$

- D : $\frac{600}{6,000} \times 100 = 10\%$

- E : $\frac{800}{7,000} \times 100 ≒ 11.43\%$

- F : $\frac{1,000}{8,000} \times 100 = 12.5\%$

A교도소가 가장 높으므로 옳지 않은 해석이다.

오답분석

① 1990년부터 1995년까지 전년 대비 살인 사건 발생 건수는 100건씩 일정하게 증가하고 있다. 그러나 기준이 되는 전년도의 수치가 점점 커지기 때문에 전년 대비 변화율은 점점 감소한다(1990년 20% 증가, 1991년 약 16.6% 증가, …).

② K국 전체 교도소 복역자 수는 5,300+5,700+7,800+10,000+10,300+11,600=50,700명이므로 D교도소에 복역하는 비율은 $\frac{10,000}{50,700} \times 100 ≒ 19.72\%$이다. 따라서 20% 이하이다.

③ 1993년부터 1995년까지 7대 주요 범죄 중 절도가 차지하는 비율을 구하기 위해 연도별 7대 주요 범죄 발생 건수를 계산하면 다음과 같다.
- 1993년 : 900+3,000+10,000+10,000+20,000+3,000+1,000=47,900건
- 1994년 : 1,000+2,000+20,000+10,000+27,000+5,000+900=65,900건
- 1995년 : 1,100+3,500+17,000+9,000+34,000+2,000+1,100=67,700건

이 중 절도가 차지하는 비율을 계산하면 다음과 같다.

$\frac{20,000+27,000+34,000}{47,900+65,900+67,700} \times 100$

$\rightarrow \frac{81,000}{181,500} \times 100 ≒ 44.63\%$

따라서 절도가 차지하는 비율은 45% 이하이다.

# 41

계란 가격은 2024년 7월부터 9월까지 증가하다가, 10월부터 감소한 후 12월에 다시 증가 추세를 보이고 있으므로 옳지 않다.

오답분석

① - 2024년 8월 대비 9월 쌀 가격 증가율 : $\frac{1,970-1,083}{1,083} \times 100 ≒ 81.90\%$

- 2024년 11월 대비 12월 무 가격 증가율 : $\frac{2,474-2,245}{2,245} \times 100 ≒ 10.20\%$

따라서 2024년 8월 대비 9월 쌀 가격의 증가율이 2024년 11월 대비 12월 무 가격의 증가율보다 크다.

② 국산, 미국산, 호주산 소 가격 모두 2024년 7월부터 9월까지 증가하다가 10월에 감소하였다.

④ 쌀 가격은 2024년 7월 1,992원에서 8월 1,083원으로 감소했다가 9월 1,970원으로 증가한 후 10월부터는 꾸준히 감소하고 있다.

## 42

정답 ②

선택지에 제시된 식재료 가격의 2024년 12월 대비 2025년 1월 증감률을 계산하면 다음과 같다.

- 쌀 : $\dfrac{1,805-1,809}{1,809} \times 100 \fallingdotseq -0.22\%$

- 양파 : $\dfrac{1,759-1,548}{1,548} \times 100 \fallingdotseq 13.63\%$

- 무 : $\dfrac{2,543-2,474}{2,474} \times 100 \fallingdotseq 2.78\%$

- 건멸치 : $\dfrac{25,200-25,320}{25,320} \times 100 \fallingdotseq -0.47\%$

따라서 증감률이 가장 큰 재료는 양파이다.

## 43

정답 ②

신입사원 선발 조건에 따라 지원자에게 점수를 부여하면 다음과 같다.

(단위 : 점)

| 구분 | 학위 점수 | 어학시험 점수 | 면접 점수 | 총 인턴근무 기간 | 총점 |
|------|-----------|---------------|-----------|------------------|------|
| A | 18 | 20 | 30 | 18 | 86 |
| B | 25 | 17 | 24 | 18 | 84 |
| C | 18 | 17 | 24 | 18 | 77 |
| D | 30 | 14 | 18 | 12 | 74 |

따라서 최고득점자는 A이고, 최저득점자는 D이다.

## 44

정답 ①

A씨의 소규모 카페는 잘못된 위치 선정, 치열한 경쟁, 운영 경험 부족 등 여러 위기를 겪게 되었지만, A씨는 위기를 기회로 삼아 성공한 컨설팅 업체라는 좋은 결과를 얻었으므로 '화를 바꾸어 복이 되게 하다.'의 의미를 지닌 '전화위복(轉禍爲福)'이 가장 관련 있는 한자성어이다.

오답분석

② 사필귀정(事必歸正) : 모든 일은 반드시 바른길로 돌아감
③ 일취월장(日就月將) : 나날이 다달이 자라거나 발전함
④ 우공이산(愚公移山) : 어떤 일이든 끊임없이 노력하면 반드시 이루어짐

## 45

정답 ①

①의 '차원'은 '물리학적 구성 요소인 시간'을 의미한다.

오답분석

②·③·④ '사물을 보거나 생각하는 처지, 또는 어떤 생각이나 의견 따위를 이루는 사상이나 학식의 수준'의 의미로 사용되었다.

## 46

정답 ②

큐비트는 양자 중첩 특성을 가지고 있기 때문에 0과 1의 상태를 동시에 가진다. 반면 기존의 고전적 컴퓨터는 비트(Bit)를 통해 정보를 0과 1의 형태로 나타낸다.

오답분석

①·③ 큐비트는 측정하기 전에는 0과 1의 값을 동시에 지니지만, 측정과 동시에 하나의 값으로 확정된다.
④ 4개의 큐비트를 활용하면 $2^4 = 16$번의 상태를 동시에 표현할 수 있다.

# 47

정답 ②

SMR은 다양한 입지 조건에서 설치가 가능하여 전력망이 없는 지역이나 해상에서도 활용할 수 있다. 또한 크기가 작고 유연한 설계 덕분에 다양한 환경에서 활용이 가능하다.

오답분석

① SMR은 방사성 물질의 저장 및 관리 측면에서 유리하지만, 폐기물이 발생하지 않는다고는 서술되어 있지 않다.
③ SMR은 공장에서 모듈화된 기기를 제작하고, 현장으로 운송해 조립하는 방식이다.
④ 한국을 포함한 여러 국가가 SMR 개발에 적극적으로 나서고 있지만, 현재 기존 원전이 SMR로 전환되었는지는 확인할 수 없다.

# 48

정답 ④

J공사의 비밀번호 규칙을 정리하면 다음과 같다.
• 첫 번째와 아홉 번째 숫자 : 직원 종류별 코드(1 ~ 3)
• 두 번째 ~ 일곱 번째 숫자 : 입사 연, 월, 일(YYMMDD)
• 여덟 번째 문자 : 앞의 숫자를 모두 더하고 2를 뺀 값에 해당하는 알파벳 대문자
위의 규칙에 맞지 않는 비밀번호를 고르면 다음과 같다.
• 1942131S1 : 월 부분의 숫자가 21로 존재할 수 없다.
• 1241215N2 : 첫 번째와 아홉 번째 숫자가 동일하게 부여되지 않았다.
• 2210830P2 : 여덟 번째 문자가 2+2+1+0+8+3+0-2=14번째 알파벳인 N이 부여되어야 한다.
• 4200817T4 : 4는 없는 직원 종류별 코드이다.
• 2191229Z2 : 여덟 번째 문자가 2+1+9+1+2+2+9-2=24번째 알파벳 X가 부여되어야 한다.
따라서 J공사 비밀번호 규칙에 맞지 않는 비밀번호는 모두 5개이다.

# 49

정답 ①

A씨는 고향 친구의 말끔한 정장을 보고, 부자일 확률보다 부자이면서 좋은 차도 끌고 다닐 확률이 높다고 생각하고 있다. 이는 두 사건(부자, 좋은 차 소유)이 동시에 일어날 확률이 실제로는 각 사건 중 하나가 단독으로 일어날 확률보다 항상 작거나 같음에도 불구하고, 두 사건이 동시에 일어날 확률이 더 높다고 잘못 판단하는 인지적 편향이다. 따라서 A씨의 사례는 결합의 오류에 해당한다.

오답분석

② 무지의 오류 : "담배가 암을 일으킨다는 확실한 증거가 없으므로 정부의 금연 정책은 잘못된 것이다."처럼 어떤 논리가 증명되지 않았다고 해서 그 반대의 주장이 참이라고 단정하는 오류이다.
③ 연역법의 오류 : "TV를 많이 보면 눈이 나빠진다.", "철수는 TV를 많이 보지 않는다.", "따라서 철수는 눈이 나빠지지 않는다."처럼 대전제와 주장이 잘못 연결되었지만, 삼단논법에 의하기 때문에 참이라고 단정하는 오류이다.
④ 과대 해석의 오류 : "퇴근길에 조심하세요."라는 말을 퇴근길에만 조심하라는 의미로 받아들이는 것처럼 문맥을 무시하고 과도하게 문구에만 집착하여 발생하는 오류이다.

# 50

정답 ③

고속국도를 제외하면 본사와 이어지는 길은 A공장과 B공장밖에 없으므로 S대리는 A공장을 처음 방문하고 마지막으로 B공장을 방문하거나, B공장을 처음 방문하고 A공장을 마지막으로 방문해야 한다. 그러므로 S대리는 A → D → C → E → B 순서로 방문하거나, 그 반대인 B → E → C → D → A 순서로 방문해야 한다. 두 경로의 길이는 같으므로 본사 → A → D → C → E → B → 본사의 이동 거리를 구하면 8+14+12+20+10+16=80km이다.
따라서 S대리가 일반국도만을 이용하여 본사에서 출발해서 모든 부속 공장을 방문하고 본사로 돌아오는 최단거리는 80km이다.

## 51

정답 ②

고속국도를 이용한다면 본사에서 출발하거나 본사에 도착할 때, 반드시 E공장을 거쳐야 한다. 그러므로 S대리는 E → B → C → D → A 또는 A → D → C → B → E 순서로 방문해야 한다. 두 경로의 길이는 같으므로 본사 → E → B → C → D → A → 본사의 이동거리를 구하면 $20+10+8+12+14+8=72$km이다.

따라서 S대리가 고속국도를 이용할 때의 최단거리는 고속국도를 이용하지 않을 때와 $80-72=8$km 차이가 난다.

## 52

정답 ③

문단별 K기업의 기술시스템 발전 단계를 살펴보면 다음과 같다.
- (가) : K기업의 종합관리시스템이 경쟁에서 승리하여 기술표준이 되었으므로 기술 공고화 단계에 해당한다.
- (나) : K기업의 종합관리시스템이 실무적 안정성을 인정받아 다른 분야에서도 차용하였으므로 기술 이전의 단계에 해당한다.
- (다) : K기업의 종합관리시스템이 다른 기술시스템과 경쟁하고 있으므로 기술 경쟁의 단계에 해당한다.
- (라) : K기업의 종합관리시스템이 개발되고 발전한 것이므로 발명, 개발, 혁신의 단계에 해당한다.

따라서 기술시스템 발전 단계의 순서는 발명, 개발, 혁신의 단계 → 기술 이전의 단계 → 기술 경쟁의 단계 → 기술 공고화 단계 순으로 진행되므로 K기업 종합관리시스템을 기술시스템의 발전 단계에 따라 순서대로 나열하면 (라) – (나) – (다) – (가) 순이다.

## 53

정답 ①

상사가 A주임에게 요청한 작업과 이에 대한 엑셀 단축키는 다음과 같다.
- [F12] 셀에서 왼쪽에 있는 값을 모두 선택하기 : 〈Shift〉+〈Home〉
- 차트 만들기 : 〈Alt〉+〈F1〉
- 오늘 날짜 입력하기 : 〈Ctrl〉+〈;〉

따라서 A주임이 사용하지 않은 단축키는 셀 서식 단축키인 〈Ctrl〉+〈1〉이다.

## 54

정답 ②

맹아(萌芽)는 '풀이나 나무에 새로 돋아 나오는 싹, 사물의 시초가 되는 것'을 뜻하는 말이다.

오답분석
① 호도(糊塗) : 풀을 바른다는 뜻으로, 명확하게 결말을 내지 않고 일시적으로 감추거나 흐지부지 덮어 버림을 비유하는 말
③ 무마(撫摩) : 분쟁이나 사건 따위를 어물어물 덮어 버림
④ 은폐(隱蔽) : 덮어 감추거나 가리어 숨김

## 55

정답 ③

③에 쓰인 '불이 붙었다'는 비유적으로 어떤 일이나 감정 따위가 치솟기 시작함을 의미한다.

오답분석
①·②·④ '물체에 불이 붙어 타기 시작하다'의 의미로 사용되었다.

## 56

정답 ②

등변사다리꼴의 가장자리를 따라 2m 간격으로 의자를 배치하므로 둘레를 구해야 한다. K고등학교의 운동장은 20m의 정사각형 공간에 양쪽에 밑변이 15m, 높이가 20m인 직각삼각형이 붙어 있는 형태이므로 피타고라스 정리에 따라 빗변의 길이 $x$m는 다음과 같다.
$x^2=15^2+20^2=625 \rightarrow x=\sqrt{625}=25$

그러므로 K고등학교 운동장의 둘레는 $20+25+50+25=120$m이며, 2m 간격으로 의자를 배치하므로 $120 \div 2=60$개의 의자를 배치할 수 있다(시작점과 끝점이 같은 폐곡선의 형태이므로 1을 더하지 않음).

따라서 의자에 앉을 수 있는 학생의 수는 60명이다.

# 57

정답 ③

오답분석

① 2021년의 값이 서로 바뀌었다.
② 2024년 충주댐의 발전량 값이 잘못되었다.
④ 2023년 소양강댐의 발전량 값이 잘못되었다.

# 58

정답 ③

현대사회에서 기업은 일을 수행하는 데 소요되는 시간을 줄이기 위해 많은 노력을 기울이고 있다. 기업의 입장에서 작업 소요 시간의 단축으로 인해 볼 수 있는 효과는 다음과 같다.

• 생산성 향상 : 시간당 산출량이 증가하여 같은 시간 안에 더 많은 제품이나 서비스를 제공할 수 있으므로 노동 생산성이 향상된다.
• 가격 인상 : 일을 수행할 때 소요되는 시간을 단축함으로써 비용이 절감되고, 상대적으로 이익이 늘어남으로써 사실상 가격 인상 효과가 있다.
• 위험 감소 : 위험에 노출되는 시간을 줄이고, 계획적 작업 운영을 통해 불확실성이 감소하므로 위험이 감소하는 효과가 있다.
• 시장점유율 증가 : 빠르고 효율적인 생산은 납기 준수 능력 향상, 원가 절감, 품질 유지로 이어지므로 고객 만족도를 높이고, 결과적으로 경쟁사보다 유리한 조건을 만들며 시장점유율 확대에 기여한다.

반면 정확한 예산 분배는 효율적인 예산관리를 통하여 기업이 얻을 수 있는 효과이다.

# 59

정답 ④

**효율적이고 합리적인 인사관리 원칙**

• 적재적소 배치의 원칙 : 해당 직무 수행에 가장 적합한 인재를 배치해야 한다.
• 공정 보상의 원칙 : 근로자의 인권을 존중하고 공헌도에 따라 노동의 대가를 공정하게 지급해야 한다.
• 공정 인사의 원칙 : 직무 배당, 승진, 상벌, 근무 성적의 평가, 임금 등을 공정하게 처리해야 한다.
• 종업원 안정의 원칙 : 직장에서 신분이 보장되고 계속해서 근무할 수 있다는 믿음을 갖게 하여 근로자가 안정된 회사 생활을 할 수 있도록 해야 한다.
• 창의력 계발의 원칙 : 근로자가 창의력을 발휘할 수 있도록 새로운 제안, 건의 등의 기회를 마련하고, 적절한 보상을 하여 인센티브를 제공해야 한다.
• 단결의 원칙 : 직장 내에서 구성원들이 소외감을 갖지 않도록 배려하고, 서로 유대감을 가지고 협동, 단결하는 체제를 이루도록 한다.

# 60

정답 ③

회전대응의 원칙은 입·출하의 빈도가 높은 품목은 출입구 가까운 곳에 보관하는 것으로, 활용빈도가 상대적으로 높은 물품을 가져다 쓰기 쉬운 위치에 먼저 보관하는 방식을 말한다.

오답분석

① 동일성의 원칙 : 같은 품종은 같은 장소에 보관하는 원칙이다.
② 유사성의 원칙 : 유사품은 인접한 장소에 보관하는 원칙이다.
④ 기호화의 원칙 : 바코드, QR코드 등 물품을 기호화하여 관리하는 원칙이다.

# 제2회 2024년 기출복원 모의고사

| 01 | 02 | 03 | 04 | 05 | 06 | 07 | 08 | 09 | 10 | 11 | 12 | 13 | 14 | 15 | 16 | 17 | 18 | 19 | 20 |
|---|---|---|---|---|---|---|---|---|---|---|---|---|---|---|---|---|---|---|---|
| ③ | ④ | ⑤ | ③ | ② | ③ | ① | ③ | ④ | ⑤ | ② | ③ | ③ | ① | ④ | ② | ① | ⑤ | ① | ② |

| 21 | 22 | 23 | 24 | 25 | 26 | 27 | 28 | 29 | 30 | 31 | 32 | 33 | 34 | 35 | 36 | 37 | 38 | 39 | 40 |
|---|---|---|---|---|---|---|---|---|---|---|---|---|---|---|---|---|---|---|---|
| ① | ④ | ③ | ③ | ② | ④ | ③ | ② | ② | ④ | ② | ② | ④ | ② | ④ | ② | ③ | ② | ④ | ① |

| 41 | 42 | 43 | 44 | 45 | 46 | 47 | 48 | 49 | 50 | 51 | 52 | 53 | 54 | 55 | 56 | 57 | 58 | 59 | 60 |
|---|---|---|---|---|---|---|---|---|---|---|---|---|---|---|---|---|---|---|---|
| ② | ④ | ③ | ① | ② | ④ | ③ | ③ | ② | ③ | ③ | ③ | ③ | ⑤ | ② | ② | ② | ② | ① | ⑤ |

## 01

정답 ③

제시된 시는 신라시대 6두품 출신의 문인인 최치원이 지은 「촉규화」이다. 최치원은 자신을 향기 날리는 탐스런 꽃송이에 비유하여 뛰어난 학식과 재능을 뽐내고 있지만, 수레와 말 탄 사람에 비유한 높은 지위의 사람들이 자신을 외면하는 현실을 한탄하고 있다.

**최치원**
신라시대 6두품 출신의 문인으로, 12세에 당나라로 유학을 간 후 6년 만에 당의 빈공과에 장원으로 급제할 정도로 학문적 성취가 높았다. 그러나 당나라에서 제대로 인정을 받지 못했으며, 신라에 돌아와서도 6두품이라는 출신의 한계로 원하는 만큼의 관직에 오르지는 못하였다. 「촉규화」는 최치원이 당나라 유학시절에 지은 시로 알려져 있으며, 자신을 알아주지 않는 시대에 대한 개탄을 담고 있다. 최치원은 인간 중심의 보편성과 그에 따른 다양성을 강조하였으며, 신라의 쇠퇴로 인해 이러한 그의 정치 이념과 사상은 신라 사회에서는 실현되지 못하였으나 이후 고려 국가의 체제 정비에 영향을 미쳤다.

## 02

정답 ④

네 번째 문단에서 백성들이 적지 않고, 토산품이 구비되어 있지만 이로운 물건이 세상에 나오지 않고, 그렇게 하는 방법을 모르기 때문에 경제를 윤택하게 하는 것 자체를 모른다고 하였다. 따라서 조선의 경제가 윤택하지 못한 이유를 부족한 생산량이 아니라 유통의 부재로 보고 있다.

[오답분석]
① 세 번째 문단에서 쓸모없는 물건을 사용하여 유용한 물건을 유통하고 거래하지 않는다면 유용한 물건들이 대부분 한 곳에 묶여서 고갈될 것이라고 하며 유통이 원활하지 않은 현실을 비판하고 있다.
② 세 번째 문단에서 옛날의 성인과 제왕은 유통의 중요성을 알고 있었기 때문에 주옥과 화폐 등의 물건을 조성하여 재물이 원활하게 유통될 수 있도록 노력했다고 하며 재물 유통을 위한 성현들의 노력을 제시하고 있다.
③ 여섯 번째 문단에서 재물을 우물에 비유하여 설명하고 있다. 재물의 소비를 하지 않으면 물을 길어내지 않는 우물처럼 말라 버릴 것이며, 소비를 한다면 물을 퍼내는 우물처럼 물이 가득할 것이라며 재물에 대한 소비가 경제의 규모를 늘릴 것이라고 강조하고 있다.
⑤ 여섯 번째 문단에서 비단옷을 입지 않으면 비단을 짜는 사람과 베를 짜는 여인 등 관련 산업 자체가 황폐해질 것이라고 하고 있다. 따라서 산업의 발전을 위한 적당한 사치(소비)가 있어야 함을 제시하고 있다.

## 03
정답 ⑤

'말로는 친한 듯 하나 속으로는 해칠 생각이 있음'을 뜻하는 한자성어는 '口蜜腹劍(구밀복검)'이다.
• 刻舟求劍(각주구검) : 융통성 없이 현실에 맞지 않는 낡은 생각을 고집하는 어리석음

오답분석
① 水魚之交(수어지교) : 아주 친밀하여 떨어질 수 없는 사이
② 結草報恩(결초보은) : 죽은 뒤에라도 은혜를 잊지 않고 갚음
③ 靑出於藍(청출어람) : 제자나 후배가 스승이나 선배보다 나음
④ 指鹿爲馬(지록위마) : 윗사람을 농락하여 권세를 마음대로 함

## 04
정답 ③

③에서 '뿐이다'는 체언(명사, 대명사, 수사)인 '셋'을 수식하므로 조사로 사용되었다. 따라서 앞말과 붙여 써야 한다.

오답분석
① 종결어미 '-는지'는 앞말과 붙여 써야 한다.
② '만큼'은 용언(동사, 형용사)인 '애쓴'을 수식하므로 의존명사로 사용되었다. 따라서 앞말과 띄어 써야 한다.
④ '큰지'와 '작은지'는 모두 연결어미 '-ㄴ지'로 쓰였으므로 앞말과 붙여 써야 한다.
⑤ '-판'은 앞의 '씨름'과 합성어를 이루므로 붙여 써야 한다.

## 05
정답 ②

'채이다'는 '차이다'의 잘못된 표기이다. 따라서 '차였다'로 표기해야 한다.
• 차이다 : 주로 남녀 관계에서 일방적으로 관계가 끊기다.

오답분석
① 금세 : 지금 바로. '금시에'의 준말
③ 핼쑥하다 : 얼굴에 핏기가 없고 파리하다.
④ 낯설다 : 전에 본 기억이 없어 익숙하지 아니하다.
⑤ 곰곰이 : 여러모로 깊이 생각하는 모양

## 06
정답 ③

한자어에서 'ㄹ' 받침 뒤에 연결되는 'ㄷ, ㅅ, ㅈ'은 된소리로 발음되므로 [몰쌍식]으로 발음해야 한다.

오답분석
①·④ 받침 'ㄴ'은 'ㄹ'의 앞이나 뒤에서 [ㄹ]로 발음하지만, 결단력, 공권력, 상견례 등에서는 [ㄴ]으로 발음한다.
② 받침 'ㄱ(ㄲ, ㅋ, ㄳ, ㄺ), ㄷ(ㅅ, ㅆ, ㅈ, ㅊ, ㅌ, ㅎ), ㅂ(ㅍ, ㄼ, ㄿ, ㅄ)'은 'ㄴ, ㅁ' 앞에서 [ㅇ, ㄴ, ㅁ]으로 발음한다.
⑤ 받침 'ㄷ, ㅌ(ㄾ)'이 조사나 접미사의 모음 'ㅣ'와 결합되는 경우에는 [ㅈ, ㅊ]으로 바꾸어서 뒤 음절 첫소리로 옮겨 발음한다.

## 07
정답 ①

$865 \times 865 + 865 \times 270 + 135 \times 138 - 405$
$= 865 \times 865 + 865 \times 270 + 135 \times 138 - 135 \times 3$
$= 865 \times (865 + 270) + 135 \times (138 - 3)$
$= 865 \times 1,135 + 135 \times 135$
$= 865 \times (1,000 + 135) + 135 \times 135$
$= 865 \times 1,000 + (865 + 135) \times 135$
$= 865,000 + 135,000$
$= 1,000,000$
따라서 식을 계산하여 나온 수의 백의 자리는 0, 십의 자리는 0, 일의 자리는 0이다.

## 08

정답 ③

터널의 길이를 $x$m라 하면 다음과 같은 식이 성립한다.

$$\frac{x+200}{60} : \frac{x+300}{90} = 10 : 7$$

$$\frac{x+300}{90} \times 10 = \frac{x+200}{60} \times 7$$

→ $600(x+300) = 630(x+200)$

→ $30x = 54,000$

∴ $x = 1,800$

따라서 터널의 길이는 1,800m이다.

## 09

정답 ④

나열된 수의 규칙은 (첫 번째 수)×[(두 번째 수)−(세 번째 수)]=(네 번째 수)이다.
따라서 ( )=9×(16−9)=63이다.

## 10

정답 ⑤

제시된 수열은 +3, +5, +7, +9, …씩 증가하는 수열이다.
따라서 ( )=97+21=118이다.

## 11

정답 ②

A반과 B반 모두 2번의 경기를 거쳐 결승에 만나는 경우는 다음과 같다.

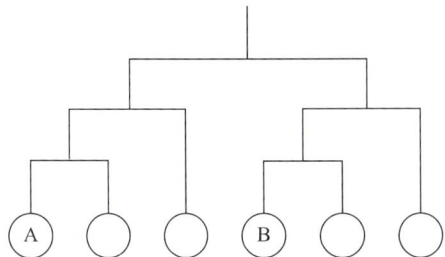

이때 남은 4개의 반을 배치할 때마다 모두 다른 경기가 진행되므로 구하고자 하는 경우의 수는 4!=24가지이다.

## 12

정답 ③

첫 번째 조건에 따라 ①, ②는 70대 이상에서 도시의 여가생활 만족도(1.7점)가 같은 연령대의 농촌(ㄹ) 만족도(3.5점)보다 낮으므로 제외되고, 두 번째 조건에 따라 도시에서 10대의 여가생활 만족도는 농촌에서 10대(1.8점)의 2배보다 높으므로 1.8×2=3.6점을 초과해야 하나 ④는 도시에서 10대(ㄱ)의 여가생활 만족도가 3.5점이므로 제외된다. 또한, 세 번째 조건에 따라 ⑤는 도시에서 여가생활 만족도가 가장 높은 연령대인 40대(3.9점)보다 30대(ㄴ)가 4.0점으로 높으므로 제외된다.
따라서 마지막 조건까지 만족하는 것은 ③이다.

## 13

정답 ③

가격을 10,000원 인상할 때 판매량은 (10,000−160)개이고, 20,000원 인상할 때 판매량은 (10,000−320)개이다. 또한, 가격을 10,000원 인하할 때 판매량은 (10,000+160)개이고, 20,000원 인하할 때 판매량은 (10,000+320)개이다. 그러므로 가격이 (500,000+10,000x)원일 때 판매량은 (10,000−160x)개이므로, 총판매금액을 $y$원이라 하면 {(500,000+10,000x)×(10,000−160x)}원이 된다.

$y$는 $x$에 대한 이차식이므로 이를 표준형으로 표현하면 다음과 같다.

$y = (500,000 + 10,000x) \times (10,000 - 160x)$

$= -1,600,000 \times (x + 50) \times (x - 62.5)$

$= -1,600,000 \times (x^2 - 12.5x - 3,125)$

$= -1,600,000 \times \left(x - \dfrac{25}{4}\right)^2 + 1,600,000 \times \left(\dfrac{25}{4}\right)^2 + 1,600,000 \times 3,125$

따라서 $x = \dfrac{25}{4}$일 때 총판매금액이 최대이지만 가격은 10,000원 단위로만 변경할 수 있으므로 $\dfrac{25}{4}$와 가장 가까운 자연수인 $x = 6$일 때 총판매금액이 최대가 되고, 이때 제품의 가격은 500,000+10,000×6=560,000원이다.

## 14

정답 ①

방사형 그래프는 여러 평가 항목에 대하여 중심이 같고 크기가 다양한 원 또는 다각형을 도입하여 구역을 나누고, 각 항목에 대한 도수 등을 부여하여 점을 찍은 후 그 점끼리 이어 생성된 다각형으로 자료를 분석할 수 있다. 따라서 방사형 그래프인 ①을 사용하면 항목별 균형을 쉽게 파악할 수 있다.

## 15

정답 ④

3월의 경우 K톨게이트를 통과한 영업용 승합차 수는 229천 대이고, 영업용 대형차 수는 139천 대이다.
139×2=278>229이므로 3월의 영업용 승합차 수는 영업용 대형차 수의 2배 미만이므로 옳지 않다.

[오답분석]
① 월별 전체 승용차 수와 전체 승합차 수의 합은 다음과 같다.
  - 1월 : 3,807+3,125=6,932천 대
  - 2월 : 3,555+2,708=6,263천 대
  - 3월 : 4,063+2,973=7,036천 대
  - 4월 : 4,017+3,308=7,325천 대
  - 5월 : 4,228+2,670=6,898천 대
  - 6월 : 4,053+2,893=6,946천 대
  - 7월 : 3,908+2,958=6,866천 대
  - 8월 : 4,193+3,123=7,316천 대
  - 9월 : 4,245+3,170=7,415천 대
  - 10월 : 3,977+3,073=7,050천 대
  - 11월 : 3,953+2,993=6,946천 대
  - 12월 : 3,877+3,040=6,917천 대

따라서 전체 승용차 수와 승합차 수의 합이 가장 많은 달은 9월이고, 가장 적은 달은 2월이다.
② 4월을 제외하고 K톨게이트를 통과한 비영업용 승합차 수는 월별 3,000천 대(=300만 대)를 넘지 않는다.
③ 모든 달에서 (영업용 대형차 수)×10 ≥ (전체 대형차 수)이므로 영업용 대형차 수의 비율은 모든 달에서 전체 대형차 수의 10% 이상이다.
⑤ 승용차가 가장 많이 통과한 달은 9월이고, 이때 영업용 승용차 수의 비율은 9월 전체 승용차 수의 $\dfrac{140}{4,245} \times 100 \fallingdotseq 3.3\%$로 3% 이상이다.

## 16

정답 ②

제시된 열차의 부산역 도착시간을 계산하면 다음과 같다.

- KTX
  8:00(서울역 출발) → 10:30(부산역 도착)
- ITX-청춘
  7:20(서울역 출발) → 8:00(대전역 도착) → 8:15(대전역 출발) → 11:05(부산역 도착)
- ITX-마음
  6:40(서울역 출발) → 7:20(대전역 도착) → 7:35(대전역 출발) → 8:15(울산역 도착) → 8:30(울산역 출발) → 11:00(부산역 도착)
- 새마을호
  6:30(서울역 출발) → 7:30(대전역 도착) → 7:40(ITX-마음 출발 대기) → 7:55(대전역 출발) → 8:55(울산역 도착) → 9:10(울산역 출발) → 10:10(동대구역 도착) → 10:25(동대구역 출발) → 11:55(부산역 도착)
- 무궁화호
  5:30(서울역 출발) → 6:50(대전역 도착) → 7:05(대전역 출발) → 8:25(울산역 도착) → 8:35(ITX-마음 출발 대기) → 8:50(울산역 출발) → 10:10(동대구역 도착) → 10:30(새마을호 출발 대기) → 10:45(동대구역 출발) → 12:25(부산역 도착)

따라서 가장 늦게 도착하는 열차는 무궁화호로, 12시 25분에 부산역에 도착한다.

[오답분석]
① ITX-청춘은 11시 5분에 부산역에 도착하고, ITX-마음은 11시에 부산역에 도착한다.
③ ITX-마음은 정차역인 대전역과 울산역에서 다른 열차와 시간이 겹치지 않는다.
④ 부산역에 가장 빨리 도착하는 열차는 KTX로, 10시 30분에 도착한다.
⑤ 무궁화호는 울산역에서 8시 15분에 도착한 ITX-마음으로 인해 8시 35분까지 대기하며, 동대구역에서 10시 10분에 도착한 새마을호로 인해 10시 30분까지 대기한다.

## 17

정답 ①

A과장과 팀원 1명은 7시 30분까지 사전 회의를 가져야 하므로 8시에 출발하는 KTX만 이용할 수 있다. 남은 팀원 3명은 11시 30분까지 부산역에 도착해야 하므로 10시 30분에 도착하는 KTX, 11시 5분에 도착하는 ITX-청춘, 11시에 도착하는 ITX-마음을 이용할 수 있는데 이 중 가장 저렴한 열차를 이용해야 하므로 ITX-마음을 이용한다. 따라서 KTX 2인, ITX-마음 3인의 요금을 계산하면 $(59,800 \times 2) + (42,600 \times 3) = 119,600 + 127,800 = 247,400$원이다.

## 18

정답 ⑤

A는 B의 부정적인 의견들을 구조화하여 B가 그러한 논리를 가지게 된 궁극적 원인인 경쟁력 부족을 찾아내었고, 이러한 원인을 해소할 수 있는 방법을 찾아 자신의 계획을 재구축하여 B에게 설명하였다. 따라서 제시문에서 나타난 논리적 사고의 구성요소는 상대 논리의 구조화이다.

[오답분석]
① 설득 : 논증을 통해 나의 생각을 다른 사람에게 이해·공감시키고, 타인이 내가 원하는 행동을 하도록 하는 것이다.
② 구체적인 생각 : 상대가 말하는 것을 잘 알 수 없을 때, 이미지를 떠올리거나 숫자를 활용하는 등 구체적인 방법을 활용하여 생각하는 것이다.
③ 생각하는 습관 : 논리적 사고를 개발하기 위해 일상적인 모든 것에서 의문점을 가지고 그 원인을 생각해 보는 습관이다.
④ 타인에 대한 이해 : 나와 상대의 주장이 서로 반대될 때, 상대의 주장 전부를 부정하지 않고 상대의 인격을 존중하는 것이다.

# 19

정답 ①

마지막 조건에 따라 C는 항상 두 번째에 도착하게 되고, 첫 번째 조건에 따라 A – B가 순서대로 도착했으므로 A, B는 첫 번째로 도착할 수 없다. 또한 두 번째 조건에 따라 D는 E보다 늦으므로 가능한 경우를 정리하면 다음과 같다.

| 구분 | 첫 번째 | 두 번째 | 세 번째 | 네 번째 | 다섯 번째 |
| --- | --- | --- | --- | --- | --- |
| 경우 1 | E | C | A | B | D |
| 경우 2 | E | C | D | A | B |

따라서 E는 항상 가장 먼저 도착한다.

# 20

정답 ②

전제 1의 전건(P)인 'TV를 오래 보면'은 후건(Q)인 '눈이 나빠진다.'가 성립하는 충분조건이며, 후건은 전건의 필요조건이 된다(P → Q). 그러나 삼단논법에서 단순히 전건을 부정한다고 해서 후건 또한 부정되지는 않는다(~ P → ~ Q, 역의 오류). 철수가 TV를 오래 보지 않아도 눈이 나빠질 수 있는 가능성은 얼마든지 있기 때문이다. 이러한 형식적 오류를 '전건 부정의 오류'라고 한다.

[오답분석]

① 사개명사의 오류 : 삼단논법에서 개념이 4개일 때 성립하는 오류이다(A는 B이고, A와 C는 모두 D이다. 따라서 B는 C이다).
③ 후건 긍정의 오류 : 후건을 긍정한다고 전건 또한 긍정이라고 하는 오류이다(P → Q이므로 Q → P이다. 이의 오류).
④ 선언지 긍정의 오류 : 어느 한 명제를 긍정하는 것이 필연적으로 다른 명제의 부정을 도출한다고 여기는 오류이다(A는 B와 C이므로 A가 B라면 반드시 C는 아니다. ∵ B와 C 둘 다 해당할 가능성이 있음).
⑤ 매개념 부주연의 오류 : 매개념(A)이 외연 전부(B)에 대하여 성립되지 않을 때 발생하는 오류이다(A는 B이고 C는 B이므로 A는 C이다).

# 21

정답 ①

K공단에서 위촉한 자문 약사는 다제약물 관리사업 대상자가 먹고 있는 약물의 복용상태, 부작용, 중복 등을 종합적으로 검토하고 그 결과를 바탕으로 상담, 교육 및 처방조정 안내를 실시한다. 또한 우리나라는 2000년에 시행된 의약 분업의 결과, 일부 예외사항을 제외하면 약사는 환자에게 약물을 처방할 수 없다. 따라서 약사는 환자의 약물점검 결과를 의사에게 전달하여 처방에 반영될 수 있도록 할 뿐 직접적인 처방을 할 수는 없다.

[오답분석]

② 다제약물 관리사업으로 인해 중복되는 약물을 파악하고 조치할 수 있다. 실제로 세 번째 문단의 다제약물 관리사업 평가에서 효능이 유사한 약물을 중복해서 복용하는 환자가 40.2% 감소되는 등의 효과가 확인되었다.
③ 다제약물 관리사업은 10종 이상의 약을 복용하는 만성질환자를 대상으로 약물관리 서비스를 제공하는 사업이다.
④ 병원의 경우 입원 및 외래환자를 대상으로 의사, 약사 등으로 구성된 다학제팀이 약물관리 서비스를 제공하는 반면, 지역사회에서는 다학제 협업 시스템이 미흡하다는 의견이 나오고 있다. 이에 K공단은 도봉구 의사회와 약사회, 전문가로 구성된 지역협의체를 구성하여 의ㆍ약사 협업 모형을 개발하였다.

# 22

정답 ④

제시된 문단은 아토피 피부염의 정의를 나타내므로 이어서 연결될 수 있는 문단은 아토피 피부염의 원인을 설명하는 (라) 문단이다. 또한, (가) 문단의 앞부분 내용이 (라) 문단의 뒷부분과 연계되므로 (가) 문단이 다음에 오는 것이 적절하다. 그리고 (나) 문단의 첫 번째 문장에서 앞의 약물치료와 더불어 일상생활에서의 예방법을 말하고 있으므로 (나) 문단의 앞에는 아토피 피부염의 약물치료 방법인 (다) 문단이 오는 것이 가장 자연스럽다. 따라서 (라) – (가) – (다) – (나) 순으로 나열하는 것이 적절하다.

## 23

정답 ③

제시문은 뇌경색이 발생하는 원인과 발생했을 때 치료 방법을 소개하고 있다. 따라서 글의 주제로 가장 적절한 것은 '뇌경색의 발병 원인과 치료 방법'이다.

**오답분석**

① 뇌경색의 주요 증상에 대해서는 제시문에서 언급하고 있지 않다.

② 뇌경색 환자는 기전에 따라 항혈소판제나 항응고제 약물치료를 한다고 하였지만, 글의 전체 내용을 담는 주제는 아니다.

④ 뇌경색이 발생했을 때의 조치사항은 제시문에서 언급하고 있지 않다.

## 24

정답 ③

2021년의 건강보험료 부과 금액은 전년 대비 $69,480-63,120=6,360$십억 원 증가하였다. 이는 2020년 건강보험료 부과 금액의 10%인 $63,120\times0.1=6,312$십억 원보다 크므로 2021년의 건강보험료 부과 금액은 전년 대비 10% 이상 증가하였음을 알 수 있다. 2022년 또한 $76,775-69,480=7,295$십억 $>69,480\times0.1=6,948$십억 원이므로 건강보험료 부과 금액은 전년 대비 10% 이상 증가하였다.

**오답분석**

① 제시된 자료를 통해 확인할 수 있다.

② 연도별 전년 대비 1인당 건강보험 급여비 증가액을 구하면 다음과 같다.

• 2020년 : $1,400,000-1,300,000=100,000$원
• 2021년 : $1,550,000-1,400,000=150,000$원
• 2022년 : $1,700,000-1,550,000=150,000$원
• 2023년 : $1,900,000-1,700,000=200,000$원

따라서 1인당 건강보험 급여비가 전년 대비 가장 크게 증가한 해는 2023년이다.

④ 2019년 대비 2023년의 1인당 건강보험 급여비 증가율은 $\dfrac{1,900,000-1,300,000}{1,300,000}\times100≒46\%$이므로 40% 이상 증가하였다.

## 25

정답 ②

'잎이 넓다.'를 P, '키가 크다.'를 Q, '더운 지방에서 자란다.'를 R, '열매가 많이 맺힌다.'를 S라 하면, 첫 번째 명제는 P → Q, 두 번째 명제는 ∼P → ∼R, 네 번째 명제는 R → S이다. 두 번째 명제의 대우인 R → P와 첫 번째 명제인 P → Q에 따라 R → P → Q이므로 네 번째 명제가 참이 되려면 Q → S인 명제 또는 이와 대우 관계인 ∼S → ∼Q인 명제가 필요하다. 따라서 빈칸에는 ②가 가장 적절하다.

**오답분석**

① ∼P → S이므로 네 번째 명제가 참임을 판단할 수 없다.

③ '벌레가 많은 지역'은 네 번째 명제와 관련이 없다.

④ R → Q와 대우 관계인 명제로, 네 번째 명제가 참임을 판단할 수 없다.

## 26

정답 ④

'풀을 먹는 동물'을 P, '몸집이 크다.'를 Q, '사막에서 산다.'를 R, '물속에서 산다.'를 S라 하면, 첫 번째 명제는 P → Q, 두 번째 명제는 R → ∼S, 네 번째 명제는 S → Q이다. 네 번째 명제가 참이 되려면 두 번째 명제와 대우 관계인 S → ∼R에 의해 ∼R → P인 명제 또는 이와 대우 관계인 ∼P → R인 명제가 필요하다. 따라서 빈칸에는 ④가 가장 적절하다.

**오답분석**

① Q → S로 네 번째 명제의 역이지만, 어떤 명제가 참이라고 해서 그 역이 반드시 참이 될 수는 없다.

② 제시된 모든 명제와 관련이 없는 명제이다.

③ R → Q이므로 네 번째 명제가 참임을 판단할 수 없다.

## 27

정답 ③

모든 1과 사원은 가장 실적이 많은 2과 사원보다 실적이 많고, 3과 사원 중 일부는 가장 실적이 많은 2과 사원보다 실적이 적다. 따라서 3과 사원 중 일부는 모든 1과 사원보다 실적이 적다.

## 28

정답 ②

- A : 초청 목적이 6개월가량의 외국인 환자의 간병이므로 G-1-10 비자를 발급받아야 한다.
- B : 초청 목적이 국내 취업요건을 모두 갖춘 자의 제조업체 취업이므로 E-9-1 비자를 발급받아야 한다.
- C : 초청 목적이 K대학교 교환학생이므로 D-2-6 비자를 발급받아야 한다.
- D : 초청 목적이 국제기구 정상회의 참석이므로 A-2 비자를 발급받아야 한다.

## 29

정답 ②

2023년 국내 합계출산율은 0.72명으로, 이는 한 부부 사이에서 태어나는 아이의 수가 평균 1명이 되지 않는다는 것을 뜻한다. 또한 앞 순위인 스페인은 1.19명으로, 한 부부 사이에서 태어난 아이의 수가 2명이 되지 않아 스페인 역시 인구감소 현상이 나타남을 예측할 수 있다.

오답분석
① 두 번째 문단에서 2020년부터 사망자 수가 출생아 수보다 많다고 했으므로 전체 인구수는 감소하고 있음을 알 수 있다.
③ 세 번째 문단에서 정부가 현 상황, 즉 저출산 문제를 해결하고자 일 가정 양립, 양육, 주거를 중심으로 지원하겠다고 한 내용을 통해 알 수 있다.
④ 마지막 문단에서 제도는 변경되었지만, 이에 대한 법적 강제화는 없고 일부 직종에 대해서는 이전과 같이 배제된다고 하였으므로 수혜 대상은 이전과 유사할 것임을 알 수 있다.

## 30

정답 ④

육아기 단축근로제도는 일과 가정의 양립을 지원하기 위한 제도로, 해당 제도를 적용받을 수 있는 기간이 늘어나면 일과 가정 모두를 유지하기 수월해질 것이다. 따라서 자녀의 대상연령은 확대하고, 제도의 이용기간을 늘렸다는 내용이 빈칸에 들어가기에 가장 적절하다.

## 31

정답 ②

ㄱ. 헤겔의 정반합 이론상 '정'에 대립되는 주장을 '반'이라고 했으므로 '정'과 '반'은 항상 대립하는 관계이다.
ㄷ. '정'과 '반'의 우위를 가리는 것이 아닌 두 명제 사이의 모순을 해결하면서 더 발전적인 결과인 '합'을 도출해내야 한다.

오답분석
ㄴ. 마지막 문단에서 정반합의 단계를 되풀이하면서 계속하여 발전해 간다고 하였으므로 '합'이 더 발전된 개념임을 알 수 있다.
ㄹ. 헤겔의 정반합 이론이란 정, 반, 합 3단계 과정 전체를 말하는 것이므로 적절한 내용이다.

## 32

정답 ②

제시문에서 헤겔은 정, 반, 합의 3단계 과정을 거치면서 발전한다고 하였으며, '합'에서 끝나는 것이 아니라 '합'은 다시 '정'이 되어 다시금 정, 반, 합 3단계 과정을 되풀이하며 발전해 간다고 하였다. 따라서 개인과 사회는 정반합의 과정을 계속하면서 이전보다 더 발전하게 된다는 내용이 빈칸에 들어가기에 가장 적절하다.

## 33

정답 ②

나열된 수의 규칙은 [(첫 번째 수)+(두 번째 수)]×(세 번째 수)−(네 번째 수)=(다섯 번째 수)이다.
따라서 ( )=(9+7)×5−1=79이다.

## 34

정답 ④

A씨와 B씨가 만날 때 A씨의 이동거리와 B씨의 이동거리의 합은 산책로의 둘레와 같으며, 두 번째 만났을 때 A씨의 이동거리와 B씨의 이동거리의 합은 산책로의 둘레의 2배이다.
이때 A씨가 출발 후 $x$시간이 지났다면 다음 식이 성립한다.

$$3x+7\left(x-\frac{1}{2}\right)=4$$

$$\rightarrow 3x+7x-\frac{7}{2}=4$$

$$\therefore x=\frac{15}{20}$$

그러므로 $\frac{15}{20}$ 시간, 즉 45분이 지났음을 알 수 있다.
따라서 A씨와 B씨가 두 번째로 만나게 되는 시각은 오후 5시 45분이다.

## 35

정답 ④

두 주사위 A, B를 던져 나온 수를 각각 $a$, $b$라 할 때, 가능한 순서쌍 $(a, b)$의 경우의 수는 6×6=36가지다.
이때 $a=b$의 경우의 수는 (1, 1), (2, 2), (3, 3), (4, 4), (5, 5), (6, 6)으로 6가지이므로 $a \neq b$의 경우의 수는 36−6=30가지다.
따라서 $a \neq b$일 확률은 $\frac{30}{36}=\frac{5}{6}$ 이다.

## 36

정답 ②

$$\frac{(빨간색\ 공\ 2개\ 중\ 1개를\ 뽑는\ 경우의\ 수)×(노란색\ 공\ 3개\ 중\ 2개를\ 뽑는\ 경우의\ 수)}{(전체\ 공\ 5개\ 중\ 3개를\ 뽑는\ 경우의\ 수)}=\frac{_2C_1 \times _3C_2}{_5C_3}=\frac{6}{10}=\frac{3}{5}$$

## 37

정답 ③

아파트에 사는 사람을 A, 강아지를 키우는 어떤 사람을 B라고 하면 전제 1에 의해 다음과 같은 관계가 된다.

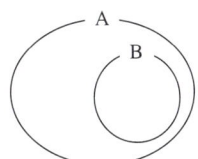

식물을 키우는 사람을 C, 빨간색 옷을 입는 사람을 D라고 할 때, 전제 3에 의해 B → D, C → D이고, 결론에 의해 A → D이므로 전제 2는 ~B → C이어야 한다. 따라서 빈칸에 들어갈 명제는 '아파트에 사는 강아지를 키우지 않는 모든 사람은 식물을 키운다.'이다.

## 38

마지막 조건에 따라 3층에 사는 신입사원은 없다.

- A, B가 2층에 살 경우 : 세 번째 조건에 따라 C는 1층에 살고, 다섯 번째 조건에 따라 E는 4층, F는 5층에 살지만, G가 홀로 살 수 있는 층이 없으므로 여섯 번째 조건에 위배된다.
- A, B가 4층에 살 경우 : 다섯 번째 조건에 따라 E는 1층, F는 2층에 살고, 여섯 번째 조건에 따라 G는 5층에 산다. C는 세 번째 조건에 따라 1층 또는 2층에 살지만 네 번째 조건에 따라 D, E는 서로 다른 층에 살아야 하므로 C는 1층, D는 2층에 산다.
- A, B가 5층에 살 경우 : 다섯 번째 조건에 따라 E는 1층, F는 2층에 살고, 여섯 번째 조건에 따라 G는 4층에 살 수 있다. C는 세 번째 조건에 따라 1층 또는 2층에 살지만 네 번째 조건에 따라 D, E는 서로 다른 층에 살아야 하므로 C는 1층, D는 2층에 산다.

이를 정리하면 다음과 같다.

| 5층 | G |
| --- | --- |
| 4층 | A, B |
| 3층 | (복지 공간) |
| 2층 | D, F |
| 1층 | C, E |

| 5층 | A, B |
| --- | --- |
| 4층 | G |
| 3층 | (복지 공간) |
| 2층 | D, F |
| 1층 | C, E |

따라서 바르게 연결한 것은 ②이다.

오답분석

① 1층에 사는 신입사원은 C, E이다.
③ 4층에 사는 신입사원은 A, B 또는 G이다.
④ 5층에 사는 신입사원은 G 또는 A, B이다.

## 39

'〈Window 로고 키〉+〈D〉'를 입력하면 활성화된 모든 창을 최소화하고 바탕화면으로 돌아갈 수 있으며, 이 상태에서 다시 '〈Window 로고 키〉+〈D〉'를 입력하면 단축키를 입력하기 전 상태로 되돌아간다. 비슷한 기능을 가진 단축키로 '〈Window 로고 키〉+〈M〉'이 있지만, 입력하기 전 상태의 화면으로 되돌아갈 수는 없다.

오답분석

① 〈Window 로고 키〉+〈R〉 : 실행 대화 상자를 여는 단축키이다.
② 〈Window 로고 키〉+〈I〉 : 설정 창을 여는 단축키이다.
③ 〈Window 로고 키〉+〈L〉 : PC를 잠그거나 계정을 전환하기 위해 잠금화면으로 돌아가는 단축키이다.

## 40

특정 텍스트를 다른 텍스트로 수정하는 함수는 「=SUBSTITUTE(참조 텍스트,수정해야 할 텍스트,수정한 텍스트,[위치])」이며, [위치]가 빈칸이면 모든 수정해야 할 텍스트가 수정한 텍스트로 수정된다.
따라서 입력해야 할 함수식은 「=SUBSTITUTE("서울특별시 영등포구 홍제동","영등포","서대문")」이다.

오답분석

② IF(조건,참일 때 값,거짓일 때 값) 함수는 조건부가 참일 때 TRUE 값을 출력하고, 거짓일 때 FALSE 값을 출력하는 함수이다. "서울특별시 영등포구 홍제동"="영등포"는 항상 거짓이므로 빈칸으로 출력된다.
③ MOD(수,나눌 수) 함수는 입력한 수를 나눌 수로 나누었을 때 나머지를 출력하는 함수이므로 텍스트를 입력하면 오류가 발생한다.
④ NOT(인수) 함수는 입력된 인수를 부정하는 함수이며, 인수는 1개만 입력할 수 있다.

## 41

제시된 조건이 포함되는 셀의 수를 구하는 조건부 함수를 사용한다. 따라서 「=COUNTIF(B2:B16,">50000")」를 입력해야 한다.

## 42

지정된 자릿수 이하의 수를 버림하는 함수는 「=ROUNDDOWN(버림할 수,버림할 자릿수)」이다. 따라서 입력해야 할 함수는 「=ROUNDDOWN((AVERAGE(B2:B16)),−2)」이다.

오답분석

① LEFT 함수는 왼쪽에서 지정된 차례까지의 텍스트 또는 인수를 출력하는 함수이다. 따라서 「=LEFT((AVERAGE(B2:B16)),2)」를 입력하면 '65'가 출력된다.
② RIGHT 함수는 오른쪽에서 지정된 차례까지의 텍스트 또는 인수를 출력하는 함수이다. 따라서 「=RIGHT((AVERAGE(B2:B16)),2)」를 입력하면 '33'이 출력된다.
③ ROUNDUP 함수는 지정된 자릿수 이하의 수를 올림하는 함수이다. 따라서 「=ROUNDUP((AVERAGE(B2:B16)),−2)」를 입력하면 '65,400'이 출력된다.

## 43

중학교 교육용 도서와 고등학생 교육용 도서 모두 부가기호의 앞자리 숫자는 '5'로 같다.

오답분석

① 다섯 번째 자리 숫자는 0 이외의 숫자가 올 수 없다.
② 독자대상이 아동이므로 독자대상기호는 '7'이고, 발행형태가 만화, 단행본이므로 발행형태기호가 가장 큰 '7'을 부여한다.
④ 국제표준도서번호의 접두부는 2013년 3월 6일 이후로 '979'를 부여하므로 이전에 부여한 도서의 국제표준도서번호는 '978'을 부여하였다.
⑤ 2013년 3월 6일 이후 국내도서의 국제표준도서번호의 접두부 세 자리 숫자는 '979'이고, 국별번호는 '11'을 부여한다.

## 44

| ISBN | 9 | 7 | 9 | 1 | 1 | 2 | 5 | 4 | 8 | 3 | 3 | 6 |
|---|---|---|---|---|---|---|---|---|---|---|---|---|
| 가중치 | 1 | 3 | 1 | 3 | 1 | 3 | 1 | 3 | 1 | 3 | 1 | 3 |

$9 \times 1 + 7 \times 3 + 9 \times 1 + 1 \times 3 + 1 \times 1 + 2 \times 3 + 5 \times 1 + 4 \times 3 + 8 \times 1 + 3 \times 3 + 3 \times 1 + 6 \times 3 = 104$이므로 104를 10으로 나눈 나머지는 4이다.
따라서 ○$= 10 - 4 = 6$이므로 '9791125483360○' 도서의 체크기호는 '6'이다.

## 45

행정학은 사회과학 분야에 가장 가까운 분야이므로 내용분류기호의 범위는 300 ~ 399이다.

## 46

정답 ④

2023년 8 ~ 12월의 전월 대비 상품수지 증가폭은 다음과 같다.
- 2023년 8월 : $5,201.4-4,427.5=773.9$백만 달러
- 2023년 9월 : $7,486.3-5,201.4=2,284.9$백만 달러
- 2023년 10월 : $5,433.3-7,486.3=-2,053$백만 달러
- 2023년 11월 : $6,878.2-5,433.3=1,444.9$백만 달러
- 2023년 12월 : $8,037.4-6,878.2=1,159.2$백만 달러

따라서 서비스수지가 가장 큰 적자를 기록한 2023년 9월의 상품수지 증가폭이 가장 크다.

[오답분석]

① 2023년 11월의 본원소득수지는 음수이므로 적자를 기록하였다.
② 2023년 11월의 경상수지는 가장 낮았지만, 양수이므로 흑자를 기록하였다.
③ 상품수지가 가장 높은 달은 2023년 12월이지만, 경상수지가 가장 높은 달은 2023년 10월이다.
⑤ 2023년 8 ~ 12월의 전월 대비 경상수지 증가폭은 다음과 같다.
- 2023년 8월 : $5,412.7-4,113.9=1,298.8$백만 달러
- 2023년 9월 : $6,072.7-5,412.7=660$백만 달러
- 2023년 10월 : $7,437.8-6,072.7=1,365.1$백만 달러
- 2023년 11월 : $3,890.7-7,437.8=-3,547.1$백만 달러
- 2023년 12월 : $7,414.6-3,890.7=3,523.9$백만 달러

따라서 전월 대비 경상수지 증가폭이 가장 작은 달은 2023년 9월이지만, 상품수지 증가폭이 가장 작은 달은 2023년 8월이다.

## 47

정답 ③

(상품수지)=(수출)-(수입)이므로 2023년 8월의 수입은 $53,668.9-5,201.4=48,467.5$(ㄱ)백만 달러이고, 2023년 12월 수출은 $8,037.4+50,966.5=59,003.9$(ㄴ)백만 달러이다. 따라서 바르게 연결된 것은 ③이다.

## 48

정답 ③

오전 10시부터 오후 12시까지 근무를 할 수 있는 사람은 B뿐이고, 오후 6시부터 오후 8시까지 근무를 할 수 있는 사람은 D뿐이다. A와 C가 남은 오후 12시부터 오후 6시까지 나누어 근무해야 하지만, A는 오후 5시까지 근무할 수 있고 모든 직원의 최소 근무시간은 2시간이므로 A가 오후 12시부터 4시까지 근무하고, C가 오후 4시부터 오후 6시까지 근무할 때 인건비가 최소이다.
각 직원의 근무시간과 인건비를 정리하면 다음과 같다.

| 구분 | 근무시간 | 인건비 |
| --- | --- | --- |
| B | 오전 10:00 ~ 오후 12:00 | $10,500×1.5×2=31,500$원 |
| A | 오후 12:00 ~ 오후 4:00 | $10,000×1.5×4=60,000$원 |
| C | 오후 4:00 ~ 오후 6:00 | $10,500×1.5×2=31,500$원 |
| D | 오후 6:00 ~ 오후 8:00 | $11,000×1.5×2=33,000$원 |

따라서 가장 적은 인건비는 $31,500+60,000+31,500+33,000=156,000$원이다.

## 49

정답 ②

「COUNTIF(셀의 범위,"조건")」함수는 어떤 범위에서 제시되는 조건이 포함되는 셀의 수를 구하는 함수이다. 판매량이 30개 이상인 과일의 수를 구해야 하므로 [C9] 셀에 들어갈 함수식은 「=COUNTIF(C2:C8,">=30")」이다.

[오답분석]

① MID 함수 : 지정한 셀의 텍스트의 일부를 추출하는 함수이다.
③ MEDIAN 함수 : 지정한 셀의 범위의 중간값을 구하는 함수이다.
④ AVERAGEIF 함수 : 어떤 범위에 포함되는 셀의 평균을 구하는 함수이다.
⑤ MIN 함수 : 지정한 셀의 범위의 최솟값을 구하는 함수이다.

## 50

**팔로워십의 유형**

| 구분 | 자아상 | 동료 / 리더의 시각 | 조직에 대한 자신의 느낌 |
|------|--------|------------------|---------------------|
| 소외형 | • 자립적인 사람<br>• 일부러 반대의견 제시<br>• 조직의 양심 | • 냉소적<br>• 부정적<br>• 고집이 셈 | • 자신을 인정해 주지 않음<br>• 적절한 보상이 없음<br>• 불공정하고 문제가 있음 |
| 순응형 | • 기쁜 마음으로 과업 수행<br>• 팀플레이를 함<br>• 리더나 조직을 믿고 헌신함 | • 아이디어가 없음<br>• 인기 없는 일은 하지 않음<br>• 조직을 위해 자신의 요구를 양보 | • 기존 질서를 따르는 것이 중요<br>• 리더의 의견을 거스르지 못함<br>• 획일적인 태도와 행동에 익숙함 |
| 실무형 | • 조직의 운영 방침에 민감<br>• 사건을 균형 잡힌 시각으로 봄<br>• 규정과 규칙에 따라 행동함 | • 개인의 이익을 극대화하기 위한 흥정에 능함<br>• 적당한 열의와 수완으로 업무 진행 | • 규정 준수를 강조<br>• 명령과 계획의 빈번한 변경<br>• 리더와 부하 간의 비인간적 풍토 |
| 수동형 | • 판단과 사고를 리더에 의존<br>• 지시가 있어야 행동 | • 하는 일이 없음<br>• 제 몫을 하지 못함<br>• 업무 수행에는 감독이 필요 | • 조직이 나의 아이디어를 원치 않음<br>• 노력과 공헌을 해도 소용이 없음<br>• 리더는 항상 자기 마음대로 함 |

## 51

**갈등의 과정 단계**

1. 의견 불일치 : 서로 생각이나 신념, 가치관, 성격이 다르므로 다른 사람들과의 의견 불일치가 발생한다. 의견 불일치는 상대방의 생각과 동기를 설명하는 기회를 주고 대화를 나누다 보면 오해가 사라지고 더 좋은 관계로 발전할 수 있지만, 그냥 내버려 두면 심각한 갈등으로 발전하게 된다.

2. 대결 국면 : 의견 불일치가 해소되지 않아 발생하며, 단순한 해결방안은 없고 다른 새로운 해결점을 찾아야 한다. 대결 국면에 이르게 되면 감정이 개입되어 상대방의 주장에 대한 문제점을 찾기 시작하고, 자신의 입장에 대해서는 그럴듯한 변명으로 옹호하면서 양보를 완강히 거부하는 상태에 이르는 등 상대방의 입장은 부정하면서 자기주장만 하려고 한다. 서로의 입장을 고수하려는 강도가 높아지면 긴장은 높아지고 감정적인 대응이 더욱 격화된다.

3. 격화 국면 : 상대방에 대하여 더욱 적대적으로 변하며, 설득을 통해 문제를 해결하기보다 강압적 · 위협적인 방법을 쓰려고 하며, 극단적인 경우 언어폭력이나 신체적 폭행으로 번지기도 한다. 상대방에 대한 불신과 좌절, 부정적인 인식이 확산되면서 갈등 요인이 다른 요인으로 번지기도 한다. 격화 국면에서는 상대방의 생각이나 의견, 제안을 부정하고, 상대방은 그에 대한 반격을 함으로써 자신들의 반격을 정당하게 생각한다.

4. 진정 국면 : 계속되는 논쟁과 긴장이 시간과 에너지를 낭비하고 있음을 깨달으며, 갈등상태가 무한정 유지될 수 없다는 것을 느끼고 흥분과 불안이 가라앉으면서 이성과 이해의 원상태로 돌아가려 한다. 이후 협상이 시작된다. 협상과정을 통해 쟁점이 되는 주제를 논의하고 새로운 제안을 하고 대안을 모색하게 된다. 진정 국면에서는 중개자, 조정자 등의 제3자가 개입함으로써 갈등 당사자 간에 신뢰를 쌓고 문제를 해결하는 데 도움이 되기도 한다.

5. 갈등의 해소 : 진정 국면에 들어서면 갈등 당사자들은 문제를 해결하지 않고는 자신들의 목표를 달성하기 어렵다는 것을 알게 된다. 모두가 만족할 수 없는 경우도 있지만, 불일치한 서로 간의 의견을 일치하려고 한다. 갈등의 해소는 회피형, 지배 또는 강압형, 타협형, 순응형, 통합 또는 협력형 등의 방법으로 이루어진다.

## 52

원만한 직업생활을 위해 직업인이 갖추어야 할 직업윤리는 근로윤리와 공동체윤리로 나누어지며, 각 윤리의 덕목은 다음과 같다.

• 근로윤리 : 일에 대한 존중을 바탕으로 근면하고, 성실하고, 정직하게 업무에 임하는 자세
  − 근면한 태도(㉠)
  − 정직한 행동(㉤)
  − 성실한 자세(㉣)
• 공동체윤리 : 인간존중을 바탕으로 봉사하며, 책임감 있게 규칙을 준수하고, 예의바른 태도로 업무에 임하는 자세
  − 봉사와 책임의식(㉡)
  − 준법성(㉢)
  − 예절과 존중(㉥)

## 53

정답 ③

직장 내 괴롭힘이 성립하려면 다음의 행위 요건이 성립해야 한다.
• 직장에서의 지위 또는 관계 등의 우위를 이용할 것
• 업무상 적정 범위를 넘는 행위일 것
• 신체적 · 정신적 고통을 주거나 근무환경을 악화시키는 행위일 것
A팀장이 지위를 이용하여 B사원에게 수차례 업무를 지시했지만 이는 업무상 필요성이 있는 정당한 지시이며, 완수해야 하는 적정
업무에 해당하므로 직장 내 괴롭힘으로 보기 어렵다.

오답분석

① 업무 이외에 개인적인 용무를 자주 지시하는 것은 업무상 적정 범위를 넘은 행위이다.
② 업무배제는 업무상 적정 범위를 넘은 행위로, 직장 내 괴롭힘의 주요 사례이다.
④ A대리는 동기인 B대리보다 지위상의 우위는 없으나, 다른 직원과 함께 수적 우위를 이용하여 괴롭혔으므로 직장 내 괴롭힘에
    해당한다.
⑤ 지시나 주의, 명령행위의 모습이 폭행이나 과도한 폭언을 수반하는 등 사회 통념상 상당성을 결여하였다면 업무상 적정 범위를
    넘었다고 볼 수 있으므로 직장 내 괴롭힘에 해당한다.

## 54

정답 ⑤

S는 자신의 일이 능력과 적성에 맞다 여기고 발전을 위해 열성을 가지고 성실히 노력하고 있는 천직의식을 보이고 있다.

**직업윤리 의식**
• 소명의식 : 자신이 맡은 일은 하늘에 의해 맡겨진 일이라고 생각하는 태도이다.
• 천직의식 : 자신의 일이 자신의 능력과 적성에 꼭 맞는다 여기고 그 일에 열성을 가지고 성실히 임하는 태도이다.
• 직분의식 : 자신이 하고 있는 일이 사회나 기업을 위해 중요한 역할을 하고 있다고 믿고 자신의 활동을 수행하는 태도이다.
• 책임의식 : 직업에 대한 사회적 역할과 책무를 충실히 수행하고 책임을 다하는 태도이다.
• 전문가의식 : 자신의 일이 누구나 할 수 있는 것이 아니라 해당 분야의 지식과 교육을 밑바탕으로 성실히 수행해야만 가능한
    것이라 믿고 수행하는 태도이다.
• 봉사의식 : 직업 활동을 통해 다른 사람과 공동체에 대하여 봉사하는 정신을 갖추고 실천하는 태도이다.

## 55

정답 ②

**경력개발의 단계별 내용**
1. 직업선택
    - 최대한 여러 직업의 정보를 수집하여 탐색한 후 나에게 적합한 최초의 직업을 선택함
    - 관련 학과 외부 교육 등 필요한 교육을 이수함
2. 조직입사
    - 원하는 조직에서 일자리를 얻음
    - 정확한 정보를 토대로 적성에 맞는 적합한 직무를 선택함
3. 경력 초기
    - 조직의 규칙과 규범에 대해 배움
    - 직업과 조직에 적응해 감
    - 역량(지식, 기술, 태도)을 증대시키고 꿈을 추구해 나감
4. 경력 중기
    - 경력초기를 재평가하고 더 업그레이드된 꿈으로 수정함
    - 성인 중기에 적합한 선택을 하고 지속적으로 열심히 일함
5. 경력 말기
    - 지속적으로 열심히 일함
    - 자존심을 유지함
    - 퇴직 준비의 자세한 계획을 세움(경력 중기부터 준비하는 것이 바람직)

## 56

정답 ③

나열된 수는 짝수 개이므로 수를 작은 수부터 순서대로 나열했을 때, 가운데에 있는 두 수의 평균이 중앙값이다.

• 빈칸의 수가 7 이하인 경우 : 가운데에 있는 두 수는 7, 8이므로 중앙값은 $\frac{7+8}{2}=7.5$이다.

• 빈칸의 수가 8인 경우 : 가운데에 있는 두 수는 8, 8이므로 중앙값은 8이다.

• 빈칸의 수가 9 이상인 경우 : 가운데에 있는 두 수는 8, 9이므로 중앙값은 $\frac{8+9}{2}=8.5$이다.

따라서 중앙값이 8일 때 빈칸에 들어갈 수는 8이다.


## 57

정답 ②

1～200의 자연수 중에서 2, 3, 5 중 어느 것으로도 나누어떨어지지 않는 수의 개수는 각각 2의 배수, 3의 배수, 5의 배수가 아닌 수의 개수이다.

• 1～200의 자연수 중 2의 배수의 개수 : $\frac{200}{2}=100$이므로 100개이다.

• 1～200의 자연수 중 3의 배수의 개수 : $\frac{200}{3}=66\cdots2$이므로 66개이다.

• 1～200의 자연수 중 5의 배수의 개수 : $\frac{200}{5}=40$이므로 40개이다.

• 1～200의 자연수 중 6의 배수의 개수 : $\frac{200}{6}=33\cdots2$이므로 33개이다.

• 1～200의 자연수 중 10의 배수의 개수 : $\frac{200}{10}=20$이므로 20개이다.

• 1～200의 자연수 중 15의 배수의 개수 : $\frac{200}{15}=13\cdots5$이므로 13개이다.

• 1～200의 자연수 중 30의 배수의 개수 : $\frac{200}{30}=6\cdots20$이므로 6개이다.

따라서 1～200의 자연수 중에서 2, 3, 5 중 어느 것으로도 나누어떨어지지 않는 수의 개수는 200－[(100＋66＋40)－(33＋20＋13)＋6]＝200－(206－66＋6)＝54개이다.


## 58

정답 ②

A지점에서 출발하여 최단거리로 이동하여 B지점에 도착하기까지 가능한 경로의 수를 구하면 다음과 같다.

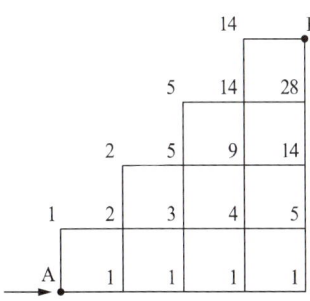

따라서 구하고자 하는 경우의 수는 14＋28＝42가지이다.

## 59

정답 ①

분침은 60분에 1바퀴 회전하므로 1분 지날 때 분침은 $\frac{360}{60}=6°$ 움직이고, 시침은 12시간에 1바퀴 회전하므로 1분 지날 때 시침은

$\frac{360}{12\times60}=0.5°$ 움직인다.

따라서 4시 30분일 때 시침과 분침이 만드는 작은 부채꼴의 각도는 $6\times30-0.5\times(60\times4+30)=180-135=45°$이므로, 부채꼴의

넓이와 전체 원의 넓이의 비는 $\frac{45}{360}=\frac{1}{8}$ 이다.

## 60

정답 ⑤

2020 ~ 2023년 동안 전년 대비 전체 설비 발전량 증감량과 신재생 설비 발전 증가량은 다음과 같다.

• 2020년

전체 설비 발전량 : $563,040-570,647=-7,607$GWh, 신재생 설비 발전량 : $33,500-28,070=5,430$GWh

• 2021년

전체 설비 발전량 : $552,162-563,040=-10,878$GWh, 신재생 설비 발전량 : $38,224-33,500=4,724$GWh

• 2022년

전체 설비 발전량 : $576,810-552,162=24,648$GWh, 신재생 설비 발전량 : $41,886-38,224=3,662$GWh

• 2023년

전체 설비 발전량 : $594,400-576,810=17,590$GWh, 신재생 설비 발전량 : $49,285-41,886=7,399$GWh

따라서 전체 설비 발전량 증가량이 가장 많은 해는 2022년이고, 신재생 설비 발전량 증가량이 가장 적은 해 또한 2022년이다.

### 오답분석

① 2020 ~ 2023년 기력 설비 발전량의 전년 대비 증감 추이는 '감소 – 감소 – 증가 – 감소'이지만, 전체 설비 발전량의 전년 대비 증감 추이는 '감소 – 감소 – 증가 – 증가'이다.

② 2019 ~ 2023년 전체 설비 발전량의 1%와 수력 설비 발전량을 비교하면 다음과 같다.

  • 2019년 : $7,270 > 570,647\times0.01≒5,706$GWh

  • 2020년 : $6,247 > 563,040\times0.01≒5,630$GWh

  • 2021년 : $7,148 > 552,162\times0.01≒5,522$GWh

  • 2022년 : $6,737 > 576,810\times0.01≒5,768$GWh

  • 2023년 : $7,256 > 594,400\times0.01=5,944$GWh

  따라서 2019 ~ 2023년 동안 수력 설비 발전량은 항상 전체 설비 발전량의 1% 이상이다.

③ 2019 ~ 2023년 전체 설비 발전량의 5%와 신재생 설비 발전량을 비교하면 다음과 같다.

  • 2019년 : $28,070 < 570,647\times0.05≒28,532$GWh

  • 2020년 : $33,500 > 563,040\times0.05=28,152$GWh

  • 2021년 : $38,224 > 552,162\times0.05≒27,608$GWh

  • 2022년 : $41,886 > 576,810\times0.05≒28,841$GWh

  • 2023년 : $49,285 > 594,400\times0.05=29,720$GWh

  따라서 2019년 신재생 설비 발전량은 전체 설비 발전량의 5% 미만이고, 그 외에는 5% 이상이다.

④ 신재생 설비 발전량은 꾸준히 증가하였지만 원자력 설비 발전량은 2022년에 전년 대비 감소하였다.

| 01 | 02 | 03 | 04 | 05 | 06 | 07 | 08 | 09 | 10 | 11 | 12 | 13 | 14 | 15 | 16 | 17 | 18 | 19 | 20 |
|----|----|----|----|----|----|----|----|----|----|----|----|----|----|----|----|----|----|----|----|
| ⑤ | ⑤ | ④ | ④ | ② | ⑤ | ④ | ① | ① | ③ | ③ | ③ | ④ | ② | ⑤ | ③ | ② | ③ | ② | ③ |
| 21 | 22 | 23 | 24 | 25 | 26 | 27 | 28 | 29 | 30 | 31 | 32 | 33 | 34 | 35 | 36 | 37 | 38 | 39 | 40 |
| ① | ② | ③ | ③ | ④ | ⑤ | ③ | ① | ③ | ① | ④ | ② | ④ | ④ | ② | ④ | ① | ② | ③ | ② |
| 41 | 42 | 43 | 44 | 45 | 46 | 47 | 48 | 49 | 50 | 51 | 52 | 53 | 54 | 55 | 56 | 57 | 58 | 59 | 60 |
| ③ | ① | ④ | ③ | ④ | ④ | ② | ② | ③ | ② | ③ | ② | ④ | ④ | ③ | ② | ④ | ② | ③ | ④ |

## 01

정답 ⑤

제시문의 세 번째 문단에 따르면 스마트 글라스 내부 센서를 통해 충격과 기울기를 감지할 수 있어, 작업자에게 위험한 상황이 발생할 경우 통보 시스템을 통해 바로 파악할 수 있게 되었음을 알 수 있다.

오답분석

① 첫 번째 문단에 따르면 스마트 글라스를 통한 작업자의 음성인식만으로 철도시설물 점검이 가능해졌음을 알 수 있지만, 마지막 문단에 따르면 아직 유지보수 작업은 가능하지 않음을 알 수 있다.
② 첫 번째 문단에 따르면 스마트 글라스의 도입 이후에도 사람의 작업이 필요함을 알 수 있다.
③ 세 번째 문단에 따르면 스마트 글라스의 도입으로 추락 사고나 그 밖의 위험한 상황을 미리 예측할 수 있어 이를 방지할 수 있게 되었음을 알 수 있지만, 실제로 안전사고 발생 횟수가 감소하였는지는 알 수 없다.
④ 두 번째 문단에 따르면 여러 단계를 거치던 기존 작업 방식에서 스마트 글라스의 도입으로 작업을 한 번에 처리할 수 있게 된 것을 통해 작업 시간이 단축되었음을 알 수 있지만, 작업 인력의 감소 여부는 알 수 없다.

## 02

정답 ⑤

제시문의 마지막 문단에 따르면 인공지능 등의 스마트 기술 도입으로 까치집 검출 정확도는 95%까지 상승하였으므로 까치집 제거율 또한 상승할 것임을 예측할 수 있으나, 근본적인 문제인 까치집 생성의 감소를 기대할 수는 없다.

오답분석

① 세 번째 문단과 마지막 문단에 따르면 정확도가 65%에 불과했던 인공지능의 까치집 식별 능력이 딥러닝 방식의 도입으로 95%까지 상승했음을 알 수 있다.
② 세 번째 문단에서 시속 150km로 빠르게 달리는 열차에서의 까치집 식별 정확도는 65%에 불과하다는 내용으로 보아, 빠른 속도에서는 인공지능의 사물 식별 정확도가 낮음을 알 수 있다.
③ 마지막 문단에 따르면 작업자의 접근이 어려운 곳에는 드론을 띄워 까치집을 발견 및 제거하는 기술도 시범 운영하고 있다고 하였다.
④ 세 번째 문단에 따르면 실시간 까치집 자동 검출 시스템 개발로 실시간으로 위험 요인의 위치와 이미지를 작업자에게 전달할 수 있게 되었다.

## 03
정답 ④

제시문의 두 번째 문단에 따르면 CCTV는 열차 종류에 따라 운전실에서 실시간으로 상황을 파악할 수 있는 네트워크 방식과 각 객실에서의 영상을 저장하는 개별 독립 방식으로 설치된다고 하였다. 따라서 개별 독립 방식으로 설치된 일부 열차에서는 각 객실의 상황을 실시간으로 파악하지 못할 수 있다.

오답분석

① 첫 번째 문단에서 2023년까지 현재 운행하고 있는 열차의 모든 객실에 CCTV를 설치하겠다는 내용으로 보아, 현재 모든 열차의 모든 객실에 CCTV가 설치되지는 않았음을 유추할 수 있다.
② 첫 번째 문단에 따르면 2023년까지 모든 열차 승무원에게 바디캠을 지급하겠다고 하였다. 이에 따라 승객이 승무원을 폭행하는 등의 범죄 발생 시 해당 상황을 녹화한 바디캠 영상이 있어 수사의 증거자료로 사용할 수 있게 되었다.
③ 두 번째 문단에 따르면 CCTV는 사각지대 없이 설치되며 일부는 휴대 물품 보관대 주변에도 설치된다고 하였다. 따라서 인적 피해와 물적 피해 모두 예방할 수 있게 되었다.
⑤ 마지막 문단에 따르면 CCTV 제품 품평회와 시험을 통해 제품의 형태와 색상, 재질, 진동과 충격 등에 대한 적합성을 고려한다고 하였다.

## 04
정답 ④

작년 K대학교의 재학생 수는 6,800명이고 남학생 수와 여학생 수의 비가 $8:9$이므로, 남학생 수는 $6,800 \times \dfrac{8}{8+9} = 3,200$명이고, 여학생 수는 $6,800 \times \dfrac{9}{8+9} = 3,600$명이다. 올해 줄어든 남학생 수와 여학생 수의 비가 $12:13$이므로 올해 K대학교에 재학 중인 남학생 수와 여학생 수의 비는 $(3,200-12k):(3,600-13k)=7:8$이다.

$7 \times (3,600-13k) = 8 \times (3,200-12k)$
$\rightarrow 25,200 - 91k = 25,600 - 96k$
$\rightarrow 5k = 400$
$\therefore k = 80$

따라서 올해 K대학교에 재학 중인 남학생 수는 $3,200-12 \times 80 = 2,240$명이고, 여학생 수는 $3,600-13 \times 80 = 2,560$명이므로 올해 K대학교의 전체 재학생 수는 $2,240+2,560 = 4,800$명이다.

## 05
정답 ②

마일리지 적립 규정에 회원 등급과 관련된 내용은 없으며, 마일리지 적립은 지불한 운임의 액수, 더블적립 열차 탑승 여부, 선불형 교통카드 Rail+ 사용 여부에 따라서만 결정된다.

오답분석

① KTX 마일리지는 KTX 열차 이용 시에만 적립된다.
③ 비즈니스 등급은 기업회원 여부와 관계없이 최근 1년간의 활동내역을 기준으로 부여된다.
④ 반기 동안 추석 및 설 명절 특별수송기간 탑승 건을 제외하고 4만 점을 적립하면 VIP 등급을 부여받는다.
⑤ VVIP 등급과 VIP 등급 고객은 한정된 횟수 내에서 무료 업그레이드 쿠폰으로 KTX 특실을 KTX 일반실 가격에 구매할 수 있다.

## 06

정답  ⑤

K공사를 통한 예약 접수는 온라인 쇼핑몰 홈페이지를 통해서만 가능하며, 오프라인(방문) 접수는 우리·농협은행의 창구를 통해서만 이루어진다.

[오답분석]

① 구매자를 대한민국 국적자로 제한한다는 내용은 없다.

② 단품으로 구매 시 1인당 화종별 최대 3장으로 총 9장, 세트로 구매할 때도 1인당 최대 3세트로 총 9장까지 신청이 가능하며, 세트와 단품은 중복신청이 가능하므로 1인당 구매 가능한 최대 개수는 18장이다.

③ 우리·농협은행의 계좌가 없다면, K공사 온라인 쇼핑몰을 이용하거나 우리·농협은행에 직접 방문하여 구입할 수 있다.

④ 총발행량은 예약 주문 이전부터 화종별 10,000장으로 미리 정해져 있다.

## 07

정답  ④

우리·농협은행 계좌 미보유자인 외국인 A씨가 예약 신청을 할 수 있는 방법은 두 가지이다. 하나는 신분증인 외국인등록증을 지참하고 우리·농협은행의 지점을 방문하여 신청하는 것이고, 다른 하나는 K공사 온라인 쇼핑몰에서 가상계좌 방식으로 신청하는 것이다.

[오답분석]

① A씨는 외국인이므로 창구 접수 시 지참해야 하는 신분증은 외국인등록증이다.

② K공사 온라인 쇼핑몰에서는 가상계좌 방식을 통해서만 예약 신청이 가능하다.

③ 홈페이지를 통한 신청이 가능한 은행은 우리은행과 농협은행뿐이다.

⑤ 우리·농협은행의 홈페이지를 통해 예약 접수를 하려면 해당 은행에 미리 계좌가 개설되어 있어야 한다.

## 08

정답  ①

3종 세트는 186,000원, 단품은 각각 63,000원이므로 5명의 구매 금액을 계산하면 다음과 같다.

- A : $(186,000 \times 2) + 63,000 = 435,000$원
- B : $63,000 \times 8 = 504,000$원
- C : $(186,000 \times 2) + (63,000 \times 2) = 498,000$원
- D : $186,000 \times 3 = 558,000$원
- E : $186,000 + (63,000 \times 4) = 438,000$원

따라서 가장 많은 금액을 지불한 사람은 D이며, 구매 금액은 558,000원이다.

## 09

정답  ①

고독사 및 자살 위험이 높다고 판단되는 경우 만 60세 이상으로 하향 조정이 가능하다.

[오답분석]

② 노인맞춤돌봄서비스 중 생활교육서비스에 해당한다.

③ 특화서비스는 가족, 이웃과 단절되거나 정신건강 등의 문제로 자살, 고독사 위험이 높은 취약 노인을 대상으로 상담 및 진료서비스를 제공한다.

④ 안전지원서비스를 통해 노인의 안전 여부를 확인할 수 있다.

## 10

정답 ③

노인맞춤돌봄서비스는 만 65세 이상의 기초생활수급자, 차상위계층, 기초연금수급자의 경우 신청이 가능하다. F와 H는 소득수준이 기준에 해당하지 않으므로 제외되며, J는 만 64세이므로 제외된다. A와 I의 경우 만 65세 이하이지만 자살, 고독사 위험이 높은 우울형 집단에 속하고, 만 60세 이상이므로 신청이 가능하다. E, G, K는 유사 중복사업의 지원을 받고 있으므로 제외된다. 따라서 E, F, G, H, J, K 6명은 노인맞춤돌봄서비스 신청이 불가능하다.

## 11

정답 ③

A씨의 2021년 장기요양보험료를 구하기 위해서는 A씨의 소득을 먼저 구해야 한다. 2023년에 A씨가 낸 장기요양보험료는 20,000 원이고, 보험료율이 0.91%이므로 A씨의 소득은 $20,000 \div 0.0091 \fallingdotseq 2,197,802$원이다. 따라서 A씨의 지난 5년간 소득은 2,197,802 원으로 동일하므로 2021년 장기요양보험료는 $2,197,802 \times 0.0079 \fallingdotseq 17,363$원이다.

## 12

정답 ③

제53조 제5항에서 공단으로부터 분할납부 승인을 받고 승인된 보험료를 1회 이상 낸 경우에는 보험급여를 할 수 있다고 하였으므로 분할납부가 완료될 때까지 보험급여가 제한되지 않는다.

[오답분석]

① 제53조 제1항 제2호에 따르면 고의 또는 중대한 과실로 공단 및 요양기관의 요양에 관한 지시를 따르지 아니한 경우 보험급여를 하지 않는다.
② 제53조 제2항에 따르면 국가나 지방자치단체로부터 보험급여에 상당하는 급여를 받게 되는 경우에는 그 한도에서 보험급여를 하지 않는다.
④ 승인받은 분할납부 횟수가 5회 미만인 경우이므로 제53조 제5항에 따르면 해당 분할납부 횟수인 4회 이상 보험료를 내지 않으면 보험급여가 제한된다.

## 13

정답 ④

2022년 시·도별 전문의 의료 인력 대비 간호사 인력 비율을 계산하면 다음과 같다.

- 서울 : $\dfrac{8,286}{1,905} \times 100 \fallingdotseq 435\%$
- 부산 : $\dfrac{2,755}{508} \times 100 \fallingdotseq 542.3\%$
- 대구 : $\dfrac{2,602}{546} \times 100 \fallingdotseq 476.6\%$
- 인천 : $\dfrac{679}{112} \times 100 \fallingdotseq 606.3\%$
- 광주 : $\dfrac{2,007}{371} \times 100 \fallingdotseq 541\%$
- 대전 : $\dfrac{2,052}{399} \times 100 \fallingdotseq 514.3\%$
- 울산 : $\dfrac{8}{2} \times 100 = 400\%$
- 세종 : $\dfrac{594}{118} \times 100 \fallingdotseq 503.4\%$
- 경기 : $\dfrac{6,706}{1,516} \times 100 \fallingdotseq 442.3\%$
- 강원 : $\dfrac{1,779}{424} \times 100 \fallingdotseq 419.6\%$
- 충북 : $\dfrac{1,496}{308} \times 100 \fallingdotseq 485.7\%$
- 충남 : $\dfrac{955}{151} \times 100 \fallingdotseq 632.5\%$
- 전북 : $\dfrac{1,963}{358} \times 100 \fallingdotseq 548.3\%$
- 전남 : $\dfrac{1,460}{296} \times 100 \fallingdotseq 493.2\%$
- 경북 : $\dfrac{1,158}{235} \times 100 \fallingdotseq 492.8\%$
- 경남 : $\dfrac{4,004}{783} \times 100 \fallingdotseq 511.4\%$
- 제주 : $\dfrac{1,212}{229} \times 100 \fallingdotseq 529.3\%$

따라서 전문의 의료 인력 대비 간호사 인력 비율이 가장 높은 지역은 충남이다.

## 14

정답 ②

시·도별 2021년 대비 2022년 정신건강 예산의 증가폭을 계산하면 다음과 같다.

- 서울 : $58,981,416-53,647,039=5,334,377$천 원
- 부산 : $24,205,167-21,308,849=2,896,318$천 원
- 대구 : $12,256,595-10,602,255=1,654,340$천 원
- 인천 : $17,599,138-12,662,483=4,936,655$천 원
- 광주 : $13,479,092-12,369,203=1,109,889$천 원
- 대전 : $14,142,584-12,740,140=1,402,444$천 원
- 울산 : $6,497,177-5,321,968=1,175,209$천 원
- 세종 : $1,515,042-1,237,124=277,918$천 원
- 제주 : $5,600,120-4,062,551=1,537,569$천 원

따라서 증가폭이 가장 큰 지역 순서대로 나열하면 서울 – 인천 – 부산 – 대구 – 제주 – 대전 – 울산 – 광주 – 세종 순이다.

## 15

정답 ⑤

마지막 문단의 '도시권역 간 이동시간을 단축해 출퇴근 교통체증을 해소할 수 있고'라는 내용을 통해 도심항공교통의 상용화를 통해 도심지상교통이 이전보다 원활해질 것임을 예측할 수 있다.

오답분석

① 도심항공교통은 지상교통수단의 이용이 불가능해진 것이 아니라, 인구 증가와 인구 과밀화 등 여러 요인으로 인해 지상교통수단만으로는 한계가 있어 이에 대한 해결책으로 등장한 기술이다.
② 첫 번째 문단과 두 번째 문단의 내용을 통해 알 수 있듯이 도심항공교통 UAM은 비행기와 달리 '저고도 상공'에서 사람이나 물품 등을 운송하는 교통수단, 또는 이와 관련된 모든 사업을 통틀어 말하는 용어이므로, 모든 항공교통수단 시스템을 지칭한다고 보기는 어렵다.
③ 두 번째 문단의 내용을 통해 알 수 있듯이 도심항공교통은 수직 이착륙 기술을 가지고 있어 활주로의 필요성이 없는 것은 맞지만, 세 번째 문단의 '핵심 인프라 중 하나인 플라잉카 공항 사업을 수주받아 영국에서 건설 중에 있다.'는 내용을 통해 해당 교통수단을 위한 별도의 공항이 필요함을 짐작할 수 있다.
④ 제시문에서 공기업과 사기업 그리고 각 시가 도심항공교통의 상용화를 목표로 박차를 가하고 있음은 알 수 있으나, 그들이 역할을 분담하여 공동의 목표를 추구한다는 내용은 찾을 수 없다.

## 16

정답 ③

'우회수송'은 사고 등의 이유로 직통이 아닌 다른 경로로 우회하여 수송한다는 뜻이기 때문에 '우측 선로로의 변경'은 순화로 적절하지 않다.

오답분석

① '열차시격'에서 '시격'이란 '사이에 뜬 시간'이라는 뜻의 한자어로, 열차와 열차 사이의 간격, 즉 '배차간격'으로 순화할 수 있다.
② '전차선'이란 철로를 의미하고, '단전'은 전기의 공급이 중단됨을 말한다. 따라서 바르게 순화되었다.
④ '핸드레일(Handrail)'은 난간을 뜻하는 영어 단어로, 우리말로는 '안전손잡이'로 순화할 수 있다.
⑤ '키스 앤 라이드(Kiss and Ride)'는 헤어질 때 키스를 하는 영미권 문화에서 비롯된 용어로, '환승정차구역'을 지칭한다.

## 17

정답 ②

- 소프트웨어적 요소
  - 스타일(Style) : 조직 구성원을 이끌어 나가는 관리자의 경영방식
  - 구성원(Staff) : 조직 내 인적 자원의 능력, 전문성, 동기 등
  - 스킬(Skills) : 조직 구성원이 가지고 있는 핵심 역량
  - 공유가치(Shared Values) : 조직의 이념, 비전 등 조직 구성원이 함께 공유하는 가치관
- 하드웨어적 요소
  - 전략(Strategy) : 시장에서의 경쟁우위를 위해 회사가 개발한 계획
  - 구조(Structure) : 조직별 역할, 권한, 책임을 명시한 조직도
  - 시스템(Systems) : 조직의 관리체계, 운영절차, 제도 등 전략을 실행하기 위한 프로세스

## 18

정답 ③

2월 18일까지 모든 업체가 제작을 완료해야 하므로 18일까지 각 업체의 근무 시간 및 제작 개수는 다음과 같다.

| 업체 | 1인 1개 제작 시간(시간) | 2월 18일까지 근무 시간(시간) | 2월 18일까지 1인 제작 수(개) | 제작 직원 수(명) | 2월 18일까지 총 제작 수(개) | 개당 가격(만 원) |
|---|---|---|---|---|---|---|
| A | 4 | 120 | 30 | 7 | 210 | 50 |
| B | 5 | 120 | 24 | 10 | 240 | 50 |
| C | 4 | 120 | 30 | 3 | 90 | 40 |
| D | 2 | 96 | 48 | 5 | 240 | 40 |
| E | 6 | 96 | 16 | 6 | 96 | 30 |

개당 가격이 가장 저렴한 업체에 최대한 많은 양을 의뢰한다. 개당 가격이 30만 원으로 가장 저렴한 E업체에는 2월 18일까지 E업체가 제작 가능한 전자교탁의 총 개수인 96개의 제작을 의뢰할 수 있다. 나머지 244개는 가격이 동일한 C, D업체에 나누어 의뢰하면 된다. 따라서 E업체에 제작을 의뢰한 전자교탁의 개수는 96개이다.

## 19

정답 ②

2월 9일까지 모든 업체가 제작을 완료해야 하므로 9일까지 각 업체의 근무시간 및 제작 개수는 다음과 같다.

| 업체 | 1인 1개 제작 시간(시간) | 2월 9일까지 근무 시간(시간) | 2월 9일까지 1인 제작 수(개) | 제작 직원 수(명) | 2월 9일까지 총 제작 수(개) | 개당 가격(만 원) |
|---|---|---|---|---|---|---|
| A | 4 | 56 | 14 | 7 | 98 | 50 |
| B | 5 | 56 | 11 | 10 | 110 | 50 |
| C | 4 | 56 | 14 | 3 | 42 | 40 |
| D | 2 | 48 | 24 | 5 | 120 | 40 |
| E | 6 | 48 | 8 | 6 | 48 | 30 |

개당 가격이 저렴한 업체에 최대한 많은 양을 의뢰한다. 먼저 가격이 가장 저렴한 E업체에 전자교탁 48개를 의뢰하고, 다음으로 저렴한 C업체와 D업체에 각각 42개, 120개를 의뢰한다. 남은 전자교탁은 $340-(48+42+120)=130$개이고, 남은 두 업체의 개당 가격은 50만 원이다. 따라서 필요한 비용은 $130 \times 50 + (42+120) \times 40 + 48 \times 30 = 14,420$만 원=1억 4,420만 원이다.

## 20

**정답** ③

정기권 운임 비용은 종별로 (교통카드 기준 운임 비용)×44×0.85를 계산한 후 십의 자리에서 반올림하여도 되지만, 종별 교통카드 기준 운임 비용이 100원 차이이므로 1단계 교통카드의 14회 운임 비용을 계산한 후 1,400원씩 더하여 모든 종별 이용구가 14회 초과 시 차감 비용을 구한 후에 종별 정기권 잔액과 합해도 구할 수 있다.

| 종별 | 교통카드<br>기준 운임(원) | 14회 초과 시 차감 금액(원) | 정기권 잔액(원) | 정기권 운임(원) | 전 종과의 정기권<br>금액 차이(원) |
|---|---|---|---|---|---|
| 1단계 | 1,450 | 1,450×14=20,300 | 34,700 | 20,300+34,700=55,000 | – |
| 2단계 | 1,550 | 20,300+1,400=21,700 | 36,300 | 21,700+36,300=58,000 | 3,000 |
| 3단계 | 1,650 | 21,700+1,400=23,100 | 38,600 | 23,100+38,600=61,700 | 3,700 |
| 4단계 | 1,750 | 23,100+1,400=24,500 | 41,000 | 24,500+41,000=65,500 | 3,800 |
| 5단계 | 1,850 | 24,500+1,400=25,900 | 43,300 | 25,900+43,300=69,200 | 3,700 |
| 6단계 | 1,950 | 25,900+1,400=27,300 | 45,600 | 27,300+45,600=72,900 | 3,700 |
| 7단계 | 2,050 | 27,300+1,400=28,700 | 48,000 | 28,700+48,000=76,700 | 3,800 |
| 8단계 | 2,150 | 28,700+1,400=30,100 | 50,300 | 30,100+50,300=80,400 | 3,700 |
| 9단계 | 2,250 | 30,100+1,400=31,500 | 52,700 | 31,500+52,700=84,200 | 3,800 |
| 10단계 | 2,350 | 31,500+1,400=32,900 | 55,000 | 32,900+55,000=87,900 | 3,700 |
| 11단계 | 2,450 | 32,900+1,400=34,300 | 57,300 | 34,300+57,300=91,600 | 3,700 |
| 12단계 | 2,550 | 34,300+1,400=35,700 | 59,700 | 35,700+59,700=95,400 | 3,800 |
| 13단계 | 2,650 | 35,700+1,400=37,100 | 62,000 | 37,100+62,000=99,100 | 3,700 |
| 14단계 | 2,750 | 37,100+1,400=38,500 | 64,400 | 38,500+64,400=102,900 | 3,800 |
| 15단계 | 2,850 | 38,500+1,400=39,900 | 66,700 | 39,900+66,700=106,600 | 3,700 |
| 16단계 | 2,950 | 39,900+1,400=41,300 | 69,000 | 41,300+69,000=110,300 | 3,700 |
| 17단계 | 3,050 | 41,300+1,400=42,700 | 71,400 | 42,700+71,400=114,100 | 3,800 |
| 18단계 | 3,150 | – | 117,800 | 117,800 | 3,700 |

따라서 전 종 대비 정기권 운임 비용 차이가 3,800원인 경우는 4단계, 7단계, 9단계, 12단계, 14단계, 17단계이므로 6가지이다.

## 21

**정답** ①

강대리는 평일에만 출근했으며 4월에 연차를 사용하지 않았으므로 강대리가 출근한 날은 총 20일이다. 편도 이용 거리가 25km이므로 강대리는 4월에 25×2×20=1,000km를 이용하였고, 3단계 정기권은 30km를 초과할 때마다 1회 차감하므로 차감 횟수는 $\frac{1,000}{30}≒33.33$, 즉 33회이다. 따라서 3단계 정기권 금액은 61,700원이고 교통카드 기준 운임 비용은 1,650원이므로 4월 말 정기권 잔액은 61,700-(1,650×33)=7,250원이다.

## 22

정답 ②

S군의 편도 이용 거리는 45km이므로 한 달 동안 S군의 이용 거리는 $45 \times 2 \times 25 = 2,250$km이다. 또한 정기권 운임에 대한 교통카드 기준 운임 비용의 비는 운임 비용 차감 횟수이므로 이 값에 종별 차감기준을 곱하면 종별 1회 충전 시 이용 가능 거리가 나온다.

| 종별 | 이용 가능 거리(km) | 종별 | 이용 가능 거리(km) |
|---|---|---|---|
| 1단계 | $37 \times 20 = 740$ | 10단계 | $37 \times 74 = 2,738$ |
| 2단계 | $37 \times 25 = 925$ | 11단계 | $37 \times 82 = 3,034$ |
| 3단계 | $37 \times 30 = 1,110$ | 12단계 | $37 \times 90 = 3,330$ |
| 4단계 | $37 \times 35 = 1,295$ | 13단계 | $37 \times 98 = 3,626$ |
| 5단계 | $37 \times 40 = 1,480$ | 14단계 | $37 \times 106 = 3,922$ |
| 6단계 | $37 \times 45 = 1,665$ | 15단계 | $37 \times 114 = 4,218$ |
| 7단계 | $37 \times 50 = 1,850$ | 16단계 | $37 \times 122 = 4,514$ |
| 8단계 | $37 \times 58 = 2,146$ | 17단계 | $37 \times 130 = 4,810$ |
| 9단계 | $37 \times 66 = 2,442$ | 18단계 | - |

따라서 S군이 충전할 수 있는 정기권은 이용 가능 거리가 2,500km 이상이면서 비용이 가장 적게 드는 10단계이다.

## 23

정답 ③

㉠ 대인동기 : 인간관계를 지향하게 하고 사회적 행동을 유발하는 동기로, 내용에 따라 생리적 동기, 심리적 동기로 나뉘며 발생 원인에 따라 선천적 동기(유전), 후천적 동기(학습)로 나뉜다.
㉡ 대인신념 : 개인이 인간과 인간관계에 대해 가지고 있는 지적인 이해나 믿음으로, 대인관계에 대한 지속적이고 안정적인 사고 내용이다. 따라서 대인관계 상황에서 개인의 행동을 결정하는 주요한 요인이 된다.
㉢ 대인기술 : 인간관계를 성공적으로 이끌어 갈 수 있는 사교적 능력으로, 성장과정에서 후천적 경험을 통해 의식적 혹은 무의식적으로 배워 습득하는 언어적 · 비언어적 행동능력이다.

## 24

정답 ③

**도덕적 해이의 특징**
• 직무를 충실히 수행하지 않는 행위에 한정되며, 법률 위반과는 차이가 있으므로 적발과 입증이 어려운 측면이 있다.
• 도덕적 일탈과도 차이가 있어 사적 영역에서 도덕적 의무를 다하지 않는 행위는 제외된다.
• 조직의 큰 틀에 어긋나는 의도적 · 적극적인 자신의 이익 실현 행위가 포함된다.
• 사익을 추구하지 않더라도 효율적 운영을 위해 최선을 다하지 않는 방만한 경영 행태가 포함된다.
• 위험이 따르지만 실적이 기대되는 신규 업무에 관심을 갖지 않는 소극적 행위의 특징이 있다.
• 결정을 내리고 책임지기보다는 상급기관에 결정을 미루고 기계적으로 따라하는 행동방식을 취한다.

## 25

정답 ④

제시문은 2019년 발생한 코로나19 대유행과 이에 따른 공공의료의 중요성과 필요성에 대해 강조하는 글이다. 따라서 주제로 ④가 가장 적절하다.

## 26

정답 ⑤

예방을 위한 검사 및 검체 체취, 밀접 접촉자 추적, 격리 및 치료 등의 과정에 필요한 인력과 시간이 요구된다는 내용이므로 빈칸에 들어갈 가장 적절한 단어는 '소요(필요로 하거나 요구되는 바)'이다.

오답분석

① 대비 : 앞으로 일어날지도 모르는 어떠한 일에 대응하기 위하여 미리 준비함
② 대체 : 다른 것으로 대신함
③ 제공 : 무엇을 내주거나 갖다 바침
④ 초과 : 일정한 수나 한도 따위를 넘음

## 27

정답 ③

오답분석

① 다섯 번째 수인 '8'과 일곱 번째 수인 '2'의 코드가 잘못되었다.

② 첫 세 자리 '239'는 독일에서 온 제품이다.

④ 두 번째 수인 '3'과 다섯 번째 수인 '4'의 코드가 잘못되었다.

⑤ 아홉 번째 수는 $(18+15+14+25+8+5+12+5) \div 10 = 10 \cdots 2$로, 바코드를 수정해야 한다.

## 28

정답 ①

학생들의 평균 점수는 G열에 있고 가장 높은 순서대로 구해야 하므로 RANK 함수를 이용하여 오름차순으로 순위를 구하면 [H2] 셀에 들어갈 식은 「=RANK(G2,\$G\$2:\$G\$10,0)」이다. 이때, 참조할 범위는 고정해야 하므로 행과 열 앞에 '\$'를 붙여야 하는데, G열은 항상 고정이므로 행만 고정시켜도 된다. 그러므로 「=RANK(G2,G\$2:G\$10,0)」를 입력해야 한다.

## 29

정답 ③

처음 사탕의 개수를 $x$개라고 하면 처음으로 사탕을 먹고 남은 사탕의 개수는 $\left(1-\dfrac{1}{3}\right)x = \dfrac{2}{3}x$개이다.

그다음 날 사탕을 먹고 남은 사탕의 개수는 $\dfrac{2}{3}x \times \left(1-\dfrac{1}{2}\right) = \dfrac{1}{3}x$개이고,

또 그다음 날 사탕을 먹고 남은 사탕의 개수는 $\dfrac{1}{3}x \times \left(1-\dfrac{1}{4}\right) = \dfrac{1}{4}x$개이다.

따라서 $\dfrac{1}{4}x = 18$이므로 처음 사탕 바구니에 들어있던 사탕의 개수 $x = 72$이다.

## 30

제시된 양수의 합을 각각 $a+b$, $a+c$, $a+d$, $\cdots$, $d+e$라고 할 때,
제시된 양수 2개의 합을 모두 더하면 $4(a+b+c+d+e)=1320$이므로

$a+b+c+d+e=330$이고, 평균($m$)은 $\dfrac{a+b+c+d+e}{5}=6.6$이다.

분산($s$)은 편차의 제곱의 평균이므로

$$s=\frac{(a-m)^2+(b-m)^2+(c-m)^2+(d-m)^2+(e-m)^2}{5}$$ 이다.

이는 $\dfrac{a^2+b^2+c^2+d^2+e^2-2am-2bm-2cm-2dm-2em+5m^2}{5}$ 이고

$\dfrac{a^2+b^2+c^2+d^2+e^2}{5}-2\times m\times\dfrac{a+b+c+d+e}{5}+\dfrac{5m^2}{5}=\dfrac{a^2+b^2+c^2+d^2+e^2}{5}-m^2$ 이다.

그러므로 분산은 (변량의 제곱의 평균)$-$(평균의 제곱)으로도 구할 수 있다.

제시된 양수 2개의 합의 제곱을 모두 더하면 $4(a^2+b^2+c^2+d^2+e^2)+(2ab+2ac+\cdots+2de)=1,830$이고

$(a+b+c+d+e)^2=a^2+b^2+c^2+d^2+e^2+(2ab+2ac+\cdots+2de)=1,089$이므로

$a^2+b^2+c^2+d^2+e^2=\{4(a^2+b^2+c^2+d^2+e^2)+(2ab+2ac+\cdots+2de)-(a+b+c+d+e)^2\}\div3=247$이다.

$\dfrac{a^2+b^2+c^2+d^2+e^2}{5}=247\div5=49.4$이므로 $\dfrac{a^2+b^2+c^2+d^2+e^2}{5}-m^2=49.4-6.6^2=5.84$이다.

따라서 $a\sim e$의 평균은 6.6이고, 분산은 5.84이다.


## 31

2013년 대비 2023년 각 학년의 평균 신장 증가율을 계산하면 다음과 같다.

- 1학년 : $\dfrac{162.5-160.2}{160.2}\times100\fallingdotseq1.44\%$

- 2학년 : $\dfrac{168.7-163.5}{163.5}\times100\fallingdotseq3.18\%$

- 3학년 : $\dfrac{171.5-168.7}{168.7}\times100\fallingdotseq1.66\%$

따라서 평균 신장 증가율이 큰 순서대로 나열하면 2학년 – 3학년 – 1학년 순이다.


## 32

제시된 조건을 논리 기호화하면 다음과 같다.
- 첫 번째 조건의 대우 : A → C
- 두 번째 조건 : ~E → B
- 세 번째 조건의 대우 : B → D
- 마지막 조건의 대우 : C → ~E

위의 조건식을 정리하면 A → C → ~E → B → D이므로 여행에 참가하는 사람은 A, B, C, D 4명이다.


## 33

제시된 단어들은 유의어 관계이다. 따라서 빈칸 ㉠에 들어갈 '가뭄'의 유의어는 심한 가뭄을 뜻하는 '한발(旱魃)'이다.

오답분석
① 갈근(葛根) : 칡뿌리
② 해수(海水) : 바다에 괴어 있는 짠물
④ 안건(案件) : 토의하거나 조사하여야 할 사실

## 34

제시문은 메기 효과에 대한 글이므로 가장 먼저 메기 효과의 기원에 대해 설명하는 (마) 문단으로 시작해야 하고, 뒤이어 메기 효과의 기원에 대한 과학적인 검증 및 논란에 대한 (라) 문단이 오는 것이 적절하다. 이어서 경영학 측면에서의 메기 효과에 대한 내용이 와야 하는데, (다) 문단의 경우 앞의 내용과 뒤의 내용이 상반될 때 쓰는 접속 부사인 '그러나'로 시작하므로 (가) 문단이 먼저 나오고 그다음에 (다) 문단이 이어지는 것이 자연스럽다. 그리고 마지막으로 메기 효과에 대한 결론인 (나) 문단으로 끝내는 것이 매끄럽다. 따라서 (마) – (라) – (가) – (다) – (나) 순으로 나열하는 것이 적절하다.

## 35

정답 ②

메기 효과는 과학적으로 검증되지 않았지만 적정 수준의 경쟁이 발전을 이룬다는 시사점을 가지고 있다고 하였으므로 낭설에 불과하다는 것은 적절하지 않다.

오답분석

① (라) 문단의 거미와 메뚜기 실험에서 죽은 메뚜기로 인해 토양까지 황폐화되었음을 볼 때, 거대 기업의 출현은 해당 시장의 생태계까지 파괴할 수 있음을 알 수 있다.
③ (나) 문단에서 성장 동력을 발현시키기 위해서는 규제 등의 방법으로 적정 수준의 경쟁을 유지해야 한다고 서술하고 있다.
④ (가) 문단에서 메기 효과는 한국, 중국 등 고도 경쟁사회에서 널리 사용되고 있다고 서술하고 있다.

## 36

정답 ④

처음으로 오수 탱크 한 개를 정화하는 데 소요되는 시간은 $4+6+5+4+6=25$시간이다.
그 후에는 A∼E공정 중 가장 긴 공정 시간이 6시간이므로 6시간마다 탱크 한 개씩 처리할 수 있다.
따라서 탱크 30개를 처리하는 데 소요되는 시간은 $25+6\times(30-1)=199$시간이다.

## 37

정답 ①

작년 여자 사원 수를 $x$명이라고 하면 남자 사원 수는 $(820-x)$명이므로 다음 식이 성립한다.

$$\frac{8}{100}(820-x)-\frac{10}{100}x=-10$$

$$\therefore \ x=420$$

따라서 올해 여자 사원 수는 $\frac{90}{100}\times420=378$명이다.

## 38

정답 ②

식탁 1개와 의자 2개의 합은 $20+(10\times2)=40$만 원이고 30만 원 이상 구매 시 $10\%$를 할인받을 수 있으므로 $40\times0.9=36$만 원이다. 가구를 구매하고 남은 돈은 $50-36=14$만 원이고 장미 한 송이당 가격은 6,500원이다.
따라서 $14\div0.65\fallingdotseq21.53$이므로 구매할 수 있는 장미꽃은 21송이이다.

## 39

정답 ③

- CBP – <u>WK</u>4A – P31 – B0803 : 배터리 형태 중 WK는 없는 형태이다.
- PBP – DK1E – <u>P21</u> – A8B12 : 고속충전 규격 중 P21은 없는 규격이다.
- NBP – LC3B – P31 – B3<u>230</u> : 생산날짜의 2월에는 30일이 없다.
- <u>CNP</u> – LW4E – P20 – A7A29 : 제품 분류 중 CNP는 없는 분류이나.
따라서 보기에서 시리얼 넘버가 잘못 부여된 제품은 모두 4개이다.

제3회 2023년 기출복원 모의고사 • 43

## 40

**정답** ②

고객이 설명한 제품 정보를 정리하면 다음과 같다.

- 설치형 : PBP
- 도킹형 : DK
- 20,000mAH 이상 : 2
- 60W 이상 : B
- USB－PD3.0 : P30
- 2022년 10월 12일 : B2012

따라서 S주임이 데이터베이스에 검색할 시리얼 넘버는 PBP－DK2B－P30－B2012이다.


## 41

**정답** ③

'흰색 공'을 A, '검은색 공'을 B, '파란색 공'을 C라고 하면 첫 번째 명제는 A → ~B, 세 번째 명제는 A → C이다. 따라서 두 번째 명제에는 '~B → C' 또는 대우인 '~C → B'가 들어가야 하므로 '파란색 공을 가지고 있지 않은 사람은 모두 검은색 공을 가지고 있다.'가 적절하다.

[오답분석]

① B → C이므로 세 번째 명제가 참임을 판단할 수 없다.
② ~C → ~B이므로 세 번째 명제가 참임을 판단할 수 없다.
④ C → B이므로 세 번째 명제가 참임을 판단할 수 없다.


## 42

**정답** ①

제시된 암호를 변환표에 따라 정리하면 다음과 같으므로 이를 변환한 암호는 'qQokPokXZ'이다.

| 기존 문자 | ㅊ | ㅓ | ㅇ | ㄹ | ㅑ | ㅇ | ㄹ | ㅣ | ㅡ |
|---|---|---|---|---|---|---|---|---|---|
| 변환 문자 | ㅆ | ㅖ | ㄲ | ㅋ | ㅒ | ㄲ | ㅋ | ㅞ | ㅡ |
| 영문자 | q | Q | o | k | P | o | k | X | Z |


## 43

**정답** ④

제시된 암호를 변환표에 따라 정리하면 다음과 같으므로 이를 해독한 문자는 '대한민국'이다.

| 영문자 | j | Y | Z | b | O | i | l | X | i | h | U | h |
|---|---|---|---|---|---|---|---|---|---|---|---|---|
| 변환 문자 | ㅊ | ㅓ | ㅡ | ㄴ | ㅒ | ㅈ | ㅌ | ㅖ | ㅈ | ㅇ | ㅙ | ㅇ |
| 기존 문자 | ㄷ | ㅐ | ㅡ | ㅎ | ㅏ | ㄴ | ㅁ | ㅣ | ㄴ | ㄱ | ㅜ | ㄱ |


## 44

**정답** ③

각 경로에서 비용이 최소인 경우만 고려하여 정리하면 다음과 같다.

- A－D－B로 이동 : A－D에서 버스로 이동할 때 1,250원이고, 이후 도보로 이동할 때 비용은 부과되지 않으므로 총 1,250×4＝5,000원이 부과된다.
- A－P－B로 이동 : A－P에서 1,200원이 부과되고, P－B에서 환승비용이 추가로 부과되지 않으므로 총 1,200×4＝4,800원이 부과된다.
- A－Q－B로 이동 : A－Q에서 도보로 이동하고, Q－B를 버스로 이동하므로 총 1,650×4＝6,600원이 부과된다.
- A－Q－F－B로 이동 : A－Q－F 모두 도보로 이동하고, F－B를 버스로 이동하므로 총 2,000×4＝8,000원이 부과된다.
- A－F－B로 이동 : A－F에서 버스로 이동하고, F－B로 이동할 때 환승비용이 부과되므로 총 2,000×4＝8,000원이 부과된다.
- A－B로 이동 : 6인승 택시는 네 명 모두가 택시를 타고 이동할 수 있으므로 총 8,000원이 부과된다.

따라서 왕복 요금이 가장 적을 때는 A－P 구간을 버스로 이동하고 P－B 구간을 버스로 이동할 때이며, 이때의 왕복 비용은 4,800×2＝9,600원이다.

## 45

정답 ④

직위를 나타내는 사원코드의 마지막 2자리는 10 ~ 19, 30 ~ 39, 50 ~ 59, 60 ~ 69, 70 ~ 79, 90 ~ 99뿐이다.

## 46

정답 ⑤

고객지원부로 부서이동을 하므로 앞자리는 'c'로 변경되고, 부서이동의 경우 입사연월은 변동이 없어 그다음 자리인 '0803'은 유지된다. 그리고 그다음 두 자리는 무작위 난수이고, 마지막 두 자리는 직위 정보로 과장의 직위 변동이 없으므로 60 ~ 69 중 한 수이다. 따라서 이 모든 조건에 부합하는 코드는 'c08031062'이다.

오답분석

① t08030666 : 부서 코드가 옳지 않다.
② t23080369 : 부서 코드가 옳지 않고, 부서이동의 경우 입사연월 변동이 없다.
③ c08036719 : 마지막 두 자리 코드 '19'는 사원 직위의 코드이다.
④ c23086967 : 부서이동의 경우 입사연월 변동이 없다.

## 47

정답 ②

$1^2 - 2^2$, $3^2 - 4^2$, $\cdots$, $(2n-1)^2 - (2n)^2$의 수열의 합으로 생각한다.

$1^2 - 2^2 + 3^2 - 4^2 + \cdots + 199^2$

$= 1^2 - 2^2 + 3^2 - 4^2 + \cdots + 199^2 - 200^2 + 200^2$

$= \left[ \sum_{n=1}^{100} \{(2n-1)^2 - (2n)^2\} \right] + 200^2$

$= \left\{ \sum_{n=1}^{100} (-4n+1) \right\} + 200^2$

$= \left( -4 \times \dfrac{100 \times 101}{2} + 100 \right) + 40,000$

$= -20,200 + 100 + 40,000$

$= 19,900$

## 48

정답 ②

5명 중에서 3명을 순서와 상관없이 뽑을 수 있는 경우의 수는 $_5\mathrm{C}_3 = \dfrac{5 \times 4 \times 3}{3 \times 2 \times 1} = 10$가지이다.

## 49

정답 ③

A원두의 100g당 원가를 $a$원, B원두의 100g당 원가를 $b$원이라고 하면 다음 식이 성립한다.

$\begin{cases} 1.5(a+2b) = 3,000 \cdots \text{㉠} \\ 1.5(2a+b) = 2,850 \cdots \text{㉡} \end{cases}$

$\begin{cases} a + 2b = 2,000 \cdots \text{㉠}' \\ 2a + b = 1,900 \cdots \text{㉡}' \end{cases}$

$3a + 3b = 3,900 \rightarrow a + b = 1,300$이므로 이를 ㉠'와 연립하면 $b = 700$이다.

따라서 B원두의 100g당 원가는 700원이다.

## 50

정답 ②

A회사, B회사 우유의 1g당 열량과 단백질을 환산하면 다음과 같다.

| 성분 식품 | 열량(kcal) | 단백질(g) |
|---|---|---|
| A회사 우유 | 1.5 | 0.12 |
| B회사 우유 | 2 | 0.05 |

A회사, B회사 우유를 각각 $x$g, $(300-x)$g 구매했다면 다음 식이 성립한다.

$$\begin{cases} 1.5x+2(300-x) \geq 490 \\ 0.12x+0.05(300-x) \geq 29 \end{cases}$$

$$\rightarrow \begin{cases} 1.5x+600-2x \geq 490 \\ 0.12x+15-0.05x \geq 29 \end{cases}$$

$$\therefore \begin{cases} 0.5x \leq 110 \\ 0.07x \geq 14 \end{cases}$$

따라서 $200 \leq x \leq 220$이므로 A회사 우유를 200g, B회사 우유를 $300-200=100$g 구매하는 것이 가장 저렴하며, 그 가격은 $(80 \times 200)+(50 \times 100)=21,000$원이다.

## 51

정답 ③

30명의 80%는 $30 \times \dfrac{80}{100}=24$명이므로 다음과 같은 식이 도출된다.

$1+3+8+A=24 \rightarrow A=12$

$24+B=30 \rightarrow B=6$

따라서 $A-B=12-6=6$이다.

## 52

정답 ②

글로벌화가 이루어지면 조직은 해외에 직접 투자할 수 있고, 원자재를 보다 싼 가격에 수입할 수 있으며, 수송비가 절감되고, 무역장벽이 낮아져 시장이 확대되는 경제적 이익을 얻을 수 있다. 반면에 그만큼 세계적인 수준으로 경쟁이 치열해지기 때문에 국제적인 감각을 가지고 세계화 대응 전략을 마련해야 한다.

## 53

정답 ④

사람들이 집단에 머물고, 계속 남아 있기를 원하게 만드는 힘은 응집력이다. 팀워크는 단순히 사람들이 모여 있는 것이 아니라 목표달성의 의지를 가지고 성과를 내는 것이다.

**팀워크와 응집력**
- 팀워크 : 팀 구성원이 공동의 목적을 달성하기 위해 상호관계성을 가지고 서로 협력하여 일을 해 나가는 것이다.
- 응집력 : 사람들로 하여금 집단에 머물도록 만들고, 그 집단의 멤버로서 계속 남아 있기를 원하게 만드는 힘이다.

## 54

정답 ④

직업윤리는 근로윤리와 공동체윤리로 구분할 수 있으며, 근로윤리의 판단 기준으로는 정직한 행동(ⓒ), 근면한 태도(ⓓ), 성실한 자세(ⓗ) 등이 있다.

[오답분석]

㉠・㉡・㉣ 공동체윤리의 판단 기준이다.

## 55

정답 ③

2018년 하반기 매출액을 100이라고 하면 2019년 상반기 매출액은 10% 이상 20% 미만 증가하였고 2019년 하반기 매출액은 20% 이상 30% 미만 증가하였다. 또한 2020년 상반기 매출액은 10% 이상 20% 미만 증가하였고, 2020년 하반기 매출액은 10% 이상 20% 미만 감소하였다. 따라서 2020년 하반기 매출액은 분기별 매출 증가가 가장 적고 매출 감소가 큰 경우일 때 $100 \times 1.1 \times 1.2 \times 1.1 \times 0.8 = 116.16$이므로 2018년 하반기보다는 많을 것이다.

[오답분석]

① 2021년 하반기 이후 매출액의 증감률이 0보다 크므로 매출액은 꾸준히 증가하였다.
② 2019년 하반기 매출액의 증감률이 가장 크므로 이때의 성장 폭이 가장 크다.
④ 2020년 하반기와 2021년 상반기는 매출액이 연속해서 감소하였고 이후로는 꾸준히 증가하였으므로 2021년 상반기 매출액이 가장 적다.

## 56

정답 ②

기사에서 매출액이 크게 감소하였다 하였으므로 자료에서 매출액 증감률이 음수인 2020년 하반기에서 2021년 상반기 사이에 작성된 기사임을 유추할 수 있다.

## 57

정답 ②

2022년 1분기의 방문객 수는 2021년 1분기의 방문객 수 대비 2.8%p 감소하였으므로 $1,810,000 \times (1-0.028) = 1,759,320 ≒ 1,760,000$명이다. 2020년의 방문객 수 비율이 100%이므로 2022년의 방문객 수 비율은 $\frac{1,760,000}{1,750,000} \times 100 ≒ 100$%이다.

## 58

정답 ②

한 팀이 15분 작업 후 도구 교체에 걸리는 시간이 5분이므로 작업을 새로 시작하는 데 걸리는 시간은 20분이다. 다른 한 팀은 30분 작업 후 바로 다른 작업을 시작하므로 작업을 새로 시작하는 데 걸리는 시간은 30분이다. 따라서 두 팀은 60분마다 작업을 동시에 시작하므로, 오후 1시에 작업을 시작해서 세 번째로 동시에 작업을 시작하는 시각은 3시간 후인 오후 4시이다.

## 59

정답 ③

비밀번호 설정 규칙에 따르면 알파벳 대문자 1개 이상을 반드시 넣어야 하는데 'qdfk#9685@21ck'에는 알파벳 대문자가 없다.

## 60

정답 ④

[오답분석]

① Im#S367 : 비밀번호가 7자로 8자 이상 설정하라는 규칙에 어긋난다.
② asDf#3689! : 'asDf'는 쿼티 키보드에서 연속된 배열로 규칙에 어긋난다.
③ C8&hOUse100%ck : 'hOUse'는 특정 단어가 성립되므로 규칙에 어긋난다.

| 01 | 02 | 03 | 04 | 05 | 06 | 07 | 08 | 09 | 10 | 11 | 12 | 13 | 14 | 15 | 16 | 17 | 18 | 19 | 20 |
|----|----|----|----|----|----|----|----|----|----|----|----|----|----|----|----|----|----|----|----|
| ⑤ | ② | ③ | ③ | ③ | ① | ④ | ④ | ④ | ③ | ④ | ④ | ③ | ④ | ④ | ① | ① | ③ | ① | ④ |
| 21 | 22 | 23 | 24 | 25 | 26 | 27 | 28 | 29 | 30 | 31 | 32 | 33 | 34 | 35 | 36 | 37 | 38 | 39 | 40 |
| ③ | ③ | ⑤ | ④ | ① | ③ | ④ | ④ | ③ | ② | ② | ② | ④ | ② | ③ | ② | ② | ② | ① | ② |
| 41 | 42 | 43 | 44 | 45 | 46 | 47 | 48 | 49 | 50 | 51 | 52 | 53 | 54 | 55 | 56 | 57 | 58 | 59 | 60 |
| ② | ④ | ② | ③ | ② | ④ | ④ | ④ | ③ | ② | ③ | ④ | ② | ② | ② | ③ | ② | ⑤ | ④ | ③ |

## 01
정답 ⑤

먼저 서두에는 흥미를 유도하거나 환기시킬 수 있는 내용이 오는 것이 적절하다. 그러므로 영국의 보고서 내용인 (나) 또는 OECD 조사 내용인 (다)가 서두에 오는 것이 적절하다. 하지만 (나)의 경우 첫 문장에서의 '또한'이라는 접속어를 통해 앞선 글이 있었음을 알 수 있어 서두에 오는 것이 가장 적절한 문단은 (다)이고 이어서 (나)가 오는 것이 자연스럽다. 그리고 다음으로 앞선 문단에서 다룬 성별 간 임금 격차의 이유에 해당하는 (라)와 이에 대한 구체적 내용인 (가)가 오는 것이 매끄럽다. 따라서 (다) – (나) – (라) – (가) 순으로 나열하는 것이 적절하다.

## 02
정답 ②

제시문의 시작으로는 'K-농산어촌 한마당'에 대해 처음 언급하며 화두를 던지는 (가)가 적절하다. 이후 K-농산어촌 한마당 행사에 대해 자세히 설명하는 (다)가 오고, 행사에서 소개된 천일염과 관련 있는 음식인 김치에 대해 언급하는 (나)가 오는 것이 자연스럽다. 따라서 (가) – (다) – (나) 순으로 나열하는 것이 적절하다.

## 03
정답 ③

문장의 형태소 중에서 조사나 선어말어미, 어말어미 등으로 쓰인 문법적 형태소의 개수를 파악해야 한다.
이, 니, 과, 에, 이, 었, 다 → 총 7개

오답분석
① 이, 을, 었, 다 → 총 4개
② 는, 가, 았, 다 → 총 4개
④ 는, 에서, 과, 를, 았, 다 → 총 6개
⑤ 에, 이, 었, 다 → 총 4개

## 04
정답 ③

제시문의 중심 내용은 나이 계산법 방식이 세 가지로 혼재되어 있어 '나이 불일치'로 인한 행정서비스 및 계약상의 혼선과 법적 다툼이 발생해 이를 해소하고자 나이 방식을 하나로 통합하자는 것이다. 이에 덧붙여 나이 방식이 통합되어도 일상에는 변화가 없으며 일부 법에 대해서는 기존 방식이 유지될 수 있다고 하였다. 따라서 글의 주제로 가장 적절한 것은 ③이다.

① 마지막 문단의 '연 나이를 채택해 또래 집단과 동일한 기준을 적용하는 것이 오히려 혼선을 막을 수 있고 법 집행의 효율성이 담보'라는 내용에서 일부 법령에 대해서는 연 나이 계산법을 유지한다는 것을 알 수 있으나, 해당 내용이 전체 글이 다루고 있다고 보기는 어렵다.

② 세 번째 문단에 따르면 나이 불일치가 야기한 혼선과 법적 다툼은 우리나라 나이 계산법으로 인한 문제가 아니라 나이 계산법 방식이 세 가지로 혼재되어 있어 발생하는 문제라고 하였다.

④ 제시문은 나이 계산법 혼용에 따른 분쟁 해결 방안을 다루기보다는 이러한 분쟁이 발생하지 않도록 나이 계산법을 하나로 통일하자는 내용을 다루고 있다.

⑤ 다섯 번째 문단의 '법적·사회적 분쟁이 크게 줄어들 것으로 기대하고 있지만, 국민 전체가 일상적으로 체감하는 변화는 크지 않을 것'이라는 내용으로 보아 나이 계산법의 변화로 달라지는 행정서비스는 크게 없을 것으로 보이며, 글의 전체적인 주제로 보기에도 적절하지 않다.

## 05  정답 ③

'피상적(皮相的)'은 '사물의 판단이나 파악 등이 본질에 이르지 못하고 겉으로 나타나 보이는 현상에만 관계하는 것'을 의미한다. 제시된 문장에서는 '표면적(表面的)'과 반대되는 뜻의 단어를 써야 하므로 '본질적(本質的)'이 적절하다.

① 정례화(定例化) : 어떤 일이 일정하게 정하여진 규칙이나 관례에 따르도록 하게 하는 것
② 중장기적(中長期的) : 길지도 짧지도 않은 중간쯤 되는 기간에 걸치거나 오랜 기간에 걸치는 긴 것
④ 친환경(親環境) : 자연환경을 오염하지 않고 자연 그대로의 환경과 잘 어울리는 일. 또는 그런 행위나 철학
⑤ 숙려(熟慮) : 곰곰이 잘 생각하는 것

## 06  정답 ①

체지방량을 $x$kg, 근육량을 $y$kg이라고 하면 다음 식이 성립한다.
$x+y=65 \cdots$ ㉠
$-0.2x+0.25y=-4 \cdots$ ㉡
㉡×20을 하면 $-4x+5y=-80 \cdots$ ㉢
㉠과 ㉢을 연립해서 풀면 $9y=180 \rightarrow y=20$이고, 이 값을 ㉠에 대입하면 $x=45$이다.
따라서 운동을 한 후 체지방량은 운동 전에 비해 20%인 9kg이 줄어 36kg이고, 근육량은 운동 전에 비해 25%인 5kg이 늘어 25kg이다.

## 07  정답 ④

둘레에 심는 꽃의 수가 최소가 되려면 꽃 사이의 간격이 최대가 되어야 하므로 꽃 사이의 간격은 $140=2^2\times5\times7$, $100=2^2\times5^2$의 최대공약수인 $2^2\times5=20$m가 된다. 따라서 이때 심어야 하는 꽃은 $2\times[(140+100)\div20]=24$송이다.

## 08  정답 ④

기존 사원증은 가로와 세로의 길이 비율이 1:2이므로 가로 길이를 $x$cm, 세로 길이를 $2x$cm라 하자. 기존 사원증 대비 새 사원증의 가로 길이 증가폭은 $(6-x)$cm, 세로 길이 증가폭은 $(9-2x)$cm이다. 문제에 주어진 디자인 변경 비용을 적용하여 식으로 정리하면 다음과 같다.
$2,800+(6-x)\times12\div0.1\text{cm}+(9-2x)\times22\div0.1\text{cm}=2,420$
$\rightarrow 2,800+720-120x+1,980-440x=2,420$
$\rightarrow 560x=3,080$
$\therefore x=5.5$
따라서 기존 사원증의 가로 길이는 5.5cm, 세로 길이는 11cm이며, 둘레는 $(5.5\times2)+(11\times2)=33$cm이다.

## 09

정답 ④

연속교육은 하루 안에 진행되어야 하므로 4시간 연속교육으로 진행되어야 하는 문제해결능력 수업은 하루 전체를 사용해야 한다. 그러므로 5일 중 1일은 문제해결능력 수업만 진행되며, 나머지 4일에 걸쳐 나머지 3과목의 수업을 진행한다. 수리능력 수업은 3시간 연속교육, 자원관리능력 수업은 2시간 연속교육이며, 하루 수업은 총 4교시로 구성되므로 수리능력 수업과 자원관리능력 수업은 같은 날 진행되지 않는다. 수리능력 수업의 교육시간이 총 9시간이기 때문에 최소 3일이 필요하므로 자원관리능력 수업은 하루에 몰아서 진행해야 한다. 따라서 문제해결능력 수업과 수리능력 수업을 배정하는 경우의 수는 $5 \times 4 = 20$가지이다. 문제해결능력 수업과 자원관리능력 수업이 진행되는 이틀을 제외한 나머지 3일간은 매일 수리능력 수업 3시간과 의사소통능력 수업 1시간이 진행되며, 수리능력 수업 후에 의사소통능력 수업을 진행하는 경우와 의사소통능력 수업을 먼저 진행하고 수리능력 수업을 진행하는 경우로 나뉜다. 그러므로 이에 대한 경우의 수는 $2^3 = 8$가지이다. 따라서 제시된 규칙을 만족하는 경우의 수는 모두 $5 \times 4 \times 2^3 = 160$가지이다.

## 10

정답 ③

보기의 정부 관계자들은 향후 청년의 공급이 줄어들게 되는 인구구조의 변화가 문제해결에 유리한 조건을 형성한다고 말하였다. 그러나 기사에 따르면 이러한 인구구조의 변화가 곧 문제해결이나 완화로 이어지지 않는다고 설명하고 있으므로, 정부 관계자의 태도로 ③이 가장 적절하다.

오답분석

① · ② 올해부터 3 ~ 4년간 인구 문제가 부정적으로 작용할 것이라고 말하였으나, 올해가 가장 좋지 않다거나 현재 문제가 해결 중에 있다는 언급은 없다.

④ 에코세대의 노동시장 진입으로 인한 청년 공급 증가에 대응해야 함을 인식하고 있다.

⑤ 일본의 상황을 참고하여 한국도 점차 좋아질 것이라고 예측하고 있을 뿐, 한국의 상황이 일본보다 낫다고 평가하는지는 알 수 없다.

## 11

정답 ④

두 번째 문단에서 단기간 내 사업 추진이 용이한 '폐기물 및 바이오매스 혼소 발전' 등의 에너지원에 대한 편중성이 나타나고 있다고 하였으므로 ④는 적절하지 않다.

오답분석

① 두 번째 문단에서 RPS 제도로 인해 신·재생에너지를 이용한 발전량과 발전설비 용량이 지속적으로 증가하였다고 하였으므로 적절한 설명이다.

② 두 번째 문단에서 공급의무자에게 할당되는 공급의무량이 단계적으로 증가하여 최종 전력소비자인 국민들에게 전가되는 비용 부담이 지속적으로 증가할 가능성이 있다고 하였으므로 적절한 설명이다.

③ 마지막 문단에서 세 번째 개선방안으로 민간 기업들이 직접 REC 구매를 가능하게 하는 등의 제도 보완이 필요하다고 하였으므로 적절한 설명이다.

⑤ 첫 번째 문단에서 공급의무자는 신·재생에너지 공급인증서(REC)를 구매하는 방법으로 할당받은 공급의무량을 충당할 수 있다고 하였으므로 적절한 설명이다.

## 12

정답 ④

네 번째 문단에서 에너지효율화, 특화사업, 지능형 전력그리드 등 3개 분과로 운영되며, ㈜한국항공조명, ㈜유진테크노, ㈜미래이앤아이가 분과 리더 기업으로 각각 지정되어 커뮤니티 활성화를 이끌 예정이라고 하였으므로 ④는 적절하지 않다.

오답분석

① 세 번째 문단을 통해 알 수 있다.

② · ③ 두 번째 문단을 통해 알 수 있다.

⑤ 다섯 번째 문단을 통해 알 수 있다.

## 13

정답 ③

네 번째 문단에서 220V 이용 시 가정에서 전기에 노출될 경우 위험성은 더 높을 수 있다고 언급하였다.

오답분석

① 두 번째 문단을 통해 알 수 있다.
② 다섯 번째 문단을 통해 알 수 있다.
④ 세 번째 문단을 통해 알 수 있다.
⑤ 마지막 문단을 통해 알 수 있다.

## 14

정답 ④

직원들의 항목별 평가점수의 합과 그에 따른 급여 대비 성과급 비율은 다음과 같다.

| 직원 | 평가점수 | 비율 | 성과급 |
|------|----------|------|--------|
| A | 82점 | 200% | 320만 원×200%=640만 원 |
| B | 74점 | 100% | 330만 원×100%=330만 원 |
| C | 67점 | 100% | 340만 원×100%=340만 원 |
| D | 66점 | 100% | 360만 원×100%=360만 원 |
| E | 79점 | 150% | 380만 원×150%=570만 원 |
| F | 84점 | 200% | 370만 원×200%=740만 원 |

따라서 A와 비교했을 때, 수령하는 성과급의 차이가 가장 적은 직원은 E이다.

## 15

정답 ④

평가기준에 따라 각 지원자가 받는 점수는 다음과 같다.
• A : 20(석사)+5(스페인어 구사 가능)+20(변호사 자격 보유)+10(장애인)=55점
• B : 10(대졸)+20(일본어 구사 가능)=30점
• C : 10(대졸)+20(경력 3년)+10(국가유공자)=40점
• D : 60(경력 7년)+5(아랍어 구사 가능)=65점
• E : 30(박사)+10(자연과학 석사 이상)+20(독일어 구사 가능)=60점
따라서 서류전형 점수가 가장 높은 사람은 D지원자이다.

## 16

정답 ①

모든 직원들이 각기 다른 부서를 희망하였으므로 희망부서가 밝혀지지 않은 직원들의 희망부서는 다음과 같다.

| 구분 | 기존부서 | 희망부서 | 배치부서 |
|------|----------|----------|----------|
| A | 회계팀 | 인사팀 | ? |
| B | 국내영업팀 | 해외영업팀 | ? |
| C | 해외영업팀 | 국내영업팀, 회계팀, 홍보팀 중 1 | ? |
| D | 홍보팀 | 국내영업팀, 회계팀 중 1 | 홍보팀 |
| E | 인사팀 | 국내영업팀, 회계팀, 홍보팀 중 1 | 해외영업팀 |

인사이동 후 각 부서에 1명의 직원이 근무하게 되었으므로, A, B, C는 각각 인사팀, 국내영업팀, 회계팀에 1명씩 배치되었다. B는 다른 1명과 근무부서를 맞바꾸었는데, E가 인사팀에서 해외영업팀으로 이동하였고, D는 홍보팀에 그대로 근무하기 때문에 C, D, E는 그 상대가 될 수 없다. 따라서 B는 A가 근무하던 회계팀으로 이동하였고, A는 B가 근무하던 국내영업팀으로 이동하였음을 알 수 있다. C는 남은 인사팀에 배치된다.

이를 정리하면 다음의 표와 같다.

| 구분 | 기존부서 | 희망부서 | 배치부서 |
|---|---|---|---|
| A | 회계팀 | 인사팀 | 국내영업팀 |
| B | 국내영업팀 | 해외영업팀 | 회계팀 |
| C | 해외영업팀 | 국내영업팀, 회계팀, 홍보팀 중 1 | 인사팀 |
| D | 홍보팀 | 국내영업팀, 회계팀 중 1 | 홍보팀 |
| E | 인사팀 | 국내영업팀, 회계팀, 홍보팀 중 1 | 해외영업팀 |

따라서 본인이 희망한 부서에 배치된 사람은 없다.

## 17
정답 ①

D대리는 B과장보다 근속연수가 높지만 기본급은 더 적다.

오답분석

② S팀의 자녀는 모두 7명으로 총 자녀수당은 70만 원이다. 반면 근속수당은 30+10+30+20+10=100만 원이므로 자녀수당의 합보다 근속수당의 합이 더 높다.

③ A부장의 월급은 4,260,000+(100,000×2)+300,000+100,000+1,00,000=4,960,000원이므로 E사원의 기본급인 2,420,000 원의 2배 이상이다.

④ 제시된 사원 정보를 통해 가장 많은 기본급 외 임금수당을 받는 직원은 전기기사 자격증을 보유하고 있어 총 500,000+100,000 +100,000+100,000+100,000=900,000원을 받는 B과장인데, C과장이 전기기능사에 합격하여 자격증수당 15만 원이 추가 되면 총 150,000+100,000+100,000+300,000+300,000=950,000원이 되어 S팀 직원 중 가장 많은 기본급 외 임금수당 을 받게 된다.

⑤ 자녀의 수가 가장 많은 직원은 C과장으로 총 80만 원의 기본급 외 임금수당을 받고, 근속연수가 가장 높은 직원은 A부장으로 총 70만 원의 기본급 외 임금수당을 받고 있으므로 옳은 설명이다.

## 18
정답 ③

G공사의 월급은 (기본급)+(기본급 외 임금 수당)이므로 직원별 총 지급액은 다음과 같다.
• A부장 : 4,260,000+100,000+100,000+300,000+200,000+0=4,960,000원
• B과장 : 3,280,000+100,000+100,000+100,000+100,000+500,000=4,180,000원
• C과장 : 3,520,000+100,000+100,000+300,000+300,000+0=4,320,000원
• D대리 : 2,910,000+100,000+100,000+200,000+100,000+150,000=3,560,000원
• E사원 : 2,420,000+100,000+100,000+100,000+0+250,000=2,970,000원
따라서 월급이 높은 순서대로 나열하면 A부장 → C과장 → B과장 → D대리 → E사원 순이다.

## 19
정답 ①

차장 직위에 지급되는 기본 교통비는 26,000원이며, 출장지까지의 거리가 204km이므로 추가 여비 20,000원이 책정된다. 출장지 인 세종특별자치시는 구체적인 기준이 명시되지 않은 지역으로 기본 교통비와 추가여비의 합산 금액에 5%를 가산한 금액이 국내출 장여비 기준금액이다.
따라서 김차장이 받을 수 있는 여비는 (26,000+20,000)×1.05=48,300원으로, 지급액을 백 원 단위에서 올림하면 49,000원 이다.

## 20

정답 ④

하나의 셀에서 〈Ctrl〉을 누른 채로 채우기 핸들 기능을 사용하면 데이터는 다음과 같이 입력된다.
- 숫자 : 1씩 증가한 값이 입력된다.
- 날짜 : 원본과 똑같은 데이터가 입력된다.
- 숫자+문자 : 원본과 똑같은 데이터가 입력된다.
- 문자 : 원본과 똑같은 데이터가 입력된다.
- 통화 : 1씩 증가한 값이 입력된다.

따라서 제시된 스프레드시트에서 순서와 금액의 값이 1씩 증가하고 나머지 데이터는 원본과 똑같이 입력된다.

## 21

정답 ③

甲대리의 성과평가 등급을 통해 개인 성과평가 점수에 가중치를 적용하여 점수로 나타내면 다음과 같다.

| 실적 | 난이도평가 | 중요도평가 | 신속성 | 합 |
|---|---|---|---|---|
| 30×1＝30점 | 20×0.8＝16점 | 30×0.4＝12점 | 20×0.8＝16점 | 74점 |

따라서 甲대리는 80만 원의 성과급을 받게 된다.

## 22

정답 ③

지사별 최단거리에 위치한 곳은 '대전 – 김천(90km)', '김천 – 부산(120km)', '부산 – 진주(100km)'이다. 따라서 K대리가 방문할 지사를 순서대로 나열하면 '김천 – 부산 – 진주'이다.

## 23

정답 ⑤

**임파워먼트의 장애요인**
- 개인 차원 : 주어진 일을 해내는 역량의 결여, 대응성, 동기의 결여, 결의의 부족, 책임감 부족, 성숙 수준의 전반적인 의존성, 빈곤의 정신 등
- 대인 차원 : 다른 사람과의 성실성 결여, 약속 불이행, 성과를 제한하는 조직의 규범(Norm), 갈등처리 능력의 결여, 승패의 태도 등
- 관리 차원 : 효과적 리더십 발휘능력 결여, 경험 부족, 정책 및 기획의 실행능력 결여, 통제적 리더십 스타일, 비전의 효과적 전달능력 결여 등
- 조직 차원 : 공감대 형성이 없는 구조와 시스템, 제한된 정책과 절차 등

## 24

정답 ④

12월 20 ~ 21일은 주중이며, 출장 혹은 연수 일정이 없고, 부서이동 전에 해당되므로, 김인턴이 경기본부의 파견 근무를 수행할 수 있는 날짜이다.

[오답분석]
① 12월 6 ~ 7일은 김인턴의 연수 참석 기간이므로 파견 근무를 진행할 수 없다.
② 12월 11 ~ 12일은 주말인 11일을 포함하고 있으므로 파견 근무를 진행할 수 없다.
③ 12월 14 ~ 15일 중 15일은 목요일로, 김인턴이 H본부로 출장을 가는 날이므로 파견 근무를 진행할 수 없다.
⑤ 12월 27 ~ 28일은 김인턴이 부서를 이동한 27일 이후이므로, 김인턴이 아니라 후임자가 경기본부로 파견 근무를 가야 한다.

## 25

정답 ①

각 사례에 대한 가산점 합계를 구하면 다음과 같다.

(가) : 정보관리기술사(5점), 사무자동화산업기사(2점), TOEIC 750점(2점), JLPT 2급(4점) → 5점

(나) : TOSEL 620점(2점), 워드프로세서 1급(2점), PELT 223점(해당 없음) → 4점

(다) : 한국실용글쓰기검정 450점(해당 없음), HSK 6급(해당 없음), 정보보안산업기사(2점) → 2점

(라) : JPT 320점(해당 없음), 석사학위(4점), TEPS 450점(해당 없음) → 4점

(마) : 무선설비산업기사(2점), JLPT 3급(2점), ITQ OA 마스터(해당 없음) → 4점

(바) : TOEIC 640점(2점), 국어능력인증시험 180점(5점), HSK 8급(4점) → 5점

(사) : JLPT 3급(2점), HSK 5급(해당 없음), 한국어능력시험 530점(해당 없음) → 2점

(아) : IBT 42점(해당 없음), 컴퓨터활용능력 2급(2점), 에너지관리산업기사(해당 없음) → 2점

따라서 가산점이 5점인 경우는 2가지이고 4점인 경우는 3가지이며, 마지막으로 2점인 경우는 3가지이다.


## 26

정답 ②

오답분석

①・④ 전결권자는 상무이다.

③・⑤ 대표이사의 결재가 필수이다(전결 사항이 아님).


## 27

정답 ①

토론이란 어떤 주제에 대하여 찬성하는 측과 반대하는 측이 서로 맞서, 각자 해당 주제에 대한 논리적인 의견을 제시함으로써 상대방의 근거가 이치에 맞지 않다는 것을 증명하는 논의이다.

오답분석

② 토론은 상호 간의 주장에 대한 타협점을 찾아가는 것이 아닌, 반대 측의 논리에 대한 오류를 증명해 내면서 자신의 의견이 논리적으로 타당함을 밝히는 말하기 방식이다.

③ 주어진 주제에 대한 자신의 의견을 밝히면서 상대방 또는 청중을 설득하는 것은 맞으나, 자신의 의견을 뒷받침할 추론적인 근거가 아닌 논리적인 근거를 제시하여야 한다.

④ 주어진 주제에 대하여 제시된 의견을 분석하면서 해결방안을 모색하는 말하기 방식은 토론이 아닌 토의에 해당하며, 승패가 없이 협의를 통해 결론을 내리는 토의와 달리 토론은 승패가 있으며 이때 패한 측은 상대방의 의견에 설득당한 측을 의미한다.

⑤ 토론에서는 반대 측의 의견을 인정하고 존중하기보다는, 반대 측 의견이 논리적으로 타당하지 않음을 증명해 내는 말하기이다.


## 28

정답 ④

개인의 인맥은 핵심 인맥, 또 핵심 인맥으로부터 연결되거나 우연한 사건으로 연결되어진 파생 인맥, 또 그러한 파생 인맥을 통하여 계속하여 연결되어지는 인맥 등 끝없이 확장할 수 있는 영역이다.

오답분석

① 개인 차원에서의 인적 자원 관리란 정치적, 경제적 또는 학문적으로 유대관계가 형성된 사람들과의 관계뿐만 아니라 더 나아가 자신이 알고 있는 모든 사람들과의 관계를 관리하는 것을 의미한다.

② 자신과 직접적으로 관계가 형성된 사람들을 핵심 인맥, 이러한 핵심 인맥을 통해 관계가 형성되거나 우연한 계기로 관계가 형성된 사람들을 파생 인맥이라 지칭한다.

③ 개인은 핵심 인맥뿐만 아니라 파생 인맥을 통해서도 다양한 정보를 획득할 수 있으며, 정보를 전파하는 것은 개인 차원에서의 인적 자원 관리 외의 것에 해당한다.

⑤ 인적 자원 관리를 위해 능동성, 개발가능성, 전략적 자원을 고려하는 것은 개인 차원에서의 인적 자원 관리가 아닌 조직 차원에서 조직의 실적을 높이기 위해 고려해야 하는 사항에 해당한다.

## 29

**정답** ③

과거의 기술은 Know-How의 개념이 강했지만, 시간이 지나면서 현대의 기술은 Know-How와 Know-Why가 결합하는 방법으로 진행되고 있다.

## 30

**정답** ②

이용자들의 화상을 염려하여 화상 방지 시스템을 개발했다는 점을 미루어 보아, 기술이 필요한 노와이(Know-Why)의 사례로 적절하다.

## 31

**정답** ②

지식재산권은 재산적 가치가 구현될 수 있는 지식·정보·기술이나 표현·표시 등의 무형적인 것만을 말하며, 이에 대해 주어지는 권리를 말한다.

오답분석

① 지식재산권은 최초로 만들거나 발견한 것 중 재산상 가치가 있는 것에 부여되는 권리를 말한다.
③ 형체가 있는 상품과 달리, 지식재산권은 형체가 없는 무형의 권리를 말한다.
④ 기술개발의 성과인 독점적인 권리를 부여받음으로써, 더 나은 기술개발이 이루어질 수 있도록 장려한다.
⑤ 국가 간의 기술 제휴와 같은 기술의 협력이 이루어지면서 세계화가 이루어지고 있다.

## 32

**정답** ④

휴업급여 부분에 따르면 기준소득의 80%를 지급하도록 되어 있으며, 직업재활급여 부분에 따르면 현금급여는 가족관계에 따라 기준소득의 68 ~ 75%를 지급하도록 되어 있으므로 전자의 경우가 기준소득 대비 급여지급액 비율이 더 높다.

오답분석

① 적용대상 부분에 따르면 교육훈련생도 산재보험 적용대상에 해당하므로 단기 계약직 근로자가 교육훈련생의 지위를 갖고 있어도 적용대상에 해당한다.
② 담당기구 부분에 따르면 독일 산재보험은 지역별로 산재보험조합이 자율적으로 운영되며, 국가는 주요 업무사항에 대한 감독권만을 가지므로 적절하지 않은 설명이다.
③ 보상 부분에 따르면 일일평균임금산정 시 휴업급여는 재해발생 직전 3개월간의 임금총액을 고려하는 반면, 연금식 급여는 상병이 발생한 날이 속하는 연도로부터 1년을 고려하여 서로 상이하므로 적절하지 않은 설명이다.
⑤ 장해급여 부분에 따르면 노동능력이 20% 이상 감소하였으면서 장해가 26주 이상 지속되는 경우에 지급된다. 선택지의 경우 노동능력은 20% 이상 감소하였으나, 장해는 26주 미만으로 지속되므로 장해급여 대상이 아니다.

## 33

**정답** ③

두 번째 문단에 따르면 산재노동자가 처한 위기상황에 따라 개입하는 것은 일반서비스이며, 내일찾기서비스는 요양초기단계부터 잡코디네이터가 사례관리를 진행하는 것이므로 적절하지 않은 설명이다.

오답분석

① 두 번째 문단에 따르면 맞춤형통합서비스는 요양초기단계에 제공되는 내일찾기서비스, 요양서비스 과정에서 위기상황에 따라 제공되는 일반서비스로 분류되므로 적절한 설명이다.
② 두 번째 문단에 따르면 해당 발표회는 '한 해 동안'의 재활사업 성과를 평가하는 장이라고 하였으므로 매년 1회씩 열린다는 것을 추론할 수 있고, 2018년 기준 일곱 번째라고 하였으므로 2012년부터 시행되었음을 알 수 있다.
④ 세 번째 문단에 따르면 분쇄기에 손이 절단되는 재해를 입은 여성 산재노동자가 심리불안을 겪을 때 미술심리치료 등 심리상담을 통해 자존감을 회복한 경우가 있으므로 적절한 설명이다.
⑤ 네 번째 문단에 따르면 캄보디아 산재노동자가 신체상 재해를 입고도 사업주와 의료진에 대한 불신 때문에 치료를 거부하여 골든타임을 놓칠 뻔한 사례가 있다. 따라서 근로자와 사업주 간의 신뢰구축을 통해 근로자의 신체 상해에 대한 치료가 원활히 이루어지도록 해야 한다.

## 34

**정답** ②

응시자 중 불합격자 수는 응시자 수에서 합격자 수를 제외한 값이며, 이를 계산하면 다음과 같다.

- 2017년 : 2,810−1,310=1,500명
- 2018년 : 2,660−1,190=1,470명
- 2019년 : 2,580−1,210=1,370명
- 2020년 : 2,110−1,010=1,100명
- 2021년 : 2,220−1,180=1,040명

따라서 ②는 옳지 않은 그래프이다.

## 35

**정답** ③

총재와 부총재를 포함한 모든 금융통화위원은 대통령이 임명한다.

[오답분석]
① 면밀한 검토가 필요한 사안에 대해서는 본회의 외에 별도로 심의위원회가 구성되어 검토한다.
② C은행 총재는 금융통화위원회 의장을 겸임한다.
④ 본회의는 의장이 필요하다고 인정하거나 금융통화위원 최소 2인의 요구가 있을 때 개최된다.

## 36

**정답** ②

사망원인이 높은 순서대로 나열하면 '암, 심장질환, 뇌질환, 자살, 당뇨, 치매, 고혈압'이며, 암은 10만 명당 185명이고, 심장질환과 뇌질환은 각각 암으로 인한 사망자와 20명 미만의 차이이다. 또한 자살은 10만 명당 50명이다. 따라서 옳은 그래프는 ②이다.

[오답분석]
① 사망원인 중 암인 사람은 185명이다.
③ 자살로 인한 사망자는 50명이다.
④ 뇌질환 사망자가 암 사망자와 20명 이상 차이나므로 옳지 않다.

## 37

**정답** ②

전체 고용인원의 반은 16,177÷2=8,088.5명이다. 태양광에너지 분야의 고용인원은 8,698명이므로 전체 고용인원의 반 이상을 차지한다.

[오답분석]
① 폐기물에너지 분야의 기업체 수가 가장 많다.

③ 전체 매출액 중 풍력에너지 분야의 매출액이 차지하는 비율은 $\dfrac{14,571}{113,076} \times 100 ≒ 12.89\%$이므로 15%를 넘지 않는다.

④ 전체 수출액 중 바이오에너지 분야의 수출액이 차지하는 비율은 $\dfrac{506}{40,743} \times 100 ≒ 1.24\%$이므로 1%를 넘는다.

## 38

**정답** ②

마지막 문단을 통해 태양광 발전의 단가는 비싸다 보니 시장에서 외면받을 수밖에 없고, 발전 비율을 높이기 위해 정부가 보조금 지원이나 세액 공제 등 혜택을 줘야 하는 상황임을 알 수 있다.

## 39

두 번째 문단에 따르면 연령별 폐기능검사 시행률은 90대 이상이 27.6%로 가장 낮으므로 적절하지 않다.

오답분석

② 세 번째 문단에서 확인할 수 있다.

③ 네 번째 문단에서 확인할 수 있다.

④ · ⑤ 마지막 문단에서 확인할 수 있다.

## 40

2020년과 2021년 외래 의료급여비용의 전년 대비 증가율은 각각 $\frac{31,334-27,534}{27,534}\times100 = 14\%$, $\frac{33,003-31,334}{31,334}\times100 = 5\%$ 이다. 2020년부터 2022년까지 전년 대비 평균 증가율은 $\frac{14+5+5}{3}=8\%$이므로 2023년 외래 의료급여 예상비용은 $33,003\times1.05\times1.08 = 37,425$억 원이다.

## 41

네 번째 조건에 따르면 갑의 이동 경로는 1층 → 30층 → 20층이다. 이때 첫 번째 조건과 두 번째 조건을 고려하여 갑의 이동 시간을 구하면 다음과 같다.

• 1층 → 30층 : 1층에서 2층까지 3초 소요, 2층에서 3층까지 2.8초 소요, 3층에서 4층까지 2.6초 소요, ⋯, 8층에서 9층까지 1.6초 소요, 9층에서 10층까지 1.4초가 소요되며, 이후 10층에서 30층까지 층당 1.4초가 소요되므로 1층에서 30층까지의 총 소요시간은 $\frac{(3+1.4)\times9}{2}+1.4\times20=47.8$초이다.

• 30층 → 20층 : 30층에서 29층까지 2.5초 소요, 29층에서 28층까지 2.2초 소요, 28층에서 27층까지 1.9초 소요, 27층에서 26층까지 1.6초 소요, 26층에서 25층까지 1.3초가 소요되며, 이후 25층에서 20층까지 층당 1.3초가 소요되므로 30층에서 20층 까지의 총소요시간은 $\frac{(2.5+1.3)\times5}{2}+1.3\times5=16$초이다.

따라서 1층에서 엘리베이터를 탄 갑이 20층에 도착할 때까지 소요된 시간은 47.8+16=63.8초이다.

## 42

고의(故意)는 '일부러 하는 행동이나 생각'이라는 뜻으로 글의 맥락상 빈칸에 넣기에는 적절하지 않다.

오답분석

① 오손(汚損) : 더럽히고 손상함

② 박리(剝離) : 벗겨져 떨어짐

③ 망실(亡失) : 잃어버려 없어짐

⑤ 손모(損耗) : 사용함으로써 닳아 없어짐

## 43

정답 ②

마지막 문단을 통해 발효된 파리기후변화협약은 3년간 탈퇴가 금지되어 2019년 11월 3일까지는 탈퇴 통보가 불가능하다는 내용을 통해 해당 협약은 2016년 11월 4일에 발효되었음을 알 수 있다. 따라서 이 협약은 2015년 12월 제21차 유엔기후변화협약 당사국총회에서 채택되었을 뿐, 2015년 12월 3일에 발효된 것은 아니다.

[오답분석]

① 파리기후변화협약은 2020년 만료 예정인 교토의정서를 대체하여 2021년부터의 기후변화 대응을 담은 국제협약이므로 교토의정서는 2020년 12월에 만료되는 것을 알 수 있다.

③ 파리기후변화협약에서 개발도상국은 절대량 방식의 감축 목표를 유지해야 하는 선진국과 달리 절대량 방식과 배출 전망치 대비 방식 중 하나를 채택할 수 있다. 우리나라는 2030년 배출 전망치 대비 37%의 감축이 목표이므로 개발도상국에 해당하는 것을 알 수 있다.

④ 파리기후변화협약은 채택 당시 195개의 당사국 모두가 협약에 합의하였으나, 2020년 11월 4일 미국이 공식 탈퇴함에 따라 현재 194개국이 합의한 상태임을 알 수 있다.

⑤ 파리기후변화협약은 온실가스 감축 의무가 선진국에만 있었던 교토의정서와 달리 환경 보존에 대한 의무를 전 세계의 국가들이 함께 부담하도록 하였다.

## 44

정답 ③

ㄴ. 날짜 작성 시에는 연도와 월일을 함께 기입하고, 날짜 다음에 마침표를 찍되, 만일 날짜 다음에 괄호가 사용되는 경우 마침표는 찍지 않는다.

ㄹ. 공문서 작성 시에는 한 장에 담아내는 것을 원칙으로 한다.

ㅁ. 공문서 작성을 마친 후에는 '내용 없음'이 아닌 '끝'이라는 문구로 마무리하여야 한다.

[오답분석]

ㄱ. 회사 외부 기관에 송달되는 공문서는 누가, 언제, 어디서, 무엇을, 어떻게, 왜가 명확히 드러나도록 작성하여야 한다.

ㄷ. 복잡한 내용을 보다 정확히 전달하기 위해, 항목별로 구분하여 작성하여야 하며, 이때에는 '-다음-' 또는 '-아래-'와 같은 표기를 사용할 수 있다.

## 45

정답 ②

공정 보상의 원칙은 모든 근로자에게 평등한 근로의 대가를 지급하는 것이 아닌, 공헌도에 따라 노동의 대가를 달리 지급함으로써 공정성을 갖도록 하는 것이다.

[오답분석]

① 적재적소 배치의 원리는 알맞은 인재를 알맞은 자리에 배치하여 해당 업무에 가장 적합한 인재를 배치하는 것이다.

③ 종업원 안정의 원칙은 종업원의 직장 내에서의 직위와 근로환경을 보장함으로써 근로자에게 신뢰를 주어 업무에 안정적으로 임할 수 있게 하는 것이다.

④ 창의력 계발의 원칙은 근로자가 창의성 향상을 통해 새로운 것을 생각해낼 수 있도록 이에 필요한 다양한 기회의 장을 마련하여, 그 결과에 따라 적절한 보상을 제공하는 것이다.

## 46

정답 ④

㉠ 앞뒤 문장의 내용이 반대이기 때문에 '그러나'가 와야 한다.

㉡ 앞 문장의 예시가 뒤 문장에 제시되고 있기 때문에 '예컨대'가 적절하다.

## 47

정답 ④

제시된 조건에 따라 자물쇠를 열 수 없는 열쇠를 정리하면 다음과 같다.

| 구분 | 1번 열쇠 | 2번 열쇠 | 3번 열쇠 | 4번 열쇠 | 5번 열쇠 | 6번 열쇠 |
|---|---|---|---|---|---|---|
| 첫 번째 자물쇠 | | | × | × | × | × |
| 두 번째 자물쇠 | | | × | | | × |
| 세 번째 자물쇠 | × | × | × | | | × |
| 네 번째 자물쇠 | | | × | × | | × |

따라서 3번 열쇠로는 어떤 자물쇠도 열지 못하는 것을 알 수 있다.

오답분석
① 첫 번째 자물쇠는 1번 또는 2번 열쇠로 열릴 수 있다.
② 두 번째 자물쇠가 2번 열쇠로 열리면, 세 번째 자물쇠는 4번 열쇠로 열린다.
③ 세 번째 자물쇠가 5번 열쇠로 열리면, 네 번째 자물쇠는 1번 또는 2번 열쇠로 열린다.

## 48

정답 ④

마지막 문단을 통해 종이 접는 횟수는 산술적으로 늘어나는 데 비해 이로 인해 생기는 반원의 호 길이의 합은 기하급수적으로 커지기 때문에 종이의 길이가 한정되어 있다면, 종이를 무한하게 접는 것은 불가능하다는 것을 알 수 있다.

## 49

정답 ③

(나)에서 물벗 나눔 장터 행사에 대한 소개와 취지를 언급한 뒤, (다)에서 행사의 구체적인 내용을 설명하고, 마지막으로 (가)에서 지난 물벗 나눔 장터에 대해 설명하며 글을 마무리하는 것이 자연스럽다. 따라서 (나) – (다) – (가) 순으로 나열하는 것이 적절하다.

## 50

정답 ②

참석자 수를 $x$명, 테이블의 수를 $y$개라고 하면 $x$와 $y$의 관계는 다음과 같다.
$x=3y+15 \cdots$ ㉠
5명씩 앉게 할 경우 테이블이 2개가 남으므로 다음과 같은 부등식이 성립한다.
$5(y-3)+1 \leq x \leq 5(y-2) \cdots$ ㉡
㉠과 ㉡을 연립하면 $5(y-3)+1 \leq 3y+15 \leq 5(y-2)$이며,
모든 변에서 $5y$를 빼면 $-14 \leq -2y+15 \leq -10$이므로 $12.5 \leq y \leq 14.5$이다.
해당 범위 내 짝수는 14가 유일하므로 테이블은 14개이며, 참석자 수는 $(3 \times 14)+15=57$명이다.

## 51

정답 ③

오답분석
① 마가 1등 혹은 6등이 아니고, 가가 나의 바로 다음에 결승선을 통과하지 않았으므로 옳지 않다.
② 라가 다보다 먼저 결승선을 통과하지 않았고, 다와 바의 등수가 2 이상 차이 나지 않는다. 또한, 가가 나의 바로 다음에 결승선을 통과하지 않았고 가가 6등이므로 옳지 않다.
④ 라가 다보다 먼저 결승선을 통과하지 않았고, 가가 나의 바로 다음에 결승선을 통과하지 않았으므로 옳지 않다.

## 52

각 부서에서 회신한 내용에 따르면 부서별 교육 가능 일자는 다음과 같다.

- 기획부문 : 5/31, 6/2, 6/3 중 1일과 6/8, 6/9 중 1일
- 경영부문 : 5/30, 6/3, 6/7, 6/8, 6/9
- 수자원환경부문 : 6/8
- 수도부문 : 6/7, 6/8, 6/9
- 그린인프라부문 : 6/2, 6/3, 6/7, 6/8, 6/9

수자원환경부문은 가능한 날이 6/8 하루뿐이므로 기획부문의 교육 2주 차 일정이 6/9, 수도부문의 교육일정이 6/7로 정해진다.

| 일 | 월 | 화 | 수 | 목 | 금 | 토 |
| --- | --- | --- | --- | --- | --- | --- |
| 5/29<br>휴일 | 5/30 | 5/31 | 6/1<br>지방선거일 | 6/2 | 6/3 | 6/4<br>휴일 |
| 6/5<br>휴일 | 6/6<br>현충일 | 6/7<br>수도 | 6/8<br>수자원환경 | 6/9<br>기획 | 6/10<br>걷기행사 | 6/11<br>휴일 |

교육 2주 차 일정이 모두 확정된 가운데 아직 배정되어야 하는 일정은 경영부문 교육 2회와 기획부문, 그린인프라부문 교육 각 1회이다. 이 부서들의 1주 차 가능일정은 다음과 같다.

- 기획부문 : 5/31, 6/2, 6/3
- 경영부문 : 5/30, 6/3
- 그린인프라부문 : 6/2, 6/3

경영부문은 이틀의 일정이 필요하므로 5/30, 6/3에는 경영부문이 배정된다. 이에 따라 그린인프라부문의 일정이 6/2, 기획부문의 일정이 5/31이 된다.

| 일 | 월 | 화 | 수 | 목 | 금 | 토 |
| --- | --- | --- | --- | --- | --- | --- |
| 5/29<br>휴일 | 5/30<br>경영 | 5/31<br>기획 | 6/1<br>지방선거일 | 6/2<br>그린인프라 | 6/3<br>경영 | 6/4<br>휴일 |
| 6/5<br>휴일 | 6/6<br>현충일 | 6/7<br>수도 | 6/8<br>수자원환경 | 6/9<br>기획 | 6/10<br>걷기행사 | 6/11<br>휴일 |

## 53

세 번째 문단에서 분산자원 통합관리시스템과 분산자원 관리센터는 지난해에 마련했다고 하였으므로 올해 신설한다는 것은 옳지 않다.

[오답분석]
① 네 번째 문단을 통해 알 수 있다.
③ 세 번째 문단을 통해 알 수 있다.
④ 두 번째 문단을 통해 알 수 있다.

## 54

직접비용이란 제품의 생산이나 서비스 창출에 직접적으로 소요된 비용을 말하는 것으로 재료비, 원료와 장비, 시설비, 인건비 등이 여기에 포함된다. 이와 달리 직접비용의 반대 개념인 간접비용은 제품의 생산이나 서비스 창출에 직접적으로 관여하진 않지만 간접적으로 사용되는 지출인 보험료, 건물 관리비, 광고비, 통신비, 사무비품비, 각종 공과금 등이 이에 해당한다. 제시된 자료에서 직접비용 항목만 구분하여 정리하면 다음과 같다.

| 4월 | | | 5월 | | |
|---|---|---|---|---|---|
| 번호 | 항목 | 금액(원) | 번호 | 항목 | 금액(원) |
| 1 | 원료비 | 680,000 | 1 | 원료비 | 720,000 |
| 2 | 재료비 | 2,550,000 | 2 | 재료비 | 2,120,000 |
| 4 | 장비 대여비 | 11,800,000 | 4 | 장비 구매비 | 21,500,000 |
| 8 | 사내 인건비 | 75,000,000 | 8 | 사내 인건비 | 55,000,000 |
| - | - | - | 9 | 외부 용역비 | 28,000,000 |
| - | 합계 | 90,030,000 | - | 합계 | 107,340,000 |

따라서 J사의 4월 대비 5월의 직접비용은 17,310,000원 증액되었다.

## 55

정답 ②

시트에서 평균값 중 가장 큰 값을 구하려면 지정된 범위 내에서 최댓값을 찾는 MAX 함수를 사용해야 한다.

## 56

정답 ③

세 번째 문단에서 국토교통부 소속 공무원 본인뿐만 아니라 배우자, 직계존비속 등 이해관계에 얽힌 사람들도 일부 예외를 제외하고 는 제재의 대상이라고 하였으므로 적절하지 않은 내용이다.

오답분석

① 마지막 문단에서 감사담당관은 부당한 부동산 취득을 적발했을 경우 6개월 이내 자진 매각 권고, 직위변경 및 전보 등 조치 요구 등 적절한 조치를 취할 수 있다고 하였으므로 적절한 내용이다.
② 마지막 문단에서 근무 또는 결혼 등 일상생활에 필요한 부동산의 취득은 허용하고 있다고 하였다. 따라서 결혼으로 인한 부동산 취득은 일상생활에 필요한 취득으로 보고 있으므로 적절한 내용이다.
④ 두 번째 문단에서 '국토부 소속 공무원은 직무상 알게 된 부동산에 대한 정보를 이용해 재물이나 재산상 이익을 취득하거나 그 이해관계자에게 재물이나 재산상 이익을 취득하게 해서는 안 된다.'고 지침에 명시되어 있으므로 적절한 내용이다.
⑤ 마지막 문단에서 부서별로 제한받는 부동산은 다르다고 하였으므로 적절한 내용이다.

## 57

정답 ②

2020년과 2021년 휴직자 수를 구하면 다음과 같다.
• 2020년 : 480,000×0.23=110,400명
• 2021년 : 550,000×0.2=110,000명
따라서 2021년 휴직자 수는 2020년 휴직자 수보다 적다.

오답분석

① 2017년부터 2021년까지 연도별 전업자의 비율은 감소하는 반면, 겸직자의 비율은 증가하고 있다.
③ 연도별 전업자 수를 구하면 다음과 같다.
• 2017년 : 300,000×0.68=204,000명
• 2018년 : 350,000×0.62=217,000명
• 2019년 : 420,000×0.58=243,600명
• 2020년 : 480,000×0.52=249,600명
• 2021년 : 550,000×0.46=253,000명
따라서 전업자 수가 가장 적은 연도는 2017년이다.
④ 2017년과 2020년의 겸직자 수를 구하면 다음과 같다.
• 2017년 : 300,000×0.08=24,000명
• 2020년 : 480,000×0.21=100,800명

따라서 2020년 겸직자 수는 2017년의 $\frac{100,800}{24,000}$=4.2배이다.

⑤ 2017년과 2021년의 휴직자 수를 구하면 다음과 같다.
- 2017년 : $300,000 \times 0.06 = 18,000$명
- 2021년 : $550,000 \times 0.2 = 110,000$명

따라서 2017년 휴직자 수는 2021년 휴직자 수의 $\dfrac{18,000}{110,000} \times 100 \fallingdotseq 16\%$이다.

## 58

정답 ⑤

전체 입사자 중 고등학교 졸업자 수와 대학원 졸업자 수를 정리하면 다음과 같다.
- 2017년 : 고등학교 $10+28=38$명, 대학원 $36+2=38$명
- 2018년 : 고등학교 $2+32=34$명, 대학원 $55+8=63$명
- 2019년 : 고등학교 $35+10=45$명, 대학원 $14+2=16$명
- 2020년 : 고등학교 $45+5=50$명, 대학원 $5+4=9$명
- 2021년 : 고등학교 $60+2=62$명, 대학원 $4+1=5$명

전체 입사자 중 고등학교 졸업자 수는 2018년까지 감소하다가 그 이후 증가하였고, 대학원 졸업자 수는 2018년까지 증가하다가 그 이후 감소하였음을 알 수 있다. 따라서 두 수치는 서로 반비례하고 있다.

오답분석
① 2017년부터 2021년까지 연도별 여성 입사자 수는 각각 50명, 80명, 90명, 100명, 110명으로 매년 증가하고 있는 반면에, 남성 입사자 수는 150명, 140명, 160명, 160명, 170명으로 2018년(140명)에는 전년(150명) 대비 감소하였고, 2020년(160명)에는 전년(160명)과 동일하였다.
② 연도별 전체 입사자 수를 정리하면 다음과 같다.
- 2017년 : $150+50=200$명
- 2018년 : $140+80=220$명(전년 대비 20명 증가)
- 2019년 : $160+90=250$명(전년 대비 30명 증가)
- 2020년 : $160+100=260$명(전년 대비 10명 증가)
- 2021년 : $170+110=280$명(전년 대비 20명 증가)

따라서 전년 대비 전체 입사자 수가 가장 많이 증가한 연도는 2019년이다.
③ 전체 입사자 중 여성이 차지하는 비율을 구하면 다음과 같다.
- 2017년 : $\dfrac{50}{150+50} \times 100 = 25\%$
- 2018년 : $\dfrac{80}{140+80} \times 100 \fallingdotseq 36\%$
- 2019년 : $\dfrac{90}{160+90} \times 100 = 36\%$
- 2020년 : $\dfrac{100}{160+100} \times 100 \fallingdotseq 38\%$
- 2021년 : $\dfrac{110}{170+110} \times 100 \fallingdotseq 39\%$

따라서 전체 입사자 중 여성이 차지하는 비율이 가장 높은 연도는 2021년이다.
④ 연도별 남성 입사자 수와 여성 입사자 수의 대학교 졸업자 수를 정리하면 다음과 같다.
- 2017년 : 남성 80명, 여성 5명
- 2018년 : 남성 75명, 여성 12명
- 2019년 : 남성 96명, 여성 64명
- 2020년 : 남성 100명, 여성 82명
- 2021년 : 남성 102명, 여성 100명

따라서 여성 입사자 중 대학교 졸업자 수는 매년 증가하고 있는 반면에, 남성 입사자 중 대학교 졸업자 수는 2018년까지는 전년 대비 감소하다가 이후 다시 증가하고 있음을 알 수 있다.

## 59

정답 ④

여섯 번째 문단에서 돈을 모으는 생활 습관을 만들기 위해서는 '이번 주에 4번 배달음식을 먹었다면, 3번으로 줄이는 등 실천할 수 있도록 조절해 가는 것이 필요하다.'라고 하였으므로 행동을 완전히 바꾸는 것보다는 실천할 수 있는 방법으로 점진적인 개선이 노움이 된다.

오답분석

① 습관을 만들기 위해서는 잘하는 것보다 매일 하는 것이 중요하다고 하였으므로 적절한 내용이다.
② 충동구매를 줄이기 위해 사려고 하는 물품을 장바구니에 담아두고 다음 날 아침에 다시 생각해 보는 것도 좋은 방법이라고 하였으므로 적절한 내용이다.
③ 소액 적금으로 적은 돈이라도 저축하는 습관을 들이고 규모를 점차 늘리라고 하였으므로 적절한 내용이다.
⑤ 보상심리로 스스로에게 상을 주거나 스트레스 해소를 위해 사용하는 금액의 한도를 정해 줄여나가라고 하였으므로 적절한 내용이다.

## 60

정답 ③

H씨가 납입한 전세보증금은 5억 원이며, 이 상품의 대출한도는 두 가지 기준에 따라 정해진다. 금액 기준으로는 최대 5억 원이지만 임차보증금의 80% 이내이므로 H씨가 최종적으로 받은 대출금은 4억 원이다.
따라서 H씨의 월납 이자는 $400,000,000 \times 0.036 \div 12 = 1,200,000$원이므로 6개월간 지불한 이자는 7,200,000원이다.

| 01 | 02 | 03 | 04 | 05 | 06 | 07 | 08 | 09 | 10 | 11 | 12 | 13 | 14 | 15 | 16 | 17 | 18 | 19 | 20 |
|----|----|----|----|----|----|----|----|----|----|----|----|----|----|----|----|----|----|----|----|
| ④ | ④ | ② | ④ | ③ | ③ | ② | ⑤ | ③ | ② | ④ | ① | ③ | ⑤ | ⑤ | ③ | ③ | ④ | ① | ④ |
| 21 | 22 | 23 | 24 | 25 | 26 | 27 | 28 | 29 | 30 | 31 | 32 | 33 | 34 | 35 | 36 | 37 | 38 | 39 | 40 |
| ② | ② | ② | ④ | ④ | ④ | ⑤ | ① | ④ | ① | ⑤ | ⑤ | ④ | ① | ④ | ④ | ④ | ② | ④ | ② |
| 41 | 42 | 43 | 44 | 45 | 46 | 47 | 48 | 49 | 50 | 51 | 52 | 53 | 54 | 55 | 56 | 57 | 58 | 59 | 60 |
| ④ | ③ | ① | ③ | ② | ⑤ | ② | ⑤ | ④ | ① | ② | ① | ⑤ | ④ | ④ | ② | ① | ② | ③ | ④ |

## 01

**정답** ④

제시문은 언론중재법 개정안이 국회에서 강행처리되는 것을 경계하며 언론에 대한 힘과 규제의 정도가 적절하도록 개정안의 대상이 되는 언론과 충분히 시간을 두고 논의하기를 바라는 글이다. 따라서 빈칸에는 언어 사용 규범에 관련된 '보편화된 언어를 사용하기'보다 '다양한 사회 구성원의 목소리를 듣기'가 더 적절한 표현이다.

[오답분석]

① 표준어를 사용하는 이유에 대한 상세한 설명이 들어가야 하므로 적절하다.
②·③ 제시문에서 개정안에 대한 부정적인 입장을 취하고 있으므로 적절하다.
⑤ '다만' 이후로 언론이 지양해야 할 방향을 제시하는 것이 자연스러우므로 적절하다.

## 02

**정답** ④

원콜 서비스를 이용하기 위해서는 사전등록된 신용카드가 있어야 결제가 가능하다.

[오답분석]

① 상이등급이 있는 국가유공자만 이용 가능하다.
② 원콜 서비스를 이용하면 전화로 맞춤형 우대예약 서비스를 이용할 수 있다.
③ 신분증 외 유공자증을 대신 지참하여도 신청이 가능하다.
⑤ 휴대폰을 이용한 승차권 발권을 원하지 않는 경우, 전화 예약을 통해 역창구 발권을 받을 수 있으므로 선택권이 존재한다.

## 03

**정답** ②

ㄱ. 전화를 통한 예약의 경우, 승차권 예약은 ARS가 아닌, 상담원을 통해 이루어진다.
ㄷ. 예약된 승차권은 본인 외 사용은 무임승차로 간주되며, 양도가 가능한지는 자료에서 확인할 수 없다.

[오답분석]

ㄴ. 경우에 따라 승차권 대용 문자 혹은 (승차권 대용 문자)+(스마트폰 티켓)으로 복수의 방식으로 발급받을 수 있다.
ㄹ. 반기별 예약 부도 실적이 3회 이상인 경우 다음 산정일까지 우대서비스가 제한된다.

## 04

정답 ④

마지막 문단을 통해 장피에르 교수 외 고대 그리스 수학자들의 학문에 대한 공통적 입장은 새로운 진리를 찾는 기쁨이라는 것을 알 수 있다.

오답분석

①·③ 제시문과 반대되는 내용이므로 옳지 않다.
②·⑤ 제시문에 언급되어 있지 않아 알 수 없다.


## 05

정답 ③

가장 먼저 오전 9시에 B과 진료를 본다면 10시에 진료가 끝나고, 셔틀을 타고 이동하면 10시 30분이 된다. 이후 C과 진료를 이어보면 12시 30분이 되고, 점심시간 이후 바로 A과 진료를 본다면 오후 2시에 진료를 다 받을 수 있다. 따라서 가장 빠른 경로는 B − C − A이다.


## 06

정답 ③

제시된 조건을 고려하면 1순위인 B를 하루 중 가장 이른 식후 시간대인 아침 식후에 복용해야 한다. 2순위이며 B와 혼용 불가능한 C는 점심 식전에 복용하며, 3순위인 A는 혼용 불가능 약을 피해 저녁 식후에 복용해야 한다. 4순위인 E는 남은 시간 중 가장 빠른 식후인 점심 식후에 복용을 시작하며, 5순위인 D는 가장 빠른 시간인 아침 식전에 복용한다.

| 식사 | 시간 | 1일 차 | 2일 차 | 3일 차 | 4일 차 | 5일 차 |
|---|---|---|---|---|---|---|
| 아침 | 식전 | D | D | D | D | D |
| | 식후 | B | B | B | B | |
| 점심 | 식전 | C | C | C | | |
| | 식후 | E | E | E | E | |
| 저녁 | 식전 | | | | | |
| | 식후 | A | A | A | A | |

따라서 모든 약의 복용이 완료되는 시점은 5일 차 아침이다.


## 07

정답 ②

ㄱ. 혼용이 불가능한 약들을 서로 피해 복용하더라도 하루에 A ∼ E를 모두 복용할 수 있다.
ㄷ. 최단 시일 내에 모든 약을 복용하기 위해서는 A는 혼용이 불가능한 약들을 피해 저녁에만 복용하여야 한다.

오답분석

ㄴ. D는 아침에만 복용한다.
ㄹ. A와 C를 동시에 복용하는 날은 총 3일이다.


## 08

정답 ⑤

기타를 제외한 통합시청점유율과 기존시청점유율의 차이는 C방송사가 20.5%p로 가장 크다. A방송사는 17%p이다.

오답분석

① B는 2위, J는 10위, K는 11위로 순위가 같다.
② 기존시청점유율은 D가 20%로 가장 높다.
③ F의 기존시청점유율은 10.5%로 다섯 번째로 높다.
④ G의 차이는 6%p로, 기타를 제외하면 차이가 가장 작다.

## 09

정답 ③

N스크린 영향력의 범위에 해당하는 방송국을 정리하면 다음과 같다.

| 방송사 | A | B | C | D | E | F | G | H | I | J | K | L | 기타 |
|---|---|---|---|---|---|---|---|---|---|---|---|---|---|
| N스크린 영향력 | 1.1 | 0.9 | 2.7 | 0.4 | 1.6 | 1.2 | 0.4 | 0.8 | 0.7 | 1.7 | 1.6 | 4.3 | 1.8 |
| 구분 | 다 | 나 | 마 | 가 | 라 | 다 | 가 | 나 | 나 | 라 | 라 | 마 | 라 |

따라서 바르게 짝지어진 것은 ③이다.


## 10

정답 ②

가대리와 마대리의 진술이 서로 모순이므로, 둘 중 한 사람은 거짓을 말하고 있다.
ⅰ) 가대리의 진술이 거짓인 경우
　　가대리의 말이 거짓이라면 나사원의 말도 거짓이 되고, 라사원의 말도 거짓이 되므로 모순이 된다.
ⅱ) 가대리의 진술이 참인 경우
　　가대리, 나사원, 라사원의 말이 참이 되고, 다사원과 마대리의 말이 거짓이 된다.
따라서 참인 진술에 따라 가대리, 마대리, 다사원은 출근하였고, 거짓인 진술에 따라 라사원은 출근하였으며, 나사원이 출근하지 않았다.


## 11

정답 ④

(가) 탐색형 문제는 현재의 상황을 개선하거나 효율을 높이기 위한 것이다. 눈에 보이지 않는 문제로, 이를 방치하면 뒤에 큰 손실이 따르거나 결국 해결할 수 없는 문제로 확대되기도 한다.
(나) 발생형 문제는 우리 눈앞에 발생되어 당장 걱정하고 해결하기 위해 고민하는 것이다. 눈에 보이는 이미 일어난 문제로, 어떤 기준을 일탈함으로써 생기는 일탈 문제와 기준에 미달하여 생기는 미달문제로 대변되며 원상복귀가 필요하다.
(다) 설정형 문제는 미래상황에 대응하는 장래 경영 전략의 문제로, '앞으로 어떻게 할 것인가.'에 대한 문제이다. 지금까지 해오던 것과 관계없이 미래 지향적으로 새로운 과제 또는 목표를 설정함에 따라 일어나는 문제로, 목표 지향적 문제이기도 하다.


## 12

정답 ①

지역별 1인당 1일 폐기물 배출량을 정리하면 다음과 같다.

| 구분 | 1일 폐기물 배출량(톤) | 인구수(명) | 1인당 1일 폐기물 배출량 |
|---|---|---|---|
| 용산구 | 305.2 | 132,259 | 2.31kg/일 |
| 중구 | 413.7 | 394,679 | 1.05kg/일 |
| 종로구 | 339.9 | 240,665 | 1.41kg/일 |
| 서대문구 | 240.1 | 155,106 | 1.55kg/일 |
| 마포구 | 477.5 | 295,767 | 1.61kg/일 |

따라서 1인당 1일 폐기물 배출량이 가장 큰 구인 용산구(2.31kg/일)에 폐기물 처리장을 만들어야 한다.

## 13

폐기물 처리장이 설치되는 용산구에서 출발하여 1인당 1일 폐기물 배출량이 많은 지역을 순서대로 나열하면 용산구 → 마포구 → 서대문구 → 종로구 → 중구 → 용산구 순서이다. 따라서 폐기물 수집에 걸리는 최소시간은 100+80+50+60+50=340분, 즉 5시간 40분이다.

## 14

정답 ⑤

당직 근무 일정을 다음과 같이 정리하면 수월하게 풀이할 수 있다.

| 구분 | 월요일 | 화요일 | 수요일 | 목요일 | 금요일 | 토요일 | 일요일 |
|---|---|---|---|---|---|---|---|
| 낮 | 가, 나, 마 | 나, 다 | 다, 마 | 아, 자 | 바, 자 | 라, 사, 차 | 바 |
| 야간 | 라 | 마, 바, 아, 자 | 가, 나, 라, 바, 사 | 가, 사, 차 | 나, 다, 아 | 마, 자 | 다, 차 |

일정표를 보면 일요일 낮에 1명, 월요일 야간에 1명이 필요하고, 수요일 야간에 1명이 빠져야 한다. 그러므로 가, 나, 라, 바, 사 중 1명이 일정을 옮겨야 하는데, 이때 세 번째 당직 근무 규칙에 따라 같은 날에 낮과 야간 당직 근무는 함께 설 수 없으므로 월요일에 근무하는 '가, 나, 라, 마'와 일요일에 근무하는 '다, 바, 차'는 제외된다. 따라서 일정을 변경해야 하는 사람은 '사'이다.

## 15

정답 ⑤

- C : 내연기관차는 무게가 무겁기 때문에 가벼운 경차보다 연비가 떨어지는 모습을 보인다.
- E : 충·방전을 많이 하면 전지 용량이 감소하기 때문에 이를 개선하려는 연구가 이뤄지고 있다.

오답분석
- A : 가볍다는 특성이 리튬의 장점은 맞지만 양이온 중에서 가장 이동속도가 빠른 물질은 리튬이 아닌 수소이다.
- B : 리튬이온은 충전 과정을 통해 전지의 음극에 모이게 된다. 음극에서 양극으로 이동하는 것은 방전에 해당한다.
- D : 1kWh당 6.1km를 주행할 수 있으므로, 20kWh로 달리면 122km를 주행할 수 있다.

## 16

정답 ③

리튬과 리튬이온전지를 예시와 함께 설명하고, 테슬라 모델3 스탠더드 버전이라는 예시를 통해 전기 에너지 개념을 설명하고 있다.

## 17

정답 ③

- 일비 : 2×3=6만 원
- 항공운임 : 100×2=200만 원
- 철도운임 : 7×2=14만 원
- 자가용승용차운임 : 20×3=60만 원
- 숙박비 : 15×2=30만 원
- 식비 : 2.5×3=7.5만 원

따라서 A부장이 받을 수 있는 최대 여비는 6+200+14+60+30+7.5=317.5만 원이다.

## 18

정답 ④

- 가군
  - 일비 : 2만×2=4만 원
  - 항공운임 : 100만×1=100만 원
  - 선박운임 : 50만×1=50만 원
  - 철도운임 : 7만×2=14만 원
  - 버스운임 : 1,500×2=3,000원
  - 자가용승용차운임 : 20만×2=40만 원
  - 숙박비 : 15만×1=15만 원
  - 식비 : 2.5만 원×2=5만 원

  그러므로 4+100+50+14+0.3+40+15+5=228만 3천 원이다.
- 나군
  - 일비 : 2만×2=4만 원
  - 항공운임 : 50만×1=50만 원
  - 선박운임 : 20만×1=20만 원
  - 철도운임 : 7만×2=14만 원
  - 버스운임 : 1,500×2=3,000원
  - 자가용승용차운임 : 20만×2=40만 원
  - 숙박비 : 7만×1=7만 원
  - 식비 : 2만×2=4만 원

  그러므로 4+50+20+14+0.3+40+7+4=139만 3천 원이다.
- 다군
  - 일비 : 2만×2=4만 원
  - 항공운임 : 50만×1=50만 원
  - 선박운임 : 20만×1=20만 원
  - 철도운임 : 3만×2=6만 원
  - 버스운임 : 1,500×2=3,000원
  - 자가용승용차운임 : 20만×2=40만 원
  - 숙박비 : 6만×1=6만 원
  - 식비 : 2만×2=4만 원

  그러므로 4+50+20+6+0.3+40+6+4=130만 3천 원이다.

따라서 총여비는 228.3+139.3+130.3=497만 9천 원이다.

## 19

정답 ①

가. 뇌혈관은 중증질환에 해당되고, 소득수준도 조건에 해당되기 때문에 이 사업의 지원금을 받을 수 있다.
나. 기준중위소득 50% 이하는 160만 원 초과 시 지원받을 수 있다.

오답분석

다. 기준중위소득 200%는 연소득 대비 의료비부담비율을 고려해 개별심사 후 지원받을 수 있다. 이때 재산 과표 5.4억 원을 초과하는 고액재산보유자는 지원이 제외되므로 재산이 5.4억 원인 다의 어머니는 심사에 지원할 수 있다.
라. 통원 치료는 대상질환에 해당하지 않는다.

## 20

정답 ④

1분기 총원화금액은 $(4 \times 1,000) + (3 \times 1,120) + (2 \times 1,180) = 9,720$원이다.

따라서 평균환율은 $\dfrac{9,720}{9} = 1,080$원/달러이나.

## 21

정답 ②

평균환율은 1,080원/달러이므로 창고재고 금액은 $200 \times 1,080 = 216,000$원이다.

## 22

정답 ②

두 번째 문단에서 손을 씻을 때 생일축하 노래를 처음부터 끝까지 두 번 부르는 데 걸리는 시간이면 된다고 하였으므로 ②는 적절하지 않다.

오답분석
① 두 번째 문단에서 가능한 손 씻기를 수시로 하는 것이 좋으며, 하루에 몇 번 손을 씻었는지 세보는 것도 방법이라고 하였으므로 적절하다.
③ 마지막 문단에서 손 소독제보다 손을 흐르는 물에 씻는 것이 더 효과적이라고 하였으므로 적절하다.
④ 네 번째 문단에서 젖은 손은 미생물의 전이를 돕기 때문에 손을 건조하는 것이 매우 중요하다고 하였으므로 적절하다.

## 23

정답 ②

네 번째 문단에서 디지털 고지 안내문 발송서비스가 시행되면 환급금 조회뿐 아니라 신청까지 가능하다고 하였으므로 적절하지 않은 반응이다.

오답분석
① 디지털 전자문서를 통해 모바일 환경에서 손쉽게 고지서를 확인할 수 있게 되었다.
③ 고지・안내문에 담긴 개인정보와 민감정보는 공단 모바일(The 건강보험)로 연동하여 확인하도록 하여 이용자의 개인정보를 안전하게 보호할 수 있도록 추진한다고 하였다.
④ 네 번째 문단에 따르면 사업은 5년 동안 단계별로 고지・안내방식 전환 및 발송을 진행될 예정이다.

## 24

정답 ④

ㄷ. 온라인은 복지로 홈페이지, 오프라인은 읍면동 주민센터에서 보조금 신청서를 작성 후 제출하면 되며, 카드사의 홈페이지에서는 보조금 신청서 작성이 불가능하다.
ㄹ. 제시된 은행 지점 및 읍면동 주민센터 외에도 해당하는 카드사를 방문하여도 카드를 발급받을 수 있다.

오답분석
ㄱ. 어린이집 보육료 및 유치원 학비는 신청자가 별도로 인증하지 않아도 보조금 신청 절차에서 인증된다.
ㄴ. 온라인과 오프라인 신청 모두 연회비가 무료임이 명시되어 있다.

## 25

정답 ④

외국인의 경우 공단뿐만 아니라 지자체에도 신고할 필요 없이 자동으로 가입처리가 된다.

오답분석
① 우편, 이메일, 모바일 고지서 모두 신청이 가능하다.
② 외국의 법령 및 보험, 사용자와의 계약 등 건강보험 급여에 상당하는 의료보장을 수혜 중인 경우 가입 제외를 신청할 수 있다.
③ 체류자격 등에 변경사항이 있는 경우 가까운 지사에 신고하여야 한다.

## 26

정답 ④

물품의 분실이란 실질적으로 분실하여 다시 구입해야 하는 경제적 손실을 의미하는 것으로 A씨의 경우 물건이 집에 어딘가 있지만 찾지 못하는 경우에 해당한다. 따라서 분실로 보기는 어렵다.

오답분석

① A씨는 물품을 정리하였다기보다 창고에 쌓아두었으므로 이는 정리하지 않고 보관한 경우로 볼 수 있다.

② A씨는 물건을 아무렇게나 보관하였기 때문에 그 보관 장소를 파악하지 못해 다시 그 물건이 필요하게 된 상황임에도 찾는 데 어려움을 겪었다.

③ A씨는 커피머신을 제대로 보관하지 않았기 때문에 그로 인해 물품이 훼손되는 경우가 발생하였다.

⑤ A씨는 지금 당장 필요하지 않음에도 구입을 했으므로 이는 목적 없는 구매에 해당한다.

## 27

정답 ⑤

진정성 있는 태도는 신뢰 관계 형성에 매우 중요한데, 이를 가장 잘 보여줄 수 있는 행동이 진정성 있는 사과이다. 하지만 진정성 있는 사과도 반복적이라면 불성실한 사과와 마찬가지로 느껴지기 때문에 오히려 신뢰를 인출하는 행위가 된다.

오답분석

① 대인관계란 이해와 양보를 기반으로 이루어지기 때문에 상대방의 입장에서 양보하고 배려하는 노력은 타인의 마음속에 신뢰를 저축할 수 있는 가장 중요한 방법이 될 것이다.

② 사람들은 매우 상처받기 쉽고 민감한 존재로, 비록 외적으로 대단히 거칠고 냉담하게 보일지라도 내적으로는 민감한 느낌과 감정을 갖고 있기 마련이다. 따라서 대부분의 인간관계에서의 커다란 손실은 사소한 것으로부터 비롯되기 때문에 이를 예방하기 위해 사소한 일에 대해 관심을 기울여야 할 것이다.

③ 책임을 지고 약속을 지키는 것은 중요한 신뢰를 쌓는 중요한 행위이며 약속을 어기는 것은 신뢰를 무너뜨리는 중대한 행위에 해당한다. 또한, 언행일치 역시 그 사람에게 있어 정직 그 이상의 의미를 갖도록 하게 한다.

④ 상대방에 대한 칭찬과 감사의 표시는 상호 신뢰관계를 형성하고 사람의 마음을 움직이게 하는 중요한 감정 행위로, 사람들은 작은 칭찬과 배려, 감사하는 마음에 감동하곤 한다.

## 28

정답 ①

시스템적인 관점에서 인식하는 능력은 기술적 능력에 대한 것으로, 기술경영자의 역할이라기보다는 기술관리자의 역할에 해당하는 내용이다.

**기술경영자의 역할**
- 기술을 효과적으로 평가할 수 있는 능력
- 조직 내의 기술 이용을 수행할 수 있는 능력
- 새로운 제품개발 시간을 단축할 수 있는 능력
- 기술을 기업의 전반적인 전략 목표에 통합시키는 능력
- 빠르고 효과적으로 새로운 기술을 습득하고 기존의 기술에서 탈피하는 능력
- 기술 이전을 효과적으로 할 수 있는 능력
- 크고 복잡하고 서로 다른 분야에 걸쳐 있는 프로젝트를 수행할 수 있는 능력
- 기술 전문 인력을 운용할 수 있는 능력

## 29

정답 ④

본사와 지사가 있는 사업장은 신청할 수 없다는 내용은 제시된 자료에서 찾을 수 없다.

오답분석

① 운영규칙 제2조 제4항에 해당한다.
② 운영규칙 제2조 제5항에 해당한다.
③ 운영규칙 제2조 제7항에 해당한다.
⑤ 운영규칙 제2조 제2항에 해당한다.

## 30

정답 ①

중장년층의 일자리와 관련된 내용은 제시문에서 찾을 수 없다.

오답분석

② 당장 소득이 없어 생계가 불안정한 취약계층에게 지원금을 주기 위해 이들에 대한 조사가 필요하다.
③ 코로나19 장기화로 고용유지에 어려움을 겪고 있는 사업주를 지원하기 위해 피해 규모 등을 파악해야 한다.
④ 실업자 등 취약계층 보호를 위해 공공·민간부문 일자리사업과 직업훈련을 속도감 있게 추진하기 위해 이들을 위한 맞춤 훈련 프로그램을 기획해야 한다.
⑤ 저소득, 청년 등 고용충격 집중계층의 고용안전망 강화도 차질 없이 추진하기 위해서 도움이 되는 일자리를 마련해야 한다.

## 31

정답 ⑤

제시된 노트북별 평가 점수를 구하면 다음과 같다.

| 구분 | 가격 | 속도 | 모니터 | 메모리 | 제조 연도 | 합계 |
|---|---|---|---|---|---|---|
| TR-103 | 3점 | 2점 | 1점 | 3점 | 5점 | 14점 |
| EY-305 | 1점 | 3점 | 3점 | 5점 | 4점 | 16점 |
| WS-508 | 5점 | 1점 | 2점 | 2점 | 1점 | 11점 |
| YG-912 | 2점 | 4점 | 5점 | 4점 | 2점 | 17점 |
| NJ-648 | 4점 | 5점 | 5점 | 1점 | 4점 | 19점 |

따라서 A사원이 구입할 노트북은 NJ-648이다.

## 32

정답 ⑤

제시된 조건대로 정리하면 다음과 같다.

| 구분 | 가격 | 속도 | 메모리 | 제조년도 | 무게 | 합계 | 할인가격 |
|---|---|---|---|---|---|---|---|
| TR-103 | 3점 | 2점 | 3점 | 5점 | 4점 | 17점 | 10%(675만 원) |
| EY-305 | 1점 | 3점 | 5점 | 4점 | 2점 | 15점 | 없음(1,000만 원) |
| WS-508 | 5점 | 1점 | 2점 | 1점 | 1점 | 10점 | 10%(495만 원) |
| YG-912 | 2점 | 4점 | 4점 | 2점 | 5점 | 17점 | 10%(720만 원) |
| NJ-648 | 4점 | 5점 | 1점 | 4점 | 3점 | 17점 | 30%(455만 원) |

TR-103, YG-912, NJ-648의 평가점수는 모두 17점으로 동일하지만, YG-912와 TR-103이 각각 720만 원, 675만 원으로 예산인 600만 원을 초과한다. 따라서 한국산업인력공단에서 구입할 노트북은 NJ-648이다.

## 33

정답 ④

• 기간제 : $(6 \times 365) \div 365일 \times 15 = 90일$
• 시간제 : $(8 \times 30 \times 6) \div 365 ≒ 4일$
따라서 A씨의 연차는 $90 + 4 = 94일$이다.

# 34

명함은 악수를 한 이후에 건네주어야 한다.

# 35

차별화 전략은 조직이 생산품이나 서비스를 차별화하여 고객에게 가치가 있고 독특하게 인식되도록 하는 전략으로, 픽사는 창의적인 발상을 통해 애니메이션을 차별화하고 고객에게 가치가 있고 독특한 기업으로 인식되도록 하였다.

[오답분석]
① 윈윈 전략 : 한 기업과 경쟁기업 모두 이익을 얻고자 하는 경영 전략이다.
② 관리 전략 : 관리조직, 정보시스템이나 인재양성 같은 관리 측면에서 경쟁상의 우위에 서려고 하는 전략이다.
③ 원가우위 전략 : 원가절감을 통해 해당 산업에서 우위를 점하는 전략이다.
⑤ 집중화 전략 : 특정 시장이나 고객에게 한정된 전략으로, 원가우위나 차별화 전략이 산업 전체를 대상으로 하는 것과 달리 특정 산업을 대상으로 한다.

# 36

하향식 기술선택은 중장기적인 목표를 설정하고, 이를 달성하기 위해 핵심고객층 등에 제공하는 제품 및 서비스를 결정한다.

# 37

벤치마킹은 특정 분야에서 뛰어난 업체나 상품, 기술, 경영 방식 등을 배워 합법적으로 응용하는 것으로 비교 대상에 따라 내부ㆍ경쟁적ㆍ비경쟁적ㆍ글로벌 벤치마킹으로 분류되고, 수행 방식에 따라 직접적ㆍ간접적 벤치마킹으로 분류된다. 스타벅스코리아의 사례는 같은 기업 내의 다른 지역, 타 부서, 국가 간의 유사한 활용을 비교 대상으로 한 내부 벤치마킹이다.

[오답분석]
① 글로벌 벤치마킹 : 프로세스에 있어 최고로 우수한 성과를 보유한 동일 업종의 비경쟁적 기업을 대상으로 하는 벤치마킹이다.
③ 비경쟁적 벤치마킹 : 제품, 서비스 및 프로세스의 단위 분야에 있어 가장 우수한 실무를 보이는 비경쟁적 기업 내의 유사 분야를 대상으로 하는 벤치마킹이다.
④ 경쟁적 벤치마킹 : 동일 업종에서 고객을 직접적으로 공유 중인 경쟁기업을 대상으로 하는 벤치마킹이다.
⑤ 직접적 벤치마킹 : 벤치마킹 대상을 직접 방문하여 자료를 입수하고 조사하는 벤치마킹이다.

# 38

동일(㉠) 및 유사(㉡) 물품의 분류는 보관의 원칙 중 동일성의 원칙과 유사성의 원칙에 따른 것이다. 동일성의 원칙은 '같은 품종은 같은 장소'에 보관하는 것이며, 유사성의 원칙은 '유사품은 인접한 장소'에 보관하는 것을 말한다.

# 39

세 번째 조건에 따라 C주임은 출장으로 인해 참석하지 못하며, 네 번째 조건에 따라 B사원과 D주임 중 한 명만 참석이 가능하다. 또한, 여섯 번째 조건에 따라 주임 이상만 참여 가능하므로 A사원과 B사원은 참석하지 못한다. 이때, 마지막 조건에 따라 가능한 모든 인원이 참석해야 하므로 참석하지 못할 이유가 없는 팀원은 전부 참여해야 한다. 따라서 참석할 사람은 D주임, E대리, F팀장이다.

## 40

정답 ②

배추, 감자, 고구마의 $1m^2$ 단위 면적당 가격을 구하면 각각 $\frac{1}{3}\left(=\frac{3}{9}\right)$, $\frac{1}{4}\left(=\frac{4}{16}\right)$, $\frac{5}{18}$만 원이다. 그러므로 단위 면적당 가격은 배추>고구마>감자 순서이다. 배추의 단위 면적당 가격이 가장 높으므로 배추만 재배하는 경우의 이익이 최대라고 생각할 수 있지만, 배추만 재배하면 밭이 남게 되므로 다른 작물을 추가로 재배하는 경우의 이익이 더 클 가능성이 있다. 이때, 단위 면적당 가격이 배추 다음으로 높은 고구마를 추가로 재배하게 되면, 고구마의 재배 면적이 배추의 재배 면적의 배수이므로 배추만 재배한 경우보다 오히려 이익이 적다. 따라서 배추만 재배한 경우와 배추와 감자를 재배한 경우의 이익을 구하면 다음과 같다.

• 배추만 재배한 경우

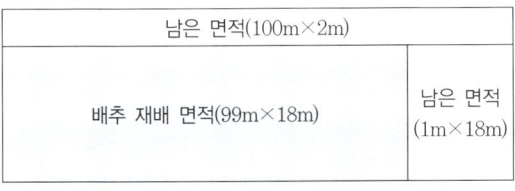

$\rightarrow \frac{99\times18}{3}=594$만 원

• 배추와 감자를 재배한 경우

경우 1)

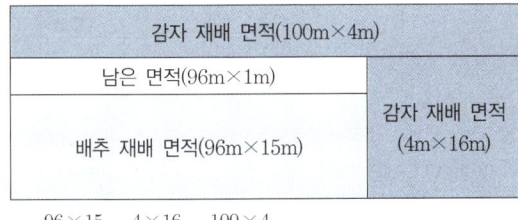

$\rightarrow \frac{96\times15}{3}+\frac{4\times16}{4}+\frac{100\times4}{4}=596$만 원

경우 2)

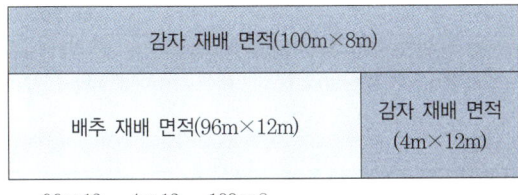

$\rightarrow \frac{96\times12}{3}+\frac{4\times12}{4}+\frac{100\times8}{4}=596$만 원

따라서 농사를 통해 얻을 수 있는 최대 이익은 596만 원이다.

## 41

정답 ④

마지막 문단에 따르면 지금까지의 주택금융시장의 구조적 개선은 LTV 상한을 적용하여 주택 가격 충격의 영향을 줄이는 방향으로 진행됐다.

오답분석

① 2000 ~ 2003년의 폭발적인 증가세를 경험한 이후 조정기를 거친 후에도 증가세를 보였지만, 그 이전에도 증가세였는지는 알 수 없다.
② 금융자산과 부채의 상관관계도 지속적으로 증가하는 것은 유동성 충격에 대한 가계의 대응 능력이 강화되었음을 보여 준다.
③ 주택가격 상승과 주택담보대출 증가는 상호작용을 통해 서로를 강화하는 방향으로 작용하였고, 이 과정에서 가계소비의 빠른 증가세가 실현되었다.

## 42

**정답** ③

공장의 연기 형태가 환상형을 이룰 때는 대기가 불안정할 때이다.

**오답분석**

① 대기오염물질은 기상이나 지형 조건에 의해 다른 지역으로 이동·확산되거나 한 지역에 농축된다.
② 마지막 문단에 따르면 굴뚝이 건물보다 높을 때와 높지 않을 때에 따라 이동 양상이 달라질 수 있다고 하였다.
④ 아래쪽이 차갑고, 위쪽이 뜨거우면 공기의 대류가 발생하지 않아, 오염물질이 모여 스모그가 생기기 쉽다.

## 43

**정답** ①

연료전지 1호 사업은 경기도 파주시에 유치하였다.

**오답분석**

② 미래 희망에너지 타운은 신재생에너지 등 친환경적인 지방 도시 건설을 목적으로 하는 사업이다.
③ 1단계로 태양광을 이용한 '햇빛상생 발전사업'을 기획하고 있으므로, 태양광이 가장 먼저 활용된다고 할 수 있다.
④ 마지막 문단에 따르면 산지가 많은 울주군의 특성을 고려하여 자연환경을 보전할 것이라고 언급하였다.

## 44

**정답** ③

조력발전소가 설치되면서 해수유통을 통해 시화호의 수질이 회복될 수 있었다.

**오답분석**

① 조력발전소는 밀물의 힘으로 발전기를 돌려 전기를 생산하며, 글의 도입부에 조력발전이 주목을 받고 있다고 언급하였다.
② 시화호 발전소의 연간 생산량이 40 ~ 50만 도시의 소비량과 맞먹는다고 하였으므로, 1년 동안 전기 공급이 가능하다.
④ 네 번째 문단을 통해 우리나라에 위치한 시화호 발전소가 세계 최대 규모임을 밝혔다.

## 45

**정답** ②

첫째 주와 주말, 매주 월요일, 추석 다음 날인 23일은 연차를 사용할 수 없다. 또한, 프로젝트를 둘째 주에 2일, 셋째 주에 1일, 넷째 주에 1일 동안 작업하므로 연차를 쓸 수 있는 날은 셋째 주(프로젝트 작업 없는 날)와 마지막 주에 가능하다. 따라서 가능한 날짜는 14 ~ 16일이다.

〈9월 달력〉

| 일요일 | 월요일 | 화요일 | 수요일 | 목요일 | 금요일 | 토요일 |
|---|---|---|---|---|---|---|
|  |  |  | 1 | 2 | 3 | 4 |
| 5 | 6 | 7 | 8 | 9 | 10 | 11 |
| 12 | 13 | 14 | 15 | 16 | 17 | 18 |
| 19 | 20 | 21 | 22 | 23 | 24 | 25 |
| 26 | 27 | 28 | 29 | 30 |  |  |

## 46

성인이 되어도 35 ~ 65%가 증상이 그대로 남는 경우가 많기 때문에 적극적인 치료를 필요로 한다.

**오답분석**

① ADHD 발병률은 평균적으로 5%에 이른다.
② 납과 같은 중금속의 노출은 ADHD 발병 원인 중 하나이다.
③ ADHD는 통제, 집중, 정보처리 등을 담당하는 전전두엽 기능이 저하된 소견을 보인다.
④ 적어도 학교와 집과 같이 두 군데 이상의 상황에서 증상이 뚜렷하게 보여야 한다.

## 47
정답 ②

• 앞 두 자리 : ㅎ, ㅈ → N, I
• 세 번째, 네 번째 자리 : 1, 3
• 다섯 번째, 여섯 번째 자리 : Q, L
• 마지막 자리 : 01
따라서 생성할 비밀번호는 'NI13QL01'이다.

## 48
정답 ⑤

황대찬 부장(4월 8일생)의 비밀번호는 'CJ08FM03'이다.

## 49
정답 ④

수술이 필요한 경우 지역에 위치한 안과와 연계하는 것이지 무조건 서울에 위치한 병원에서 수술받아야 하는 것은 아니다.

**오답분석**

① 눈 건강 교육은 노인층을 사업 대상으로 한다고 하였다.
② 저시력 위험군에 선정되면 개안 수술과 재활 훈련을 지원해 준다.
③ 정기적인 검진을 받기 힘든 계층의 안구 질환 조기 발견과 적기 치료가 목적이다.
⑤ 보건소가 재단에 신청하는 것이며, 개별 신청은 받지 않는다.

## 50
정답 ①

'수소경제 육성 및 안전관리에 관한 법률'은 2020년 2월에 공포됐다.

**오답분석**

② 한국가스공사는 1983년 우리나라 최초의 천연가스회사로 출발했다.
③ 지난 수년간의 천연가스 설비 건설, 운영, 공급 경험을 기반으로 국민에게 경제적이고 안정적인 수소 공급 서비스를 제공하기 위해 힘쓸 예정임을 알 수 있다.
④ 한국가스공사는 천연가스 산업의 불모지였던 우리나라에 최초로 LNG를 도입하였다.
⑤ 2018년 12월 한국가스공사법 개정을 통해 수소 에너지의 생산과 공급 관련 사업을 추가하였다.

## 51
정답 ②

ㄱ. LNG 구매력이 우수하다는 강점을 이용해 북아시아 가스관 사업이라는 기회를 활용하는 것은 SO전략에 해당된다.
ㄷ. 수소 사원 개발이 고도화되고 있는 기회를 이용하여 높은 공급단가라는 약점을 보완하는 것은 WO전략에 해당된다.

**오답분석**

ㄴ. 북아시아 가스관 사업은 강점이 아닌 기회에 해당되므로 ST전략에 해당되지 않는다.
ㄹ. 높은 LNG 확보 능력이라는 강점을 이용해 높은 가스 공급단가라는 약점을 보완하려는 것은 WT전략에 해당되지 않는다.

제5회 2021년 기출복원 모의고사 • 75

## 52
정답 ①

ㄱ. 성희롱은 성추행이나 성폭행과 달리 형사처벌 대상에 해당되지는 않는다.
ㄴ. 성희롱 여부 판단의 법적 기준은 피해자가 성적 수치심을 느꼈는지의 여부이다.

## 53
정답 ⑤

한글 맞춤법에 따르면 한자음 '랴, 려, 례, 료, 류, 리'가 단어의 첫머리에 올 적에는 두음법칙에 따라 '야, 예, 이, 오, 우'로 적고, 단어의 첫머리 '이, 오'의 경우에는 본음대로 적는다. 다만, 모음이나 'ㄴ' 받침 뒤에 이어지는 '렬, 률'은 '열, 율'로 적는다. 따라서 장애률이 아닌 장애율이 올바른 표현이다.

[오답분석]

㉠ 특화 : 한 나라의 산업 구조나 수출 구성에서 특정 산업이나 상품이 상대적으로 큰 비중을 차지함. 또는 그런 상태
㉡ 포용 : 남을 너그럽게 감싸 주거나 받아들임
㉢ 달성 : 목적한 것을 이룸
㉣ 더불어 : 거기에다 더하여

## 54
정답 ④

업무용 명함은 악수를 한 이후 교환하며, 아랫사람이나 손님이 먼저 꺼내 오른손으로 상대방에게 주고, 받는 사람은 두 손으로 받는 것이 예의이다.

[오답분석]

㉠ 악수는 오른손으로 한다.
㉡ 우리나라에서는 악수할 때 가볍게 절을 한다.
㉢ 업무용 명함은 손님이 먼저 꺼낸다.
㉣ 명함은 한 번 보고난 후 탁자 위에 보이게 놓거나 명함지갑에 넣는다.

## 55
정답 ④

ㄷ. 받은 명함은 즉시 넣지 않고, 명함에 대해 한두 마디 대화를 건네는 것이 바람직하다.
ㅅ. 윗사람으로부터 명함을 받는 경우에는 오른손으로 받고 왼손으로 가볍게 받치도록 한다.

## 56
정답 ②

ㄱ. 지식에 대한 설명이다. 지혜란 지식의 축적과 아이디어가 결합된 창의적인 산물, 즉 근본 원리에 대한 깊은 이해를 바탕으로 도출된 창의적인 아이디어이다.
ㄹ. 제시된 사례는 정보가 아닌 지혜의 사례이다. 정보에 해당하는 것은 A가게의 물건 가격보다 B가게의 물건 가격이 더 저렴하다는 내용까지이다.

[오답분석]

ㄴ. 데이터는 순수한 수치, 기호를 의미한다.
ㄷ. 지식은 정보를 토대로 한 행동예측 결과물이다.

## 57

정답 ①

㉠ • 운영 : 조직이나 기구, 사업체 따위를 운용하고 경영함
   • **운용** : 무엇을 움직이게 하거나 부리어 씀
㉡ • 개발 : 토지나 천연자원 따위를 유용하게 만듦
   • 계발 : 슬기나 재능, 사상 따위를 일깨워 줌
따라서 ㉠에 들어갈 단어는 '운영', ㉡에 들어갈 단어는 '개발'이 적절하다.

## 58

정답 ②

오답분석

ㄴ. 자신에게 직접적인 도움을 줄 수 있는 사람들을 관리하는 것은 개인차원에서의 인적자원관리, 즉 인맥관리이다.

**효율적이고 합리적인 인사관리 원칙**
• 적재적소 배치의 원리 : 해당 직무 수행에 가장 적합한 인재를 배치해야 한다.
• 공정 보상의 원칙 : 근로자의 인권을 존중하고, 공헌도에 따라 노동의 대가를 공정하게 지급해야 한다.
• 공정 인사의 원칙 : 직무 배당, 승진, 상벌, 근무 성적의 평가, 임금 등을 공정하게 처리해야 한다.
• 종업원 안정의 원칙 : 직장에서 신분이 보장되고, 계속해서 근무할 수 있다는 믿음을 가지게 하여 근로자가 안정된 회사 생활을 할 수 있도록 해야 한다.
• 창의력 계발의 원칙 : 근로자가 창의력을 발휘할 수 있도록 새로운 제안, 건의 등의 기회를 마련하고, 적절한 보상을 하여 인센티브를 제공해야 한다.
• 단결의 원칙 : 직장 내에서 구성원들이 소외감을 갖지 않도록 배려하고, 서로 유대감을 가지고 협동, 단결하는 체제를 이루도록 해야 한다.

## 59

정답 ③

제시문은 애자일 조직(Agile Organization)에 대한 설명이다. 애자일 조직은 급변하는 환경에서 유연하고 민첩하게 대응하기 위한 방식의 조직으로, 기존 기계적 구조의 한계를 계기로 등장하였다. 애자일 조직은 부서 간 경계를 허물고, 필요에 맞게 소규모 팀을 구성해 업무를 수행하는 조직문화를 뜻한다.

오답분석

① 관리자형 리더는 기계적 구조에 적합하다.
② 외부 변화에 빠르게 대처할 수 있는 장점이 있다.
④ 소규모 팀을 구성해 업무를 수행한다.

## 60

정답 ④

ⅰ) 연봉 3,600만 원인 D사원의 월 수령액을 구하면 36,000,000÷12=3,000,000원이다.
   월평균 근무시간은 200시간이므로 시급은 3,000,000÷200=15,000원/시간이다.
ⅱ) 야근 수당
   D사원이 평일에 야근한 시간은 2+3+1+3+2=11시간이므로 야근 수당은 15,000×11×1.2=198,000원이다.
ⅲ) 특근 수당
   D사원이 주말에 특근한 시간은 2+3=5시간이므로 특근 수당은 15,000×5×1.5=112,500원이다.
식대는 야근·특근 수당에 포함되지 않으므로 D사원의 이번 달 야근·특근 근무 수당의 총액은 198,000+112,500=310,500원이다.

MEMO

# PART 2

# 직업기초능력평가

| CHAPTER 01 | 의사소통능력 |
| CHAPTER 02 | 수리능력 |
| CHAPTER 03 | 문제해결능력 |
| CHAPTER 04 | 자원관리능력 |
| CHAPTER 05 | 정보능력 |
| CHAPTER 06 | 기술능력 |
| CHAPTER 07 | 조직이해능력 |
| CHAPTER 08 | 대인관계능력 |
| CHAPTER 09 | 자기개발능력 |
| CHAPTER 10 | 직업윤리 |

## 대표기출유형 01  기출응용문제

### 01

정답  ③

제시문에 따르면 역사의 가치는 변하는 것이며, 시대나 사회의 흐름에 따라 달라지는 상대적인 것이다.

### 02

정답  ③

기사에서 열린 혁신은 '기관 자체의 역량뿐 아니라 외부의 아이디어를 받아들이고 결합함으로써, 당면한 문제를 해결하고 사회적 가치를 창출하는 일련의 활동'이라고 설명하였으므로, C사원의 언급은 적절하지 않다.

오답분석

① 열린 혁신의 세 번째 선행조건에 명시되어 있다.
② 열린 혁신의 첫 번째 선행조건에 의거해 수요자의 입장에서 사업을 바라보는 것이다.
④ 열린 혁신의 두 번째 선행조건에 명시되어 있다.
⑤ 마지막 문단에 일자리 창출 지원, 인력자원개발 패러다임 변화를 반영한 인력 양성 등 공단에 대한 정부와 국민의 기대감은 날로 커질 전망임이 명시되어 있다.

### 03

정답  ④

마지막 문단에서 정약용은 청렴을 지키는 것의 효과로 첫째, '다른 사람에게 긍정적 효과를 미친다.', 둘째, '목민관 자신에게도 좋은 결과를 가져다준다.'라고 하였으므로 ④는 글의 내용으로 적절하다.

오답분석

① 두 번째 문단에서 '정약용은 청렴을 당위 차원에서 주장하는 기존의 학자들과 달리 행위자 자신에게 실질적 이익이 된다는 점을 들어 설득하고자 한다.'라고 설명하고 있다.
② 두 번째 문단에서 '정약용은 "지자(知者)는 인(仁)을 이롭게 여긴다."라는 공자의 말을 빌려 "지혜로운 자는 청렴함을 이롭게 여긴다."라고 하였다.'라고 했으므로 공자의 뜻을 계승한 것이 아니라 공자의 말을 빌려 청렴의 중요성을 강조한 것이다.
③ 두 번째 문단에서 '지혜롭고 욕심이 큰 사람은 청렴을 택하지만 지혜가 짧고 욕심이 작은 사람은 탐욕을 택한다.'라고 하였으므로 청렴한 사람은 욕심이 크기 때문에 탐욕에 빠지지 않는다는 설명이 적절하다.
⑤ 첫 번째 문단에서 '이황과 이이는 청렴을 사회 규율이자 개인 처세의 지침으로 강조하였다.'라고 하였으므로 이황과 이이는 청렴을 사회 규율로 보았다는 것을 알 수 있다.

## 01

정답 ①

제시문은 근대문학 형성의 주역들이 시민이었다는 글이다. 따라서 주제로 ①이 가장 적절하다.

## 02

정답 ④

제시문은 통계 수치의 의미를 정확하게 이해하고 도구와 방법을 올바르게 사용해야 하며, 특히 아웃라이어의 경우를 생각해야 한다고 주장하고 있다. 따라서 주제로 ④가 가장 적절하다.

오답분석

①·② 집단을 대표하는 수치로서의 '평균' 자체가 숫자 놀음과 같이 부적당하다고는 언급하지 않았다.
③ 아웃라이어가 있는 경우에는 평균보다는 최빈값이나 중앙값이 대푯값으로 더 적당하다.
⑤ 통계의 유용성은 제시문의 도입부에 잠깐 인용되었을 뿐, 글의 주제로는 볼 수 없다.

## 03

정답 ④

제시문은 첫 번째 문단에서 위계화의 개념을 설명하고, 이어지는 문단에서 이러한 불평등의 원인과 구조에 대해 살펴보고 있다. 따라서 제시문의 제목으로 가장 적절한 것은 ④이다.

## 04

정답 ⑤

제시문은 현대 사회의 소비 패턴이 '보이지 않는 손' 아래의 합리적 소비에서 벗어나 과시 소비가 중심이 되었으며, 그 이면에는 소비를 통해 자신의 물질적 부를 표현함으로써 신분을 과시하려는 욕구가 있다고 설명하고 있다. 따라서 제시문의 제목으로 가장 적절한 것은 ⑤이다.

## 01

정답 ②

제시문은 최대수요입지론에 의해 업체가 입지를 선택하는 방법을 설명하는 글로, 최초로 입지를 선택하는 업체와 그다음으로 입지를 선택하는 업체가 입지를 선정하는 기준과 변인이 생기는 경우 두 업체의 입지를 선정하는 기준을 설명하는 글이다. 따라서 (나) 최대수요입지론에서 입지를 선정할 때 고려하는 요인 – (가) 최초로 입지를 선정하는 업체의 입지 선정법 – (다) 다음으로 입지를 선정하는 업체의 입지 선정법 – (라) 다른 변인이 생기는 경우 두 경쟁자의 입지 선정법 순으로 나열하는 것이 적절하다.

## 02

정답 ⑤

제시문은 귀납과 귀납의 논리적 한계 그리고 정당화 문제에 대해 설명하는 글이다. 먼저 귀납에 대해 설명하고 있는 (나) 문단이 오는 것이 적절하며, 특성으로 인한 귀납의 논리적 한계가 나타난다는 (라) 문단이 그다음으로 오는 것이 자연스럽다. 이후 이러한 한계에 대한 흄의 의견인 (다) 문단과 구체적인 흄의 주장과 이에 따라 귀납의 정당화 문제에 대해 설명하는 (가) 문단이 차례로 오는 것이 매끄럽다. 따라서 (나) – (라) – (다) – (가) 순으로 나열하는 것이 적절하다.

## 대표기출유형 04  기출응용문제

### 01
정답 ①

두 번째 문단에서 '강한 핵력의 강도가 겨우 0.5% 다르거나 전기력의 강도가 4% 다를 경우에도 탄소나 산소는 우주에서 합성되지 않는다. 따라서 생명 탄생의 가능성도 사라진다.'라고 했으므로 탄소가 없어도 생명은 자연적으로 진화할 수 있다고 한 ①은 적절하지 않다.

### 02
정답 ③

**오답분석**

① 정상 과학의 시기에는 이미 이론의 핵심 부분들은 정립되어 있으며 이 시기에는 새로움을 좇아가기보다는 기존 연구의 세부 내용이 깊어진다. 따라서 다양한 학설과 이론의 등장은 적절하지 않다.

② 어떤 현상의 결과가 충분히 예측된다 할지라도 그 세세한 과정은 의문 속에 있기 마련이다. 정상 과학의 시기에 과학자들의 열정과 헌신성은 예측 결과와 실제의 현상을 일치시키기 위한 연구로 유지될 수 있다.

④ 과학적 사고방식과 관습, 기법 등이 하나의 기반으로 통일되어 있을 뿐이며 해결해야 할 과제가 없는 것은 아니다. 따라서 완성된 과학이라고 부를 수 없다.

⑤ 이론의 핵심 부분들은 정립된 상태이므로 과학자들은 심오한 작은 영역에 집중하게 되고 그에 따라 각종 실험 장치의 다양화, 정밀화와 더불어 문제를 해결해 가는 특정 기법과 규칙들이 만들어진다. 따라서 문제를 해결해 가는 과정이 주가 된다.

### 03
정답 ②

갑과 을의 수치가 같다면 양분비율이나 백분율의 비율이 같기 때문에 적절한 추론이다.

**오답분석**

㉠ 방법 A와 B는 정도의 차이가 있지만, 모두 병에 대한 믿음의 정도를 갑과 을에 전부 분배하는 것이다. 따라서 어떤 방법을 쓰든, 갑과 을에 대한 믿음의 정도의 합은 항상 1로 같다.

㉡ '갑이 범인'과 '을이 범인'에 대한 믿음의 정도의 차이는 방법 A를 이용한 결과와 방법 B를 이용한 결과의 최대치를 놓고 보아도 달라지지 않는다. 첫 번째 방법은 양분을 하는 것이므로 평균치에 가까워지는 반면, 두 번째 방법은 기존 비율에 비례하게 배분하는 것이므로 비율의 차이는 커지게 된다.

## 01

정답 ③

- 첫 번째 빈칸 : 행복에 대한 개념은 주관적이지만, 정부가 정책 수립을 위해 행복을 객관화해야 한다고 하였으므로 빈칸에는 역접의 접속어인 '그러나'가 와야 한다.
- 두 번째 빈칸 : 빈칸 뒤의 문장에서는 행복을 객관화하기 위하여 UN이 행복지수를 발표하지만, 행복에 대한 인식 변화를 장기적으로 파악하기는 어렵다는 문제점을 이야기하고 있으므로 빈칸에는 '하지만'이 와야 한다.
- 세 번째 빈칸 : 빈칸 뒤의 문장은 앞 문장에서 이야기하는 문제점에 이어 국가별 인식의 차이가 반영되지 않는다는 문제점을 추가로 이야기하고 있으므로 빈칸에는 '또한'이 와야 한다.

## 02

정답 ①

- 첫 번째 빈칸 : 공간 정보가 정보 통신 기술의 발전으로 시간에 따른 변화를 반영할 수 있게 되었다는 빈칸 뒤의 내용을 통해 빈칸에는 시간에 따른 공간의 변화를 포함한 공간 정보를 이용할 수 있게 되면서 '최적의 경로 탐색'이 가능해졌다는 내용의 ㉠이 적절함을 알 수 있다.
- 두 번째 빈칸 : ㉡은 빈칸 앞 문장의 '탑승할 버스 정류장의 위치, 다양한 버스 노선, 최단 시간 등을 분석하여 제공하는' 지리정보시스템이 '더 나아가' 제공하는 정보에 관해 이야기한다. 따라서 빈칸에는 ㉡이 적절하다.
- 세 번째 빈칸 : 빈칸 뒤의 내용에서는 공간 정보가 활용되고 있는 다양한 분야와 앞으로 활용될 수 있는 분야를 이야기하고 있으므로 빈칸에는 공간 정보의 활용 범위가 계속 확대되고 있다는 ㉢이 적절함을 알 수 있다.

## 03

정답 ①

갑돌이의 성품이 탁월하다고 볼 수 있는 것은 그의 성품이 곧고 자신감이 충만하며, 다수의 옳지 않은 행동에 대하여 비판의 목소리를 낼 것이고 그렇게 하는 데 별 어려움을 느끼지 않을 것이기 때문이다. 또한, 세 번째 문단에 따르면 탁월한 성품은 올바른 훈련을 통해 올바른 일을 바르고 즐겁게 그리고 어려워하지 않으며 처리할 수 있는 능력을 뜻한다. 따라서 아리스토텔레스의 입장에서는 '엄청난 의지를 발휘'하고 자신과의 '힘든 싸움'을 해야 했던 병식이보다는 잘못된 일에 '별 어려움' 없이 '비판의 목소리'를 내는 갑돌이의 성품을 탁월하다고 여길 것이다. 따라서 빈칸에는 ①이 가장 적절하다.

## 01

정답 ③

제시문과 ③에 쓰인 '맞다'는 '시간이 흐름에 따라 오는 어떤 때를 대하다.'라는 의미로 쓰였다.

오답분석

① 오는 사람이나 물건을 예의로 받아들이다.
② 적이나 어떤 세력에 대항하다.
④ 점수를 받다.
⑤ 자연 현상에 따라 내리는 눈, 비 따위의 닿음을 받다.

## 02

정답 ②

한글 맞춤법에 따르면 앞 단어가 합성 용언인 경우 보조 용언을 앞말에 붙여 쓰지 않는다. 따라서 '파고들다'는 합성어이므로 '파고들어 보면'과 같이 띄어 써야 한다.

오답분석

① 보조 용언 '보다' 앞에 '-ㄹ까'의 종결 어미가 있는 경우 '보다'는 앞말에 붙여 쓸 수 없다.
③ '-어 하다'가 '마음에 들다'라는 구와 결합하는 경우 '-어 하다'는 띄어 쓴다.
④ 앞말에 조사 '도'가 붙는 경우 보조 용언 '보다'는 앞말에 붙여 쓰지 않는다.
⑤ '아는 체하다'와 같이 띄어 쓰는 것이 원칙이나, '아는체하다'와 같이 붙여 쓰는 것도 허용된다.

## 03

정답 ③

대부분의 수입신고는 보세구역 반입 후에 행해지므로 보세운송 절차와 보세구역 반입 절차는 반드시 함께 이루어져야 한다. 따라서 ⓒ에는 '이끌어 지도함. 또는 길이나 장소를 안내함'을 의미하는 '인도(引導)'보다 '어떤 일과 더불어 생김'을 의미하는 '수반(隨伴)'이 더 적절하다.

오답분석

① 적하(積荷) : 화물을 배나 차에 실음. 또는 그 화물
② 반출(搬出) : 운반하여 냄
④ 적재(積載) : 물건이나 짐을 선박, 차량 따위의 운송 수단에 실음
⑤ 화주(貨主) : 화물의 임자

---

### 대표기출유형 07  기출응용문제

## 01

정답 ②

모든 일에는 지켜야 할 질서와 차례가 있음에도 불구하고 이를 무시한 채 무엇이든지 빠르게 처리하려는 한국의 '빨리빨리' 문화는 일의 순서도 모르고 성급하게 덤빔을 비유적으로 이르는 '우물에 가 숭늉 찾는다.'와 가장 관련 있다.

오답분석

① 가재는 게 편이다. : 모양이나 형편이 서로 비슷하고 인연이 있는 것끼리 서로 잘 어울리고, 사정을 보아주며 감싸 주기 쉬움을 비유적으로 이르는 말
③ 봇짐 내어 주며 앉으라 한다. : 속으로는 가기를 원하면서 겉으로는 만류하는 체한다는 뜻으로, 속생각은 전혀 다르면서도 말로만 그럴듯하게 인사치레함을 비유적으로 이르는 말
④ 하나를 듣고 열을 안다. : 한마디 말을 듣고도 여러 가지 사실을 미루어 알아낼 정도로 매우 총기가 있다는 말
⑤ 낙숫물이 댓돌을 뚫는다. : 작은 힘이라도 꾸준히 계속하면 큰일을 이룰 수 있음을 비유적으로 이르는 말

## 02

**정답** ③

제시문에서는 협업과 소통의 문화가 기업에 성공적으로 정착하려면 기업의 작은 변화부터 필요하다고 주장한다. 따라서 제시문과 관련 있는 한자성어로는 '높은 곳에 오르려면 낮은 곳에서부터 오른다.'는 뜻으로, '일을 순서대로 하여야 함'을 의미하는 '등고자비(登高自卑)'가 가장 적절하다.

**오답분석**

① 장삼이사(張三李四) : '장씨의 셋째 아들과 이씨의 넷째 아들'이라는 뜻으로, 이름이나 신분이 특별하지 아니한 평범한 사람들을 이르는 말
② 하석상대(下石上臺) : '아랫돌 빼서 윗돌 괴고 윗돌 빼서 아랫돌 괸다.'는 뜻으로, 임시변통으로 이리저리 둘러맞춤을 말함
④ 주야장천(晝夜長川) : '밤낮으로 쉬지 아니하고 연달아 흐르는 시냇물'이라는 뜻으로, '쉬지 않고 언제나', '늘'이라는 의미
⑤ 내유외강(內柔外剛) : 속은 부드럽고, 겉으로는 굳셈을 뜻하는 말

---

| 대표기출유형 08 | 기출응용문제 |
| --- | --- |

## 01

**정답** ③

제시된 사례에 나타난 의사 표현에 영향을 미치는 요소는 '연단공포증'이다. 연단공포증은 90% 이상의 사람들이 호소하는 불안이므로, 이러한 심리현상을 잘 통제하면서 구두표현을 한다면 청자는 그것을 더 인간다운 것으로 생각하게 될 것이다. 이러한 공포증은 본질적인 것이기 때문에 완전히 치유할 수는 없으나, 노력에 의해서 심리적 불안을 얼마간 유화시킬 수 있다. 따라서 완전히 치유할 수 있다는 ③은 적절하지 않다.

## 02

**정답** ③

언쟁하기란 단지 논쟁을 위해 상대방의 말에 귀를 기울이는 것으로, 상대방이 무슨 주제를 꺼내든지 설명하는 것을 무시하고 자신의 생각만을 늘어놓는 것이다. 하지만 C사원의 경우 K사원과 언쟁을 하려 한다기보다는 K사원의 고민에 귀 기울이며 동의하고 있다. 또한 K사원이 앞으로 취해야 할 행동에 대해 자신의 생각을 조언하고 있으므로 '언쟁하기'와는 거리가 멀다.

**오답분석**

① 짐작하기란 상대방의 말을 듣고 받아들이기보다 자신의 생각에 들어맞는 단서들을 찾아 자신의 생각을 확인하는 것으로, A사원의 경우 K사원의 말을 듣고 받아들이기보단, P부장이 매일매일 체크한다는 것을 단서로 K사원에게 문제점이 있다고 보고 있다.
② 판단하기란 상대방에 대한 부정적인 선입견 또는 상대방을 비판하기 위해 상대방의 말을 듣지 않는 것을 말한다. B사원은 K사원이 예민하다는 선입견 때문에 P부장의 행동보다 K사원의 행동을 문제시하고 있다.
④ 슬쩍 넘어가기란 대화가 너무 사적이거나 위협적이면 주제를 바꾸거나 농담으로 넘기려 하는 것으로 문제를 회피하려 해 상대방의 진정한 고민을 놓치는 것을 말한다. D사원의 경우 K사원의 부정적인 감정을 회피하기 위해 다른 주제로 대화방향을 바꾸고 있다.
⑤ 비위 맞추기란 상대방을 위로하기 위해 혹은 비위를 맞추기 위해 너무 빨리 동의하는 것을 말한다. E사원은 K사원을 지지하고 동의하는 데 너무 치중함으로써 K사원이 충분히 자신의 감정과 상황을 표현할 시간을 주지 못하고 있다.

## 대표기출유형 01  기출응용문제

### 01
정답 ③

반장과 부반장을 서로 다른 팀에 배치하는 경우는 2가지이다. 두 명을 제외한 인원을 2명, 4명으로 나누는 경우는 먼저 6명 중 2명을 뽑는 방법과 같으므로 $_6C_2 = \dfrac{6\times 5}{2} = 15$가지이다.

따라서 래프팅을 두 팀으로 나눠 타는 경우의 수는 $2\times 15 = 30$가지이다.

### 02
정답 ③

$x$의 최댓값과 최솟값은 A와 B가 각각 다리의 양쪽 경계에서 마주쳤을 때이다. 즉, 최솟값은 A로부터 7.6km 떨어진 지점, 최댓값은 A로부터 8km 떨어진 지점에서 마주쳤을 때이므로 식을 세우면 다음과 같다.

• 최솟값 : $\dfrac{7.6}{6} = \dfrac{x}{60} + \dfrac{20-7.6}{12} \rightarrow \dfrac{x}{60} = \dfrac{15.2-12.4}{12} = \dfrac{2.8}{12}$

  $\therefore x = 14$

• 최댓값 : $\dfrac{8}{6} = \dfrac{x}{60} + \dfrac{20-8}{12} \rightarrow \dfrac{x}{60} = \dfrac{16-12}{12} = \dfrac{1}{3}$

  $\therefore x = 20$

따라서 A와 B가 다리 위에서 만날 때 $x$의 범위는 $14 \le x \le 20$이고, 최댓값과 최솟값의 차는 $20-14 = 6$이다.

### 03
정답 ①

• 12장의 카드 중 3장을 고르는 경우의 수 : $_{12}C_3 = 220$가지
• 3글자가 적힌 7장의 카드 중 3장을 고르는 경우의 수 : $_7C_3 = 35$가지

따라서 구하고자 하는 확률은 $\dfrac{_7C_3}{_{12}C_3} = \dfrac{35}{220} = \dfrac{7}{44}$이다.

### 04
정답 ①

현재 현식이의 나이를 $x$세라고 하면 아버지의 나이는 $(x+18)$세이므로 다음과 같다.

$3(x+4) = x+18+4$

$\therefore x = 5$

따라서 현식이의 2년 전 나이는 3세이다.

## 05

정답 ④

증발하기 전 농도가 15%인 소금물의 양을 $x$g이라고 하면, 이 소금물의 소금의 양은 $0.15x$g이고, 5% 증발했으므로 증발한 후의 소금물의 양은 $0.95x$g이다. 또한, 농도가 30%인 소금물의 소금의 양은 $200 \times 0.3 = 60$g이므로 다음 식이 성립한다.

$$\frac{0.15x + 60}{0.95x + 200} \times 100 = 20$$

$$\rightarrow 0.15x + 60 = 0.2(0.95x + 200)$$

$$\rightarrow 0.15x + 60 = 0.19x + 40$$

$$\rightarrow 0.04x = 20$$

$$\therefore x = 500$$

따라서 증발 전 농도가 15%인 소금물의 양은 500g이다.

## 06

정답 ②

물통에 물이 가득 찼을 때의 양을 1이라고 하면, A수도로는 1시간에 $\frac{1}{5}$, B수도로는 1시간에 $\frac{1}{2}$만큼 채울 수 있다.

B수도가 1시간 동안 작동을 하지 않았고, A, B 두 수도를 모두 사용하여 물통에 물을 가득 채우는 데 걸리는 시간을 $x$시간이라고 하면 다음 식이 성립한다.

$$\frac{1}{5} + \left( \frac{1}{5} + \frac{1}{2} \right) x = 1$$

$$\rightarrow \frac{7}{10} x = \frac{4}{5}$$

$$\therefore x = \frac{8}{7}$$

따라서 두 수도를 모두 이용한 시간은 $\frac{8}{7}$시간이다.

## 07

정답 ④

새로 구입할 전체 모니터 개수를 $a$대라 가정하면 인사부는 $\frac{2}{5}a$대, 총무부는 $\frac{1}{3}a$대의 모니터를 교체한다.

연구부의 경우 인사부에서 교체할 모니터 개수의 $\frac{1}{3}$을 교체하므로 $\left( \frac{2}{5}a \times \frac{1}{3} \right)$대이고, 마케팅부는 400대를 교체한다.

이를 토대로 새로 구입할 전체 모니터 개수 $a$대에 대한 방정식을 세우면 다음과 같다.

$$\frac{2}{5}a + \frac{1}{3}a + \left( \frac{2}{5}a \times \frac{1}{3} \right) + 400 = a$$

$$\rightarrow a \left( \frac{2}{5} + \frac{1}{3} + \frac{2}{15} \right) + 400 = a$$

$$\rightarrow 400 = a \left( 1 - \frac{13}{15} \right)$$

$$\therefore a = 400 \times \frac{15}{2} = 3,000$$

따라서 A공사에서 새로 구입할 모니터 개수는 3,000대이다.

## 08

정답 ③

희경이가 본사에서 나온 시각은 오후 3시에서 본사에서 A지점까지 걸린 시간만큼을 빼면 된다. 본사에서 A지점까지 가는 데 걸린 시간은 $\frac{20}{60} + \frac{30}{90} = \frac{2}{3}$시간, 즉 40분 걸렸으므로 오후 2시 20분에 본사에서 나왔다는 것을 알 수 있다.

## 01

정답 ②

분자는 $+5$이고, 분모는 $\times 3+1$인 수열이다.

따라서 $(\quad)=\dfrac{6+5}{10\times 3+1}=\dfrac{11}{31}$ 이다.

## 02

정답 ②

앞의 항에 $+19$, $+21$, $+23$, $\cdots$을 하는 수열이다.
따라서 $(\quad)=107+27=134$이다.

## 03

정답 ⑤

앞의 두 항을 더하면 다음 항이 되는 피보나치 수열이다.
$1+2=A \rightarrow A=3$
$13+21=B \rightarrow B=34$
$\therefore\ B-A=34-3=31$

## 01

정답 ③

• (2017 · 2018년의 평균)$=\dfrac{826.9+806.9}{2}=816.9$만 명

• (2023 · 2024년의 평균)$=\dfrac{796.3+813.0}{2}=804.65$만 명

따라서 그 차이는 $816.9-804.65=12.25$만 명이다.

## 02

정답 ②

A통신회사의 기본요금을 $x$원이라 하면 8월과 9월의 요금 계산식은 각각 다음과 같다.
$x+60a+30\times 2a=21,600 \rightarrow x+120a=21,600 \cdots \bigcirc$
$x+20a=13,600 \cdots \bigcirc$
㉠과 ㉡을 연결하면 $100a=8,000 \rightarrow a=800$이다.

## 03

A씨는 휴일 오후 3시에 택시를 타고 서울에서 경기도 맛집으로 이동 중이다. 택시요금 계산표에 따라 경기도 진입 전까지 기본요금으로 2km까지 3,800원이며, 4.64−2=2.64km는 추가 거리요금으로 계산하면 $\frac{2,640}{132}\times100=2,000$원이 나온다. 경기도에 진입한 후 맛집까지의 거리는 12.56−4.64=7.92km로 시계외 할증이 적용되어 심야 거리요금으로 계산하면 $\frac{7,920}{132}\times120=7,200$원이고, 경기도 진입 후 택시가 멈춰있었던 8분의 시간요금은 $\frac{8\times60}{30}\times120=1,920$원이다.

따라서 A씨가 가족과 맛집에 도착하여 지불하게 될 택시요금은 3,800+2,000+7,200+1,920=14,920원이다.

## 04

정답 ④

연령대를 기준으로 남성과 여성의 인구비율을 계산하면 다음과 같다.

| 구분 | 남성 | 여성 |
|---|---|---|
| 0 ~ 14세 | $\frac{323}{627}\times100\fallingdotseq51.5\%$ | $\frac{304}{627}\times100\fallingdotseq48.5\%$ |
| 15 ~ 29세 | $\frac{453}{905}\times100\fallingdotseq50.1\%$ | $\frac{452}{905}\times100\fallingdotseq49.9\%$ |
| 30 ~ 44세 | $\frac{565}{1,110}\times100\fallingdotseq50.9\%$ | $\frac{545}{1,110}\times100\fallingdotseq49.1\%$ |
| 45 ~ 59세 | $\frac{630}{1,257}\times100\fallingdotseq50.1\%$ | $\frac{627}{1,257}\times100\fallingdotseq49.9\%$ |
| 60 ~ 74세 | $\frac{345}{720}\times100\fallingdotseq47.9\%$ | $\frac{375}{720}\times100\fallingdotseq52.1\%$ |
| 75세 이상 | $\frac{113}{309}\times100\fallingdotseq36.6\%$ | $\frac{196}{309}\times100\fallingdotseq63.4\%$ |

남성 인구가 40% 이하인 연령대는 75세 이상(36.6%)이며, 여성 인구가 50% 초과 60% 이하인 연령대는 60 ~ 74세(52.1%)이다. 따라서 바르게 연결된 것은 ④이다.

CHAPTER 02 수리능력 • **89**

## 01

정답　③

일본에 수출하는 용접 분야 기업의 수는 96개이고, 중국에 수출하는 주조 분야 기업의 수는 15개이다. 따라서 $96<15\times7=105$이므로 7배 미만이다.

오답분석

① 열처리 분야 기업 60개 중 13개 기업으로 $\frac{13}{60}\times100≒21.67\%$이므로 20% 이상이다.

② 금형 분야 기업의 수는 전체 기업 수의 40%인 $2,540\times0.4=1,016$개보다 적으므로 옳은 설명이다.

④ 소성가공 분야 기업 중 미국에 수출하는 기업의 수(94개)가 동남아에 수출하는 기업의 수(87개)보다 많다.

⑤ 주조 분야 기업 중 일본에 24개의 기업이 수출하므로 가장 많은 기업이 수출하는 국가이다.

## 02

정답　④

• 준엽 : 국내 열처리 분야 기업이 가장 많이 수출하는 국가는 중국(13개)이며, 가장 많이 진출하고 싶어 하는 국가도 중국(16개)으로 같다.

• 진경 : 용접 분야 기업 중 기타 국가에 수출하는 기업 수는 77개로, 용접 분야 기업 중 독일을 제외한 유럽에 수출하는 기업의 수인 49개보다 많다.

오답분석

• 지현 : 가장 많은 수의 금형 분야 기업이 진출하고 싶어 하는 국가는 유럽(독일 제외)이다.

• 찬영 : 표면처리 분야 기업 중 유럽(독일 제외)에 진출하고 싶어 하는 기업은 13개로, 미국에 진출하고 싶어하는 기업인 7개의 2배인 14개 미만이다.

## 03

정답　⑤

이온음료는 7월에서 8월로 넘어가면서 판매량이 줄어드는 모습을 보이고 있다.

오답분석

① 맥주의 판매량은 매월 커피 판매량의 2배 이상임을 알 수 있다.

② $3\sim5$월 판매현황과 $6\sim8$월 판매현황을 비교해 볼 때, 모든 캔 음료는 봄보다 여름에 더 잘 팔린다.

③ $3\sim5$월 판매현황을 보면, 이온음료는 탄산음료보다 더 잘 팔리는 것을 알 수 있다.

④ 맥주가 매월 다른 캔 음료보다 많은 판매량을 보이고 있으므로 가장 큰 판매 비중을 보임을 알 수 있다.

## 04

정답　③

'5시간 이상'이라고 응답한 교육 외 공무직 비율은 18%로 연구직인 25%보다 낮다. 그러나 응답자 수는 교육 외 공무직 종사자가 $400\times0.18=72$명, 연구직 종사자가 $260\times0.25=65$명으로 교육 외 공무직 종사자 응답자 수가 더 많다.

오답분석

ㄱ. 전체 응답자 중 공교육직 종사자 300명이 차지하는 비율은 $\frac{300}{2,000}\times100=15\%$이고, 연구직 종사자 260명이 차지하는 비율은

$\frac{260}{2,000}\times100=13\%$이다. 따라서 $15-13=2\%$p 더 높다.

ㄴ. 공교육직 종사자의 응답 비율이 가장 높은 구간은 '5시간 이상'으로 그 응답자 수는 $300\times0.5=150$명이고, 사교육직 종사자의

응답 비율이 가장 높은 구간은 '1시간 미만'으로 그 수는 $200\times0.3=60$명이므로 $\frac{150}{60}=2.5$배이다.

## 05

일반회사직 종사자는 '1시간 이상 3시간 미만'이라고 응답한 비율이 45%로 가장 높지만, 자영업자는 '1시간 미만'이라고 응답한 비율이 36%로 가장 높다.

오답분석

① 교육에 종사하는 사람은 공교육직과 사교육직을 합쳐 총 300+200=500명으로 전체 2,000명 중 $\frac{500}{2,000} \times 100 = 25\%$에 해당한다.

③ 공교육직 종사자와 교육 외 공무직 종사자의 응답 비율을 높은 순서대로 나열하면 다음과 같다.
  • 공교육직 : 5시간 이상 – 3시간 이상 5시간 미만 – 1시간 이상 3시간 미만 – 1시간 미만
  • 교육 외 공무직 : 1시간 미만 – 1시간 이상 3시간 미만 – 3시간 이상 5시간 미만 – 5시간 이상
  따라서 반대의 추이를 보인다.

④ 연구직 종사자와 의료직 종사자의 응답 비율의 차는 다음과 같다.
  • 1시간 미만 : 67−52=15%p
  • 1시간 이상 3시간 미만 : 5−1=4%p
  • 3시간 이상 5시간 미만 : 7−2=5%p
  • 5시간 이상 : 41−25=16%p
  따라서 응답 비율의 차가 가장 큰 구간은 '5시간 이상'이다.

⑤ 제시된 자료를 통해 알 수 있다.

## 06

인구성장률 그래프의 경사가 완만할수록 인구수 변동이 적다.

오답분석

① 인구성장률은 1970년 이후 계속 감소하는 추세이다.
② 총인구가 감소하려면 인구성장률 그래프가 (−)값을 가져야 하는데, 2011년과 2015년에는 (+)값을 갖는다.
④ 그래프를 통해 1990년 총인구가 더 적다는 것을 알 수 있다.
⑤ 그래프를 통해 2020년부터 총인구가 감소하는 모습을 보이고 있음을 알 수 있다.

# CHAPTER
# 03  문제해결능력

대표기출유형 01  기출응용문제

## 01

정답 ①

제시된 조건을 정리하면 다음과 같다.

| 구분 | 1반 | 2반 | 3반 | 4반 | 5반 |
|------|-----|-----|-----|-----|-----|
| 경우 1 | D | A | B | C | E |
| 경우 2 | B | A | D | C | E |

따라서 항상 참인 것은 ①이다.

오답분석

② 2반에 배정되는 것은 A이다.
③·④ 한 번 배정되었던 반에는 다시 배정되지 않는다.
⑤ 제시된 정보만으로는 판단하기 힘들다.

## 02

정답 ④

제시된 조건에 따라 수진, 지은, 혜진, 정은의 수면 시간을 정리하면 다음과 같다.
• 수진 : 22:00 ~ 07:00 → 9시간
• 지은 : 22:30 ~ 06:50 → 8시간 20분
• 혜진 : 21:00 ~ 05:00 → 8시간
• 정은 : 22:10 ~ 05:30 → 7시간 20분
따라서 수진이의 수면 시간이 가장 긴 것을 알 수 있다.

## 03

정답 ③

'A가 외근을 나감'을 $a$, 'B가 외근을 나감'을 $b$, 'C가 외근을 나감'을 $c$, 'D가 외근을 나감'을 $d$, 'E가 외근을 나감'을 $e$라고 할 때, 네 번째 명제와 다섯 번째 명제의 대우인 $b \rightarrow c$, $c \rightarrow d$에 따라 $a \rightarrow b \rightarrow c \rightarrow d \rightarrow e$가 성립한다.
따라서 'A가 외근을 나가면 E도 외근을 나간다.'는 항상 참이 된다.

## 04

정답 ④

'등산을 하는 사람'을 A, '심폐지구력이 좋은 사람'을 B, '마라톤 대회에 출전하는 사람'을 C, '자전거를 타는 사람'을 D라고 하면, 첫 번째 명제와 세 번째 명제, 네 번째 명제는 다음과 같은 벤 다이어그램으로 나타낼 수 있다.

1) 첫 번째 명제

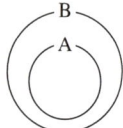

2) 세 번째 명제

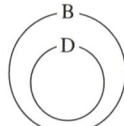

3) 네 번째 명제

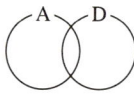

이를 정리하면 다음과 같은 벤다이어그램이 성립한다.

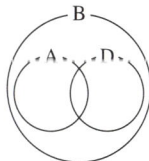

따라서 반드시 참인 명제는 '심폐지구력이 좋은 어떤 사람은 등산을 하고 자전거도 탄다.'의 ④이다.

## 05

정답 ④

세 번째 조건에 의해 윤부장이 가담하지 않았다면 이과장과 강주임도 가담하지 않았음을 알 수 있다. 이과장이 가담하지 않았다면 두 번째 조건에 의해 김대리도 가담하지 않았으므로 가담한 사람은 박대리뿐이다. 이는 첫 번째 조건에 위배되므로, 윤부장은 입찰부정에 가담하였다. 네 번째 조건의 대우로 김대리가 가담하였다면 박대리도 가담하였고, 다섯 번째 조건에 의해 박대리가 가담하였다면 강주임도 가담하였다. 이 또한 입찰부정에 가담한 사람은 2명이라는 첫 번째 조건에 위배되므로, 김대리는 입찰부정에 가담하지 않았다. 따라서 입찰부정에 가담하지 않은 사람은 김대리, 이과장, 박대리이며, 입찰부정에 가담한 사람은 윤부장과 강주임이다.

## 06

정답 ③

제시된 A ~ D 4명의 진술을 정리하면 다음과 같다.

| 구분 | 진술 1 | 진술 2 |
|---|---|---|
| A | C는 B를 이길 수 있는 것을 냈다. | B는 가위를 냈다. |
| B | A는 C와 같은 것을 냈다. | A가 편 손가락의 수는 B보다 적다. |
| C | B는 바위를 냈다. | A ~ D는 같은 것을 내지 않았다. |
| D | A, B, C 모두 참 또는 거짓을 말한 순서가 동일하다. | 이 판은 승자가 나온 판이었다. |

먼저 A ~ D는 반드시 가위, 바위, 보 세 가지 중 하나를 내야 하므로 그 누구도 같은 것을 내지 않았다는 C의 진술 2는 거짓이 된다. 그러므로 C의 진술 중 진술 1이 참이 되어 B가 바위를 냈다는 것을 알 수 있다. 이때, B가 가위를 냈다는 A의 진술 2는 참인 C의 진술 1과 모순되므로 A의 진술 중 진술 2가 거짓이 되는 것을 알 수 있다. 결국 A의 진술 중 진술 1이 참이 되므로 C는 바위를 낸 B를 이길 수 있는 보를 냈다는 것을 알 수 있다.
한편, 바위를 낸 B는 손가락을 펴지 않으므로 A가 편 손가락의 수가 자신보다 적었다는 B의 진술 2는 거짓이 된다. 따라서 B의 진술 중 진술 1이 참이 되므로 A는 C와 같은 보를 냈다는 것을 알 수 있다.
이를 바탕으로 A ~ C의 진술에 대한 참, 거짓 여부와 가위바위보를 정리하면 다음과 같다.

| 구분 | 진술 1 | 진술 2 | 가위바위보 |
|---|---|---|---|
| A | 참 | 거짓 | 보 |
| B | 참 | 거짓 | 바위 |
| C | 참 | 거짓 | 보 |

따라서 참 또는 거짓에 대한 A ~ C의 진술 순서가 동일하므로 D의 진술 1은 참이 되고, 진술 2는 거짓이 되어야 한다. 이때, 승자가 나오지 않으려면 D는 반드시 A ~ C와 다른 것을 내야 하므로 가위를 낸 것을 알 수 있다.

오답분석
① B와 같은 것을 낸 사람은 없다.
② 보를 낸 사람은 2명이다.
④ B가 기권했다면 가위를 낸 D가 이기게 된다.
⑤ 바위를 낸 사람은 1명이다.

## 01

정답 ②

ㄱ. 한류의 영향으로 한국 제품을 선호하므로 한류 배우를 모델로 하여 적극적인 홍보 전략을 추진한다.
ㄷ. 빠른 제품 개발 시스템이 있기 때문에 소비자 기호를 빠르게 분석하여 제품 생산에 반영한다.

오답분석

ㄴ. 인건비 상승과 외국산 저가 제품 공세 강화로 인해 적절한 대응이라고 볼 수 없다.
ㄹ. 선진국은 기술 보호주의를 강화하고 있으므로 적절한 대응이라고 볼 수 없다.

## 02

정답 ②

기회는 외부 환경에서 비롯된 요인 중 해당 회사에 긍정적으로 작용할 수 요인을 뜻한다. 따라서 관광 분야 예산 확대 등 정부의 여행 산업 육성 정책은 여행 산업에 긍정적인 영향을 끼치므로 N사에게는 충분히 기회로 활용할 수 있는 외부적 요인이 된다.

오답분석

① 약점은 내부 환경에서 비롯된 요인 중에서 기업 목표 달성을 저해할 수 있으나 통제가 가능한 요인을 말한다. 자회사들의 수년 간 누적된 적자는 경영 목표 달성을 방해할 수 있으나 노력의 정도에 따라 통제 가능하므로 약점 요인에 해당한다.
③·④ 위협은 외부 환경에서 비롯된 요인 중에서 통제하기 어려우며 해당 회사에 부정적으로 작용할 수 요인을 뜻한다. 여행사를 이용하지 않는 여행객의 증가 추세는 여행사인 N사에게는 경영 여건을 위협하는 외부적 요인이므로 위협 요인에 해당한다. 또한 온라인 플랫폼(OTA) 기업들의 여행업 진출은 새로운 경쟁자와의 경쟁 심화를 초래할 수 있는 외부적 요인이므로 위협 요인에 해당한다.
⑤ 강점은 경영 자원 등 기업 목표 달성을 촉진할 수 있는 통제 가능한 내부적 요인을 뜻한다. 고객과의 소통이 원활한 기업이라는 평가는 이미 충분히 갖추고 있는 강점 요인에 해당한다.

## 01

정답 ①

두 번째 조건에 따라 S사원의 부서 직원 80명이 전원 참석하므로 수용 가능 인원이 40명인 C세미나는 제외되고, 세 번째 조건에 따라 거리가 60km를 초과하는 E호텔이 제외된다. 이어서 부서 워크숍은 2일간 진행되므로 하루 대관료가 50만 원을 초과하는 D리조트는 제외된다. 마지막으로 다섯 번째 조건에 따라 왕복 이동 시간이 4시간인 B연수원은 제외된다.
따라서 가장 적절한 워크숍 장소는 A호텔이다.

## 02

정답 ①

하수처리시설별 평가 결과를 표로 나타내면 다음과 같다.

| 구분 | 생물화학적 산소요구량 | 화학적 산소요구량 | 부유물질 | 질소 총량 | 인 총량 | 평가 |
| --- | --- | --- | --- | --- | --- | --- |
| A처리시설 | 4(정상) | 10(정상) | 15(주의) | 10(정상) | 0.1(정상) | 우수 |
| B처리시설 | 9(주의) | 25(주의) | 25(심각) | 22(주의) | 0.5(주의) | 보통 |
| C처리시설 | 18(심각) | 33(심각) | 15(주의) | 41(심각) | 1.2(심각) | 개선필요 |

따라서 A처리시설은 우수를, B처리시설은 보통을, C처리시설은 개선필요를 받았다.

## 03

정답 ④

제시문에서 '심각' 지표를 가장 우선으로 개선하라고 하였으므로, '심각' 지표를 받은 부유물질을 가장 먼저 개선해야 한다.

오답분석

① 생물화학적 산소요구량은 4가 아닌 9이므로 '주의' 지표이다.
② 부유물질이 '심각' 지표이므로, 가장 먼저 개선해야 한다.
③ 질소 총량과 인 총량을 개선하여도 '주의' 지표가 2개, '심각' 지표가 1개이므로, 평가결과는 '보통'이다.
⑤ '정상' 지표가 하나도 없기 때문에 4개 지표를 '정상' 지표로 개선해야 '우수' 단계가 될 수 있다.

## 04

정답 ③

오답분석

(라)·(마) 아동수당 제도 첫 도입에 따라 초기에 아동수당 신청이 한꺼번에 몰릴 것으로 예상되어 연령별 신청기간을 운영한다. 따라서 만 5세 아동은 7월 1 ~ 5일 사이에 접수를 하거나 연령에 관계없는 7월 6일 이후에 신청하는 것으로 안내하는 것이 적절하다. 또한, 아동수당 관련 신청서 작성요령이나 수급 가능성 등 자세한 내용은 아동수당 홈페이지에서 확인 가능한데, 어떤 홈페이지로 접속해야 하는지 안내를 하지 않았다. 따라서 적절하지 않은 답변이다.

### 대표기출유형 04  기출응용문제

## 01

정답 ①

모든 암호는 각 자릿수의 합이 21이 되도록 구성되어 있다.
• K팀 : $9+0+2+3+x=21 \rightarrow x=7$
• L팀 : $7+y+3+5+2=21 \rightarrow y=4$
따라서 $x+y=7+4=11$이다.

## 02

정답 ④

게임 규칙과 결과를 토대로 경우의 수를 따져보면 다음과 같다.

| 라운드 | 벌칙 제외 | 총 퀴즈 개수 |
|---|---|---|
| 3 | A | 15 |
| 4 | B | 19 |
| 5 | C | 21 |
| | D | |
| | C | 22 |
| | E | |
| | D | 22 |
| | E | |

ㄴ. 총 22개의 퀴즈가 출제되었다면, E가 정답을 맞혀 벌칙에서 제외된 것이다.
ㄷ. 게임이 종료될 때까지 총 21개 퀴즈가 출제되었다면 C, D가 벌칙에서 제외된 경우로 5라운드에서 E에게는 정답을 맞힐 기회가 주어지지 않았다. 따라서 퀴즈를 푸는 순서가 벌칙을 받을 사람 선정에 영향을 미친다.

오답분석

ㄱ. 5라운드까지 4명의 참가자가 벌칙에서 제외되었으므로 정답을 맞힌 퀴즈는 8개이며, 벌칙을 받을 사람이 5라운드까지 정답을 맞힌 퀴즈는 0개나 1개이므로 정답을 맞힌 퀴즈는 8개나 9개이다.

## 01

정답  ④

창의적인 사고가 선천적으로 타고난 사람들에게만 있다든가, 후천적 노력에는 한계가 있다는 것은 편견이므로 적절하지 않다.

## 02

정답  ②

**창의적 사고를 개발하는 방법**
• 자유 연상법 : 어떤 생각에서 다른 생각을 계속해서 떠올리는 작용을 통해 어떤 주제에서 생각나는 것을 계속해서 열거해 나가는 방법 예 브레인스토밍
• 강제 연상법 : 각종 힌트에서 강제적으로 연결지어서 발상하는 방법 예 체크리스트
• 비교 발상법 : 주제와 본질적으로 닮은 것을 힌트로 하여 새로운 아이디어를 얻는 방법 예 NM법, Synetics

## 03

정답  ③

**브레인스토밍(Brainstorming)**
• 한 사람이 생각하는 것보다 다수가 생각하는 것이 아이디어가 많다.
• 아이디어 수가 많을수록 질적으로 우수한 아이디어가 나올 수 있다.
• 아이디어는 비판이 가해지지 않으면 많아진다.

오답분석
① 스캠퍼(Scamper) 기법 : 창의적 사고를 유도하여 신제품이나 서비스 등을 생각하는 발상 도구이다.
② 여섯 가지 색깔 모자(Six Thinking Hats) : 각각 중립적, 감정적, 부정적, 낙관적, 창의적, 이성적 사고를 뜻하는 여섯 가지 색의 모자를 차례대로 바꾸어 쓰면서 모자 색깔이 뜻하는 유형대로 생각해 보는 방법이다.
④ TRIZ(Teoriya Resheniya Izobretatelskikh Zadatch) : 문제에 대하여 이상적인 결과를 정하고, 그 결과를 얻는 데 모순이 되는 것을 찾아 모순을 극복할 수 있는 해결안을 찾는 40가지 방법에 대한 이론이다.
⑤ Logic Tree : 문제의 원인을 깊이 파고들거나 해결책을 구체화할 때 제한된 시간 안에 넓이와 깊이를 추구하는 데 도움이 되는 기술로, 주요 과제를 나무 모양으로 분해하여 정리하는 기술이다.

## 04

정답  ④

퍼실리테이션은 커뮤니케이션을 통한 문제해결 방법으로, 구성원의 동기 강화, 팀워크 향상 등을 이룰 수 있다. 이는 구성원이 자율적으로 실행하는 것이며, 제3자가 합의점이나 줄거리를 준비해놓고 예정대로 결론을 도출하는 것이 아니다.

## 05

정답  ①

**분석적 사고**
• 성과 지향의 문제 : 기대하는 결과를 명시하고 효과적으로 달성하는 방법을 사전에 구상하고 실행에 옮긴다.
• 가설 지향의 문제 : 현상 및 원인분석 전에 지식과 경험을 바탕으로 일의 과정이나 결과, 결론을 가정한 다음 검증 후 사실일 경우 다음 단계의 일을 수행한다.
• 사실 지향의 문제 : 일상 업무에서 일어나는 상식, 편견을 타파하여 사고와 행동을 객관적 사실로부터 시작한다.

## 06

정답  ④

㉠은 Logic Tree에 대한 설명으로 문제 도출 단계에서 사용되며, ㉡은 3C 분석 방법에 대한 설명으로 문제 인식 단계의 환경 분석 과정에서 사용된다. ㉢은 Pilot Test에 대한 설명으로 실행 및 평가 단계에서 사용된다. 마지막으로 ㉣은 해결안을 그룹화하는 방법으로 해결안을 도출하는 해결안 개발 단계에서 사용된다. 따라서 문제해결 절차에 따라 문제해결 방법을 나열하면 ㉡ – ㉠ – ㉣ – ㉢ 순서가 된다.

# 04 자원관리능력

## 대표기출유형 01 기출응용문제

### 01

정답 ①

화상회의 진행 시각(한국 기준 오후 4~5시)을 각국 현지 시각으로 변환하면 다음과 같다.
- 파키스탄 지사(−4시간) : 오후 12시~오후 1시이며 점심시간이므로 회의에 참석 불가능하다.
- 불가리아 지사 (−6시간) : 오전 10~11시이므로 회의에 참석 가능하다.
- 호주 지사(+1시간) : 오후 5~6시이므로 회의에 참석 가능하다.
- 영국 지사(−8시간) : 오전 8~9시이므로 회의에 참석 가능하다(시차는 −9시간이지만, 서머타임을 적용한다).
- 싱가포르 지사(−1시간) : 오후 3~4시이므로 회의에 참석 가능하다.

따라서 파키스탄 지사는 화상회의에 참석할 수 없다.

### 02

정답 ①

두 번째 조건에서 경유지는 서울보다 +1시간, 출장지는 경유지보다 −2시간이므로 서울과 −1시간 차이다.
김대리가 서울에서 경유지를 거쳐 출장지까지 가는 과정을 서울 시각 기준으로 정리하면 다음과 같다.
서울 5일 오후 1시 35분 출발 → 오후 1시 35분+3시간 45분=오후 5시 20분 경유지 도착 → 오후 5시 20분+3시간 50분(대기시간)=오후 9시 10분 경유지에서 출발 → 오후 9시 10분+9시간 25분=6일 오전 6시 35분 출장지 도착
따라서 출장지에 도착했을 때 현지 시각은 서울보다 1시간 느리므로 오전 5시 35분이다.

### 03

정답 ②

시간 계획에 있어서는 가장 많이 반복되는 일에 가장 많은 시간을 분배한다.

## 01

정답 ③

편도로 2시간 45분이 걸리는 고속버스 L여객을 제외한 나머지 4개의 편도 비용은 다음과 같다.

| 구분 | | 비용 | 할인율 | 총비용 |
|------|------|------|--------|--------|
| 기차 | V호 | 27,000원/인 | 5% | $27,000 \times 5 \times 0.95 = 128,250$원 |
| | G호 | 18,000원/인 | × | $18,000 \times 5 = 90,000$원 |
| 고속버스 | T호 | 15,000원/인 | × | $15,000 \times 5 = 75,000$원 |
| | P여객 | 16,000원/인 | × | $15,000 \times 5 \times 80,000$원 |

기차 T호를 이용할 때 총 편도 비용이 75,000원으로 가장 저렴하다.

## 02

정답 ④

전자제품의 경우 관세와 부가세가 모두 동일하며, 전자제품의 가격이 다른 가격보다 월등하게 높기 때문에 대소비교는 전자제품만 비교해도 된다. 이 중 A의 TV와 B의 노트북은 가격이 동일하기 때문에 굳이 계산할 필요가 없고 TV와 노트북을 제외한 휴대폰과 카메라만 비교하면 된다. B의 카메라가 A의 휴대폰보다 비싸기 때문에 B가 더 많은 관세를 낸다.

| 구분 | 전자제품 | 전자제품 외 |
|------|----------|-------------|
| A | TV(110만), 휴대폰(60만) | 화장품(5만), 스포츠용 헬멧(10만) |
| B | 노트북(110만), 카메라(80만) | 책(10만), 신발(10만) |

B가 내야 할 세금을 계산해 보면, 우선 카메라와 노트북의 관세율은 18%로, $190 \times 0.18 = 34.2$만 원이다. 이때, 노트북은 100만 원을 초과하므로 특별과세 $110 \times 0.5 = 55$만 원이 더 과세된다. 나머지 품목들의 세금은 책이 $10 \times 0.1 = 1$만 원, 신발이 $10 \times 0.23 = 2.3$만 원이다.
따라서 B가 내야 할 관세 총액은 $34.2 + 55 + 1 + 2.3 = 92.5$만 원이다.

## 03

정답 ③

C씨는 지붕의 수선이 필요한 주택보수비용 지원 대상에 선정되었다. 지붕 수선은 대보수에 해당하며, 대보수의 주택당 보수비용 지원한도액은 950만 원이다. 또한, C씨는 중위소득 40%에 해당하므로 지원한도액의 80%를 차등 지원받게 된다.
따라서 C씨가 지원받을 수 있는 주택보수비용의 최대 액수는 $950 \times 0.8 = 760$만 원이다.

## 04

정답 ②

예산 관리는 활동이나 사업에 소요되는 비용을 산정하고, 예산을 편성하는 것뿐만 아니라 예산을 통제하는 것 모두를 포함한다고 할 수 있다. 즉, 예산을 수립하고 집행하는 모든 일을 예산관리라고 할 수 있다.

## 01

정답 ③

각 과제의 최종 점수를 구하기 전에, 항목당 최하위 점수가 부여된 과제는 제외하므로, 중요도에서 최하위 점수가 부여된 B, 긴급도에서 최하위 점수가 부여된 D, 적용도에서 최하위 점수가 부여된 E를 제외한다. 나머지 두 과제에 대해 항목별로 가중치를 적용하여 각 과제의 최종 평가 점수를 구하면 다음과 같다.

- A : $(84 \times 0.3) + (92 \times 0.2) + (96 \times 0.1) = 53.2$
- C : $(95 \times 0.3) + (85 \times 0.2) + (91 \times 0.1) = 54.6$

따라서 C를 가장 먼저 수행해야 한다.

## 02

정답 ⑤

금요일까지 완성품 납품 수량은 총 100개이다. 완성품 1개당 부품 A는 10개가 필요하므로 총 1,000개가 필요하고, B는 300개, C는 500개가 필요하다. 그런데 A는 500개, B는 120개, C는 250개의 재고가 있으므로, 각각 모자라는 나머지 부품인 500개, 180개, 250개를 월요일에 주문해야 한다.

## 01

정답 ④

- C강사 : 셋째 주 화요일 오전, 목요일, 금요일 오전에 스케줄이 비어 있으므로 목요일과 금요일에 이틀간 강의가 가능하다.
- E강사 : 첫째, 셋째 주 화~목요일 오전에 스케줄이 있으므로 수요일과 목요일 오후 또는 목요일 오후와 금요일 오전에 강의가 가능하다.

오답분석
- A강사 : 매주 수~목요일에 스케줄이 있으므로 화요일과 금요일 오전에 강의가 가능하지만 강의가 연속 이틀에 걸쳐 진행되어야 한다는 조건에 부합하지 않는다.
- B강사 : 화요일과 목요일에 스케줄이 있으므로 수요일 오후와 금요일 오전에 강의가 가능하지만 강의가 연속 이틀에 걸쳐 진행되어야 한다는 조건에 부합하지 않는다.
- D강사 : 수요일 오후와 금요일 오전에 스케줄이 있으므로 화요일 오전과 목요일에 강의가 가능하지만 강의가 연속 이틀에 걸쳐 진행되어야 한다는 조건에 부합하지 않는다.

## 02

정답 ①

㉠은 능력주의, ㉡은 적재적소주의, ㉢은 적재적소주의, ㉣은 능력주의이다. 개인에게 능력을 발휘할 수 있는 기회와 장소를 부여하고, 그 성과를 바르게 평가한 뒤 평가된 능력과 실적에 대해 그에 상응하는 보상을 주는 능력주의 원칙은 적재적소주의 원칙의 상위개념이라고 할 수 있다. 즉, 적재적소주의는 능력주의의 하위개념에 해당한다.

## 03

정답 ④

B동에 사는 변학도는 매주 월, 화 오전 8시부터 오후 3시까지 하는 카페 아르바이트로 화~금 오전 9시 30분부터 오후 12시까지 진행되는 '그래픽 편집 달인되기'를 수강할 수 없다.

대표기출유형 01 **기출응용문제**

## 01

정답 ⑤

금융 거래 시 신용카드 번호와 같은 금융정보 등을 저장할 경우 암호화하여 저장하고, 되도록 PC방, 공용 컴퓨터와 같은 개방 환경을 이용하지 않도록 해야 한다.

## 02

정답 ⑤

제시문에서 '응용프로그램과 데이터베이스를 독립시킴으로써 데이터를 변경시키더라도 응용프로그램은 변경되지 않는다.'라고 하였다. 따라서 데이터의 논리적 의존성이 아니라, 데이터의 논리적 독립성이 적절하다.

오답분석

① '다량의 데이터는 사용자의 질의에 대한 신속한 응답 처리를 가능하게 한다.'라는 내용은 실시간 접근성에 해당한다.
② '삽입, 삭제, 수정, 갱신 등을 통하여 항상 최신의 데이터를 유동적으로 유지할 수 있으며'라는 내용을 통해 데이터베이스는 그 내용을 변화시키면서 계속적인 진화를 하고 있음을 알 수 있다.
③ '여러 명의 사용자가 동시에 공유가 가능하고'라는 부분에서 동시 공유가 가능함을 알 수 있다.
④ '각 데이터를 참조할 때는 사용자가 요구하는 내용에 따라 참조가 가능함'을 통해 내용에 의한 참조인 것을 알 수 있다.

## 03

정답 ③

고객의 신상정보의 경우 유출하거나 삭제하는 등의 행동을 해서는 안 되며, 거래처에서 빌린 컴퓨터에서 나왔기 때문에 거래처 담당자에게 되돌려 주는 것이 가장 적절하다.

대표기출유형 02 **기출응용문제**

## 01

정답 ①

'AVERAGE(B3:E3)'는 [B3:E3] 범위의 평균을 나타낸다. 또한, IF함수는 논리 검사를 수행하여 TRUE나 FALSE에 해당하는 값을 반환해 주는 함수이다. 즉, 「=IF(AVERAGE(B3:E3)>=90, "합격", "불합격")」 함수는 [B3:E3] 범위의 평균이 90 이상일 경우 '합격'이, 그렇지 않을 경우 '불합격'이 입력된다. [F3]~[F6]의 각 셀에 나타나는 [B3:E3], [B4:E4], [B5:E5], [B6:E6]의 평균값은 83, 87, 91, 92.5이므로 [F3]~[F6]셀에 나타나는 결괏값이 바르게 연결된 것은 ①이다.

## 02

정답 ②

- [D11] 셀에 입력된 COUNTA 함수는 범위에서 비어있지 않은 셀의 개수를 구하는 함수이다. [B3:D9] 범위에서 비어있지 않은 셀의 개수는 숫자 '1' 10개와 '제제출 요망'으로 입력된 텍스트 2개로, 「=COUNTA(B3:D9)」의 결괏값은 12이다.
- [D12] 셀에 입력된 COUNT 함수는 범위에서 숫자가 포함된 셀의 개수를 구하는 함수이다. [B3:D9] 범위에서 숫자가 포함된 셀의 개수는 숫자 '1' 10개로, 「=COUNT(B3:D9)」의 결괏값은 10이다.
- [D13] 셀에 입력된 COUNTBLANK 함수는 범위에서 비어있는 셀의 개수를 구하는 함수이다. [B3:D9] 범위에서 비어있는 셀의 개수는 9개로, 「=COUNTBLANK(B3:D9)」의 결괏값은 9이다.

## 03

정답 ⑤

COUNTIF 함수는 지정한 범위 내에서 조건에 맞는 셀의 개수를 구하는 함수이다. 따라서 함수식은 「=COUNTIF(D3:D10,">=2025-01-01")」이다.

오답분석

① COUNT : 범위에서 숫자가 포함된 셀의 개수를 구한다.
② COUNTA : 범위가 비어있지 않은 셀의 개수를 구한다.
③ SUMIF : 주어진 조건에 의해 지정된 셀들의 합을 구한다.
④ MATCH : 배열에서 지정된 순서상의 지정된 값에 일치하는 항목의 상대 위치 값을 찾는다.

## 04

정답 ③

오답분석

①·② AND 함수는 인수의 모든 조건이 참(TRUE)일 경우에 성별을 구분하여 표시할 수 있으므로 적절하지 않다.
④ 함수식에서 "남자"와 "여자"가 바뀌었다.
⑤ 함수식에서 "2"와 "3"이 아니라, "1"과 "3"이 들어가야 한다.

## 대표기출유형 03 기출응용문제

## 01

정답 ⑤

바깥쪽 i-for문이 4번 반복되고 안쪽 j-for문이 6번 반복되므로 j-for문 안에 있는 문장은 총 24번 반복된다.

## 02

정답 ③

char *arr[ ]={"AAA","BBB","CCC"}의 각각 문자열에 접근하기 위해서는 *(arr)=AAA, *(arr+1)=BBB, *(arr+2)=CCC 형태로 접근하여 문자열을 출력할 수 있다.
따라서 *(arr+1)을 출력하게 되면 BBB가 된다.

## 대표기출유형 01  기출응용문제

### 01
정답 ②

기술은 '노하우(Know-how)'를 포함한다. 즉, 기술을 설계하고, 생산하고, 사용하기 위해 필요한 정보, 기술, 절차를 갖는 데 노하우(Know-how)가 필요한 것이다.

### 02
정답 ③

노하우는 경험적이고 반복적인 행위에 의해 얻어지는 것이며, 이러한 성격의 지식을 흔히 Technique 혹은 Art라고 부른다.

오답분석

① · ⑤ 노하우에 대한 설명이다.
② 노와이에 대한 설명이다.
④ 기술은 원래 노하우의 개념이 강했으나, 시간이 지나면서 노와이와 노하우가 결합하게 되었다.

### 03
정답 ④

하향식 기술선택은 중장기적인 목표를 설정하고, 이를 달성하기 위해 핵심 고객층 등에 제공하는 제품 및 서비스를 결정한다.

### 04
정답 ②

**기술선택을 위한 절차**
• 외부 환경분석 : 수요 변화 및 경쟁자 변화, 기술 변화 등 분석
• 중장기 사업목표 설정 : 기업의 장기비전, 중장기 매출목표 및 이익목표 설정
• 내부 역량분석 : 기술능력, 생산능력, 마케팅 / 영업능력, 재무능력 등 분석
• 사업전략 수립 : 사업 영역 결정, 경쟁 우위 확보 방안 수립
• 요구기술 분석 : 제품 설계 / 디자인 기술, 제품 생산 공정, 원재료 / 부품 제조기술 분석
• 기술전략 수립 : 기술획득 방법 결정

### 05
정답 ②

②는 간접적 벤치마킹의 단점이다. 간접적 벤치마킹은 인터넷, 문서자료 등 간접적인 형태로 조사 · 분석하게 됨으로써 대상의 본질보다는 겉으로 드러나 보이는 현상에 가까운 결과를 얻을 수 있는 단점을 가진다.

## 06

정답 ②

임펠러 날개깃이 피로 현상으로 인해 결함을 일으킬 수 있다고 하였으므로 기술적 원인에 해당한다. 기술적 원인에는 기계 설계 불량, 재료의 부적합, 생산 공정이 부적당, 점비ㆍ보존 불량 등이 있다.

오답분석

① 교육적 원인 : 안전 지식의 불충분, 안전 수칙의 오해, 경험이나 훈련의 불충분과 작업관리자의 작업 방법의 교육 불충분, 유해 위험 작업 교육 불충분 등
④ 불안전한 행동 : 위험 장소 접근, 안전장치 기능 제거, 보호 장비의 미착용 및 잘못 사용, 운전 중인 기계의 속도 조작, 기계ㆍ기구의 잘못된 사용, 위험물 취급 부주의, 불안전한 상태 방치, 불안정한 자세와 동작, 감독 및 연락 잘못 등
⑤ 작업 관리상 원인 : 안전 관리 조직의 결함, 안전 수칙 미제정, 작업 준비 불충분, 인원 배치 및 작업 지시 부적당 등

## 07

정답 ①

'피재해자는 전기 관련 자격이 없었으며, 복장은 일반 안전화, 면장갑, 패딩점퍼를 착용한 상태였다.'라는 내용에서 불안전한 행동ㆍ상태, 작업 관리상 원인, 작업 준비 불충분이란 것을 확인할 수 있다. 그러나 기술적 원인은 제시문에서 찾을 수 없다.

오답분석

② 불안전한 상태 : 시설물 자체 결함, 전기 시설물의 누전, 구조물의 불안정, 소방기구의 미확보, 안전 보호 장치 결함, 복장ㆍ보호구의 결함, 시설물의 배치 및 장소 불량, 작업 환경 결함, 생산 공정의 결함, 경계 표시 설비의 결함 등이 있다.
③ 불안전한 행동 : 위험 장소 접근, 안전장치 기능 제거, 보호 장비의 미착용 및 잘못 사용, 운전 중인 기계의 속도 조작, 기계ㆍ기구의 잘못된 사용, 위험물 취급 부주의, 불안전한 상태 방치, 불안정한 자세와 동작, 감독 및 연락 잘못 등이 있다.
④ 작업 관리상 원인 : 안전 관리 조직의 결함, 안전 수칙 미제정, 작업 준비 불충분, 인원 배치 및 작업 지시 부적당 등이 있다.
⑤ 작업 준비 불충분 : 작업 관리상 원인 중 하나이며, 피재해자는 경첩의 높이가 높음에도 불구하고 작업 준비에 필요한 자재를 준비하지 않은 채 불안전한 자세로 일을 시작하였다.

## 대표기출유형 02  기출응용문제

## 01

정답 ③

사용 전 알아두기 네 번째 사항에서 제습기의 물통이 가득 찰 경우 작동이 멈춘다고 하였으므로 물이 $\frac{1}{2}$ 정도 들어있을 때 작동이 멈췄다면 서비스센터에 연락해야 한다.

오답분석

① 실내 온도가 18℃ 미만일 때 냉각기에 결빙이 시작되어 제습량이 줄어들 수 있다.
② 컴프레서 작동으로 실내 온도가 올라갈 수 있다.
④ 여섯 번째 사항에서 10분 꺼두었다가 다시 켜서 작동하면 정상이라고 하였다.
⑤ 희망 습도에 도달하면 운전이 멈추고, 습도가 높아지면 다시 자동 운전으로 작동한다.

## 02

정답 ①

보증서가 없으면 영수증이 대신하는 것이 아니라, 제조일로부터 3개월이 지난 날부터 보증기간을 계산한다.

오답분석

② 보증기간 안내 두 번째 항목 보증기간 산정 기준에 있는 제품 보증기간 정의와 일치한다.
③ㆍ④ 2017년 이전 구입 제품의 보증기간은 2년이고, 나머지는 1년이 보증기간이다.
⑤ 제습기 부품 보증기간에 2016년 1월 이후 생산된 인버터 컴프레서 보증기간은 10년이라고 하였다.

## 03

정답 ④

Index 뒤의 문자 SOPENTY와 File 뒤의 문자 ATONEMP에서 일치하는 알파벳의 개수를 확인하면 O, P, E, N, T로 총 5개가 일치하는 것을 알 수 있다. 따라서 판단 기준에 따라 빈칸에 들어갈 Final Code는 Nugre이다.

## 04

정답 ④

주행 알고리즘에 따른 로봇의 이동 경로를 그림으로 나타내면 다음과 같다.

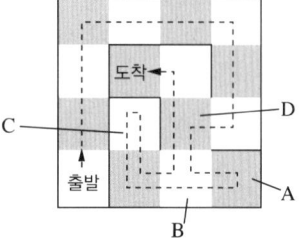

따라서 A에서 B, C에서 D로 이동할 때는 보조명령을 통해 이동했으며, 그 외의 구간은 주명령을 통해 이동했음을 알 알 수 있다.

## 05

정답 ②

제품설명서 중 A/S 신청 전 확인사항을 살펴보면, 기능이 작동하지 않을 경우 수도필터가 막혔거나 착좌센서 오류가 원인이라고 되어 있다. 그러므로 K사원으로부터 접수받은 현상(문제점)의 원인을 파악하려면 수도필터의 청결 상태를 확인하거나 비데의 착좌센서의 오류 여부를 확인해야 한다. 따라서 ②가 가장 적절하다.

## 06

정답 ①

05번의 문제에서 확인한 사항(원인)은 '수도필터의 청결 상태'이다. 이때, 수도필터의 청결 상태가 원인이 되는 또 다른 현상(문제점)으로는 수압이 약해지는 것이 있다. 따라서 ①이 가장 적절한 행동이다.

# 07 조직이해능력

## 대표기출유형 01 기출응용문제

### 01
**정답** ①

(가)는 경영 전략 추진과정 중 환경분석이며, 이는 외부 환경분석과 내부 환경분석으로 구분된다. 외부 환경으로는 기업을 둘러싸고 있는 경쟁자, 공급자, 소비자, 법과 규제, 정치적 환경, 경제적 환경 등이 있으며, 내부 환경은 기업구조, 기업문화, 기업자원 등이 있다. ①에서 설명하는 예산은 기업자원으로서 내부 환경분석의 성격을 가지며, 다른 사례들은 모두 외부 환경분석의 성격을 가짐을 알 수 있다.

### 02
**정답** ④

⊙은 집중화 전략, ⓒ은 원가우위 전략, ⓒ은 차별화 전략에 해당한다.

## 대표기출유형 02 기출응용문제

### 01
**정답** ⑤

조직체계 구성요소 중 규칙 및 규정은 조직의 목표나 전략에 따라 수립되며, 조직구성원들의 활동범위를 제약하고 일관성을 부여하는 기능을 한다. 인사규정·총무규정·회계규정 등이 이에 해당한다.

**오답분석**
① 조직목표 : 조직이 달성하려는 장래의 상태로, 대기업, 정부부처, 종교단체를 비롯하여 심지어 작은 가게도 달성하고자 하는 목표를 가지고 있다. 조직의 목표는 미래지향적이지만 현재 조직행동의 방향을 결정해 주는 역할을 한다.
② 경영자 : 조직의 전략, 관리 및 운영활동을 주관하며, 조직구성원들과의 의사결정을 통해 조직이 나아갈 방향을 제시하고 조직의 유지와 발전에 대해 책임을 지는 사람이다.
③ 조직문화 : 조직이 지속되면서 조직구성원들 간의 생활양식이나 가치를 서로 공유하게 되는 것을 말한다. 이는 조직구성원들의 사고와 행동에 영향을 미치며 일체감과 정체성을 부여하고 조직이 안정적으로 유지되게 한다.
④ 조직 구조 : 조직 내의 부문 사이에 형성된 관계로 조직목표를 달성하기 위한 조직구성원들의 상호작용을 보여준다.

### 02
**정답** ④

리더와 부하 간 상호관계는 조직문화의 구성요소 중 리더십 스타일에 대한 설명이다. 관리시스템은 조직문화의 구성요소로서 장기 전략 목적 달성에 적합한 보상제도와 인센티브, 경영정보와 의사결정시스템, 경영계획 등 조직의 목적을 실제로 달성하는 모든 경영관리제도와 절차를 의미한다.

## 03

정답 ④

**조직목표의 기능**
• 조직이 존재하는 정당성과 합법성 제공
• 조직이 나아갈 방향 제시
• 조직구성원 의사결정의 기준
• 조직구성원 행동수행의 동기유발
• 수행평가의 기준
• 조직설계의 기준

## 04

정답 ①

**조직 변화의 과정**
1. 환경 변화 인지
2. 조직 변화 방향 수립
3. 조직 변화 실행
4. 변화결과 평가

## 05

정답 ②

②는 업무의 내용이 유사하고 관련성이 있는 업무들을 결합해서 구분한 것으로, 기능적 조직구조의 형태로 볼 수 있다. 기능적 구조는 재무부, 영업부, 생산부, 구매부 등의 형태로 구분된다.

## 06

정답 ③

오답분석
• B : 사장 직속으로 4개의 본부가 있다는 설명은 옳지만, 인사를 전담하고 있는 본부는 없으므로 적절하지 않다.
• C : 감사실이 분리되어 있다는 설명은 옳지만, 사장 직속이 아니므로 적절하지 않다.

## 01

정답  ④

K주임이 가장 먼저 해야 하는 일은 오늘 2시에 예정된 팀장 회의 일정을 P팀장에게 전달하는 것이다. 다음으로 내일 진행될 언론홍보팀과의 회의 일정에 대한 답변을 오늘 내로 전달해달라는 요청을 받았으므로 먼저 익일 업무 일정을 확인 후 회의 일정에 대한 답변을 전달해야 한다. 이후 회의 전에 미리 숙지해야 할 자료를 확인하는 것이 적절하다. 따라서 K주임은 ④의 순서로 업무를 처리하는 것이 가장 적절하다.

## 02

정답  ③

ㄱ. 최수영 상무이사가 결재한 것은 대결이다. 대결은 결재권자가 출장, 휴가, 기타 사유로 상당기간 부재중일 때 긴급한 문서를 처리하고자 할 경우 결재권자의 차하위 직위의 결재를 받아 시행하는 것을 말한다.
ㄴ. 대결 시에는 기안문의 결재란 중 대결한 자의 란에 '대결'을 표시하고 서명 또는 날인한다.

| 담당 | 과장 | 부장 | 상무이사 | 전무이사 |
|------|------|------|----------|----------|
| 아무개 | 최경옥 | 김석호 | 대결 최수영 | 전결 |

ㄹ. 전결 사항은 전결권자에게 책임과 권한이 위임되었으므로 중요한 사항이라면 원결재자에게 보고하는 데 그친다.

오답분석
ㄷ. 대결의 경우 원결재자가 문서의 시행 이후 결재하며, 이를 후결이라 한다.

## 03

정답  ⑤

예산집행 조정, 통제 및 결산 총괄 등 예산과 관련된 업무는 ⓓ 자산팀이 아닌 ㉠ 예산팀이 담당하는 업무이다. 자산팀은 물품 구매와 장비·시설물 관리 등의 업무를 담당한다.

## 04

정답  ⑤

전문자격 시험의 출제정보를 관리하는 시스템의 구축·운영 업무는 정보화사업팀이 담당하는 업무로, 개인정보 보안과 관련된 업무를 담당하는 정보보안전담반의 업무로는 적절하지 않다.

## 05

정답  ④

홈페이지 운영 등은 정보사업팀에서 한다.

오답분석
① 1개의 감사실과 11개의 팀으로 되어 있다.
② 예산기획과 경영평가는 전략기획팀에서 관리한다.
③ 경영평가(전략기획팀), 성과평가(인재개발팀), 품질평가(평가관리팀) 등 다른 팀에서 담당한다.
⑤ 감사실을 두어 감사, 부패방지 및 지도점검을 하게 하였다.

## 06

정답  ⑤

품질평가 관련 민원은 평가관리팀이 담당하고 있다.

PART 2

기출응용문제

## 01

정답 ③

ㄱ. 팀워크는 공동의 목적을 달성하기 위해 구성원들이 협력하는 것을 의미하지만, 응집력은 공동목표나 목적 없이 소속감을 갖고 모이는 것을 의미한다.
ㄷ. 응집력은 협력을 전제하지 않으며, 구성원 간의 협력이 없더라도 구성원으로서의 소속감이나 의지 등으로 이를 충족할 수 있다. 구성원 간의 협력을 전제하는 것은 팀워크만의 특성이다.

오답분석

ㄴ. 응집력은 단순히 조직력이 좋은 것을 의미하고, 팀워크는 이를 통해 목적을 달성하는 것을 의미한다. 따라서 응집력과 달리 팀워크는 좋은 성과를 필요로 한다.

## 02

정답 ③

A사의 사례는 팀워크의 중요성과 주의할 점을 보여주고, K병원의 사례는 공통된 비전으로 인한 팀워크의 성공을 보여준다. 두 사례 모두 팀워크에 대한 내용이지만, 개인 간의 차이를 중시해야 한다는 것은 언급되지 않았다.

기출응용문제

## 01

정답 ②

리더십과 멤버십은 상호 간에 보완하는 기능을 수행하기 때문에 독립적인 관계가 아닌 상호보완적인 관계에 있다. 또한 리더십과 멤버십이 상호 보완하는 과정에서 성과가 상쇄되는 것을 최소화하여 최고의 성과를 내기 위해서는 양자가 모두 뛰어난 수준을 갖추어야 한다. 따라서 바르게 설명한 사람은 김사원과 최사원이다.

## 02

정답 ⑤

수동형 사원은 자신의 능력과 노력을 조직으로부터 인정받지 못해 자신감이 떨어지는 모습을 보인다. 따라서 자신의 업무에 대해 자신감을 키워주는 것이 적절하다.

오답분석

① 적절한 보상이 없다고 느끼는 소외형 사원에게 팀에 대한 협조의 조건으로 보상을 제시하는 것은 적절하지 않다.
② 리더는 팀원을 배제시키지 않고 팀 목표를 위해 팀원들이 자발적으로 업무에 참여하도록 노력해야 한다.
③ 순응형 사원에 대해서는 그들의 잠재력 개발을 통해 팀 발전을 위한 창의적인 모습을 갖도록 해야 한다.
④ 실무형 사원에 대해서는 징계를 통해 규정 준수를 억지로 강조하는 모습보다는 의사소통을 통해 규정을 이해시키는 것이 적절하다.

## 01

3단계는 상대방의 입장을 파악하는 단계이다. 자기 생각을 말한 뒤 A씨의 견해를 물으며 상대방의 입장을 파악하려는 ②가 3단계에 해당하는 대화로 가장 적절하다.

## 02

갈등이 발생하면 서로에 대해 이해하지 않고, 배척하려는 성향이 있기 때문에 갈등 당사자 간에 의사소통이 줄어들고, 접촉하려 하지 않는 경향이 생긴다.

오답분석

② 조직의 갈등은 없거나 너무 낮으면 조직원들의 의욕이 상실되고, 환경 변화에 대한 적응력도 떨어지고 조직성과는 낮아지게 된다.
③ 갈등이 승리를 더 원하게 만든다.
④ 목표달성을 위해 노력하는 팀이라면 갈등은 항상 있게 마련이다.
⑤ 갈등은 새로운 해결책을 만들어 주는 기회가 될 수 있다.

## 01

고객이 잘못 이해하고 있다고 하더라도 고객의 말에 반박하지 말고, 먼저 공감해야 한다. 즉, 고객이 그렇게 말할 수 있음을 이해하는 것이 중요하다.

## 02

기업의 제품이나 서비스의 불만족은 고객이탈로 이어질 수 있다.

## 대표기출유형 01 기출응용문제

### 01

정답 ④

전혀 새로운 일을 탐색하더라도 현재의 직무상황과 이에 대한 만족도가 자기개발 계획을 수립하는 데 중요한 역할을 담당하므로, 현 직무를 담당하는 데 필요한 능력과 이에 대한 자신의 수준, 개발해야 할 능력, 관련된 적성 등을 고려해야 한다.

### 02

정답 ①

자기개발은 한 분야에서 오랫동안 업무를 수행하도록 돕는 것이 아니라 끊임없이 변화하는 환경에 적응하도록 돕는다.

### 03

정답 ③

자기개발 계획을 세울 때는 장기, 단기목표를 모두 세워야 한다. 장기목표는 5 ~ 20년 뒤의 목표를 의미하고, 단기목표는 1 ~ 3년 정도의 목표를 의미한다. 장기목표는 자신의 욕구, 가치, 흥미, 적성 및 기대를 고려하여 수립하며 자신의 직장에서의 일과 관련하여 직무의 특성, 타인과의 관계 등을 고려하여 작성한다. 단기목표는 장기목표를 이룩하기 위한 기본단계로 필요한 직무경험, 능력, 자격증 등을 고려하여 세운다.

### 04

정답 ②

K사원의 워크시트 중 '상사 / 동료의 지원 정도'를 보면 상사와 동료 모두 자기 업무에 바빠 업무 지침에 해당되는 업무를 지원하는 데 한계가 있다고 적혀 있다. 따라서 ②의 경우 팀원들이 조사한 만족도 조사를 받는 것은 한계가 있으므로, 업무수행 성과를 높이기 위한 전략으로 보기 어렵다.

### 05

정답 ③

C사원이 자기개발에 대한 구체적인 방법을 몰라서 계획을 실천하지 못한 것은 아니다. 업무와 관련한 자격증 강의 듣기, 체력 관리, 친목 다지기 등 계획 자체는 꽤 구체적으로 세웠기 때문이다.

오답분석

C사원이 계획을 제대로 실천하지 못한 이유는 직장에 다니고 있기 때문에 개인 시간에 한계가 있는데 그에 비해 계획이 과했기 때문이다(⑤). 그리고 다른 욕구를 이기지 못한 것도 원인이다. 몸이 아파서(내부), 회사 회식에 빠지기 어려워서(외부), 즉 쉬고 싶은 욕구와 다른 사람과 어울리고 싶은 욕구가 계획 실천 욕구보다 강했다(① · ④). 이때 C사원은 자신에게는 그럴 만한 이유가 있었다고 생각했을 것이다(②).

## 01

직무와 관련된 주변 환경의 기회와 장애요인을 분석하기 위한 환경탐색의 방법이다.

오답분석

①·②·③·④ 자신의 능력·흥미·적성 등을 파악하기 위한 자기탐색의 방법에 해당한다.


## 02

A씨는 창업을 하기로 결심하고 퇴사한 후 현재는 새로운 경력을 가지기 위해 관련 서적을 구매하거나 박람회에 참여하는 등 창업에 대한 정보를 탐색하고 있다. 이는 자신에게 적합한 직업이 무엇인지를 탐색하고 이를 선택한 후 여기에 필요한 능력을 키우는 과정인 직업 선택의 단계로, 사람에 따라 일생 동안 여러 번 일어날 수도 있다.

대표기출유형 01   기출응용문제

## 01
 정답 ②

②는 절차 공정성에 대한 설명이다. 절차 공정성은 개인의 의사결정 형성에 적용되는 과정의 타당성에 대한 것으로, 목적이 달성되는 데 사용한 수단에 관한 공정성이며, 의사결정자들이 논쟁 또는 협상의 결과에 도달하기 위해 사용한 정책, 절차, 기준에 관한 공정성이다.

> **분배 공정성**
> 최종적인 결과에 대한 지각이 공정했는가를 나타내며 교환의 주목적인 대상물, 즉 핵심적인 서비스에 대한 지각이 공정했는가를 결정하는 것이다.

## 02
정답 ③

B사원의 업무방식은 그의 성격으로 인해 나타나는 것이며, B사원의 잘못이 아님을 알 수 있다. 따라서 A대리는 업무방식에 대해 서로 다른 부분을 인정하는 상호 인정에 대한 역량이 필요하다고 볼 수 있다.

## 03
정답 ③

직장에서의 근면한 생활을 위해서는 B사원과 같이 일에 지장이 없도록 항상 건강관리에 유의해야 하며, C대리와 같이 오늘 할 일을 내일로 미루지 않고, 업무 시간에 개인적인 일을 하지 않아야 한다.

오답분석
- A사원 : 항상 일을 배우는 자세로 임하여 열심히 해야 한다.
- D대리 : 사무실 내에서 메신저 등을 통해 사적인 대화를 나누지 않아야 한다.

## 대표기출유형 02 기출응용문제

### 01

정답 ④

제시문은 민주 시민으로서 기본적으로 지켜야 하는 의무와 생활 자세인 '준법 정신'에 대한 일화이다. 사회가 유지되기 위해서는 준법 정신이 필요한 것처럼 직장생활에서도 조직의 운영을 위해 준법 정신이 필요하다.

오답분석
① 봉사(서비스)에 대한 설명이다.
② 근면에 대한 설명이다.
③ 책임에 대한 설명이다.
⑤ 정직과 신용에 대한 설명이다.

### 02

정답 ⑤

일을 하다가 예상하지 못한 상황이 일어났을 때 그 이유에 대해 고민해 보는 것은 필요하다. 같은 상황을 다시 겪지 않도록 대처해야 하기 때문이다. 그러나 그 이유에 대해 계속 매달리는 것은 시간과 에너지를 낭비하는 것이다. 최대한 객관적으로 이유를 분석한 뒤 결과를 수용하고 신속하게 대책을 세우는 것이 바람직하다.

### 03

정답 ①

우수한 직업인의 자세에는 해당할 수 있으나, 직업윤리에서 제시하는 직업인의 기본자세에는 해당하지 않는다.

오답분석
② 나의 일을 필요로 하는 사람에게 봉사한다는 마음가짐이 필요하며, 직무를 수행하는 과정에서 다른 사람과 긴밀히 협력하는 협동 정신이 요구된다.
③ 직업이란 신이 나에게 주신 거룩한 일이며, 일을 통하여 자신의 존재를 실현하고 사회적 역할을 담당하는 것이니 자기의 직업을 사랑하며, 긍지와 자부심을 갖고 성실하게 임하는 마음가짐이 있어야 한다.
④ 법규를 준수하고 직무상 요구되는 윤리기준을 준수해야 하며, 공정하고 투명하게 업무를 처리해야 한다.
⑤ 협력체제에서 각자의 책임을 충실히 수행할 때 전체 시스템의 원만한 가동이 가능하며, 다른 사람에게 피해를 주지 않는다. 이러한 책임을 완벽하게 수행하기 위하여 자신이 맡은 분야에서 전문적인 능력과 역량을 갖추고, 지속적인 자기계발을 해야 한다.

MEMO

# PART 3

# 최종점검 모의고사

| 제1회 | 모듈형 모의고사 |
| 제2회 | 피듈형 모의고사 |
| 제3회 | PSAT형 모의고사 |

| 01 | 02 | 03 | 04 | 05 | 06 | 07 | 08 | 09 | 10 | 11 | 12 | 13 | 14 | 15 | 16 | 17 | 18 | 19 | 20 |
|----|----|----|----|----|----|----|----|----|----|----|----|----|----|----|----|----|----|----|----|
| ① | ④ | ③ | ① | ④ | ③ | ③ | ① | ③ | ① | ③ | ② | ⑤ | ② | ④ | ⑤ | ③ | ③ | ② | ① |
| 21 | 22 | 23 | 24 | 25 | 26 | 27 | 28 | 29 | 30 | 31 | 32 | 33 | 34 | 35 | 36 | 37 | 38 | 39 | 40 |
| ⑤ | ④ | ② | ① | ② | ① | ③ | ② | ② | ② | ④ | ② | ④ | ③ | ② | ① | ③ | ③ | ② | ③ |
| 41 | 42 | 43 | 44 | 45 | 46 | 47 | 48 | 49 | 50 | 51 | 52 | 53 | 54 | 55 | 56 | 57 | 58 | 59 | 60 |
| ④ | ③ | ② | ② | ② | ② | ⑤ | ③ | ② | ④ | ⑤ | ④ | ⑤ | ② | ⑤ | ① | ⑤ | ⑤ | ④ | ⑤ |

## 01  의사 표현                                                          정답 ①

문서이해능력이란 직업 현장에서 자신의 업무와 관련된 인쇄물이나 기호화된 정보 등 필요한 문서를 확인하여 이를 읽고, 내용을 이해하여 요점을 파악하는 능력을 말한다. 부서 전체 회의에서 발표자의 이야기를 듣고 들은 내용을 종합하는 것은 경청능력에 해당한다.

## 02  의사 표현                                                          정답 ④

상대방이 이해하기 어려운 전문적 언어(ㄹ)나 단조로운 언어(ㅁ)는 의사표현에 사용되는 언어로 적절하지 않다.

오답분석

의사표현에 사용되는 언어로는 이해하기 쉬운 언어(ㄱ), 상세하고 구체적인 언어(ㄴ), 간결하면서 정확한 언어(ㄷ), 문법적 언어 (ㅂ), 감각적 언어 등이 있다.

## 03  의사 표현                                                          정답 ③

상대방에게 잘못을 지적하며 질책을 해야 할 때는 '칭찬 – 질책 – 격려' 순서인 샌드위치 화법으로 표현하는 것이 좋다. 즉, 칭찬을 먼저 한 다음 질책의 말을 하고, 끝에 격려의 말로 마무리한다면 상대방은 크게 반발하지 않고 질책을 받아들이게 될 것이다.

오답분석

① 상대방의 잘못을 지적할 때는 지금 당장의 잘못에만 한정해야 하며, 추궁하듯이 묻지 않아야 한다.
② 상대방의 말이 끝나기 전에 어떤 답을 할까 궁리하는 것은 좋지 않다.
④ 상대방을 설득해야 할 때는 일방적으로 강요하거나 상대방에게만 손해를 보라는 식으로 대화해서는 안 된다. 먼저 양보해서 이익을 공유하겠다는 의지를 보여주는 것이 좋다.
⑤ 상대방에게 명령을 해야 할 때는 강압적으로 말하기보다는 부드럽게 표현하는 것이 효과적이다.

## 04  경청                                                          정답 ①

상대를 정면으로 마주하는 자세는 자신이 상대방과 함께 의논할 준비가 되어있다는 것을 알리는 자세이므로 경청을 하는 데 있어 올바른 방법이다.

## 05 　맞춤법
**정답** ④

㉠ '소개하다' : '서로 모르는 사람들 사이에서 양편이 알고 지내도록 관계를 맺어 주다.'의 의미로 단어 자체가 사동의 의미를 지니고 있으므로 '소개시켰다'가 아닌 '소개했다'가 옳은 표현이다.

㉡ '쓰여지다' : 피동 접사 '-이-'와 '-어지다'가 결합한 이중 피동 표현이므로 '쓰여진'이 아닌 '쓰인'이 옳은 표현이다.

㉢ '부딪치다' : '무엇과 무엇이 힘 있게 마주 닿거나 마주 대다.'의 의미인 '부딪다'를 강조하여 이르는 말이고, '부딪히다'는 '부딪다' 의 피동사이다. 따라서 ㉢에는 의미상 '부딪쳤다'가 들어가야 한다.


## 06 　한자성어
**정답** ③

'자는 호랑이에게 코침 주기(숙호충비; 宿虎衝鼻)'는 가만히 있는 사람을 건드려서 스스로 화를 불러들이는 일을 뜻한다. '평지풍파(平地風波)'는 고요한 땅에 바람과 물결을 일으킨다는 뜻으로, 공연한 일을 만들어서 뜻밖에 분쟁을 일으키거나 사태를 어렵고 시끄럽게 만드는 경우를 뜻한다. 따라서 '자는 호랑이에게 코침 주기'와 뜻이 비슷하다.

[오답분석]
① 전전반측(輾轉反側) : 걱정거리로 마음이 괴로워 잠을 이루지 못함
② 각골통한(刻骨痛恨) : 뼈에 사무치도록 마음속 깊이 맺힌 원한
④ 백아절현(伯牙絕絃) : 자기를 알아주는 절친한 벗의 죽음을 슬퍼함
⑤ 곡학아세(曲學阿世) : 정도(正道)를 벗어난 학문으로 세상 사람에게 아첨함


## 07 　응용 수리
**정답** ③

이상이 생겼을 때 지하철의 속력은 $60 \times 0.4 = 24$km/h이다.

지하철의 이동거리를 $x$km라고 하면 평소보다 45분 늦게 도착하였으므로 다음 식이 성립한다.

$$\frac{x}{24} - \frac{x}{60} = \frac{45}{60}$$

$\rightarrow 5x - 2x = 90$

$\rightarrow 3x = 90$

$\therefore x = 30$

따라서 P사원이 출발하는 역부터 도착하는 역까지 지하철의 이동거리는 30km이다.


## 08 　응용 수리
**정답** ①

처음 퍼낸 소금물의 양을 $x$g이라고 하면 200g의 소금물에서 $x$g을 퍼낸 후 소금의 양은 $\frac{8}{100}(200-x)$g이므로 다음 식이 성립한다.

$$\frac{8}{100}(200-x) + 50 = \frac{24}{100} \times 250$$

$\rightarrow 8(200-x) + 5{,}000 = 6{,}000$

$\rightarrow 200 - x = 125$

$\therefore x = 75$

따라서 처음 퍼낸 소금물의 양은 75g이다.


## 09 　수열 규칙
**정답** ③

제시된 수열은 앞의 항에 $-1$, $-6$, $-11$, $-16$, $-21$, …을 하는 수열이다.

수열의 일반항을 $a_n$이라 하면 $a_n = 500 - \sum_{k=1}^{n-1}(5k-4) = 500 - \left\{ \frac{5n(n-1)}{2} - 4(n-1) \right\} = 496 + 4n - \frac{5n(n-1)}{2}$ 이다.

따라서 11번째 항의 값은 $a_{11} = 496 + (4 \times 11) - \frac{5 \times 11 \times 10}{2} = 496 + 44 - 275 = 265$이다.

## 10 수열 규칙

**정답** ①

$n$을 자연수라고 하면 $n$항과 $(n+1)$항의 역수를 곱한 값이 $(n+2)$항인 수열이다.

따라서 ( )$=\dfrac{9}{2} \times \dfrac{81}{20} = \dfrac{729}{40}$ 이다.

## 11 수열 규칙

**정답** ③

[(앞의 항)$+8$]$\div 2=$(다음 항)인 수열이다.

따라서 ( )$=(9.25+8) \div 2 = 8.625$이다.

## 12 응용 수리

**정답** ②

5개의 숫자 중 4개의 숫자를 뽑는 경우의 수는 $_5C_4=5$가지이다. 뽑힌 4개의 숫자 중 가장 큰 숫자와 가장 작은 숫자 2개를 제외하고 나머지 숫자 2개의 순서만 정하면 되므로 비밀번호로 가능한 경우의 수는 $5 \times 2 = 10$가지이다. 따라서 10번의 시도를 하면 반드시 비밀번호를 찾을 수 있다.

## 13 창의적 사고

**정답** ⑤

실행계획 수립은 무엇을, 어떤 목적으로, 언제, 어디서, 누가, 어떤 방법으로의 물음에 대한 답을 가지고 계획하는 단계이다. 자원을 고려하여 수립해야 하며, 세부 실행내용의 난이도를 고려하여 가급적 구체적으로 세우는 것이 좋고, 해결안별 구체적인 실행계획서를 작성함으로써 실행의 목적과 과정별 진행내용을 일목요연하게 파악하도록 하는 것이 필요하다.

## 14 문제 유형

**정답** ②

문제(㉠)란 업무를 수행함에 있어서 답을 요구하는 질문이나 의논하여 해결해야 되는 사항을 의미한다. 문제는 흔히 문제점(㉡)과 구분하지 않고 사용되는데, 문제점이란 문제(㉢)의 원인이 되는 사항으로 해결을 위해서 손을 써야 할 대상을 말한다.

## 15 SWOT 분석

**정답** ④

3C 분석에서 고객 분석은 '고객은 자사의 상품 / 서비스에 만족하고 있는지'를, 자사 분석은 '자사가 세운 달성목표와 현상 간에 차이가 없는지'를 경쟁사 분석은 '경쟁기업의 우수한 점과 자사의 현상과 차이가 없는지'를 질문을 통해 분석하는 방법이다.

**오답분석**

① SWOT 분석에 대한 설명이다.
② STP 전략에 대한 설명이다.
③ 4P(마케팅 믹스)에 대한 설명이다.
⑤ 5 Force Model에 대한 설명이다.

## 16 창의적 사고

**정답** ⑤

전략적 사고란 현재 당면하고 있는 문제와 그 해결방법에만 집착하지 않고, 그 문제와 해결방법이 상위 시스템과 어떻게 연결되어 있는지를 생각하는 것을 의미한다.

**오답분석**

① 분석적 사고 : 전체를 각각의 요소로 나누어 그 요소의 의미를 도출한 다음 우선순위를 부여하여 구체적인 문제해결방법을 실행하는 것을 의미한다.
② 발상의 전환 : 사물과 세상을 바라보는 기존의 인식 틀을 전환하여 새로운 관점에서 바라보는 것을 의미한다.

③ 내·외부자원의 활용 : 문제해결 시 기술, 재료, 방법, 사람 등 필요한 자원 확보 계획을 수립하고 내·외부자원을 효과적으로 활용하는 것을 의미한다.

④ 창의적 사고 : 당면한 문제를 해결하기 위해 이미 알고 있는 경험지식을 해체하여 새로운 아이디어를 다시 도출하는 것을 의미한다.

## 17 문제 유형 〔정답〕 ③

탐색형 문제는 현재의 상황을 개선하거나 효율을 높이기 위한 문제로, 눈에 보이지 않지만 방치하면 뒤에 큰 손실이 따르거나 결국 해결할 수 없는 문제로 나타날 수 있다. 현재 상황은 문제가 되지 않지만, 생산성 향상을 통해 현재 상황을 개선하면 대외경쟁력과 성장률을 강화할 수 있으므로 ③은 탐색형 문제에 해당한다.

〔오답분석〕

①·④ 현재 직면하고 있으면서 바로 해결해야 하는 발생형 문제에 해당한다.

②·⑤ 앞으로 발생할 수 있는 설정형 문제에 해당한다.

## 18 창의적 사고 〔정답〕 ③

예술성은 창의적 사고와 관련이 있으며, 비판적 사고를 개발하기 위해서는 감정적이고 주관적인 요소를 배제하여야 한다.

〔오답분석〕

① 체계성 : 결론에 이르기까지 논리적 일관성을 유지하여 논의하고 있는 문제의 핵심에서 벗어나지 않도록 한다.

② 결단성 : 모든 필요한 정보가 획득될 때까지 불필요한 논증을 피하고 모든 결정을 유보하며, 증거가 타당할 때 결론을 맺어야 한다.

④ 지적 호기심 : 여러 가지 다양한 질문이나 문제에 대한 해답을 탐색하고 사건의 원인과 설명을 구하기 위해 왜, 언제, 누가, 어떻게 등에 대한 질문을 제기한다.

⑤ 지적 회의성 : 모든 신념은 의심스러운 것으로, 적절한 결론이 제시되지 않는 한 결론이 참이라고 받아들이지 않는다.

## 19 품목 확정 〔정답〕 ②

**자원관리과정**

1. 필요한 자원의 종류와 양 확인
2. 이용 가능한 자원 수집하기
3. 자원 활용 계획 세우기
4. 계획대로 수행하기

## 20 비용 계산 〔정답〕 ①

**예산의 구성요소**

• 직접비용 : 제품 또는 서비스를 창출하기 위해 직접 소비된 것으로 여겨지는 비용이다.

• 간접비용 : 과제를 수행하기 위해 소비된 비용 중 직접비용을 제외한 비용으로, 생산에 직접 관련되지 않은 비용이다.

## 21 시간 계획 〔정답〕 ⑤

기업 입장에서는 일을 수행하는 데 있어 소요되는 시간이 단축되면, 그에 따른 비용이 절감되고 상대적으로 이익이 늘어남으로써 사실상 가격 인상의 효과를 볼 수 있다.

## 22 품목 확정

**정답** ④

물품을 기호화하고 관리하는 자료인 물품출납 및 운용카드는 물품에 대한 상태를 지속적으로 확인하고 작성하여 개정할 필요가 있다.


## 23 인원 선발

**정답** ②

인적 자원은 조직 차원뿐만 아니라 개인에게 있어서도 매우 중요하다.


## 24 인원 선발

**정답** ①

인맥을 활용하면 각종 정보와 정보의 소스를 주변 사람으로부터 획득할 수 있다. 또한 '나' 자신의 인간관계나 생활에 대해서 알 수 있으며, 이로 인해 자신의 인생에 탄력을 불어넣을 수 있다. 또한, 주변 사람들의 참신한 아이디어를 통해 자신만의 사업을 시작할 수도 있다. 따라서 A사원의 메모는 모두 옳은 내용이다.


## 25 정보 이해

**정답** ②

제시된 단계는 취합한 정보를 통해 예측하는 과정으로 '정보의 수집'에 해당하는 단계이다. 따라서 다음에 이어지는 정보의 처리 과정은 '정보의 관리'에 해당한다.

[오답분석]
① 정보의 기획 : 정보 관리의 첫 단계로, '무엇을, 어디에서, 언제까지, 왜, 누가, 어떻게, 얼마나'에 맞게 정보에 대한 기획을 한다.
③ 정보의 수집 : 다양한 정보원으로부터 목적에 적합한 정보를 입수하는 것으로, 최종 목적은 과거의 정보를 모아 미래에 대한 예측을 하는 것이다.
④ 정보의 활용 : 정보가 필요하다는 문제 상황을 인지할 수 있는 능력, 문제해결에 적합한 정보를 찾고 선택할 수 있는 능력, 찾은 정보를 문제해결에 적용할 수 있는 능력, 윤리 의식을 가지고 합법적으로 정보를 활용할 수 있는 능력 등 다양한 능력이 수반되는 단계이다.
⑤ 정보의 적용 : 정보의 활용에 포함되는 내용이다.


## 26 정보 이해

**정답** ①

데이터베이스(DB; Data Base)란 어느 한 조직의 여러 응용 프로그램들이 공유하는 관련 데이터들의 모임이다. 대학 내 서로 관련 있는 데이터들을 하나로 통합하여 데이터베이스로 구축하게 되면, 학생 관리 프로그램, 교수 관리 프로그램, 성적 관리 프로그램은 구축된 데이터베이스를 공유하며 사용하게 된다. 이처럼 데이터베이스는 여러 사람에 의해 공유되어 사용될 목적으로 통합하여 관리되는 데이터의 집합을 말하며, 자료항목의 중복을 없애고 자료를 구조화하여 저장함으로써 자료 검색과 갱신의 효율을 높인다.

[오답분석]
② 유비쿼터스 : 사용자가 네트워크나 컴퓨터를 의식하지 않고 장소에 상관없이 자유롭게 네트워크에 접속할 수 있는 정보통신 환경을 의미한다.
③ RFID : 극소형 칩에 상품정보를 저장하고 안테나를 달아 무선으로 데이터를 송신하는 장치를 말한다.
④ NFC : NFC는 전자태그(RFID)의 하나로 13.56Mhz 주파수 대역을 사용하는 비접촉식 근거리 무선통신 모듈이며, 10cm의 가까운 거리에서 단말기 간 데이터를 전송하는 기술을 말한다.
⑤ 와이파이 : 무선접속장치(AP; Access Point)가 설치된 곳에서 전파를 이용하여 일정 거리 안에서 무선인터넷을 할 수 있는 근거리 통신망을 칭하는 기술이다.

## 27    정보 이해      정답 ③

정보를 관리하지 않고 그저 머릿속에만 기억해 두는 것은 정보관리에 허술한 사례이다.

**오답분석**

①·④ 정보검색의 바람직한 사례이다.
②·⑤ 정보전파의 바람직한 사례이다.

## 28    정보 이해      정답 ②

| 1차 자료 | 단행본, 학술지와 학술지 논문, 학술회의자료, 연구보고서, 학위논문, 특허정보, 표준 및 규격자료, 레터, 출판 전 배포자료, 신문, 잡지, 웹 정보자원 등 |
| --- | --- |
| 2차 자료 | 사전, 백과사전, 편람, 연감, 서지데이터베이스 등 |

## 29    정보 이해      정답 ⑤

구체적이고 정확한 정보수집을 위하여 정보수집 대상과 종류 등을 명확하게 지정하여야 한다.

**오답분석**

① 전략적 기획은 정보수집을 수행하기 이전에 수집할 정보의 내용, 수집방안 등을 결정하는 것을 말한다.
② 전략적 기획 단계에서는 정보수집의 비용성과 수집한 정보의 품질을 모두 고려해야 한다.
③ 정보수집 기한에 대한 계획도 필수적이다.
④ 전략적 기획은 정보수집 계획을 수립하는 과정으로 정보수집의 원천을 파악하는 과정을 포함하여야 한다.

## 30    정보 이해      정답 ③

대부상황은 개인정보 중 신용정보로 분류된다.

## 31    기술 이해      정답 ④

IT와 융합한 지능형 로봇이 유망한 기술로 전망되는 것을 볼 때, 빈칸에 들어갈 용어로 가장 적절한 것은 전기전자공학임을 알 수 있다.

**오답분석**

① 토목공학 : 도로·하천·도시계획 등 토목에 관한 이론과 실제를 연구하는 공학의 한 부문으로, 국토를 대상으로 해서 그 보전·개수·개발경영을 맡는 공학이다.
② 환경공학 : 대기·수질·폐기물·토양·해양 등의 오염 예방과 소음 및 진동공해 방지 등의 환경문제를 해결하기 위하여 학문적인 연구를 하는 분야이다.
③ 생체공학 : 생체의 기구·기능을 공학적으로 연구해서 얻은 지식을 기술적 문제에 응용하는 학문이다.
⑤ 자원공학 : 지구의 표면 및 내부, 즉 지하와 해저에 부존하는 유용자원과 지하매체를 경제적인 목적과 관련하여 각종 원리와 방법을 이용하여 다루는 학문이다.

**전기전자공학**
국가 기간산업의 근간을 이룸으로써 최근 전자와 정보(컴퓨터) 그리고 정보통신공학의 기본이 되는 공학이다. 전기전자공학과에서는 전기 에너지의 생산, 수송 및 변환, 반도체 소자와 컴퓨터를 계측기화할 수 있는 각종 컴퓨터 언어와 하드웨어 그리고 컴퓨터를 이용한 디지털 시스템 설계, VHDL 및 VLSI 설계, 시스템의 자동계측, 자동화, 디지털통신 기술 및 영상 신호처리, 고속전기철도 등을 중심으로 기본 원리부터 응용에 이르기까지 기술적인 방법 등을 다룬다.

## 32   기술 이해     정답 ②

A씨가 공황장애를 진단받은 원인은 엘리베이터의 고장(시설물 결함)으로 인한 것이므로, 이는 산업 재해 중 기술적 원인으로 볼 수 있다.

[오답분석]

① 해당 산업 재해의 원인이 교육적 원인이기 위해서는 해당 산업 재해가 안전 지식이나 경험, 작업방법 등에 대해 충분히 교육이 이루어지지지 않아 발생한 것이어야 한다.
③ 해당 산업 재해의 원인이 작업 관리상 원인이기 위해서는 해당 산업 재해가 안전 관리 조직의 결함 또는 안전 수칙이나 작업 준비의 불충분 및 인원 배치가 부적당한 이유로 인해 발생한 것이어야 한다.
④ 해당 산업 재해의 원인이 불안전한 행동이기 위해서는 재해 당사자가 위험 장소에 접근했거나, 안전장치 기능을 제거했거나, 보호 장비를 미착용 또는 잘못된 착용을 하는 등의 행위를 함으로써 산업 재해가 발생한 것이어야 한다.
⑤ 해당 산업 재해의 원인이 불안전한 상태이기 위해서는 시설물이 구조적으로 불안정하거나 충분한 안전장치를 갖추지 못하는 등의 이유로 인해 산업 재해가 발생한 것이어야 한다.

## 33   기술 이해     정답 ④

**기술경영자의 능력**
1. 기술을 기업의 전반적인 전략 목표에 통합시키는 능력
2. 빠르고 효과적으로 새로운 기술을 습득하고 기존의 기술에서 탈피하는 능력
3. 기술을 효과적으로 평가할 수 있는 능력
4. 기술 이전을 효과적으로 할 수 있는 능력
5. 새로운 제품개발 시간을 단축할 수 있는 능력
6. 크고 복잡하고 서로 다른 분야에 걸쳐 있는 프로젝트를 수행할 수 있는 능력
7. 조직 내의 기술 이용을 수행할 수 있는 능력
8. 기술 전문 인력을 운용할 수 있는 능력

## 34   기술 이해     정답 ③

연구개발에 참가한 연구원과 엔지니어들이 그 기업을 떠나는 경우 기술과 지식의 손실이 크게 발생하는 점을 볼 때, 기술혁신은 새로운 지식과 경험의 축적으로 나타나는 지식 집약적인 활동으로 볼 수 있다.

**기술혁신의 특성**
- 기술혁신은 그 과정 자체가 매우 불확실하고 장기간의 시간을 필요로 한다.
- 기술혁신은 지식 집약적인 활동이다.
- 기술혁신 과정의 불확실성과 모호함은 기업 내에서 많은 논쟁과 갈등을 유발할 수 있다.
- 기술혁신은 조직의 경계를 넘나든다.

## 35   기술 이해     정답 ②

전기산업기사, 건축산업기사, 정보처리산업기사 등의 자격 기술은 구체적 직무수행능력 형태를 의미하는 기술의 협의의 개념으로 볼 수 있다.

[오답분석]

① 기술은 하드웨어를 생산하는 과정이며, 하드웨어는 소프트웨어에 대비되는 용어로 건물, 도로, 교량, 전자장비 등 인간이 만들어 낸 모든 물질적 창조물을 뜻한다.
③ 사회는 기술 개발에 영향을 준다는 점을 볼 때, 산업혁명과 같은 사회적 요인은 기술 개발에 영향을 주었다고 볼 수 있다.
④ 컴퓨터의 발전으로 개인이 정보를 효율적으로 활용·관리하게 됨으로써 현명한 의사결정이 가능해졌음을 알 수 있다.
⑤ 로봇은 인간의 능력을 확장시키기 위한 하드웨어로 볼 수 있으며, 기술은 이러한 하드웨어와 그것의 활용을 뜻한다.

## 36   기술 이해      정답 ①

제품 매뉴얼은 제품의 설계상 결함이나 위험 요소를 대변해서는 안 된다.


## 37   조직 구조      정답 ③

먼저 조직은 조직의 전략, 규모, 기술, 환경 등에 따라 기계적 조직 혹은 유기적 조직으로 설계되며 조직 활동의 결과에 따라 조직의 성과와 구성원들의 조직 만족이 결정된다. 이때, 조직의 성과와 만족은 조직 구성원들의 개인적 성향에 따라 달라진다. 즉, 조직 구성원들의 개인적 성향은 조직 구조가 아닌 조직의 성과와 만족에 영향을 미치는 요인이 된다.


## 38   경영 전략      정답 ③

환경분석 단계에는 내부 환경분석과 외부 환경분석이 있다. C기업의 경우는 환경에 대한 분석이 아닌, 환경분석에 기반하여 경영 전략을 도출하는 단계의 사례에 해당된다.

[오답분석]
① 신규 수주 확보를 위한 경쟁력 확보라는 경영 전략 목표를 설정하는 단계로서 적절한 사례이다.
② 경영 전략 추진 단계 중 환경분석 단계에는 내부 환경분석과 외부 환경분석이 있다. B기업의 사례는 그중 외부 환경분석의 사례로서 적절하다.
④·⑤ 전략목표 달성을 위한 경영 전략 도출에는 크게 조직전략 도출, 사업전략 도출, 부문전략 도출이 있다. 그중 D기업의 경우는 조직전략에 해당되는 사례이고, E기업의 경우 부문전략 및 조직전략에 해당되는 사례로서 적절하다.


## 39   경영 전략      정답 ②

목표관리(MBO; Management By Objectives)란 조직의 상하 구성원들이 참여의 과정을 통해 조직 단위와 구성원의 목표를 명확하게 설정하고, 그에 따라 생산 활동을 수행하도록 한 뒤 업적을 측정·평가하는 포괄적 조직관리 체제를 말한다. 목표관리는 종합적인 조직운영 기법으로 활용될 뿐만 아니라 근무성적평정 수단, 예산 운영 및 재정관리의 수단으로 다양하게 활용되고 있다.

[오답분석]
① 과업평가계획(PERT; Project Evaluation and Review Technique) : 특정 프로젝트의 일정과 순서를 계획적으로 관리하는 기법으로, 계획내용인 프로젝트의 달성에 필요한 모든 작업을 작업 관련 내용과 순서를 기초로 하여 네트워크상으로 파악한다.
③ 조직개발(OD; Organization Development) : 조직의 유효성과 건강을 높이고, 환경변화에 적절하게 대응하기 위하여 구성원의 가치관과 태도, 조직풍토, 인간관계 등을 향상시키는 변화활동을 의미한다.
④ 총체적 질관리(TQM; Total Quality Management) : 조직의 생산성과 효율성을 제고시키기 위하여 조직 구성원 전원이 참여하여 고객의 욕구와 기대를 충족시키도록 지속적으로 개선해 나가는 활동을 의미한다.
⑤ 전사적자원관리(ERP; Enterprise Resource Planning) : 기업 내 생산, 물류, 재무, 회계, 영업과 구매, 재고 등 경영 활동 프로세스들을 통합적으로 연계해 관리하며, 기업에서 발생하는 정보를 공유하여 새로운 정보의 생성과 빠른 의사결정을 도와주는 전사적자원관리시스템을 의미한다.


## 40   조직 구조      정답 ③

[오답분석]
① 만장일치 : 회의 장소에 모인 모든 사람이 같은 의견에 도달하는 방법이다.
② 다수결 : 회의에서 많은 구성원이 찬성하는 의안을 선정하는 방법이다.
④ 의사결정나무 : 나무의 가지를 가지고 목표와 상황과의 상호 관련성을 나타내어 최종적인 의사결정을 하는 것으로 불확실한 상황에서의 의사결정 분석 방법이다.
⑤ 델파이 기법 : 여러 전문가의 의견을 되풀이해 모으고, 교환하고, 발전시켜 미래를 예측하는 질적 예측 방법이다.

## 41 경영 전략

ㄱ. 경영능력이 부족한 근로자가 경영에 참여할 경우, 의사결정이 지연되고 합리성이 저하될 수 있다.

ㄴ. 근로자 측 대표가 조합원의 권리와 이익을 회사 경영환경과 무관하게 지속적으로 보장할 수 있을지 알 수 없다.

ㄷ. 경영참가제도를 통해 분배문제를 해결함으로써 노동조합의 단체교섭 기능이 약화될 수 있다.

**오답분석**

ㄹ. 경영참가제도는 근로자가 경영에 간섭하게 함으로써 경영자의 고유한 권리인 경영권을 약화시킬 수 있다.

## 42 업무 종류

③은 인사부의 담당 업무이다. 기획부는 경영계획 및 전략 수립, 전사기획 업무 종합 및 조정, 중·장기 사업계획의 종합 및 조정 등을 한다.

## 43 팀워크

팀워크와 구분되는 응집력에 대한 설명이다. 팀워크는 공동의 목적 달성이라는 의지를 갖추고 서로 협력하여 성과를 내는 것을 의미한다.

## 44 리더십

ㄱ. 구성원에게 동기 부여를 하기 위해서는 새로운 도전의 기회를 부여하는 것이 적절하다. 도전의 부여를 미루는 것은 변화의 시기를 미루게 되는 결과를 가져온다.

ㄹ. 적극적 업무 수행으로 인한 긍정적 결과를 강조함으로써 동기를 부여하는 것이 바람직하다.

**동기 부여 방법**
- 긍정적 강화법을 활용한다.
- 새로운 도전 기회를 부여한다.
- 창의적 문제해결법을 찾는다.
- 자신의 역할과 행동에 책임감을 갖는다.
- 코칭을 한다.
- 변화를 두려워하지 않는다.
- 지속적으로 교육한다.

## 45 리더십

조직을 관리하는 대표는 리더(Leader)와 관리자(Manager)로 나눌 수 있다. '무엇을 할까'를 생각하면서 적극적으로 움직이는 사람이 리더이고, 처해 있는 상황에 대처하기 위해 '어떻게 할까'를 생각하는 사람이 관리자이다.

## 46 리더십

대화를 통해 부하직원인 A씨 스스로 업무 성과가 떨어지고 있고, 업무 방법이 잘못되었음을 인식시켜서 이를 해결할 방법을 스스로 생각하도록 해야 한다. 이후 B팀장이 조언하며 A씨를 독려한다면, B팀장은 A씨의 자존감과 자기결정권을 침해하지 않으면서도 A씨 스스로 책임감을 느끼고 문제를 해결할 가능성이 높아지게 할 수 있다.

**오답분석**

① 징계를 통해 억지로 조언을 듣도록 하는 것은 자존감과 자기결정권을 중시하는 A씨에게 적절하지 않다.

③ 칭찬은 A씨로 하여금 자신의 잘못을 인식하지 못하도록 할 수 있어 적절하지 않다.

④ 자존감과 자기결정권을 중시하는 A씨에게 강한 질책은 효과적이지 못하다.

⑤ A씨가 자기 잘못을 인식하지 못한 상태로 시간만 흘러갈 수 있다.

## 47   갈등 관리      정답 ⑤

조직의 의사결정이 창의성을 발휘할 수 있는 분위기에서 진행된다면, 적절한 수준의 내부적 갈등은 순기능을 할 가능성이 높다.

## 48   고객 서비스      정답 ③

K사원과 통화 중인 고객은 고객의 불만 표현 유형 중 하나인 빨리빨리형으로, 성격이 급하고, 확신 있는 말이 아니면 잘 믿지 못하는 모습을 보이고 있다. 이러한 경우 "글쎄요", "아마"와 같은 애매한 표현은 고객의 불만을 더 높일 수 있다.

## 49   자기 관리      정답 ②

자기개발은 자아인식, 자기관리, 경력개발의 세 과정으로 구성돼 있다. 이 중 자기관리란 목표를 성취하기 위해 자신의 행동 및 업무수행을 관리하고 조정하는 것을 말한다. 자신에 대한 이해를 바탕으로 비전과 목표를 수립하고, 피드백 과정을 통해 부족한 점을 고쳐 나가도록 한다.

오답분석
① 자아인식이란 자신의 흥미, 적성, 특성 등을 이해하고 자기정체감을 확고히 하는 것을 말한다.
③·⑤ 자기개발의 구성요소에 해당하지 않는다.
④ 경력개발이란 자신의 진로에 대해 단계적 목표를 설정하고 목표 성취에 필요한 역량을 개발해 나가는 능력을 말한다.

## 50   자기 관리      정답 ④

자기개발을 위해 장기적인 목표와 단기적인 목표 모두 수립해야 한다. 보통 장기목표는 5 ~ 20년 뒤를 설계하며, 단기목표는 1 ~ 3년 정도의 목표를 설계한다. 장기목표는 자신의 욕구, 가치, 흥미, 적성 및 기대를 고려하여 수립하며, 직장에서의 일과 관련된 직무의 특성, 타인과의 관계 등을 고려해야 한다. 단기목표는 장기목표를 이룩하기 위한 기본단계가 되며, 필요한 직무 관련 경험, 개발해야 될 능력 혹은 자격증, 쌓아두어야 할 인간관계 등을 고려하여 수립한다.

오답분석
① 개인은 가족, 친구, 직장동료, 부하직원, 상사, 고객 등 많은 인간관계를 맺고 살아가고 있으므로, 이러한 관계를 고려하지 않고 자기개발 계획을 수립한다면 계획을 실행하는 데 어려움을 겪게 된다.
② 직업인이라면 현재의 직무 상황과 이에 대한 만족도가 자기개발 계획을 수립하는 데 중요한 역할을 담당하게 된다. 따라서 현 직무를 담당하는 데 필요한 능력과 이에 대한 자신의 수준, 개발해야 될 능력, 관련된 적성 등을 고려해야 한다.
③ 자기개발을 애매모호한 방법으로 계획하게 되면, 어떻게 해야 되는지 명확하게 알 수 없으므로, 계획 수행 중 중간에서 적당히 하게 되거나 자신의 노력을 낭비하게 된다. 따라서 구체적인 방법으로 자기개발을 계획해야 한다.
⑤ 자신의 흥미, 장점 등과 같은 내부의 정보와 회사 내의 경력기회 및 직무 가능성, 다른 직업이나 회사 밖의 기회 등의 외부 정보를 충분히 알지 못할 경우 자기개발 계획을 성공시키기 어렵다.

## 51   경력 관리      정답 ⑤

자신이 그동안 성취한 것을 평가하고, 생산성을 그대로 유지하는 단계는 경력 중기에 해당하므로 경력 초기의 수행 과제로는 적절하지 않다.

## 52   경력 관리                             정답 ④

경력개발 전략수립 단계는 경력목표를 수립한 이후 이를 달성하기 위한 구체적인 활동계획을 수립하는 시기이다. L씨는 현재 경력목표만 설정한 상태로, 그 이후 단계인 경력개발 전략수립 단계는 사례에서 찾아볼 수 없다.

**오답분석**

① 직무정보 탐색 : 투자 전문가의 보수, 종사자의 직무만족도 등을 파악하였다.
② 자기 탐색 : 적성검사를 통해 자신의 적성을 파악하였다.
③ 경력목표 설정 : 3년 내에 투자 전문가 관련 자격증을 취득하는 것을 목표로 설정하였다.
⑤ 환경 탐색 : 자신이 경력개발을 위해 활용할 수 있는 시간을 파악했다.

## 53   자기 관리                             정답 ⑤

㉠ : 자신뿐만 아니라 타인도 알고 있는 공개된 자아에 해당한다.
㉡ : 스스로는 알고 있지만 타인이 모르는 숨겨진 자아에 해당한다.
㉢ : 자신은 모르지만 타인이 알고 있는 눈먼 자아에 해당한다.

**조해리의 창(Johari's Window)**

| 구분 | 자신이 안다 | 자신이 모른다 |
| --- | --- | --- |
| 타인이 안다 | 공개된 자아 | 눈먼 자아 |
| 타인이 모른다 | 숨겨진 자아 | 아무도 모르는 자아 |

## 54   자기 관리                             정답 ②

B의 경우 실현 가능성이 높은 1년 이내의 계획은 세웠으나 장기 목표를 별도로 수립하지 않았다. 급변하는 사회에 적응하기 위해서는 먼 미래를 예측할 수 있는 준비와 목표를 설정하는 것이 중요하므로 자기개발에 대한 계획을 수립할 때는 장·단기 목표 모두를 세워야 한다.

## 55   윤리                             정답 ⑤

업무의 공공성을 바탕으로 공사구분을 명확히 하고, 모든 것을 숨김없이 투명하게 처리하는 원칙은 객관성의 원칙이다.

> **직업윤리의 5대 원칙**
> • 객관성의 원칙
> • 고객 중심의 원칙
> • 전문성의 원칙
> • 정직과 신용의 원칙
> • 공정경쟁의 원칙

## 56   봉사                             정답 ①

봉사는 물질적인 보상이나 대가를 바라지 않고 사회의 공익, 행복을 위해서 하는 일이다. 따라서 적절한 보상에 맞춰 봉사에 참여하는 것은 적절하지 않다.

## 57   윤리                                   정답 ⑤

준법이란 민주 시민으로서 기본적으로 지켜야 하는 의무이고, 생활 자세이며, 민주 사회에서 법과 규칙을 준수하는 것은 시민으로서의 자신의 권리를 보장받고, 다른 사람의 권리를 보호해 주며, 사회 질서를 유지하는 역할을 한다. 어떻게 보면 별 것 아니라고 생각될 수 있는 교통질서이지만, 한 사람의 질서 거부가 전체 시스템의 마비로 이어질 수 있다. 그리고 그 피해는 결국 다른 사람은 물론 나 자신에게도 돌아오게 되기 때문에 개개인의 준법의식은 매우 중요하다.

## 58   근면                                   정답 ⑤

성실한 태도는 어떤 일에 목적을 정해 놓고 가치 있는 것들을 이루기 위해 정성을 다해 노력하는 모습을 의미한다. 이를 볼 때, ⑤는 성실한 태도의 사례로 적절하지 않다.

## 59   책임 의식                                정답 ④

현대 사회가 점차 다원화되어감에 따라 다양한 가치관의 이해관계자가 존재하게 되었으며 이에 기업들은 경제활동을 위해 소수의 이해관계자만을 상대하던 과거와 달리 환경적, 기술적, 사회적, 정치적 요구 등 다양한 이해관계자들의 요구에 대응해야 한다. 따라서 사회의 다원화로 인해 기업의 사회적 책임이 등장하게 되었다.

오답분석

① 초국가적인 글로벌기업이 탄생하는 등 기업의 영향력이 확대됨에 따라 기업의 사회적 책임에 대한 필요성이 확산되었다.
② 기후변화 등 환경문제와 지속가능성에 대한 사회적 관심이 증대됨에 따라 기업의 사회적 책임이 확산되었다.
③ 인터넷, SNS 등을 통해 정보 공유가 빨라지고, 기업 정보에 대한 접근성이 확대됨에 따라 기업의 투명성을 요구하는 사람들이 많아졌다.
⑤ 다국적기업의 영향력 확대에 따라 국제기구 및 비정부기구(NGO)에서 기업의 책임을 요구하는 다양한 규범 및 기준이 제정되었다.

## 60   윤리                                   정답 ⑤

양성평등기본법 제3조 제2호에 따르면 성희롱의 법적 정의는 지위를 이용하거나 업무 등과 관련하여 성적 언동 또는 성적 요구 등으로 상대방에게 성적 굴욕감이나 혐오감을 느끼게 하는 행위나 상대방이 성적 언동 또는 성적 요구에 따르지 아니한다는 이유로 불이익을 주거나 그에 따르는 것을 조건으로 이익 공여의 의사표시를 하는 행위이다. 따라서 상대방에게 성적 수치심을 일으킨 ⑤가 성희롱 예방 수칙에 어긋난다고 볼 수 있다.

| 01 | 02 | 03 | 04 | 05 | 06 | 07 | 08 | 09 | 10 | 11 | 12 | 13 | 14 | 15 | 16 | 17 | 18 | 19 | 20 |
|----|----|----|----|----|----|----|----|----|----|----|----|----|----|----|----|----|----|----|----|
| ⑤ | ③ | ③ | ④ | ① | ⑤ | ④ | ⑤ | ③ | ① | ⑤ | ② | ④ | ② | ② | ② | ③ | ④ | ④ | ④ |
| 21 | 22 | 23 | 24 | 25 | 26 | 27 | 28 | 29 | 30 | 31 | 32 | 33 | 34 | 35 | 36 | 37 | 38 | 39 | 40 |
| ② | ④ | ④ | ③ | ③ | ③ | ④ | ② | ③ | ③ | ④ | ④ | ① | ④ | ④ | ⑤ | ① | ④ | ① | ③ |
| 41 | 42 | 43 | 44 | 45 | 46 | 47 | 48 | 49 | 50 | 51 | 52 | 53 | 54 | 55 | 56 | 57 | 58 | 59 | 60 |
| ④ | ⑤ | ⑤ | ⑤ | ③ | ③ | ② | ② | ③ | ② | ③ | ④ | ② | ③ | ⑤ | ③ | ③ | ③ | ② | ④ |

## 01 　내용 추론　　　　　　　　　　　　　　　　　　　　　　　　　　　　정답　⑤

초기의 독서는 낭독이 보편적이었고, 12세기 무렵 책자형 책이 두루마리 책을 대체하면서 묵독이 가능하게 되었다. 따라서 책자형 책의 출현으로 낭독의 확산이 아닌 묵독의 확산이 가능해졌다고 할 수 있다.

오답분석

①・②・③ 마지막 문단에서 확인할 수 있다.
④ 제시문 전체에서 확인할 수 있다.

## 02 　문단 나열　　　　　　　　　　　　　　　　　　　　　　　　　　　　정답　③

제시문은 환율과 관련된 경제 현상을 설명하는 글이다. 따라서 (가) 환율은 기초 경제 여건을 반영하여 수렴됨 – (라) '그러나' 환율이 예상과 다르게 움직이는 경우가 있음 – (나) 이러한 경우를 오버슈팅으로 정의 – (다) 오버슈팅이 발생하는 원인 순으로 나열하는 것이 적절하다.

## 03 　빈칸 삽입　　　　　　　　　　　　　　　　　　　　　　　　　　　　정답　③

㉠ 앞에서는 평화로운 시대에는 시인의 존재가 문화의 비싼 장식으로 여겨질 수 있다고 하였으나, ㉠ 뒤에서는 조국이 비운에 빠졌거나 혼란에 놓였을 때는 시인이 민족의 예언가 또는 선구자가 될 수 있다고 하였다. 따라서 ㉠에는 역접의 의미인 '그러나'가 적절하다.
㉡ 앞에서는 과거에 탄압받던 폴란드 사람들이 시인을 예언자로 여겼던 사례를 제시하고 있으며, ㉡ 뒤에서는 또 다른 사례로 불행한 시절 이탈리아와 벨기에 사람들이 시인을 조국 그 자체로 여겼던 점을 제시하고 있다. 따라서 ㉡에는 '거기에다 더'라는 의미를 지닌 '또한'이 적절하다.

## 04  문서 내용 이해  〔정답〕 ④

슈퍼문일 때는 지구와 달의 거리가 35만 7,000km 정도로 가까워지며, 이때 지구에서 보름달을 바라보는 시각도는 0.56도로 커지므로 0.49의 시각도보다 그다는 판단은 적절하다.

〔오답분석〕
① 케플러의 행성운동 제1법칙에 따라 태양계의 모든 행성은 태양을 중심으로 타원 궤도로 돈다. 따라서 지구도 태양을 타원 궤도로 돌기 때문에 지구에서 태양까지의 거리는 항상 일정하지 않을 것이다.
② 달이 지구에 가까워지면 달의 중력이 더 강하게 작용하여, 달을 향한 쪽의 해수면이 평상시보다 더 높아진다. 즉, 지구와 달의 거리에 따라 해수면의 높이가 달라지므로 서로 관계가 있다.
③ 달이 지구에 가까워지면 평소 달이 지구를 당기는 힘보다 더 강하게 지구를 당긴다. 따라서 이와 반대로 달이 지구에서 멀어지면 지구를 당기는 달의 힘은 약해질 것이다.
⑤ 달의 중력 때문에 높아진 해수면이 지구의 자전을 방해하게 되고, 이 때문에 지구의 자전 속도가 느려져 100만 년에 17초 정도씩 길어진다고 하였으므로 지구의 자전 속도는 점점 느려지고 있다.

## 05  맞춤법  〔정답〕 ①

과녁에 화살을 맞추다. → 과녁에 화살을 맞히다.
• 맞히다 : 문제에 대한 답을 틀리지 않게 하다. 쏘거나 던지거나 하여 한 물체가 어떤 물체에 닿게 하다.
• 맞추다 : 서로 떨어져 있는 부분을 제자리에 맞게 대어 붙이거나 서로 어긋남이 없이 조화를 이루다.

## 06  한자성어  〔정답〕 ⑤

제시문은 한 손님이 패스트푸드점의 직원을 폭행한 사건을 통해 손님들의 끊이지 않는 갑질 행태를 이야기하고 있다. 따라서 '곁에 사람이 없는 것처럼 아무 거리낌 없이 제멋대로 말하고 행동하는 태도가 있음'을 의미하는 '방약무인(傍若無人)'이 가장 적절하다.

〔오답분석〕
① 견마지심(犬馬之心) : '개나 말이 주인을 위하는 마음'이라는 뜻으로, 신하나 백성이 임금이나 나라에 충성하는 마음을 낮추어 이르는 말
② 빙청옥결(氷淸玉潔) : 얼음같이 맑고 옥같이 깨끗한 심성을 비유적으로 이르는 말
③ 소탐대실(小貪大失) : 작은 것을 탐하다가 오히려 큰 것을 잃음을 이르는 말
④ 호승지벽(好勝之癖) : 남과 겨루어 이기기를 좋아하는 성미나 버릇을 이르는 말

## 07  의사 표현  〔정답〕 ④

일반적으로 말의 속도와 리듬에 있어서 매우 빠르거나 짧게 얘기하면 공포나 노여움을 나타낸다.

## 08  어휘  〔정답〕 ⑤

'담백하다'는 '욕심이 없고 마음이 깨끗하다.'는 의미이다.

〔오답분석〕
① 결제 → 결재
② 갱신 → 경신
③ 곤혹 → 곤욕
④ 유무 → 여부

## 09 자료 이해

정답 ③

국문학과 합격자 수를 학교별로 구하면 다음과 같다.

- A고 : $700 \times 0.6 \times 0.2 = 84$명
- B고 : $500 \times 0.5 \times 0.1 = 25$명
- C고 : $300 \times 0.2 \times 0.35 = 21$명
- D고 : $400 \times 0.05 \times 0.3 = 6$명

따라서 합격자 수가 많은 순으로 나열하면 A − B − C − D 순이다.

오답분석

- 영이 : B고의 경제학과 합격자 수는 $500 \times 0.2 \times 0.3 = 30$명, D고의 경제학과 합격자 수는 $400 \times 0.25 \times 0.25 = 25$명으로 B고의 합격자 수가 더 많다.
- 재인 : A고의 법학과 합격자는 $700 \times 0.2 \times 0.3 = 42$명으로 40명보다 많고, C고의 국문학과 합격자는 $300 \times 0.2 \times 0.35 = 21$명으로 20명보다 많다.

## 10 응용 수리

정답 ①

2개의 주사위를 굴려서 나올 수 있는 모든 경우의 수는 $6 \times 6 = 36$가지이고, 눈의 합이 2 이하가 되는 경우는 주사위의 눈이 (1, 1)이 나오는 경우뿐이다.

따라서 눈의 합이 2 이하가 나오는 확률은 $\dfrac{1}{36}$이다.

## 11 자료 이해

정답 ⑤

2018 ~ 2023년 평균 지진 발생 횟수는 $(42 + 52 + 56 + 93 + 49 + 44) \div 6 = 56$회이다. 2024년에 발생한 지진은 2018 ~ 2023년 평균 지진 발생 횟수에 비해 $492 \div 56 ≒ 8.8$배 증가했으므로 옳은 설명이다.

오답분석

① 2022년, 2023년에 지진 횟수는 감소했다.
② 2021년의 지진 발생 횟수는 93회이고 2020년의 지진 발생 횟수는 56회이다. 따라서 2021년에는 2020년보다 지진이 $93 - 56 = 37$회 더 발생했다.
③ 2019년보다 2020년에 지진 횟수는 증가했지만 최고 규모는 감소했다.
④ 2024년에 일어난 규모 5.8의 지진이 2018년 이후 우리나라에서 발생한 지진 중 가장 강력한 규모이다.

## 12 자료 계산

정답 ②

$\dfrac{(\text{대학졸업자 중 취업자})}{(\text{전체 대학졸업자})} \times 100 = (\text{대학졸업자 취업률}) \times (\text{대학졸업자의 경제활동인구 비중}) \times \dfrac{1}{100}$ 으로 계산할 수 있다.

OECD 평균은 $40 \times 50 \times \dfrac{1}{100} = 20\%$이고, 이보다 높은 국가는 B, C, E, F, G, H이다.

따라서 OECD 평균보다 높은 국가가 바르게 연결된 것은 ②이다.

## 13 자료 이해  [정답] ④

ⓑ HCHO가 가장 높게 측정된 역은 청량리역이고 가장 낮게 측정된 역은 신설동역이다. 두 역의 평균은 $\frac{11.4+4.8}{2}=8.1\mu g/m^3$

　로 1호선 평균인 $8.4\mu g/m^3$보다 낮다.

ⓔ 청량리역은 HCHO, CO, $NO_2$, Rn 총 4가지 항목에서 1호선 평균보다 높게 측정되었다.

오답분석

ⓐ CO의 1호선 평균은 0.5ppm이며, 종로5가역과 신설동역은 0.4ppm이므로 옳다.

ⓒ 시청역은 PM-10이 $102.0\mu g/m^3$로 가장 높게 측정됐지만, TVOC는 $44.4\mu g/m^3$로 가장 낮게 측정되었으므로 옳다.

## 14 응용 수리  [정답] ②

• A업체

| 9 ① | 9 ① | 9 ① | 9 ① | 9 ① | =50대(①은 무료)

$9\times5\times10=450$만 원

450만 원에서 100만 원당 5만 원 할인=$4\times5=20$만 원

∴ $450-20=430$만 원

• B업체

| 8 ① | 8 ① | 8 ① | 8 ① | 8 ① | 5 | =50대(①은 무료)

∴ $8\times5\times10=400+(5\times10)=450$만 원

따라서 A업체가 20만 원 더 저렴하다.

## 15 자료 계산  [정답] ②

5월 10일의 가격을 $x$원이라고 하고, $x$값을 포함하여 평균을 구하면 $\frac{400+500+300+x+400+550+300}{7}=400$과 같다.

$x+2,450=2,800$

∴ $x=2,800-2,450=350$

따라서 농산물 A의 5월 10일 가격은 350원이다.

## 16 자료 계산  [정답] ②

역에서 음식점까지의 거리를 $x$km라고 할 때, 역에서 음식점까지 왕복하는 데 걸리는 시간과 음식을 포장하는 데 걸리는 시간이 1시간 30분 이내여야 하므로 다음 식이 성립한다.

$\frac{x}{3}+\frac{15}{60}+\frac{x}{3}\leq\frac{3}{2}$

→ $20x+15+20x\leq90$

→ $40x\leq75$

∴ $x\leq\frac{75}{40}=1.875$

즉, 역과 음식점 사이 거리가 1.875km 이내여야 하므로 갈 수 있는 음식점은 'N버거'와 'B도시락'이다.

따라서 A사원이 구입할 수 있는 음식은 도시락과 햄버거이다.

## 17 명제 추론

정답 ③

첫 번째 조건에서 D는 A의 바로 왼쪽에 앉으며, 마지막 조건에서 B는 E의 바로 오른쪽에 앉으므로 'D－A', 'E－B'를 각각 한 묶음으로 생각할 수 있다. 두 번째 조건에서 C는 세 번째 자리에 앉아야 하며, 세 번째 조건에 의해 'D－A'는 각각 첫 번째, 두 번째 자리에 앉아야 한다. 이를 표로 정리하면 다음과 같다.

| 첫 번째 자리 | 두 번째 자리 | 세 번째 자리 | 네 번째 자리 | 다섯 번째 자리 |
|---|---|---|---|---|
| D | A | C | E | B |

따라서 바르게 추론한 것은 ③이다.

**오답분석**

① C는 세 번째 자리에 앉는다.
② D는 첫 번째 자리에 앉는다.
④ C는 A의 바로 오른쪽에 앉는다.
⑤ C는 E의 바로 왼쪽에 앉는다.

## 18 창의적 사고

정답 ④

기존의 정보를 객관적으로 분석하는 것은 논리적 사고 또는 비판적 사고와 관련이 있다. 창의적 사고에는 성격, 태도에 걸친 전인격적 가능성까지 포함되므로 모험심과 호기심이 많고 집념과 끈기가 있으며, 적극적·예술적·자유분방적일수록 높은 창의력을 보인다.

## 19 자료 해석

정답 ④

- A : 기본 점수 80점에 오탈자 33건이므로 5점 감점, 전체 글자 수 654자이므로 3점 추가, A등급 2개와 C등급 1개이므로 15점 추가하여 총 80－5＋3＋15＝93점이다.
- B : 기본 점수 80점에 오탈자 7건이므로 0점 감점, 전체 글자 수 476자이므로 0점 추가, B등급 3개이므로 5점 추가하여 총 80＋5＝85점이다.
- C : 기본 점수 80점에 오탈자 28건이므로 4점 감점, 전체 글자 수 332자이므로 10점 감점, B등급 2개와 C등급 1개이므로 0점 추가하여 총 80－4－10＝66점이다.
- D : 기본 점수 80점에 오탈자 25건이므로 4점 감점, 전체 글자 수가 572자이므로 0점 추가, A등급 3개이므로 25점 추가하여 총 80－4＋25＝101점이다.
- E : 기본 점수 80점에 오탈자 12건이므로 1점 감점, 전체 글자 수가 786자이므로 8점 추가, A등급 1개와 B등급 1개와 C등급 1개이므로 10점 추가하여 총 80－1＋8＋10＝97점이다.

따라서 점수가 가장 높은 학생은 D이다.

## 20 규칙 적용

정답 ④

㉠ A＝100, B＝101, C＝102이다. 그러므로 Z＝125이다.
㉡ C＝3, D＝4, E＝5, F＝6이다. 그러므로 Z＝26이다.
㉢ P가 17임을 볼 때, J＝11, Y＝26, Z＝27이다.
㉣ Q＝25, R＝26, S＝27, T＝28이다. 그러므로 Z＝34이다.
따라서 알파벳 Z에 해당하는 값을 모두 더하면 125＋26＋27＋34＝212이다.

## 21   SWOT 분석 정답 ②

ㄱ. 기술개발을 통해 연비를 개선하는 것은 막대한 R&D 역량이라는 강점으로 휘발유의 부족 및 가격의 급등이라는 위협을 회피하기니 최소회하는 전략에 해당히므로 적절히다.

ㄹ. 생산설비에 막대한 투자를 했기 때문에 차량모델 변경의 어려움이라는 약점이 있고, 레저용 차량 전반에 대한 수요 침체 및 다른 회사들과의 경쟁이 심화되고 있으므로 생산량 감축을 고려할 수 있다.

ㅁ. 생산 공장을 한 곳만 가지고 있다는 약점이 있지만 새로운 해외시장이 출현하고 있는 기회를 살려서 국내 다른 지역이나 해외에 공장들을 분산 설립할 수 있을 것이다.

ㅂ. 막대한 R&D 역량이라는 강점을 이용하여 휘발유의 부족 및 가격의 급등이라는 위협을 회피하거나 최소화하기 위해 경유용 레저 차량 생산을 고려할 수 있다.

**오답분석**

ㄴ. 소형 레저용 차량에 대한 수요 증대라는 기회 상황에서 대형 레저용 차량을 생산하는 것은 적절하지 않은 전략이다.

ㄷ. 차량모델 변경의 어려움이라는 약점을 보완하는 전략도 아니고, 소형 또는 저가형 레저용 차량에 대한 선호가 증가하는 기회에 대응하는 전략도 아니다. 또한, 차량 안전 기준의 강화와 같은 규제 강화는 기회 요인이 아니라 위협 요인이다.

ㅅ. 내수 확대에 집중하는 것은 새로운 해외시장의 출현과 같은 기회를 살리는 전략이 아니다.

## 22   명제 추론 정답 ④

제시된 조건을 정리하면 다음과 같은 순서로 위치한다.
초밥가게 – × – 카페 – × – 편의점 – 약국 – 옷가게 – 신발가게 – × – ×
따라서 항상 옳은 것은 ④이다.

**오답분석**

① 카페와 옷가게 사이에 3개의 건물이 있다.
② 초밥가게와 약국 사이에 4개의 건물이 있다.
③ 편의점은 5번째 건물에 있다.
⑤ 옷가게는 7번째 건물에 있다.

## 23   명제 추론 정답 ④

제시된 조건에 따라 부서별 위치를 정리하면 다음과 같다.

| 구분 | 경우 1 | 경우 2 |
| --- | --- | --- |
| 6층 | 연구·개발부 | 연구·개발부 |
| 5층 | 서비스 개선부 | 디자인부 |
| 4층 | 디자인부 | 서비스 개선부 |
| 3층 | 기획부 | 기획부 |
| 2층 | 인사교육부 | 인사교육부 |
| 1층 | 해외사업부 | 해외사업부 |

따라서 3층에 위치한 기획부의 직원은 출근 시 반드시 계단을 이용해야 하므로 ④는 항상 옳다.

**오답분석**

① 경우 1에서 김대리는 출근 시 엘리베이터를 타고 4층에서 내린다.
② 경우 2에서 디자인부의 김대리는 서비스개선부의 조대리보다 엘리베이터에서 나중에 내린다.
③ 커피숍과 같은 층에 위치한 부서는 해외사업부이다.
⑤ 엘리베이터 이용에만 제한이 있을 뿐 계단 이용에는 층별 이용 제한이 없다.

## 24    문제 유형      정답 ③

발생형 문제란 눈에 보이는 이미 일어난 문제로, 당장 걱정하고 해결하기 위해 고민해야 하는 문제를 의미한다. 따라서 ㄴ은 신약의 임상시험으로 인해 임상시험자의 다수가 부작용을 보여 신약 개발이 전면 중단된 것이므로 이미 일어난 문제에 해당한다.

탐색형 문제란 눈에 보이지 않는 문제로, 이를 방치하면 뒤에 큰 손실이 따르거나 결국 해결할 수 없는 문제로 확대되게 된다. 그러므로 지금 현재는 문제가 아니지만 계속해서 현재 상태로 진행할 경우를 가정하고 앞으로 일어날 수 있는 문제로 인식하여야 한다. 이에 해당되는 것은 ㄱ으로, 지금과 같은 공급처에서 원료를 수입하게 되면 미래에는 원료의 단가가 상승하게 되어 회사 경영에 문제가 될 것이다. 따라서 이에 대한 해결책을 갖추어야 미래에 큰 손실이 발생하지 않을 것이다.

설정형 문제란 미래상황에 대응하는 장래 경영 전략의 문제로, '앞으로 어떻게 할 것인가'에 대한 문제를 의미한다. 따라서 미래 상황에 대한 언급이 있는 ㄷ이 해당한다.

## 25    비용 계산      정답 ③

항목별 예산 관리는 전년도 예산을 기준으로 하며 점진주의적인 특징이 있기 때문에 예산 증감의 신축성이 없다는 것이 단점이다.

## 26    인원 선발      정답 ③

**인적 자원 배치의 세 가지 유형**
- 양적 배치 : 작업량과 조업도, 여유 또는 부족 인원을 감안하여 소요인원을 결정하고 배치하는 것이다.
- 질적 배치 : 적재적소주의에 따른 배치를 의미한다.
- 적성 배치 : 팀원의 적성 및 흥미에 따라 배치하는 것이다.

## 27    품목 확정      정답 ④

적절한 수준의 여분은 사용 중인 물품의 파손 등 잠재적 위험에 즉시 대응할 수 있어 생산성을 향상시킬 수 있다.

[오답분석]
① 물품의 분실 사례에 해당한다. 물품의 분실은 훼손과 마찬가지로 물품을 다시 구입해야 하므로 경제적인 손실을 가져올 수 있다.
② 물품의 훼손 사례에 해당한다. 물품을 제대로 관리하지 못하여 새로 구입해야 한다면 경제적인 손실이 발생할 수 있다.
③ 분명한 목적 없이 물품을 구입한 사례에 해당한다. 분명한 목적 없이 물품을 구입할 경우 관리가 소홀해지면서 분실, 훼손의 위험이 커질 수 있다.
⑤ 보관 장소를 파악하지 못한 사례에 해당한다. 물품의 위치를 제대로 파악하지 못한다면, 물품을 찾는 시간이 지체되어 어려움을 겪을 수 있다.

## 28    시간 계획      정답 ②

9일이 ㅁㅁ기능사 필기시험일이지만 필기시험일과는 중복이 가능하므로 5월 7 ~ 9일이 ○○기능사 실기시험 날짜로 가장 적절하다.

[오답분석]
① 3일에는 H공단 체육대회가 있다.
③ 14 ~ 16일에는 △△기능사 실기시험이 있다.
④・⑤ 24 ~ 29일에는 시험장 보수공사로 불가능하다.

## 29    비용 계산      정답 ③

월요일에는 늦지 않게만 도착하면 되므로, 서울역에서 8시에 출발하는 KTX를 이용한다. 수요일에는 최대한 빨리 와야 하므로 사천공항에서 19시에 출발하는 비행기를 이용한다.

따라서 소요되는 교통비는 65,200(∵ '서울 - 사천' KTX 비용)+22,200(∵ '사천역 - 사천연수원' 택시비)+21,500(∵ '사천연수원 - 사천공항' 택시비)+93,200(∵ '사천 - 서울' 비행기 비용)×0.9=192,780원이다.

## 30 품목 확정 정답 ③

1) 예약가능 객실 수 파악

7월 19일부터 2박 3일간 워크숍을 진행한다고 했으므로 19일, 20일에 객실 예약이 가능한지를 확인하여야 한다. 호텔별 잔여객실 수를 파악하면 다음과 같다.

(단위 : 실)

| 구분 | A호텔 | B호텔 | C호텔 | D호텔 | E호텔 |
| --- | --- | --- | --- | --- | --- |
| 7월 19일 | 88-20=68 | 70-11=59 | 76-10=66 | 68-12=56 | 84-18=66 |
| 7월 20일 | 88-26=62 | 70-27=43 | 76-18=58 | 68-21=47 | 84-23=61 |

2) 필요 객실 수 파악

K공사의 전체 임직원 수는 총 80명이다. 조건에 따르면 부장급 이상은 1인 1실을 이용하므로 4명(처장)+12명(부장)=16명, 즉 16실이 필요하다. 나머지 직원 80-16=64명은 2인 1실을 사용하므로 총 64÷2=32실이 필요하다. 그러므로 이틀간 48실이 필요하고, A호텔, C호텔, E호텔이 해당한다.

3) 세미나룸 현황 파악

총 임직원이 80명인 것을 고려할 때, A호텔의 세미나룸은 최대수용인원이 70명이므로 제외한다. E호텔은 테이블(4인용)을 총 15개 보유하고 있어 부족하므로 제외된다.

따라서 모든 조건을 충족하는 C호텔이 가장 적절하다.

## 31 정보 이해 정답 ④

바로가기 아이콘을 삭제해도 연결된 실제 파일은 삭제되지 않는다.

## 32 엑셀 함수 정답 ③

VLOOKUP 함수는 「=VLOOKUP(첫 번째 열에서 찾으려는 값, 찾을 값과 결과로 추출할 값들이 포함된 데이터 범위, 값이 입력된 열의 열 번호, 일치 기준)」으로 구성된다. 찾으려는 값은 [B2]가 되어야 하며, 추출할 값들이 포함된 데이터 범위는 [E2:F8]이고, 자동 채우기 핸들을 이용하여 사원들의 교육점수를 구해야 하므로 [$E$2:$F$8]와 같이 절대참조가 되어야 한다. 그리고 값이 입력된 열의 열 번호는 [E2:F8] 범위에서 2번째 열이 값이 입력된 열이므로 2가 되어야 하며, 정확히 일치해야 하는 값을 찾아야 하므로 FALSE 또는 0이 들어가야 한다. 따라서 입력해야 할 함수식은 ③이다.

## 33 프로그램 언어(코딩) 정답 ①

i에 0을 저장하고, i 값이 5보다 작을 때까지 i에 1을 더한다. j에는 0부터 i 값과 같거나 작을 때까지 j 값에 1을 더한 횟수만큼 *를 출력한다. *는 5개가 될 때까지 다음 줄에 출력되어 ①처럼 출력된다.

## 34 프로그램 언어(코딩) 정답 ④

50÷5를 정수로 변환한 값인 10이 출력된다.

## 35 　　정답 ④

① 블록체인(Block Chain) : 누구나 열람할 수 있는 장부에 거래 내역을 투명하게 기록하고, 여러 대의 컴퓨터에 이를 복제해 저장하는 분산형 데이터 저장기술이다.
② AI(Artificial Intelligence) : 컴퓨터에서 인간과 같이 사고하고, 생각하고, 학습하고, 판단하는 논리적인 방식을 사용하는 인간 지능을 본 딴 고급 컴퓨터프로그램을 말한다.
③ 딥러닝(Deep Learning) : 컴퓨터가 여러 데이터를 이용해 마치 사람처럼 스스로 학습할 수 있게 하기 위해 인공 신경망(ANN; Artificial Neural Network)을 기반으로 구축한 기계 학습 기술을 의미한다.
⑤ P2P(Peer to Peer) : 기존의 서버와 클라이언트 개념이나 공급자와 소비자 개념에서 벗어나 개인 컴퓨터끼리 직접 연결하고 검색함으로써 모든 참여자가 공급자인 동시에 수요자가 되는 형태이다.


## 36 　정보 이해 　　정답 ⑤

ㄷ. 워드프로세서의 주요 기능에는 입력 기능, 표시 기능, 저장 기능, 편집 기능, 인쇄 기능 등이다.
ㄹ. 스프레드 시트의 구성단위는 셀, 열, 행, 영역 4가지이다. 셀은 정보를 저장하는 단위이며, 처리하고자 하는 숫자와 데이터를 셀에 기입하고 이 셀들을 수학방정식에 연결하면 셀 내용이 바뀌면서 그와 연결된 셀 내용들이 바뀌게 된다.

ㄱ. 여러 형태의 문서를 작성, 편집, 저장, 인쇄할 수 있는 프로그램을 워드프로세서라고 한다. 스프레드 시트는 수치계산, 통계, 도표와 같은 작업을 효율적으로 할 수 있는 응용프로그램이다.
ㄴ. 사용자가 컴퓨터를 더 쉽게 사용할 수 있도록 도와주는 소프트웨어(프로그램)를 '유틸리티 프로그램'이라고 하고 줄여서 '유틸리티' 라고 한다. 유틸리티 프로그램은 본격적인 응용 소프트웨어라고 하기에는 크기가 작고 기능이 단순하다는 특징을 가지고 있다.


## 37 　기술 이해 　　정답 ①

기술 시스템의 발전 단계는 '발명・개발・혁신의 단계 → 기술 이전의 단계(㉠) → 기술 경쟁의 단계(㉡) → 기술 공고화 단계'를 거쳐 발전한다. 또한, 기술 시스템의 발전 단계에는 단계별로 핵심적인 역할을 하는 사람들이 있다. 기술 경쟁의 단계에서는 기업가 (㉢)의 역할이 더 중요해지고, 기술 공고화 단계에서는 이를 활성・유지・보수 등을 하기 위한 자문 엔지니어(㉣)와 금융전문가 등의 역할이 중요해진다.


## 38 　기술 이해 　　정답 ④

하인리히의 법칙은 큰 사고로 인해 산업 재해가 일어나기 전에 작은 사고나 징후인 '불안전한 행동 및 상태'가 나타난다는 것이다.


## 39 　기술 이해 　　정답 ①

기술 시스템(Technological System)은 개별 기술이 네트워크로 결합하는 것을 말한다. 인공물의 집합체만이 아니라 투자회사, 법적 제도, 정치, 과학, 자연자원을 모두 포함하는 것으로 사회기술 시스템이라고도 한다.


## 40 　기술 적용 　　정답 ③

아이를 혼자 두지 않고, 항상 벨트를 채워야 한다는 것은 유아용 식탁 의자의 장소 선정 시 고려해야 할 사항보다 사용 시 주의해야 할 사항에 해당한다.

## 41　기술 적용

정답　④

연마 세제나 용제는 유아용 식탁 의자를 손상시킬 수 있으므로 사용하지 않아야 한다.


## 42　경영 전략

정답　⑤

델파이 기법은 반복적인 설문 조사를 통해 의견 차이를 좁혀 합의를 도출하는 방식으로, 이를 순서대로 나열한 것은 ⑤이다.


## 43　경영 전략

정답　⑤

문제에 대한 원인을 물어 근본 원인을 도출하는 5Why의 사고법으로 문제를 접근한다.
• 팀 내의 실적이 감소하고 있는 이유 : 고객과의 PB 서비스 계약 건수 감소
• 고객과의 PB 서비스 건수가 계약 감소한 이유 : 절대적인 고객 수 감소
• 절대적인 고객 수가 감소한 이유 : 미흡한 재무설계 제안서
• 재무설계가 미흡한 이유 : 은행 금융상품의 다양성 부족
• 금융상품의 다양성 부족 : 고객정보의 수집 부족
따라서 고객정보의 수집 부족이 근본적인 원인임을 알 수 있다.


## 44　업무 종류

정답　⑤

B대리는 A팀장이 요청한 중요 자료를 먼저 전송하고, PPT 자료를 전송한다. 점심 예약전화는 오전 10시 이전에 처리해야 하고, 오전 내에 거래처 미팅일자 변경 전화를 해야 한다.


## 45　조직 구조

정답　③

ㄴ. 기계적 조직의 조직 내 의사소통은 비공식적 경로가 아닌 공식적 경로를 통해 주로 이루어진다.
ㄷ. 유기적 조직은 의사결정권한이 조직 하부구성원들에게 많이 위임되어 있으나, 업무내용은 기계적 조직에 비해 가변적이다.

[오답분석]
ㄱ. 기계적 조직은 위계질서 및 규정, 업무분장이 모두 명확하게 확립되어 있는 조직이다.
ㄹ. 유기적 조직에서는 비공식적인 상호의사소통이 원활히 이루어지며, 규제나 통제의 정도가 낮아 변화에 따라 쉽게 변할 수 있는
　　특징을 가진다.


## 46　조직 구조

정답　③

마케팅기획본부는 해외마케팅기획팀과 마케팅기획팀으로 구성된다고 했으므로 ③에 영업 3팀이 들어가는 것은 적절하지 않다.

[오답분석]
①・② 마케팅본부의 마케팅기획팀과 해외사업본부의 해외마케팅기획팀을 통합해 마케팅기획본부가 신설된다고 했으므로 적절
　　하다.
④ 해외사업본부의 해외사업 1팀과 해외사업 2팀을 해외영업팀으로 통합하고 마케팅본부로 이동한다고 했으므로 적절하다.
⑤ 구매・총무팀에서 구매팀과 총무팀이 분리되고 총무팀과 재경팀을 통합 후 재무팀이 신설된다고 했으므로 적절하다.

## 47 리더십

정답 ②

현상 유지 및 순응은 반(反) 임파워먼트 환경이 만드는 현상이다.

> **높은 성과를 내는 임파워먼트 환경의 특징**
> • 도전적이고 흥미 있는 일
> • 학습과 성장의 기회
> • 높은 성과와 지속적인 개선을 가져오는 요인들에 대한 통제
> • 성과에 대한 지식
> • 긍정적인 인간관계
> • 개인들이 공헌하며 만족한다는 느낌
> • 상부로부터의 지원

## 48 리더십

정답 ②

코칭을 준비할 경우 어떤 활동을 다룰 것이며 시간은 어느 정도 소요될 것인지에 대해서 직원들에게 구체적이고 명확히 밝혀야 한다. 또한 지나치게 많은 지시와 정보로 직원들을 압도하는 일이 없도록 하고, 질문과 피드백에 충분한 시간을 할애해야 한다.

**오답분석**

ㄴ. 직원 스스로 해결책을 찾도록 유도한다.
ㅁ. 핵심적인 질문으로 효과를 높일 뿐 아니라 적극적으로 경청한다.

> **코칭의 진행 과정**
> 1. 시간을 명확히 알린다.
> 2. 목표를 확실히 밝힌다.
> 3. 핵심적인 질문으로 효과를 높인다.
> 4. 적극적으로 경청한다.
> 5. 반응을 이해하고 인정한다.
> 6. 직원 스스로 해결책을 찾도록 유도한다.
> 7. 코칭 과정을 반복한다.
> 8. 인정할 만한 일은 확실히 인정한다.
> 9. 결과에 대한 후속 작업에 집중한다.

## 49 팀워크

정답 ③

시험 준비는 각자 자신의 성적을 위한 것으로 팀워크의 특징인 공동의 목적으로 보기 어렵다. 또한 상호관계성을 가지고 협력하는 업무로 보기 어려우므로 팀워크의 사례로 적절하지 않다.

## 50 갈등 관리

정답 ②

최주임은 대인관계능력의 부족으로 인해 주변 사람들과의 관계가 소원해진 것을 고민하고 있다. 사소한 일에 대한 관심은 대인관계능력을 향상시킬 수 있는 중요한 방법 중 하나이다.

**오답분석**

① 상대방에 대한 이해심을 키우는 것은 대인관계능력 향상을 위한 중요한 방법이다.
③ · ⑤ 약속의 이행과 언행일치가 제대로 이루어지지 않는다면 대인관계가 악화될 수 있다.
④ 진지한 사과는 타인과의 갈등을 해소하고, 원활한 업무를 진행할 수 있는 중요한 요소이다.

## 51 　고객 서비스　　　　　　　　　　　　　　　　　　　　정답　③

고객의 불만유형은 크게 4가지로 거만형, 의심형, 트집형, 빨리빨리형이 있다. 이 중 상황 속 고객은 제품의 기능에 대해 믿지 못하고 있으므로, 의심형에 해당한다. 의심형에는 분명한 증거나 근거를 제시해 고객이 확신을 갖도록 유도하는 대처가 필요하다.

**오답분석**

①·② 트집을 잡는 유형의 고객에게 적합한 방법으로, 이 외에도 "손님의 말씀이 맞습니다. 역시 손님께서 정확하십니다."라고 고객의 지적이 옳음을 표시한 후 "저도 그렇게 생각하고 있습니다만…"라고 하며 설득하는 것도 좋다.

④·⑤ 거만한 유형의 고객에게 적합한 방법으로, 이들에게는 정중하게 대하는 것이 가장 좋은 방법이다.


## 52 　자기 관리　　　　　　　　　　　　　　　　　　　　정답　④

매슬로는 인간의 욕구를 생리적 욕구, 안정의 욕구, 사회적 욕구, 존경의 욕구, 자기실현의 욕구 5단계로 제안하였으며, 전 단계의 욕구가 충족이 되어야 다음 단계가 충족되기를 원한다고 주장하였다. 따라서 ㉠에는 안정의 욕구, ㉡에는 사회적 욕구가 들어가야 한다.


## 53 　자기 관리　　　　　　　　　　　　　　　　　　　　정답　②

**자기관리의 단계**
1. 비전 및 목표 정립
2. 과제 발견
3. 일정 수립
4. 수행
5. 반성 및 피드백


## 54 　경력 관리　　　　　　　　　　　　　　　　　　　　정답　③

**경력개발이 필요한 이유**

| 환경 변화 | 조직요구 | 개인요구 |
|---|---|---|
| • 지식정보의 빠른 변화<br>• 인력난 심화<br>• 삶의 질 추구<br>• 중견사원 이직 증가 | • 경영 전략 변화<br>• 승진적체<br>• 직무환경 변화<br>• 능력주의 문화 | • 발달단계에 따른 가치관, 신념 변화<br>• 전문성 축적 및 성장 요구 증가<br>• 개인의 고용시장 가치 증대 |


## 55 　자기 관리　　　　　　　　　　　　　　　　　　　　정답　⑤

일을 할 때 너무 큰 단위로 하지 않고 작은 단위로 나누어 수행하는 것이 좋다. 작은 성공의 경험들이 축적되어 자신에 대한 믿음이 강화되면 보다 큰 일을 할 수 있기 때문이다. 즉, 작은 단위의 업무로 조금씩 성취감을 느끼는 것이 흥미와 적성을 개발하는 데 적절하다.

**흥미나 적성을 개발하는 방법**
• 마인드컨트롤을 해라.
• 조금씩 성취감을 느껴라.
• 기업의 문화 및 풍토를 고려해라.

## 56 근면

정답 ③

직장에서는 업무시간을 지키는 것이 중요하다.

## 57 봉사

정답 ③

봉사의 사전적 의미는 자신보다는 남을 위하여 일하는 것으로, 현대 사회의 직업인에게 봉사란 자신보다는 고객의 가치를 최우선으로 하고 있는 서비스 개념이다. MOT 마케팅은 소비자와 접촉하는 극히 짧은 결정적 순간(MOT; Moment of Truth)이 브랜드와 기업에 대한 인상을 좌우하는 극히 중요한 순간이라는 것을 강조하며 전개하는 마케팅이다. 따라서 기업은 그 결정적 순간 동안 최대한의 봉사 역량을 동원하여 고객을 만족시켜야 한다.

## 58 윤리

정답 ③

㉠과 ㉣은 윤리적인 문제에 대하여 제대로 인식하지 못한 채 취해야 할 행동을 취하지 않는 도덕적 타성에 속하고, ㉡과 ㉢은 자신의 행위가 나쁜 결과를 가져올 수 있다는 것을 모르는 도덕적 태만에 속한다.

> **비윤리적 행위의 유형**
> • 도덕적 타성 : 직면하는 윤리적 문제에 대하여 무감각하거나 행동하지 않는 것
> • 도덕적 태만 : 비윤리적인 결과를 피하기 위하여 일반적으로 필요한 주의나 관심을 기울이지 않는 것
> • 거짓말 : 상대를 속이려는 의도로 표현되는 메시지

## 59 책임 의식

정답 ②

L부장에게는 '나 자신뿐만 아니라 나의 부서의 일은 내 책임이라고 생각하는' 책임 의식이 필요하다.

## 60 윤리

정답 ④

피해가 없다고 하더라도 정직하지 못한 행태를 지적하여야 정직한 사회를 구축할 수 있다.

| 01 | 02 | 03 | 04 | 05 | 06 | 07 | 08 | 09 | 10 | 11 | 12 | 13 | 14 | 15 | 16 | 17 | 18 | 19 | 20 |
|---|---|---|---|---|---|---|---|---|---|---|---|---|---|---|---|---|---|---|---|
| ⑤ | ② | ③ | ⑤ | ① | ① | ③ | ② | ③ | ① | ② | ③ | ① | ③ | ④ | ③ | ③ | ② | ① | ④ |
| 21 | 22 | 23 | 24 | 25 | 26 | 27 | 28 | 29 | 30 | 31 | 32 | 33 | 34 | 35 | 36 | 37 | 38 | 39 | 40 |
| ② | ④ | ① | ④ | ③ | ① | ① | ② | ① | ⑤ | ④ | ③ | ③ | ① | ③ | ⑤ | ④ | ③ | ⑤ | ③ |
| 41 | 42 | 43 | 44 | 45 | 46 | 47 | 48 | 49 | 50 | 51 | 52 | 53 | 54 | 55 | 56 | 57 | 58 | 59 | 60 |
| ③ | ④ | ④ | ③ | ④ | ④ | ② | ① | ③ | ③ | ④ | ③ | ③ | ② | ③ | ① | ② | ③ | ④ | ② |

## 01    문서 내용 이해        정답 ⑤

시민 단체들은 농부와 노동자들이 스스로 조합을 만들어 환경친화적으로 농산물을 생산하도록 교육하고 이에 필요한 자금을 지원하는 역할을 했을 뿐, 이들이 농산물을 직접 생산하고 판매한 것은 아니다.

## 02    글의 주제        정답 ②

마지막 문장의 '표준화된 언어와 방언 둘 다의 가치를 인정'하고, '잘 가려서 사용할 줄 아는 능력을 길러야 한다.'는 내용을 바탕으로 ②와 같은 주제를 이끌어낼 수 있다.

## 03    글의 제목        정답 ③

첫 번째 문단에서는 하천의 과도한 영양분이 플랑크톤을 증식시켜 물고기의 생존을 위협한다고 이야기하고, 두 번째 문단에서는 이러한 녹조 현상이 우리가 먹는 물의 안전까지도 위협한다고 이야기한다. 마지막 문단에서는 생활 속 작은 실천을 통해 생태계와 인간의 안전을 위협하는 녹조를 예방해야 한다고 이야기하므로 제목으로는 ③이 가장 적절하다.

## 04    문단 나열        정답 ⑤

전화를 처음 발명한 사람으로 알려진 알렉산더 그레이엄 벨이 전화에 대한 특허를 받았음을 이야기하는 (라) 문단이 첫 번째 문단으로 적절하며, 다음으로 벨이 특허를 받은 뒤 치열한 소송전이 이어졌다는 (다) 문단이 오는 것이 자연스럽다. 이후 벨은 그레이와의 소송에서 무혐의 처분을 받으며 마침내 전화기의 발명자는 벨이라는 판결이 났다는 (나) 문단과 지금도 벨의 전화 시스템이 세계 통신망에 뿌리를 내리고 있다는 (가) 문단이 차례로 오는 것이 매끄럽다. 따라서 (라) - (다) - (나) - (가) 순으로 나열하는 것이 적절하다.

## 05 　문서 내용 이해　　　　　　　　　　　　　　　　　　　　　　　　　정답 ①

누가 먼저 전화를 발명했는지에 대한 치열한 소송이 있었지만, (나) 문단의 1887년 재판에서 전화의 최초 발명자는 벨이라는 판결에 따라 법적으로 전화를 처음으로 발명한 사람은 벨임을 알 수 있다.

**오답분석**

② 벨과 그레이는 1876년 2월 14일 같은 날에 특허를 신청했으나, 누가 먼저 제출했는지는 제시문을 통해 알 수 없다.
③ 무치는 1871년 전화에 대한 임시 특허만 신청하였을 뿐, 정식 특허로 신청하지 못하였다.
④ 벨이 만들어낸 전화 시스템은 현재 세계 통신망에 뿌리를 내리고 있다.
⑤ 소송 결과 그레이가 전화의 가능성을 처음 인지하긴 하였으나, 전화를 완성하기 위한 후속 조치를 취하지 않았다고 판단되었다.

## 06 　내용 추론　　　　　　　　　　　　　　　　　　　　　　　　　　　　정답 ①

**오답분석**

ㄷ. 세계는 감각으로 인식될 때만 존재한다. 따라서 책상은 인식 이전에 그 자체로 존재할 수 없다.
ㄹ. 사과의 단맛은 주관적인 속성으로, 둥근 모양은 객관적으로 성립한다고 여겨지는 형태에 해당하지만, 버클리는 주관적 속성으로 인식했다.

## 07 　빈칸 삽입　　　　　　　　　　　　　　　　　　　　　　　　　　　　정답 ③

제시문은 오브제의 정의와 변화 과정에 대한 글이다. 마지막 문단의 빈칸 앞에서는 예술가의 선택에 의해 기성품 그 본연의 모습으로 예술작품이 되는 오브제를, 빈칸 이후에는 나아가 진정성과 상징성이 제거된 팝아트에서의 오브제 기법에 대하여 서술하고 있다. 따라서 빈칸에는 예술가의 선택에 의해 기성품 본연의 모습으로 오브제가 되는 ③의 사례가 오는 것이 가장 적절하다.

## 08 　속담　　　　　　　　　　　　　　　　　　　　　　　　　　　　　　정답 ②

제시문의 마지막 문장을 통해 핀테크는 보는 관점에 따라 금융업에 있어서 해체 요인 또는 통합 요인으로 작용됨을 알 수 있다. 따라서 어떤 원칙이 있는 것이 아니라 이렇게도 저렇게도 해석될 수 있음을 설명하는 ②가 가장 적절한 설명이다.

## 09 　글의 제목　　　　　　　　　　　　　　　　　　　　　　　　　　　　정답 ③

(다) 문단에서 보건복지부와 국립암센터에서 국민 암 예방 수칙의 하나를 '하루 한두 잔의 소량 음주도 피하기'로 개정하였으며, 뉴질랜드 연구진의 연구에 따르면 '소량에서 적당량의 알코올 섭취도 몸에 상당한 부담으로 작용한다.'고 하였으므로 '가벼운 음주라도 몸에 위험하다.'는 결과를 끌어낼 수 있다. 따라서 '가벼운 음주, 대사 촉진에 도움이 돼'라는 소제목은 적절하지 않다.

## 10 　글의 제목　　　　　　　　　　　　　　　　　　　　　　　　　　　　정답 ①

첫 번째 문단에서 '우리 조상은 화재를 귀신이 장난치거나, 땅에 불의 기운이 넘쳐서라 여겼다.'라고 하면서 안녕을 기원하기 위해 조상들이 시도했던 여러 가지 노력을 제시문 전체에서 제시하고 있다. 따라서 제목으로 가장 적절한 것은 ①이다.

## 11 　문서 내용 이해　　　　　　　　　　　　　　　　　　　　　　　　　정답 ②

화재 예방을 위한 주술적 의미로 쓰인 것은 지붕 용마루 끝에 장식 기와로 사용하는 '치미'이다. 물의 기운을 지닌 수호신인 해치는 화기를 잠재운다는 의미로 동상으로 세워졌다.

**오답분석**

① 첫 번째 문단에서 농경사회였던 조선 시대의 백성들의 삶을 힘들게 했던 재난·재해 특히 화재는 즉각적인 재앙이었고 공포였다고 하였다.

③ 세 번째 문단에서 '잡상은 건물의 지붕 내림마루에 『서유기』에 등장하는 기린, 용, 원숭이 등 다양한 종류의 신화적 형상으로 장식한 기와'라고 하였다.
④ 네 번째 문단에서 '실제 1997년 경회루 공사 중 오조룡이 발견되면서 화제가 됐었다.'라고 하였다.
⑤ 마지막 문단에서 '세종대왕은 금화도감이라는 소방기구를 설치해 인접 가옥 간에 방화장을 쌓고 방화범을 엄히 다루는 등 화재 예방에 만전을 기했다.'라고 하였다.

## 12 빈칸 삽입 정답 ③

빈칸 앞 문장에서 변혁적 리더는 구성원의 욕구 수준을 상위 수준으로 끌어올린다고 하였으므로 구성원에게서 기대되었던 성과만을 얻어내는 거래적 리더십을 발휘하는 리더와 달리 변혁적 리더는 구성원에게서 보다 더 높은 성과를 얻어낼 수 있을 것임을 추론해 볼 수 있다. 따라서 빈칸에 들어갈 내용으로 '기대 이상의 성과를 얻어낼 수 있다.'는 ③이 가장 적절하다.

## 13 문서 내용 이해 정답 ①

합리적 사고와 이성에 호소하는 거래적 리더십과 달리 변혁적 리더십은 감정과 정서에 호소하는 측면이 크다. 따라서 변혁적 리더십을 발휘하는 변혁적 리더는 구성원의 합리적 사고와 이성이 아닌 감정과 정서에 호소한다.

## 14 문서 내용 이해 정답 ③

네 번째 문단과 마지막 문단에서 디지털 영상 안정화 기술은 소프트웨어를 이용하여 프레임 간 피사체의 위치 차이를 줄여 영상을 보정한다고 하였으므로 적절한 내용이다.

오답분석
① 두 번째 문단의 '화소마다 빛의 세기에 비례하여 발생한 전기 신호가 저장 매체에 영상으로 저장된다.'라는 문장과 '이미지 센서 각각의 화소에 닿는 빛의 세기'라는 내용을 통해, 디지털 카메라의 저장 매체에는 이미지 센서 각각의 화소에서 발생하는 전기 신호가 영상으로 저장된다는 것을 알 수 있다.
② 첫 번째 문단에서 '손의 미세한 떨림으로 인해 영상이 번져 흐려지고'라고 하였고, 두 번째 문단에서 '카메라가 흔들리면 이미지 센서 각각의 화소에 닿는 빛의 세기가 변한다.'라고 하였으므로, 보정 기능이 없는 상태에서 손 떨림이 있으면 이미지 센서 각각의 화소에 닿는 빛의 세기가 변한다는 것을 알 수 있다.
④ 두 번째 문단에서 '일반적으로 카메라는 렌즈를 통해 들어온 빛이 이미지 센서에 닿아 피사체의 상이 맺히고'라고 하였으므로, 광학 영상 안정화 기술을 사용하지 않는 일반적인 카메라에도 이미지 센서가 필요함을 알 수 있다.
⑤ 마지막 문단에서 '위치 차이만큼 보정하여 흔들림의 영향을 줄이면 보정된 동영상은 움직임이 부드러워진다.'라고 하였으므로, 동영상의 움직임은 연속된 프레임에서 동일한 피사체의 위치 차이가 작을수록 부드러워짐을 알 수 있다.

## 15 문서 내용 이해 정답 ④

두 번째 문단에 따르면 OIS 기술이 작동되면 자이로 센서가 카메라의 움직임을 감지하여 방향과 속도를 제어 장치에 전달한다.

오답분석
① 세 번째 문단에 따르면 카메라가 흔들리면 이미지 센서가 아닌 제어 장치에 의해 코일에 전류가 흐른다.
② 네 번째 문단에 따르면 OIS 기술은 렌즈의 이동 범위에 한계가 있어 보정할 수 있는 움직임의 폭이 좁다.
③ 세 번째 문단에 따르면 카메라가 흔들리면 자기장과 전류의 직각 방향으로 전류의 크기에 비례하는 힘이 발생한다.
⑤ 두 번째 문단에 따르면 카메라가 흔들리면 렌즈 모듈이 아닌 제어 장치가 렌즈를 이동시키면서 피사체의 상이 유지되면서 영상이 안정된다.

## 16 자료 이해

정답 ③

총 전입자 수는 서울이 가장 높지만, 총 전입률은 인천이 가장 높다.

**오답분석**

① 서울의 총 전입자 수는 132,012명으로 전국의 총 전입자 수 650,197명의 $\frac{132,012}{650,197} \times 100 ≒ 20.3\%$이므로 옳다.

② 대구의 총 전입률이 1.14%로 가장 낮다.

④ 부산의 총 전입자 수는 42,243명으로 광주의 총 전입자 수 17,962명의 $\frac{42,243}{17,962} ≒ 2.35$, 약 2.35배이다.

⑤ 광주의 총 전입자 수는 17,962명으로 제시된 지역 중 가장 적다.


## 17 자료 계산

정답 ③

사진별로 개수에 따른 총용량을 구하면 다음과 같다.
- 반명함 : 150×8,000=1,200,000kB
- 신분증 : 180×6,000=1,080,000kB
- 여권 : 200×7,500=1,500,000kB
- 단체사진 : 250×5,000=1,250,000kB

사진 용량 단위 kB를 MB로 전환하면 다음과 같다.
- 반명함 : 1,200,000÷1,000=1,200MB
- 신분증 : 1,080,000÷1,000=1,080MB
- 여권 : 1,500,000÷1,000=1,500MB
- 단체사진 : 1,250,000÷1,000=1,250MB

따라서 모든 사진의 총용량은 1,200+1,080+1,500+1,250=5,030MB이고, 5,030MB는 5.03GB이므로 필요한 USB 최소 용량은 5GB이다.


## 18 자료 이해

정답 ②

영국의 2023년 1분기 고용률은 2022년보다 하락했고, 2023년 2분기에는 1분기의 고용률이 유지되었다.

**오답분석**

① 자료를 통해 확인할 수 있다.

③ 2024년 1분기 고용률이 가장 높은 국가는 독일(74.4%)이고, 가장 낮은 국가는 프랑스(64.2%)로, 두 국가의 고용률의 차는 10.2%p이다.

④ 프랑스와 한국의 2024년 1분기와 2분기 고용률은 변하지 않았다.

⑤ • 2023년 2분기 OECD 전체 고용률 : 66.1%
   • 2024년 2분기 OECD 전체 고용률 : 66.9%

∴ 2024년 2분기 OECD 전체 고용률의 작년 동분기 대비 증가율 : $\frac{66.9-66.1}{66.1} \times 100 ≒ 1.21\%$

   • 2024년 1분기 OECD 전체 고용률 : 66.8%

∴ 2024년 2분기 OECD 전체 고용률의 직전분기 대비 증가율 : $\frac{66.9-66.8}{66.8} \times 100 ≒ 0.15\%$


## 19 자료 이해

정답 ①

구입 후 1년 동안 대출되지 않은 도서가 5,302권이므로 대출된 도서는 절반 이하이다.

**오답분석**

② 구입 후 3년 동안 4,021권이, 5년 동안 3,041권이 대출되지 않았으므로 옳은 설명이다.

③ 구입 후 1년 동안 1회 이상 대출된 도서는 4,698권이고, 이 중 2,912권이 1회 대출됐다. 따라서 $\frac{2,912}{4,698} \times 100 ≒ 62\%$이므로 옳은 설명이다.

④ 구입 후 1년 동안 도서의 평균 대출횟수를 계산하면 $\{(5,302\times0)+(2,912\times1)+(970\times2)+(419\times3)+(288\times4)+(109\times5)\}$
$\div 10,000=\dfrac{7,806}{10,000}\fallingdotseq0.78$회이므로 옳은 설명이다.

⑤ 구입 후 5년 동안 적어도 2회 이상 대출된 도서는 $1,401+888+519+230=3,038$권이므로 전체 도서의 약 30%이다.


## 20   자료 이해            정답 ④

ㄱ. 초등학생의 경우 남성의 스마트폰 중독 비율이 33.35%로 29.58%인 여성보다 높은 것을 알 수 있지만, 중·고교생의 경우 남성의 스마트폰 중독 비율이 32.71%로 32.72%인 여성보다 0.01%p 낮다.

ㄷ. 대도시에 사는 초등학생 수를 $a$명, 중·고교생 수를 $b$명, 전체 인원을 $(a+b)$명이라고 하면, 대도시에 사는 학생 중 스마트폰 중독 인원에 관한 방정식은 다음과 같다.
$$(30.80\times a)+(32.40\times b)=31.95\times(a+b)\ \rightarrow\ 1.15\times a=0.45\times b\ \rightarrow\ b\fallingdotseq2.6a$$
따라서 대도시에 사는 중·고교생 수가 초등학생 수보다 2.6배 많다.

ㄹ. 초등학생의 경우 기초수급가구의 경우 스마트폰 중독 비율이 30.35%로, 31.56%인 일반 가구의 경우보다 스마트폰 중독 비율이 낮다. 중·고교생의 경우에도 기초수급가구의 경우 스마트폰 중독 비율이 31.05%로, 32.81%인 일반가구의 경우보다 스마트폰 중독 비율이 낮다.

[오답분석]

ㄴ. 한부모·조손 가족의 스마트폰 중독 비율은 초등학생의 경우가 28.83%로, 중·고교생의 70%인 $31.79\times0.7\fallingdotseq22.3\%$ 이상이므로 옳은 설명이다.


## 21   자료 이해            정답 ②

ㄱ. 영어 관광통역 안내사 자격증 취득자 수는 2023년에 345명으로 전년 대비 감소하였으며, 스페인어 관광통역 안내사 자격증 취득자 수는 2023년에 전년 대비 동일하였고, 2024년에 3명으로 전년 대비 감소하였다.

ㄹ. 2022년에 불어 관광통역 안내사 자격증 취득자 수는 전년 대비 동일한 반면, 독어 관광통역 안내사 자격증 취득자 수는 전년 대비 감소하였다.

[오답분석]

ㄴ. 2024년 중국어 관광통역 안내사 자격증 취득자 수는 일어 관광통역 안내사 자격증 취득자 수의 $\dfrac{1,350}{150}=9$배이다.

ㄷ. 2021년과 2022년의 태국어 관광통역 안내사 자격증 취득자 수 대비 베트남어 관광통역 안내사 자격증 취득자 수의 비율은 다음과 같다.

- 2021년 : $\dfrac{4}{8}\times100=50\%$

- 2022년 : $\dfrac{14}{35}\times100=40\%$

따라서 2021년과 2022년의 차이는 $50-40=10\%$p이다.


## 22   자료 이해            정답 ④

2015 ~ 2020년은 사기의 발생건수가 더 많지만, 2021년 이후로는 절도의 발생건수가 더 많다.

[오답분석]

① 전체 재산범죄 발생건수는 2018년과 2019년에는 각각 전년 대비 감소했고, 2020년부터 2024년까지 지속적으로 증가하였다.

② 2019년의 장물범죄 건수는 2018년 장물범죄 건수 1,581건의 2배인 3,162건 이상으로 100% 이상 증가하였고, 2020년부터 2024년까지 전년 대비 감소와 증가를 반복하고 있다.

③ 2018년 대비 2019년 절도 발생건수 비율은 $\dfrac{191,114-154,850}{154,850}\times100\fallingdotseq23.4\%$이다.

⑤ 전체 재산범죄 건수는 2024년 568,623건으로 조사기간 중 가장 많다.

## 23　자료 계산

정답　①

2022년 전체 재산범죄 중 횡령은 $\dfrac{26,750}{503,302}\times100\fallingdotseq5.3\%$를 차지한다.

## 24　자료 계산

정답　④

- 2024년 도시의 인구 : $300,000-40,000+50,000-30,000+60,000-10,000+70,000=400,000$명
- 2024년 농촌의 인구 : $150,000-50,000+40,000-60,000+30,000-70,000+10,000=50,000$명

## 25　자료 계산

정답　③

2022년 도시의 인구는 $300,000-40,000+50,000=310,000$명이고, 2024년 도시의 인구는 400,000명이다.
2022년 농촌의 인구는 $150,000-50,000+40,000=140,000$명이고, 2024년 농촌의 인구는 50,000명이다.

- 도시의 2022년 대비 2024년 인구 증감률 : $\dfrac{400,000-310,000}{310,000}\times100\fallingdotseq29\%$
- 농촌의 2022년 대비 2024년 인구 증감률 : $\dfrac{50,000-140,000}{140,000}\times100\fallingdotseq-64\%$

## 26　자료 계산

정답　①

2024년의 수리답 면적을 $x$ha라 하면 다음 식이 성립한다.

$\dfrac{x}{934,000}\times100=80.6$

$\rightarrow\dfrac{x}{934,000}=0.806$

$\therefore\ x=752,804$

따라서 2024년의 수리답 면적은 752,804ha이므로 약 753천 ha이다.

## 27　자료 이해

정답　①

ㄱ. 해당 연도별 전체 경지 면적에서 밭이 차지하는 비율은 다음과 같다.

- 2017년 : $\dfrac{712}{1,782}\times100\fallingdotseq39.96\%$
- 2018년 : $\dfrac{713}{1,759}\times100\fallingdotseq40.53\%$
- 2019년 : $\dfrac{727}{1,737}\times100\fallingdotseq41.85\%$
- 2020년 : $\dfrac{731}{1,715}\times100\fallingdotseq42.62\%$
- 2021년 : $\dfrac{738}{1,698}\times100\fallingdotseq43.46\%$
- 2022년 : $\dfrac{764}{1,730}\times100\fallingdotseq44.16\%$

따라서 전체 경지 면적에서 밭이 차지하는 비율은 계속 증가하고 있다.

ㄴ. 2017 ~ 2024년 논 면적의 평균은 $\dfrac{1,070+1,046+1,010+984+960+966+964+934}{8}=991.75$천 ha고, 이보다 논 면적이 줄어들기 시작한 해는 2020년부터이므로 옳은 설명이다.

오답분석

ㄷ. 전체 논 면적 중 수리답 면적을 제외한 면적만 줄어들고 있다면 수리답 면적은 그대로이거나 증가해야 한다. 그런데 이는 2017년과 2018년 수리답 면적만 확인해 보아도 사실이 아님을 알 수 있다.

2017년 수리답 면적을 $x$천 ha라 하면, $\dfrac{x}{1,070}\times100=79.3\ \rightarrow\ x=848.51$이고,

2018년 수리답 면적을 $y$천 ha라 하면, $\dfrac{y}{1,046}\times100=79.5\ \rightarrow\ y=831.57$이다.

따라서 논 면적이 감소하면서 수리답 면적도 함께 감소하고 있으므로 옳지 않다.

## 28 자료 이해 정답 ②

1970년 대비 2005년 과실류의 재배면적 비중은 4배 증가했는데, 2005년 과실류의 재배면적이 1970년에 비하여 100%p, 즉 2배 증가하였다고 가정할 경우, 전체 경지이용면적은 동일한 기간 동안 절반 수준으로 감소한 것으로 추정할 수 있으므로 옳은 설명이다.

[오답분석]

① 2022년과 2023년의 전체 재배면적이 같다면 미곡 재배면적도 동일하지만, 2023년의 전체 재배면적은 감소했으므로 미곡 재배면적도 감소했다.

③ 1975년 사과와 감귤의 재배면적 비중은 54.1%(=41.9+12.2)이다. 따라서 다른 작물의 재배면적 비중이 45% 이상일 수 있으므로 1975년 과실류의 재배면적 중 사과의 재배면적이 가장 넓다고 할 수 없다.

④ 2000년 감귤의 재배면적은 1.26%(≒0.081×0.156×100)이고, 배추의 재배면적은 1.68%(≒0.141×0.119×100)이므로 감귤의 재배면적은 배추의 재배면적보다 넓지 않다.

⑤ 양파의 재배면적 비중은 계속 증가하고 있지만, 양파의 재배면적이 꾸준히 증가하는지는 알 수 없다.


## 29 자료 계산 정답 ①

1970년에 비해서 2005년 비중이 가장 크게 감소한 작물은 맥류이고, 그 감소치는 30.9-4.9=26.0%p이다.


## 30 자료 이해 정답 ⑤

사고 전·후 이용 가구 수의 차이가 가장 큰 것은 생수이며, 가구 수의 차이는 170-100=70가구이다.

[오답분석]

① 사고 전에 식수 조달원으로 수돗물을 이용하는 가구 수가 140가구로 가장 많다.

② 사고 전에 비해 사고 후에 이용 가구 수가 감소한 식수 조달은 수돗물과 약수로 2개이다.

③ 사고 전·후 식수 조달원을 변경한 가구 수는 30+20+30+10+10+30+20+10+40+10+10+10=230가구이고, 전체 가구 수 230+60+80+20+70=460가구의 $\frac{230}{460}\times100$=50%이다.

④ 사고 전에 정수를 이용하던 가구 수는 130가구이며, 사고 후에도 정수를 이용하는 가구 수는 80가구이다. 나머지 50가구는 사고 후 다른 식수 조달원을 이용한다.


## 31 SWOT 분석 정답 ④

전문가용 카메라가 일반화됨에 따라 사람들은 사진관을 이용하지 않고도 고화질의 사진을 촬영할 수 있게 되었다. 따라서 전문가용 카메라의 일반화는 사진관을 위협하는 외부환경에 해당한다.

> **SWOT 분석**
> 기업의 내부환경과 외부환경을 분석하여 강점(Strength), 약점(Weakness), 기회(Opportunity), 위협(Threat) 요인을 규정하고 이를 토대로 경영전략을 수립하는 기법
> • 강점(Strength) : 내부환경(자사 경영자원)의 강점
> • 약점(Weakness) : 내부환경(자사 경영자원)의 약점
> • 기회(Opportunity) : 외부환경(경쟁, 고객, 거시적 환경)에서 비롯된 기회
> • 위협(Threat) : 외부환경(경쟁, 고객, 거시적 환경)에서 비롯된 위협

## 32 자료 해석 정답 ③

2주 차 9일의 경우 오전에 근무하는 의사는 A와 B, 2명이다.

[오답분석]

① 2 ~ 3주 차에 의사 A는 당직 3번으로 당직이 가장 많다.
② 진료스케줄에서 의사 D는 8월 2일부터 11일까지 휴진임을 알 수 있다.
④ 광복절은 의사 A, B, E 3명이 휴진함으로써 1 ~ 3주 차 동안 가장 많은 의사가 휴진하는 날이다.
⑤ 3주 차 월 ~ 토요일 오전에 근무를 가장 많이 하는 의사는 오전에 5번 근무하는 B와 C이다.

## 33 자료 해석 정답 ③

8월 9일은 오전에 의사 A가 근무하는 날로, 예약날짜로 적절하다.

[오답분석]

① 8월 3일은 1주 차에 해당한다.
② · ④ · ⑤ 의사 A가 오전에 근무하지 않는다.

## 34 자료 해석 정답 ①

보조배터리는 기내수하물에 반입이 가능하지만, 라이터는 위탁 · 기내수하물 모두 반입이 금지된다.

## 35 자료 해석 정답 ③

• 가 : 규격은 129cm(=41+61+27)이지만, 무게가 50kg이므로 대형수하물로 구분한다.
• 나 : 규격은 114.8cm(=37.5+55+22.3)이고, 무게는 9kg이므로 기내수하물로 구분한다.
• 다 : 규격은 145cm(=38+73+34)이고, 무게는 23kg이므로 위탁수하물로 구분한다.
• 라 : 규격은 107cm(=36+49+22)이고, 무게는 10kg이므로 기내수하물로 구분한다.
• 마 : 규격은 158cm(=43+95+20)이고, 무게는 38kg이므로 위탁수하물로 구분한다.
• 바 : 규격은 100cm(=42+34+24)이지만, 무게가 15kg이므로 위탁수하물로 구분한다.
따라서 기내수하물 2개(나, 라), 위탁수하물 3개(다, 마, 바), 대형수하물 1개(가)로 분류된다.

## 36 명제 추론 정답 ⑤

제시된 조건을 표로 정리하면 다음과 같다.

| 구분 | A | B | C | D | E | F |
|---|---|---|---|---|---|---|
| 아침 | 된장찌개 | 된장찌개 | 된장찌개 | 김치찌개 | 김치찌개 | 김치찌개 |
| 점심 | 김치찌개 | 김치찌개 | 된장찌개 | 된장찌개 | 된장찌개 | 김치찌개 |
| 저녁 | 김치찌개 | 김치찌개 | 김치찌개 | 된장찌개 | 된장찌개 | 된장찌개 |

따라서 김치찌개는 총 9그릇이 필요하다.

## 37   자료 해석     정답 ④

조건에 따라 각 프로그램의 점수와 선정 여부를 나타내면 다음과 같다.

(단위 : 점)

| 분야 | 프로그램명 | 가중치 반영<br>인기 점수 | 가중치 반영<br>필요성 점수 | 수요도 점수 | 비고 |
|------|-----------|------------------|--------------------|------------|------|
| 운동 | 강변 자전거 타기 | 12 | 5 | – | 탈락 |
| 진로 | 나만의 책 쓰기 | 10 | 7+2 | 19 | |
| 여가 | 자수 교실 | 8 | 2 | – | 탈락 |
| 운동 | 필라테스 | 14 | 6 | 20 | 선정 |
| 교양 | 독서 토론 | 12 | 4+2 | 18 | |
| 여가 | 볼링 모임 | 16 | 3 | 19 | 선정 |

수요도 점수는 '나만의 책 쓰기'와 '볼링 모임'이 19점으로 같지만, 인기 점수가 더 높은 '볼링 모임'이 선정된다.
따라서 하반기 동안 운영될 프로그램은 '필라테스'와 '볼링 모임'이다.


## 38   SWOT 분석     정답 ③

(가) : 외부의 기회를 활용하면서 내부의 강점을 더욱 강화시키는 SO전략에 해당한다.
(나) : 외부의 기회를 활용하여 내부의 약점을 보완하는 WO전략에 해당한다.
(다) : 외부의 위협을 회피하며 내부의 강점을 적극 활용하는 ST전략에 해당한다.
(라) : 외부의 위협을 회피하고 내부의 약점을 보완하는 WT전략에 해당한다.
따라서 바르게 연결된 것은 ③이다.


## 39   자료 해석     정답 ⑤

K교통카드 본사에서 10만 원 이상의 고액 환불 시 내방 당일 카드 잔액 차감 후 익일 18시 이후 계좌로 입금받는다.

[오답분석]
① 부분환불은 환불 요청금액이 1만 원 이상 5만 원 이하일 때 가능하며, K교통카드 본사와 지하철 역사 내 K교통카드 서비스센터에서 가능하므로 부분환불이 가능하다.
② 모바일 환불 시 1인 최대 50만 원까지 환불 가능하며, 수수료는 500원이므로 카드 잔액이 40만 원일 경우 399,500원이 계좌로 입금된다.
③ 카드 잔액이 30만 원일 경우, 20만 원 이하까지만 환불이 가능한 A은행을 제외한 은행 ATM기에서 수수료 500원을 제외하고 299,500원 환불 가능하다.
④ K교통카드 본사 방문 시에는 월 누적 50만 원까지 수수료 없이 환불이 가능하므로 13만 원 전액 환불 가능하다.


## 40   명제 추론     정답 ③

김과장이 2주 차 월요일에 단식을 했기 때문에, 1주 차 토요일과 일요일은 반드시 세 끼 식사를 해야 한다. 또한 목요일은 업무약속으로 점심식사를 했으므로 단식을 할 수 없다.

| 구분 | 월 | 화 | 수 | 목 | 금 | 토 | 일 |
|------|----|----|----|----|----|----|----|
| 아침 | ○ | | ○ | ○ | ○ | ○ | ○ |
| 점심 | | | | ○ | | ○ | ○ |
| 저녁 | | | | ○ | | ○ | ○ |

• 월요일에 단식을 했을 경우
  화 · 수요일은 세 끼 식사를 해야 한다. 그러면 금요일이 단식일이 되는데, 이 경우 네 번째 조건을 만족하지 못한다.
• 화요일(아침에 식사)에 단식을 했을 경우
  월 · 수 · 목요일은 세 끼 식사를 해야 한다. 그러면 금요일이 단식일이 되는데, 이 경우 네 번째 조건을 만족하지 못한다.

• 화요일(저녁에 식사)에 단식을 했을 경우

  월·수·목요일은 세 끼 식사를 해야 한다. 그러면 금요일이 단식일이고, 아침에 식사를 했으므로 모든 조건을 만족한다.

• 수요일에 단식을 했을 경우

  월·화·목·금요일은 세 끼 식사를 해야 한다. 그러면 일주일에 2일 단식을 할 수 없다.

따라서 김과장은 화요일 저녁과 금요일 아침에 한끼를 먹었다.

## 41 　자료 해석　　　　　　　　　　　　　　　　　　　　　　　　　　　정답　③

직원 투표 결과를 정리하면 다음과 같다.

| 상품 | 1인당 비용(원) | 총무팀 | 영업팀 | 개발팀 | 홍보팀 | 공장 1 | 공장 2 | 합계 |
|------|------------|------|------|------|------|------|------|-----|
| A | 500,000 | 2 | 1 | 2 | 0 | 15 | 6 | 26 |
| B | 750,000 | 1 | 2 | 1 | 1 | 20 | 5 | 30 |
| C | 600,000 | 3 | 1 | 0 | 1 | 10 | 4 | 19 |
| D | 1,000,000 | 3 | 4 | 2 | 1 | 30 | 10 | 50 |
| E | 850,000 | 1 | 2 | 0 | 2 | 5 | 5 | 15 |
| 합계 | | 10 | 10 | 5 | 5 | 80 | 30 | 140 |

㉠ 가장 인기 있는 상품은 D이다. 그러나 공장 1의 고려사항은 회사에 손해를 줄 수 있으므로 2박 3일 상품이 아닌 1박 2일 상품 중 가장 인기 있는 B상품이 선택된다. 따라서 750,000×140＝105,000,000원이 필요하므로 옳은 설명이다.

㉢ 공장 1의 A, B 투표 결과가 바뀐다면 A, B상품의 투표 수가 각각 31, 25표가 되어 선택되는 상품이 A로 변경된다.

오답분석

㉡ 가장 인기 있는 상품은 D이므로 옳지 않은 설명이다.

## 42 　규칙 적용　　　　　　　　　　　　　　　　　　　　　　　　　　　정답　④

파일 이름에 규칙을 적용하여 암호를 구하면 다음과 같다.

1. 비밀번호 중 첫 번째 자리에는 파일 이름의 첫 문자가 한글일 경우 @, 영어일 경우 #, 숫자일 경우 *로 특수문자를 입력한다.
   • 2022매운전골Cset3인기준recipe8 → *
2. 두 번째 자리에는 파일 이름의 총 자리 개수를 입력한다.
   • 2022매운전골Cset3인기준recipe8 → *23
3. 세 번째 자리부터는 파일 이름 내에 숫자를 순서대로 입력한다. 숫자가 없을 경우 0을 두 번 입력한다.
   • 2022매운전골Cset3인기준recipe8 → *23202238
4. 그다음 자리에는 파일 이름 중 한글이 있을 경우 초성만 순서대로 입력한다. 없다면 입력하지 않는다.
   • 2022매운전골Cset3인기준recipe8 → *23202238ㅁㅇㅈㄱㅇㄱㅈ
5. 그다음 자리에는 파일 이름 중 영어가 있다면 뒤에 덧붙여 순서대로 입력하되, a, e, i, o, u만 'a＝1, e＝2, i＝3, o＝4, u＝5'로 변형하여 입력한다(대문자·소문자 구분 없이 모두 소문자로 입력한다).
   • 2022매운전골Cset3인기준recipe8 → *23202238ㅁㅇㅈㄱㅇㄱㅈcs2tr2c3p2

따라서 제시된 파일 이름의 암호는 '*23202238ㅁㅇㅈㄱㅇㄱㅈcs2tr2c3p2'이다.

## 43 　SWOT 분석　　　　　　　　　　　　　　　　　　　　　　　　　　정답　④

ㄴ. 다수의 풍부한 경제자유구역 성공 사례를 활용하는 것은 강점에 해당되지만, 외국인 근로자를 국내주민과 문화적으로 동화시키려는 시도는 위협을 극복하는 것과는 거리가 멀다. 따라서 해당 전략은 ST전략으로 적절하지 않다.

ㄹ. 경제자유구역 인근 대도시와의 연계를 활성화하면 오히려 인근 기성 대도시의 산업이 확장된 교통망을 바탕으로 경제자유구역의 사업을 흡수할 위험이 커진다. 또한 인근 대도시와의 연계 확대는 경제자유구역 내 국내·외 기업 간의 구조 및 운영상 이질감을 해소하는 데 직접적인 도움이 된다고 보기 어렵다.

ㄱ. 경제호황으로 인해 자국을 벗어나 타국으로 진출하려는 해외기업이 증가하는 기회상황에서 성공적 경험으로 축적된 우리나라의 경제자유구역 조성 노하우로 이들을 유인하여 유치하는 전략은 SO전략에 해당한다

ㄷ. 기존에 국내에 입수한 해외기업의 동형화 사례를 활용하여 국내기업과 외국계 기업의 운영상 이질감을 해소하여 생산성을 증대시키는 전략은 WO전략에 해당한다.

## 44 　명제 추론 　　　정답 ③

연경, 효진, 다솜, 지민, 지현의 증언을 차례대로 검토하면서 모순 여부를 찾아내면 쉽게 문제를 해결할 수 있다.

먼저 연경이의 증언이 참이라면, 효진이의 증언도 참이다. 그런데 효진이의 증언이 참이라면 지현이의 증언은 거짓이 된다. 지현이의 증언이 거짓이라면, '나와 연경이는 꽃을 꽂아두지 않았다.'는 말 역시 거짓이 되어 연경이와 지현이 중 적어도 한 명은 꽃을 꽂아두었다고 봐야 한다. 그런데 효진이의 증언은 지민이를 지적하고 있으므로 역시 모순이다. 결국 연경이와 효진이의 증언은 거짓이다.

따라서 다솜, 지민, 지현이의 증언이 참이 되며, 이들이 언급하지 않은 다솜이가 꽃을 꽂아두었다.

## 45 　자료 해석 　　　정답 ④

행낭 배송 운행속도는 60km/h로 일정하므로 A지점에서 G지점까지의 최단거리를 구한 뒤 소요시간을 구하면 된다. 우선 배송 요청에 따라 지점 간의 순서를 변경하거나 생략할 수 있으므로 거치는 지점을 최소화하여야 한다. 앞서 언급한 조건들을 고려하여 구한 최단거리는 다음과 같다.

$A - B - D - G \rightarrow 6 + 2 + 8 = 16km \rightarrow 16분(\because 60km/h = 1km/min)$

따라서 대출신청 서류가 A지점에 다시 도착하는 최소시간은 16분$(A - G) + 30분(작성) + 16분(G - A) = 1시간 2분이다.$

## 46 　시간 계획 　　　정답 ④

O에서 e를 경유하여 D까지 최단경로는 'O → d → c → e → D'로 최단거리는 14km이다.

① b를 경유하는 O에서 D까지의 최단경로는 'O → d → c → b → D'로 최단거리는 12km이다.
② O에서 c까지의 최단거리는 'O → d → c'로 6km이다.
③ a를 경유하는 O에서 D까지의 최단경로는 'O → a → b → D'로 최단거리는 13km이다.
⑤ O에서 D까지의 최단거리는 'O → d → c → b → D'로 12km이다.

## 47 　비용 계산 　　　정답 ②

8:20에 터미널에 도착하여 A회사 AM 9:00 항로 2 여객선을 선택하면, 오전 중에 가장 저렴한 비용으로 섬에 들어갈 수 있다. 따라서 A씨가 이용할 수 있는 가장 저렴한 여객선 비용은 25,000원이다.

## 48  시간 계획

조건에 따라 자동차를 대여할 수 없는 날을 표시하면 다음과 같다.

〈2월 달력〉

| 일 | 월 | 화 | 수 | 목 | 금 | 토 |
|---|---|---|---|---|---|---|
| | 1 | 2<br>×<br>짝수 날 점검 | 3 | 4<br>×<br>짝수 날 점검 | 5 | 6<br>×<br>짝수 날 점검 |
| 7 | 8 | 9<br>×<br>업무 | 10<br>×<br>업무 | 11<br>×<br>설 연휴 | 12<br>×<br>설 연휴 | 13<br>×<br>설 연휴 |
| 14 | 15<br>×<br>출장 | 16<br>×<br>출장 | 17 | 18 | 19 | 20 |
| 21 | 22 | 23 | 24<br>×<br>C 대여 | 25<br>×<br>C 대여 | 26<br>×<br>C 대여 | 27 |
| 28 | | | | | | |

따라서 B자동차를 대여할 수 있는 날은 주말을 포함한 18 ~ 20일, 19 ~ 21일, 20 ~ 22일, 21 ~ 23일이므로 수요일(17일)이 자동차를 대여할 수 있는 첫날이 될 수 없다.

## 49  품목 확정

대회의실에 2인용 테이블이 4개 있었고 첫 번째 주문 후 2인용 테이블 4개가 더 생겨 총 8개지만 16명만 앉을 수 있기 때문에 테이블 1개를 추가로 주문해야 한다. 의자는 회의실에 9개, 창고에 2개, 주문한 1개를 더하면 총 12개로 5개를 더 주문해야 한다.

## 50  인원 선발

먼저 모든 면접위원의 입사 후 경력은 3년 이상이어야 한다는 조건에 따라 A, E, F, H, I, L직원은 면접위원으로 선정될 수 없다. 이사 이상의 직급으로 6명 중 50% 이상 구성되어야 하므로 자격이 있는 C, G, N은 반드시 면접위원으로 포함한다. 다음으로 인사팀을 제외한 부서는 2명 이상 구성할 수 없으므로 이미 N이사가 선출된 개발팀은 더 선출할 수 없고, 인사팀은 반드시 2명을 포함해야 하므로 D과장은 반드시 선출된다. 이를 정리하면 다음과 같다.

| 구분 | 1 | 2 | 3 | 4 | 5 | 6 |
|---|---|---|---|---|---|---|
| 경우 1 | C이사 | D과장 | G이사 | N이사 | B과장 | J과장 |
| 경우 2 | C이사 | D과장 | G이사 | N이사 | B과장 | K대리 |
| 경우 3 | C이사 | D과장 | G이사 | N이사 | J과장 | K대리 |

따라서 B과장이 면접위원으로 선출됐더라도 K대리가 선출되지 않는 경우도 있다.

## 51  비용 계산

대리와 이사장은 2급 이상 차이 나기 때문에 A대리는 이사장과 같은 호텔 등급의 객실에서 묵을 수 있다.

오답분석
① 비행기 요금은 실비이기 때문에 총비용은 변동이 있을 수 있다.
② 숙박비 5만 원, 교통비 2만 원, 일비 6만 원, 식비 4만 원으로 C차장의 출장비는 17만 원이다.
③ 같은 조건이라면 이사장과 이사는 출장비가 같다.
⑤ 부장과 차장은 숙박비가 다르기 때문에 부장이 더 많이 받는다.

## 52  비용 계산  정답 ③

- A부장의 숙박비 : $80,000 \times 9 = 720,000$원
- P차장의 숙박비 : $50,000 \times 9 = 450,000$원

따라서 P차장의 호텔을 한 단계 업그레이드했을 때, $720,000 - 450,000 = 270,000$원 이득이다.

## 53  인원 선발  정답 ③

요일별로 직원들의 초과근무 일정을 정리하면 목요일 초과근무자가 5명임을 알 수 있다.

| 월 | 화 | 수 | 목 | 금 | 토 | 일 |
|---|---|---|---|---|---|---|
| 김혜정<br>정해리<br>정지원 | 이지호<br>최명진 | 김재건<br>신혜선 | 박주환<br>신혜선<br>정지원<br>김우석<br>이상엽 | 김혜정<br>김유미 | 이설희<br>임유진<br>김유미 | 임유진<br>한예리<br>이상엽 |

목요일 초과근무자 중 단 1명만 초과근무 일정을 수정해야 한다면 목요일 6시간과 일요일 3시간 일정으로 일주일에 $6 + 3 \times 1.5 = 10.5$시간을 근무하는 이상엽의 일정을 수정해야 한다. 따라서 목요일에 초과근무 예정인 이상엽의 요일과 시간을 수정해야 한다.

## 54  시간 계획  정답 ②

하루에 6명 이상 근무해야 하기 때문에 2명까지만 휴가를 중복으로 쓸 수 있다. G사원이 4일 동안 휴가를 쓰면서 최대 휴가 인원이 2명만 중복되게 하려면 6 ~ 11일만 가능하다.

오답분석
① G사원은 4일 이상 휴가를 사용해야 하기 때문에 3일인 7 ~ 11일은 불가능하다.
③ · ④ · ⑤ 4일 이상 휴가를 사용하지만 하루에 6명 미만의 인원이 근무하게 되어 불가능하다.

## 55  품목 확정  정답 ③

8월 11일에 있는 햇빛새싹발전소 발전사업 대상지 방문 일정에는 3명이 참가한다. 짐 무게 3kg당 탑승인원 1명으로 취급하므로, 총 4명의 인원이 탈 수 있는 렌터카가 필요하다. 최대 탑승인원을 만족하는 A, B, C, D렌터카 중 가장 저렴한 것은 A렌터카이지만 8월 1 ~ 12일에 여름휴가 할인행사로 휘발유 차량을 30% 할인하므로 B렌터카의 요금이 $60,000 \times (1 - 0.3) = 42,000$원으로 가장 저렴하다.

8월 18일 보령 본사 방문에 참여하는 인원은 4명인데, 짐 무게 6kg은 탑승인원 2명으로 취급하므로 총 6명이 탈 수 있는 렌터카가 필요하다. 최대 탑승인원을 만족하는 C와 D렌터카는 요금이 동일하므로 조건에 따라 최대 탑승인원이 더 많은 C렌터카를 선택한다.

## 56 　비용 계산　　　　　　　　　　　　　　　　　　　　　　　　　　　　정답　①

W사원이 영국 출장 중에 받는 해외여비는 50×5=250파운드이고, 스페인은 60×4=240유로이다. 항공권은 편도 금액이므로 왕복으로 계산하면 영국은 380×2=760파운드, 스페인 870×2=1,740유로이며, 영국과 스페인의 비행시간 추가비용은 각각 20×(12-10)×2=80파운드, 15×(14-10)×2=120유로이다. 그러므로 영국 출장 시 드는 비용은 250+760+80=1,090파운드, 스페인 출장은 240+1,740+120=2,100유로이다.
은행별 환율을 이용하여 출장비를 원화로 계산하면 다음과 같다.

| 구분 | 영국 | 스페인 | 총비용 |
| --- | --- | --- | --- |
| A은행 | 1,090×1,470=1,602,300원 | 2,100×1,320=2,772,000원 | 4,374,300원 |
| B은행 | 1,090×1,450=1,580,500원 | 2,100×1,330=2,793,000원 | 4,373,500원 |
| C은행 | 1,090×1,460=1,591,400원 | 2,100×1,310=2,751,000원 | 4,342,400원 |

따라서 A은행의 비용이 가장 많이 들고, C은행이 비용의 가장 적으므로 두 은행의 총 비용 차이는 4,374,300-4,342,400=31,900원이다.

## 57 　비용 계산　　　　　　　　　　　　　　　　　　　　　　　　　　　　정답　②

A씨는 용도에 맞는 축구공이 배송되기를 원한다. 제시된 표에 따라 초등학교의 경우에는 4호가 적절하며, 중·고등학교는 5호가 적절하다. 그러므로 S축구사랑재단에서 구매할 축구공의 총액은 (30,000×300×2)+(35,000×300×4)=6천만 원이다. 5천만 원 이상 대량구매 시 10% 할인, 3천만 원 이상 구매 시 무료 배송을 제공한다고 하였으므로 총매출액은 6,000×(1-0.1)=5,400만 원이다.

## 58 　시간 계획　　　　　　　　　　　　　　　　　　　　　　　　　　　　정답　③

우선 B사원의 대화 내용을 살펴보면, 16:00부터 사내 정기 강연으로 2시간 정도 소요된다는 것을 알 수 있다. 또한 B사원은 강연 준비로 30분 정도 더 일찍 가야 하므로, 15:30부터는 가용할 시간이 없다. 그리고 기획안 작성업무는 두 시간 정도 걸릴 것으로 예상되는데, A팀장이 먼저 기획안부터 마무리 짓자고 하였으므로, 11:00부터 업무를 시작하는 것으로 볼 수 있다. 그런데 중간에 점심시간이 껴 있으므로, 기획안 업무는 14:00에 완료될 것으로 볼 수 있다. 따라서 A팀장과 B사원 모두 여유가 되는 시간은 14:00 ~ 15:30이므로 가장 적절한 시간대는 ③이다.

## 59 　비용 계산　　　　　　　　　　　　　　　　　　　　　　　　　　　　정답　④

라벨지와 1단 받침대, 블루투스 마우스 가격을 차례대로 계산하면 (18,000×2)+24,000+(27,000×5)=195,000원이다. 그리고 블루투스 마우스를 3개 이상 구매하면 건전지 3SET를 무료로 증정하기 때문에 AAA건전지는 2SET만 더 구매하면 된다.
따라서 총주문금액은 195,000+(4,000×2)=203,000원이다.

## 60 　비용 계산　　　　　　　　　　　　　　　　　　　　　　　　　　　　정답　②

라벨지는 91mm로 사이즈 변경 시 SET당 5%를 가산하기 때문에 가격은 18,000×(1+0.05)×4=75,600원이다. 3단 받침대의 가격은 1단 받침대에 2,000원을 추가하므로, (24,000+2,000)×2=52,000원이다. 그리고 블루투스 마우스의 가격은 27,000×3=81,000원이고, 마우스 3개 이상 구매 시 AAA건전지 3SET를 무료로 증정하기 때문에 따로 주문하지 않는다. 마지막으로 탁상용 문서수동세단기 가격인 36,000원을 더해 총주문금액을 계산하면 75,600+52,000+81,000+36,000=244,600원이다.

# NCS 모듈형 + 피듈형 + PSAT형 답안카드

성 명

지원 분야

문제지 형별기재란

( 형 )

Ⓐ   Ⓑ

수 험 번 호

| ⓪ | ⓪ | ⓪ | ⓪ | ⓪ | ⓪ | ⓪ |
| ① | ① | ① | ① | ① | ① | ① |
| ② | ② | ② | ② | ② | ② | ② |
| ③ | ③ | ③ | ③ | ③ | ③ | ③ |
| ④ | ④ | ④ | ④ | ④ | ④ | ④ |
| ⑤ | ⑤ | ⑤ | ⑤ | ⑤ | ⑤ | ⑤ |
| ⑥ | ⑥ | ⑥ | ⑥ | ⑥ | ⑥ | ⑥ |
| ⑦ | ⑦ | ⑦ | ⑦ | ⑦ | ⑦ | ⑦ |
| ⑧ | ⑧ | ⑧ | ⑧ | ⑧ | ⑧ | ⑧ |
| ⑨ | ⑨ | ⑨ | ⑨ | ⑨ | ⑨ | ⑨ |

감독위원 확인

(인)

| 1 | ① ② ③ ④ ⑤ | 21 | ① ② ③ ④ ⑤ | 41 | ① ② ③ ④ ⑤ |
| 2 | ① ② ③ ④ ⑤ | 22 | ① ② ③ ④ ⑤ | 42 | ① ② ③ ④ ⑤ |
| 3 | ① ② ③ ④ ⑤ | 23 | ① ② ③ ④ ⑤ | 43 | ① ② ③ ④ ⑤ |
| 4 | ① ② ③ ④ ⑤ | 24 | ① ② ③ ④ ⑤ | 44 | ① ② ③ ④ ⑤ |
| 5 | ① ② ③ ④ ⑤ | 25 | ① ② ③ ④ ⑤ | 45 | ① ② ③ ④ ⑤ |
| 6 | ① ② ③ ④ ⑤ | 26 | ① ② ③ ④ ⑤ | 46 | ① ② ③ ④ ⑤ |
| 7 | ① ② ③ ④ ⑤ | 27 | ① ② ③ ④ ⑤ | 47 | ① ② ③ ④ ⑤ |
| 8 | ① ② ③ ④ ⑤ | 28 | ① ② ③ ④ ⑤ | 48 | ① ② ③ ④ ⑤ |
| 9 | ① ② ③ ④ ⑤ | 29 | ① ② ③ ④ ⑤ | 49 | ① ② ③ ④ ⑤ |
| 10 | ① ② ③ ④ ⑤ | 30 | ① ② ③ ④ ⑤ | 50 | ① ② ③ ④ ⑤ |
| 11 | ① ② ③ ④ ⑤ | 31 | ① ② ③ ④ ⑤ | 51 | ① ② ③ ④ ⑤ |
| 12 | ① ② ③ ④ ⑤ | 32 | ① ② ③ ④ ⑤ | 52 | ① ② ③ ④ ⑤ |
| 13 | ① ② ③ ④ ⑤ | 33 | ① ② ③ ④ ⑤ | 53 | ① ② ③ ④ ⑤ |
| 14 | ① ② ③ ④ ⑤ | 34 | ① ② ③ ④ ⑤ | 54 | ① ② ③ ④ ⑤ |
| 15 | ① ② ③ ④ ⑤ | 35 | ① ② ③ ④ ⑤ | 55 | ① ② ③ ④ ⑤ |
| 16 | ① ② ③ ④ ⑤ | 36 | ① ② ③ ④ ⑤ | 56 | ① ② ③ ④ ⑤ |
| 17 | ① ② ③ ④ ⑤ | 37 | ① ② ③ ④ ⑤ | 57 | ① ② ③ ④ ⑤ |
| 18 | ① ② ③ ④ ⑤ | 38 | ① ② ③ ④ ⑤ | 58 | ① ② ③ ④ ⑤ |
| 19 | ① ② ③ ④ ⑤ | 39 | ① ② ③ ④ ⑤ | 59 | ① ② ③ ④ ⑤ |
| 20 | ① ② ③ ④ ⑤ | 40 | ① ② ③ ④ ⑤ | 60 | ① ② ③ ④ ⑤ |

※ 본 답안카드는 마킹연습용 모의 답안카드입니다.

# NCS 모듈형 + 피듈형 + PSAT형 답안카드

| 성 명 | |
|---|---|

| 지원 분야 | |
|---|---|

| 문제지 형별기재란 | Ⓐ Ⓑ |
|---|---|
| ( 형 ) | |

| 수 험 번 호 | ⓪ ① ② ③ ④ ⑤ ⑥ ⑦ ⑧ ⑨ |
|---|---|
| | ⓪ ① ② ③ ④ ⑤ ⑥ ⑦ ⑧ ⑨ |
| | ⓪ ① ② ③ ④ ⑤ ⑥ ⑦ ⑧ ⑨ |
| | ⓪ ① ② ③ ④ ⑤ ⑥ ⑦ ⑧ ⑨ |
| | ⓪ ① ② ③ ④ ⑤ ⑥ ⑦ ⑧ ⑨ |
| | ⓪ ① ② ③ ④ ⑤ ⑥ ⑦ ⑧ ⑨ |
| | ⓪ ① ② ③ ④ ⑤ ⑥ ⑦ ⑧ ⑨ |

| 감독위원 확인 | (인) |
|---|---|

| 번호 | 답란 | 번호 | 답란 | 번호 | 답란 |
|---|---|---|---|---|---|
| 1 | ① ② ③ ④ ⑤ | 21 | ① ② ③ ④ ⑤ | 41 | ① ② ③ ④ ⑤ |
| 2 | ① ② ③ ④ ⑤ | 22 | ① ② ③ ④ ⑤ | 42 | ① ② ③ ④ ⑤ |
| 3 | ① ② ③ ④ ⑤ | 23 | ① ② ③ ④ ⑤ | 43 | ① ② ③ ④ ⑤ |
| 4 | ① ② ③ ④ ⑤ | 24 | ① ② ③ ④ ⑤ | 44 | ① ② ③ ④ ⑤ |
| 5 | ① ② ③ ④ ⑤ | 25 | ① ② ③ ④ ⑤ | 45 | ① ② ③ ④ ⑤ |
| 6 | ① ② ③ ④ ⑤ | 26 | ① ② ③ ④ ⑤ | 46 | ① ② ③ ④ ⑤ |
| 7 | ① ② ③ ④ ⑤ | 27 | ① ② ③ ④ ⑤ | 47 | ① ② ③ ④ ⑤ |
| 8 | ① ② ③ ④ ⑤ | 28 | ① ② ③ ④ ⑤ | 48 | ① ② ③ ④ ⑤ |
| 9 | ① ② ③ ④ ⑤ | 29 | ① ② ③ ④ ⑤ | 49 | ① ② ③ ④ ⑤ |
| 10 | ① ② ③ ④ ⑤ | 30 | ① ② ③ ④ ⑤ | 50 | ① ② ③ ④ ⑤ |
| 11 | ① ② ③ ④ ⑤ | 31 | ① ② ③ ④ ⑤ | 51 | ① ② ③ ④ ⑤ |
| 12 | ① ② ③ ④ ⑤ | 32 | ① ② ③ ④ ⑤ | 52 | ① ② ③ ④ ⑤ |
| 13 | ① ② ③ ④ ⑤ | 33 | ① ② ③ ④ ⑤ | 53 | ① ② ③ ④ ⑤ |
| 14 | ① ② ③ ④ ⑤ | 34 | ① ② ③ ④ ⑤ | 54 | ① ② ③ ④ ⑤ |
| 15 | ① ② ③ ④ ⑤ | 35 | ① ② ③ ④ ⑤ | 55 | ① ② ③ ④ ⑤ |
| 16 | ① ② ③ ④ ⑤ | 36 | ① ② ③ ④ ⑤ | 56 | ① ② ③ ④ ⑤ |
| 17 | ① ② ③ ④ ⑤ | 37 | ① ② ③ ④ ⑤ | 57 | ① ② ③ ④ ⑤ |
| 18 | ① ② ③ ④ ⑤ | 38 | ① ② ③ ④ ⑤ | 58 | ① ② ③ ④ ⑤ |
| 19 | ① ② ③ ④ ⑤ | 39 | ① ② ③ ④ ⑤ | 59 | ① ② ③ ④ ⑤ |
| 20 | ① ② ③ ④ ⑤ | 40 | ① ② ③ ④ ⑤ | 60 | ① ② ③ ④ ⑤ |

# NCS 모듈형 + 피듈형 + PSAT형 답안카드

## 성명

## 지원 분야

## 문제지 형별기재란

( )형
Ⓐ
Ⓑ

## 수험번호

| ⓪ | ① | ② | ③ | ④ | ⑤ | ⑥ | ⑦ | ⑧ | ⑨ |
| ⓪ | ① | ② | ③ | ④ | ⑤ | ⑥ | ⑦ | ⑧ | ⑨ |
| ⓪ | ① | ② | ③ | ④ | ⑤ | ⑥ | ⑦ | ⑧ | ⑨ |
| ⓪ | ① | ② | ③ | ④ | ⑤ | ⑥ | ⑦ | ⑧ | ⑨ |
| ⓪ | ① | ② | ③ | ④ | ⑤ | ⑥ | ⑦ | ⑧ | ⑨ |
| ⓪ | ① | ② | ③ | ④ | ⑤ | ⑥ | ⑦ | ⑧ | ⑨ |
| ⓪ | ① | ② | ③ | ④ | ⑤ | ⑥ | ⑦ | ⑧ | ⑨ |

## 감독위원 확인

(인)

| 1 | ① ② ③ ④ ⑤ | 21 | ① ② ③ ④ ⑤ | 41 | ① ② ③ ④ ⑤ |
| 2 | ① ② ③ ④ ⑤ | 22 | ① ② ③ ④ ⑤ | 42 | ① ② ③ ④ ⑤ |
| 3 | ① ② ③ ④ ⑤ | 23 | ① ② ③ ④ ⑤ | 43 | ① ② ③ ④ ⑤ |
| 4 | ① ② ③ ④ ⑤ | 24 | ① ② ③ ④ ⑤ | 44 | ① ② ③ ④ ⑤ |
| 5 | ① ② ③ ④ ⑤ | 25 | ① ② ③ ④ ⑤ | 45 | ① ② ③ ④ ⑤ |
| 6 | ① ② ③ ④ ⑤ | 26 | ① ② ③ ④ ⑤ | 46 | ① ② ③ ④ ⑤ |
| 7 | ① ② ③ ④ ⑤ | 27 | ① ② ③ ④ ⑤ | 47 | ① ② ③ ④ ⑤ |
| 8 | ① ② ③ ④ ⑤ | 28 | ① ② ③ ④ ⑤ | 48 | ① ② ③ ④ ⑤ |
| 9 | ① ② ③ ④ ⑤ | 29 | ① ② ③ ④ ⑤ | 49 | ① ② ③ ④ ⑤ |
| 10 | ① ② ③ ④ ⑤ | 30 | ① ② ③ ④ ⑤ | 50 | ① ② ③ ④ ⑤ |
| 11 | ① ② ③ ④ ⑤ | 31 | ① ② ③ ④ ⑤ | 51 | ① ② ③ ④ ⑤ |
| 12 | ① ② ③ ④ ⑤ | 32 | ① ② ③ ④ ⑤ | 52 | ① ② ③ ④ ⑤ |
| 13 | ① ② ③ ④ ⑤ | 33 | ① ② ③ ④ ⑤ | 53 | ① ② ③ ④ ⑤ |
| 14 | ① ② ③ ④ ⑤ | 34 | ① ② ③ ④ ⑤ | 54 | ① ② ③ ④ ⑤ |
| 15 | ① ② ③ ④ ⑤ | 35 | ① ② ③ ④ ⑤ | 55 | ① ② ③ ④ ⑤ |
| 16 | ① ② ③ ④ ⑤ | 36 | ① ② ③ ④ ⑤ | 56 | ① ② ③ ④ ⑤ |
| 17 | ① ② ③ ④ ⑤ | 37 | ① ② ③ ④ ⑤ | 57 | ① ② ③ ④ ⑤ |
| 18 | ① ② ③ ④ ⑤ | 38 | ① ② ③ ④ ⑤ | 58 | ① ② ③ ④ ⑤ |
| 19 | ① ② ③ ④ ⑤ | 39 | ① ② ③ ④ ⑤ | 59 | ① ② ③ ④ ⑤ |
| 20 | ① ② ③ ④ ⑤ | 40 | ① ② ③ ④ ⑤ | 60 | ① ② ③ ④ ⑤ |

※ 본 답안카드는 마킹연습용 모의 답안카드입니다.

# NCS 모듈형 + 피듈형 + PSAT형 답안카드

| 문번 | 답란 | | | | | 문번 | 답란 | | | | | 문번 | 답란 | | | | |
|---|---|---|---|---|---|---|---|---|---|---|---|---|---|---|---|---|---|
| 1 | ① | ② | ③ | ④ | ⑤ | 21 | ① | ② | ③ | ④ | ⑤ | 41 | ① | ② | ③ | ④ | ⑤ |
| 2 | ① | ② | ③ | ④ | ⑤ | 22 | ① | ② | ③ | ④ | ⑤ | 42 | ① | ② | ③ | ④ | ⑤ |
| 3 | ① | ② | ③ | ④ | ⑤ | 23 | ① | ② | ③ | ④ | ⑤ | 43 | ① | ② | ③ | ④ | ⑤ |
| 4 | ① | ② | ③ | ④ | ⑤ | 24 | ① | ② | ③ | ④ | ⑤ | 44 | ① | ② | ③ | ④ | ⑤ |
| 5 | ① | ② | ③ | ④ | ⑤ | 25 | ① | ② | ③ | ④ | ⑤ | 45 | ① | ② | ③ | ④ | ⑤ |
| 6 | ① | ② | ③ | ④ | ⑤ | 26 | ① | ② | ③ | ④ | ⑤ | 46 | ① | ② | ③ | ④ | ⑤ |
| 7 | ① | ② | ③ | ④ | ⑤ | 27 | ① | ② | ③ | ④ | ⑤ | 47 | ① | ② | ③ | ④ | ⑤ |
| 8 | ① | ② | ③ | ④ | ⑤ | 28 | ① | ② | ③ | ④ | ⑤ | 48 | ① | ② | ③ | ④ | ⑤ |
| 9 | ① | ② | ③ | ④ | ⑤ | 29 | ① | ② | ③ | ④ | ⑤ | 49 | ① | ② | ③ | ④ | ⑤ |
| 10 | ① | ② | ③ | ④ | ⑤ | 30 | ① | ② | ③ | ④ | ⑤ | 50 | ① | ② | ③ | ④ | ⑤ |
| 11 | ① | ② | ③ | ④ | ⑤ | 31 | ① | ② | ③ | ④ | ⑤ | 51 | ① | ② | ③ | ④ | ⑤ |
| 12 | ① | ② | ③ | ④ | ⑤ | 32 | ① | ② | ③ | ④ | ⑤ | 52 | ① | ② | ③ | ④ | ⑤ |
| 13 | ① | ② | ③ | ④ | ⑤ | 33 | ① | ② | ③ | ④ | ⑤ | 53 | ① | ② | ③ | ④ | ⑤ |
| 14 | ① | ② | ③ | ④ | ⑤ | 34 | ① | ② | ③ | ④ | ⑤ | 54 | ① | ② | ③ | ④ | ⑤ |
| 15 | ① | ② | ③ | ④ | ⑤ | 35 | ① | ② | ③ | ④ | ⑤ | 55 | ① | ② | ③ | ④ | ⑤ |
| 16 | ① | ② | ③ | ④ | ⑤ | 36 | ① | ② | ③ | ④ | ⑤ | 56 | ① | ② | ③ | ④ | ⑤ |
| 17 | ① | ② | ③ | ④ | ⑤ | 37 | ① | ② | ③ | ④ | ⑤ | 57 | ① | ② | ③ | ④ | ⑤ |
| 18 | ① | ② | ③ | ④ | ⑤ | 38 | ① | ② | ③ | ④ | ⑤ | 58 | ① | ② | ③ | ④ | ⑤ |
| 19 | ① | ② | ③ | ④ | ⑤ | 39 | ① | ② | ③ | ④ | ⑤ | 59 | ① | ② | ③ | ④ | ⑤ |
| 20 | ① | ② | ③ | ④ | ⑤ | 40 | ① | ② | ③ | ④ | ⑤ | 60 | ① | ② | ③ | ④ | ⑤ |

성 명

지원 분야

문제지 형별기재란

(형) Ⓐ Ⓑ

수 험 번 호

| ⓪ | ① | ② | ③ | ④ | ⑤ | ⑥ | ⑦ | ⑧ | ⑨ |
| ⓪ | ① | ② | ③ | ④ | ⑤ | ⑥ | ⑦ | ⑧ | ⑨ |
| ⓪ | ① | ② | ③ | ④ | ⑤ | ⑥ | ⑦ | ⑧ | ⑨ |
| ⓪ | ① | ② | ③ | ④ | ⑤ | ⑥ | ⑦ | ⑧ | ⑨ |
| ⓪ | ① | ② | ③ | ④ | ⑤ | ⑥ | ⑦ | ⑧ | ⑨ |
| ⓪ | ① | ② | ③ | ④ | ⑤ | ⑥ | ⑦ | ⑧ | ⑨ |
| ⓪ | ① | ② | ③ | ④ | ⑤ | ⑥ | ⑦ | ⑧ | ⑨ |

감독위원 확인

㊞

## 2026 최신판 시대에듀 NCS 모듈형 + 피듈형 + PSAT형 통합기본서

| | |
|---|---|
| 개정6판1쇄 발행 | 2026년 01월 20일 (인쇄 2025년 10월 01일) |
| 초 판 발 행 | 2020년 08월 20일 (인쇄 2020년 07월 14일) |
| 발 행 인 | 박영일 |
| 책 임 편 집 | 이해욱 |
| 편 저 | SDC(Sidae Data Center) |
| 편 집 진 행 | 여연주 · 한성윤 |
| 표지디자인 | 조혜령 |
| 편집디자인 | 김경원 · 이다희 |
| 발 행 처 | (주)시대고시기획 |
| 출 판 등 록 | 제10-1521호 |
| 주 소 | 서울시 마포구 큰우물로 75 [도화동 538 성지 B/D] 9F |
| 전 화 | 1600-3600 |
| 팩 스 | 02-701-8823 |
| 홈 페 이 지 | www.sdedu.co.kr |

| | |
|---|---|
| I S B N | 979-11-434-0167-0 (13320) |
| 정 가 | 28,000원 |

# NCS
## 모듈형+
## 피듈형+
## PSAT형

**통합기본서**

# 기업별 맞춤 학습 "기본서" 시리즈

## 공기업 취업의 기초부터 심화까지! 합격의 문을 여는 Hidden Key!

# 기업별 시험 직전 마무리 "모의고사" 시리즈

## 실제 시험과 동일하게 마무리! 합격을 향한 Last Spurt!

※ **기업별 시리즈** : HUG 주택도시보증공사/LH 한국토지주택공사/강원랜드/건강보험심사평가원/국가철도공단/국민건강
보험공단/국민연금공단/근로복지공단/발전회사/부산교통공사/서울교통공사/인천국제공항공사/코레일 한국철도공사/
한국농어촌공사/한국도로공사/한국산업인력공단/한국수력원자력/한국수자원공사/한국전력공사/한전KPS/항만공사 등

NEXT STEP

시대에듀가 합격을 준비하는
당신에게 제안합니다.

성공의 기회
시대에듀를 잡으십시오.

시대에듀

기회란 포착되어 활용되기 전에는 기회인지조차 알 수 없는 것이다.
- 마크 트웨인 -